2019
中国国有资产监督管理年鉴

《中国国有资产监督管理年鉴》编委会 编

图书在版编目（CIP）数据

中国国有资产监督管理年鉴.2019/《中国国有资产监督管理年鉴》编委会编.
—北京：中国经济出版社，2020.12
ISBN 978–7–5136–5064–9
Ⅰ.①中… Ⅱ.①中… Ⅲ.①国有资产管理–中国–2019–年鉴 Ⅳ.①F123.7-54
中国版本图书馆CIP数据核字（2020）第149858号

中国国有资产监督管理年鉴（2019）

总 编 辑：李祥柱
责任编辑：郑 潇 李玄璇
组稿编辑：张 巍 徐立敏
图片编辑：汪银芳
英文翻译：郑 潇

出版发行：中国经济出版社（100011 北京市东城区安定门外大街58号）	
网 址：www.economyph.com	
电 话：（010）57512651	
经 销：各地新华书店	
承 印：北京富泰印刷有限责任公司	
开 本：889mm×1194mm 1/16	字 数：2000千字
插页印张：2.75	印 张：51.25
版 次：2020年12月第1版	印 次：2020年12月第1次印刷
书 号：ISBN 978–7–5136–5064–9	定 价：480.00元
广告经营许可证：京西工商广字第8179号	

版权所有 盗版必究
举报电话：（010）57512600
国家版权局反盗版举报中心（举报电话：12390）
服务热线：（010）57512564

编写说明

一、《中国国有资产监督管理年鉴》（以下简称《国资年鉴》）由国务院国有资产监督管理委员会（以下简称"国务院国资委"）主管、主办，《国资年鉴》编委会编纂，中国经济出版社编辑出版。

二、《国资年鉴》是一部全面记载我国国有经济运行、国有资产监管体制改革和国有企业改革发展，尤其是中央企业和地方国资监管机构所监管企业总体情况的大型工具书和资料性年刊，是国务院国资委统一对外宣传的重要窗口和交流平台，对于宣传、指导我国国有资产监督管理工作及国有企业工作具有重要参考价值。

三、《国资年鉴》突出政策性、权威性、实用性和连续性。主要读者对象包括：全国各级国有资产监管机构及相关行业管理部门，各类国有企业，有关中介机构，各国驻华机构，有关科研院所、图书馆、资料室等。

四、《国资年鉴（2019）》共设九篇内容。

第一篇　重要经济文献。刊载郝鹏同志和肖亚庆同志在《紫光阁》《学习时报》《求是》上发表的文章。

第二篇　国有资产监督管理概况。国务院国资委各个厅局就2018年我国国有资产监督管理情况、国有企业改革与发展情况予以分析、评述。

第三篇　各省（区、市）国有资产监督管理概况。由31个省、自治区、直辖市国资委，新疆生产建设兵团国资委和5个计划单列市国资委就2018年本地区国有经济运行情况及国有企业改革与发展状况进行评述。

第四篇　中央企业改革与发展。96户中央企业就2018年经济运行、主要经济指标、国有资产保值增值、重大创新、履行社会责任等方面进行分析、评述。

第五篇　国有资产统计资料。刊载由国务院国资委财务监督与考核评价局提供的2018年全国国有企业户数、从业人数、国有资产总量之综合、行业、地区分析表；全国国有企业资产负债之综合、行业、地区分析表；国有工业企业户数、从业人数、国有资产总量地区分析表；国有工业企业资产负债地区分析表；国有商业企业户数、从业人数、国有资产总量地区分析表；国有商业企业资产负债地区分析表；36个省(自治区、直辖市、计划单列市和新疆生产建设兵团国有企业主要指标表。

第六篇　国有资产监督管理政策法规选编。精选2018年有关国有资产监督管理的重要行政法规、部门规章和规范性文件。

第七篇　国有企业履行社会责任和党的建设成果概览。采用图文并茂的形式重点展示国有企业在履行社会责任、党的建设等方面取得的成就。

第八篇　大事记。刊载2018年国务院国资委大事记。

第九篇　附录。刊载2018年中央企业负责人经营业绩考核A级企业、《财富》世界500强中国企业上榜情况等相关资料。

五、《国资年鉴（2019）》涉及全国性统计数据，暂未包括港、澳、台地区。统计数据截至2018年底。

六、《国资年鉴（2019）》编委会编委名单，各地方国资委工作站和中央企业工作站站长、撰稿人名单截至2019年12月底。

《中国国有资产监督管理年鉴》编辑部

二〇一九年十二月

国务院国资委党委书记、主任郝鹏赴中国中车集团有限公司调研

时任国务院国资委党委副书记、主任肖亚庆赴中国商用飞机有限责任公司调研

中央纪委常委、国家监委委员、中央纪委国家监委驻国资委纪检监察组组长、国务院国资委党委委员陈超英赴河北省固安县实地调研中国交通建设集团有限公司落实"两个责任"和监察法贯彻落实情况

国务院国资委党委委员、副主任翁杰明赴宁德核电有限公司调研

国务院国资委党委委员、副主任孟建民出席中央企业、地方国资委违规经营投资责任追究工作培训班并讲话

国务院国资委党委委员、副主任赵爱明为"全国巾帼建功标兵"颁奖

国务院国资委党委委员、副主任任洪斌出席国务院联防联控机制新闻发布会，介绍中央企业支援保障新冠肺炎疫情防控情况

国务院国资委党委委员、副部长级干部周国平慰问离退休干部

国务院国资委党委委员、秘书长彭华岗赴瑞士达沃斯出席世界经济论坛
2020年年会期间与世界经济论坛创始人兼执行主席施瓦布举行会谈

时任国务院国资委领导

时任中央纪委驻国资委纪检组组长、国务院国资委党委委员江金权出席纪委传达重要精神会议

时任国务院国资委党委委员、副主任王文斌出席中央企业地方国资委负责人会议

时任国务院国资委党委委员、副主任刘强赴中国建筑集团有限公司调研

时任国务院国资委党委委员、副主任、总会计师沈莹出席2018年度中央企业考核分配工作会议

时任国务院国资委党委委员、副主任黄丹华出席国资委直属机关2018年党的工作暨纪检工作会议并讲话

时任国务院国资委党委委员、副主任徐福顺在国资委会见西门子股份公司管理委员会成员、首席运营官、首席技术官博乐仁博士

时任国务院国资委党委委员、秘书长阎晓峰赴中国南方航空集团有限公司调研

中国航天科工集团有限公司
CHINA AEROSPACE SCIENCE & INDUSTRY CORPORATION LIMITED

中国航天科工集团有限公司（以下简称"航天科工"）是战略性、高科技、创新型骨干企业，主要从事防务装备、航天产业、信息技术、装备制造和现代服务业五大产业板块，2018年航天科工经营业绩连续第12年获评A级，排名中央企业第十位；位居世界企业500强第322位。

作为中国全系列导弹武器装备专业研制生产单位，航天科工始终秉承"科技强军、航天报国"企业使命，建立了完整的防空导弹武器系统、飞航导弹武器系统、固体运载火箭及空间技术产品等技术开发与研制生产体系，整体水平处于国内领先地位，部分专业技术达到国际先进水平，为我国武器装备现代化建设作出了突出贡献。在庆祝中华人民共和国成立70周年阅兵式上，航天科工牵头抓总的体系化、系列化、实战化的国产现役主战装备以空前阵容威武亮相，构筑起我国陆、海、空、天、网一体的攻防装备体系。劲吹的"东风"，招展的"红旗"，长空的"鹰击"，啸天的"长剑"，挺起了亿万国人的精神脊梁。

航天科工大力推动我国商业航天产业健康发展，实施了飞云、快云、行云、虹云、腾云五大商业航天工程和高速飞行列车项目。快舟一号甲运载火箭成功完成两次商业发射，虹云工程技术验证星成功发射并开展在轨试验。此外，圆满完成历次载人航天、月球探测等多个国家重大航天工程相关任务。

航天科工坚持走中国特色的军民融合发展之路，在信息技术与信息安全、智慧产业、高端装备制造等方面开发了一系列高技术产品。承担"金税、金卡、金盾"工程任务，并重点突破基于自主可控的新一代信息技术大规模集成应用难关，服务于国民经济建设与国家经济安全、信息安全。开发各类智慧产业（智慧城市、智慧农业、智慧食药监、智慧地下管网等）公共平台，大力支撑数字中国、智慧社会建设。高功率激光器、系列重型装备与特种装备等产品打破国外垄断、实现进口替代。倾力打造具有自主知识产权的工业互联网平台及其应用生态，为我国制造业企业提供智能制造、协同制造、云制造公共服务。在本次阅兵活动现场，由航天科工研制生产的高层楼宇灭火系统、安保装备、多款气象雷达、挂机装备、重型平板车和自行式模块车、彩车等技术产品为保障活动的圆满成功发挥了重要作用。

站在新的历史起点上，航天科工将坚持以习近平新时代中国特色社会主义思想为指导，深入贯彻党的十九大和十九届二中、三中、四中全会精神，不忘初心、牢记使命，为早日建成国际一流航天防务公司和具有全球竞争力的世界一流企业，为实现航天梦、强军梦、中国梦作出新的更大贡献。

地空导弹方队参加新中国成立70周年阅兵

野战防空导弹方队参加新中国成立70周年阅兵

超声速巡航导弹方队参加新中国成立70周年阅兵

岸舰导弹方队参加新中国成立70周年阅兵

反舰巡航导弹方队参加新中国成立70周年阅兵

高超声速弹道导弹方队参加新中国成立70周年阅兵

新型地地导弹方队参加新中国成立70周年阅兵

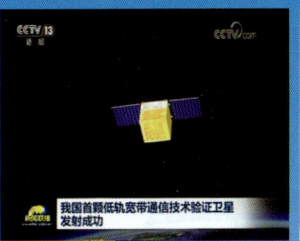
航天科工自主研制的我国首颗低轨宽带通信技术验证卫星虹云工程技术验证星成功发射并进入预定轨道

航天科工在酒泉卫星发射中心用快舟一号甲固体运载火箭，成功将微厘空间一号试验卫星送入预定轨道

航天科工七大装备体系亮相珠海航展

航天科工发布了名为"鹰眼-A"的我国首个全阵列式三维体制的探地雷达，标志着我国无损探地技术从"二维"到"三维"的跨越

航天三大件国产化信息技术产品

航天三小件国产化信息技术产品

航天三院研发的北斗车联网终端及平台系统

航天二院研发的智慧太湖新城城市运行监测系统

航天科工建设实施的港珠澳大桥香港段出入境管制系统自助旅客通道以及珠海公路口岸珠澳合作查验自助通道正式投入使用

航天宏华制造的地壳一号万米大陆科学钻探钻机

中国一汽

中国第一汽车集团有限公司（以下简称"中国一汽"）是国有特大型汽车企业集团。前身为第一汽车制造厂，是国家"一五"计划重点建设项目之一，由毛泽东同志亲笔题写厂名。1953年奠基兴建，1956年建成投产，中国一汽的建成开创了新中国汽车工业的历史。

经过六十多年的发展，中国一汽从东北到华北、华东，再到西南、华南，构建了立足全国、面向世界的产业布局。旗下拥有红旗、解放、奔腾等自主品牌和大众、奥迪、丰田等合资合作品牌。2018年，中国一汽位居《财富》世界500强第125位。

红旗历程

1958年8月1日，成功研制出第一辆红旗轿车

1960年，红旗轿车参加莱比锡国际展览会，同年被载入《世界汽车年鉴》

1998年11月10日，新型大红旗CA7460高级轿车下线

2006年7月15日，"红旗"HQ3轿车下线仪式在轿车公司举行

新红旗H7正式上市

新红旗品牌战略在北京人民大会堂正式发布以来，新红旗在品牌塑造、造型创意、产品研发、技术创新、品质质量、营销服务、客户关怀、体系建设等诸多方面，以日新月异的步伐，改写和创新着无数个红旗时刻，展现和诠释着"理想、执着"

2018年4月17日，吉林省支持中国一汽改革发展暨红旗品牌建设推进会在中国一汽总部召开

2018年7月17—18日，第七届车载信息服务产业应用联盟大会暨首届中国一汽红旗品牌创新生态圈联盟大会在长春召开

2018年8月1日，"红动中国 旗智新生"红旗绿色智能小镇启动仪式在中国一汽总部举行

一汽历程

1953年7月15日，工厂动工奠基典礼

1956年7月13日，第一辆解放卡车下线

1956年10月15日，工厂竣工验收暨开工典礼

1986年2月14日，换型改造万人动员大会

1988年7月15日，一汽万名职工聚集在二厂区广场，召开第一汽车制造厂纪念建厂35周年暨轿车起步动员大会

1990年11月20日，一汽和德国大众汽车公司15万辆轿车合资项目在北京人民大会堂举行签约仪式

2002年6月14日，一汽、天汽联合重组签字仪式在北京人民大会堂举行

2002年8月19日，一汽与丰田公司合作协议签字仪式

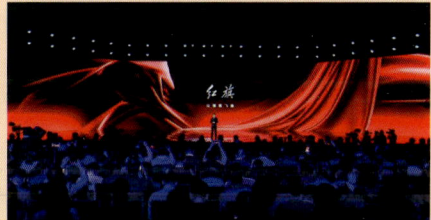
2018年1月8日，"新红旗 让梦想成真"中国一汽红旗品牌战略发布会在北京人民大会堂召开

2018年1月8日，中国一汽红旗品牌战略发布会在北京人民大会堂举行

东风汽车集团有限公司
DONGFENG MOTOR CORPORATION

奋进五十载　卓越创未来

东风汽车集团有限公司是中央直管的汽车行业骨干企业，前身是始建于1969年的第二汽车制造厂。截至2018年底，总资产3266亿元，从业人员15万余人。2018年，产销汽车383万辆，位居中国汽车行业第二位、中国制造业500强第三位、中国企业500强第15位、《财富》世界500强第65位。

主要业务涵盖全系列商用车、乘用车和军车、新能源汽车、汽车零部件、汽车装备、出行服务及汽车水平事业等。主要事业基地分布在武汉、十堰、襄阳、广州等全国20多个城市；在瑞典建有海外研发基地，在俄罗斯设有海外销售公司，是法国PSA集团三个并列最大股东之一。研发能力和科技创新水平行业领先，形成了以东风公司技术中心为主体、各子公司研发机构协同运作的复合开发体系，建设了国际先进、功能齐全、设备完备的产品设计与试验设施，2018年获得4项中国汽车工业科学技术奖。

公司明确了"为用户提供全方位优质汽车产品和服务的卓越企业"的战略定位，规划了到2035年建成世界一流企业的路线图，提出了今后五年实现"三个领先、一个率先"的奋斗目标（经营质量、自主事业、新兴业务行业领先；东风员工高质量跨越小康，率先享有新时代美好生活），为满足人们对美好汽车生活的向往和建设汽车强国贡献更大力量。

2018年3月22日，国内首批神龙首款国六发动机在神龙襄阳工厂成功下线

2018年4月18日，东风领取自动驾驶道路测试牌照

2018年6月29日，东风出行平台上线试运行

2018年9月6日，东风公司、中国移动、华为公司三方共同见证了东风LTE-V5G远程无人驾驶样车在东风公司技术中心园区的远程驾驶演示

2018年10月13日，东风公司工会第九次代表大会在武汉隆重召开

2018年10月24日，东风汽车股份有限公司首批80辆国六轻卡下线仪式

2018年11月30日，东风创新设计中心（上海）揭牌仪式

2018年12月18日，"云峰"项目奠基仪式在武汉经济技术开发区凤凰工业园举行

东风风神E70获全国首批汽车绿色产品认证和"中国节能产品"认证。6月29日，在"2018环青海湖国际电动汽车挑战赛"上斩获五项桂冠

主要车型

东风本田思域

东风标致5008

东风风光580

东风风神全新一代AX7

东风风行景逸X5

东风雷诺科雷傲

东风雪铁龙天逸

东风风神E70

东风启辰D60

东风日产奇骏

东风悦达起亚智跑

东风日产天籁

东风猛士

东风纳瓦拉

东风英菲尼迪Q50L

东风华神

东风多利卡

东风天龙KL

A7

与时代同行 与祖国共进
——致力于打造世界一流的中国有色集团

2019年是新中国成立70周年。中国有色矿业集团有限公司（以下简称"中国有色集团"）作为国务院国资委管理的大型中央企业，在党和国家的关心支持下，不断发展壮大，成为有色金属工业跨越发展特别是"走出去"的重要参与者和受益者。

中国有色集团虽然只有36年的历史，但旗下出资企业的前身最早可以追溯到112年前，拥有中国最早的官办矿务局、最早的选矿药剂厂、最大的粗铜供应商、最早从事南方稀土分离的企业、唯一的铍材科研生产基地、新中国中南地区开发的第一座铜矿山、长江以北铅锌金属产能最大的矿山等，开创了中国钽铌铍工业，为"两弹一星"等国防军工和航空航天、载人深潜等国家重点工程提供了配套原材料。中国有色集团的发展见证了新中国从积贫积弱到自强自立，再到繁荣昌盛的全过程，几代中国有色人奋勇前行，砥砺奋进，在有色金属工业史上留下了浓墨重彩的一笔。

中国有色集团的发展得到习近平总书记等党和国家领导同志的亲切关怀。习近平总书记亲临集团总部视察并先后三次为集团作出重要指示批示，成为中国有色集团做强做优做大、打造世界一流的最大初心和使命。近年来，中国有色集团坚决服从服务于党和国家经济外交大局，深入实施"走出去"战略、参与共建"一带一路"，由我国有色行业最早"走出去"的企业，成长为开展国际合作最成功的企业。先后投资了我国境外第一座铜矿山、第一座湿法炼铜厂、第一座火法炼铜厂、第一个境外合作区、中蒙第一座合资锌矿山、中缅第一座合资镍矿山。海外铜资源项目数量位居中国第一位，年生产铜金属100万吨，占全国铜消费量的9%。中国有色集团是第一家将国外铜矿石运回国的企业，每年运回国内的粗铜占我国进口总量近1/4。在"一带一路"沿线30多个国家承接工程项目超过1200亿元，连续入选"全球最大250家工程承包商"，6次获得境外工程鲁班奖，是承建海外有色金属工程项目数量最多的企业。

在赞比亚建成非洲第一座数字化矿山

中色大冶高纯阴极铜清洁生产项目启动

蒙古国图木尔廷敖包锌矿是中蒙矿业领域最大的合作项目

　　通过多年的发展，中国有色集团形成了三大优势。一是以铜为主的全产业竞争优势，打造了集勘查、采选、冶炼、加工、制造、研发、咨询、设计、施工、贸易、物流为一体的"全产业链"。二是特点鲜明的国际化竞争优势，境外资产、收入、雇员占比分别超过45%、30%和20%，位居中国企业全球化50强第18位、中国100大跨国公司第38位。三是重点区域的比较竞争优势，在中南部非洲拥有8座矿山、9座冶炼厂和1个经贸合作区，建成了非洲第一座数字化矿山，达到铜矿山井下安全高效开采的世界先进水平。2013—2016年，中国有色集团连续四次进入"世界500强"榜单，排名分别为第482位、第398位、第390位和第386位。

　　当前，中国有色集团以习近平新时代中国特色社会主义思想为指引，在国务院国资委的正确领导下，正在稳步实施"三业协同、两轮驱动、全面变革"的"321"发展战略，全力打造具有全球竞争力的科技型、管理型、质量型世界一流矿业企业，努力为中国有色金属工业参与全球资源配置作出更大贡献。

深化与地方政府和企业的友好合作

累计投入扶贫资金超过2700万元

铁岭药剂是中国最早的选矿药剂厂

A9

《中国国有资产监督管理年鉴》编委会

编委会主任

郝　鹏　国务院国有资产监督管理委员会　党委书记、主任
肖亚庆　时任国务院国有资产监督管理委员会　党委副书记、主任

编委会副主任

（在任）

陈超英　中央纪委国家监委驻国资委纪检监察组　组长 国务院国有资产监督管理委员会　党委委员	任洪斌　国务院国有资产监督管理委员会 党委委员、副主任
翁杰明　国务院国有资产监督管理委员会 党委委员、副主任	周国平　国务院国有资产监督管理委员会 党委委员、副部长级干部
孟建民　国务院国有资产监督管理委员会 党委委员、副主任	彭华岗　国务院国有资产监督管理委员会 党委委员、秘书长
赵爱明　国务院国有资产监督管理委员会 党委委员、副主任	

（时任）

江金权　时任国务院国有资产监督管理委员会 中央纪委驻国资委纪检组组长、 国资委党委委员	黄丹华　时任国务院国有资产监督管理委员会 党委委员、副主任
王文斌　时任国务院国有资产监督管理委员会 党委委员、副主任	徐福顺　时任国务院国有资产监督管理委员会 党委委员、副主任
刘　强　时任国务院国有资产监督管理委员会 党委委员、副主任	阎晓峰　时任国务院国有资产监督管理委员会 党委委员、秘书长
沈　莹　时任国务院国有资产监督管理委员会 党委委员、副主任、总会计师	

主　编

殷长波　国务院国有资产监督管理委员会办公厅（党委办公厅）　主任

副主编

庞雪松　国务院国有资产监督管理委员会办公厅（党委办公厅）　副主任

李会武　中国经济出版社有限公司　副社长

编委会委员（一）
（委机关厅局）

殷长波	国务院国有资产监督管理委员会办公厅（党委办公厅）　主任	万　良	国务院国有资产监督管理委员会考核分配局　副局长
董朝辉	国务院国有资产监督管理委员会综合研究局　局长	李　冰	国务院国有资产监督管理委员会资本运营与收益管理局　局长
林庆苗	国务院国有资产监督管理委员会政策法规局　局长	苟　坪	国务院国有资产监督管理委员会科技创新和社会责任局　局长
谢　军	国务院国有资产监督管理委员会规划发展局　局长	魏　伟	国务院国有资产监督管理委员会综合监督局　局长
邬红兵	国务院国有资产监督管理委员会财务监管与运行评价局　局长	赵红严	国务院国有资产监督管理委员会监督追责局　局长
贾立克	国务院国有资产监督管理委员会产权管理局　局长	李　伟	国务院国有资产监督管理委员会企业领导人员管理一局（董事会工作局）　局长
郭祥玉	国务院国有资产监督管理委员会企业改革局　局长	姜维亮	国务院国有资产监督管理委员会企业领导人员管理二局　局长

姚 焕	国务院国有资产监督管理委员会党建工作局（党委组织部、党委统战部） 局长（部长）	肖宗辉	国务院国有资产监督管理委员会行业协会商会党建工作局(行业协会商会工作局) 局长
夏庆丰	国务院国有资产监督管理委员会宣传工作局（党委宣传部） 局长	周 勇	国务院国有资产监督管理委员会机关服务管理局(离退休干部管理局) 局长
朱 凯	国务院国有资产监督管理委员会国际合作局 副局长	陈 军	国务院国有资产监督管理委员会机关党委 常务副书记
宋亚晨	国务院国有资产监督管理委员会人事局 局长	贾春曲	国务院国有资产监督管理委员会党委巡视工作办公室、国资委巡视组 主任

编委会委员（二）
（地方国资委）

张贵林	北京市国有资产监督管理委员会 党委书记、主任	冯波声	浙江省国有资产监督管理委员会 党委书记、主任
尔敬义	天津市国有资产监督管理委员会 党委委员、副主任	徐 红	宁波市国有资产监督管理委员会 主任
李 光	河北省国有资产监督管理委员会 党委委员、副主任	项小龙	安徽省国有资产监督管理委员会 党委副书记、副主任（正厅级）
郭保民	山西省国有资产监督管理委员会 党委书记、主任	林 立	福建省国有资产监督管理委员会 党委委员、副主任
张金亮	内蒙古自治区国有资产监督管理委员会 主任	王龙雏	厦门市国有资产监督管理委员会 主任
项鸿林	辽宁省国有资产监督管理委员会 党委副书记	陈德勤	江西省国有资产监督管理委员会 党委书记、主任
孟 伟	大连市国有资产监督管理委员会 党委书记、主任	尹 刚	山东省国有资产监督管理委员会 党委委员、副主任
王 刚	吉林省国有资产监督管理委员会 副主任	马卫刚	青岛市国有资产监督管理委员会 党委书记、主任、一级巡视员
王智奎	黑龙江省国有资产监督管理委员会 党委书记、主任	刘孟连	河南省国有资产监督管理委员会 党委委员、副主任
白廷辉	上海市国有资产监督管理委员会 党委书记、主任	傅立民	湖北省国有资产监督管理委员会 党委书记、主任
徐郭平	江苏省国有资产监督管理委员会 党委书记、主任兼省委组织部副部长	丛培模	湖南省国有资产监督管理委员会 党委副书记、主任

张绳道　广东省国有资产监督管理委员会
　　　　　　　　　　　　　　副厅级巡视员
叶新明　深圳市国有资产监督管理委员会　　副主任
管跃庆　广西壮族自治区国有资产监督管理委员会
　　　　　　　　　　　　　　党委书记、主任
蔡　君　海南省国有资产监督管理委员会　　副主任
向　曦　重庆市国有资产监督管理委员会　党委副书记
宣　迅　四川省国有资产监督管理委员会
　　　　　　　　　　　　　党委委员、副主任
王　勇　贵州省国有资产监督管理委员会
　　　　　　　　　　　　　　党委书记、主任
谢曙光　云南省国有资产监督管理委员会　　副主任

柳铁伦　西藏自治区国有资产监督管理委员会
　　　　　　　　　　　　　党委委员、副主任
骆东山　陕西省国有资产监督管理委员会　　副主任
郭智强　甘肃省国有资产监督管理委员会　　副主任
洪　涛　青海省国有资产监督管理委员会
　　　　　　　　　　　　　党委副书记、副主任
曹学云　宁夏回族自治区国有资产监督管理委员会
　　　　　　　　　　　　　　　　　副主任
张红彦　新疆维吾尔自治区国有资产监督管理委员会
　　　　　　　　　　　　　党委副书记、主任
宋宝林　新疆生产建设兵团国有资产监督管理委员会
　　　　　　　　　　　　　　　　　副主任

编委会委员（三）

（中央企业）

吴燕生　中国航天科技集团有限公司　　　董事长
李本正　中国航空工业集团有限公司党组副书记、董事
陈　琪　中国船舶工业集团有限公司
　　　　　　　　　　　　　党组成员、副总经理
钱建平　中国船舶重工集团有限公司
　　　　　　　　　　　　　党组成员、副总经理
张　华　中国兵器工业集团有限公司　　副总经理
胡荣建　中国兵器装备集团有限公司　副主任、巡视员
黄兴东　中国电子科技集团有限公司　　副总经理
陈少洋　中国航空发动机集团有限公司
　　　　　　　　　　　　　党组成员、副总经理
吕大鹏　中国石油化工集团有限公司　宣传工作部主任
朱烈斌　中国海洋石油集团有限公司
　　　　　　　　　　　　　办公厅主任、党组秘书
孟振平　中国南方电网有限责任公司党组书记、董事长
陈飞虎　中国大唐集团有限公司　　党组书记、董事长
王祥喜　国家能源投资集团有限责任公司
　　　　　　　　　　　　　党组书记、董事长

董　昕　中国移动通信集团有限公司
　　　　　党组成员、副总经理、总会计师、工会主席
张振戎　中国一重集团有限公司　　党委副书记、董事
伏中哲　中国宝武钢铁集团有限公司　　党委副书记
冯　刚　中国航空集团有限公司　　　　副总经理
于旭波　中粮集团有限公司　　　　　　　总裁
邓亦武　中国储备粮管理集团有限公司
　　　　　　　　　　　　　党组书记、董事长
施洪祥　国家开发投资集团有限公司
　　　　　　　　　　　　党组副书记、总裁、董事
蓝　屹　华润（集团）有限公司　秘书长、办公厅主任
朱碧新　中国诚通控股集团有限公司　　　总裁
李建友　机械科学研究总院集团有限公司　副总经理
戴和根　中国化学工程集团有限公司　党委书记、董事长
宋志平　中国建材集团有限公司　党委副书记、董事长
韩　龙　北京矿冶科技集团有限公司　　　总经理
卜玉龙　中国国际技术智力合作有限公司
　　　　　　　　　　　　　党委书记、董事长
许杰峰　中国建筑科学研究院有限公司　　总经理

张宗言	中国铁路工程集团有限公司 党委副书记、总经理、董事	晏志勇	中国电力建设集团有限公司 党委书记、董事长
庄尚标	中国铁道建筑集团有限公司 总裁	汪建平	中国能源建设集团有限公司 党委书记、董事长
童国华	中国信息通信科技集团有限公司 党委书记、董事长	贺 禹	中国广核集团有限公司 党委书记、董事长
彭敖瑞	中国农业发展集团有限公司 党委副书记	李茂华	中国华录集团有限公司 副总经理
佘鲁林	中国医药集团有限公司 总经理	张 庆	上海诺基亚贝尔股份有限公司 执行副总经理
张振高	中国保利集团有限公司 总经理	李 涛	华侨城集团有限公司 副总经理
赵 旭	中国建设科技有限公司 董事会秘书	李 晖	南光(集团)有限公司[中国南光集团有限公司] 综合管理组组长
卢 进	中国冶金地质总局 党委书记、局长		
王海宁	中国煤炭地质总局 党委委员、副局长	白忠泉	中国西电集团有限公司 党委书记、董事长
杨 彬	新兴际华集团有限公司 党委副书记、总经理	莫德旺	中国国新控股有限责任公司 党委副书记、总经理
王 玮	中国民航信息集团有限公司 副总经理		
张志刚	中国航空油料集团有限公司 副总经理	高和生	中国汽车技术研究中心有限公司 党委副书记、董事
杨晓明	中国航空器材集团有限公司 总经理		

《中国国有资产监督管理年鉴》
工作站站长(一)
（地方国资委）

白隽滢	北京市国有资产监督管理委员会 研究室主任	皮 凯	黑龙江省国有资产监督管理委员会 政策法规处处长
洪全印	天津市国有资产监督管理委员会 研究室主任	陈忠益	上海市国有资产监督管理委员会 办公室主任
张一凡	河北省国有资产监督管理委员会 综合处副处长	吴 宁	江苏省国有资产监督管理委员会 办公室主任
王小涛	山西省国有资产监督管理委员会 办公室主任	万力源	浙江省国有资产监督管理委员会 办公室副主任
王晓燕	内蒙古自治区国有资产监督管理委员会 办公室主任	曾利民	宁波市国有资产监督管理委员会 办公室主任
宋旭涤	辽宁省国有资产监督管理委员会 办公室副主任(主持工作)	王维坤	安徽省国有资产监督管理委员会 办公室主任
		张金霖	福建省国有资产监督管理委员会 办公室主任
李超群	大连市国有资产监督管理委员会 办公室主任	刘聪斌	厦门市国有资产监督管理委员会 办公室主任
王 昊	吉林省国有资产监督管理委员会 秘书长兼办公室主任	袁紫忠	江西省国有资产监督管理委员会 办公室(党办)主任

姜　珊　山东省国有资产监督管理委员会
　　　　　　　　　　　　　办公室副处长
李　力　青岛市国有资产监督管理委员会　办公室主任
李鹏懿　河南省国有资产监督管理委员会　研究室主任
杨立学　湖北省国有资产监督管理委员会　办公室主任
高先祥　湖南省国有资产监督管理委员会　研究室主任
谭　灿　广东省国有资产监督管理委员会　办公室主任
李宝东　深圳市国有资产监督管理委员会　办公室主任
邓明甫　广西壮族自治区国有资产监督管理委员会
　　　　　　　　　　　　　办公室副主任
李　伟　海南省国有资产监督管理委员会　办公室主任
袁　超　重庆市国有资产监督管理委员会
　　　　　　　　　　　　　办公室副主任
张　敏　四川省国有资产监督管理委员会　办公室主任
戴卫华　贵州省国有资产监督管理委员会
　　　　　　　　　　办公室(党委办公室)副主任

汪兴祥　云南省国有资产监督管理委员会　办公室主任
杨　钧　西藏自治区国有资产监督管理委员会
　　　　　　　　　　　　　政策法规处处长
方启权　陕西省国有资产监督管理委员会
　　　　　　　　　　　　　办公室副主任
温建军　甘肃省国有资产监督管理委员会
　　　　　　　　　　　　　政策法规处处长
李国雄　青海省国有资产监督管理委员会　综合处处长
马　存　宁夏回族自治区国有资产监督管理委员会
　　　　　　　　　　　　　办公室主任
朱永生　新疆维吾尔自治区国有资产监督管理委员会
　　　　　　　　　　　　　综合处副处长
艾　荣　新疆生产建设兵团国有资产监督管理委员会
　　　　　　　　　　　　　办公室主任

工作站站长(二)

（中央企业）

路明辉　中国航天科技集团有限公司　　办公厅副主任
姚　平　中国航空工业集团有限公司　航史办公室主任
曹友生　中国船舶工业集团有限公司　政策法规部主任
李成强　中国船舶重工集团有限公司
　　　　　　　　　　政策法规部政策研究处副处长
翁建威　中国兵器工业集团有限公司
　　　　　　　　　　　改革与资产管理部部长
刘正富　中国兵器装备集团有限公司　综合处副处长
裘　颖　中国电子科技集团有限公司　　办公厅副主任
党学军　中国航空发动机集团有限公司　办公厅副主任
程庆昭　中国石油化工集团有限公司　年鉴编辑室主任
胡森林　中国海洋石油集团有限公司　　办公厅副主任
林俊昌　中国南方电网有限责任公司　　办公厅副主任
陆文辉　中国华能集团有限公司　　　　新闻中心主任

马继宪　中国大唐集团有限公司　　　　办公厅副主任
李　伟　国家能源投资集团有限责任公司
　　　　　　　　　　　办公厅社会责任处处长
于明峰　中国电信集团有限公司
　　　　　　　　　　　办公厅综合调研室副主任
岳爱成　中国联合网络通信集团有限公司
　　　　　　　　　　　　　办公厅副主任
邓小琳　中国移动通信集团有限公司
　　　　　　　　　　办公厅副主任、新闻中心主任
邢志刚　中国第一汽车集团有限公司
　　　　　　　　　办公厅(党委办公厅)机要调研处处长
米迎新　中国一重集团有限公司　党委宣传部高级经理
史向甫　中国东方电气集团有限公司
　　　　　　　　　　　办公厅保密与档案处副处长

王 语	中国宝武钢铁集团有限公司 党委宣传部部长、企业文化部部长	侯步云	中国交通建设集团有限公司 办公厅秘书处处长
王泽明	中国航空集团有限公司 办公厅政策研究室高级经理	丁 峰	中国信息通信科技集团有限公司 总经理办公室主任
江 霈	中国中化集团有限公司 办公厅副主任	贾建国	中国农业发展集团有限公司 办公室副主任,研究室主任
刘 云	中粮集团有限公司 办公厅主任	晋 斌	中国医药集团有限公司 办公室主任
李怀明	中国通用技术(集团)控股有限责任公司 办公厅主任	王瑞章	中国保利集团有限公司 战略投资中心主任
胡 勤	中国建筑集团有限公司 办公厅(党组办)副主任	高东旭	中国冶金地质总局 办公室副主任
由 伟	中国储备粮管理集团有限公司 办公厅主任	宋思哲	中国煤炭地质总局 办公室秘书处副处长
谢宝康	国家开发投资集团有限公司 党群工作部新闻中心副主任	刘其先	新兴际华集团有限公司 董事会秘书、办公厅主任
袁洪其	招商局集团有限公司 办公厅宣传文化总监	展延奇	中国民航信息集团有限公司 办公室副主任
朱虹波	华润(集团)有限公司 办公厅副主任	孙建业	中国航空油料集团有限公司 办公厅主任
张新苗	中国商用飞机有限责任公司 办公厅主任	张飞军	中国航空器材集团有限公司 办公室副主任
朱彩飞	中国节能环保集团有限公司 办公厅副主任	魏立军	中国电力建设集团有限公司 党委工作部副主任
竺小政	中国诚通控股集团有限公司 总裁办公室主任	陈 功	中国能源建设集团有限公司 办公厅(党委办公室)主任
王富有	中国中煤能源集团有限公司 办公厅副主任	胡光耀	中国广核集团有限公司 办公厅主任
李东方	机械科学研究总院集团有限公司 院务工作部副部长(主持工作)	郭 建	中国华录集团有限公司 综合办公室主任
王 洋	中国中钢集团有限公司 办公室综合处经理	赵 群	上海诺基亚贝尔股份有限公司 总监
李 超	中国化学工程集团有限公司 党委办公室(总经理办公室)副主任(主持工作)	薛 晔	华侨城集团有限公司 集团办高级经理
张 静	中国建材集团有限公司 办公室副主任	李浩思	南光(集团)有限公司[中国南光集团有限公司] 综合管理组副组长
李 蒙	有研科技集团有限公司 办公厅副主任	史洪杰	中国西电集团有限公司 办公室副主任(主持工作)
姚志超	北京矿冶科技集团有限公司 办公厅主任	王金霞	中国铁路物资集团有限公司 综合办公室副主任
韩军旗	中国国际技术智力合作有限公司 办公厅(党委办公厅)主任	唐玉立	中国国新控股有限责任公司 国新研究院常务副院长兼办公室(党委办公室、董事会办公室)主任
赵少莉	中国建筑科学研究院有限公司 办公室主任		
李 辉	中国铁路工程集团有限公司 办公厅副主任		
谭凤华	中国铁路工程集团有限公司 办公室文书档案处处长	王 今	中国汽车技术研究中心有限公司 办公室主任
陈建军	中国铁道建筑集团有限公司 办公厅主任		

《中国国有资产监督管理年鉴》撰稿人

(按姓氏笔画排序)

丁若沙	万友元	马 禹	马立军	马国亮	王 英	王 洋	王 娜	王 健
王 娥	王 爽	王 敏	王 琳	王 馨	王大鹏	王友叶	王长明	王玉峰
王亚坤	王旭升	王丽娜	王英伟	王春娟	王彦祥	王冠祺	王艳红	王晓茜
王德国	尹诗岚	邓 巧	邓明甫	石义刚	付爱民	冯 睿	毕瑞亨	朱 军
朱虹波	朱奕璇	乔腾飞	任泽宇	任洁江	任瑞芳	刘 飞	刘 维	刘 俊
刘 超	刘 颢	刘之阳	刘长瑞	刘征文	刘洪学	刘健敏	江秀龙	汝昌晋
安 超	许文伟	严 艺	李 飞	李 尧	李 军	李 姿	李 盈	李 楠
李 蔓	李 巍	李小龙	李伟方	李宇昆	李青林	李选杰	李舒群	李鹏懿
杨 威	杨 泰	杨 罡	杨立学	杨有福	杨启燕	杨宝明	杨胜利	杨雅爽
邴颂东	吴 桐	吴桂勇	何晓克	汪丽瑾	宋光兰	张 卓	张 旻	张 玲
张 猛	张 智	张 强	张 鹏	张小菊	张文良	张永海	张志民	张陆琰
张海峰	张跃辉	张楚良	张嘉倪	陈志友	陈 蕾	欧天奕	欧旭军	欧阳神州
尚家发	金伟光	周 舟	周秋慧	郑礼建	郑庆苏	单新东	郎晓黎	赵 发
赵 坤	赵 艳	赵 樾	赵一敬	郝 峰	胡 望	胡杨军	胡岳鹏	侯昭平
俞 凯	祖培园	姚孟乐	姚雪亮	姚新宇	贺 健	袁正秋	袁洪其	夏 雨
徐文媛	徐秋青	徐新宇	徐翰青	翁斌辉	高 青	高 源	郭 彧	黄 硕
黄 翔	黄梨炎	梅爱国	曹昆鹏	龚利杉	崔云霞	康 莉	康 蓉	梁 黎
隆 洋	彭业伟	蒋 捷	蒋小金	蒋晓琳	韩 冰	韩志涛	程 欣	程 勇
程宜礼	曾 俊	曾红梅	曾俊伟	谢一骏	赖贞庭	简金芝	翟 宇	翟 郸
薛 晔	薛向荣	薛俊武	戴力壮					

目　录

编写说明 …… 《中国国有资产监督管理年鉴》编辑部

第一篇　重要经济文献

全面加强新时代国有企业党的政治建设 …………

　　　　　　国务院国资委党委书记、主任　郝　鹏(3)

筑牢迈向世界一流企业的"根"和"魂" …………

　　　　　　国务院国资委党委书记、主任　郝　鹏(4)

以改革创新开放合作锻造国有企业竞争力 …………

　　　时任国务院国资委党委副书记、主任　肖亚庆(7)

扎实推动国有企业高质量发展 ……………………

　　　时任国务院国资委党委副书记、主任　肖亚庆(10)

第二篇　国有资产监督管理概况

国有资产监督管理体制改革和国有企业改革发展

　　综述 ……………………………………………… (15)

中央企业规划发展工作 ……………………………… (18)

企业国有资产监管法治建设 ………………………… (21)

企业国有产权管理工作 ……………………………… (23)

中央企业财务监督工作 ……………………………… (26)

全国国有企业资产与财务状况分析 ………………… (30)

国有企业改革与发展 ………………………………… (32)

中央企业董事会试点进展和董事会

　　建设情况 ………………………………………… (35)

国有企业解决历史遗留问题进展情况 ……………… (36)

中央企业收入分配调控和薪酬管理工作 …………… (39)

中央企业经营业绩考核工作 ………………………… (41)

中央企业资本运营与收益管理工作 ………………… (43)

国际交流与合作 ……………………………………… (45)

企业领导人员管理 …………………………………… (46)

人才工作和人才队伍建设 …………………………… (48)

中央企业监督和违规经营投资责任追究工作 …… (51)

中央企业党建工作 …………………………………… (53)

中央企业宣传思想文化工作 ………………………… (55)

中央企业群众工作 …………………………………… (58)

行业协会商会监督管理与党建工作 ………………… (62)

中央企业纪检监察工作 ……………………………… (64)

国务院国资委党委对中央企业开展巡视

　　工作情况 ………………………………………… (67)

第三篇　各省(区、市)国有资产监督管理概况

北京市 …………………………………………………… (73)

天津市 …………………………………………………… (80)

河北省 …………………………………………………… (87)

山西省 …………………………………………………… (93)

内蒙古自治区 …………………………………………… (101)

辽宁省 …………………………………………………… (108)

大连市 …………………………………………………… (115)

吉林省 …………………………………………………… (119)

黑龙江省 ………………………………………………… (126)

上海市 …………………………………………………… (135)

江苏省 …………………………………………………… (138)

浙江省 …………………………………………………… (145)

宁波市 …………………………………………………… (153)

安徽省 …………………………………………………… (158)

福建省 …………………………………………………… (166)

厦门市 …………………………………………………… (174)

江西省 …………………………………………………… (179)

山东省 …………………………… (185)	中国华能集团有限公司 …………………… (367)
青岛市 …………………………… (193)	中国大唐集团有限公司 …………………… (373)
河南省 …………………………… (199)	中国华电集团有限公司 …………………… (376)
湖北省 …………………………… (208)	国家电力投资集团有限公司 ……………… (379)
湖南省 …………………………… (215)	中国长江三峡集团有限公司 ……………… (380)
广东省 …………………………… (220)	国家能源投资集团有限责任公司 ………… (383)
深圳市 …………………………… (228)	中国电信集团有限公司 …………………… (386)
广西壮族自治区 ………………… (235)	中国联合网络通信集团有限公司 ………… (391)
海南省 …………………………… (241)	中国移动通信集团有限公司 ……………… (393)
重庆市 …………………………… (246)	中国电子信息产业集团有限公司 ………… (396)
四川省 …………………………… (257)	中国第一汽车集团有限公司 ……………… (398)
贵州省 …………………………… (261)	东风汽车集团有限公司 …………………… (400)
云南省 …………………………… (266)	中国一重集团有限公司 …………………… (402)
西藏自治区 ……………………… (275)	中国机械工业集团有限公司 ……………… (405)
陕西省 …………………………… (282)	哈尔滨电气集团有限公司 ………………… (408)
甘肃省 …………………………… (290)	中国东方电气集团有限公司 ……………… (411)
青海省 …………………………… (296)	鞍钢集团有限公司 ………………………… (414)
宁夏回族自治区 ………………… (304)	中国宝武钢铁集团有限公司 ……………… (416)
新疆维吾尔自治区 ……………… (309)	中国铝业集团有限公司 …………………… (419)
新疆生产建设兵团 ……………… (315)	中国远洋海运集团有限公司 ……………… (422)
	中国航空集团有限公司 …………………… (425)

第四篇　中央企业改革与发展

	中国东方航空集团有限公司 ……………… (429)
	中国南方航空集团有限公司 ……………… (432)
	中国中化集团有限公司 …………………… (436)
中国核工业集团有限公司 ………………… (323)	中粮集团有限公司 ………………………… (438)
中国航天科技集团有限公司 ……………… (325)	中国五矿集团有限公司 …………………… (442)
中国航天科工集团有限公司 ……………… (332)	中国通用技术(集团)控股有限责任公司 …… (444)
中国航空工业集团有限公司 ……………… (334)	中国建筑集团有限公司 …………………… (446)
中国船舶工业集团有限公司 ……………… (336)	中国储备粮管理集团有限公司 …………… (448)
中国船舶重工集团有限公司 ……………… (339)	国家开发投资集团有限公司 ……………… (451)
中国兵器工业集团有限公司 ……………… (341)	招商局集团有限公司 ……………………… (452)
中国兵器装备集团有限公司 ……………… (343)	华润(集团)有限公司 ……………………… (455)
中国电子科技集团有限公司 ……………… (346)	中国旅游集团有限公司[香港中旅
中国航空发动机集团有限公司 …………… (351)	(集团)有限公司] ……………………… (457)
中国石油天然气集团有限公司 …………… (353)	中国商用飞机有限责任公司 ……………… (460)
中国石油化工集团有限公司 ……………… (357)	中国节能环保集团有限公司 ……………… (464)
中国海洋石油集团有限公司 ……………… (358)	中国国际工程咨询有限公司 ……………… (467)
国家电网有限公司 ………………………… (361)	中国诚通控股集团有限公司 ……………… (470)
中国南方电网有限责任公司 ……………… (365)	中国中煤能源集团有限公司 ……………… (473)

中国煤炭科工集团有限公司 …………… (475)
机械科学研究总院集团有限公司 ………… (480)
中国中钢集团有限公司 ………………… (484)
中国钢研科技集团有限公司 …………… (486)
中国化工集团有限公司 ………………… (489)
中国化学工程集团有限公司 …………… (491)
中国盐业集团有限公司 ………………… (496)
中国建材集团有限公司 ………………… (498)
中国有色矿业集团有限公司 …………… (500)
有研科技集团有限公司 ………………… (502)
北京矿冶科技集团有限公司 …………… (506)
中国国际技术智力合作有限公司 ……… (509)
中国建筑科学研究院有限公司 ………… (511)
中国中车集团有限公司 ………………… (513)
中国铁路通信信号集团有限公司 ……… (516)
中国铁路工程集团有限公司 …………… (522)
中国铁建股份有限公司 ………………… (527)
中国交通建设集团有限公司 …………… (533)
中国普天信息产业集团有限公司 ……… (536)
中国信息通信科技集团有限公司 ……… (539)
中国农业发展集团有限公司 …………… (541)
中国林业集团有限公司 ………………… (546)
中国医药集团有限公司 ………………… (548)
中国保利集团有限公司 ………………… (550)
中国建设科技有限公司 ………………… (553)
中国冶金地质总局 ……………………… (556)
中国煤炭地质总局 ……………………… (559)
新兴际华集团有限公司 ………………… (561)
中国民航信息集团有限公司 …………… (564)
中国航空油料集团有限公司 …………… (566)
中国航空器材集团有限公司 …………… (569)
中国电力建设集团有限公司 …………… (572)
中国能源建设集团有限公司 …………… (578)
中国黄金集团有限公司 ………………… (582)
中国广核集团有限公司 ………………… (585)
中国华录集团有限公司 ………………… (588)
上海诺基亚贝尔股份有限公司 ………… (592)
华侨城集团有限公司 …………………… (594)
南光(集团)有限公司 …………………… (597)

中国西电集团有限公司 ………………… (599)
中国铁路物资集团有限公司 …………… (601)
中国国新控股有限责任公司 …………… (604)
中国汽车技术研究中心有限公司 ……… (606)

第五篇 国有资产统计资料

2018年全国国有企业户数、从业人数、国有
　资产总量综合分析表 ……………………… (611)
2018年全国国有企业户数、从业人数、国有
　资产总量行业分析表 ……………………… (612)
2018年全国国有企业户数、从业人数、国有
　资产总量地区分析表 ……………………… (613)
2018年全国国有企业资产负债综合分析表 … (615)
2018年全国国有企业资产负债行业分析表 … (616)
2018年全国国有企业资产负债地区分析表 … (617)
2018年国有工业企业户数、从业人数、国有
　资产总量地区分析表 ……………………… (619)
2018年国有工业企业资产负债地区分析表 … (620)
2018年国有商业企业户数、从业人数、国有
　资产总量地区分析表 ……………………… (622)
2018年国有商业企业资产负债地区分析表 … (623)
2018年北京市国有企业主要指标表 ………… (625)
2018年天津市国有企业主要指标表 ………… (626)
2018年河北省国有企业主要指标表 ………… (628)
2018年山西省国有企业主要指标表 ………… (629)
2018年内蒙古自治区国有企业主要指标表 … (631)
2018年辽宁省国有企业主要指标表 ………… (632)
2018年大连市国有企业主要指标表 ………… (634)
2018年吉林省国有企业主要指标表 ………… (635)
2018年黑龙江省国有企业主要指标表 ……… (637)
2018年上海市国有企业主要指标表 ………… (638)
2018年江苏省国有企业主要指标表 ………… (640)
2018年浙江省国有企业主要指标表 ………… (641)
2018年宁波市国有企业主要指标表 ………… (643)
2018年安徽省国有企业主要指标表 ………… (644)
2018年福建省国有企业主要指标表 ………… (646)
2018年厦门市国有企业主要指标表 ………… (647)

2018年江西省国有企业主要指标表 …………(649)
2018年山东省国有企业主要指标表 …………(650)
2018年青岛市国有企业主要指标表 …………(652)
2018年河南省国有企业主要指标表 …………(653)
2018年湖北省国有企业主要指标表 …………(655)
2018年湖南省国有企业主要指标表 …………(656)
2018年广东省国有企业主要指标表 …………(658)
2018年深圳市国有企业主要指标表 …………(659)
2018年广西壮族自治区国有企业主要
 指标表 ………………………………………(661)
2018年海南省国有企业主要指标表 …………(662)
2018年重庆市国有企业主要指标表 …………(664)
2018年四川省国有企业主要指标表 …………(665)
2018年贵州省国有企业主要指标表 …………(667)
2018年云南省国有企业主要指标表 …………(668)
2018年西藏自治区国有企业主要指标表 ……(670)
2018年陕西省国有企业主要指标表 …………(671)
2018年甘肃省国有企业主要指标表 …………(673)
2018年青海省国有企业主要指标表 …………(674)
2018年宁夏回族自治区国有企业主要
 指标表 ………………………………………(676)
2018年新疆维吾尔自治区国有企业主要
 指标表 ………………………………………(677)
2018年新疆生产建设兵团国有企业主要
 指标表 ………………………………………(679)

第六篇 国有资产监督管理政策法规选编

中共中央办公厅、国务院办公厅印发《关于加强
 国有企业资产负债约束的指导意见》…………(683)
国务院关于改革国有企业工资决定机制的
 意见 ……………………………………………(686)
国务院关于推进国有资本投资、运营公司改革
 试点的实施意见 ………………………………(689)
上市公司国有股权监督管理办法 ………………(693)
中央企业违规经营投资责任追究实施
 办法(试行) ……………………………………(701)

国资委关于废止《中央企业经济责任审计管理
 暂行办法》的决定 ……………………………(709)
中央企业工资总额管理办法 ……………………(709)
国务院国资委2018年政务公开工作要点 ……(713)
关于印发《中央企业合规管理指引(试行)》的
 通知 ……………………………………………(713)
科技部、国资委印发《关于进一步推进中央企业
 创新发展的意见》的通知 ……………………(717)
关于公布规章规范性文件清理结果的公告 ……(719)

第七篇 国有企业履行社会责任和党的建设成果概览

华润(集团)有限公司 ………………………………(A1)
中国航天科工集团有限公司 ……………(A2～A3)
中国第一汽车股份有限公司 ……………(A4～A5)
东风汽车集团有限公司 …………………(A6～A7)
中国有色矿业集团有限公司 ……………(A8～A9)
中国普天信息信息产业股份有限公司 ………(B1)
中国长江三峡集团有限公司 ……………(B2～B3)
国家开发投资集团有限公司 ……………(B4～B5)
中国化学工程集团有限公司 ……………(B6～B7)
徐州矿务集团有限公司 …………………(B8～B13)
安阳钢铁集团有限责任公司 …………………(B14)
西藏甘露藏药股份有限公司 …………………(B15)
酒泉钢铁(集团)有限责任公司 ………………(B16)
中国汽车工业协会 ……………………………(B17)
中国石油天然气股份有限公司广西
 石化分公司 ……………………………………(B18)
西南联合产权交易所有限责任公司 …………(B19)

第八篇 大事记

2018年国务院国有资产监督管理委员会
 大事记 …………………………………………(725)

第九篇 附 录

国务院关于推动创新创业高质量发展 打造"双创"
　升级版的意见 ……………………………（739）
关于印发《对外投资备案（核准）报告暂行办法》
　的通知 ……………………………………（744）
关于印发《企业境外经营合规管理指引》的
　通知 ………………………………………（746）
关于扩大国有科技型企业股权和分红激励暂行
　办法实施范围等有关事项的通知 …………（750）
2018年度和2016—2018年任期中央企业负责人
　经营业绩考核A级企业名单 ………………（751）
2018年《财富》世界500强中国企业上榜
　情况 ………………………………………（752）

索 引

Contents

Introduction ...... Editors of China's State-owned Assets Supervision and Administration Yearbook

Chapter I. Important Economic Literature

Comprehensively strengthen party's political construction of state-owned enterprise in the new age .... (3)

Build the "Root" and "Soul" to be world first-class enterprise .... (4)

Forging the competitiveness of state-owned enterprises with reform, innovation, opening and cooperation .... (7)

Promote high-quality development of state-owned enterprise .... (10)

Chapter II. General Situation of the Supervision and Administration of State-owned Assets

Summary of the Reform of the Supervision and Administration System of State-owned Assets and of SOE Reform .... (15)

Central SOEs Planning and Development .... (18)

Legal System Construction of the Supervision and Administration of State-owned Assets of Enterprises .... (21)

Management of the State-owned Property Right of Enterprises .... (23)

Financial Supervision of Central SOEs .... (26)

Analysis on the Assets and Financial Situation of SOEs in China .... (30)

Reform and Development of Enterprise .... (32)

Progress and Construction Made in the Pilot Program of Establishing Board of Directors in Central SOEs .... (35)

Progress Made in Solving Historical Problems of SOEs .... (36)

Regulating and Controlling of Income Distribution and Administering of Remuneration of Central SOEs .... (39)

Operational Performance Assessment of Central SOEs .... (41)

Capital operation and Revenue Management of Central SOEs .... (43)

International Exchange and Cooperation .... (45)

Administration of Corporate Executives .... (46)

Work related to Competent Professionals and Human Resources Development .... (48)

Supervision, Accountability of Investment and Operation by Violating Regulations Works of Central SOEs .... (51)

Party Building Work of Central SOEs ············ (53)

Publicity Work of Central SOEs ················ (55)

Mass Work of Central SOEs ···················· (58)

Supervision, Administration and Party Building Work of Industry Associations and Chambers of Commerce ································ (62)

Disciplinary Inspection and Supervision Work of Central SOEs ································ (64)

Inspection Work carried out by SASAC on Central SOEs ································ (67)

Chapter Ⅲ. General Situation of the Supervision and Administration of State-owned Assets in Provinces, Autonomous Regions, Municipalities and cities

Beijing Municipality ························ (73)

Tianjin Municipality ························ (80)

Hebei Province ···························· (87)

Shanxi Province ···························· (93)

Inner Mongolia Autonomous Region ············ (101)

Liaoning Province ·························· (108)

Dalian City ································ (115)

Jilin Province ······························ (119)

Heilongjiang Province ······················ (126)

Shanghai Municipality ······················ (135)

Jiangsu Province ···························· (138)

Zhejiang Province ·························· (145)

Ningbo City ································ (153)

Anhui Province ···························· (158)

Fujian Province ···························· (166)

Xiamen City ································ (174)

Jiangxi Province ···························· (179)

Shandong Province ·························· (185)

Qingdao City ······························ (193)

Henan Province ···························· (199)

Hubei Province ···························· (208)

Hunan Province ···························· (215)

Guangdong Province ························ (220)

Shenzhen Municipality ······················ (228)

Guangxi Zhuang Autonomous Region ············ (235)

Hainan Province ···························· (241)

Chongqing Municipality ···················· (246)

Sichuan Province ·························· (257)

Guizhou Province ·························· (261)

Yunnan Province ·························· (266)

Xizang Autonomous Region ·················· (275)

Shaanxi Province ·························· (282)

Gansu Province ···························· (290)

Qinghai Province ·························· (296)

Ningxia Hui Autonomous Region ·············· (304)

Xinjiang Uygur Autonomous Region ············ (309)

Production and Construction Corps of Xinjiang ································ (315)

Chapter Ⅳ. Reform and Development of China's Central SOEs

China National Nuclear Corporation ············ (323)

China Aerospace Science and Technology Corporation ······························ (325)

China Aerospace Science and Industry Corporation ······························ (332)

Aviation Industry Corporation of China ········ (334)

China State Shipbuilding Corporation ············ (336)

China Shipbuilding Industry Corporation ······ (339)

China North Industries Group Corporation ··· (341)

China South Industries Group Corporation ··· (343)

China Electronics Technology Group

Corporation ………………………………… (346)	China General Technology (Group) Holding,
Aero Engine Corporation of China ………… (351)	Limited ………………………………… (444)
China National Petroleum Corporation ……… (353)	China State Construction Engineering Corp … (446)
China Petroleum & Chemical Corporation …… (357)	China Grain Reserves Corporation …………… (448)
China National Offshore Oil Corporation …… (358)	State Development & Investment Corp ……… (451)
State Grid Corporation of China ……………… (361)	China Merchants Group ……………………… (452)
China Southern Power Grid Co, Ltd ………… (365)	China Resources (Holdings) Co, Ltd ……… (455)
China Huaneng Group ………………………… (367)	CITS Group Corporationn …………………… (457)
China Datang Corporation …………………… (373)	Commercial Aircraft Corporation of China,
China Huadian Corporation …………………… (376)	Ltd ……………………………………… (460)
State Power Investment Corporation ………… (379)	China Energy Conservation Investment
China Three Gorges Project Corporation …… (380)	Corporation …………………………………… (464)
China Energy Investment Corporation ……… (383)	China International Engineering Consulting
China Telecommunications Corporation ……… (386)	Corporation …………………………………… (467)
China United Network Telecommunications	China Chengtong Holding …………………… (470)
Group Corporation …………………………… (391)	China National Coal Group Corp …………… (473)
China Mobile Communications Corporation … (393)	China Coal Technology & Engineering Group
China Electronics Corporation ………………… (396)	Corp …………………………………………… (475)
China FAW Group Corporation ……………… (398)	China Academy of Machinery Science &
Dongfeng Motor Corporation ………………… (400)	Technology …………………………………… (480)
China First Heavy Industries ………………… (402)	Sinosteel Corporation ………………………… (484)
China National Machinery Industry	China Iron & Steel Research Institute
Corporation …………………………………… (405)	Group ………………………………………… (486)
Harbin Electric Corporation ………………… (408)	ChemChina Group Corporation ……………… (489)
Dongfang Electric Corporation ……………… (411)	China National Chemical Engineering Group
Anshan Iron and Steel Group Corporation …… (414)	Corp …………………………………………… (491)
China Baowu Steel Group Corporation	China National Salt Industry Corporation …… (496)
Limited ………………………………………… (416)	China National Building Material Group
Aluminum Corporation of China Limited …… (419)	Corporation …………………………………… (498)
China Ocean Shipping (Group) Company …… (422)	China Nonferrous Metal Mining (Group) Co,
China National Aviation Holding Company … (425)	Ltd …………………………………………… (500)
China Eastern Air Holding Company ………… (429)	General Research Institute for Nonferrous
China Southern Air Holding Company ……… (432)	Metals ………………………………………… (502)
Sinochem Corporation ………………………… (436)	Beijing General Research Institute of Mining &
COFCO Corporation ………………………… (438)	Metall ………………………………………… (506)
China Minmetals Corporation ………………… (442)	China International Intellectual

Cooperation ·· (509)
China Academy of Building Research ············ (511)
CRRC Corporation Limited ························ (513)
China Railway Signal and Communication Corporation ······································· (516)
China Railway Engineering Corporation ·········· (522)
China Railway Construction Corporation ······ (527)
China Communications Construction Company, Ltd ·· (533)
China Potevio Corporation ························ (536)
China Information Communication Technologies Group Corporation ····························· (539)
China National Agricultural Development Group Corporation ····································· (541)
China Forestry Group Corporation ··············· (546)
China National Pharmaceutical Group Corporation ······································· (548)
China Poly Group Corporation ·················· (550)
China Architecture Design & Research Group ·· (553)
China Metallurgical Geology Bureau ············· (556)
China National Administration of Coal Geology ·· (559)
Xinxing Cathay Group ······························· (561)
China Travelsky Holding Company ··············· (564)
China Aviation Oil Holding Company ············ (566)
China Aviation Supplies Holding Company ··· (569)
China Power Construction Corporation ·········· (572)
China Energy Engineering Group Co., Ltd ··· (578)
China National Gold Group Corporation ········ (582)
China Guangdong Nuclear Power Corp ·········· (585)
China Hualu Group Co, Ltd ····················· (588)
Nokia Shanghai Bell ································· (592)
Overseas Chinese Town Enterprises Co. ······ (594)
Nam Kwong (Group) Company Limited ······ (597)
China XD Group Corporation ····················· (599)
China Railway Materials Commercial Corp ··· (601)
China Reform Holdings Corporation LTD ······ (604)
China Automotive Technology & Research Center ·· (606)

Chapter Ⅴ. Statistic Data of State-owned Assets

Comprehensive Analysis Table on the Number of SOEs, the Number of SOE Employees and the Total State-owned Assets Volume of SOEs in China in 2018 ·· (611)
Industrial Analysis Table on the Number of SOEs, the Number of SOE Employees and the Total State-owned Assets Volume of SOEs in China in 2018 ·· (612)
Regional Analysis Table on the Number of SOEs, the Number of SOE Employees and the Total State-owned Assets Volume of SOEs in China in 2018 ·· (613)
Comprehensive Analysis Table on Assets and Liabilities of SOEs in China in 2018 ·········· (615)
Industrial Analysis Table on Assets and Liabilities of SOEs in China in 2018 ···························· (616)
Regional Analysis Table on Assets and Liabilities of SOEs in China in 2018 ···························· (617)
Regional Analysis Table on the Number of State-owned Industrial Enterprises, the Number of Employees in State-owned Industrial Enterprises and the Total State-owned Assets Volume of State-owned Industrial Enterprises in China in 2018 ·· (619)
Regional Analysis Table on Assets and Liabilities of State-owned Industrial Enterprises in China in 2018 ·· (620)

Regional Analysis Table on the Number of State-owned Commercial Enterprises, the Number of Employees in State-owned commercial Enterprises and the Total State-owned Assets Volume of State-owned Commercial Enterprises in China in 2018 ……………………………………… (622)

Regional Analysis Table on Assets and Liabilities of State-owned Commercial Enterprises in China in 2018 ……………………………………… (623)

Table on Main Indictors of State-owned Enterprises in Beijing Municipality in 2018 …………… (625)

Table on Main Indictors of State-owned Enterprises in Tianjin Municipality in 2018 …………… (626)

Table on Main Indictors of State-owned Enterprises in Hebei Province in 2018 …………………… (628)

Table on Main Indictors of State-owned Enterprises in Shanxi Province in 2018 …………………… (629)

Table on Main Indictors of State-owned Enterprises in Inner Mongolia Autonomous Region in 2018 ……………………………………… (631)

Table on Main Indictors of State-owned Enterprises in Liaoning Province in 2018 …………………… (632)

Table on Main Indictors of State-owned Enterprises in Dalian City in 2018 ……………………… (634)

Table on Main Indictors of State-owned Enterprises in Jilin Province in 2018 …………………… (635)

Table on Main Indictors of State-owned Enterprises in Heilongjiang Province in 2018 ……………… (637)

Table on Main Indictors of State-owned Enterprises in Shanghai Municipality in 2018 ……………… (638)

Table on Main Indictors of State-owned Enterprises in Jiangsu Province in 2018 …………………… (640)

Table on Main Indictors of State-owned Enterprises in Zhejiang Province in 2018 ………………… (641)

Table on Main Indictors of State-owned Enterprises in Ningbo City in 2018 ……………………… (643)

Table on Main Indictors of State-owned Enterprises in Anhui Province in 2018 …………………… (644)

Table on Main Indictors of State-owned Enterprises in Fujian Province in 2018 …………………… (646)

Table on Main Indictors of State-owned Enterprises in Xiamen City in 2018 ……………………… (647)

Table on Main Indictors of State-owned Enterprises in Jiangxi Province in 2018 …………………… (649)

Table on Main Indictors of State-owned Enterprises in Shandong Province in 2018 ……………… (650)

Table on Main Indictors of State-owned Enterprises in Qingdao City in 2018 ……………………… (652)

Table on Main Indictors of State-owned Enterprises in Henan Province in 2018 …………………… (653)

Table on Main Indictors of State-owned Enterprises in Hubei Province in 2018 …………………… (655)

Table on Main Indictorsof State-owned Enterprises in Hunan Province in 2018 …………………… (656)

Table on Main Indictors of State-owned Enterprises in Guangdong Province in 2018 ……………… (658)

Table on Main Indictors of State-owned Enterprises in Shenzhen City in 2018 …………………… (659)

Table on Main Indictors of State-owned Enterprises in Guangxi Zhuang Autonomous Region in 2018 ……………………………………… (661)

Table on Main Indictors of State-owned Enterpirses in Hainan Province in 2018 ………………… (662)

Table on Main Indictors of State-owned Enterprises in Chongqing Municipality in 2018 …………… (664)

Table on Main Indictors of State-owned Enterprises in Sichuan Province in 2018 ………………… (665)

Table on Main Indictors of State-owned Enterprises in Guizhou Province in 2018 ………………… (667)

Table on Main Indictors of State-owned Enterprises in Yunnan Province in 2018 ………………… (668)

Table on Main Indictors of State-owned Enterprises in

Xizang Autonomous Region in 2018 ……… (670)
Table on Main Indictors of State-owned Enterprises in Shaanxi Province in 2018 ………………… (671)
Table on Main Indictors of State-owned Enterprises in Gansu Province in 2018 ……………… (673)
Table on Main Indictors of State-owned Enterprises in Qinghai Province in 2018 ……………… (674)
Table on Main Indictors of State-owned Enterprises in Ningxia Hui Autonomous Region in 2018 … (676)
Table on Main Indictors of State-owned Enterprises in Xinjiang Uygur Autonomous Region in 2018 ……………………………………… (677)
Table on Main Indictors of State-owned Enterprises in Production and Construction Corps of Xinjiang in 2018 …………………………………… (679)

Chapter Ⅵ. Selected Policies and Regulations on Supervision and Administration of State-owned Assets

Notice of the General office of the Central Committee of the Communist Party of China, the State Council on printing and distributing the guiding idea of strengthen the control stucture of the asset-liability ratios of state-owned enterprises …………… (683)
The opinion of the State Council on reforming the wage deciding system of state-owned enterprise ……………………………… (686)
The pilot opinion of the State Council on carrying out the inveatment of state capital and the reform of operating company ……………… (689)
The responsibility investigation system of break the rule of management and investment ………… (693)

The main point of work ofmake government affairs public of SASAC in 2018 …………………… (701)
Gazette of SASAC on announcing clean-up results of normative documents and regulations ……… (709)
Decision of State-owned Assets Supervision and Administration Commission of the State Council on abolishing the interim procedures of audit management of economic responsibility of central enterprise …………………………… (709)
Notice on printing and distributing the trial guidelines for the compliance management of central enterprises …………………………… (713)
The method of supervising the payroll of central enterprises …………………………… (713)
Notice of Ministry of Science and Technology of the Prople's Republic of China, State-owned Assets Supervision and Administration Commission of the State Council on printing and distributing the opinion of further advance the innovative development of central SOEs …………………………… (717)
The Measures for the Supervision and Administration of State-owned shares of the listed company …………………………… (719)

Chapter Ⅶ. Fulfilling Social Responsibilities and Party Building of SOEs China Electronics Technology Group

China Resources (Holdings) Co, Ltd ………… (A1)
China Aerospace Science and Industry Corporation …………………………… (A2~A3)
China FAW Group Corporation ………… (A4~A5)
Dongfeng Motor Corporation ………… (A6~A7)

China Nonferrous Metal Mining (Group)Co.,
　　Ltd ……………………………… (A8～A9)
China Potevio Corporation ………………… (B1)
China Three Gorges Corporation ………… (B2～B3)
State Development & Investment Corp … (B4～B5)
China National Chemical Engineering Group
　　Corporation Ltd …………………… (B6～B7)
Xuzhou Coal Mining Group ……………… (B8～B13)
Anyang Iron & Steel Group Co., Ltd ……… (B14)
Xizangganluzangyao Limited Liability
　　Company …………………………… (B15)
Jiuquan Iron & Steel Group Co., Ltd ……… (B16)
China Association of Automobile
　　Manufacturers ……………………… (B17)
Guangxi Petroleum & Chemical Company … (B18)
Southwest United Equity Exchange ………… (B19)

Chapter Ⅷ. Chronicle of SASAC

Chronicle of SASAC in 2018 ……………… (725)

Chapter Ⅸ. Appendix

The pilot opinion of the State Council on promoting
　　high-quality development of innovation and
　　entrepreneurship, upgrading popular
　　entrepreneurship and public innovation ……(739)
Notice on printing and distributing the interim
　　procedures of the investments abroad report on
　　file and approval ………………………… (744)
Notice of relevant issues on expanding the scope of the
　　interim procedures of the incentive mechanism of
　　share-ownership and dividend of state-owned
　　technological corporation ……………… (746)
Notice on printing and distributing the guidelines for
　　the compliance management of enterprises in
　　overseas operation ……………………… (750)
Class A of operating performance evaluation of central
　　state-owned enterprise executives in 2018 and 2016-
　　2018 tenure ……………………………… (751)
Chinese companies ranked on list of 2018 Global Top
　　500 Enterprises ………………………… (752)

Index

2019

CHINA'S STATE-OWNED ASSETS SUPERVISION AND ADMINISTRATION YEARBOOK

中国国有资产监督管理年鉴

重要经济文献

第一篇

全面加强新时代国有企业党的政治建设

国务院国资委党委书记、主任 郝 鹏

党的十九大把党的政治建设纳入党的建设总体布局并摆在首位,是从战略和全局高度作出的重大决策。国有企业是中国特色社会主义的重要物质基础和政治基础,是党领导的国家治理体系的重要组成部分。做好国企国资各项工作,必须坚持党对国有企业的领导不动摇,以党的政治建设为统领,不断提高国有企业党的建设质量,确保国有企业改革发展始终沿着正确的政治方向前行。

坚守政治忠诚,做到"两个坚决维护"。保证全党服从中央,坚持党中央权威和集中统一领导,是党的政治建设的首要任务。国资委党委把坚决维护习近平总书记在党中央和全党的核心地位,坚决维护以习近平同志为核心的党中央权威和集中统一领导作为第一位的政治要求,始终从政治上把大局、看问题,从政治上谋划、推动工作。引导推动中央企业各级党组织和广大党员干部职工筑牢"四个意识"、坚定"四个自信",在政治立场、政治方向、政治原则、政治道路上同以习近平同志为核心的党中央保持高度一致,确保国有企业、国有资产牢牢掌握在党的手中。坚持把国企国资各项工作放在党中央工作大局中考虑和部署,坚持国有企业在国家发展中的重要地位不动摇,坚持把国有企业搞好、把国有资本做强做优做大不动摇,持续增强国有企业的规模实力和核心竞争力,加快培育主业突出、技术领先、管理先进、绩效优秀、全球资源分配能力强的世界一流企业。不断提高落实党中央决策部署、壮大国家经济实力、促进社会健康发展、应对重大风险挑战的能力和水平,使国有企业始终成为党执政兴国的重要支柱和最可信赖的依靠力量。

筑牢政治灵魂,推动习近平新时代中国特色社会主义思想深入人心。习近平新时代中国特色社会主义思想是当代中国的马克思主义、21世纪的马克思主义,是全党全国人民为实现中华民族伟大复兴而奋斗的纲领、旗帜和灵魂。国资委党委把学习宣传贯彻习近平新时代中国特色社会主义思想作为首要政治任务,采取有力措施,抓好国资委直属机关和中央企业"五个到位",即组织领导到位、学习培训到位、宣传引导到位、督查指导到位、推动工作到位;实现"五个全覆盖",即集中宣讲中央企业二级单位全覆盖、专题研讨三级单位班子全覆盖、领导干部专题党课基层党组织全覆盖、学习培训中层以上干部全覆盖、学习宣传贯彻活动广大职工全覆盖。推动学习宣传贯彻工作不断深化,引导国企国资系统广大党员学思用贯通、知信行统一,始终成为我们党关键时刻听指挥、拉得出,危急关头冲得上、打得赢的基本队伍。国资委党委班子成员深入中央企业开展宣讲、加强调研,围绕十九大报告中涉及国企国资改革发展党建的重大部署进行深入研究,听取重点企业、困难企业和基层一线干部职工的意见建议,确保各项工作部署精准发力、切合实际、落实到位。

压实政治责任,健全发挥党的领导作用的体制机制。习近平总书记强调,坚持党对国有企业的领导是重大政治原则,必须一以贯之;建立现代企业制度是国有企业的改革方向,也必须一以贯之,要把加强党的领导和完善公司治理统一起来,建设中国特色现代国有企业制度。国资委党委坚决贯彻两个"一以贯之"重要思想,在融入上下功夫、在结合上花力气,着力推动党委(党组)发挥领导作用组织化、制度化、具体化,确保党组织把方向、管大局、保落实的职能定位落到实处。目前,中央企业集团全部实现党建要求进章程,将党组织研究讨论作为董事会、经理层决策重大问题的前置程序,建立规范董事会的中央企业集团总部实现党委(党组)书记、董事长"一肩挑",党组织在企业改革发展中真正实现了把得了关、掌得了舵、说得上话、使得上劲。逐级压实管党治党责任,制定出台中央企业党建工作责任制实施办法和考核评价暂行办法,实行中央企业党委(党组)向国资委党委报告年度党建工作、党委(党组)负责人向国资委党委述职党建、基层党组织书记抓党建述职评议三项制度。通过严格考责问责,使党建工作真正从"软指标"变为"硬约束"。

突出政治标准,建设高素质专业化企业领导人员队伍。国有企业领导人员是党在经济领域的执政骨干,是治国理政复合型人才的重要来源。国资委党委按照党的十九大提出的建设高素质专业化干部队伍新要求,对标习近平总书记对国有企业领导人员提出的"对党忠诚、勇于创新、治企有方、兴企有为、清正廉洁"二十字标准,坚持党管干部原则,认真总结"选"的经验,提升"用"的实效,研究"育"的方法,健全"管"的制度,完善"督"的机制,推动中央企业领导班子结构不断优化、整体功能不断增强、综合素质明显提升。把紧把严政治标准这个硬杠杠,深入考察干部的政治忠诚、政治定力、政治担当、政治能力、政治自律等方面的表现,大力选拔全面贯彻执行党的理论和路线方针政策,坚决贯彻党中央决策部署,始终同以习近平同志为核心的党中央保持高度一致的干部。加强企业领导人员政治历练和实践磨炼,提升治企兴企本领,弘扬专业精神,不断提高适应新时代、实现新目标、落实新部署的能力。坚持严管与厚爱结合,严格干部日常管理监督,落实"三个区分开来"的要求,旗帜鲜明地为敢于担当、踏实做事、不谋私利的干部撑腰鼓劲。

强化政治功能,把中央企业基层党组织打造成坚强战斗堡垒。党的基层组织是确保党的路线方针政策和决策部署贯彻落实的基础。国资委党委以提升组织力为重点,突出政治功能,紧紧扭住基本组织、基本队伍、基本制度"三基建设",形成党的一切工作到支部的鲜明导向,把中央企业党的基层组织建设成为宣传党的主张、贯彻党的决定、领导基层治理、团结动员群众、推动改革发展的坚强战斗堡垒。目前,中央企业党委(党组)专职副书记全部配备到位,全部设置党建工作机构,党建部门编制达到同级部门平均水平,基层党组织基本实现"应建尽建"、按期换届"应换尽换"。部署实施党支部建设整体提升工程,加强基层党组织带头人队伍建设,引导和推动基层党建质量全面提升。持续抓好境外企业、混合所有制企业党建工作,确保国有资本投到哪里,党的建设就强化到哪里。坚持服务生产经营不偏离,普遍开展党员先锋岗、党员示范区等创先争优活动,引导广大党员把干事创业的精气神提起来,把爱岗敬业的责任心强起来,努力做到关键岗位有党员领着、关键环节有党员把着、关键时刻有党员顶着。

保持政治定力,持续推进中央企业党风廉政建设和反腐败斗争。全面从严治党永远在路上。国资委党委和中央企业各级党组织坚决落实习近平总书记全面从严治党重要思想,严明政治纪律政治规矩,严肃党内政治生活,持之以恒正风肃纪,坚定不移反贪惩腐,反腐败斗争压倒性态势已经形成并巩固发展,良好的政治生态正在形成,为中央企业持续健康发展提供了坚强保证。坚决落实中央八项规定精神,驰而不息纠正"四风",重点整治形式主义和官僚主义,督促党员干部求真务实、埋头苦干,把功夫下到察实情、出实招、办实事、求实效上。全面加强纪律建设,积极践行监督执纪"四种形态",抓早抓小,防微杜渐,使广大党员干部明是非、辨真伪,养正气、祛邪气,始终绷紧廉洁自律这根弦。深入推进反腐败斗争,坚持标本兼治,持续强化不敢腐的震慑、扎牢不能腐的笼子、增强不敢腐的自觉。深化政治巡视,聚焦坚持党的领导、加强党的建设、全面从严治党,重点加强对贯彻党章和党中央决策部署情况的监督检查,实现国资委直属机关和中央企业巡视全覆盖,持续营造风清气正的良好环境。

(文章2018年8月20日刊登于《紫光阁》)

筑牢迈向世界一流企业的"根"和"魂"

国务院国资委党委书记、主任 郝 鹏

习近平总书记两年前在全国国有企业党的建设工作会议上的重要讲话,深刻回答了事关国有企业改革发展和党的建设若干重大理论现实问题,为全面推进世界一流企业建设提供了根本遵循。我们必须深入学习贯彻习近平总书记关于国有企业党的建设的重要论述,扎实抓好中央企业党的建设工作,为培育具有全球竞争力的世界一流企业提供坚强政治保证。

2016年10月10日,习近平总书记出席全国国有企业党的建设工作会议并发表重要讲话,站在坚持和发展中国特色社会主义、推进国家治理体系和治理能力现代化的战略高度，深刻回答了事关国有企业改革发展和党的建设若干重大理论现实问题。这成为引领新时代国有企业全面推进世界一流企业建设的纲领性文献，具有重大里程碑意义。在全国国企党建会两周年到来之际，我们再次重温这篇重要讲话，回顾两年来国有企业走过的非凡历程，更加深刻感受到讲话蕴含的强大真理力量，更加强烈感受到讲话闪耀的永恒思想光芒。

更加深刻领会习近平总书记关于国有企业"两个基础"重要论述，坚定搞好中央企业的信心和决心

习近平总书记强调，国有企业是中国特色社会主义的重要物质基础和政治基础，关系公有制主体地位的巩固，关系我们党的执政地位和执政能力，关系我国社会主义制度。强调国有企业贡献不容否定、作用不可替代，决不能把国有企业搞小了、搞垮了、搞没了。强调国有企业及其广大党员干部职工是关键时刻听指挥、拉得出，危急关头冲得上、打得赢的基本队伍。这些重要论述，深刻揭示了国有企业对巩固社会主义制度、夯实党的执政地位的极端重要性，把长期以来我们党关于国有企业"经济基础"重要定位的思想认识，提升到"两个基础"的崭新高度，续写了马克思主义政治经济学的时代篇章。

在建设世界一流企业的伟大征程上，我们要始终铭记习近平总书记"两个基础"重要论述，坚定不移全面深化国企改革，聚焦2020年取得决定性成果这个重要时间节点，尽快在重要领域和关键环节取得实质性突破，更好发挥引领经济改革全局的示范影响作用，让人民群众更多分享到国企改革红利；坚定不移发展壮大国有企业，推进供给侧结构性改革，加快实现国有经济布局结构优化调整，加快突破国家战略急需关键核心技术，为国民经济高质量发展和人民幸福美好生活助力加油。

更加深刻领会习近平总书记关于国有企业强"根"固"魂"重要论述，始终坚定不移听党话跟党走

习近平总书记强调，坚持党的领导、加强党的建设是国有企业的"根"和"魂"，是国有企业的光荣传统和独特优势。强调国有企业是党领导的国家治理体系的重要组成部分，理所当然要坚持党的领导。强调国有企业和国有资产必须牢牢掌握在党的手中。这些重要论述，赋予国有企业作为国家治理体系重要参与主体的政治地位，深刻揭示了国有企业坚持党的领导、加强党的建设的理论源头和政治逻辑。习近平总书记重要论述带领我们重新找寻到国有企业灵魂根脉所在，催人警醒，更引领航向。

在建设世界一流企业的伟大征程上，我们要始终铭记习近平总书记强"根"固"魂"重要论述，引领中央企业党员干部职工争作思想武装的表率，坚持用习近平新时代中国特色社会主义思想武装央企，持续推动学习宣传贯彻往实里走、深里走、心里走，筑牢紧跟总书记破浪前行的思想自觉；争作维护核心的表率，牢记央企姓党，当好基本队伍，始终在政治立场、政治方向、政治原则、政治道路上同以习近平同志为核心的党中央保持高度一致，不断增强"四个意识"，始终做到"两个坚决维护"；争作让党放心的表率，坚决把落实党中央重大决策、总书记重要指示作为根本政治任务，做到党中央提倡的坚决响应、党中央决定的坚决执行、党中央禁止的坚决不做，确保中央企业始终成为我们党长期执政和应对各种风险挑战最可信赖的依靠力量。

更加深刻领会习近平总书记关于国有企业"两个一以贯之"重要论述，建设中国特色现代国有企业制度

习近平总书记强调，坚持党对国有企业的领导是重大政治原则，必须一以贯之；建立现代企业制度是国有企业改革方向，也必须一以贯之。要把加强党的领导和完善公司治理统一起来，建设中国特色现代国有企业制度。强调中国特色现代国有企业制度，"特"就特在把党的领导融入公司治理各环节，把企业党组织内嵌到公司治理结构之中。这些重要论述，深刻揭示了中国特色现代国有企业制度的本质特征，充分体现了公司治理基本规律和国有企业特殊属性的有机统一。发达国家百年来公司治理实践经验和我国国

企改革40年艰辛探索证明，国有公司治理结构必须和党领导的中国特色社会主义制度合拍。我们国家党的领导、人民当家作主、依法治国三者结合的政治制度，决定了我国国有企业领导体制必然是党的领导、全心全意依靠工人阶级和公司治理的有机结合，这也是打造基业长青"百年老店"的根本制度保证。

在建设世界一流企业的伟大征程上，我们要始终铭记习近平总书记"两个一以贯之"重要论述，把党领导国家治理体系的宏观治理机制，同国有企业坚持党的领导的微观治理模式更好衔接起来，在融入上下功夫，在结合上花力气，做好中国特色现代国有企业制度这篇大文章。要明确地位，确立国有企业党委（党组）在公司治理结构中的领导作用，把方向、管大局、保落实，其他治理主体自觉维护党委（党组）领导；党委（党组）也要尊重其他治理主体，支持和监督其依法履行职责；要明晰职权，赋予党委（党组）在企业重大决策中的决定权、把关权、监督权，把党的领导组织化、制度化、具体化，确保党的意图贯穿企业改革发展和生产经营全过程；要完善制度，全面落实"党建进章程"、党委（党组）书记和董事长"一肩挑"、党组织研究讨论作为企业决策重大事项前置程序，确保党组织在重大决策和重要干部任免上做得了主、说得上话、拍得了板。

更加深刻领会习近平总书记关于国企领导人员"二十字标准"重要论述，建设高素质专业化企业家队伍

习近平总书记强调，国有企业领导人员是党在经济领域的执政骨干，是治国理政复合型人才的重要来源，把这支队伍建好、管好、用好至关重要。强调国企领导人员必须做到对党忠诚、勇于创新、治企有方、兴企有为、清正廉洁。这些重要论述，高度肯定了国有企业领导人员在我们党的干部队伍中的重要地位，升华和发展了新时代培养什么样的国企领导人员、如何培养国企领导人员的规律性认识，也充分体现了习近平总书记对国有企业家队伍的高度信任和充分肯定。

在建设世界一流企业的伟大征程上，我们要始终铭记习近平总书记"二十字标准"重要论述，牢牢把住"对党忠诚"这个根本要求，坚持党管干部原则，按照"政治家＋企业家"标准，着力培养讲政治的企业家和管企业的政治家，建设一支政治合格、本领高强、致力于为国有企业建功立业的高素质社会主义企业家队伍。牢牢把住"清正廉洁"这个政治本色，严把人选政治关、廉洁关，德行有问题、廉洁不过关的坚决不用，确保这支队伍始终成为国有资产忠诚卫士。牢牢把住"勇于创新""治企有方""兴业有为"这个素质要求，着力提升国有企业家队伍敏锐的市场洞察力、果敢的战略决断力、坚韧的攻坚推进力，弘扬企业家精神，健全激励机制，完善容错纠错机制，旗帜鲜明地为国企领导人员新时代新担当新作为撑腰鼓劲。

更加深刻领会习近平总书记关于国企基层党建"三基建设"重要论述，夯实党在经济领域的执政基础

习近平总书记强调，全面从严治党要在国有企业落实落地，必须从党的基本组织、基本队伍、基本制度严起，在打牢基础、补齐短板上下功夫。强调必须把抓基层打基础作为长远之计和固本之策，让支部在基层工作中唱主角，成为团结群众的核心、教育党员的学校、攻坚克难的堡垒。这些重要论述，深刻揭示了国企基层党建三个核心要素，系统回答了新时代基层党建抓什么、怎么抓这个根本问题。新中国成立以来特别是改革开放以来，国有企业基层党组织团结带领广大党员干部职工，为奠定共和国宏基伟业发挥了不可替代的历史性作用。习近平总书记强调基层党建重要地位，不仅继承和弘扬了我们党"支部建在连上"的光荣传统，也为全面加强新时代基层党建确立起新的时代航标。

在建设世界一流企业的伟大征程上，我们要始终铭记习近平总书记"三基建设"重要论述，全面加强国有企业基层党的基本组织基本队伍基本制度建设，提升组织力，突出政治功能，打造坚强战斗堡垒，不断夯实党在经济领域的执政基础。在提升质量上下功夫，以中央企业党建质量提升年为契机，健全基层组织，优化组织设置，理顺隶属关系，创新活动方式，推动基层党建质量全面进步、全面过硬；在规范工作上下功夫，注重发挥党支部在基层单位的示范引领作用，大力选树标杆示范党支部，把示范变规范、标杆变标准，

不断提升基层党建工作制度化、规范化、标准化水平。在激发活力上下功夫，坚持抓党建从生产出发、抓生产从党建入手，围绕重大项目、重点工程，深入开展党员先锋岗、示范区，引导广大党员把干事创业的精气神提起来，把爱岗敬业的责任心强起来，汇聚推动企业改革发展强劲正能量。

更加深刻领会习近平总书记关于国企党风廉政建设重要论述，推动中央企业全面从严治党向纵深发展

习近平总书记强调，要加强国有企业党风廉政建设和反腐败工作，把纪律和规矩挺在前面，确保国有企业健康发展。强调国有企业持之以恒落实中央八项规定精神，抓好巡视发现问题的整改，严肃查处侵吞国有资产、利益输送等问题。这些重要论述，深刻揭示了全面从严治党无禁区、全覆盖、零容忍的坚决态度，充分反映了反腐败没有特殊、没有例外的坚定决心。

在建设世界一流企业的伟大征程上，我们要始终铭记习近平总书记关于国企党风廉政建设重要论述，重整行装再出发，坚决夺取中央企业党风廉政建设和反腐败斗争新胜利。持之以恒正风肃纪，深入贯彻落实中央八项规定实施细则精神，紧紧抓住当前比较突出的形式主义、官僚主义变种反弹问题，打好作风建设持久战。要坚定不移反腐惩贪，继续保持反腐败高压态势，紧盯"关键少数"，紧盯权力集中、资金密集、资源富集的重点领域和关键环节，紧盯政治腐败和经济腐败相互交织案件，严肃查处、绝不手软。着力构建长效机制，加快完善中央企业"不敢腐、不能腐、不想腐"体制机制，打通企业内部监督体系，健全权力约束机制，强化内部流程控制，推进纪检、巡视、审计、监察"大监督"格局建设，不断强化不敢腐的震慑、扎牢不能腐的笼子、增强不想腐的自觉。

更加深刻领会习近平总书记关于抓党建就要抓责任制重要论述，全面压实各级党组织管党治党政治责任

习近平总书记强调，要把抓好党建作为最大的政绩，须臾不可忘记管党治党这个最根本的政治责任。强调抓党建必须抓责任制，抓责任制必须抓责任人，用好考核评价这个指挥棒，既报经济账，又报党建账。这些重要论述，深刻揭示了国企党建怎么抓这个重要方法论，明确了新时代压实各级党组织管党治党责任的重要抓手，体现了习近平新时代中国特色社会主义思想认识论和方法论的高度统一。

在建设世界一流企业的伟大征程上，我们要始终铭记习近平总书记关于抓党建就要抓责任制重要论述，紧紧抓住责任制这个"牛鼻子"，不断压实党建责任，激发党建内生动力，推动各级党组织把党建责任真正抓在手上、扛在肩上。要压实主体责任，推动各级党委（党组）统筹规划党的建设，坚守党建"主阵地"，种好党建"责任田"，全面强化所属基层组织党建工作领导指导。要压实班子责任，每名班子成员都要时刻牢记第一身份是党员，第一职责是为党工作，切实履行好"一岗双责"，确保业务延伸到哪里，党建责任就深入到哪里。要用好考核评价"指挥棒"，持续抓好中央企业党建工作责任制年度考核这个制度化常态化的有形抓手，总结经验、不断完善，推动中央企业党建工作不断强起来。

（文章2018年10月10日刊登于《学习时报》）

以改革创新开放合作锻造国有企业竞争力

时任国务院国资委党委副书记、主任　肖亚庆

改革开放40年来，国有企业改革发展走过了一段极不平凡的历程，中国特色现代国有企业制度逐步建立，国有经济布局不断优化，国有企业创新能力和市场竞争力不断增强。特别是党的十八大以来，以习近平同志为核心的党中央以前所未有的决心和力度推进国有企业改革发展的各项工作，加强和改进国有企业党的建设，引领国有企业进入了新的发展阶段。国有企业整体实力不断增强，管理运行机制不断完善，布局结构明显优化，运行质量显著提高，创新成

果不断涌现，经营业绩显著提升，党的建设明显加强，在我国经济社会发展中发挥越来越重要的作用。

新时代担当新使命，新征程呼唤新作为。习近平总书记在党的十九大报告中对国有企业改革发展和党建工作作出一系列重大部署，为我们在新时代坚定不移搞好国有企业、毫不动摇做强做优做大国有资本指明了前进方向、提供了根本遵循。各级国有资产监督管理机构和广大国有企业必须深入学习贯彻习近平新时代中国特色社会主义思想和党的十九大精神，按照高质量发展要求，全面深化国有企业改革、全面推动创新发展、全面扩大对外开放，加快培育一批具有全球竞争力的世界一流企业，在促进经济社会发展中勇担新使命、展现新作为、作出新贡献。

一、深化改革破题开路，不断增强活力提高效率

习近平总书记高度重视国有企业改革工作，多次发表重要讲话，明确了深化国有企业改革的重大原则，指出推进国有企业改革要奔着问题去，坚持以解放和发展社会生产力为标准，坚持政企分开、政资分开，以增强企业活力、提高效率为中心，提高国有企业核心竞争力。各级国有资产监督管理机构和广大国有企业必须深入学习贯彻习近平总书记关于国有企业改革的重要论述，坚持党的领导，加强党的建设，加快推进重点领域和关键环节改革，着力破除束缚国有企业发展的体制机制障碍。

加快建设中国特色现代国有企业制度步伐。中国特色现代国有企业制度，"特"就特在把党的领导融入公司治理各环节，把企业党组织内嵌到公司治理结构之中。要深入贯彻落实两个"一以贯之"，坚持党的领导和完善公司治理相统一，进一步明确党组织在法人治理结构中的法定地位，确保党组织把方向、管大局、保落实，领导作用得到充分发挥。全面推进规范董事会建设，优化董事会组成结构，规范董事会议事规则，严格董事选聘和履职管理，增强董事会决策能力和整体功能。加大落实董事会职权力度，充分发挥董事会依法行使重大决策、选人用人、薪酬分配等职能。

加快健全市场化经营机制步伐。建立灵活高效的市场化经营机制、不断激发国有企业内生活力和发展动力是国有企业改革的核心和关键。要按市场规律对经理层进行管理，推行职业经理人制度，畅通企业经理层成员与职业经理人身份转换通道，实现职务能上能下、人员能进能出、收入能增能减。积极推进股权多元化和混合所有制改革，把引进各类资本和转换经营机制有机结合起来，积极探索有别于国有独资公司的治理机制和监管模式。完善长效激励约束机制，建立健全与选任方式相匹配、与企业功能性质相适应、与经营业绩相挂钩的差异化薪酬分配制度，调动国有企业各类人才干事创业的积极性、主动性、创造性。

加快推动国有经济布局结构调整优化步伐。调整优化国有经济布局结构，是提升国有经济整体功能和效率的迫切需要，也是提高国有企业核心竞争力、增强国有经济活力的内在要求。要围绕服务国家战略，扎实推进战略性重组，进一步推动国有资本向关系国家安全、国民经济命脉和国计民生的重要行业和关键领域集中。坚定不移聚焦实业、突出主业，围绕主业制定战略发展目标，推动技术、人才、资金等各类资源向主业集中，不断增强核心业务盈利能力和市场竞争力。积极开展专业化整合，持续推动煤炭、钢铁、海工装备、环保等领域资源整合，促进相关产业优化升级。加快处置低效无效资产，做好化解过剩产能和"处僵治困"工作，切实解决历史遗留问题，不断提高国有资本配置效率。

加快完善国有资产管理体制步伐。完善国有资产管理体制是深化国有企业改革、推动国有企业实现高质量发展的重要制度保障。要按照以管资本为主加强国有资产监管的要求，持续深入推进国有资产监督管理机构职能转变，准确把握出资人职责定位，进一步明确监管边界。改革国有资本授权经营体制，扩大国有资本投资、运营公司试点，授予企业更加完整的经营自主权，着力提高国有资本运作效率和水平。创新监管方式和手段，搭建实时在线的国有资产监督管理平台，建立系统科学有效的监管标准和制度体系，整合监督资源，形成监管合力，切实提高国有资产监督管理效能。聚焦事关国资国企改革的全局性、战略性、前瞻性问题，集中开展调查研究，努力取得一批高水平研究成果，为推动国资国企改革发展提供坚实理论支持。

二、创新驱动引领发展,不断增强企业可持续发展能力

习近平总书记高度重视创新发展,多次强调创新是引领发展的第一动力,是建设现代化经济体系的战略支撑。各级国有资产监督管理机构和广大国有企业必须深入学习贯彻习近平总书记关于创新发展的重要论述,牢牢把握新一轮科技革命和产业变革机遇,加大创新投入力度,提高创新能力和水平,着力打造自主创新能力强、创新体制机制优、创新活力动力足的创新型企业。

在承担重大科研任务方面发挥更大作用。国有企业是国家科技创新的重要力量,必须在承担国家重大科研任务中积极作为。要集中优势力量完成好"科技创新 2030—重大项目",主动创建更多的国家技术创新中心、国家重点实验室、工程实验室、工程中心等研发平台。在产业集中度较高、具有主导优势的行业领域,主动组织实施重大研发任务。加强技术攻关与集成、装备研制及大规模应用,不断增强原始创新和自主创新能力,承担更多重大工程、重大项目,有力支撑国家战略实施。

在关键核心技术攻关方面取得更大突破。能否掌握关键核心技术,决定着企业是否能够长久保持核心竞争能力、在激烈的市场竞争中实现基业长青。要坚定不移强化自主创新,把更多人力物力财力投向核心技术研发,聚集精锐力量集中攻关。遵循技术发展规律,做好体系化技术布局,优中选优、重点突破,在事关硬实力提升、长远发展的关键领域抓紧谋篇布局,尽快取得一批关键核心技术突破。准确把握行业发展趋势,把战略性前瞻性技术作为战略发展重点,提早谋划、提早部署,努力取得一批前瞻性、原创性、颠覆性技术成果,引领未来产业发展。

在系统集成创新方面作出更大贡献。创新是一个复杂的系统工程,必须打破各创新主体之间的壁垒,形成协同创新的强大合力。要主动加强科技联合攻关,加快建立以企业为主体、市场为导向、产学研深度融合的技术创新体系,形成企业与科研机构、大学、国家实验室等功能互补、良性互动的协同创新格局。加快完善产业创新链,解决好产业发展"卡脖子"问题,推动科技成果向现实生产力转化。积极融入全球创新网络,主动牵头或参与国际大科学计划和大科学工程,全方位提高企业科技创新国际化水平。

在体制机制创新方面迈出更大步伐。人才是推动科技创新的决定因素,创新体制机制是激发人才创新活力的根本保障。要加强科技创新政策和制度建设,着力推进创新体系效能提升,激发强劲的创新活力。率先在培养一线创新人才、青年科技人才和高技能"工匠"上,在大力培养和引进高层次科技领军人才和高水平创新团队上取得新突破。完善人才评价机制,加大人才激励力度,畅通人才发展渠道,建立中长期激励机制,持续激发创新潜能。

三、扩大开放强化合作,不断培育国际竞争新优势

习近平总书记在达沃斯世界经济论坛、"一带一路"国际合作高峰论坛、博鳌亚洲论坛等多个重要国际场合,就对外开放合作发表了一系列重要讲话,强调中国开放的大门永远不会关上,只会越开越大;要同舟共济、合作共赢,坚持走开放融通、互利共赢之路。各级国有资产监督管理机构和广大国有企业必须深入学习贯彻习近平总书记关于扩大对外开放的重要论述,以更大力度、更实举措加快国有企业国际化发展步伐,在全球市场竞争"大熔炉"中百炼成钢,在开放合作中提升企业国际竞争力。

在深化对外开放合作中取得新成果。过去 40 年国有企业的发展是在开放条件下取得的,未来国有企业要实现高质量发展,必须进一步加大对外开放力度、提升国际合作水平。要加强在深化改革方面的合作,吸引各国企业积极参与国有企业改革,共同探索各种所有制经济深度合作的途径和办法,相互学习、相互借鉴、相互促进。加强在结构调整方面的合作,与各国企业在产业整合、转型升级、股权投资等多领域开展深度合作,实现优势互补、互利共赢、协同发展。加强在重大项目方面的合作,既支持在双方市场开展合作,也探索以多种方式合作开发第三方市场,共同推动重大项目落地实施。加强在人才培养方面的合作,与各国企业保持密切交往,在人才交流培养方面建立更加紧密的合作机制,为企业发展提供有力人才保障。

在参与"一带一路"建设中体现新担当。"一带一路"建设是习近平总书记着眼形成全面开放新格局和

促进世界共同繁荣进步而提出的倡议,它已成为新时代我国推动对外合作的战略平台。国有企业是我国对外经济合作的重要市场载体,在"一带一路"建设中承担着重要责任和使命。要着力抓好重点项目实施,加快推进基础设施建设,进一步打造国际品牌、优化全球布局。着力抓好现有产业园区建设,不断完善配套设施和服务,努力打造区域经济合作新平台。着力抓好能源资源合作,积极推进沿线国家油气管道、输电线路建设和矿产资源开发,促进形成共享共赢、互惠互利的新型合作关系。

在提升国际化经营水平中再上新台阶。提升国际化经营水平是培育具有全球竞争力的世界一流企业的客观需要。要在加强全球资源配置上下功夫,持续完善产业链、价值链、创新链全球化布局,努力实现技术、管理、金融等资源全球化配置。在创新对外投资方式上下功夫,把对外投资同目的地市场需求结合起来,同促进国内装备、服务、技术和标准走出去结合起来,加快形成面向全球的生产服务网络。在强化境外风险防控上下功夫,着力加强集团管控,着力推进依法依规,严格落实防控责任,不断提升境外风险防控能力和水平,推动国有企业境外经营高标准、高质量、高效益。

在积极履行社会责任中展现新形象。随着国有企业走出去步伐的加快,国际社会对国有企业履行社会责任的要求也越来越高。国有企业要模范遵守国际通行规则和所在国法律,尊重当地习俗和文化,坚持诚信经营,恪守商业信用。保证产品和服务质量,努力提供优质安全健康的产品和服务,妥善处理消费者提出的投诉和建议,赢得消费者信赖与认同。保护当地环境,维护当地员工权益,支持社区发展,参与公益事业,为当地经济社会发展作出积极贡献,树立负责任的良好形象。

(文章2018年8月28日刊登于《求是》)

扎实推动国有企业高质量发展

时任国务院国资委党委副书记、主任 肖亚庆

习近平总书记在党的十九大报告中指出,我国经济已由高速增长阶段转向高质量发展阶段。这是以习近平同志为核心的党中央根据国际国内环境变化,特别是我国发展条件和发展阶段变化作出的重大判断,具有重大现实意义和深远历史意义。国有企业是中国特色社会主义经济的"顶梁柱",迈向高质量发展既是遵循经济发展规律,不断提升市场竞争力和可持续发展能力的必然选择,也是肩负起建设社会主义现代化强国重任,引领带动我国经济转变发展方式、转换增长动力的必然要求。国资监管机构和广大国有企业必须切实增强责任感紧迫感,深刻领会高质量发展的丰富内涵和实践要求,彻底摒弃规模和速度情结,扎实推动国有企业高质量发展取得实实在在成效。

着力抓好实业主业发展,筑牢国有企业高质量发展坚实根基

习近平总书记高度重视发展实体经济,指出"不论经济发展到什么时候,实体经济都是中国经济发展、在国际经济竞争中赢得主动的根基""实体经济是一国经济的立身之本""建设现代化经济体系,必须把发展经济的着力点放在实体经济上"。习近平总书记的重要论述,将振兴实体经济的重要性提到了新的战略高度。国有企业特别是中央企业大多处于关系国家安全、关系国计民生的实体经济领域,实现高质量发展必须以实业为基础,离开实业谈高质量发展,犹如无源之水、无本之木。近年来,国有企业立足实业加快发展,在聚焦主业、产业转型升级等方面做了大量工作,总体规模和综合实力有了显著提升,但同现代化经济体系要求相比、同建设制造强国目标相比还存在较大差距,必须牢牢守住实业这一安身立命之本,一心一意、全力以赴做强做优实业。一是聚焦主业突出主业。强化战略引领,明确主业发展目标和重点,推动技术、人才、资金等各类资源要素向主业集中,做强做实做精主业,不断增强核心业务盈利能力和市场竞争力。二是加快制造业优化升级。深入落实制造强国战略和《中国制造2025》,推动制造业向数字化、网络化、智能化转型,加快迈向全球价值链中高端,积极培育世界级先进制造业集群。三是积极发展战略性新兴产业。加快在生态保护修复、新能源汽车、北斗产业、互联网、大数据、人工智能等新兴产业领域迈出实质性步伐,引领

新兴产业集群发展。四是全面提升企业运行和产品服务质量。有效提高全要素生产率,大幅提升产品服务质量、标准档次和品牌影响力,为满足人民日益增长的美好生活需要提供更优产品、更好服务、更多选择。

着力抓好自主创新,激发国有企业高质量发展强劲动力

习近平总书记高度重视科技创新,指出"创新是引领发展的第一动力,是建设现代化经济体系的战略支撑""关键核心技术是要不来、买不来、讨不来的""要推动企业成为技术创新决策、研发投入、科研组织和成果转化的主体,培育一批核心技术能力突出、集成创新能力强的创新型领军企业"。习近平总书记的重要论述,深刻阐明了新形势下加强自主创新的极端重要性,也为国有企业加快科技创新步伐指明了前进方向、提供了根本遵循。经济发展加快从要素驱动向创新驱动转变,是高质量发展的鲜明特征和必然路径,国有企业要实现高质量发展,必须依靠科技创新提供动力和支撑。近年来,国有企业大力实施创新驱动发展战略,突破了一大批关键核心技术,取得了一大批重大创新成果,但是同世界一流企业相比还有较大差距,同实现高质量发展的要求还不适应,必须坚定不移自主创新,不断加大研发投入力度,加快核心技术攻关突破,努力为实现高质量发展占据"桥头堡"和"制高点"。一是积极承担国家重大科研任务。集中优势力量完成好"科技创新2030—重大项目",创建更多的国家技术创新中心、国家重点实验室、工程实验室、工程中心等研发平台,主动组织实施重大研发任务。二是努力突破战略性前瞻性关键核心技术。立足当前着眼长远,聚焦产业链关键环节和制约行业企业发展的技术短板,以关键共性技术、前沿引领技术、现代工程技术、颠覆性技术创新为突破口,大力开展核心技术研发攻关,率先取得一批重大原创性成果,尽快在关键领域和"卡脖子"地方取得突破。三是充分发挥创新要素合力。加快构建以企业为主体、市场为导向、产学研用深度融合的技术创新体系,积极融入全球创新网络,打破各创新主体之间的壁垒,有效汇聚创新资源和要素,形成协同创新的强大合力。

四是建立健全创新体制机制。健全人才引进和培养机制,积极倡导培育创新创业文化,努力造就一批具有国际水平的科技人才和创新团队,建立中长期激励机制,持续激发创新潜能。

着力抓好结构调整,优化国有企业高质量发展整体布局

习近平总书记高度重视国有经济布局结构调整,指出"加快国有经济布局优化、结构调整、战略性重组""推进结构调整、创新发展、布局优化,使国有企业在供给侧结构性改革中发挥带动作用""促进国有资本向战略性关键性领域、优势产业集聚,加快国有经济战略性调整步伐"。习近平总书记的重要论述,既对推进调整优化国有经济布局结构提出了明确要求,又深刻指出了实现的途径和方法。调整优化国有经济布局结构,是提升国有经济整体功能和效率的迫切需要,也是提高国有经济控制力、影响力、带动力,在高质量发展中更好发挥作用的内在要求。经过多年努力,国有经济布局结构不断优化,但是仍存在分布过宽、主业不集中、核心竞争能力不强等问题,实现高质量发展必须进一步聚焦国家战略领域,加快布局结构调整,推动国有资本优化配置。一是扎实推进战略性重组。遵循市场化原则,稳步推进装备制造、煤炭、电力、通信、化工等领域中央企业战略性重组,促进国有资本进一步向符合国家战略的重点行业、关键领域和优势企业集中。二是积极开展专业化整合。以拥有优势主业的企业为主导,持续推动煤炭、钢铁、海工装备、环保等领域资源整合,进一步发挥协同效应,提升企业规模实力和核心竞争力,推动相关产业优化升级,提升资源配置效率。三是大力推动瘦身健体。带头做好供给侧结构性改革这篇大文章,加快处置低效无效资产,积极化解过剩产能,加大"僵尸企业"处置和特困企业治理工作力度,切实解决历史遗留问题,有效提升企业运营质量和效率。

着力抓好深化改革,启动国有企业高质量发展强大引擎

习近平总书记高度重视国有企业改革,指出"国

有企业要搞好就一定要改革,抱残守缺不行,改革能成功,就能变成现代企业""推进国企改革要奔着问题去,坚持以解放和发展社会生产力为标准,坚持政企分开、政资分开""深化国有企业改革要有利于国有资本保值增值、有利于提高国有经济竞争力、有利于放大国有资本功能"。总书记的重要论述,为深化国有企业改革举旗定向、谋篇布局、撑腰鼓劲,充分体现了对国有企业改革发展的殷切期望。发展出题目,改革做文章。国有企业只有持续深化改革,才能切实破除束缚高质量发展的体制机制障碍,充分释放出独立市场主体的内生活力、发展动力和市场竞争力。近年来,国有企业改革不断向纵深推进,基本完成了顶层设计,出台了一系列改革文件,实施了一批重大改革举措,取得了明显成效,但仍有一些制约发展的障碍弊端没有完全破除,必须以更大的力度、更实的举措、更硬的作风,扎扎实实落实"1+N"系列文件要求,持之以恒将国有企业改革不断引向深入。一是加快建设中国特色现代国有企业制度。坚持党的领导和完善公司治理相统一,进一步明确党组织在企业法人治理结构中的法定地位,确保企业党委(党组)发挥领导作用,把方向、管大局、保落实。处理好党组织和其他治理主体的关系,形成各司其职、各负其责、协调运转、有效制衡的公司治理机制。二是稳妥推进股权多元化和混合所有制改革。稳妥推进中央企业集团层面实施股权多元化,分层分类推进混合所有制改革,切实把引进社会资本和转换经营机制有机结合起来,实现各种所有制资本取长补短、相互促进、共同发展。三是加快建立灵活高效的市场化经营机制。持续深化企业内部三项制度改革,落实董事会职权,推行经理层成员契约化管理和职业经理人制度,建立健全与选任方式相匹配、与企业功能性质相适应、与经营业绩相挂钩的差异化薪酬分配制度,实现职务能上能下、人员能进能出、收入能增能减。四是以管资本为主加快转变国资监管职能。进一步明确出资人监管职责边界,改革国有资本授权经营体制,深化国有资本投资运营公司试点,持续改进监管方式,建立系统科学有效的监管标准和制度体系,强化监督和责任追究,不断提高监管效能,促进国有资产保值增值。

着力抓好开放合作,拓宽国有企业高质量发展广阔空间

习近平总书记高度重视开放合作,指出"开放合作是科技进步和生产力发展的必然逻辑""过去40年中国经济发展是在开放条件下取得的,未来中国经济实现高质量发展也必须在更加开放条件下进行""中国开放的大门永远不会关闭,只会越开越大"。总书记的重要论述,对国有企业进一步扩大开放合作具有十分重要的指导意义。经济全球化不可逆转,国有企业只有坚持开放合作、互利共赢,积极融入全球经济,才能够为高质量发展开辟更加广阔的空间,加快成长为具有全球竞争力的世界一流企业。近年来,国有企业积极开展国际化经营,努力融入全球产业分工体系,取得了丰硕成果,但竞争力、影响力、带动力相对仍然较弱,必须着眼长远发展,不断加大开放合作力度,努力在更广领域取得更多务实成果。一是在开放合作中实现共同发展。欢迎各国、各种所有制企业参与国有企业改革、结构调整等方面工作,在产业整合、转型升级、股权投资、科技创新、人才培养等多领域与国有企业特别是中央企业开展深度合作,相互学习、相互借鉴、相互促进,实现你中有我、我中有你的良好局面。二是在开放合作中提升跨国资源配置水平。积极参与"一带一路"建设,持续完善产业链、价值链、创新链全球化布局,推动实现技术、管理、金融等资源全球化配置,把对外投资和促进国内装备、服务、技术、标准全方位走出去有机结合起来,加快形成面向全球的生产服务网络,不断打造国际合作竞争新优势。三是在开放合作中展现负责任良好形象。模范遵守国际通行规则和所在国法律,尊重当地文化习俗,坚持诚信经营,为当地经济社会发展作出积极贡献。

国有企业要实现高质量发展,归根结底要靠坚持党的领导、加强党的建设,这是国有企业的"根"和"魂",也是独特优势。企业党委(党组)要充分发挥领导作用,保证党和国家方针政策、重大部署在国有企业得到坚决贯彻落实。企业领导人员要敢于担当、苦干实干,以钉钉子精神把高质量发展各项任务要求抓紧抓实、抓出成效,奋力开创国有企业高质量发展新局面。

(文章2018年10月8日刊登于《学习时报》)

2019
CHINA'S STATE-OWNED
ASSETS SUPERVISION AND
ADMINISTRATION YEARBOOK

中国国有资产监督管理年鉴

国有资产监督管理概况

第二篇

国有资产监督管理体制改革和国有企业改革发展综述

2018年,各级国资委和中央企业始终坚持以习近平新时代中国特色社会主义思想为指导,牢固树立"四个意识",坚定"四个自信",坚决做到"两个维护",认真落实党中央、国务院决策部署,坚持稳中求进工作总基调,按照高质量发展要求,以推进供给侧结构性改革为主线,以提高质量效益和核心竞争力为中心,锐意进取、苦干实干,各项工作都取得明显成效。

一、坚决贯彻新发展理念,高质量发展基础进一步夯实

各级国资委和中央企业按照高质量发展要求,扎实推进供给侧结构性改革,发展质量和效益持续提升。2018年,国资监管系统企业累计实现营业收入54.8万亿元,比上年增长10.3%;实现利润总额3.4万亿元,比上年增长13.2%。其中,中央企业累计实现营业收入29.1万亿元,增长10.1%;实现利润总额1.7万亿元,增长16.7%。

(一)加快推动创新发展,创新成果不断涌现

国务院国资委组织中央企业全面梳理关键核心技术受制于人情况,联合科技部印发《关于进一步推进中央企业创新发展的意见》,加大指导推动力度。中央企业不断加大研发投入,强化自主创新,取得一批重大创新成果。51家中央企业获得2018年度国家科学技术奖励98项,占奖项总数的40.8%。北京、上海、山东、河南等地出台鼓励和支持科技创新措施,广西、深圳等地明确将科技研发投入视同利润考核,有效激发企业创新活力。

(二)坚持聚焦实业主业,核心业务盈利能力进一步增强

国务院国资委加大中央企业战略规划管理力度,严控非主业投资比例,严控金融业务投资,推动企业进一步做强做优做精实业主业。2018年,中央工业企业完成固定资产投资1.9万亿元,比上年增长6.2%,增幅高于中央企业平均水平;实现净利润6212.2亿元,比上年增长21.3%,高于中央企业平均增幅5.6个百分点,增利额占中央企业净利润增量的67.4%。中央企业通过产权市场盘活存量资产1011亿元,其中71家企业退出非主业投资项目308项,回笼资金382亿元。河北、江苏、浙江、湖南、广西、海南等地严控非主业投资,引导企业更加专注实业发展,集中精力做好主业,企业核心竞争力明显增强。

(三)扎实推进重组整合,规模优势和协同效应逐渐显现

国务院国资委对2组4家中央企业实施重组,完成武警水电部队转隶移交,推动重组企业加快业务、管理、技术、人才、市场资源、企业文化等全面整合融合,经营业绩稳步提升。各省(自治区、直辖市)国资委推动36组监管一级企业实施重组,有力促进国有经济布局优化和国有资本运营效率提升。

(四)大力推进"瘦身健体",重点工作任务圆满完成

中央企业持续深入推进"压减"工作,截至2018年底,累计减少法人12829户,减少24.6%,90%企业的法人层级控制在十级以内,管理层级最长由八级减少到六级,六级(含)以上的管理单位减少3600户,减少98%。大力化解过剩产能,推动中央企业化解煤炭过剩产能1265万吨,整合内部煤炭产能1亿吨,圆满完成年度目标任务。深入推进"处僵治困",纳入专项工作范围的企业比2015年减亏增利2007亿元,主体任务基本完成。

(五)积极参与"一带一路"建设,开放合作水平明显提高

国务院国资委组织召开推进共建"一带一路"走深走实专题会,组织中央企业积极参加博鳌亚洲论坛2018年年会、首届中国国际进口博览会、中非合作论坛北京峰会等重大活动,推动中央企业加快对外开放

合作步伐,提升国际化经营能力水平。中央企业主动对接"一带一路"沿线国家发展规划,扎实推动重点项目稳步开展,取得实效。

(六)全力打好三大攻坚战,表率作用充分彰显

国务院国资委专门对打好三大攻坚战进行全面部署,指导督促中央企业加大工作力度,取得一系列成果。在防范化解重大风险方面,以债务风险为重点,认真落实结构性去杠杆要求,2018年中央企业平均资产负债率下降0.6个百分点,50家企业降幅超过1个百分点,中央企业整体风险可控在控。在精准脱贫方面,以深度贫困地区为重点,全力推进产业扶贫、就业扶贫、消费扶贫,定点帮扶和对口支援的248个县,有44个县成功脱贫"摘帽",中央企业贫困地区产业投资基金完成投资项目63个,涉及金额128.9亿元,有力促进贫困地区基础设施完善、特色产业发展、教育医疗改善和群众增收增富。在污染防治方面,聚焦蓝天、碧水、净土保卫战,推动中央企业大力实施清洁生产改造和超低排放改造工程,加快清洁能源发展,万元产值综合能耗比"十二五"末下降10.7%,超出"十三五"目标进度要求。

二、狠抓重点任务落实落地,国企改革不断向纵深推进

各级国资委和中央企业认真落实国企改革"1+N"系列文件精神,统筹推进各项改革举措落实落地,取得积极进展。

(一)加强和改进董事会建设,整体功能逐步增强

国务院国资委印发《关于深化落实中央企业董事会职权试点工作的通知》,将中长期发展决策权、经理层成员业绩考核权、经理层成员薪酬管理权、职工工资分配管理权、重大财务事项管理权等授予5家试点企业董事会。研究制定《中央企业外部董事选聘和管理办法》,进一步加强外部董事队伍建设。各省(自治区、直辖市)国资委监管的一级企业90%建立董事会。

(二)扎实推进改革试点和"双百行动",示范带动作用有效发挥

中央企业兼并重组、信息公开等试点全面完成,国有资本投资、运营公司等试点取得重要阶段性成果。组织实施国企改革"双百行动",指导推动398户"双百企业"一企一策制定完善方案、开展综合性改革,区域性国资国企综合改革试验开局起步。明确10家中央企业为创建世界一流示范企业,探索培育具有全球竞争力的世界一流企业的有效途径。

(三)积极推进股权多元化和混合所有制改革,国有资本功能不断放大

国务院国资委紧紧围绕转换企业经营机制、提高运行效率,指导推动中央企业探索开展集团层面股权多元化改革,扎实推进重点领域混合所有制改革试点,不断优化股权结构、增强市场竞争力。截至2018年底,中央企业积极利用股票市场、产权市场开展混合所有制改革,引入社会资本1750亿元;重点领域混合所有制改革引入各类投资者50多家,资本超过1000亿元;中央企业及各级子企业中混合所有制企业户数占比超过2/3。各省(自治区、直辖市)国资委监管的各级企业中混合所有制企业占比45.9%。

(四)深入推进三项制度改革,激励约束机制进一步健全

国务院国资委制定印发《中央企业工资总额管理办法》,改革管理方式,完善决定机制,赋予企业更大自主权。市场化选人用人和激励约束力度不断加大,在中央企业集团层面开展经理层成员契约化管理和职业经理人制度试点,企业内生活力进一步增强。员工持股试点深入推进,全国选取192户试点企业,在促进机制转换、吸引留住人才等方面取得明显成效。中长期激励进一步加强,中央企业控股的81户上市公司实施股权激励,所属科技型企业30个股权和分红激励方案进入实施阶段,有效调动骨干员工积极性。

(五)加快解决历史遗留问题,重点工作取得重大突破

截至2018年底,全国国有企业基本完成职工家属区"三供一业"和市政社区管理等职能分离移交,教育医疗机构深化改革90%以上,消防机构分类处理全面完成。中央企业职工家属区"三供一业"分离移交正式协议签订率99.8%,分离移交工作完成93.1%。中央企业培训疗养机构改革稳步推进,取得阶段性成效。

三、持续加强和改进国资监管，监管效能不断提高

各级国资委按照以管资本为主加强国有资产监管的要求，不断改进完善监管体制机制，监管的系统性、针对性、有效性进一步提升。

(一)深化国有资本投资、运营公司试点，在试体制试机制试模式方面积累丰富经验

国务院国资委牵头制定的《改革国有资本授权经营体制方案》通过中央深改委审议。前期纳入国有资本投资、运营公司试点的10家中央企业，在授权管理、组织架构、运营机制、党的建设等方面进行大量探索实践，形成的好经验好做法正在逐步推广。新增11家中央企业作为国有资本投资公司试点。上海、重庆、山西、广东等地改组组建国有资本投资、运营公司122家，有效促进国有资本合理流动、优化配置。

(二)更加突出以管资本为主，国资监管方式不断优化

国务院国资委加快推进职能转变，出台出资人监管权力和责任清单，落实深化"放管服"改革要求，精简监管事项，出台规章规范性文件15件，清理废止15件。信息化监管迈出重要步伐，国资国企在线监管系统初步建成，大额资金动态监测实现中央企业全部接入，对中央企业集团层面"三重一大"事项决策制度、规则、清单、程序实现在线监管，投资、考核分配等工作初步实现动态监测与展示。产权管理进一步加强，中央企业备案资产评估项目6081项，净资产评估值19672亿元，评估增值率74.3%。财务监管进一步完善，累计向中央企业委派总会计师35人，探索开展总审计师试点。分类考核进一步强化，全面完成中央企业及子企业功能界定与分类，根据企业类别调整完善相关考核指标。各地国资委不断完善监管方式，北京、山东、河南等地积极搭建信息化监管平台，监管效率不断提高。

(三)加大责任追究力度，国有资本保值增值责任有效落实

国务院国资委印发《中央企业违规经营投资责任追究实施办法(试行)》，推动中央企业建立健全违规责任追究制度和工作体系。深入开展国有资产重大损失调查及违规责任追究，全年组织和督促中央企业开展核查追责42件，直接组织或督促企业开展违规责任追究570人次。对7家中央企业集团负责人违规经营投资事项追责问责，严肃查处3家中央企业违规开展融资性贸易问题。组织督促36家中央企业认真整改经济责任审计反映的问题，挽回损失、节约开支。开展中央企业以对赌模式投资并购专项核查，发现、处理一批问题。北京、山东、江苏等22个省(自治区、直辖市)国资委制定实施企业违规责任追究办法，有效防止国有资产流失。

(四)加强重点难点问题研究，取得一批有价值的研究成果

各级国资委和中央企业聚焦创新发展、建设中国特色现代国有企业制度、培育具有全球竞争力的世界一流企业、加强党的领导党的建设等重大问题，组织精干力量集中开展研究，积极进行理论探索，为破解改革难题、推进高质量发展提供有益借鉴。

四、不断加强党的领导党的建设，为中央企业改革发展提供坚强政治保证

国务院国资委党委和中央企业党委(党组)坚决贯彻新时代党的建设总要求，进一步推动全国国有企业党的建设工作会议精神落实落地，在"党建工作落实年"的基础上，扎实推进"党建质量提升年"各项任务，取得显著成效。

(一)管党治党责任进一步落实

国务院国资委组织开展中央企业党建工作责任制考评，制定中央企业党建工作责任制实施办法和考核评价暂行办法，组建12个考核组首次对全部中央企业党建工作开展现场考核，指导推动82家中央企业建立党建考核机制。推动中央企业党委(党组)落实向国资委党委报告年度党建工作、党委(党组)负责人党建述职、基层党组织书记抓党建述职评议3项制度，连续两年听取55家中央企业党委(党组)负责人党建现场述职。

(二)中国特色现代国有企业制度进一步完善

国务院国资委指导推动中央企业在集团层面全

部落实"党建要求进章程",全部实现党委(党组)书记、董事长"一肩挑",党员总经理兼任副书记,全部配备党委(党组)专职副书记,全部实现党组织研究讨论作为董事会、经理层决策重大问题的前置程序。同时,指导推动中央企业在二、三级子企业积极落实"党建要求进章程",将党组织研究讨论作为董事会和经理层决策重大问题的前置程序等专项任务,推动中国特色现代国有企业制度建设不断向基层延伸。

(三)企业领导人员队伍建设进一步加强

国务院国资委始终坚持党管干部原则,认真贯彻《中央企业领导人员管理规定》,按照国有企业领导人员"二十字"标准,突出政治标准,注重专业能力,努力在"选育用管"上下功夫,从严选拔、教育、监督、管理企业领导人员,中央企业领导班子结构不断优化、整体功能不断增强、干部素质不断提升。

(四)党建基层基础工作进一步夯实

国务院国资委组织召开中央企业基层党建现场会,就全面深化基层党的基本组织、基本队伍、基本制度"三基建设"作出部署。研究制定中央企业贯彻落实中国共产党支部工作条例实施细则、中央企业基层党建"三基建设"三年行动规划和加强混合所有制企业党建工作实施意见,推动中央企业基层党的建设全面进步、全面过硬。

(五)党风廉政建设和反腐败工作进一步深入

国务院国资委和中央企业坚持把纪律规矩挺在前面,坚持"不敢腐、不能腐、不想腐"一体推进,坚持深化标本兼治,坚决整治"四风"突出问题,严肃查处违反中央八项规定精神问题,持续保持反腐败高压态势;不断深化政治巡视,研究制定国资委党委巡视工作五年规划,高质量完成两轮12家中央企业的巡视任务,狠抓巡视整改,强化成果运用,坚决做好巡视整改"后半篇文章"。2018年中央企业全面从严治党民意调查结果显示,职工群众对全面从严治党成效满意率94.28%,对遏制中央企业腐败现象表示有信心的占95.6%,中央企业朝着夺取反腐败斗争压倒性胜利的目标迈进,风清气正的良好环境正在全面形成。

(审稿人:侯 洁 撰稿人:翁斌辉)

中央企业规划发展工作

2018年,中央企业规划发展工作坚持以习近平新时代中国特色社会主义思想为指导,深入学习党的十九大和中央经济工作会议精神,全面贯彻党中央、国务院重大决策部署,以深化供给侧结构性改革为主线,以战略规划为引领,推动中央企业共建"一带一路"走深走实,狠抓中央企业境内外风险防控,不断优化完善规划发展工作管理体系和方式方法,为推动中央企业实现高质量发展作出积极贡献。

一、深入贯彻落实党中央、国务院重大决策部署,积极引导推动中央企业高质量发展

(一)认真贯彻落实国家产业发展战略

深入贯彻落实制造强国战略和《中国制造2025》,结合中央企业产业特点,开展中央企业智能制造发展专题研究,指导企业在智能制造领域加大投入力度,加快制造业优化升级,引导推进制造业高质量发展。协调相关中央企业与科研机构合作,组建自主知识产权的3D打印平台公司,率先应用于航空发动机关键部件,平台共性关键技术资源对中央企业3D打印产业形成有效支撑。系统梳理研究支持中国商飞发展的相关政策,提出下一步工作设想,以实际行动支持国产商用飞机推广应用。研究中央企业大型邮轮产业发展情况,指导相关企业科学论证实施方案,梳理工程风险,加强与国际合作方沟通。深入研究《石化产业布局规划》,提出意见和建议,推动中央石油石化企业加快产业布局调整。积极落实《国家海洋战略》任务分工要求,明确重点任务措施和分工任务安排。

(二)促进区域协调、协同、共同发展

积极推动疏解北京非首都功能,在做好控增量工作的同时,指导企业稳妥做好有关搬迁工作,确保平稳有序。成立国务院国资委推进雄安新区建设专项

工作小组，组织27家中央企业召开座谈会，配合有关部门完成雄安新区12个专项规划的编制，推动中央企业成为雄安新区建设的主力军和骨干力量。成立国资委支持海南全面深化改革开放专项工作小组，研究制定具体工作举措，推动中央企业围绕海南区域发展战略规划提出具体工作设想，海南明确提出将央琼合作作为海南自贸区建设的重要内容。积极参与粤港澳大湾区建设，组织召开推动中央企业积极参与大湾区建设座谈会，研究提出《国资委支持粤港澳大湾区建设专项工作方案（草案）》，为准确把握大湾区建设工作要求、引导中央企业找准切入点奠定坚实基础。推进自由贸易试验区建设，对中央企业在上海、天津等10余个自由贸易试验区的投资和经营情况进行摸底调查和研究分析，为指导中央企业深度参与自由贸易试验区建设打下基础。与国家发展改革委共同研究三峡集团发展战略定位，支持三峡集团、中国节能等企业加大资源投入力度，在长江大保护中发挥主力骨干和专业领域平台作用。

（三）大力推动战略性新兴产业发展

为促进中央企业形成发展合力，引领新兴产业集群发展，加快培育新增长点，通过问卷调查、实地调研等形式对中央企业战略性新兴产业发展情况进行调查研究，形成《中央企业战略性新兴产业发展情况报告》。组织开展"中央企业推进现代产业体系建设路径及对策研究"，推动中央企业积极培育新业态和新商业模式，在现代产业体系建设中发挥引领、带动、示范和支撑作用。以5G技术为支撑，选择新能源汽车、北斗产业、工业互联网、物流大数据和数字医疗5个领域，分别设立课题探索产业协同发展平台组建方案，积极推进行业内资源共享共享和产业链上下游协同合作。在相对较为成熟的新能源汽车领域，先后7次组织召开专题会议，协调中国一汽、东风公司、长安汽车3家中央汽车企业以及中国国新、中国中车共同参与共性技术平台公司的筹备工作。

（四）全面完成中央企业子企业功能界定与分类工作

为提高监管工作的科学性、针对性，在前期完成中央企业集团层面分类的基础上，按照坚持定性与定量相结合、提升国资监管效能等原则，组织中央企业开展子企业功能界定与分类工作。对于工作中存在争议的，与企业深入沟通，并征求相关部门意见，全面完成中央企业所属各级子企业功能界定与分类工作，为分类改革、分类考核、分类监管工作奠定坚实基础。

二、按照共建"一带一路"进入新阶段的新要求，着力推动共建"一带一路"走深走实迈出新步伐

（一）做好第二届"一带一路"国际合作高峰论坛的组织筹备工作

第二届"一带一路"国际合作高峰论坛首次举办企业家大会，国务院国资委会同中国贸促会、全国工商联开展大会筹备工作，并对中央企业拟签约项目进行梳理和审核，力争为丰富论坛成果提供有力支撑。

（二）召开专题会议推动中央企业高质量参与共建"一带一路"

指导中央企业对5年来参与"一带一路"建设情况进行全面总结，以问题为导向，分别于4月和10月召开中央企业境外风险防控专题会、推进中央企业共建"一带一路"走深走实专题会议，对中央企业加强自身能力建设，在推进共建"一带一路"走深走实中不断迈出新步伐提出具体工作要求。

（三）指导中央企业高质量推进项目建设

指导中央企业围绕"六廊六路多国多港"主骨架的基础设施，推动中国产品、装备、标准、技术、服务共同"走出去"，切实加大属地化经营管理力度，带动当地就业，有力助推所在国加快工业化城镇化发展，更好融入开放型世界经济。

（四）加强中央企业参与共建"一带一路"服务保障

基本建立与国家相关部门、行业商协会和有关金融机构的跨领域信息共享、工作协同机制，形成监管和服务合力，指导中央企业积极有序参与"一带一路"建设。开展"一带一路"沿线国家、地区投资环境分析，形成报告印发全体中央企业参考，帮助企业深入了解境外经营环境，提高投资经营效益。组织开展2017年国际化经营评价，引导企业不断提升国际化经营水平。

三、着力抓好重点领域风险防控,进一步筑牢不发生重大风险底线

(一)严控中央企业投资风险

2018年,中央企业投资4.61万亿元,其中固定资产投资3.64万亿元,股权投资0.96万亿元;境内投资4.27万亿元,境外投资0.34万亿元。为切实抓好重点领域、重点项目的审核把关,始终坚持严控金融领域、产能过剩行业、产业结构趋同领域投资。要求有关中央企业停止金融类投资项目41项,累计投资额408.8亿元,从源头上遏制投资脱实向虚,有效防范投资风险。加大房地产市场调控配合力度,要求房地产主业中央企业严格依照相关规定有序开展工作,严控经营风险,全年没有因中央企业"地王"事件引发媒体负面炒作;督促非房地产主业中央企业进一步研究上报业务退出方案和退出时限,加快退出速度。继续深入开展PPP项目排查清理,防范化解债务风险,将PPP项目纳入企业年度投资计划管理,严控非主业领域PPP项目投资,严禁开展单纯追求做大规模、不具备经济性的PPP项目,稳妥处置存量PPP项目风险。坚持按时间节点对中央企业投资完成情况进行统计分析,及时掌握中央企业整体投资情况,发现趋势性、倾向性问题,研究提出方向性意见建议。委托中咨公司对部分中央企业投资风险管理体系进行评估,并根据中央企业实际情况,细化评估标准,研究起草《中央企业投资风险管理体系评价工作指南(初稿)》。

(二)增强境外经营抗风险能力

指导推动中央企业建立起"三位一体"的境外安全风险防控体系,切实提升自我防控能力。联合外交部开展面向全体中央企业的境外安全保障和应急处置的实操培训,会同公安部举办第四届新亚欧大陆桥安全走廊国际执法合作论坛"安全发展、共享繁荣"分论坛,组织40家中央企业与近50个国家的执法部门和有关国际组织参加对接沟通,为企业"走出去"营造良好的安全发展环境。积极配合相关部门指导中央企业做好马尔代夫政局动荡、巴基斯坦恐怖袭击等突发事件应急处置工作,有力维护我国境外人员和财产安全。开展"一带一路"沿线国家、地区的投资环境分析,形成报告印发中央企业参考,帮助企业有效识别和规避投资经营风险。

四、不断优化完善规划发展工作管理体系和方式方法,提升监督管理水平

(一)规范中央企业战略规划编制和评审程序

为进一步做好中央企业三年滚动规划评审工作,完善规划评审工作制度,依据《中央企业发展战略和规划管理办法(试行)》,制定《中央企业三年滚动发展规划评审工作规程(试行)》(以下简称《规程》),为印发规划编制通知、制定规划评审计划、制定规划评审重点、筹备规划评审、组织召开评审会议、印发规划评审意见、总结规划评审工作等战略规划管理的各个环节提供指引,切实规范评审方式,明确评审重点,提高规划评审的科学性、规范性、有效性。按照《规程》有关要求,召集行业专家、战略规划专家,对21家中央企业滚动规划进行评审。积极组织开展国家"十三五"规划中期评估和监测评估,梳理国务院国资委牵头任务落实情况,推动有关中央企业稳步推进165项重点工程建设。

(二)深化投资计划管理方式改革

在投资计划备案工作中,通过公开招标方式确定中咨公司作为技术咨询支撑单位,由中咨公司先对各中央企业投资计划从投资方向、投资规模、投资结构、投资能力等方面进行第三方评估。在评估意见的基础上,就有关问题与企业进行充分沟通和交流,核实相关事项。对存在问题较小的企业,要求其进行完善;对存在问题较多的企业,要求其进行修改并重新履行企业内部决策程序。2018年,国务院国资委对94家企业投资计划进行备案,分户核定非主业投资控制比例。第三方评估机制的引入是投资监管方式的重大调整和深刻变革,有助于提高投资的科学性,防范投资风险。委托中咨公司对部分重点项目开展后评价,并根据中央企业投资实践的变化情况,对《中央企业固定资产投资项目后评价工作指南》进行初步研究修订,不断强化投资事后监管,形成监管闭环。按照业务板块组织召开8场投资完成情况座谈会,加强与企业的日常沟通和交流。

（三）优化升级投资管理信息系统

应用信息化手段是提高投资监管效率、有效防范投资风险的重要途径和手段。为确保新的投资管理信息系统顺利应用，通过赴企业实地调研、问卷调查等方式，全面了解中央企业投资管理信息系统建设和运营情况；每周召开信息化专题会议，与信息中心、系统建设厂商共同推进系统功能开发；召开系统上线培训会，向各中央企业讲解系统的应用和操作。截至2018年底，投资管理信息系统完成一期项目验收并上线试运行，具备投资计划备案、非主业投资控制比例核定、特别监管类项目审核把关以及投资完成情况统计分析等功能，实现对中央企业投资活动的在线监测和动态管理，强化对投资活动的程序约束，为提升中央企业投资监管能力、有效防范投资风险提供重要抓手和技术支撑。积极参与国资委信息化建设工作，完成"国资监管综合信息监测展示系统"中"中央企业投资监管"模块，协助建设"'三重一大'决策和运行应用系统"中"规划发展局"模块。

（审稿人：谢 军　撰稿人：毕瑞亨）

企业国有资产监管法治建设

2018年，国务院国资委以习近平新时代中国特色社会主义思想为指导，全面贯彻落实党的十九大和十九届二中、三中全会精神，深入贯彻全面依法治国战略部署，认真落实国务院关于法治政府建设的工作要求，扎实推进国资监管法治机构建设，在依法全面履职、完善法规体系、健全决策机制、强化权力监督、有效化解矛盾、开展法治宣传、促进依法治企等方面取得积极成效，国资国企法治建设迈出新步伐。

一、切实加强对法治建设的领导和顶层制度设计

一是深入学习贯彻习近平总书记全面依法治国新理念新思想新战略。党委会专题组织学习，深刻领会习近平总书记重要讲话精神，研究推进国资国企法治建设的贯彻落实措施，并将有关学习情况向中央全面依法治国委员会办公室报告。党委会传达学习2018年中央政法工作会议精神，原原本本地学习习近平总书记关于政法工作的重要指示，研究下一步贯彻落实的工作安排。二是组织开展宪法学习宣传贯彻活动。先后召开3次党委会议，深入学习习近平总书记在中国共产党第十九届二中全会上的重要讲话精神，认真学习宪法修正案。组织召开国资委系统深入学习宣传和贯彻实施宪法动员部署视频会，全面布置国资委系统学习宣传贯彻工作。邀请专家在党委中心组集体学习和委机关法治建设培训班上作宪法专题讲座，进一步弘扬宪法精神、增强宪法意识。三是强化制度设计。党政主要负责人切实履行推进法治建设第一责任人职责，深入研究谋划国资国企法治建设年度工作任务，并纳入《国资委2018年工作要点》，确保法治建设与其他重点工作同部署、同推进、同督促。国务院国资委党委会、国资委主任办公会全年研究讨论法治工作35次，制（修）订《中央企业违规经营投资责任追究实施办法（试行）》《国资委立法工作规则》等文件，为国资国企法治建设提供制度支撑和保障。

二、依法推进国资监管职能转变

一是进一步厘清权责边界。根据《国务院办公厅关于转发国务院国资委以管资本为主推进职能转变方案的通知》，研究制定出资人监管权力和责任清单，明确规划与投资监管、资本运营与收益管理、改革改组等九大类36项权责事项，依法明确国资监管职责范围，严格规范履职方式和流程。二是突出"放管结合"。制定《上市公司国有股权监督管理办法》《中央企业工资总额管理办法》，进一步精简下放监管事项、优化监管方式，切实增强企业活力。突出管资本重点职能，强化投资规划、资本运作和考核分配监管，防止国有资产流失。研究起草中央企业公司章程指引、落实董事会职权试点工作等相关文件，注重通过公司法人治理结构依法履行出资人职责。三是强化责任追究。制定企业违规经营投资责任追究办法，推动中央企业建立相关制度和工作体系。深入开展国有资产重大损失调查及违规责任追究。四是运用信息化手段加强事中事后监管。初步建成国资国企在线监管系统，

对中央企业集团层面"三重一大"事项决策制度、规则、清单、程序实现实时在线监管,投资、考核分配等工作初步实现动态监测与展示,国资监管效能进一步提升。

三、完善国资监管法规制度体系

一是加强重点领域国资监管立法。围绕国资国企改革发展中心工作,编制国务院国资委2018年立法工作计划,列入立法项目21项。全年出台《关于中央企业规范实施企业年金的意见》等规章规范性文件14件。截至2018年底,国务院国资委现行有效规章27件、规范性文件209件,系统完备、科学有效的国资监管法规制度体系基本形成。二是严格规范规章规范性文件制定程序。根据《行政法规制定程序条例》《规章制定程序条例》,修订国务院国资委立法工作规则,强化党对立法工作的领导,细化公开征集项目建议、完善沟通协商机制、开展评估等环节,提高立法工作质量。印发《关于贯彻落实〈国务院办公厅关于加强行政规范性文件制定和监督管理工作的通知〉的通知》,对严控发文数量、严格发文程序、加强合法性审核等提出明确要求。全年开展规章规范性文件法律审核48件次,实行规范性文件统一登记、统一编号、统一印发。三是持续开展规章规范性文件清理工作。按照党中央、国务院要求,开展涉党和国家机构改革的规章规范性文件专项清理,同时对不适应国资监管新要求的文件一并清理,废止失效15件,文件清理长效机制初步建立。四是积极参与国家重点立法。开展《公司法》修改问题研究,配合做好《企业国有资产监督管理暂行条例》修改工作。在《审计法》《资源税法》《中央储备粮管理条例》等法律法规制(修)订过程中,充分反映相关意见建议。

四、推进决策科学化、民主化、法治化

一是落实依法决策机制。健全国资委工作规则,全年召开63次党委会、主任办公会研究重大事项,严格落实集体领导、民主集中、会议决定的决策机制,确保作出各项决策程序规范、科学有效。二是加强重大决策合法性审查。健全国资委重大决策合法性审查机制,明确决策方案需包含法律法规政策依据、履行法定程序等情况。充分发挥法律顾问和公职律师作用,全年对中央企业章程、改制重组方案以及国有资本投资、运营公司试点等决策事项进行法律论证把关。三是建立健全公平竞争审查机制。落实国务院关于建立公平竞争审查制度的要求,从市场准入、商品和要素自由流动等方面对政策措施深入开展审查,同时组织公平竞争专项清理,确保监管行为依法合规。

五、强化对权力的制约和监督

一是健全常态化、长效化的监督制度。根据《各厅局职能及主要工作事项(试行)》,完善"国资委机关职责分解一览表",进一步明确工作职责和程序,优化履职方式。出台《关于规范国资委机关工作人员与中央企业往来行为的规定》,对依法合规行权履职提出具体要求,推动构建与中央企业"亲""清"健康的工作关系。按照《关于合理确定并严格规范中央企业负责人履职待遇、业务支出的意见》有关规定,结合巡视、审计、纪检监察发现的突出问题,进一步健全相关制度规范。二是自觉接受党内监督和审计监督。组织召开国资委直属机关警示教育大会,深入剖析中央第一轮巡视国资委发现的突出问题,以典型案件为反面教材,教育引导广大党员干部深刻反思、引以为戒。配合审计署对国务院国资委开展2017年预算执行等情况审计以及相关专项审计,积极提供材料、主动说明情况、全力整改问题。三是全面推进阳光监管。编制《国资委主动公开基本目录》,包括七类共30项具体公开事项,同时明确公开时限和公开方式。通过公告、新闻发布会、官方网站、微信公众号等多种渠道主动发布国资国企权威信息,包括国资监管规章规范性文件、中央企业经济运行情况、监督检查结果等。

六、依法有效化解矛盾纠纷

一是妥善应对机关涉诉案件。认真办理行政复议、行政诉讼案件,就国务院国资委涉行政诉讼案有关定性问题,主动与最高法院沟通协调,最高法院明确不受理以行政复议为由对国务院国资委提起的行政诉讼。二是立足源头治理加强维稳工作。对于企业改制、厂办大集体改革、分离企业办社会等可能引发社会

矛盾潜在风险的国企改革事项,加强业务工作与维稳工作的结合,将推进改革与确保稳定同谋划、同部署、同落实,从源头上把控风险。组织中央企业开展矛盾纠纷排查化解,对排查出的不稳定问题建立风险管控台账,并制定相应化解措施。三是不断提升信访工作法治化水平。严格执行信访条例,全面推进诉访分离,运用法治思维分类处理信访问题,引导信访人通过司法程序妥善解决矛盾问题。加强机关接访办信、复查复核、转办督办等基础业务管理,进一步优化网上办理信访的工作流程。四是指导协调中央企业重大法律纠纷案件。印发中央企业法律纠纷案件综合分析报告,督促企业依法妥善解决矛盾纠纷,及时化解社会不稳定因素。

七、大力推进"七五"普法工作

一是积极开展法治宣传。制定《国务院国资委普法责任清单》,按照"业务谁主管谁普法"原则,明确各厅局责任。国资国企重要政策文件出台后,通过举行新闻发布会、媒体通气会、组织专家解读、发表专题文章等形式,做好政策宣讲解读工作。创建"国资法治"微信公众号,定期发布中央企业法治建设信息,加强宣传引导。组织开展"七五"普法中期检查,及时总结工作情况上报全国普法办。二是切实加强系统内法治培训。举办国务院国资委机关法治建设专题培训班,邀请专家、法官为机关干部讲授公平竞争审查、行政诉讼法和典型案例。全年组织6期"法治讲堂",邀请知名专家学者、律师进行视频授课,国资委系统每期参加人员近2万人。深入企业宣传贯彻法治建设要求,派人员参加中央企业法治工作会议,为企业党委(党组)中心组专题学法授课70余次。举办中央企业境外法律风险防范等4个培训班,组织涉美诉讼应对法律事务境外培训,取得较好效果。三是有力促进共享交流。将全部中央企业按行业、地域分成12个协作组,组内企业轮流牵头,围绕不同主题定期座谈交流,全年各协作组开展活动34次。不断充实中央企业法治建设优秀案例库,发布优秀案例200个,供企业学习借鉴。

八、促进中央企业提高依法治企水平

一是督促企业法治建设第一责任人职责落实。贯彻中央要求,印发《中央企业主要负责人履行推进法治建设第一责任人职责规定》。组织对全部中央企业贯彻落实情况进行实地调研,将第一责任人职责细化为38项指标,对企业逐一分析评估,并逐一反馈结果,有力促进法治央企建设整体水平不断提升。二是指导中央企业加强风险防范。在先行试点、总结研究的基础上,出台《中央企业合规管理指引(试行)》,编写《知名跨国公司合规管理典型案例汇编》,推动企业全面加强风险管控,提升依法合规经营管理能力。组织企业全面开展境外法律风险排查处置,全面梳理企业海外经营五大类20种风险,强化综合分析和风险提示。三是夯实组织体系和队伍建设根基。推动企业建立健全法治工作机构,探索设立法律服务中心等法律资源集约化管理模式。指导企业强化法律顾问配备和队伍培养,中央企业全系统有法律顾问1.1万人。建立中央企业金融法律人才库和涉外法律人才库,入库专家193人。

(审稿人:郭祥玉　撰稿人:杨　泰)

企业国有产权管理工作

2018年,各级国资委和中央企业以习近平新时代中国特色社会主义思想为指导,全面贯彻党的十九大和十九届二中、三中全会精神,坚决贯彻落实党中央、国务院决策部署,坚持新发展理念,以供给侧结构性改革为主线,围绕推动企业高质量发展、做强做优做大国有资本的目标,真抓实干,攻坚克难,完成年初全国国有产权管理工作会议确定的各项任务,为国资国企改革发展作出积极贡献。

一、优化国有资本配置,助推供给侧结构性改革

各级国资委和中央企业用好用活资本市场平台和产权管理手段,筹集发展资金,优化布局结构,不断提高国有资本运营配置效率,为推动2018年国有企业效益创造历年最好水平发挥重要作用。

（一）利用资本市场筹资金降杠杆

在经济下行压力加大的背景下，各级国资委指导企业把握时间窗口，优化融资方案，拓宽融资渠道。2018年，中央企业通过股票市场和产权市场开展股权直接融资，筹集发展资金1649亿元，改善资产负债水平；通过境内外债券市场筹集资金2.2万亿元，比上年增长38%，有效降低融资成本。一汽客车通过产权市场引入增量资本，资产负债率由113%下降至46%。山东、四川等地积极指导企业利用债券市场开展直接融资，融资额均超过千亿元。各级国资委指导企业稳妥有序探索以上市公司为平台实施市场化债转股，中金黄金将市场化债转股与注入优质资产相结合，创新债转股模式；中国诚通、中国国新分别发行市场化银行债权转股权专项债券，领投中央企业债转股项目；湖南华菱集团实施首单地方国有控股上市公司市场化债转股，在推动上市公司资产负债率下降的同时，实现钢铁业务资产整体上市。

（二）运用市场化手段提高资本配置效率

各级国资委指导企业充分依托资本市场，提升市场化运作能力，促进国有资本形态转换，有效优化配置、提升价值。2018年，中央企业通过产权市场盘活各类存量资产1089.4亿元，其中退出非主业投资回笼资金381.6亿元。中国石化创新资产运营思路，扎实开展资产分类处置。国家电网积极通过产权市场转让厂办大集体企业股权和增资扩股，探索厂办大集体企业改革市场化路径。北京、内蒙古、上海推动物业租赁权进场交易，创新存量资产盘活方式。2018年，中央企业灵活运用上市公司平台对相关产业资源进行专业化整合，实施资产重组事项14宗，向上市公司注入优质资产952.7亿元，对外转让上市公司股权回笼资金101.5亿元。招商局集团所属中国外运（H股公司）吸收合并外运发展（A股公司），统一航运业平台，发挥产业规模和协同效应。中国石油、中国化学工程等中央企业和上海、江西、河南等地企业采取发行可交换债方式提高存量股份利用效率。

（三）灵活运用出资人管理手段优化资本布局结构

各级国资委通过出资人管理手段，推动企业开展横向联合、纵向整合和专业化重组，持续优化国有资本布局结构。央企之间深化股权合作，采取对等换股等方式优化控股上市公司股权结构，鞍钢分别完成与中国石油、中国电建互换股份；兵器装备集团与中粮集团等企业联合对亏损上市公司实施重组，实现壳资源优化配置和优质资产上市，从根本上解决上市公司持续发展问题。央地之间加大产业合作力度，中铝集团与云南通过股权无偿划转的方式开展合作，对相关矿产资源进行整合，涉及资产总额超过800亿元；国家电网完成黑龙江、四川135户农电企业股权划转工作，有效推动农网基础设施建设及管理水平提升；国投通过划入吉林酒精集团股权，优化在生物质能源领域的布局；中国旅游集团积极与海南开展全面战略合作，整合海南离岛免税业务。各地大力推进区域内部资源整合，江苏利用无偿划转、非公开协议转让、增资等产权管理手段，推动全省港口、铁路、机场等资源整合；浙江指导医疗健康、军工等产业板块的省属企业做好股权划转工作，进一步优化同行业、同板块企业的产权布局结构。

二、积极稳妥推进混合所有制改革，成效逐步显现

各级国资委和中央企业坚决贯彻党中央、国务院决策部署，把混合所有制改革作为国企改革重要突破口，以实际行动推动改革落地落实，取得新的成效。

（一）混合所有制改革范围和领域不断扩大

各级国资委着力推动完善资本市场功能、加强跟踪指导、抓好经验总结推广，指导企业以转让部分股权或增资扩股、上市公司资产重组、基金投资等方式开展混合所有制改革。2018年，中央企业利用股票市场、产权市场引入社会资本超过1750亿元。国家电网坚持电网核心领域控股，适度引入社会资本参股，启动特高压直流工程领域首次引入社会资本工作，在增量配电改革试点中引入36家民营企业。中国电信完成移动支付业务子公司混合所有制改革，推动创新业务发展。北京市属燕东微电子有限公司引入社会资本，发展半导体集成电路产业。国投、华润集团、中国国新等中央企业和安徽、深圳等地充分发挥股权投资基金在混合所有制改革中的重要作用，布局高新技术、生态环境保

护和战略性产业等领域。在引资本的同时,中国三峡集团等中央企业和上海、山东等地企业不断完善公司治理,落实董事会职权,推进职业经理人试点,实行市场化薪酬分配与考核机制,不断激发企业活力。

(二)重点领域混合所有制改革试点扎实推进

国务院国资委配合国家发展改革委完成第三批试点9户央企所属子企业的方案审核,相关地方正逐步批复所属企业试点方案,2018年底启动第四批试点企业选择工作。国务院国资委持续推动前三批试点企业落实混合所有制改革方案,引入各类投资者50多家、资本超过1000亿元,其中,航空工业集团、兵器装备集团、东航集团、中粮集团所属试点子企业分别完成进场增资、制定事业单位转制方案、股份制改造、重组上市等工作。内蒙一机、中国联通、东航物流、中金珠宝等试点企业发展质量和效益显著提升,试点企业混合所有制改革成效初步显现。广东开展50户省属二、三级企业体制机制改革试点,试点企业基本完成引资、改制、员工持股等任务,在转换经营机制方面积累经验。

(三)混合所有制改革配套举措不断完善

各级国资委建立健全涉及多部门、多领域的混合所有制改革工作机制,不断完善混合所有制改革配套政策措施,加强对混合所有制改革重点难点问题研究和解决,为混合所有制改革营造良好环境。国务院国资委出台办法,明确混合所有制改革试点企业可以探索更加灵活高效的工资总额管理办法;会同国家发展改革委等8个部门发布《关于深化混合所有制改革试点若干政策的意见》,提出对部分难点问题的解决路径;协调解决中国联通、东航集团等中央企业混合所有制改革中遇到的重点难点问题,研究支持中央企业深化混合所有制改革的政策措施。福建、陕西、深圳等地制定分类分步推进监管企业混合所有制改革的实施方案。

三、强化上市公司管控,不断提高上市公司发展质量和效益

各级国资委和中央企业坚持以提升内在价值为核心的市值管理理念,推动上市公司完善治理结构,注重强弱项、补短板、防风险,促进上市公司高质量发展。

(一)上市公司价值创造和价值实现能力不断提升

国务院国资委推动航空工业集团控股的中航科工进行"全流通"试点,提高国有股份流动性,提升国有股权价值。各级国资委积极推动企业以龙头上市公司为平台开展专业化整合,促进转型升级,提升核心竞争力。招商局集团等企业将香港红筹上市公司控股权注入A股公司,实现境内外市场联动及相关业务板块境内外资源整合,提升企业管理运营效率。山东万华化学实施2018年资本市场规模最大的并购项目,通过反向吸收合并控股股东的方式,布局"一带一路"实体业务,成为全球MDI(生产聚氨酯的主要原料)第一大生产商,盈利能力进一步增强。中央和地方国有企业对股价严重偏离其价值的上市公司加大股票增持和回购力度,提振市场信心,其中涉及48户央企控股上市公司,增持资金87.6亿元。

(二)上市公司相关风险得到有效防控

国务院国资委加强对资本市场政策信息和市场走势的分析研判,通过发布央企经营业绩数据、与有关部门联合出台《关于支持上市公司回购股份的意见》等方式,向市场传递积极信号,助力稳市场稳预期,防范系统性金融风险。针对中央企业国有股质押及央企所属金融机构开展股票质押融资业务进行专项核查,督促企业稳妥处置已有风险,做好或有风险的防范应对。

四、以管资本为主加快职能转变,监管效能持续提升

各级国资委积极推进产权管理工作转型,在放权授权的同时,改进监管方式、加强监督检查,不断夯实基础管理,推动市场建设,进一步提升监管的针对性和有效性。

(一)职能转变力度持续加大

国务院国资委全面落实国办38号文件要求,出台《上市公司国有股权监督管理办法》(国务院国资委、财政部、证监会令第36号),完成国有股东界定及证券账户标识工作,起草合理持股比例确定办法,印

发《关于进一步明确非上市股份有限公司国有股权管理有关事项的通知》（国资厅产权〔2018〕760号），将国办38号文件要求精简的产权管理事项全部落实到位。各地国资委积极调整优化产权管理职能，内蒙古将权责清单中产权管理事项由18项压缩至7项，深圳在放权授权的同时指导企业以公司章程形式将监管要求内化为决策机制，确保接得住、管得好。

（二）监管信息化水平进一步提升

国务院国资委持续深化整合产权管理综合信息系统（以下简称"综合信息系统"），不断优化系统功能与操作流程，打造统一的产权管理实时、动态监测与工作平台，提高监管效能。组织开展5万多户企业信息数据核查，夯实基础数据。中央企业加强信息系统运用，中国石油、中国石化、华润集团、中国国新等将集团内部信息系统与综合信息系统打通，实现数据共享，优化管理流程。各地国资委积极对接综合信息系统，辽宁、上海、江苏等地作为第一批试点，初步探索综合信息系统在地方部署应用的路径和方式。

（三）产权登记质量不断提高

国务院国资委开展新一轮产权登记核查，核查的32户中央企业产权登记及时率、准确率均有明显提高，中国大唐、有研集团、中国航油完整率、准确率实现"双百"。中央企业采取多种措施提升产权登记数据质量，航空工业集团将产权登记作为经济行为审批及评估备案的前置程序，兵器工业集团建立产权登记管理工作的考核评价机制，国家电投以产权登记数据为基础完善子企业"董监高""三会"会议记录和公司章程等信息。上海上线产权登记联动监管系统，实现国有资产产权登记和工商信息联动全覆盖，江苏、安徽、福建、广西等地对产权登记情况进行专项核查，加强产权登记管理，有效提升数据质量，为优化布局结构、处置"僵尸企业"等工作提供有力支撑。

（四）资产评估防流失功能进一步发挥

国务院国资委抽选8户中央企业开展资产评估专项检查，抽查资产评估报告72份，涉及资产金额1388亿元，针对检查发现的问题督促企业及时整改，完善制度，优化流程。中央企业切实加强资产评估管理，国投配备专业人员充实集团公司及重点子企业资产评估管理岗位，提升评估管理队伍专业化水平；中国移动将评估管理嵌入集团廉洁风险防控机制；中国电建开展境外资产评估管理课题研究，积极探索境外资产评估管理有效方式；航天科技探索拟定无形资产评估管理操作细则，推动科技成果转化。各地国资委采取措施提升资产评估质量，山东对资产评估项目评审专家工作进行评价，明确评价范围、程序及评价结果应用。2018年，中央企业备案资产评估项目6081项，净资产评估值19672亿元，评估增值率74.3%，有效发挥资产评估发现价值、防止流失功能。

（五）产权市场服务国企改革发展能力不断增强

各级国资委指导产权交易机构加强自身建设，完善交易规则，提高服务国资国企改革发展的能力。国务院国资委统一规范全国国有资产交易数据接口标准，实现国有资产交易信息与国家公共资源交易平台的信息共享；支持产权交易机构拓展业务种类，运用"以租代售""售后回租"等多种方式盘活存量资产。山东等地会同相关部门对产权交易机构进行专项检查，提高产权市场规范性。河南、湖北、广东等地对省内企业国有产权交易资源整合，初步形成全省统一的产权市场。京津冀加强产权联盟建设，推动资源跨区域配置。产权交易协会通过发布产权行业指数，举办服务国企改革论坛，总结市场经典案例，促进产权交易市场发展。2018年，全国企业国有产权转让项目平均增值率16%，其中央企产权转让项目平均增值率29%，比上年增加11个百分点。

（审稿人：贾立克　撰稿人：龚利杉）

中央企业财务监督工作

2018年，国务院国资委和中央企业认真贯彻落实党的十九大、中央经济工作会议精神，坚持"稳中求进"总基调，以供给侧结构性改革为主线，以促进提升央企发展质量和效益为中心，紧紧围绕各项工作部署和要求，持续夯实财务基础管理，强化风险管控，稳妥推进各项改革，财务监督工作体系日益创新和完善。

一、深入推进供给侧结构性改革，推动重点企业提质增效

（一）努力完成"处僵治困"主体任务

各级国资委认真贯彻落实党中央、国务院决策部署，加强组织、统筹推进，努力完成主体任务。一是抓好动员部署。2018年初组织召开专题布置会，进一步明确年度任务目标，11月再次召开重点企业座谈会，对收官阶段进行再动员、再部署。二是强化跟踪监测。完善"处僵治困"季度监测机制，及时掌握企业工作进度。三是加强督导检查。会同部际联席会成员单位实地督导部分"僵尸特困企业"；组织会计师事务所对400余户上报完成的"僵尸特困企业"开展专项财务抽查，有力督促企业抓进度、保质量。四是争取支持政策。建立中央企业"处僵治困"政策需求库，积极推动有关部门明确若干支持政策。五是加强经验交流。组织工作座谈会、现场交流会，编发工作简报，及时通报工作进展，宣传、推广典型经验和做法。

（二）持续加大"两金"压控工作力度

一是印发工作通知，明确2018年度压控目标和措施。二是加强"两金"压控过程管理，逐月跟踪监控"两金"压控情况，多次召开专题座谈会，督促"两金"规模大、增速快的重点企业采取有力压控措施，提升"两金"管理水平，并推动处置历史遗留问题形成的"两金"。三是持续加强保证金管理，定期统计分析建筑企业保证金清理情况，按文件规定严格审核企业报备1亿元以上现金保证金事项。四是开展产业链清欠试点，选择产业关联度高、往来规模大的中央企业相互清欠。

（三）组织电力企业专项提质增效

一是组织火电企业积极反映煤价高位运行、市场交易电量占比升高等带来的经营困难，积极争取稳定煤电机组电价。二是按月监测发电企业深化供给侧结构性改革工作情况，督促企业加快推进新旧动能转换，持续提升发展质量。三是督促指导中央煤炭、电力企业在做好迎峰度夏、东北三省冬季供暖等保供工作，以及电网企业在坚决落实降电价政策同时，加强内部挖潜增效，努力消化额外成本，保持效益稳定。

（四）巩固扩大重点企业改革脱困成果

对一些重点困难企业和亏损大户，建立专项督导工作机制，2018年继续加强对部分企业或重点子企业的改革脱困工作指导，指导企业以问题为导向，通过内部业务整合、分流冗余人员、优化体制机制等"内科治疗"强化经营管理，通过债务重组、破产重整、引入战略投资者等"外科手术"改善资本结构，综合施策，标本兼治，督促企业进一步加大改革脱困和风险管控力度，促进企业逐步走出困境、恢复正常生产经营。

二、发挥预算引领作用，强化企业经济运行工作

（一）强化预算引领作用，做好2018年财务预算审核

对标全面预算管理要求，结合国资国企改革，2018年以预算审核为抓手，着重围绕"四体系一机制"和"四个强化"要求，结合日常监管情况和企业年度报告，充分发挥董事会及预算管理委员会作用，分批召开座谈会了解企业初步安排，聚焦重点行业、重点企业，强化监督指导。逐户审核全部中央企业2018年度财务预算，围绕总体效益和重点专项工作情况提出要求并反馈企业，提示企业持续改善预算工作。优化企业月度主要指标预报和财务快报机制，实现预算执行监控和经济运行监测有机统一。加强重点行业和重点企业跟踪分析，动态掌握企业预算执行进度，及时发现经营运行中的重大风险和问题，提示企业防范和整改。

（二）完善高质量发展检测体系，着力稳定中央企业经济运行

针对复杂多变的经济形势，紧扣高质量发展主题，完善监测指标体系，结合预算执行情况，加强效益情况跟踪监测和滚动预测；逐日跟踪市场主要价格指数、利率、汇率等重要经济指标变化情况，每季度末组织召开宏观经济形势和重点行业态势分析座谈会，邀请专家学者和行业协会研判形势，编印相关形势研判材料，做好宏观和行业形势跟踪；深入开展企业经济运行跟踪分析工作，重点关注盈利大户和困难大户，并加强对"处僵治困"、降杠杆减负债、"两金"压控等

专项工作进展的跟踪监测,组织撰写月度和季度动态监测分析以及重点企业、重点行业效益专项报;做好两会等关键节点央企运行情况宣传工作、各季度央企运行情况新闻发布会和不定期媒体沟通会,为"正面宣传、主动发声"奠定基础。

(三)提前谋划,持续优化全面预算管理

为更好地发挥全面预算管理的功能,强化预算目标引领,及时组织召开重点行业预算工作座谈会,结合宏观经济形势和行业运行态势,对中央企业整体经营形势进行预研研判,及时明确2019年度预算编制工作指导思想,修改完善报表及软件,召开视频会议布置2019年预算编制与管理要求,更加突出稳增长要求、供给侧结构性改革要求、降杠杆减负债要求、高质量发展要求、防范化解重大经营风险要求,促进企业切实提升全面预算管理水平。

(四)服务大局,完善数据分析共享机制

为更好发挥数据基础支撑作用,配合开展各类业务监管报表系统梳理和整合,组织对"网络版报表管理体系"持续升级改进,组织开展中央企业历史数据整理工作,配合财政部做好2018版XBRL扩展分类标准修订完善并做好平台维护,推动报表整合工作向管理型、时效性和主动性转变。完善国有企业财务统计数据网络查询系统,构建国资监管大数据,深化国资委财务数据共享机制,实现关于中央企业、地方监管企业、国资委系统监管企业和全国国有企业主要财务指标等公共数据查询功能,以及中央企业成本费用、固定资产投资、人工成本、国有资本收益等专项业务数据查询功能,实现财务、监管数据的互联互通。

三、持续深化决算管理,增强财务决算功能作用

(一)完成2017年度财务决算审核清算工作

按照"突出重点、精炼高效"的原则,优化调整审核方案,将会计信息质量问题、重大专项工作任务落实情况和以前年度各类审计、检查发现问题的整改落实效果作为财务决算审核中重点关注的问题,建立与决算主审会计师事务所问题沟通机制,提高审核效率效果;逐户核实业绩考核清算结果,撰写决算审核分析报告和批复,分析企业2017年度经济运行情况,确认主要经营指标,提出需要整改的问题及要求,强化问题整改落实结果反馈机制。2017年度98家中央企业实现营业总收入26.4万亿元,利润总额1.4万亿元,平均国有资本保值增值率105.7%,82家企业实现国有资本保值增值;上缴税金总额2万亿元,占全国财政收入的11.4%,积极履行社会责任;截至2017年底,中央企业资产总额54.6万亿元。

(二)完成2018年度财务决算布置工作

为做好2018年度中央企业财务决算工作,制定印发《关于做好2018年度中央企业财务决算管理及报表编制工作的通知》(国资发财管〔2018〕117号),召开决算布置与报表培训视频会,要求企业规范会计行为,确保会计信息质量;把握准则要求,做好工作衔接与报表列报;突出问题导向,建立问题整改长效机制;优化工作组织,提高财务决算工作效率;深挖数据价值,促进专项任务扎实推进。

(三)强化财务决算管理功能

一是要求中央企业认真分析收入效益结构和变化,检验开拓市场、精益管理、优化布局等工作成效,找准强化和提升的重点方向,为企业经济决策提供重要支持,进一步巩固和扩大提质增效工作成果。二是坚决打好防风险攻坚战,重点排查融资性贸易、PPP业务、资金管控、担保、金融衍生业务、债务风险管控等方面的问题,及时发现企业重大损失风险,及时揭示内部控制薄弱环节,按照"三个不放过"原则,狠抓决算反映问题的督促整改机制。三是结合国务院国资委相关工作要求,在年度财务决算中检查企业落实"处僵治困"、资金集中管理等工作要求情况,分析未落实监管要求和未完成任务目标的原因,督促企业贯彻落实党中央、国务院布置的重大专项任务。四是加强决算审计质量管理,结合2017年度决算审核工作,对出现问题的会计师事务所进行质询。

四、积极推进国企国资改革任务,做好政策协调服务

(一)及时推动清理拖欠民企账款和农民工工资

认真贯彻习近平总书记民企座谈会重要讲话精

神和国务院常务会议有关工作部署,迅速组织摸排调研,下发专项通知,进行专题部署,要求中央企业按照"应付尽付、统筹推进、依法合规"原则分类分批落实清欠任务,并对部分重点地区重点企业进行现场督导,督促相关企业扎实清欠。截至2018年底,中央企业偿还逾期农民工工资5.2亿元,占逾期农民工工资总量的64.8%;清偿民企逾期欠款620.3亿元,占逾期民企欠款的45.7%。

(二)持续推动电信企业"提速降费"

认真贯彻落实国务院领导批示精神,加强统筹规划,年初与工业和信息化部联合印发《关于深入推进网络提速降费加快培育经济发展新动能2018专项行动的实施意见》,统筹安排全年提速降费工作;针对社会质疑移动流量资费远超印度、联通提速降费后效益大增以及国务院大督查发现的问题,及时召开专题会议了解情况、明确要求,并专门赴电信企业实地督导并深入营业厅现场检查,督促企业全面落实整改;积极指导企业通过增收节支、提质增效等措施,平抑提速降费对企业效益的影响,确保企业效益平稳增长。经过多方共同努力,电信企业提速降费均超额完成年度目标,并于7月1日按时取消流量漫游费。

(三)进一步深化总会计师委派试点工作

一是不断扩大总会计师委派试点范围,截至2018年底,向35家中央企业委派总会计师,其中2018年委派13家。二是强化委派总会计师职责管理,逐位组织13位新任委派总会计师开展专业岗位任职谈话,提出履职要求。三是开展17家委派总会计师述职,组织座谈述职会,听取总会计师重点工作完成情况及工作建议,对委派总会计师下一步工作提出要求。四是以委派总会计师为抓手,积极推进国资委重点工作开展,坚持发挥好委派总会计师管理和监督的双重职责。

(四)推动企业加大资金集中管理力度

一是组织召开中央企业资金管理现场会,交流资金集中管控模式和工作经验,促进中央企业提高资金集中管理水平。二是要求中央企业严格落实中国银保监会等部门监管要求,进一步规范财务公司管理、发挥功能作用。三是积极推动中央企业大额资金支出动态监测工作,以信息化手段促进中央企业资金集中管理。

(五)督促企业落实好经济社会责任

一是督促指导中央煤电企业做好迎峰度夏期间稳定电力供应工作,组织中央煤炭、电力企业做好东北三省冬季供暖工作,切实保障民生。二是督促电网企业落实国家政策,降低一般工商业电价0.085元,降低10.5%,每年减少全国工商企业用电成本超1100亿元;督促发电企业推进电力市场化改革,市场交易电量比重增加7.8个百分点(达到41.5%),降低全社会用电成本超过500亿元。

(六)组织开展政策协调和会计服务工作

一是持续跟踪有关中央企业"营改增"试点情况,研究企业诉求,及时了解试点中出现的问题并反馈"营改增"部际联席会;系统总结国务院国资委和中央企业"营改增"试点过程中的工作,做好跟踪监测,推动有关中央企业持续优化内部管理。二是组织举办中央企业会计准则和财务快报培训班,中央企业200余人参加培训,就金融工具、收入、租赁等准则和快报修订要求进行讲解,提高财务人员业务水平。

五、完善问题督促整改机制,持续加强各类风险管控

(一)加强对中央企业内部审计工作指导

为切实发挥内部审计在推动依法治企、合规经营和提质增效、转型升级等方面的价值创造与保障监督作用,促进中央企业不断强化内部监督,就决算、审计报告等反映的问题分别约谈企业总会计师,明确提出工作要求;开展专题研究,分析企业内部审计工作有关情况,结合重点工作任务或各方关注热点,印发《中央企业2018年度内部审计工作重点关注事项建议》,推动企业有效发挥内部审计功能和作用。

(二)完善监督问题督促整改机制

研究起草国务院国资委督促中央企业整改审计问题工作方案,分类梳理中央企业审计发现问题并送相关厅局督促整改,形成全委联动机制,对审计、巡视等方面发现和移交问题,按照"资金资产损失未追回不放过、责任人未追究处理不放过、长效机制未建立

健全不放过"的原则,逐户跟踪落实,逐项评估整改效果,健全问题整改闭环管理体系。根据分类处理的原则,重大问题逐项核实有关情况并督促企业整改落实,同时组织对部分企业经济责任审计发现问题进行专项整改,促进问题整改落实,健全审计监督工作闭环管理体系,提升审计监督工作权威性、有效性。

(三)持续加强贸易业务风险防范

一是对日常监测中发现的虚假贸易坚持"零容忍",发现一起通报一起。二是在全面排查融资性贸易业务和空转走单贸易业务基础上,对部分中央企业排查情况开展专项审计抽查。三是针对各类检查中发现的融资性贸易问题,要求企业全力化解风险,努力追偿损失,严肃追责问责。

(四)及时开展PPP业务风险管控

一是多次组织PPP业务规模较大的企业召开座谈会,督促企业落实《关于加强中央企业PPP业务风险管控的通知》要求。二是加强跟踪监测,逐月统计PPP等投资类项目总量和进度,每半年全面统计PPP项目详细情况,研究组织对存量PPP项目风险进行梳理排查和处置。三是组织开展中央企业PPP项目专项检查工作,提示风险、提出整改要求。

为提升中央企业财务监督工作水平,国务院国资委坚持不断增强服务意识,做好税收、财金等政策的沟通协调工作,帮助企业做好重大财务事项的监督指导,促进中央企业实现高质量发展。

(审稿人:邬红兵　撰稿人:郭 彧)

全国国有企业资产与财务状况分析

2018年,全国国资委系统监管企业①(以下简称"国资系统监管企业")在以习近平同志为核心的党中央坚强领导下,以习近平新时代中国特色社会主义思想为指导,认真贯彻落实党中央、国务院决策部署,坚持稳中求进工作总基调,坚定践行新发展理念,按照高质量发展要求,继续深化供给侧结构性改革,经济运行总体平稳,质量效益稳步提升,稳中有进、进中提质的态势得以巩固,为国民经济持续健康发展作出积极贡献。

一、经济运行平稳有序,营业收入稳步增长

2018年,国资系统监管企业加强组织领导,强化经济形势研判和运行监测,保持企业生产经营平稳,收入规模稳步增长。全年实现营业收入55.4万亿元,比上年增加5.5万亿元,增长11.1%。从隶属关系看,中央企业实现营业收入29.2万亿元,比上年增长10.8%,占比52.7%,60家企业营业收入超过1000亿元,其中3家企业超过2万亿元;地方监管企业实现营业收入26.2万亿元,比上年增长11.3%,占比47.3%,

图1　2008—2018年国资系统监管企业营业收入变化

① 全国国资委系统监管企业包括国务院国资委监管企业和地方各级国资委监管企业。

其中9个地区实现营业收入超过1万亿元。《财富》杂志公布的世界500强企业中,76家国资系统监管企业上榜,其中,中央企业48家上榜,3家企业入围前五名;地方监管企业28家上榜。

二、国有资本总量平稳增长,保值增值任务圆满完成

国资系统监管企业聚焦主业、做强实业,加大实体产业投入力度,加快向高端制造业转型升级,国有资本规模持续壮大,国有资本盈利能力和投资回报率平稳增长。2018年末,国资系统监管企业国有资本总量39.5万亿元,比上年增长8.9%,其中,企业经营积累增加1.7万亿元;因国家追加投资、资本溢价、无偿划入等客观因素增加3.4万亿元;因无偿划出、自然灾害损失、上缴国有资本经营收益等客观因素减少1.4万亿元。扣除客观增减因素后,国资系统监管企业平均国有资本保值增值率103.2%。从隶属关系看,中央企业国有资本总量12.1万亿元,比上年增长3.3%,平均国有资本保值增值率106.2%,高于国资系统监管企业平均水平3个百分点,22家企业国有资本保值增值率超过110%;地方监管企业国有资本总量27.5万亿元,比上年增长11.6%,平均国有资本保值增值率101.9%。

三、经济效益大幅增长,创历年最好水平

2018年,国资系统监管企业紧盯年初确定的目标任务,克服经济下行压力带来的困难和挑战,实现整体效益大幅增长,实现净利润2.5万亿元,比上年增长12.7%;归属于母公司所有者的净利润1.3万亿元,比上年增长7.8%;实现利润总额3.4万亿元,比上年增加3927.6亿元,增长13.2%。2018年,实现盈利的企业9.7万户,盈利面63.6%;实现增利的企业8.4万户,占全部国资系统监管企业的54.9%。从隶属关系看,中央企业实现净利润1.2万亿元,比上年增长16.2%,占全部国资系统监管企业的49.3%,其中92家企业实现盈利,32家企业净利润超过100亿元;地方监管企业实现净利润1.2万亿元,比上年增长9.6%,占全部国资系统监管企业的50.7%,其中19个地区实现净利润超过100亿元。从行业看,石油石化、商贸、房地产、冶金等行业对整体效益增长贡献突出,4个行业净增利额占全部监管企业增利额的85.4%。煤炭、交通运输、建材、化工等行业平稳增利,其中煤炭企业实现净利润2022.2亿元,比上年增长12.8%;交通运输企业实现净利润2216.4亿元,比上年增长2%;建材企业实现净利润964亿元,比上年增长92%;化工企业实现净利润977.5亿元,比上年增

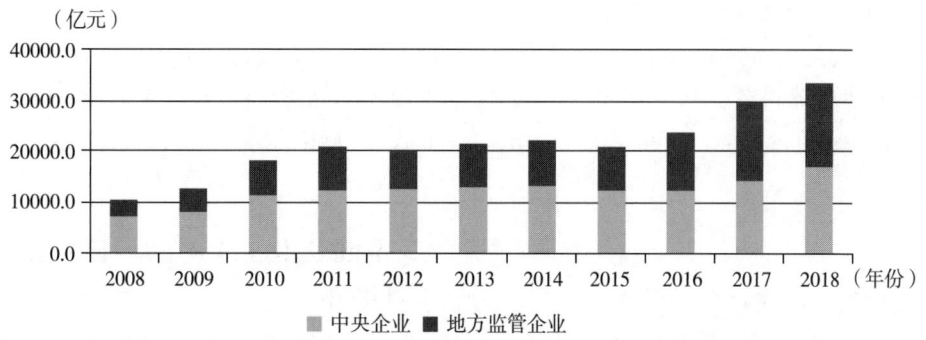

图2　2008—2018年国资系统监管企业利润构成及变化

长41.9%;电力企业发电量和售电量基本稳定,但受煤炭价格上涨和电价定价机制改革等影响,电力企业实现利润3516.1亿元,比上年下降3.8%。

四、职工队伍持续稳定,薪酬水平平稳增长

2018年,国资系统监管企业在保障社会就业、提高职工工资水平的同时,进一步提升职工队伍整体素质,提高职工福利保障水平。2018年末,国资系统监管企业从业人员人数3127.9万人,比上年年末职工人数2849.9万人下降0.3%。从隶属关系看,中央企业年末职工人数比上年下降1.8%,占比44.1%;地方监管企业年末职工人数比上年增长1%,占比55.9%。

2018年，国资系统监管企业实际发放职工工资总额3万亿元，比上年增长11.1%。2018年，国资系统监管企业基本养老保险覆盖面（参加保险职工人数占年末职工人数的比例，下同）92.3%、基本医疗保险覆盖面92.4%、失业保险覆盖面90.7%。

五、社会贡献稳步扩大，努力实现综合价值最大化

2018年，国资系统监管企业实际上缴税费总额3.7万亿元，上缴国有资本收益3291.4亿元，两者合计占全国财政收入的22%。从隶属关系看，中央企业上缴税费总额2.1万亿元，占国资系统监管企业上缴税费总额的55.9%，其中上缴税费超过100亿元的企业44家，比上年增加3家；地方监管企业上缴税费总额1.6万亿元，占比44.1%。

2018年，国资系统监管企业坚持实施创新驱动发展战略，持续加大创新投入力度，完善创新体制机制，创新发展步伐不断加快。2018年，国资监管企业科技支出9396.3亿元，比上年增长15.2%。截至2018年底，国资系统监管企业拥有自主知识产权的专利数量98.9万件，其中新增18.6万件。国资系统监管企业在保持生产经营稳步发展的同时，加强安全生产管理，加大环境保护投入力度，推动技术改造，大力推进节能减排，更好地实现绿色、可持续发展。2018年，国资系统监管企业支出的安全生产费用1787.1亿元，支出的环境保护及生态恢复费用1013.3亿元。

（审稿人：邬红兵　撰稿人：王友叶）

国有企业改革与发展

2018年，国务院国资委以习近平新时代中国特色社会主义思想为指导，全面贯彻党的十九大、十九届二中、三中全会和中央经济工作会议精神，按照全国国有企业党的建设工作会议和全国国有企业改革座谈会议的有关部署，指导各级国资委和中央企业深入推进供给侧结构性改革、推动高质量发展、打好三大攻坚战，提质增效成效显著，各项工作稳步推进。

一、收入利润实现显著增长，经营效益不断提升

2018年，通过加强组织领导，强化经济形势研判和企业运行监测，指导企业在复杂多变形势下努力保持平稳运行，克服经济下行压力带来的困难和挑战，实现整体效益大幅增长。国资监管系统企业全年累计实现营业收入54.8万亿元，比上年增长10.3%；增加值12.4万亿元，比上年增长9.8%；利润总额3.4万亿元，比上年增长13.2%；净利润2.4万亿元，比上年增长12.1%；归属于母公司所有者的净利润1.3万亿元，比上年增长11.7%；上缴税费总额3.8万亿元，比上年增长8.3%。其中，中央企业累计实现营业收入29.1万亿元，比上年增长10.1%；增加值7.1万亿元，比上年增长8.1%；利润总额1.7万亿元，比上年增长16.7%；净利润1.2万亿元，比上年增长15.7%；归属于母公司所有者的净利润6100.1亿元，比上年增长17.6%；上缴税费总额2.2万亿元，比上年增长5.7%。其中，中国一汽、国投、中国诚通、中国化学工程、建设科技集团、华侨城集团等18家企业营业收入比上年增长超过20%，中国石油、中国石化、中国海油、中国联通、中铝集团、中国节能等28家企业利润总额比上年增长超过20%。广东、浙江、四川、安徽、江西等11个省（自治区、直辖市）国资委监管企业营业收入和利润总额比上年增长均超过10%。

二、不断优化布局结构，扎实推进供给侧结构性改革

一是加快推动创新发展，创新成果不断涌现。中央企业不断加大研发投入，强化自主创新，取得一批重大创新成果。"鹊桥"中继星顺利进入使命轨道运行，"嫦娥四号"实现人类探测器首次月背软着陆，大型水陆两栖飞机AG600水上首飞，"天鲲号"重型自航绞吸船出港海试，港珠澳大桥正式建成通车，北斗卫星导航系统全球组网迈出坚实一步，台山核电EPR机组具备商业运行条件，我国首艘自主设计建造的

"雪龙2号"极地科考破冰船实现下水,参与制定的首个国际5G标准正式发布,标志着我国在相关科技前沿领域迈出实质性步伐。51家中央企业获得2018年度国家科学技术奖励98项,占奖项总数的40.8%,中核集团、航天科技牵头的项目获得国家科学技术进步奖特等奖。

二是扎实推进重组整合,规模优势和协同效应逐渐显现。2018年,国务院国资委持续优化中央企业布局结构,提升资源配置效率,推动中核集团和中核建集团、武汉邮科院和电信科研院两组4家企业重组,完成武警水电部队转隶移交,有序推进中国安能整编筹备。推动重组企业深入开展整合融合,国家能源集团、国机集团、中国宝武、中国远洋海运、中国五矿、中储粮集团、招商局集团、中国建材、中国中车集团等企业重组后经营业绩稳步提升。各省(自治区、直辖市)国资委推动36组监管一级企业实施重组,有力促进国有经济布局优化和国有资本运营效率提升。

三是坚持聚焦实业主业,核心业务盈利能力进一步增强。加大中央企业战略规划管理力度,严控非主业投资比例,严控金融业务投资,推动企业进一步做强做优做精实业主业。2018年,中央工业企业完成固定资产投资1.9万亿元,比上年增长6.2%,增幅高于中央企业平均水平;实现净利润6212.2亿元,比上年增长21.3%,高于中央企业平均增幅5.6个百分点,增利额占中央企业净利润增量的67.4%。中央企业通过产权市场盘活存量资产1011亿元,其中71家企业退出非主业投资项目308项,回笼资金382亿元。河北、江苏、浙江、湖南、广西、海南等地严控非主业投资,引导企业更加专注实业发展,集中精力做好主业。

四是大力推进"瘦身健体"。"压减"工作持续深入推进,截至2018年底,中央企业累计减少法人12829户,减少比例24.6%,90%企业的法人层级控制在十级以内;管理层级最长由八级减少到六级,六级(含)以上的管理单位减少3600户,减少比例98%;航天科工、中国航发、国家电网、南方电网、华录集团累计压减法人户数占比超过40%。化解过剩产能圆满完成年度目标任务,2018年中央企业化解煤炭过剩产能1265万吨;完成国家电投、华润集团、中国电建煤炭资产移交国源公司工作,涉及产能1亿吨;国家能源集团、华润集团、中国诚通、中煤集团、中国国新5家企业共同设立专项基金,探索市场化专业化整合煤炭资源。"处僵治困"主体任务基本完成,纳入专项工作范围的企业比上年减亏增利373亿元。中钢集团、中国铁物等困难企业积极推进资产处置、债务化解、结构调整、管理提升,经营业绩持续改善。河南用1年时间完成1124家"僵尸企业"处置任务。

五是积极参与"一带一路"建设,开放合作水平明显提高。国务院国资委组织召开推进共建"一带一路"走深走实专题会,组织中央企业积极参加博鳌亚洲论坛2018年年会、首届中国国际进口博览会、中非合作论坛北京峰会等重大活动,推动中央企业加快对外开放合作步伐,提升国际化经营能力水平。中央企业主动对接"一带一路"沿线国家发展规划,扎实推动重点项目落实落地。国机集团、招商局集团主导建设的中白工业园入驻企业42家,协议投资金额超过11亿美元;中国石油中俄原油管道复线正式投入使用;中国黄金收购开发俄罗斯战略级资源克鲁奇金矿;中国有色集团在赞比亚投资建成非洲第一座数字化矿山,中国铁建、中国中铁承建的亚吉铁路投入商业运营,匈塞、中老铁路等建设有序推进。这些重大工程和项目的实施带动当地经济社会发展,也为中央企业国际化经营积累丰富经验。

三、国企改革不断深化,各项任务取得积极成效

各级国资委和中央企业认真落实国企改革"1+N"系列文件精神,按照全国国企改革座谈会要求,统筹推进各项改革举措落实落地,持续深化企业内部改革,取得积极进展。

一是加快建立中国特色现代国有企业制度,法人治理结构持续完善。牵头落实《国务院办公厅关于进一步完善国有企业法人治理结构的指导意见》(国办发〔2017〕36号)国务院国资委任务分工方案,督促指导有关中央企业抓好任务落地。抓好中央深改办关于国务院国资委落实36号文件专项督查报告的整改

落实,对照专项督查报告逐条研究改进措施,形成督察整改报告和有关政策建议上报。着手修订"三重一大"有关制度,研究起草《国资委党委关于完善中央企业"三重一大"决策制度体系的指导意见》。以章程管理为抓手规范企业的组织和行为。加强国有企业公司章程管理,研究起草《国有企业章程审核和批准管理办法》,规范国有企业章程的审核和批准流程。强化章程在公司治理中的基础作用,研究起草《中央企业章程指引》。

二是加强和改进董事会建设,整体功能逐步增强。国务院国资委印发《关于深化落实中央企业董事会职权试点工作的通知》,将中长期发展决策权、经理层成员业绩考核权、经理层成员薪酬管理权、职工工资分配管理权、重大财务事项管理权等授予5家试点企业董事会。研究制定《中央企业外部董事选聘和管理办法》,进一步加强外部董事队伍建设。各省(自治区、直辖市)国资委监管的一级企业90%建立董事会。

三是扎实推进改革试点和"双百行动",示范带动作用有效发挥。"十项改革试点"不断深化,中央企业兼并重组、信息公开等试点全面完成,国有资本投资、运营公司等试点取得重要阶段性成果。组织实施国企改革"双百行动",指导推动398户"双百企业"一企一策制定完善方案、开展综合性改革,"区域性国资国企综合改革试验"开局起步。明确航天科技等10家中央企业为创建世界一流示范企业,探索培育具有全球竞争力的世界一流企业的有效途径。

四是积极推进股权多元化和混合所有制改革,国有资本功能不断放大。推动国药集团开展集团层面股权多元化改革,引入国投和中国国新2家战略投资者。南航集团层面股权多元化改革形成初步方案。中央企业积极利用股票市场、产权市场开展混合所有制改革,引入社会资本1750亿元;中国三峡集团新能源公司通过增资扩股引入权益资本117.5亿元;中国铁塔成功实现H股挂牌上市,募集资金69亿美元。重点领域混合所有制改革试点扎实推进,航空工业集团、兵器装备集团、中粮集团所属试点子企业分别完成进场增资、制定事业单位转制方案、重组上市等工作;国家电网启动特高压直流工程等核心业务引入社会资本工作。各省(自治区、直辖市)国资委监管的各级企业中混合所有制企业占比45.9%。

五是深入推进三项制度改革,激励约束机制进一步健全。国务院国资委制定并印发《中央企业工资总额管理办法》,改革管理方式,完善决定机制,赋予企业更大自主权。市场化选人用人和激励约束力度不断加大,在中央企业集团层面开展经理层成员契约化管理和职业经理人制度试点,中国电科、中化集团、中粮集团、国投、中国建材、中国通号等企业在所属企业大力推行经理层任期制和契约化管理,企业内生活力进一步增强。南方电网能源公司和广州供电局全面试点推动从"个别职业经理人试点"向"整体实施职业经理人制度"转变,南方电网能源公司实现本部和二、三级单位经营班子41名高管全体起立转型为职业经理人。华安证券公司总经理通过全国公开选聘产生,原3名副总经理1人转岗担任监事会主席,2人转任职业经理人身份的副总经理,另通过内部选举产生3名副总经理。员工持股试点深入推进,全国选取192户试点企业,在促进机制转换、吸引留住人才等方面取得明显成效。中长期激励进一步加强,中央企业控股的81户上市公司实施股权激励,所属科技型企业30个股权和分红激励方案进入实施阶段,有效调动骨干员工积极性。各省(自治区、直辖市)国资委加快探索经理层市场化选聘,监管的83家一级企业市场化选聘261人。

六是加快解决历史遗留问题,重点工作取得重大突破。各地方党委、政府主动作为,大力支持,各地国资委积极加大协调力度,全国国有企业基本完成职工家属区"三供一业"和市政社区管理等职能分离移交,教育医疗机构深化改革90%以上,消防机构分类处理全面完成。中央企业职工家属区"三供一业"分离移交正式协议签订率99.8%,分离移交工作完成93.1%。国家电网、南方电网完成供电职能接收。航天科工将管理近40年的永定路街道办事处移交北京市。中央企业培训疗养机构改革稳步推进,进入具体实施阶段。

(审稿人:张学勇　撰稿人:欧天奕)

中央企业董事会试点进展和董事会建设情况

2018年，国务院国资委深入贯彻党的十九大、全国国有企业党的建设工作会议、全国国有企业改革座谈会议精神，进一步加强中央企业董事会建设，持续规范董事会运行，严格外部董事管理，推动完善中国特色现代企业制度。

一、中央企业董事会建设稳步推进

（一）集团层面实现董事会应建尽建

截至2018年底，97家中央企业除中国冶金地质总局、中国煤炭地质总局2家事业单位外，其余95家中央企业均建立董事会，其中83家建立外部董事占多数的规范董事会。

（二）董事会组织结构更加完善

2018年，国务院国资委推动中央企业实行"双向进入、交叉任职"领导体制，97家中央企业全部实现党委（党组）书记、董事长由1人担任，董事长、总经理分设，党员总经理担任党委（党组）副书记并进入董事会，34家中央企业党委（党组）专职副书记进入董事会。在这一领导体制下，规范董事会一般由7人或9人组成，其中外部董事4人或5人。董事会普遍设立审计委员会、战略和投资委员会、薪酬和考核委员会、提名委员会等专门委员会，有的根据工作需要设立专业委员会，并明确相关职能部门对口提供支撑。

（三）规范董事会制度体系更加健全

截至2018年底，国务院国资委形成包括董事会规范运作、外部董事选聘管理、董事会及董事评价、落实董事会职权等一整套比较完整的基础制度体系。在中央企业层面，83家规范董事会围绕公司章程，普遍制定董事会议事规则、董事会专门委员会议事规则、总经理工作规则、董事会秘书工作规则，有的还制定董事会授权管理办法、外部董事信息报送和沟通支撑服务规定、董事会办公室工作制度等，为董事会规范有效运作提供有效制度保障。

（四）董事会评价工作更加深入

国务院国资委持续改进董事会董事评价工作，发挥好评价指挥棒作用。一是强化日常评价。派员列席中央企业董事会和专门委员会重要会议，全程纪实形成履职记录，近距离观察并评价董事会运行和外部董事履职情况。二是强化出资人评价。优化出资人会商机制，国务院国资委有关厅局根据掌握的相关情况充分沟通、开展测评，对董事会和董事作出全面、客观、准确的评价。三是强化评价结果运用。逐一向董事会和外部董事反馈评价结果，推动董事会完善运行机制，促进外部董事勤勉尽责。对个别董事会运行一般的企业董事长进行约谈；对外部董事履职过程中存在的不足进行提醒，严肃指出问题、明确整改方向、督促改进提高；对评价排名连续靠后的外部董事，结合优化董事会结构需要进行调整。

二、中央企业外部董事队伍持续优化

（一）加强外部董事人才库建设

2018年7月，根据中央企业董事会和外部董事队伍建设需要，国务院国资委集中开展外部董事人才库调整工作。一是补充一批。拓宽人选来源渠道，重点补充有中央企业正职领导经历，以及熟悉战略、投资、金融、财务等紧缺领域的人才，推动优化中央企业外部董事人才队伍结构。二是调整一批。将不具备外部董事任职资格条件的人员，及时调整出库。截至2018年底，外部董事人才库涵盖企业管理、财务、金融、人力、战略、法律、投资、工程管理等多个专业领域的人才，为中央企业董事会建设提供人才保证。

（二）严格外部董事选聘管理

国务院国资委坚持严管和厚爱相结合，做好外部董事选聘和管理工作。一是严格外部董事选聘，根据中央企业长远发展需要和董事会专业结构需求，挑选政治素质好、业务能力强的外部董事，优化董事会结构。2018年，为33家中央企业新聘或续聘外部董事94人次。二是探索建立外部董事召集人制度，在部分企业明确外部董事召集人，发挥召集人的沟通协调作用。三是强化专职外部董事管理，2018年召开2次专职外部董事座谈会，完善出资人与外部董事的日常沟通联络机制。

（三）加大外部董事履职培训力度

2018年，国务院国资委先后举办2期外部董事专题培训班、1期新加坡淡马锡董事会运作实务培训班，实现培训全覆盖。一是举办2期中央企业外部董事培训班，重点围绕国务院国资委中心工作和中央企业改革发展重点任务，邀请国务院国资委领导、中央企业董事长、国内知名专家，就党的十九大精神、深化国企改革重点任务、宏观经济形势、中央企业风险防范等专题进行授课，培训中央企业外部董事320余人，进一步规范外部董事履职行为，压实履职责任，传导履职压力。二是继续举办新加坡淡马锡董事会运作实务培训班，选派48名中央企业董事、专职外部董事以及国务院国资委相关厅局干部参训。通过深入淡马锡公司及所属淡联企业就董事会运作、董事履职等问题进行交流研讨，学习国际先进经验，提高董事履职能力。

三、董事会建设相关改革试点有序开展

2018年4月，国务院国资委印发深化落实董事会职权试点工作的通知，制定深化试点工作方案。按照通知和方案，国务院国资委在中国节能环保集团有限公司、中国建材集团有限公司、中国医药集团有限公司、新兴际华集团有限公司、中国广核集团有限公司5家中央企业深化落实董事会职权试点，同时在中国节能环保集团有限公司、中国建材集团有限公司、中国广核集团有限公司3家中央企业全面推行经理层成员契约化管理，在中国医药集团有限公司、新兴际华集团有限公司2家中央企业开展职业经理人制度试点。截至2018年底，5家试点企业制定试点实施方案和相关管理制度。

（审稿人：延彦东 苏云成 撰稿人：乔腾飞 付爱民）

国有企业解决历史遗留问题进展情况

2018年，国务院国资委、各地国资委和各国有企业以习近平新时代中国特色社会主义思想为指导，深入贯彻落实党的十九大，十九届二中、三中全会和中央经济工作会议精神，按照全国国有企业改革座谈会的要求，加强组织领导，密切配合，攻坚克难，全国国有企业剥离办社会职能和解决历史遗留问题工作取得重要进展，"三供一业"和市政社区管理等职能分离移交、教育医疗机构深化改革、消防机构分类处理等4项重点工作基本完成年度目标任务，退休人员社会化管理和厂办大集体改革有序进行。

一、扎实推进剥离企业办社会职能和解决历史遗留问题各项工作

国务院国资委、财政部、中央组织部、国家发展改革委、教育部、民政部、人力资源和社会保障部、住房城乡建设部、国家卫生健康委、应急管理部、医保局、银保监会、国防科工局13个部门组成的剥离国有企业办社会职能和解决历史遗留问题专项小组（以下简称"专项小组"），认真贯彻落实党中央、国务院决策部署，加强组织领导，抓重点地区和重点中央企业，努力突破工作难点，强化调研督导，全面推动剥离国有企业办社会职能和解决历史遗留问题。

（一）强化组织领导，统筹推进剥离企业办社会职能

加强组织领导。2018年2月，专项小组召开会议，研究部署剥离国有企业办社会职能和解决历史遗留问题，明确2018年工作目标任务。3月，国务院国资委、财政部共同举办工作培训，明确全年工作要求，国务院国资委、财政部领导出席并讲话，各省（自治区、直辖市）国资委、财政部门和有关中央企业负责

人,专项小组成员单位有关负责人参加培训。专项小组办公室多次组织研究独立工矿区剥离办社会职能、供电先移交后改造、医疗机构改革、涉税等有关问题,提出针对性措施。

完善政策体系。国务院国资委会同有关部门印发《中央企业职工家属区"三供一业"分离移交工作有关问题解答》《关于进一步推进国有企业独立工矿区剥离办社会职能有关事项的通知》《关于做好2018年剥离国有企业办社会职能和解决历史遗留问题有关工作的通知》《关于进一步推进中央企业办医疗机构深化改革的通知》,剥离企业办社会职能政策体系不断完善。研究起草《关于国有企业退休人员社会化管理的指导意见》,经中央深改委审议通过。财政部、国务院国资委、税务总局认真研究"三供一业"分离移交补助资金清算、剥离办社会职能涉税等问题。

落实资金支持。2012—2018年,累计投入资金1428亿元,支持中央企业和中央下放企业"三供一业"分离移交。中央财政累计投入资金177亿元,支持有关地方和中央企业开展厂办大集体改革。各级地方政府积极筹措资金支持"三供一业"维修改造,推进剥离办社会职能。加强财政资金管理,通过建立预算执行情况定期报告制度,收回结余资金等多种方式,督促地方和中央企业加快预算执行进度,切实提高财政资金使用效率。

(二)聚焦重点难点,集中攻坚克难

重点地区和重点中央企业加快推进。山西、陕西、河南、辽宁、山东、河北、黑龙江、湖北、北京、四川10个省市"三供一业"分离移交任务占全国任务总量的60%。中国石油、中国石化、国家电网、鞍钢、中航工业、国家能源集团、兵器工业集团、中国中铁、东风公司、中国中车集团10家中央企业"三供一业"分离移交任务占中央企业任务总量的60%。在2017年工作基础上,专项小组继续加大对这10个省市和10家中央企业的重点督促指导。10个省市和10家中央企业集团公司强化责任担当,强力推动,攻坚克难,务求实效,有效带动全国剥离办社会职能工作进度。

独立工矿区剥离办社会职能工作取得突破。在中国石油大庆油田、中国石化胜利油田、东风汽车十堰基地、河北开滦集团古冶矿区、陕西有色控股集团金堆城钼业矿区5个独立工矿区开展剥离办社会职能综合改革试点。有关部门、地方政府、企业集团及独立工矿区凝心聚力,密切配合,创新方式方法,独立工矿区剥离办社会职能这一长期想解决而没有解决的难题实现突破,形成可复制可推广的经验做法。截至2018年底,大多数国有企业独立工矿区剥离办社会职能工作基本完成。十堰基地全面完成,胜利油田、开滦古冶矿区、陕西有色金堆城钼矿基本完成剥离办社会职能;大庆油田办消防机构分类处理全面完成,其他办社会职能部分取得突破。

国有企业退休人员社会化管理试点有序推进。经国务院同意,在上海、重庆、大连、鸡西、长沙5个城市开展国有企业退休人员社会化管理试点工作。专项小组加强试点工作调研指导,召开试点城市座谈会,认真研究试点中的有关问题,印发《国有企业退休人员社会化管理试点工作专题会议纪要》,明确有关工作事项。有关省及试点城市政府高度重视,攻坚克难、先行先试,创新工作方式方法,扎实有序推进,取得积极成效。重庆市属国有企业29万退休人员移交街道社区管理协议签订率100%;长沙全面完成市属国有企业23万退休人员社会化管理,基本完成5家当地央企退休人员移交地方管理,新增5家当地央企试点;大连行政区域内省属企业、市属企业基本完成退休人员社会化管理,25家当地央企移交退休人员1.78万人;上海市属企业退休人员实现养老金发放、医疗保险和就医、社区事务受理、社区为老服务、社会救助服务、社区党建等全覆盖;鸡西市属企业退休人员全部实现社会化管理,并与12家当地中央企业、6家省属企业签订退休人员社会化管理框架协议。江西、河南、北京、四川等地主动开展国有企业退休人员社会化管理试点探索。

厂办大集体改革积极稳妥推进。国务院国资委研究起草厂办大集体改革情况报告并上报国务院,全面总结厂办大集体改革进展情况、取得的成效、存在的问题及下一步工作建议。中核集团、南方电网、中国宝武、中国西电集团制定厂办大集体改革总体方案。辽宁省研究制定配套政策,全面启动厂办大集体改革工作。

(三)强化调研督导,发挥考核导向作用

强化调研督导。专项小组通过调研、座谈等多种方式,及时跟踪工作进展情况,督促指导有关地方、有关企业加大工作力度,加快工作进度。先后5次召开重点中央企业、重点地区座谈会、专题会,有效推进重点企业、重点地区特别是独立工矿区剥离办社会职能、医疗机构深化改革等重点工作。先后赴东北和重庆、上海、新疆、四川、贵州等地,航天科技、航天科工、中航工业、中国石油、国家电网、中国铁路总公司等中央企业调研督导。专项小组办公室与进度较慢的有关中央企业负责人进行一对一的沟通。以国务院国企改革领导小组办公室名义向各省(自治区、直辖市)政府、以国务院国资委办公厅名义向中央企业通报剥离办社会职能工作进展情况,有效推动全国工作进度。

强化考核导向。国务院国资委将任务量较重的33家中央企业剥离办社会职能和解决历史遗留问题工作纳入2018年经营业绩考核。多数省级政府将此项工作纳入对地市政府业绩考核,对省属企业考核与企业领导人员薪酬挂钩,多数中央企业加强对所属企业的考核,层层传递压力,切实做好具体组织实施工作。中国石化按照工作任务关键节点,建立"红、黄、绿"运行动态管控工作机制,每月对企业工作进度考核评价。中航工业建立全面推进工作的目标体系。国家能源集团在总部层面做到"四个统一"(统一口径、统一管理、统一流程、统一考核),给予业绩突出的工作团队专项奖励。

完善定期报告制度。专项小组办公室组织各地各中央企业定期填报进展情况表,建立工作任务台账,及时通报工作进展情况。2018年编印简报23期,介绍各地各企业好经验好做法,发挥示范引领作用。

(四)规范分离移交工作,切实维护企业和社会稳定

合理确定维修改造范围和标准,严格控制维修改造费用,坚决纠正有关地方"三供一业"分离移交工作中不合理规定和做法。有关企业合理测算维修改造费用,规范资金申报使用,规范高效使用补助资金,专款专用,确保经得起检查和审计。加强思想政治工作和政策宣传,取得职工群众的理解支持,保障职工合法权益,切实维护企业和社会稳定。截至2018年底,全国国有企业剥离办社会职能分流安置职工43.2万人。

二、剥离企业办社会职能和解决历史遗留问题取得积极成效

2018年,剥离办社会职能和解决历史遗留问题工作取得重要进展,企业办消防机构分类处理全面完成,"三供一业"和市政社区管理等职能分离移交、教育医疗机构深化改革达到90%左右,退休人员社会化管理、厂办大集体改革有序推进。

(一)企业办消防机构分类处理全面完成

全国国有企业办消防机构689个,依照消防法规保留、继续加强建设的专职消防队555个,可以不设的消防机构已移交地方或关闭撤销134个,2018年全面完成办消防机构分类处理工作。

(二)"三供一业"基本完成分离移交

全国国有企业"三供一业"正式协议签订率99.6%,基本完成分离移交的占任务总量的91.3%。其中,供水基本完成分离移交1245.9万户,占比89.7%;供电1178.8万户,占比95.3%,国家电网、南方电网负责接收的供电职能基本完成;供热749.6万户,占比88%;供气495.6万户,占比96%;物业管理1352万户,占比89.7%。

天津、辽宁等10个省(自治区、直辖市)基本完成"三供一业"分离移交。航天科工、中国海油等25家中央企业基本完成"三供一业"分离移交。

(三)企业办教育医疗机构深化改革完成90%以上

全国国有企业办教育机构完成深化改革1744个,占任务总量的91.1%,其中关闭撤销355个、移交地方460个、改制或专业化管理270个、符合政策继续举办职业教育学前教育659个;完成办医疗机构深化改革2284个,占任务总量的90.1%,其中关闭撤销588个、移交地方363个、由6家中央企业资源整合183个、由地方专业化平台资源整合309个、重组改制399个、委托管理74个、改为对内服务医务室250个、

承担特殊功能等继续保留118个。

北京、河北等16个省（自治区、直辖市）基本完成教育医疗机构深化改革。中核集团、航天科技等40家中央企业基本完成教育医疗机构深化改革。

（四）除个别大型、少数偏远小型独立工矿区外，企业办市政社区管理等职能分离移交完成86%以上

全国国有企业移交企业办市政设施11564个，占任务总量的93.5%；移交、与企业完全脱钩的社区管理机构1706个，占任务总量的86.7%。

内蒙古、吉林等17个省（自治区、直辖市）基本完成市政社区管理等职能分离移交。中航工业、兵器工业集团等32家中央企业基本完成市政社区管理等职能分离移交。

（五）退休人员社会化管理、厂办大集体改革有序推进

全国国有企业实行社会化管理的退休人员501.1万人，占任务总量的37.7%。全国完成厂办大集体改革6947个，占任务总量的31.7%。

三、剥离企业办社会职能和解决历史遗留问题促进经济社会发展

（一）减轻企业负担，国企改革发展基础不断筑牢

剥离企业办社会职能和解决历史遗留问题使国有企业大而全、小而全的弊端逐步解决，企业负担逐步减轻，推动国有企业不断"瘦身健体"、提质增效，真正成为市场主体、公平参与市场竞争。据国家电网、南方电网测算，供电职能分离移交每年减轻企业负担110亿元。

（二）突出主业发展，国有资产配置不断优化

剥离企业办社会职能和解决历史遗留问题促进国有企业集中精力，聚焦实体经济，突出主业、做强主业，推动国有企业以质量效益为中心，实现布局优化、结构调整、战略性重组，核心竞争力不断提升。全国国有企业办社会职能涉及资产2430亿元，通过将非经营性资产转化为经营性资产、非主业资产转变为主业资产，进一步促进资源优化整合。电网企业、水务企业、燃气企业等通过接收分离移交资产，扩展服务区域，壮大主业发展，提升专业管理能力。

（三）弥补民生短板，人民群众获得感不断增强

国有老企业为职工提供公共服务的设备设施超期服役、老化严重，管理粗放、服务水平低，甚至有的饮用水不达标、用电存在安全隐患。剥离国有企业办社会职能，纳入当地公共服务体系，实行社会化专业化管理，提升公共管理服务能力和共享水平。中国五矿办社会职能涉及多个独立工矿区企业，下属企业中钨高新抓住有利时机，彻底解决1.1万人长期吃水难问题。中国西电利用3个月时间对集团及所属企业100多个院落全部走访到位，切实倾听民声，对群众提出的合理意见建议充分吸纳，通过"三供一业"和社区移交改善职工生活环境。

（四）完善基本公共管理服务体系，社会治理能力不断提升

剥离国有企业办社会职能将国有企业承担的市政社区管理、退休人员管理等公共管理服务职能归位政府，纳入当地基本公共管理服务体系，统筹协调和优化资源配置，提高服务质量和水平，国有企业职工共享政府提供的公共管理服务，促进基本公共服务均等化。

（审稿人：吴同兴　撰稿人：王亚坤）

中央企业收入分配调控和薪酬管理工作

2018年，国务院国资委深入贯彻习近平新时代中国特色社会主义思想，认真落实党中央、国务院决策部署，牢固树立新发展理念，按照高质量发展要求，围绕做强做优做大国有资本、培育具有全球竞争力的世界一流企业的核心目标，坚持供给侧结构性改革这一主线，持续推进国资国企改革，积极实施工资决定机

制改革,职工工资与企业效益同步快速增长,工资效益匹配程度再创党的十八大以来最佳水平。

一、职工工资管理政策体系基本完备

2018年,在国务院国资委积极参与和推动下,《国务院关于改革国有企业工资决定机制的意见》(国发〔2018〕16号)经中央深改委第一次会议审议通过后正式印发。文件吸收国务院国资委十多年的成功实践经验,明确工资总额预算管理方式,确立"与劳动力市场基本适应、与企业经济效益和劳动生产率挂钩"的工资决定和正常增长机制。根据文件要求和中央企业实际,国务院国资委对原工资总额管理办法进行修订完善,2018年12月首次以国务院国资委令的形式,印发《中央企业工资总额管理办法》(国务院国资委令第39号),向社会公开发布后,舆情反响正面积极。

二、职工收入与经济效益同步增长

2018年,国务院国资委按照建立健全与劳动力市场基本适应、与国有企业经济效益和劳动生产率挂钩的工资决定和正常增长机制的要求,始终把职工收入增长建立在效益导向上,通过强化工效联动机制,引导企业不断增强发展活力和提升经济效益,全年中央企业实现利润总额16984.8亿元、比上年增长16.8%,工资总额支出16060.2亿元、比上年增长10.6%;人均利润13.4万元、比上年增长20%,职工人均工资12.7万元、比上年增长13%。职工收入增幅继续低于经济效益增幅,工资效益匹配度符合工资分配的"两低于"原则,再创党的十八大以来最佳水平。

三、中央企业用工结构不断优化

国务院国资委针对企业用工总量大与结构性矛盾并存等问题,实施"减人不减资、增人不增资"等政策措施,引导企业适应高质量发展要求,合理控制用工总量,不断优化职工队伍。2018年中央企业从业人员1316万人,连续五年保持减少态势,与2014年(含落实劳动合同法规范劳务派遣工因素)相比累计减少10%,其中职工人数1269万人,连续两年保持减少态势,累计减少2.8%。在电信电力等行业降价让利下,全员劳动生产率53.8万元/人·年,比上年增长6%,人工成本竞争力逐步提高。人事费用率(每百元营业收入人工成本投入水平)和劳动分配率(每百元劳动生产总值人工成本投入水平)分别为8.1%和33.1%,与上年基本持平。

四、分类改革效果进一步显现

国务院国资委深入推进基于功能定位的工资总额分类调控,结合中央企业业务性质、行业属性及发展阶段实施不同的分配策略,调控的科学性、合理性和精准性进一步提高。按照中央企业功能分类统计,2018年,62家商业一类和24家商业二类企业利润总额增长分别为14.1%、23.1%,同期职工平均工资增长分别为12.9%和13.1%,工资与效益状况同向变动且匹配情况良好;11家公益性企业利润总额增长3.9%,考虑其承担国家粮食保障任务受政策性减利因素影响,基础性、行业性研究任务较重且工资同利润挂钩的比重不大,对其实施一定的工资保障措施,同期职工平均工资增长13%。总体上看,三类中央企业职工工资增长与其功能定位、经济效益和社会贡献基本适应。

五、企业内外部分配关系渐趋合理

国务院国资委对中央企业继续实行工资总量和工资水平双调控的方式,采取限高保低等措施,通过调控企业负责人、集团总部和职工工资水平,直接或间接调整企业之间和企业内部的分配关系,逐步建立起增长适度、差距合理的分配格局。2018年中央企业职工平均工资保持在全国城镇职工平均工资的1.5倍左右,与上年倍数持平。达到全国城镇在岗职工平均工资3倍以上的较高收入企业3家,主要是高科技及科研类设计企业;低于全国城镇在岗职工平均工资的企业11家;其余中等收入企业83家,三类企业分别占中央企业的3.1%、11.3%和85.6%,继续保持"两头小、中间大"的特点。集团总部职工平均工资增长3.6%,低于全部职工平均工资增幅。

(审稿人:麻 健 撰稿人:程宜礼)

中央企业经营业绩考核工作

2018年，国务院国资委和中央企业坚决贯彻落实党中央、国务院决策部署，坚持稳中求进工作总基调，充分发挥业绩考核的重要功能作用，着力引导聚焦主责主业，深化供给侧结构性改革，加快创新驱动发展，不断提升发展质量，经济效益、价值创造能力和国有资本保值增值水平大幅提升，为国民经济持续稳定健康发展作出积极贡献。

一、中央企业负责人经营业绩考核工作取得积极进展

（一）强化目标引领，鼓励企业自我加压挑战自我

按照年初确定的"利润总额力争同比增长8%、努力达到10%"的总体目标，2018年经济效益考核目标实行分档管理，利润总额第一档目标值设定为比上年增长8%以上或者达到历史最好水平。对于完成一档目标的企业，根据目标值先进程度继续给予加分奖励，有效激发企业内生动力。进一步强化考核分配联动，工资总额预算与利润总额目标档位密切挂钩，利润总额目标处于一档的，工资总额增长可以与效益增长保持同步；对效益下降的企业，严格执行"效益降、工资降"，有效发挥工资总额的杠杆撬动作用。

2018年，中央企业利润总额目标值比上年增长8.2%，为国务院国资委成立以来的最好目标水平。全部20个细分行业利润总额目标均高于上年，石油石化、煤炭、冶金等传统行业经济效益持续向好，先进制造业、现代服务业等行业对中央企业整体效益贡献进一步提升。

（二）助力供给侧结构性改革，加强重点专项工作考核

为引导企业深化供给侧结构性改革、加快"瘦身健体"提质增效，国务院国资委将去产能、降杠杆减负债、压缩管理层级减少法人户数、剥离办社会职能等重点专项，按照"突出重点、抓住关键少数"的原则，纳入有关企业业绩考核体系，设置相关考核指标，或者增加有关约束性条款，督促企业按时间节点完成工作目标，为实现高质量发展奠定基础。对目标任务完成较差或工作推动不力、进展缓慢的企业予以扣分处理，对支出的改革成本在考核中予以实事求是考虑。

截至2018年底，中央企业资产负债率65.7%，比年初减少0.6个百分点，连续四年实现平稳下降；圆满完成煤炭钢铁去产能任务，基本完成"处僵治困"主体任务，累计减少法人户数超过14000户，减少比例26.9%，超额完成"压减"工作三年目标，为中央企业高质量发展奠定坚实基础。

（三）加强执行评估，督促企业努力完成全年目标任务

为更好调动企业负责人积极性，引导督促中央企业完成全年经营业绩考核目标，国务院国资委加强考核目标执行动态监控，按照"坚持量化考核、适当简化操作、突出激励约束、把握审慎平衡"原则，依据《中央企业负责人经营业绩考核办法》《中央企业负责人薪酬管理暂行办法实施细则》，对2018年度预评估结果为A级的44户企业，及时激励，将企业负责人预发绩效年薪由1倍基本年薪调整为1.5倍。对半年预评估情况较差、完成全年目标存在较多不确定因素的企业，通过电话通知、发提醒函、实地调研督导等形式，了解分析企业经营中的深层次问题和突出矛盾，督促企业努力完成年度考核目标。

（四）严格结果核定，进一步增强考核激励约束作用

2018年度和2016—2018年任期，中央企业经济效益、价值创造能力和国有资本保值增值水平大幅提升，2018年累计实现利润总额比上年增长16.8%，创历史最好水平；任期国有资本保值增值率117.8%，较好地实现年度和任期经营业绩目标。为科学合理、客观公正地核定中央企业负责人的经营业绩，国务院国资委坚持依法依规、实事求是，严格考核标准，完成2018年度和2016—2018年任期考核结果核定工作，

并据此实施考核奖惩和负责人薪酬兑现，考核激励约束作用进一步增强。

2018年度考核结果为A级的企业48家，比上年减少2家。年度A级企业分别是：中国移动、中国建筑、中国电科、中国海油、保利集团、航天科技、华润集团、中国一汽、国家电网、航天科工、中国石油、国家能源集团、航空工业集团、中国三峡集团、中交集团、中国电信、招商局集团、中广核、中国中铁、中国铁建、兵器工业集团、国投、华侨城集团、国药集团、武汉邮科院、中国宝武、中国能建、中国联通、中化集团、南方电网、中核集团、中国建材、中国石化、中国远洋海运、中船集团、中国华电、通用技术集团、中国大唐、中国航油、中航集团、南航集团、中粮集团、中国华能、东航集团、中国中车集团、中国通号、中国五矿、国家电投。B级企业39家，C级企业7家，D级企业2家。

2016—2018年任期考核结果为A级的企业46家，比上一任期增加4家。任期A级企业分别是：招商局集团、中国移动、中国电科、国家电网、航天科技、航天科工、中国三峡集团、华润集团、中核集团、南方电网、中国海油、中广核、中国石化、国家能源集团、中国石油、国药集团、兵器工业集团、保利集团、国投、航空工业集团、中国中铁、中国铁建、中国华电、中国电信、中航集团、中国宝武、中国大唐、国家电投、中国建材、中粮集团、中国航油、南航集团、中国华能、中国一汽、中国建筑、中交集团、东风公司、中国远洋海运、中国通号、武汉邮科院、中国五矿、中国电子、中化集团、华侨城集团、中国中车集团、东航集团。B级企业40家，C级企业6家，D级企业4家。

根据《中央企业负责人经营业绩考核办法》，国务院国资委对2016—2018年任期经营业绩优秀及在科技创新、节能减排方面取得突出成绩的企业进行通报表扬。招商局集团、中国移动等42家企业获评"业绩优秀企业"，中核集团、航天科技等28家企业获评"科技创新突出贡献企业"，中国宝武、中国华能等20家企业获评"节能减排突出贡献企业"。

按照有关规定，对认定为生产安全责任事故且达到扣分标准的15家企业，发生环境污染责任事故的3家企业，财务弄虚作假、违规开展业务、造成重大资产损失的3家企业，降杠杆减负债、"处僵治困"等专项工作完成情况较差的6家企业，分别予以扣分处理。

二、突出高质量发展考核引导，修订完善《中央企业负责人经营业绩考核办法》

全面落实中央关于推动高质量发展的意见，国务院国资委紧扣新发展理念，按照推动高质量发展、创建世界一流企业的要求，深入研究并广泛征求中央企业和地方国资委意见，对《中央企业负责人经营业绩考核办法》进行修订。

修订重点完善4个方面内容。一是突出质量效益考核。对标高质量发展的内涵，新考核办法坚持质量第一效益优先，多角度构建年度与任期相结合的高质量发展考核指标体系。对商业类企业，在保留经济增加值和国有资本保值增值率的同时，将净利润替换利润总额作为年度考核指标，将全员劳动生产率替换总资产周转率作为任期考核指标。对科技进步要求高的企业，加强研发投入、科技成果产出和转化等指标的考核；鼓励企业加大研发投入，将研发投入视同利润。对结构调整转型升级任务重的企业，加强供给侧结构性改革、新产业新业态新模式发展等指标的考核。对国际化经营要求高的企业，加强国际资源配置能力、国际化经营水平等指标的考核。对资产负债水平较高的企业，加强资产负债率、经营性现金流等指标的考核。对节能环保重点类和关注类企业，加强反映企业行业特点的综合性能耗、主要污染物排放等指标的考核。

二是突出分类考核和差异化考核。在继承以往分类考核行之有效做法的基础上，结合国资国企改革发展新要求，进一步健全分类考核机制。新考核办法，明确根据国有资本的战略定位和发展目标，结合企业实际，对不同功能和类别的企业，突出不同考核重点，合理设置经营业绩考核权重，确定差异化考核标准，实施分类考核。对主业处于关系国家安全、国民经济命脉的重要行业和关键领域、主要承担重大专项任务的商业类企业，加强重点保障任务的考核，适度降低经济效益指标权重。对公益类企业坚持经济效益和社会效益相结合,把社会效益放在首位,重点考核产品服务质量和保障能力,引导企业更好发挥科技支撑、服务保障的功能作用。对国有资本投资、运营公司,加强落实国有资本布局和结构优化目标、提升国有资本运营效率以及国有资本保值增值等情况的考核。对混合所有制企业以及处于特殊发展阶段的企业,根据企业功能定位、改革目标和发展战略,考核指标、考核方式可以"一企一策"确定。

三是突出世界一流对标考核。党的十九大明确提出培育具有全球竞争力的世界一流企业目标。为充分发挥考核的引导和推动作用,新考核办法进一步健全对标考核机制,强化国际对标行业对标在指标设置、目标设定、考核计分和结果评级的全过程应用,对具备条件的企业,明确运用国际对标行业对标确定短板指标,纳入年度或任期考核。在考核评级中,A级企业根据经营业绩考核得分,结合企业国际对标行业对标情况综合确定,数量从严控制。

四是加大正向激励力度。为进一步激励企业负责人新时代新担当新作为,增强企业活力,新考核办法加大正向激励力度,强化"业绩升、薪酬升、业绩降、薪酬降",适当提高A级企业负责人的绩效年薪挂钩系数。对经营业绩优秀以及在科技创新、国际化经营、节能环保、品牌建设等方面取得突出成绩的企业,予以任期考核通报表扬。鼓励探索创新,企业因实施重大科技创新、发展前瞻性战略性产业等,对经营业绩产生重大影响的,按照"三个区分开来"原则,在考核上不做负向评价。

(审稿人:万 良 撰稿人:曹昆鹏)

中央企业资本运营与收益管理工作

2018年,国务院国资委全面贯彻落实党的十九大精神,积极深化中央企业国有资本投资、运营公司(以下简称"两类公司")改革试点,完善国有资本经营预算管理,防范化解中央企业金融风险,改进股权多元化企业股东履职方式,以管资本为主完善监管工作机制,全力推动中央企业实现高质量发展。

一、中央企业两类公司改革试点不断深化,取得重要进展和明显成效

(一)逐步完善顶层设计

进一步总结提炼中央企业及地方两类公司改革试点经验做法,参与制定《国务院关于推进国有资本投资、运营公司改革试点实施意见》(国发〔2018〕23号)。同时,结合中央企业实际情况,研究制定深化中央企业两类公司试点工作方案,完善两类公司改革试点顶层设计。

(二)有效推动产融结合

充分利用中国国有资本风险投资基金和中国国有企业结构调整基金放大国有资本,投资涵盖中央企业结构调整、降杠杆、改革发展等重点项目,有力地支持央企创新发展和提质增效。支持运营公司设立完善保理、租赁等金融业务平台,推动化解中央企业应收账款和存货双高等有关问题。

(三)持续优化产业布局

逐户督促指导投资公司做强做大优势产业、培育布局新兴产业、清理退出劣势产业。国家能源集团、中国宝武在产业调整中,充分发挥央企带头作用,开展区域产能整合,有效促进行业集中度和产业竞争力的提升。充分发挥运营公司资本运作平台功能,参与煤炭、培训疗养机构等资源整合,设立专门平台开展海工装备资产处置,推动大唐煤化工实施改革脱困。

(四)完善经营监管机制

支持试点企业完善市场化经营机制,积极推动开展综合改革,支持有关试点企业在子企业层面推进职业经理人制度、混合所有制、薪酬分配差异化等改革,进一步激发企业活力。研究推动对两类公司试点企业实施差异化考核,结合改革国有资本授权经营体

制,探索完善放权授权与强化监管相结合的监管机制,研究提出国有资本投资公司扩围应具备的主要条件。

二、中央企业国有资本经营预算管理不断完善,有力支持国资国企改革

(一)有力保障供给侧结构性改革

联合财政部出台特困企业专项补助政策,继续落实"僵尸企业"补助资金,有力推动央企"处僵治困",加快市场出清。研究"三供一业"补助资金清算政策,加快推动解决历史遗留问题。认真处理好改革与发展的关系,在保障"处僵治困"、去产能和解决历史遗留问题资金基础上,对中央企业转型升级、创新发展等方面给予重点支持。

(二)加强预算执行监督

建立央企资本预算执行通报制度,将预算执行与资金安排挂钩,组织开展去产能、棚改配套设施建设补助等专项资金核查,多措并举督促企业加快预算执行。认真抓好审计问题核实整改工作,对部分资金予以收回。

(三)探索全面预算绩效管理

强化预算绩效目标管理,会同绩效评价中心积极探索开展资本预算重大项目预评估工作,提高预算编制的科学性。加强对绩效目标执行情况的跟踪监测,狠抓预算执行季度报告工作,提升报告的质量和准确性。开展绩效评价试点,首次引入第三方管理咨询机构,对中国诚通等4家企业开展"管理诊断式"绩效评价,逐步建立健全覆盖资本预算管理全过程的全面预算绩效管理体系。

三、中央企业金融业务监管不断加强,着力防范化解重大风险

(一)加强中央企业金融风险防控

组织中央企业对金融业务风险开展自查,全面排查梳理存在的风险和问题,对重点企业下发风险提示函,对典型风险点和问题提出专项整改要求,督促中央企业不断加强金融业务管理和风险防控。同时,加强对银行、信托等风险较为集中领域的调研,研究专项防控措施和整合方案。

(二)强化中央企业投资基金业务指导

认真贯彻落实党的十九大和中央经济工作会议,组织召开首次中央企业投资基金业务管理培训班,传达党中央、国务院有关精神,重点研究中央企业投资基金发展过快过热、管控不到位等风险和问题,明确要求中央企业增强金融服务主业能力,加强风险管控,提升专业化管理水平。

(三)探索建立央企金融业务监管制度机制

国务院国资委立足出资人定位,按照严控金融业务投资、推进产融有序结合等要求,研究起草《加强中央企业金融业务管理和风险防范的指导意见》。开发建立中央企业金融业务风险监测系统。充分发挥央企产融结合工作小组统筹协调作用,研究完善国务院国资委内部产融结合工作分工协作机制,形成监管合力。

四、多元投资主体公司股东履职管理不断改进,加快建立完善有别于国有独资公司治理机制和监管模式

(一)修订印发《国资委履行多元投资主体公司股东职责暂行办法》

落实以管资本为主推动职能转变要求,提出国务院国资委履行股东职责应遵循的原则,明确履职的六种方式,以及对股东代表、授权代表的相关要求,更加突出市场化、法治化规范履职。强化国务院国资委作为积极股东依法参与公司治理的作用,进一步完善国务院国资委内部对于公司股东会重大事项的审核程序,建立公司股东间常态化沟通协调机制,加快推动完善有别于国有独资公司的治理机制和监管模式。

(二)规范有效履行股东职责

根据相关企业实际情况,按照市场化机制分别制定不同的利润分配政策,组织指导各企业通过股东会决定利润分配方案。召开中国联通股东会,完成划转部分充实社保基金、小股东减资退出等重大事项审议

决策,有效解决中国联通混改后董事会架构调整等问题。对新完成股权多元化改革的国药集团、南航集团按规定规范履行股东职责。

(三)积极推动有关专项工作

组织推动中国商飞增资扩股,积极协调有关部门,以及上海市政府和有关企业等各方股东,引入各方资本共同保障大飞机研制。进一步理顺南方电网股权关系,加强与有关方面沟通协调,积极研究推进落实国有资本权益。推动理顺上海诺基亚贝尔和中国华信股权关系,结合保利集团深化国有资本投资公司试点工作,进一步推进3家企业产权整合理顺。

国务院国资委认真贯彻落实党中央、国务院关于划转部分社保充实社保基金的决策部署,完成两批15家中央企业股权划转工作,取得积极的社会反响。深化供给侧结构性改革,组建海工装备资产处置平台,初步建立起平台公司的法人治理结构。

(审稿人:李 冰 撰稿人:张陆琰)

国际交流与合作

2018年,国务院国资委坚持以习近平新时代中国特色社会主义思想为指导,认真贯彻落实中央外事工作会议精神,按照国务院国资委党委决策部署,围绕国资国企改革发展党建中心任务和国资委2018年工作要点,努力开创国资国企国际合作工作新局面。

一、服务国家外交大局,推动中央企业落实扩大开放决策部署

一是配合国家主场外交,组织中央企业改革开放专题论坛。4月11日,组织参加博鳌亚洲论坛,并以"市场融合、开放发展"为主题举办国企改革分论坛。9月2—3日,组织参加中非合作论坛北京峰会和中非领导人与工商界代表高层对话会,累计签署150亿美元合作协议。11月5—10日,组织参与首届中国国际进口博览会(简称"进博会"),签署1159个进口采购合同/协议,展位成交总金额738亿美元,居全国各交易团之首。11月6日,进博会期间举办"中央企业国际合作论坛",中外政府、企业、媒体近900人参加论坛。二是8月22—26日,配合国务委员王勇出访泰国,促进中央企业与泰国企业深化务实合作。三是利用国际对话交流平台,1月23日,与世界经济论坛签署《关于加强战略合作的谅解备忘录》。安排国务院国资委领导分别于1月22—25日、9月18—19日出席冬季和夏季达沃斯论坛及相关活动。协调安排国务院国资委领导会见埃及、南非、赞比亚、塞尔维亚、俄罗斯、越南、古巴等国家领导人,白俄罗斯、纳米比亚、埃塞俄比亚、印度等国家国资监管部门负责人,诺基亚、阿尔斯通、力拓、西门子等数十家世界一流企业负责人,出席中国发展高层论坛2018年会闭门圆桌会、摩根士丹利第四届中国峰会等多层次多元化外事活动,宣传国资国企扩大开放新理念。

二、服务国家"走出去"战略,助力中央企业实现高质量发展

一是统筹协调指导,推进与重点区域、国家和国际组织合作不断深化。安排国务院国资委领导于10月11—21日出访埃及、肯尼亚、南非、纳米比亚和埃塞俄比亚,并于10月24—28日参加南非投资峰会,制定中非合作论坛北京峰会成果后续落实任务国资委内分工方案,推动中非务实合作。9月12日,在习近平主席、普京总统的见证下,与俄罗斯远东发展部签署《关于加强中俄在远东地区区域、产业和投资合作谅解备忘录》。9月3日,在李克强总理、阿比总理见证下,与埃塞俄比亚国企部签署《关于加强知识共享和国企合作的谅解备忘录》。深化与白俄罗斯、南非、古巴合作协议框架下交流,推进与英国驻华使馆签署谅解备忘录。参与经合组织、G20等国际组织涉及国有企业有关活动。二是发挥央企优势,安排国务院国资委领导于9月11—13日出席第四届东方经济论坛、12月7日出席第四届"丝路国际论坛"。6月4日,与国务院发展研究中心联合召开"一带一路"座谈会,向外交部等提出国际规则标准有关建议。继续以国资

国企改革为主题,开展举办中国—古巴国资监管理论与实践研修班等4项对外援助培训,推动中央企业参与孔子学院和海外文化中心建设,推动与"一带一路"沿线重点国家共赢合作走深走实。

三、配合国家港澳台地区工作部署,推动港澳地区融入国家发展大局

一是深化与中国香港特别行政区政府交流合作,支持中央企业与中国香港企业共拓发展机遇。加强与中国香港特别行政区政府和有关机构联系,多次会见行政长官林郑月娥及中国香港财政司、律政司、商经局、金管局、保监局、律师公会、银行公会负责人,并通过参与和主办"国家所需中国香港所长——共拓'一带一路'策略机遇"论坛、第三届"一带一路"高峰论坛、"一带一路"系列对接活动、"连通'一带一路',共拓发展机遇"高层圆桌会议、"与央企共赢'一带一路'产业园区投资环境交流会"等交流活动,推动中央企业更好利用中国香港优势参与"一带一路"建设,助力中国香港融入国家发展大局。二是支持中国澳门特别行政区"一个中心、一个平台"建设,促进中国澳门特别行政区经济适度多元发展。三是组织港台地区青年到中央企业实习,培育青年学生爱国情怀。

四、强化机制建设,不断提升外事管理与服务能力和水平

一是加强制度建设,提高国务院国资委机关外事管理服务水平。组织修订《国务院国有资产监督管理委员会外事工作管理办法》,规范因公出国团组,加强统筹协调和归口管理。二是丰富工作手段,提高央企国际化外事服务能力。3月29—30日,组织首次中央企业国际合作工作座谈会,为中央企业开展合作交流搭建平台;与外交部沟通,服务中央企业公司制改革,为中央企业申请承继外事审批权、办理因公护照等创造良好条件;与外交部外管司联合举办外事培训,送政策、送服务到中央企业;与国际合作署沟通,服务中央企业参与对外援助工作;与国台办沟通,协调解决有关纠纷。三是对标世界一流,提高中央企业国际化人才培养服务水平。5月5—18日,与力拓集团联合举办中央企业可持续发展高级培训项目;6月30日至7月20日,与英国剑桥大学联合开展"世界一流企业核心竞争力对标研究"培训项目;4月14—15日,组织14家中央企业参加第十六届中国国际人才交流大会,向"国资委中央企业国际合作引智创新基地"授牌;组织20个出国培训团组,530余人次赴国外知名企业和大学学习先进管理和技术,加快培养具有全球视野的专业与技术人才。四是完善工作机制,提高内部管理水平。加强内部管理机制建设,保障工作规范高效运转;开展"外国国资监管与国有企业情况""建立国有资产监督管理境外派驻制度"2个专题研究,学习借鉴外部有益经验;加强信息化建设,完善机关外事工作网上办公系统和中央企业领导人员因公出国(境)审批系统,推动国务院国资委—中央企业国际合作信息交互平台上线。

(审稿人:朱　凯　撰稿人:赖贞庭)

企业领导人员管理

2018年,国务院国资委党委以习近平新时代中国特色社会主义思想为指导,坚决践行新时代党的组织路线,在选用育管改等5个方面重点发力,着力打造高素质专业化中央企业领导人员队伍,为建设具有全球竞争力的世界一流企业提供坚强组织保证。

一、突出政治标准,严把"选"的方向

着力选拔忠诚干净担当的高素质专业化企业领导人员,全年任免委管领导人员139人次。工作中严把"五关":一是严把政治关。看政治忠诚,是否树牢"四个意识",坚决做到"两个维护";看政治定力,是否坚定"四个自信";看政治担当,关键时刻能不能站得出来、顶得上去;看政治能力,政治敏锐性和政治鉴别力强不强;看政治自律,能否严守政治纪律和政治规矩。二是严把廉洁关。坚持"凡提四必"制度,前移审核关口,动议即审、该核早核,落实对人选

廉洁自律结论性意见"双签字"制度,坚决防止"带病提拔"。三是严把能力关。注重基层经历,新提任的领导人员大多数具有基层企业"一把手"或班子成员工作经历;注重实干担当,大力选拔敢于负责、勇于担当、实绩突出的干部,树立重担当、讲担当的鲜明导向。四是严把品行关和作风关。进一步改进考察方式,探索先谈话调研,再会议推荐,根据推荐结果和干部一贯表现深入分析、比较择优,防止简单以票取人;把考察触角放在平时,利用赴企业调研、参加会议、培训跟班等机会,近距离、多角度了解干部,通过谈心谈话、延伸考察、查阅档案,深入考察干部德才表现和作风形象等。

二、坚持事业为上,提升"用"的实效

着眼于新时代国资央企事业,坚持事业为上,依事择人、人岗相适。加强分析研判,对委管企业领导班子进行综合分析,既把握当前、又着眼长远,在统筹把握班子素质、来源、年龄、专业等结构优化方向的基础上,研究制定企业领导班子建设目标和工作措施,实施"五个一批",精准科学选人用人。一是配强一批正职。把正职选配作为班子建设关键,突出政治素质和驾驭全局能力,注重选拔敢抓善管,工作有思路、有激情的领导人员,特别是把既能当董事长,又能当党委书记的复合型领导人员培养好、选上来。全年对17户委管企业正职(44人次)进行调整。二是交流一批。克服委管企业同类型少、规模差异大、"回旋余地小"等困难,大力推进企业领导人员交流,全年交流班子成员32人,占新任职的60%,其中正职9人,总会计师11人,推进交流制度化、常态化。三是退出一批。以日常管理和综合考评为基础,充分运用巡视、纪检、审计、原监事会等监督成果,对不胜任、不适宜或存在突出问题的领导人员坚决予以调整。四是补充一批。严格执行退休制度,同时抓紧补充班子急需的专业人才和优秀年轻干部进班子。2018年选拔14名50岁以下干部,其中正职2名,"70后"6名。五是掌握一批。制定优秀年轻干部专题调研方案,通过集中调研掌握一批德才素质好、发展潜力大的优秀年轻领导人员。突出抓好重组组建企业领导班子建设,配合推动中核集团与中核建设集团、武汉邮电科学研究院与电信科学技术研究实施战略重组,组建中国信科领导班子,协助中组部抓好新中核集团领导班子组建。

三、聚焦高素质专业化,研究"育"的机制

坚持干部素质培养必须抓经常抓长远,把理想信念教育、知识结构改善、能力素质提升贯穿干部成长全过程。一是把政治建设摆在首位。结合年度考核、干部考察等工作,与企业领导人员逐一谈心谈话,教育引导领导人员树牢"四个意识",坚定"四个自信",坚决做到"两个维护",转化为坚决贯彻落实党中央决策部署的切实行动;采取专题调研、参加会议等方式,对贯彻执行党的基本理论、基本路线、基本方略进行检查。二是强化创新理论武装。分4批对47户企业403名委管企业班子成员和38名专职外部董事进行轮训,集中学习习近平新时代中国特色社会主义思想和党的十九大精神;将习近平新时代中国特色社会主义思想作为各类领导人员培训班次的必修内容、重点内容,选派260余名委管企业领导人员到"一校五院"等参加脱产培训以及新任班、中青班、外部董事研修班等专项学习,提升政治素质和专业素养。三是加强实践培养。选派40名委管中央企业优秀年轻干部赴西部地区、革命老区、东北老工业基地挂职,助力脱贫攻坚,开阔思路视野,砥砺意志品行。协调落实16名新疆少数民族干部到央企驻疆单位挂职。四是指导企业领导班子开好民主生活会,督促企业领导人员认真开展批评和自我批评,提高解决自身问题的能力。

四、严管厚爱结合,加大"管"的力度

坚持严管就是厚爱,加强对干部的全方位管理。一是注重日常管理。强化综合考评结果运用,对问题突出的企业领导班子和领导人员进行谈话提醒;严格执行个人有关事项报告制度,根据问题程度不同,对存在少报未报情形的领导人员进行批评教育、责令检查、诫勉、取消考察对象资格、调离岗位等处理;组织开展因私证件和因私出国(境)专项治理,对部分企业进行抽查。开展"裸官"清理和违规投资经

商办企业问题治理。加强巡视成果运用,对存在"两个责任"落实不力、领导班子不团结、巡视整改不力、不担当不作为等情形的企业领导人员进行坚决调整。二是激励企业领导人员新时代新担当新作为。研究制定国务院国资委党委关于中央企业贯彻落实激励广大干部新时代新担当新作为的实施意见,强化正向激励、完善考核机制、建立容错纠错机制,激励干部担当作为、干事创业。细化营造企业家健康成长环境弘扬优秀企业家精神的工作任务、方法路径、具体举措,为更好发挥企业家作用营造良好环境。三是强化选人用人监督检查。针对巡视、监督检查发现的企业选人用人问题,结合"一报告两评议"、班子宣布、谈心谈话、干部考察等工作,对整改情况进行"复诊"。四是关心厚爱干部。加强人文关怀,与企业领导人员开展经常性谈心谈话,及时了解思想动态;关心身心健康,看望生病企业领导人员,帮助解决实际困难;组织召开援疆干部和援藏干部座谈会,看望慰问援疆援藏干部。用心用情做好委管企业老干部工作,开展老干部工作调研和离休干部待遇问题课题研究,妥善处理来信,落实好政策。

五、不断开拓创新,探索"改"的路径

一是推进"两个一以贯之"。建立董事会企业全部实现党委书记、董事长"一肩挑"、专职副书记应配尽配;中央企业党建座谈会召开后,及时调整有关企业专职副书记兼任的经理层职务,督促企业党委对专职副书记分工进行调整,推动专职副书记进入董事会;开展中国特色现代国有企业法人治理体系课题研究。二是加强外部董事选聘与管理。为15户委管企业新聘或续聘外部董事37人次,注重人选专长与企业战略匹配,注重董事会成员背景、经验多元互补,注重外部董事新老搭配,确保董事会规范运行并保持工作连续性。三是改革创新选人用人机制。坚持党管干部原则,发挥市场机制作用,采取公开遴选方式为3户国务院国资委监管企业选拔7名领导班子副职;研究制定深化落实董事会职权试点方案,探索开展经理层成员契约化管理和职业经理人制度试点。加大委派总会计师推进力度,结合干部交流,13名新任职总会计师纳入委派试点。截至2018年底,27户委管企业总会计师实行委派。四是做好武警水电部队转企改革工作。按照"先移交后整编"的要求,克服时间紧、情况复杂、实际问题多等困难,提前完成转隶交接工作;牵头制定《武警水电部队转企改革实施方案》,由中办、国办印发;成立中国安能筹备组和临时党委,研究领导班子组建方案,推进中国安能平稳有序整编筹备,指导制定人员回流安置方案,确保干部职工队伍稳定,通过选派挂职干部等方式支持企业改革发展。

六、总结实践经验,完善"选用育管改"的制度

与中央组织部一同认真总结近年来特别是党的十八大以来中央企业领导人员管理实践,深入贯彻落实习近平总书记关于领导班子和干部队伍建设的重要论述,以及全国国有企业党的建设工作会议和全国组织工作会议精神,修订《中央企业领导人员管理规定》,以中办发〔2018〕43号文件颁发,明确新时期中央企业领导人员管理的基本原则、基本要求和主要内容,覆盖企业领导人员管理的全过程、各环节,为坚持和加强党对中央企业的全面领导,完善适应中国特色现代国有企业制度要求和市场竞争需要的选人用人机制,提高企业领导人员管理工作质量,打造对党忠诚、勇于创新、治企有方、兴企有为、清正廉洁的高素质专业化企业领导人员队伍提供制度保证。

(审稿人:延彦东 苏云成 撰稿人:乔腾飞 付爱民)

人才工作和人才队伍建设

2018年,国务院国资委党委认真贯彻落实习近平新时代中国特色社会主义思想和党的十九大精神,牢固树立人才是第一资源的理念,紧密围绕中央企业改革发展实际,积极推动中央企业深入实施人才强企战略,统筹推进人才队伍建设,不断加强人才教育培训

工作,各项工作取得新成效新进展。

一、加强顶层设计,完善制度体系,为深入实施人才强企战略提供指导

(一)会同有关部门召开中央企业贯彻落实《关于提高技术工人待遇的意见》专题会议

2018年6月,国务院国资委、人力资源和社会保障部、全国总工会联合召开中央企业贯彻落实《关于提高技术工人待遇的意见》(中办发〔2018〕16号)专题会议,各中央企业负责人和有关业务部门负责人参会。会议交流中央企业技术工人队伍建设的好经验好做法,明确要求中央企业进一步弘扬劳模精神和工匠精神,着力提高技能人才的政治待遇、经济待遇和社会待遇,加快促进技术工人技能形成与提升,不断畅通技术工人成长成才通道,充分激发技术工人的积极性、主动性、创造性。

(二)会同有关部门印发《关于深入推进技工院校与国有企业开展校企合作的若干意见》

2018年9月,国务院国资委、人力资源和社会保障部共同印发《关于深入推进技工院校与国有企业开展校企合作的若干意见》(人社部发〔2018〕62号),提出深入推进校企合作办学、推动国有企业办技工院校改革、大力加强技工院校服务企业能力等具体政策举措,进一步深化产教融合、校企合作,切实提高技工院校人才培养质量,加强国有企业技能人才队伍建设。

二、组织开展学习贯彻习近平新时代中国特色社会主义思想和党的十九大精神轮训工作

为落实《中共中央组织部关于做好县处级以上领导干部学习贯彻党的十九大精神集中轮训工作的通知》(中组发〔2017〕20号)要求,使中央企业与国务院国资委直属机关领导干部更加全面准确把握党的十九大精神的思想精髓和核心要义,真正把思想统一到党的十九大精神上来,把力量凝聚到党的十九大确定的各项任务上来,国务院国资委党委于2018年3月26日至4月27日,分6期举办中央企业与国务院国资委直属机关领导干部学习贯彻习近平新时代中国特色社会主义思想和党的十九大精神研讨班,培训有关中央企业领导班子成员、国务院国资委机关局处级干部、中央企业专职外部董事等869人,基本实现国务院国资委党委管理领导班子的中央企业领导人员和国务院国资委机关局处级干部全覆盖。

三、进一步加强中央企业教育培训工作,大力提升人才专业素养和履职能力

(一)深入实施企业经营人才管理素质提升工程

一是组织实施企业领军人才培养计划,重点举办第四期"新任中央企业领导人员培训班"和第七期"中央企业中青年高级管理人员培训班",培训中央企业新任职领导班子成员29人、优秀中青年领导人员41人,促进建设一支对党忠诚、勇于创新、治企有方、兴企有为、清正廉洁的中央企业领导人员队伍。二是组织实施企业经营管理人才专项培养计划,全年举办4期培训班,培训学员472人,培训内容涵盖战略规划、资本运作、法律等方面,有力提升中央企业经营管理人才专业水平。三是与蒂森克虏伯集团合作举办中央企业转型升级、提升智能制造水平高级培训班,选派20名中央企业领导人员赴德国学习蒂森克虏伯集团转型升级、提升智能制造水平的先进管理经验,培训内容涵盖德国工业的转型升级、全球化市场布局、公司治理、公司战略选择和实践等,为中央企业提供有益借鉴和参考。

(二)大力开展董事履职培训

一是举办2期中央企业外部董事培训班,围绕国务院国资委中心工作和中央企业改革发展重点任务,邀请国务院国资委领导、中央企业董事长、国内知名专家,就党的十九大精神、深化国企改革重点任务、宏观经济形势、中央企业风险防范等专题进行授课,培训中央企业外部董事320余人,进一步规范外部董事履职行为、压实履职责任、传导履职压力。二是举办新加坡淡马锡董事会运作实务培训班,选派48名

中央企业董事、专职外部董事参训,通过深入淡马锡公司及所属淡联企业就董事会运作、董事履职等问题进行交流研讨,学习国际先进经验,提高董事履职能力。

（三）切实加强高层次专家研修

一是继续与中央组织部、科技部在清华大学联合举办科研院所领导者高级研修班,从中央企业直属科研机构（技术研发中心）、中央级转制科研院所中选调12名负责人参加学习,进一步提高科研机构领导者能力水平,深入推进创新驱动发展战略实施。二是选调41名优秀专家参加"一校五院"高层次专家国情研修班学习,有效提高中央企业高层次专家的政治理论素养,增进其对党和国家的感情,增强其报效祖国、奉献人民的责任感和使命感。

（四）着重加强高技能人才国际化培训交流

与德国职业教育联盟、美国应用技术教育联盟合作,举办3期技能人才专业技术提升培训班,组织69名中央企业优秀高技能人才分别赴德国、美国就电气自动化、数控机床加工和焊接技术进行学习交流,使其感受德国"工业4.0"和美国"工业互联网"战略下的现代生产制造方式,进一步丰富知识、开阔眼界、提升技能。

四、加大技能人才评选表彰力度,不断提升中央企业技能人才队伍建设水平

（一）评审推荐第十四届高技能人才评选表彰活动中央企业候选对象

2018年6月,组织召开第十四届高技能人才评选表彰活动中央企业候选对象评审工作会,邀请33名中央企业管理和技术技能专家,分中华技能大奖组、全国技术能手组、技能人才培育突出贡献单位和个人组,对72家中央企业申报的61名中华技能大奖候选人、154名全国技术能手候选人、31个国家技能人才培育突出贡献候选单位、24名国家技能人才培育突出贡献候选个人进行评审,最终向人力资源和社会保障部推荐20名中华技能大奖候选人、101名全国技术能手候选人、20个国家技能人才培育突出贡献候选单位和20名国家技能人才培育突出贡献候选个人。

（二）表彰2017年度中央企业职工技能竞赛优秀选手

积极指导中央企业结合生产实际,选择行业特点突出、技术含量高、企业亟需的特有工种,组织开展职工技能竞赛,并对在中央企业集团级及以上层次技能竞赛中取得优异成绩的技能人才给予通报表彰。2018年4月,国务院国资委印发《关于表彰2017年度中央企业职工技能竞赛优秀选手的通报》,授予542名高技能人才"中央企业技术能手"称号。截至2018年底,国务院国资委授予"中央企业技术能手"超过3700人,进一步强化对优秀技能人才的荣誉激励,有效激发技能人才自我成长成才的内生动力,进一步营造劳动光荣、技能宝贵、创造伟大的良好氛围。

五、组织开展博士服务团成员选派和"西部之光"访问学者接收工作,助力西部地区经济社会发展和人才培养

（一）组织开展博士服务团成员选派和考核工作

一是按照人岗匹配、专业对口的原则,组织开展第19批博士服务团成员选派工作,选派40名政治素质好、学历层次高、专业能力强的优秀博士赴新疆、西藏等13个省（自治区、直辖市）进行服务锻炼,为西部经济社会建设贡献力量。国务院国资委是选派博士人数最多的部门,占全国总数的8%,充分体现国务院国资委和中央企业的大局意识和责任担当。二是组织开展第18批博士服务团成员考核工作,组织38家中央企业组织人事部门会同有关地方党委组织部门和服务锻炼单位,对第18批博士服务团58名成员进行考核。中央企业博士服务团成员立足岗位,吃苦耐劳,取得较为突出的业绩,为西部地区经济社会建设贡献力量,得到有关省（自治区、直辖市）党委组织部门以及服务锻炼单位的充分肯定。

（二）组织开展"西部之光"访问学者接收工作

充分发挥中央企业科研资源优势,支持西部地区人才培养,组织中国宝武、招商局集团、中国钢研等7

家企业对9名2018年"西部之光"访问学者进行考核，并协调中国钢研接收2019年"西部之光"访问学者，督促接收企业加强对研修人员的服务和管理，努力使他们学有所得，回到西部后能够更好发挥科研带头人的作用。

六、中央企业人才资源基本情况

截至2018年底，中央企业人才资源总量1122.99万人。其中，管理人才258.18万人，占比22.99%；专业技术人才446.12万人，占比39.73%，专业技术人才中，在管理岗位上的162.58万人、占专业技术人才数量的36.44%，科技人才139.39万人，占专业技术人才数量的31.24%；技能人才581.26万人，占比51.76%，技能人才中，高级技师、技师、高级工204.52万人，占技能人才数量的35.19%。

（审稿人：王欢喜 撰稿人：李 飞）

中央企业监督和违规经营投资责任追究工作

2018年，国务院国资委以习近平新时代中国特色社会主义思想为指导，深入学习贯彻党的十九大和十九届二中、三中全会精神，认真贯彻落实党中央、国务院的决策部署，探索实践、担当作为、攻坚克难，深入推进中央企业监督和违规经营投资责任追究工作，各项工作取得积极进展，为以管资本为主职能转变、维护国有资产安全、推动中央企业高质量发展发挥积极作用。

一、建立一套责任追究制度，改革任务分工有效落实

（一）专门制度顺利出台

落实国有企业改革"1+N"系列文件建立违规经营投资责任追究工作体系的要求，国务院国资委公开发布《中央企业违规经营投资责任追究实施办法（试行）》（国务院国资委令第37号，以下简称"37号令"）。37号令在《国务院办公厅关于建立国有企业违规经营投资责任追究制度的意见》（国办发〔2016〕63号）的基础上，进一步明确中央企业违规经营投资责任追究的范围、标准、责任认定、追究处理、职责和工作程序等。针对违规经营投资问题集中的领域和环节，明确集团管控、风险管理、购销管理、工程承包建设、资金管理、固定资产投资、投资并购、改组改制、境外经营投资的转让产权、上市公司股权、资产及其他责任追究11个方面72种责任追究情形。为贯彻落实"违规必究、从严追责"的精神，在充分调查研究的基础上，按照"制度面前一律平等，一把尺子量到底"的工作思路，明确中央企业资产损失程度划分标准，弥补追责制度有关空白。规定违规经营投资责任包括直接责任、主管责任和领导责任，并根据资产损失程度、问题性质等，对相关责任人采取组织处理、扣减薪酬、禁入限制、纪律处分、移送国家监察机关或司法机关等方式进行责任追究处理。清晰界定国务院国资委和中央企业的责任追究工作职责，明确责任追究受理、初步核实、分类处置、核查、处理和整改等工作程序。

（二）制度建设层层推进

以宣传贯彻37号令为契机，"全覆盖"督促企业出台责任追究制度，责任倒查机制建设有序推进。通过采取座谈交流、书面预审、面对面讲解等方式，逐户把关企业责任追究制度，严控追责范围和损失程度划分等关键点。截至2018年底，49家中央企业制度出台，47家中央企业制度初步完成，待上会审议；22家地方国资委（含计划单列市）出台专门制度。

（三）配套规范逐步建立

坚持"谁办首件、谁出经验"，制定质量控制、证据收集等业务指南7项，固化工作流程。编制中央企业违规经营投资责任追究相关法律法规制度汇编，编制37号令问题解答，帮助有关人员全面、准确地理解和掌握责任追究工作。

二、查处一批重大违规事项,警示震慑作用逐步显现

探索实施定性、定损、定责"三定工作法",全年查办重大违规经营投资事项13件,涉及10家中央企业,查实问题381项,认定责任人近200人。

(一)严肃查处突出违规问题

核查4家中央企业违反国务院国资委"三令五申"禁令,违规开展融资性贸易、会计信息严重失真等问题,经国务院国资委党委会审议后,对有关集团负责人作出通报批评、诫勉、降职、免职、扣减薪酬、禁入限制等处理。

(二)查实涉及国有资产流失的重大问题

深入核查6家中央企业涉嫌向民营企业输送巨额利益,违规对外担保、拆借资金造成重大损失风险,弄虚作假侵占国有资产,违规套取资金发放劳务费,违规支出巨额业务招待费等重大问题。

(三)开展重大案件警示通报

探索采取会议通报和单户通报相结合,发挥追责一个、警醒一片的作用。在专题会议上通报查处的重大案件,要求中央企业举一反三,引以为戒。对部分企业的违规问题要求在一定范围内通报。移交督办15家中央企业对18件问题线索开展责任追究。

三、探索一系列履职方式,工作抓手更加有力

主动适应中央企业改革发展和机构改革后加强出资人监督需要,探索完善监督方式。

(一)首次开展境外违规经营投资责任追究

组织36家中央企业追责整改境外业务审计问题,开展责任追究200余人次。探索"境内查实,境外验证"的追责工作路径,对部分企业重大违规经营问题,开展境外损失核查追责。

(二)首次开展共性问题专项核查

组织96家中央企业有关投资并购自查、开展20家企业重点核查,揭示决策程序合规性、条款和执行公允性等方面问题。向全部中央企业作出通报,"一企一件"督促19家企业整改,进一步规范投资行为、及时预警风险,初步形成全面自查"摸底"、重点核查"深挖"、成果运用"长效"的工作路径,推动监督由单点向线面、事后向事中的发力生效。

(三)首次开展内控专题研究

首次开展中央企业内控专题研究,调研了解内部控制管理工作总体开展情况和存在的突出问题,聚焦制约内部控制有效发挥作用的关键因素,以"强监管、严问责"为着力点,研究提出强化内控监督工作举措。

四、采取一系列督促整改举措,监督效能持续加强

建立问题台账和对账销号机制,综合采取文件督办、会议督办、现场督办等措施,督促企业遏制违规行为、挽回损失、完善制度,推动完善防止国有资产流失的长效机制。

(一)督促企业有效防范国有资产损失风险

以追责促追损,督促企业防范国有资产损失风险,同时坚持惩治教育与制度建设相结合,要求查补内控制度漏洞,增强规定约束力,提高合规经营水平,推动企业高质量发展。

(二)推动企业完善内部控制制度

紧盯内控漏洞,推动完善管控制度。督办企业针对核查反映的问题,举一反三排查内控管理漏洞,标本兼治制(修)订资金管理、工程建设、招标管理、投资并购等方面内控制度,推动企业提高合规经营管理水平。

(三)保持工作衔接,推动监督成果运用

做好监事会转隶后报告后续运转及成果运用,向国务院综合报告。落实监督成果,逐户分解督促企业整改落实有关问题;按职能转送国务院国资委厅局和有关部委研究办理有关问题。

五、初建责任追究工作体系，监督责任不断夯实

（一）推动思想认识"统起来"

首次组织举办国务院国资委违规经营投资责任追究工作专题培训班，在书面调研中央企业、地方国资委责任追究工作情况基础上，汇总形成培训班专题文件，全面总结近年来违规经营投资责任追究工作成效，对下一阶段工作作出工作部署。

（二）推动组织机构"建起来"

督促指导全部中央企业通过职能归口、机构整合、指定部门等方式确定企业分管领导及责任追究职能部门，建立对口联系机制，强化工作组织，形成相互衔接的责任追究组织体系。截至2018年底，96家中央企业全部明确违规经营投资责任追究部门，责任追究工作机构初步完成搭建。

（三）推动工作联动"实起来"

建立责任追究工作报告机制，要求中央企业实时报告重大资产损失或产生严重不良后果的较大资产损失的问题线索，定期报告年度责任追究工作开展情况，及时发现问题、报告问题、处置问题，有效遏制违规经营投资行为，提高合规经营管理水平。

六、形成一系列协同机制，监管合力明显增强

（一）国务院国资委监管联动进一步加强

制定印发《中央企业违规经营投资问题和线索移送工作方案》，向国务院国资委厅局移交需关注的问题8项，反馈制度等意见建议220件，促进国务院国资委厅局专业监管与监督局专门监督优势有机结合。

（二）与纪检监察双向协同机制逐步完善

探索建立向中央纪委国家监委请示报告、与驻委纪检监察组双向移送、向企业纪检部门移交违纪问题等"三种渠道"。组织核查驻委纪检监察组移送的问题线索，查处违规事项中涉及的违纪问题向纪检监察机关移送。

（三）与审计部门协同机制取得积极进展

落实"建立健全高效协同的外部监督机制"的改革任务，主动对接，畅通强化审计监督协同机制，积极落实反馈审计结果责任，做到审计移送问题线索办结一项反馈一项，在此基础上，梳理反馈审计部门移送的23件问题线索查处情况。

（审稿人：赵红严　魏　伟　撰稿人：刘洪学　徐文媛）

中央企业党建工作

截至2018年底，中央企业系统党员554.1万人，党组织30.4万个，其中，党组54个、党委22930个、党总支17002个、党支部26.4万个。

国务院国资委党委把2018年确定为"中央企业党建质量提升年"，坚持以习近平新时代中国特色社会主义思想和党的十九大精神为指导，牢牢把握新时代党的建设总要求，坚持和加强党对国有企业的全面领导，巩固深化全国国有企业党的建设工作会议成果，着力建设中国特色现代国有企业制度，着力培养高素质专业化企业领导人员队伍，着力加强基层党建基本组织、基本队伍、基本制度"三基建设"，不断提升中央企业党的建设质量，为深化国有企业改革、做强做优做大国有资本、培育具有全球竞争力的世界一流企业提供坚强保证。

一、加强中央企业党的政治建设，坚决做到"两个维护"

一是坚持用习近平新时代中国特色社会主义思想武装头脑。开展6期习近平新时代中国特色社会主义思想集中轮训，国资央企系统869名干部参加，覆盖国务院国资委党委管理的中央企业领导人员和国资委机关局处级干部，进一步全面学、系统学、延伸学，引领带动中央企业各级党组织和广大党员深入学

习贯彻中央精神,推动学习贯彻习近平新时代中国特色社会主义思想和党的十九大精神往深里走、往心里走、往实里走。组织召开习近平总书记全国国有企业党的建设工作会议重要讲话发表两周年学习座谈会,对习近平总书记重要讲话再学习再领会,对中央企业党的建设再动员再部署,从中汲取营养、启迪思维、积蓄力量,不断提升党建工作质量和水平。国务院国资委党委书记郝鹏在《学习时报》发表《推动学习宣传贯彻往实里走往深里走往心里走》文章,充分表达中央企业广大党员干部职工忠诚核心、拥戴核心、维护核心、紧跟核心的共同心声。二是严肃中央企业党内政治生活。国务院国资委党委和中央企业党委(党组)深入贯彻落实《中共中央政治局关于加强和维护党中央集中统一领导的若干规定》精神,牢固树立"四个意识",坚定"四个自信",做到"两个维护",在深入学习习近平新时代中国特色社会主义思想上作表率,在始终同以习近平同志为核心的党中央保持高度一致上作表率,在坚决贯彻落实党中央决策部署上作表率。精心部署中央企业党委(党组)领导班子年度民主生活会,按照分工对年度民主生活会进行全覆盖督导,国务院国资委党委委员分别督导1家中央企业,从严点评企业领导班子遵守政治纪律政治规矩情况,切实增强党内政治生活的政治性、时代性、原则性、战斗性,推动"四个意识"成为企业领导人员的思想自觉和行动自觉。三是抓好习近平总书记重要指示批示精神、党中央决策部署要求的贯彻落实。全面梳理党的十八大以来国务院国资委党委收到的党中央重要文件、习近平总书记重要指示批示,按照有没有学习研讨、有没有贯彻举措、有没有督导推动、贯彻落实成效怎么样逐一排查,部署中央企业全面开展自查梳理,推动习近平总书记重要指示批示、党中央部署要求落实落地。制定实施国资委党委关于执行党中央请示报告制度的若干规定,把讲政治贯穿到国资央企系统各项工作全过程各方面。

二、坚持"两个一以贯之",建设中国特色现代国有企业制度

一是完善党委(党组)发挥领导作用的制度机制。认真落实习近平总书记"两个一以贯之"重要论述,积极推进党的领导融入公司治理各环节、党组织内嵌到公司治理结构之中,按照全国国有企业党的建设工作会议部署,督促指导中央企业集团完成"党建进章程",实现党委(党组)书记和董事长"一肩挑"、91家党员总经理兼任副书记,健全议事决策机制明确党组织研究讨论是董事会、经理层决策重大问题前置程序,普遍建立厂务公开制度、职工董事制度、职代会制度,理顺党组织和其他治理主体的关系,推动中央企业党委(党组)发挥领导作用组织化、制度化、具体化。二是开展中国特色现代国有企业制度相关理论研究。完成中央交办的"马克思主义理论研究和建设工程——加强国企党建与深化国企改革研究"重大课题,全面梳理习近平总书记关于新时代国有企业党的建设重要论述,把破解当前国企改革发展党建面临的最现实最紧迫最重要问题作为研究方向,总结经验做法,提出对策建议。2018年9月,课题总报告呈报中央领导,习近平总书记作出重要批示,其他一些中央领导也给予充分肯定,明确要求认真贯彻落实习近平总书记重要批示精神,综合运用好课题研究成果,推动国有企业党的建设提升质量,全面加强。组织编写《新时代国有企业党的建设教程》,将课题研究成果进一步转化为教材,全面推进习近平新时代中国特色社会主义思想进教材、进课堂、进头脑。

三、健全党建工作责任制,压实管党治党主体责任

一是建立健全中央企业党建工作责任制。贯彻落实习近平总书记"抓党建必须抓责任制"重要指示,围绕责任设计制度,依据制度考核责任,完善"明责履责、考责问责"党建责任体系,形成责任明确、领导有力、运转有序、考核到位的党建工作机制,推动中央企业管党治党不断走向严紧实。落实《中央企业党建工作责任制实施办法》,制定《中央企业党建工作责任制考核评价暂行办法》,把习近平总书记重要指示、党中央明确要求、全国国有企业党的建设工作会议重点任务,细化为党建工作责任制考核指标和评价要点,把党对中央企业的全面领导从"原则要求"转化为可考

核的"刚性标准",全面从严落实管党治党主体责任,确保党建工作重点任务落实见效。二是首次开展中央企业党建工作考核评价。组建12个考核组,听取企业党建工作汇报196场次,查阅资料13.49万份,形成评价意见676份,5550名干部职工参加测评。考核结束"一对一"向企业反馈结果和排名,指出存在问题,提出整改要求,落实习近平总书记"既报经济账、又报党建账"重要要求,解决多年来国企党建考核难、难考核问题,推动党建工作从"要我干"到"我要干"转变。中央党建领导小组秘书组专门刊发一期《党建要报》,对中央企业党建工作责任制考核评价工作给予肯定。三是统筹落实党建述职评议三项制度。继续实施中央企业党委(党组)向国资委党委报告年度党建工作、党委(党组)负责人向国资委党委党建现场述职、基层党组织书记抓党建述职评议三项制度。召开中央企业党委(党组)书记党建述职会议,9家企业党委(党组)书记现场述职、18家企业书面述职,国务院国资委党委书记郝鹏结合党建考核逐一点评,严肃指出每家企业党建工作薄弱环节,对提升中央企业党的建设质量提出要求,进一步增强全面从严治党政治责任,有效提升抓党建、强党建的思想自觉、政治自觉、行动自觉。

四、扎实推进"三基建设",夯实中央企业党建基层基础工作

一是以组织体系为重点,加强基层组织建设。深入贯彻落实新时代党的组织路线,以提升组织力为重点,突出政治功能全面推进基层党建基本组织、基本队伍、基本制度"三基建设",不断筑牢基层战斗堡垒。召开中央企业基层党建现场会,传达全国组织工作会议和中央企业党的建设工作座谈会精神,交流基层党建典型经验,对全面深化中央企业基层党建"三基建设"作出部署。持续推进基层党组织"应建必建"、按期换届"应换必换",对纳入换届计划的专门部署、挂账督办,中央企业二、三级单位基本实现党组织全覆盖,要求换届的10家企业均按计划落实完成。选树103个基层示范党支部,向每个示范党支部拨付30万元专项经费,把示范变规范、规范变标准。严格审核中央企业混合所有制改革和重组方案,把"四同步、四对接"要求落实到混合所有制改革全过程。二是以发挥模范带动作用为抓手,加强党员队伍建设。围绕重点工程、重大项目和急难险重任务,深入开展党员先锋岗、党员示范区建设,企业关键环节有党员领着干、关键时刻有党员顶着干,涌现出一大批先进典型。贯彻落实习近平总书记关于总结央企经验特别是党建经验的重要批示精神,国务院国资委党委委员分别带队深入12家企业基层一线,总结党建工作与生产经营深度融合的经验做法。三是以标准化、规范化为目标,完善国企党建制度体系。研究制定中央企业基层党建"三基建设"意见、贯彻党支部工作条例实施细则、中央企业党务公开目录,打好组合拳,把全面从严治党要求贯彻落实到底。四是理顺中央企业分支机构党建工作领导体制。配合中组部制定印发《关于进一步明确中央企业党委(党组)对直属企业(单位)党建工作领导和指导责任的通知》,明确中央企业京外直属单位(企业)党建工作以企业党委(党组)领导、指导为主,企业所在地的市(地)以上党委协助。

(审稿人:丁少中 撰稿人:刘征文)

中央企业宣传思想文化工作

2018年,国务院国资委坚持以习近平新时代中国特色社会主义思想为指导,全面贯彻党的十九大和十九届二中全会精神,深入贯彻全国宣传思想工作会议精神,坚持围绕中心,服务大局,宣传思想工作力度加大、效果增强,国资国企改革发展的舆论环境不断优化,为做强做优做大国有资本、培育具有全球竞争力的世界一流企业提供坚强思想保证和强大精神力量。

一、坚持学懂弄通做实,学习贯彻习近平新时代中国特色社会主义思想进一步走深走实

一是着力在明理明道、学懂弄通上深化。将习近平总书记关于国有企业改革发展和党的建设重

要论述概括为"九个坚持",推动中央企业掀起学习宣传贯彻热潮。发挥党委(党组)中心组学习的龙头作用,将《习近平关于国有企业改革发展和党建论述摘编》作为重要读本和培训教材。组织广大党员干部学好用好《习近平谈治国理政》第一、二卷和《习近平新时代中国特色社会主义思想三十讲》。二是在落实落地、引领实践中深化。组织开展学习宣传贯彻习近平新时代中国特色社会主义思想和党的十九大精神征文活动,赴航天科工等30多家中央企业深入讲解《习近平关于国有企业改革发展和党建论述摘编》,组织开展"大国顶梁柱"等主题形势任务教育,深化同《人民日报》《求是》杂志等重要理论平台与阵地的合作,《求是》杂志刊发多篇国务院国资委党委和中央企业党委(党组)负责人的重要理论文章。与求是杂志社联合举办扩大开放与培育具有全球竞争力的世界一流企业理论研讨会。三是在及时跟进、活学活用上深化。认真学习领会习近平总书记在全国宣传思想工作会议上的重要讲话精神,组织召开中央企业宣传思想工作会议和外宣工作会议,国务院国资委党委书记郝鹏出席并讲话,对学习领会习近平总书记重要讲话精神提出明确要求,强调做好当前和今后一个时期中央企业宣传思想工作,要着力在学思想、悟思想、用思想上下功夫,推动学习贯彻习近平新时代中国特色社会主义思想工作不断开辟新境界;在落实意识形态工作责任制上下功夫,推动国企国资领域意识形态工作不断实现新加强;在加强正面宣传和舆论引导上下功夫,推动国企国资改革发展的氛围环境不断实现新改善;在加强企业文明创建和企业文化建设上下功夫,推动中央企业社会形象不断实现新提升;在加强中央企业外宣工作上下功夫,推动中央企业国际传播能力不断提高新水平。

二、把握主导权主动权,国资国企领域意识形态形势进一步向上向好

一是逐级落实责任。制定《中央企业党委(党组)意识形态工作责任制实施细则》,明确党委(党组)领导班子、领导干部意识形态工作责任。指导中央企业建立相应制度体系,提高意识形态工作管控能力,把意识形态工作责任制落实情况纳入党建工作考核重要内容。抓紧抓实网络意识形态工作。国务院国资委党委2次向党中央报告意识形态工作情况。二是守好阵地关口。坚持主管主办,全面落实"两个所有",把住重点关口,管好守好阵地。定期开展意识形态阵地督查,及时处置有关问题。深度整合国资央企新媒体力量,召开加强国资央企新媒体建设座谈会。组织中央企业配合中央网信办开展"Facebook(脸谱)中国年"央企飘红春节专项活动。三是敢于亮剑斗争。2018年,贯彻落实习近平总书记和有关中央领导重要批示精神,针对"国进民退"等错误言论,组织开展"两个毫不动摇"专题宣传,在《人民日报》、新华社等刊发系列理论文章,召开系列专题媒体通气会进行权威发声,组织对16家国企改革发展和与民企协同发展典型进行集中宣传。各中央企业和直管协会积极转发有关重要理论文章,为进一步深化改革、推动国有资本做强做优做大创造有利环境。

三、做大做强主流舆论,国有企业改革发展舆论氛围进一步改善优化

一是主题宣传有声势。紧紧围绕庆祝改革开放40周年开展主题宣传,圆满完成"伟大的变革——庆祝改革开放40周年大型展览"第五部分"大国气象"第一单元筹展布展工作。一大批中央企业进入中央主流媒体开展的"百城百县百企""壮阔东方潮　奋进新时代"大型主题采访调研和中央电视台改革开放40周年大型纪录片拍摄。在国务院国资委网站推出中央企业改革开放40年图片展,制作《瞬间——中央企业改革开放40年》画册。二是专项宣传有亮点。国资国企改革专题宣传持续深入,举办第二届中国企业改革发展论坛、中国企业和企业家精神论坛,在博鳌亚洲论坛举办国企改革分论坛,首届进博会期间举办中央企业扩大开放论坛。全国"两会"宣传定调全年舆论走向,研究制定《2018年"两会"前后新闻宣传和舆论引导工作方案》,策划10项重点工作。做好"两会"记者会和"部长通道"有关工作,发

出权威声音,释放积极信号。做好代表发声传播工作,举办11场"对话新国企·奋进新时代"网络访谈活动。"一带一路"专题宣传更重实效,与《人民日报》(海外版)策划推出《我建设,我绽放》"一带一路"建设者专版,与中央电视台《远方的家》联合制作国企系列专题片,与五洲传播中心策划拍摄央企海外建设纪录片,联合湖南卫视策划拍摄"一带一路"大型纪录片《我的青春在丝路》(第二季)。在国务院国资委网站开设"天涯共此时 一带一路新国企""一带一路央企建设者"等专题。三是新闻发布有特点。例行发布再上新台阶,每季度在国务院新闻办发布厅举行新闻发布会,成为我国国民经济数据一体化发布的重要组成部分。坚持"一月一主题"开展专题发布,积极主动回应各方关切,有效引导社会舆论。创新发布形式,在"一带一路"中外媒体见面会,组织3家国有企业与外国项目合作方一起与中外记者见面交流,得到中央领导的高度肯定。修订印发《国资委新闻发布工作管理办法》,对新闻发布工作进行进一步规范和完善。

四、传播中央企业海外好声音,中央企业海外形象进一步有效提升

一是统筹推动央企外宣工作。2018年9月26日,国务院国资委党委和中央宣传部联合召开中央企业外宣工作会议,就做好新形势下中央企业外宣工作进行全面部署,强调要在抓统筹、强基础、优内容、拓渠道、增实效上下功夫,推动工作上层次上水平。二是发挥"走出去"企业外宣主体作用。按照中宣部的部署,指导中央企业落实对外宣传引导主体作用,加快建立"六个一"外宣工作机制,有效运用海外社交媒体,提升海外传播工作水平。截至2018年底,有86家央企开通外文网站,42家中央企业开通238个海外社交媒体账号,比年初增长1倍。积极组织重点中央企业开展有关跨文化融合工作,与《人民日报》(海外版)合作,编制《中央企业"一带一路"海外传播国别手册》。三是借助重要外交活动主动发声。参加达沃斯论坛、博鳌亚洲论坛、进博会等国际活动,国务院国资委主要领导接受中外媒体专访。

中非合作论坛期间,14家中央企业领导与35位非洲国家元首进行84次会晤,签署51个合作协议或合作备忘录,组织重点企业调动各方资源,集中力量策划宣传好与非洲各国的合作项目进展、峰会期间的签约会晤等。组织部分中央企业参加在南非举办的2018年金砖国家治国理政研讨会,积极主动在国际舞台发出中央企业声音。四是组织专门活动广泛发声。与中央电视台联合推出《对话》特别节目,宣传介绍国有企业改革发展的举措和成果,回应社会关切。利用国企开放日平台,联合国新办邀请13家外国媒体、3家中国港澳特别行政区媒体和6家中央外宣媒体走进中国石化、中广核等企业参观调研,是国务院国资委首次大规模邀请外国主流媒体走进中央企业活动。鼓励和支持企业按照中宣部、外交部要求,接待外国记者团来华访问,向国际社会展示中国企业形象。五是加强与外国媒体互动交流。2018年,国务院国资委举办6次新闻发布会和媒体通气会,其中4次邀请外国媒体记者。2018年3月和6月,国务院国资委新闻发言人、宣传局局长夏庆丰分别接待CNBC国际部门副总裁兼总编、彭博新闻社亚太地区执行总编,就双方关注的问题进行深入交流。国务院国资委和部分中央企业新闻发言人参加外媒驻华记者餐叙、茶叙活动等,通过轻松的形式增进了解。协调中国建材接待蒙古国记者团、中国电建接待巴基斯坦媒体团、中国远洋海运接待巴拿马媒体和"大V"团等,通过多种形式争取境外媒体的理解和支持。

五、推进文明文化建设,中央企业改革发展强大精神力量进一步凝聚壮大

一是深化文明创建,打造文明央企。探索建立央企文明单位创建常态化管理机制,开展全国文明单位抽查,122家中央企业获得"2015—2017年度首都文明单位(标兵)"称号。组织开展"弘扬爱国奋斗精神、建功立业新时代"活动。组织"新时代企业家精神"论坛。配合中宣部发布张黎明、中船重工第七六○研究所抗灾抢险英雄群体为"时代楷模",举办张黎明先进事迹报告会、巡回报告会,发布宣传第三届"央企楷

模"。做好全国道德模范黄旭华等宣传活动，向首都文明委推荐高凤林等5人为首都精神文明建设奖候选人。二是推进中央企业文化产业发展和文艺创作，打造文化央企。加强与中国作协、《故事会》杂志等深度合作，讲好央企故事，开辟4个央企故事专栏，创办10个创作基地，创作先进报告文学和典型故事100余篇。组织开展庆祝改革开放40周年中央企业故事大赛。协调落实中央财政文化发展专项资金，支持6家央企16个文化项目。组织中央企业参加国家广播电视总局《记录新时代》纪录片创作传播工程，《中国建设者》入选优秀纪录片。与北京电视台联合录制《放歌新时代——中央企业音乐作品特别节目》。开展工业遗产、博物馆摸底调查和申报，航天科工晨光集团公司等11家企业12个项目入选国家工业遗产名单（第二批）。发布核工业、钢铁行业遗产名录，编印中央企业历史文化遗产图册。三是推进国企开放日活动，打造开放央企。2018年举办10期，覆盖70多家央企，20万名公众现场参观，1亿多人次参与网络直播。组织指导中核集团等4家军工企业与军博联合建设中央企业军事科技馆。推荐19家中央企业入选学雷锋志愿服务"四个100"先进典型，中央企业6个集体和4人入选第四批全国学雷锋活动示范点和岗位学雷锋标兵。

六、积极做好网络舆情工作，国资国企舆论进一步平稳向好

一是积极开展舆论引导。建立国资国企正面新闻全网推送渠道。完善中央企业网络媒体信息联动发布机制，联动发布重要信息48次。加强新媒体阵地建设，建立新媒体产品生产机制。做好中美贸易摩擦舆论引导工作，多次组织各中央企业新闻宣传部门及国务院国资委相关厅局召开专题会议，明确对外宣传工作整体基调，梳理在美重点项目，制定相关工作方案，统筹开展工作，适时适度发出企业声音。组织有关中央企业开展审计结果公布前后的舆论引导工作。二是加强舆情管理。推动舆情分级分类处置，2018年监测管控53起中央企业负面舆情，妥善应对35起境内负面舆情，配合有关部门处置11起境外负面舆情。协调中央宣传部、中央网信办集中处置网络负面信息和自媒体乱象，规范网上信息传播。探索建立境外舆情监测机制、中央企业舆情月报制度、世界500强企业有关信息机制。三是加强网络安全和信息化工作。落实国务院国资委党委网络安全和信息化领导小组办公室的职责，制定加强网信工作方案。召开中央企业网络安全和信息化工作会议。紧急处置国务院国资委和部分中央企业邮箱接收政治类有害信息、部分中央企业邮箱遭受攻击等事宜。

在做好上述重点工作的同时，国务院国资委认真做好落实防范处理邪教有关工作。狠抓机构自身建设，严抓严管、真抓真管、长抓长管，形成"五结合"支部工作法。2018年，国务院国资委宣传工作上了一个新的台阶，新闻宣传工作制度化建设显著加强，工作的及时性、针对性、有效性进一步增强，国资国企形象建设水平明显提升，受到党中央、国务院领导同志多次表扬肯定，得到中央主流媒体以及境外媒体和新媒体的积极评价。

（审稿人：夏庆丰　撰稿人：姚孟乐）

中央企业群众工作

2018年，中央企业群众工作深入学习贯彻落实习近平新时代中国特色社会主义思想、党的十九大精神和共青团十八大精神，紧密围绕国务院国资委党委重点工作部署，始终坚持党的领导、坚持围绕中心、坚持突出重点，以思想教育为引导、以主题活动动员广大职工，不断强化自身建设，切实抓好中央企业工会、青年、女职工工作，努力加强改进中央企业群团工作。

一、中央企业厂务公开民主管理工作

加强企业民主管理是实现企业管理科学化、民主化的有效途径，是我国国有企业改革发展实践的

宝贵经验,通过完善职工代表大会制度,建立职工董事、职工监事制度,准确把握工作定位,积极推进中央企业厂务公开工作制度化、规范化建设。一是健全制度体系,不断健全组织、规范程序,不断将企业民主管理工作推向深入,二、三级及以下企业职工代表大会基本实现全覆盖,38家中央企业配备职工董事。二是深入调查研究,始终坚持将企业民主管理工作打造成联系服务职工群众的"连心桥",构建和谐劳动关系的"润滑剂"和促进企业发展的"助推器",调研工作中发现总结典型经验,及时了解目前存在的问题并就如何充分发挥企业民主管理积极作用,推动深化国有企业改革的情况形成调研报告。三是加强培训交流,将企业民主管理工作纳入中央企业各级党校和行政学院的培训内容,纳入企业经营管理者培训内容,不断深化对企业民主管理工作的思想认识。

二、中央企业系统学习宣传贯彻中国工会第十七次全国代表大会精神

国务院国资委党委高度重视中国工会十七大精神传达学习宣传贯彻工作,11月13日,国务院国资委党委召开第241次党委会,认真学习领会习近平总书记关于工会工作的重要论述,特别是同全国总工会新一届领导班子成员集体谈话时的重要讲话精神,听取国资委机关及中央企业代表参会情况的汇报。

国务院国资委党委书记郝鹏主持会议,研究部署贯彻落实中国工会十七大精神的五项具体措施。一是国务院国资委党委会议专题学习传达,研究部署贯彻落实习近平总书记重要讲话精神、党中央致词精神和工会十七大报告精神。二是举办中央企业群团工作培训班,国务院国资委副主任、党委委员翁杰明出席开班式并宣讲工会十七大精神,各中央企业工会负责人参加,此活动作为全总领导宣讲工会十七大精神的具体工作。三是在中央企业基层党建工作推进会上,把落实工会十七大精神、加强基层群团工作纳入其中。四是贯彻全心全意依靠工人阶级指导方针,推动中央企业普遍建立职代会、职工董事制度,保障职工群众知情权、参与权、表达权、监督权,维护职工群众合法权益。五是积极开展中国工会十七大精神学习实践活动,深化"建功新时代"和央企"双创"品牌,引导广大职工群众围绕重点工程、重大项目和急难险重任务开展岗位建功、创新创业,让职工群众共建共享共成长。

三、共青团和青年工作

(一)深入开展学习宣传贯彻习近平总书记"7·2"重要讲话和共青团十八大精神系列活动

不断探索党的思想在青年中的传播路径和有效方式,探索党的政治行为和组织行为在青年中的实现路径,始终引导广大央企青年听党话、跟党走。一是国务院国资委党委高度重视。国资委党委召开会议专题听取共青团十八大会议有关情况汇报,研究贯彻落实习近平总书记接见团中央新一届领导班子重要讲话、党中央致词以及会议精神的具体措施,对中央企业团工委提出的宣传贯彻共青团十八大精神工作六方面16项重点任务提出具体要求,并指示抓好落实。二是中央企业团工委迅速行动。在北京召开中央企业系统共青团十八大精神传达学习动员部署视频会议。中央企业系统(在京)当选的共青团十八届中央委员会委员及候补委员、在京中央企业团工委委员、在京中央企业团委主要负责人100余人在主会场参加会议,分会场有7600余人参会。中央企业团工委举办学习贯彻团十八大精神暨2018中央企业团委书记培训班,96家中央企业集团级团委书记参加培训。进一步认真学习习近平总书记"7·2"重要讲话精神,不断提高中央企业团干部始终坚定听党话、跟党走的行动自觉,牢牢把握服务青年的工作导向,坚定搞好国有企业的信心,增强做好新时代共青团工作的紧迫感、责任感、使命感。三是各中央企业团委积极落实。共青团十八大结束,中央企业召开座谈会接见企业当选的共青团十八大代表、传达学习共青团十八大精神。中央企业团组织通过宣传贯彻会议"集中学",网络媒体"广泛学",调研访谈"交流学""分享学"等不同形式的学习方式,及时将共青团十八大精神传达给全体团员青年,实现学

习宣传贯彻全覆盖。中央企业团工在官方微信公众号"青春央企"连续发布学习传达共青团十八大精神工作动态,有效地传播和扩大共青团十八大精神在央企青年中落地生根。截至2018年底,96家中央企业的各级共青团组织通过多种形式均开展团十八大精神学习宣传贯彻活动,中央企业团工委整理编印《中央企业系统共青团学习宣传贯彻团十八大精神材料汇编》。

(二)顺利完成共青团第十八次全国代表大会中央企业系统(在京)代表团各项任务

2018年5月21—22日,共青团中央企业系统(在京)代表会议在北京召开,选举产生中央企业系统(在京)出席中国共产主义青年团第十八次全国代表大会代表。会议在充分酝酿讨论基础上,采用计算机计票系统,从44名代表候选人中直接差额选举产生36名中央企业系统(在京)出席团的第十八次全国代表大会的代表。6月24日下午,国务院国资委党委书记郝鹏,中央纪委常委、国家监委委员、中央纪委驻国资委纪检组组长、国务院国资委党委委员陈超英,国务院国资委副主任、党委委员翁杰明,十七届团中央书记处常务书记、十八届团中央书记处第一书记贺军科,十七届团中央书记处书记、十八届团中央书记处常务书记汪鸿雁专程赴共青团十八大中央企业系统(在京)代表团驻地,亲切看望中央企业系统(在京)代表。国务院国资委有关厅局和团中央有关部门负责同志陪同看望。

(三)认真做好"智慧团建"相关工作

为认真做好智慧团建相关工作,按照团中央要求,中央企业团工委印发《关于做好"智慧团建"系统组织树建立阶段工作的通知》,依托中央企业团工委官方微信"青春央企"新媒体平台,指导下级团组织逐级建立微信群、QQ群等网上工作平台,确保信息传递及时,持续更新常见问题解答库,定期答疑解惑,确保工作质量。截至2018年底,中央企业团工委有基层团组织(不含团支部)16916个,已完成团干部录入的团组织(不含团支部)16509个,录入进度97.7%,在38个省级团委中排名第三;已录入的团干部总数66533人,已完成录入的团干部总数65666人,录入进度98.7%。

(四)按照全国青联工作部署,积极完成中央企业系统委员的履职尽责

一是央企青联转发《全国青联委员年度履职考核积分细则(试行)》,积极督促全国青联委员履职尽责。二是按照全国青联《关于做好全国青联第十二届委员会委员、常委增补工作的通知要求》,2018年8月,综合考虑政治素质、思想道德、社会形象和履职能力等方面,经过推荐、协商、组织考察、审核、公示等程序,增补央企青联委员刘瀚光、陈丽芳、黄文荣为全国青联委员。三是组织全国青联常委参加全国青联十二届四次常委(扩大)会议,认真学习贯彻习近平总书记同团中央新一届领导班子成员集体谈话时的重要讲话精神,研究新时代青联工作的形势与任务。

(五)强化品牌活动,动员央企青联委员为中央企业改革贡献力量

一是坚持思想引领,打牢共同理想基础,深入学习贯彻习近平总书记系列重要讲话精神。为纪念改革开放40周年,激发央企青联委员建功新时代热情,2018年6月7—8日,在深圳、惠州举办央企青联第52期"行动学习——改革开放正青春"活动。由中央企业青联主办、中央企业青联第二界别组和华润(集团)有限公司共同承办。青联委员们先后赴深圳市博物馆、清华大学深圳研究院等地考察学习,切身感受"幸福都是奋斗出来的","奋斗的青春最美丽"。二是持续举办2018年度中国香港大学生暑期赴中央企业实习活动。2018年6月11日至7月16日,中央企业团工委、中央企业青联与中国香港青年联会,共同完成"共创新世界"2018年中国香港大学生北京暑期实习团50名大学生到15户中央企业的实习任务。其间,中央企业团工委、中央企业青联举行欢迎式和结业式,并组织举办"香港大学生对话央企高管"活动。

(六)积极拓展对外交流,树立全球视野,展示央企青年良好的精神风貌

一是"请进来"。为落实中印两国领导人倡议以及中印《联合声明》,2018年6月,央企青联接待印度青年代表团来访,代表团先后走进中核集团、中国中车集团、中国电建集团进行交流。2018年12月,为庆祝中柬建交60周年,以柬埔寨西哈努克省副省长、西哈努克省青年联合会主席苏罗恩为团长的柬埔寨青年代表团一行120人赴中国华能、中交集团进行友好访问,就共同关心的"一带一路"建设、在柬业务开展以及公司外籍员工引进培养等问题进行座谈交流。活动增进海外青年对中央企业的了解,展示热情开放的青春央企形象。二是"走出去"。2018年8月,应中国香港青联邀请,央企青联秘书处赴中国香港参加庆祝中华人民共和国成立69周年暨中国香港青年联会第26届会庆及会董就职典礼,进一步增强央企青联与中国香港主要青年社团的沟通联系,为更好地举办和开展同中国香港青联的交流活动作出新的贡献。2018年11月,应团中央组团邀请,央企青联选派优秀青年代表参加中国青年代表团为期一周的出访印度活动。代表们参观印度知名企业,访问当地政府机构、青年组织,考察了解印度社会的文化与发展,交流青年工作经验,增进对印度社会的认识,深化中印青年的友好感情。外事活动的开展体现央企青联以服务党政外交大局为立足点,积极拓展央企青年对外交往,在双边青年交流活动中积极传播央企声音,对外展示央企青年良好的精神风貌。

四、女职工工作

中央企业第一次由中央企业系统(在京)单独组团参加中国妇女第十二次代表大会。国务院国资委党委书记郝鹏多次作出批示指示,强调要坚决把思想和行动统一到中央部署要求上来,坚决维护以习近平同志为核心的党中央权威和集中统一领导,坚决同以习近平同志为核心的党中央保持高度一致,以对党、对人民、对事业高度负责的态度,高标准、高质量、高效率完成代表团参会的各项筹备工作,不辜负党中央的信任和期望。国务院国资委党委两次召开党委会专题研究审议代表推荐情况,专题听取中国妇女十二大有关情况汇报。代表团出发前,国务院国资委党委书记郝鹏亲切接见即将出席中国妇女十二大的中央企业系统(在京)代表团,勉励代表要切实履行好职责,圆满完成组团各项任务。

借鉴党的十九大组团工作经验,研究制定《中央企业系统(在京)中国妇女第十二次全国代表大会代表推选工作方案》《中国妇女十二大中央企业系统(在京)代表团宣传工作方案》《中国妇女十二大中央企业系统(在京)代表团履职培训建议方案》《委领导看望中国妇女十二大中央企业系统(在京)代表团方案》《举办学习宣传贯彻中国妇女十二大精神专题报告会工作方案》《中国妇女第十二次全国代表大会中央企业系统(在京)代表选举和执委候选人推荐情况报告》《中国妇女十二大中央企业系统(在京)代表组织考察情况专题报告》《中国妇女十二大中央企业系统(在京)代表推选工作征求纪检监察机关意见情况的报告》《国资委党委关于中国妇女十二大中央企业系统(在京)组团工作有关情况汇报》《中国企业系统(在京)学习宣传贯彻中国妇女十二大精神有关情况报告》5项工作方案和5项工作汇报。对代表推选、组团上会、履职培训、典型宣传、总结工作等各阶段主要内容以及重大活动时间节点都进行详细研究和安排。逐项、逐条分解任务,认真梳理细化工作方案,从而确保各项工作稳步有序推进。

中国妇女十二大是一次宣传展示中央企业改革发展党建成就的重要窗口和平台。以一线代表的先进事迹和代表团出席中国妇女十二大的活动情况作为宣传重点,在国务院国资委门户网站开辟"喜迎中国妇女十二大,央企巾帼建功新时代"专栏;建立国务院国资委门户网站、国资小新、中央企业媒体联盟、国资委内大屏幕等自有媒体联动机制。请中央企业利用自有媒体进行同步宣传,充分展现中央企业系统一线妇女劳动者在岗位建功、科技创新、技术攻关、设计研发等方面的新时代女性风采,以及中央企业妇女在深化国企改革、重大工程项目建设等方面作出的突出贡献,为大会的胜利召开营造良好的舆论氛围。

中国妇女十二大代表推选工作自2018年5月底正式启动,到中国妇女十二大于2018年11月2日在人民大会堂胜利闭幕历时五个半月。其间,工作组直接联系企业75家,直接服务对象50余人。组织收集、整理、审核代表候选人资格材料153份,组织核查代表考察材料、个人事项报告、采集录入代表信息49人次；工作中向领导提交工作方案、工作签报18份；撰写上党委会、给全国妇联各阶段的工作报告和专项会议、重大活动领导讲话、报告10余份；组织筹备部署会、协调会、履职培训会、组团会、报告会5场次；策划代表履职培训、国资委领导看望代表团并与代表合影、空乘人员群众方队出席开幕式、全国妇联领导接见代表团、宣传贯彻中国妇女十二大精神报告会等活动5场次；组织全体代表参观妇女儿童博物馆、组织代表与全国妇联领导见面交流和合影等活动多次。大会期间，组织服务代表参加中国妇女十二大全体代表会议3次、大会预备会议、大会开幕和闭幕式等大的活动7次；服务代表团组团会议、代表团分团讨论活动等10余次；负责分发大会文件资料1308份，收回大会会议资料205份；建立代表微信群，向参会领导及全体代表发送"温馨提示"，及时通报沟通信息500余条次；向大会秘书组报送大会简报6期。

（审稿人：张蕾蕾　撰稿人：赵一敬）

行业协会商会监督管理与党建工作

2018年是行业协会脱钩改革和按照新体制要求全面加强行业协会党的建设深入推进的一年，国务院国资委联系协会工作处于体制转换的过渡时期，要履行好协会主管单位和党建管理机关双重职责。

一、按照新体制要求全面推进加强协会党的建设基础工作

（一）按照协会党建新体制要求积极调整理顺协会党组织管理关系

一是完成中国煤炭工业协会、中国电力企业联合会2家联合会（协会）及其8家代管协会党组织关系转接，实现国务院国资委党委的归口领导。二是指导各直管协会按照党建管理新体制要求，理顺代管协会党组织隶属关系。截至2018年底，304家协会党组织关系隶属国务院国资委党委的占91.7%。三是积极理顺协会工青妇工作关系，明确协会群团工作暂由直属机关工会（含妇工委）、团委作为对上衔接接口，国务院国资委协会党建局负责具体工作，以保障工作正常开展。四是按照中组部要求，提出不属于国务院国资委主管、但基于组织和业务关联由国务院国资委相关直管协会代管的9家协会党建关系保留在相关直管协会的工作方案，并完成组织实施工作。

（二）制定和实施相关基础文件和办法，强化协会党建制度建设

一是出台《国资委党委关于印发行业协会党建工作管理办法（试行）的通知》，从加强党组织建设、加强党务工作者队伍建设、加强党员教育管理、落实党建工作责任4个方面提出加强协会党建工作的主要任务和重要举措，为全面加强、规范开展协会党建工作提供遵循。二是制定实施《行业协会党组织负责人人选审批和负责人人选审核内部工作程序（试行）》，绘制完成两类负责人审批审核工作流程图，为直管协会两类负责人审核审批提供制度支撑和工作指导。三是研究制定《行业协会党费收缴、管理和使用暂行规定》《行业协会党建工作专项经费使用管理办法（试行）》《行业协会党组织书记抓党建述职评议考核工作办法》《行业协会党员领导干部民主生活会实施细则》等相关制度性文件，为进一步规范协会党建工作打下好的基础。

（三）加强理论研究和实践探索，指导推动协会党建工作走向深入

一是开展调查研究。为深入了解行业协会及有关会员企业党建工作情况，不断总结经验，推动协会党建工作持续创新，组织力量赴陕西、河南等地开展两新组织党建工作调研，通过对有关民营企业党建工作的现场考察、座谈交流等，梳理总结可供借鉴的党建工作经验，通过培训积极运用。二是学习运用习近平总书记有关社会治理思想，组织开展"构建加强党的领导与完善行业协会法人治理相融合长效机制研究"重大课题研究，提出构建加强党的领导与完

善行业协会法人治理内在统一的基本目标、路径和保障措施,强化关于党的领导与行业协会法人治理两者关系及其融合机制研究的薄弱领域,对于更好地坚持和加强党对行业协会的领导,促进行业协会健康有序发展具有重要意义。三是为协会开展好新形势新体制下党建工作提供理论指导。提出新形势、新体制下抓协会党建必须把握"提高价值认知,突出治理有效"这个关键,破除"两张皮",回归党的建设价值本真,真正学会和做好协会党建工作。从尊重实际、遵循规律角度,提出"三个立足""七个做成""六个坚持"等扎实做好协会党建工作的系统要求。这些指导性研究成果和意见付诸协会党建工作实践,受到协会的普遍欢迎。

二、贯彻中央部署,认真抓好协会党建各项工作落实

(一)大力加强协会党的政治建设,组织协会认真开展理论政策学习

一是通过各种会议、培训等形式积极引导协会系统党员坚定"四个自信"、强化"四个意识"、落实"两个维护",做合格党员。二是督导直管协会加强理论中心组学习,持续深入学习宣传贯彻习近平新时代中国特色社会主义思想和党的十九大精神。推进实施《关于国资委党委贯彻落实中共中央印发〈中共中央政治局关于加强和维护党中央集中统一领导的若干规定〉通知的实施意见》。三是认真落实全面从严治党要求,组织行业协会认真学习贯彻《中国共产党纪律处分条例》《中国共产党党务公开条例(试行)》等重要文件,推动严守党的政治纪律、政治规矩。四是及时传达贯彻全国组织工作会议精神。将学习贯彻全国组织工作会议精神作为新的任务主线和要求,通过层层开展活动,教育协会党员干部深刻理解和把握新时代党的组织路线为政治路线服务的重要意义,突出政治统领作用,把握党的建设新要求,推进干部素质提高和人才教育培养。

(二)进一步严肃协会党内政治生活

一是以开好年度民主生活会为重点,成立督导组,指导推动协会深入开展对照检查、认真开展批评和自我批评,并进行现场指导和点评,引导协会党员领导干部不断提升对严肃党内政治生活重要性的认识,切实增强贯彻全面从严治党要求的自觉性。二是组织协会认真召开组织生活会和做好民主评议党员工作,在印发通知提出明确要求基础上,派员参加部分协会组织生活会。三是推动落实协会党建工作责任制,分层次组织开展协会党组织书记抓党建述职评议考核工作。着眼于落实管党治党政治责任,按照中央精神主动组织开展直管协会党委书记向国资委党委书面述职、代管协会党组织书记向直管协会党委现场述职工作,增强协会基层党组织书记抓党建、履行"一岗双责"责任意识。

(三)以提高质量为重点,推动协会党建工作健康开展

一是坚持把"两学一做"学习教育作为加强行业协会党建的一项重要举措,推动行业协会融入日常、抓在经常。进一步规范"三会一课"、发展党员、积极分子培养、党员组织关系转接、党内统计等基础工作。二是推动提升协会"两个覆盖"工作质量。提出工作要求,与直管协会党务部门负责人一对一沟通,组织开展协会"两个覆盖"情况的自查、抽查和整体检查,巩固"两个覆盖"工作质量。三是督促指导任期到届的相关直管协会党委做好换届工作。截至2018年底,完成4家直管协会党委换届人选的民主推荐和考察工作,积极指导其余4家协会按照换届选举工作程序做好相关工作。四是开展定向培训,提升队伍综合素质。先后举办协会两类负责人、党务部门负责人培训班以及人事业务培训班,有效提升相关人员履职意识和能力。组织协会入党积极分子培训,促进参训学员进一步端正入党动机。五是进一步巩固巡视整改成果。配合巡视办开展专项督查,完成对14家直管协会党委落实巡视反馈问题整改情况的检查,就发现的问题配合巡视办形成专项报告。六是强化宣传引导。对协会党建工作、党组织活动开展情况及时通过简报、内部宣传终端(LED显示屏)网络及微信等方式积极开展正面宣传和舆论引导,为推动协会党建工作提升搭建服务促进平台。

三、认真落实党中央国务院决策部署，积极推动协会脱钩改革，指导协会在新形势下更好发挥作用

（一）积极推进协会脱钩改革，指导协会在新形势下更好发挥作用

一是从大局出发深入研究、提出措施，对协会使用的行政办公用房脱钩后续用、协会代管事业单位划转和事业编制核销后的养老保险衔接等相关疑难问题提出"先脱钩再处置"的原则建议并获得脱钩联合工作组采纳。二是稳妥做好试点协会脱钩实施阶段有关工作。及时转发脱钩联合工作组对参加脱钩试点协会的批复，并督促脱钩协会履行相关变更、核准、备案和换证等手续。国务院国资委参加脱钩试点的163家协会脱钩实施方案全部获批。三是努力引导脱钩协会加快市场化转型。组织脱钩协会与广东省深圳市相关社会组织开展交流，学习借鉴其改革发展经验，从国家市场化进程总体要求角度，引导协会切实提高适应改革的思想认识，强化协会供给服务意识和能力，为协会适应经济社会新的转型发展要求，真正服务好企业、行业、政府、社会提供思想和方法借鉴。深入开展协会市场化转型发展的路径和目标模式研究，指导协会按照市场化原则优化管理、完善治理、自律发展，加快实现自身转型。

（二）在推进脱钩改革过程中进一步强化对协会日常管理

一是扎实开展行业协会涉企收费整顿和清理规范。配合政府有关部门开展规范收费行为、减轻企业负担，以及规范行业自律服务相关工作。参与《关于进一步规范行业协会商会收费管理的意见》等政策文件的研究制定并及时转发各行业协会。要求协会进一步压减涉企收费。明确要求各协会查找在收费项目上的可压降空间，提出2018年降费措施，指导协会按照压减目标认真开展工作，顺利完成6236万元的年度压减目标任务。二是认真贯彻落实国务院领导关于规范联盟组织重要批示精神，制定调研工作方案，组织力量对国资委系统内单位成立及参与联盟组织情况进行汇总整理及分析，研究下一步规范管理的初步意见并报送有关部门。三是做好行业协会创建示范项目清理工作。要求各协会根据《中共中央办公厅　国务院办公厅关于清理规范创建示范活动的通知》，对照清理标准开展创建示范活动自查自纠并报送结果。在协会报送材料基础上进行进一步审查，提出拟保留、合并、取消相关项目的建议。

（三）为协会运行发展和发挥作用积极做好服务，受到协会欢迎和好评

一是妥善解决注册化工工程师等3项执业资格专业考试收费立项问题。中国石油和化工勘察设计协会、中国机械工业勘察设计协会和中国电力规划设计协会受有关政府部门委托开展注册化工工程师考试等3项考试的费用，因故未纳入财政部行政事业性收费目录。会同住房和城乡建设部等部门，多次与财政部开展协调沟通，会同多个部门会签文件，将3家协会专业考试收费立项报国务院并获批准，妥善解决经费立项问题，确保相关考试顺利进行。二是组织国务院国资委管理的协会参加首届中国国际进口博览会。协助完成协会报名工作，组织行业协会代表参加国务院国资委举办的中央企业国际合作论坛等活动。三是认真做好日常服务工作。着手开展协会管理与服务平台和国务院国资委信息系统整合工作，并组织编写《国资委社会组织基本情况简明手册》，编印《国资委行业协会党建文件资料汇编》。

（审稿人：张　涛　刘续浩　撰稿人：宋光兰　刘　颢）

中央企业纪检监察工作

2018年，国务院国资委党委和中央企业党委（党组）紧紧围绕深入学习贯彻习近平新时代中国特色社会主义思想和党的十九大精神这条主线，增强"四个意识"、坚定"四个自信"、做到"两个维护"，认真落实管党治党政治责任，推动国资央企全面从严治党不断向纵深发展。中央纪委国家监委驻国

资委纪检监察组(以下简称"驻委纪检监察组")和中央企业纪检监察机构认真落实中央纪委国家监委工作部署,坚持稳中求进工作总基调,认真履行监督第一职责,持续保持惩治腐败的高压态势,深化纪检监察体制改革,一体推进"不敢腐、不能腐、不想腐",国资央企党风廉政建设和反腐败工作取得新成效。2018年中央企业全面从严治党民意调查结果显示,职工群众对党风廉政建设和反腐败工作成效满意率94.28%,对遏制中央企业腐败现象表示有信心的占95.60%。

一、紧紧围绕贯彻落实习近平新时代中国特色社会主义思想和党的十九大精神,不断强化政治监督,切实做到"两个维护"

国务院国资委党委深入学习贯彻习近平新时代中国特色社会主义思想和党的十九大精神,认真贯彻中央经济工作会议、全国国企党建会精神,树牢"四个意识",坚定"四个自信",践行"两个维护",始终在思想上政治上行动上同以习近平同志为核心的党中央保持高度一致;召开中央企业党风廉政建设和反腐败工作会议,组织中央企业学习传达习近平总书记重要讲话精神和中央纪委二次全会精神,推动党的十九大全面从严治党战略部署实化细化、落到实处。驻国资委纪检监察组坚持把强化政治监督摆在首位,督促推动国资央企各级党组织以实际行动增强"四个意识"、践行"两个维护"。始终将推动贯彻落实习近平新时代中国特色社会主义思想和党的十九大精神作为监督的主线,用监督的力量推动工作,用工作的落实强化监督,紧紧围绕习近平总书记重要指示批示精神落实情况,全国国有企业党的建设工作会议精神贯彻落实情况,党中央加强科技创新等重大决策部署,先后赴38家中央企业集团总部及基层单位开展调研督导,督促中央企业切实承担起国家使命和政治责任,努力实现党建与业务的深度融合,解决好中央企业的发展观问题,自觉服务于国家战略和大局,凝心聚力搞好主业,以实际行动做到"两个维护"。

二、切实履行好监督第一职责,做实做细日常监督

驻国资委纪检监察组积极探索对驻在部门日常监督的方法途径,修订完善《关于中央纪委国家监委驻国资委纪检监察组加强对驻在部门日常监督的实施意见》,强化对驻在部门的日常监督。2018年,与驻在部门交换意见常态化,向国务院国资委党委、党委委员提出监督建议52条,推动国务院国资委党委调整内设机构,组建科技创新局,修订《中央企业负责人经营业绩考核办法》,加大科技创新投入指标的考核权重,进一步严格中央企业负责人履职待遇、业务支出标准等,为国务院国资委党委履行主体责任提供有效载体。强化对选人用人的监督,从初始酝酿阶段就参与干部选任工作,认真回复党风廉政情况意见234批,否决13人。建立与国务院国资委直属机关纪委日常工作定期会商机制,实现派驻监督与内设纪检力量协同监督的联通互动。推动国务院国资委监督工作局制定出台《中央企业违规经营投资责任追究实施办法(试行)》,共同建立问题线索移交机制,协同推进对部分企业投资经营损失的责任追究。与国务院国资委巡视办密切配合联动,巡视前,驻国资委纪检监察组向巡视组交办问题线索,增强巡视的针对性;巡视中,巡视工作领导小组听取中期汇报,对巡视发现的突出问题立即查处,推动立行立改;巡视后,对巡视发现的问题线索及时查处,形成震慑。健全完善党风廉政监督员制度,充分发挥业务厅局监督员精通业务、熟悉情况的优势,将监督的"触角"和"探头"延伸到基层。

针对重点领域开展专项治理,开展委管企业领导人员亲属和其他特定关系人所办企业与本企业业务往来专项整治工作,督促企业从源头上解决"靠企吃企"问题,探索日常监督有效机制;组织编写"一带一路"34个国家廉洁风险国别研究报告,围绕"中老铁路"等重大工程廉洁风险开展专题调研,推动中央企业在境外机构党的建设、监督管理等方面完善制度。

三、持之以恒落实中央八项规定精神,坚决防止"四风"问题反弹

驻国资委纪检监察组深入贯彻落实中央八项规定及其实施细则精神要求,紧盯重要时间节点,坚定不移纠"四风",加大对超标准乘坐交通工具、违规接受公款宴请等问题的查处力度。集中整治形式主义、官僚主义问题,印发《关于中央企业纪检监察机构督促贯彻落实习近平总书记重要指示精神集中整治形式主义、官僚主义的通知》,对中央企业纪检监察机构推动和督促开展集中整治工作进行部署。先后查办中国冶金地质总局领导班子成员违规参加所属单位用公款支付的宴请问题、中国冶金地质总局所属正元国际公款用餐饮酒问题、中林集团及所属单位领导人员违规超标准乘坐飞机头等舱问题。中央企业各级纪检监察机构把日常检查和集中督查结合起来,抓具体、补短板、防反弹,持之以恒落实中央八项规定精神。2018年,国务院国资委和中央企业纪检监察机构查处违反中央八项规定精神问题1559起,处理2776人,给予党纪政纪处分1533人,进一步强化知止的氛围。

四、不断加大执纪审查力度,持续保持惩治腐败的高压态势

驻国资委纪检监察组坚持惩治这一手决不放松,持续加大执纪审查工作力度。建立完善问题线索集中管理、集体研究、集体排查工作机制,实行案件调度会制度,对在办问题线索进行全面梳理,与地方纪委监委探索形成协作配合机制,聚焦党的十八大以来不收敛不收手、问题线索反映集中、群众反映强烈,政治问题和经济问题交织的腐败案件,重点查处一批国务院国资委党委管理领导班子中央企业"一把手"违纪违法案件。2018年,驻国资委纪检监察组处置问题线索209件,其中,初核78件次、立案55件(涉及委管干部22件27人)、结案44件、处分50人(其中委管干部17人)、移交地方纪委监委并共同留置7人,有力扭转"监督执纪偏轻偏软"局面。

发挥以案治本作用,会同国务院国资委党委召开国资委直属机关、中央企业警示教育大会,深刻剖析并通报违纪违法典型案例,用身边事教育身边人,增强"不想腐"的思想自觉。

中央企业各级纪检监察机构持之以恒正风肃纪,保持反腐败高压态势。2018年,国务院国资委和中央企业纪检监察机构接受信访举报48465件,处置问题线索46576件,其中,初核38369件、立案9888件、结案9465件、给予党纪政纪处分14283人、移送司法机关处理100人。运用监督执纪"四种形态"处理63462人次,其中,第一种形态约谈函询、批评教育47996人次,占比75.6%;妥善运用第二种形态,给予轻处分、组织调整12440人次,占比19.6%;准确运用第三种形态,给予重处分、重大职务调整2473人次,占比3.9%;果断运用第四种形态,依规依纪依法处理严重违纪违法涉嫌犯罪的党员干部553人,占比0.9%,监督执纪由"惩治极少数"向"管住大多数"拓展。

五、深化中央企业纪检监察体制改革,健全完善监督体系

驻国资委纪检监察组认真落实省区市纪检监察工作座谈会精神,召开中央企业纪检监察工作中期推进会,对中央企业深化"三转"、优化机构设置、履行监督职责等提出要求。总的思路就是"做强集团、做实基层、做到监督执纪全覆盖",健全集团层面纪检监察机构,把执纪力量向上集中,做到监督执纪分开、执纪审理分开。强化基层纪委的监督作用,确保监督"探头"全覆盖。截至2018年底,有86家企业集团纪检监察机构实现综合职能部门、监督执纪部门分设;92家企业实现执纪与审理人员分开,55家单独设置审理部门。部分企业通过设立区域纪检监察中心,采取综合派驻、集中办案等方式,统一调配全系统纪检监察力量,为推进中央企业纪检监察体制改革奠定基础。

《关于深化中央纪委国家监委派驻机构改革的意见》印发后,驻国资委纪检监察组迅速抓好贯彻落实。一方面,完善派驻监督体制机制,将改革要求落

实落细。会同国务院国资委党委修订加强驻在部门日常监督的实施意见,完善与国务院国资委党委的沟通协调工作机制,督促其制定主体责任清单、领导干部插手干预重大事项等一系列制度。另一方面,积极推进中央企业纪检监察体制改革。全力协助中央纪委国家监委加强统筹、协调推进中管企业纪检监察工作,参与制定《关于推进中管企业纪检监察体制改革的实施意见》。在中央纪委国家监委的领导下,制定推进委管企业纪检监察体制改革实施意见,以落实"三个为主"为核心,强化委管企业纪委的监督作用。

六、加强自身建设,打造忠诚干净担当的纪检监察队伍

驻国资委纪检监察组和中央企业纪检监察机构充分认识到纪检监察机关作为政治机关肩负的职责,把讲政治的要求贯穿于履职尽责全过程,自觉用习近平新时代中国特色社会主义思想武装头脑、指导实践、推动工作。一是坚持政治培训与专业培训相结合,组织899名中央企业纪检监察干部参加中央纪委国家监委举办的18期培训班,提高干部的政治素养和专业能力。二是严守程序、严格把关,认真做好中央企业纪委书记、副书记、纪检监察机构正职提名考察工作,提名考察中央企业纪委书记7人、免职6人;在有关中央企业党委的配合下,提名考察企业纪委副书记和纪检监察机构正职34人、免职21人;参加7家中央企业党委、纪委换届人选的民主推荐和考察,重点对其中11名企业纪委书记、副书记人选进行考察把关。三是积极协助中央纪委国家监委有关部门做好中管企业纪委书记2017年度履职专项考核工作,着力抓好委管企业纪委书记考核。四是不断强化内部监督,印发"九个严禁"等一系列制度,严格规范办案车辆管理,强化请示报告、外出报备等纪律要求,坚决防止权力被滥用,严防"灯下黑"。

(审稿人:胡贤政 撰稿人:陈 蕾)

国务院国资委党委对中央企业开展巡视工作情况

2018年,国务院国资委党委巡视工作坚持以习近平新时代中国特色社会主义思想和党的十九大精神为指导,深入学习贯彻习近平总书记关于巡视工作的重要论述,坚决落实中央巡视工作方针,严格对标中央巡视工作,把"两个维护"作为根本任务,坚定不移深化政治巡视,发现问题、形成震慑,狠抓巡视整改和成果运用,扎实做好巡视"后半篇文章",全年完成2轮对12户中央企业的巡视,开展对国务院国资委直管协会巡视整改专项督查以及对中央企业巡视整改的调研推进,有效发挥震慑、遏制、治本作用。

一、坚决落实主体责任,对巡视工作的组织领导进一步加强

国务院国资委党委牢固树立"四个意识",坚定"四个自信",做到"两个维护",切实把巡视工作摆在突出位置,与中央企业改革发展党建工作统一谋划、统一部署、统一推进。国务院国资委党委书记郝鹏严格履行第一责任人职责,认真落实"四个亲自"要求,靠前领导、靠前指挥;中央纪委国家监委驻国资委纪检监察组组长、国务院国资委党委委员陈超英多次就做好巡视工作作出批示、提出要求。一是及时传达学习习近平总书记在审议中央巡视工作五年规划和听取中央第一轮巡视工作情况汇报时的重要讲话精神,深入学习领会中共中央政治局常委、中央纪律检查委员会书记赵乐际在落实中央巡视工作五年规划推进会、中央巡视工作动员部署会和在黑龙江省调研时的讲话要求,把思想和行动统一到党中央关于巡视工作的部署要求上来,切实扛起管党治党的政治责任,增强做好巡视工作的责任感和使命

感。二是加强对巡视工作的统筹谋划。按照中央巡视工作五年规划规定和中央巡视工作领导小组要求,研究制定《国资委党委巡视工作规划(2018—2022年)》,明确今后五年国务院国资委党委巡视全覆盖的"施工图"和"时间表"。三是充分做好动员部署。2018年3月和9月,国务院国资委党委先后2次召开巡视工作动员部署会,国务院国资委党委书记郝鹏和中央纪委国家监委驻国资委纪检监察组组长、国务院国资委党委委员陈超英分别对2轮巡视作动员部署;中央巡视办主任王鸿津出席首轮巡视动员会并作政策辅导,详细介绍中央巡视工作五年规划的起草背景和主要内容,对抓好贯彻落实提出明确要求;中央巡视办副主任夏立忠、刘华斌等为巡视干部进行业务培训。四是及时听取巡视情况汇报。巡视工作领导小组严格按照巡视工作条例要求,及时听取巡视组工作情况汇报,对巡视整改提出明确要求。国务院国资委党委书记郝鹏对巡视反映的突出问题,特别是领导干部的问题线索,点人点事,提出明确具体的处理意见。

二、坚定不移深化政治巡视,坚守巡视的政治定位

巡视组坚持以"四个意识"为政治标杆,把"两个维护"作为根本任务,聚焦"六个围绕、一个加强",落实"五个持续"工作要求,紧盯"关键少数",查找政治偏差,充分发挥政治"显微镜""探照灯"作用。一是把监督检查学习贯彻习近平新时代中国特色社会主义思想和党的十九大精神摆在首要位置,坚决纠正表态多调门高、行动少落实差问题,督促企业党组织在学懂弄通和结合实际贯彻落实上下功夫。二是深入检查贯彻落实全国国企党建会精神情况,督促企业党组织在深度融合和自觉行动上下功夫,把党的领导与公司治理相统一、党的建设与改革发展相融合,把独特的政治优势转化为市场竞争优势。三是深入检查贯彻落实党中央重大决策部署情况,推动中央企业在落实新发展理念,推进供给侧结构性改革、落实"三去一降一补",打好"三大攻坚战"等方面当表率、做先锋,为做强做优做大国有资本,培育具有全球竞争力的世界一流企业提供坚强保障。

三、坚持问题导向,震慑作用明显增强

切实把发现问题作为巡视工作的生命线,牢固树立"存在重大问题没有发现是失职,发现问题没有如实汇报是渎职"的理念,结合企业实际,创新方式方法,提高工作的针对性、实效性。一是认真做实巡视准备。巡视进驻前,专门安排巡视组听取驻国务院国资委纪检监察组关于被巡视单位党风廉政建设和反腐败工作情况介绍,移交反映领导干部的问题线索;组织国务院国资委规划局、财务监管局、考核分配局、企业领导人员管理二局、党建局等介绍被巡视单位有关情况,使巡视组带着问题去巡视,找准切入点和突破口,提高针对性和实效性。二是及时听取巡视中期汇报,强化问题导向。每轮巡视期间,中央纪委国家监委驻国资委纪检监察组组长、国务院国资委党委委员陈超英主持召开中期汇报会,听取各巡视组巡视进展情况汇报,重点对提高发现问题质量、强化震慑作用提出明确要求,强调每个巡视组要聚焦重点人重点事,确定2~3个需要进一步了解关注的问题线索,深入了解核实,做实做细,见事见人。三是创新方式方法。有的巡视组充分调动企业的积极性,把"六个围绕、一个加强"细化为5个方面、39个具体问题,要求被巡视单位全级次企业开展自查、逐级归纳汇总,形成全面的自查问题清单,推动企业由"要我查、要我改"转变为"我要查、我要改";有的巡视组采取突击检查下属企业驻京办、抽查公务接待报销账目等方式,发现公款宴请饮酒、公款购买和消费高档烟酒等"四风"问题;有的以驻国资委纪检监察组提供的重点问题线索为主线深挖细查,并顺藤摸瓜扩大战果,发现领导干部拉帮结派、搞"小圈子"等严重违反政治纪律和政治规矩的行为。四是积极推进立行立改,强化震慑作用。巡视期间,巡视组将违反中央八项规定精神和"四风"方面的问题线索,及时移交被巡视企业,督促立行立改,发现一起,查处一起,并召开17次警示教育大会公开通报,有效打开巡视局面,强化震慑作用,赢得干部群众的信任支持。2轮巡视期间,各巡视组移交问题86项,完成整改67项,追责问责129人。

四、落实中央巡视工作领导小组要求,积极推动中管企业巡视整改

2018年,中央巡视组对7家中央企业开展巡视,按照中央巡视工作领导小组要求,国务院国资委党委全力督促中央企业抓好巡视整改、认真做好移交事项办理工作。一是认真学习领会,明确责任分工。国务院国资委党委召开专题会议,深入学习中央巡视反馈意见,并梳理分解为5个方面17个具体问题,制定任务分工台账,形成整改督导工作方案,并按工作职责印发到10个相关厅局,分工负责抓好贯彻落实。二是召开部分中央企业巡视整改座谈会。国务委员王勇出席会议并作重要讲话,要求坚决贯彻落实中央要求,压实巡视整改责任,推动巡视整改工作取得实效。国务院国资委党委书记郝鹏通报中央企业巡视整改总体情况,要求中央企业增强政治自觉,勇于担当尽责,坚持高标准严要求,深入推进巡视整改工作。三是召开中央企业警示教育大会。会议深入分析中央企业全面从严治党面临的严峻复杂形势,对落实"两个责任"和党员领导干部廉洁自律提出明确要求,并重点就抓好巡视整改工作提出明确要求。会议通报中央巡视组和国资委党委首轮巡视发现的突出问题,以及驻国资委纪检监察组和中央企业查办的典型案件,有效发挥警示和震慑作用。四是结合重大违法违规案件自查自纠,召开2场座谈会,组织6个调研组,对中央首轮巡视的中央企业整改落实情况进行调研推进。重点了解企业在履行"两个责任"、执行招投标制度、落实中央八项规定精神和干部选拔评价体系建设等方面存在的问题,推动整改,提高企业治理效能。

五、坚持深化标本兼治,国务院国资委党委巡视"后半篇文章"成效明显

国务院国资委党委认真学习和坚决落实习近平总书记关于做好巡视"后半篇文章"的重要指示,大力推进巡视整改,狠抓成果运用,深化标本兼治,推动改革、促进发展,取得较好成效。一是压实巡视整改主体责任。国务院国资委党委通过多种方式,督促被巡视中央企业党组织和主要负责人,切实担负起管党治党的政治责任,狠抓巡视整改。每轮巡视结束后,国务院国资委党委书记郝鹏约谈有关企业党委书记,督促企业党委严格履行巡视整改主体责任;在听取企业主要负责人工作汇报时,专门就巡视整改工作提出明确要求;在与新调整的企业领导班子谈话中,把巡视整改作为重中之重提出具体意见;领导小组成员参加巡视反馈,增强巡视反馈的权威性和严肃性。中央纪委国家监委驻国资委纪检监察组组长、国务院国资委党委委员陈超英专门赴中国钢研就巡视整改工作进行调研,明确提出通过抓巡视整改实现"三个成为",即让党委成为坚强领导核心,班子成员成为干事创业、清正廉洁的典范,企业成为行业科技创新的排头兵。二是狠抓巡视成果运用,严肃追责问责。根据全年巡视了解的情况,国务院国资委党委调整和处理7名委管企业领导班子成员。其中,对3名企业主要负责人和1名副职予以免职,对3名副职给予党内警告和严重警告处分。对"两个责任"履行不力的企业党委和纪委进行问责,并在中央企业范围内进行通报。根据巡视反映的情况,调整、交流和充实3家企业领导班子。三是督促中央企业立行立改、严肃追责问责。巡视期间,巡视组督促有关中央企业对接受民营企业高档宴请的相关人员给予严重警告和撤销党内职务处分,并降一级另行安排工作;对在培训期间公款聚餐饮酒的所属企业负责人给予党内严重警告和警告处分,并责成企业党委作出书面检查;对巡视期间提供虚假信息的责任人员予以免职。四是坚持标本兼治,推动改革、促进发展。国务院国资委党委和被巡视党组织坚持问题导向和目标导向相统一、治标与治本相结合,既拿出当下"改"的举措,又建立长久"立"的机制,通过巡视整改堵塞漏洞、加强管理,完善体制机制,建立健全制度129项,切实把巡视整改成果转化为国有企业治理效能。

六、坚持强化纪律和作风建设,打造忠诚干净担当的干部队伍

国务院国资委党委持续建立和完善巡视工作相

关制度，从严从实加强巡视干部队伍建设，不断提高规范化和科学化水平。一是加强制度建设。根据新修订的巡视工作条例和中央巡视工作新精神，对《国资委党委关于贯彻落实〈中央巡视工作条例〉的实施意见》等"1个意见、4个规则"进行修订；制定《巡视报告问题底稿管理办法（试行）》，对《国资委党委巡视工作流程》等15项制度进行修改完善，并制定召开巡视工作领导小组会议、巡视反馈、巡视整改等6个具体操作规则，进一步规范工作程序，初步形成比较完备的巡视工作制度体系。二是选优配强巡视队伍。落实中央巡视工作专项检查反馈意见要求，从2018年首轮巡视开始，由在职的原国有重点大型企业监事会主席担任组长；根据需要从机关选派一批熟悉党建、监督等工作的优秀年轻干部到巡视工作岗位；从中央企业纪检监察、组织人事、巡视巡察、党建、财务审计等部门选拔一批业务骨干参加巡视工作，并形成机制，充分发挥巡视岗位的"熔炉"和平台作用，优化巡视干部的专业结构，提升工作能力。三是成立巡视组临时党支部，巡视组组长担任支部书记，副组长任纪检委员，严肃党内政治生活，加强理想信念、政治规矩、工作作风和保密纪律教育，不断提高巡视干部发现问题的能力和水平；重新修订并印发《国资委党委巡视机构关于进一步改进工作作风密切联系群众的具体措施》，进一步加强巡视机构作风建设。

（审稿人：贾春曲　撰稿人：袁正秋）

各省（区、市）国有资产监督管理概况

第三篇

2019 CHINA'S STATE-OWNED ASSETS SUPERVISION AND ADMINISTRATION YEARBOOK

中国国有资产监督管理年鉴

北京市

一、北京市国有资产监督管理工作综述

2018年，北京市国资委坚持以习近平新时代中国特色社会主义思想为指引，坚决贯彻落实中央和北京市委市政府决策部署，着力提升发展质量、持续优化布局结构、纵深推进国资国企改革、强化"四个服务"保障能力、全面加强党的建设，各项工作取得明显成效。截至2018年底，市管企业资产总额突破5万亿元，所有者权益1.68万亿元，分别比上年增长12.9%和12.2%；实现营业收入1.55万亿元，利润961.1亿元，分别比上年增长10.1%和7.5%；上缴税费1249.7亿元，比上年增长11.9%；新增就业7.13万人。

（一）国有经济发展质量稳步提升

风险防控坚决有力，北京市国资委研究出台加强企业资产负债约束的实施意见，"一企一策"落实一级企业资产负债约束目标，市管企业通过产权市场和股票市场直接融资941亿元，20家企业资产负债率比上年下降。创新支撑持续发力，强化政策引领，出台《推动市属国有企业加快科技创新大力发展高精尖产业的若干措施》，成立北京创新产业投资公司，选取9户国有科技型企业开展股权和分红激励改革，国有资本经营预算对创新的资金支持超过30%，创历史新高。创新成果不断涌现，北汽集团、建工集团组建国家级技术创新中心和工程实验室，京投公司、排水集团、城建设计、三元食品4家企业成为北京市首批企业技术创新中心建设单位，国管中心等6家企业获准设立博士后工作站，北汽新能源、首汽约车登上科技部"中国独角兽企业"榜单，首钢集团高等级取向硅钢、首发集团有机型抗凝冰添加剂、京城机电增减材复合机床等产品达到国内外领先水平。高精尖产业加快落地，首旅集团与海航集团签署战略合作协议，助推首都航空产业发展；首创集团联合中关村发展集团共建国家级集成电路设计产业基地，电控京东方半导体显示产业整体出货量和五大主流应用领域市场占有率继续保持全球第一，北方华创集成电路装备实现批量供货，打破国外巨头的长期垄断；京能集团风电、光伏等清洁能源装机容量位居国内领先水平。做优文化创意产业，时尚控股集团推进莱锦文创园、铜牛电影产业园转型升级，不断扩大"北京时装周"的品牌效应；工美集团以大国工匠超高水准打造特色国礼，传承创新发展传统工艺。

（二）国有经济布局结构不断优化

立足首都汇聚发展合力，完成4家一级企业合并重组，首农食品集团托管北京菜篮子集团，组建北京金融控股集团，北京银行与荷兰国际集团签署设立合资银行备忘录。积极引进各类资本900多亿元，做强优势产业，首农股份成功引入中信旗下现代农业投资公司，北汽新能源重组上市，绿色动力环保和中信建投回归A股。清理低效资产，处置"僵尸企业"141户，减少法人户数765户，市管企业管理层级全部控制在四级以内。京能集团关停木城涧煤矿，化解煤炭产能150万吨；首钢集团关停首秦公司全部钢铁产线。辐射津冀加强区域协作，金隅集团获得天津建材55%股权，北控水务参与大津华博水务混合所有制改革，水务投资中心牵头组建永定河流域投资有限公司，统筹推进永定河综合治理和生态修复。曹妃甸先行启动区实现"九通一平"，签约北京项目130个，京津合作示范区土地确权、规划设计取得突破，首批土地正式挂牌交易。京津冀重大项目相继落地，京能集团涿州热电联产项目投产，首农食品集团河北蛋种鸡养殖示范园区开工；城市副中心行政办公区一期工程竣工交付，北投集团投资建设的综合管廊一期投入运营；大兴国际机场航站楼室外装饰亮相，高架桥实现通车；北辰集团国家会议中心二期项目奠基启动，冬奥会、冬残奥会主要竞赛场馆全面施工。聚焦"一带一路"拓展发展空间，北汽集团南非工厂首台整车在习近平主席和南非总统的见证下成功下线，城建集团马尔代夫国际机场新跑道、北控古巴北京餐厅全面完工，住总集团承建的规模最大的医院援建项目老挝玛霍索医院正式开工。稳步开展跨国并购，首农食品集团收购法国具有百年历史的圣休伯特公司，电控北方

华创收购从事清洗机业务的美国半导体公司。北控燃气集团与俄石油公司成立合资公司在俄开发连锁加气站,进一步扩大清洁能源合作领域。

(三)国资国企改革持续释放发展活力

出台《进一步深化国资国企改革推动高质量发展三年行动计划》,召开北京市国资委系统改革发展推进会。以管资本为主推进职能转变,制定北京市国资委转职能方案,精简监管事项26项。加强分类监管,按照功能定位分类推进综合绩效评价和业绩考核,对竞争类企业和金融企业推行行业对标管理,并将结果纳入考核体系。深化首旅集团改组国有资本运营公司试点,开展授权经营体系建设和集团总部组织机构调整;将首农食品集团改组为国有资本投资公司试点,授予战略管控、经营决策等15项权利。市场化经营机制不断完善,79家企业完成公司制改革,108家企业实施混合所有制改革,员工持股试点企业扩大至9家。首钢集团、北汽新能源等企业开展综合改革试点,5户企业入选国务院国资委"双百企业"。制定企业负责人履职待遇实施细则,与市委组织部共同印发职业经理人选聘办法,出台企业董事会和外部董事的评价办法,首次面向全国市场化选聘70人进入外部董事人才库,35家企业配备到位。加快剥离企业办社会职能,11万名退休人员实现社会化管理。监管体系日益健全,强化企业内控体系建设,明确管控关键点,修订内控检查评价指标,实现检查全覆盖。召开国企法制大会,推动企业合规管理。制定信息化建设三年目标任务,全面实施"展e计划"。积极推进信息公开,编制企业国有资产报告,起草推进企业信息公开的实施意见,主动公开企业负责人薪酬、经营业绩、外部董事任免等情况。指导企业逐级构建违规经营投资责任追究体系,一级企业全部完成责任追究制度制定工作。区属国资国企改革有力推进,深化中央、市、区三级国有企业合作,2018年开展合作项目71个,总投资额1267亿元。顺义区5家一级企业开展混合所有制改革,西城区庆丰公司、朝阳区朗昆文化成为北京市首批员工持股试点企业;海淀区发起设立总规模100亿元的支持优质科技企业基金;东城区实行产权信息动态实时监管,一级企业房产信息全部纳入信息平台。

(四)国有企业功能作用日益增强

扎实开展疏整促专项行动,2018年完成专项任务590项,疏解整治面积198万平方米,疏解退出城六区二级及以下企业104户,均超额完成年度任务目标,泰和八通仓储、首体南路16号、大容汽修等一批时间跨度长、拆除难度大的项目得到妥善解决。加快"腾笼换鸟",研究起草市管企业土地盘活利用改造升级实施意见,与朝阳区开展存量土地疏解整治转型升级利用试点。首创集团将老旧四合院改造成为东四胡同博物馆,国资公司推进隆福寺文化商业区复兴。金隅集团、京城机电、隆达控股、一轻控股等企业利用老旧厂房发展科技创新和文化创意产业,中关村国际智能制造创新中心实现运营,天海科技广场、东郎电影产业园、六零八文创园开园。有力推进精准扶贫,市管企业在北京市协作54个低收入村开展155个帮扶项目,实现4000余名农村地区劳动力就业安置,24个村顺利实现脱低。42家企业与河北、内蒙古、新疆等7个省区开展对口扶贫协作,投资803个项目,完成投资1200余亿元,吸纳当地6万余人就业。首农食品集团在内蒙古锡林郭勒建立现代畜牧业产业园,京能集团在内蒙古先后建设10个能源项目。加快补短板惠民生步伐,持续打好蓝天保卫战,市政路桥、化工集团等11家企业严格执行停限产政策,公交集团淘汰老旧公交车3910辆,北控燃气集团完成1600余蒸吨燃煤锅炉房和57个村庄煤改气改造任务,基本实现北京市平原地区"无煤化"。强化城市运行保障,开通多样化公交线路406条,地铁8号线三期、四期和6号线西延建成通车,轨道交通全路网实现二维码乘车;排水集团新建污水管线和再生水管线94千米,高安屯再生水厂二期通水运行,国资公司通州循环经济产业园一期投产。推进民生工程建设,房地集团、金隅集团等企业积极利用自有土地建设保障性安居工程,2018年新开工2.2万余套,占北京市总量的42%;国资公司、首开集团、京能集团开设养老驿站、养老院百余家;城乡集团新开社区便利店36家,自来水集团新建、改造供水管网340千米。

(五)国有企业党的建设质量全面提升

严把政治方向,北京市国资委系统始终把学习贯彻习近平新时代中国特色社会主义思想作为重要的政治任务,全系统党员干部同以习近平同志为核心的党中央保持高度一致更加坚定,贯彻落实"三个一""四个决不允许"要求更加坚决。充分发挥党组织领导作用,持续推进党的领导与公司治理有机融合,完成1900多家二、三级企业和34家上市公司章程修订工作。筑牢基层基础,北京市国资委党委组织编写新时代国企党建工作指南,规范党务工作部门设置和党务干部配备,组织国资委机关、企业总部机关党支部与基层党支部"结对共建",1788个党支部结成共建对子。完成全系统6380个党组织的换届工作,基本实现应换尽换。制定科技领军人才选拔培养管理办法,积极搭建创新团队和人才培养平台。以改革开放40年为契机,开展话改革、谈党建活动,拍摄北京国企改革发展成就系列片《使命》,首次举办市国资委系统迎新年文艺汇演,连续开展"首都国企开放日""媒体走国企"等活动,展示首都国企良好形象。扎实做好离退休干部的政治建设、思想建设和党组织建设,充分发挥老干部的政治优势、经验优势和威望优势。压实党建责任,制定企业党建工作责任制实施办法,与企业签订党建工作责任书和党风廉政建设责任书,持续开展企业党委书记抓基层党建述职。抓好北京市领导干部警示教育大会精神的贯彻落实,建立巡视巡察长效机制,跟踪督导36家市管企业党组织巡视巡察问题整改,对16家二级企业党组织开展巡察,指导推动43家一级企业党委对所属210个二级企业党组织开展巡察。持续深化党风廉政建设,驰而不息查纠"四风"问题,始终保持高压惩腐不松劲,2018年北京市国资委系统立案296件,给予党纪政纪处分239人。认真抓好矛盾纠纷防控化解,实现职工群众到北京市国资委走访、集体访和到北京市信访办集体访批次"三下降",信访维稳形势总体保持平稳可控。

二、北京市国有资产总量与结构分析

表1　　　　2018年北京市国有企业指标

项　目	金　额(亿元)
资产总额	50826.0
所有者权益	16822.3

续表

项　目	金　额(亿元)
国有资产总量	10010.6
营业收入	15570.0
利润总额	961.1
净利润	667.5
归属于母公司所有者的净利润	263.4
应交税金总额	1314.4
实际上缴税金总额	1249.7

表2　　2018年北京市国有企业户数情况

2017年户数(户)	2018年户数(户)	比上年增长(%)
6353	6620	4.2

表3　　2018年北京市国有资产按地区分布情况

地　区	国有资产(亿元)	占国有资产总量比重(%)
全市国有企业	13846.5	100.0
市属企业	10402.2	75.1
市属监管企业	10010.6	72.3
市属非监管企业	391.6	2.8
区属企业	3444.3	24.9
东城区	264.3	1.9
西城区	741.3	5.4
朝阳区	242.6	1.8
丰台区	71.0	0.5
石景山区	68.7	0.5
海淀区	339.5	2.5
门头沟区	49.1	0.4
房山区	70.9	0.5
通州区	108.6	0.8
顺义区	333.3	2.4
昌平区	131.1	0.9
大兴区	170.6	1.2

续表

地 区	国有资产（亿元）	占国有资产总量比重(%)
怀柔区	66.5	0.5
平谷区	74.8	0.5
密云区	18.4	0.1
延庆区	11.0	0.1
燕山区	0.1	0.001
亦庄经济开发区	682.6	4.9

注：表中国有资产数据为2018年全市单户企业叠加汇总数，表中汇总数与全市总量不等的原因是本表中未考虑集团内部抵消数。

表4　　2018年北京市国有资产按行业分布情况

行　业	国有资产（亿元）	占国有资产总量比重(%)
第一产业	298.9	1.4
农林牧渔业	298.9	1.4
水利管理业	0.0	0.0
第二产业	6509.8	30.3
工业	6021.7	28.0
建筑业	488.1	2.3
第三产业	14679.7	68.3
交通运输业	1247.1	5.8
仓储业	27.2	0.1
批发和零售业	600.9	2.8
房地产业	4784.2	22.3
社会服务业	7306.5	34.0
卫生体育文化教育科研	447.8	2.1
其他行业	266.1	1.2

注：表中国有资产数据为2018年全市单户企业叠加汇总数，表中汇总数与全市总量不等的原因是本表中未考虑集团内部抵消数。

表5　　2018年北京市国有资产按经营规模分布情况

经营规模	国有资产（亿元）	占国有资产总量比重(%)
大型企业	7348.9	34.2
中型企业	8294.7	38.6
小型企业	3625.3	16.9

续表

经营规模	国有资产（亿元）	占国有资产总量比重(%)
微型企业	2219.6	10.3
合　计	21488.5	100.0

注：表中国有资产数据为2018年全市单户企业叠加汇总数，表中汇总数与全市总量不等的原因是本表中未考虑集团内部抵消数。

三、北京市国有资本保值增值综合分析评价

表6　　2018年北京市国有企业地区和行业国有资本保值增值情况

地区	国有资本保值增值率(%)	行业	国有资本保值增值率(%)
全市国有企业	101.34	第一产业	109.77
市属企业	101.72	农林牧渔业	109.77
市属监管企业	101.67	水利管理业	
市属非监管企业	102.46	第二产业	103.53
区属企业	100.37	工业	103.10
东城区	102.79	建筑业	109.72
西城区	101.49	第三产业	102.62
朝阳区	102.05	交通运输业	100.41
丰台区	102.58	仓储业	103.05
石景山区	101.23	批发和零售	104.34
海淀区	102.65	房地产业	105.44
门头沟区	100.19	社会服务业	100.88
房山区	102.63	卫生体育福利业	80.08
通州区	108.36	其他行业	102.85
顺义区	100.73		
昌平区	100.04		
大兴区	102.51		
怀柔区	100.97		
平谷区	99.08		
密云区	93.92		
延庆区	94.91		

续表

地 区	国有资本保值增值率(%)	行 业	国有资本保值增值率(%)
燕山区	113.12		
亦庄经济开发区	93.24		

四、北京市国资委监管企业改革发展情况

(一)深入推进供给侧结构性改革

坚持把提高供给质量作为主攻方向,积极应对经济下行压力,在稳增长的基础上着力提质增效升级,国有经济实现平稳健康较快发展。

一是坚决防控风险。出台《市国资委关于市管企业降杠杆减负债的实施意见》,"一企一策"落实一级企业降杠杆指标,市管企业通过产权市场和股票市场直接融资941亿元,20家企业资产负债率比上年下降。

二是加快创新转型。出台《推动市管企业加快科技创新大力发展高精尖产业的若干措施》,发起设立北京创新投资公司,以市场化的基金运作与管理,加快高精尖产业布局。推动首旅集团与海航集团签署战略合作协议,选取北方华创等企业开展国有科技型企业实施股权和分红激励改革。

三是积极"瘦身健体"。2018年,累积减少法人户数765户,市管企业全部将管理层级控制在四级以内,提前完成三年压缩管理层级目标。大力推进疏解退出工作,23家市管企业疏解退出城六区企业104户,处置"僵尸企业"141户,提前超额完成2018年工作目标。大力破除无效供给,关停木城涧煤矿和首秦公司全部钢铁产线,化解煤炭产能150万吨,化解钢铁产能任务全面完成。

(二)国有企业改革取得新的进展

深入贯彻落实中央和市委市政府决策部署,制定《进一步深化国资国企改革 推动高质量发展三年行动计划》,召开市国资委系统改革发展工作研讨会,谋划部署新时期国资国企改革工作。

一是优化国有经济布局结构。加快推动企业调整重组,实施首开集团与房地集团、国管中心与股交集团合并重组;组建北京金融控股集团公司,整合金融优势资源。稳步推进混合所有制改革,推进108家市属国企进行混改,引进非公资本127.8亿元。首农股份作为国家第三批混改试点企业成功引入中信旗下现代农业投资公司,北汽新能源重组上市,绿色动力环保和中信建投港股上市公司回归A股,充分利用资本市场做强国有企业。

二是推动完善现代企业制度。国合中心、成套局完成转企改制,79家企业完成公司制改革。推动首钢集团、北汽新能源、京东方等企业开展综合改革试点,5户企业入选国务院国资委"国企改革双百行动"。首次面向全国开展外部董事市场化选聘,确定70人进入外部董事人才库。

三是加快剥离企业办社会职能。与市属国有及国有控股企业全部签订非经移交正式协议,面积3076万平方米,正式接管1291万平方米。9.3万名退休人员通过企业社保平台管理的方式、近1.7万名退休人员通过直接移交属地社保所的方式实现社会化管理,切实减轻企业负担。

四是改革国有资本授权经营体制。深化首旅集团改组国有资本运营公司试点,支持企业依法自主开展资本运作。将首农食品集团改组为国有资本投资公司试点,授予战略管控、经营决策、财务预决算等六方面15项权利。

(三)有力实施承担的北京市重点任务

紧紧围绕落实首都"四个中心"战略定位,提高"四个服务"水平,在疏解腾退、优化升级、京津冀协同等方面加强协作,积极践行国企责任。

一是全力落实疏解整治促提升专项行动。与西城、朝阳等5个区共同召开专项行动推进会,完成计划任务590处,超额完成2018年目标。加快"腾笼换鸟",研究起草市属国企土地盘活利用改造升级实施意见,与朝阳区开展存量土地疏解整治转型升级利用试点。

二是积极融入京津冀协同发展。深化京津冀产业、产权、要素市场深度对接合作。推动"4+N"产业协作,曹妃甸产业先行启动区实现基础设施"九通一平",签约北京项目130个。组建永定河流域投资有

限公司,金隅集团成功获得天津建材55%股权。改组成立北京城市副中心投资建设集团,行政办公区一期工程全面竣工,保障市级机关按期入驻,世园会中国馆工程正式完工,环球主题公园、冬奥会、冬残奥会主要竞赛场馆等重点项目全面施工。

三是着力保障和改善民生。市管企业积极利用自有土地建设保障性安居工程,市管企业2018年开工建设保障性住房2.2万余套,占全市总量的42%。50家企业与北京市54个最偏远、最贫困村结对子,实现4000余名农村地区劳动力就业安置;组织42家市管企业深入河北、内蒙古、新疆等地对口扶贫协作,投资803个项目,完成投资1200余亿元。

五、北京市国资委监管企业并购重组与完善法人治理结构情况

(一)大力推进企业调整重组

制定《市属国有企业优化调整重组改革三年行动方案(2018—2020年)》,为下一步重组工作打下坚实基础。积极推动一级企业调整重组,实施首开集团与房地集团、国管中心与股交集团合并重组。组建北京金融控股集团,为更好地服务北京市深化金融体制改革和扩大开放,提升国有金融产业发展质量提供保障。设立北京创新产业投资有限公司并发起设立高精尖产业投资基金,积极引入战略投资者,为北京建设科技创新中心和加快构建"高精尖"经济结构提供有力支撑。会同津冀晋四省市政府及中交集团,牵头组建永定河流域投资有限公司,加快建设永定河绿色生态河流廊道,探索以投资主体一体化带动流域治理一体化的新模式。

(二)不断深化公司制改革

推进具备条件的市属全民所有制企业全部完成公司制改革,改制79户,注销15户。全力推进事业单位改革,有效推进国合中心及成套局转企改制工作,妥善解决多年来影响改制进程的离退休人员安置问题。

(三)持续推动规范董事会建设

有序深化董事会试点改革,进一步落实北京电控董事会职权,持续跟踪前期试点工作进展,及时总结经验成效,不断完善权责对等的公司治理机制。建立健全董事会和外董评价制度,出台《市属国有独资公司董事会评价暂行办法》《市管企业外部董事评价暂行办法》《市管企业兼职外部董事工作补贴管理办法》,形成更加健全完善的董事会建设制度体系。初步建立董事会激励约束机制,首次开展董事会任期评价,并与企业负责人任期经营业绩考核和任期激励收入挂钩。拓宽外部董事来源渠道,首次面向全国市场化选聘70人进入外部董事人才库,35家企业配备到位。督促落实"三重一大"制度,促进各决策主体权责界限进一步明晰。扎实落实董事会工作指引,市管企业董事会在制度建设、组织建设、规范运行等方面取得较大提升。加强日常培训,切实提升董事会秘书履职能力。

(四)国资监管体系进一步完善

以管资本为主推进职能转变,制定《以管资本为主推进职能转变方案》,突出监管重点,改进监管方式,精简监管事项26项。加强分类监管,针对企业不同功能定位,分类推进综合绩效评价和业绩考核,对竞争类企业和金融企业推行行业对标管理,将对标结果纳入考核体系,引导企业提高资本使用效率和经营管理水平。加强国有资本监管,落实向人大报告国有资产管理情况的要求,编制企业国有资产报告,提升国有资产管理透明度和公信力。召开北京市国资委系统企业法治工作大会,推行企业总法律顾问述职制度,选取北汽集团等5家企业开展合规管理试点,促进企业合法依规经营。强化违规经营投资责任追究,推动市管企业逐级建立责任追究制度,一级企业全部完成责任追究制度制定工作。

六、北京市国资委监管企业建立和完善经营业绩考核体系情况

(一)聚焦对标管理,强化经营业绩考核

实施短板考核,探索构建企业负责人科学考核评价体系。聚集企业经营盈利能力、资产质量、债务风险和高质量发展的"四能力",以考核企业短板指标为重点,引入强化对标管理,既与企业历史水平纵向对

标,又与行业中间水平横向对标,鼓励企业追赶行业先进水平。对照年度签约目标,梳理企业经营指标完成情况和重点任务完成情况,完成2017年度52家市管企业考核清算工作。

(二)突出质量效益,加强重点工作督导

围绕市管企业承担的164项北京市重点任务,建立任务清单管理制度,采取"月度书面报告、专题汇总调研、必要情况现场督导"的工作模式,实现进度掌握及时、问题报告及时、协调推进及时。健全预警处理机制,对完成进度严重滞后的3户企业进行重点督导。加强经济运行调度,每季度召开重点企业经济运行调度会,设定"红黄蓝"三级预警线,对出现经济效益滑坡、重点任务迟滞等问题,及时下发警示通知,有效确保2018年任务目标按期完成。

(三)坚持激励约束,深化收入分配改革

推动股权和分红激励工作,2018年7月,批准北方华创实施股权激励,标志着市管企业上市公司股权激励实现"零"的突破。落实薪改要求,严格把关企业负责人薪酬兑现,引导企业合理拉开副职负责人薪酬水平差距。代行市薪改小组职能,要求市文资办、中关村管委会、开发区管委会等薪酬审核部门及市管企业制定工作方案,有效确保中央薪改政策在北京市全面落地。

七、北京市国资委监管企业负责人考核与选人用人机制改革情况

(一)协助做好企业领导人员管理工作

配合市委组织部做好首农集团、首旅集团等公司的合并重组以及永定河公司、金控集团等新组建企业成立相关工作,协助选优配强企业领导班子。参与首钢集团、地铁公司等企业正职领导人员及其他企业副职领导人员调整考察。完成市管企业领导人员档案交接工作,补充完善在职及去世领导人员档案材料1万余份。

(二)稳妥推进职业经理人试点工作

研究确定一批市场化程度较高、股权结构多元、法人治理结构比较完善的市属二级及以下企业作为职业经理人试点企业,将部分比较成熟企业的试点方案征求市委组织部意见。与市委组织部共同印发《北京市市管企业选聘职业经理人工作办法(试行)》,组织试点企业进一步修改完善本单位职业经理人试点工作方案。

(三)努力营造人才成长良好环境和氛围

印发《市国资委系统2018年人才工作要点》,指导市管企业不断提升人才工作科学化水平。抓好创新型人才队伍建设,开展2018年度市管企业优秀科技创新团队和首席技师工作室选拔培养工作,对26个优秀创新团队给予资金支持;6家企业获准设立博士后工作站。协助企业申报各级各类人才奖项,2名企业专家入选2018年"百千万人才工程"市级人选,6名专业技术人才入选北京市享受政府特殊津贴人选,57人入选2018年享受北京市政府技师特殊津贴人员,17人入选第五批北京市有突出贡献的高技能人才。搭建培训学习交流平台,通过举办京津冀市(省)属国有重点企业党建工作研修班、境外培训班、企业高级法律管理人员履职能力培训班和新闻发言人培训班,不断提高企业职工履职能力和水平。

八、北京市国资委监管企业党的建设和廉政建设情况

(一)坚持党对国有企业领导,不断提高国有企业党建工作质量

一是把牢政治方向,深入学习贯彻习近平新时代中国特色社会主义思想。在全系统大力开展学习教育活动,通过举办党支部书记、新发展党员培训班等方式,引导全系统各级党组织和广大党员持续在学深悟透、融会贯通、真信笃行上下功夫。认真落实《北京市委关于维护党中央集中统一领导的规定》,引导广大党员干部牢固树立"四个意识",坚决做到"两个维护""三个一""四个决不允许"。在《北京日报》《首都建设报》等媒体开设"国企党建创新与实践"专栏,组织百名书记话改革、谈党建。

二是压实党建责任,大力推动全面从严治党向纵

深发展。组织召开党建和党风廉政建设会议,首次制定下发《党建工作折子工程》,与企业签订《党建工作责任书》。印发《市管企业党建工作责任制实施办法》,以行政化方式明确各级党组织主体责任和领导责任。研究制定《市属国有企业党建工作考核评价办法》,探索建立党建工作督查问责机制。层层开展基层党建重点任务专项检查,确保横到边、纵到底、无死角、全覆盖,把压力传导到位,着力解决党建工作"上热中温下冷"问题。

三是完善体制机制,大力推动党的领导与完善公司治理有机统一。围绕牢固树立党组织在公司治理结构中的法定地位,持续抓好二、三级国有独资、全资和控股企业章程、"三重一大"决策制度和党组织议事规则修订工作,2018 年 2760 家市管二、三级企业中,1938 家完成章程修订、1901 家完成"三重一大"决策制度修订、1915 家完成议事规则修订;34 家上市公司完成党建要求入章程。

四是强化政治功能,大力推动基层党组织全面进步、全面过硬。牢固树立抓基层的鲜明导向,北京市国资委班子成员定期到基层调研指导党建工作,帮助企业解决改革发展和党建工作难题。编写出版《新时代北京国企党建工作指南》,出台《关于加强市管京外企业党建工作的若干意见》《关于规范党务工作部门设置和党务干部配备的指导意见》。突出政治功能,以提升组织力为重点,加强支部规范化建设。开设北京市国资委党建微信公众号,推进市国资委机关、企业总部机关支部与基层支部"结对共建"活动,1788 个支部结成共建对子。

(二)认真履行监督职责,深入开展党风廉政建设和反腐败工作

一是全面落实管党治党政治责任。围绕市委市政府、市纪委市监委和市国资委党委重点工作任务开展专项检查,反馈意见督促整改。深化巡视巡察整改,召开市国资委系统领导干部警示教育大会,推动全面从严治党向纵深发展。严格落实市委部署要求,对 16 家二级企业党组织和企业领导人员开展巡察监督,对 36 家企业党组织开展巡视巡察整改专项督导检查。

二是始终保持高压惩腐不松劲。依规依纪做好信访办理工作,加强信访举报分析研判,建立信访举报情况分析月报制度,为领导决策提供参考。坚持每季度对全系统信访举报和执纪审查问题线索进行排查督办,指导企业依规依纪做好执纪审查工作。坚决遏制腐败蔓延势头,突出执纪审查重点,重点审查不收敛、不收手,充分发挥谈话区执纪审查作用,持续加大对信访举报、责任审计、专项检查、巡视巡察等工作中发现问题线索的查处力度。2018 年,北京市国资委系统给予党纪政纪处分 239 人。

三是坚持不懈深化正风肃纪。驰而不息查纠"四风",坚持重要节假日前向企业领导人员和市国资委机关全体党员干部发送廉洁短信,对 54 家企业开展专项监督检查,2018 年北京市国资委系统查处"四风"问题 57 起,给予党纪政纪处分 58 人,通报曝光 10 起违反中央八项规定精神问题典型案例。持续深化党纪法规教育,制定《北京市国资委监管国有企业负责人履职待遇业务支出管理实施细则》,指导企业将监察对象纳入纪检监察机构日常监督范围。坚持开展促廉谈心和廉政谈话活动,利用违规违纪典型案例开展警示教育,不断筑牢党员领导干部拒腐防变的思想道德防线。加强自身建设,注重把学习贯彻党的十九大精神和宪法监察法作为首要政治任务,通过参加业务培训、选调送训、以案代训等方式,不断提高纪检监察干部监督执纪能力。

(撰稿人:韩志涛)

天津市

一、天津市国有资产监督管理工作综述

2018 年,天津市国资系统认真贯彻落实国务院国资委和市委、市政府的部署要求,牢固树立新发展理念,积极应对复杂严峻的形势和挑战,勠力同心、苦干实干,统筹促改革、调结构、防风险、强管控、严党建,天津市国资国企改革发展和国企党的建设取得积极成效。

(一)供给侧结构性改革持续深化

处置"僵尸企业"和低效无效企业365户,完成压减层级316户,中央驻津企业和市管企业"三供一业"分离移交85万户,正式协议签约率100%,走在全国前列。市管企业债务风险得到有效控制。以守住不发生区域性系统性金融风险底线为出发点,完善债务风险防控体系,制定《市管企业降杠杆减负债实施意见》等6项制度,通过多渠道、多品种融资组合巩固资金链,加大资金调度帮助企业解决流动性紧张和到期债务偿还问题,确保未发生实质性债务违约事件。深入开展"秋收行动",对市管企业应收款项无合同、无单证、无审批的"三无"问题进行全面清查,加快资金回收。稳妥推进渤钢系企业司法重整。针对渤钢系企业债务规模大、债权人结构复杂、涉及职工人数多的情况,日夜奋战、攻坚克难,制定司法重整方案,以市场化方式遴选战略投资者,推动渤钢系企业进入司法重整程序,保证企业生产经营,保持企业和社会的基本稳定。

(二)经济运行探底下滑的势头基本遏制

着眼提高国有经济发展质量和效益,制定印发《市管企业提质增效2018—2020三年行动方案》,加快推进国有企业质量、效率、动力"三个变革"。把稳运行与稳投资、防风险、处僵治困等工作同谋划、同部署,实行定期调度、包联机制、统筹推进,通过多措并举,积极作为,扭转探底下滑的局面。截至2018年底,天津市国有企业资产总额7万亿元,实现营业收入1.1万亿元,利润总额160.7亿元。其中,市管企业资产总额5万亿元,实现营业收入1万亿元,利润总额131.4亿元。

(三)创新发展转型升级效果较为明显

坚持抓创新促转型、调结构促升级、"走出去"拓空间,新旧动能转换步伐加快,产业产品结构不断优化,质量效益明显改善。截至2018年底,市管企业中国有及国有控股科技型中小企业158家,国家级高新技术企业123家,其中新认定18家。国家级技术中心21家,研究院所20家,博士后工作站23个,国家级重点实验室6个。天津中环集团区熔单晶及晶片等7个项目达到国际先进水平,新能源新材料、新一代信息技术、新型智能装备及服务产业实现收入占集团总收入的90%,实现利润比上年增长57.3%。天津医药集团投入5.1亿元用于新品研发、中药品种二次开发等项目,22个大品种实现收入比上年增长37.6%。渤海轻工集团新产品产值率达到45%以上,专利转化率65%,2户企业被认定为国家级高新技术企业,10户企业被认定为国家科技型中小企业。渤海化工集团积极打造"化工+互联网"产业链,实施191项提质增效措施,实现利润比上年增长67.4%。天津港集团"智慧港口"建设取得重要进展,集装箱码头一体化系统上线运行,无水港智慧物流系统实现统一模式预约集港、随到随集。天津泰达控股公司主动融入"一带一路"倡议,加大中埃·泰达苏伊士经贸合作区和中沙泰达工业园项目投资力度,实现利润比上年增长25.4%。天津百利等4家集团在5个国家建设"鲁班工坊",输出优秀职业教育成果,被誉为职业教育领域的"孔子学院"。

(四)国资监管方式不断完善

深化国有资本授权经营体制改革。出台国有资本投资运营公司管理试行办法,将部分出资人职权授予国有资本投资运营公司董事会。发挥出资人考核导向作用。突出主营业务收入和主营业务利润考核,建立差异化的业绩考核和薪酬管理机制。推进法治国企建设。指导17家市管企业修订公司章程27件次,不断完善法律风险防范机制,企业规章制度、重大决策、重要合同三项法律审核率100%,432人获得国务院国资委颁发的国企法律顾问职业岗位等级证书,极大地提高重大法律纠纷协调能力。加快"智慧国资"建设。开辟"国资云",搭建"国资专网",打造国资官微、官网、云平台"三剑客"。

(五)综合监督效能不断提高

强化外派监事会监督。外派监事会对41家市管企业及部分子企业集中开展年度检查,发现183个问题和77个风险;对24家集团及部分子企业进行抽检,向9家集团下发问题通报,督促企业加强管理。强化企业审计监督。制定印发进一步加强市管企业内部审计工作的意见、管理办法和监督检查发现问题协同处理规则,市管企业内审基础制度体系框架基本成形;将2017年以来审计发现的涉及15家市管企业的有关问题,归类形成问题台账,执行整改销号;对审计机关移送的6件事项,深入核查并提出处置意见,按照"人事因制"推进整改和责任认定;开展应收款项专项检查,对13家市管企业审计发现的问题进行督促整改,开展境外投资审计调查,梳理出八大类境外资产监管中存在的问题,督促企业落实整改。

二、天津市国有资产总量与结构分析

截至2018年底,天津市国有企业4157户,比上年增长0.6%;资产总额70160.6亿元,比上年增长1.9%;所有者权益16294.5亿元,比上年增长3.1%;营业收入11247.4亿元,比上年下降0.2%;利润总额160.7亿元,比上年下降35.5%。

表1　2018年天津市国有企业指标

项　目	金　额(亿元)
资产总额	70160.6
所有者权益	16294.5
国有资产总量	13555.5
营业收入	11247.4
利润总额	160.7
净利润	64.5
归属于母公司所有者的净利润	24.4
应交税费总额	443.2
实际上缴税费总额	432.4

表2　2018年天津市国有企业户数情况

2017年户数(户)	2018年户数(户)	比上年增长(%)
4134	4157	0.6

表3　2018年天津市国有资产按地区分布情况

地　区	国有资产(亿元)	占国有资产总量比重(%)
市　属	7214.4	53.2
区　属	6341.1	46.8

续表

地　区	国有资产(亿元)	占国有资产总量比重(%)
滨海新区	3429.0	25.3
和平区	40.6	0.3
河东区	0.7	0.0
河西区	72.1	0.5
南开区	23.2	0.2
河北区	36.3	0.3
红桥区	115.1	0.9
东丽区	543.7	4.0
西青区	494.0	3.6
津南区	7.9	0.1
北辰区	122.2	0.9
武清区	501.7	3.7
宝坻区	261.3	1.9
宁河区	162.9	1.2
静海区	292.9	2.2
蓟州区	237.6	1.8

注:该表为汇总数据,不考虑合并抵消因素。

表4　2018年天津市国有资产按行业分布情况

行　业	国有资产(亿元)	占国有资产总量比重(%)
农林牧渔业	37.5	0.2
工业	2143.7	13.5
建筑业	355.7	2.2
交通运输业	3144.8	19.8
仓储业	183.0	1.2
批发零售业	1324.7	8.4
金融业	1360.4	8.6
房地产业	1239.6	7.8
社会服务业	5791.7	36.5

注:该表为汇总数据,不考虑合并抵消因素。

表5 2018年天津市国有资产按经营规模分布情况

经营规模	国有资产（亿元）	占国有资产总量比重(%)
大型企业	1734.2	7.1
中型企业	9153.1	37.3
小型企业	8461.2	34.5
微型企业	5190.0	21.1
合　计	24538.5	100.0

注：该表为汇总数据，不考虑合并抵消因素。

三、天津市国有资本保值增值综合分析评价

2018年，天津市国有及国有控股企业国有资本保值增值率99.9%，其中，市级企业国有资本保值增值率99.2%，区属企业国有资本保值增值率100.7%。

表6 2018年天津市国有企业地区和行业国有资本保值增值情况

地　区	国有资本保值增值率(%)	行　业	国有资本保值增值率(%)
市国有企业	99.9	工业	97.9
市属企业	99.2	批发零售业	98.1
区属企业	100.7	社会服务业	100.5
滨海新区	100.8	房地产业	91.6
和平区	97.0	交通运输业	99.7
河东区	98.2	建筑业	99.1
河西区	100.4	仓储业	100.1
南开区	97.2		
河北区	97.5		
红桥区	100.4		
东丽区	99.8		
西青区	100.1		
津南区	106.4		
北辰区	102.3		
武清区	100.2		
宝坻区	99.2		

续表

地　区	国有资本保值增值率(%)	行　业	国有资本保值增值率(%)
宁河区	99.3		
静海区	100.0		
蓟州区	107.9		

四、天津市国资委监管企业改革发展情况

把混合所有制改革作为国企改革的突破口，提速加力推进市管企业混合所有制改革。2018年，15家市管企业启动实施混合所有制改革，签约落地6家，集团层面混合所有制改革实现重要突破。天津建材集团转让55%股权引入北京金隅集团，天津药研院"增转结合"让渡65%股权引入招商天合公司，天津建工集团转让65%股权引入上海绿地，北方信托公司"增转结合"让渡50.07%股权引入日照钢铁、上海中通和益科正润，天津农商行增资扩股让渡8.95%股权引入四川交投集团，天津水产集团100%股权转让巨石投资公司。6户企业实现上市挂牌增发。中环集团所属七一二、天保控股所属天保能源分别在沪港首发上市；食品集团所属广大纸业、天保控股所属天保人力、泰达控股所属滨海航母实现"新三板"挂牌；中环股份发行1.4亿股购买国电光伏90%股权并募集配套资金3.97亿元。通过混合所有制改革，引入市场化体制机制，企业发展活力明显增强，经济效益实现快速增长，天津市管一级企业集团层面混合所有制改革走在全国前列。天津光电集团、天津津融资产、天津中新药业、天津物产电商、天纺标、天津液压集团、天津泰达建设7户国企入选全国国企改革"双百行动"试点，"一企一策"深入实施股权多元化和混合所有制改革、完善法人治理结构、健全激励约束机制和全面加强党的建设等综合改革。

五、天津市国资委监管企业并购重组与完善法人治理结构情况

（一）重组整合迈出新步伐

按照"集团整体重组、股权同步划转、资产分步注

入上市公司"的思路,重组整合化工资源,做强做优化工产业,通过股权整体划转方式,由天津渤化集团整合天津环球磁卡集团和天津长芦盐业集团,以优势企业为龙头,以知名品牌为依托,强化资本运作,提升企业核心竞争力和可持续发展能力。将天津市国资委持有的9家市管企业国有股权注入国有资本投资运营公司,支持国有资本结构调整和市场化方式推进混合所有制改革。

(二)完善法人治理结构工作取得新成效

治理主体权责边界更加清晰。深入贯彻落实关于完善天津市市属国有企业法人治理结构的指导意见,制定《国资两委完善法人治理结构工作实施方案》,结合企业法人治理主体的功能和定位,对国资两委各处室进行任务分工,明确目标任务,压实责任职责。修订《天津市国资委出资人监管权责清单》,明确国资监管审核类事项14类33项,备案类事项15类35项,取消、下放监管事项20余项,进一步规范国资监管权力运行,保障企业经营自主权。

市管企业董事会建设全面加强。深入推进落实董事会职权试点,渤海证券率先在天津市管一级企业层面选拔出1名总裁与2名副总裁,由董事会聘任,改变董事会和经理层"同纸任命"的状况。市管二、三级企业选拔出108名职业经理人。外部董事建设不断加强。拓宽外部董事来源渠道,结合企业实际和外部董事专长,制定外部董事配备方案,25家企业配备外部董事42人次,70%的企业配备2人以上,具备条件的企业基本实现应配尽配,提高董事会的决策能力。加强董事会规范运作,修订下发外部董事管理办法,着手研究起草混合所有制企业中国有股权代表、国有股权董事和国有股东派出监事的管理办法,推动企业完善董事会建设的各项制度规章,建立健全董事会专门委员会等配套机构。截至2018年底,各市管企业设立董事会专门委员会,制定相关议事规则。

监事会监督作用持续发挥。围绕重点改革任务、财务和经营管理、重大事项决策与执行、董事会经理层履职的落实情况,对派驻的41户市管企业及部分子企业集中开展年度检查,发现183个问题和77个风险,并跟踪督导市管企业抓好问题整改。对24家企业集团及部分子企业应收款项特别是逾期三年以上的进行抽检,向9家集团下发问题通报,督促企业加强内部管理。

六、天津市国资委监管企业建立和完善经营业绩考核体系情况

(一)业绩考核制度进一步完善

围绕发挥考核"指挥棒"作用,引导国企高质量发展,制定《市国资委关于市管企业负责人2018年度和2018—2020年任期考核工作细则》,建立体现质量变革、效率变革、动力变革的指标体系,实行定量与定性相结合的考核方式,强化对反映国有资本盈利性、流动性、安全性和创新能力的指标考核,并明确出现重大安全生产责任事故、重大债务风险和报表弄虚作假情形的,将实行"一票否决"。为突出对企业主业盈利能力和创新能力的考核,引导企业强化"现金为王"的经营理念,制定《关于进一步强化市管企业主业收入及盈利能力和现金流动性考核的工作意见》,同步印发创新投入视同业绩利润的操作指引,明确考核主业利润,剔除变卖优良资产收益、公允价值变动损益等非经营性收益,加回创新投入,解决以前年度问题损失可视同利润的损失,推动企业做强做优主业,提高主业竞争力。

(二)组织完成2017年度和2015—2017年市管企业任期经营业绩考核和薪酬核定工作

2017年度考核中,考核结果为A级企业8户(占16.3%)、B级企业28户(占57.1%)、C级企业6户(占12.2%)、D级企业7户(占14.3%)。2015—2017年任期考核中,考核结果为A级企业10户(占20.4%)、B级企业26户(占53.1%)、C级企业6户(占12.2%)、D级企业7户(占14.3%),考核等级形成橄榄形分布。根据考核结果,核定年度薪酬和任期激励收入,并结合市委巡视反馈的问题研究有关企业扣减薪酬的方案。

(三)合理确定年度和新一任期考核指标

按照考核工作细则,天津市国资委组织各市管企业进行考核指标的申报、对接和认定工作。围绕提高企业发展质量,结合落实市委、市政府对国资国企工作要求,向市管企业提出明确的指标申报要求。主业利润指标坚持分档设置,较上年度实现较高增长的进入

第一档,完成直接得满分;与上年值基本持平的进入第二档,低于上年值的进入第三档,加分受到限制,并将市政府部署的深化国企改革的重点任务纳入考核。年度考核中注重债务风险防控的考核,注重创新能力的考核。在2018—2020年任期考核中,强化对资产负债率、国有资本保值增值率和资产周转能力的考核。

(四)优化收入分配结构

天津市国资委印发《关于国有企业编报2018年工资总额预算的通知》,指导国企落实市政府颁布的企业工资指导线,推进企业工资总额与经济效益、平均工资与劳动生产率同向联动,鼓励企业提高技术工人待遇,收入分配向高技能人才倾斜。秉承"提低、扩中、限高"的要求,审核市管企业本部工资总额预算,鼓励经济效益提升的企业增加工资总额,对于效益下降或平均工资过高的,限制工资总额增长。根据人力资源社会保障部、财政部出台的企业年金管理办法,参照国务院国资委出台的中央企业规范实施企业年金的意见,修订市属国有企业规范实施企业年金意见,明确实施条件、缴费比例、分配原则、权益归属和实施规程等,为企业实施企业年金提供明确指引。

七、天津市国资委监管企业负责人考核与选人用人机制改革情况

(一)强化对监管企业负责人的年度考核

会同市委组织部对市管企业领导班子及其领导人员进行年度考核。采取谈话、调研等多种方式,了解掌握各市管企业领导班子的政治、思想、作风、纪律建设和领导能力、工作实绩及领导干部德能勤绩廉方面的表现和履职行权情况。为公正客观、考准考实市管企业领导班子和领导人员履职行权情况,天津市国资委各处室根据日常掌握的情况,提出评价意见、建议31条。在此基础上,逐一对每家市管企业领导班子和领导人员综合分析研判,形成各市管企业年度考核报告。结合年度考核中发现的问题,提出班子调整的意见、建议。

(二)结合市管企业混合所有制改革同步推进企业领导人员制式转换

在市管企业混合所有制改革实施方案中,设置企业领导人员制式转换相关内容。配合市委组织部制定印发《天津市市管企业职业经理人管理暂行办法》,按照分类分层管理的原则,积极推行市场化选聘职业经理人制度,探索建立符合中国特色现代企业制度要求的经理层成员市场化选聘模式。坚持"混改方案审定一户,制式转换跟进一户",实行内部培养和外部引进相结合,根据不同企业类别和层级,实行委任制、选任制、聘任制等不同选人用人方式,董事会按市场化方式选聘和管理职业经理人,加快推进制式转换。61名集团领导人员提交个人制式转换意向书,其中,58人申请同意制式转换,参加董事会市场化选聘职业经理人竞聘;3人因各种不同原因提交申请不参加制式转换,由组织统筹安排。完成天津建材集团、天津建工集团和天津药研院19名班子成员的制式转换工作。

八、天津市国资委监管企业党的建设和廉政建设情况

(一)政治建设持续深化

把党的政治建设摆在首位,着力修复净化政治生态,牢固树立"四个意识",坚决做到"两个维护"。从党内政治文化抓起,制定《关于加强党内政治文化建设的实施办法》,修复净化政治生态。从政治生活严起,对民主生活会质量不高或准备不充分的12家市管企业责令重开民主生活会。从病灶原因治起,制定《关于进一步全面净化政治生态的实施方案》,召开国资系统进一步净化政治生态座谈会,推动企业挖病灶、查不足、找原因、定措施,切实解决"搭天线""找靠山"等不良政治生态。先后3次组织召开国资系统巡视问题整改工作推动会,扎实推动41家市管企业高标准落实巡视整改要求,全力打赢巡视整改攻坚战,整改率94.93%。从制度建设、国资监管和企业管理上查找漏洞,天津市国资委党委修订完善各类制度20多项,市管企业修订或出台制度措施2000多项,追责问责干部3428人次。持续深化不作为不担当问题专项整治,制定三年行动《实施方案》,明确14项治理重点,以典型问题为警为戒,召开国资系统"滚石上山、担当作为"工作会,引导党员干部主动担难担责、体现

新作为新担当。国资系统查处不作为不担当问题244起,处理335人次。

(二)思想建设进一步做深做实

深入推进党的十九大精神进机关、进企业、进车间、进班组、进网站,通过开展知识竞赛、主题社会宣传、先进事迹报告会等形式,推动学习宣传再深入再深化,全系统举办宣讲活动5365场次,面向全体党员干部的集中宣讲做到全覆盖。在天津市理论宣讲工作评选表彰中,轨道交通集团滨海快速公司党史宣讲团、大港油田采油厂高级技师尤立红分别被评为先进集体和先进个人。培养选树的国网天津电力公司张黎明被中共中央、国务院授予"改革先锋"称号。组织开展"坚定国企改革信心、恪尽职守担当作为、实现高质量发展"解放思想大讨论活动,引导国企领导人员进一步解放思想、坚决打赢国企全面混改攻坚战。出台加强国资系统意识形态工作"14条"意见,印发加强和改进国资系统党的新闻舆论工作和舆情应对处置等意见办法。中央和天津市主流新闻媒体报道国企改革新闻583条,其中混合所有制改革173条。

(三)企业领导班子和人才队伍建设得到加强

坚持好干部标准,严把政治首关,调整企业领导班子28家,提拔重用企业领导人员6人,组织对5名领导人员进行试用期满考核,免职退休45人。抓好年轻干部选拔培养,举办国资系统第一期年轻干部培训班,推荐6名市管干部到各区挂职、12名优秀处级干部到乡镇街道任职、33名35岁以下优秀处科级干部到乡镇街道挂职,选拔4名年轻干部到团市委挂职。推动市管企业搞好干部教育培训,围绕国企党建、企业混合所有制改革和创新发展等专题,选派企业领导人员参加国家"一校五院"和市委党校培训782人次;在美国加州大学伯克利分校举办"企业技术创新与战略转型升级"高级研修班,选派24名企业拔尖人才封闭培训,拓宽国际化视野;主办京津冀国企党建专题研修班,推进三地国企优势互补、资源整合、人才一体化发展。启动"131"创新人才增选,不断完善培养支持措施,形成3个层次1800余人的拔尖人才培养梯队。充分用好用足天津市各类人才政策,搭建海外人才、猎头和网络打包、校企人才合作3个招揽人才平台,编制高端人才需求目录,举办海外人才智力合作对接会,开展"才聚京津冀,圆梦在国企"网络招聘等活动,引进各类人才6100余人。从严管理干部队伍,及时发现、提醒、纠正企业领导人员苗头性、倾向性问题,对11名企业领导人员实施"第一形态"处理,对76名企业领导人员就巡视整改不力、全面从严治党检查考核排名靠后等问题进行主责约谈,对28名违法违纪、不作为不担当的企业领导人员问责免职。

(四)基层党组织建设有力夯实

强化基层党组织政治功能,大力实施红色阵地、红色载体、红色支部、红色典型、红色细胞、红色网络六大红色工程,着力解决市委巡视反馈国企基层党组织建设存在的突出问题,以此为抓手和载体,深化"维护核心、铸就忠诚、担当作为、抓实支部"主题教育实践活动,推进"两学一做"常态化制度化,促进市管企业基层党组织建设做实落地。认真落实党委会研究作为董事会、经理层决策重大问题的前置程序要求,厘清各决策主体的权责边界。在推动市管集团全部完成将党建工作写入公司章程工作后,推动市管集团全部完成党委会、董事会、经理层议事规则的修订完善。在基层单位、部门、车间班组全面推行党员负责人担任党支部书记。与市委组织部联合举办国企基层党组织书记示范培训班,集中组织国资系统基层党支部书记7期培训,基层党组织书记培训实现全覆盖。严格党员教育管理,2018年发展党员计划完成率100%,评选表彰国资系统优秀党员100人、优秀党务工作者20人和先进基层党组织50个,并好中选优,评选优秀党员标兵10人、先进党支部标兵10个。对党组织书记抓基层党建综合评定等次为"差"或"一般"的12名党委书记进行集中约谈。

(五)党风廉政建设向纵深推进

压实市国资委和市管企业"两个层面"党委的主体责任,将国资系统全面从严治党细化为6个方面23项任务,从党委班子、党委书记、班子成员3个维度,形成全面从严治党责任清单、任务清单。印发贯彻落实中央八项规定《实施方案》,深入治理"四风"问题。形成集中整治形式主义官僚主义实施方案,组织召开国资系统动员部署会，制定问题清单和整改措施台账，推动集中整改工作深入开展。春节、"五一"、端午等重要节假日，及时下发通知，常提醒、常敲打，坚决防止"四风"问题反弹。2018年，天津市国资系统查处"四风"问题91起，处理134人，给予党纪政务处分91人。加大反腐败工作力度，天津市国资系统处置问题线索2648件，给予党纪政务处分417人。运用监督执纪"四种形态"处理1995人次。

（撰稿人：刘　超）

河北省

一、河北省国有资产监督管理工作综述

2018年，河北省国资系统始终坚持以习近平新时代中国特色社会主义思想为指导，全面贯彻落实党的十九大和十九届二中、三中全会及省委九届八次全会精神，树牢"四个意识"、坚定"四个自信"、坚决做到"两个维护"，坚持稳中求进工作总基调，坚持新发展理念，坚持推动高质量发展，坚持以供给侧结构性改革为主线，在河北省委、省政府的坚强领导和国务院国资委的有力指导下，把握好"稳、进、好、准、度"，千方百计稳增长、促改革、调结构、强监管、抓党建，国企改革发展、国资监管和党的建设取得积极进展。一是围绕深化改革，抓混改、建制度，进一步激发企业活力；二是围绕供给侧结构性改革，去产能、调结构，进一步优化国有资本布局；三是围绕创新驱动，建平台、增投入，进一步转换新旧动能；四是围绕完善监管体制，转职能、改方式，进一步增强国资监管的针对性、有效性；五是围绕管党治党责任落实，夯基础、压责任，进一步发挥国企党的领导作用；六是围绕提质增效，拓市场、强管理，进一步提高企业质量效益。截至2018年底，河北省国有企业资产总额33217亿元，比上年增长5%；营业总收入10015.6亿元，比上年增长7.5%；实现利润总额289.8亿元，比上年增长11.1%。主要经济指标均创近年来最好水平。

二、河北省国有资产总量与结构分析

（一）总体情况

2018年，河北省具有独立法人资格的国有企业（以下简称"国企"）3924户，比上年增长14.1%；平均职工人数69.4万人，比上年降低1%。

表1　2018年河北省国有企业指标

项　目	数　量
资产总额（亿元）	33217.0
负债总额（亿元）	23615.1
归属于母公司的所有者权益（亿元）	7765.1
净资产（亿元）	9601.9
营业总收入（亿元）	10015.6
营业收入（亿元）	9765.8
利润总额（亿元）	289.8
归属于母公司的净利润（亿元）	92.8
净利润（亿元）	195.5
应交税费（亿元）	433.0
上缴税费（亿元）	420.9
平均职工人数（万人）	69.4
国有资本及权益总额（亿元）	7480.1
资产负债率（%）	71.1
净资产收益率（%）	2.1
总资产报酬率（%）	2.1
总资产周转率（%）	0.3
国有资本保值增值率（%）	101.1

（二）户数分布情况

2018年，河北省国企3924户，比上年增长14.1%，其中增加的739户国企主要为：上年应报未报403户、新投资设立228户、划转36户、新设合并23户、收购9户等。减少的255户国企主要为：撤销关闭136户、隶属关系改变33户、歇业40户、合并10户、出售7户、破产7户、改制5户等。

1. 按隶属关系划分。河北省3924户国企中，市县属国企2387户，比上年增长17%；省属国企1537户，比上年增长9.9%。市县属和省属国企各占河北

省国企总户数的60%和40%。省属国企中,省国资委监管企业1161户,比上年增长10.3%。

2. 按经营规模划分。河北省3924户国企中,大型、中型、小型和微型企业分别为128户、478户、1292户和2026户,占河北省国企户数的3.3%、12.2%、32.9%和51.6%。

表2　2018年河北省国有企业户数情况

2017年户数(户)	2018年户数(户)	比上年增长(%)
3439	3924	14.1

(三)国有资产总量分布情况

2018年末,河北省国有资本及权益总额7480.1亿元,比上年增长9.1%。

1. 按地区分布情况。省属国企国有资本及权益总额2381.3亿元,比上年增长8.1%;市县属国企国有资本及权益总额5098.8亿元,比上年增长9.6%。各占河北省国有资本及权益总量的31.8%和68.2%。

表3　2018年河北省国有资产按地区分布情况

地　区	国有资产(亿元)	占国有资产总量比重(%)
省属国有企业	2381.3	31.8
市县属企业	5098.8	68.2
唐山市	1484.4	29.0
石家庄市	1462.9	28.7
张家口市	610.6	12.0
沧州市	279.5	5.5
邯郸市	249.9	4.9
廊坊市	217.0	4.2
秦皇岛市	196.6	3.9
衡水市	182.8	3.6
承德市	171.8	3.4
邢台市	102.4	2.0
保定市	102.1	2.0
定州市	38.3	0.8
辛集市	0.5	0
合　计	7480.1	100.0

2. 按行业分布情况。2018年,河北省国有资本主要集中在社会服务业、工业和交通运输业,分别占国有资本的33.4%、26.9%和10.9%。工业企业内部,冶金和煤炭国有资本总量分别为1738亿元和889.5亿元。

表4　2018年河北省国有资产按行业分布情况

地　区	国有资产(亿元)	占国有资产总量比重(%)
农林牧渔业	26.4	0.4
工业	2015.1	26.9
煤炭工业	889.5	11.9
石油和石化工业	0.3	0.0
冶金工业	1738.0	23.2
建材工业	12.8	0.2
化学工业	238.5	3.2
纺织工业	45.8	0.6
医药工业	68.2	0.9
机械工业	99.5	1.3
军工工业	6.0	0.1
电子工业	2.8	0.0
电力工业	263.2	3.5
市政公用工业	262.9	3.5
其他工业	71.5	1.0
建筑业	779.1	10.4
地质勘查及水利业	15.1	0.2
交通运输业	813.1	10.9
仓储业	214.4	2.9
批发和零售业	238.3	3.2
金融业	313.6	4.2
房地产业	422.0	5.6
信息技术服务业	40.9	0.5
社会服务业	2500.0	33.4
卫生体育福利业	4.7	0.1
教育文化广播业	57.8	0.8

续表

地 区	国有资产（亿元）	占国有资产总量比重(%)
科学研究和技术服务业	36.4	0.5
机关社团及其他	3.1	0.0
合　计	7480.1	100.0

3. 按经营规模分布情况。河北省大型、中型、小型和微型企业国有资本及权益总额分别为2112.6亿元、1191亿元、2537.4亿元和1639.1亿元，占河北省国企的28.3％、15.9％、33.9％和21.9％。

表5　2018年河北省国有资产按经营规模分布情况

经营规模	国有资产（亿元）	占国有资产总量比重(%)
大型企业	2112.6	28.3
中型企业	1191.0	15.9
小型企业	2537.4	33.9
微型企业	1639.1	21.9
合　计	7480.1	100.0

三、河北省国有资本保值增值综合分析评价

2018年，河北省国有企业国有资本保值增值率101.1％，比上年减少0.9个百分点，整体完成保值增值任务。

1. 按地区分布划分。省属国企保值增值率100.3％，比上年减少2.7个百分点；市县属国企国有资本保值增值率101.4％，与上年持平，其中秦皇岛、邯郸、保定、定州、辛集5个市未实现保值增值任务。

2. 按行业分布划分。金融业、批发和零售业、农林牧渔业保值增值率较高，分别为105.7％、105.4％和104.8％；工业企业保值增值率103％，河北省支柱产业的冶金、煤炭行业全行业保值增值率分别为102.4％、100.4％。

表6　2018年河北省国有企业地区和行业国有资本保值增值率情况

地　区	国有资本保值增值率(%)	行　业	国有资本保值增值率(%)
承德市	106.3	农林牧渔业	104.8
衡水市	105.9	工业	103.0
张家口市	104.4	煤炭工业	100.4
沧州市	103.0	石油和石化工业	97.3
邢台市	101.6	冶金工业	102.4
唐山市	101.4	化学工业	111.7
廊坊市	100.8	纺织工业	99.5
石家庄市	100.6	医药工业	101.9
定州市	98.7	机械工业	104.9
保定市	97.9	军工工业	96.9
邯郸市	97.9	电子工业	104.7
秦皇岛市	97.0	电力工业	108.1
辛集市	97.0	市政公用工业	100.3
市县属企业	101.4	其他工业	118.0
省属企业	100.3	建筑业	100.1
合　计	101.1	地质勘查及水利业	99.5
		交通运输业	94.8
		仓储业	98.9
		批发和零售业	105.4
		金融业	105.7
		房地产业	100.5
		信息技术服务业	102.9
		社会服务业	101.1
		卫生体育福利业	90.4
		教育文化广播业	99.8
		科学研究和技术服务业	103.0
		机关社团及其他	99.6

3. 按经营规模划分。截至2018年底,大型、中型、小型、微型企业国有资本保值增值率分别为101.7%、101.8%、100.4%、100.5%,整体均实现国有资本保值增值任务。

四、河北省国资委监管企业改革发展情况

(一)国企改革不断向纵深推进

统筹谋划、重点突出,扎实推进"1+N"国企改革政策体系落实落地。一是有序推进混合所有制改革。对省国资委监管企业完成清产核资和全面审计,对已实施混改企业进行"回头看",在此基础上,确定"5+5+5+3"的混合所有制改革分类推进思路,对实施混合所有制改革的13家监管企业按照"一企一案"原则制定、完善混合所有制改革方案,研究制定省国资委监管企业《开展混合所有制改革工作指引》《混合所有制改革社会稳定风险评估办法》《省国资委监管企业引进合格战略投资者专家评审办法》等配套文件。二是持续拓展深化改革试点。起草《河北省省级国有资本投资、运营公司改革试点实施方案》,扎实推进国有资本投资公司、运营公司试点。省资产公司市场化选聘职业经理人试点取得突破,5名职业经理人到位履职,财达证券、招标集团职业经理人试点也稳妥推进。差异化薪酬分配改革、落实董事会职权和信息公开试点正逐步推广。三是扎实推进分离办社会等重点改革任务。截至2018年底,"三供一业"、消防机构、市政和社区管理职能分离移交基本完成。积极推进国有企业上市,对重点企业上市的相关工作进行调研督导,遴选出15家优质企业制定上市计划。四是开展国企改革"双百行动"。遴选河北省资产公司、河钢唐钢公司、省建投国融能源服务有限公司、华北医疗健康产业有限公司等6家企业作为"国企改革双百行动"参选企业,制定入选企业的《"双百行动"综合改革实施方案》。借鉴国务院国资委"双百行动"开展形式,以混合所有制改革为突破口,在省国资委监管的各级企业中实施"双百工程",加大力度推动国有企业深化改革。

(二)转型升级高质量发展步伐加快

按照高质量发展的要求,破立结合、消长并存,扎实推进供给侧结构性改革。制定《省国资委监管企业转型升级实现高质量发展三年行动计划》,大力实施转型升级"24514"工程,监管企业转型升级、产业结构调整全面推进。一是坚定不移去产能。河北省国资委坚决落实国家和河北省关于去产能工作的一系列部署要求,指导督促监管企业攻坚克难,压减炼铁产能86万吨,退出煤炭产能1145万吨,全面完成年度去产能目标任务。二是改造提升传统产业。大力促进监管企业"增品种、提品质、创品牌",夯实高质量发展基础。制定河钢集团转型升级规划,河钢集团汽车钢比上年提升23%,保持国内第二,家电板比上年提升13%,稳居国内第一。唐山三友20万吨化纤项目建成投产,做到同类项目进度最快、质量最好、技术最优。开滦集团立足煤、发展煤,延伸产业链、提升价值链,煤化工取得明显成效。三是加快发展动能转换。深入贯彻落实创新驱动发展战略,强化企业科技创新主体地位,2018年监管企业研发投入比上年增长14%,新产品产值比上年增长11.7%。推进企业绿色发展,河钢集团排放指标保持行业领先水平,其中唐钢、邯钢双双入选国家"绿色工厂"名录。四是培育壮大战略性新兴产业和现代服务业。加快推动新能源、新材料、生物医药等新兴产业发展。河北建投沽源风电制氢项目加快建设。冀中能源华药集团重组乙肝疫苗销售收入实现翻番,抗狂犬抗体和辅料级白蛋白进入三期临床试验。石家庄机场年旅客吞吐量超过1000万人次大关,跨入大型机场行列。河北港口推进港口资源整合,秦皇岛港退煤转型稳步实施,国际旅游港起步区一期工程建设扎实推进。河北旅投成立河北雄安新域旅游公司,加快构建河北省旅游发展大格局。五是加快"走出去"步伐。积极参与"一带一路"建设,中塞友好工业园区前期工作扎实推进,河钢塞钢产量比上年提升25%,创历史最好水平,7月6日李克强总理在索非亚会见塞尔维亚总理布尔纳比奇时指出:"河钢斯梅代雷沃钢厂项目是中塞乃至中国与中东欧国家产能大项目合作的成功范例。"河北建投老挝怀拉涅河水电项目工程施工进展顺利。开滦

集团印度江基拉项目再次成功续签技术服务合同。河北建工中标印度尼西亚焦化、巴基斯坦污水处理等海外工程。六是主动融入京津冀协同发展。河北港口联合10家京津冀区域主要港口企业和科研机构共同发起成立京津冀区域绿色港口科技创新联盟。河北建投京雄城际铁路开工建设。河北国控联合京津机构，成立河北国资研究院。

五、河北省国资委监管企业并购重组与完善法人治理结构情况

完善法人治理结构进程加快。制定出台《关于进一步完善国有企业法人治理结构的实施意见》，健全以公司章程为核心的企业制度体系，发挥公司章程在公司治理中的基础作用。制定《规范董事会运行暂行办法》，进一步加强规范董事会建设。积极推行外部董事制度，提升企业规范董事会建设水平。一是选派首批专职外部董事。从现职领导人员中遴选3名符合条件的人员转任专职外部董事，选派到河北旅投、河北信投、河北省外贸3家监管企业任职，逐步增加外部董事在董事会中的比例。二是对外部董事人才库进行调整充实。拓宽来源渠道，推荐征集第二批外部董事人才库入库人选，经外部董事专业资格认定委员会评审表决，将人才库规模扩大至119人，为外部董事选聘奠定坚实基础。三是加强外部董事履职管理。组织召开外部董事工作交流座谈会，对首批选派的9名兼职外部董事履职情况进行总结，组织完成兼职外部董事年度考核工作，进一步规范外部董事履职行为，充分发挥外部董事在企业重大决策中的作用。四是建立健全外部董事履职支撑和服务体系。理顺外部董事薪酬发放渠道，积极向省政府、省财政厅申请外部董事薪酬专项经费，落实2019年外部董事薪酬由财政列支。组建外部董事服务平台公司，研究建立外部董事日常管理和服务工作配套制度。

六、河北省国资委监管企业建立和完善经营业绩考核体系情况

河北省国资委经营业绩考核始终坚持质量第一、效益优先，不断引导企业提升发展质量和资本回报水平，推动企业深化供给侧结构性改革，坚持高质量发展，更好地实现国有资本保值增值。一是完善经营业绩考核政策体系。围绕执行《河北省国资委监管企业负责人经营业绩考核办法》，制定出台河北省国资委监管企业《负责人薪酬管理暂行办法》《负责人履职待遇、业务支出管理暂行办法的补充规定》等制度，进一步指导经营业绩考核的有序开展。二是强化经营业绩考核"指挥棒"导向作用。经济新常态下，始终以发展质量和价值创造能力为导向，从侧重规模速度转为质量效益，从注重短期回报转为长远发展，不断强化净资产收益率、总资产周转率、成本费用利润率、全员劳动生产率、负债率等发展质量和效益的指标，倒逼企业转型升级高质量发展。三是"一企一策"确定企业的分类考核指标。按照由注重规模速度转向注重提高质量效益和不同类型企业分类考核的目标要求，结合各监管企业的改革攻坚、转型升级、管理短板、风险管控、科技创新、绿色发展等情况，科学设置分类指标。对钢铁煤炭企业继续考核去产能任务；积极贯彻创新驱动发展战略，加大创新考核力度，将企业研究开发费用按照一定比例视同利润，加强企业战略性新兴产业投资，支持企业结构调整和转型升级，对相关企业设置年度战略性新兴产业投资额指标；注重风险管控，对资产负债率水平较高的企业，根据省国资委债务管控清单类别，对重点关注级别的监管企业，将资产负债率作为一项分类指标。

七、河北省国资委监管企业负责人考核与选人用人机制改革情况

一是充分发挥综合考核作用。完成17户监管企业领导班子和领导人员的综合考核评价工作，对监管企业领导班子情况、经营及存在风险情况和子公司有关情况进行全面摸排和分析，全面掌握企业领导班子和企业运行情况。二是完善企业领导人管理制度体系。修订《河北省省属企业领导人员管理办法》《河北省省属企业领导班子和领导人员综合考核评价办法》，进一步完善企业领导人员管理体制机制与制度体系，提升管理规范化水平。突出政治标准，选优配强企业领导班子，把对党忠诚、政治过硬放在首位，着

眼于建设符合"对党忠诚、勇于创新、治企有方、兴企有为、清正廉洁"二十字要求的高素质专业化企业领导人员队伍,不断优化领导班子结构,做好领导人员任免工作,2018年调整企业领导人员34人次。全面完成监管企业党委换届任务,组织完成河北旅投、招标、财达证券、国富、粮产5家企业党委领导班子换届考察和选举工作,进一步增强企业党组织凝聚力和战斗力。三是深化选人用人机制改革。以市场化选聘经营管理者、推行职业经理人制度、委派总会计师三项改革试点工作为抓手,进一步扩大选人用人视野,探索建立能上能下、能进能出、充满活力、符合监管企业实际的选人用人机制。率先推进省资产管理有限公司职业经理人试点工作,在整个经理层推行职业经理人制度,面向全国范围进行市场化公开选聘,5名职业经理人正式到位履职,对第一个考核年度履职情况进行跟踪管理,不定期听取专题汇报和实地调研,指导公司党委会、董事会、经理层进一步厘清职责权限,完善考核和薪酬体系,创造有利于职业经理人制度推行的企业内部环境,形成先行先试的有益经验。进一步扩大试点范围,积极推动招标集团、财达证券公司职业经理人试点工作,充分动员具备条件的监管企业在二、三级子公司层面开展三项改革试点工作,制定各有特色的实施方案。总结试点经验,发挥试点的引领带动作用,对不同类型企业开展试点的有效路径和方法进行总结研究,形成可复制可借鉴可推广的有益经验。积极搭建职业经理人才数据平台,申报由国家财政拨款建立的职业经理人才大数据河北分中心建设项目,逐步建立覆盖河北省且全国共享的职业经理人才信息数据库。

八、河北省国资委监管企业党的建设和廉政建设情况

坚持旗帜鲜明讲政治,政治建设摆在首位,始终在思想上、政治上、行动上同以习近平同志为核心的党中央保持高度一致。一是强化政治引领和理论武装。深入学习贯彻习近平新时代中国特色社会主义思想和党的十九大精神,扎实推进"两学一做"学习教育常态化制度化。组织6次河北省国资委党委理论学习中心组集体学习,举办3期专题研讨班,培训监管企业领导班子成员、组织(宣传)部长和机关党员干部398人;指导企业宣讲960余场,受众16万人次,广大党员干部"四个意识"进一步树牢、"四个自信"进一步坚定、落实"两个维护"的责任感进一步增强。二是深入开展政治性警示教育。以重大违纪违法案件为反面教材,组织开展为期2个月的政治性警示教育。结合问题整改,开展政治性警示教育"回头看",全面"透视体检"、全面清理并解决存在的问题;召开省国资委系统整治政治生态专题会,组织开展彻底肃清重大违纪违法案件的恶劣影响、进一步优化政治生态教育,举办多种形式警示教育活动490场次,受教育27.6万人次,28名领导干部因违纪违法案件受到调整和组织处理,企业广大党员干部守纪律守规矩的意识明显增强,国资委系统政治生态进一步优化。三是全力抓好中央巡视整改。切实提高政治站位,把中央巡视整改作为重要政治任务,强化组织领导,狠抓任务落实,较好地完成省国资委系统集中整改阶段任务。

坚持加强党对国有企业的领导,推进党的全面领导在国有企业落实落地认真落实全国、河北省国有企业党建工作会议精神,把党的领导融入公司治理,充分发挥国有企业党委把方向、管大局、保落实作用。一是全面落实党组织法定地位。新增234户企业党建工作要求写入公司章程,898户国有独资及国有绝对控股企业实现党建工作要求进章程"应进必进"。二是完善企业党委前置研究讨论重大事项议事决策机制。会同省委组织部制定《关于充分发挥国有企业党委领导作用的意见》,明确党委前置研究重大事项清单和程序,从制度上强化企业党委领导作用。三是全面落实党建工作责任制。组织监管企业党委书记现场向省国资委党委述职,并进行评议,下发整改责任书指导督促整改落实。研究制定《省国资委监管企业基层党建考核评价办法(试行)》,统筹基层党建考核和党建责任制考核,量化考核指标体系,强化结果运用,以一定权重纳入企业领导班子综合考核,推动党建工作由"软指标"变为"硬杠杠"。

坚持抓基层、打基础,以提升组织力为重点,突出政治功能,实施省国资委系统基层党的建设三年规划,不断夯实基层组织建设,推动基层党组织全面进

步、全面过硬。一是强化基层党支部建设。认真学习贯彻《中国共产党支部工作条例(试行)》,研究制定监管企业基层党支部标准化、规范化建设的指导意见,大力推进基层党支部标准化、规范化建设;举办企业党支部书记示范培训班,进一步提升履职尽责能力。二是强化典型示范引领。对企业"两优一先"进行表彰,选树5名河北省"千名好支书",举办优秀党支部书记先进事迹巡回报告会,营造崇尚先进、争当先进的浓厚氛围。三是强化基础保障工作。健全换届提醒督促机制,有效解决国资委系统389户基层党组织换届不及时问题;配优配强专职党务干部,新增企业专职党务干部263人;开展监管企业党建工作机构人员经费情况专项检查,及时发现问题、有效整改解决。

全面落实"两个责任",深入推进党风廉政建设和反腐败斗争,营造风清气正良好政治生态。一是推动"两个责任"全面落实。省国资委党委、驻委纪检监察组与监管企业党委、纪委逐一签订主体责任、监督责任承诺书;开展对监管企业党委班子、党委主要负责人、纪委班子、纪委主要负责人2017年度履行"两个责任"考核工作,通过年度考核倒逼责任落实。二是加大执纪审查调查力度。运用监督执纪"四种形态",标本兼治、惩防并举,初核案件线索,发现查处一批违纪违法案件,形成有力震慑。三是深入开展巡察工作。对8家一级监管企业和所属20多家子分公司进行巡察,发现问题200多个,移交问题线索35件,为企业挽回和避免经济损失12.5亿元。

九、河北省国资监管及国有企业改革发展具有地方特色情况

按照以管资本为主加强国有资产监管的要求,河北省国资委不断改进完善国资监管的体制机制,国资监管的系统性、针对性、有效性持续提升。一是深入推进职能转变。制定印发《省国资委以管资本为主推进职能转变方案》,强化管资本职能,精简29项监管事项。二是大力优化监管方式。积极推进依法监管,2018年制定出台规范性文件26件,完成对现行133件规范性文件的全面清理。稳步推进分类监管、分类考核,积极探索实施差异化考核,修订完善《省国资委监管企业负责人薪酬管理暂行办法》,考核指挥棒的导向作用得到强化。制定发布《监管企业投资监督管理办法》《投资经营"十个严禁"》《违规经营投资责任追究实施办法》《境外国有资产监督管理办法》,严格投资项目清单管理。三是稳妥推进经营性国有资产集中统一监管。制定《全面推进省级经营性国有资产集中统一监管改革实施方案》,顺利完成首批试点6个部门所属19户企业划转移交。

河北省国资委认真落实省委省政府的指示精神,集中力量做好精准脱贫。全委系统投入产业帮扶项目资金2.33亿元,重点通过产业扶贫、就业扶贫、消费扶贫等措施,从根本上解决贫困问题。全系统帮扶的81个贫困村,整体脱贫出列35个,建档立卡贫困户比上年下降69.09%。

(撰稿人:胡岳鹏)

山西省

一、山西省国有资产监督管理工作综述

2018年,山西省国资国企系统坚持以改革促转型,重点打赢剥离企业办社会、防范化解风险、"处僵治困"、"瘦身健体"攻坚战,推进降低资产负债率、清理应收账款2个专项行动。国资国企改革取得阶段性成果,一些重要领域和关键环节取得突破性进展,一些创新性举措现出后发优势,国有经济实现稳中向好,质效兼得。

强抓稳健经营,质量效益各项指标均创新高。省属企业全年完成增加值2580.4亿元,在全国排名第三位;实现利润300.9亿元,比上年增长54%,创七年来新高;上缴税费849.3亿元,占山西省财政一般预算收入的37%;在岗职工劳动生产率26.1万元/人·年,比上年增长10%;在岗职工年均收入7.2万元,比上年增长10%。

强攻转型升级,结构反转的态势加速形成。山西

燃气集团有限公司(以下简称"燃气集团")、山西潞安化工有限公司(以下简称"潞安化工公司")相继成立并成功引入战略投资者,山西通用航空集团有限公司(以下简称"通用航空")、山西省民爆集团有限公司(以下简称"民爆集团")和山西省信息产业技术研究院有限公司、山西省生物研究院有限公司、山西省建筑科学研究院有限公司3家省属科研院所转制企业挂牌成立。业绩考核突出转型和创新导向。制定一年和三年转型目标,签订转型"军令状",省属企业煤炭增加值占比从61.2%下降4.8个百分点。

强力改革攻坚,以改促转的动能强劲释放。占全国1/10任务量的"三供一业"100%完成移交,高于全国10.5个百分点。省属企业混改率达到70.9%,向社会资本发布108个340亿元股权转让项目,新增2户员工持股试点企业。管理层级全部压缩到四级以内,减少法人单位935家,处置"僵尸企业"43家。分2批派出45名外部董事。累计退出煤炭产能5075万吨,占山西省的57.4%。

强化风险防控,健康发展的保障更加有力。省属企业资产负债率降至74.86%,比上年压降3.27个百分点;应收账款比上年压降292.4亿元,比上年降低25%。全年刚性兑付1959.6亿元到期债券,未发生一笔违约;平移政府债务2600亿元,高效处置高速公路债务风险。化解一批上市公司退市风险。

强促职能转变,放管服效的改革纵深推进。山西省国资委每月深入一户企业开展调研现场办公,全年帮助企业解决新老问题上百件。强化穿透式监管,建立常态化工作约谈机制和违规经营投资责任追究制度。完成专项审计,强化投资监管。省委常委会审议通过业绩考核"四挂钩"和"进二退一"政策。

强调党建引领,干事创业的合力充分凝聚。坚持和加强党对国有企业的全面领导,推动党的建设与业务工作深度融合,狠抓党的政治建设,层层落实管党治党责任,从严选拔管理企业干部,提升宣传思想工作水平,深入推进党风廉政建设和反腐败斗争。

全力开展脱贫攻坚,14户省属企业实施49个产业扶贫项目,完成投资203亿元,覆盖46个贫困县,辐射带动815个贫困村。认真开展清理拖欠民营企业账款工作,态度坚决、成效明显。

二、山西省国有资产总量与结构分析

(一)国有企业总体情况

1. 主要经济指标。

表1　2018年山西省国有企业指标

项　目	金　额(亿元)
资产总额	29551.50
所有者权益	7160.81
营业总收入	13519.39
利润总额	307.24
净利润	150.33
归属于母公司所有者的净利润	18.32
应交税费总额	907.78
实际上缴税费总额	841.31

2. 国有企业户数情况。

2018年,山西省纳入统计范围的国有企业(含国有控股参股,下同)6210户,比上年净增加177户。其中,省属监管企业3471户,比上年净增加174户(其中增加401户,增加的主要原因是新投资设立202户和新划转73户企业转至交控集团;减少227户);省属非监管企业302户,比上年净减少16户;地市国有企业2437户,比上年净增加19户。

表2　2018年山西省国有企业户数情况

2017年户数(户)	2018年户数(户)	比上年增长(%)
6033	6210	2.93

(二)国有资产分布情况

2018年,山西省国有企业合计国有资产总量7392.74亿元,比上年增加1723.81亿元,其中国有资产主要集中在省属企业,省属企业国有资产总量4915.44亿元,占全部国有资产总量比重66.49%。

1. 国有资产按地区分布情况。

表3 2018年山西省国有资产按地区分布情况

地 区	国有资产(亿元)	占国有资产总量比重(%)
省级企业	4915.44	66.49
省属监管企业	4805.66	65.01
省属非监管企业	109.78	1.48
市级企业	2477.30	33.51
太原市	871.70	11.79
大同市	173.27	2.34
阳泉市	45.89	0.62
长治市	189.04	2.56
晋城市	271.99	3.68
朔州市	64.28	0.87
晋中市	322.41	4.36
运城市	93.16	1.26
忻州市	192.93	2.61
临汾市	135.91	1.84
吕梁市	116.69	1.58
合 计	7392.74	100.00

2. 国有资产按经营规模分布情况。

从经营规模来看,国有资产主要集中在大型企业,占国有资产总量的76.96%。

表4 2018年山西省国有资产按经营规模分布情况

经营规模	国有资产(亿元)	占国有资产总量比重(%)
大型企业	5689.41	76.96
中型企业	651.65	8.81
小型及微型企业	1051.67	14.23
合 计	7392.74	100.00

三、山西省国有资本保值增值综合分析评价

2018年末,山西省国有企业所有者权益总额10042.2亿元,比年初8164亿元净增加1878.2亿元。其中,省属监管企业所有者权益总额7160.8亿元,比年初5429.7亿元净增加1731.1亿元。

四、山西省国资委监管企业改革发展情况

2018年,山西省国资委突出改革转型导向,制定下发《2018年山西省深化国企国资改革行动方案》,明确2018年8个方面38项国资国企重点改革工作(以下简称"'8·38'工程")责任领导、责任处室、责任人,提出打好"三供一业"分离移交、"处僵治困"、防范风险三大攻坚战目标任务。各省属企业狠抓落实,按照山西省国资委安排部署,统筹推进国资国企改革"'8·38'工程"各项重点任务贯彻落实。

(一)调整国有资本布局,优化改革转型结构

一是突出企业主业。山西省国资委重新确定并公布22户省属企业主业,7户省属煤炭企业中4户不再将煤炭作为主业;研究制定省属企业一年和三年转型目标,并与企业签订转型军令状,力争通过三年努力,实现煤与非煤产业的历史性"结构反转"。二是推进国有资本优化重组。按照山西省委、省政府转型发展战略意图,成熟一户,推进一户。山西智能制造集团重组方案经山西省委国有企业改革发展和党建工作领导小组审议。燃气集团重组问题得到解决,引入7家境内外战略投资者资金35亿元。潞安化工公司引进首批9家战略投资者,投资24.4亿元。重组企业一边组建一边形成生产力。通用航空、民爆集团和3家科研院所转制企业挂牌成立。三是加大对外合作力度。组织省属企业参加能博会等5场国内重大招商推介活动,参加中白工业园机械与电子行业对接会等4场专题对接会,积极推进"一带一路"建设和国际产能合作工作。抓好招商引资项目落实落地。省属企业招商引资在建项目29个,全年完成投资68.45亿元。

(二)下大力气推进重组混合所有制改革,释放改革转型动力

一是集团层面混合所有制改革破冰。山西杏花村汾酒集团有限责任公司(以下简称"汾酒集团")整体上市工作进展顺利,白酒主业上市接近尾声,股权

激励方案经山西省国资委正式批复,并落地实施。山西建设投资集团有限公司(以下简称"建投集团")整体混合所有制改革方案获山西省政府批复。子分公司层面混合所有制改革加速。在混合所有制改革面70.9%的基础上,再次筛选出103个项目实施混合所有制改革。新增潞安精蜡化学品公司、国际能源普丽环境公司2户企业,开展员工持股试点。二是"腾笼换鸟"加快落地。采取有效措施,确保项目加快落地。省属企业53个"腾笼换鸟"项目,进入转让程序14个,预估价值25.4亿元;有意向方项目7个,预估价值30.9亿元。第三批108个涉及340亿元股权转让项目,向全国发布。三是加强产融结合。山西省国资委督导省属企业对接资本市场和用好上市平台,将资产证券化率纳入"一企一策"业绩考核。山西焦化完成重大资产重组;漳泽电力、山煤国际、大同煤业、阳煤化工完成集团公司下属子公司的股权收购。山西三维成功保壳并变更为"山西路桥";山煤国际、阳煤化工、太化股份、南风化工、国新能源、漳泽电力通过剥离资产实现保壳。四是加强上市后备资源培育。95家企业入库,全年实现新三板挂牌企业2家,晋能清洁能源在证监局IPO辅导备案,中条山有色金属集团有限公司(以下简称"中条山集团")制定北方铜业上市方案,山西大地环境投资控股有限公司(以下简称"大地控股")积极推进在中国香港上市。

(三)下大力气解决历史遗留问题,卸掉改革转型包袱

一是强力推动"处僵治困"。山西省国资委组织召开省属企业"处僵治困"攻坚会,制定下发《省属企业处置"僵尸企业"工作方案》《省属企业开展特困企业专项治理工作方案》,批复12户省属企业的处置"僵尸企业"工作方案,完成43户企业改革任务。二是扎实推动"瘦身健体"。省属企业全部将管理层级压缩至四级以内,减少法人户数825户,减少比例18.6%,完成总体压减总目标的一半(目标为到2020年完成压减30%任务)。三是大力化解落后产能。完成年度煤矿关闭退出实施方案初审和省级联合验收工作,省属6户煤炭企业关闭退出煤矿24座,退出产能合计1670万吨,占山西省的74.6%。四是解决历史遗留问题。印发《山西省剥离国有企业办社会职能和解决历史遗留问题2018年攻坚行动计划》,组织召开山西省剥离国有企业办社会职能和解决历史遗留问题攻坚会议,与各地市签订目标责任书,建立领导定点督导制度,成立5个督导组,每月对定点包干市进行一次"集中会诊"。2018年,山西省省国有企业"三供一业"总体移交率100%,圆满完成国家下达的目标任务。

(四)下大力气防范金融风险,增强改革转型定力

一是召开省属企业防控风险攻坚会议。组织应收账款清收专项行动,应收账款比上年压降292.4亿元,降低25%。二是高度重视国有企业金融风险防范。省属企业全年兑付到期1959.6亿元债券,没有发生一笔违约,山西省国有企业成为交易商协会全国会员中信誉度最好的板块。实现债券融资2655.4亿元,比上年增长15.47%;控股上市公司再融资194.9亿元;市场化债转股新签协议250亿元,新落地47.5亿元。三是依法处置高速公路债务风险。平移政府债务2600亿元,由国开行牵头的银团贷款全部落地。四是加快处置铁路融资债务风险。省长办公会审议通过处置铁路建设融资债务风险的工作方案,山西省国资委按要求推动相关工作。

(五)下大力气转换经营机制,激发改革转型活力

一是推进市场化选人用人。起草《关于省属企业董事会市场化选聘高级管理人员的指导意见》,上报省委组织部。在新设公司或集团层面出缺情况下,积极稳妥推行经理层市场化选聘,2018年在集团层面选聘2人,在9家试点企业32个子分公司层面选聘56人。二是开展选派外部董事工作。制定《关于省属国有企业外部董事选派的实施方案》,2018年首次向9户省属企业派出12名外部董事。三是健全法人治理结构。印发《关于进一步健山西省属企业法人治理结构的意见》。四是深化三项制度改革。召开3场专题座谈会,在太原钢铁集团有限公司(以下简称"太钢集团")、大同煤矿集团有限责任公司(以下简称"同煤集团")、山西焦煤集团有限责任公司(以下简称"焦煤集团")试点三项制度改革。在汾酒集团上市公司山西汾酒试点股权激励,在山西云时代技术有限公司(以下简称"云时代公司")试点科技人员激励。

五、山西省国资委监管企业并购重组与完善法人治理结构进展情况

(一)并购重组情况

2018年,山西省国资委立足优化国有资本布局,加快山西省专业化重组,潞安化工公司、燃气集团、通用航空、民爆集团先后挂牌成立,对山西省加快构建现代产业体系,实现资源型地区经济转型发展,争做全国能源革命排头兵具有十分重要的战略意义。

(二)完善法人治理结构情况

一是协助完成企业领导人员管理体制调整,加强规范完善企业领导人员管理。2018年,山西省委组织部牵头,山西省国资委党委参与完成《关于调整省属重要骨干企业管理体制的通知》(晋办发〔2018〕36号)、《省管企业领导人员管理规定》(晋办发〔2018〕62号)。有序做好省属重要骨干企业领导人员移交转隶工作,顺利将相关人员的档案资料、任免资料、个人事项资料等进行整理后移交至省委组织部,进一步理顺山西省属企业领导班子管理体制,提升省属企业领导人员管理工作的科学化、制度化、规范化水平。

二是外部董事选派工作取得实质性进展。为进一步完善省属企业法人治理结构,建立科学决策机制,2018年,山西省国资委继续稳步开展外部董事相关工作,在建立专职外部董事人才库的基础上,年初启动同煤集团等省属企业外部董事选派工作,8月研究通过《省属企业外部董事选派的实施方案》,并经山西省国资委党委会议研究决定向9户省属企业派出首批12名专职外部董事,充分发挥省属企业各类董事的组合优势,加强履职协同,推动企业法人主体运行机制不断完善。

三是加强外部董事履职能力培训。2018年10月,山西省国资委组织举办省属企业首批外部董事业务培训班,通过"走出去学、请进来讲、到实地看、坐下来谈"的模式,对接国内一流企业,看齐业内一流水平,在课堂授课的基础上,赴部分中央企业、深圳市国资委及部分深圳市属国有企业、华为集团现场教学,着力从外部董事的理论水平、知识结构、能力培育和履职行为等方面进行提升引导,帮助外部董事拓展工作抓手,充分发挥专长。

六、山西省国资委监管企业建立和完善经营业绩考核体系情况

2018年,山西省国资委在汾酒集团成功试点的基础上,在所有省属企业开展"一企一策"考核,对推动省属企业提高效益、加快转型发挥重要导向作用。根据企业的主业特点、行业性质以及存在的主要矛盾问题,将省属企业分为六大类,即煤炭资源类、装备材料类、成熟产业发展类、公共服务类、脱困再生类、新兴产业类,分类定标,分类考核,精准引导。一是注重规范性。将考核指标进一步分类细化,即设置基本指标、辅助指标、约束性指标和否决性指标。基本指标主要考核净资产收益率、资产负债率、劳动生产率、国有资本保值增值率等反映企业综合绩效的"四率";辅助指标主要考核个性化、差异性的指标,如煤炭企业的吨煤成本、先进产能占比、员工减员比例等;约束性指标主要考核国企改革重大任务完成情况;否决性指标主要为安全生产和环保质量。二是注重导向性。贯彻省委省政府转型发展战略,推动产业转型和科技创新,确定以工业增加值为主的考核指标,并明确具体的转型产业和科技投入、科技创新、科技转化等指标。三是注重长远性。将年度考核和三年任期考核相结合,促使企业在完成年度目标的基础上,更加注重战略性和可持续发展。

"一企一策"考核符合企业实际,更加科学精准、公平合理,基本克服指标简单趋同、笼统模糊和导向不清问题。考核制度逐步健全,严格操作流程,实现从指标确定到考评计分再到奖惩兑现的闭环管理。层层传导考核压力。考核工作更加聚焦提质。省属企业根据山西省国资委的考核要求,及时修订考核制度,加强内部管理,调整所属企业考核指标体系。如汾酒集团在销售公司推行契约化管理,阳泉煤业(集团)有限责任公司(以下简称"阳煤集团")、焦煤集团等积极开展通过合同约定进行管理改革,山西煤炭进出口集团有限公司(以下简称"山煤集团")严控煤炭开采成本等,均取得良好效果,省属企业整体运行明显提升。

七、山西省国资委监管企业负责人考核与选人用人机制改革情况

(一)以领导班子建设为核心抓好干部队伍建设

一是着力做好提升"关键少数"政治理论水平工作。认真学习贯彻习近平新时代中国特色社会主义思想和党的十九大精神,山西省国资委组织举办2期省属企业中层干部学习贯彻党的十九大精神研讨示范班,实现省属企业集团中层以上领导干部学习培训全覆盖。印发《关于认真学习贯彻山西省组织工作会议精神的通知》,要求各省属企业提高政治站位,组织党员干部对山西省组织工作会议精神进行系统专题学习,报送学习情况及贯彻落实措施。组织举办山西省国资委系统深入学习贯彻山西省组织工作会议精神培训班,围绕党的政治建设、基层党组织建设、干部队伍建设、人才工作实务、年轻干部工作、组织部门自身建设等内容进行专题讲解,通过抓住2个"关键少数",使组工干部充分认识到学习培训的重要性,确保组工干部先学一步、深学一层,提高政治站位,提升工作能力,抓好工作落实。

二是突出做好发现培养优秀年轻干部工作。进一步深入贯彻落实山西省委组织部、山西省国资委联合印发的《关于省属企业优秀年轻领导人员培养选拔工作的实施意见》,特别是《中共山西省委关于进一步激励广大干部新时代新担当新作为努力建设高素质专业化干部队伍的实施意见》(晋发〔2018〕26号)、《关于适应新时代要求大力发现培养选拔优秀年轻干部的实施意见》(晋办发〔2018〕56号,以下简称"两个《实施意见》"),进一步强化为创新者容、为担当者容、为实干者容的鲜明导向,充分调动和激发干部队伍的积极性、主动性、创造性。为进一步激励广大干部新时代新担当新作为,根据山西省委组织部工作安排,在9户山西省国资委党委管理领导班子的省管企业中,组织推荐集团领导人员3人、优秀中层干部9人作为山西省"敢于担当、奋发有为"推荐人选,树立起正向激励机制,真正做到为敢于担当的干部担当,为敢于负责的干部负责。

三是稳步推进市场化选聘工作。山西省国资委积极探索开展经理层市场化选聘和任期制工作。2018年,在起草《关于省属国有企业董事会市场化选聘高级管理人员的指导意见(试行)(征求意见稿)》的基础上,结合省属企业不同层面试点推进情况,对起草文件进一步修改完善。根据《指导意见》安排,在新设公司或省属企业集团层面出缺情况下,将积极稳妥推行经理层市场化选聘。鼓励企业经营管理人员身份转换,优化薪酬管理,制定经理层成员转为职业经理人薪酬管理办法,激发身份转换人员内生动力。截至2018年底,省属企业集团层面选聘2人,在9家试点企业32个子分公司层面选聘56人。通过一系列措施,进一步扩大省属企业经营管理人才市场化选聘比例,为山西省属企业深化选人用人制度改革、推动职业经理人建设进行有益探索,激发经营管理层的积极性,提升省属企业的活力。

(二)以统筹协调为抓手抓好人才队伍建设

一是统筹实施"三晋英才"支持计划。为了更好地发挥人才工程的牵引作用,按照省委人才办工作部署,2018年底下发《山西省企业领域"三晋英才"摸底遴选工作方案》,研究设定企业领域人选条件,组织24户省属企业和组织关系在山西省国资委的8户中央驻晋企业积极推荐申报优秀人才,经过摸底遴选、专家评审,在山西省企业领域初步遴选4000余名优秀人才,为各项事业发展汇聚更多的智力资源,增强人才队伍的生机和活力。

二是持续做好省委联系专家有关工作。根据山西省委组织部《关于做好省委联系专家名单调整补充工作的通知》要求,山西省国资委组织24户省属企业对本企业原有的省委联系专家人选进行调整,本着"素质第一"的原则,综合考虑申报人选的业绩、贡献等情况,再结合推荐企业人才工作情况、行业特点及原入库人选情况,重新履行推荐程序。经推荐申报、初步审核,向山西省人才办推荐上报省委联系专家65人,经省委人才办最终审核,山西省国资委系统省委联系的省内专家有17人获评,省外专家有26人获评,进一步壮大国资国企改革队伍。

三是狠抓优秀企业家教育培训基础工作。进一步贯彻落实《关于在深化国有企业改革中激发企业家活力的指导意见》(晋办发〔2017〕42号),以企业家队

伍建设为重点,在抓好领导班子建设的同时,先后于7月会同山西省委组织部、山西省经信委赴深圳华为集团联合举办"走进华为——山西省大数据环境下企业家能力提升培训班",8月组织举办"创新企业家精神高级研修班",12月组织赴美国"利用多层次资本市场提高国有资本证券化"专项培训和四川大学"省属企业年轻领导干部素质能力提升专题研修班",积极对标国际国内前沿领军企业,进一步发挥企业家主体作用,促进山西省资源型经济转型取得实质性突破。

四是持续加大力度引进各类高端人才。为了大力引进急需紧缺的国(境)外高层次人才,山西省国资委于2018年4月组织省属企业参加在深圳举办的第十六届中国国际人才交流大会,通过更广阔的合作交流渠道,在推介山西省转型发展成果的同时,搭建起形式多样的人才、项目对接平台,进一步扩展高端引才渠道。组织省属企业积极开展各类人才申报工作,2018年,组织省属企业申报并获评"百人计划"3人,青年拔尖人才1人,受省财政支持优秀博士毕业生12人,进一步为山西省高质量转型发展提供强有力的人才支撑。

五是做好技能人才及平台评选工作。2018年,山西省国资委配合山西省人社厅就中华技能大奖候选人推荐、全国技术能手候选人推荐、国家技能人才培训突出贡献候选单位及候选人推荐、第五届山西省享受政府津贴高级技师和"三晋技术能手"进行评选,省属企业推荐对象占总数的40%以上。2018年,获评"山西省享受政府津贴高级技师"22人,占总人数的44%,"三晋技术能手"95人,占总人数的39%。截至2018年底,省属企业拥有高技能人才政府最高奖项中华技能大奖获得者3人、全国技术能手63人、享受国务院政府特殊津贴获得者47人、享受山西省政府津贴高级技师121人、"三晋技术能手"385人;技能大师工作室133个,其中,国家级14个、省级、行业级119个;高技能人才培训基地19个,其中,国家级2个、省级17个。

(三)以日常管理为重点做好考核监督工作

一是按时完成年度考核评价工作。根据山西省国资委党委考核工作安排和时间节点要求,山西省国资委抽调机关处室及部分省属企业相关人员,组成6个考察组,由省国资委领导带队,于2018年初深入22户省属企业开展2017年度省属企业和领导人员考核工作。各考核组及时汇总分析考核结果,经呈报省国资委党委会和省委组织部研究通过后,印发《中共山西省国资委委员会关于省属企业领导班子及领导人员2017年度考核结果的通报》,将考核结果及时向各企业进行通报,并上报省委组织部,圆满完成年度考核工作。考核过程中完成"一报告两评议"和优秀中层正职推荐工作,进一步掌握了解企业优秀干部基本情况,为选好企业后备人才奠定基础。注重日常考核监督,严格按要求做好领导干部个人有关事项工作,并及时将有关情况向省委组织部干部监督处反馈。

二是做好人才及平台考核工作。进一步贯彻落实《中共山西省国资委委员会关于印发〈省属企业人才工作考核评价办法〉的通知》,按照日常考核和年度考核的要求,切实对省属企业的人才基础工作、重点工作和突出工作进行全面系统的量化考核。2017年度人才工作考核与企业领导班子考核同时进行,考核结果纳入企业年度考核评价体系,推荐表彰奖励先进,并对考核结果较差的企业限期整改落实,为进一步抓好抓实人才工作提供组织和制度保障。根据省委人才办"百人计划"考核要求,组织有关省属企业就该企业2017年"百人计划"人才工作进行全面考核;联合山西省人社厅就省属企业13个博士后科研工作站建站情况、招生培养情况等工作进行联合考核,进一步完善引才工作体制机制,促进人才及平台考核工作科学化、规范化发展。

三是做好干部考核调研工作。为全面落实习近平总书记关于加强国有企业党建工作的重要指示精神和视察山西重要讲话精神,坚持不懈强化领导班子的思想政治建设和作风建设,围绕省属企业领导班子建设这一重点,2018年5—6月,山西省国资委与省委组织部共同赴山西省国资委监管的24户省属企业及6户文化类企业和5户金融类企业完成企业领导人员考核调研相关工作,汇总整理材料,并形成考核调研报告。山西省国资委领导先后2次向省委书记和省委组织部作专项汇报,进一步提高考核评价结果的精准度和公信力,促进山西省属企业领导班子政治素质和整体效能的提升。

八、山西省国资委监管企业党的建设和廉政建设情况

(一) 全面加强国有企业党的建设

一是坚持把党的政治建设摆在首位。始终把党的政治建设作为党的根本性建设,将旗帜鲜明讲政治贯穿于党的建设各方面全过程,确保监管企业沿着正确政治方向发展壮大、确保监管企业国资改革取得更大突破、确保全面从严治党要求在监管企业落实落地。山西省国资委党委坚持从政治上观大局、看问题,从政治上谋划、部署、推动工作,坚决维护习近平总书记的核心地位,坚决维护党中央权威和集中统一领导。始终做到党中央提倡的坚决响应、党中央决定的坚决执行、党中央禁止的坚决不做。不断强化国资系统党员干部的规矩意识和纪律意识,坚定执行党的政治路线,严格遵守政治纪律和政治规矩,在政治立场、政治方向、政治原则、政治道路上同党中央保持高度一致。

二是加强干部队伍建设。持续强化理论武装,组织开展学习贯彻习近平新时代中国特色社会主义思想和党的十九大精神干部轮训工作,组织召开山西省国资系统第三次学用习近平新时代中国特色社会主义思想交流会,24 户监管企业党支部书记轮训 13011 人,覆盖率 99%。严肃党内政治生活,召开"彻底肃清腐败流毒影响"专题民主生活会,督促省属企业高质量开好民主生活会。举办各类能力提升培训班 5 批次,参训人员 428 人。认真执行民主集中制,规范党委会制度,"三重一大"问题一律上会研究。加强群团及老干部工作。

三是全面推进"三基建设"。研究制定 2018 年度"三基建设"重点工作任务清单,全面建立"周报送、月例会、季督查"制度,有效指导和推动工作任务落实落地。树立大抓支部的鲜明导向,制定落实《加强省属企业党支部建设的意见》《省属企业软弱涣散基层党组织整顿提升两年行动方案》,编印《省属企业党支部工作手册》,制定《省属企业党支部分级评定办法(试行)》。围绕改革目标强基础提能力对省属企业进行基础工作评估,下发问题整改通知。研究制定《开展强化国资系统基础工作建设专项行动的工作方案》,编制省属企业基础工作考核评价标准。深入实施"五大培训工程"。在国资系统建立 3 个"三基建设"示范点。

四是提升法治工作水平。推动总法律顾问制度建设,14 户省属企业建立总法律顾问制度,设置法律事务机构的 20 户。与省高院召开监管企业法律风险防范座谈会,建立沟通平台和联系机制。充分发挥委聘法律顾问的作用,组织召开座谈会、研讨会、案情研判会,指导企业防范法律风险 25 个,出具法律意见书 31 份,撰写研究课题 2 份。推动法治宣传,积极组织开展宪法学习宣传,组织 7 次法治大讲堂活动,完成"七五"普法中期检查工作,组织开展省属企业总法律顾问、市国资委和部分机关干部依法履职能力培训。

五是做好安全稳定工作。成立由山西省国资委主要领导担任组长的信访矛盾化解攻坚领导组,累计处理群众来访 184 批次 959 人次,统一转送信访案件 1830 件次。改建信访接待大厅,改善接ло环境,提升接访能力。做好企业军转干部解困工作。召开解困工作专题会议,为企业军转干部累计发放补助 9000 余万元。成立由山西省国资委主要领导担任主任的安委会,开展省属企业安全生产大检查工作。

六是抓牢意识形态工作。严格落实意识形态责任制,全年党委会 2 次专题研究意识形态工作,召开省属企业意识形态工作研判交流会 4 次。健全监管企业思想政治工作机制,出台《关于加强和改进新形势下省属企业思想政治工作的指导意见》。强化舆情监测处置,全年处置网络舆情 42 件,举办网络情应对处置培训班。营造学习宣传贯彻习近平新时代中国特色社会主义思想和党的十九大精神舆情强势,在山西国资网站上开设十九大精神进国企专栏,在主流媒体加大国资国企改革宣传报道力度,进一步扩大自有媒体影响力,全年召开 2 次新闻发布会。

(二) 推进党风廉政建设和反腐败工作

加强对反腐败工作的领导,成立反腐败工作领导小组,制定《加强省国资委党委对反腐败工作全过程领导常态化制度化长效化的工作方案》。召开加强党风廉政建设电视电话会议。部署开展扫黑除恶专项整治活动,建立与政法机关问题线索快速移送反馈机

制。认真贯彻落实中央八项规定精神，印发《关于进一步贯彻落实中央八项规定精神的实施办法》，会同山西省纪委监委驻山西省国资委纪检监察组出台《关于进一步严格落实中央八项规定精神 加强作风建设的通知》。扎实开展民生领域腐败和不正之风专项整治工作，制定《重点部门和领域集中整治突出问题清单》，印发《省属企业集中整治突出问题工作方案》，建立旬报制度。加强扶贫领域监督执纪问责，建立国企扶贫项目监督工作台账和问题线索台账，对部分省属企业进行重点抽查。建立完善常态化监督机制，启动党委巡察工作。

（撰稿人：赵　樾）

内蒙古自治区

一、内蒙古自治区国有资产监督管理工作综述

2018年，内蒙古自治区各级国资监管机构和国有企业始终坚持以习近平新时代中国特色社会主义思想为指导，认真贯彻党中央、国务院各项决策部署，全面落实自治区党委、政府工作要求，各项工作取得明显成效。

一是企业经济效益创近年来最好水平。自治区国资委监管企业资产总额3795.96亿元，比上年增长6.94%；营业收入1885.24亿元，比上年增长21.48%；利润总额43.40亿元，比上年增加21.92亿元；资产负债率70.45%，比上年减少0.84个百分点。

二是国资监管效能持续提高。颁布实施《内蒙古自治区企业国有资产监督管理条例》，将党的十八大以来国资国企改革的最新要求和最新经验成果以地方立法的形式固定下来。受自治区政府委托首次向自治区人大报告全区企业国有资产管理情况，受到好评。全区国资监管体系建设取得新进展，机构改革中有8个盟市单设国资委。应盟市要求，自治区国资委对呼和浩特市、呼伦贝尔市、鄂尔多斯市进行监管政策宣讲。首批纳入集中统一监管的26户区属企业除7户企业因政策调整等原因不再由国资委负责推进，其余19户企业全部签订国有资产划转和委托监管协议，其中15户企业完成出资人工商变更，纳入集中统一监管体系的区属经营性国有资产90%以上。研究制定《关于国有资本投资、运营公司改革试点的实施方案》，继续推进自治区国有资本运营公司深化改革，确定包钢、蒙能、交投为投资公司试点，授予试点企业董事会5个方面14项出资人权力。全面加强财务、产权、投资、考核、分配等职能监督和外派监事会监督，建立违规经营投资责任追究制度，配合自治区审计厅对10户区属企业开展专项审计调查。

三是国企改革持续深化。市场化经营机制不断完善，22户区直企业集团层面全部完成公司制改革。18户区直企业在集团层面完善党委会、董事会、经理层法人治理结构。继续深化国有企业负责人薪酬制度改革，扣减发生严重违纪违法案件企业相关负责人的绩效薪酬，电力公司、威信押运等企业在薪酬体系和人力资源配置体制机制建设方面进行大胆改革探索，包钢、电力公司、能建集团开展以增加知识价值为导向的分配激励机制试点。稳步推进混合所有制改革，华宸信托公司增资扩股取得实质性进展，蒙能新能源公司上市前增资扩股工作积极推进，内蒙古新华发行集团制定上市方案，组织推动3户企业开展员工持股改革试点工作。监管独立核算企业有60%发展成为混合所有制企业。加快推进剥离企业办社会职能，全区国有企业职工家属区"三供一业"和市政社区管理等职能全部完成分离移交或签订正式移交协议，国有企业办消防机构、办市政设施、办社区管理机构、办教育机构、办医疗机构完成率均为100%。加大"僵尸企业"处置力度，区属69户"僵尸企业"完成处置41户，分流安置职工1796人，占需要安置人员总数的82.4%。蒙能集团积极担当作为，筹集资金2.15亿元，彻底解决电建公司近10年拖欠职工工资、社会保险金问题，对1124名职工进行妥善安置。自治区国资委在积极开展8项改革试点的基础上，组织5户企业参加全国国企改革"双百行动"，推进国企综合性改革。

四是国有资本布局结构调整优化深入推进。制定出台《关于调整优化区属国有企业布局结构做强做

优做大国有资本的实施意见》,编制完成区属国有资本布局结构调整规划方案,明确存量国有资本调整优化方向和增量国有资本投向。区直部门单位所属企业从140户清理整合为76户。形成文旅集团、大数据集团组建方案,并上报自治区政府。设立自治区国有企业转型升级基金,引导资金到位20亿元,基金管理机构对包钢等企业投资项目进行筛查调研。加快国有企业创新发展步伐,电力公司作为主要完成单位之一的"复杂电网自律"项目获得2018年国家科技进步一等奖。监管企业建立重点实验室、企业技术中心等研发机构14个,获得国家专利2815件。

五是国企党的领导党的建设进一步加强。坚持以政治建设为统领,全面落实《内蒙古自治区党委坚决维护以习近平同志为核心的党中央权威和集中统一领导的规定》精神,教育引导国资系统各级党组织和广大干部职工树牢"四个意识"、坚定"四个自信"、坚决做到"两个维护"。深入学习贯彻习近平新时代中国特色社会主义思想,国资委党委举行20次集体学习、4次研讨交流,举办2期培训班,培训700多名企业中层以上管理人员和机关干部。各企业党委组织3230次理论中心组专题学习,举办2228期轮训班,培训10万多人次,3970名处级以上领导人员全部轮训。组织"新时代讲习团"866个,深入基层一线宣讲2014次。加强国有企业领导班子和干部队伍建设,会同自治区党委组织部、自治区纪委组织部,完成5户区属企业党委、纪委换届,统筹考虑董事会、经理层班子配备。25名监管企业中层以上管理人员进入企业集团领导班子,为部分企业选聘9名外部董事。着力加强意识形态工作,成立自治区国资委党委意识形态工作领导小组,建立健全意识形态工作制度。加强对互联网舆情监测研判工作,监测并处置负面舆情591件。组织开展媒体见面日、新闻发布会、改革亲历者故事分享会、"赤心向党马上学习"知识竞赛等活动,广泛宣传改革开放40年来特别是党的十八大以来自治区国资国企改革发展新成就。全面加强正风肃纪工作,加强廉政基础建设,自治区国资委机关查摆廉洁风险点56个,制定廉政风险防控措施55条。在包钢、华宸开展2次警示教育,切实用身边事教育身边人。持续整治"四风"问题,对11户企业131个二级单位开展明察暗访172次。加大监督执纪问责和监督调查处置工作力度,全年受理信访举报499件,处置问题线索594件,立案153件,给予党纪政务处分230人(其中处级33人),组织处理269人,挽回经济损失701.1万元。

六是积极参与精准脱贫攻坚。与北京市国资委共同制定《搭建京蒙就业扶贫载体三年行动工作方案(2018—2020年)》,组织协调北京市42户企业来自治区开展产业扶贫项目对接,7个就业扶贫载体项目落地有关盟市旗县。认真抓好自治区国资委定点帮扶工作,实施帮扶项目7个,51户130人全部达到脱贫标准。区属企业认真履行社会责任,为29个结对帮扶点和574个定点扶贫点累计实施帮扶项目445个,惠及建档立卡贫困人口15147人。

二、内蒙古自治区国有资产总量与结构分析

表1　2018年内蒙古自治区国有企业指标

项　目	金额(亿元)
资产总额	29024.27
所有者权益	10918.71
国有资产总量	10244.50
营业收入	2801.32
利润总额	-0.96
净利润	-20.66
归属于母公司所有者的净利润	-28.93
应交税费总额	140.25
实际上缴税费总额	125.57

表2　2018年内蒙古自治区国有企业户数情况

2017年户数(户)	2018年户数(户)	比上年增长(%)
1923	2602	35.31

表3　2018年内蒙古自治区国有资产按地区分布情况

地　区	国有资产（亿元）	占国有资产总量比重（%）
自治区本级企业	2427.39	23.69
盟市汇总	7817.11	76.31
呼和浩特市	881.51	8.60
包头市	1017.63	9.93
乌海市	279.26	2.73
赤峰市	1488.06	14.53
通辽市	555.87	5.43
鄂尔多斯市	1561.94	15.25
呼伦贝尔市	922.67	9.01
巴彦淖尔市	185.24	1.81
乌兰察布市	302.17	2.95
锡林郭勒盟	227.49	2.22
兴安盟	143.38	1.40
阿拉善盟	251.88	2.46
合　计	10244.50	100.00

表4　2018年内蒙古自治区国有资产按行业分布情况

行　业	国有资产（亿元）	占国有资产总量比重（%）
农林牧渔业	386.68	2.75
工业	2556.28	18.19
建筑业	2202.38	15.67
地质勘查及水利业	475.50	3.38
交通运输业	900.58	6.41
仓储业	21.23	0.15
邮电通信业	0.00	0.00
批发和零售业	138.13	0.98
金融业	387.92	2.76
房地产业	429.08	3.05
信息技术服务业	41.46	0.30

续表

行　业	国有资产（亿元）	占国有资产总量比重（%）
社会服务业	6300.26	44.84
卫生体育福利业	5.09	0.04
教育文化广播业	126.47	0.90
科学研究和技术服务业	60.95	0.43
机关社团及其他	19.83	0.14
合　计	14051.84	100.00

注：表中数据为汇总数据，不考虑合并抵消因素。

表5　2018年内蒙古自治区国有资产按经营规模分布情况

经营规模	国有资产（亿元）	占国有资产总量比重（%）
大型企业	2974.87	21.17
中型企业	1684.21	11.99
小型企业	5405.95	38.47
微型企业	3986.78	28.37
合　计	14051.82	100.00

注：表中数据为汇总数据，不考虑合并抵消因素。

三、内蒙古自治区国有资本保值增值综合分析评价

表6　2018年内蒙古自治区国有企业地区和行业国有资本保值增值情况

地　区	国有资本保值增值率（%）	行　业	国有资本保值增值率（%）
呼和浩特市	98.71	农林牧渔业	100.14
包头市	100.18	工业	98.61
乌海市	100.60	建筑业	100.07
赤峰市	99.18	地质勘查及水利业	101.91

续表

地 区	国有资本保值增值率(%)	行 业	国有资本保值增值率(%)
通辽市	96.86	交通运输业	99.30
鄂尔多斯市	97.18	仓储业	99.97
呼伦贝尔市	99.89	邮电通信业	-1.00
巴彦淖尔市	105.28	批发和零售业	103.46
乌兰察布市	96.34	金融业	102.03
锡林郭勒盟	98.96	房地产业	102.62
兴安盟	99.81	信息技术服务业	102.65
阿拉善盟	98.79	社会服务业	99.10

四、内蒙古自治区国资委监管企业改革发展情况

2018年，内蒙古自治区国资委深入贯彻落实中央顶层设计，加强国企改革的组织领导和统筹协调，在制定形成自治区国企改革"1+40"政策体系的基础上，聚焦重点难点改革任务，集中力量攻坚克难，加快推动改革举措落地，有效推动各监管企业高质量发展取得新成效。

一是现代企业制度进一步完善。公司制改革加快推进，监管企业集团层面全部完成公司制改革，企业分子公司层面的公司制改革工作积极推进。公司法人治理结构持续完善，12户监管企业建立董事会，6户监管企业董事会建立专门委员会，为4户监管企业充实7名外部董事，包钢二级企业中60%建立董事会。企业内部三项制度改革全面深化，将此项改革任务列入监管企业年度经营业绩考核目标，盐业公司3年减少30.7%的管理人员，包钢集团减少厂处职干部66人，威信押运公司各分子公司合并60多个工作岗位，压减员工150多人。

二是混合所有制改革稳步推进。研究制定《关于出资监管企业混合所有制改革工作的推进方案》，全面推进混合所有制改革各项工作，截至2018年底，自治区国资委监管的335户独立核算企业中，201户完成混改，占总户数的60%。积极推动企业改制上市，监管企业中有包钢钢联、北方稀土、能建股份3家企业上市。大力推动企业增资扩股，华宸信托公司第一大股东变更获国家银保监会批准，增资扩股进入实质性操作阶段，蒙能集团新能源公司开展上市前的增资扩股工作。加快实施包钢市场化债转股，会同金融办指导包钢制定债转股方案，经自治区政府审议通过，积极推动包钢开展筹建债转股标的企业和标的资产审计评估等工作。扎实开展混合所有制改革试点，包钢纳入国家第三批混合所有制改革试点，试点方案经自治区政府批准上报国务院有关部委备案，包钢混合所有制企业占总户数的80%以上。加大国企混合所有制改革项目推广力度，利用自治区产权交易平台，推出一批混合所有制改革项目，吸引各类资本参与国有企业改革、结构调整等工作，包钢集团涉及稀土功能材料、钢材加工、煤焦化工、环保及资源综合利用产业的32个混合所有制改革项目，50余家企业初步达成合作意向。

三是创新发展步伐不断加快。将监管企业研发投入列入企业业绩考核指标，积极探索建立研发费用稳定增长的长效机制。电力公司作为主要完成单位之一的"复杂电网自律——协同自动电压控制关键技术、系统研制与工程应用"项目获得2018年国家科技进步一等奖。监管企业4个项目获得自治区重大科技专项支持资金380万元。监管企业建立重点实验室、企业技术中心等研发机构14个，其中国家级6个，博士后工作站2个，获得国家专利2815件。

四是企业营收和创利能力持续提高。各监管企业密切跟踪市场形势变化，抓住大宗商品价格企稳回升、市场需求结构调整升级的机遇，及时调整优化经营策略，努力发挥自身优势，不断优化产业结构，积极拓展产品市场份额，营收和创利能力稳步提升。监管企业全年月度营业收入均保持在125亿元以上，有7个月比上年增长超过15%；连续每月均保持总体盈利。

五是重点骨干企业改革脱困成效显著。认真落实自治区党委政府关于推动包钢提质增效转型发展

的部署要求,以60条工作措施为抓手,推动包钢巩固发展扭亏为盈的良好态势,产业素质和企业竞争力不断提升,企业逐步走上企稳向好的良性轨道。2018年,包钢实现营业收入870.69亿元,比上年增长27.53%;利润15.25亿元,比上年增加8.92亿元。

五、内蒙古自治区国资委监管企业并购重组与完善法人治理结构情况

在制定出台《关于调整优化区属国有企业布局结构做强做优做大国有资本的实施意见》的基础上,编制完成区属国有企业布局结构调整规划方案,明确存量国有资本优化调整、重组整合的方向,引导增量国有资本向现代能源经济、新型化工、有色金属生产加工、大数据云计算、蒙中医药、健康养老、文化旅游等产业布局,发挥国有资本的引领带动作用。着力培育优势产业集团,按照自治区政府关于组建大型旅游集团的要求,调研10个省份和区内12个盟市,与锡林郭勒盟、兴安盟签订合作协议,形成文旅集团组建方案,上报自治区政府。着手开展组建大数据、对外投资贸易、天然气、煤炭工业等企业集团和改组蒙粮集团的前期调研工作。健全发挥党的领导作用的体制机制,会同自治区党委组织部和自治区纪委组织部,完成包钢、内蒙古银行、盐业公司、新城宾馆和威信押运公司党委换届工作,并以健全组织体系、制度体系、工作机制为抓手,把党的领导融入公司治理各环节,推动各监管企业全部落实"党建进章程",明确党组织在公司治理中的法定地位,把党组织研究讨论作为公司决策重大事项前置程序,修订党委会、董事会、经理层议事规则,保证各治理主体行权履职有章可循,议事决策规范高效,加快建设中国特色现代国有企业,确保企业党委把方向、管大局、保落实作用得到有效发挥。

六、内蒙古自治区国资委监管企业建立和完善经营业绩考核体系情况

深入贯彻落实党中央、国务院和自治区党委、政府各项决策部署,紧紧围绕国资国企中心工作和重点任务,以引领出资监管企业改革发展为着力点,以防风险、调结构、促发展为主要目标,不断健全完善监管企业经营业绩考核体系,促进国有资本保值增值,推动各监管企业高质量发展。

一是改进考核方式和内容,促进考核针对性和监管效能进一步提高。在对出资监管企业2017年度的综合考核中,坚持树立新发展理念,围绕提高企业发展质量和效益这个中心,按照企业的功能分类与定位,通过考准考实考到位,引导出资监管企业提质增效转型升级。考核内容上强化政治引领,考核构成上优化工作体系,考核方式上突出专业集约高效,完成对包钢集团等12户出资监管企业的年度综合考核。在实地考核中,沿袭以往大会述职、经营情况说明、民主测评、个别谈话、指标核查、查阅资料的工作脉络,加入结合处室重点关切和企业发展存疑点的延伸考核,如对能建集团长城项目、包钢稀土钢板材体系的新上生产线实地考核等。通过以上措施,将考核工作更好地同促进自治区国资委重点工作落实和考实考真相结合,从而实现考核工作不走过场、考核内容丰富有效、考核作用充分体现。

二是推进"一企一策"确定考核目标,促进考核目标下得准考得实。坚持采取"三下三上"方式,按照企业功能界定与分类,形成12户出资监管企业2018年度考核目标。2018年考核目标的确定,遵循既体现国有资本保值增值的普遍要求,不断提高经济效益和回报水平,又充分考虑企业功能特点和行业的形势,按照改革要深入、盈利有增长、扭亏见效果、风险可防控、创新有进展的原则,结合企业实际经营情况,对财务指标、基本指标、功能指标和重点工作目标有侧重地进行调整、设置。其中,体现盈利能力的利润总额指标,盈利企业增幅不低于2018年自治区国民经济增速6.5%,上年亏损额度较大企业要求至少实现减亏60%,亏损相对较小企业实现扭亏为盈。将促进企业实现高质量发展、推进改革难点攻克、切实防控风险、积极履行精准扶贫等社会责任、促进企业实现科技进步创新发展等纳入考核指标体系,让考核真正成为引领企业改革发展的"指挥棒""动力源""责任书"。

三是以推进经营性国有资产集中统一监管为契机,同步介入考核履职尽责。按照《关于完善自治区

国有企业功能分类考核的实施方案》有关规定及委托监管协议，积极参与委托部门监督管理的国有企业集团层面的考核，会同自治区党委宣传部对新华发行集团等文化企业进行年度考核，并与自治区党委宣传部、财政厅联合下达自治区直属国有文化企业集团2018年度双效业绩目标责任考核指标，履行集中统一监管职能职责。

七、内蒙古自治区国资委监管企业负责人考核与选人用人机制改革情况

一是加强监管企业领导班子建设。认真落实全国、全区国有企业党建工作会议精神和自治区党委《关于中央第二巡视组对自治区开展巡视"回头看"反馈意见的整改方案》要求，会同自治区党委组织部，完成包钢集团、内蒙古盐业公司党委换届工作，启动开展蒙能公司党委换届干部考察工作，开展其他监管企业党委换届准备工作。在监管企业换届过程中，坚持以习近平总书记关于国有企业领导人员"对党忠诚、勇于创新、治企有方、兴企有为、清正廉洁"二十字标准为根本遵循，统筹完善"双向进入、交叉任职"国有企业领导体制，完善监管企业法人治理结构。依规从监管企业选聘7名专职监事和9名外部董事，保证监管企业规范有序运行。根据工作需要，对日信集团领导班子进行调整，从产权交易中心选派1人到日信集团公司任总经理；从自治区党委办公厅选派1名处长到华宸信托有限责任公司担任党委委员、纪委书记。会同自治区党委组织部考核组，完成对新任职委领导任职、试用期满考核工作。

二是加强企业领导人员规范化管理。认真落实全面从严治党要求，严格执行中央和自治区党委关于干部管理有关规定，通过工作机制衔接、资源信息共享，逐步建立起有效的监督协调机制，不断强化对监管企业领导干部的日常监督管理。严格执行党员干部廉洁从业规定，认真落实企业领导人员述职述廉、诫勉谈话、函询、领导干部个人有关事项报告等制度，加强随机抽查和重点抽查，把监管企业领导干部报告个人事项作为管理和选拔干部的重要依据，依法依纪对涉及华宸信托"3·31"案件相关领导人员给予相应处理。加强监管企业领导干部出国境管理，配合自治区外办、出入境管理局等有关部门，做好监管企业领导人员出入境管理和因公因私护照管理，并按照程序要求，审定报批领导干部出国事宜。加强对监管企业领导班子议事决策事项的监督，规范化推动落实重大决策、重要人事安排、重大项目安排、大额度资金运作"三重一大"事项的决策程序。健全完善监管企业领导班子考核评价机制，配合自治区党委组织部，完成对各监管企业领导人员履职情况的年度综合考核工作。

三是加强监管企业领导干部教育培训。依托"双休日大讲堂"、"内蒙古干部培训网络学院"、干部自主选学等载体和平台，组织开展多期监管企业领导干部教育培训活动。6—8月，组织开展第九批次"草原英才"推荐申报工作，及时向自治区党委组织上报初评结果，并组织监管企业"草原英才"专家参加国情教育培训班。

八、内蒙古自治区国资委监管企业党的建设和廉政建设情况

认真贯彻落实习近平总书记"两个一以贯之"要求，认真落实新时代党的建设总要求，牢牢把握国有企业改革正确方向，推动国资系统党的领导党的建设不断加强、不断过硬。

一是坚持和加强党对国有企业的全面领导。坚持以党的政治建设为统领。把党的政治建设作为根本性建设，全面落实《内蒙古自治区党委坚决维护以习近平同志为核心的党中央权威和集中统一领导的规定》，教育引导国有企业各级党组织和广大干部职工牢固树立"四个意识"，坚定"四个自信"，做到"两个维护"，自觉在思想上政治上行动上同以习近平同志为核心的党中央保持高度一致。健全发挥党的领导作用的体制机制。以健全组织体系、制度体系、工作机制为抓手，坚持把党的领导融入公司治理各环节，加快建设中国特色现代国有企业。各监管企业全部落实"党建进章程"，明确党组织在公司治理中的法定地位，把党组织研究讨论作为公司决策重大事项前置程序，企业党委把方向、管大局、保落实作

用得到有效发挥。企业普遍修订党委会、董事会、经理层议事规则，保证各治理主体行权履职有章可循，议事决策规范高效。全力推进国有企业党委换届工作。按照自治区党委的部署要求，会同自治区党委组织部和自治区纪委组织部，完成包钢、内蒙古银行、盐业公司、新城宾馆和威信押运公司党委换届工作。

二是坚持用习近平新时代中国特色社会主义思想武装头脑。认真落实"学懂弄通做实"的要求。自治区国资委党委先后组织20次集体专题学习，举办2期培训班，700多名企业中层以上管理人员和机关干部参加。各企业党委组织3230次理论中心组专题学习，举办2228期轮训班，培训10万多人次，3970名处级以上领导人员全部轮训。组建"新时代讲习团"866个，深入基层一线宣讲2014次。不断丰富教育实践载体。围绕改革开放40周年宣传主题，开展改革亲历者故事分享会、"赤心向党 马上学习"知识竞赛、"媒体见面日"等活动，配合自治区党委宣传部举办自治区庆祝改革开放40周年群众大合唱。全面落实意识形态责任制。会同自治区党委宣传部制定《自治区国有企业党委落实意识形态工作责任制管理规定》，对责任、监督、考核、责任追究等提出具体要求。制定印发意识形态工作责任清单、突发网络舆情应急预案、新闻发言人工作制度和自媒体运营管理办法，牢牢掌握意识形态工作主导权。开展国企职工思想状况调研，与自治区党委宣传部联合召开全区企业思想政治工作会议，交流推广典型经验，对新时期企业思想政治工作作出新部署。

三是认真履行管党治党政治责任。层层压实责任。牢牢牵住党建责任制这个"牛鼻子"，层层传导压力、激发动力，切实压实各级党组织主体责任、党组织书记第一责任人责任和班子成员"一岗双责"。研究制定国企党建工作要点，从推进国有企业"强根固魂工程"等7个方面明确20项重点任务。全年召开30次党委会，其中27次研究部署意识形态责任制落实、企业党委换届、领导人员和人才队伍建设、基层党组织建设、党费管理使用、党风廉政建设等党建工作，主要负责人赴基层调研，与企业主要领导谈心谈话，压紧压实责任。强化考评问责。深入开展企业党委（党总支）向自治区国资委党委报告年度党建工作、党组织负责人向自治区国资委党委党建工作述职以及基层党组织书记抓党建述职评议3项重点工作。与自治区党委统战部共同印发通知，将统战工作纳入国有企业考核述职。深入督查调研。围绕企业党建工作情况及职工思想状况、党员教育管理和党费使用管理等情况，对44户系统企业开展3轮党建工作专项调研，并向企业及时反馈调研结果和问题整改意见，推动企业不断加强和改进党建各项工作。

四是着力夯实基层党建工作基础。持续推进"两学一做"学习教育常态化制度化。制定规范党员领导干部双重组织生活实施办法，组织开展"不忘初心、重温入党志愿书"等主题党日活动，开展正确发展观政绩观专题教育，举行新时代新担当新作为专题研讨交流，切实提高"三会一课"质量。坚持推动党的建设与国有企业改革发展深度融合，创建党员责任区8767个、示范岗10504个，充分发挥党员在国企改革攻坚中的先锋模范作用。各级领导人员建立党支部联系点4015个，组织各级调研指导组深入4414个党支部现场指导，编发基层党建优秀案例457个。抓好"三基建设"。坚持从基本组织、基本队伍、基本制度严起，在打牢基础、补齐短板上下功夫。整顿转化提升党组织76个，调整不称职党组织书记2人，努力使基层党组织成为团结群众的核心、教育党员的学校、攻坚克难的堡垒。加大从产业工人中发展党员工作力度，产业工人新党员占全年1005名新发展党员的71%。举办党组织书记和基层党务工作者示范培训班，全面提升业务素质和综合能力。探索建立智慧党建系统，开展"互联网＋党建"，实现党组织和党员的信息化、便捷化管理。打造高素质专业化干部队伍。落实"对党忠诚、勇于创新、治企有方、兴企有为、清正廉洁"标准，以企业党委换届为牵引，统筹配备企业董事会、经理层班子，加大年轻干部、专业干部、党外干部、妇女干部、少数民族干部使用力度，推动国有企业领导班子结构不断优化、整体功能不断增强。

五是着力加强党风廉政建设和反腐败工作。持续巩固拓展落实中央八项规定精神成果。严格执行中央八项规定及其实施细则精神和自治区实施办法，在制定出台《自治区直属国有企业公务用车制度改革实施方案》《自治区直属企业负责人薪酬管理暂行办法》及其《操作指引》等制度的基础上，指导各监管企业制定办公用房管理办法等制度。组织11户监管企业对131个二级单位进行明察暗访172次。切实加强廉政教育。在包钢集团、华宸信托公司分别召开出资监管企业警示教育大会，切实用身边事教育身边人。与机关处室负责人进行"一对一谈话"，先后7次与企业班子成员廉政谈话。加强机关廉洁风险点排查，查廉洁风险点56个，制定廉政风险防控措施55条。加强监督执纪问责和监督调查处置。正确把握运用"四种形态"，不断巩固发展反腐败斗争压倒性胜利。全年受理信访举报499件，处置问题线索594件，立案153件，给予党纪政务处分230人，组织处理269人，挽回经济损失701.1万元。

（撰稿人：赵　发）

辽宁省

一、辽宁省国有资产监督管理工作综述

2018年，辽宁省国资系统在省委、省政府的正确领导下，以习近平新时代中国特色社会主义思想为指导，认真学习贯彻习近平总书记在辽宁考察时和在深入推进东北振兴座谈会上的重要讲话精神，全面落实"四个着力""三个推进"要求，出色完成50项年度重点任务，国资国企改革三年攻坚计划初战告捷。

（一）国有经济运行保持稳中有进

全力抓好重大项目建设，多措并举稳增长。中德两国深化合作示范项目华晨宝马第三工厂开工建设、大东工厂X3项目建成投产，国家重大战略项目辽西北供水工程全面竣工，辽宁中部环线高速公路全线贯通。辽宁省地方重点国有企业资产总额比上年增长6.4%，累计实现营业收入4243.1亿元，比上年增长10.7%；利润总额216.6亿元，比上年增长40.4%。省属企业平均资产负债率比年初下降3个百分点，"三项费用"比上年压减3.4%。

（二）改革系统性、持续性不断增强

坚持目标和问题导向，找短板、凝共识、促发展，围绕拉长补齐"四个短板"，抓好"六项重点工作"，研究制定《关于深化国资国企改革激发国有企业改革发展活力的工作方案》《推进省属企业高质量发展指导意见》，确保习近平总书记重要讲话精神落地生根、开花结果。出台《加快推进辽宁省国资国企改革专项工作方案》及三年攻坚计划，明确到2020年实现"七个新突破"的目标和具体措施及各年度重点工作，为推进国资国企改革提供有力的操作指引。

（三）国有经济布局结构持续优化

沈煤集团、阜矿集团、电机集团等9户省属能源类企业完成战略性重组，组建辽宁省能源产业控股集团，打造省级能源产业投资平台，培育发展新能源产业。辽勤集团、体育集团、健康产业集团、旅游集团4户新集团完成组建并投入运营。招商局集团完成对大连港、营口港整合，辽宁港口集团正式挂牌，为构建面向东北亚的国际航运中心打下基础。东北特钢完成破产重整，实现涅槃重生。抚顺特钢百日内完成破产重整，股票复牌交易，市场反应积极。华晨集团与德国宝马合作走向深入，合资期限延长至2040年，与法国雷诺集团签订战略合作协议，组建合资公司，在产品规划、研发、销售、运营等方面快速推进。组织各企业参加首届中国国际进口博览会，达成合作意向额35亿美元。

（四）混合所有制改革向纵深推进

出台辽宁省国有企业混合所有制改革实施意见、省属企业混合所有制改革实施方案和操作指引，通过对口合作、招商引资等方式全面推进混合所有制改革。本钢集团混合所有制改革正积极稳妥推进。东北制药实施二次混合所有制改革，建立健全市场化经营机制。沈鼓集团形成上市方案。大连燃气实现股权多元化。2018年，省属企业混合所有制改革比例51%，沈阳、大连混合所有制改革比例分别为54.8%

和57%。辽宁省7户国家"双百行动"企业，以混合所有制改革和员工持股为重点，"一企一策"制定综合改革实施方案，各项改革实践正加速落地。交通规划设计院和辽能风电完成混合所有制改革试点。渤海轮渡、沈阳稻香村等员工持股试点完成员工入股，内生动力进一步增强。鞍山、铁岭等市也积极开展混合所有制改革试点，促进体制机制转变。

（五）历史遗留问题稳妥有序解决

2018年底，驻辽央企486个和省属企业74个项目，全部完成管理权移交和资产划转，国有企业"三供一业"分离移交工作画上圆满句号。地方国有企业厂办大集体改革全面启动，各市各企业认真落实相关政策，结合实际制定具体实施方案，并全部进入实质性操作阶段，2018年11月中央奖补资金拨付到位。处置"僵尸企业"180户，超额完成年度处置任务。其中沈阳市建立"府院联动"机制，提前一年基本完成全部处置任务。

（六）市场化经营机制进一步建立

出台《关于进一步加强和规范省属企业董事会建设的指导意见》《省属企业外部董事薪酬管理暂行办法》，建立省属企业外部董事人才库，部分省属企业选派外部董事试点工作积极推进。大连、鞍山、盘锦等市开展规范董事会建设试点和外部董事制度试点。形成《关于在省属企业开展实行职业经理人制度试点工作意见》，在华晨集团等3户省属企业开展试点。沈阳、本溪、朝阳等市探索市场化选聘职业经理人工作取得积极进展。省属企业三项制度改革步伐加快，全员劳动生产率实现20万元/人·年，比上年增长14%；人工成本利润率107%，比上年增长16%；企业平均管理人员比上年下降7%，其中生产型企业管理人员比例控制在7.1%。

（七）国有资产监管效能持续提升

形成《关于推进国有资本投资、运营公司改革试点的实施方案》。华晨集团、交投集团改组组建国有资本投资公司试点深入推进，对其授权放权15项权利。各市改组组建15家国有资本投资运营公司，在授权放权、运营模式等方面做出积极探索。动态调整省国资委权力和责任清单，拟取消、下放、授权18项监管事项，初步确定重要子企业名单。各市完善出资人履职清单，开展简政放权，有效提升国资监管效能。研究制定《省属企业投资管理暂行办法》《省属企业投资负面清单》。省、市国有企业违规经营投资责任追究工作制度体系和组织体系基本建立健全。

（八）党的领导和党的建设全面加强

辽宁省国资国企系统严格落实巡视整改工作主体责任，全面完成中央和省委巡视整改任务，其中省国资委对中央巡视35项和省委巡视113项整改任务全部销号解决并建立长效机制。出台《关于强化国有企业党委领导作用建立"三议一报告一执行"决策机制的意见（试行）》，落实党组织研究前置程序。开展"固元铸魂"、"固本强基"工程和"强党建、兴国企，为辽宁振兴发展作贡献"行动，切实加强基层党组织建设。举办企业家大讲堂和自贸区经济讲堂，培训省属企业领导人员1600余人次。制定《贯彻落实省委省政府领导关于〈我省十起国企腐败典型案例剖析报告〉批示精神的工作落实方案》并认真组织落实，全面推进企业领导人员廉洁从业。省属企业巡察"回头看"取得积极成效。企业领导人员履职待遇进一步规范。驻省国资委纪检监察组和省属企业全年立案239件，对相关责任人给予党政纪处分和组织处理，风清气正从业环境进一步建立。

二、辽宁省国有资产总量及结构分析

（一）总体情况

截至2018年底，辽宁省国有企业资产总额27348.97亿元，比上年增长3.32%；负债总额15275.25亿元，比上年增长0.61%；净资产12073.72亿元，比上年增长6.95%；平均资产负债率55.85%，比上年减少1.50个百分点；营业收入4774.50亿元，比上年增长15.68%；利润总额204.79亿元，比上年增长19.81%；上缴税费515.92亿元，比上年增长28.15%。

表1　2018年辽宁省国有企业指标

项　目	金　额(亿元)
资产总额	27348.97
所有者权益	12073.72
国有资产总量	9805.79
营业收入	4774.50
利润总额	204.79
净利润	128.82
归属于母公司所以者的净利润	15.40
应交税费总额	535.57
实际上缴税费总额	515.92

(二)户数分布情况

2018年,辽宁省纳入统计范围的各级次地方国有企业4346户,比上年增加193户,其中,一级企业1502户,比上年减少120户;二级企业1580户,比上年增加140户;三级及三级以下企业1264户,比上年增加173户。一级企业中,省国资委监管企业31户,省属非监管企业278户,各市(含市、县区属企业)管理企业1193户。

表2　2018年辽宁省国有企业户数情况

项　目	2017年(户)	2018年(户)	比上年增长(%)
辽宁省户数	4153	4346	4.65
一级企业	1622	1502	-7.40
省国资委监管企业	25	31	24.00
省属非监管企业	334	278	-16.77
各市	1263	1193	-5.54
二级企业	1440	1580	9.72
三级及三级以下企业	1091	1264	15.86

(三)国有资产分布情况

2018年,辽宁省国有资产总量9805.79亿元,其中,省国资委监管企业国有资产总量2590.63亿元;省属非监管企业国有资产总量75.84亿元;各市(含市、县区属企业)管理企业国有资产总量7139.31亿元。

表3　2018年辽宁省国有资产按地区分布情况

地　区	国有资产(亿元)	占国有资产总量比重(%)
省属企业	2666.48	27.19
省国资委监管企业	2590.63	26.42
省属非监管企业	75.84	0.77
地市企业	7139.31	72.81
铁岭市	968.45	9.88
阜新市	2792.18	28.47
鞍山市	546.90	5.58
葫芦岛市	261.52	2.67
锦州市	29.54	0.30
辽阳市	165.48	1.69
盘锦市	115.37	1.18
本溪市	818.67	8.35
朝阳市	6.33	0.06
丹东市	61.95	0.63
营口市	1122.42	11.45
抚顺市	20.03	0.20
沈阳市	66.26	0.68
大连市	164.21	1.67
合　计	9805.79	100.00

从行业分布上看,辽宁省国有资产主要分布在社会服务业、工业、建筑业、房地产业、地质勘察及水利业、交通运输业6个行业,占辽宁省国有资产总量的92.89%。

表4　2018年辽宁省国有资产按行业分布情况

行　业	国有资产（亿元）	占国有资产总量比重（%）
农林牧渔业	134.67	1.37
工业	985.58	10.05
建筑业	857.25	8.74
地质勘查及水利业	486.55	4.96
交通运输业	465.25	4.74
仓储业	41.08	0.42
批发和零售业	25.31	0.26
金融业	132.45	1.35
房地产业	811.86	8.28
信息技术服务业	23.27	0.24
社会服务业	5501.86	56.11
卫生体育福利业	35.73	0.36
教育文化广播业	46.11	0.47
科学研究和技术服务业	245.49	2.50
机关社团及其他	13.31	0.14
合　计	9805.79	100.00

从经营规模上看，辽宁省国有资产主要集中在大型企业，占辽宁省国有资产总量的55.33%。

表5　2018年辽宁省国有资产按经营规模分布情况

经营规模	国有资产（亿元）	占国有资产总量比重（%）
大型企业	5425.20	55.33
中型企业	1296.15	13.22
小型企业	2066.54	21.07
微型企业	1017.90	10.38
合　计	9805.79	100.00

三、辽宁省国有资本保值增值综合分析评价

2018年，辽宁省国有资本保值增值率100.07%，其中，省国资委监管企业保值增值率100.26%，省属非监管企业保值增值率98.91%，各地市保值增值率100%。

表6　2018年辽宁省国有企业地区和行业国有资本保值增值情况

地　区	国有资本保值增值率（%）	行　业	国有资本保值增值率（%）
辽宁省	100.07	农林牧渔业	128.57
省属企业	100.26	工业	98.06
省国资委监管企业	100.29	建筑业	100.11
省属非监管企业	98.91	地质勘查及水利业	99.95
地市企业	100.00	交通运输业	100.32
沈阳市	98.60	仓储业	102.75
大连市	100.89	邮电通信业	100.00
鞍山市	99.53	批发和零售业	120.38
抚顺市	99.61	金融业	96.07
本溪市	101.84	房地产业	100.77
丹东市	97.04	信息技术服务业	93.82
锦州市	98.23	社会服务业	100.07
营口市	101.58	卫生体育福利业	168.34
阜新市	75.82	教育文化广播业	101.81
辽阳市	91.43	科学研究和技术服务业	103.87
盘锦市	100.48	机关社团及其他	103.85
铁岭市	91.93		
朝阳市	104.18		
葫芦岛市	98.22		

四、辽宁省国资委监管企业改革发展情况

（一）混合所有制改革持续发力并不断向纵深推进

一是混合所有制改革推进力度不断加大。出台辽宁省国有企业混合所有制改革实施意见、省属企业混合所有制改革实施方案和操作指引，通过深化对口合作、招商引资等方式全面推进混合所有制改革。本钢集团混合所有制改革正积极稳妥推进。东北制药

实施二次混合所有制改革,建立健全市场化经营机制。沈鼓集团形成上市方案。大连燃气实现股权多元化。2018年,省属企业混合所有制改革比例51%,沈阳、大连混合所有制改革比例分别为54.8%和57%。

二是综合改革全面铺开。辽宁省7户国家"双百行动"企业,以混合所有制改革和员工持股为重点,"一企一策"制定综合改革实施方案,各项改革实践正加速落地。

三是试点工作扎实推进。交通规划设计院和辽能风电完成混合所有制改革试点,筛选4户企业申报国家第四批混改试点。员工持股试点稳步推进,渤海轮渡、沈阳稻香村等企业完成员工入股,内生动力进一步增强。鞍山、铁岭等市也积极开展混合所有制改革试点,促进体制机制转变。

(二)长期制约国企改革发展的历史负担正稳妥有序解决

一是国有企业"三供一业"分离移交工作画上圆满句号。辽宁省上下狠抓协议落实,强化督导,按月通报,严肃考核,落实资金。截至2018年底,驻辽央企486个和省属企业74个项目,全部完成管理权移交和资产划转。特别是沈阳市强化政治担当,多措并举化解费用缺口,较好地完成占辽宁省近1/4的移交项目。鞍山市、盘锦市积极解决鞍钢集团和辽河油田这两块体量较大的"硬骨头",抚顺市率先启动维修改造工作。本钢集团、抚矿集团、沈煤集团等企业着力攻坚难点项目,有效减轻企业负担。

二是地方国有企业厂办大集体改革全面启动。各地区认真落实相关政策,结合实际制定具体实施方案,全部进入实质性操作阶段,中央奖补资金61.78亿元拨付到位。其中,沈阳市、营口市、辽阳市进展较快,特别是营口市基本完成职工安置和补助资金的发放。大连、抚顺、葫芦岛等市开展职工安置和职工身份认定工作。

三是国有"僵尸企业"超额完成年度处置任务。通过建立各部门工作联动机制、对安置职工给予补助等政策,全年处置"僵尸企业"180户。其中,沈阳市建立"府院联动"机制,提前一年基本完成全部处置任务。本溪市、辽阳市完成年度处置任务。

(三)国资监管效能不断提升

一是国有资本投资运营公司试点有序推进。形成《关于推进国有资本投资、运营公司改革试点的实施方案》。华晨集团、交投集团改组组建国有资本投资公司试点深入推进,对其授权放权15项权利。形成省国有资本运营公司组建方案。各市改组组建15家国有资本投资运营公司,对授权放权、运营模式等方面做了积极探索。

二是简政放权和职能转变扎实推进。动态调整省国资委权力和责任清单,拟取消、下放、授权18项监管事项,初步确定重要子企业名单。各市进一步完善出资人履职清单,开展简政放权,有效提升国资监管效能。

三是经营投资管理和责任追究进一步加强。研究制定《省属企业投资管理暂行办法》《省属企业投资负面清单》。省、市国有企业违规经营投资责任追究工作制度体系和组织体系基本建立健全。

五、辽宁省国资委监管企业并购重组与完善法人治理结构情况

(一)国有经济布局结构持续优化

一是战略性重组整合取得新进展。整合省属煤炭等9户能源类企业组建省能源产业控股集团,打造省级能源产业投资平台,重构管理体制和经营机制,化解债务风险,培育发展新能源产业。辽勤集团、体育集团、健康产业集团、旅游集团4户新集团完成组建并投入运营。各市结合统一监管和事业转企业,围绕整合公共服务、文化等产业,累计组建113户新企业集团。

二是与央企联合重组力度不断加大。在大连市、营口市国资委的大力支持和积极配合下,推动招商局集团完成对大连港、营口港整合,辽宁港口集团正式挂牌,为构建面向东北亚的国际航运中心打下基础。辽展集团与中国电子、健康产业集团与华润集团签订战略合作协议,电机集团与中煤集团重组在积极推动中。

三是防控债务风险取得积极成效。通过公开引

入战投和市场化债转股,完成东北特钢破产重整,实现涅槃重生。抚顺特钢9月21日进入破产程序,不到百日完成破产重整工作,股票复牌交易,市场反应积极。辽宁省国有企业累计实施债转股477亿元。各省属企业采取有力措施积极化解债务风险并取得初步成效。

四是对外合作不断扩大。华晨集团与德国宝马集团深度合作,合资期限延长至2040年,与法国雷诺集团签订战略合作协议,组建合资公司,在产品规划、研发、销售、运营等方面快速推进。组织各企业参加首届中国国际进口博览会,达成合作意向额35亿美元。

(二)市场化经营机制加快建立

一是董事会建设进一步规范。出台《关于进一步加强和规范省属企业董事会建设的指导意见》《省属企业外部董事薪酬管理暂行办法》,建立省属企业外部董事人才库,制定《辽宁省省属企业外部董事人才库管理办法》《试点企业外部董事选派工作流程》。面向社会和省属企业遴选出43名外部董事入库人选,涵盖经济、管理、法务、金融、投融资、汽车制造等专业,部分省属企业选派外部董事试点工作积极推进。大连、鞍山、盘锦等市开展规范董事会建设试点、建立外部董事制度。

二是市场化选聘职业经理人进一步推进。形成《关于在省属企业开展实行职业经理人制度试点工作意见》,在华晨集团等3户省属企业开展试点。沈阳、本溪、朝阳等市探索市场化选聘职业经理人工作取得积极进展。

六、辽宁省国资委监管企业建立和完善经营业绩考核体系情况

辽宁省国资委认真履行企业国有资产出资人职责,为全面深化国资国企改革,引导企业做强做优做大,更好地服务于辽宁省战略,按照分类监管、分类施策、分类考核的工作原则,建立健全有效的激励约束机制,进一步发挥考核导向作用,调动企业负责人积极性,有效落实国有资本保值增值责任。一是突出考核导向,引导企业创新驱动、服务辽宁省战略、优化产业结构、维护资本安全,促进企业高质量发展。二是突出目标引领作用,通过与企业签订经营目标责任书,逐级传递目标压力,激励企业直面挑战,主动作为,努力实现国有资本保值增值。三是突出企业功能定位,实施分类考核。根据企业经营特点和功能定位,将出资企业分为竞争类企业、功能类和公益类三类企业。对竞争类企业,以增强国有经济活力、放大国有资本功能、实现国有资本保值增值为导向,重点考核企业经济效益、国有资本保值增值和市场竞争能力;对功能类企业,以支持企业可持续发展和服务辽宁省战略为导向,在保证合理回报和国有资本保值增值的基础上,加强对保障辽宁省经济运行、发展前瞻性、战略性产业、重大基础设施建设等功能性业务和重大专项任务完成情况的考核;对公益类企业,以支持企业服务辽宁省经济为导向,以保障民生,服务社会,提供公共产品和服务为主要目标,重点考核成本控制、产品服务质量、营运效率和保障能力等指标。四是突出省政府重点工作任务考核。按照省政府"重实干、强执行、抓落实"专项行动部署要求,落实省政府重点工作任务,围绕改革、发展、稳定和防范风险等工作重点,实行加减考核。五是加强行业对标考核。运用企业财务绩效评价体系,科学评价企业现状,引导企业对标找差距,不断提高经营管理水平,进而实现从定标对标到超标创标的转变。六是强化监管工作考核,实行奖优罚劣,有力推动国资监管。对导致重大决策失误、重大安全与质量责任事故、重大环境污染责任事故、重大违纪和法律纠纷案件,给企业造成重大不良影响或者国有资产损失的,实行扣分和降级考核。

七、辽宁省国资委监管企业负责人考核与选人用人机制改革情况

一是制定出台《省属企业领导人员廉洁从业若干规定》《关于开展省属企业领导人员廉洁从业专项整治实施方案》《落实〈辽宁省深入开展"圈子文化"问题专项整治方案〉实施方案》《落实〈辽宁省深入开展干部不担当不作为问题专项整治方案〉实施方案》《落实〈辽宁省选人用人突出问题专项整治方案〉实施方案》。配合省委组织部制定出台《辽宁省省属企业领

导人员管理暂行规定》。

二是规范考核任用程序，制定《省国资委党委管理企业领导人员动议酝酿办法》《省国资委党委管理领导班子企业纪委书记、副书记提名考察办法》《提拔任用省国资委党委管理企业领导人员征求驻委纪检监察组意见暂行办法》。

三是完成时代万恒集团、国合集团、辽展集团、联合资产公司党委书记、董事长（执行董事）配备。

八、辽宁省国资委监管企业党的建设和廉政建设情况

（一）党的建设情况

一是加强党建工作统筹设计。严格落实党建工作主体责任和第一责任，确立"121"党建工作思路，以党建重点任务三年工作规划为目标，以"两固工程"为抓手，以"强兴作"行动为载体，出台"121"配套党建工作文件4个，推动党建工作与生产经营深度融合。组织召开省属企业党委书记抓基层党建工作述职评议会议、2018年省（中）直企业党建工作会议、省（中）直企业基层党建工作推进会议等各类党建工作会议12次。二是加强企业党委核心能力建设。组织省属企业按要求全部完成党建工作进公司章程。与省委组织部共同出台《关于强化国有企业党委领导作用建立"三议一报告一执行"决策机制的意见（试行）》，严格落实党组织讨论研究作为董事会、经理层决策重大问题的前置程序，打造出省环保集团第四党支部等一批以党建工作引领企业改革发展的典型。三是严格党内政治生活。6—11月，先后组织召开企业领导班子政治性警示教育专题民主生活会、吸取违规违纪案件教训专题民主生活会、中央巡视反馈意见整改落实专题民主生活会和省委巡视反馈意见整改落实专题民主生活会。推动25户省属企业4542个党支部召开组织生活会。四是抓好企业党组织换届和隶属关系调整工作。印发《关于进一步做好基层党组织按期换届提醒督促机制和报送基层党组织换届工作台账的通知》，完成东北特钢、抚顺特钢、辽宁益康生物公司、国电投东北电力本溪热电公司和省公投公司党组织隶属关系调整工作，组织4户新组建集团及时构架党组织体系，推进国有企业改革工作与党建工作"四同步、四对接"的有效衔接。五是抓好基层组织建设。组织召开省（中）直企业组织工作会议暨组工干部培训班，学习传达全国辽宁省组织工作会议精神；印发《省国资委党委关于省（中）直企业全面贯彻新时代党的组织路线的意见》。组织开展入党积极分子、党务干部实务培训，省（中）直企业轮训党支部书记1万人次，举办4期企业家大讲堂和12期自贸区经济讲堂，培训省属企业领导人员2300余人次。创建省级党支部规范化建设示范支部11个、"共产党员之家"综合服务阵地1766个，开展宣讲2000余次。深入推进"共产党员先锋工程"，设立党员先锋工程项目2185个、党员先锋岗5677个、党员责任区6580个、党员突击队1533个。组织开展省（中）直企业"两先一优"表彰活动，营造学习先进、争当先进的浓厚氛围。党支部战斗堡垒作用和党员先锋模范作用得到充分发挥，基层党组织政治功能和组织力得到进一步提升。

（二）廉政建设情况

一是加强警示教育。省国资委党委与驻委纪检监察组联合组织"铁岭廉政小品小戏"在省属国有企业巡回演出，演出10场，受众8000多人；组织召开省（中）直企业党风廉政建设和反腐败工作会议，重温入党誓词、参观反腐倡廉展览馆、部署年度任务，组织层层签订党风廉政建设责任书；以贯彻落实辽宁省领导关于《我省十起国企腐败典型案例剖析报告》的批示为抓手，组织省属企业和各市国资委迅速开展传达学习、警示教育和剖析整改。以落实省委关于重大违纪违规案件处理决定为抓手，组织省属企业深入开展警示教育、召开专题民主生活会、开展专项问题整治、健全完善制度机制。二是完善制度建设。印发《深入推进省属企业全面从严治党加强党风廉政建设和反腐败工作三年计划》《辽宁省省属企业负责人履职待遇、业务支出管理办法》《省属企业领导人员廉洁从业若干规定》等制度规定。组织开展对企业领导人员履职待遇、业务支出及违规领取奖金补贴问题专项检查，追回违规发放奖金补贴1000余万元。三是把握运用好"四种形态"。省国资委党委、驻委纪检监察组及省属企业纪委接受信访举报2159件，处置问题线索879件，其中，运用第一种形态363人次、第二种形态118

人次、第三种形态34人次、第四种形态16人次。省国资委党委和驻委纪检监察组分3批对18起、事涉24人违反中央八项规定精神和"四风"问题典型案例集中通报曝光，形成有力震慑。四是推进高压反腐。2018年，驻省国资委纪检监察组和省属企业受理信访举报2416件，处置问题线索1017件，立案278件，党纪处分194人，政纪处分163人，组织处理150人次。

（撰稿人：王　城）

大连市

一、大连市国有资产监督管理工作综述

2018年，大连市国资委在大连市委、市政府的正确领导下，以习近平新时代中国特色社会主义思想为引领，深入学习贯彻党的十九大和十九届二中、三中全会精神，认真贯彻习近平总书记在辽宁考察时和在深入推进东北振兴座谈会上的重要讲话精神，认真落实新发展理念和"四个着力"、"三个推进"，坚持稳中求进工作总基调，按照高质量发展的要求，进一步解放思想，踏实苦干，创新体制机制，加快企业转型，完善国资监管，全面从严治党，全方位提升国企改革动力和发展活力。截至2018年底，出资企业资产总额3218亿元，比上年增长5.7%；营业收入537.4亿元，比上年增长6.2%；利润总额31.4亿元，比上年增长34.3%。

（一）"重实干、强执行、抓落实"专项行动扎实开展

一是加强组织领导，细化方案措施。省、市关于开展专项行动的通知下发后，大连市国资委立即成立"重实干、强执行、抓落实"专项行动领导小组，并设立领导小组办公室和督导推进组，全面加强组织领导和督导工作。研究制定具体实施方案，全力推进8个方面重大专项工作任务的开展。建立量化目标体系，进行项目化管理，做到"一事一案"。列出详细计划，明确进度要求，排列问题清单，落实责任部门和责任人。建立督导推进联络员沟通联络机制，推进各项重点工作任务落实。二是聚焦重点任务，推进工作落实。结合2018年重点工作任务，紧盯每个节点，逐事逐步抓落实，真正做到件件清、步步明。对燃气集团、金重集团深化改革等重点工作进展情况进行专项检查，对大化集团重整改革进行专题研究和推进。指导3户出资企业入选国务院国资委国企改革"双百行动"，研究制定深化改革方案。实地调研重工·起重集团、瓦轴集团、热电集团、冰山集团、辽无二电器公司等企业重点项目推进情况，确保各项工作任务按时限完成。三是坚持跟踪问效，强化督查考核。建立考核评价体系，坚持每半月汇总、每月小结通报，下发"督导推进专报"8期，督促相关部门抓好工作落实，确保各项任务按时间节点完成。开发内网督导平台，对目标任务的序时节点任务完成情况进行实时填写、实时考核，使各项重点工作的内容、完成时限、完成情况、措施、步骤、责任人一目了然，实现督导工作科学化、信息化，阳光透明。

（二）国资监管效能不断提高

一是进一步完善监管法规制度。开展规范性文件清理，对现行106件具有规范性质的文件进行全面清理，废止28件不适应国企改革发展的文件政策。对需要保留和继续执行的文件予以公布，保证依法监管工作的"有法可依，有据可查"。修订完善出资企业负责人综合考核办法、薪酬管理办法和国有资产交易监督管理办法，健全完善国资监管法规制度。二是进一步加强外派监事会监督。完善监督工作体制机制，突出监督重点，强化对企业"三重一大"事项的监督；制定《关于强化监事会监督加强巡察反馈整改工作的落实意见》，对监事会成果运用等提出规范性意见；切实加强监事会履职记录制度，落实外派监事会纠正违规决策、罢免或者调整领导人员的建议权。完成监事会监督检查报告30份，发现并提出问题120余条，督促企业加大风险防范和问题整改力度。三是进一步加强审计监督。大力开展投资监管和违规经营投资责任追究，以及责任倒查机制，强化对企业投资事中、事后监管。认真落实《党政主要领导干部和国有企业领导人员经济责任审计规定》，对6户企业领导人员

进行经济责任审计,对3户企业主要负责人进行审计约谈。四是进一步加强监管信息化建设。完成以财务业务监管为核心的国资监管信息化一期建设,搭建国资系统多集团财务共享中心,实现出资企业集团财务信息化管理。其中10家企业集团及其下属企业、200余名财务人员在统一的财务平台处理业务,9家有集团财务系统的企业实现对接,对出资企业的实时动态监管和风险防控进一步增强。监管信息化建设做法在国务院国资委组织的全国国资委政策法规系统工作会上作经验交流。

(三)体制机制改革不断深化

一是大力发展混合所有制经济。完成燃气集团改制第二步华润燃气增资工作,与华润集团正式签约,燃气集团股权多元化改革顺利完成。配合做好辽宁港口整合相关工作,完成大连港集团股权无偿划转和《增资协议》及附属协议的签署工作。积极推进大化集团重整改革,有序推进金重集团深化改革。二是推进企业重组整合。重点推动装备投集团与国投集团重组整合,优化资源配置,实现资产、人员、业务的全面融合;结合经营性事业单位转企改制组建棒棰岛宾馆集团、旅游集团、星海湾开发建设集团、检验检测集团,并将4户集团纳入大连市国资体系,并对4户企业规范监管、强化服务。三是推进国务院国资委国企改革"双百行动"。组织瓦轴集团、三寰集团、建投集团申报并最终确定为国务院国资委国企改革"双百行动"企业,相关企业稳步开展制定深化改革方案工作。

(四)企业转型发展有力推进

一是促进企业创新交流。相继召开市国资系统科技创新工作研讨会、"国资助力产融结合"发展战略创新研讨会、"8+5"创新工作座谈会,与上海市国资委联合举办沪连国企对口合作沙龙活动,促进企业创新发展和转型升级。二是加强企业创新驱动。企业围绕产业链部署创新链,重工·起重集团AGV样机研制等多项智能化技术开发取得阶段成果,利用智能化技术优势累计实现14项市场订货;瓦轴集团加强航空发动机主轴轴承、特种旋转轴承、工业机器人轴承等产品研发,6个项目获得国家专利,成为宝马等欧美知名汽车公司轴承供应商;冰山集团与北京工业大数据创新中心联合建设"冰山云—制冷空调工业互联网平台",将传统产业和互联网深度融合,延伸冰山的冷热产业链和价值链。三是建立大连市产业(创业)投资引导基金。按照市政府工作安排,市国资委和市发展改革委共同组建大连市产业(创业)投资引导基金,进一步促进大连市三次产业优化升级,加快产业结构调整步伐。四是推动重大工程项目落地开工。建投集团大连市天然气高压管道项目、北站交通综合枢纽项目,城投集团大连湾海底隧道及光明路延伸PPP项目,热电集团北海热电厂热源改扩建及供热管网建设项目相继开工建设。辽无二与松下合资的新能源汽车用动力电池项目进展顺利。冰山集团冰山慧谷产业园一期正式开园营业。盐化集团海盐世界公园一期项目改造完成。三寰集团着力打造三寰牧场6月运营,社会反响热烈。五是妥善解决企业历史遗留问题。积极推进驻连央企、省企"三供一业"分离移交,完成与驻连22家央企和2家省企99项分离移交改造项目资产划转等相关工作。启动驻连央企省企厂办大集体工作,制定实施方案,召开驻大连央企省企对接会,完成驻连省企厂办大集体性质认定和中央财政奖补资金匡算工作。

(五)风险防控工作不断加强

一是大力推动降成本、去杠杆、控风险。对20户出资企业债务风险情况进行调查、分类评估,"一企一策"研究制定染化集团、金重、大橡塑、资源集团等企业化解债务风险方案。去杠杆收效明显,资产负债率稳步下降,截至2018年11月底,全系统资产负债率43.43%,比上年减少3.92个百分点,三项费用有效压减,比上年减少3.3个百分点。二是做好企业债务风险动态监测及重大财务事项监管。利用国资监管信息系统,对企业债务信息进行实时、动态监控,重点加强对部分高负债企业的动态监管。严控投资风险,严格执行审批程序,对于生产经营困难、资金严重不足的企业严格控制新增债务。加强企业贷款担保抵押、融资备案等重大财务事项审核备案。三是深入开展清理无效股权、盘活闲置资产工作。制定出资企业清理整合无效低效股权、盘活闲置资产工作实施方案,开展集团二、三级股权清理工作。推进完成重工·起重集团等8户企业7处闲置房屋、133项闲置及报废设备、91辆闲置车辆处置,大连海洋经济产业园发展有限公司10%股权等3个股权项目转让。

二、大连市国有资产总量与结构分析

截至2018年底,大连市地方国有及国有控股企业(含企业化管理事业单位,不含金融企业)728户(含三级及以下企业),其中一级子企业217户。国有资产总量2714.3亿元,其中市属1220.2亿元,占比44.96%;县区1494.1亿元,占比55.05%。2018年,实现利润23.5亿元,上缴税金30.6亿元。其中,大连市国资委出资企业国有资产总量1210.2亿元,实现利润17.1亿元,上缴税金24.1亿元。

表1　2018年大连市国有企业指标

项目	金额(亿元)
资产总额	4398.8
所有者权益	3076.8
营业收入	495.2
利润总额	23.5
净利润	18.2
归属于母公司所有者的净利润	12.4
应交税金总额	29.7
实际上缴税金总额	30.6

表2　2018年大连市国有企业户数情况

2017年户数(户)	2018年户数(户)	比上年增长(%)
859	728	-15.25

表3　2018年大连市国有资产按地区分布情况

地区	国有资产(亿元)	占国有资产总量比重(%)
合计	2714.3	100.00
市属国有企业	1220.2	44.95
监管企业	1210.2	44.59

续表

地区	国有资产(亿元)	占国有资产总量比重(%)
非监管企业	10.0	0.37
县区国有企业	1494.1	55.05
中山区	0.7	0.03
西岗区	11.2	0.41
沙河口区	1.1	0.04
甘井子区	32.7	1.20
金普新区	297.8	10.97
长兴岛临港工业区	554.9	20.44
花园口区	0.1	0.00
旅顺口区	301.3	11.10
普兰店区	168.5	6.21
高新技术产业园区	95.8	3.53
长海县	12.2	0.45
瓦房店市	3.7	0.14
庄河市	3.5	0.13
保税区	10.7	0.39

表4　2018年大连市国有资产按行业分布情况

行业	国有资产(亿元)	占国有资产总量比重(%)
投资	1762.38	64.93
交通	186.81	6.88
工业	147.73	5.44
公用	250.77	9.24
其他	356.52	13.13
文化	10.10	0.37

表5 2018年大连市国有资产按经营规模分布情况

经营规模	国有资产（亿元）	占国有资产总量比重(%)
大型企业	1499.94	55.26
中型企业	310.41	11.44
小型企业	466.35	17.18
微型企业	437.61	16.12

三、大连市国资委完善法人治理结构情况

加快完善现代企业制度。制定《关于规范大连市国资委出资企业董事会建设的暂行办法》《大连市国资委出资企业外部董事管理暂行办法》《大连市国资委出资企业职工代表董事管理办法》。加强企业董事会建设，认真落企业董事会、外部董事、职工代表董事管理规定，对部分企业董事会、董事，按照比例要求进行调整。建立外部董事库，通过公开招聘、企业推荐等方式充实外部董事，人员实行动态管理，充实外部董事人员，考核评价外部董事20人。

四、大连市国资委监管企业负责人考核与选人用人机制改革情况

充分发挥考核分配对企业发展的导向作用，实现国有企业高质量发展，进一步修订企业负责人考核分配机制。健全两大体系，一是完善高质量发展的考核指标体系，引导企业实现质量更高、效益更好、结构更优的发展；二是健全与国际国内先进水平对标的考核体系，对标先进、找差距、补短板，不断提升企业核心竞争力。完善三个机制，一是进一步深化分类考核机制，对不同功能定位、不同行业领域、不同发展阶段的企业，突出不同考核重点，实行差异化考核；二是进一步完善目标管理机制，将经营目标与考核计分、结果评级紧密挂钩，持续激发企业内生发展动力；三是进一步强化结果与奖惩挂钩机制，完善考核加减分制度，将考核评价与薪酬奖惩更加紧密地结合起来。推进市场化选聘职业经理人工作。在部分企业集团的二级公司开展市场化选聘企业经理层人员试点，试行由公司董事会选聘经理层人员，按市场规律进行职业化、契约化管理。在部分企业集团的二级公司开展现有经理层人员向职业经理人身份转换试点，企业董事会与经理人签订经营责任状、聘任合同。按照干部管理权限，对企业领导班子进行调整，积极稳妥做好干部调整选任工作。

五、大连市国资委监管企业党的建设和廉政建设情况

(一)巡视巡察整改扎实推进

一是突出问题导向。认真做好中央第六巡视组反馈意见和市委第一巡察组情况反馈意见整改落实。围绕中央巡视反馈意见，梳理出整改落实的44个具体问题，细化成116项具体整改落实措施；围绕市委第一巡察组指出的3个方面11项40个问题和提出的意见建议，研究制定整改落实方案，细化169项整改措施。明确整改落实措施的牵头部门、责任部门、具体负责人和完成时限。二是狠抓整改落实。先后多次召开党委（扩大）会、委务会、巡察整改动员会、专项整改工作会、出资企业负责人座谈会等，统一思想，明确方向，抓好落实。把抓"关键少数"带头整改作为巡视巡察整改关键环节，认真落实第一责任人职责，对巡视巡察反馈意见中点名的企业，约谈企业党组织负责人，对涉及问题重点整改。各级党组织先后召开二次专题民主生活会，认真学习巡视巡察相关讲话精神和反馈意见，认真开展批评与自我批评。全系统按照"条条要整改、件件有着落"的要求，紧扣所在单位实际，逐条逐项对照检查，逐条逐项整改到位。制定的整改措施全部落实到位，并建立95项长效机制。三是加强督导检查。成立市国资系统整改落实工作领导小组、8个巡察整改督导组和3个党建工作督导组，制定督导办法，落实每周工作协调制度，制定整改落实清单，加强对责任部门和单位的整改督导。通过跟踪问效、销号管理，做到不根本解决的不销号、解决质量不高的不销号、上级和广大群众不认可的不销号。将巡视巡查整改落实情况进行汇总上报市委整改办和市纪委接受监督。

(二)从严治党要求全面落实

一是筑牢思想政治根基。加强理论武装，编发《习近平总书记系列重要讲话读本》《党员干部应知应

会100条》等学习教材,组织全系统通过召开宣讲会、座谈会等多种方式,认真学习习近平新时代中国特色社会主义思想;组织2期学习十九大精神轮训班,集中轮训企业领导班子和机关副处以上领导干部98人;组织2期国有企业党建工作创新专题研修班,培训企业党建领导干部75人。二是发挥党组织核心作用。聚焦充分发挥党组织领导核心和政治核心作用,深入企业开展党组织议事规则相关内容调研,探索创新企业党组织发挥作用的有效途径,落实重大事项党组织研究前置程序,切实把加强党的领导与完善公司治理统一起来。水务集团、地铁集团、城建投集团分别召开第一次党员代表大会,选举产生集团党委和纪委,构建起集团党委发挥领导核心和政治核心作用的坚强组织基础。三是夯实基层战斗堡垒。加强基层党组织带头人队伍建设,与市委组织部联合开办国企青年干部、国有企业党务干部培训班,对45名党务干部进行示范化培训;举办2期党支部书记党建工作专题培训班,集中培训911名基层党支部书记,提高做好基层党建工作的能力和水平。狠抓基层党组织书记抓党建述职评议考核,严格落实党建工作责任制。持续推进"一线筑垒"工程,推动"党员之家""国企职工讲习所"的建设和作用发挥。四是加强作风纪律建设。认真贯彻落实大连市领导干部警示教育会议精神,召开国资系统领导干部警示教育大会,组织开展专项自查整改活动,加强党风廉政教育,通报涉嫌严重违纪违法接受组织审查情况;组织2期机关党员干部警示教育培训活动,邀请市委党校教师进行授课;组织95名党员干部参观大连市监狱。聚焦"七个着力纠正",弘扬"马上就办、办就办好"工作作风,切实提高机关办事效率和质量,不断提高服务企业、服务基层的能力。

(撰稿人:张 智)

吉林省

一、吉林省国有资产监督管理工作综述

2018年,吉林省国资委及监管企业认真贯彻落实省委省政府和国务院国资委的决策部署,保持定力、积极应对、攻坚克难,抓党建、抓监管、抓改革、抓发展、抓合作、抓运转,推动各项工作取得较好的成效。截至2018年底,除昊融集团、吉粮集团因破产重整未列入运行统计外,其余16户监管企业资产总额7276亿元,所有者权益总额1850亿元,实现营业收入518亿元,利润总额37.2亿元,扣除吉林银行因国家严格金融监管计提减值损失准备因素影响,16户企业实现利润总额70.7亿元,比上年增长19.7%,总体保持平稳发展。

(一)稳增长防风险取得初步成效

推动企业严格落实三年扭亏增盈方案,全面学习吉化公司精益管理经验,压缩管理层级,加强成本管控,挖掘市场需求,加强风险防范,多措并举促增长提效益。全年16户监管企业营业收入比上年增长11%。吉煤集团、吉林信托等8户企业完成年度扭亏增盈目标,共计实现利润52.3亿元。吉林省国资委成立"化解风险领导小组",指导和帮助企业采取倒展贷再融资、盘活存量资产、清收债权、组建基金等方式降杠杆减负债,平均资产负债率与上年基本持平。全年各企业积极协调金融机构,通过公开市场债券融资工具融资240亿元,累计化解企业各类金融债务364.2亿元,有力保障企业平稳运行。

(二)企业改革加快推进不断深化

深入贯彻落实习近平总书记视察东北重要讲话精神、全国国企改革座谈会精神和国务院《东北国企改革专项方案》要求,制定《省属国企改革发展三年行动方案》,进一步明确国企改革的路线图和重点任务,指导企业形成各自综合改革方案。积极推进混合所有制改革,坚持宜混则混、宜改则改,混改比例不断提高。"一企一策"推进重点企业改革,酒精集团与国投生物成功重组并运行良好。森工集团列入国家国企改革"双百行动"试点。昊融集团、吉粮集团破产重整有序推进。积极推动省属脱钩企业公司制改制,18户企业完成改制任务。

(三)解决历史遗留问题取得进展

吉林省47户国企855个"三供一业"项目全部

签订正式移交协议,完成率100%。国企办市政、社区、消防等职能分离移交工作基本完成。除吉煤集团所属辽矿总医院、通矿总医院与属地政府仍在研究接收事宜外,其余10所教育机构、59所医疗机构完成改革任务。积极协调相关部门研究职工养老保险接续和欠费核销的具体解决办法,起草制定《厂办大集体改革工作的指导意见》。吉铁集团、吉炭集团改制遗留问题取得实质进展,协调落实信访救助资金,集中解决18件形成时间长、成因复杂的突出问题,维护企业和社会和谐稳定。

(四)国有资本布局结构持续优化

重点项目建设加快推进,全年监管企业新开工项目23个,完成投资166.9亿元,夯实后续发展和转型基础。股权投资力度不断加大,截至2018年底9户监管企业发起设立及参股30支股权投资基金,总规模248.7亿元,围绕国有企业改革重组、重点产业转型升级、重大科技成果转化、战略新兴产业发展等方面累计投资100余个重点项目,有效放大国有资本功能。加快淘汰落后产能,吉煤集团列入计划的20处矿井全部关闭并通过验收,累计去产能1508万吨。继续推进经营性资产脱钩,开展省直部门所属宾馆酒店、疗养机构划转试点,省财税干部休养所、省高院司法警官训练基地、省中欧社会保障能力建设中心、乐府大酒店4家单位移交吉旅控股集团管理。

(五)对外合资合作力度不断加大

组织开展"央企助力吉林振兴"和"京企吉林行"活动,推动监管企业深化与央企、京企及其他域外企业的战略合作。运营公司通过股权投资方式,增持富奥公司股权至27.6%,强化控股地位;收购富维公司4.8%股权,成为第三大股东。金控集团与国调基金、中车金控等发起设立"吉林国调产业发展基金",首期募资完成审批程序。吉旅控股与一汽合资组建智行科技公司,移动出行业务启动运营;与浙江力石共同设立大数据公司,"吉旅行"在线服务平台在雪博会期间正式运行。森工集团与北京城建、北京住总、北京首农加强合作,木材加工制品、森工特色食品、泉阳泉矿泉水等进入北京市场。

(六)国资监管效能进一步强化提高

按照以管资本为主的要求,加快省国资委自身职能转变,制定38项监管事项,取消、下放、授权20项,明晰审批备案流程,规范监管行为。聚焦补短板、堵漏洞、防风险,出台《国资监管实施细则》,制定《企业预算管理工作规范》,修订《投资监管办法》《业绩考核办法》《违规经营投资责任追究办法》等监管制度,增强监管的针对性和有效性。加强企业运行调度、监测和分析,逐户开展内部审计评价,加强审计问题整改,推动企业进一步完善内控体系。机构改革前,确定外派监事会20项重点监督事项清单。各监事会实地检查集团公司18户、子公司176户,揭示问题116个,提出整改建议115条;列席企业会议183次,提出质询建议102次,纠正不合理事项39项,有效地发挥监督作用。

(七)企业党的领导和党的建设全面加强

组织系统企业深入学习习近平新时代中国特色社会主义思想,126名企业各级党委书记带头到一线宣讲,引导党员干部树牢"四个意识"、坚定"四个自信",坚决做到"两个维护",不折不扣地把中央各项决策部署落到实处。进一步压实管党治党责任,逐级开展企业党组织抓党建述职评议,制定省属企业党的建设考核评价办法,推动党建工作由"软指标"变成"硬约束"。结合系统实际和国企特点,深入开展"三建、四清、五个一"专项活动。省属企业集团层面全部实现"党建入章",353户二级以下企业完成章程修订;配合省委组织部选齐配强企业领导人员,落实"双向进入、交叉任职"领导体制,115名企业党委班子成员有96名进入董事会、监事会和经理层,实现党委书记和董事长"一肩挑";落实"五强一创"工程,2018年系统企业累计新选配党支部书记174人,发展党员470人,建立党员多功能活动室1291个。加强党风廉政建设和反腐败工作,推动企业集中加强党章党规党纪教育,完善廉洁风险防控机制;深入开展干部作风大整顿,持之以恒纠治"四风",组织企业开展扶贫专项整治交叉互检;出台规范省属企业领导人员履职行为警示约谈制度,进一步强化对企业领导的日常监督;严肃查处违规违纪问题,全年吉林省国资委和监管企业立案120件,给予党政纪处分233

人,有效地发挥震慑作用,为国企改革发展稳定提供坚强纪律保证。

二、吉林省国有资产总量与结构分析

截至2018年底,汇总范围内国有企业资产总额20676.2亿元,负债总额12694.7亿元,所有者权益总额7981.5亿元。所有者权益总额中资本公积5603.5亿元,实收资本1292.6亿元(其中国有资本1180.1亿元),未分配利润511.6亿元,盈余公积101.3亿元。

截至2018年底,汇总范围内企业国有资产总量7255.3亿元,比上年增长12.1%,其中省直企业国有资产总量1728.1亿元;省国资委监管企业国有资产总量1597.5亿元;市地企业国有资产总量5527.2亿元。增减因素中:无偿划入824.7亿元,国家、国有单位直接或追加投资109.3亿元,经营积累125.3亿元,分别占增加额的74.7%、9.9%和11.4%;无偿划出166.3亿元,经营减值63.9亿元,其他因素减少28.3亿元,分别占减少额的52%、20%和8.8%。客观因素依然是影响国有资产总量持续增长的重要因素。

2018年,汇总范围内企业营业收入1274.5亿元,比上年增长5.8%。其中省国资委监管企业营业收入比上年增长11.4%;地市国有企业营业收入比上年增长5.7%。按行业划分,营业收入比上年增幅较高的是地质勘查及水利业和房地产业,分别比上年增长53.8%和51%。比上年降幅较多的是建筑业,比上年下降18.9%。

2018年,汇总范围内国有企业1913户,其中盈利企业942户,亏损企业971户。实现利润总额98亿元,比上年减少85.3亿元,减少46.5%。利润总额增减变动较大的地区:长春市市直非监管企业减利37.7亿元,比上年下降57%;省国资委监管企业减利22.9亿元,比上年下降38%。利润总额增减变动较大的行业:建筑业减利45亿元,比上年下降48.2%;社会服务业减利32.3亿元,比上年下降93%;金融业减利24.8亿元,比上年下降48.7%;农林牧渔业减利2亿元,比上年增长32.8%。

表1 2018年吉林省国有企业指标

项　目	金　额(亿元)
资产总额	20676.2
所有者权益	7981.5
国有资产总量	7255.3
营业收入	1274.5
利润总额	98.0
净利润	74.6
归属于母公司所有者的净利润	67.9
应交税费总额	90.0
实际上缴税费总额	89.1

截至2018年底,吉林省纳入汇总范围的国有企业1913户,比上年增加177户。

表2 2018年吉林省国有企业户数情况

2017年户数(户)	2018年户数(户)	比上年增长(%)
1736	1913	10.20

与上年相比,省直企业国有资产总量占吉林省国有企业比重下降2.7个百分点,其中省国资委监管企业占比下降2.5个百分点,市地国有企业占比上升2.7个百分点。

表3 2018年吉林省国有资产按地区分布情况

地　区	国有资产(亿元)	占国有资产总量比重(%)
省属企业	1728.1	23.8
地市企业	5527.2	76.2
长春地区	2644.1	36.4
吉林地区	810.3	11.2
四平地区	200.1	2.8
通化地区	199.7	2.8
延边地区	158.0	2.2
白城地区	88.6	1.2
松原地区	1080.9	14.9
辽源地区	231.9	3.2

续表

地 区	国有资产（亿元）	占国有资产总量比重(%)
白山地区	83.4	1.1
长白山管委会	30.2	0.4
合 计	7255.3	100.0

表4 2018年吉林省国有资产按行业分布情况

行 业	国有资产（亿元）	占国有资产总量比重(%)
农林牧渔	6.8	0.09
工业	95.9	1.32
建筑业	2444.9	33.69
地质勘查及水利	77.7	1.07
交通运输	311.5	4.29
仓储业	255.9	3.53
邮电通信	0.5	0.01
批发和零售	47.5	0.65
金融业	302.3	4.17
房地产	228.8	3.15
信息技术服务	18.3	0.25
社会服务	2334.9	32.18
卫生体育福利	0.1	0.001
教育文化广播	73.4	1.01
科学研究和技术服务	995.2	13.72
机关社团及其他	62.5	0.86
合 计	7255.3	100.00

表5 2018年吉林省国有资产按经营规模分布情况

经营规模	国有资产（亿元）	占国有资产总量比重(%)
大型企业	49.3	0.7
中型企业	1962.9	27.1
小型企业	3610.7	49.8
微型企业	1632.4	22.5
合 计	7255.3	100.0

三、吉林省国有资本保值增值综合分析评价

2018年，汇总范围内国有企业国有资本1180.1亿元，占实收资本的91.3%，比上年微涨0.1个百分点，其中国有法人资本67.8亿元，占实收资本的5.2%。国有资本保值增值率101%，比上年减少0.2个百分点，其中省直非监管企业104.1%，比上年增加3.1个百分点；省国资委监管企业101.4%，比上年减少0.5个百分点；地市级国有企业100.7%，比上年减少0.2个百分点。

表6 2018年吉林省国有企业地区和行业国有资本保值增值情况

地 区	国有资本保值增值率(%)	行 业	国有资本保值增值率(%)
省属企业	101.52	农林牧渔	65.55
地市企业	100.74	工业	97.92
长春地区	101.48	建筑业	102.56
吉林地区	99.95	地质勘查及水利	99.65
四平地区	99.32	交通运输	95.57
通化地区	98.19	仓储业	99.96
延边地区	102.78	邮电通信	100.89
白城地区	99.76	批发和零售	99.99
松原地区	100.04	金融业	104.06
辽源地区	99.21	房地产	98.33
白山地区	99.98	信息技术服务	106.12
长白山管委会	99.83	社会服务	100.32
		卫生体育福利	59.34
		教育文化广播	104.11
		科学研究和技术服务	102.16
		机关社团及其他	100.00

四、吉林省国资委监管企业改革发展情况

(一) 积极推进整体改革工作

为贯彻落实东北地区国有企业改革专项工作方案,积极推进整体改革工作,吉林省国资委起草制定《吉林省关于〈加快推进东北地区国有企业改革专项工作方案〉的任务分工方案》,具体细化分解为62项具体任务,明确35家中省直相关部门职责任务,并以省国企改革领导小组办公室名义印发。吉林省国资委结合省属企业改革发展实际,以省委办公厅、省政府办公厅文件印发《吉林省省属国有企业改革发展三年行动方案》,进一步完善国企改革的路线图和重点任务,确保路线更准、任务更实。按照"成熟一户推进一户"的原则,加快推进在吉林省范围内遴选试点企业混合所有制改革步伐,积极稳妥推进省属竞争类二、三级企业混合所有制改革,探索竞争类企业在集团层面开展混合所有制改革或股权多元化改革,切实提高混改比例。森工集团、长热集团、吉林化纤和农牧科技4户企业通过国务院国资委审批列入"双百行动"试点企业名单,吉林省国资委按照国家总体部署要求和进度安排,积极推进试点企业综合改革,完善治理结构,转换经营机制,降低资产负债率,提高盈利能力,实现高质量发展。

(二) "一企一策"推进重点企业改革

2018年4月17日,吉林省国资委与国投生物科技投资有限公司在"央企助力东北振兴·建设美丽吉林"活动仪式上正式签署重组协议。4月28日和8月2日,吉林省政府和国务院国资委先后下达同意重组批复,酒精集团变更为国投生物吉林有限公司,酒精集团与国投生物重组工作顺利完成。

2018年4月25日、27日,吉林市中级人民法院正式裁定受理昊融集团和大黑山钼业重整案件,吉林省国资委牵头成立清算组并由法院指定担任管理人,积极协调各相关方引入与昊融集团具有战略协同性,在资金、资源、市场、管理、技术、品牌等方面具备比较优势的投资人,着手制定重整计划,依法有序推动重整进程。

2018年5月22日,长春市中级人民法院受理吉粮集团及其所属吉粮收储公司的破产重整申请,后续多家关联公司陆续进入破产重整程序。破产管理人以市场化方式广泛吸引有实力的战略投资者参与吉粮重整,部分意向投资者进企开展尽职调查。

森工集团拟通过综合改革特别是市场化债转股等方式,从根本上解决企业脱困和发展问题,先后与中青旅实业、国投集团、中林集团及方大集团等多家投资者进行重组洽谈,积极推动引资重组进程。

(三) 妥善处置历史遗留问题

一是吉林省国有企业855个"三供一业"分离移交项目全部签订正式移交协议。2018年初,省国企改革办下发《关于做好2018年国有企业职工家属区"三供一业"分离移交工作的通知》(吉国企改办〔2018〕2号),要求各地加快签订协议、落实维修改造资金、组织维修改造和资产划转等工作。吉林省国资委多次召开驻吉央企工作调度会并开展实地调研督导,协调解决属地政府提出的困难和问题。先后帮助吉林冶金机电、吉煤集团等省属企业解决维修改造资金缺口的问题。经过多方共同努力,截至2018年底,吉林省国有企业855个"三供一业"分离移交项目全部签订正式协议,完成率100%。

二是国有企业办市政、社区管理等职能和消防机构分类处理工作基本完成。2018年1月31日,省国企改革办下发《关于进一步做好剥离国有企业办市政、社区管理、消防机构等职能工作的通知》(吉国企改办〔2018〕1号)。3月16日,在吉林省剥离国有企业办社会职能工作会议上,吉林省国资委针对各市(州)政府和移交企业提出的问题逐项进行政策解读,并要求各地落实工作责任、细化工作流程,加快推动相关工作。针对任务较重的吉林油田市政设施分离移交工作开展实地踏查,及时向国务院国资委和省政府反映吉林油田的实际困难,协调中国石油集团同意吉林油田按照独立工矿区相关政策进行分离移交工作。截至2018年底,除辽矿集团的市政设施、吉林油田的市政、社区管理等职能分离移交工作还在继续推进外,其他地区的工作基本完成。

三是国有企业办教育医疗机构深化改革工作取得突破性进展。在前期调查统计和广泛征求省直相关部门意见的基础上,2018年5月29日,吉林省国资

委与吉林省编办等六部门联合下发《关于吉林省国有企业办教育医疗机构深化改革的实施意见》（吉国资联发〔2018〕61号），要求各地尽快组织开展相关工作。为支持一汽集团改革发展，吉林省国资委、吉林省编办等六部门联合制定《一汽集团办教育医疗机构剥离移交方案》（吉国资联发〔2018〕91号），明确一汽集团总医院整体移交吉林省，列入省直医疗机构管理。一汽集团幼教中心整体移交长春市汽开区，按照国家和吉林省有关规定享受相关支持政策。截至2018年底，除吉煤集团所属辽矿总医院、通矿总医院属地政府正在研究接收事宜外，吉林省10所教育机构、59所医疗机构完成工作任务。

四是厂办大集体改革工作加快推进。2018年7月，吉林省委、省政府决定，争取利用2~3年（2020年底前）基本完成厂办大集体改革工作，使职工得到妥善安置，维护职工合法权益。为落实省委常委会决定，吉林省国资委及时与吉林省人社厅、吉林省财政厅建立工作会商机制，共同研究难点问题。经过多次沟通协商，各部门对统筹使用中央和省级财政补助资金的范围、厂办大集体职工和退休人员参加医疗保险、解决职工债务等问题达成一致意见。吉林省国资委积极协调相关部门研究职工养老保险接续和欠费核销的具体解决办法，起草《关于加快推进厂办大集体改革工作指导意见（征求意见稿）》，完成省直部门、各地区意见征求程序并上报省政府，待省政府同意后即可印发执行。

五、吉林省国资委监管企业并购重组与完善法人治理结构情况

（一）并购重组情况

一是酒精集团战略重组成功实施。2018年4月28日和8月2日，吉林省政府和国务院国资委先后下达同意重组批复，酒精集团与国投生物重组工作顺利完成。重组后，国投集团将充分利用吉林省特有的化工基础，由食用酒精、燃料乙醇等单一产品向生物化工、生物材料等领域拓展，计划用3~5年新增投资近100亿元，将原酒精集团燃料乙醇产能扩大到250万吨以上，打造销售收入超过200亿元的全国领先的生物燃料乙醇生产企业，引领并带动吉林省玉米深加工等相关产业发展，加快行业优势的形成和集聚。重组后将妥善解决企业历史遗留问题，在现有职工全部接收安置的基础上通过扩大产能再新增就业1000人，企业注册地保持在吉林省内不变。

二是昊融集团、吉粮集团破产重整有序推进。吉林市中级人民法院分别于2018年4月25日、27日正式裁定受理昊融集团和大黑山钼业重整案件。5月22日，长春市中级人民法院受理吉粮集团及其所属吉粮收储公司的破产重整申请，后续多家关联公司陆续进入破产重整程序。破产管理人积极协调各相关方依法有序推动重整进程。

（二）完善法人治理结构情况

吉林省国资委依据《关于健全完善省属企业法人治理结构的指导意见》，指导省属企业加强以董事会建设为重点的法人治理结构建设，健全完善各治理主体工作细则和议事规则，进一步理顺党委会、董事会、经理层的职责权限。省属企业均设立董事会，并明确董事会职数，选聘8名专职外部董事。落实"双向进入、交叉任职"的领导体制，省属企业党委书记与董事长全部"一肩挑"。2018年，选拔任用企业领导人员24人。

六、吉林省国资委监管企业建立和完善经营业绩考核体系情况

2018年，吉林省国资委为实现"深化改革扭亏增盈"目标，引导企业深化改革创新发展，对业绩考核指标体系进一步修改完善，重新修订《吉林省国资委监管企业负责人经营业绩考核暂行办法》（以下简称《业绩考核办法》），与"深化改革扭亏增盈"工作相衔接，按照质量效益原则、持续发展原则、激励约束原则、差异化考核原则，激励企业全面完成扭亏增盈任务，实现国有资本保值增值。考核体系设置以利润指标为主的基本指标，引导企业实现价值最大化；针对企业业务特点设置分类指标，引导企业弥补短板、规避风险；着眼企业长远采取"一企一策"方式设置重点工作指标，引导企业深化改革、调整结构；设置国有资本保值增值率等对标指标，引导企业提升行业位置，增强企业竞争力，各项指标按照企业功能定位调整权重，

体现竞争类及功能类企业的方向侧重。在《业绩考核办法》中，将创新发展、品牌建设、深化改革等工作突出的给予加分，对企业负责人在经营活动中违法违规或在安全生产、节能环保、信访稳定等方面出现重大问题的给予扣分，进一步明确利润调整事项，通过业绩考核加强企业监管。

七、吉林省国资委监管企业负责人考核与选人用人机制改革情况

（一）完善企业干部管理体制

认真贯彻落实《关于进一步加强省属国有企业领导人员管理的意见（试行）》及工作方案，明确企业领导班子职数和职位设置，进一步理顺省属企业领导人员管理体制，有效解决省属企业领导人员多头管理、权责不清等问题。根据党的十九大精神和党章最新要求，对省属国有独资、全资及控股企业公司章程参考范本党建设部分进行修订，进一步明确企业党委在公司法人治理结构中的法定地位和在企业决策、执行、监督各环节的权责及工作方式，使作用发挥更加具体化。省属企业集团层面全面完成党建入章及工商备案，进一步落实"双向进入、交叉任职"领导体制，省属国有企业党委书记与董事长"一肩挑"实现全覆盖，党员总经理普遍兼任党委副书记，115名企业党委班子成员96人按照有关规定进入公司董事会、监事会和经理层，覆盖率83.5%，省属部分重要骨干二级企业配备专职党委副书记。

（二）开展党的建设工作考核评价

全面落实《省属监管企业党的建设工作考核评价暂行办法》，制定年度党建工作考核细则，明确162项具体考核标准，对企业年度党建工作全程量化打分，并将考评结果纳入企业领导班子和领导人员综合考核，纳入企业经营业绩考核，使其成为考核企业领导班子建设的重要参考和领导人员选拔任用、教育培养、监督管理、薪酬分配、激励约束的重要依据。

（三）严格标准选人用人

强化党组织在企业选人用人工作中的领导和把关作用，按照"二十字"标准和吉林省国资委党委《关于加强出资企业领导人员选拔任用工作规则》，着力把忠诚干净担当、懂经营会管理善决策的干部选拔配备到企业领导岗位上来。2018年，选拔任用和交流使用企业领导人员24人。制定印发《省属国有企业市场化选聘经营管理者和推行职业经理人制度试点工作实施意见》，有序推进经理层市场化职业化改革。深入贯彻落实全国吉林省组织工作会议精神，全面推进企业优秀年轻干部培养选拔和使用工作，吉林银行组织实施"青年人才成长千百工程"受到吉林省委组织部充分肯定。

八、吉林省国资委监管企业党的建设和廉政建设情况

2018年，吉林省国资委党委和系统各企业党委认真贯彻落实中央和省委的决策部署，坚持深入学习贯彻习近平新时代中国特色社会主义思想和党的十九大精神，树牢"四个意识"，坚定"四个自信"，做到"两个维护"，以务实担当精神不断加强和改进企业党的建设和党风廉政建设，各项工作都取得新进展新成效。

（一）党的建设情况

一是"把抓好党建作为最大的政绩"理念树得更牢。召开系统企业党建工作会议，部署开展以"建全、建强、建廉"为主要内容的企业党的建设专项活动。召开2次定期议党会，15次专题议党会，推动党建工作落实落地。逐级开展抓党建述职述责评议。首次启动省属企业年度党建工作考核评价。

二是厚植党建强发展强思想根基。认真学习贯彻习近平新时代中国特色社会主义思想，扎实推进"两学一做"学习教育常态化制度化，组织7次委党委理论中心组学习，126名企业党委书记到一线宣讲。开办2期示范培训班，建立208个"新时代传习所"，举办郑德荣先进事迹报告会，深入开展解放思想大讨论，在企业搭建起领导领学、专家导学、办班组学、载体促学、榜样引学、学以致用的"五学一用"学用格局。

三是不断推动党的领导与公司治理深度融合。分类有序推进各级次企业将党建工作要求写入公司

章程。全面推行"双向进入、交叉任职",115名企业党委班子成员有96名进入董事会、监事会和经理层,覆盖率83.5%。健全完善企业党组织议事决策规则,充分发挥党委"把方向、管大局、保落实"领导作用。

四是切实加强企业领导班子建设。坚持党管干部原则,在省委领导和省委组织部指导下,省属企业党委分批次完成换届,全年选拔任用11名企业领导人员。开展省属国有企业董事会选聘经营管理者和推行职业经理人制度试点工作。分2期组织90余名企业领导人员赴浙江优秀企业考察学习,培训企业人员700余人。

五是持续打牢企业基层党建工作基础。全面实施"五强一创"工程,积极搭建"五个一"企业基层党建工作载体,印发《党支部标准化建设工作手册》,建立党员学习活动室1291个,省属企业在年度预算中列支党建工作经费3530万元。推动国企党建服务地方发展,助力脱贫攻坚,指导调度企业扶贫工作,17户企业年度累计向21个包保村投入扶贫资金7269万元。省属企业基层党建工作做法受到中组部国企党建调研组和国务院国资委领导好评。

(二)廉政建设情况

一是严格落实党风廉政建设责任制。吉林省国资委党委从严落实党风廉政建设"两个责任",组织召开系统党建及党风廉政建设工作会议,层层签订《党风廉政建设责任书》,逐级压实管党治党责任。集中开展以"清心、清源、清查、清肃"为要内容的党风廉政建设集中整治,深入汲取长春长生问题疫苗案件教训,深入开展干部作风大整顿,进一步强化党员干部的担当精神和自律意识。驻吉林省国资委纪检监察组认真履行监督责任,个别约谈省国资委6名党委成员、22名机关处长和19名监管企业纪委书记,与吉林省国资委党委2018年提拔任用的15名企业负责人开展廉政谈话。督促企业纪委书记从企业重要人事安排的初始酝酿阶段开始参与全程监督,把好党风廉政意见回复关。

二是严格落实中央八项规定纠正"四风"。紧盯年节假期,加强明察暗访、监督检查、警示提醒和通报曝光,保持纠正"四风"力度不减、节奏不变。2018年元旦、春节期间,对20户监管企业落实中央八项规定精神、纠正"四风"情况开展交叉互检,发现疑似问题线索46条并作相应处理。9月,对10户监管企业扶贫工作开展交叉互检,在政策宣传、项目管理、资金使用等方面发现问题17个,对3户企业纪委书记进行个别约谈,责成按期整改。对吉林省国资委本级包保的扶贫村进行走访慰问和监督检查,对驻村扶贫工作队全体人员进行集体约谈,督促驻村扶贫队员履职尽责,切实防范问题发生。

三是从严正风肃纪查办违法违纪案件。2018年,驻吉林省国资委纪检监察组受理问题线索123件,交监管企业和吉林省国资委办理98件。综合运用监督执纪"四种形态",严肃查处违规转租房屋、违规赠送礼金、公车私用等问题,立案10件,(拟)处分10人,诫勉谈话3人,谈话函询1人,向企业发出纪检监察建议书5份,向案件监督管理室移送涉嫌违纪问题线索3件。

(撰稿人:张跃辉)

黑龙江省

一、黑龙江省国有资产监督管理工作综述

2018年,黑龙江省各级国资监管机构和国有企业深入贯彻习近平新时代中国特色社会主义思想,认真落实省委省政府决策部署,在国务院国资委的领导下,各项工作取得明显成效。

(一)狠抓重点任务的落实落地,国企改革整体向纵深推进

一是改革政策体系加快完善。相继出台7个国资国企改革文件,使资国企改革文件达到25个,黑龙江省"1+N"改革文件体系基本建立。哈尔滨市针对员工持股试点、职业劳动关系等内容出台6个配套文件,明确具体操作办法。

二是重点企业改革不断深化。龙煤集团持续深化子公司三项制度改革和内部市场化改革,在2017年扭亏为盈基础上,又实现利润18亿元,实缴税费

36.3亿元,是黑龙江省第一利税大户,很好体现改革成果。龙江森工集团挂牌成立,标志着国有重点林区改革实现重大突破,在移交1623项政府行政职能基础上,加快绿色转型发展步伐,2018年完成产业总产值388.9亿元,比上年增长8.5%。

三是混合所有制改革步伐加快。2018年16户省属企业子公司完成混合所有制改革,超额完成政府工作报告确定的任务指标;龙煤集团七台河龙洋焦电公司转让70%股权引进民营投资,既恢复生产,又增加就业。哈一机、哈成套所等驻省央企推动混合所有制改革取得积极进展。哈尔滨市全年完成25户国企混合所有制改革,进度明显加快。齐齐哈尔市信用担保公司转让75%股权引进飞鹤乳业等3家民营资本,企业发展活力进一步释放。

四是现代企业制度建设得到加强。省国资委具备条件的出资企业集团及所属法人单位全部完成公司章程修改;在2户省属企业集团和5户二、三级子公司开展市场化选聘职业经理人试点;将出资人的6项职权授予龙睿公司和产权交易集团董事会;引入外部董事制度,建立首批75人的省国资委兼职外部董事库。省国资委17户符合条件的出资企业子企业完成公司制改革,双鸭山市13户国有企业完成公司制改革,鹤岗、黑河等地也在企业公司制改革方面取得积极进展。

五是三项制度改革不断深入。黑龙江省国有企业以市场化为导向,加快推进三项制度改革。龙煤集团权属公司、煤矿(厂处)三项制度改革初见成效;辰能集团对现有9个部门进行优化重塑,将考核结果与职务升降、薪酬调整挂钩;外贸集团、航运集团从总部入手,重新研究"三定"方案,推动机构人员"瘦身健体",推进人事制度、干部制度和分配制度改革,取得积极成效;粮食产业集团二级公司精简机构50%,二、三级企业精简人员118人,减员幅度27.3%;哈尔滨市对哈空调原班子成员全部免职组建新领导团队,压缩中层管理岗位1/3,缩编员工岗位1/4,一举实现扭亏为盈。

六是"僵尸企业"处置初见成效。省国资委深入开展"僵尸企业"调查摸底,基本确定省属"僵尸企业"户数,提出分类处置意见;通过"僵尸企业"处置,累计妥善安置职工近4万人,占拟处置"僵尸企业"职工总人数的80%。外贸集团所属哈尔滨冷冻加工厂通过"僵尸企业"处置,回收资金9260万元。哈尔滨市全年处置完成"僵尸企业"14户。

七是解决历史遗留问题进展顺利。龙煤集团医疗、工伤、失业等社会保险职能移交地方工作形成总体共识,具体实施意见即将正式印发。经过佳木斯、七台河、绥化、大兴安岭等市地共同努力,黑龙江省国有企业职工家属区"三供一业"分离移交工作基本完成。完成黑龙江省地方企业厂办大集体改革主体工作,涉及企业2541户,在册职工42.70万人,落实中央财政补助资金85.83亿元,在工作中勇于创新方法、不断积累经验,走在全国前列。大庆独立矿区剥离办社会职能综合改革试点取得突破性进展,大庆油田职工家属区"三供一业"分离移交签订正式协议;大庆市政府与大庆石油管理局签订企办院校、市政设施分离移交框架协议以及公共交通移交正式协议;鸡西市国企退休人员社会化管理试点工作取得重大进展,82户国企签订框架协议,涉及退休人员90349人,占总人数的94.0%;铁路集团公安人员移交工作取得积极进展,近10年的遗留问题即将得到有效解决。

(二)不断优化国有资本配置,企业转型升级步伐进一步加快

黑龙江省各级国资监管机构和国有企业,围绕"六个强省",优化国有资本配置。一是推动国有资本布局进一步优化。省国资委出台《关于黑龙江省地方国有资本布局结构战略性调整的实施意见》,审核完成14户出资企业2018—2020年滚动发展规划,引领出资企业聚焦主业,推动产业结构优化升级。二是省级产投集团组建完成。按照省委省政府决策部署,2018年12月完成农业、林业、旅游、交通、建设、新产业、金控7个产业投资集团组建的准备工作。三是企业重组整合取得突破。省国资委将华加公司从龙睿公司划转给建设集团,使华加公司在资金和市场上获得更强有力支持,推进建设集团产业链的延长,实现龙睿公司轻装上阵。大庆市整合产业趋同企业,6户企业强强联合,企业竞争力进一步增强。四是国有资本授权经营体制试点顺利。辰能集团作为国有资本投资公司试点在天然气、新能源等领域积极发挥投资引领作用;省投资集团发挥投融资平台作用,为7个省级重点铁路项目建设投资37亿元,促进哈佳、哈牡高铁开通运营;龙睿公司资本经营平台作用明显,处置10处省政府移交非办公类资产,实现溢价50.66%。哈尔滨、大庆、鸡西、黑河等地也积极探索完善国有资本授权经营体制,着力提升国有资本配置和运营效率。五是资本要素流动不断加快。省产权交易集团组建后,设立省农村产权交易中心和碳排放权交易中心,全年完成交易726宗,完成交易额30.72亿元;哈股交所累计挂牌企业1058户,注册资本131亿元;农交中心完成约13.33平方千米土地经营权流转交易,试点土地经营权抵押贷款近1000万元,有力推动黑龙江省区域资本市场发展。六是创新驱动引领作用正在显现。指导辰能新能源股份公司等3户入选"双百行动"企业推进综合性改革试点,力求将其打造成具有引领示范作用的国企改革创新尖兵;建设集团加强技术创新,2018年新增授权专利46件,获批省部级工法52项、省新技术应用示范工程30项;中盟集团注重产品创新,红松子系列产品荣获中国林业创新奖;航运集团创新经营思路,船舶工业板块签署订单和水工板块承揽合同均创历史新高;旅游集团龙旅出租车公司探索运营新模式,2018年营业收入和利润总额分别完成全年计划的112.08%和172.05%;机场集团推进服务创新,全年旅客吞吐量突破2000万人次,居东北地区第一位。七是对外合作得到加强。省国资委组织企业与广东省国资委对接,达成7项对口合作意向。航运集团与广航集团签订战略合作框架协议,产权交易集团与广东交易集团合作进入实质阶段。哈尔滨市在深哈合作基础上,向跨国合作延伸,哈药集团与以色列梯瓦制药、美国健安喜合作取得重大进展。

(三)坚持以管资本为主转变职能,国资监管效能进一步提升

各级国资监管机构牢牢把握职能定位,按照以管资本为主加强国有资产监管的要求,持续完善监管体制机制,强化重点领域监管,监管质量和效率不断提升。一是职能转变迈出新步伐。省国资委在2017年精简下放15项监管权力的基础上,2018年又将市地级以下上市公司国有股权管理事项审批权限下放至市地级国资监管机构。二是经营性国有资产统一监管取得新进展。省国资委完成团省委所属中青旅划归旅游集团,省水利厅所属3户水电站以及省接待办所属和平邨、花园邨、太阳岛3家宾馆划转建设集团等工作,促进国有资本做强做优做大。大庆市将10户粮食企业整合成立粮食集团,提升企业综合竞争力。三是国有企业经济运行监测实现全覆盖。经过大庆、齐齐哈尔、牡丹江等各市地的共同努力,2018年9月顺利实现经济运行监测全面覆盖省、市、区(县)3000余户国有企业的目标,为黑龙江省国企改革等重点工作提供重要基础数据和信息支撑。四是年度监督检查质量得到新提升。2018年省国资委对167户二、三级企业进行年度检查,占全部汇总单位的44.9%;累计检查资产1638.7亿元,占合并报表资产总量的91.7%;形成年度监督检查评价报告15份,披露各类问题和风险54个,提出114条整改建议。五是出资人财务监督得到新加强。省国资委对16户出资企业2018年度财务预算进行4轮审核,合理调整营业收入和利润指标。组织515户法人单位开展财务决算,纠正6户出资企业2亿元重大核算错误,现场整改158项资产财务问题。六是风险管控取得新成效。省国资委开展企业债务风险调查,摸清470.35亿元带息负债情况,排查风险隐患。组织企业开展2期关键时点防范非法集资宣教活动和2次专项排查,督促有集资行为的4户出资企业按计划清退集资款。七是审计监督取得新业绩。省国资委组织16家中介机构实施2017年决算审计,审阅账簿7220套,抽查记账凭证16583本。出具审计报告309份、管理建议63份,提出合理化建议143条,其他各类专项报告102份。八是法律风险防范取得新成果。省国资委出资企业中9户明确法治建设分管领导,4户设立专职总法律顾问。2018年省国资委参与协调指导出资企业重大法律纠纷案件8件,涉诉金额3亿余元,避免和挽回经济损失近1.2亿元。

(四)持续加强党的领导和党的建设,党建工作质量进一步提升

各级国资监管机构和国有企业,始终把坚持党的领导、加强党的建设作为重大政治原则和国企改革发展的根本保证。一是深入学习贯彻习近平新时代中国特色社会主义思想。2018年,省国资委党委召开7

次党委理论学习中心组学习（扩大）会议，2次民主生活会，深入学习习近平新时代中国特色社会主义思想和党的十九大精神，学习习近平总书记在深入推进东北振兴座谈会上的重要讲话和考察黑龙江时重要指示精神等，着力提升政治站位。龙煤集团认真贯彻党的十九大精神，两级党委开展理论中心组学习188次，举办中层以上干部十九大精神轮训班36期，1800多名中级以上管理人员接受培训教育。二是持续抓好党建工作任务落实。省国资委制定印发《省国资委党委2018年度工作要点》《省国资委关于加强系统企业2018年度党建工作的指导意见》，明确20项年度党建重点任务目标，各级党组织管党治党责任意识进一步强化。双鸭山市出台《关于进一步加强和改进国有企业党建工作的实施意见的通知》，切实发挥党组织在把方向、保大局、管落实方面的作用。黑河市印发国有企业党建重点工作任务清单，明确国有企业领导班子建设等24项重点任务，推进国有企业党建工作落实。三是着力加强基层党组织建设。开展以提升组织力为重点加强基层党组织建设专题调研，组织实施出资企业基层党支部标准化建设和机关"三型"党支部创建活动。龙煤集团党委编印《龙煤集团新时代党建工作实务手册》，突出严管干部和建强支部2个重点，对基层党建工作进行全面规范；辰能集团开展基层党组织标准化建设"五个一"工程，新建、改建党员活动室12个，修订完善制度170余项。四是选好配强企业领导人员。省国资委党委全年任免调整8名企业领导人员，完成14人试用期满考核任职和6名党委换届人选的组织考察；完成6户企业纪委书记选配工作。五是注重人才队伍建设。抓好企业家、技术人才、经营管理人才3支队伍建设，起草《关于分类推进企业经营管理人才评价机制改革的实施意见》。组建"龙江国资共享学院"，邀请国内著名专家学者和企业家来学院讲座；抓好职业经理人和党务领导人员储备人员能力素质建设，开展课题研究，形成研究成果93篇。六是持续深化作风整顿。省国资委制定《2018年省国资委机关深化作风整顿优化营商环境实施方案》《省国资委机关开展"不作为、乱作为"集中专项整治实施方案》，机关作风进一步优化。省招标公司聚焦业务特点，制定《2018年深化机关作风整顿优化营商环境工作方案》，明确整顿重点，推动作风整顿。七是积极履行社会责任。省国资委组织8户出资企业和驻村扶贫工作队积极开展扶贫工作，累计投入资金9199.85万元，其中省国资委驻村扶贫工作队协调投入资金1135.89万元，实现"村摘帽、户脱贫"。

二、黑龙江省国有资产总量与结构分析

2018年，黑龙江省国有企业3044户，比上年净增加46户；实现营业收入1336.40亿元，比上年增长1.32%，其中，省属企业增长7.66%、省国资委出资企业增长6.08%；利润总额29.91亿元，其中，省属企业利润总额比上年增长19.78%，省国资委出资企业利润总额比上年增长19.12%，亏损面减少14.28%，航运集团、外贸集团实现扭亏为盈；上缴税费99.25亿元，比上年增长1.69%，其中省属企业增长18.79%；平均资产负债率52.82%，比上年减少1.25个百分点，其中，省属企业资产负债率减少0.15个百分点，省国资委出资企业资产负债率减少0.73个百分点；资产总额11730.08亿元，比上年增长1.67%；负债总额6195.69亿元，比上年下降0.7%；所有者权益总额5534.39亿元，比上年增长4.45%，总体实现国有资本保值增值。

表1　2018年黑龙江省国有企业指标

项目	金额（亿元）
资产总额	11730.08
所有者权益	5534.39
国有资产总量	5310.92
营业总收入	1336.40
利润总额	29.91
净利润	12.03
归属于母公司所有者的净利润	6.29
应交税费总额	102.76
实际上缴税费总额	99.25

表2　2018年黑龙江省国有企业户数情况

2017年户数（户）	2018年户数（户）	比上年增长（%）
2998	3044	1.53

表3　2018年黑龙江省国有资产按地区分布情况

地　区	国有资产（亿元）	占国有资产总量比重（%）
省属企业	906.76	17.07
地市企业	4404.16	82.93
哈尔滨市	2869.48	54.03
齐齐哈尔市	319.22	6.01
牡丹江市	548.14	10.32
佳木斯市	15.14	0.28
大庆市	439.63	8.28
鸡西市	22.66	0.43
双鸭山市	8.5	0.16
伊春市	55.09	1.04
七台河市	4.64	0.09
鹤岗市	8.98	0.17
黑河市	98.84	1.86
绥化市	11.92	0.22
大兴安岭地区	1.92	0.04
合　计	5310.92	100.00

表4　2018年黑龙江省国有资产按行业分布情况

行　业	国有资产（亿元）	占国有资产总量比重（%）
农林牧渔业	163.88	2.42
工业	965.89	14.24
建筑业	465.19	6.86
地质勘查及水利业	272.25	4.01
交通运输业	413.27	6.10
仓储业	108.89	1.61
邮电通信业	0.13	0.00
批发和零售业	19.17	0.28
金融业	138.20	2.04
房地产业	646.67	9.54
信息技术服务业	57.51	0.85
社会服务业	3457.73	51.00
卫生体育福利业	0.48	0.01
教育文化广播业	55.89	0.82
科学研究和技术服务业	14.80	0.22
合　计	6779.95	100.00

注：表中国有资产指标是指国有资产总量的数据（非合并口径，为合计口径）。

表5　2018年黑龙江省国有资产按经营规模分布情况

经营规模	国有资产（亿元）	占国有资产总量比重（%）
大型企业	458.31	6.76
中型企业	1906.36	28.12
小型企业	3209.11	47.33
微型企业	1206.18	17.79
合　计	6779.95	100.00

注：表中国有资产指标是指国有资产总量的数据（非合并口径，为合计口径）。

三、黑龙江省国有资本保值增值综合分析评价

2018年，黑龙江省地方国有企业保值增值率101.35%（未扣除客观因素，下同），整体实现增值。13个市（地）中，10个实现整体增值，分别是鹤岗市（126.84%）、佳木斯市（125.28%）、七台河市（122.56%）、鸡西市（110.39%）、黑河市（102.33%）、绥化市（101.73%）、伊春市（100.62%）、齐齐哈尔市（101.58%）、牡丹江市（101.46%）、哈尔滨市（101.06%）。3个市（地）整体减值，分别是大庆市

(98.27%)、双鸭山市(94.30%)、大兴安岭地区(91.12%)。鹤岗市最高,保值增值率126.84%;大兴安岭地区最低,保值增值率91.12%。

15个行业中,9个行业实现整体增值,分别是卫生体育福利业(149.00%)、仓储业(109.07%)、批发和零售业(108.69%)、建筑业(107.79%)、科学研究和技术服务业(105.79%)、交通运输业(102.37%)、社会服务业(101.83%)、房地产业(101.39%)、农林牧渔业(101.08%)。6个行业整体减值,分别是工业(98.46%)、信息技术服务业(98.45%)、金融业(97.70%)、教育文化广播业(97.58%)、地质勘查及水利业(96.19%)、邮电通信业(56.45%)。卫生体育福利业最高,保值增值率149%;邮电通信业最低,保值增值率56.45%。

表6 2018年黑龙江省国有企业地区和行业国有资本保值增值情况

地区	国有资本保值增值率(%)	行业	国有资本保值增值率(%)
哈尔滨市	101.06	农林牧渔业	101.08
齐齐哈尔市	101.58	工业	98.46
鸡西市	110.39	建筑业	107.79
鹤岗市	126.84	地质勘查及水利业	96.19
双鸭山市	94.30	交通运输业	102.37
大庆市	98.27	仓储业	109.07
伊春市	100.62	批发和零售业	108.69
佳木斯市	125.28	金融业	97.70
七台河市	122.56	房地产业	101.39
牡丹江市	101.46	信息技术服务业	98.45
黑河市	102.33	社会服务业	101.83
绥化市	101.73	卫生体育福利业	149.00
大兴安岭地区	91.12	教育文化广播业	97.58
黑龙江省	101.35	邮电通信业	56.45
		科学研究和技术服务业	105.79

四、黑龙江省国资委监管企业改革发展情况

(一)代省政府研究起草《全面深化和加快推进国有企业改革的意见》,筹备召开黑龙江省国有企业改革会议

省委将推进国企国资改革列入2018年省委常委会工作要点,2018年4月决定召开黑龙江省全面深化和加快推进国有企业改革大会。为保证会议取得实效,省国资委牵头深入调查研究,出台一系列政策文件作为推动改革的实际举措。2018年8月30日召开黑龙江省国有企业改革会议,印发《中共黑龙江省委、黑龙江省人民政府关于全面深化和加快推进国有企业改革的意见》《国有资本布局和结构调整的意见》以及《省属国有企业"僵尸企业"处置意见》《关于国有企业工资决定机制的意见》《市场化选聘职业经理人》3个配套文件。会后下发《全面深化和加快推进国有企业改革任务的实施方案》,制定黑龙江省国企改革任务台账和责任清单。

(二)淘汰落后产能

2016—2018年,对资源枯竭、灾害突出、扭亏无望的11个煤矿和23处小煤矿实施关闭,退出产能1071万吨。

(三)代省政府研究起草《黑龙江省国企业改革专项工作方案》

国办印发《加快推进东北地区国有企业改革专项工作方案》后,按照省委省政府领导多次批示精神,省国资委成立专班先后2次征求26个中省直单位和有关市(地)意见,形成《黑龙江省国有企业改革专项工作方案》(以下简称《方案》),经省政府常务会议讨论和省委全面深化改革领导小组会议审定后,以省政府办公厅名义印发。《方案》针对九大方面改革任务及支持政策,分别细化形成54项改革任务台账,明确下步改革的任务类别、内容、责任单位、完成时限等内容,使检查、推进、考核、督导都有明确的抓手。

(四)推进混合所有制改革

根据出资企业实际情况,在充分调研和沟通协调

的基础上,将推进混合所有制改革作为增强国有企业活力的有效手段,选择出资企业子公司推进混合所有制改革,与企业签订年度目标责任书,制作招商项目册在联交所挂牌寻求合作意向方;制定改革工作任务督查落实工作方案,经常听取企业混合所有制改革工作进展,研究明确发展思路,细化工作措施;成立督查调研组深入企业,加强改革专项督查、政策指导和服务;对混合所有制改革任务完成较慢的企业签发改革催办书。经过积极稳妥推进,自2014年以来,省国资委累计完成46户出资企业商业类二、三级子公司混合所有制改革,其中2018年完成16户。

（五）完成建设集团接收省接待办3家宾馆工作

按照省委书记专题听取汇报提出的先转隶再转企改革的工作思路,通过深入细致地做职工思想政治工作,保证正常维修改造,协调省公安厅制定维稳预案,于2018年5月完成和平邨、花园邨、太阳岛国宾馆3家宾馆转隶接收工作,确保接待和改革稳定。

（六）大力处置"僵尸企业"

一是按照省委省政府关于召开黑龙江省全面深化和加快推进国有企业改革工作会议有关安排,国资委牵头起草《关于省属"僵尸企业"处置的指导意见》（黑政办规〔2018〕61号）,提出分四类处置的意见。二是对省属"僵尸企业"进行摸底调查。经调查,省属304户"僵尸企业"主要集中在省国资委、工信委、森工总局、煤田地质局。完成龙煤集团11处煤矿关闭退出,北满特钢破产重整,航运集团滨海公司、外贸集团哈尔滨冷冻加工厂产权转让,东宁辰能新能源有限公司解散清算等工作,妥善安置职工4万人,占"僵尸企业"职工总数80%以上。推进辰能永合矿业公司、辰能东源煤炭洗选公司、中煤国际公司破产清算,哈尔滨冷冻厂产权转让等工作。

（七）推动经营性国有资产集中统一监管

按照中央关于政企分开、政资分开的要求,根据"产业相近、业务相关、优势互补"的原则,黑龙江省分批分层推进经营性国有资产统一监管。2018年,完成产权交易集团挂牌及省接待办所属和平邨、花园邨、太阳岛3家宾馆划转建设集团等工作,成立中国龙江森林工业集团有限公司,促进国有资本做强做优做大。

（八）推进企业剥离办社会职能

一是推进大庆油田独立工矿区剥离办社会职能综合试点。协调大庆油田公司、各职能接收单位2018年底前签订"三供一业"分离移交协议。职工家属区"三供一业"分离移交取得实质性进展,签订移交协议。二是推进铁路集团铁路公安人员移交工作。组织研究制定《省地方铁路公安机构职能、人员资产等移交方案》,报省政府同意,与省委编办、省公安厅等联合向相关市（地）下发接收文件,铁路集团与有关市地在对接中。

（九）积极推进鸡西市国有企业退休人员社会化管理试点工作

截至2018年底,82户国有企业签订框架协议,涉及退休人员90349人,占总人数的94%。其中,央企12户2399人、省属国有企业6户（含鸡矿集团）58987人、市属国有企业64户28963人。市属国有企业退休人员全部纳入社会化管理。

五、黑龙江省国资委监管企业并购重组与完善法人治理结构情况

（一）组建7个产业投资集团

按照省委、省政府的决策部署,在省级产业投资集团筹备组建领导小组的领导下,省国资委积极发挥省级产业投资集团筹备组建工作领导小组办公室的作用,与其他专项工作组办公室积极配合,统筹推进集团组工作。2018年12月10日、14日省政府分别召开专题会议和常务会议;12月26日省委召开常委会议,讨论通过交通、建设、旅游、农业、新产业、金控6个产业投资集团组建方案,明确各集团组建的目的意义、总体要求、功能定位、注册资本、资产规模、业务板块、发展目标、组建方式、治理结构、保障措施、政策支持等内容,并赋予中国龙江森工集团黑龙江省林业产业投资平台功能。

(二)积极完善法人治理结构

制定《关于委管公司制企业落实董事会职权试点的意见》,确定黑龙江龙睿资产经营有限公司、黑龙江省产权交易集团有限公司作为试点企业,将经理层成员选聘权等6项职权赋予董事会行使。制定《关于出资企业外部董事选聘的工作方案》,建立涵盖黑龙江省高校、驻黑龙江央企、民营企业、专业机构各类专家和企业家等75人入库的兼职外部董事库。在兼职外部董事库中聘任3名学者、法律专家作为兼职外部董事,委派到黑龙江龙睿资产经营有限公司、黑龙江省产权交易集团有限公司。为促进董事会依法决策、规范履职,制定董事会会议记录定期检查、建立重大事项会议视频档案2项制度,下发出资企业执行。积极推进职业经理人制度,研究制定《黑龙江省国有企业开展市场化选聘职业经理人试点的指导意见》,并经黑龙江省委办公厅、黑龙江省政府办公厅印发实施。研究确定在2户委管企业集团层面,中盟集团伊春食品公司等5户二、三级子公司层面开展市场化选聘职业经理人试点。

六、黑龙江省国资委监管企业建立和完善经营业绩考核体系情况

2018年,对2016年出台的《省国资委出资企业负责人经营业绩考核办法》进行修改完善,印发《黑龙江省国资委关于〈省国资委出资企业负责人经营业绩考核办法〉的补充通知》(黑国资办规〔2018〕1号)。一是突出经济效益,分类提高企业经济效益指标权重。二是强化行业对标,提高财务绩效评价权重。三是精干重点工作,分类分型缩减权重并合理匹配重点工作分值。四是规范共性工作,突出考核加分的必要性和考核减分的严肃性。五是根据企业经营状况变化,及时调整所属类型。六是完善任期考核规定,将对短期目标考核与对中长期目标考核有机结合。七是增加考核容错机制内容,进一步营造企业家健康成长环境。

七、黑龙江省国资委监管企业负责人考核与选人用人机制改革情况

2018年,黑龙江省国资委认真总结前几年企业领导班子及领导人员年度考核经验基础上,重新完善考核指标,改进测评项目,增加经营业绩和改革任务的比重,按职位不同突出分类考核,建立有别于党政机关、符合企业特点的考评体系。与黑龙江省委组织部共同完成12户出资企业领导班子、67名领导人员2017年度考核工作,对其中的黑龙江省国资委党委管的6户企业、19名领导人员评定考核档次。

黑龙江省国资委党委坚持党管干部原则,坚持好干部标准,把对党忠诚、勇于创新、治企有方、兴企有为、清正廉洁融入选人用人全过程。制定《关于贯彻落实全国和黑龙江省组织工作会议精神的工作方案》,提出38条具体措施;出台《关于国资系统发现培养选拔优秀年轻干部的工作方案》。2018年任免调整8名企业领导人员,完成14人试用期满考核任职和6名党委换届人选的组织考察。利用3天时间启动并完成6户企业纪委书记选配工作,解决纪委书记空缺问题。

八、黑龙江省国资委监管企业党的建设和廉政建设的情况

2018年,黑龙江省国资委党委坚持以党的十九大和习近平新时代中国特色社会主义思想为指导,围绕推进落实从严治党的新部署、新要求,积极谋划,精心组织,扎实推进,指导和推动出资企业党建工作有序开展,取得阶段成效。截至2018年底,党组织关系隶属黑龙江省国资委党委管理的企业24户,其中省属企业15户(含参股)、中央企业9户;24户系统企业(不含党的关系属地化管理的企业)有党组织1797个,其中党委167个、党总支127个、党支部1503个;党员26326人,入党积极分子3126人。

一是抓谋划、强指导,全面履行管党治党责任。2018年,黑龙江省国资委党委认真履行抓基层党建工作责任,及时召开党委专题会议研究部署企业党建工作,印发《黑龙江省国资委党委2018年度工作要点》《黑龙江省国资委关于加强系统企业2018年度党建工作的指导意见》等文件,为抓好基层党建工作指明方向、明确任务。黑龙江省国资委党委先后召开出资企业年度党风廉政建设工作会议和出资企业年度党

建工作部署会议,对企业党建工作进行全面安排部署,进一步传导压力、压实责任。针对中央巡视反馈意见和省委关于深化作风整顿优化营商环境工作的要求,黑龙江省国资委党委分管领导多次深入到基层单位,督促指导各出资企业切实抓好巡视整改工作,统筹推进本单位深化作风整顿,确保各项整改任务都能定期销号、整改到位,班子作风、干部作风得到进一步强化,干事创业环境得到进一步优化,为实现企业高质量发展夯实基础。

二是抓重点、强基础,切实推进企业基层党组织建设。黑龙江省国资委党委坚持问题导向,针对部分企业基层党组织组织力不强,组织生活不规范等突出问题,将2018年确定为"基层党组织标准化建设提升年",印发《关于推进省国资委出资企业基层党支部标准化建设的实施方案》,明确"一年推广打基础、二年深化出成效、三年全面上台阶"的工作目标。2018年,建立健全基层党组织换届情况信息台账,落实基层党组织按期换届提醒督促工作要求,及时印发换届提醒函,并对未按期换届的出资企业集团公司党委和个别基层党组织进行提醒督导;沟通请示省委组织部,推进落实出资企业党委换届审批事项。认真召开组织生活会和开展民主评议党员工作。全年有1202个基层党支部召开组织生活会,21288名党员参加民主评议活动,1753名党员领导干部参加所在支部组织生活会,860名领导干部对组织生活会和民主评议党员情况进行点评。

三是抓培训、强教育,持续推进企业党的政治建设和思想建设。黑龙江省国资委党委及时印发《关于学习宣传贯彻党的十九大精神的指导意见》,对系统企业开展学习宣传贯彻党的十九大精神进行全面安排部署。截至2018年3月底,系统各级党员领导干部带头宣传宣讲党的十九大精神460余场次,受众党员干部18200余人次,推动用党的理论特别是习近平新时代中国特色社会主义思想武装头脑、指导实践、推进工作。按照《黑龙江省国资委2018年度培训计划》要求,重点加强对系统企业各级党务干部特别是基层党组织书记的培训轮训工作。2018年7月,在延安干部培训学院举办"牢记初心使命、传承延安精神"党性教育专题培训班,50余名系统党务干部参加培训,进一步推动基层党务工作者履职能力提升。着重强化入党积极分子和发展对象培训教育工作,2018年,委托哈尔滨市委党校和省直机关党校,先后对210余名发展对象进行专题培训,切实夯实新发展党员的思想根基。

四是抓述职、强考评,不断提升企业党建工作质量。2018年,部署指导系统企业全面开展2017年度党组织书记抓基层党建工作述职评议考核工作,企业各级党组织召开集中述职评议会议103场次,1423名党组织书记参加述职;2018年3月,黑龙江省国资委党委组织召开出资企业党委书记抓基层党建工作述职评议会议,集中听取12名出资企业党委书记的工作述职,有效传导压力和责任,促进企业党建工作水平提升。按照省纪委安排,黑龙江省国资委党委组成4个专项考核组,对出资企业2017年度政治生态建设成效进行全面考核。对考核结果综合评价为"一般"或"较差"等次的企业党委主要负责人分别进行集体谈话和个别谈话,进一步点明问题、压实责任,切实强化企业"一把手"管党治党的第一责任人责任。为提升企业党建工作考核的科学性和实效性,黑龙江省国资委党委出台制定出资企业党建工作责任制实施办法和出资企业党建工作责任制考评细则,为压实压细党建职责奠定基础。

五是抓调研、强督导,不断推动企业党建工作全面扎实开展。先后组织开展基层党组织建设、经营管理人才分类评价、党外干部队伍建设等专题调研活动,并形成相应的调研成果上报有关部门。强化工作督导,对企业推进落实党建责任制、党建经费入预算、失联党员查找和组织处置等重点工作进行提醒督导,并召开出资企业党建工作推进会议,通报督导检查情况,切实传导压力,推动工作。

六是抓典型、强宣传,努力营造抓党建强党建的工作氛围。2018年,黑龙江省国资委先后组织企业推荐宣传71个企业先进基层党组织和优秀党员典型。其中,一重集团、哈尔滨电机厂大电机研究院党委和哈尔滨汽机厂重装分厂铣工姜黎生的先进事迹,在省电视台、东北网等省级重要媒体进行报道,产生较好的社会舆论反响。充分利用黑龙江省国资委网站和龙江国资党建微信公众号等自办媒体,累计刊发企业党建相关工作信息200余条，营造抓党建、促提升的浓厚工作氛围。

七是抓人才、强队伍，不断推动人才强企战略落实落地。推进贯彻落实《黑龙江省国资委"十三五"企业家、技术人才、经营管理人才三支队伍培养实施意见》，研究起草黑龙江省分类推进企业经营管理人才评价实施意见；完成2017年度黑龙江省煤炭工程高级职称核准和发文工作；积极推进企业技能人才队伍建设，组织开展国务院特殊津贴、全国技术能手、省级技能大师工作室、高技能人才培训基地的推荐和申报工作，与省管企业工会工委共同组织开展2018年省级一类职业技能竞赛活动。协同省委组织部赴广东省举办省属企业领导人员能力提升专题培训班，累计培训30名企业领导人员和储备人才。组建黑龙江省国资委职业经理人和党务领导人员储备库，首批96名优秀的企业中层经营管理者进入储备库，为建立职业经理人机制做出积极探索。筹备成立龙江国资共享学院，以双月讲堂为主要载体，引入共享理念，构建国资系统干部队伍全员学习、终身学习、共享学习的平台，推动国资系统干部队伍共同提高、整体进步。

八是抓好廉政建设。召开党风廉政建设工作会议，制定印发党风廉政建设年度工作计划，部署推进党风廉政建设工作；积极运用"四种形态"，严格监督执纪问责，各级纪检监察部门受理举报线索2637件、立案1169件、给予党纪政纪处分1492人。

（撰稿人：李伟方）

上海市

一、上海市国有资产监督管理工作综述

2018年，在上海市委、市政府的坚强领导下，上海国资国企全力做好改革发展和党建各项工作，国有经济发展质量明显提升，国企改革带动性明显增强，国资监管体制机制不断完善，国有企业党建作用充分发挥。

（一）提升国有经济发展质量

坚持"稳中求进"总基调，在控制风险基础上实现更高质量的发展。构建提质增效制度体系，完善以"资本回报、主业质量、资产质量、增长速度"为重点的质量效益指标评价体系。落实资产负债率管控、私募基金管控、金融企业资金风险管控等重点监管措施，守住不发生系统性和区域性风险底线。促进国有资本保值增值，金融企业风险预警监管指标在线监测系统上线，重点企业月度经济运行监测延伸到境外重要子企业。

（二）完善国资监管体制机制

健全"直接监管＋委托监管＋指导监管"国资监管模式。142户市级行政事业单位举办企业划转至15家企业集团。上海市委宣传部、上海市科委等委托监管单位推进试点特殊管理股制度、加快海外科技成果转化等改革。黄浦、普陀、松江等区国企参与并主导前滩商务区、滨江贯通、桃浦地区、南部新城等重大工程建设。

（三）提高监管服务效率水平

深入开展"不忘初心、牢记使命，勇当新时代排头兵、先行者"大调研，形成364项问题、措施、解决清单和66项制度清单，解决208项问题。开展上汽集团、华谊集团等境外子企业检查。10家企业完成经济责任审计111个问题整改销号。协调解决16家企业集团20余起重大法律纠纷案件，为企业减少或挽回经济损失。修订16项行政审批事项办事指南，构建国资监管"一网通办"平台。市区国资产权登记、工商联动实现监管全覆盖。完善"1＋M＋N"的信息化制度体系，推动企业实现数据共享。

二、上海市国有资产总量与结构分析

2018年，上海市地方国有企业实现营业收入3.59万亿元，比上年增长8.5％；利润总额3494.83亿元，比上年降低3.1％；资产总额19.77万亿元，比上年增长6.3％。

表 1　2018 年上海市国有企业指标

项　目	金　额（亿元）
资产总额	197697.27
所有者权益	44211.80
国有资产总量	27195.48
营业收入	35857.10
利润总额	3494.83
净利润	2755.96
归属于母公司所有者的净利润	2148.44
应交税金总额	2608.43
实际上缴税金总额	2515.38
地方生产总值	7295.30
新增固定投资	2006.51

2018年，上海市地方国有企业总数13131户，比上年增长4.1%。其中，市属国有企业9154户，区属国有企业3977户。一批企业集团保持国际国内行业领先地位。上汽集团、浦发银行、太保集团、绿地集团进入2018年《财富》世界500强，且排名均有提升；上港集团、申通地铁集团、锦江国际集团、绿地集团、机场集团5家企业进入全球行业前五位；上海建工等24家企业进入《财富》中国500强。

表 2　2018 年上海市国有企业户数情况

2017年户数（户）	2018年户数（户）	比上年增长（%）
12614	13131	4.1

从国有资产地区分布来看，上海市地方国有资产总量2.72万亿元，其中市属国有资产量2.11万亿元，区属国有资产量0.61万亿元，分别占比77.4%、22.6%。

表 3　2018 年上海市国有资产按地区分布情况

地　区	国有资产（亿元）	占国有资产总量比重（%）
上海市国有企业	27195.48	100.0
市属	21058.07	77.4
区属	6137.41	22.6

从行业分布来看，上海市国有资产总量的92%集中在前20个行业，82.3%集中在商务服务业、房地产业、道路运输业、货币金融服务、汽车制造业、资本市场服务、保险业、批发业、水的生产和供应业、土木工程建筑业。

表 4　2018 年上海市国有资产按行业分布情况（前10个）

行　业	国资资产（亿元）	占国有资产总量比重（%）
商务服务业	21073.99	33.1
房地产业	12799.45	20.1
道路运输业	5659.70	8.9
货币金融服务	3822.77	6.0
汽车制造业	2309.80	3.6
资本市场服务	2197.06	3.5
保险业	1635.71	2.6
批发业	1065.49	1.7
水的生产和供应业	907.78	1.4
土木工程建筑业	863.63	1.4
合　计	52335.37	82.3

注：该表为汇总数据，未考虑合并抵消因素。

从资产经营规模看，大型、中型、小型、微型企业国有资产经营规模分别为1.53万亿元、1.83万亿元、1.79万亿元、1.21万亿元，分别占上海市国有资产总量的24%、28.8%、28.1%、19%。

表 5　2018 年上海市国有资产按经营规模分布情况

经营规模	国有资产（亿元）	占国有资产总量比重（%）
大型企业	15269.43	24.0
中型企业	18339.01	28.8
小型企业	17905.43	28.1
微型企业	12096.45	19.0
合　计	63610.33	100.0

注：该表为汇总数据，未考虑合并抵消因素。

三、上海市国有资本保值增值综合分析评价

2018年,上海市市属及16个区国有资本全部实现保值增值。其中,市属国有资本保值增值率103.4%,国资分布前十大行业的保值增值率平均104%。

表6　2018年上海市国有资产地区和行业国有资本保值增值情况

地 区	国有资本保值增值率(%)	行 业	国有资本保值增值率(%)
市属	103.4	商务服务业	100.1
浦东新区	103.5	房地产业	105.8
徐汇区	104.5	道路运输业	98.9
长宁区	103.9	货币金融服务	118.1
普陀区	103.7	汽车制造业	113.7
静安区	101.0	资本市场服务	102.9
虹口区	101.1	保险业	115.0
杨浦区	102.8	批发业	110.7
黄浦区	105.7	水的生产和供应业	101.2
宝山区	101.2	土木工程建筑业	103.6
闵行区	100.9	前十大行业合计	104.0
嘉定区	100.5		
金山区	101.3		
松江区	102.1		
青浦区	105.5		
奉贤区	105.1		
崇明区	100.3		

四、上海市国资委监管企业改革发展情况

(一)积极谋划区域综合改革方案

注重综合改革集成、联动、辐射效应,在上海市国有企业改革领导小组各成员单位和企业集团的共同努力下,上海市7个方面26条举措的综合改革方案获国务院国有企业改革领导小组原则批准。深化授权经营体制改革,积极推动国资监管机构、国资投资运营公司、国有企业联动改革,在充实平台资本运营职能、理顺部分划入企业管理关系等基础上,国资委授权上海国际集团履行规划投资、财务管理、国有产权变动、资产评估核准备案和企业章程修订5项职能。形成改革试点示范体系,国家层面试点取得成效,电气环保等9家全国国企改革"双百行动"企业制定并实施改革方案;仪电云海万邦等9家混合所有制企业400余名员工试点员工持股。市级层面试点推进有序,上海银行等5家市管企业开展职业经理人薪酬制度改革;申能集团、上海化工院等试点国有创投企业市场化运作或技术类无形资产交易制度。

(二)积极推进混合所有制改革

上海电气完成管理体制调整实现整体上市;临港集团等6家国有控股上市公司融资或注入资产350亿元。2018年底,84家地方国有控股境内外上市公司总市值2.33万亿元,国有股市值近1万亿元。上海国盛联合海通证券等市属企业组建上市公司纾困基金支持民营企业发展;上海燃气列入国家第四批混合所有制改革试点企业;交运集团完成浦江游览公司混合所有制改革;特斯拉等重大项目落户临港国家重装备产业区。

五、上海市国资委监管企业并购重组和完善法人治理结构情况

(一)调整优化国资结构布局

一是优化产业布局。全年投资9432亿元,比上年增长12%。其中,85%以上集中在战略性新兴产业等四大领域。与央企合作重点发展集成电路、人工智能、生物医药等产业,签约项目35个总金额超过2000亿元。落实创新发展、重组整合、清理退出"三个一批"282个项目。二是优化企业布局,实施申能集团与上缆所联合重组,理顺东浩兰生集团等4家委托管理企业股权关系。42家企业集团管理层级控制在四级

以内,占企业总数的93.3%。三是优化空间布局。2018年,监管企业"一带一路"沿线国家投资项目66个,投资额214.08亿元。上实集团、海通证券等20家集团在港企业实现较快发展。

(二)完善法人治理结构

按照现代企业制度建设的要求,重点加强外部董事占多数的规范董事会建设,陆续授予规范董事会选人用人、重大决策、业绩考核、薪酬分配4项权利。全面推进"外派内设、内外结合"监事会工作体制,形成"五位一体"监督格局。实现企业领导人员任期制契约化管理全覆盖,明确任期期限、任期目标和任期评价。

六、上海市国资委监管企业建立和完善经营业绩考核体系情况

按照"基本年薪+绩效年薪+任期激励收入"的薪酬结构,对不同类型企业确定不同的基薪调节倍数、绩效年薪调节系数,有力地增强企业经营活力和经营者内生动力。制定印发市国资委监管企业工资决定机制改革实施办法。出台推进实施张江国家自主创新示范区企业股权和分红激励办法。加大二、三级企业股权激励力度,上汽集团环球车享汽车租赁公司等实施股权激励计划。

七、上海市国资委监管企业负责人考核与选人用人机制改革情况

健全市场化激励分配机制。制发外部董事履职目录指引,加强子公司监事会建设指导意见。10家企业完成党委、董事会、监事会、经理班子换届,选任36家企业集团干部257人次,选派外部董监事33人。调整2018—2020年市管企业领导人员薪酬标准,健全长效激励机制。

八、上海市国资委监管企业党的建设和廉政建设情况

(一)加强党的建设

坚持"两个一以贯之",健全中国特色现代国有企业制度,国有企业党组织积极发挥"把方向、管大局、保落实"的领导作用。加强政治思想建设,先后组织1500余人听取党的十九大精神宣讲辅导,开展以"不忘初心、牢记使命、支持改革、助力发展"为主题的各类思想教育和岗位建功活动,全面落实意识形态工作责任制,为国资国企改革发展各项工作奠定思想基础。加强基层组织建设,组织46家企事业单位831名二级党组织书记开展党建和党风廉政建设述职评议。举办"庆祝建党97周年暨上海国企党建工作论坛",开展党委创机制、支部创环境、党员创绩效"三创"活动。在南京、南昌等"走出去"企业集中区域开展党建联建活动。

(二)加强党风廉政建设

配合市纪委制定市管国有企业经营管理活动中防止领导人员利益冲突的办法,形成示范效应。落实领导干部"一岗双责"31项工作52条举措,建立重点领域风险防控检查等党风廉政建设"5+2"工作制度及机制。全力支持驻市国资委纪检监察组实践运用"四种形态",严格履行执纪监督、问责职责,成效明显。

(撰稿人:张 鹏)

江苏省

一、江苏省国有资产监督管理工作综述

2018年是贯彻落实党的十九大精神的开局之年,江苏省国有企业和国资监管机构在习近平新时代中国特色社会主义思想的指引下,坚决贯彻落实党中央、国务院和省委省政府的决策部署,坚持改革开放40年积累的宝贵经验,以系统化思维谋改革、抓党建、促发展,坚定信心、迎难而上,有效应对外部环境变化,扎实做好各项工作,推动国资国企改革发展取得积极成效。

(一)企业发展质量稳步提升

一是大力推进重大项目投资建设。省属企业新

增投资567.68亿元,超额完成全年投资任务。国信集团在巩固和扩大火电项目的同时,加大水电、风电等清洁能源项目开发力度。江苏交通控股有限公司新增高速公路投资131.5亿元,镇丹高速、江广高速扩建等工程全线完工。江苏省沿海集团推进17.07平方千米土地整治项目和补充耕地指标交易,释放土地资源价值。二是积极开拓海内外市场。东部机场集团新增多条远程洲际航线,拓展江苏通往世界的航空版图。中江国际集团加快中阿(阿联酋)产能合作示范园建设,园区基建、招商等工作快速推进。海企集团深化与白俄罗斯莫吉廖夫州合作,食品与农业业务扩面升级。方源集团拓展大客户市场,恒实集团推进惠农资金项目,成效明显。三是创新发展取得丰硕成果。省农信社、再担保集团等企业推动产品研发、营销手段、风险管控等商业创新,提升金融服务品质。苏豪集团、汇鸿集团、粮食集团等企业开展形式多样的创新主题活动,激发企业创新活力。体育产业集团深化品牌创新创建工作,打响一批竞赛项目品牌。盐业集团推进以科技创新为核心的全面创新,创建5个国家级平台和2户国家级高新技术企业。水源公司将科技创新与生产实践紧密结合,"南水北调工程大型高性能低扬程泵关键技术研究及推广应用"获得省科学技术一等奖。高投集团基金管理规模950亿元,完成项目投资49个,精准助力创新发展。

(二)国企改革攻坚深入推进

一是进一步完善公司治理结构。江苏省市属企业基本完成公司制改制任务。规范董事会建设扎实推进,省属企业集团和重要子公司全部建立董事会,全部配备外部董事,其中10户企业实现"外大于内"的董事会架构。建立外部董事履职报告制度和任期履职评价制度。二是大力推进战略性重组。组建省铁路集团,探索高铁自主规划建设运营模式。组建东部机场集团,依托南京禄口机场推动省内机场整合。整合省属酒店资源注入金陵饭店集团,扩大"金陵饭店"的金字招牌影响力。深化江苏省沿江沿海港口资源整合,省港口集团涉及的有关港口资产重组工作取得新进展。三是持续推进"瘦身健体"。除国有资本投资运营公司及二、三级子企业有上市公司外,省属企业管理层级基本压缩至三级以内,钟山宾馆集团实现"集团+子企业"的二级管理架构。四是以市场化方式稳妥推进混合所有制改革。3户省市属企业在A股首发上市,江苏省国有控股上市公司53户,其中省属17户。第一批混合所有制改革试点、国有控股混合所有制企业员工持股试点进展顺利,华泰证券成功引入阿里巴巴等战略投资者,募集资金142亿元,净资本从行业排名第八位上升至第四位。新组建的省沿海输气管道公司列入国家层面第三批国有企业混改试点。五是全面启动国信集团改建国有资本投资运营公司试点。国信集团推进"集团总部资本层、二级公司专业管理平台、三级公司专业化经营"的三级架构改革,并按照投资运营公司的管控机制实现正常运营。六是有序推进国企改革"双百行动"。根据国务院国有企业改革领导小组和省委省政府部署,选择国信集团、华泰证券、金陵饭店集团、盐业集团、南京旅游集团、徐工集团工程机械公司6户企业全面开展国企改革"双百行动"。七是加快剥离国企办社会职能和解决历史遗留问题。江苏省国有企业职工家属区"三供一业"全部签订分离移交协议,其中82.3%基本完成分离移交任务。教育、医疗、市政设施、社区管理等移交工作正按序时进度推进。徐矿集团发展煤炭服务外包项目,解决矿井关闭后的职工安置问题。农垦集团推动农场市场化改革,垦区农场全部成为公司化运营的市场主体。惠隆公司制定三年攻坚行动方案,推进物资集团托管取得新进展。

(三)国资监管效能不断增强

一是加快推进国资监管机构职能转变。《江苏省国资委以管资本为主推进职能转变方案》经省委深改委、省政府常务会议审议通过,由省政府办公厅转发。二是加强国资监管制度建设。开展"制度落实年"活动,对省属企业落实国资监管制度情况进行督查,根据企业意见建议对省国资委出台的6个文件进行修订完善,提高制度针对性和可操作性。建立制度落实常态化督查机制,确保各项制度刚性执行。三是强化出资人监督。组织专家对部分省属企业非主业投资项目进行第三方再论证,阻止高风险项目上马。出台并严格落实禁止省属企业开展融资性贸易的制度规定,防止发生重大经营风险。首次赴境外对海企集团、苏豪集团位于柬埔寨和缅甸的4户子企业进行抽查审计,维护境外国有资产安全。组织对禄口机场等4户企业开展年度监督检查,对海企集团所属外经贸公司、徐矿集团所属楚汉新能源公司开展抽查审计,对农垦集团黄海农场等4户企业开展专项巡察。四是加大力度推进问题整改。列入国有资产监督闭环的297个问题,验收合格、销号83个。

二、江苏省国有资产总量与结构分析

(一)主要经济指标

截至2018年底,江苏省国有企业资产总额127495亿元,比年初增长10.3%;归属于母公司的所有者权益40958亿元,比年初增长8.13%;营业收入12464亿元,比上年增长10.08%;利润总额1185亿元,比上年增长5.37%。其中,省国资委监管企业实现营业收入3089亿元,增长1.08%;利润总额412亿元,增长3.57%。

表1 2018年江苏省国有企业指标

项目	金额(亿元)
资产总额	127494.8
所有者权益	46998.5
国有资产总量	41337.4
营业收入	12463.9
利润总额	1184.8
净利润	924.1
归属于母公司所有者的净利润	553.8
应交税金总额	834.5
实际上缴税金总额	809.6

(二)国有企业户数情况

2018年,江苏省纳入企业国有资产统计户数7475户,比上年净增加783户,增长11.7%。其中,省、市、县(区)三级国有企业户数分别为2119户、2915户、2441户,占比分别为28.35%、39%、32.65%;比上年分别净增加180户、161户、442户,增长9.28%、5.85%、22.11%。

表2 2018年江苏省国有企业户数情况

2017年户数(户)	2018年户数(户)	比上年增长(%)
6692	7475	11.7

(三)国有资产按地区分布情况

2018年,江苏省国有企业的国有资产总量41337.4亿元,其中省级、各设区市国有资产总量分别为3619.9亿元、37717.5亿元,占比分别为8.8%、91.2%。

表3 2018年江苏省国有资产按地区分布情况

地区	国有资产(亿元)	占国有资产总量比重(%)
省属企业	3619.9	8.8
地市企业	37717.5	91.2
南京市	6324.2	15.3
无锡市	2454.3	5.9
徐州市	1603.7	3.9
常州市	2813.9	6.8
苏州市	6486.9	15.7
南通市	2288.3	5.5
连云港市	1807.5	4.4
淮安市	3115.9	7.5
盐城市	3366.0	8.1
扬州市	1436.0	3.5
镇江市	2881.3	7.0
泰州市	2130.0	5.2
宿迁市	1009.5	2.4
合计	41337.4	100.0

(四)国有资产按行业分布情况

江苏省国有企业的国有资产主要分布于社会服务业、房地产业、交通运输业、建筑业4个行业,国有资产总量分别为20115.2亿元、5043.4亿元、4765.1亿元、4171.9亿元,占比分别为48.7%、12.2%、11.5%、10.1%,合计占比82.5%。

表5　2018年江苏省国有资产按行业分布情况

行　业	国有资产（亿元）	占国有资产总量比重（%）
社会服务业	20115.2	48.7
房地产业	5043.4	12.2
交通运输业	4765.1	11.5
建筑业	4171.9	10.1
工业	2375.2	5.7
金融业	1453.9	3.5
地质勘查及水利业	885.1	2.1
批发和零售业	486.2	1.2
科学研究和技术服务业	441.4	1.1
仓储业	425.0	1.0
教育文化广播业	411.3	1.0
农林牧渔业	406.1	1.0
信息技术服务业	297.0	0.7
其他	60.0	0.1
合计	41337.1	100.0

（五）国有资产按经营规模分布情况

2018年，江苏省国有企业按经营规模分为大型企业222户、中型企业1206户、小型企业2539户、微型企业3508户；国有资产总量分别为5929.8亿元、9125.7亿元、19141.3亿元、7140.3亿元，大中型企业资产规模占比36.4%，小微企业资产规模占比63.6%。

表6　2018年江苏省国有资产按经营规模分布情况

经营规模	国有资产（亿元）	占国有资产总量比重（%）
大型企业	5929.8	14.3
中型企业	9125.7	22.1
小型企业	19141.3	46.3
微型企业	7140.3	17.3
合计	41337.1	100.0

三、江苏省国有资本保值增值综合评价分析

2018年，江苏省国有企业年初国有资本及权益总额37785.5亿元，年末国有资本及权益总额40718.5亿元，扣减当年无偿划拨、评估增值等因素3293.7亿元，调整经营减值、消化潜亏等因素697亿元，国有资本平均保值增值率100.9%。

表7　2018年江苏省国有企业地区和行业国有资本保值增值情况

地区	国有资本保值增值率（%）	行业	国有资本保值增值率（%）
省级	105.20	科学研究和技术服务业	115.36
各地市	100.48	卫生体育福利业	106.82
南京市	101.66	邮电通信业	106.78
无锡市	102.85	金融业	106.52
徐州市	99.37	工业	106.26
常州市	101.47	批发和零售业	102.98
苏州市	100.28	交通运输业	102.74
南通市	99.16	信息技术服务业	102.24
连云港市	100.79	社会服务业	101.29
淮安市	98.49	地质勘查及水利业	101.00
盐城市	100.66	房地产业	100.44
扬州市	100.56	仓储业	100.23
镇江市	100.95	建筑业	99.71
泰州市	98.89	农林牧渔业	97.89
宿迁市	98.34	教育文化广播业	97.09

四、江苏省国资委监管企业改革发展情况

（一）优化国有资本布局结构

一是持续推进战略性重组。组建铁路集团，2018

年5月挂牌成立，整合省属存量铁路资产，注入增量现金资本，探索高铁自主规划建设运营模式，打造以省为主投资铁路项目的投融资、建设、运营管理主体和国家干线铁路项目的省方出资主体，注册资本1200亿元，未来10年铁路投资4700亿元。组建东部机场集团，2018年9月挂牌成立，依托南京禄口机场，以现金方式整合收购省内6家机场公司51%以上的股权，注册资本120亿元，实现控股经营。整合酒店资源注入金陵饭店集团，2018年6月正式启动，将省属企业所属的16家酒店类、旅游类企业整合注入金陵饭店集团，发挥品牌优势，做大做强金陵饭店集团。深化江苏省沿江沿海港口资源整合，省港口集团于2017年5月挂牌成立，整合省属港航企业及南京、连云港等沿江沿海八市国有港口企业，打造具有区域枢纽功能的重要港口集群，2018年省港口集团涉及的港口资产重组取得新进展。筹备组建省沿海输气管道公司，2018年11月挂牌成立，由国信集团等4家省属企业共同出资组建，注册资本40亿元，负责开展沿海输气管道建设运营，总投资130亿元。筹备组建省环保集团，贯彻落实省委省政府关于"全面加强生态环境保护，坚决打好污染防治攻坚战"的决策部署，发挥省级国有资本在环保治理领域的重要作用，特别是在环境基础设施建设中的重要支撑作用，2018年10月启动制定省环保集团组建方案。筹备组建省联合征信公司，由省市23家国有企业出资，将搭建覆盖江苏省企业的公共信用信息数据库，与人民银行建设的金融基础数据库、省地方金融监管局建设的金融风险预警监测系统一起，构成江苏省金融服务、金融管理、金融稳定"三位一体"的金融基础设施体系，打造国内领先的省级企业征信服务平台。二是引导增量投资聚焦主业。省属企业年均新增投资400多亿元，96%以上集中在基础设施、能源资源、现代服务业、高新技术产业和战略性新兴产业等主业领域。

（二）深化供给侧结构性改革

一是积极降杠杆减负债。印发《省属企业资产负债约束工作方案》，根据企业实际"一企一策"实施降杠杆减负债，不搞"一刀切"；加强考核引导，在2018年经营业绩考核中加大对高负债企业资产负债率的压降力度；推动企业通过直接融资、发展混合所有制、清理"僵尸企业"等方式多措并举降杠杆；指导企业加大股权融资，有效降低负债压力。截至2018年底，省国资委监管企业平均资产负债率59.62%，比上年末的64.61%减少4.99个百分点。二是大力推进"瘦身健体"。省属企业全年完成"僵尸企业"清理56户，列入清理计划的118户企业全部出清；退出劣势企业和低效无效参股投资200多户（项），自2008年以来，省属企业累计清理退出劣势企业和低效无效投资900余户；除国有资本投资运营公司及二、三级子企业有上市公司外，省属企业管理层级基本压缩至三级以内。三是积极化解过剩产能。徐矿集团本部关闭矿井6对，压减煤炭产能790万吨，分流安置职工21307人。四是加快剥离国企办社会职能和解决历史遗留问题。江苏省国有企业职工家属区"三供一业"全部签订分离移交协议，其中82.3%基本完成分离移交任务。教育、医疗、市政设施、社区管理等移交工作按序时进度推进。五是推动创建一流企业。组织企业制定实施创建一流企业三年行动计划，对标一流水平，分类创建省内、国内乃至全球一流企业。

（三）积极推进混合所有制改革试点工作

按照"完善治理、强化激励、突出主业、提高效率"的要求，会同省发展改革委积极推进江苏省第一批混合所有制改革试点工作。一是加强混合所有制改革业务培训与指导。会同省发展改革委开展江苏省第一批混合所有制改革试点企业业务培训，帮助试点企业提高认识，理清思路，明确重点。指导试点企业加强方案论证，严格工作流程，确保混合所有制改革工作依法合规、规范有序推进。二是稳妥有序组织实施试点企业混合所有制改革。4户省属企业或其子公司完成方案审批，3户地方国有企业认真制定混合所有制改革实施方案。三是混合所有制改革成效逐步显现。华泰证券引入阿里巴巴、苏宁等战略投资者完善公司治理，优化董事会结构；其他试点企业也把引资本、转机制作为引资后的重点改革内容，建立健全市场化运营机制，推行职业经理人制度试点。

五、江苏省国资委监管企业并购重组与完善法人治理结构情况

(一)支持推动国有资本优化配置,提高资本运营效率

省市国有企业充分利用多层次资本市场,扩大直接融资规模,推动国有企业加快重组整合。一是通过上市或增发股票增加资本实力。2018年,江苏金融租赁公司、江苏国信新能源公司、南京证券3户省市国有企业先后在A股首发上市,募集资金58.4亿元,上市后企业资本实力显著增强,市场影响力明显提升。江苏国信、华泰证券等上市公司通过增发募集资金182亿元,进一步补充省属金融企业的净资本,增强综合竞争力。二是利用债券市场融资降低资金成本。2018年省属企业通过发行企业债、公司债、短期、中票等方式募集资金1796亿元,在拓宽融资渠道、提高融资效率的同时,有效降低融资成本。三是发挥资本市场功能盘活存量资产。省属企业通过股票市场回笼资金超30亿元,通过产权交易市场盘活存量资产、处置低效无效资产等回笼资金近13亿元。盘活存量资产补充企业现金流,为企业转型发展提供资金支持。四是推动企业加大重组整合力度。支持省属企业将集团优质资产业务注入上市公司;支持地方国有企业收购民营上市公司,发展壮大主业,与民营资本融合发展。利用无偿划转、协议转让、协议增资等产权管理手段,推动江苏省港口、铁路、机场等资产资源重组整合。

(二)完善法人治理机构

一是落实制度保障。以省政府名义印发《关于进一步完善国有企业法人治理结构的实施意见》。省属企业全面建立"三重一大"决策制度,并制定"三重一大"决策事项清单,厘清各决策主体决策边界。二是坚持把加强党的领导和完善公司治理统一起来。江苏省国有及国有控股企业将党建工作总体要求写入公司章程。完善"双向进入、交叉任职"的领导体制,监管企业全面实行企业党委书记与董事长"一肩挑",党员总经理兼任党委副书记,经理层成员与党委领导班子成员适度交叉任职,增加进入董事会的党委领导班子成员,确保企业党委领导作用在决策层、执行层、监督层都能得到有效发挥。三是加强董事会建设。印发《省属企业董事会和外部董事报告工作暂行办法》《江苏省省属企业外部董事管理办法》,规范外部董事报告工作制度。严格开展聘期届满考核,形成外部董事履职评价报告,提出续聘建议。梳理企业董事会结构和外部董事配备情况,形成省属企业外部董事制度建设情况报告。截至2018年底,省属企业外部董事人数33人,其中10户企业实现"外大于内"的董事会架构,外部董事人才库在库人员491人。

六、江苏省国资委监管企业建立和完善经营业绩考核体系情况

(一)坚持质量第一、效益优先的考核导向

一是印发《2018年度省属企业负责人经营业绩考核综合评价指标计分办法》,通过设置约束性指标,对企业完成改革发展阶段性、专项重点工作任务加大考核力度,确保省委、省政府决策部署的贯彻落实。二是完成考核目标的下达和考核结果确认。为保证考核目标既符合企业实际,又体现先进性的要求,2018年度考核指标下达经过企业初次报送、处内初审、反馈企业确认、企业正式报送、处内再审后,提请审议一整套流程。结合实际调整4户企业考核指标,下达省属企业2018年利润总额奋斗目标,推动企业努力实现增长目标。依据审计报告和企业申报的考核指标完成情况,完成17户企业考核结果测算工作,确定各企业2017年度和2015—2017年任期考核结果。构建以利润总额、净资产收益率、国有资本保值增值率为共性指标的考核指标体系。

(二)强化分类考核,构建差异化的考核体系

根据企业功能定位、行业特点和发展阶段,综合考虑企业年度经营计划和中长期发展战略、管理水平和风险控制能力等因素,构建差异化的考核指标体系。一是突出对企业持续盈利能力、成本费用控制、债务风险防范等绩效的分类考核,引导企业补短板、调结构,实现高质量发展。按照贸易类、交通运输类、酒店餐饮类、创业投资类等类型,有针对性地设置分

类考核指标,对企业进行分类考核。二是对新组建、合并重组等处于特殊阶段的企业及混合所有制企业,在考核方式选择、考核指标设置上,实行"一企一策"。

(三)优化考核量化方式,完善激励约束措施

按照企业发展与江苏省国民经济发展速度相适应、与在江苏省经济建设中的重要地位相匹配的要求,合理设置考核指标目标值,改进考核结果的量化方式。一是企业考核指标目标值的确定与经营业绩总体目标相衔接,与年度预算及以前年度指标完成情况相联系。二是考核结果量化方式上突出指标完成情况的纵向比较,辅助横向对标,更好地体现"业绩升、薪酬升,业绩降、薪酬降"的考核理念。三是按照激励与约束紧密结合的原则,视不同情形给予企业负责人年度一次性薪酬奖励或一次性薪酬扣减,对企业经营业绩优异以及在科技创新、安全环保、国企改革、完成重大专项任务等方面取得突出成绩的予以任期通报表扬。

七、江苏省国资委监管企业负责人考核与选人用人机制改革情况

(一)稳妥开展企业党委集中换届工作

江苏省国资委配合省委组织部开展首批省属企业党委换届选举工作督导,指导企业召开党员大会(党代会),做好换届后企业领导班子运行情况综合研判。在对首批企业党委换届工作进行总结的基础上稳妥开展第二批企业党委换届工作,配合省委组织部做好组建考察组、召开换届工作会议和考察组成员培训会议等工作。全面参与推荐考察,加强与企业沟通对接,指导企业召开换届动员部署会,汇总统计民主测评、民主评议、个别谈话推荐、会议推荐等情况,审核干部人事档案材料,撰写领导班子评价、领导人员现实表现和各环节请示汇报等材料。改进考察方式,开展企业领导人员任前政治体检。

(二)大力推动省属企业"三项机制"建设

按照省委"三项机制"文件要求,为推动省属企业高质量发展走在全国前列,充分调动省属企业领导人员干事创业的积极性,鼓励激励企业领导人员勇于担当、创新作为,省国资委与省委组织部联合印发《江苏省省属企业领导人员鼓励激励办法》《江苏省推进省属企业领导人员能上能下办法》。督促省属企业抓好"三项机制"贯彻落实,下发通知要求企业抓紧制定符合自身实际的具体办法。全年新提拔任用、交流任职、免职、试用期满转正、公司更名重新任命、退休33人次。

(三)有序推进市场化选聘工作

江苏省国资委配合省委组织部起草《江苏省省属企业市场化选聘管理者和职业经理人试点工作指导意见》,选择华泰证券在集团层面开展市场化选聘经理层试点。完成市场化选聘职业经理人专题调研报告,指导华泰证券制定选聘方案。指导江苏交通控股公司、金陵饭店、体产集团在二级企业试点选聘职业经理人,金陵股份公司选聘1名世界500强高管,江苏金融租赁公司、苏体竞赛公司选聘行业高端人才。

(四)加大引才育才力度

一是江苏省国资委配合省委组织部对《关于加强和改进省属企业优秀年轻领导人员培养选拔工作的实施意见》落实情况进行专题调研。按照中组部年轻干部专题调研组要求,根据企业党委推荐情况,对企业中层及以上优秀年轻领导人员进行梳理排序,并形成汇报材料上报中组部调研组。二是协办首届中英高层次人才交流大会,组织6户省属企业赴英德招才引智,支持省属企业成立英国、欧洲人才工作联络站。举办第六期省属企业高级经营管理人才美国培训班等,提升企业领导人员专业化水平,全年50余人入选"全国技术能手"、江苏省"333工程"、江苏省服务业特别贡献奖、江苏省有突出贡献中青年专家等。

八、江苏省国资委监管企业党的建设和廉政情况

党组织关系隶属省国资委党委的省属企业21户、基层党组织4867个、党员67673人。其中,隶属省国资委党委管理的基层党组织1936个、党员23096人。2018年,在省委省政府正确领导下,省国资委党委深入贯彻习近平新时代中国特色社会主义思想和

党的十九大精神,不断增强"四个意识",坚定"四个自信",做到"两个维护",以系统化思维抓党建、促发展,全面提升国有企业党建工作质量,全面推进国有企业深化改革、高质量发展走在前列。

(一)坚定维护核心,全面提升国有企业政治建设质量

一是强化党的创新理论武装,夯实思想之基。编印《习近平新时代中国特色社会主义思想和党的十九大精神简明学习手册》,江苏省国资系统全体党员每人1册。举办省属企业学习贯彻党的十九大精神交流会,举办省属企业中层管理人员十九大精神学习班,对近3000名省属企业中层以上管理人员集中轮训。二是坚守对党忠诚,坚持把国资国企各项工作放在国家和江苏省工作大局中考量和部署,明确江苏国企在江苏省发展大局中的功能定位,确保国有企业、国有资产牢牢掌握在党的手中,确保国有企业始终成为党执政兴国的重要支柱和最可信赖的依靠力量。三是强化政治责任、抓住党建责任制这个"牛鼻子",修订完善省国资委和省属企业党委履行全面从严治党主体责任清单,制定《2018年度省属企业党建工作要点》,签订"全面从严治党责任书",持续完善"述评考用"相结合的工作机制,构建"压实责任—量化考核—反馈整改"的党建工作闭环,推动党要管党、从严治党落到实处。

(二)强化政治功能,建强企业党的基层组织

一是深入推进党的领导融入公司治理。进一步落实"双向进入、交叉任职"要求,省属企业全部实现党委书记、董事长"一肩挑",经理层成员是党员的全部进入党委,选拔优秀经理层副职领导人员担任专职党委副书记,省属企业集团层面基本实现专职党委副书记配备全覆盖,确保企业党委作用在决策层、执行层都能得到有效发挥。在组建铁路集团、东部机场集团过程中,实现党建工作"四同步、四对接"。二是着力推进"强基提质"工程。配合省委组织部完成首批13户省属企业党委集中换届,有序推进第二批4户党组织关系隶属于省国资委党委的省属企业党委换届工作。省属企业基层党组织全部完成换届任务。在全国国资系统第一个出台并实施《省属企业党支部建设规范》,推进省属企业基层党组织标准化规范化。分6期对省属企业2100多名基层党组织书记进行轮训,实现全覆盖。4户企业基层党组织入选江苏省"双百双千"示范点。江苏省农垦集团入选江苏省县以上党委理论学习中心组示范点。三是深入推进"两学一做"学习教育常态化制度化。组织举办"不忘初心、牢记使命"省属企业党务工作者培训班,开展"缅怀革命先烈,弘扬雨花精神"凭吊活动,组织庆祝建党97周年和改革开放40周年系列活动,评选表彰江苏省国有企业基层党建优秀创新案例83项。

(三)持续正风肃纪,深入推进省属企业党风廉政建设和反腐败斗争

一是保持反腐败高压态势,充分发挥查办案件的治本功能。坚决支持配合省纪委查办贪腐案件和省委巡视组开展巡视工作。2018年,省属企业处置问题线索1086件,立案308件,给予党纪政纪处分608人。二是加强警示教育,做到警钟长鸣。以省属企业领导人员中发生的腐败案件为反面教材,充分利用召开省属企业负责人会议、到省属企业调研等机会,对企业领导人员进行廉洁提醒,逢会必讲,做到反腐倡廉教育常态化。三是扎实抓好巡视反馈意见整改落实。针对中央第七巡视组巡视江苏反馈意见涉及国资系统的问题,迅速制定并落实整改方案,做到即知即改。督促省属企业抓好省委巡视组反馈意见整改落实,配合省委巡视办对3户整改不力的企业开展巡视反馈问题整改"回头看",下达整改通知,跟踪督促整改,直至考核验收合格。

(撰稿人:王玉峰 程 欣)

浙江省

一、浙江省国有资产监督管理工作综述

2018年,浙江省各级国资监管机构和国有企业认真贯彻落实中央和省委、省政府决策部署,坚持稳中

求进工作总基调,坚持新发展理念,聚焦高质量、竞争力、现代化,着力强谋划、强执行、抓落实,扎实推进国资国企改革发展和党的建设,各项工作取得新成效。

(一)履行国资国企责任,服务改革发展大局有新作为

围绕落实浙江省委、省政府部署,开展国企服务浙江省重大战略情况调研,起草有关工作意见。各企业认真履行国企经济责任、政治责任和社会责任,积极服务浙江省经济社会发展。一是加快重大项目建设。出台发挥国有资本作用保持有效投资稳定增长有关通知,全力打好重大项目建设攻坚战。全年省属企业完成固定资产投资661亿元、股权投资640亿元;7家企业参与省市县长项目7个,意向总投资639亿元。二是推进产业平台打造。深化省级三大交通产业平台整合提升,完成交通、商业2家集团整体合并产业重组;宁波舟山港全年集装箱吞吐量超2600万标准箱,跻身全球港口前三位;宁波、温州机场旅客吞吐量相继突破千万人次,浙江成为全国率先拥有3个千万级机场的省份。三是积极服务民生事业。2018年,浙江省国企上缴国有资本收益81.3亿元,调入公共预算31.8亿元。先行安排10家省属企业划转10%国有股权,用于充实社保基金。同时,省属企业积极参与浙江省"千企结千村、消灭薄弱村"专项行动,各级国企深化与中西部相关地区对口支援帮扶合作。

(二)加强统筹谋划,国企改革攻坚有序推进

贯彻落实全国国企改革座谈会精神和省委"八八战略"再深化、改革开放再出发等部署,聚焦国企改革重点难点问题,抓好统筹谋划,推进改革攻坚,促进落地见效。一是出台全面深化国企改革行动方案。开展浙江省国企改革专题调研,围绕构建"四个体系"、开展"六大攻坚",起草并提请省委、省政府出台《浙江省全面深化国有企业改革行动方案》,作为下一步推进浙江省国企改革攻坚"施工图"。二是积极推进混合所有制改革。举办浙江省国企混合所有制改革项目推介会,集中推出混合所有制改革项目40个。省属企业逐家制定深化混合所有制改革计划,全年完成混合所有制改革项目34个,混改面70.7%。浙江省3家国企列入国家第三批混合所有制改革试点,9家纳入全国员工持股试点,7家入选全国国企改革"双百行动"计划。三是加快实施资产证券化。出台省属企业落实"凤凰行动"计划实施意见,省属企业逐家明确证券化任务清单,推进上市和并购重组。截至2018年底,省属企业拥有上市公司14家,资产证券化率61%。省属企业全年新发行各类债券37单,合计融资632亿元。四是推动完善现代企业制度。出台省属国有独资公司完善法人治理结构实施意见、加强董事会建设指导意见和工作指引,积极试行外部董事和职业经理人制度,全面实行董事会召开情况备案制度。完善省属企业负责人薪酬、年度考评等级和企业年金制度,调动各方积极性。五是完成国企办社会职能分离移交。浙江省国企办社区管理职能分离移交、办消防机构分类处理、办医疗机构深化改革等全面完成,"三供一业"分离移交工作基本完成。

(三)加快结构调整,转型发展动力不断增强

坚持以供给侧结构性改革为主线,按照突出主业、提高效率的要求,调整优化布局结构,促进企业转型发展。一是聚焦主业发展。省属企业完成"十三五"规划中期评估,进一步明晰发展战略和主业方向,推动各类资源向主业集中。加快非主业和低效资产清理,40户省属"僵尸企业"全部出清。二是推进资源整合。省国贸集团将多家电商整合至国贸云商,牵头启动浙江首个跨境电商综合服务体系"麒麟计划";省交通集团开展上市板块和沿海板块管理整合,实行高速公路建设运营一体化专业化管理。有关地市整合城建、交通、水务等领域资产,新组建一批集团公司。三是强化集团管控。明确省属企业管理层级界定10条标准,重点清理整合四级以下企业,截至2018年底,14家省属企业管理层级在四级以内。省属企业通过深化总部机构改革、推进内设部门改革重组和职能调整优化,提升集团管控能力;通过全面梳理完善各项管理制度,强化内控体系建设。四是加快开放发展。积极参与首届中国国际进口博览会,省属企业合计签约项目94个,总成交额逾10亿美元。省属企业在"一带一路"沿线国家在手或筹建重大项目42项,义乌、海港相关企业积极参与捷克站、迪拜站建设,海港、物产中大等企业承担浙江自贸区"一中心三基地一示范区"多个项目建设。

（四）坚持管资本为主，国资监管体系不断完善

浙江省各级国资监管机构准确把握出资人职责定位，按照以管资本为主的要求转职能、强监管，监管针对性有效性持续提升。一是推进职能转变。制定以管资本为主推进职能转变方案，拟取消、下放、授权监管事项20项。改革授权经营体制，在能源、交通2家集团开展国有资本投资公司试点；扩大对省国有资本运营公司授权，积极发挥其平台功能。二是完善监管方式。出台省国资委规范性文件管理办法、省属企业主要负责人履行法治建设第一责任人职责规定，促进依法监管、依法治企。挂牌设立省公共资源（国有产权）交易中心，整合浙江省国有产权交易信息，促进国有产权交易更加规范公开透明。三是强化风险防控。出台省属企业基金投资风险管理制度，开展企业债务风险、金融风险排查，做好企业资金信用、收入分配专项审计和参股企业投资管控专项检查，梳理存在问题，推进整改落实。四是积极服务企业基层。坚持服务与监管并重，组织开展进企业、进基层，促矛盾问题解决、促企业高质量发展"双进双促"专项行动，调研企业48家、市县国资监管机构17家，帮助企业和基层解决各类问题119个。

（五）坚持党建引领，为改革发展提供坚强政治保证

贯彻中央和省委关于全面加强新形势下国企党建工作等部署，认真抓好党建重点任务落实，助推企业改革发展。一是完善党建工作管理体制。认真履行22家省属企业、52家在浙央企党组织管理职责，通过开展调研、召开片会、加强督导等方式，指导推动国企党建工作有序开展，管理基层党组织9878个，党员15.5万人。二是逐级落实党建工作责任。根据浙江省国企党建工作责任制实施办法要求，各级企业加快构建党委书记带头抓、班子成员分工抓、职能部门具体抓、基层支部联动抓的党建工作责任体系。开展省属企业年度党建工作落实情况检查考核、企业党组织书记分级分类述职评议考核，明确党建工作考核权重不低于20%。三是持续夯实基层基础工作。推进省属企业党支部标准化规范化建设，推行党支部"B+T+N"建设和底线管理，加快"智慧党建"平台打造，建成党群服务中心示范点8个。组织1300余名企业中层开展党的十九大精神集中轮训，举办之江国企党建论坛，评选表扬浙江省国企突出贡献个人12人。四是强化干部人才队伍建设。协助省委组织部修订省属企业领导人员管理办法，完成11家企业22名领导人员调整配备，明确干部大监督信息沟通事项审核程序。加强企业人才队伍建设，评选公布第二批"五个一"人才435人，专场招聘引进硕士学历以上人才1490人。制定完善浙江省国企改革创新容错纠错机制指导意见，建立省属企业容错正面清单、不担当不作为负面清单，营造干事创业良好氛围。五是扎实推进清廉国企建设。出台浙江省清廉国企建设实施意见，开展为期2个月监督检查，促进管党治党责任落实到位。全面完成省属企业本级车改，加强企业负责人业务招待管理，规范履职待遇，促进廉洁从业。积极配合做好巡视巡察、执纪监督、政治生态检查等工作，及时抓好问题整改，风清气正的政治生态进一步形成。

二、浙江省国有资产总量与结构分析

2018年，浙江省（含宁波市，下同）国有企业11145户，比上年增长25.4%；资产总额144360.8亿元，比上年增长87.7%；净资产38895.9亿元，比上年增长46.8%，其中归属于母公司所有者权益35358.8亿元，比上年增长49.2%；营业收入17991.4亿元，比上年增长29.7%；利润总额1424.3亿元，比上年增长96.4%；实际上缴税金776.7亿元，比上年增长53.2%。其中，省国资委监管的省属企业营业收入8663.5亿元，增长11.8%；利润总额369.5亿元，增长16%；资产总额11916亿元、净资产4818.1亿元，分别增长8.3%、8.3%。全年平均总资产报酬率0.84%，平均净资产收益率（含少数股东权益）3.15%。

表1　　2018年浙江省国有企业指标

项　目	金　额(亿元)
资产总额	144360.8
所有者权益	38895.9

续表

项 目	金 额(亿元)
国有资产总量	34098.3
营业收入	17991.4
利润总额	1424.3
净利润	1146.9
归属于母公司所有者的净利润	975.6
应交税金总额	769.6
实际上缴税金总额	776.7

表2　2018年浙江省国有企业户数情况

项 目	2017年户数(户)	2018年户数(户)	比上年增长(%)
浙江省汇总	8891	11145	25.4
省本级	2988	3148	5.4
省级监管	2054	2084	1.5
省级部门	934	1064	13.9
市县汇总	5903	7997	35.5
杭州市	1312	1646	25.5
宁波市	786	1040	32.3
温州市	964	1053	9.2
嘉兴市	740	829	12.0
湖州市	189	436	130.7
绍兴市	508	1020	100.8
金华市	361	701	94.2
衢州市	138	174	26.1
丽水市	191	281	47.1
台州市	307	378	23.1
舟山市	407	439	7.9

2018年末,浙江省国有资产总量34098.3亿元,比上年增长46.9%,增幅比上年上升29.2个百分点。

从地区分布看,省级企业国有资产总量7240.1亿元,比上年增长94.3%,占比21.2%,比上年增加5.1个百分点。其中,省国资委监管企业国有资产总量3192.8亿元,增长7.6%,占比9.4%;省级部门企业国有资产总量4047.3亿元,增长434.6%,占比11.9%。市县企业国有资产总量26858.3亿元,比上年增长37.8%,占比78.8%,比上年减少5.1个百分点。其中,杭州市和宁波市占浙江省的34.1%。

从各市情况看,杭州市以6908.5亿元居第一位,宁波市以4720.4亿元排在第二位,两市合计占市县企业国有资产总量的43.3%,占浙江省企业国有资产总量的34.1%。绍兴市、温州市、嘉兴市、湖州市和金华市分别为3467.5亿元、2845.7亿元、2613.3亿元、2216.5亿元和1245.9亿元,5个市合计占浙江省企业国有资产总量的36.4%。其他各市的企业国有资产总量均在1000亿元以下,合计占浙江省企业国有资产总量的8.3%。从各市增长情况看,增加最多的是绍兴市、宁波市,分别比上年增加1688.8亿元、1393.6亿元,增长94.9%和41.9%;其次是湖州市和杭州市,分别比上年增加1133.9亿元和1121.2亿元,增长104.7%和19.4%。

从行业分布看,社会服务业、房地产业、交通运输业、金融业和工业是浙江省国有资产总量的主体。社会服务业以占浙江省国有资产总量49.2%位居各行业之首;其次是房地产业占比11%;再次是交通运输业、金融业和工业分别占比9.6%、9.2%和7.5%,5个行业合计占浙江省企业国有资产总量的86.6%(存在小数尾差)。建筑业、地质勘查水利业、批发和零售业、教育文化广播业分别占比4.9%、2.3%、2.1%和1.8%,其他行业(信息技术服务业、农林牧渔业、科研和技术服务业、仓储业等)合计占浙江省企业国有资产总量的2.3%。

从企业规模看,小微企业占七成以上,国有资产总量22641.7亿元,占比45%;微型企业13110.7亿元,占比26.1%,两者合计占浙江省国有资产总量的71.1%。中型企业国有资产总量9100.2亿元,占比18.1%,次于微型企业;大型企业国有资产总量5426.8亿元,占比10.8%,占比最低。

表3　2018年浙江省国有资产按地区分布情况

项　目	国有资产（亿元）	占国有资产总量比重（%）
浙江省汇总	34098.3	100.0
省本级汇总	7240.1	21.2
省级监管	3192.8	9.4
省级部门	4047.3	11.9
市县汇总	26858.3	78.8
杭州市	6908.5	20.3
宁波市	4720.4	13.8
绍兴市	3467.5	10.2
温州市	2845.7	8.3
嘉兴市	2613.3	7.7
湖州市	2216.5	6.5
金华市	1245.9	3.7
台州市	928.1	2.7
舟山市	888.8	2.6
丽水市	696.9	2.0
衢州市	326.6	1.0

注：因占国有资产总量比重计算时保留1位小数，分项加总时可能存在尾差，下同。

表4　2018年浙江省国有资产按行业分布情况

行　业	国有资产（亿元）	占国有资产总量比重（%）
合计	50279.4	100.0
社会服务业	24734.6	49.2
房地产业	5533.8	11.0
交通运输业	4848.4	9.6
金融业	4649.4	9.2
工业	3757.1	7.5
建筑业	2483.0	4.9
地质勘查水利业	1153.1	2.3
批发和零售业	1058.8	2.1
教育文化广播业	892.8	1.8
其他行业	1168.4	2.3

注：行业结构分析为汇总数据，不考虑合并抵消因素。

表5　2018年浙江省国有资产按经营规模分布情况

经营规模	国有资产（亿元）	占国有资产总量比重（%）
合　计	50279.4	100.0
大型企业	5426.8	10.8
中型企业	9100.2	18.1
小型企业	22641.7	45.0
微型企业	13110.7	26.1

注：行业规模分析为汇总数据，不考虑合并抵消因素。

三、浙江省国有资本保值增值综合分析评价

2018年，浙江省国有企业国有资本保值增值率103.2%。

从各地区情况看，省本级企业国有资本保值增值率104.3%，其中省国资委监管企业国有资本保值增值率105.5%，省级非监管企业国有资本保值增值率103.3%。在11个地市中，杭州市以108.8%的国有资本保值增值率位列第一，湖州市和宁波市分别以105%和102%紧随其后，除台州市、舟山市、温州市、绍兴市国有资本保值增值率低于100%以外，其他各市均实现保值增值。

从行业情况看，农林牧渔业保值增值率最高，达到114.1%；其次是教育文化广播业和批发零售业，保值增值率分别为109.8%和107.8%；再次是科研及专业技术服务业、房地产业和工业，保值增值率分别为105.8%、105.1%和105.1%。除机关社团及其他以外，其他各行业均实现全行业保值增值。

从单户企业看，浙江省11145户国有及国有控股企业中，实现国有资本保值增值的有6323户，占比56.7%，比上年减少5.2个百分点，其中实现国有资本增值的有5352户，占比48%，实现国有资本保值的有971户，占比8.7%。未能实现保值增值的有4822户，占比43.3%。

表6 2018年浙江省国有企业地区和行业国有资本保值增值情况

地 区	国有资本保值增值率(%)	行 业	国有资本保值增值率(%)
浙江省汇总	103.2	浙江省汇总	103.2
省本级	104.3	农林牧渔业	114.1
省级监管	105.5	教育文化广播业	109.8
省级部门	103.3	批发和零售业	107.8
地市汇总	102.9	科学研究和技术服务业	105.8
杭州市	108.8	房地产业	105.1
湖州市	105.0	工业	105.1
宁波市	102.0	信息技术服务业	104.7
丽水市	101.4	地质勘查及水利业	103.2
衢州市	101.2	交通运输业	102.9
金华市	100.9	社会服务业	102.7
嘉兴市	100.2	金融业	102.6
台州市	100.0	建筑业	101.0
舟山市	99.9	仓储业	100.9
温州市	99.9	卫生体育福利业	100.2
绍兴市	99.5	机关社团及其他	97.3

四、浙江省国资委监管企业改革发展情况

(一)研究出台全面深化国企改革行动方案

按照省委"'八八战略'再深化、改革开放再出发"大调研活动等部署,开展浙江省国资国企改革发展情况专题调研,摸清情况底数,理清思路举措,形成专题调研报告。在此基础上,围绕在浙江省统一构建发展目标、工作支撑、政策制度、考核评价"四个体系",组织开展国资统一监管、国企改革转型、布局优化整合、公司治理完善、监管职能转变、国企党建强化"六大攻坚",起草并提请省委省政府出台《浙江省全面深化国有企业改革行动方案》,作为下一步推进浙江省国企改革攻坚的"施工图"。

(二)积极稳妥发展混合所有制经济

把混合所有制改革作为国企改革重要突破口,举办浙江省国企混合所有制改革项目推介会,推出混合所有制改革项目40个。逐家指导省属企业制定深化混合所有制改革计划,建立混合所有制改革项目库,全年完成混合所有制改革项目34个,省属企业混改面70.7%。加快实施3家国家第三批混合所有制改革试点企业、9家员工持股试点企业、7家全国国企改革"双百行动"企业的改革工作。把证券化作为混合所有制改革重要抓手,围绕浙江省"凤凰行动"计划,出台推进上市和并购重组实施意见,逐家明确省属企业证券化任务清单,并将证券化工作情况纳入考核加强推进,年末省属企业资产证券化率61%。

(三)加快推进"瘦身健体"提质增效

在"僵尸企业"处置方面,督促企业加快工作进度,及时协调解决有关政策问题,省属企业全面完成"僵尸企业"处置工作,累计完成"僵尸企业"处置40户。在管理层级压缩方面,明确省属企业管理层级界定10条标准,重点清理整合四级及以下企业,14家省属企业管理层级压缩至四级以内。在历史遗留问题解决方面,全面完成浙江省国企"三供一业"分离移交协议签订,基本完成国企办医疗、教育、市政、消防机构剥离。

(四)深化国有资本授权经营体制改革

对省国有资本运营公司开展授权,明确管理事项清单,理顺其与省国资委、所持股一级企业关系,推动将浙江安邦护卫集团、省盐业集团、省环境科技公司有关股权注入,并发起设立浙江省国企改革发展基金、新兴动力基金、证券化投资基金等,支持平台做强做优做大。在省能源集团、省交通集团2家省属企业开展国有资本投资公司试点,授权其董事会依法行使企业战略发展规划、年度投资计划制定等出资人权利。

(五)多措并举推动企业可持续发展

开展省属企业"十三五"规划中期评估调整,进一步明晰企业发展战略和主业方向,优化国有资本投向。持续抓好有效投资和重点项目,全年省属企业完

成固定资产投资661亿元、股权投资640亿元,7家企业参与省市县长项目7个,意向总投资639亿元。深入实施创新驱动战略,引导企业加大创新投入和重点攻关,省能源集团燃煤机组超低排放关键技术获得2017年度国家技术发明一等奖,菲达环保"静电除尘器"入选国家第二批制造业单项冠军产品。加快开放发展,指导企业采取有效措施应对中美经贸摩擦,积极参与"一带一路"建设、长三角区域一体化发展、浙江自贸试验区建设,拓展企业发展新空间。省属企业在首届中国国际进口博览会合计签约项目94个,总成交额逾10亿美元。

五、浙江省国资委监管企业并购重组与完善法人治理结构情况

(一)推进重组整合,优化资源配置

深化海港、交通、机场三大省级交通产业平台整合提升,完成省交通集团、省商业集团2家企业整体合并产业重组,省商业集团整体划入省交通集团。相关企业市场资源、业务管理融合效应逐步显现,宁波舟山港全年集装箱吞吐量超2600万标准箱,跻身全球港口前三位;宁波、温州机场旅客吞吐量相继突破千万人次,浙江成为全国率先拥有3个千万级机场的省份。省属企业出资参股之江新实业公司,省国贸集团下属浙商资产公司成功收购上市公司亿利达控股权,推进浙江英特集团与华润医药商业集团战略合作,并新组建浙江省中医药健康产业集团、浙江省军工集团、浙江智慧交通研究院、浙江工匠培训学院等。

(二)完善法人治理,提升企业治理能力水平

开展完善法人治理结构攻坚,区分国有独资、多元股权2种类型,着手推进新一轮国企规范治理工作。出台省属国有独资公司完善法人治理结构实施意见、加强董事会建设指导意见和工作指引,积极试行外部董事和职业经理人制度,全面实行董事会召开情况备案制度。出台省属企业外派监事会专职监事考核评价管理办法,加强外派监事会专职监事管理。出台加强省属企业总部机构建设指导意见,围绕"大集团、小机构、高效率、优服务"要求建设总部机构,提升企业治理能力和水平。

六、浙江省国资委监管企业建立和完善经营业绩考核体系情况

(一)完成2017年度省属企业负责人经营业绩考核

根据《浙江省国资委监管企业负责人经营业绩考核与薪酬核定暂行办法》(浙国资发〔2016〕4号)和经营业绩考核责任书(2016—2018年度),对监管企业开展2017年度经营业绩考核和薪酬核定工作。据考核结果,2017年15家省属企业考核口径净利润比上年增长20.88%,主要负责人平均年薪73.9万元(不含任期激励收入),为上年度省管企业职工平均工资的6.34倍,较2016年增长10.5%。

(二)完成2017年度省属企业等级考评

根据《关于建立省属企业年度考评等级制度的通知》(浙国资发〔2011〕16号)和《省属企业年度考评等级制度考评指标计分细则》(浙国资考核〔2015〕25号)有关规定,对监管企业2017年度考评等级各项指标进行考评,确定年度考评等级结果。据考评结果,2017年度企业考评等级A级企业2家,B级企业9家,C级企业4家。对省属企业年度考评等级制度及计分细则进行修改完善,印发《关于完善省属企业年度考评等级制度的通知》。

(三)加强省属企业负责人业务招待管理

印发《关于规范省属企业负责人业务招待管理的通知》,对省属企业负责人业务招待的类别、适用范围、费用标准、审批报销程序等做出界定,以进一步规范国企领导人员履职待遇,促进勤俭办企、廉洁从业。

七、浙江省国资委监管企业负责人考核与选人用人机制改革情况

(一)负责人考核情况

根据省委办公厅《关于省属企业领导人员管理体

制调整的若干意见》(浙委办发〔2017〕73号)精神,省属企业领导班子建设和领导人员管理工作由省委组织部负责,省国资委党委协助;省属企业领导班子和领导人员综合考核评价,由省委组织部会同省国资委党委实施并确定结果。

(二)选人用人机制改革情况

根据《关于进一步加强省属企业中层管理人员队伍建设的指导意见》(浙组〔2016〕16号)和《关于加强省属企业备案职务管理有关问题的通知》(浙组通〔2018〕3号)精神,进一步规范企业中层人员选拔任用及备案职务监督管理工作,对省属企业25人职务备案进行审核。

八、浙江省国资委监管企业党的建设和廉政建设情况

(一)抓好制度建设,完善国企党的制度体系

一是构建党建工作责任制。会同省委组织部出台《浙江省国有企业党建工作责任制实施办法》,层层构建企业党组织书记带头抓、班子成员分工抓、职能部门具体抓、基层党支部联动抓的党建工作责任制。二是全面落实党建工作要求进公司章程。明确党组织会议研究讨论作为董事会、经理层决策重大问题的前置程序,省属企业本级层面全面完成章程修订,省属企业所属二级企业、中央所属在浙企业本级基本完成章程修订。三是深化完善"双向进入、交叉任职"领导体制。督促指导省属企业所属规模较大的子公司全面推行"双向进入、交叉任职"、设专职党委副书记,加强企业基层党组织带头人队伍建设。四是健全落实"一张清单、双层述职、三项评价"党建工作机制。制定印发年度省属企业和中央所属在浙企业党建工作要点,部署国企党建工作任务。组织做好2017年度国有企业党委书记抓基层党建述职评议考核工作,明确从2018年度起,省属企业党建工作考核权重占20%。五是布置落实2018年国企基层党建工作重点任务。根据浙江省基层党建工作重点任务推进会部署要求,下发《关于推进2018年浙江省国有企业基层党建工作重点任务落实的通知》,从8个方面进一步推进省属企业、在浙央企、市县国企基层党建工作任务落实。

(二)抓好基层基础,加强国企基层党组织建设

一是牵头组织召开省属企业民主生活会。督促指导省属企业组织召开2017年度党员领导干部民主生活会,组织派员参加部分省属企业、中央所属在浙企业民主生活会。二是全面推动做好省属企业党委换届工作。按照省委要求,周密部署、加强指导,扎实推动省属企业稳妥有序做好党委换届工作。三是组织召开党建工作片会。将省属企业、中央所属在浙企业划为4个片区,指导推动各片区相继召开党建工作片会,有效搭建国企党建工作的交流、研究、宣传平台,推动国企党建工作水平整体提升。四是全面加强基层党建阵地建设。出台《关于深化省属企业党群服务中心建设的指导意见》,按照"政治功能鲜明化、实体布局规范化、功能职责具体化、活动开展常态化、管理机制长效化、基本运行保障化"6个方面建设标准,明确每家企业建立1~2个功能齐全、各具特色的党群服务中心示范点,建成党员群众爱来想来的红色家园。五是加大党内关怀帮扶力度。做好春节期间国有企业困难党员、职工慰问工作,慰问363人。开展国有企业"七一"慰问困难党员活动,慰问418人。

(三)抓好队伍建设,提升党员队伍整体素质

一是抓好发展党员工作。严格落实"把政治标准放在首位"要求,研究确定年度企业党员发展计划,指导企业基层党组织认真做好年度党员发展计划和发展指标落实工作。会同省委组织部做好省属企业发展党员工作随机调查,加强对省属企业、中央所属在浙企业发展党员工作的指导。二是加强党员教育。依托省国资委党校等阵地,加强国企基层党务骨干、普通党员、入党积极分子教育培训,组织省属企业中层正职人员参加党的十九大精神集中轮训。三是强化党员管理。督促指导省属企业、中央所属在浙企业做好《关于认真解决入党材料不规范问题的通知》《关于预备党员中超过6个月未按期转正的通知》要求的集中检查工作,组织做好新时代浙江省"千名好支书""万名好党员"推选工作。四是督促指导企业加强党建工作者队伍建设。明确企业党务工作机构人员一

般不少于内设机构员工平均数,推动省属企业集团本级全部设置党务工作机构。

(四)抓好专题调研,提高国企党建研究水平

认真落实省委、省政府年度重点调研课题任务,组织发动省属企业、地市国资委开展全面提升国企基层党组织组织力专题调研,并先后赴8家省属企业开展调研。按照省委组织部要求,指导督促省属企业总结本企业贯彻落实习近平总书记有关国企党建重要论述重大部署精神、坚持"一张蓝图绘到底"抓好国企党建工作的特色做法和经验。根据浙江省国资国企改革发展情况专题调研有关要求,围绕"建立浙江省国企党建归口管理体制、推动党的领导与公司治理有机融合的思路建议"内容,起草全面加强国有企业党的建设攻坚方案。

(五)抓好清廉国企建设,营造风清气正政治生态

深化不敢腐不能腐不想腐体制机制建设,出台清廉国企建设意见和党风廉政建设党委主体责任清单、纪委监督责任清单,开展企业党风廉政建设责任制落实情况检查考核,压紧压实"两个责任"。持之以恒反对"四风",深入开展正风肃纪行动。用好监督执纪"四种形态",严肃查处违纪行为。认真配合做好省属企业巡视、执纪监督等工作,督促抓好问题整改落实。国有企业各级党组织全面从严治党意识、反腐倡廉意识明显增强,拒腐防变思想堤坝不断筑牢,崇尚清廉、抵制腐败的风气已经形成,企业风清气正的政治生态持续巩固。

(六)抓好企村结对行动,全力服务乡村振兴

根据省委、省政府要求,组织省属企业全力参与浙江省"千企结千村、消灭薄弱村"专项行动,参与制定《关于开展乡村振兴"千企结千村、消灭薄弱村"专项行动的工作方案》《村企结对工作计划书》。指导省属企业结合实际,参考企业生产经营范围、结对村需求及村庄规模大小和村班子建设等情况,选择确定结对薄弱村。截至2018年底,23家省属企业及其下属企业与衢州、丽水两市85个薄弱村完成结对,并启动帮扶项目近40个,取得阶段性明显成效。

(撰稿人:张小菊)

宁波市

一、宁波市国有资产监督管理工作综述

2018年,宁波市国资国企系统紧紧围绕全国国有企业改革座谈会精神,按照上级国资委和市委、市政府总体部署要求,聚焦国有企业高质量、竞争力和现代化发展,切实做到在加强党的领导中推进改革发展,在履行使命中服务宁波市大局,在体制转型中提升监管效能,市属企业的活力、影响力和抗风险能力进一步增强,为宁波市"六争攻坚、三年攀高"作出积极贡献。

对标市委、市政府的年度工作部署和重点任务,宁波市国资国企敢于担当、攻坚克难,经济运行稳定向好,服务宁波市经济社会发展的支撑作用进一步发挥。一是资本运行稳中向好。2018年,宁波市国资委出资企业资产总额5223.11亿元,比上年增长8.04%;实现营业收入644.39亿元、利润总额61.93亿元,比上年分别增长16.41%和32.24%。二是有效投资持续发力。全年市属企业完成有效投资605亿元,其中重点项目完成投资超225亿元,占宁波市重点项目投资近25%,为宁波市稳增长作出积极贡献。在大港口建设方面,2018年宁波舟山港年货物吞吐量再超10亿吨,年集装箱吞吐量首超2600万标准箱,首次跻身世界港口排名前三强。在大交通项目方面,轨道交通建设快速推进,三门湾大桥及接线宁波段、余慈连接线等竣工建成。在大都市开发方面,奥体中心、中东欧会馆进入冲刺阶段,万象城综合体建设推进顺利。在大民生建设方面,钦寸水库建成蓄水,葛岙水库主体工程开工建设,农副产品物流中心项目进展有序。余姚、慈溪、象山、梅山等地国企在服务当地重大项目建设和区域开发方面作用明显。三是转型升级稳步提速。发起设立或参与设立投资基金21只,基金总规模254.53亿元,比上年增加159.83亿元,其中市属企业认缴出资58.48亿元,撬动近4倍社

会资本参与投资。12只基金投资方向为高端先进制造业、智能经济等高新技术产业，合作对象包括汉德资本、高能天汇、清科资本、国投创新、深创投等知名投资公司。四是"走出去"再迈新步。贯彻落实国家"一带一路"倡议，支持企业依托自身产业优势"走出去"。宁兴（集团）积极发挥美国宁兴、日本宁兴、宁兴德国、罗马尼亚代表处的窗口和桥梁作用，积极服务宁波市海外招商引资（智）工作；开投公司江西铅山生物质、明州生物质二期和金华宁能热电二期等项目顺利推进；城投公司完成重庆玻纤项目1.5亿元出资，新设立云南新平瀛洲水泥有限公司；交投公司下属路桥工程处养护团队承揽港珠澳大桥养护工程。五是责任担当更显成效。推动市属企业积极参与对口援疆、对口援藏、东西部扶贫协作、乡村振兴（村企结对）战略工作，2018年提供各类扶贫援助和慈善捐赠1160万元，比上年增长136％。成立规模100亿元帮扶基金，帮助民营企业纾困解难。勇挑民生服务保障重担，供排水集团与原水集团通力合作，全年完成总供水量6.6亿立方米，实现优质供水4.9亿立方米；城投公司下属兴光燃气和开投公司控股的宁波热电高效运营，保障燃气热电供应；商贸集团健全菜篮子供应体系，加强食品安全检测；报业集团、广电集团坚持党管媒体原则，媒体融合发展和产业转型升级齐头并进；轨道交通集团与市公交总公司合作，实现轨道与公交优惠换乘政策落地；演艺集团夺得中国舞蹈"荷花奖"；种子公司"甬优12"打破浙江省水稻百亩示范亩产最高纪录。围绕国资国企改革攻坚服务发展，加大宣传力度，组织开展市民观察团"走进国企'六争攻坚'第一线"等系列宣传活动，唱响国资国企主动担当、勇于攻坚主旋律，传播国资国企正能量。

二、宁波市国有资产总量与结构分析

表1　　2018年宁波市国有企业指标

项 目	数 量
资产总额（亿元）	14928.38
净资产（亿元）	5104.12
营业收入（亿元）	659.80
利润总额（亿元）	20.11
实际上缴税金总额（亿元）	39.58
负债总额（亿元）	9824.26
净利润（亿元）	2.12
国有资产总量（亿元）	4722.98
平均职工人数（人）	68725.00
国有资本保值增值率（％）	101.96
总资产报酬率（％）	0.97
成本费用利润率（％）	1.74
主营业务收入增长率（％）	26.85
资产负债率（％）	65.16
流动比率	2.01

表2　　2018年宁波市国有企业户数情况

2017年户数（户）	2018年户数（户）	比上年增长（％）
786	1085	38.04

表3　　2018年宁波市国有资产按地区分布情况

地　区	国有资产（亿元）	占国有资产总量比重（％）
市本级汇总	2044.12	43.28
监管企业	1259.15	26.66
非监管企业	195.37	4.14
功能园区汇总	589.60	12.48
大榭开发区	76.75	1.62
保税区	57.51	1.22
东钱湖开发区	23.96	0.51
高新区	47.52	1.01
梅山保税区	86.13	1.82
杭州湾新区	297.73	6.30

续表

地 区	国有资产(亿元)	占国有资产总量比重(%)
县市区汇总	2678.86	56.72
镇海区	188.04	3.98
海曙区	168.16	3.56
奉化区	227.32	4.81
慈溪市	418.91	8.87
宁海县	443.63	9.40
鄞州区	322.87	6.84
北仑区	28.94	0.61
余姚市	608.99	12.89
象山县	96.28	2.04
江北区	175.72	3.72
合　计	4722.98	100.00

表4　2018年宁波市国有资产按行业分布情况

行　业	国有资产(亿元)	占国有资产总量比重(%)
农林牧渔业	58.28	0.94
制造业	16.08	0.26
电力、热力、燃气及水生产和供应业	153.10	2.47
建筑业	371.43	6.00
批发和零售业	53.94	0.87
交通运输、仓储和邮政业	403.47	6.52
住宿和餐饮业	16.72	0.27
信息传输、软件和信息技术服务业	2.79	0.05
金融业	41.23	0.67
房地产业	1226.44	19.81
租赁和商务服务业	2849.86	46.03
科学研究和技术服务业	36.22	0.58

续表

行　业	国有资产(亿元)	占国有资产总量比重(%)
水利、环境和公共设施管理业	891.22	14.39
居民服务、修理和其他服务业	3.30	0.05
教育	6.47	0.10
卫生和社会工作	5.57	0.09
文化、体育和娱乐业	55.77	0.90
合　计	6191.89	100.00

注：该表为汇总数据，未考虑合并抵消因素。

表5　2018年宁波市国有资产按经营规模分布情况

经营规模	国有资产(亿元)	占国有资产总量比重(%)
大型企业	2236.98	47.36
中型企业	422.95	8.96
小型企业	1232.29	26.09
微型企业	830.76	17.59
合　计	4722.98	100.00

三、宁波市国有资本保值增值综合分析评价

2018年，宁波市各级国资监管机构积极探索以管资本为主的新形式、新机制、新方法，细致筹划、科学统筹，进一步提高国有资产监管的规范性、针对性和有效性，确保国有资本保值增值。

表6　2018年宁波市国有企业地区和行业国有资本保值增值情况

地　区	国有资本保值增值率(%)	行　业	国有资本保值增值率(%)
市本级汇总	101.74	农林牧渔业	226.43
监管企业	102.65	制造业	113.90
非监管企业	100.61	电力、热力、燃气及水生产和供应业	109.88

续表

地 区	国有资本保值增值率(%)	行 业	国有资本保值增值率(%)
功能园区汇总	100.10	建筑业	100.61
大榭开发区	101.19	批发和零售业	108.70
保税区	98.18	交通运输、仓储和邮政业	101.65
东钱湖开发区	99.19	住宿和餐饮业	96.64
高新区	100.51	信息传输、软件和信息技术服务业	111.38
梅山保税区	102.13	金融业	102.09
杭州湾新区	99.41	房地产业	103.26
县市区汇总	102.13	租赁和商务服务业	101.56
镇海区	102.21	科学研究和技术服务业	100.87
海曙区	98.16	水利、环境和公共设施管理业	103.31
奉化区	94.67	居民服务、修理和其他服务业	84.02
慈溪市	112.75	教育业	106.65
宁海县	100.69	卫生和社会工作	99.99
鄞州区	100.06	文化、体育和娱乐业	103.30
北仑区	107.92		
江北区	100.04		
余姚市	104.84		
象山县	99.83		

四、宁波市国资委监管企业改革发展情况

在学懂弄通做实习近平新时代中国特色社会主义思想基础上，特别是对标习近平总书记关于国企改革的重要讲话精神，积极推进重点领域和关键环节改革，不断激发企业内在活力动力。一是加大顶层设计力度。认真贯彻全国国有企业改革座谈会精神，按照《浙江省全面深化国有企业改革行动方案》和宁波市委、市政府主要领导指示要求，研究拟制深化国企改革实施意见及配套攻坚方案。出台《宁波市属国资国企"六争攻坚，三年攀高"行动实施方案》，明确国资国企改革攻坚发展的目标任务和具体"施工图"。二是加大改革推进力度。制定《市属企业推进混合所有制改革工作计划表(2018－2020年)》，推进市属二级及以下竞争类企业混合所有制改革，混改比例54.11%，通过市种子公司改革方案，实施科研团队股权激励计划。事企分开改革和公司制改制持续推进，组建宁波广电传媒集团，完成市产权交易中心等9家企业的公司制改制，研究修改公交总公司改制方案。落实国企改革"双百行动"工作，交工检测、国际投资咨询等2家企业列入国务院国有企业改革领导小组办公室"双百行动"试点。三是加大资本运作力度。推进"凤凰行动"计划，出台《推进市属企业上市提升资产证券化水平三年(2018－2020)行动计划》，建立一批拟上市挂牌企业(20家)，培育一批优质股改企业(10家)，挖掘一批可储备潜力企业(5家)。2018年，永新光学主板上市；甬派传媒积极推进转板工作；宁波富达房地产板块整体退出，不减持承诺期限调整为3年，上市公司活力得到有效释放；宁波热电推进重大资产重组，持续做强做大国有上市公司。四是加大项目合作力度。深化与华润、中交、中交建、民生、中国铁塔等企业战略合作，成立开投蓝城、浙江甬道等混合所有制企业，实现优势资源与开发能力的合作共赢。报业集团与万科合作的"芝士公园"教育综合体顺利运营；工投集团多家参股企业进入宁波企业百强榜；广电集团与华数合作的无线智慧城市增资扩股项目正式落地实施；旅投公司引入开元集团参与新晶都、凯利酒店运营，"三江夜游"与珠江航运开展股权合作。

五、宁波市国资委监管企业并购重组与完善法人治理结构情况

按照"两个一以贯之"的要求，规范现代国有企业制度建设，建立健全权责明确、决策科学、执行高效、相互制衡的法人治理体系。一是将党的领导融入公司治理。完善"双向进入、交叉任职"领导体制，出台《市属企业加强党的领导完善公司治理若干重大事项

工作指引（试行）》，厘清党委会与其他治理主体的关系，落实重大事项党委决策前置程序。二是董事会建设进一步规范。开投集团引入3名外部董事，向董事会下放7项出资人权利；将交投公司、商贸集团列入规范董事会建设试点，推动规范董事会建设进程不断加快。对工投集团2名外部董事进行更换，在广电传媒集团引入1名外部董事，调整和补充轨道交通、交投等企业董事，推动企业董事会结构优化。印发《宁波市属国有企业外部董事人才库建设管理办法（试行）》，初步建立市属企业外部董事人才库。三是监事会建设不断深化。聚焦大宗物资和工程项目采购等专项检查内容，强化过程监督，监事会全年列席会议512次，累计检查企业153户，提交报告279份，披露问题680个，提出建议或整改意见861条，持续督促企业规范经营，有效维护国资安全和出资人权益。开展市属企业监事会监督和审计问题"回头看"，404个存量问题70%实现整改，企业内部监督闭环工作体系运转良好。组织召开市属企业构建大监督工作座谈会，指导轨道、报业、工投、商贸等企业构建内部大监督工作机制，部分企业正式运行。

六、宁波市国资委监管企业建立和完善经营业绩考核体系情况

根据《宁波市国资委出资企业负责人经营业绩考核与薪酬管理试行办法》，围绕提高考核科学性、针对性和有效性。一是优化业绩考核办法，在原有考核框架下，微调业绩考核办法，全面推行目标值考核，按照市属企业功能分类特点，制定差异化考核指标，优化细化党建综合考核指标，探索构建简便易行、务实管用的市属企业考评指标体系。二是充分发挥杠杆作用，深化分配改革，有序扩大二级及以下竞争性子企业工资总额授权管理，在充分总结竞争性三级企业金通融资租赁公司实施企业全体员工业绩与薪酬奖罚挂钩全联动试点基础上，配合规范董事会建设扩大试点，支持董事会依法行使薪酬分配权，有序扩大二级及以下竞争性企业员工绩效与工资联动授权试点，2018年将28家子企业（2级子企业23家，3级子企业5家）工资总额授权集团公司管理。三是修订年金管理办法，提升企业人才竞争力。对照人力资源社会保障部《企业年金办法》和部分非经营性市属国企建立年金制度的诉求，修订年金管理办法，确保企业年金与企业效益及职工个人贡献挂钩，年金向关系企业长期发展的核心骨干人才倾斜，提高企业职工退休生活保障度的同时提高企业对人才的竞争力和保有率。

七、宁波市国资委监管企业负责人考核与选人用人机制改革情况

围绕中心，抓住重点，压实责任，主动作为。一是理顺市属国企领导人员管理体制。会同市委组织部理顺管理体制调整工作，明确"市委统管、市委组织部主管、市委国资工委协管"的总体要求，起草完成《宁波市市属国有企业领导人员管理办法（征求意见稿）》。在加强日常监督管理的同时，进一步提升市属企业领导人员管理工作的科学化、制度化、规范化水平，不断完善市属企业领导人员队伍建设。严格执行领导干部兼职规定和市属企业主要领导人员请假报告制度，全年审批各类兼免职53人次。加强因公、因私出国（境）管理，实行年初统一报备、证件集中管理、出国审核审批制度，确保监管实时到位，收集管理各类因私出国（境）证件101本，审核批准各类出国（境）70余人次，系统内未发生一起违法违规事件。二是完善企业人才队伍建设。出台《市属国有企业改革创新容错纠错实施细则》，为改革担当者鼓气撑腰。成立国资系统人才工作领导小组，研究提出"4+15"行动方案，将人才工作纳入企业负责人经营业绩考核当中。加大招才引才力度，全年引进市领军和拔尖人才、省"151"人才、外籍及留学人员等36人。组织开展科研攻关60余项，国家、省市级技术革新9项、专利15件。三是完善人才培养制度体系。谋划抓实市属企业人才工作述职评议工作，指导11家企业制定党委书记抓人才工作"两清单一项目"，连续出台《市属国企人才工作目标责任制考核评分细则》《宁波市属国有企业"五个一"优秀人才库建设管理办法（试行）》《宁波市属国有企业外部董事人才库建设管理办法（试行）》等，分类分层推进市属企业人才队伍建设。四是稳步推进职业经理人制度试点。坚持党管

干部原则,注重发挥市场机制作用,按照"积极稳妥、先行试点、分层实施、逐步推开"的原则,制定印发《市属二三级竞争类国企推行职业经理人试点工作方案》,起草《宁波市属国企推行职业经理人制度的调查研究报告》《宁波市属国企职业经理人管理试行办法》,并按照"市场化选聘、契约化管理、差别化薪酬、市场化退出"的总体思路,积极推进126家二、三级竞争类企业职业经理人试点,33家企业基本完成试点工作。

八、宁波市国资委监管企业党的建设和廉政建设情况

围绕中央和省市关于国企党建的"30+20+22"重点工作任务和纪律规矩,全面贯彻落实习近平总书记在全国国有企业党建工作会议上的讲话精神,以抓铁有痕的劲头狠抓落实。一是管党治党责任压紧压实。调整理顺驻甬央企和部分市属企业党组织隶属关系,完成20家驻甬央企及2家市属企业338个党组织和6100多名党员的接收工作。深化党组织书记抓党建述职评议并全面延伸到二、三级企业。修订企业党建工作考核办法,落实考核评价"两个20%"目标。二是夯实党建基层基础工作。以支部工作条例为纲大抓支部建设,培训党务工作者1200多人次。发挥"锋领国企"APP线上党校功能,深入开展"千名书记讲党课,万名党员上网校"活动,累计发布组织生活1081例。制定"一室一廊一栏一标志"党建阵地亮显标准,90%以上的基层党组织建有红色阵地,培育基层党建品牌32个,3家公司党建特色做法被《国企》杂志推荐。三是持续推进清廉国企建设。狠抓源头治理,开展约谈提醒超100人次,发放《廉政风险提示单》51份,发送廉洁过节短信8000余条。构建量化指标体系,推动国企廉洁教育"虚功实做",该做法在全国性会议上做交流发言,并被《中国纪检监察》杂志等媒体推送。持之以恒推进作风建设,开展形式主义、官僚主义突出问题"五个一"纠治活动,市属企业"五项费用"预算数连续四年下降。健全长效机制,专门印发清廉国企建设实施意见,从19个方面明确目标任务、

重点工作,督促推动企业和区县(市)跟进。四是全力支持纪检部门履行职责。严格落实党政纪处理与绩效考核挂钩制度,对涉及12户企业的43个扣分事项实施"扣分减薪",并督促3家企业对5名受到党纪政纪处理的在职在岗人员,实施同步扣薪处理。

(撰稿人:梁 黎)

安徽省

一、安徽省国有资产监督管理工作综述

2018年,安徽省国资系统深入学习贯彻习近平新时代中国特色社会主义思想和党的十九大精神,认真贯彻落实中央及省委省政府决策部署,坚持稳中求进工作总基调,牢固树立和践行新发展理念,以提高质量效益和核心竞争力为中心,以推进供给侧结构性改革为主线,深入实施"五大发展行动计划",推动省属企业高质量发展,各项工作取得明显成效。2018年,安徽省国资委监管企业营业总收入突破8000亿元,达到8365.9亿元,比上年增长12.1%;实现利润总额734.7亿元,比上年增长50.8%;已交税费总额516.6亿元。

(一)着力提质增效,经济效益实现新突破

安徽省国资系统坚持把提质增效摆在重要位置,强化经济运行分析和形势研判,层层压实责任,多措并举提质增效,经济效益持续快速增长,高质量发展迈出坚实步伐。一是抢抓机遇开拓市场,收入利润双创历史新高。省属企业抓住大宗商品价格企稳回升、市场需求结构调整升级机遇,不断优化产业结构,扩大中高端产品市场份额,盈利能力和水平稳步提升。省属企业营业收入和利润双创历史新高,3户企业利润总额超50亿元,海螺集团利润总额398.4亿元。二是深挖潜能降本增效,企业运行质量不断优化。2018年,省属企业成本费用总额增速低于收入增幅2.3个

百分点。百元收入负担的成本费用92.8元,比上年下降1.5元。省属企业营业利润率8.9%,比上年增加1.9个百分点;净资产收益率10.2%,比上年增加2.8个百分点;成本费用利润率9.5%,比上年增加2.5个百分点。三是多措并举降低杠杆,企业负债率稳步下降。制定省属企业降杠杆减负债指导意见和资产负债率分类管控工作方案,建立严格的分行业资产负债率警戒线,开展"提质量、优结构、降杠杆"活动,组织6户省属企业与中国建设银行签署战略合作协议。2018年底,省属企业总体资产负债率60.8%,比上年底减少1.9个百分点,处于中部地区最低水平。指导省属企业充分利用债券市场,多渠道筹集资金,省属企业直接融资985亿元。

(二)着力优化结构,创新发展迈出新步伐

安徽省国资系统坚持以供给侧结构性改革为主线,深入实施创新驱动发展战略,努力提高供给质量和效率,实现创新发展。一是着力化解过剩产能,产品结构不断优化。2018年马钢集团退出炼铁产能100万吨、炼钢产能128万吨,淮南矿业集团、皖北煤电集团退出煤炭产能690万吨,3户企业均完成年度去产能目标任务。鼓励省属企业优化产品结构,聚焦实业、突出主业,推动产品结构向企业核心业务和核心产品集聚,提高产品技术含量和附加值。马钢集团高速车轮出口德国,铜陵有色沙溪铜矿等重大项目当年投产见效,江淮大众首款新能源汽车下线,江汽集团年产10万辆高端新能源乘用车、皖维年产700万平方米光学薄膜和偏光片等重点项目加快建设。二是加快创新发展步伐,涌现一批可喜成果。制定《省国资委落实五大发展行动计划实施方案》,实施115个重点项目,对省属企业13个科技创新示范项目给予国有资本经营预算支持3520万元。省属企业加大创新投入,提升科技创新能力水平,涌现出一批创新成果,海螺集团首个智能化工厂在全椒海螺建成,世界首条二氧化碳捕集纯化示范项目在白马山水泥厂投产;江汽集团获得第五届中国工业大奖企业奖,交控集团"系列根式基础成套技术"项目获得中国公路学会年度科学技术奖特等奖和金鹿奖杯,马钢轨道交通用高端车轮产品研发团队获得安徽省首届创新争先奖牌。三是有序处置"僵尸企业",企业运营质量和效率有效提升。制定《省属企业处置"僵尸企业"工作方案》,明确用3年时间完成160户"僵尸企业"处置。全面开展处置"僵尸企业"专项行动,通过清算注销、依法破产、重组整合、产权转让等方式,处置"僵尸企业"58户,超额完成年度目标任务,通过内部分流、内部退养等方式安置职工492人。四是深化与央企合作发展,超额完成年度目标任务。举办中央企业助力国家全面创新改革(安徽)试验区建设座谈会,与央企集中签约合作项目158个,总投资额1821.03亿元。一批大项目、好项目签约落地、开工投产。2018年,安徽省与央企合作新开工项目336个,投资规模3726.36亿元;实际完成投资3101.44亿元;新竣工项目239个,投资规模2654.89亿元;新签约项目374个,投资规模4206.09亿元,提前超额完成省政府下达的"四个2000亿元"年度目标任务。五是加快"走出去"步伐,海外发展闯出新天地。省属企业加快"走出去"步伐,抢抓"一带一路"发展机遇,深化国际产能合作。马钢集团积极开发海外直供终端和专业贸易商,全年出口钢材113万吨;海螺集团在"一带一路"沿线2个水泥项目点火投产,新增格鲁吉亚等4个国别项目,并储备10个新项目载体;江汽集团实施"出海行动"和"好望角工程",累计出口汽车7万多辆;叉车集团加大与德国永恒力、采埃孚集团合资合作,促进高端产品研发上市,并在核心传动领域取得突破。组织省属企业参加首届中国国际进口博览会,签约意向合同总金额4.5亿美元。

(三)着力攻坚探索,重点改革取得新进展

安徽省国资系统加强国企改革攻坚探索,加快推动国企改革重点项目落实落地,省属企业发展动力活力进一步增强。一是启动规范董事会建设和职业经理人制度试点,完善法人治理结构迈出实质性步伐。制定省属企业外部董事管理办法、省属企业委派总会计师管理办法,在华安证券、叉车集团2户企业集团层面进行规范董事会建设和职业经理人制度试点,省属企业外部董事委派实现"零的突破"。华安证券完成经理层市场化选聘,叉车集团通过转任聘任总经理和1名副总经理。开展出资人委派总会计师试点工作,向3户企业委派总会计师。二是深化混合所有制改革,市场活力进一步激发。坚持以加快上市推动混合所有制改革,完成长城军工首发上市及淮北矿业煤电主业资产整体上市。省属企业控股上市公司由18家增至20家,资产证券化率由40%提升至45%。积极推进员工持股试点,选择7户企业规范开展试点。19户省属二级企业"创改"试点工作顺利推进,铜冠铜箔等6户试点企业被列为国务院国资委国企改革"双百行动"企业。三是扎实推进重组整合,资源配置效率进一步提高。组建省港航集团,规范推进无偿划转和合资合作,实现省属企业间、省属企业与地市企业间港口资源有效整合,加快推进全省港口一体化、港航协同化发展。推动海螺集团重组省国贸集团,促进资源优化高效配置,提高国有资本运行效率。省属企业积极进行内部重组整合,压缩管理层级,推动"瘦身健体"。四是推进授权经营体制改革,试点工作进展顺利。省投资集团加快国有资本投资公司试点,参与组建长三角协同优势产业基金,收购长信科技股份实现控股。启动国有资本运营公司试点工作。设立母基金20亿元的省属企业改革发展基金,以市场化手段引入社会资本。国元金控集团、省投资集团、华安证券等企业参与组建省产业发展基金、省级种子投资基金、创业风险投资基金、上市公司高质量发展基金、纾困基金等,省级股权投资基金体系初步建成。五是剥离企业办社会职能有效推进,取得阶段性成果。加快推进省属企业"三供一业"分离移交,截至2018年底,除边远地区、危旧房等特殊情况外,应分离移交户数全部签约,签约率100%;累计开工(完工)116万户,开工率95%,达到年度开工目标任务的序时进度要求。出台省属企业办市政设施、社区管理职能、消防和教育、医疗机构等分类处理的意见,统筹推进企业剥离办社会改革。

(四)着力转变职能,监管效能有了新提升

安徽省国资系统牢牢把握职责定位,按照以管资本为主的要求,积极推进职能转变,强化重点领域监管,监管质量和效能不断提升。一是加强统筹协调,推动重大决策部署落实。重点围绕打好打赢三大攻坚战,全面部署工作、提出明确要求。围绕防范化解重大风险,建立省属企业风险排查定期报告制度,将重大风险整改情况纳入业绩考核,对29户省属企业40条重大风险事项下达限期整改通知书。围绕精准脱贫,召开省属企业脱贫攻坚推进会暨培训会、对口帮扶望江县工作座谈会等,坚持"输血式"扶贫与"造血式"扶贫并重,省属企业年度安排产业扶贫项目45个,年度投资34.1亿元。围绕污染防治,推动省属企业加强技术改造,淘汰落后产能,实现绿色发展,并牵头抓好对淮南市的环保督查和包保工作。落实省委省政府统一部署,扎实做好"四送一服",牵头赴安庆市走访调研企业114家,收集问题347个,逐一督办落实,并组织4户省属企业与安庆市13家企业签订战略性合作协议。二是突出管资本要求,推进省国资委职能转变。系统梳理省国资委68项监管职能、5项内部管理职责,归并整合监管职能,精简国资监管事项33项,职能定位和监管范围更加明确。落实省委机构改革方案,研究提出省国资委内设机构调整初步方案,制定相关预案,监事会人员转隶到位,确保监事会职能划转移交过程中监管责任的落实到位。三是坚持问题导向,加强重点领域监管。出台省属企业公司章程管理办法、降杠杆减负债指导意见、资产负债率分类管控工作方案、任期经营业绩考核补充规定、加强安全生产考核问责的规定等,修订《安徽省企业国有资产评估管理暂行办法》等制度。发挥监事会过程监督作用,对10户省属企业组织开展专项监督检查。开展省属企业集资情况摸底集中排查处置,强化对企业担保的动态监控。推进资金集中管理和资金监管信息化系统建设,实现资金监管系统与19户省属企业集团财务、资金管理等26个业务系统实时对接取数,省属企业投资项目月报等系统上线运行。深化全面预算管理,突出"稳增长、防风险、降成本"三大审核目标,积极发挥预算管控作用。强化国有产权交易监管,全年项目备案挂牌60宗,完结22宗,成交18宗,成交总额相对评估值总额增长37.88%。加强投资监管,启动投资项目后评价工作,省属企业全年完成投资近1500亿元,比上年增长7%。强化安全生产,加大问责力度,安全生产形势稳定。成立省属企业巡视巡察审计及监事会监督检查整改工作领导小组和办公室,开展巡视"回头看",巩固省属企业10个专项治理成果。积极开展"深督导、重化解、促落实"专项行动,有效防范化解社会风险,一大批多年的信访积案得以化解。

（五）着力管党治党，国企党建得到新加强

安徽省国资系统认真贯彻落实党的十九大和全国、全省国有企业党的建设工作会议精神，落实党建工作重点任务，提升党建工作质量，省属企业党建基础进一步夯实，有力促进企业改革发展。一是落实政治责任，完善党建工作责任制。制定省属企业2018年度党建工作要点，出台《省属企业2018年度基层党建"三个清单"》，组织修订企业党委会议事规则，推进"党建入章程"向企业子公司延伸覆盖，举办省属企业专职党委副书记和党务部门负责人培训班，开展省属企业党委书记抓基层党建工作述职评议，完善党建工作考核评价体系，层层落实党建工作责任。二是加强基层党组织建设，夯实基层基础。大力推进省属企业基层党组织标准化建设，组织考核验收。实施党支部建设提升行动，开展软弱涣散基层党组织排查。实施"融合+"党建工程，深入开展企业党建品牌创建活动，总结推广一批支部建设"微经验"。突出典型带动，结合建党97周年，选树表彰一批先进基层党组织和优秀个人。三是强化干部人才管理，激励担当作为。调整配备省国资委党委管理的省属企业和直属单位领导人员32人次，协助省委组织部调整配备省委管理的企业领导人员23人，开展企业领导班子和领导人员"三案"精准管理综合研判。评选第四批省属企业"538英才工程"162人，举办入选人员培训班，认真做好国家、省级重点人才工程相关工作。四是坚持全面从严治党，建设廉洁国企。严格落实党风廉政建设"两个责任"，以徽商集团腐败窝案为反面教材，扎实开展"讲忠诚、严纪律、立政德"专题警示教育和"三查三问"。深化巡视巡察整改落实，坚决做好"后半篇文章"。持之以恒正风肃纪，驻委纪检监察组成立5个执纪审查组，建设标准化谈话室，建立问题线索排查会制度和处置台账，全年受理信访举报1083件，处置问题线索819件，立案审查18件，给予党纪政务处分18人，诫勉谈话8人，移送指定管辖监察调查1人；分2批集中通报18起违反中央八项规定精神典型案例，12户企业23人被点名曝光。

二、安徽省国有资产总量与结构分析

表1　2018年安徽省国有企业指标

项　目	金　额（亿元）
资产总量	49944.1
所有者权益	20368.0
国有资产总量	16721.7
营业总收入	10630.2
利润总额	1014.1
净利润	838.2
归属于母公司所有者的净利润	505.7
应交税金总额	826.4
实际上缴税金总额	796.5

表2　2018年安徽省国有企业户数情况

项　目	2017年户数（户）	2018年户数（户）	比上年增长（%）
安徽省汇总	3432	3788	10.4
省属企业	1723	1793	4.1
省直单位企业	156	166	6.4
市县企业	1553	1829	17.8

表3　2018年安徽省国有资产按地区分布情况

地　区	国有资产（亿元）	占国有资产总量比重（%）
省属企业	3165.2	18.9
省直单位企业	166.0	1.0
市县企业	13390.5	80.1
合肥市	3199.9	19.1
芜湖市	1713.9	10.2
淮北市	414.5	2.5
淮南市	501.1	3.0
蚌埠市	924.5	5.5

续表

地 区	国有资产(亿元)	占国有资产总量比重(%)
铜陵市	619.9	3.7
马鞍山市	1152.1	6.9
宿州市	667.5	4.0
亳州市	1311.5	7.8
安庆市	593.7	3.6
滁州市	35.0	0.2
池州市	579.7	3.5
宣城市	203.3	1.2
黄山市	292.8	1.8
阜阳市	531.9	3.2
六安市	649.2	3.9
合　计	16721.7	100.0

表4　2018年安徽省国有资产按行业分布情况

行　业	国有资产(亿元)	占国有资产总量比重(%)
农林牧副渔	32.9	0.2
工业	1406.0	8.4
建筑业	528.6	3.2
地质勘查及水利业	235.2	1.4
交通运输业	976.4	5.8
仓储业	25.8	0.2
批发和零售业	151.6	0.9
金融业	820.5	4.9
房地产业	1687.2	10.1
信息技术服务业	1.4	0.0
社会服务业	10639.1	63.6
卫生体育福利业	62.6	0.4
教育文化广播业	91.2	0.5
科学研究和技术服务业	18.0	0.1
机关团体及其他	45.2	0.3
合　计	16721.7	100.0

表5　2018年安徽省国有资产按经营规模分布情况

经营规模	国有资产(亿元)	占国有资产总量比重(%)
大型企业	7372.7	44.1
中型企业	3199.0	19.1
小型企业	5324.0	31.9
微型企业	826.0	4.9
合　计	16721.7	100.0

三、安徽省国有资本保值增值综合分析评价

表6　2018年安徽省国有企业地区和行业国有资本保值增值情况

地　区	国有资本保值增值率(%)	行　业	国有资本保值增值率(%)
省属企业	107.0	农林牧副渔	104.9
省直单位企业	96.6	工业	108.3
市县企业	101.7	建筑业	100.0
安庆市	102.7	地质勘查及水利业	100.0
淮北市	104.3	交通运输业	104.3
蚌埠市	99.3	仓储业	102.6
阜阳市	111.2	批发和零售业	103.7
宿州市	100.1	金融业	102.2
滁州市	99.6	房地产业	104.4
马鞍山市	100.7	信息技术服务业	104.4
亳州市	102.6	社会服务业	101.7
池州市	116.1	卫生体育福利业	105.0
合肥市	100.4	教育文化广播业	89.3
铜陵市	106.9	科学研究和技术服务业	103.5
淮南市	99.8	机关团体及其他	109.3
六安市	99.8		

续表

地 区	国有资本保值增值率(%)	行 业	国有资本保值增值率(%)
芜湖市	100.3		
宣城市	100.2		
黄山市	102.2		
全省汇总	102.6		

四、安徽省国资委监管企业改革发展情况

2018年,安徽省国资委研究出台《关于省属企业发展混合所有制经济的若干意见》,进一步明确混合所有制改革的路径、操作程序和有关要求。长城军工实现首发上市,淮北矿业集团实现煤炭主业资产上市。淮南矿业集团整体改制扎实推进。3户国有控股混合所有制企业员工持股试点完成首期员工出资入股。有序推进国有资本运营公司试点,制定出台安徽省国有资产运营公司改组为国有资本运营公司试点工作实施方案。安徽省国资运营公司完成变更公司名称、注册资本和本部机构改革等改组工作。

五、安徽省国资委监管企业并购重组与完善法人治理结构情况

2018年,安徽省国资委研究制定海螺集团与国贸集团重组方案,获省政府批复同意实施。稳步推进徽商集团资产与债务重组工作。会同皖北煤电集团研究制定淮化集团依法破产工作方案,形成资产处置、债务处置、人员安置等方面的切实举措,并按程序报审。

六、安徽省国资委监管企业建立和完善经营业绩考核体系情况

2018年,安徽省国资委认真贯彻落实党的十九大会议精神,准确把握考核导向,严格实施考核问责,考核制度进一步完善。一是出台《省属企业2017—2019年任期经营业绩考核补充规定》,围绕打赢省属企业风险防范化解攻坚战,明确风险控制指标,提出控制要求,设定处罚措施。二是印发《省国资委关于进一步加强省属企业安全生产考核问责的通知》,对省属企业安全考核问责做出更加严格的规定。

七、安徽省国资委监管企业负责人考核与选人用人机制改革情况

(一)进一步完善法人治理结构

一是着力推进外部董事和总会计师委派工作。适应以管资本为主加强国有资产监管的需要,研究制定安徽省属企业外部董事管理办法和安徽省属企业委派总会计师管理暂行办法。开展规范董事会建设试点工作,向安徽叉车集团有限责任公司和安徽省盐业投资控股集团有限公司2户省属企业委派外部董事,省属企业外部董事委派实现"零的突破",完善法人治理迈出实质性步伐。积极开展出资人委派总会计师试点工作,按照干部管理权限,向安徽省国有资本运营控股集团有限公司、安徽叉车集团有限责任公司、安徽省盐业投资控股集团有限公司3户省属企业委派总会计师,强化财务监督管理。建立外部董事和委派总会计师的服务保障机制,指导安徽省国有资本运营控股集团有限公司制定外部董事、总会计师服务保障工作实施细则。二是稳妥开展职业经理人制度试点。在华安证券股份有限公司、安徽叉车集团有限责任公司2家省属企业的集团公司层面实行职业经理人制度试点,以契约化管理为核心,以任期制和经营目标责任制为主要内容,建立经理层成员市场化选聘和管理机制,探索经理层成员市场化薪酬分配制度。召开省属企业规范董事会建设和职业经理人制度试点工作领导小组会议,研究讨论华安证券股份有限公司、安徽叉车集团有限责任公司实行职业经理人制度试点工作实施方案,指导推进2家企业落实实施方案。华安证券股份有限公司通过公开招聘、转任和竞争上岗等方式,完成经理层市场化选聘工作,形成总经理1人、副总经理5人的"1+5"职业经理人团队;安徽叉车集团有限责任公司通过转任方式,聘任1名

总经理和1名副总经理。

(二)加强选人用人改革与企业领导人员综合考核

一是组织开展省属企业领导班子和领导人员综合考核。通过查阅材料,并结合工作台账、统计数据、平时了解掌握的情况以及巡视、群众来信反映问题查核情况等进行综合研判,对省属企业履行党建职责部分考核指标进行评分。牵头成立3个考核组,对安徽叉车集团有限责任公司等13户企业2018年度领导班子和领导人员履行发展和党建工作职责情况进行综合考核,与574人进行个别谈话,实地查看被考核企业12个集团公司部门、14个子公司及基层车间。在纵横比较、分析研判的基础上,及时汇总第三方评价、民主测评、省直有关部门等评分结果,进行量化计分和综合分析,提出等次建议。6月12日,安徽省委常委会议审定省属企业领导班子和省委管理的领导人员综合考核等次。6月20日,安徽省国资委党委会议研究确定省国资委党委管理的领导人员综合考核等次。及时向相关企业反馈考核结果,对考核中发现的主要问题督促企业整改落实。对综合考核评价为"优秀"等次的省属企业领导人员进行通报表扬。参照省委综合考核的做法,对徽商职业学院领导班子和领导人员进行年度考核。二是加强省属企业领导人员队伍建设。按照干部管理权限,全年调整安徽省国资委党委管理的省属企业和高校领导人员35人次。加强领导人员教育培训,切实提升履职能力和水平。建立健全日常监督管理制度,突出个人有关事项报告、因私出国(境)和干部兼职等监管重点,严格监督执行。指导中煤矿山建设集团有限责任公司完成党委按期换届工作,实现企业党委、纪委班子的正常更替和过渡。加强徽商职业学院领导班子建设,配合中共安徽省委组织部选配徽商职业学院党委书记,按照干部管理权限,选配该学院党委副书记兼纪委书记,增补2名副院长。结合2017年度综合考核情况和有关处室提供的情况,对安徽叉车集团有限责任公司等13户企业和徽商职业学院领导班子和领导人员"三案"精准管理综合研判报告进行修改完善。

八、安徽省国资委监管企业党的建设和廉政建设情况

(一)突出政治建设,深化党对国有企业的全面领导

认真贯彻落实《关于加强和维护党中央集中统一领导的若干规定》,教育引导企业党员干部自觉践行"两个维护"。着力推进党的领导与公司治理深度融合,在组织架构上,坚持和完善"双向进入、交叉任职"领导体制,推动符合条件的党委领导班子成员通过法定程序进入董事会、监事会、经理层,省属企业进入董事会、监事会、经理层的党委班子成员占比82%。在法定地位上,指导推动省属企业二级以下公司章程修订工作,省属企业集团层面全面完成党建工作要求进章程,98.6%的二级及以下公司完成章程修订。在运行机制上,健全党组织议事决策机制,指导省属企业修订党委会议事规则,省属企业集团公司党组织议事规则全部修订到位,二级及以下公司修订占比80%。2018年6—9月,按照省委统一部署,以重大违纪违规案件为反面教材开展"讲忠诚、严纪律、立政德"专题警示教育和"三查三问"(即从政治上、工作上、作风上查摆问题,严肃问责),各省属企业集团党委在专题民主生活会上查摆班子问题514项、班子成员问题2516项,即知即改分别完成整改339项、1746项,建立完善制度255项。8月,安徽省国资委党委和省属企业党委分别召开"三查三问"对照检查会,对照检查出2020个问题(其中班子问题325个、班子成员问题1695个),制定整改措施1852条。

(二)强化思想建设,大力推进党的创新理论武装

坚持把学习贯彻习近平新时代中国特色社会主义思想和党的十九大精神作为首要政治任务,以学习研讨、分层培训、组织调学、广泛调研等多种形式,推进党的最新理论成果进基层进一线。安徽省国资委党委和各省属企业党委集中学习研讨169次,各级党组织开展宣讲6557场次、组织培训2369班次,省属企业集团领导班子围绕加强企业党建、重大项目建设、产业结构优化、经济效益增长等形成调研报告277

篇。发挥党委中心组示范带动作用，印发省属企业党委中心组2018年理论学习安排意见，建立省属企业党委中心组学习情况季度报告和通报制度，每季度对省属企业党委中心组学习情况进行内部通报。广泛开展"砥砺奋进新国企"等形势任务教育，举办"新时代新安徽"群众性主题宣传教育演讲比赛和微视频征集大赛。聚焦改革开放40周年，举办"我与国企改革共成长"征文、"新时代·新安徽·新作为"理论宣讲和巡回演讲等系列活动。加强正面宣传，与人民网、中国共产党网联合组织"省属企业党建行"，集中报道12户省属企业党建工作，举办省属企业新闻宣传培训班。

（三）规范组织建设，切实提升基层党组织组织力

持续深入推进省属企业基层党组织标准化规范化建设，开展标准化建设考核验收，大力实施党支部建设提升行动，排查整顿软弱涣散基层党组织241个，推动后进支部转化，92.5%的省属企业基层党组织创建达标。按照全面覆盖、有效覆盖要求，动态调整基层组织设置，健全组织网络，2018年调整或新建党组织407个。严把党员发展质量关，依规依程序严肃处理不合格党员，2018年省属企业生产一线和青年职工党员发展对象占比80%。加强带头人队伍建设，注重从优秀经营管理人员中选拔党支部书记，加大基层党组织书记培养力度，在浙江大学举办省属企业党委专职副书记及党务部门负责人培训班，与省委组织部联合举办3期省属企业基层党组织书记示范培训班。落实"两个1%"要求，2018年，省属企业专职党务工作人员占职工总数的1.6%，年度党建工作经费安排占上年度职工工资总额的1.1%。实施党建"融合+"工程，推动党建与生产经营深度融合，2018年1月19日，新华社《国内动态清样》以《安徽实施"融合+"工程创新国企党建》为题进行专题报道。

（四）加强作风和纪律建设，深入推进党风廉政建设

深化作风建设督查，组织8个督查组对企业节日期间作风建设情况进行督查，发现9个方面问题，责令相关企业严肃处理问责。突出重点整治，在"三查三问"中开展集中整治形式主义、官僚主义专项行动。

加强纪律建设，强化日常监管，深化运用"四种形态"，2018年，驻委纪检监察组和省属企业纪委按照"四种形态"处理人数分别为675人、281人、114人、12人，占比分别为62.4%、26%、10.5%、1.1%。深化政治巡视，开展中央巡视整改情况"回头看"，省属企业围绕"查漏洞、抓反弹、补短板"，查摆问题1032个，制定整改措施2030条，完成整改797个，建章立制2319项，追责问责2262人。及时通报典型案例，2018年，驻委纪检监察组和省属企业纪委查处违反中央八项规定精神问题59起，处理75人，其中给予党纪政务处分36人，并对其中18起典型案例、23名受处分人员点名道姓通报曝光。加大纪律审查力度，组建5个执纪审查组，按照一案一授权模式，对重要问题线索进行初核和审查调查。2018年，驻委纪检监察组直接核查问题线索94件，立案审查18件，给予党纪政务处分18人，诫勉谈话8人；移送省纪委监委指定管辖监察调查1人。省属企业纪委处置问题线索714件，立案262件，处分339人。严肃处理纪检监察干部9人，其中党纪处分7人、组织处理2人。

（五）落实政治责任，着力构建党建工作责任体系

落实《省属企业党建工作责任制实施办法》，层层构建党委书记带头抓、班子成员分工抓、职能部门具体抓、基层支部联动抓的党建工作责任体系。制定省属企业年度党建工作要点，明确7个方面23项重点工作任务。印发省属企业基层党建问题、整改、责任"三个清单"，明确7个方面问题及59项具体整改措施，推进党建责任向基层延伸。2018年，安徽省国资委党委召开党委会31次，研究议题111个，其中党建议题40个。开展2017年度省属企业党建考核，修订完善2018年度党建考核指标体系。开展省属企业党委向国资委党委报告年度党建工作、党委书记抓基层党建工作述职评议以及基层党组织书记抓党建述职评议，5248名省属企业党组织书记分层级参加述职评议，基本实现全覆盖。召开省属企业党建工作会议，组织开展党建工作督查。压实管党治党责任，强化问责，对党委主体责任、党委书记第一责任人责任落实不到位的企业进行约谈。

（撰稿人：俞 凯）

福建省

一、福建省国有资产监督管理工作综述

2018年,福建省国资系统坚持以习近平新时代中国特色社会主义思想为指导,树牢"四个意识",坚定"四个自信",坚决做到"两个维护",认真落实党中央和福建省委、省政府决策部署,坚持稳中求进工作总基调,牢固树立新发展理念,以供给侧结构性改革为主线,扎实推进国资国企改革发展和党的建设各项工作,全力以赴推动高质量发展落实赶超,生产经营呈现逆势有为、持续向好良好态势,取得明显成效。一是企业效益持续增长。截至2018年底,福建省非金融国有企业资产总额48054.29亿元,比上年增长13.7%;所有者权益16013.95亿元,比上年增长16.1%;归属于母公司的所有者权益12554.76亿元,比上年增长12.6%;营业总收入14598.79亿元,比上年增长18.3%;利润总额650.38亿元,比上年增长14.7%;归属于母公司所有者的净利润275.09亿元,比上年增长10.1%。二是国企改革纵深推进。根据中央和福建省委、省政府部署要求,国企改革各项措施不断落实落地,混合所有制改革稳妥实施,各项改革试点工作有序开展,法人治理结构不断完善,历史遗留问题处置取得阶段性成效,福建省"三供一业"涉及33.5万户、9个办社区职能和24个办市政设施分离移交全部完成。三是项目建设进展顺利。出台《福建省省属企业2018—2020年重大项目推进计划》,涉及10亿元以上投资项目114项,总投资4869亿元。2018年,福建省属企业完成投资1014.5亿元,首次突破千亿元大关,比上年增长11.61%,一批重大项目落地见效,形成一批新的经济增长点。四是国资监管有效提升。按照"以管资本为主加强国有资产监管"的要求,坚持"放管结合",不断探索完善国有资产管理体制,监管系统性、针对性、有效性持续提升,国有资本保值增值责任进一步落实。五是企业党建全面加强。福建省国资系统党委(党组)充分发挥领导核心和政治核心作用,把方向、管大局、保落实。国有企业的政治优势、组织优势和纪律保障进一步转化为竞争优势、发展优势和行动自觉。管党治党责任逐级落实,党建基础工作逐步夯实,党风廉政建设和反腐败工作深入推进,为国资国企改革发展提供坚强的政治保证。

二、福建省国有资产总量与结构分析

(一)企业户数有所增加

2018年,福建省纳入国有资产统计范围的国有及国有控股企业(含厦门市,以下简称"国有企业")6948户,比上年增加610户。其中,省级监管企业1753户,增加140户;省级非监管企业286户,增加9户;地市企业4909户,增加461户。

(二)资产分布相对集中

从隶属关系看,福建省国有企业资产主要分布在省、市两级国资委监管企业,两级监管企业资产总额37723.63亿元,占福建省国有企业资产总额的78.5%。其中,省级监管企业资产总额17447.3亿元,占比36.3%;地市监管企业资产总额20276.33亿元,占比42.2%。非监管企业资产总额10330.66亿元,占比21.5%。其中,省级非监管企业资产总额388.79亿元,占比0.8%;地市非监管企业资产总额9941.87亿元,占比20.7%。

从行业分布看,福建省国有企业资产总额行业分布排名前三位的是社会服务业、房地产业、金融业。其中,社会服务业资产总额15816.68亿元,占福建省国有企业资产总额(行业分布统计无差额抵消口径,下同)的25%;房地产业资产总额12353.07亿元,占比19.5%;金融业资产总额9258.39亿元,占比14.6%。3个行业资产总额37428.14亿元,占福建省国有企业资产总额的59.1%。

(三)营业总收入持续增长

从隶属关系看,福建省国有企业营业总收入主要分布在省、市两级国资委监管企业,两级监管企业营业总收入13795.50亿元,占福建省国有企业营业总

收入的94.5%。其中,省级监管企业营业总收入3286.20亿元,占比22.5%;地市监管企业营业总收入10509.30亿元,占比72%。非监管企业营业总收入803.29亿元,占比5.5%。其中,省级非监管企业营业总收入104.95亿元,占比0.7%;地市非监管企业营业总收入698.34亿元,占比4.8%。

从行业分布看,福建省国有企业营业总收入行业分布排名前三位的是批发零售业、工业、社会服务业。其中,批发零售业营业总收入9737.7亿元,占福建省国有企业营业总收入的57.4%;工业营业总收入2919.68亿元,占比17.2%;社会服务业营业总收入1086.18亿元,占比6.4%。3个行业营业总收入13743.56亿元,占福建省国有企业营业总收入的81%。

(四)利润总额稳步提升

从隶属关系看,福建省国有企业利润总额主要分布在省、市两级国资委监管企业,两级监管企业实现利润总额586.21亿元,占福建省国有企业利润总额的90.1%。其中,省级监管企业利润总额229.93亿元,占比35.4%;地市监管企业利润总额356.28亿元,占比54.8%。非监管企业利润总额64.17亿元,占比9.9%。其中,省级非监管企业利润总额9.09亿元,占比1.4%;地市非监管企业利润总额55.08亿元,占比8.5%。

从行业分布看,福建省国有企业利润总额行业分布排名前三位的是房地产业、工业、社会服务业。其中,房地产业利润总额288.79亿元,占福建省国有企业利润总额的28.7%;工业利润总额251.30亿元,占比24.9%;社会服务业利润总额136.92亿元,占比13.6%。3个行业利润总额677.01亿元,占福建省国有企业利润总额的67.2%。

表1　2018年福建省国有企业指标

项　目	金　额(亿元)
资产总额	48054.29
所有者权益	16013.95
营业总收入	14598.79
利润总额	14598.79

续表

项　目	金　额(亿元)
净利润	650.38
归属于母公司所有者的净利润	478.92
应交税金总额	275.09
实际上缴税金总额	555.85

表2　2018年福建省国有企业户数情况

地　区	户数(户)	比上年增长(%)
合　计	6948	9.62
省级企业	2039	7.88
省级监管企业	1753	8.68
省级非监管企业	286	3.25
地市企业	4909	10.36
福州市	458	7.26
厦门市	2157	12.17
漳州市	399	3.37
泉州市	636	12.57
三明市	183	7.02
莆田市	156	13.04
南平市	268	5.10
龙岩市	305	5.90
宁德市	309	18.85
平潭区	38	8.57

表3　2018年福建省国有资产按地区分布情况

地　区	国有资产(亿元)	占国有资产总量比重(%)
省级监管企业	1736.50	14.08
省级非监管企业	153.32	1.24
地市汇总	10442.80	84.68
福州市	1752.54	14.21
厦门市	2954.72	23.96

续表

地 区	国有资产（亿元）	占国有资产总量比重(%)
漳州市	531.00	4.31
泉州市	2230.08	18.08
三明市	565.69	4.59
莆田市	365.32	2.96
南平市	515.38	4.18
龙岩市	767.24	6.22
宁德市	333.87	2.71
平潭区	426.94	3.46
合 计	12332.62	100.00

表4　2018年福建省国有资产按行业分布情况

行 业	国有资产（亿元）	占国有资产总量比重(%)
农林牧渔业	63.35	0.28
农业	12.73	0.06
林业	40.37	0.18
畜牧业	0.91	0.00
渔业	0.15	0.00
工业	2742.06	11.96
煤炭工业	82.27	0.36
石油和石化工业	0.86	0.00
冶金工业	529.53	2.31
建材工业	59.35	0.26
化学工业	489.73	2.14
森林工业	21.26	0.09
食品工业	91.55	0.40
烟草工业	0.09	0.00
纺织工业	7.46	0.03
医药工业	53.90	0.24
机械工业	162.53	0.71
军工工业	116.78	0.51

续表

行 业	国有资产（亿元）	占国有资产总量比重(%)
电子工业	372.69	1.62
电力工业	322.68	1.41
市政公用工业	394.71	1.72
其他工业	55.69	0.24
建筑业	2420.70	10.55
地质勘查及水利业	121.48	0.53
交通运输业	3386.54	14.77
铁路运输业	91.46	0.40
道路运输业	2991.61	13.04
水上运输业	148.29	0.65
航空运输业	99.12	0.43
仓储业	340.39	1.48
批发和零售业	916.42	4.00
金融业	787.30	3.43
房地产业	4237.21	18.47
信息技术服务业	67.78	0.30
社会服务业	7604.25	33.15
卫生体育福利业	13.15	0.06
教育文化广播业	145.31	0.63
科学研究和技术服务业	89.76	0.39
合 计	22935.72	100.00

注：按照行业分类统计，差额表不参与汇总，无法按照会计报表编制进行合并抵消，各行业合计数大于福建省国有资产合计数。

表5　2018年福建省国有资产按经营规模分布情况

经营规模	国有资产（亿元）	占国有资产总量比重(%)
大型企业	2000.20	8.72
中型企业	6929.68	30.21
小型企业	9174.29	40.00
微型企业	4831.55	21.07
合 计	22935.72	100.00

注：按照规模企业分类统计，差额表不参与汇总，无法按照会计报表编制进行合并抵消，各规模企业合计数大于福建省国有资产合计数。

三、福建省国有资本保值增值综合分析评价

表6　2018年福建省国有企业地区国有资本保值增值情况

地　区	国有资本保值增值率(%)
福州市	102.22
厦门市	103.83
漳州市	111.71
泉州市	100.86
三明市	103.35
莆田市	108.21
南平市	100.42
龙岩市	101.65
宁德市	98.93
平潭区	99.94

表7　2018年福建省国有企业行业国有资本保值增值情况

行　业	国有资本保值增值率(%)
农林牧渔业	99.61
农业	105.39
林业	96.89
畜牧业	121.33
渔业	74.71
工业	108.40
煤炭工业	90.49
石油和石化工业	94.76
冶金工业	127.11
建材工业	139.12
化学工业	113.60
森林工业	90.32
食品工业	108.27
烟草工业	101.35
纺织工业	102.91
医药工业	118.16
机械工业	99.16

续表

行　业	国有资本保值增值率(%)
军工工业	77.49
电子工业	97.24
电力工业	104.59
市政公用工业	104.29
其他工业	106.33
建筑业	101.25
地质勘查及水利业	100.11
交通运输业	101.40
铁路运输业	99.73
道路运输业	100.79
水上运输业	107.55
航空运输业	112.25
仓储业	104.09
批发和零售业	109.85
金融业	107.69
房地产业	106.98
信息技术服务业	105.10
社会服务业	101.41
卫生体育福利业	90.53
教育文化广播业	102.29
科学研究和技术服务业	107.68

四、福建省国资委监管企业改革发展情况

(一)国企改革取得新进展

一是推动完善法人治理结构,董事会建设进一步规范。出台《关于进一步完善国有企业法人治理结构的实施意见》《关于推进省管国有企业董事会建设的指导意见(试行)》,为推进福建省国有企业法人治理结构、董事会规范建设提供制度保障。组织召开福建省国资系统法人治理结构及市场化选聘工作培训班,指导二、三级企业和各设区市国资委所属企业法人治理结构及市场化选聘工作,推动省属二级以上企业基本建立董事会,其中85%以上党组织书记、董事长由同一人担任。二是部署开展各项改革试点,推进国有

资本授权经营体制改革。《关于推进民营资本参与省属企业改制重组,促进混合所有制经济发展的工作方案》经福建省委深改委会议审议通过,集中遴选13家省属企业公开引入战略投资者。加快员工持股改革试点,福建省招标股份公司、象屿生化公司率先实现骨干员工持股199人,认购金额1.94亿元。积极推进10家"双百企业"实施综合改革,一企一策,稳步推开,为福建省国企改革起到积极示范作用。推进国有资本授权经营体制改革,研究制定福建省国有资本投资、运营公司改革试点实施方案。三是稳妥推进历史遗留问题处置,阶段性工作成效显著。福建省属20家"僵尸企业"完成处置14家,其中2018年完成处置8家,为2020年全面出清打下坚实基础。大力压减企业管理层级,完成23家企业工商注销、24家企业缩减管理链条。联合福建省财政厅出台《福建省国资委所出资企业职工家属区"三供一业"分离移交省级财政补助资金管理办法》,拨付资金3.45亿元,福建省"三供一业"涉及33.5万户、9个办社区职能和24个办市政设施分离移交全部完成;企业办教育医疗机构分类改革基本完成。通过持续攻坚克难、抓重点解难点,企业减负成效明显。

(二)转型升级取得新成效

福建省国资委所出资企业突出抓供给侧结构性改革,产业转型升级步伐加快,发展后劲进一步增强。一是重新梳理界定主辅业,推动国有资本向优势产业集中。通过对所出资企业主辅业进行重新梳理确认,17家所出资企业的主辅业调整至主业不超过3个、辅业不超过2个,企业核心竞争力进一步提高,国有经济布局和结构进一步优化。调整后的企业主辅业突出发展福建省石油化工、电子信息和机械装备三大主导产业、战略性新兴产业和现代基础设施,大力发展现代物流业、金融业、旅游业3个服务型产业。根据新修订出台的《所出资企业投资监督管理办法》严格审批企业非主辅业投资,2018年企业非主业投资审批项目数比上年下降11%。二是突出项目带动,落实赶超计划有序推进。研究出台《福建省省属企业2018—2020年重大项目推进计划》,涉及10亿元以上投资项目114项,总投资4869亿元。规划2018—2020年累计完成投资3600亿元,较"十三五"规划增长25%。

2018年所出资企业完成投资1014.5亿元,首次突破千亿元大关,比上年增长11.61%。其中,完成工业投资395.67亿元,比上年增长15.13%。一批规模大、层次高、效益好的龙头项目落地建设。高速公路新增通车里程116千米,建成屏南至古田等7个项目,至此福建省高速公路通车5344千米;南龙铁路正式开通运营,环闽快速铁路网成形,湄洲湾罗屿9号、10号泊位工程投入试运营,成为当前东南沿海最大的矿石码头;全球首款L4级自动驾驶巴士量产下线;厦门钨业厦门新能源基地主要生产线建成投产;腾龙翔鹭项目重组和整改修复全面完成;宁德40万吨铜冶炼项目点火试车成功。这些保障性基础设施项目和重大产业项目的建成投产,为福建省赶超发展增添新动力。加快推进福建省属企业与地方"互利共赢、共同发展",2018年先后组织福建省属企业与武平县、南平市、新疆维吾尔自治区等进行项目对接,签约项目31项,总投资306.32亿元,其中合同项目11项,总投资73.4亿元;协议项目14项,总投资199.82亿元;意向项目6项,总投资33.1亿元。三是突出创新引领,创新成果不断涌现。首次牵头组织17户所出资企业参加第十六届中国·海峡项目成果交易会并设立国企创新馆,充分展示所出资企业"新技术、新产品、新产业、新模式"的创新成果,受到福建省领导的充分肯定,并获得组委会办公室颁发的最佳人气奖、创意设计奖、优秀组织奖3个奖项。《关于促进福建省属企业科技创新的实施意见》实施两年多来,企业创新投入力度不断加大,科技创新能力和水平逐步提升。2018年省属企业科研经费投入45.33亿元,占营业收入的1.41%,比上年增长16.5%。获批国家专利824件,其中发明专利230件。三钢闽光与三明学院联合申报获批福建省重点实验室,锐捷网络、云度新能源等5家获批福建省工程技术研究中心,星云大数据等3家企业获省企业技术中心;升腾资讯、厦船重工等6家企业6项成果获得福建省科技进步奖;厦门钨业、青山纸业等3家企业5项产品获评福建省级制造业单项冠军产品;鸿山热电机组获得全国超临界湿冷煤电机组能耗竞赛一等奖,云计算公司"社会与企业云项目"获得CDCC数据中心科技成果奖。四是坚持开放合作,拓展互利合作空间。持续落实《关于支持所出资企业"走出去"发展的若干意见》，实施"走出去"发展战略，在境外资源开发、国际产能合作和项目承揽上都取得亮眼成绩。组织福建省属企业赴港（澳）地区开展项目合作，签约金额120亿元。中国武夷肯尼亚建筑工业化基地建成投产和仓储式建材超市项目正式营业，肯尼亚蒙巴萨武夷工业园完成购地手续。厦门金龙积极拓展国际市场，全年出口客车19102辆，金额45.71亿元，比上年增长26.64%。中闽能源推进印度尼西亚西苏门答腊电力项目，积极布局俄罗斯风电项目。

五、福建省国资委监管企业并购重组与完善法人治理结构情况

（一）并购重组情况

稳步推进改制重组，国有资本配置效率进一步提高。福建省属企业加大内部资源整合，实施兼并重组整合35项，涉及金额170.12亿元，进一步提升企业核心竞争力。深入落实福建省委省政府决策部署，福建省港口一体化经营管理体制改革取得实质性进展。石化集团重组腾龙翔鹭项目，强化福建省石化主导产业地位。电子集团并购上市公司合力泰，从战略角度完善产业布局。福州市国资委集中同领域主要资产组建福州电子信息集团，龙岩市国资委研究制定整合重组方案将市属一级企业总数由13家压减至8家。

（二）完善法人治理结构情况

一是加强制度建设，推动以福建省政府办公厅名义印发《关于进一步完善国有企业法人治理结构的实施意见》，与福建省委组织部联合下发《关于推进省管国有企业董事会建设的指导意见（试行）》，为推进福建省国有企业法人治理结构、董事会规范建设提供制度保障。二是研究制定《福建省国资委规范董事会建设试点企业选派外部董事工作方案》（闽国资函政〔2018〕154号），加快推进试点工作。三是加强与福建省委组织部的沟通联系，初步研究确定福建省电子信息集团等5家推进规范董事会建设试点企业名单以及28名拟选派外部董事人选名单；选择福建省国资公司权属人资公司、恒一公司和鞋帽公司3家企业开展规范董事会建设试点，首批派出8名外部董事。四是赴国务院国资委及浙江等省市国资委调研外部董事薪酬管理情况，研究提出外部董事薪酬管理的初步意见。五是组织举办福建省国资系统人力资源管理工作座谈会暨法人治理结构及市场化选聘工作培训班，邀请福建省委组织部干部五处领导和中智咨询公司专家授课，指导推进所出资企业二、三级企业及各设区市国资委权属企业法人治理结构及市场化选聘工作。

六、福建省国资委监管企业建立和完善经营业绩考核体系情况

2018年，福建省国资委按照推进"大国资一盘棋"建设的任务要求，不断健全完善经营业绩考核体系。省市国资委普遍建立企业负责人经营业绩考核制度，"考核层层落实，责任层层传递，激励层层连接"的责任体系逐步得到确立和完善，国有资本保值增值制度体系和组织体系进一步健全。一是制定针对企业战略性项目投资的考核政策，大力推动企业发展主导产业和战略性新兴产业，促进企业转型升级。二是坚持违规惩戒。分类明确企业重大环境污染事故、重大安全生产事故、重大违纪违法案件的考核结果降级或扣分的具体处理情形，严格执行考核结果降级扣分处罚。三是印发做好年度所出资企业负责人经营业绩考核工作的通知，对所出资企业年度业绩考核工作提出具体要求，完成年度经营业绩考核审核工作。四是在各年度经营业绩考核的基础上，持续引导企业聚焦主业、做强做大，全面推进企业负责人2015—2017年任期经营业绩考核，多层次、多角度对任期经营业绩进行综合评价，顺利完成任期经营业绩考核工作。

七、福建省国资委监管企业负责人考核与选人用人机制改革情况

坚持正确用人导向，从严从实加强企业领导班子建设。配合福建省委组织部选拔配备29名省管企业领导干部，其中90%以上从所出资企业后备人才库中培养产生。加强对企业领导人员的日常监督管理和

综合考核评价,召开所出资企业主要负责人述职述廉述党建大会,部署开展企业领导人员违规兼职和兼职取酬专项排查工作,研究加强企业领导干部因私护照管理工作,构建亲清新型政商关系。

八、福建省国资委监管企业党的建设和廉政建设情况

(一)党的建设情况

截至2018年底,隶属福建省国资委党委管理的企业党组织1708个(不含属地管理),其中党委135个、党总支102个、党支部1471个,党员28737人,协助管理大唐福建、中铝瑞闽、东南铜业、宁德核电4家中央企业驻闽分支结构和福建奔驰1家外省企业党组织。一是坚决用新思想铸魂。举办2期机关处级干部培训班、2期企业新思想培训示范班、4期国资大讲堂,在各级企业组建宣讲小分队353支1578人,推动企业领导干部深入车间、班组、工地宣讲新思想,全面兴起"大学习""大宣讲"热潮,开展"建设新福建、国企当先锋"专题研讨,实现福建省属企业集中研讨全覆盖、培训轮训全覆盖。1篇专题调研文章被《八闽快讯》采用,并得到省领导批示肯定,《结合境外企业特点 创新党建工作方式》获得福建省委党建办党建课题论文一等奖,2篇论文获得三等奖,《筑梦路上》等3个党员电教片获得福建省党员教育电视片三等奖。二是建强筑牢基层基础。结合"六好"党建模范示范点创建工作,在所属2000多个基层党支部深入开展"达标创星"活动,全面推行支部主题党日,推进基层党支部标准化、规范化建设。持续推动党建工作"融入内嵌"至公司治理结构,推动基层党组织按期换届率99.86%,党建工作要求写入公司章程完成率99.58%,"交叉任职、双向任职"和"党政一肩挑"比率不断提高。推进27家属地企业党组织关系成建制划转至集团党委垂直管理,进一步加大系统指导力度,理顺党建工作领导体制。制定下发《省属企业党费管理工作规定》,组织编撰《省属企业基层党务工作实用手册》,联合福建省委组织部举办福建省国有企业党委书记党内制度培训班和福建省属企业支部书记培训示范班,不断加强基层党组织书记、党务工作队伍建设。开展福建省国资系统"两先一优"评选表彰工作,表彰优秀共产党员85人、优秀党务工作者65人、先进党组织50个。2018年8月,中组部赴闽党建调研组对福建省属企业的党建工作予以充分肯定。三是加强宣传思想文化和统战群团工作。联合福建省委宣传部召开加强和改进思想政治工作座谈会,下发《关于进一步加强和改进意识形态工作的通知》。抓好网络新媒体宣传和主流媒体宣传,拍摄省国资委宣传视频,做好中国·海峡创新项目成果交易会国企创新馆宣传工作。联合福建省委统战部举办国有企业无党派人士专题研讨班,成立福建省国资委团工委,推动9家集团企业成立团委。全年选树福建省级劳动模范30个,福建省国资系统23个集体、81名个人获得全国荣誉称号47个、福建省荣誉称号57个。四是落实落细党建责任。2018年,福建省国资委党委研究落实企业党建工作157项,连续五年开展全面从严治党主体责任落实情况检查,连续六年开展福建省属企业党组织负责人向福建省国资委党委述职述廉述党建工作,持续推进基层党组织书记逐级开展党建述职评议考核全覆盖。将党建工作按30%比例纳入企业管理绩效考核和述职述廉述党建考评体系,切实以考核传递责任、以责任传导压力、以压力推动落实。建立国企党建重点任务季度报送机制,每季度召开党建重点任务推进会,推进中央部署的30项重点任务刚性落地。

(二)廉政建设情况

2018年,福建省国资委监管企业深入学习贯彻习近平新时代中国特色社会主义思想和党的十九大精神,认真贯彻落实省委、省政府和省纪委监委的部署,坚持稳中求进工作总基调,强化党内监督,持续正风反腐,深入推进党风廉政建设和反腐败斗争,维护企业良好政治生态,全面从严治党各项工作取得新成效。一是坚决落实"两个维护"。坚持以党的政治建设为统领,强化政治监督,将"两个维护"落实情况作为政治监督的首要内容,严明政治纪律和政治规矩,坚决查处上有政策、下有对策,有令不行、有禁不止以及在贯彻落实上级决策部署上做选择、搞变通、打折扣等行为。查处违反政治纪律案件10件。二是扛牢管党治党责任。认真落实福建省委"八个坚定不移"

要求,健全全面从严治党责任分解、落实、考核、追责机制,逐级签订责任书,开展主体责任和党建工作落实情况检查,从严从实推进中央和福建省委巡视反馈问题的整改,层层传导压力。严格问责追责,对4个党组织、40名领导干部实施问责,给予党纪政务处分20人。三是持之以恒整治"四风"。认真落实中央八项规定及实施细则精神和福建省委实施办法,持续深化"1+X"专项督查,开展移风易俗专项治理和形式主义、官僚主义问题综合整治,坚决查处顶风违纪问题,加大通报曝光力度。制定差旅费管理办法等相关配套制度,健全作风建设长效机制。2018年,查处违反中央八项规定精神问题26起,处理38人,给予党纪政务处分19人;查处形式主义、官僚主义问题3件3人,给予党纪政务处分1人。四是履行监督首要职责。开展政治生态状况调研和分析,把握"树木"与"森林"关系。深化运用监督执纪"四种形态",抓早抓小,对苗头性、倾向性问题及时"咬耳扯袖",督促被谈话函询的领导干部在民主生活会上作说明。严把党风廉政意见回复关,加强对选人用人情况的监督。2018年,谈话函询100人次,组织处理50人次,党纪政务处分117人次,运用第一、二种形态处理占总数的91.9%。五是坚定不移惩治腐败。严肃查处发生在脱贫攻坚、改革改制、产权流转、投资管理、工程建设、物资采购、招标投标等企业重点领域和关键环节的违纪违规问题,开展涉黑涉恶腐败专项治理,坚决查处贪污贿赂、滥用职权、玩忽职守、权力寻租、利益输送、徇私舞弊等腐败问题。2018年,福建省国资系统立案132件,给予党纪政务处分117人次,挽回经济损失2821.34万元。六是强化权力监督制约。制(修)订企业资产租赁和经营业务承包管理工作指引、投资监督管理办法等制度,开展国资监管和企业管理制度执行情况监督检查,对企业应收款项进行专项清查,不断完善监督机制,深化标本兼治。紧盯"关键少数",严格执行"三重一大"决策及专项报告制度、重大事项请示报告、中层管理和重要岗位人员因私护照管理、述职述廉述党建等制度,加强对权力运行的监督制约。七是从严从实建设队伍。认真落实省纪委监委纪检监察体制改革要求,完善派驻纪检组工作制度,健全企业纪委副书记提名考察、述责述廉、定期报告工作、季度例会等工作机制,开展企业纪委书记分工自查整改,深化落实"三转"。完善机构队伍,选优配强干部,8家企业集团本部配备4名以上纪检监察干部,104家党委建制二级企业设立纪委,覆盖面99%。加强轮岗交流和业务培训,2018年培训各级纪检监察干部2963人次,轮岗交流83人。坚持严管厚爱结合,加强干部日常教育监督,严防"灯下黑",立案查处纪检监察干部3人,给予党纪政务处分3人。

九、福建省国资监管及国有企业改革发展具有地方特色情况

(一)强化地市国资监管指导监督工作

2018年初,向各地市印发《福建省国资委2018年度指导监督地方国资工作计划》。以深化国有企业改革、加强出资人监管等工作为重点,通过举办培训班、开展实地调研走访等形式,积极开展对地市和县级国资监管机构的指导监督,工作领域不断拓展,工作方式方法不断丰富。在前期调研基础上,着手起草《福建省国资委关于加强设区市国有资产监管工作的指导意见》,2018年12月6日正式印发。

(二)持续加大监督和责任追究力度

强化投资管理,修订《所出资企业投资监督管理办法》,设定投资负面清单,明确禁止类和特别监管类投资项目;开展所出资企业2012—2015年完成投资并进入正常运营的10个投资项目后评价工作。强化审计监督,对企业应收款项开展专项清查,摸清应收款项的总体规模和逾期款项分布情况,持续巩固高风险贸易清查成果;组织福建省属企业对参股投资开展摸底调查,强化参股投资的风险管控。5个外派监事会参加企业重要会议783场,谈话221人次,发提醒函9件,上报各类报告41份,揭示问题和风险隐患清单171项,进一步督促问题整改。根据福建省委机构改革统一部署,完成外派监事会主席及专职监事转隶工作。

(撰稿人:李宇昆)

厦门市

一、厦门市国有资产监督管理工作综述

2018年，厦门市国资国企在厦门市委、市政府领导下，始终坚持"服务国家战略、服务区域经济发展、服务民生保障需求"，加快结构调整、改革创新、提升管理、转型升级，企业发展的质量和效益大幅提升，品牌知名度和影响力不断扩大，对经济社会发展作用日益增强，呈现出"有质量、有效益、可持续"发展的良好态势。

（一）总体规模和效益继续保持大幅增长

截至2018年底，厦门市国资委所出资企业资产总额9233.26亿元，比上年增长13.19%；营业收入9342.16亿元，比上年增长19.80%；利润总额257.82亿元，比上年增长30.01%。2018年，厦门建发集团、厦门国贸控股集团、厦门象屿集团进入世界500强，厦门市坐拥3家世界500强企业，与广州市、杭州市并列；厦门建发股份、厦门象屿股份、厦门国贸股份、厦门信达股份4家上市公司进入2018年《财富》"中国500强"榜单。

国有企业运用多样化的融资渠道，合理分配融资长短期结构比例，不断优化债务结构，债务的整体规模增速小于资产的整体规模增速，并远低于营业收入和利润总额增速，降杠杆减负债控风险成效明显，发展总体平稳风险可控。2018年所出资企业资产负债率64.72%，与全国国有企业资产负债率平均值（65%）持平；流动比率1.56，企业的流动资产偿还流动负债的短期偿债能力较强；利息保障倍数3.77，达到全国国有企业的良好值，资产盈利能力完全可以负担利息支出；应收账款余额340.24亿元，在全国国有企业37个省级监管地区中排名第22位，应收账款周转率30.53次，高于全国国有企业优秀值（21.6次）；企业存货余额3197.22亿元，存货周转率3.05次，较前两年持续提高，略高于全国国有企业平均值。

（二）服务支持城市发展的功能有效发挥

作为厦门市经济发展的重要力量，国有企业对促进产业转型升级发展，拉动厦门市经济增长作出重要贡献。

一是拉动增长当主力。2018年，上缴本地税金120.7亿元，比上年增长13%，占厦门市税收总收入的10.7%；批发零售销售额4294.5亿元，比上年增长20.6%，增速超出厦门市水平11.9个百分点，占厦门市总量的33.5%；厦门港集装箱吞吐量1070.23万标箱，比上年增长2.86%，排名全国第七位、世界第14位；厦门机场完成飞行193385架次，比上年增长1.78%；旅客吞吐量2655.3万人次，比上年增长3.07%；货邮吞吐量34.55万吨，比上年增长3.39%。

二是承担建设打头阵。市属国企集中人力、物力、财力，积极承担城市基础设施、新城建设、民生保障等省市重点项目建设，发挥主力军、排头兵作用。2018年，厦门市属国企146个重点建设项目实际完成投资507.01亿元，完成年度计划120.34%，占厦门市重点项目总投资的36.82%。其中，地铁1号线日均客运量11.3万人次，有效缓解沿线地面交通；2号线实现洞通；3号、4号、6号线进展顺利。翔安机场立项报批，机场三纵一横骨干路网基本建成。弘爱医院、厦门市心脏中心建成投用。软件园三期、火炬（翔安）高新产业基地、海峡旅游服务中心、海丝艺术品中心、爱鹭老年养护中心等项目进展良好。建成第二西通道海沧连接线、国道324改线等重点交通项目。长泰枋洋水利枢纽工程有序推进，河溪水库群至翔安原水输水工程通水。完成8座污水厂提标改造并投入运行，新建改造污水管网71千米，清疏排水管网371千米。综合管廊和海绵城市圆满完成三年试点任务，累计建成投用综合管廊43.81千米，试点总评居全国第一位，累计建成海绵城市29.11平方千米，位居全国前列。

三是发展自贸区作引领。国企加快推进中欧班列、国际贸易"单一窗口"、跨境电商、整车进口、会展经济、航空维修、国际航运中心、进口商品（进口酒、机电）、游艇、艺术品、黄金等14个重点产业平台建设。

厦门跨境电商产业园二期建成投入运营,自贸in象跨境商品体验中心正式开业,亚马逊等龙头企业正式入驻,海运快件业务稳中有升;建发中欧专列常态化运营,累计发运64列5246个标箱,货值1.48亿美元。截至2018年底,189家国企入驻自贸区发展运营,并集聚带动产业链上下游企业近2000家入驻,为自贸区发展注入新动能。

四是精准帮扶挑重任。厦门市国资国企扶贫工作领导小组加强组织领导,印发《厦门市国资委关于加快推进市属国资国企东西部扶贫协作工作的实施意见》,在业绩考核、经济责任审计等方面进行单列处理支持国企落实扶贫工作。各企业主动靠前,全力以赴精准帮扶。厦临公司增资到1.3亿元,高原夏菜、羊养殖、临夏饭店改造、圣诞灯圈等10个项目加快实施,雇佣建档立卡贫困户333人;形成种鸡养殖、鞋服加工等一批在谈储备项目,新设厦临物业、厦琳鞋业等3家企业,累计注册资金1500万元,预计增加雇佣贫困户200人;厦门建发集团设立宁夏建发实业有限公司帮扶闽宁镇发展葡萄酒产业和建设会议中心酒店项目,带动当地葡萄酒销售,力争2020年为闽宁镇培育一个特色鲜明、效益明显的产业;厦门夏商、旅游、海翼、轻工4家集团在西藏左贡县成立合资企业,注册资金1000万元,帮助贫困户增收脱贫;国企积极开展结对帮扶百村,建发集团出资500万元帮扶国扶办对口的定西市渭源县,厦门港务、翔业等15家集团分别对口临夏州积石山县和东乡区20个村,捐赠扶贫款1000万元。制定《厦门市国资委实施乡村振兴战略三年行动纲要》,推动厦门特房、象屿、夏商、国贸、旅游等国企配合各区政府推进乡村振兴工作。

五是服务民生当表率。国有企业在履行好经济责任的同时,积极履行好政治责任、社会责任,保障民生民本需求,提升城市服务水平。全年完成供应蔬菜163.18万吨、猪肉4.18万吨、水产15.97万吨、粮油72.39万吨,台湾水果4.62万吨;全年检测各类干、鲜农副产品105万批次,销毁各类不合格农副产品7.99万吨,有力保障市民餐桌安全;供应自来水4.17亿吨、天然气2.92亿立方米;完成处理污水4.70亿吨、生活垃圾无害化处理159.69万吨;新增缆线管廊25.35千米、停车位1.32万个、充电桩300根;新增公交线路17条,优化调整线路91条,更新投放876台纯电动车辆,极大方便市民交通出行;厦门园博公寓、九溪小区等20多个保障性住房项目稳步推进,完成市级公共租赁住房46批次配租工作,解决7922名外来户籍务工人员住房问题,得到社会好评。

二、厦门市国有资产总量与结构分析

截至2018年底,厦门市国有及国有控股企业(以下简称"国有企业")资产总额11910.12亿元,比上年增长12%;负债总额7738.05亿元,比上年增长12.24%;所有者权益4172.07亿元,比上年增长11.55%。其中归属于母公司所有者权益3097.33亿元,比上年增长11.09%;营业收入9571.09亿元,比上年增长19.13%;利润总额300亿元,比上年增长34.47%。

表1　2018年厦门市国有企业指标

项目	金额(亿元)
资产总额	11910.12
所有者权益	4172.07
营业收入	9571.09
利润总额	300.00
净利润	216.79
归属母公司所有者的净利润	134.76
应交税金总额	278.89
实际上缴税金总额	262.23

表2　2018年厦门市国有企业户数情况

2017年户数(户)	2018年户数(户)	比上年增长(%)
1923	2158	12.22

注:以上户数为纳入国有资产统计报表范围的所有国有及国有控股企业。

厦门市下设思明、湖里、海沧、集美、同安、翔安6个区。从国有资产地区分布情况看,截至2018年底,厦门市市属企业国有资产总量2636.30亿元,占厦门市国有资产总量的88.78%,6个区所属国有企业国有资产总量333.17亿元，占厦门市国有资产总量的11.22%。

表3　2018年厦门市国有企业按地区分布情况

地区	国有资产（亿元）	占国有资产总量比重（%）
市属企业	2636.30	88.78
区属企业	333.17	11.22
思明区	99.35	29.82
湖里区	46.16	13.85
海沧区	101.54	30.48
集美区	40.15	12.05
同安区	20.16	6.05
翔安区	25.82	7.75

从行业分布看，厦门市企业国有资产分布的行业前五位是房地产业、社会服务业、交通运输业、批发和零售业、金融业，分别占单户国有资产合计数①的30.67%、25.54%、12.07%、10.11%和6.23%，占全部国有资产的84.62%。

表4　2018年厦门市国有资产按行业分布情况

行业	国有资产（亿元）	占国有资产总量比重（%）
农林牧渔业	9.62	0.15
工业	316.38	5.01
建筑业	363.96	5.76
交通运输业	762.24	12.07
仓储业	184.83	2.93
批发和零售业	638.44	10.11
金融业	393.51	6.23
房地产业	1937.19	30.67
信息技术服务业	26.73	0.42
社会服务业	1613.38	25.54
卫生体育福利业	4.19	0.07
教育文化广播业	23.96	0.38
科学研究和技术服务业	41.86	0.66
合计	6316.29	100.00

注：该表为汇总数据，未考虑合并抵消因素。

从企业经济规模看，厦门市国有资产主要集中在大、中型企业，大、中型企业531户，占总户数的24.61%，大、中型企业单户国有资产总量3687.42亿元，占厦门市单户国有资产总量的58.38%；小、微型企业1627户，占总户数的75.39%，小、微型企业单户国有资产总量2628.86亿元，占厦门市单户国有资产总量的41.62%。

表5　2018年厦门市国有资产按经营规模分布情况

经营规模	国有资产（亿元）	占国有资产总量比重（%）
大型企业	336.00	5.32
中型企业	3351.42	53.06
小型企业	1783.74	28.24
微型企业	845.13	13.38
合　计	6316.29	100.00

注：该表为汇总数据，未考虑合并抵消因素。

国有资产总量与结构分析表明，厦门市国有资产数量继续保持增长的趋势，国有企业所有者权益稳步提高，总体上看，厦门市国有企业克服国内外复杂经济形势的不利影响，国有企业保持稳中有进、进中向好发展。

三、厦门市国有资本保值增值综合分析评价

2018年，厦门市和各区的国有企业全部实现国有资本保值增值，除建筑业和卫生体育福利业以外的其他行业实现国有资本保值增值。

表6　2018年厦门市国有企业地区和行业国有资本保值增值情况

地区	国有资本保值增值率（%）	行业	国有资本保值增值率（%）
厦门市	103.82	农林牧渔业	109.68
市属企业	103.92	工业	104.74

---

① 这里的合计是单户国有资产的简单加总，不是指报表合并的国有资产数。

续表

地 区	国有资本保值增值率(%)	行 业	国有资本保值增值率(%)
区属企业	103.04	建筑业	98.86
思明区	103.58	交通运输业	105.52
湖里区	101.48	仓储业	104.81
海沧区	102.30	批发和零售业	108.63
集美区	103.65	金融业	106.28
同安区	107.89	房地产业	108.64
翔安区	102.09	信息技术服务业	107.49
		社会服务业	102.12
		卫生体育福利业	95.21
		教育文化广播业	102.29
		科学研究和技术服务业	106.59

四、厦门市国资委监管企业改革发展情况

一是加快改革重组。推荐厦门国贸控股集团有限公司、厦门象屿集团有限公司、厦门国际港务股份有限公司、厦门厦工机械股份有限公司、厦门夏商农产品集团5家企业进入国务院国资委国企改革"双百行动"名单。对厦门建发集团、厦门象屿集团开展国有资本投资运营综合授权试点。全力抓好厦门海翼集团及厦门厦工机械股份有限公司提质增效工作,推动债转股战略合作,支持参与设立金砖股权投资基金。推进融入全省港口资源整合。探索厦龙经济区创新开发机制。研究组建国贸会展集团。加快产权交易中心改制。支持知识产权公司组建。

二是加大混合发展力度。2018年,所出资企业通过混合所有制带动社会资本244.25亿元。厦门市国有企业中混合所有制企业户数1578户,占比61.96%,比上年增加131户,所出资企业混合所有制企业户数1453户,占比69.03%,比上年增加115户。金象生化、卫星定位和路桥翔通3家企业员工持股试点有序推进。

三是设立国企改革与发展基金。制定《国企改革与战略发展基金设立方案》,出台《厦门市国企改革与战略发展基金管理办法》《厦门市国企改革与战略发展基金设立国企子基金管理办法》等4个配套制度。截至2018年底,厦门市国资委所监管9家企业中,参与涵盖TMT、医疗健康、文娱消费、金融科技、信息技术、高端装备制造、新能源、新材料等领域的投资基金74只,投资额54.5亿元、总规模594.2亿元。

四是力推招商引资发展。首次举办厦门国资国企项目九八签约暨投资对接会,组织23家国企集体亮相投洽会,14个项目登台签约,15个项目上台推介。全年厦门国资国企推动招商项目36个,其中工业项目15个,第三产业项目21个。

五是完善体制机制。起草《厦门市国资委关于改革完善市属国有企业法人治理结构的实施意见》《厦门市国资委以管资本为主推进职能转变方案》《厦门市人民政府关于推进国有资本投资、运营公司改革试点的实施方案》,上报厦门市政府研究。推动出台《厦门市属国有企业违规经营投资责任追究暂行办法》《厦门市属国有企业董事会管理暂行办法》《厦门市国资委关于机关内部建立国有企业存在问题整改监督管理工作有效闭环制度的通知》《关于所出资企业国有产权非公开协议转让有关事项的通知》,重新修订《厦门市境外企业国有产权管理暂行办法》《关于规范国有企业资产出租管理的指导意见》《进一步加强市属国有企业物资贸易业务经营风险管控的指导意见》《关于规范所出资企业商品房项目服务采购管理的指导意见》。

五、厦门市国资委监管企业防范风险与加强监管情况

一是坚持问题导向补足发展短板。深入分析当前国有企业存在的主要问题和短板,从"全面从严管党治党,切实抓好问题整改、加快国企改革创新、加强国资国企监管、严控国企经营风险"五大方面入手,提出19大项、62小项贯彻落实任务和整改措施。

二是对企业资产负债风险和房地产去库存情况开展专项稽查监督。形成《关于厦门市国有企业资产

负债风险的报告》《关于防范化解厦门市国有企业债务风险工作建议的报告》《关于厦门市国有企业房地产投资相关情况的报告》上报厦门市政府，督促企业认真制定关于防范负债风险的具体措施和方案，有效落实非主业房地产逐步退出计划、房地产业务去库存和现金流管控滚动计划、追债止损计划等，切实做好降杠杆、减负债、控风险各项工作。全年批复企业发行债券725亿元，有效改善企业债务结构，降低资金成本，保障必要的现金流。

三是全面清查企业高风险贸易及类金融业务。对15家企业2017年度开展物资贸易高风险业务的存续及增量情况进行专项清查，形成《关于厦门市属国有企业物资贸易高风险业务专项检查的报告》。对8家企业下属的58个类金融企业2017年度开展的类金融业务的存续及增量情况进行专项清查，形成《关于厦门市国有企业类金融业务专项检查的报告》，全面揭示、深入分析国有企业高风险贸易业务及类金融业务的现状、风险控制评价、存在问题和原因，以及下一步应着力加强的监管措施。强化对企业审计监督，完成对8位企业领导人员的任期经济责任审计，下发评议意见及整改通知。

四是全面调研促进国企规范运行。开展"大兴调查研究之风深入开展'强党建、促改革、保发展'调研活动"，深入企业，调查摸清企业管理层级有关情况，制定优化企业组织结构、压缩管理层级的意见，进一步落实企业党建主体责任，完善市场化经营机制，深化内部制度改革，推动组织结构扁平化，提升企业管理质量效率，切实防范风险、规范运行。

五是召开国企"三大攻坚战"暨综治维稳工作会议。总结分析并部署下一阶段国有企业做好防范重大风险、精准脱贫、污染防治、维稳信访、安全生产及意识形态各项工作，促进企业可持续、健康安全发展。

六、厦门市国资委监管企业建立和完善经营业绩考核体系情况

一是进一步深化业绩考核与薪酬管理。印发《厦门市国资委所出资企业负责人经营业绩考核与薪酬管理试行办法》（厦国资统〔2017〕307号），建立与企业功能定位相符合、与分类监管要求相适应的差异化分类考核制度。

二是抓好企业负责人业绩考核和薪酬管理工作。顺利地完成2017年度国有企业负责人经营业绩考核工作，确定所监管国有企业负责人的绩效考核的分数及其2017年度薪酬，下发2017年度所监管国有企业负责人经营业绩考核结果。就2017年度所监管企业报送的企业绩效薪酬结算方案、企业负责人年薪之外的其他货币性收入进行审核、批复，对其职务消费情况进行备案。

三是组织开展2018年度企业负责人经营业绩考核。在企业2018年决算财务数据的基础上，结合前三年企业财务指标情况以及行业对标情况，并征求各相关主管部门对功能任务指标的考核，组织开展2018年度企业负责人经营业绩考核。

七、厦门市国资委监管企业党的建设与选人用人机制情况

一是兴起习近平新时代中国特色社会主义思想和党的十九大精神"大学习""大宣讲"热潮。下发《关于在国资系统进一步兴起习近平新时代中国特色社会主义思想"大学习"热潮的实施意见》《市委国资监管工委关于认真组织市直属国企中层以上领导干部进一步通读学习〈习近平谈治国理政〉第一卷第二卷的通知》，营造浓厚的"大学习"氛围；下发《进一步开展习近平新时代中国特色社会主义思想"大宣讲"工作实施意见》，成立107支理论宣讲轻骑兵和小分队，开展631场次各类宣讲；创新学习形式和载体，举办专题报告会559场，2926名国企中高级经营管理人员参加十九大精神集中轮训。推动习近平新时代中国特色社会主义思想"大学习"活动在市国资系统深入开展，不断增强广大干部职工的"四个意识""四个自信"。

二是提高系统党员领导干部党性修养和担当作为。深入开展"党支部建设年"活动，落实基层党组织建设重点工作任务，严肃党的组织生活，贯彻落实好"三会一课"等基本制度和主题党日。市委国资监

管工委和市直管国有企业党委先后召开落实中央巡视组巡视整改意见专题民主生活会,国资监管工委和各集团党委严格对照巡视反馈意见,从各自岗位职责、理想信念、宗旨意识、党性修养、担当作为等方面查找自身存在的问题,深入进行批评与自我批评,带头坚决彻底地抓好巡视整改各项工作,进一步增强党性、增进团结,提高认识,强化责任担当。

三是发挥党组织的政治核心和领导核心作用。统筹抓好国有企业党建责任制落实,配合市委组织部制定下发《国有企业党委主体责任清单》《党委书记第一责任人责任清单》,实地检查国有企业党委抓党建和纪委监督情况。联合组织部举办国有企业党委书记、副书记专题培训班,提升国有企业党委履行主体责任的能力;督促指导市属国有企业认真执行《厦门市市属国有企业党委会议事规则》,制定和完善企业党委会议事规则清单,将议事规则执行情况纳入国有企业党建责任制专项监督检查重要内容;开展国有企业基层党支部达标创星基本标准自查,提高支部建设的规范化水平;指导国有企业建立和健全贯彻民主集中制的有关制度和程序,保证班子形成合力,发挥整体功能,顺利推进6家企业党委按期换届。

四是建设"对党忠诚、勇于创新、治企有方、兴企有为、清正廉洁"干部队伍。指导21家国企党委制定中层干部管理办法,推动干部交流,拓宽选人用人视野,改善队伍结构,激发干部队伍活力;会同市委组织部出台《关于进一步规范市属国有企业内设部门和子企业主要负责人管理的若干意见》《市属国有企业领导人员岗位交流的规定》,推动企业对应当交流的情形作出刚性要求,促进交流常态化、长效化;出台《市属国有企业领导人员管理实施办法》,进一步加强企业领导人员队伍建设管理;出台《市属国有企业职业经理人选聘和管理暂行办法》,进一步完善国企党建和国资监管体制机制;印发《市委国资监管工委关于进一步激励广大国企干部新时代新担当新作为的通知》,着力激发广大国企干部主动作为、开拓进取的热情和干劲。

(撰稿人:汪丽瑾)

江西省

一、江西省国有资产监督管理工作综述

2018年,在江西省委、省政府的坚强领导下,江西省国资系统勇于担当实干,以习近平新时代中国特色社会主义思想为指导,深入贯彻党的十九大,十九届二中、三中全会和中央经济工作会议精神,从更高层次贯彻落实习近平总书记对江西工作重要要求,以供给侧结构性改革为主线,全面推动企业高质量发展,全力打造国企改革"江西样板",从严抓好国资监管国企党建,改革发展党建各项工作取得明显成效。

(一)主要经济指标增势稳固

2018年,江西省国资系统把高质量发展摆在重要位置,全面加强企业管理,层层压实目标责任,多措并举提质增效,收入利润创历史新高。江西省国有企业资产总额32511.53亿元,实现营业收入6644.59亿元、利润总额371.63亿元,累计完成增加值1188.7亿元,上缴税费261.46亿元,比上年分别增长16%、14.4%、20.3%、13%、8.3%。省属国有企业资产总额13028.6亿元,实现营业收入4876.5亿元、利润总额246.1亿元,累计完成增加值812.6亿元,上缴税费180.7亿元,分别增长12.8%、10.8%、33%、15.4%、14.8%,营业收入、利润总额2项指标均创历史新高。省属国有企业利润总额、净利润、应交税费增速分别高出全国国有企业20.1个、28.2个和11.5个百分点,增加值增速比江西省规模以上工业高6.5个百分点,出口产品销售收入增速比江西省出口高14.1个百分点,营业收入、利润总额、资产总额分别位列全国第13位、第13位、第14位,三项指标均位列中部第三位。

(二)推动企业高质量发展

把推进高质量、跨越式发展作为首要战略,推动出台《江西省省属国有企业高质量发展行动方案(2018—2020年)》及创新驱动、改革攻坚、绿色发展、

开放发展、转型发展5个行动计划,规划高质量发展目标、路径和举措。强化考核评价,制定印发任务分工方案和高质量发展考核办法,将企业高质量发展实施情况纳入企业年度考核和任期考核,与企业领导人员的薪酬、任免、待遇挂钩,形成奖优罚劣长效机制。按照省委省政府支持江铜集团实现"三年创新倍增"的战略部署,加强服务支持,形成工作合力,各项工作有效推进。深入实施创新驱动战略,开展"科技创新攻坚行动年"活动,着力推动研发投入、创新载体、发明专利"三个攻坚",促进企业由要素驱动向创新驱动转变。2018年,江西省出资监管企业R&D研发投入43.5亿元,占比2.01%,比上年增长34.3%。创新载体不断增多,新增国家级创新平台1家,省级创新平台4家,高新技术企业10家。截至2018年底,出资监管企业拥有国家级创新平台5个、省级创新平台36个、国家级企业技术中心4个;博士后工作站6个、院士工作站2个;高新技术企业43家。监管企业累计拥有专利总数2500余件,其中发明专利500多件,增长26.8%。2018年获得国家发明专利奖1项,省科技进步一等奖2项、二等奖2项、三等奖4项。"走出去"步伐加快,江西国际公司、中鼎国际分别位列250家最大国际承包商第92位和第146位。由江西国际公司牵头,江铜集团、新钢集团等参与的赞比亚江西工业园项目开工建设。江铜集团成立江铜国际贸易北美有限公司、江铜香港投资平台,积极开展海外资源并购。省建工集团在印度中标约6.7亿元的公路工程项目后,又与马来西亚BNG公司合作建设孟加拉国500兆瓦太阳能发电站项目。江西省民爆投资公司尼日利亚乳化炸药生产线项目取得进展。"引进来"成效显著,举办2018年赣港经贸合作"国有企业引进战略投资者(香港)专题招商活动",涉及项目36个,投资总额1542亿元。其中,签约项目5个,计划投资27.4亿元。举办第十六届赣台(南昌)经贸合作"台商与江西国有企业战略合作对接会",增进赣台企业之间的了解和合作。

(三)推进供给侧结构性改革

推进驻赣央企"三供一业"分离移交,江西省驻赣央企涉及供水、供电、供气、物业移交协议综合完成率99.6%,基本完成移交418282户,总体完成率98%。省属企业办医疗机构深化改革加快步伐,与华润健康集团达成战略合作协议。561户"僵尸企业"处置完成475户,完成率84.7%。省能源集团累计淘汰落后产能575万吨,全面完成去产能任务。江西省出资监管企业公司制改革全面完成,江西省国有企业公司制改革总体完成率99.6%。指导督促企业以全面预算管理为抓手,对标先进提升管理水平,优化管控模式,严控成本费用,提升生产工艺,推进节能降耗,实行全员额、全要素、全过程的成本管控。截至2018年底,省属国有企业净资产收益率5.8%、成本费用利润率5.3%,分别比上年增加1.2个、0.9百分点;百元营业收入支付成本费用95.1元,比上年减少0.4元。江铜集团下属贵溪冶炼厂围绕"打造世界炼铜标杆工厂"目标,不断提升生产技术水平,铜冶炼综合回收率、吨铜冶炼综合能耗等指标持续优化,分别跃居世界第一位、第二位;新钢集团提高煤气利用率降低燃料成本,跟进焦炭市场变化降低采购成本,成本费用利润率比上年增加4个百分点;省建材集团始终坚持对标管理,不断改进技术经济指标,成本费用利润率比上年增加13.3个百分点。

(四)国资监管职能持续改革优化

继续调整优化监管职能,2018年取消权力事项1项、部分下放1项,部分授权2项,取消和下放审批、核准、备案事项比例64.5%。配合建立向省人大报告企业国有资产管理情况制度,受省政府委托,首次向省人大常委会报告企业国有资产管理情况,重点报告江西省国资委监管企业国有资产管理情况。配合机构改革要求,将监事会成建制移交给省审计厅,统筹推进三定方案调整、内设机构优化、监管职能整合。积极推进依法监管,制定印发监管企业产权代表管理办法、工资总额管理办法及实施细则等16个规范性文件,对照职能转变和机构改革工作要求对规范性文件进行全面清理修订,废止规范性文件15件;废止内部管理制度14件。积极推进法治国企建设,制定出台出资监管企业案件管理办法,要求各企业对诉讼案件实行台账管理并定期上报,监管企业处理历史遗留及重大纠纷案件190余起,通过依法维权为企业挽回损失20余亿元。不断加强法治队伍建设,初步形成企业法律顾问、外聘法律顾问、公司律师各司其职、三位一体的法律管理新模式。5家集团公司及1家子企业设立公司律师事务部。企业法务工作机构和人员队伍基本健全。配合省公共资源管理办公室对江西省国有产权交易市场进行整合,省产权交易所交易系统与国务院国资委产权监测系统进行对接,实现产权交易实时监控。2018年,企业国有产权项目成交1217宗,成交总额61.8亿元,竞价成交1081宗,竞价率89.93%。其中完成国有企业增资项目6宗,募集资金金额13.30亿元。构建违规经营投资责任追究工作机制,14家监管企业全部明确责任追究职能部门,制定出台违规经营投资责任追究办法,实现全覆盖。持续完善国资监督机制,2018年实地检查企业集团总部及各级子企业205户,涉及资产4153.25亿元,检查覆盖面85.4%,列席企业重要会议449次,约谈企业高管及有关人员359人次,揭示企业存在的风险和问题299个,提交年度监督检查报告16份,专项检查报告及专项调研报告9份,向驻委纪检监察组提供线索24条。

二、江西省国有资产总量与结构分析

表1　2018年江西省国有企业指标

项　目	金　额(亿元)
资产总额	32511.53
所有者权益	12069.80
国有资产总量	10314.18
营业收入	6644.59
利润总额	371.63
净利润	298.40
归属于母公司所有者的净利润	211.36
应交税金总额	295.15
实际上缴税金总额	261.46

表2　2018年江西省国有企业户数情况

2017年户数(户)	2018年户数(户)	比上年增长(%)
2476	2819	13.85

表3　2018年江西省国有资产按地区分布情况

地　区	国有资产(亿元)	占国有资产总量比重(%)
省属企业	2273.01	22.04
地市企业	8041.16	77.96
其中:南昌市	1902.36	18.44
赣州市	810.43	7.86
九江市	846.70	8.21
新余市	261.94	2.54
上饶市	1344.11	13.03
景德镇市	521.26	5.05
宜春市	992.34	9.62
抚州市	798.35	7.74
吉安市	277.39	2.69
萍乡市	112.98	1.10
鹰潭市	173.30	1.68
合　计	10314.18	100.00

表4　2018年江西省国有资产按行业分布情况

行　业	国有资产(亿元)	占国有资产总量比重(%)
农林牧渔业	29.48	0.29
工业	1041.77	10.10
建筑业	2427.83	23.54
地质勘查及水利业	132.23	1.28
交通运输业	1561.74	15.14
仓储业	18.86	0.18
批发和零售业	52.38	0.51
金融业	483.83	4.69
房地产业	1976.67	19.16
信息技术服务业	0.78	0.01
社会服务业	2255.71	21.87
卫生体育福利业	1.33	0.01
教育文化广播业	90.92	0.88
科学研究和技术服务业	216.06	2.09
机关社团及其他	24.58	0.24
合　计	10314.18	100.00

表5　2018年江西省国有资产按经营规模分布情况

经营规模	国有资产（亿元）	占国有资产总量比重（%）
大型企业	2193.16	21.26
中型企业	3213.52	31.16
小型企业	3499.25	33.93
微型企业	1408.24	13.65
合　　计	10314.18	100.00

三、江西省国有资本保值增值综合分析评价

2018年，江西省国有资本保值增值率101.8%，省属企业国有资本保值增值率103.87%，设区市企业国有资本保值增值率101.16%，省属国有资本保值增值情况优于市属国有资本。

表6　2018年江西省国有企业地区和行业国有资本保值增值情况

地区	国有资本保值增值率（%）	行业	国有资本保值增值率（%）
南昌市	102.96	农林牧渔业	100.95
赣州市	101.64	工业	108.02
九江市	100.24	建筑业	100.30
新余市	98.36	地质勘查及水利业	100.35
上饶市	100.24	交通运输业	101.18
景德镇市	101.20	仓储业	99.44
宜春市	99.96	批发和零售业	83.20
抚州市	100.86	金融业	103.71
吉安市	101.35	房地产业	101.22
萍乡市	104.04	信息技术服务业	100.80
鹰潭市	100.36	社会服务业	99.70
		卫生体育福利业	111.62
		教育文化广播业	112.74
		科学研究和技术服务业	101.75
		机关社团及其他	100.08

四、江西省国资委监管企业改革发展情况

2018年，江西省国资系统紧紧围绕推动省属国有企业高质量发展的要求，聚焦改革重点难点问题，推动国有资本做强做优做大，改革各项工作取得显著成效，多次在全国国企改革座谈会、中央企业地方国资委负责人会议及全国性改革工作会上进行典型交流，相关改革经验在新华社《内参》、《半月谈》、《国企管理》等重要刊物登载。一是深化混合所有制改革。印发实施《江西省国资委出资监管企业混合所有制改革操作指引（试行）》，为江西省国企混合所有制改革提供操作指导。江西国际公司、江铜集团等省属企业集团层面混合所有制改革稳妥推进。省属二、三级企业混合所有制改革全面提速。省属国企整体混改率73.5%。规范推进员工持股试点工作。顺利完成江铜国贸、江西通航、中鼎国际、安源管道、江中医控5户企业员工持股试点工作。新余国科、江西国科等国有科技型企业探索实施企业重要技术人员和经营管理人员持股，通过设立员工持股平台公司，实现核心骨干员工入股企业。指导推动江铜集团、新钢集团等7户"双百企业"实施综合改革。在江西省范围组织开展百户国企混合所有制改革攻坚行动，助推100家左右省属子企业混合所有制改革。大力推进江西省国有企业公司制改革，截至2018年底，省出资监管企业公司制改革全面完成，江西省国有企业公司制改革总体完成率99.6%。二是探索完善国有资本授权经营体制。总结国有资本投资运营公司试点经验成果，推动两类公司在优化布局结构、引领培育产业、做强做优做大国有资本上发挥更多作用。3家平台公司融资能力大幅增强，省国控公司融资能力447.93亿元，省投资集团、省国控公司信用评级3A等级。2018年，由省国控公司牵头，省发展升级引导基金和其他省属企业共同参与，组建成立总规模100亿元江西国资创新发展基金。优化布局、资源整合成效明显。利用资本市场有利时机，对新钢集团债转股股权进行回购，回购完成后，新钢集团成为省国控公司国有独资公司。三是推进国有资本证券化。积极落实省属国企"映山红行动"，江西银行、九江银行先后在香港联合交易所挂牌，江旅集团完成对上市公司国旅联合的收购，江西国科

在证监会等待上发审会,智明星通完成"新三板"上市材料报审,江盐集团、江钨股份等企业完成股份制改造。国泰集团整合威源民爆、江铜民爆,实现整体上市。着力推进能源集团、江钨控股集团等企业市场化债转股。中鼎国际实施市场化债转股综合改革,作为供给侧改革地方成效入选中央宣传部、中央改革办等八部门联合举办的"庆祝改革开放40周年大型展览"。

五、江西省国资委监管企业并购重组与完善法人治理结构情况

一是推进六大产业集团重组。重组整合省军工控股集团,纳入省出资监管一级企业管理。实施华润集团战略重组江中集团、江中药业战略重组济生制药和桑海制药,推动江中集团打造形成江西中医药产业发展大平台。实施国泰集团与威源民爆、江铜民爆重组整合,打造民爆资产整体上市大平台。实施省投资集团与省能源集团战略重组,打造能源、环保产业发展大平台。新组建华赣环境集团,打造大型综合绿色节能环保产业发展大平台。新组建江西广电传媒集团、江西报业传媒集团,培育形成文化传媒产业投资大平台。二是形成有效制衡的法人治理结构。进一步理顺企业领导人员管理体制,配合省委组织部出台调整省属国有企业领导人员管理体制的通知,切实解决省属企业"一个班子两家管"问题。大力推进董事会规范化建设,明晰股东会、董事会与经理层的决策管理边界,深入推进职业经理人制度改革试点,确定省国控公司、盐业集团、大成国资公司3户省属国有企业开展以现有经理层成员转换为职业经理人为主、市场化选聘职业经理人为辅的职业经理人制度试点工作。进一步加强企业外部董事队伍建设,为10户国有独资、全资公司选配外部董事15人,其中面向市场聘用外部董事4人,外部董事队伍逐步壮大。

六、江西省国资委监管企业建立和完善经营业绩考核体系情况

一是进一步完善经营业绩考核体系,在分类考核的基础上,主动适应高质量发展需要,在各出资监管企业2018年度经营业绩考核目标中有针对性地设置高质量发展考核指标。在坚持目标考核、对标考核纵横二维度考核和分类考核制度的基础上,进一步完善考核体系,按照省委省政府对省出资监管企业高质量发展的要求,结合企业年度重点工作,优化考核指标体系。年度经营业绩考核中在以经济效益为重点的基础上,特别强化企业高质量发展指标考核,重点从产业结构优化升级、科技创新能力、人才引进、风险防控、改革攻坚、资本运作、安全绿色发展等方面"一企一策"有选择性地设置指标。二是及时开展第三方评价,努力推动考核评价更科学合理,不断改革创新考核评价机制。在充分调研的基础上,起草并印发《关于省出资监管商业二类企业特定功能性业务和重大专项任务评价的实施意见(试行)》(赣国资考核字〔2018〕245号),对商业二类企业特定功能性业务和重大专项任务完成情况引入第三方评价。引入由政府相关部门、中介机构、相关金融机构及其他熟悉企业经营状况与企业特定功能性业务、重大专项任务联系紧密的单位或专家组成的第三方,对企业特定功能性的业务进行评价,并将评价结果纳入业绩考核结果中。在2017年度企业经营业绩考核工作中,对三家商业二类企业的首次引入第三方评价。三是在全面公正客观考核评价的基础上,严格按照考核结果兑现2017年度企业负责人薪酬。按照《江西省属国企负责人经营业绩考核办法》(赣国企改革字〔2016〕2号)和《省出资监管企业经营业绩考核相关实施细则》(赣国资考核字〔2016〕269号)等文件规定,清算各出资监管企业2017年度经营业绩考核结果,并依据结果兑现薪酬。2017年度经营业绩考核采用刚性考核与柔性评价相结合的方式,一方面依据年初签订的经营业绩责任书,坚持用数据说话,看最终目标的完成情况;另一方面结合江西省国资委中心工作,坚持过程考核,看工作过程中的努力程度,综合评价企业负责人经营和业绩情况。

七、江西省国资委监管企业负责人考核与选人用人机制改革情况

一是加强企业领导人员考核。按照《江西省省属国有企业领导班子和领导人员综合考核评价办法》规定,会同省委组织部采取民主评议、民主测评、个别谈

话等方法,对14户省属企业领导班子和领导人员进行现场考核。结合企业2017年财务绩效、业绩考核情况,经对省国资委监管的14家企业领导班子和104名领导人员有关情况进行统计汇总、综合分析,最终确定6家企业领导班子评为"好"等次,26名领导人员评为"优秀"等次,1名领导人员评为"基本称职"等次。强化考核结果运用,2名领导人员因违纪被省纪委立案调查只写评语不定考核等级。二是加强企业领导人员管理制度建设。配合省委组织部研究制定《关于调整省属国有企业领导人员管理体制有关问题的通知》《江西省省属国有企业领导人员管理规定(试行)》,强化对企业领导人员选拔任用、考核评价、薪酬激励、管理监督、培养锻炼及退出等事项的管理。制定出台《江西省国资委出资监管企业国有产权代表管理办法》,加强对国有产权代表履职的管理。三是提高选人用人质量。2018年,任免企业领导人员28人次,其中,根据干部管理权限,新提任5名企业副职领导人员;由省纪委会同省委组织部、省国资委党委提名考察、省国资委党委任命纪委书记2名;办理退休免职3人,办理辞职免职2人。安排7家企业财务总监交流任职,从党政机关选拔2名正处级干部担任企业财务总监,实现财务总监交流任职全覆盖。积极对接第18批赴赣博士服务团,引进同济大学副教授刘斯凤及宝武钢铁集团高级主任研究员张伟赴省建材集团、江钨控股集团任副总经理挂职锻炼1年,并协调第19批赴赣博士服务团3名成员到3家企业挂职锻炼。积极对接各类高层次重大人才工程,1人入选国家"千人计划"企业创新人才项目,实现"零的突破";3人入选省"双千计划"。组织企业全程参加江西省引进高层次人才系列对接(招聘)活动,召开企业党委书记人才工作专项述职会,会同省委人才办举办企业领导人员"推动经济高质量跨越式发展"培训班,40名优秀管理人员参加培训。强化年轻干部实践锻炼,2018年选派3人分别到中央单位、发达地区、县(市、区)挂职锻炼。

八、江西省国资委监管企业党的建设和廉政建设情况

2018年,江西省国资委党委以打造国企党建"升级版"为抓手,推进党建工作与企业改革发展同谋划、同部署、同落实。一是加强培训教育。组织实施企业中层以上管理人员、基层支部书记、全体党员"三大培训"。举办习近平新时代中国特色社会主义思想和党的十九大精神培训班11期,1883名省属企业领导人员及中层经营管理人员参加。与省委组织部联合举办江西省国有企业基层党组织书记示范培训班,180余名基层党组织书记参加培训。组织企业、院校开展学习轮训1100余班次,培训党员52546人次,做到培训内容、培训对象全覆盖。组织省属企业、职业院校广泛开展诵读《红色家书》系列活动,举办集中诵读、主题党日等活动2600余场,参与人员3.2万余人次。二是提升党建质量。为巩固"党建落实年"成果,落实省委关于打造国企党建"升级版"要求,制定《打造江西国企党建"升级版"的实施方案》。省属企业结合实际细化目标措施,推进工作落实。推进党的领导与公司治理有机统一。在全面完成党建入章基础上,制定企业党委研究讨论重大问题决策操作规程,企业党委把方向、管大局、保落实的能力得到提升。坚持党建工作服务企业生产经营不偏离。推进"党建+国企改革、提质增效、创新发展、社会责任"等,把党的组织优势和政治优势转化为企业竞争优势。新钢集团在基层党支部推行"1234"党建法,把基层党组织的战斗堡垒作用体现在企业管理全流程,2018年钢产量、销售收入、利润创建厂以来最好水平。建材集团广泛开展"出题、领题、解题、破题"主题活动,2018年营业收入首次突破百亿元,利润创历史新高。推进国企改革与党建工作同步开展。全年省属企业根据改革重组进程新设党组织98个,撤并调整基层党组织195个;完成基层党组织换届498个,做到"应建尽建、应换尽换"。提升基层组织活力、创造力。召开基层党支部书记代表座谈会,开展《支部工作条例》学习讨论,下拨专项经费231万元,用于基层党支部软硬件提升,示范党支部200个,向省委组织部推荐"六好"基层党组织160个。三是推进作风建设。坚决贯彻江西省作风建设会议精神,深入开展"怕、慢、假、庸、散"等作风问题集中整治,制定《关于省出资监管企业转变作风促进高质量发展的若干措施》,提出10条举措,以集中整治"怕、慢、假、庸、散"等作风问题为推手,加快破除影响企业

转型升级的障碍。省国控公司、新钢集团、江咨集团、民爆公司紧盯重要节点，开展作风建设机动式抽查或暗访，形成有力震慑。中国瑞林专门成立作风建设检查领导小组，对各部门负责人和支部书记进行"一对一"谈话，传导责任压力。四是推进全面从严治党。坚决落实习近平总书记对江西工作的重要要求，全面彻底肃清违规违纪案件余毒。制定形成全面从严治党"1+N"制度文件体系，组织召开省国资委系统领导干部警示教育大会和专题民主生活会，坚决彻底肃清重大违规违纪案件影响。推动开展以"敢担当、修言行、强作风"为主题的反腐倡廉宣传教育活动，切实强化纪律教育。围绕落实"两个责任"，制定《全面从严治党主体责任分工》，强化班子成员履行"一岗双责"意识，构建主体责任落实体系。江西省国资委积极完成省政府系统"三减三强两倡导"深化"五型"政府建设推进高质量跨越式发展任务，提高工作绩效，严格把控会议数量和会议实效，切实强化问题破解，明确责任领导、责任部门，不躲闪问题、不畏惧困难，研究解决落实具体措施，直面矛盾、破题解围，各项工作均取得重要进展。持续推动省国资委党委、驻省国资委纪检监察组约谈企业党委、纪委书记工作，直面问题、压实责任、传导压力。深化运用"四种形态"，特别是发挥第一、第二种形态的基础性作用，督促各级党组织主动、自觉接受监督，积极支持纪检监察机构履行监督执纪问责职责，畅通信访举报渠道，肃清腐败案件余毒，坚持重遏制、强高压、长震慑，释放越往后执纪越严的强烈信号。2018年，收到信访举报433件次，其中转企业办理193件次。驻省国资委纪检监察组初核24件，函询16件，立案12件，给予党纪处分10人；省国资系统初核311件，函询157件，立案103件，给予党纪政纪处分146人次。

（撰稿人：曾红梅）

山东省

一、山东省国有资产监督管理工作综述

2018年，山东省国资监管系统和国有企业坚持以习近平新时代中国特色社会主义思想为指导，深入学习贯彻党的十九大和十九届二中、三中全会精神，认真贯彻习近平总书记视察山东重要讲话和重要指示批示精神，以深化供给侧结构性改革为主线，以落实省委、省政府《关于加快推动国有企业改革的十条意见》（以下简称《国企十条》）为重点，加大国企改革力度，加快新旧动能转换，改进国有资产监管，全面加强党的建设，各项工作取得新成效，改革红利集中加速释放，国有企业发展质量效益不断提升，规模实力、影响力和竞争力持续增强，国有经济主导作用有效发挥。

二、山东省国有资产总量与结构分析

（一）国有资产指标及分布情况

截至2018年底，山东省国有及国有控股企业（以下简称"国有企业"）资产总额88586亿元，比上年增长25.55%；所有者权益59950亿元，比上年增长21.57%；国有资产总量19987亿元，比上年增长22.91%。2018年，山东省国有企业实现营业总收入23285亿元，比上年增长16.41%；利润总额1474亿元，比上年增长20.33%；净利润1083亿元，比上年增长20.87%，其中，归属于母公司所有者的净利润472亿元，比上年增长1.52%；应交税费总额1315亿元。其中，省属企业实现营业收入12983亿元、利润总额661亿元，比上年分别增长17.14%、39.60%；资产总额29296亿元，比上年增长19.81%，主要经营指标均创历史最好水平；上缴税费总额668亿元，完成固定资产投资额1257亿元，国有资本保值增值率101.49%。

表1　2018年山东省国有企业指标

项　目	金　额（亿元）
资产总额	88586
所有者权益	59950
营业总收入	23285
利润总额	1474
净利润	1083

续表

项　目	金　额(亿元)
归属于母公司所有者的净利润	472
应交税费总额	1315
实际上缴税费总额	1285

(二)国有企业户数情况

2018年,山东省国有企业8508户,比上年增加409户。

表2　2018年山东省国有企业户数情况

2017年户数(户)	2018年户数(户)	比上年增长(%)
8099	8508	5.05

(三)国有资产按地区分布情况

从地区分布看,青岛、潍坊、济南3个市企业国有资产规模较大,分别为3500亿元、1995亿元、1894亿元,占比分别为22.40%、12.76%、12.12%。17个市中,青岛市企业国有资产总额居17个市之首,国有资产总额最少的是枣庄市,为114亿元。

表3　2018年山东省国有资产按地区分布情况

地　区	国有资产(亿元)	占国有资产总量比重(%)
省级企业	4360	21.81
地市企业	15628	78.19
济南市	1894	9.47
青岛市	3500	17.51
淄博市	536	2.68
枣庄市	114	0.57
东营市	594	2.97
烟台市	753	3.77
潍坊市	1995	9.98
济宁市	962	4.81
泰安市	622	3.11

续表

地　区	国有资产(亿元)	占国有资产总量比重(%)
威海市	942	4.71
日照市	564	2.82
莱芜市	451	2.26
临沂市	704	3.52
德州市	920	4.60
聊城市	304	1.52
滨州市	617	3.09
菏泽市	157	0.79
合　计	19987	100.00

(四)国有资产按行业分布情况

从国有资产行业分布情况看,主要集中在租赁和商务服务业、交通运输、仓储和邮政业、房地产业、制造业和采矿业。租赁和商务服务业国有资产总量6005亿元,占比30.04%；交通运输、仓储和邮政业国有资产总量2566亿元,占比12.84%；房地产业国有资产总量2373亿元,占比11.87%；制造业国有资产总量1916亿元,占比9.59%；采矿业国有资产总量1888亿元,占比9.45%。

表4　2018年山东省国有资产按行业分布情况

行　业	国有资产(亿元)	占国有资产总量比重(%)
农林牧渔业	26.96	0.13
采矿业	1888.35	9.45
制造业	1916.13	9.59
电力、热力、燃气及水生产和供应业	538.10	2.69
建筑业	1414.28	7.08
批发和零售业	277.50	1.39
交通运输、仓储和邮政业	2565.93	12.84
住宿和餐饮业	19.09	0.10
信息传输、软件和信息技术服务业	196.50	0.98

续表

行　业	国有资产（亿元）	占国有资产总量比重(%)
金融业	1358.76	6.80
房地产业	2372.58	11.87
租赁和商务服务业	6004.93	30.04
科学研究和技术服务业	106.63	0.53
水利、环境和公共设施管理业	966.42	4.84
居民服务、修理和其他服务业	74.75	0.37
教育	23.54	0.12
卫生和社会工作	10.57	0.05
文化、体育和娱乐业	191.51	0.96
公共管理、社会保障和社会组织	34.75	0.17
合　计	19987.28	100.00

（五）国有资产按经营规模分布情况

2018年，山东省8508户国有企业国有资产总量19987亿元，按企业规模分布看，大型企业361户，国有资产总量6221亿元，占比31.12%。中型企业1290户，国有资产总量3831亿元，占比19.17%。小型企业3012户，国有资产总量6137亿元，占比30.70%。微型企业3845户，国有资产总量3799亿元，占比19.01%。

表5　2018年山东省国有资产按经营规模分布情况

经营规模	国有资产（亿元）	占国有资产总量比重(%)
大型企业	6221	31.12
中型企业	3831	19.17
小型企业	6137	30.70
微型企业	3799	19.01
合　计	19987	100.00

三、山东省国有资本保值增值综合分析评价

2018年，山东省企业国有资本保值增值率101.51%，比上年减少0.91个百分点。

从企业级次看，省级企业国有资本保值增值率101.75%，比上年减少1.75个百分点，市及市以下企业国有资本保值增值率101.45%，比上年减少0.66百分点。

从具体行业看，农林牧渔业、电力热力燃气及水生产和供应业、住宿和餐饮业、居民服务修理和其他服务业、教育、公共管理社会保障和社会组织未实现国有资本保值增值，其他行业均实现国有资本保值增值。制造业国有资本保值增值率最高，为110.96%。

表6　2018年山东省国有企业地区和行业国有资本保值增值行业情况

地　区	国有资本保值增值率(%)	行　业	国有资本保值增值率(%)
省级企业	101.75	农林牧渔业	95.65
地市企业	101.45	采矿业	106.47
济南市	104.75	制造业	110.96
青岛市	101.23	电力、热力、燃气及水生产和供应业	99.02
淄博市	101.36	建筑业	101.84
枣庄市	85.79	批发和零售业	101.87
东营市	101.35	交通运输、仓储和邮政业	101.17
烟台市	104.73	住宿和餐饮业	81.53
潍坊市	100.37	信息传输、软件和信息技术服务业	106.03
济宁市	101.83	金融业	102.80
泰安市	100.31	房地产业	102.98
威海市	99.17	租赁和商务服务业	101.15
日照市	102.61	科学研究和技术服务业	104.99
莱芜市	100.17	水利、环境和公共设施管理业	101.04
临沂市	99.40	居民服务、修理和其他服务业	99.01
德州市	104.03	教育	97.38
聊城市	100.61	卫生和社会工作	106.13
滨州市	99.75	文化、体育和娱乐业	102.24
菏泽市	101.92	公共管理、社会保障和社会组织	99.63

四、山东省国资委监管企业改革发展情况

(一)公司治理建设迈出重要步伐,现代企业制度更加完善

一是公司制改革进入收官阶段。省属企业公司制改革基本完成。截至2018年底,山东省市、县两级国有企业中公司制企业户数占比95.6%。二是董事会建设取得突破性进展。配套建立董事会制度体系,形成董事管理、选聘、考核、激励、追责的制度闭环。各企业普遍完善议事规则,董事会运作进一步规范,决策质量不断提高。市级国资委所出资企业中,70%以上建立董事会,组织结构基本健全、运作更加规范。三是职业经理人制度试点稳步推进。制定省属企业职业经理人制度试点工作方案,在3户省属企业开展职业经理人制度试点,将经理层选聘权、考核权和分配权交由企业董事会决定。2户企业制定具体工作方案。四是人才库建成运行。建立省属企业外部董事和职业经理人人才库,518人进入外部董事基础人才库,1807人进入职业经理人基础人才库,并从中遴选一批到企业任职。建立省属企业企业家后备人才库,一批优秀年轻人才入库备选。

(二)市场化经营机制不断健全,企业活力动力进一步增强

一是混合所有制改革加快推进。省政府依法取消职工身份转换补偿金制度,国企改制职工安置政策进一步完善。出台支持省属企业引进战略投资者的意见、省属企业混合所有制改革操作指引,省属58户试点企业混合所有制改革基本完成。出台进一步深化省属企业混合所有制改革工作方案,各企业制定三年工作计划并启动实施。10户员工持股试点企业试点工作扎实推进,其中2户完成实施,7户取得实质性进展。资产证券化稳步实施,2017年以来山东国信、齐鲁高速、山东黄金、兖煤澳洲成功在中国香港上市,融资110亿港元,截至2018年底山东省国有控股上市公司达到56户。二是压缩管理层级取得明显成效。省属企业内设机构、编制人数普遍压缩10%以上,近三年来累计调整产权层级、压减法人单位938户,管理层级在四级以内的企业占比70%以上。市级国资委所出资企业中,80%以上实质性管理层级压缩到三级以内。三是中长期激励机制进一步健全。在全国率先出台推进省属企业上市公司实施股权激励的意见、非上市公司实施中长期激励的试点意见,截至2018年底,省属企业中8户国有控股上市公司实施股权激励,17户非上市权属企业开展中长期激励试点,17户企业建立年金制度。四是解决历史遗留问题取得决定性进展。截至2018年底,山东省国有企业职工家属区完成"三供一业"分离移交423.4万户,占任务总量的99.9%,国有企业所办901个市政设施、159个社区管理机构移交地方,基本完成分离移交任务,工作进度走到全国前列。企业封闭运行的社会保险全部纳入地方统筹。

(三)供给侧结构性改革深入推进,新旧动能转换步伐加快

一是"去、降、补"工作扎实推进。省属钢铁、煤炭企业按期完成去产能任务,近三年退出煤炭产能1132万吨,钢铁产能150万吨。加大"僵尸企业"处置力度,列入三年处置计划的321户省属"僵尸企业"基本出清。出台降杠杆减负债指导意见,实施"资产负债率"与"带息负债规模"双约束,截至2018年底省属企业资产负债率降至69.31%,较2017年底减少2.76个百分点。二是国有资本重组整合力度不断加大。推动国有资本向"十强"产业和基础设施集聚,港口、机场、汽车、铁路、文化旅游、医养健康等领域国有资本重组整合取得实质性进展,推进山东重工与交工集团重组,山东铁投集团、机场管理集团正式组建,颐养健康集团、文旅集团挂牌成立。建立省属企业新旧动能转换重点项目库,筛选确定231个重点项目,济青高铁、青连铁路、潍日高速建成通车,新能源动力产业园、鲁南高铁等一批重点项目和重大基础设施工程加快实施。三是扎实开展"双招双引"。组建鲁京、鲁沪、鲁深、鲁港4个"新旧动能转换促进中心",举办央企助力山东新旧动能转换座谈会,近两年山东省累计与央企签约合作项目797个,截至2018年底实施683个,完成投资2476亿元。发挥以商招商优势,省属企业与慕尼黑再保险等一批知名企业战略合作取得新进展。加大高层次人才引进力度,省属企业设院士工

作站11个、签约院士34人,14人入选泰山产业领军人才。积极响应"一带一路"倡议,主动"走出去",截至2018年底境外投资省属企业18户,累计完成境外投资超过200亿美元。四是大力实施创新驱动战略。制定出台鼓励和支持省属企业实施科技创新促进新旧动能转换的6条措施,2018年省属企业研发投入133亿元,比上年增长14%,潍柴动力"重型商用车动力总成关键技术及应用项目"获得国家科技进步一等奖。深化与中科院战略合作,成立中科院山东国资中心,近两年省属企业与中科院累计达成合作意向41项。

(四)国资监管方式持续改进,以管资本为主监管模式不断完善

一是国资监管机构职能加快转变。深化"放管服"改革,制定《省国资委以管资本为主进一步推进职能转变方案》,进一步取消下放监管事项9项。对成立以来制定出台的188件规范性文件进行全面清理,动态调整权力清单,完善监管制度体系,夯实依法依规监管基础。积极推进"一次办好"改革,建立"一对一"服务企业联络员制度,努力实现让企业办事"只进一扇门""最多跑一次"。从省属企业选聘一批机关作风监督员,监督国资监管机构改进工作作风,提供服务效率。二是国有资本授权经营体制改革逐步深化。13户省属国有资本投资运营公司在调整总部机构设置、改进管控模式方面做积极探索,印发进一步深化省属国有资本投资运营公司改革的实施意见,推动国有资本投资运营公司调整管控模式,规范开展运作,更好发挥平台作用。8个市开展国有资本授权经营体制改革试点工作,改组组建国有资本投资运营公司15户。三是国资监管方式进一步改进。设立省属企业阳光采购服务平台,截至2018年底,通过平台发布采购项目456个,完成213个,采购成交额比计划额平均降幅7.8%。"国资云"平台加快建设,监管信息化水平进一步提升。加强主业管控,制定进一步加强省属企业主业管理工作的意见和投资项目负面清单。强化产权监管,制定国有产权交易市场整合意见和方案。加强境外资产监管,制定境外投资分类监督清单和监督管理办法,开展境外资产专项检查。建立违规经营投资责任追究制度,对部分重大国有资产损失事项开展稽查。四是国有资产统一监管成效明显。省属经营性国有资产统一监管进入收尾阶段,各设区市全部设立独立国资监管机构,市属经营性国有资产统一监管全面完成,划转企业800户,资产总额9709亿元。

(五)国有企业党的建设全面加强,全面从严治党不断向纵深发展

一是党的领导融入公司治理进一步深化。省属一、二级企业和九成以上市县属国有企业完成党建工作要求进章程工作,重大事项由党委事先研究、董事会和经理层按法定程序决策的原则得到有效落实。省属企业党组织班子成员中80%以上在董事会、经理层交叉任职,党委书记与董事长由一人担任,"双向进入、交叉任职"领导体制进一步完善。二是党建主体责任逐级压紧压实。制定省属企业党建工作责任制实施意见,推动企业各级党组织建立落实主体责任清单制度。制定省属企业境外单位党建工作意见,理顺中央驻鲁企业、省属企业直属企业党建工作领导和指导责任。推广驻外党建协作区经验,新成立2个驻外党建协作区。深入开展"大学习、大调研、大改进",大力实施过硬党支部建设,全面规范企业基层党组织换届工作,基层党组织组织力明显提升。三是企业领导人员管理监督不断加强。坚持党管干部原则,认真落实"二十字"国企好干部标准,严格落实"凡提四必",国有企业领导人员选拔任用流程更加规范。推进企业家后备人才库建设,将部分35岁以下年轻干部纳入人才库。强化企业领导人员监督,科学规范省属企业领导人员兼职行为,纠正部分人员任职回避违规情形。四是党风廉政建设深入推进。全力配合省委巡视组在省国资委开展巡视,坚持边巡边改,对反馈的问题立即整改。持续深化党委巡察工作,省国资委党委管班子企业实现首轮巡察全覆盖。认真贯彻落实中央八项规定及其实施细则精神,对典型案例点名道姓进行通报曝光,严防"四风"问题反弹回潮。加大监督执纪问责力度,严肃处理一批违纪违法问题,有效发挥震慑作用。

五、山东省国资委监管企业并购重组与完善法人治理结构情况

(一)并购重组情况

一是加快资源整合。2018年,省国资委积极发挥

国有企业龙头引领作用,推动山东省优势特色资源整合,打造具有竞争力的特色产业集团。指导推动山东能源集团加快医养健康产业资源整合,组建山东颐养健康产业发展集团有限公司,指导山东省商业集团完成内部文化旅游产业重组,成立山东省文化旅游发展集团,2018年11月30日共同举行揭牌仪式;落实山东省政府常务会议有关部署要求,指导推进山东高速发挥山东省欧亚班列运营主体作用,整合山东省内欧亚班列,10月31日山东省统一冠名的"齐鲁号"欧亚班列首发开行;会同省有关部门研究提出山东省内运输机场整合思路方案,推动以山东机场集团为主体实施重组整合,进入实质操作阶段。二是巩固国际化战略布局。2018年3月,兖矿集团权属企业兖州煤业澳大利亚有限公司(以下简称"兖煤澳洲")收购三菱持有的沃克沃斯煤矿28.9%权益,保障兖煤澳洲收购力拓公司持有的联合煤炭工业有限公司股权项目"一揽子交易"顺利进行。2018年6月,山东重工权属企业潍柴集团收购锡里斯新发行的部分股份,持股比例20%,锡里斯新是新一代、低成本燃料电池技术领导者之一,双方将联合研发新一代固态氧化锂电池技术,这是潍柴积极推动2020-2030年战略的重要部署,也是潍柴在新能源产业园布局上的重要落子,将为中国的新能源产业发展再添新动力。2018年11月,潍柴集团通过全资子公司潍柴动力(香港)认购加拿大巴拉德动力系统有限公司19.9%股份,成为巴拉德动力公司第一大股东,巴拉德动力公司是全球领先的创新清洁能源燃料电池解决方案提供商,潍柴集团全面进军氢燃料电池领域,加快突破氢燃料电池核心技术,推动新能源战略的落地,引领中国商用车和叉车行业向新能源化升级,助力打赢"蓝天保卫战"。三是深化产融结合。兖矿集团为实施实体产业、物流贸易、金融投资"三边支撑"发展战略,加快金融产业布局,2018年9月,兖矿集团权属企业兖州煤业认购临商银行定向发行的4亿股新增股份,收购山东银丰投资集团等5家股东所持临商银行股权。山东能源枣矿集团以增资方式重组枣庄银行,增资完成后,枣矿集团持股比例55%,成为第一大股东。立足于省级新旧动能转换重大工程服务平台功能定位,山东国惠协议受让山钢集团持有的鲁银投资11541.80万股国有股份。

(二)完善法人治理结构情况

一是将党的领导融入公司治理。积极推进党建工作要求进章程,截至2018年底,省属一、二级企业完成章程修订工作,重大事项由党委事先研究、董事会和经理层按法定程序决策的原则得到明确。规范党委前置研究重大事项的规则,省委组织部、省国资委党委印发《省属企业重大决策事项党委前置研究讨论的指导意见》,党组织成为公司法人治理结构的有机组成部分。坚持和完善"双向进入、交叉任职"的领导体制,省属企业党组织班子成员中80%以上在董事会、经理层交叉任职,实现党委书记与董事长由一人担任。二是加强董事会建设。基本配齐省属企业董事会成员,全部按非执行董事占多数的原则配备,11户企业建立专门委员会,其中薪酬考核委员会、审计委员会全部由外部董事担任召集人。督促指导省属企业完善董事会工作机制,明确议事范围和决策程序,坚决落实一人一票制。需要董事会决策的重大问题先由专门委员会进行调研论证、提出专业性意见,为董事会科学决策提供重要依据。建立专职外部董事制度,形成董事管理、选聘、考核、激励、追责的制度闭环,董事会运作更加规范。建立省属企业外部董事人才库,518人进入基础人才库,并从中遴选一批到企业任职。三是做好监事会工作。在实现省属企业监事会全覆盖的基础上,2018年重点加强监事履职评价和监事会工作报告运用工作。抓好《山东省省属企业监事履职评价实施办法(试行)》的落实,明确监事履职纪实的内容、方式以及监事履职评价的组织实施等关键问题,提高履职评价的客观性。注重监事会监督检查报告运用,制定《省属企业监事会监督检查报告运转规程》,进一步理顺不同类型监事会报告接收、运转、使用、反馈等各环节,监事会报告的运转使用更加规范。2018年11月,根据国务院机构改革方案,经省政府研究决定,将省属企业监事会职能转隶省审计厅。四是稳步推进职业经理人制度试点。认真落实《省属企业规范经理层契约化管理建立职业经理人制度试点工作方案》,稳步推进职业经理人制度试点,将经理层的选聘权、考核权和分配权全部交由企业董事会决定。试点企业总经理由董事会提名并聘任,副总经理由总经理提名、董事会聘任;董事会对高管人员实施考核并决定其薪酬。建立省属企业职业经理人人才库,1807人进入基础人才库,并从中遴选一批到企业任职。建立省属企业企业家后备人才库,选聘一批优秀年轻人才入库备选。

六、山东省国资委监管企业建立和完善经营业绩考核体系情况

(一)进一步明确完善企业负责人经营业绩考核政策

为引导企业提高国有资本回报水平,更好地发挥考核"指挥棒"作用,进一步明确完善业绩考核政策,根据《山东省省管企业负责人经营业绩考核办法》,2018年8月28日,山东省国资委出台《关于进一步明确完善业绩考核政策的通知》(鲁国资考核字〔2018〕23号)。一是引导企业实现"腾笼换鸟""凤凰涅槃"。对企业在结构调整或改革改制等任务中"腾笼换鸟""凤凰涅槃"工作成效显著的,在年度考核中给予适当加分。二是提高归属于母公司所有者的净利润考核权重,将归属于母公司所有者的净利润在经营业绩考核中所占的权重由10%提高到20%,相应调减个性化指标所占权重,并结合实际取消利润总额考核特别加分政策。三是将混合所有制改革纳入考核。为引导企业加大混改力度,将混改工作完成情况纳入考核,对完成年度混改任务较好的企业给予加分奖励,对未按计划完成年度混改任务的企业给予扣分。四是完善降杠杆、控风险考核措施。将企业降杠杆工作纳入考核,对于未完成降杠杆任务的企业严格按照有关规定进行扣分。对于重大投资等决策失误或出现资金、金融等财务风险导致重大国有资产损失的给予扣分。五是完善永续债考核措施。明确经核准新增永续债影响国有资本权益的,据实调整国有资本保值增值率考核目标完成情况。经核准新增永续债所支出的利息(在国有资本权益中列支)影响归属于母公司所有者的净利润的,据实调整国有资本保值增值率考核目标完成情况。

(二)继续实施新旧动能转换重大工程考核政策

为贯彻落实山东省委省政府关于实施新旧动能转换重大工程的决策部署,充分发挥省属企业在深化供给侧结构性改革、实施新旧动能转换重大工程中的示范带动作用,加快实现企业创新转型发展,继续将企业引进高新技术项目、企业与央企、世界知名企业、品牌合作的情况、"四新"收入占营业收入的比重、资产证券化、高端人才引进、全员劳动生产率(或人均创利)6项工作纳入省属企业负责人经营业绩考核范围,并占30%的权重。

(三)审核确认2017年度省属企业负责人经营业绩考核结果

依据经审核的企业财务决算和经营业绩考核专项审计报告,严格按照经营业绩考核的有关规定,对2017年度经营业绩考核目标完成情况进行确认。在具体确认过程中,突出6个方面的考核导向。一是引导企业加快新旧动能转换,对企业新旧动能转换任务完成情况进行考核,并以30%的权重计入考核得分;二是引导企业提高国有资本回报水平,在继续考核国有资本保值增值率的同时,将归属于母公司所有者的净利润作为基本指标纳入考核,提高国有资本考核权重;三是引导企业加大科技创新力度,科技投入全额视同利润;四是引导企业除"僵尸"、降杠杆,并将相关影响在考核结果中予以剔除;五是引导企业完成政府交办事项,调整修建高铁、高速公路等交办任务对考核结果的影响;六是引导企业加强风险管控和违规惩戒,对出现违规违纪、安全事故、维稳事件或财务风险的,进行扣分处理。

(四)调整确定2018年度省属企业负责人经营业绩考核目标

为保证企业的考核目标能够与时俱进,适应经济发展新形势,真正发挥激励企业发展的作用,根据考核办法等相关要求,在企业自主申请的基础上,山东省国资委对纳入2018年度省属企业负责人经营业绩考核范围的22户企业的考核目标进行调整。为进一步做好2018年度省属企业负责人经营业绩考核工作打下基础。

七、山东省国资委监管企业负责人考核与选人用人机制改革情况

(一)切实加强企业领导班子建设

2018年,提交省国资委党委书记专题会议、省国

资委党委会研究干部议题各19次,调整任免企业领导人员71人次,全部规范操作。完善企业领导班子和领导人员综合考核评价体系,联合省委组织部出台《山东省省属企业领导班子和领导人员综合考核评价暂行办法》,完善考核内容、评价方式等,将综合考核评价结果作为领导班子调整和领导人员选拔任用、薪酬激励、管理监督、培养锻炼和退出的重要依据。对22户领导班子和126名领导人员2017年度工作进行考核,开展干部选拔任用"一报告两评议",确定年度考核等次。加强综合分析研判,从年龄、学历学位和专业技术职务、履职经历、职数配备等角度,分析省国资委监管企业领导人员结构,研究提出整改和调整建议,进一步优化领导班子结构。

(二)大力选拔任用优秀年轻干部

一是组织开展年轻人才培养选拔与储备措施专题调研,分析形势任务、问题不足,提出工作建议。二是出台《山东省省属企业企业家后备人才库管理办法》,明确人才库建设原则,完善入库标准程序、培养措施、管理方式等,分层掌握一批优秀年轻人才,其中40岁以下的390人,35岁以下的118人。三是大胆使用优秀年轻干部。坚持"德才兼备、以德为先"的原则,打破隐形台阶,大力选拔优秀年轻干部,1名契约化管理副总经理直接提拔交流担任党委书记、董事长。

(三)探索建立职业经理人制度

根据省委常委会要求,会同省委组织部、省人力资源社会保障厅深入研究规范省属企业经理层成员契约化管理、建立职业经理人制度,联合印发《关于在部分省属企业开展规范经理层成员契约化管理建立职业经理人制度试点工作的通知》,在鲁信集团、山东重工、中泰证券3户企业开展职业经理人制度试点,逐步建立职务能上能下、人员能进能出、收入能增能减灵活机制。

(四)从严做好干部档案审核管理

严格任前档案审核,全年审核拟任人选档案20卷,对存在的问题逐人逐条反馈并督促补充或进行调查。对3名人选档案前后记载不一致、"三龄二历一身份"认定存疑等情况,要求所在单位查清情况、补齐材料后再进行考察。加强省国资委党委管理班子企业档案业务培训,2018年赴3户企业进行干部档案工作专题培训,培训200余人。

(五)强化企业领导人员日常监督管理

一是推动企业领导人员能上能下。认真贯彻落实中共中央《推进领导干部能上能下若干规定(试行)》和山东省实施细则的部署要求。2018年,免去2名不担当不作为和失职渎职的省属企业"一把手"职务。二是规范企业领导人员兼职行为。出台《关于进一步规范省国资委党委管理企业领导人员兼职的意见》。对省国资委党委管理企业领导人员兼职情况进行摸底,调查发现50人兼任各类职务123个,清理兼职70个,清理比例56.9%。三是加强领导人员出国(境)管理。制定《关于进一步完善企业领导人员出国(境)有关规定的通知》,优化因公临时出国(境)备案流程。开展干部因私出国(境)证件集中管理工作自查清理、因私出国(境)专项检查等工作。全年办理因公出国备案73人次,审批因私出国4人次。

(六)严格做好个人有关事项报告工作

出台《关于进一步做好个人有关事项报告填报工作的通知》,3名拟提拔重用人选考察对象因个人有关事项查核发现问题被停止选拔任用程序。1名企业领导人员因隐瞒不报被给予诫勉处理,7名企业领导人员因漏报、填报不规范等情况被责令做出检查。

八、山东省国资委监管企业党的建设和廉政建设情况

(一)坚持把政治建设摆在首位

始终树牢"四个意识"、坚定"四个自信"、做到"两个维护"。把加强基层党建工作作为全年"20件大事"之首,认真学习贯彻习近平新时代中国特色社会主义思想和党的十九大精神、习近平总书记视察山东重要讲话重要指示批示精神。制定并落实《关于加强党委自身建设的意见》,以上率下,在国企国资系统全面营造良好政治生态。

(二)充分发挥党委领导作用

扎实推动党建工作融入公司治理,制定《省属企业重大决策事项党委前置研究讨论的指导意见》,有序推进"党建入章",省属一级企业章程修订全部完成。推进"双向进入、交叉任职",具备条件的企业党委书记、董事长实现"一肩挑"。抓实述职评议问题和《国企十条》督查反馈意见整改,督促省属企业对照党建工作问题清单做好整改。对省属企业基层党支部开展党建巡回检查,开展全面从严治党督查,督促企业抓好问题整改。

(三)不断压实管党治党责任

制定落实全面从严治党主体责任实施意见、省属企业党建工作责任制实施意见等指导性文件,理顺中央驻鲁企业、省属企业直属企业党建工作领导和指导责任。开展省属企业党组织书记履行全面从严治党责任和抓基层党建工作述职评议,逐级压实责任。实施省属企业过硬党支部建设,制定省属企业过硬党支部建设指导意见和实施方案,明确今后3年工作目标和"六个过硬"标准、"三加强三提升"措施,先后召开过硬党支部建设部署会、推进会,首批评定50个过硬党支部示范点,形成"树立一个标杆、带动整体提升"的良好效应。

(四)坚持正确选人用人导向

选优配强企业领导班子,完善企业领导人员选拔任用流程,严格落实"凡提四必"、任职回避等相关规定,加强领导干部管理监督,对违规兼职人员进行清理。深化人事制度改革,制定在部分省属企业开展规范经理层成员契约化管理建立职业经理人制度试点工作方案,指导省属企业不断加大高精尖人才引进培养力度,做好企业家后备人才库建设,逐渐形成梯次递补的后备人才体系。

(五)从严从实抓好党风廉政建设

把2018年定为作风建设年,实施"一对一"服务企业联络员、作风监督员等制度。扎实开展形式主义、官僚主义集中整治,对省属企业落实中央八项规定精神情况进行专项检查,严肃查处省属企业违反中央八项规定精神问题及时通报曝光典型案例,"四风"问题得到有效遏制。强化监督执纪问责,有效运用监督执纪"四种形态",通过第一、第二种形态处理人数占比90.4%,移送司法机关处理23人,保持惩治腐败高压态势。制定加强省属企业境外廉洁风险防控的指导意见,防范境外投资风险。认真抓好中央巡视组和省委巡视组反馈问题整改落实,明确省国资委党委和省属企业整改任务,确保逐项整改到位,扎实做好巡视整改"后半篇文章"。全面对省属企业开展巡察,坚持以政治巡察为主,督促抓好问题整改,推动管党治党向基层延伸。

(撰稿人:刘 飞)

青岛市

一、青岛市国有资产监督管理工作综述

2018年,青岛市国资系统全面贯彻落实习近平总书记关于国企国资改革发展党建一系列重要批示指示精神、全国国企党建会精神、全国国企改革经验交流会精神以及中央企业及地方国资委负责人会议工作部署,按照青岛市委、市政府要求,进一步解放思想,突出问题导向,推动新旧动能转换,国资国企工作在支持企业国际并购与发展、优化产业布局、加快转型升级、推动混合所有制改革上市、强化股权激励、强化国资监管、服从服务大局、全面从严治党8个方面取得新进展,市直大企业实现更高质量发展。

二、青岛市国有资产总量与结构分析

截至2018年底,纳入青岛市企业国有资产统计年报各级次国有独资、国有控股企业1308户。其中,市属国有企业1213户(包含文化类企业95户、部门管理企业37户)、区(市)国有企业95户。

1. 国有资产总额情况。2018年,青岛市国有企业资产总额19114.14亿元。其中,流动资产7315.38亿元,占比38.27%;非流动资产11798.76亿元,占比

61.73%。流动资产构成中,货币资金、应收款项(包括应收账款、应收票据和其他应收款)和存货占比较高,分别为21.99%、35.89%、17.82%,合计占全部流动资产比重的75.7%。

2. 国有资产总额分布情况。按隶属关系分,市属企业资产总额16419.17亿元,占比85.9%;区(市)国有企业资产总额2694.97亿元,占比14.1%。按经营规模分,大型国有企业资产总额3337.39亿元,占比17.46%;中型国有企业资产总额4736.73亿元,占比24.78%;小微型国有企业资产总额11040.02亿元,占比57.76%。

3. 国有资产总量分布情况。2018年,青岛市国有企业国有资产总量3500.25亿元。按隶属关系分,市属企业国有资产总量2706.89亿元,占比77.33%;区(市)国有企业国有资产总量793.36亿元,占比22.67%。按经营规模分,大型国有企业资产总量686.27亿元,占比19.61%;中型国有企业国有资产总量1146.27亿元,占比32.75%;小微型国有企业国有资产总量1667.61亿元,占比47.63%。

4. 所有者权益构成情况。2018年,青岛市国有企业所有者权益总额5148.15亿元。其中,实收资本1094.01亿元,占比21.25%;资本公积2051.88亿元,占比39.86%;少数股东权益806.53亿元,占比15.67%;未分配利润676.04亿元,占比13.13%;盈余公积134.92亿元,占比2.62%;一般风险准备84.46亿元,占比1.64%;其他权益300.31亿元,占比5.83%。

5. 国有企业营业收入情况。2018年,青岛市国有企业实现营业收入3599.9亿元。其中,市属企业实现3425.11亿元,占比95.14%;区(市)国有企业实现174.79亿元,占比4.86%。

6. 国有企业利润总额情况。2018年,青岛市国有企业实现利润262.74亿元。其中,市属企业实现利润267.26亿元,占101.72%;区(市)国有企业实现利润-4.52亿元。

7. 国有企业实际上缴税金情况。2018年,青岛市国有企业实际上缴税金231.35亿元。其中,市属企业上缴211.97亿元,占比91.62%;区(市)国有企业上缴19.38亿元,占比8.38%。

8. 市属企业运营情况。2018年,26家市属企业(含金融类)资产总额比上年增长15.92%,国有资产总额比上年增长10.02%,营业收入比上年增长14.3%,利润总额比上年下降6.35%。

表1　2018年青岛市国有企业指标

项　目	金　额(亿元)
资产总额	19114.14
净资产	5148.15
营业收入	3599.91
利润总额	262.74
实际上缴税金总额	231.35

表2　2018年青岛市国有企业户数情况

2017年户数(户)	2018年户数(户)	比上年增长(%)
1262	1308	3.65

表3　2018年青岛市国有资产按隶属关系分布情况

隶属关系	国有资产(亿元)	占国有资产总量比重(%)
市级	2706.89	77.33
区级	793.36	22.67
合计	3500.25	100.00

表4　2018年青岛市国有资产按行业分布情况

行　业	国有资产(亿元)	占国有资产总量比重(%)
农林牧渔业	12.25	0.35
农业	0.13	
林业	0.52	0.01
渔业	11.29	0.32
工业	613.92	17.54
冶金工业	0.06	

续表

行 业	国有资产(亿元)	占国有资产总量比重(%)
建材工业	2.81	0.08
化学工业	147.28	4.21
森林工业	0.62	0.02
食品工业	2.96	0.08
纺织工业	0.76	0.02
机械工业	36.72	1.05
军工工业	−0.17	
电子工业	224.87	6.42
电力工业	32.93	0.94
市政公用工业	88.90	2.54
其他工业	76.19	2.18
建筑业	359.91	10.28
交通运输业	954.70	27.28
铁路运输业	6.85	0.20
道路运输业	591.10	16.89
水上运输业	26.62	0.76
航空运输业	134.00	3.83
仓储业	231.34	6.61
批发和零售业	40.52	1.16
金融业	336.05	9.60
房地产业	710.36	20.29
信息技术服务业	39.07	1.12
社会服务业	1824.75	52.13
卫生体育福利业	14.28	0.41
教育文化广播业	56.39	1.61
科学研究和技术服务业	13.29	0.38
机关社团及其他	0.58	0.02
合　计	3500.25	100.00

表5　2018年青岛市国有资产按经营规模分布情况

经营规模	国有资产(亿元)	占国有资产总量比重(%)
大型企业	686.27	19.61
中型企业	1146.27	32.75
小微型企业	1667.61	47.63
合　计	3500.15	100.00

三、青岛市国有资本保值增值综合分析评价

2018年,青岛市市属国有企业国有资本保值增值率103％。从青岛市国有资产涉及的16个行业看,工业、建筑业、金融业、房地产业、社会服务业、教育文化广播业、信息技术服务业、交通运输业等实现保值增值;农林牧渔业、地质勘查及水利业、仓储业、邮电通信业、批发和零售业、卫生体育福利业、科学研究和技术服务业、机关社团及其他等未实现保值增值。

表6　2018年青岛市国有企业行业国有资本保值增值情况

行 业	国有资本保值增值率(%)
农林牧渔业	95.21
农业	125.43
林业	69.12
畜牧业	−1.00
渔业	98.09
工业	104.10
煤炭工业	−1.00
石油和石化工业	−1.00
冶金工业	402.71
建材工业	111.62
化学工业	107.34
森林工业	64.29
食品工业	125.64
烟草工业	−1.00
纺织工业	−58.08
医药工业	−1.00
机械工业	108.61
军工工业	−1.00
电子工业	104.34
电力工业	117.14
市政公用工业	92.32

续表

行　业	国有资本保值增值率(%)
其他工业	106.39
建筑业	100.35
地质勘查及水利业	-1.00
交通运输业	102.11
铁路运输业	99.87
道路运输业	98.60
水上运输业	68.59
航空运输业	102.54
仓储业	99.17
邮电通信业	-1.00
批发和零售业	98.09
金融业	104.06
房地产业	101.46
信息技术服务业	115.89
社会服务业	101.66
卫生体育福利业	92.89
教育文化广播业	106.98
科学研究和技术服务业	97.61
机关社团及其他	99.78

四、青岛市国资委优化监管体制情况

(一)优化国有经济布局

一是积极调整产业布局。2018年,围绕山东省"十强"产业和青岛市"956"产业体系,推动国有资本从不具备竞争优势的传统产业和劣势企业中退出,进入战略性新兴产业。重点支持市属企业助推海洋名城建设,深入推进港口智能化、高端化,青岛港全自动化码头单机昼夜首次突破千箱大关,再创世界纪录。加快华通集团海工装备制造、水务集团海水淡化、国信集团海洋牧场、海检集团海洋设备检验检测等重点项目建设,推动构建以新动能为主导的现代化海洋产业体系。海检集团建设运营的国家海洋设备质量检验中心,成为国内唯一的综合性海洋设备第三方检验检测公共服务平台;助推军民融合创新示范区建设,走访全部12家军工央企,推动央企军民融合重点项目在青岛落地。二是加快培育高技术产业和战略性新兴产业。2018年,青岛市加快推动海信数字多媒体技术、青啤啤酒生物发酵工程国家重点实验室以及双星石墨烯轮胎中心实验室等国家级研发平台建设。培育发展大规模集成电路、生物医药、机器人和人工智能、医疗器械等高技术产业。三是加快传统行业转型升级。2018年,青岛市坚持搬迁改造和转型升级同步推进,推动老国有企业走绿色、高端、高效的新型工业化道路。支持双星以控股韩国锦湖轮胎为契机,进一步提高产能,在青岛建设轮胎制造中心、装备制造中心,建设跨国性的总部企业。推动海湾集团建设好董家口和平度新河2个化工基地,顺利通过省政府认定,发展高端化工制造业。

(二)推动高质量发展

一是支持企业国际并购发展。2018年,重点推动海尔、海信、青啤等传统跨国大企业集团实施跨国并购,成为具有世界影响力和竞争力的世界一流名牌大企业。海信出资7亿元收购东芝电视业务95%股权;5月,出资14.5亿元持有斯洛文尼亚最大的白电制造商Gorenje Group 95.4%股份。组织双星联合国信、城投、青岛港出资40亿元成功控股锦湖轮胎。青啤在世界啤酒锦标赛中获得2项金奖,远销110多个国家和地区。二是实施双招双引。2018年,组织市属企业加强与央企、省企的合作,开展央企走访活动,组织协调市属企业访问央企、省企数百次。青岛市与央企新签订合作项目51个,投资额4100多亿元。重点争取中信泰富特钢追加在青岛投资;引入中国兵工与华通、双星合作,在青岛打造生产军用轮胎、履带等产品的军民融合生产基地。

(三)深化国有企业改革

一是推动混合所有制改革上市。2018年,青岛市坚持不设准入门槛、不限持股比例、不限合作领域,吸引民资、外资参与国有企业改革。协助青岛啤酒引入民营企业复星集团成为其第二大股东。截至2018年底,市属企业的社会资本权益比重超过35%,高出全国37个省级国资监管机构平均水平10个百分点以上。以加快上市为重点,打造混合所有制公众公司。青岛港、青岛银行、青岛农商行3户企业的IPO申请全部顺利获批,青岛成为全国第三个2家法人银行均登陆A股的城市。二是实施股权激励。2018年,青岛市拥有上市公司的市属企业全部形成股权激励实施方案,在双星、红星和澳柯玛等市属企业实施"人在股在、人退股退、循环激励",继续在双星、海湾等市属企业中开展员工持股试点,8户市属企业所属的31户企业实施员工持股。按照企业的新贡献、新增利润等差异化激励方式,激发企业发展活力。

(四)强化国资监管

一是强化国资监管。2018年,青岛市从严控制市直非竞争类企业境外埠外投资、非银行金融业务、捐赠赞助等重点领域的风险。针对发现的风险和问题,对企业下发提醒函90份、纠正函10份、约谈企业主要负责人10次以上,叫停2户企业的埠外境外投资和发债。2018年,通过关闭注销、改制退出、产权划转、委托管理等方式,将分散在46个主管部门315户企业经营性国有资产全部纳入集中统一监管。二是加强风险防控。2018年,青岛市国资委制定《青岛市市属企业违规经营投资责任追究暂行办法》,配套出台非竞争类企业投资管理、企业债务管理、规范非银行金融业务、严控非主业投资等5个规范性文件。三是全面从严治党。将党建总体要求100%纳入所有市属企业及所属二、三级企业章程。市属企业全部设立党建工作专门机构,基层党组织应设已设率100%。市属企业党组织书记抓基层党建的349个重点难点项目实现突破,基层党组织建设取得显著实效。

(五)优化发展环境

经市委组织部批准、市民政局审核同意,青岛市驻青国企党建研究会于2018年12月14日正式注册成立,首批102户中央、各省市驻青国有企业成为会员单位。全面完成16个驻青央企100余个家属区"三供一业"移交工作,涉及3万余户居民。深化放管服改革,推动国资监管职能从管企业向管资本转变,保障企业的经营决策自主权和法人财产权。成立服务企业工作队,对企业发展遇到的难点问题成立项目组,加强统筹协调,直接推动解决。

五、青岛市国资委监管企业负责人经营业绩考核与薪酬管理工作情况

一是完成2017年度市属企业负责人经营业绩考核与薪酬管理工作。聘请国际中介机构实施专项审计稽查,在此基础上计算形成24户市属企业负责人2017年度经营业绩考核指标完成情况,并积极协调市应急管理局、财政局和交通委等部门,提供企业安全生产、社会效益和行业监管等情况,按规定纳入考核结果。严格落实薪酬制度改革要求,按规定计算形成年度薪酬建议,报青岛市薪酬制度改革领导小组会议研究同意。

二是组织完成市属企业负责人薪酬兑现工作。印发《关于做好2017年度市直企业负责人薪酬兑现工作的通知》,组织企业完成2017年度负责人薪酬兑现工作。

三是组织完成市属企业负责人薪酬信息披露工作。组织市属企业在企业网站公开披露2017年度企业负责人薪酬信息,并在青岛市国资委官网进行公示。

六、青岛市国资委监管企业劳动用工与收入分配工作情况

一是完善工资总额调控。指导企业健全工资总额与经济效益联动机制,按照工资总额增长低于经济效益增长、平均工资增长低于全员劳动生产率增长的原则,根据企业自身经济效益水平,结合发展战略和职工工资水平市场对标等情况,按照青岛市企业工资指导线,合理确定年度工资总额。

二是推动企业建立市场化薪酬分配机制。指导企业推进薪酬分配市场化改革,建立健全以岗位工资为主的基本工资制度,实现职工与岗位、岗位与薪酬匹配;引导企业推进全员绩效考核,以业绩为导向,实行个人收入与工作业绩和实际贡献紧密挂钩,切实做到收入能增能减。

三是规范职工福利保障体系。指导企业科学统

筹工资与福利的关系,按照相关政策标准支付各项福利待遇,确保职工福利保障落实到位。贯彻落实中央和省、市以管资本为主转变国有资产监管机构职能的工作要求,企业按照青岛市企业年金相关政策规定,依规依程序建立企业年金制度。会同市人力资源社会保障局等部门,做好农民工工资专项检查工作,确保市直企业"零欠薪",依法维护农民工合法权益。

四是完成国务院国资委工作部署。组织市直企业开展2017年度职工薪酬调查工作,参与调查企业374户,职工9.82万人。组织市直企业做好高校毕业生就业统计工作,2017年市直企业招聘9366人。

七、青岛市国资委监管企业党的建设、廉政建设和精神文明建设情况

(一)党的建设情况

截至2018年底,青岛市国资系统有248个党委、103个党总支、1906个党支部、35298名党员。一是搞培训。举办市直企业十九大精神集中培训示范班,组织指导市直企业开办培训班134期,对2100余名中层干部进行轮训;市直企业开展党的十九大精神宣讲600余场次,参加人员10余万人次,实现全覆盖,树牢市直企业领导干部政治意识、大局意识、核心意识、看齐意识。二是立章程。开展党建工作要求纳入公司章程工作。青岛市33家市直企业集团2017年底全部完成,二级及以下企业也于2018年10月100%完成。通过党建工作入章程,明确党组织在企业法人治理中的法定地位,用法律形式将党的领导和加强党建工作融入企业法人治理。三是强组织。在市直企业着力解决党组织"应建未建"问题,包括82个驻省外境外企业和2018年新组建、整合的45家企业在内,符合条件的企业全部成立基层党组织。33家市直企业全部按要求设立党建工作部门,实现党的建设全覆盖。四是破难点。大力实施党组织书记抓基层党建突破项目,聚焦党建工作难点,实施重点突破。2018年,青岛市国资委党委和市直企业各级党组织确定349个突破项目,形成一批创新成果。五是树典型。广泛开展党支部"三级联创"、党员"学管带联"和典型培树"十百千"工程,培树先进典型665个,过硬、示范支部269个,建立典型库,创建80多个党建品牌和100余名品牌党员,充分发挥党组织凝心聚力和党员先锋模范作用。通过《党建工作交流》简报,宣扬交流党建工作典型和经验做法,出版31期。六是抓教育。深入推进"两学一做"学习教育常态化制度化,着力在企业基层党组织推行"主题党日"制度,严格开展"三会一课"、组织生活会和民主评议党员等工作,加强党员日常教育管理。以深入查摆问题,促进改进提升为目的,认真开展"大学习、大调研、大改进",市直企业及二级以下企业党组织开展调研1800余次,查摆需要重点解决问题1656项,全部完成整改。

(二)党风廉政建设情况

坚持全面从严治党,强化国企党建,组织开展基层党建工作述职评议,对33名市直企业党委书记逐一确定综合评价意见。指导市直企业逐家研究制定抓基层党建问题清单、责任清单和整改清单,抓好重点任务落实。指导开展好二级以下企业党组织书记党建述职评议,延伸责任链条。青岛市国资委党委严格落实领导干部"一岗双责"制度,抓住党委班子和企业领导班子关键少数,强化"两个责任"不放松。抓好企业"一把手",通过廉政谈话、征求意见、召开座谈会等形式,加强沟通交流,关键时刻直截了当指出问题,防止头脑发热、犯错跑偏,筑牢拒腐防变的思想防线,先后与市直企业党委书记、董事长、总经理以及班子成员交流谈话100余次,从严要求,传导压力,对苗头和倾向性问题,及时督促整改。加强对企业党的建设、关键业务、重点领域的监督。赋予监事会监督党风党纪职责,抽调人员组成9个督导组,指导市直企业党委开好民主生活会。先后分4轮到27家市直企业督导基层党建重点任务落实情况,发现问题即时督促整改。围绕落实中央八项规定,组织市直企业认真自查自纠,严肃整治"四风"问题。

(三)精神文明建设情况

印发《青岛市政府国资委党委系统2018年宣传思想暨精神文明建设工作要点》,指导企业抓好2018年度宣传思想文化工作和各项主题教育活动的落实。大力推动习近平新时代中国特色社会主义思想深入人心,不断把党的十九大精神学习贯彻引向深入,在

扩大覆盖面、增强系统性、学以致用上下功夫。积极参与深化提升惠民宣讲工作,组织青岛市国资系统企业宣讲骨干60多人参加"提高情感认同百姓宣讲"骨干培训班等培训,广泛开展"启航新时代·共筑中国梦"百姓宣讲活动,通过组织百姓宣讲,在青岛市国资委系统掀起"提高情感认同百姓宣讲"热潮。指导青岛市国资系统企业组织相关宣讲活动,宣讲260多场次,受益的党员干部职工6.5万人次,交运集团、国信集团、青岛港集团、能源集团等13个单位在"启航新时代·共筑中国梦"百姓宣讲大赛中获得殊荣。持续深化文明城市创建工作,促进文明城市创建常态长效;拓展群众性精神文明创建,不断激发文明创建基层基础活力,深化文明行业创建活动。指导青岛市国资系统企业开展文明单位创建,召开创建工作现场推进会和集中测评会,形成良好的创建工作机制。华电青岛发电有限公司、国信集团、海尔集团、青岛港集团、中车青岛四方机车车辆股份有限公司、中国移动山东有限公司青岛分公司、中国联通青岛市分公司、交运集团等多家企业被评为"全国文明单位",文明创建工作成效显著。

(撰稿人:韩　冰)

河南省

一、河南省国有资产监督管理工作综述

2018年,河南省国资系统坚持以习近平新时代中国特色社会主义思想为指导,认真落实省委、省政府决策部署,以新发展理念为引领,以高质量发展为方向,以供给侧结构性改革为主线,以提高质量效益为中心,聚焦重点,狠抓落实,各项工作都取得明显成效。

(一)抓住关键全力攻坚,国企改革进一步深化

2018年,河南省国企改革工作着眼"五个全面"改革目标,突出"三大结构"改革重点,推动各项改革措施加快落地,改革不断向纵深推进。一是"僵尸企业"处置进展顺利。截至2018年10月底,河南省完成"僵尸企业"处置1124户,超额完成处置任务,盘活资产185.3亿元,化解债务139.8亿元,安置职工5.84万人。郑州、新乡、开封、信阳等地在"僵尸企业"处置中大胆探索,形成各具特色的经验做法。千家"僵尸企业"处置成为河南省深化国企改革又一重要阶段性成果,新华社对此作专题报道。二是产权结构加快优化。省属企业集团层面公司制改制全面完成。向社会公开发布27个重点混合所有制改革项目,8户取得明显进展。股权多元化、新三板挂牌、员工持股3批混合所有制改革试点稳步推进。截至2018年底,8户省管企业实现集团层面产权多元化,853户子公司实现混合所有制改革。三是治理结构持续完善。坚持党的建设与企业治理结构深度融合,省管企业党建工作写入公司章程全部完成。推进董事会规范化建设,首批社会化选聘的12名外部董事到岗履职,竞争类省管企业实现外部董事全覆盖。探索开展经理层任期制契约化管理,安钢集团等4户企业启动集团层面市场化选聘高级经营管理者工作。四是"瘦身健体"成效显著。95户三级以下企业压减层级任务全部完成,省管企业管理层级基本控制在三级以内。按照"小总部大产业"原则,科学定位集团本部职能,推进部室职能优化整合,安钢集团精简处(科)级机构74个。五是"双百行动"有序开展。安钢集团、河南投资集团、河南省中原石油天然气集团、郑州煤矿机械集团、平煤神马开封炭素公司、河南能源戴卡轮毂公司、中原环保公司7户企业入选全国国企改革"双百行动"计划,企业改革方案和工作台账完成备案,按计划推进综合性改革。六是驻豫央企和市县剥离企业办社会大多数落地。在2017年总体完成省属企业剥离办社会职能的基础上,全力支持推进驻豫央企和市县剥离企业办社会职能工作。截至2018年底,驻豫央企剥离移交协议签订率100%,98%完成移交任务;市县层面移交任务全部完成。

(二)稳定企业经济运行,质量效益进一步提升

把稳运行放在重要位置,加强动态监测,坚持底线思维,严控债务风险,河南省国有经济保持稳定发展态势。一是经济效益持续向好。2018年,河南省、

市两级监管企业累计实现营业收入6081.9亿元,比上年增长11.2%,累计实现利税502.7亿元。其中,省管企业实现营业收入4735.6亿元,增长11.4%;利润总额142.7亿元,增长10.4%;省管工业企业盈利67.5亿元,增长29.9%。二是资金风险有效防范。充分发挥债委会作用,确保银行贷款正常续贷、承兑正常续做。优化融资结构,全年批复省管企业债券755亿元。拓宽融资渠道,安钢集团、郑煤机、华英农业公司等上市公司开展股权融资69.5亿元。省管企业全年刚性兑付债券599.42亿元。三是降杠杆成效突出。截至2018年底,省管企业和金融机构签订债转股协议1105亿元,落地333亿元,其中2018年新落地183亿元。省管工业企业平均资产负债率比上年下降1.3个百分点,"三煤一钢"企业比上年下降1.8个百分点。四是成本管控取得实效。持续开展提质增效活动,河南省国资委监管企业营业成本比上年增幅低于营业收入0.5个百分点,资本化利息支出下降19.3%。五是重点项目顺利实施。竞争类省管企业在建固定资产项目153个,2018年累计完成投资110亿元,河南能源龙宇化工公司气制乙二醇、安钢集团中厚板热处理线二期工程等40个项目开工建设,平煤神马集团己二酸己内酰胺、河南装投集团轨道交通轴箱轴承建设等105个项目稳步推进。六是安全生产总体平稳。坚持"一个杜绝、三个持续下降"目标,严格落实安全生产责任,签署责任明白书,开展隐患排查,切实抓好整改,确保安全生产大局稳定。

在完成生产经营目标任务的同时,各企业积极履行社会责任,坚持在服务河南省发展战略和打好防范化解重大风险、精准脱贫、污染防治三大攻坚战中走前列、作表率。安钢集团大力实施环保提标改造,被评为绿色发展标杆企业和中国钢铁工业清洁生产环境友好企业;投资集团投资静脉产业园推动城市垃圾无害化处理,落实河南省规划63个中的27个;中原证券股份有限公司、河南水投集团、河南农开公司等通过设立慈善信托、产业项目、扶贫融资等,有力推动当地脱贫进程;投资集团、河南资产积极支持省内重点企业风险化解、市场化债转股、民营上市公司纾困等,为防范化解地方金融风险作出重要贡献。

(三)深化供给侧结构性改革,国有经济布局进一步优化

坚持以供给侧结构性改革为主线不动摇,向结构要市场、要动力、要效益,不断推动国有经济布局结构调整和产业转型升级。一是化解煤炭过剩产能顺利完成。2018年,河南省管煤炭企业关闭矿井16对,化解产能660万吨,安置职工1.5万人。化解煤炭过剩产能三年任务顺利完成,关闭矿井181对,退出产能4339万吨,安置职工9.7万人,3项指标均占河南省总任务的80%以上。通过削减低端落后产能,省管煤炭企业平均单井产量由45万吨提高到75万吨,精煤、洗精煤、煤化工产品、焦化产品等占比大幅增加。二是转型升级步伐加快。出台河南省管企业布局结构调整工作方案,明确企业主业,优化资源配置,加快培育新产品新业态新模式,推动产业产品转型升级。河南能源集团建成全球最大煤制乙二醇生产基地,安钢集团高强板、压力容器板市场占有率全国第一,洛单集团成功试产8英寸电路级单晶硅棒。三是战略重组稳步推进。围绕省定重点发展产业,聚焦关键领域,成立专项小组,着力推动省管企业对外、对内及企业间3个层面资产重组。郑煤集团与省管电力板块一体化重组、洛阳LYC引入战略投资者等有序推进,河南能源对河南省煤层气开发利用有限公司、河南物资集团对河南商贸集团有限公司托管重整及资产业务整合稳步实施,平煤神马集团拟定建设集团债务风险化解和业务模式重建的重整方案。四是开放合作持续深化。"走出去"步伐加快,物资集团、航投公司、机场集团等成为河南省参与"一带一路"建设的重要支撑点,河南国际、郑煤机、河南交投集团等积极布局国际产能合作、国际并购及境外工程承包,平煤神马集团与俄罗斯伊尔库茨克石油公司合资共建甲烷气深加工园区项目迈出实质步伐。积极参加"河南全球推介"等重大合作活动,省管企业在首届中国进博会达成交易额3亿美元。五是科技创新力度加大。印发省管企业科技创新实施意见,明确创新方向,细化支持措施,企业认真研究谋划未来2~3年科技创新实施方案。截至2018年底,省管工业企业技术研发机构74个,获得专利授权358件,洛阳LYC低风速风电技术获得2018年度国家科学技术进步二等奖,开

封炭素入选第25批国家企业技术中心,安钢集团焦炉活性炭干法脱硫脱硝技术达到国际领先水平。

(四)持续推进职能转变,监管效能进一步提高

按照以管资本为主和放管服改革要求,准确把握职责定位,持续完善监管体系,监管质量和效能明显提高,2018年河南省国有资本综合保值增值率106%。一是监管职能加快转变。结合机构改革,研究制定以管资本为主推进职能转变方案、内设机构三定方案、监管权力和责任清单,拟定精简一批监管事项,监管职能定位和监管范围更加明确。全面清理省国资委成立以来制定的156件规范性文件,废止失效48件。二是"智慧国资"建设提速。推进国资智能化监管平台建设,加强与省政府、省直有关部门、省管企业、省辖市国资监管机构等多层次沟通协调,收集多方意见建议,梳理明确监管平台子系统50多个,努力实现实时监管、动态服务,相关事项"一网通办",19个功能模块上线试运行。三是资本运作不断深化。积极推进国有资本投资、运营公司改组组建试点。加快国有资产证券化步伐,培育天成环保、矿益股份等上市后备资源,启动开封炭素与易成新能重组上市,支持安钢股份等国有控股公司和出版传媒等国有股东通过发行股份、资产重组、可交换债等方式做强做优做大上市平台。积极盘活存量资产,河南能源、郑煤集团等盘活非主业股权和矿产权益100亿元。制定风险防范预案,稳妥控制股票质押平仓风险,确保省管企业对上市公司控制权不变更。四是基础管理逐步完善。完善国有产权交易制度体系,2018年办理省管企业国有产权交易47起,成交金额10.51亿元。加强重大投资监管,对企业投资管理制度建设和执行情况以及近四年来投资决策和实施情况进行抽查评估。加强财务决算管理,针对企业财务及生产经营等方面的突出问题逐户下发审核意见。强化监事会监督检查结果运用,监督检查揭示的306个问题完成整改231个。完善企业负责人业绩考核评价机制,实施差异化薪酬管理,建立健全薪酬激励体系和福利待遇制度。加强国有资本经营预算管理,预算支出重点支持国企改革转型和解决历史遗留问题。强化违规经营责任追究目标导向,完善考核结果运用机制。南阳、平顶山、济源、汝州等地不断健全制度体系,监管工作更加规范高效。

(五)落实从严治党责任,国企党建进一步加强

牢固树立抓好党建是最大政绩理念,全面加强党对国有企业的领导,国企党建科学化水平有效提升。一是政治意识不断强化。2018年,河南省国资委和省管企业各级党组织举办党的十九大精神培训班1100多场次,完成12万名党员集中轮训。把落实中央巡视整改作为对党是否忠诚的"试金石",旗帜鲜明讲政治,"刀刃向内"抓整改,101项整改任务完成95项,6项按计划推进落实。以党建工作责任制为抓手,持续开展企业党委书记述职评议,既报经济账,又报党建账。二是基层基础不断夯实。完善基层组织让支部强起来,在新设混合所有制企业、境外投资项目同步设立党组织,健全党建网络,消除国企境外党建盲区,基本实现党的组织和党的工作全覆盖,河南国际在非洲14个国家和项目部设立9个区域党支部;规范党组织换届,59个企业基层党组织顺利完成换届任务。加强基础工作让党建活起来,开展"四强""四优"创建,涌现出平煤神马集团首山焦化"四带四促"等一批党建工作新品牌,新增16个基层服务型党组织示范点,河南能源建成1010个基层党建活动阵地,平煤神马集团建成1649个标准化党员活动室。提升基本能力让党员动起来,开展"千名书记进党校、万名党员受教育",实现基层党支部书记轮训全覆盖;实施"双培养"工程,涌现出"大国工匠"张国华等一批模范职工党员代表。三是企业班子建设不断加强。坚持"对党忠诚、勇于创新、治企有方、兴企有为、清正廉洁"二十字要求,树立正确用人导向。加大优秀年轻干部选拔力度,企业领导班子结构进一步优化。举办2期省管企业经营管理人员培训班和其他形式干部培训,取得良好效果。持续加强监督管理,各项考核制度得到健全完善。四是意识形态工作扎实有效。牢牢掌握领导权,建立重大问题分析研判制度和督查制度,强化第一责任人责任和"一岗双责",坚决守好意识形态阵地。牢牢掌握主导权,加强主管主办阵地管理,做好舆情监测引导,构建起国务院国资委、省国资委和省管企业三级媒体互动平台。牢牢掌握话语权,加强宣传引领,在主流媒体推出国企改革攻坚战系列报道,深入挖掘"义海能源"等先进典型,组织开展"党旗飘在高原上"等大型采访活动,塑造多彩浓彩重彩的"最

美国企人"形象。五是党风廉政建设和反腐败斗争深入推进。召开全面从严治党"两个责任"述责述廉会议,点人点事布置任务,逐层逐级压实责任。认真贯彻落实中纪委、省纪委全会和河南省以案促改教育警示大会精神,扎实推进以案促改工作制度化常态化,全系统10万余名党员干部职工接受警示教育。严明政治纪律和政治规矩,开展"帮圈文化"专项整治,锲而不舍纠正"四风",查处违反中央八项规定问题53件,党纪处分56人次,曝光33人次。严肃查处贪腐行为,保持惩治腐败高压态势,正确运用"四种形态",立案288件,移交司法79件,党纪政纪处分499人次。

二、河南省国有资产总量与结构分析

2018年,河南省4983户(各级法人户数)地方国有企业实现营业总收入7860亿元,比上年增长11.9%;利润总额254.4亿元,比上年下降21.2%;上缴税费419.9亿元,比上年增长6%;资产总额42588.6亿元,较年初增长9.8%;所有者权益13117.7亿元,较年初增长8%。

表1　2018年河南省国有企业指标

项　目	金　额(亿元)
资产总额	42588.6
所有者权益	13117.7
营业收入	7860.0
利润总额	254.4
净利润	165.5
归属于母公司所有者的净利润	77.5
本年应交税费总额	430.5
实际上缴税费	419.9

(一)国有企业户数情况

2003—2010年,因河南省国有企业改组改制工作深入开展,地方国有企业户数总体呈现缩减态势。河南省地方国有企业总户数(三级以上户数)从2003年的7011户减至2010年的3622户,累计净减少3389户,年均递减9.9%。2011—2014年,河南省地方国有企业(各级户数)基本保持在4000户左右,2015—2018年户数逐年增加,分别为4169户、4302户、4561户、4983户。

表2　2018年河南省国有企业户数情况

2017年户数(户)	2018年户数(户)	比上年增长(%)
4561	4983	9.3

(二)国有资产按地区分布情况

河南省国有资产主要集中在郑州、洛阳等市,其中,郑州、洛阳两市国有资产总量分别占市级国有资产总量的35.07%、13.04%,国有资产区域集中度在不断提高。

表3　2018年河南省国有资产按地区分布情况

地　区	户　数(户)	国有资产(亿元)	占国有资产总量比重(%)
市级合计	2621	7553.5	100.00
郑州市	636	2649.0	35.07
洛阳市	425	985.3	13.04
南阳市	230	316.6	4.19
新乡市	167	303.1	4.01
安阳市	155	129.1	1.71
驻马店市	143	149.8	1.98
信阳市	111	50.9	0.67
三门峡市	111	402.4	5.33
焦作市	105	237.4	3.14
平顶山市	99	668.4	8.85
漯河市	85	195.5	2.59
开封市	78	272.2	3.61
济源市	64	106.1	1.40
周口市	53	223.2	2.96
濮阳市	38	162.1	2.15
商丘市	32	148.7	1.97
许昌市	31	472.7	6.26
鹤壁市	31	80.4	1.06

注:国有资产总量为企业国有资本及权益与其他国有资金之和。

（三）国有资产按行业分布情况

2018年，河南省国民经济16大类行业中，国有资产主要分布社会服务业、工业和建筑业三大产业，三大产业国有及国有控股企业2216户，占河南省总户数的44.5%，汇总口径国有资产总量11180亿元，占河南省国有资产总量的65.34%。

表4　2018年河南省国有资产按行业分布情况

行　业	户数（户）	国有资产（亿元）	占国有资产总量比重（%）
合　计	4983	17110	100.00
农林牧渔业	142	176	1.03
工业	1093	2889	16.88
建筑业	330	1928	11.27
地质勘查及水利业	137	371	2.17
交通运输业	162	1810	10.58
仓储业	555	37	0.22
邮电通信业	2	1	0.01
批发和零售业	770	197	1.15
金融业	91	1125	6.58
房地产业	413	1752	10.24
信息技术服务业	67	54	0.32
社会服务业	793	6363	37.19
卫生体育福利业	18	29	0.17
教育文化广播业	185	224	1.31
科学研究和技术服务业	215	51	0.30
机关社团及其他	10	103	0.60

注：1. 国有资产总量为企业国有资本及权益与其他国有资金之和。

2. 汇总口径未进行合并抵消，包含重复计算因素。

（四）国有资产按经营规模分布情况

河南省4983户国有企业按经营规模分，大型企业160户，占比3.2%；中型企业730户，占比14.6%；小型企业1631户，占比32.7%；微型企业2462户，占比49.4%。大型企业资产总额14153.9亿元，占全部汇总口径资产总额的25.9%；国有资产总量3874.1亿元，占全部汇总口径国有资产总量的22.6%。中型、小型和微型企业的资产总额分别占全部的20.7%、37.5%、15.9%，国有资产总量分别占全部的18.3%、40.5%、18.6%。大、中、小和微型企业的户均资产占用总量分别为24.2亿元、4.3亿元、4.2亿元、1.3亿元。

表5　2018年河南省国有资产按经营规模分布情况

经营规模	资产总额（亿元）	营业收入（亿元）	国有资产（亿元）	占国有资产总量比重（%）
大型企业	14153.9	4435.6	3874.1	22.6
中型企业	11280.6	3068.3	3127.0	18.3
小型企业	20489.7	1613.7	6929.9	40.5
微型企业	8673.5	403.3	3179.6	18.6
合　计	54597.7	9520.8	17110.5	100.0

注：1. 国有资产总量为企业国有资本及权益与其他国有资金之和。

2. 汇总口径未进行合并抵消，包含重复计算因素。

三、河南省国有资本保值增值综合分析评价

截至2018年底，河南省地方国有企业国有资本及权益10562.3亿元，较年初增加639.9亿元，增长6.4%，扣除客观因素后国有资本保值增值率100.03%。增加的主要因素是国家追加投资496.2亿元、经营积累368.1亿元、无偿划入141.9亿元等，减少的主要因素是经营减值365.3亿元、无偿划出79.2亿元。

表6　2018年河南省国有企业地区和行业国有资本保值增值情况

地　区	国有资本保值增值率（%）	行　业	国有资本保值增值率（%）
郑州市	91.1	农林牧渔业	98.2
洛阳市	92.6	工业	91.1
平顶山市	92.2	建筑业	96.9

续表

地 区	国有资本保值增值率(%)	行 业	国有资本保值增值率(%)
许昌市	105.7	地质勘查及水利业	92.7
三门峡市	83.7	交通运输业	90.6
南阳市	91.6	仓储业	91.1
新乡市	94.0	邮电通信业	100.0
开封市	98.9	批发和零售业	101.5
焦作市	97.0	金融业	85.1
周口市	97.3	房地产业	91.9
漯河市	100.0	信息技术服务业	83.1
商丘市	100.7	社会服务业	93.3
驻马店市	93.9	卫生体育福利业	53.9
安阳市	96.1	教育文化广播业	100.0
濮阳市	90.9	科学研究和技术服务业	89.2
济源市	105.7	机关社团及其他	97.7
鹤壁市	98.8		
信阳市	86.0		

四、河南省国资委监管企业改革发展情况

2018年,河南省国资委认真贯彻落实省委、省政府关于决策部署,统一思想认识、齐心协力攻坚,在全局性、关键性工作上精准发力,在重点事项、难点事项上聚焦突破,啃下硬骨头,打掉拦路虎,打出大气势,开拓新局面,取得新成效。"僵尸企业"处置工作超额完成;混合所有制改革工作稳妥开展,资产证券化步伐加快,开封炭素公司上市工作进展顺利;省管企业管理层级基本控制在三级以内;关闭矿井16对,退出产能660万吨,安置职工15045人,化解煤炭过剩产能工作顺利通过国家和省相关部门组织的联合验收;企业战略重组稳步推进;省管企业整体债务风险基本得到控制,守住不发生区域性系统性风险的底线,重点企业资产负债率稳步下降。统筹推进国企改革各项工作,2018年10月10日新华社以《处置千家"僵尸企业"奠定高质量发展基础——河南全面纵深推进国企改革》为题作重点报道,在全国引起良好反响。在2018年10月23日河南省深化国有企业改革工作会议上,河南省国资委被河南省政府列为"国企改革攻坚工作先进省直单位"(豫政〔2018〕33号)。

随着改革红利不断释放,企业活力显著增强,经营机制加快转换,经济效益稳步好转,收到改革"一子落"、国企"满盘活"的综合乘数效应。2018年,河南能源集团通过改革发展重返世界500强行列,是河南省唯一一家入围世界500强的企业,中国500强企业中河南省入围10户,国有企业占一半。平煤神马集团是中国品种最全的炼焦煤、动力煤生产基地和亚洲最大的尼龙化工产品生产基地。郑煤机高端液压支架市场占有率40%,中原银行、郑州银行、中原证券、中原信托等是金融豫军的重要支撑力量,"郑州—卢森堡"国际货运航线、郑欧班列等是河南省打造内陆开放新高地的重要平台。

五、河南省国资委监管企业并购重组与完善法人治理结构情况

(一)并购重组情况

重点推进河南能源集团对煤层气公司深度托管和重整、物资集团对商贸集团托管及资产业务整合、郑煤集团与投资集团电力板块的资产业务重组、河南国际集团与中国铁建战略重组、中原信托实施增资扩股改制重组、洛阳LYC公司与格力集团等战略合作、建设集团与平煤神马集团建工板块资产业务重组等7个重点项目。

截至2018年底,河南国际集团整体转让总体方案上报省政府。通过引进战略投资方式,对洛阳LYC公司进行混合所有制改革,有关工作推进中。河南能源集团托管煤层气公司,全面展开生产自救,并成立预重整工作组。河南物资集团托管商贸集团,积极应对商贸集团案件,保全有效资产,保证二级企业正常经营。郑煤集团与投资集团煤电一体化战略重组,28亿元委托贷款等问题正在解决中。授权平煤神马集团托管建设集团。平煤神马集团工作组进驻后,开展调查研究,帮助化解债务风险,研究提出"边破边立"的破产工作思路,向法院提交破产重整申请。

（二）完善法人治理结构情况

将选好董事会、经理层成员作为深化治理结构改革关键环节，着力在建立外部董事制度、创新经理层选任方式等方面，形成组合拳。一是建立外部董事制度。与河南省财政厅联合印发《关于在省管企业建立专职外部董事制度的意见》《兼职外部董事管理办法》及相关配套政策措施，专兼职外部董事制度设计基本完成。2018年，通过多种渠道，面向社会公开征集79名外部董事入库人选，通过背景调查、面试答辩、调研考察、党委研究等多个程序，遴选12名在会计、审计、法律、资本运作、营销管理等领域享有一定知名度和美誉度的专家作为新的一批兼职外部董事。二是开展市场化选聘试点。在安钢集团、郑煤集团、郑州粮批公司、国资集团4户企业集团层面市场化选聘一批高级经营管理者，2018年12月26日，在河南省国资委网站发布河南省竞争类省管企业市场化选聘高级经营管理者公告。三是启动总会计师委派工作。印发《关于在省管企业开展总会计师（财务总监）委派试点工作的意见》，明确委派总会计师（财务总监）的任职资格条件和履职方式，使总会计师（财务总监）成为出资人监督的一种重要方式。河南能源集团、中原证券公司、豫港集团总会计师委派到位。

六、河南省国资委监管企业建立和完善经营业绩考核体系情况

根据财务决算审计报告，对17户企业2017年度经营业绩进行考核清算，对2017年度国有资本保值增值结果进行审核确认，对企业开展2017年度绩效评价。一是根据财务决算审计报告，对17户企业2017年度经营业绩进行考核清算。清算过程中，严格按照考核办法计算有关企业影响考核的客观因素，对中原证券、中原信托使用经济增加值指标予以奖励加分，对河南能源集团、安钢集团因环保问题被中央环保督查组通报等情况予以降级或扣分。2017年度考核结果：A级企业5户，分别为平煤神马集团、安钢集团、中原信托公司、郑煤集团、河南物资集团；B级企业8户；C级企业4户。二是做好国有资本保值增值计算工作，结合企业2017年度财务决算报告和审计报告，对省管企业2017年度国有资本保值增值结果进行审核确认。结果显示，2017年国有资本综合保值增值率105.6%，17户企业全部实现保值增值。河南物资集团、安钢集团、郑州粮批公司3户企业国有资本保值增值结果处于行业优秀水平。三是做好综合绩效评价工作，根据国务院国资委公布的标准值，对15户企业2017年度综合绩效进行评价，评价结果显示，15户省管企业综合评价得分53.73分，评价类型为全国国有企业中等水平。

七、河南省国资委监管企业负责人考核与选人用人机制改革情况

（一）负责人考核情况

协调河南省委组织部、河南省纪委驻国资委纪检组、河南省金融工委有关负责人组成4个考察组，于2018年1月31日至2月13日对竞争类省管企业领导班子和领导人员实施2017年度综合考核工作，考核企业领导人员137人，其中正职29人，副职108人。结合考核情况，会同河南省委组织部对17户竞争类省管企业领导班子进行等次评定并向企业进行反馈，河南省委组织部发文明确省管重要骨干企业12名正职领导人员考核等次，河南省国资委党委发文明确其他企业领导人员的考核等次。该次考核由过去的单一年度考核调整为"3+1"综合考核（经营业绩目标考核、党风廉政建设责任制考核、年度考核和第三方民意调查）；在综合评价分值权重上，突出业绩导向，经营业绩目标考核由以往的50分提高到60分；在考核结果运用上，首次发文明确领导班子和领导人员的等次，首次评定2名企业领导人员为"基本称职"等次。

（二）选人用人机制改革情况

围绕"建设忠诚干净担当的高素质专业化干部队伍"，坚持德才兼备、以德为先、任人唯贤、人事相宜，突出政治标准和专业标准，不断探索创新企业领导人员选任方式方法。2018年，协助党委调整企业领导人员61人次。一是注重综合分析研判。结合年度综合考核、班子调整，聚焦领导班子、干部队伍建设中存在

的重点难点问题,逐个企业班子分析研判,多渠道、多层次、多侧面深入了解,有针对性地开展专题调研5次,为平煤神马集团、洛铜集团、河南油气集团、豫港集团等企业主要领导人员调整配备,河南能源集团、中原证券公司党委换届和河南物资集团、洛单集团董事会换届顺利进行奠定坚实基础。二是严格规范程序标准。制定印发《竞争类省管企业领导人员选拔任用工作实务》,对企业领导人员选任程序进行细化明确。在干部选任过程中,始终做到"五个坚持",即坚持按政策制度办事,坚持按标准条件办事,坚持按编制规定办事,坚持按严格程序办事,坚持党委集体研究决定;严把"六关",即严把提名酝酿关、民主推荐关、组织考察关、集体讨论决定关、任前公示关和全过程监督关;做到"凡提四必",讨论决定前对拟提拔或进一步使用人选的干部档案必审、个人有关事项报告必核、纪检监察机关意见必听、线索具体的信访举报必查,切实选准用好企业领导人员。三是创新选任方式。按照建立省管企业领导人员分层分类管理体制的要求,深入推进企业领导人员选任改革,省国资委党委不再研究决定企业经理层成员的任职,不再发文任命企业经理层成员,切实落实董事会职权。四是推进干部年轻化。贯彻中央、省委关于适应新时代要求大力培养发现年轻干部的有关精神,研究制定《推进竞争类省管企业领导人员年轻化实施方案》,提出探索建立现职领导人员退出制度、过渡性放宽年龄整体偏大的领导班子职数、优先选任年轻领导人员等多项举措。通过日常了解、调研、企业党委推荐等方式,初步选定一批优秀年轻干部,为下一步企业班子调整奠定重要基础。

八、河南省国资委监管企业党的建设和廉政建设情况

(一)党的建设情况

一是深入开展习近平新时代中国特色社会主义思想和党的十九大精神学习培训。组织省管企业深入开展党的十九大精神教育和习近平新时代中国特色社会主义思想集中轮训,开展习近平新时代中国特色社会主义思想大学习。通过多形式、分层次的学习培训,做到"五个全覆盖",即集团公司党委理论学习中心组学习全覆盖、专题研讨二级单位班子成员全覆盖、领导干部专题党课基层党组织全覆盖、学习培训中层以上干部全覆盖、全体党员"三会一课"学习全覆盖。二是认真落实党建工作责任制。指导各省管企业全面落实贯彻中央和省委党要管党、从严治党要求,推动党委切实履行主体责任,党委书记履行第一责任人职责和班子成员履行"一岗双责"、落实分管领域党建工作责任,健全基层党建工作责任落实体系,形成一级抓一级、层层抓落实党建工作格局。深化党组织书记抓基层党建工作述职评议考核,实现一届任期内省管企业党委书记全部现场述职一遍;强化督导,推动省管企业党组织书记抓基层党建述职评议考核。全面开展上级党组织、同级党组织和党员群众对党建工作的评议。加强企业党委向上级党组织报告党建工作制度和党委定期研究党建工作制度。建立以问题查摆、述职评议、问责追责、整改提升、总结提炼为主要内容的党建工作"闭环"机制。三是深入开展"四强四优"活动。开展纪念建党97周年系列专题活动,注重发挥先进典型示范带动作用,在"七一"前召开省管企业庆祝建党97周年迎"七一"表彰大会,对活动中涌现出的55个先进基层党组织、150名优秀共产党员、55名优秀党务工作者进行表彰。指导省管和中央驻豫企业扎实开展"创先争优"活动,在省管企业树典型、立标杆,进一步营造崇尚先进、学习标杆、赶超先进的浓厚氛围。围绕企业改革发展和生产经营,深化开展"党员先锋岗""党员责任区""党员奉献日""党员身边无事故""我为党旗添光彩"等形式多样的主题实践活动,增强党员意识,叫响党员称号,达到组织创先进、党员争优秀、企业上水平、职工提素质的目的,促进省管企业安全持续稳健发展。四是加强基层党建工作。指导各省管企业全面落实贯彻中央和省委党要管党、从严治党要求,牢固树立"把抓好党建作为最大政绩"理念,推动党委切实履行主体责任,党委书记履行第一责任人职责和班子成员履行"一岗双责"、落实分管领域党建工作责任,健全基层党建工作责任落实体系,形成一级抓一级、层层抓落实党建工作格局。重点围绕履行基层党建工作责任情况、中央省委关于基层党建工作的重大部署落实情况、推进

"两学一做"学习教育常态化制度化情况、基层党建重点任务落实情况、基层基础保障落实情况等方面,持续做好基层党建述职评议,开展2017年度基层党建述职评议,并开展党建述职评议重点任务落实情况"回头看",就基层党建工作中存在的问题研究制定切实可行的整改措施,并逐项抓好落实。持续开展基层服务型党组织建设,抓好基层党组织按期换届工作,加强党组织活动阵地建设。

(二)廉政建设情况

一是压实"两个责任",持续推进全面从严治党向纵深发展。组织召开河南省国资国企2018年全面从严治党暨纪检监察工作会议,省管企业4名党委书记、3名纪委书记在大会上公开进行述责述廉,并现场接受提问、评议和综合点评,进一步压实管党治党责任。会议明确2018年工作重点,对企业党委落实主体责任和纪委落实监督责任提出明确要求。印发《2018年纪检监察重点工作》《重点工作任务责任分工方案》等文件,将2018年纪检监察工作细化为14个方面,具体到事、落实到人,压实领导责任,将"两个责任"落实情况纳入年度考核和领导干部述责述廉范围,坚持"一级抓一级、一级带一级",切实将压力传导到企业基层党组织,有效防止责任虚化空转现象。二是锲而不舍落实中央八项规定精神,实现作风建设持续向好。坚持严格落实中央八项规定精神、河南省委省政府若干意见精神,紧盯"关键少数"和重要节点,加大狠刹"四风"力度。密切关注"四风问题"新情况、新动向、新表现,加强廉政提醒,强化监督检查,对不收敛、不收手、顶风违纪的一查到底,点名道姓予以曝光。"五一"前夕通报曝光4起省管企业领导人员违反中央八项规定精神典型问题。2018年,查处违反中央八项规定精神问题116件,给予党纪处分91人次,通报曝光71人次,促进国资国企系统作风建设持续向好发展。三是保持高压态势,持续加大执纪审查力度。结合国资国企实际,统筹兼顾,突出重点。2018年,驻委纪检组及省管企业接受信访举报1752件,处置问题线索1414件,查办案件375件,给予党纪政务处分677人次,司法刑事处理106人。将中央第一巡视组交办问题线索处置工作作为头等大事和首要政治任务,优先组织核查,建立动态台账,实施跟踪管理。接到中央巡视交办问题线索95件,办结71件,立案23件,给予党纪、政务和组织处理等80人次,其中,党纪处分17人次、政务处分20人次、组织处理43人次。扎实开展执纪办案安全"大讨论、大交流、大练兵、大比武、大提升"活动,制定《执纪办案安全问题和隐患清单》《执纪办案安全责任和落实措施清单》《"走读式"谈话安全管控措施清单》等,进一步完善执纪办案各项制度,确保实现"双零"目标。四是深入开展专项治理检查工作,集中整治突出问题。扎实开展招投标专项治理工作,印发《关于省管国有企业开展招投标专项治理工作实施方案》,通过动员部署、自查自纠、督导检查、集中整改4个环节,排查招投标项目32820项,涉及24家省管企业,自查自纠(投诉)问题420条,梳理整改共性问题7项,并及时核查处置发现的问题线索。围绕严守纪律规矩、加强作风建设,先后组织开展违反中央八项规定精神问题专项整治工作、严明政治纪律和政治规矩开展整治"帮圈文化"专项排查工作等;开展纪律处分决定执行情况专项检查工作,对检查25家省管企业和2家委属企业的3766人(次)党政纪处分决定执行情况进行检查,确保纪律处分决定执行到位;围绕打击黑恶势力,净化社会环境,积极开展扫黑除恶专项工作。积极配合省纪委及时处置相关问题线索12件,为推动线索处置工作,制定时间表,明确路线图,定期督促约谈涉案单位党委纪委主要负责人,扎实推动"扫黑除恶"工作落到实处。五是抓实抓深抓细,全力推进以案促改取得实效。成立以案促改制度化常态化工作领导小组及其办公室,明晰工作职责,落实领导责任,实现以案促改各环节工作有机衔接、规范推进。根据党委和省纪委监察委要求,结合实际制定《关于推进以案促改制度化常态化的实施意见》,全面加强对省国资国企系统以案促改工作的领导与指导。制定《省国企国资系统贯彻落实省委〈意见〉精神集中开展以案促改工作实施方案》,组织省政府国资委机关和各省管企业集中3个月时间,依照筹划准备、组织实施、监督检查等3个步骤,从精选典型案例、编印警示教材等10个方面细化方案,确保各环节工作有机衔接、规范推进。2018年,编印下发典型案例书籍2200册,编印简报5期,省国资委筛选典型案例16起,省管企业筛选典型案例

925起,国资国企系统接受警示教育18万余人次,排查问题3944个,新建制度1427个、修订制度1953个、废止制度602个,以案促教、以案促建、以案促改取得明显成效。

(撰稿人:李鹏懿 李选杰 夏 雨)

湖北省

一、湖北省国有资产监督管理工作综述

2018年,湖北省国资系统认真贯彻落实习近平新时代中国特色社会主义思想和党的十九大精神,坚决落实党中央、国务院和省委、省政府决策部署,以提高发展质量效益为中心,以深化供给侧结构性改革为主线,攻坚克难、积极作为,推动各项工作取得新的成效。

(一)国有经济发展质量效益稳步提升

截至2018年底,湖北省国有企业资产总额48408.52亿元,比上年增长9.92%;所有者权益15462.30亿元,比上年增长8.66%。营业收入4619.70亿元,比上年增长8.43%;利润总额370.94亿元,比上年增长11.22%;净利润296.63亿元,比上年增长10.97%;实际上缴税费265.48亿元,比上年增长15.91%。

湖北省出资企业资产总额10647.34亿元,比上年增长8.70%;所有者权益3531.22亿元,比上年增长7.23%。营业收入1096.79亿元,比上年增长16.25%;利润总额66.7亿元,比上年增长21.38%;净利润39.36亿元,比上年增长6.55%;实际上缴税费71.62亿元,比上年增长35.29%。

(二)三大攻坚战初见成效

一是聚焦风险防控,积极稳妥降杠杆减负债。制定14项具体措施推动企业防范和化解债务风险,召开专题会议落实防风险工作要求,贯彻落实中央关于加强国有企业资产负债约束的指导意见,实施负债率和负债规模双管控,省出资企业资产负债率的上升势头得到有效遏制。

二是聚焦产业扶贫,不断提升"造血"功能。充分发挥国有企业优势,加大产业扶贫力度,58户归口管理中央在鄂及省属国有企业直接投入资金5870余万元,统筹各类资金1.4亿元,引进资金5亿元,落实扶贫项目13个。省国资委在2017年度省直单位精准扶贫目标责任制和定点扶贫2项工作考评中双双获得"优秀"。东风公司等18家国有企业在省直单位定点扶贫工作考评中被评为"优秀"等次。鄂旅投集团旅游扶贫模式入选世界旅游联盟旅游减贫案例,获得2018年全国脱贫攻坚奖组织创新奖。

三是聚焦环境保护,推动高质量绿色发展。湖北省国有企业加大节能减排力度,积极投资生态修复与保护项目。争取长江生态环保集团、长江绿色发展基金落户湖北。长投生态·青山北湖项目被列为湖北长江经济带绿色发展十大战略性举措示范项目。宜昌兴发集团近两年关停临近长江的22套总价值12亿元的生产装置,对900多米长江岸线、53.3万平方米土地进行生态修复。

(三)国有企业改革持续深化

一是稳妥实施混合所有制改革,国有资本功能有效放大。截至2018年底,湖北省1726户企业实施混合所有制改革,占比47.22%;省出资企业1136户各级子公司中混合所有制改革企业615户,混改面54.13%。三环集团成为省出资企业集团层面改革的第一家。省宏泰集团、武汉地产集团、武汉江岸国资公司等省市区国企联手增资46.55亿元,推动国华人寿总部迁址湖北。

二是加快解决历史遗留问题,"三供一业"分离移交基本完成。东风十堰基地独立工矿区综合改革取得明显成效,"三供一业"分离移交在全国5个独立工矿区试点中率先完成,得到国务院国资委充分肯定。江汉油田、葛洲坝集团、中南设计集团等企业创造性开展分离移交工作。湖北工建襄阳公司、十堰公司探索"三供一业"分离移交与棚户区改造同步进行。截至2018年底,湖北省正式协议签订率98%,完成分离移交85%。基本完成企业办教育、医疗机构深化改革和消防机构分类处理。

三是扎实推进重组整合,资源配置效率逐步提升。根据省政府关于盐业体制改革的总体部署,湖北盐业396名盐政执法人员转岗到企业生产岗位,375名人员划转到食药监部门,湖北省盐政执法职能移交和人员分流安置顺利完成。省交投集团、湖北工建集团完成中南勘察院股权重组。

四是加快完善法人治理结构,现代企业制度不断健全。指导督促企业规范董事会运作。加强外部董事队伍建设,国有独资公司总体实现外部董事过半的目标。启动省出资企业工资总额预算管理办法修订工作。指导省交投集团、省高投集团等企业通过市场化方式选聘一批子公司经理层人员。中南设计集团积极探索中长期激励机制,在省城规院实施科技人员股权激励。

(四)高质量发展基础更加坚实

一是大力推进项目建设,战略投资功能有效发挥。2018年,省出资企业实施重大投资项目202个,完成投资654.85亿元。湖北国际物流核心枢纽项目建设进入大规模施工阶段。汉十高铁2018年全线贯通,通车运营后将带动湖北省沿线10多个城市加快发展。江汉平原货运铁路2018年底开通运营。中部国际航空门户枢纽建设加快,国际及地区客运业务保持中部第一。

二是大力推进创新发展,转型升级步伐加快。做好省属国有企业改革与发展专项资金分配、绩效评价工作,引导企业发展高新技术产业。联投集团所属东湖高新与重庆两江新区签订半导体产业园项目协议,实现长江流域核心城市全布局。湖北省交投集团与中国移动湖北公司开展5G智慧交通合作。中南建筑设计院成功研发打造"大A工程网",在全国率先整合工程全产业链服务互联网平台。鄂旅投集团大力发展"旅游+",进入全国旅游集团二十强。

三是大力推进开放发展,央企合作成果丰硕。2018年7月,省政府与国务院国资委签订合作备忘录,在战略性新兴产业培育、混合所有制改革等方面加强合作。中国信科集团、中国长江生态环保集团、中国城乡控股集团等大型央企落户湖北。一批央企主导或参与建设的重大交通、能源、环保基础设施项目抓紧推进。组织湖北省国有企业参加首届中国国际进口博览会,举办湖北省大型国有企业专场交易会等系列活动。举行第五届湖北省与在鄂央企项目对接洽谈等活动。2018年,湖北省新增与央企签约项目224个,投资总额6352.53亿元,新增到位资金2263.2亿元,为湖北省年度目标的2.8倍。

(五)国资监管效能持续提升

一是国资监管体制进一步完善。根据省政府授权,省国资委首次向省人大常委会报告企业国有资产管理情况,得到充分肯定。推动省工程咨询公司、省城规院、省档案局技术咨询中心、省公安厅招待所、省财政厅招待所等多户生产经营类事业单位转企改制。武汉、十堰出台经营性国有资产集中统一监管工作方案。

二是国资监管方式进一步优化。围绕高质量发展和三大攻坚战任务要求完善考核体系,推动科技创新,将企业研发费用全额视同利润,对高负债企业设置资产负债率刚性考核指标,对精准扶贫、"三供一业"分离移交等重要工作实行动态目标管理。加强企业投融资管理,严格执行投资负面清单制度,审核出资企业重大投资项目14个。组织开展省出资企业总会计师、总法律顾问履职评议。开展省出资企业领导班子和领导干部法治建设绩效考核。

三是国资基础管理进一步夯实。审核办理209户企业产权登记手续,编写省级国家出资企业产权登记概况、产权登记数据分析报告。规范上市公司国有股权管理,完成湖北省88户上市公司国有股东界定标识工作。推进简政放权,将省出资企业批准经济行为涉及的评估项目备案管理交由企业负责。落实国有资本收益权,超额完成省财政预算收入任务。国有资产统计工作连续三年受到国务院国资委表彰。

(六)国有企业党的建设进一步加强

一是始终坚持把政治建设摆在首位。大力推动习近平新时代中国特色社会主义思想和党的十九大精神进企业、进车间、进班组、进头脑,深入宣传习近平总书记视察湖北重要讲话精神,举办学习贯彻党的十九大精神培训班、"新时代湖北国资国企讲坛"等轮训宣讲活动4153场,覆盖党员干部职工8.9万人次,引领国有企业广大干部职工矢志不渝听党话、跟党走。

二是不断加强党对国有企业的领导。"党建入章程"在省出资企业集团全部完成,二级以下子公司完成率95%。各企业配套修订党委会议事规则、"三重一大"等决策制度,"前置程序"落地落细。"四级同述同评同考"深入开展,92户归口管理企业党委现场述职,1.68万名各级党组织书记逐级述职。促进党建工作与生产经营深度融合,各级党组织建立党建示范点1994个、党员示范岗2.6万个、党员服务队2967支。

三是不断加强党风廉政建设和反腐败工作。召开国有企业党风廉政建设和反腐败工作会议,扎实开展"十进十建"及第十九个党风廉政建设宣传教育月活动。建立巡视整改"五个落实、三项机制"制度,瞄准巡视反馈问题逐案销号落实。约谈排名靠后的8家企业党委书记,发函提醒1家企业党委和6名企业领导人员,对新提拔领导人员进行廉政谈话,不断筑牢拒腐防变的思想防线。

二、湖北省国有资产总量与结构分析

(一)主要经济指标

表1　2018年湖北省国有企业指标

指　标	金　额(亿元)
资产总额	48408.52
负债总额	32946.22
所有者权益	15462.30
营业总收入	4619.70
利润总额	370.94
净利润	296.63
归属于母公司所有者的净利润	221.43
应交税金总额	268.44
实际上缴税金总额	265.48

(二)国有企业户数情况

截至2018年底,湖北省国有企业3857户,比上年增加423户。其中,省本级企业1460户、市(州)县(区)本级企业2397户。3857户国有企业中,规模以上大型企业89户,占比2.31%,比上年增加12户;中型企业548户,占比14.21%,比上年增加22户;小微型企业3220户,占比83.48%,比上年增加389户。

表2　2018年湖北省国有企业户数情况

项　目	2017年户数(户)	2018年户数(户)	比上年增长(%)
国有企业	3434	3857	12.32
一级国有企业	831	822	-1.08
二级国有企业	876	982	12.10
三级国有企业	1041	1192	14.51
四级国有企业	537	669	24.58
五级国有企业	131	179	36.64
六级国有企业	18	13	-27.78

(三)国有资产按地区分布情况

表3　2018年湖北省国有资产按地区分布情况

地　区	国有资产(亿元)	占国有资产总量比重(%)
省级企业	2404.01	18.68
地市级企业	10463.91	81.32
武汉市	5069.43	39.40
宜昌市	1016.56	7.90
黄石市	984.88	7.65
黄冈市	667.58	5.19
襄阳市	584.7	4.54
荆州市	386.42	3.00
咸宁市	356.95	2.77
孝感市	335.78	2.61
随州市	239.92	1.86
恩施州	202.11	1.57
荆门市	161.76	1.26

续表

地 区	国有资产(亿元)	占国有资产总量比重(%)
鄂州市	138.29	1.07
天门市	104.91	0.82
潜江市	82.17	0.64
仙桃市	79.66	0.62
十堰市	34.82	0.27
神农架林区	17.97	0.14

(四)国有资产按行业分布情况

截至2018年底,湖北省国有资本及权益12867.92亿元,主要分布在社会服务业、建筑业、交通运输业、房地产业、工业制造业等行业。

表4　2018年湖北省企业国有资产按行业分布情况

行 业	国有资产(亿元)	占国有资产总量比重(%)
农林牧渔业	97.61	0.76
工业	247.33	1.92
建筑业	1710.98	13.30
地质勘查及水利业	125.36	0.97
交通运输业	1203.23	9.35
仓储业	19.33	0.15
邮电通信业	0.00	0.00
批发和零售业	28.02	0.22
金融业	232.21	1.80
房地产业	1541.38	11.98
信息技术服务业	1.31	0.01
社会服务业	7450.95	57.90
卫生体育福利业	18.19	0.14
教育文化广播业	124.47	0.97
科学研究和技术服务业	27.64	0.21
机关社团及其他	39.92	0.31

(五)国有资产按经营规模分布情况

按企业规模分类看,大型企业资产总额31236.26亿元,占湖北省资产总额的64.53%;中型企业资产总额3891.60亿元,占湖北省资产总额的8.04%;小微型企业资产总额13280.66亿元,占湖北省资产总额的27.43%。

2018年,湖北省规模以上大型企业国有资产总量8331.43亿元,占国有企业资产总量的64.75%;中型企业国有资产总量1401.00亿元,占国有企业资产总量的10.88%;小微型企业国有资产总量3135.49亿元,占国有企业资产总量的24.37%。

表5　2018年湖北省国有资产按经营规模分布情况

经营规模	资产总量(亿元)	占国有资产总量比重(%)
大型企业	8331.43	64.75
中型企业	1401.00	10.88
小微型企业	3135.49	24.37

三、湖北省国有资本保值增值综合分析评价

截至2018年底,湖北省国有企业平均国有资本保值增值率100.84%,比上年减少1.58个百分点。

表6　2018年湖北省国有企业地区国有资本保值增值情况

地 区	国有资本保值增值率(%)
省出资企业	101.58
地市级企业	100.63
襄阳市	108.38
黄冈市	104.33
孝感市	102.18
黄石市	80.94
鄂州市	102.19
天门市	102.06
潜江市	116.17

续表

地 区	国有资本保值增值率(%)
神农架林区	100.71
荆门市	105.37
恩施州	101.77
咸宁市	100.62
随州市	96.24
武汉市	104.82
十堰市	100.74
宜昌市	94.58
荆州市	109.49
仙桃市	103.91

四、湖北省国资委监管企业改革发展情况

（一）积极推进公司制股份制改革

一是指导省长投集团所属湖北省农业机械总公司、湖北长投高科产业投资集团有限公司，鄂旅投集团所属浠水供电公司、浠水水利水电公司公司制改制。截至2018年底，省属公司制企业1055户，占比92.87%。二是大力推进生产经营类事业单位转企改制。截至2018年底，省国资委所属生产经营类事业单位13家，完成改革1家，为省工程咨询公司。改制方案已批复并推进改革的3家，分别是省城市规划设计研究院、省科学器材公司、省档案技术咨询中心。改制方案报省政府审核的1家，为省产权交易中心。

（二）上市融资情况

截至2018年底，湖北省国有控股上市公司14户。2018年，省联投集团控股的武汉东湖高新集团股份有限公司非公开发行股份，购买资产所发行的股票金额23721.44万元，用于支付购买上海泰欣环境工程股份有限公司70%股权中的股份对价；募集配套资金发行的股票总额不超过22000万元。武汉商联（集团）股份有限公司控股的武汉武商集团股份有限公司公开发行可转换公司债券募集资金总额不超过20亿元，用于武汉梦时代广场建设项目。荆门市国资委控股的湖北凯龙化工集团股份有限公司公开发行可转换公司债券募集资金总额不超过55000万元，用于复合肥生产线设计建设项目及研发中心建设项目。

（三）"三供一业"分离移交情况

一是加强组织领导，高位推动。湖北省国企国资改革领导小组将国有企业职工家属区"三供一业"分离移交工作列为年度重大改革项目，省政府于2018年6月组织召开湖北省工作推进会。二是强化督导调研，重点突破。省长主持召开专题会议，部署推进东风汽车集团十堰基地独立工矿区综合改革试点工作。2018年，省国资委对任务量大、问题复杂的重点地区和企业调研督导12次，解决一批重难点问题。三是保证效果，推进实质性移交。2018年4月，召开部分中央在鄂企业供电分离移交工作专题座谈会，明晰供电维修改造费用标准及包含的内容和项目，加快中央在鄂企业供电分离移交。全年组织召开专题工作会议16次，协调解决物业分离移交难等问题，尽快启动维修改造。截至2018年底，湖北省"三供一业"分离移交正式协议签订率98%。其中，供水99%，供电100%，供气100%，物业管理94%，12户省出资企业签约率100%。

五、湖北省国资委监管企业并购重组与完善法人治理结构情况

（一）推进混合所有制改革与企业并购重组

一是集团层面引进战略投资者。推动三环集团引进战略投资者，以"现金增资扩股＋股权转让"的方式公开挂牌，引进武汉金凰实业集团，实现充分竞争领域的国有资本有序进退。保持三环集团生产经营稳定，并成功突破高压氢燃料电池汽车的技术瓶颈，生产出常温常压氢燃料新能源物流样车。二是子公司层面实施混合所有制改革和战略重组。省交投集团、湖北机场集团和顺丰集团合作，推进湖北国际物流核心枢纽项目建设，总投资600多亿元。指导湖北碳排放权交易中心、武汉清能置业有限公司等二、三级企业完成混合所有制改革。鄂旅投集团大力实施并购重组，开展并购项目10项、产权转让项目16项，

盘活闲置、低效资产。三是探索员工持股试点,取得阶段性成果。武汉建工股份有限公司于2018年1月完成首期员工出资入股和工商登记变更,是全国164个员工持股试点企业中率先完成的10家企业之一。指导省建筑科学研究设计院在实施公司制改制同时,对重要技术人员、研发人员和经营管理人员实施股权激励,61名激励对象持股10%。

(二)完善法人治理结构情况

一是推进规范董事会建设。强化对重点企业规范董事会建设工作的分类指导、分类推进。截至2018年底,湖北省国资委19户出资企业中,17户企业建立董事会,覆盖率90%。其中,14户出资企业建立比较规范的董事会,4户国有独资企业外部董事过半。二是依法履行出资人职责。对出资企业董事会工作报告进行审议,通报存在的问题,并向10户独资公司逐户反馈审议意见。三是加强董事会运作监管。先后20次旁听省出资企业董事会,及时提示企业董事会运作中存在的问题。进一步规范企业董事会换届、董事会秘书履职等工作,增强董事会运作的规范性。

六、湖北省国资委监管企业建立和完善经营业绩考核体系情况

一是进一步完善经营业绩考核体系。坚持质量第一效益优先,紧紧围绕高质量发展目标和落实三大攻坚战任务要求,在推动所监管企业科技创新方面,将企业研发费用全额视同利润,对负债水平较高的企业设置资产负债率刚性考核指标,对企业精准扶贫、"三供一业"分离移交、处置无效资产和"僵尸企业"等重要任务完成情况纳入年度经营业绩考核。二是完成2018年度经营业绩考核目标值确定工作。与18户所监管企业签订《省出资企业负责人2018年度经营业绩责任书》。实施利润总额、经济增加值基本指标目标值分档设置并于考核计分、考核分级、工资总额预算紧密挂钩,充分调动企业预报目标值自我加压、跳起来摘桃子的积极性,2018年度利润总额、经济增加值考核目标建议值与2017年度考核目标建议值同口径比较都有大幅提升。三是完成2017年度经营业绩考核结果核定工作。纳入2017年度经营业绩考核的19户企业考核结果为A级10户、B级6户、C级2户、D级1户。

七、湖北省国资委监管企业负责人考核与选人用人机制改革情况

一是配合省委组织部对14户省属企业领导班子及领导人员2017年度履职尽责工作进行考核。二是开展"一报告两评议"工作,加强因公、因私出国(境)管理,实行年初统一报计划、证件统一管理、出国审核审批制度,从严加强企业领导人员管理。全年办理企业因公出国(境)备案报告39批次49人次,因私出国(境)备案报告5批次5人次,集中收缴和管理省属企业省管干部公务普通护照77本,未发生一起违法违规事件。三是推进市场化选聘职业经理人试点,起草并向省委组织部报告《省政府国资委关于省出资企业市场化选聘高级管理人员的指导意见》。2018年,省出资企业中8户企业在30家分(子)公司开展市场化选聘职业经理人试点工作,选聘42人。四是抓实企业领导人员培训工作,组织省出资企业领导人员开展2期以"党的十九大精神"为主题的集中轮训;结合省属国企行业特点,举办"新时代湖北国资国企讲坛"领导干部系列培训班。五是做好企业人才培养工作,继续推进"123"企业家培育计划,制定湖北省"123"企业家第四批(国有企业)培训方案,并在湖北省范围内选拔45名培养对象,组织29名企业业务骨干及管理人员分别赴德国、俄罗斯开展"走出去"境外战略培训。组织市(州)国资委及省属国有企业负责人在上海举办"国有企业经营管理人才培训班"。

八、湖北省国资委监管企业党的建设和廉政建设情况

截至2018年底,党的日常工作由湖北省国资委党委管理(或协助管理)的企业92户。其中,中央在鄂企业72户、省属企业20户。归口管理企业党员328950人,建立各级基层党组织18281个,其中党委1132个、党总支1347个、党支部15802个。

1. 坚持政治引领,国有企业政治建设不断加强。以学习贯彻习近平新时代中国特色社会主义思想和

党的十九大精神作为首要政治任务,不断提高贯彻落实习近平新时代中国特色社会主义思想的政治自觉、思想自觉和行动自觉。一是强化理论武装。大力推动习近平新时代中国特色社会主义思想和十九大精神进企业、进车间、进班组、进头脑,组织轮训宣讲活动4153场,覆盖党员干部职工8.9万人次,进一步增强"四个意识"和"四个自信",坚决做到"两个维护"。开设"改革开放40周年湖北国资国企巡礼""大写湖北人"等媒体专栏,在主流媒体刊发报道,充分凝聚改革发展正能量,引领国有企业广大干部职工矢志不渝听党话、跟党走。二是常态化制度化推进"两学一做"学习教育。强化党员教育管理,严格落实"三会一课"、民主生活会、组织生活会、民主评议党员等制度,成立省属企业党委民主生活会指导组,全程指导省属企业认真召开民主生活会,组织学习《榜样3》专题节目,开展向杨汉军同志学习活动,指导企业开展以"增强政治自觉,坚决贯彻落实党中央关于开展脱贫攻坚专项巡视的决策部署""党员不能信仰宗教""主动参与扫黑除恶专项斗争"等为主题内容的支部主题党日活动,企业建立各级党员领导干部联系点8965个、书记讲党课3.37万次、"支部主题党日"活动14.8万次,有效固化党员经常性教育管理模式。三是大力实施"干部素质提升工程"。推进"党组织书记素质提升工程",连续七年举办国有企业党支部书记示范培训暨基层党建工作培训班,培训企业党务骨干人员190余人。组织举办2期国有企业2018年度党员发展对象培训班,培训企业党员发展对象450余人。着力发挥培训班的示范带动作用,推动各归口管理企业切实抓好基层党务工作者和基层党支部书记培训工作,高质量开展多形式、分层次、全覆盖的全员培训。各企业开办党务专题培训班3355次,培训4.37万人次,大抓国企党建工作的意识明显增强。

2. 加强制度保障,国有企业党的全面领导落地生根。深入贯彻落实全国、湖北省国有企业党的建设工作会议精神,健全责任体系,把党的领导融入公司治理结构。省国资委党委专题研究党建议题125项、班子成员实地调研国企党建工作122次。一是推动企业党建与现代企业制度有机融合。企业党组织在企业治理结构中的法定地位进一步细化明确,"党建入章程"在省出资企业集团层面全部完成,二级以下子公司完成率95%。"前置程序"落地落细,各企业配套修订党委会议事规则、"三重一大"等决策制度,企业党组织把方向、管大局、保落实的领导作用得到有效发挥。二是不断完善企业党建工作责任制。制定下发国有企业党建工作要点、党建工作责任清单和基层党建工作任务指导书,深入谋划压实责任,切实推动企业基层党建工作任务清晰、进度明确、责任落实。强化党委书记抓党建抓党建工作承诺制度,深入开展"四级同述同评同考",组织2018年工作会议暨归口管理企业党委书记抓基层党建工作述职评议会议。92户归口管理企业党委现场述职,1.68万名各级党组织书记逐级述职,有效推动企业党组织全面履责、全域履责、全程履责。三是突出对标导向。按照湖北省委、省纪委、省委组织部部署要求,严格开展党建工作"三合一"考评,省国资委领导带队,抽调近40人组成5个检查考核组,深入29家企业,通过"述、评、查、谈、看"等方式,就落实党风廉政建设责任制、党委书记抓基层党建工作述职评议、省出资企业党委党建工作重点项目进行检查考核,逐户进行考评,结合述职测评进行量化评分评级,逐个企业列出问题清单,原汁原味向企业反馈,明确整改重点,规定整改时限,进一步强化落实党建和党风廉政建设主体责任,推动全面从严治党向纵深发展。四是深入开展党建工作调研。协助省委党建办举办省属国有企业党建工作调研座谈会,省委副书记主持会议并就加强和改进省属国有企业党建工作,推动国有企业高质量发展提出具体要求。省交投集团等6家企业党委书记作座谈发言,19家省属企业党委书记、董事长参加会议。组织开展省属企业党建工作专题调研,总结梳理典型经验、党建故事和特色做法。

3. 推进重心下移,国有企业基层组织力稳步提升。切实加强国有企业党建工作基本组织、基本队伍、基本制度建设,牢固树立"一切工作到基层"的鲜明导向。一是推动党建工作深度融入生产经营。坚持"党建+业务",紧密结合国企国资改革重点任务,126个基层党委争创"第二批国有企业示范基层党组织",各级党组织建立党建示范点1994个、党员示范岗2.6万个、党员服务队2967支,加强企业党建工作机构、人员、经费、阵地保障，精简规范六大类党建基础台账，"两个1‰"普遍落实，各企业新增党建机构157个、专职党务人员897人。烽火科技"互联网＋党建"、武钢集团"党员登高计划"、中铁大桥局"全面从严治党示范工程"、湖北工建"102精神"等党建工作品牌推陈出新，充分融入企业"价值链"。湖北铁投集团"'工程项目＋党建共创'汉十模式"、鄂旅投集团"推进党建'四大工程'构筑高质量发展体制机制新优势"被评为"2018年度湖北十大党建案例"。二是认真做好发展党员工作及信息化建设。指导企业认真开展党的十八大以来发展党员工作自查，持续抓好整改，2018年企业发展党员4703人。指导企业认真对照中组部、湖北省委组织部反馈，逐项抓好全国党员信息系统核查整改、大型党支部排查化解工作。三是大力开展党内表彰及党内帮扶。召开纪念建党97周年暨"七一"表彰大会，对104个先进基层党组织、101名优秀共产党员、100名优秀党务工作者予以表彰，在国有企业广大党员职工中掀起学先进、争先进、赶先进的热潮。开展走访慰问老党员和生活困难党员活动，2018年度春节及纪念建党97周年下发慰问金169.6万元。四是扎实做好基础党务工作。组织开展补缴党费专项审计，开展党内统计工作培训，严格组织报表汇审，省国资委2017年度党内统计年报被省委组织部评为优秀等次。组织企业上报2017年党员电教片，国网省电力、中交二航局、省铁投各有1部电教片被省委组织部评为一、二、三等奖。

4. 着力正风肃纪，国有企业政治生态明显改善。召开国有企业党风廉政建设和反腐败工作会议，大力推进全面从严治党向纵深发展，不断加强党风廉政建设和反腐败工作。一是认真抓好督查整改。建立巡视整改"五个落实、三项机制"制度，瞄准巡视反馈问题逐案销号落实。认真做好省委巡视办开展集中巡视整改落实情况督查督办检查工作，完成十届省委巡视组对湖北省国资委党委巡视问题"大起底大检查"，抓好反馈意见整改落实工作。抓好省委巡视组关于"部分省属国有企业长期不按期换届"问题督办工作，下发换届工作参考资料，督导提醒企业党委按照要求组织换届。办理驻省国资委纪检监察组转发有关企业的信访举报函，并及时进行反馈。二是组织开展第19个党风廉政宣传教育月活动。紧扣"学好党章党规党纪，推进全面从严治党"主体宣传教育活动，制定下发宣教月活动实施方案，编写《落实中央八项规定精神政策制度问答汇编》下发企业，开展宪法和监察法学习宣传活动，组织企业收看省纪委监委下发的警示教育片和党员干部职工线上知识测试，实现教育测试全覆盖，及时检查企业落实宣教月活动情况，进一步强化廉政教育。约谈排名靠后的8家企业党委书记，发函提醒1家企业党委和6名企业领导人员，对新提拔领导人员进行集体廉政谈话，不断筑牢拒腐防变思想防线。三是深入开展普纪普法学习教育。按照湖北省纪委监委要求，制定下发《关于认真贯彻落实湖北省纪检监察宣传教育工作会议精神和湖北省纪检监察宣传教育"十进十建"活动的通知》以及关于深入学习宣传贯彻《宪法》《监察法》的通知，检查企业落实学习教育情况。组织部分省属企业纪检监察部门人员传达省纪委监委《关于加强对自行出台政策发放工资津贴补贴问题监督执纪问责工作的通知》，督导落实文件精神，执行规定要求，强化法纪意识。

（撰稿人：杨立学　陈志友　李小龙　曾　俊　刘　俊
　　　　　邓　巧　梅爱国　杨有福　李　蔓）

湖南省

一、湖南省国有资产监督管理工作综述

2018年，湖南省国资系统深入学习贯彻习近平新时代中国特色社会主义思想和党的十九大精神，认真落实湖南省委、省政府决策部署，坚持以高质量党建引领国企高质量发展，扎扎实实、埋头苦干，各项工作稳步推进，取得明显成效。

一是加快转变监管职能。结合新一轮机构改革对国资委相关职能作出的调整，进一步厘清职责边界，以管资本为主推进职能转变，湖南省国资委精简监管事项41项、占原监管事项的29.3％。各市州推进政企分开政资分开取得新进展，常德原由各市直部

门管理的16户企业正式移交市国资委管理,13个县市区和管理区成立10个国资监管机构,逐渐形成"大国资"监管格局;衡阳出台《衡阳市属出资企业监管清单》,全面实施清单式管理。

二是优化国资监管方式。做实国有资本运营公司,通过划转省属监管企业部分国有股权,切实增强运营公司的投融资能力。改进投资监管方式,严格规范管理监管企业非主业投资、金融投资、境外投资、与民营资本合作投资等事项。信息化监管迈出步伐,提出国资监管信息化建设三年行动计划,出台《湖南省国资委关于加强监管企业信息化工作的指导意见》,在国资监管信息系统和云平台建设等方面进行重点研究。

三是加强国有资产基础管理。配合出台《中共湖南省委关于建立省人民政府向省人大常委会报告国有资产管理情况制度的意见》,益阳、常德建立国有资产报告制度。湖南省国资委做好产权登记管理、评估备案等基础性工作,全年受理产权登记业务148户,完成资产评估备案(登记)项目105项,涉及评估价值384亿元,增值率33.7%。郴州市属企业国有产权转让全部进场交易,全年转让国有产权15宗,增值率23%。加强全面预算管理,发挥国有资本经营预算在产业转型升级方面的引导和促进作用。岳阳将国有资本收益上缴比例由19%提高到23%,贡献度进一步提升。

四是不断增强监督实效。加强出资人监督,开展审计稽查,强化对监督工作中发现的涉及国有资产损失重大问题的分类处置和督查督办。整合出资人监督、纪检监察、审计、巡视等监督力量,进一步提高监督效能。湘潭、张家界、湘西自治州等出台国有企业违规经营投资损失责任追究办法,益阳推进国有资本审计监督全覆盖。

五是加强省国资委机关建设。持续推进"两学一做"学习教育常态化制度化,深入开展"学习型、服务型"机关建设,开创"国资大讲堂",开办"书香国资",打造"国资文化走廊"。组织开展处长空缺职位选拔,面向全国公开选调博士生,公开招考公务员,进一步充实国资监管队伍。

二、湖南省国有资产总量与结构分析

截至2018年底,湖南省国有企业资产总额41002.49亿元,比上年增长6.95%;所有者权益16644.02亿元,比上年增长7.99%;国有资产总量15217.08亿元,比上年增长18.05%。

表1　　2018年湖南省国有企业指标

项　目	金　额(亿元)
资产总额	41002.49
所有者权益	16644.02
国有资产总量	15217.08
营业总收入	5223.52
利润总额	294.63
净利润	246.20
归属于母公司所有者的净利润	218.15
应交税费	259.31
实际上缴税费	268.24

表2　　2018年湖南省国有企业户数情况

2017年户数(户)	2018年户数(户)	比上年增长(%)
2623	2734	4.23

表3　　2018年湖南省国有资产按地区分布情况

地　区	国有资产(亿元)	占国有资产总量比重(%)
省属企业	2983.91	19.61
地市企业	12233.18	80.39
其中:长沙市	3437.36	22.59
常德市	2564.21	16.85
株洲市	1652.47	10.86
衡阳市	825.46	5.42
岳阳市	725.71	4.77

续表

地 区	国有资产（亿元）	占国有资产总量比重(%)
湘潭市	588.69	3.87
邵阳市	504.83	3.32
永州市	494.22	3.25
怀化市	388.38	2.55
郴州市	352.72	2.32
益阳市	304.61	2.00
湘西州	236.59	1.55
张家界市	89.62	0.59
娄底市	68.31	0.45
合 计	15217.08	100.00

表4　2018年湖南省国有资产按行业分布情况

行 业	国有资产（亿元）	占国有资产总量比重(%)
农林牧渔业	35.71	0.23
工业	665.23	4.37
建筑业	5117.49	33.63
地质勘查及水利业	229.75	1.51
交通运输业	542.33	3.56
仓储业	27.37	0.18
批发和零售业	153.53	1.01
金融业	2.64	0.02
房地产业	4015.65	26.39
信息技术服务业	20.01	0.13
社会服务业	4124.57	27.10
卫生体育福利业	27.43	0.18
教育文化广播业	68.27	0.45
科学研究和技术服务业	77.92	0.51
机关社团及其他	109.18	0.72
合 计	15217.08	100.00

表5　2018年湖南省国有资产按经营规模分布情况

经营规模	国有资产（亿元）	占国有资产总量比重(%)
大型企业	2825.85	18.57
中型企业	3293.20	21.64
小型企业	7321.98	48.12
微型企业	1776.05	11.67
合 计	15217.08	100.00

三、湖南省国有资本保值增值综合分析评价

2018年，湖南省国有企业国有资本及权益总额15211.76亿元，净增加1131.22亿元，比上年增长8.03％。其中，国有资本及权益增加1535.27亿元，国有资本及权益减少404.06亿元。

政府投入、资产评估及经营积累等因素增加权益1535.27亿元。一是国家、国有单位直接或追加投资增加919.79亿元，无偿划入增加61.53亿元，资产评估增加37.31亿元，清产核资增加11.03亿元，产权界定增加0.68亿元，资本（股本）溢价增加11.83亿元，接受捐赠增加0.53亿元，债权转股权增加6.39亿元，税收返还增加0.31亿元，会计调整增加12.54亿元，中央和地方政府确定的其他因素增加74.4亿元；二是经营积累398.93亿元，占本年国有资本及权益增加的25.98％。

消化潜亏挂账、资本（股票）折价及经营亏损等因素减少权益404.06亿元。一是经国家专项批准核销5.85亿元，无偿划出74.93亿元，资产评估减少13.37亿元、清产核资减少24.96亿元、产权界定减少35.53亿元、消化以前年度潜亏和挂账而减少15亿元、因主辅分离减少2.74亿元、企业按规定上缴利润18.92亿元、资本（股本）折价44.08亿元、中央和地方政府确定的其他因素45.47亿元；二是经营减值123.21亿元，占本年国有资本及权益减少的30.49％。

表6 2018年湖南省国有企业地区和行业国有资本保值增值情况

地 区	国有资本保值增值率(%)	行 业	国有资本保值增值率(%)
湖南省	101.96	农林牧渔业	99.66
省属国有企业	100.10	工业	101.56
省级监管企业	100.09	建筑业	101.62
省级非监管企业	122.64	地质勘查及水利业	101.13
市州区县企业	102.39	交通运输业	99.47
长沙市	100.92	仓储业	108.70
株洲市	101.16	邮电通信业	0.00
湘潭市	101.20	批发和零售业	82.78
益阳市	102.38	金融业	9.12
常德市	107.41	房地产业	101.26
郴州市	100.97	信息技术服务业	127.22
衡阳市	102.49	社会服务业	101.65
怀化市	99.84	卫生体育福利业	99.76
永州市	100.55	教育文化广播业	100.52
娄底市	104.82	科学研究和技术服务业	105.84
湘西州	100.00	机关社团及其他	103.14
岳阳市	102.00		
张家界市	98.20		
邵阳市	100.22		

四、湖南省国资委监管企业改革发展情况

湖南省国资委坚持把稳增长作为重中之重，采取多种措施，推进企业高质量发展。截至2018年底，湖南省国资委监管企业33户，实现营业总收入3649.40亿元，比上年增长10.75%；利润总额108.94亿元，比上年减少7.83%；实际上缴税收168.26亿元。

着力发展实体经济。始终把发展经济的着力点放在实体经济上，在省属监管企业中实施一批重大产业项目和重大科技创新项目，17个项目入选湖南省"5个100"项目库，总投资115亿元。推动企业聚焦主业发展，对省属监管企业所属水电、健康医药、酒店、金融、投资、房地产开发六类资产进行清理，逐步向优势企业归集。加快低效无效资产处置退出，指导华菱集团妥善解决锡钢问题。

大力推动降本增效。指导督促企业加强成本管理和精细化管理，提升劳动生产率水平。华菱湘钢、涟钢劳动生产率分别为1080吨/人·年、1050吨/人·年，进入行业前列；新天地集团成立内部财务结算中心，建立统一"资金池"，实现增效4079万元；交水建集团统筹内部企业材料采购平台，降低采购成本，提升效益1亿元。大力推进"三降三转"工作，即降杠杆、降负债、降利息、短贷转长贷、高息转低息、债权转股权，进一步优化企业资产债务结构。2018年，省属监管企业资产负债率72.6%，比上年减少2个百分点；华菱钢铁完成市场化债转股工作，融资金额32.8亿元。

狠抓创新引领和开放合作。指导和支持企业加大研发投入，一批重大创新项目启动实施。中联重科推进中联智慧产业城项目建设，轨道交通集团研发的时速160千米的中速磁浮列车正式下线，黄金集团稀土高性能铝合金新材料项目达到国际领先水平，湘投金天集团推进交通制动盘轻量化、海工装备等重大技术研发，通达电磁能高端装备产业化基地正式动工，新天地集团消防系列产品获得突破等。湖南省国资委分别与中国国际工程咨询有限公司、中国国际技术智力合作公司、德勤中国、中信证券等签署战略合作协议，借助外脑助推国资国企创新发展。

湖南省国资委指导省属监管企业设立湖南省"一带一路"基金，总规模200亿元，为企业"走出去"发展提供资金支持。省属企业在"一带一路"沿线国家达成合作意向或签署正式协议的项目90多个。建工集团近年来累计承接海外项目17个，合同金额109亿元；交水建集团2018年海外新开辟格鲁吉亚、贝宁等7个市场，新签合同67亿元，比上年增长272%。市州加强招商引资工作，株洲引进猪八戒包装设计特色小镇、中科院人工智能小镇等20多个项目；邵阳推动湘中制药与华润药业合作，国药控股湖南公司项目落户邵阳，将形成100亿元的产业规模，助推地方经济发展。

推进混改及员工持股试点。继续深化长丰集团等企业集团层面的混合所有制改革,指导建工八公司、百舸水利等8户子企业推进混合所有制改革。出台《湖南省国有控股混合所有制企业开展员工持股试点的实施细则(试行)》,对批复的8户员工持股试点企业加快组织实施。指导建工集团、交水建集团、长丰集团、湘电动力、新天地保安服务公司5户"双百企业"制定"一企一策"实施方案,加快实施"双百行动"计划。

妥善处理历史遗留问题。省属监管企业2018年完成减少127户企业法人单位的任务,2017—2018年减少法人单位260户,全面完成"减少20%左右法人单位"的目标任务。2018年,认定13户省属监管企业有"僵尸企业"64户,完成60%以上共计40户的"僵尸企业"处置任务。兵器集团5户"僵尸企业"处置任务全面完成;国资公司26户"僵尸企业"完成处置16户,完成率65%。在市州的大力支持下,湖南省国有企业"三供一业"分离移交任务基本完成,涉及供水68.59万户、供电62.24万户、物业管理58.86万户。

五、湖南省国资委监管企业并购重组与完善法人治理结构情况

推动国资布局结构调整与企业重组整合。制定《湖南省属国有资本布局结构调整与企业整合重组2018年实施计划》,按照主业归核、资产归集、产业归位的原则,完成高速公路集团挂牌、通达电磁能公司和港务集团组建、兴湘集团改组为国有资本运营公司,省建筑设计院重组整合招标公司。加快推进湘科集团、湘水集团、旅游集团组建,指导建工集团、高速公路、湘电集团、国资公司等整合内部资源。

完善现代企业制度。在省属监管企业中,选择5户企业开展落实董事会职权试点,新增15户竞争类二级企业开展职业经理人制度试点。全面推行三项制度改革,制定《关于深化省属监管企业劳动用工和收入分配制度改革的指导意见》,将三项制度改革情况纳入企业负责人综合绩效考核内容,全年省属监管企业及下属企业精简人员11027人、精简机构3436个。

六、湖南省国资委监管企业建立和完善经营业绩考核体系情况

合理下达经营业绩年度考核目标。根据年初湖南省委省政府经济工作会议精神,按照《湖南省国资委监管企业负责人综合绩效考核办法》,结合宏观经济形势、行业发展趋势和企业实际,坚持"稳增长、推改革、促发展",审核确定监管企业2018年度综合绩效考核目标值。26户监管企业(不含高速集团)2018年营业收入目标3334.23亿元,比上年增长14%;考核利润目标107.55亿元,比上年增长15.4%。坚持问题导向,根据企业的管理短板,分别下达降成本控风险、压减"两金"、三项制度改革、重组整合、"三供一业分离"、处置"僵尸企业"、研发费用投入比、技改项目投资和重点项目建设情况等方面的考核指标。

严格核定2017年度考核结果。以监管企业2017年财务决算审计报告、企业负责人经营业绩专项审计意见为基础,对监管企业(含部分已重组企业)负责人2017年度考核结果进行核定。26户监管企业实现营业收入2908.2亿元,完成考核目标的108.7%,比上年增长22.5%;实现考核利润99.67亿元,是考核目标值的2.01倍,比上年增长3.8倍;经济增加值36.9亿元,超过考核目标99.2亿元。下达净资产收益率考核指标的23户监管企业净资产收益率5.06%,超过目标值1.76个百分点,超过地方国有企业平均值(4.6%)0.5个百分点。

严格监管企业负责人薪酬管理。一是按照"业绩升、薪酬升;业绩降、薪酬降"的原则,严格核定监管企业负责人2017年度薪酬水平和任期激励收入,2017年,26户监管企业主要负责人平均薪酬(含任期激励)比上年增长10.4%。二是根据《湖南省国资委关于进一步明确监管企业负责人因违法违纪违规扣减薪酬有关事项的通知》,结合驻省国资委纪检组提供的情况,对暂缓发放2016年绩效年薪和任期激励收入的企业负责人,根据最新的处理情况,相应扣减2016年度暂缓发放的薪酬。三是增强薪酬管理工作的透明度,将监管企业负责人2016年度薪酬在各企业网站上进行公示。

七、湖南省国资委监管企业负责人考核与选人用人机制改革情况

做好省属国有企业领导人员的年度考核工作。积极配合湖南省委组织部做好省管企业领导班子的年度考核工作。组织开展委管企业领导人员年度考核，分批次对9户委管企业、2户拟重组企业领导班子进行年度考核，并提出考核等次评定建议。

强化企业领导人员日常管理和监督。一是完善委管企业领导人员管理的制度规定。参照省管企业领导人员管理体制的相关文件，下发《委管企业组织人事部门负责人任前备案管理的通知》《关于湖南省国资委党委管理的企业领导班子成员分工调整报备有关问题的通知》等文件。二是对委管企业领导人员及中层干部在企业和社会团体的兼职情况进行全面摸底和汇总，批复同意水利投、现代投资2户企业组织人事部门负责人的任职，以及交水建集团领导班子分工调整的请示。三是加强人事档案工作的管理，按照干部管理权限的变化，及时对在库人事档案进行清理和核查，形成比较规范的人事档案日常管理流程。四是组织开展委管企业领导人员个人有关事项报告工作，2018年，69人的个人事项报告录入，对7个人的个人事项进行随机抽查核实；委托湖南省委组织部对9名企业领导人员个人事项进行查核，通过比对提出处理建议。

创新市场化选人用人机制。一是积极探索经营管理人才成长规律，建立人才职业发展制度与体系，拓展、畅通企业经营管理人才职业发展通道，为企业经营管理人才成长、优秀年轻的企业经营管理人才脱颖而出创造条件。二是研究确定在湖南湘投金天科技集团有限公司等11家竞争类二级企业中开展职业经理人制度试点。三是对专职外部董事制度进行研究，探索专职外部董事选聘管理。先后引进推荐一批行业专家到省属监管企业任外部董事，显著提高企业决策科学化、专业化水平。

八、湖南省国资委监管企业党的建设和廉政建设情况

突出政治建设。湖南省国资委党委坚持以政治建设为统领，紧紧围绕生产经营抓好党建，推动全面从严治党不断向纵深发展。坚决做到"两个维护"，深入学习贯彻习近平新时代中国特色社会主义思想。以"国企千名支书进党校"培训班和"国资大讲堂"活动为载体，开展"千名书记讲党课"集中交流会，4500多名基层党组织书记和党员领导干部参与讲党课。举办省国资委系统庆"七一"主题报告会，集体重温入党誓词。

促进党建融合。坚持"两个一以贯之"，推动党的领导与公司治理有机统一。省属监管企业中，100%的一级企业、100%的国有控股上市公司、100%正常经营的二级及以下公司完成公司章程修订，将党建要求写进公司章程；全面推行党委书记、董事长由一人担任，除1户企业由党外人士担任董事长外，一级企业全面实现党委书记、董事长"一肩挑"。

夯实基层基础。推进基层党组织标准化建设，出台《关于推进省属监管企业党支部"五化"建设的实施意见》，在华菱涟钢的生产车间召开湖南省国有企业基层党建工作现场推进会。举行省属监管企业文艺汇演，开展"国企文艺进基层"巡演活动，集中宣传报道40年来国企改革发展的成效。强化党建工作责任考核，全面推行企业各级党组织书记抓党建述职评议。

全面从严治党。落实党委主体责任和纪委监督责任，组织开展省国资委系统驻村帮扶工作暨扶贫领域作风问题、违反中央八项规定精神突出问题等专项治理工作，联合省纪委共同举办省属国有企业纪检监察工作培训班，出台《关于规范监管企业工程建设领域管理坚决抵制"提篮子"现象的规定》。2018年，驻省国资委纪检监察组立案33起，受理信访举报562件，作风建设督查发现问题271个。

（撰稿人：贺　健）

广东省

一、广东省国有资产监督管理工作综述

2018年，广东省国资系统在以习近平同志为核心

的党中央坚强领导下,以习近平新时代中国特色社会主义思想为指导,全面贯彻党的十九大精神,牢固树立和贯彻落实新发展理念,全面贯彻落实党中央、国务院关于国有资产管理的重大决策部署,扎实推进国资国企改革,加强国有资产管理,推动国有资产规模不断扩大,促进国有资产配置和运行效率进一步提高,为广东实现"四个走在全国前列"、当好"两个重要窗口"提供有力支撑。

(一)企业总体情况

1. 资产负债情况。

截至2018年底,广东省国有企业(不含央企、其他省份驻粤企业,下同)资产总额114637.65亿元,负债总额73172.94亿元,净资产41464.72亿元,其中归属于母公司的净资产30747.06亿元,资产负债率63.83%。其中,广东省国资委监管企业资产总额16833.76亿元,负债总额9340.69亿元,净资产7493.08亿元,归属于母公司的净资产4959.8亿元,资产负债率55.49%。广东省省直部门监管企业资产总额1780.76亿元,负债总额870.61亿元,净资产910.15亿元,归属于母公司的净资产770.33亿元,资产负债率48.89%。广东省21个地市国有企业资产总额96022.59亿元,负债总额62961.12亿元,净资产33061.47亿元,归属于母公司的净资产25016.93亿元,资产负债率65.57%。

2. 年度效益情况。

2018年,广东省国有企业实现营业收入22050.60亿元,利润总额2825.53亿元,净利润2142.52亿元,实际上缴税费2265.21亿元。其中,省国资委监管企业实现营业收入3978.67亿元,利润总额335.15亿元,净利润244.59亿元,实际上缴税费242.08亿元;省直部门监管企业实现营业收入411.43亿元,利润总额51.96亿元,净利润44.92亿元,实际上缴税费29.06亿元。广东省21个地市国有企业实现营业收入17660.50亿元,利润总额2438.42亿元,净利润1853.01亿元,实际上缴税费1994.07亿元。

(二)国有资本投向及社会贡献情况

2018年,广东省国有企业归属于母公司的净资产30747.06亿元,主要分布在社会服务、交通运输、房地产、工业四大行业,占比86.5%。其中,省国资委监管企业归属于母公司的净资产4959.8亿元,主要分布在交通运输、工业、房地产、社会服务四大行业,占比87.49%。

广东省国资委监管企业在推进粤港澳大湾区互联互通中充分发挥国有企业使命担当,积极参与珠江三角洲水资源配置工程、粤澳新通道等重点项目建设。其中,珠江三角洲水资源配置工程由粤海控股集团牵头建设,项目建成后能有效解决广州、深圳、东莞缺水问题,为中国香港等地提供应急备用供水,预计于2023年底完成。粤澳新通道项目由南粤集团承建,建成后有利于实现广珠城际轨道与中国澳门轻轨的便捷对接,有效地疏解拱北—关闸口岸人流压力,解决通关难题,主体工程建设工作于2018年2月全面铺开,计划2019年建设完成。广东省省属企业按照粤港澳联手打造国际航运物流中心和世界级机场群等规划要求,积极参与机场、高速公路、铁路、港口等重大基础设施项目,广东省省属机场格局逐步成型,运营的湾区高速公路里程超过2000千米、湾区铁路里程超过2000千米,水上高速客运通道航班服务每天超过280航次,大湾区1小时交通圈、经济圈、生活圈初步建成。

在社会贡献方面,广东省国资委监管企业在广东省基础设施建设中发挥主力军作用。在交通基础设施领域,省交通集团运营高速公路规模6719千米,占广东省高速公路通车里程的74%,资产规模和高速公路管理里程稳居全国省属交通集团首位;广州白云国际机场旅客吞吐量近7000万人次、全国排名第三,货邮吞吐量近190万吨,航空枢纽地位持续提升。在能源领域,能源集团控股装机容量3215.06万千瓦(其中省内装机2816.72万千瓦),占广东省能源领域装机容量的23.8%;发电量1193.7亿千瓦·时(其中省内机组发电量1050.62亿千瓦·时),占广东省能源领域装机发电量的23%。在水利、环保基础设施建设领域,粤海控股集团原水处理量2700万吨/日,全国排名第二,牵头建设广东省历史上投资额最大、输水线路最长、受水区域最广的珠江三角洲水资源配置工程,建成后将为粤港澳大湾区发展提供重要战略支撑;广业集团污水处理量385万吨/日,省内排名第一;建工集团2018年承担广东省水田垦造任务53.33平方千米,在落实国家耕地保护和改进占补平衡中发挥重要作用。

二、广东省国有资产总量与结构分析

2018年,广东省国有企业(不含央企、其他省份驻粤企业,下同)的资产总额114637.65亿元,比上年增长14.29%;实现营业收入22050.60亿元,比上年增长14.32%;利润总额2825.53亿元,比上年增长9.46%;归属于母公司所有者的净利润980.54亿元,比上年下降1.02%。

表1　2018年广东省国有企业指标

项　目	金　额(亿元)
资产总额	114637.65
所有者权益	41464.72
营业总收入	22050.60
利润总额	2825.53
净利润	2142.52
归属于母公司所有者的净利润	980.54
应交税费总额	2428.82
实际上缴税费总额	2265.21

2018年,广东省国有企业12823户,其中省直企业3230户,各市企业9593户。在省直企业中,省国资委监管企业2589户(其中一级企业集团18户),其他省直部门监管的企业641户。

表2　2018年广东省国有企业户数情况

2017年户数(户)	2018年户数(户)	比上年增长(%)
11020	12823	16.36

2018年,广东省国有资本总量30432.97亿元,其中省直企业6009.72亿元,各市企业24423.26亿元。在省直企业中,省国资委监管企业年末国有资本总量5232.50亿元,其他省直部门监管企业777.22亿元。

2018年,广东省国有企业资产仍主要集中在珠江三角洲地区,珠江三角洲地区国有企业的资产总额91967.28亿元,占广东省地市的95.78%。省属监管企业、广州市和深圳市国有企业资产总额86693.17亿元,占广东省的75.62%,是广东省国有企业的主体。特别是广州市和深圳市的国有企业,资产总额占广东省国有企业的份额从2008年的44.11%上升到2018年的60.94%,2个中心城市作为广东省区域经济发展的龙头,呈现出不断加快发展的态势。

表3　2018年广东省国有资产按地区分布情况

地　区	国有资产(亿元)	占国有资产总量比重(%)
省直国有企业	6009.72	19.75
省国资委监管企业	5232.50	17.19
其他省直部门监管企业	777.22	2.55
各市国有企业	24423.26	80.25
广州市	7314.32	24.03
深圳市	8821.93	28.99
珠海市	1875.42	6.16
汕头市	135.83	0.45
佛山市	1490.58	4.90
韶关市	120.31	0.40
河源市	219.82	0.72
梅州市	41.37	0.14
惠州市	483.52	1.59
汕尾市	48.31	0.16
东莞市	937.91	3.08
中山市	544.81	1.79
江门市	676.72	2.22
阳江市	93.48	0.31
湛江市	216.94	0.71

续表

地 区	国有资产（亿元）	占国有资产总量比重（%）
茂名市	309.60	1.02
肇庆市	536.19	1.76
清远市	110.93	0.36
潮州市	170.16	0.56
揭阳市	116.36	0.38
云浮市	158.75	0.52
合　计	30432.97	100.00

2018年末，在国民经济16个大行业中，广东省国有企业的资产主要分布在社会服务业、交通运输业、房地产业、建筑业和工业。5个行业的国有资产总量27968.39亿元，占广东省国有企业的91.9%。

表4　2018年广东省国有资产按行业分布情况

行 业	国有资产（亿元）	占国有资产总量比重（%）
农林牧渔业	16.45	0.05
工业	1801.91	5.92
建筑业	2303.82	7.57
地质勘查及水利业	187.17	0.62
交通运输业	7974.47	26.20
仓储业	299.70	0.98
邮电通信业	10.08	0.03
批发和零售业	587.00	1.93
金融业	499.29	1.64
房地产业	5394.68	17.73
信息技术服务业	510.15	1.68
社会服务业	10493.51	34.48
卫生体育福利业	23.64	0.08
教育文化广播业	181.71	0.60
科学研究和技术服务业	148.62	0.49
机关社团及其他	0.77	0.00
合　计	30432.97	100.00

表5　2018年广东省国有资产按经营规模分布情况

经营规模	国有资产（亿元）	占国有资产总量比重（%）
大型企业	12984.66	23.57
中型企业	12600.38	22.87
小型企业	17141.21	31.11
微型企业	12369.10	22.45

注：表中数据由单户数相加得出，不考虑差额数影响。

三、广东省国有资本保值增值综合分析评价

2018年，广东省国有企业国有资本保值增值率102.51%，比上年减少1.5个百分点。其中，省国资委监管企业国有资本保值增值率103.11%、其他省直部门监管企业国有资本保值增值率105.86%、各地市国有企业国有资本保值增值率102.29%。

分行业情况看，16个国民经济行业中，12个行业实现国有资本保值增值。分地市情况看，21个地市中，有18个地市实现国有资本保值增值。

表6　2018年广东省国有企业地区和行业国有资本保值增值情况

地 区	国有资本保值增值率（%）	行 业	国有资本保值增值率（%）
全省汇总	102.51	全省汇总	102.51
省直国有企业	103.42	农林牧渔业	100.66
省国资委监管企业	103.11	工业	108.39
其他省直部门监管企业	105.86	建筑业	102.42
各市国有企业	102.29	地质勘查及水利业	113.95
广州市	103.34	交通运输业	101.88
深圳市	101.24	仓储业	107.44
珠海市	105.73	邮电通信业	105.17
汕头市	99.72	批发和零售业	112.01
佛山市	100.98	金融业	96.90

续表

地 区	国有资本保值增值率(%)	行 业	国有资本保值增值率(%)
韶关市	101.65	房地产业	105.09
河源市	101.59	信息技术服务业	113.34
梅州市	96.43	社会服务业	99.45
惠州市	101.23	卫生体育福利业	100.59
汕尾市	106.55	教育文化广播业	99.24
东莞市	105.00	科学研究和技术服务业	104.14
中山市	101.00	机关社团及其他	91.48
江门市	100.35		
阳江市	101.13		
湛江市	100.54		
茂名市	100.37		
肇庆市	104.74		
清远市	102.00		
潮州市	100.08		
揭阳市	99.42		
云浮市	101.62		

四、广东省国资委监管企业改革发展情况

(一)加快推进监管企业战略性重组

2018年,为优化国有资本布局,推动国有资本向基础性、公共性、平台性行业集中,广东省国资委大力推动所属监管企业加快战略性重组步伐。一是完成高速公路板块和建筑工程板块企业重组整合的后续相关工作,交通集团、南粤交投、联合电服3家企业完成重组,实现广东省高速公路的统一管理;建工集团、水电集团实质性完成总部整合、业务板块整合等后续相关工作。二是为推动实现经营性国有资产集中统一监管,广东省国资委会同广东省科技厅,制定粤科金融集团划归省国资委统一监管实施方案,并于2018年12月经广东省省政府常务会议审议通过。三是研究起草《广物控股集团、商贸控股集团改革重组方案》。

(二)稳步推进体制机制改革

一是稳步推进混合所有制改革。截至2018年底,广东省国有企业13685户(不含深圳市),其中,混合所有制企业5781户、占比42.24%。5781户混合所有制企业中,子公司5752户、占比99.50%,集团公司29户、占比0.50%。

二是积极推进国企改革"双百行动"工作。广东省国资委全力推进国企改革"双百行动",深层次释放国企内生成长动力。在广东省范围内筛选试点企业,指导企业组织申报材料,及时向国务院国有企业改革领导小组申报7户试点企业并获全部批复同意;指导各试点企业按国务院国资委要求完成"一企一策"综合改革实施方案,报送国务院国资委备案;以定期报送台账的方式,指导督促试点企业按照实施方案中的工作台账按时完成各项改革目标。

三是深入推进两类公司改革试点。根据中央改革文件,在总结前期试点经验的基础上,广东省国资委拟定广东省推进国有资本投资、运营公司改革试点实施方案,作为指导广东省两类公司改革试点工作的规范性文件。2018年,广东省国资委启动新增省属企业国有资本投资公司改革试点工作,向广东省政府报送广新控股集团实施国有资本投资公司改革试点工作方案。持续深化已开展的改革试点工作,主动跟进试点情况,及时调整动态授权范围,力促试点取得实实在在的效果。国有资本投资公司试点企业粤海控股集团综合水处理规模从改革前的1380万吨/日提升到逾2700万吨/日,在全国的排位从改革前的全国第三位跃升至第二位;国有资本运营公司试点企业恒健控股公司布局总规模近千亿元的产业基金生态群,有效地支撑广东省委省政府的战略部署,也通过市场化运营实现较好效益。

四是坚定不移压减企业管理层级。广东省国资委制定《关于推进省属企业压缩管理层级减少法人单位工作方案》,通过明确工作任务,加强沟通指导,跟踪工作进展,印发提醒函,压实企业主体责任,明确考核目标,实施挂图作战,部署和推动省属企业开展"压

减"工作。截至2018年底,监管企业"压减"工作取得阶段性进展,管理层级均调整至四级以内,户均管理二级企业数压减至12户,减少法人单位846户,压减比例24%,完成进度目标,企业的运行效率得到提升,国有资产管控力得到显著增强。

(三)扎实推进"僵尸企业"处置工作

截至2018年底,广东省国资系统市场化实质出清"僵尸企业"221户,占广东省630户"僵尸企业"的47.97%。地市出清1336户,完成全部3599户的37.12%,省属企业出清885户,完成全部1031户的85.83%。省属关停企业完成市场化退出661户,占关停企业户数的86.97%;省属特困企业完成出清224户,占特困企业户数的82.66%。从出清方式看,法院裁定终结后注销54户,法院立案受理进入司法审理程序337户,司法处置391户,占已处置户数的44.18%。历年因国企改革遗留下的关停企业,其历史问题得到基本解决,实现依法退出。对特困企业实施债务规模和资产负债率双指标管控,建立风险动态监测和预警,严肃问责追责。

(四)降成本工作取得实效

广东省国资委积极开展降成本工作,积极落实降低物流成本和用电成本的工作要求,截至2018年底累计为实体经济企业减负9.68亿元。一是交通集团全资和控股的51个高速公路路段对使用粤通卡支付通行费的合法装载货运车辆实行通行费八五折优惠,累计优惠减免6.17亿元。二是能源集团加强与大型省属企业沟通交流,主动"走出去",寻求建立能源战略合作关系,累计完成交易电量51.32亿千瓦·时,为机场集团、广新控股集团、旅游控股集团等省属企业让利3.51亿元,降低企业用电成本。

(五)进一步完善国有资产监督管理制度

1. 夯实产权监督。

一是严格产权流转管理,除规定允许非公开协议转让和非公开增资的情形外,国有产权转让和国有企业增资全部严格通过产权交易市场公开进行,确保公平公正公开,实现阳光交易,积极通过产权交易市场发动市场、发现价格。二是强化资产评估管理,在企业改制、并购重组、产权流转等重要环节切实做好资产评估管理,以经过备案的评估结果合理确定交易价格,防止国有资产流失。三是加强监督管理,利用企业国有资产交易监测系统,实时掌握监督国有产权进场交易情况,防止和纠正产权交易过程中违法违纪现象的发生。

2. 完善投资监督。

为进一步完善广东省省属企业投资项目监管,按照管资本为主推进职能转变方案的要求,广东省国资委研究起草《广东省省属企业投资项目负面清单》。明确13项禁止类投资项目和2项特别监管类投资项目,引导省属企业优化投资方向,围绕企业主业功能定位和发展战略规划开展投资,规范投资决策、强化投资风控、加强投资监管。

3. 强化财务监督。

一是优化全面预算管理,开展预算审核授权工作,加强全面预算工作的事前指导、事中定期上报预算执行情况以及事后考核评价,约束引导省属企业全面预算工作行为。二是加大决算复核整改力度,督促省属企业整改落实复核发现的问题,进一步规范财务核算,提高会计信息质量。三是加强资产负债约束,根据省属企业不同功能定位和行业特点,逐户确定杠杆约束目标、资产负债率"三线"(基准线、预警线、重点监管线)、两类(重点关注和重点监管企业)名单及资产负债约束措施,明确考核约束办法。2018年末,广东省省属企业资产负债率比上年减少1.58个百分点,资产负债约束工作取得明显成效。四是建立债务风险报告制度,结合企业高风险事项备案和季度财务快报,开展省属企业债务风险分析工作并形成分析报告。

4. 加强监事会监督。

一是出台文件严防国有资产流失。广东省国资委根据近年来监管中发现的主要问题,梳理出台《省属企业严守防止国有资产流失红线的规定》,对重大事项决策、重大投资活动、国有产权转让、财务管理、经营管理5个方面明确"红线"规定。二是切实发挥监事会监督"防患于未然、防险于未成"的重要作用。2018年,广东省国资委派驻企业监事会列席省属企业重要会议822次,访谈企业各类人员665人次,针对发现问题向企业发出提醒函及工作函86份,提交重大事项专报4份,提交监事会2017年度监督检查报告、企业领导班子经营管理业绩评价报告和会计信息存在问题及财务风险情况报告各19份。开展专项检查129次,其中境外资产检查12次,涉及二、三级企业612户,形成专项检查报告67份。监事会揭示企业问题967个,提出建议779条,企业已经整改或整改中的问题681个,整改率70.4%。经监事会提醒、督促,企业暂停高风险业务、项目或追缴应收款,避免资金风险31.08亿元。

5. 发挥审计监督作用。

一是开展重大投资项目专项审计调查。开展对省属企业2008—2017年(重点在2个任期内)重大投资项目经营管理情况进行专项审计调查。客观反映省属企业重大投资项目现状,揭示重大投资项目管理上存在的问题和风险。二是开展审计整改专项检查工作。通过动态检查全面摸清省属企业2010年以来广东省国资委和广东省审计厅组织实施的各类整改情况,将企业主要负责人落实审计整改第一责任人情况纳入年度经营业绩考核内容,推动企业建立健全整改机制和整改责任追究制度建设,促使审计问题整改落实到位、审计结果运用效能得到进一步提高。三是启动《广东省省属企业违规经营投资责任追究实施办法》起草工作。

五、广东省国资委监管企业完善法人治理结构情况

一是进一步将党的领导融入国企治理。2018年,广东省国资委组织监管企业集中开展章程修订,全部将党建工作总体要求纳入企业章程,94%以上省属独立法人企业制定党组织议事决策规则,83%省属二级以上企业实现董事长、党组织书记由一人担任,完善党组织发挥领导作用的机制,在企业改革发展中"把方向、管大局、保落实",特别是在稳步推进战略性重组、压缩管理层级等重大改革工作中,落实"四个同步、四个对接"要求,同步加强党的领导、谋划党的建设。

二是进一步规范企业董事会建设。广东省国资委重点以外部董事制度为核心,及时了解企业董事会运作及外部董事履职情况,开展董事会工作培训、交流,促进规范董事会建设水平提升;结合省属企业董事会结构配备的需要,进一步优化和充实外部董事后备队伍,通过推荐、自荐及邀约等方式,增补一批符合省属企业专业需求的法律、财务、金融、投资等方面专业人士进库。截至2018年底,兼职外部董事的后备人选200人,为后续在省属企业集团层面配齐配强兼职外部董事打下坚实的基础。

六、广东省国资委监管企业建立和完善经营业绩考核体系情况

(一)适应新形势新要求,丰富创新企业负责人经营业绩考核体系

一是改革考核方案设计,加大党建考核权重。广东省国资委按照"党建考核直接与薪酬挂钩"和"加大党建考核权重"的原则,并结合现行的《关于深化省属企业负责人薪酬制度改革的实施方案》所规定的省属企业负责人薪酬计算体系,进行方案设计及数据测算。从2017年开始,广东省省属企业负责人绩效年薪与综合考核结果挂钩,将"党建考核"与"经营业绩考核"按照各占50%权重纳入"综合考核",综合考核结果按从严原则核定等级,就低不就高。

二是结合国资国企改革攻坚克难重点进行特殊考核设计。按照广东省政府工作会议精神,广东省国资委实施2018年度省属企业负责人经营业绩特殊考核设计,突出任务导向,强化企业领导人员责任担当意识,将去"僵尸"、降"负债"、强"主业"、压"层级"等工作任务作为考核主要内容,对省属企业实施负责人经营业绩考核。进一步明确和调整完善一票否决事项,防范重大问题发生,强化企业领导人员责任担当意识,更全面客观地反映企业领导人员工作成效,体现出资人对新一轮国企改革重点工作、难点工作推进的决心和力度。

三是创新考核指标体系推动省属企业实现高质量发展。为落实习近平总书记视察广东重要讲话精神,适应国有企业新使命、经济发展新常态,进一步强化出资人对企业发展方向的引导、推动省属企业高质量发展,广东省国资委与省属企业充分展开座谈,结

合新一轮国企改革和省属企业实际情况,从产业地位、经营能力、创新能力、社会责任、发展速度5个维度的指标进行分析,初步拟订调整考核指标的框架体系。开展省属企业高质量发展考核指标体系修订工作,拟在新一轮考核中运用。

(二)出台综合改革试点工作指引,撬动企业内部三项制度改革

2018年,按照广东省委省政府和广东省国资委年度重点改革任务的整体部署,广东省国资委正式启动在省属二、三级企业开展融"激励、约束、容错"为一体的综合改革试点,选择80户省属二、三级企业参与试点。2018年9月印发《省属企业开展融"激励、约束、容错"为一体的综合改革试点工作方案》,12月印发《省属企业开展融"激励、约束、容错"为一体的综合改革试点工作指引》,引导企业遵循"管理契约化、业务市场化、薪酬差异化"的基本思路,转变传统观念,积极探索"不再以层级定薪,个人贡献与增效挂钩,收入与效益呈正向相关,激励与约束相对等"的模式;围绕企业发展战略和功能定位,以增量奖励为导向,重塑市场化、差异化考核分配体系,充分激发企业内生动力,助推企业实现可持续、高质量发展。

七、广东省国资委监管企业选人用人机制改革情况

广东省国资委稳妥推进省属企业经理层成员市场化试点工作。会同广东省委组织部完成职业经理人制度建设专项调研报告,研究起草《关于推行职业经理人制度的指导意见(试行)》,初步完善职业经理人建设的制度设计和操作方案。结合改革试点工作,鼓励和指导作为业务单元和市场竞争主体的二、三级企业全面推进经理层市场化任期制管理,优化董事会对经理层的管理监督、考核激励机制。深化交易控股集团推行经理层市场化契约化管理,全面梳理完善公司治理主体权责清单和市场化经理层管理规定、考核办法、薪酬方案等制度,完成现有市场化经理层三年任期考核,面向社会公开招聘2名集团副总经理。

八、广东省国资委监管企业党的建设和廉政建设情况

(一)深入学习贯彻习近平新时代中国特色社会主义思想

广东省国资系统坚定不移把学习贯彻习近平新时代中国特色社会主义思想作为首要政治任务,围绕学习贯彻习近平总书记视察广东重要指示批示精神,全面建立实施"第一议题制度",认真开展"党员领导领学带学督学"活动。落实省委"大学习""大培训"部署,实现党员干部学习培训全覆盖。扎实开展"大学习、深调研、真落实"活动,针对调研中发现的问题,将2018年确定为"省属企业党建质量提升年"。

(二)坚持党对国有企业的全面领导

广东省国资委党委开展企业党组织发挥领导作用情况自查自纠工作,要求所有独立法人和实体经营企业集中开展章程修订,省属二、三级企业全部完成章程修订工作。推动所有省属独立法人和实体经营企业制定党组织议事决策规则。在企业战略性重组,以及压缩管理层级减少法人单位过程中,严格落实"四个同步、四个对接"要求。

(三)全面加强国有企业基层党组织建设

广东省国资系统贯彻落实广东省委加强党的基层组织建设三年行动计划,大力实施基层党组织达标创优活动,实现基层党组织规范设置100%、基层党组织有效覆盖100%。实施基层党组织"头雁工程",选优配强基层党组织书记,推行基层党组织书记由企业主要负责人担任。实施党员先锋工程,规范发展党员工作流程,推进"两学一做"学习教育常态化制度化,严格落实"三会一课",组织省属企业开展党员评星定级试点。

(四)压实管党治党政治责任

广东省国资委党委严格履行党建主体责任,围绕贯彻落实基层党建三年行动计划,召开省属企业加强基层党组织建设工作会议,制定《广东省国资委系统贯彻落实〈三年行动计划〉实施方案》。顺利完成60

家中央驻穗企业和7家省管企业党组织关系的接收工作。印发《关于加强对省属企业党组织一把手监督的意见》，进一步加强对企业领导人员特别是"一把手"的日常监督。通过开展省属企业年度党风廉政建设"两个责任"落实情况的考核评价，使管党治党从"软指标"变成"硬约束"；通过规范各省属企业述责述廉工作，进一步传导管党治党的政治责任压力；对管党治党宽松软及有纪律、作风等方面苗头性、倾向性问题的企业党组织负责人进行约谈，全年约谈31人次，极大地增强国有企业领导人员的监督和约束意识。

（五）持之以恒正风肃纪，推动全面从严治党向纵深发展

一是坚持问题导向，稳步推进政治巡察，持续净化省属国资国企政治生态。广东省国资委党委2018年对19家省属二级企业党组织开展巡察监督，发现主要问题370个，移交问题线索132条。

二是加强作风建设，巩固并拓展落实中央八项规定精神成果。深入贯彻落实习近平总书记关于进一步纠正"四风"、加强作风建设的重要批示精神，持续用力加强作风建设，推动中央八项规定精神在省属国资国企落地生根。2018年，查处"四风"问题和涉及违反中央八项规定精神的案件75宗。在省属国资国企系统内分期分批点名道姓通报9起违反中央八项规定精神典型案件，形成强大震慑。

三是持续加大执纪问责力度，保持惩治腐败高压态势。把违反政治纪律、中央巡视反馈问题、国有资产重大损失及违反中央八项规定精神案件列为纪律审查重点，严肃查处内外勾结侵吞国有资产等腐败案件。2018年，省属国资国企系统立案243宗，给予纪律处分130人。开展扶贫工作专项检查，涉及产业帮扶项目80余项、扶贫资金8560余万元，现场走访贫困户280户，发现问题61个。将查办案件与警示教育相结合，督促案发单位开展警示教育，以案明纪，以案说法，筑牢企业干部拒腐防变思想道德防线。注重查办案件与制度建设相结合，通过印发监察建议书等形式，督促案发单位深入剖析，汲取教训，举一反三，建章立制，堵塞漏洞，达到"查处一案、教育一片、规范一方"的效果。

（撰稿人：刘健敏）

深圳市

一、深圳市国有资产监督管理工作综述

2018年是深圳市国企改革攻坚年和国企党建质量提升年。面对错综复杂的经济形势，深圳市属国资国企坚持以习近平新时代中国特色社会主义思想为指导，深入贯彻落实习近平总书记对广东省重要讲话和对深圳市重要批示指示精神，在深圳市委市政府的坚强领导下，积极践行新发展理念，全面加强国企党建，主动谋划改革发展，围绕新时期深圳国资国企基本功能定位，努力服务深圳市经济社会发展大局，国有资本监管运营呈现"五大亮点"。

一是质量引领保值增值，规模效益再创新高。2018年，深圳市、区两级国企总资产3.4万亿元，净资产1.3万亿元，营业收入5303亿元，利润总额1136亿元。其中，市属国资国企实现"三个突破"、创下"五个历史新高"，总资产突破3万亿元、净资产突破1万亿元、利润总额突破1000亿元，分别为3.11万亿元、1.08万亿元、5000亿元和1074亿元；上缴税金923亿元，比上年增长26.8%，创下历史新高。同期全国地方省级监管企业增长比例分别为8.9%、11.7%、9.7%、12.4%、14.6%，深圳具有显著的比较优势。

二是攻坚克难谋划综合改革，国企改革奏响最强音。深圳市国资国企改革首次上升为国家战略，市领导代表深圳市向省委深改委作综合改革专题汇报，省领导对综合改革措施作大段批示充分肯定，深圳市国资委连续三年在全国国企改革座谈会上介绍经验，改革举措和成效得到国务院国企改革领导小组和国务院国资委的高度认可，国家发展改革委对深圳市方案也给予对比性高度评价。5家直管企业入选国家国企改革"双百行动"，其余20家同步推进，直管企业综合改革实现全覆盖，市政府印发投控对标淡马锡改革方案，市属国资国企改革呈现"你追我赶、百花齐放"的良好局面。

三是资本运作多点突破，国资布局持续优化。市

属国资"上市公司+"战略加快实施,深粮集团与深深宝重大资产重组圆满完成,首开中国地方粮食企业整体上市先河;投控收购湾区发展(原合和公路基建),开创市属国企收购境外上市公司先例。截至2018年底,全系统控股上市公司26家,资产证券化率54.7%,居全国领先水平。系统谋划市属国资资源优化"战略地图",产权交易、环境水务、地面公交、食品安全、智慧国资等九大领域资源整合持续深化,深港科技创新、大数据交易等新平台为国资可持续发展增添动能。"圈层梯度"战略不断推进,"一区多园"模式基本完善,园区开发建设及运营管理两大标准体系加速构建,为全系统园区开发建设运营实现标准化、品牌化、规模化发展提供有力支撑。"五大圈层"科技园区梯度布局规模初显,深圳湾园区营商环境持续优化,东莞清溪、武汉汉江湾、保定深圳园等项目进展顺利,美国深圳湾硅谷科创中心运营良好。截至2018年底,全系统累计布局189个科技产业园区,建筑面积6406万平方米。

四是功能作用充分发挥,服务大局价值凸显。市属国资国企努力提升服务城市运营和民生改善、服务城市核心竞争能力提升、服务多种所有制经济发展"三项能力",国有资本加速向基础设施公用事业等重点关键领域集中,该领域的国有净资产占比61.9%,"菜篮子"、"米袋子"、"车轮子"以及水电气、海空港等公共产品的服务质量和水平持续提升,城市公共服务主力军作用不可或缺;深圳湾等国有科技园区不断创新和完善"五位一体"的商业模式,着力为科技创新型企业提供"高端科技资源导入—发展空间载体提供—科技金融扶持—上市公司平台支撑—产业集群培育"的全生命周期、全方位全链条服务,助推深圳提升全球科技创新资源配置能力,服务深圳城市创新发展整体战略;创新投集团、高新投集团、中小担集团等国有创投担保企业全年累计为广大中小微民营企业融资872亿元,历年来累计扶持614家企业上市、357家企业在新三板挂牌,国有科技金融服务实体经济和非公经济发展的能力不断提升。

五是国企党建亮点纷呈,核心作用充分发挥。始终坚持把政治建设摆在首位,树牢"四个意识",坚定"四个自信",坚决做到"两个维护",创新开展"市属国企党建质量提升年"行动,责任党建、规范党建、特色党建、活力党建"四项工程"深入实施,"一企一品"特色党建品牌创建活动扎实推进,获得社会广泛关注。指导深圳湾创业广场以"跟党一起创业"为主题加强国企党建、引领基层党建联动的做法,得到国务院国资委和省市领导的高度评价,成为市属国资乃至深圳市又一张闪亮名片,创新投集团助力被投民企抓党建促业务,得到国务院国企改革督查组和中组部的充分肯定。

二、深圳市国有资产总量与结构分析

表1　2018年深圳市国有企业指标

项　目	金　额(亿元)
资产总额	34071
所有者权益	12775
国有资产总量	8710
营业收入	5303
利润总额	1136
净利润	839
归属于母公司所有者的净利润	301
应交税金总额	990
实际上缴税金总额	886

表2　2018年深圳市国有企业户数情况

2017年户数(户)	2018年户数(户)	比上年增长(%)
1557	1764	13.3

表3　2018年深圳市国有资产按地区分布情况

地　区	国有资产(亿元)	占国有资产总量比重(%)
市属企业	6778	77.8
区属企业	1824	21.0
市级其他企业	108	1.2
合　计	8710	100.0

表4　2018年深圳市国有资产按行业分布情况

行　业	国有资产（亿元）	占国有资产总量比重(%)
社会服务业	3534	40.6
交通运输业	2234	25.6
房地产业（科技园区）	2041	23.4
工业	287	3.3
金融业	385	4.4
其他	229	2.6
合　计	8710	100.0

表5　2018年深圳市国有资产按经营规模分布情况

经营规模	国有资产（亿元）	占国有资产总量比重(%)
大型企业	7277	83.5
中型企业	694	8.0
小型企业	677	7.8
微型企业	62	0.7
合　计	8710	100.0

三、深圳市国有资本保值增值综合分析评价

表6　2018年深圳市国有企业行业国有资本保值增值情况

行　业	国有资本保值增值率(%)
信息技术服务业	129.3
批发和零售业	110.6
科学研究与技术服务业	109.5
仓储业	105.9
房地产业	105.3
工业	104.3

续表

行　业	国有资本保值增值率(%)
邮电通信业	104.3
交通运输业	104.0
建筑业	103.2
社会服务业	102.1
卫生体育福利业	101.1
金融业	100.7
教育文化广播业	100.7
农业	96.9
深圳市汇总	103.7

四、深圳市国资委监管企业改革发展情况

一是国企改革上升为国家战略。投控、粮食、深国际、特发、远致5家企业入选国家国企改革"双百企业"。市政府印发投控对标淡马锡、打造国际一流国有资本投资公司实施方案。422家市属二级企业功能界定与分类精准完成，中小企业经营班子整体市场化选聘全面铺开，6家企业试点外派财务总监管理模式改革，市属商业类直管企业、上市公司和二级企业长效激励约束机制建设覆盖面不断拓展。区属企业改革持续深化，龙岗出台"2+5+N"改革文件，福田、南山、盐田、坪山、光明、深汕合作区在公司制改革、薪酬激励等领域推出系列新举措。深圳市国资国企改革呈现全面发力、多点突破、纵深推进态势。

二是国资监管体系不断优化。落实以管资本为主要求，出台市属国有股东以管资本方式参与未实际控制的上市公司治理办法，积极探索以章程为根本准则、董事监事履职为主要抓手、重大事项沟通为必备程序、紧急情形干预为重要保障的"3+1"治理体系，得到国务院国资委肯定。制定公平竞争审查操作规程，进一步健全机关内部决策合法性审查机制。积极落实市政府向市人大常委会报告国有资产管理情况制度，实现19家直管企业年报公开。完成智慧国资智慧国企信息化规划编制，资金资产监管平台和联交

所物业联合租赁平台上线运行。国资监管市场化、法治化、信息化水平持续提升。

三是资本运作实现新突破。市属国资控股上市公司增至26家,资产证券化率上升至54.7%,比年初增加2个百分点。首开我国地方粮食储备企业整体上市、市属企业收购境外上市公司先河。落实市委、市政府部署,在全国率先开展支持民营上市公司稳健发展专项行动。投控、远致发起设立总规模200亿元的股权纾困基金,投控全国首发10亿元纾困专项债券;市属国企综合运用股权、债权等市场化方式,累计为38家民营上市公司提供资金支持160亿元。深圳国资国企成为稳定资本市场的重要力量,获得中央领导的肯定。

四是新一轮资源整合全面启动。围绕深圳发展战略,统筹推进环境水务、地面公交、食品安全等10个领域企业集团的组建或重组工作,科技金融控股集团、铁路投资建设集团组建方案获市政府批复,深港科技创新合作区发展公司、智慧城市科技发展集团、南方大数据交易公司注册成立。滚动做好"处僵治困"工作,累计出清"僵尸企业"170家,提前完成省政府下达的工作任务。协同发展加快推进,直管企业之间融通资金132亿元,节省外部利息5.6亿元,与龙华、盐田、宝安签署战略合作协议,与清华、北大、南科大等高校开展深度合作。区属企业资源整合扎实推进,宝安形成五大集团协同发展格局,龙岗、罗湖、龙华、大鹏等有序推动街道企业划转整合工作。

五、深圳市国资委监管企业并购重组与完善法人治理结构情况

(一)加快实施国资整合重组"1+N"方案,不断优化国资产业布局

围绕深圳市发展战略,"服务城市、服务产业、服务市民"的使命定位,立足深圳市国资"一盘棋""一张图",按照产业链上下游垂直整合、同环节水平整合2个维度,依托现有优势、存量资源、"头雁"企业、上市公司,开放性推动内部资源重组、外部资源导入,持之以恒"活存量、强增量、优结构",全力打造以基础设施公用事业为主体、金融准金融和战略性新兴产业为两翼的"一体两翼"产业布局。截至2018年底,统筹推进市属国企打造金控平台、深圳市环境水务资源整合、深圳市公共交通资源整合、组建深圳市食品集团、组建深圳市智慧城市科技发展集团、组建深圳市重大产业投资集团、组建深圳市铁路投资建设集团、组建深港科技创新特别合作区发展有限公司等多个板块的整合重组工作。

(二)积极推动市属国企混合所有制改革

一是利用多层次资本市场,加快企业IPO上市,大力推进国有资本证券化。持续推进资源资产化、资产资本化、资本证券化,在前期推动国信证券、建科院、中新赛克等企业实现IPO上市基础上,2018年,大力开展特发服务、水规院、城交中心等混改企业的IPO培育工作。

二是采取灵活方式,通过开放性并购重组方式实施混改。鼓励各产业集团结合发展战略开展开放性并购重组,培育更多优势企业,在前期特发信息沿产业链收购民营互联网及军工高科技企业以及地铁集团以市场化、法治化方式收购万科股权等成功案例基础上,2018年,按照市委、市政府的战略部署,市属国企成功收购湾区发展(原合和公路基建)71.83%的股权,取得粤港澳大湾区核心交通要道广深高速公路和广珠西线高速公路的相关权益,有力推动城市空间布局和城市交通组织优化,改善市民出行环境,进一步增强市属国资国企服务粤港澳大湾区建设的能力。

三是释放经营活力,积极开展管理层和核心骨干持股。企业管理层、核心骨干以市场价格入股,与战略投资者同股同价,依法依规有效破解员工持股定价难题。在前期建科院、特发服务、城交中心等企业成功开展管理层和核心骨干持股改革探索的基础上,2018年,市属国资建立工作机制,完成对各直管企业对接摸底,确定混改企业范围及改革思路;管理层和核心骨干持股改革方面,成立混改专项工作组,因企制宜推进混改实施,完成一批商业类企业的初步方案审核和立项工作。

(三)创新实施基金群战略,深化产融结合

市属国资国企立足深圳市总体发展战略和改革发展实际,在全国国资中率先创新构建全周期、分工

明确、协同运作、产融结合的市场化国资基金群,形成全方位、多层次的股权投资服务能力。2018年,落实国家创新驱动发展战略,设立首期规模50亿元的深圳市天使母基金,引导撬动社会资本,完善深圳创新创业生态体系。有序开展总规模100亿元人才创新创业基金投资运营,支持深圳人才创新创业发展,不断增强深圳人才发展新优势。推动重大产业发展基金支持华星光电T7项目建设,促进深圳市液晶面板产业发展。利用各类基金在项目资源和专业化、市场化运作等方面的优势,助推国资国企改革创新发展。截至2018年底,市属国资国企主导或参与设立的各类基金超过210支,基金总规模超过4200亿元。

(四)坚决贯彻市委、市政府决策部署,积极开展促进深圳民营上市公司稳健发展专项工作

2018年,资本市场出现明显波动和下滑,部分民营上市公司及其大股东出现流动性危机。在关键时刻,市委、市政府高瞻远瞩,勇于担当,采取一系列措施帮助民营上市公司渡过难关。深圳市国资委坚决贯彻落实市委、市政府的决策部署,通过周密安排、迅速行动,充分调动内外部资源,全面开展工作,取得显著成效。截至2018年底,市属国企通过市场化对接,累计决策为38家上市公司提供股权、债权流动性支持,涉及支持资金160亿元。

专项工作取得良好的成绩和社会效果,一是有效缓解上市公司大股东的股票质押平仓风险,改善上市公司资金流动性;二是增强投资者信心,稳定投资者预期;三是对于深圳市战略性新兴产业的稳定发展和城市核心竞争力起到积极的推动作用;四是营造良好的社会影响和舆论氛围。深圳市在民营上市公司纾困方面建立一整套行之有效并具备可操作性的工作机制和工作流程,工作推进扎实、有效,得到中央领导、国务院国资委、中国证监会等的高度肯定,以及民营企业家、社会舆论的广泛好评。

六、深圳市国资委监管企业建立和完善经营业绩考核体系情况

根据企业负责人薪酬改革政策要求,立足国资国企综合改革"一盘棋",准确把握国资国企职责定位和功能分类,全力聚焦改革的重点难点,积极发挥考核"指挥棒"作用,建立行之有效的企业负责人经营责任传递机制,着力引领企业高质量发展。

(一)坚持价值考核导向,提升价值创造能力,促进企业高质量发展

坚持预算目标考核、对标考核、经济增加值考核和社会责任考核。落实预算考核,考虑经济大环境和企业发展周期,通过全面预算管理,引导企业科学确定年度预算目标;通过历史和市场"双对标",鼓励企业实现自我超越,争取成为行业标杆;加强EVA考核,与市场资本成本率(7%~10%)全面接轨,充分体现资本有效使用和为股东创造价值能力;强化社会责任考核,提升企业民生服务水平和保障城市运行能力,充分落实市委市政府民生保障要求,切实引导企业创造社会效益;引入绩效年薪调节机制,对利润贡献大、超越历史、超越行业的企业,增加相应系数,鼓励企业"创收、创利、创效",实现经济效益迈上新台阶。

(二)强化分类考核,对标国际一流城市、一流企业,增强考核精准性、有效性

商业类企业对标新加坡淡马锡模式,重点考核经济效益、国有资本保值增值能力和市场竞争力,如投控公司对标淡马锡打造世界500强;功能类、公益类参照中国香港、新加坡等国家和地区的模式,积极引入第三方评价机制,引导企业积极履行社会责任,功能类企业重点考核专项任务和完成市委市政府战略目标等情况,公益类企业重点考核成本控制、产品质量、服务水平和保障能力,如机场集团引入ACI国际运营服务排名指标。

(三)全力支持创新驱动,建立单列考核机制,注重企业长远发展

加大企业创新驱动考核力度,鼓励企业加大研发投入,加快科技成果转化,对符合规定的可量化创新投入、业态转型、收购创新资源费用等,在考核中视同利润,鼓励企业实现创新跨越,培育创新发展新动力,打造创新发展新优势。力争克服"重短期、轻长远"的发展思维模式,对符合供给侧结构性改革要求、企业发展转型规划和"一带一路"国际化经营的前瞻性战

略性项目实施单列考核，项目前期费用和培育期形成亏损，经认定可不计入当期考核利润，促进企业更加注重中长期发展。

（四）探索"一企一策"优化调整考核机制

以推动企业改革发展为着力点，结合市场化选聘经营班子、转型升级、功能定位、所属行业特点和发展阶段等情况，"一企一策"研究完善考核机制，科学设置指标内容，优化指标权重。对已完成经营班子整体市场化选聘企业，牢牢把握董事长职责定位，围绕股东回报、战略部署、董事会建设、党的建设等方面设置考核指标，突出战略管理、公司治理考核导向。

（五）试点考核结果与薪酬总额决定机制挂钩联动

建立考核结果对企业薪酬总额和员工收入水平的影响传递机制，率先在功能类、公益类企业探索开展有关试点，将企业薪酬总额决定机制中挂钩效益指标的主要内容与经营业绩考核指标做到适度承接，效益指标完成情况与经营业绩考核结果做到适度衔接。

七、深圳市国资委监管企业负责人考核与选人用人机制改革情况

（一）深化企业领导人员管理体制机制改革和加强企业领导人员队伍建设

一是有序推进企业领导人员管理权限划转工作。贯彻落实中央、省委、市委关于调整企业领导人员管理体制的有关精神，积极配合市委组织部完成17家市管企业98名企业领导人员管理权限梳理、档案审核及相关材料移交等工作。调整优化部分直管企业所属二级企业领导人员管理权限，新增管理高新投集团等4家企业全部领导班子成员以及国任财险等21家企业董事长、党委书记，进一步扩大市国资委党委的选人用人视野，为完成深化改革促进发展的各项具体任务提供坚强的组织和人才保障。

二是不断完善企业领导人员管理制度体系。印发《深圳市国资委党委关于做好直管企业中层正职备案管理的通知》，进一步规范市管企业中层正职人员选拔任用工作。结合坚持党管干部的原则和经营班子市场化选聘的需要，制定《深圳市国资委直管企业领导人员选拔任用全程纪实工作指引（内部使用）》，研究起草《深圳市属国有企业领导人员管理规定》《关于市属国有企业领导人员在经营班子整体市场化选聘时身份转换的指导意见（试行）》等制度，为市属国企选人用人工作提供制度依据。

三是统筹开展企业领导班子换届和领导人员调整配备。根据企业领导班子建设需要，有序开展远致公司、联交所、鲲鹏资本、排交所、国际招标、深高速、万和证券、城交中心、易图资讯9家企业的调研工作。圆满完成国信证券领导班子换届工作，配合市委组织部开展投控、机场、燃气、粮食、农产品、特建发6家市管企业领导班子的调整配备工作。对赛格、免税、天健、振业、特发、鲲鹏、联交所7家委管企业领导人员进行调整配备。联合投控公司完成深福保集团、投控物业、五洲宾馆3家重点监管企业领导人员的调整工作。全年完成24名企业领导人员和11名"两监"人员的试用期考核，累计调整企业领导人员32人，其中新提任8人、续任1人、免职8人、退休4人、辞职2人、企业之间交流7人、党政机关交流到企业1人、转任专职外部董事1人。

（二）着力加强外部董事和专职监事队伍建设

一是进一步完善专职外部董事配套制度。根据《深圳市属国有企业专职外部董事管理办法（试行）》等有关规定，在借鉴国务院国资委及部分央企相关制度规范的基础上，结合专职外部董事工作实际，组织印发《深圳市属国有企业专职外部董事年度考核评价办法（试行）》《深圳市属国有企业专职外部董事工作报告制度（试行）》《深圳市属国有企业专职外部董事履职记录制度（试行）》《深圳市国资委专职外部董事工作报告管理和运用工作指引》4项制度，进一步完善专职外部董事管理体系。

二是开展专职外部董事年度考核评价和综合报告梳理工作。根据《深圳市属国有企业专职外部董事年度考核评价办法（试行）》，研究制定《2017年度专职外部董事考核评价方案》，完成11名专职外部董事2017年度的考核评价。根据《深圳市属国有企业专职外部董事工作报告制度（试行）》要求，对11名专职外部董事提交的2018年上半年市属国有企业专职外部

董事综合报告进行汇总梳理,形成"2018 年上半年市属国有企业专职外部董事综合报告梳理汇总表"。

三是建立深圳市国资委外派专职监事队伍。在市属国企全面推行纪委书记兼监事会主席管理模式的基础上,探索选派一批法律、审计、经济方面的专业人才担任外派专职监事,解决监事会虚而不实、人才欠缺的情况。先后印发《深圳市国资委外派专职监事配备与管理方案》《市国资委专职监事选聘工作方案》《市国资委专职监事选聘通知》,经过资格审查、面试、在线心理测评、体检等程序,面向市属国有企业公开选聘 6 名专职监事。根据市属国资国企监管的需要及企业实际,完成专职监事的推荐工作,协助纪委书记兼监事会主席高效履职。加快形成有效制衡的企业法人治理结构,围绕管资本为主转变国资委职能,确保维护国有资本保值增值。

(三)深入开展经营班子整体市场化选聘工作

一是推动直管企业经营班子整体市场化选聘工作。进一步加大选人用人市场化工作力度,组织特发集团对《经营班子契约化管理方案》进行多次专题研究,并征求投控、万科等大型企业的修改意见,初步实现权责、薪酬、绩效、管理和退出 5 个方面的契约化,形成可推广的模板和良好的示范作用。加快推进天健集团经营班子市场化选聘工作,多次组织现场调研和沟通指导,要求做实做细考核指标体系,确保市场化选聘和契约化管理落到实处。

二是全面展开经营班子整体市场化选聘工作。总结 2016 年以来 10 家市属中小企业经营班子整体市场化选聘试点工作开展情况,对试点企业工作中的难点和关键问题进行全面系统的梳理。制定《市属中小企业经营班子整体市场化选聘工作指引》《市属中小企业经营班子整体市场化选聘改革重点问题解答》,明确选聘工作流程和职责权限划分,指导企业有效开展经营班子整体市场化选聘工作。组织召开工作动员会,印发《关于全面开展市属中小企业经营班子整体市场化选聘工作的通知》,要求各直管企业结合所属企业实际情况,结合混合所有制改革和长效激励约束机制,制定三年(2018—2020 年)工作计划,确立"时间表"和"任务书"。根据综合改革试验的要求,进一步要求市属国企不分企业类别,不分企业层级,全面推进经营班子市场化选聘。按照"成熟一家、推进一家、一企一策"的工作思路,力争 2020 年市属企业经营班子全部实行市场化选聘和契约化管理。

八、深圳市国资委监管企业党的建设和廉政建设情况

(一)党的建设情况

全面抓好"国企党建质量提升年"工作,坚持把政治建设摆在首位,扎实推进"两学一做"学习教育常态化制度化,出台加强党的基层组织建设三年行动计划等文件,基本完成直管企业和上市公司党建要求进章程工作,立行立改中央巡视和市委巡察反馈问题,得到市领导肯定。加快实施基层党建品牌化战略,深圳湾"跟党一起创业"楼宇党建被选为中国共产党与世界政党高层对话会参观点,得到中组部、中联部、国务院国资委的肯定。坚持重实干、重实绩用人导向,对 6 家市管企业和 7 家委管企业领导班子进行调整配备,出台企业领导人员任职交流及回避意见,进一步推动选人用人制度化规范化。

(二)廉政建设情况

一是推动"两个责任"落地落实落细,建立"六位一体"大监督体系。着眼于构建全覆盖的大监督格局,将监督工作融入深圳市国资委中心工作,充分发挥深圳市国资委党委主体责任,全面履行深圳市国资委纪委监督责任,全系统各级党组织班子和领导干部对监督工作的认识进一步深化,对监督工作的支持力度不断加大,有力推动"两个责任"落实落细。全年开展谈话提醒 2016 人次,"咬耳扯袖、红脸出汗"成为工作常态。在市管企业全面推行纪委书记兼监事会主席新模式的基础上,总结实践经验,构建纪检监察、监事会、财务总监、内部审计、内控、风控等监督资源"六位一体"监督体系。二是要素交易综合监管体系建设取得新突破,国资监督拓展新领域,依法维护国有资产安全。首创要素交易平台,推进阳光招采平台建设,建立国企资金融通平台。243 家市属企业进入平台交易,开设监督账号及管理员账号 609 个。围绕区域性国资国企综合改革试验开展监督工作,把从严监

督与服务国企结合起来,2018年,通过党内执纪监督和出资人监督,直接维护国有资产权益47亿元,追回挽回经济损失8.8亿元、化解风险并避免损失10.9亿元、为企业降本增效11.3亿元、有效实现资产价值16亿元。三是执纪审查工作取得新成效,加大执纪审查力度,通过办案促进国资国企健康稳定发展。在统筹协调、完善机制、凝聚合力上下功夫,加大执纪审查力度,保持反腐高压态势,为国资国企改革发展保驾护航。通过统筹调配国资国企纪检监察干部队伍,建立并联式工作机制,创建派驻组与企业纪委联合办案新模式,实现国资系统执纪审查"一盘棋"。运用"四种形态"提升纪律意识。综合运用谈话、函询、诫勉、组织调整、纪律处分、司法处理等多种方式,强化国企干部纪律意识、法律意识和制度意识,在全系统营造廉洁从业的良好氛围。

(撰稿人:张志民)

广西壮族自治区

一、广西壮族自治区国有资产监督管理综述

2018年1—11月,广西壮族自治区国资委机关内设机构16个,工作人员98人;2018年12月,广西壮族自治区国有企业监事会职责划转自治区审计厅,广西壮族自治区国有企业监事会6个办事处18名人员全部转隶自治区审计厅;自治区国资委对20户国有企业履行出资人职责,同时按照自治区人民政府授权对广西农村信用社联合社、广西北部湾银行股份有限公司、广西广播电视信息网络股份有限公司进行监督管理。

截至2018年底,广西国资系统223户国有企业(含广西国资委监管的20户国有企业)资产总额32424.77亿元,比上年增长11.2%;实现营业收入7442.85亿元,比上年增长14.6%;利润总额297.80亿元,比上年增长31.1%;应交税费295.24亿元,比上年增长15.2%;实现劳动生产总值1264.41亿元/人·年,比上年增长21.06%;企业职工人数(不含劳务派遣人员)31.97万人,比上年增长4.74%;职工薪酬(不含劳务派遣费用)378亿元,比上年增长11.19%。广西柳钢集团、广西投资集团、广西建工集团、广西北部湾投资集团、桂林银行、广西交通投资集团、广西柳工集团、广西北部湾国际港务集团8户企业利润超10亿元,其中广西柳钢集团实现利润103亿元,成为自治区成立60年来首户利润超百亿元的企业;广西建工集团实现营业收入1006亿元,成为自治区继广西投资集团之后第二户年营业收入超千亿元的企业。广西壮族自治区国资委监管的20户国有企业资产总额14541.13亿元,比上年增长12.51%;实现营业收入6096.25亿元,比上年增长15%;利润总额246.88亿元,比上年增长38.1%;应交税费220.72亿元,比上年增长12.8%,继2017年后20户监管的国有企业再次全部实现盈利,利润总额再次创历史最好水平。非国有企业广西农村信用社联合社实现劳动生产总值156.06亿元,比上年增长1.53%;营业收入366.39亿元,比上年增长8.65%;利润总额80.24亿元,比上年下降9.38%,年末资产总额、存贷款余额稳居自治区银行同行业第一位。

(一)大力推动企业稳增长

严格对照经营业绩考核办法和业绩责任书,明确企业负责人年度及任期经营业绩考核奖惩要求。组织企业开展"奋战百日"专项行动,激励企业开足马力狠抓生产经营、大力开拓市场,为自治区经济增长多作贡献,以优异成绩向自治区成立60周年献礼。加强企业财务监测,揭示企业的经营风险和管理短板,指导企业实时调控生产经营,有效应对经济形势变化。鼓励企业大力开拓国内外市场,大幅增加产品产销量。2018年,自治区有15户国有企业营业收入超百亿元,20户国有企业营业收入增加额超10亿元。大力推动国有企业实施精细化管理,严格管控成本费用,广西国资委监管的国有企业营业成本比上年增长13.89%,低于14.55%的营业收入增幅;百元营业收入成本费用支出比上年减少0.51元,增加利润37.82亿元。扩大企业直接融资规模,支持企业发行企业债券、公司债券、中期票据、短期融资券等各类债券,不断优化企业债务结构,降低融资成本,全年受理47项企业各类债券发行申请,批准监管企业境内债券发行申请额度1415.77亿元,比上年增长80.35%;批准境

外债券发行申请额度14亿美元,比上年增长55.56%,均创历史新高。充分发挥企业重大项目投资对稳增长的拉动作用,协调解决企业重大投资项目建设难题,广西壮族自治区国资系统企业固定资产投资1748.65亿元,比上年增长15.85%。其中,广西壮族自治区国资委监管的国有企业完成固定资产投资619.78亿元,比上年增长13.90%。

(二)拓宽企业开放合作空间

广投资本联合国开金融、新加坡大华创投和法国凯辉资本发起设立广西东盟"一带一路"产业投资基金,基金总规模100亿元,首期规模20亿元,为企业优势产业投资东盟"一带一路"区域提供资金保障。推进国际产能合作,广西北部湾国际港务集团推进马来西亚"马中关丹产业园"建设,产业园一期全面完成基础设施,其中年产350万吨钢厂建成投产,山东成山集团年产1200万套汽车和工程车轮胎生产项目、新加坡米高集团年产20万吨氮磷钾复合肥项目、广西投资集团年产10万吨铝型材加工项目、广西仲礼陶瓷集团年产20万吨日用及工业陶瓷生产项目和总投资80亿元的中国香港新海能源年产350万吨石油炼化项目等一批重大项目进行前期建设。推动企业境外承包工程,十一冶集团在非洲设立子公司,在乌干达国际产能合作工业园承接EPC总承包价格为17.8亿元的钢铁厂、有色冶炼厂和化肥厂项目;广西建工集团新签5个境外工程承包项目。借助中新互联互通南向通道建设,推动川桂国有企业在航空、川桂铁海联运大通道、工程建设、文化旅游、白酒产业、能源与石化产业、信息技术产业、跨区域农产品贸易等方面加强合资合作。

(三)依法依规监督管理

认真做好自治区政府向自治区人大常委会报告国有资产管理情况工作,围绕企业国有资产负债总体情况、国有资本投向、布局与风险控制情况及国有企业改革情况、国有资产处置和收益分配情况、境外投资形成的资产情况、企业经营班子成员薪酬情况等事项开展调研和统计分析,形成《自治区企业国有资产管理情况报告》向自治区人大常委会报告,获得人大常委会好评。加快国资监管职能转变,进一步推进简政放权工作,出台自治区国资委权力和责任清单,明确44项权责事项;清理需要废止的规范性文件160件,需要重新修订的规范性文件47件。研究制定出资人权力运行流程图和企业重大事项报告暂行规定、贯彻落实"三重一大"决策制度的指导意见。推进法治机关建设,建立政府法律顾问制度。完善合法性审查制度,将法律审核融入决策程序。进一步简政放权,投资审批事项由原来7项减少为3项,对企业主业项目不再审批。推进依法治企,22户监管企业全部建立总法律顾问制度,总法律顾问设置率100%,其中9户企业设置专职总法律顾问。20户二级子企业设立总法律顾问。严格审核企业清产核资报告,完成广西出版传媒集团、广西新华书店集团、广西文化产业集团3户文化类企业清产核资。加强投资监管,修订投资管理办法,取消具体项目备案事项,企业主业投资项目不再审批,只设核准事项和报告事项,除投资额大于1000万元的非主业投资项目和境外投资项目需核准外,其他投资事项全部由企业自主决策。加强产权管理,进一步规范国有企业产权转让、增资、资产转让交易行为和进场交易制度,审核国有产权公开转让项目28宗、批复非公开协议转让项目7宗,指导广西北部湾产权交易所和广西联合产权交易所完成国有产股权交易、国有实物资产交易和国有企业增资项目264宗,评估值63.07亿元,成交额62.98亿元,平均竞价率98%,成交额比上年增长73.4%。促进上市公司运用资本市场工具开展市值管理,广西广电网络公司申请公开发行可转换公司债券直接融资近14亿元,广西柳钢集团转让所持柳钢股份部分股份筹集资金12.68亿元。规范和完善国有资本经营预算管理,2018年上缴国有资本收益133557.62万元,其中应交利润收入125353.29万元;股利股息收入8204.33万元。加强企业风险管理,以金投集团为主、12家企业首批参与发起组建国企互助资金管理公司;积极协调推进北部湾银行风险化解及增资扩股工作,动员自治区国有企业参与北部湾银行增资,完成北部湾银行30亿股的认购任务,其中11户监管企业(含其子企业)认购19.12亿股,其他自治区、市、县国企(国有单位)、少数民营企业合计认购10.88亿股。

(四)解决国有企业历史遗留问题

配合广西财政厅向国家申请到中央下放企业"三

供一业"补助资金7.23亿元,自治区和各市财政落实5亿元补助资金专项用于自治区直属企业职工家属区"三供一业"分离移交维修改造;督促协调各企业及相关单位加快推进"三供一业"分离移交,自治区范围内国有企业职工家属区约30.4万户居民基本完成分离移交协议签订,其中,自治区直属企业职工家属区供水、供电、供气、物业管理分离移交完成签订协议率分别为100%、100%、100%和96%,市(含区、县)属企业供水、供电、物业管理分离移交完成签订协议率分别为100%、100%和73%;自治区12.1万名国有企业退休人员实现社会化管理,社会化管理比例72.9%,年减轻企业负担6100多万元;加快推进"僵尸企业"处置工作,完成"僵尸企业"出清372户。

二、广西壮族自治区国有资产总量与结构分析

表1　2018年广西壮族自治区国有企业指标

项目	金额(亿元)
资产总额	38403.57
所有者权益	12382.26
国有资产总量	10985.02
营业收入	7863.50
利润总额	342.93
净利润	259.47
归属母公司所有者的净利润	199.58
应交税金总额	342.76
实际上缴税金总额	328.12

表2　2018年广西壮族自治区一级国有企业户数情况

2017年户数(户)	2018年户数(户)	比上年增长(%)
1653	1779	7.62

表3　2018年广西壮族自治区国有资产按地区分布情况

地区	国有资产(亿元)	占国有资产总量比重(%)
省属企业	3442.30	31.34
地市企业	7542.72	68.66
南宁市	1389.72	12.65
柳州市	2067.76	18.82
桂林市	591.82	5.39
梧州市	382.83	3.49
北海市	185.91	1.69
防城港市	292.89	2.67
钦州市	479.15	4.36
贵港市	176.71	1.61
玉林市	313.62	2.85
百色市	646.48	5.89
贺州市	176.33	1.61
河池市	198.89	1.81
来宾市	281.21	2.56
崇左市	344.65	3.14
中国—马来西亚钦州产业园区	14.77	0.13
合计	10985.02	100.00

表4　2018年广西壮族自治区国有资产按行业分布情况

行业	国有资产(亿元)	占国有资产总量比重(%)
农林牧渔业	610.98	3.61
工业	1729.54	10.22
建筑业	2954.85	17.46
地质勘查及水利业	76.38	0.45
交通运输业	1217.33	7.19
仓储业	457.90	2.71
邮电通信业	0.06	0.00
批发和零售业	358.29	2.12

续表

行 业	国有资产（亿元）	占国有资产总量比重(%)
金融业	1235.15	7.30
房地产业	1305.50	7.72
信息技术服务业	37.07	0.22
社会服务业	6786.18	40.11
卫生体育福利业	1.67	0.01
教育文化广播业	107.02	0.63
科学研究和技术服务业	42.79	0.25
机关社团及其他	0.05	0.00
合　计	16920.76	100.00

注：按行业分类数据因无法抵消的问题，国有资产总量大于已抵消数据。

表5　2018年广西壮族自治区国有资产按经营规模分布情况

经营规模	国有资产（亿元）	占国有资产总量比重(%)
大型企业	2038.49	12.05
中型企业	5407.18	31.95
小型企业	6565.37	38.80
微型企业	2909.72	17.20
合　计	16920.76	100.00

注：按经营规模分类数据因无法抵消的问题，国有资产总量大于已抵消数据。

三、广西壮族自治区国有资本保值增值综合分析评价

表6　2018年广西壮族自治区国有企业地区和行业国有资本保值增值情况

地　区	国有资本保值增值率(%)	行　业	国有资本保值增值率(%)
自治区企业	103.02	农林牧渔业	103.22
本级企业	104.71	工业	111.35

续表

地　区	国有资本保值增值率(%)	行　业	国有资本保值增值率(%)
本级监管企业	105.55	建筑业	102.46
本级非监管企业	98.44	地质勘查及水利业	100.67
地市企业	102.34	交通运输业	101.80
南宁市	102.69	仓储业	104.45
柳州市	103.05	邮电通信业	130.48
桂林市	106.45	批发和零售业	101.69
梧州市	100.27	金融业	107.76
北海市	99.91	房地产业	102.27
防城港市	99.97	信息技术服务业	99.81
钦州市	101.50	社会服务业	100.52
贵港市	99.96	卫生体育福利业	112.96
玉林市	100.08	教育文化广播业	100.01
百色市	100.45	科学研究和技术服务业	104.20
贺州市	111.79	机关社团及其他	98.28
河池市	107.82		
来宾市	99.14		
崇左市	100.29		

四、广西壮族自治区国资委监管企业改革发展情况

（一）深化供给侧结构性改革

聚焦主业引导企业投资，2018年广西壮族自治区国资委监管企业计划投资总额1552.35亿元（不含银行类企业及广西广电网络公司），比上年增长39%，其中主业投资1547.1亿元，占计划总投资的99.66%。加强企业科技创新和新产品研发的政策引导支持，调整企业年度经营业绩考核内容，取消营业收入考核指标；企业研发经费视同利润考核，重大科技创新给予考核加分，广西国资委监管国有企业实现132.42亿元，比上年增长29.19%。支持企业培育新兴产业，举

办国有企业走进中国东盟信息港暨签约活动,鼓励、支持企业携手中国东信依托大数据产业拓展发展新模式、培育新业态、打造新产业,广西柳工集团、广西西江开发投资集团、广西北部湾投资集团和中国东信开展信息化、数据化、智能化合作;广西投资集团组建数字广西集团,加快产业聚集,形成广西大数据产业链和生态圈,有效促进数字广西和中国—东盟信息港建设,加快自治区数字经济发展;广西广电网络公司与科大讯飞公司在广西新媒体中心合作共建"两基地一中心",共同推动人工智能语音核心技术产业化进程,努力打造中国—东盟网络视听产业基地。

(二)落实重点改革任务

进一步加强改革组织领导,自治区人民政府成立自治区国有企业改革领导小组,由自治区党委常委、常务副主席秦如培担任组长,成员由自治区党委组织部、宣传部、改革办、广西国资委、发展改革委等有关部门负责人组成。推荐广西建工集团、广西柳工集团2户一级企业和广西宏桂集团荣桂公司、广西北部湾国际港务集团北部湾港公司2户二级企业、百色百矿集团1户市属企业作为国家层面"国企改革双百行动"改革试点。实施集团层面战略性重组,广西交通投资集团和广西铁投集团、广西北部湾国际港务集团和广西西江开发投资集团、广西北部湾投资集团和广西新发展交通集团6户企业战略性重组为3户,是广西近年规模最大、规格最高的国有企业战略性重组。推进广西糖业集团组建,加快核心制糖企业优化重组,同时广西玉柴集团由玉林市上划广西国资委管理。加快完善现代企业制度,出台落实董事会职权试点、进一步完善国有企业法人治理结构、自治区直属企业公司制改制等改革政策文件;推进全民所有制企业公司制改革,批复广西林业集团广西武鸣栲胶厂、融安贮木场等公司制改制立项,批复广西柳钢集团柳州兴钢建筑安装工程处、广西壮族自治区粮油科学研究所、广西壮族自治区政府汽车队加油站、广西壮族自治区盐业公司、广西壮族自治区工艺美术研究所、广西中国国际旅行社等企业改制方案。建立外部董事和总会计师人才库,开展企业专职外部董事选任工作。指导北部湾银行开展试行职业经理人薪酬改革。稳妥发展混合所有制经济,继续指导企业开展国有控股混合所有制企业实施员工持股试点,启动第二批国有控股混合所有制企业员工持股试点;探索推进集团层面混改,积极指导广西建工集团进行股改推进整体上市,广西汽车集团引入战略投资者。

五、广西壮族自治区国资委监管企业并购重组与完善法人治理结构情况

(一)支持监管企业开展并购重组

广西北部湾投资集团加强与海航集团战略合作,进一步重组整合北部湾航空公司。广西投资集团整合广西区直企业所持有的广西华昇新材料有限公司39%股权,加大广西生态铝工业基地防城港项目投资建设力度。广西林业集团围绕做大林业产业目标,其下属全资子公司广西林业集团桂钦林浆纸有限公司出资37792.45万元收购贺州市欣荣星林业有限公司51.22平方千米林地林木资产。广西柳钢集团以164826.72万元收购广西中金金属科技有限公司100%股权,进一步填补广西柳钢集团不锈钢市场空白,不断增强企业市场竞争力。广西铁路投资集团通过公开挂牌竞拍,以83985.4592万元价格收购东盟文化交流中心项目。

(二)进一步完善监管企业法人治理结构

按照健全完善企业法人治理结构要求,2018年12月27日,广西壮族自治区国资委、广西壮族自治区党委组织部联合印发《关于自治区直属企业董事会选聘经理层成员工作的指导意见》(桂国资党发〔2018〕48号)、《自治区直属企业董事会及董事评价暂行办法》(桂国资党发〔2018〕49号)、《自治区直属企业外部董事管理暂行办法》(桂国资党发〔2018〕50号)。逐步推进规范董事会建设工作,开展广西柳工集团、广西汽车集团新一届董事会换届考察,审核考察各4名兼职外部董事人选,完成广西广电网络公司新一届董事会换届工作,批复6名独立董事。选派5名现职企业领导人员转任专职外部董事,每一名专职外部董事任职2家企业。做好外部董事及总会计师人才库入库人选推荐工作,向自治区直属企业、驻桂央企等单位征求入库人选,初步建立外部董事和总会计师人才库。对北部湾银行实行职业经理人制度情况进行调研,并形

成调研报告报送自治区党委。指导广西投资集团、广西物资集团、广西柳工集团在二、三级公司开展职业经理人制度试点。

六、广西壮族自治区国资委监管企业建立和完善经营业绩考核体系情况

(一)完善企业经营业绩考核制度规定

2018年5月,广西国资委在已出台企业负责人经营业绩考核办法及配套实施细则的基础上,积极创新社会效益优先、兼顾经济效益的文化类企业"双效"业绩考核管理制度,制定出台广西国资委国有文化企业"双效"业绩考察实施细则,对以提供精神产品、担负文化传承使命为主要目标的公益二类(文化类)企业建立起宣传文化部门第三方评价机制,以及国资、宣传文化部门联合评价机制,重点考核文化类企业政治导向、文化创作生产和服务、受众反应、社会影响等社会效益指标,兼顾考核盈利能力、资产质量等经济效益指标,通过完善文化类企业"双效"业绩考核制度体系,逐步实现国有文化类企业社会效益与经济效益的统一。对承担政府性融资担保体系建设重要任务的广西再担保有限责任公司,2018年12月广西国资委专门出台《广西再担保有限公司年度"双效"业绩考核实施细则(试行)》,建立健全广西再担保有限公司激励与约束机制,促进广西经济特别是小微企业稳定发展。积极创新监管企业利润总额等指标的计分办法,结合经济增长进入中高速增长的时代特点,根据企业规模大小,科学划分企业相关指标计分幅度,如利润总额规模在20亿元以上的企业利润总额每增减3%加减1分,15亿～20亿元的企业利润总额每增减3.5%加减1分等,体现不同规模企业的效益增减难度,更加科学合理地反映企业经营业绩。针对近年来企业负债率过高、财务风险不断显现的问题,广西国资委对杠杆率高、负债规模大的企业,严格考核计分和资本成本率上浮条件;对资产结构不合理、运行效率低下、存在较大损失风险的企业,加强资金流、两金占比、应收账款周转率等指标的考核;对因违反法律法规等造成重大不良影响或国有资产损失的企业,在考核中加大扣分处罚力度。

(二)强化业绩考核结果运用

广西国资委严格按照考核办法对企业负责人经营业绩进行考核评价,出具考核结果,并将结果直接运用到企业负责人薪酬兑现上,有效拉开不同功能定位、不同规模、不同效益企业的薪酬差距。对财务绩效定量评价结果较好、获得国家或省部级科学技术奖励、科技创新成果实现产业化并取得明显成效的企业给予奖励加分;对存在违反相关法律法规、发生较大以上环境污染责任事故等情况的企业给予降级或者扣分处理,通过一系列的奖惩措施影响企业负责人绩效年薪和任期激励收入,企业经营业绩激励约束作用不断显现。2018年11月,广西国资委完成2017年度及2015—2017年任期考核结果的认定工作。其中,2017年纳入考核范围的25户企业中A级企业18户;2015—2017年任期纳入考核范围的28户企业中A级企业6户。

七、广西壮族自治区国资委监管企业负责人考核与选人用人机制改革情况

(一)做好企业领导班子和领导人员年度考核

会同广西壮族自治区党委组织部研究制定2018年度考核方案,及时做好与企业的沟通对接,开展22户企业领导班子及领导人员年度考核工作和企业中层领导选拔任用"一报告两评议"工作,汇总分析企业领导班子和领导人员2018年度考核情况,对企业领导人员考评等次提出建议意见。

(二)充实配备企业领导班子成员

配合广西壮族自治区党委组织部搞好企业领导人员推荐考察和调整配备工作。2018年,广西国资委参与推荐考察企业副职领导5人、副职领导18人;办理到龄免职退休6人;批复企业职工监事人选2人次。对广西有色集团领导班子成员安置问题提出任免建议;对接做好北部湾银行部分企业领导人员任免职事项。配合广西壮族自治区党委组织部开展广西玉柴集团领导班子配备情况调研,做好集团领导班子、领导人员考察及新任领导班子宣布工作。结合企业战略重组,对十一冶集团并入广西柳钢集团、广西铁路投资集团并入广西交通投资集团、广西新发展交通集团并入

广西北部湾投资集团、广西西江开发投资集团并入广西北部湾国际港务集团领导人员安排提出意见建议，协助做好新组建的集团领导班子成员集体谈话工作，研究重组后企业领导人员职级待遇问题。配合广西壮族自治区党委组织部完成广西出版传媒集团、广西铁路投资集团、广西西江开发投资集团、广西机场管理集团、广西文化产业集团、广西林业集团党委新一届党委人选民主推荐、考察工作。严格落实"凡提必查"，对广西国宏集团1名拟任领导人选因个人重大事项报告漏填取消任职资格。

八、广西壮族自治区国资委监管企业党的建设和廉政建设情况

（一）加强企业政治学习和宣传思想工作

充分利用监管企业121个门户网站、368个微信和微博公众号传播宣讲党的十九大精神，进一步加强意识形态工作。与各企业党委签订2018年意识形态责任书，层层压实责任。打造国企特色"新时代讲习所"、国企书院意识形态阵地，广西国资委党委建立新时代文明实践中心，各监管企业党委建设国企书院21个，新时代讲习所200多个。以改革开放40周年、自治区成立60周年为契机，在新华社、广西卫视、《广西日报》等媒体宣传国企改革发展的辉煌成就，传播国企好声音、好故事。

（二）加强企业党组织建设

推动基层党建品牌创建活动，涌现出广西建工集团"海外党建"、广西柳钢集团"钢铁先锋党员淬炼线"、广西金融投资集团"一红旗五标兵"、广西交通投资集团"凤娟标杆"等一批党建品牌。完成2017年党建工作考核，向各监管企业党委通报考核结果。开展企业党委书记落实主体责任现场述职评议，广西国资委党委书记一对一点评，监管企业党的十九大代表和自治区第十一次党代会代表参与民主评议，民主评议结果与企业2017年度党建工作考核挂钩。召开国资国企系统庆祝建党97周年迎"七一"表彰大会，表彰2016—2018年度企业先进基层党组织317个、优秀共产党员395人、优秀党务工作者256人。抓好党员发展，举办6期1140余人企业入党发展对象培训班，各企业党组织新增发展党员1110人，不断优化党员队伍整体结构。

（三）认真履行党风廉政建设主体责任

广西国资委党委制定印发《区直企业2018年度全面从严治党任务清单》《区直企业2018年度党建工作考核细则（规定动作）》，指导监管企业党委制定2018年度全面从严治党任务清单、责任清单，明确党委、党委书记和其他班子成员的责任。广西国资委党委委员带头为企业领导人员、基层党组织书记、纪检监察干部上廉洁党课，带领企业党委书记赴井冈山开展革命传统教育，观演"扬正气、颂清廉"纪检专题党性教育节目，锤炼党性、砥砺前行。选树廉政先进典型，从各监管企业作风过硬、爱岗敬业的46人中评出广西国资委党委系统17名勤廉榜样，在《广西日报》专版宣传，其中3人获得"2018年广西勤廉先进个人"称号。深入开展巡察监督，完成11户二级子企业党组织巡察，巡察发现问题130个；督促企业党组织整改存在问题，问责178人，挽回经济损失1063.89万元。配合自治区党委巡视组对8户区直企业党委开展巡视工作，配合自治区纪委查处广西交通投资集团、广西西江开发投资集团等企业违纪违法领导人员。

（撰稿人：邓明甫）

海南省

一、海南省国有资产监督管理工作综述

2018年，海南省国资系统聚焦省委关于落实习近平总书记"4·13"重要讲话和中央12号文件精神责任分工任务，着力谋发展、调结构、抓改革、促转型、强党建，推动各项工作都取得新进展、新成效。

一是企业运行总体保持稳中向好的发展态势。2018年，海南省国有企业实现利润总额31.87亿元，比上年增长16.31%；上缴税费总额48.88亿元，与上年持平。其中，省级国有企业实现利润总额26.66亿元，与上年持平；上缴税费总额36.25亿元，比上年下

降 3.6%。海南省国资委重点监管的企业实现利润总额 14.49 亿元，比上年增长 2.8%；上缴税费总额 30.4 亿元，比上年增长 11.4%。

二是重点项目建设取得积极成效。海南省国资委重点监管企业全年实施 136 个重点项目，年度计划投资 100 亿元，实际完成投资 120 亿元。其中，发展控股、海垦控股、海汽控股、金林集团都超额完成年度投资计划。在省政府举办的投资合作项目集中开工签约活动中，省属企业集中开工 8 个项目，总投资 53 亿元；集中签约 9 个项目，合同投资额 218 亿元。

三是招商合作与对外开放取得丰硕成果。落实省委省政府"百日大招商"工作部署，海南省国资委牵头与中国旅游集团等央企进行对接，推动 16 家央企与省政府开展两轮签约活动。中国旅游集团总部等 16 家央企总部或区域总部在琼注册成立，完成异地结算收入超过 40 亿元、新增投资 50 亿元。各省属企业在招商中积极作为，发展控股、海垦控股、联合资产、海洋发展、省规划院、路桥公司都分别与有关央企、外省企业、外企达成合作协议。企业"走出去"迈出新步伐，海胶集团收购 R1 国际 71.58% 股权，海建集团承建老挝波利康木赛水利工程，金林集团通航业务承接江西省空域管理改革项目。

四是积极履行国有企业政治与社会责任。精准扶贫再创佳绩，全系统投入帮扶资金 3000 多万元，实施帮扶项目 100 多个，完成脱贫 464 户 1829 人。累计完成脱贫 3597 户 15644 人，脱贫人数率 82%。各企业积极主动落实主体责任，狠抓安全生产、信访维稳、应急处置、抗雾保运、抗风抢险等各项工作，为海南省社会大局稳定作出应有贡献。

二、海南省国有资产总量与结构分析

1. 国有企业规模情况。2018 年，海南省国有企业资产总额 5856.84 亿元，比上年增长 0.55%；所有者权益 2225.23 亿元，比上年增长 7.32%。

2. 省属企业国有资产情况。省属企业经营性国有企业 711 户（含重点监管企业和各林场、粮食系统企业、托管企业），其中一级企业 83 户、二级企业 305 户、三级及以下企业 323 户。资产总额 2161.28 亿元，比年初增加 7.27 亿元，增长 0.34%；负债总额 1151.34 亿元，比年初减少 72.7 亿元，降低 5.94%；所有者权益 1009.94 亿元，比年初增加 79.97 亿元，增长 8.6%。国有资产总量 885.68 亿元，比年初增加 55.47 亿元，增长 6.68%。

3. 省国资委重点监管企业国有资产情况。省国资委重点监管企业（一级企业）18 户，资产总额 1332.67 亿元，比年初增加 88.97 亿元，增长 7.15%；负债总额 594.8 亿元，比年初增加 25.18 亿元，增长 4.42%；所有者权益 737.87 亿元，比年初增加 63.79 亿元，增长 9.46%。国有资产总量 641.45 亿元，比年初增加 41.57 亿元，增长 6.93%。

4. 各市县国有资产情况。海南省各市县（含洋浦开发区管委会）所属企业 410 户，资产总额 3695.56 亿元，比年初增加 25.01 亿元，增长 0.68%；负债总额 2480.28 亿元，比年初减少 46.79 亿元，降低 1.85%；所有者权益 1215.28 亿元，比年初增加 71.79 亿元，增长 6.28%。国有资产总量 1176.82 亿元，比年初增加 77.47 亿元，增长 7.05%。

表1　2018 年海南省国有资产按地区分布情况

地　区	国有资产（亿元）	占国有资产总量比重(%)
全省国有企业	2062.39	100.00
省属企业	885.57	42.94
省直部门监管企业	153.89	7.46
其他监管企业	90.23	4.38
重点监管企业	641.45	31.10
市县级国资监管企业	1176.82	57.06
地市级监管企业	777.02	37.68
县级国资监管企业	399.80	19.39
儋州市	72.29	3.51
三亚市	214.37	10.39
海口市	490.38	23.78
洋浦经济开发区	−0.02	0.00
保亭县	5.35	0.26
定安县	3.90	0.19
东方市	23.36	1.13

续表

地 区	国有资产（亿元）	占国有资产总量比重(%)
乐东县	0.69	0.03
屯昌县	10.55	0.51
文昌市	43.31	2.10
白沙黎族自治县	3.50	0.17
昌江黎族自治县	1.97	0.10
临高县	−0.06	0.00
陵水黎族自治县	66.42	3.22
琼海市	29.90	1.45
琼中县	32.63	1.58
万宁市	33.24	1.61
五指山市	4.05	0.20
澄迈县	140.90	6.83

三、海南省国有资本保值增值综合分析评价

扣除客观影响因素后，海南省国有资本保值增值率102.99%，比上年增加1.77个百分点。

表2　2018年海南省国有企业地区国有资本保值增值情况

地 区	国有资本保值增值率(%)
国有企业	102.99
省属企业	102.13
省直部门监管企业	106.72
其他监管企业	98.10
重点监管企业	101.61
市县级国资监管企业	110.70
地市级监管企业	100.23
儋州市	100.67
三亚市	100.82
海口市	99.94
洋浦经济开发区	资不抵债

续表

地 区	国有资本保值增值率(%)
县级监管企业汇总	110.70
保亭县	98.80
定安县	100.93
东方市	98.96
乐东县	100.39
屯昌县	99.49
文昌市	1052.26
白沙县	101.84
昌江县	100.15
临高县	资不抵债
陵水县	99.36
琼海市	100.17
琼中县	99.08
万宁市	100.24
五指山市	100.30
澄迈县	100.00

四、海南省国资委监管企业股份制改革与上市融资情况

一是启动实施国企改革"双百行动"。海建集团、海汽集团、海胶集团、天汇能源4家企业的方案获国务院国企改革领导小组备案。二是混合所有制改革稳步推进。完成海南铁路混合所有制改革前期工作，公开发布海垦建工、天汇能源、丰源油脂等企业混合所有制改革招商信息，混合所有制改革后的水投公司、海垦建工实际运行。省属企业实施混合所有制改革企业264户，混改面36.6%。三是公司法人治理结构和市场化经营机制不断健全。向12家省属企业外派14名专职外部董事，在省属企业层面初步构建专职外部董事占多数、权责对等、有效制衡的董事会。制定出台《海南省省属国有企业推行职业经理人制度指导意见》，在海汽集团推行职业经理人试点，海汽集团董事会与新聘任的职业经理人团队签订聘用合同、绩效合约，原经营班子成员身份转换为职业经理人。

四是国有资本投资运营公司试点取得积极成效。通过试点改革,省发展控股、海垦控股主业逐步清晰,经营业绩不断攀升,省发展控股2018年取得AAA级市场信用评级,海垦控股扭亏为盈并向高质量发展,基本实现国有资本授权经营放得下、接得住、管得好的初衷。五是资产证券化水平不断提升。海南橡胶定增获中国证监会核准。省政府批复同意海垦控股非公开发行不超过30亿元可交换公司债券及公司债换股的方案。海垦控股土地资本化工作取得突破性进展,实施18平方千米土地资本化,经省政府批准,省国资委以作价出资方式向海垦控股注资10亿元,为海垦控股充分利用土地资源打下坚实基础。农垦林产成功挂牌"新三板"。省发展控股积极为海南省不动产证券化探路,成功发行8.7亿元的人才租赁住房第一期资产支持专项计划(REITs)。天汇能源成功发行3亿元海南省首单绿色资产支持证券。

五、海南省国资委监管企业改革发展与完善法人治理结构情况

一是"处僵治困"稳步推进。按照扭亏增盈、改制发展、重组整合、清理退出等"四个一批"的要求,实施"处僵治困"计划企业50家,其中清理退出企业39家。海垦控股在新一轮农垦改革中集中清理注销330家企业。省属企业职工家属区"三供一业"职能分离移交总体完成,资产移交和维修改造推进中。

二是经营性国有资产集中统一监管取得进展。继省委将省农信社、海南银行、省交通控股3家单位党委移交省国资委党委管理之后,省委省政府又出台关于推进省属经营性国有资产集中统一监管的实施意见。在开展省直单位所属经营性国有资产调查摸底的基础上,省国资委成立工作组,分别与有关省直单位联络对接,共同研究制定移交划转方案。省纪委将省纪检干部培训中心移交省国资委管理,完成新一轮省属经营性国有资产集中统一监管的首单移交。与省住建厅、省地质局等清理移交任务较重的厅局协商达成共识,形成移交方案。

三是国资监管聚焦有力。新一轮国资国企改革"1+N"政策体系初步形成。监事会年初起对省属企业开展年度监督检查,发现问题78个,提出建议80条。落实机构改革方案,国有企业监事会工作办公室随同国有企业领导干部经济责任审计职责划入省审计厅,圆满完成改革使命。省国资委结合"三定"方案制定,调整优化处室设置与职责,强化监管稽查职能。以18家省属一级企业和47家二、三级企业为对象,组织力量开展财务大检查,发现问题834个。针对问题,省国资委部署开展整改工作并下达整改通知。针对不少企业国有资产底数不清、资产不入账、不进行产权登记等问题,启动产权年度登记检查,新录入省属二级以下企业236家。法律风险防范能力水平不断提升,全年省属企业应诉并处置各类法律纠纷案件100余起,避免及挽回经济损失合计逾6亿元,有效维护国有资本合法权益。

六、海南省国资委监管企业建立和完善经营业绩考核体系情况

一是明确经营业绩考核指标,促进企业提质增效。采取企业自主申报和省国资委综合测算相结合的方式,与企业进行"两上两下"的指标对接,提出2018年度省属企业负责人经营业绩考核指标,与13家重点监管企业签订经营业绩考核责任书,向3家重点监管企业和2家委托考核企业下达考核通知。对农垦控股经营业绩考核继续坚持质量第一、效益优先,以效益增量考核为核心设定积极正向的考核目标任务鼓励推动在农垦系统内部下属公司探索经济增加值考核。

二是开展企业负责人2017年度经营业绩考核和2015—2017任期经营业绩考核工作。测算企业2017年度及2015—2017任期经营业绩考核结果,下达19家企业负责人的薪酬兑现文件。对2016年113位省属企业负责人薪酬进行逐一审核、汇总,并在省国资委网站进行公示。

七、海南省国资委监管企业负责人考核与选人用人机制改革情况

一是开展薪酬分配工作。出具2016年度企业人

工成本报告,部署2017年度人工成本专项审计工作,组织开展省属企业人工成本2018年预算审核及第二次预审。报送2016年度省属企业负责人薪酬数据并反馈有关问题整改情况。完成2015年度、2016年度企业负责人薪酬信息披露工作。组织企业报送2017年度职工薪酬调查数据,做好企业2017年度薪酬有关数据统计工作。

二是开展企业领导班子考核工作。与省委组织部联合下发《2017年度企业领导班子及成员考核方案》,组织4个考核组对18家企业党政领导班子、96名领导班子成员及董事会成员进行年度考核评价,对企业落实党建、人才工作目标责任制情况以及选人用人工作情况进行专项检查,指导企业开展"一报告两评议"、向离退休干部通报组织人事工作专题报告。

三是推进人才队伍建设。印发《省国资委贯彻落实〈百万人才进海南行动计划(2018—2025年)〉责任分工方案》。做好2018年海南大学硕博毕业生对接会工作。召开省属企业专场招聘会,6家参会省属企业现场收到575份求职简历。组织协调33家省属企业及驻琼央企参加省委省政府在北京举办的"聚四方之才"专场招聘会,招聘会现场提供1666个岗位,收到求职简历3219份,与求职人员签订意向书459份,初步达成协议257份。2018年省国资委系统招聘人才3656人。培训力度加大,组织赴新加坡、大连、西安等地培训活动322班次,培训11147人次。

八、海南省国资委监管企业党的建设和廉政建设情况

一是深入开展学习活动,各企业党委将党的十九大、习近平总书记"4·13"重要讲话、中央12号文件精神纳入理论中心组、"三会一课"学习内容,并开展多种形式的学习活动,特别是各企业对本企业如何介入自贸区(港)建设进行理论研讨,形成一批成果。二是继续实施党建工作10件实事,新创建一批标准化、规范化党支部,完成省属一级及二级以下企业将党建工作要求写入公司章程工作,省国资委党委管理的14家企业领导班子实现党委书记、董事长"一肩挑"。三是深入开展"勇当先锋、做好表率"专题活动,各企业以"勇当先锋、做好表率"为主题,组织开展演讲比赛、歌咏比赛、研讨征文等活动,特别是开展党员岗位大练兵,培育一批业务标兵,涌现出一批以"最美国资人"为代表的先进典型。四是深入推进全面从严治企,连续5批次对10家省属企业党委履行"两个责任"情况进行专项检查,发现问题405个(企业分解为434个),推动企业补充修订完善制度193项,收缴各种违规经费300余万元,追回往年贷款1000余万元,补缴党费37万元。组织企业负责人到海口监狱开展廉政警示教育,全年海南省国资委系统受理各类信访举报件638件,开展提醒谈话297人次,诫勉谈话43人次,函询56人次,任前廉政谈话403人次,集体廉政约谈40场次,给予党纪政纪处分99人次,组织处理30人次,执纪监督四种形态的运用效果明显,"红脸出汗"成为常态。

九、海南省国资监管及国有企业改革发展具有地方特色情况

一是推进农垦土地资产化和资本化。垦区各下属企业向市县不动产局提交土地划转变更登记申请的面积3866.67平方千米,发证面积356.47平方千米。海垦控股集团确定第一批实施资本化土地,完成土地划转变更登记、地价评估以及属地国土局出具地价初审意见,土地处置方案上报省政府。根据方案,土地面积17.96平方千米,总价25.68亿元,省政府作价出资额10.27亿元。

二是高效服务和保障重大国事活动。高效服务保障博鳌亚洲论坛年会,各有关企业抽调精兵强将,全力以赴服务博鳌亚洲论坛2018年年会,为保障党的十九大之后我国第一场主场外交活动的顺利举办发挥重要作用。

三是国有企业战略性重组迈出关键步伐。海免公司与中国旅游集团重组后迅速布局新的免税购物中心,海口日月广场、琼海博鳌免税店正式开业。港航控股与中远海运重组加快港口整合和开发建设,省交通集团、旅游集团重组稳步推进,粮油企业整合后经营和投资都初显成效。

四是新业态加速成长。海建集团积极推进装配

式建筑发展,联合资产公司积极培育大数据企业,海南石碌铁矿矿山公园成功获批国家矿山公园,金林集团通用航空产业示范项目被纳入海南省军民融合先导产业项目库。

（撰稿人：张嘉倪）

重庆市

一、重庆市国有资产监督管理工作综述

2018年,重庆市国资系统全面贯彻党的十九大精神,按照市委、市政府工作部署,稳步推进国资国企改革创新和发展任务,全面从严加强党的建设,推动企业高质量发展。

一是国企发展质量效益有了新提高。2018年,重庆市国资委监管的35户市属国企实现利润总额299亿元,比上年增长12%;市级部门监管国企实现利润84亿元,比上年增长86.6%;区县所属国企实现利润81亿元;中央在渝企业（不含在渝金融企业）实现利润155亿元。

二是国企市场化专业化改革重组实现新突破。重庆商投集团专业化重组平稳完成;重庆粮食集团市场化重组改革进入实质推进阶段;重庆能源集团组建渝新能源公司,对优质煤电资产进行重组整合;重盐集团与中盐集团重组整合稳步推进;13户市属国有建筑企业、27户市属国有房地产企业完成专业化重组或市场化退出。

三是国企供给侧结构性改革取得新成效。重庆能源集团关闭永川煤矿和兴隆煤矿,去过剩产能87万吨。完成处置"僵尸企业"37户,压缩企业管理层级26户。对工业、商贸、投资企业分别实行65%、70%、60%的资产负债率投资警戒线监管,超出警戒线的严控企业新增商业性投资项目。市国资委监管的非金融企业平均资产负债率61.2%,较2017年末下降0.6个百分点。市属国企和在渝央企"三供一业"、市政设施和社区管理分离移交基本完成,近30万名市属国企退休人员实行社会化管理。万盛经开区、永川区、江津区、九龙坡区、沙坪坝区、垫江县、铜梁区、忠县、彭水县等区县剥离企业办社会职能推动有力,效果明显。

四是国企创新发展培育一批新动能。推出90个智能产业及智能化应用项目,完成投资86亿元。工业企业研发投入15.5亿元,占营业收入比重2.1%,比上年增加0.2个百分点。庆铃集团国六产品进入量产准备阶段。中国四联集团创建全球仪表行业领先的智能化生产线。重庆机电集团所属西南计算机公司军民融合项目获得2018年度国家科技进步一等奖。重庆商社集团推广刷脸支付、全覆盖安装客流计数器等智能化应用。重庆交运集团智慧出行服务平台获得全国部级创新成果一等奖。重庆对外经贸集团所属国际集团入选全国供应链创新与应用试点企业。重庆交通开投集团打造智慧交通,主城区620条线路、8000辆公交车实现移动支付。市农投集团推进乳业智慧链建设项目,牧场人均年加工乳从2500吨提高到4000吨。重咨集团BIM技术研发与应用获批"国家高新技术企业认定"。重庆机场集团与阿里云计算公司、华为技术公司开展信息技术战略合作。重庆渝富集团主导的战略性新兴产业投资基金聚焦集成电路、液晶面板等半导体产业领域,累计完成投资项目13个、完成投资128亿元。

五是国企"三大攻坚战"取得新进展。建立市属国企防范化解重大风险工作台账。全面清理处置、防范市属国有小贷公司、担保公司的经营风险、资金流动风险、P2P风险、债务违约风险,守住不发生系统性风险的底线。重庆农商行、重庆银行、重庆三峡银行、重庆渝富集团、重庆渝康公司、市地产集团、市城投集团、千信国际公司大局意识强,在市国资委统筹调度下,协同化解部分国企、民企债务风险,关键的时候发挥关键的作用。国企用心用力支持贫困区县脱贫攻坚,筹集资金4.09亿元专项用于巫溪、城口、彭水、酉阳县及奉节县平安乡扶贫工作,为4个深度贫困县新增贷款61亿元、新增担保增信34亿元,新增项目53个、新增投资37亿元。完成国企职工棚户区改造4.5万平方米、1200户。制定《市属国有企业深入参与长江经济带发展加快建设山清水秀美丽之地的贯彻落实意

见》，推动企业绿色发展，梨园坝煤矿、三汇二矿及杨柳坝石灰石矿退出自然保护区工作基本完成，中央环保督察组反馈意见和环保重点问题整改进展顺利。

六是国企落实城市提升行动计划作出新贡献。适应投融资体制改革不断深化的需要，2018年实施百项重点关注项目43个，完成投资432亿元，占重庆市完成投资的34%。重庆交通开投集团作为项目业主的轨道交通4号线一期、轨道环线一期开通试运营，轨道交通运营里程新增49千米，累计突破300千米，主城区公交优先道运营里程105千米。市地产集团作为项目业主的沙坪坝站、西站铁路综合交通枢纽、星光隧道、金山大道北延伸段建成投用。市城投集团作为项目业主的石马河立交二期、成渝高速中梁山隧道扩容改造如期竣工。市水务资产公司完成3万户老旧居民住宅用水提质改造工程、22项新改扩建污水厂区项目。重庆高速集团完成15座隧道品质提升和53对服务区污水整治，71万平方米路域绿化环境整治。

七是国企对外开放合作展现新面貌。市属国企及西永微电园入驻企业完成外贸进出口总额2479亿元，比上年增长15.1%，参加首届中国国际进口博览会签约进口协议金额约190亿元。重庆机电集团所属水轮机公司构建"1+N"EPC总包合作模式，带动水轮机设备出口近40个国家和地区。市水务资产公司所属三峰环境公司将垃圾焚烧发电设备及技术服务，出口德国、美国、印度、巴西等国家和地区。重庆对外经贸集团在非洲、东南亚等20多个国家和地区设立国际工程分支机构，海外工程新签合同份额占20%以上。重庆江北机场年旅客吞吐量突破4000万人次，新增国际航线13条。中欧班列（重庆）突破2000列。重庆旅游集团与新加坡企业开展中新互联互通智慧旅游深度合作。

八是国资监管效能上了新台阶。完善国有资产监管制度，出台《关于贯彻〈企业国有资产交易监督管理办法〉有关问题的通知》《关于加强企业国有资产评估管理有关事项的通知》《市属国有企业违规经营投资责任追究实施办法》《市属国有企业投资项目负面清单》等，扎牢国资监管制度"笼子"。运用上市公司国有股权管理信息系统，完成重庆市117户上市公司国有股东清查和信息登记。加强企业财务监督，持续开展违规转贷、违规担保专项治理。国有企业公务用车制度改革稳步推进。开展企业法治建设重点领域专项治理，将合法性审查嵌入企业"三重一大"决策程序。完成市属国企参股企业审计调查，开展小贷公司运营管理专项审计，发挥监事会作为出资人监督专门力量，审计、监事会监督发现企业问题及时督促整改。

九是国企党的建设呈现新气象。全面落实新时代党的建设总要求，统筹国企政治、思想、组织、作风、纪律建设和反腐败工作，重庆市国资系统不断增强"四个意识"、坚定"四个自信"、坚决做到"两个维护"，兑现市委"三个确保"政治承诺。按照市委"十破十立"要求，营造国企良好政治生态。坚持用习近平新时代中国特色社会主义思想武装党员，市国资委和市属国企开展党委会、中心组学习1074次。国企意识形态责任制逐步落实，加强"国资晓渝"等新媒体平台建设，树立国企改革发展良好形象。全面落实党的领导融入公司治理，全面实行"双向进入、交叉任职"领导体制，全面推行"四步工作法"。领导人员队伍建设持续推进，选拔任用国企领导人员27人，撤职免职有违规违纪、不担当不作为及因身体原因等履职不力的企业领导人员5人。推进企业人才培训培养，全系统培训各类人才32.3万余人次，引进本科以上各类人才3716人。基层组织建设扎实向好，全系统开展支部主题党日8.4万次、讲党课3.2万次，国企基层党组织"两个覆盖"质量持续提升。持之以恒落实中央八项规定实施细则及市委实施意见精神，紧紧盯住权力集中、资金密集、资源富集的领域和岗位，对腐败问题露头就打，国企腐败存量有效消减、增量得到一定遏制。全系统处置问题线索628件，立案134件，结案131件，给予党纪政务处分162人。对照中央第十一巡视组巡视重庆"回头看"反馈问题、市委巡视4户国企反馈问题，细化整改举措，限时整改到位。

二、重庆市国有资产总量与结构分析

（一）国有企业基本情况

截至2018年底，重庆市国有企业资产总额66463.3亿元，比上年增长6.1%；负债总额43413.4亿元，比上年增长6.2%；所有者权益23049.9亿元，比上年增长6%;国有资产总量20852.9亿元,比上年增长6.1%;营业收入6032.1亿元,比上年增长2.3%,增幅较上年回落7.4个百分点;利润总额547.3亿元,比上年增长17.6%;净利润438.3亿元,比上年增长24.8%,其中归属于母公司所有者的净利润388.4亿元,比上年增长21.9%;应交税费总额和实际上缴税费总额分别为453.8亿元、448.1亿元,比上年分别增长5.2%、9.6%;工业总产值1030.2亿元,比上年增长0.2%;劳动生产总值(增加值)1435.4亿元,比上年增长9.7%。

表1　2018年重庆市国有企业指标

项　目	金　额(亿元)
资产总额	66463.3
所有者权益	23049.9
国有资产总量	20852.9
营业收入	6032.1
利润总额	547.3
净利润	438.3
归属于母公司所有者的净利润	388.4
应交税费总额	453.8
实际上缴税费总额	448.1

2018年,纳入国有资产统计范围的重庆市国有企业3773户,比上年增加80户,增长2.2%。从隶属关系看,重庆市国资委监管企业1662户,比上年增加12户;区县政府监管企业1345户,比上年增加71户;其他市级部门监管企业766户,比上年减少3户。从经营规模看,大型企业119户,中型企业680户,小型及微型企业2974户,分别占比3.2%、18.0%、78.8%。从经济类型看,国有及国有控股企业(含国有实际控制企业)3763户,占比99.7%;厂办大集体及其他城镇集体企业10户,占比0.3%。

表2　2018年重庆市国有企业户数情况

2017年户数(户)	2018年户数(户)	比上年增长(%)
3693	3773	2.2

(二)国有资产分布情况

从地区分布看,重庆市国资委监管企业国有资产总量5567.7亿元,占比26.7%;市级部门监管企业国有资产总量3017.5亿元,占比14.5%;区县政府监管企业国有资产总量12267.6亿元,占比58.8%。

表3　2018年重庆市国有资产按地区分布情况

地　区	国有资产(亿元)	占国有资产总量比重(%)
重庆市	20852.9	100.0
市级企业	8585.2	41.2
市国资委监管企业	5567.7	26.7
市级部门监管企业	3017.5	14.5
区县企业	12267.7	58.8
万州区	332.4	1.6
涪陵区	718.7	3.4
渝中区	136.0	0.7
大渡口区	253.7	1.2
江北区	360.4	1.7
沙坪坝区	572.7	2.7
九龙坡区	473.8	2.3
南岸区	592.7	2.8
北碚区	252.5	1.2
綦江区	907.8	4.4
大足区	645.0	3.1
渝北区	270.3	1.3
巴南区	366.1	1.8
黔江区	220.3	1.1
长寿区	675.0	3.2
江津区	465.0	2.2
合川区	416.3	2.0
永川区	453.2	2.2
南川区	387.3	1.9
璧山区	491.1	2.4
铜梁区	323.9	1.6
潼南区	175.9	0.8

续表

地 区	国有资产（亿元）	占国有资产总量比重(%)
荣昌区	222.0	1.1
开州区	362.1	1.7
梁平区	138.1	0.7
城口县	82.2	0.4
丰都县	172.0	0.8
垫江县	141.4	0.7
武隆区	193.4	0.9
忠县	187.0	0.9
云阳县	134.7	0.6
奉节县	241.7	1.2
巫山县	130.6	0.6
巫溪县	79.6	0.4
石柱土家族自治县	206.2	1.0
秀山土家族苗族自治县	218.6	1.0
酉阳土家族苗族自治县	125.1	0.6
彭水苗族土家族自治县	142.8	0.7

从行业分布看，国有资产总量主要集中于社会服务业、建筑业、房地产业、交通运输业四大传统行业，国有资产总量均在2000亿元以上，合计18340.5亿元，占比88%，转型发展任务依然较重。从产业结构看，第一、二、三产业国有资产总量占比分别为1.5%、26%、72.5%。

表4　2018年重庆市国有资产按行业分布情况

行 业	国有资产（亿元）	占国有资产总量比重(%)
农林牧渔业	321.5	1.5
工业	−16.5	−0.1
建筑业	5429.0	26.0
地质勘查及水利业	688.7	3.3
交通运输业	2201.7	10.6
仓储业	53.8	0.3

续表

行 业	国有资产（亿元）	占国有资产总量比重(%)
邮电通信业	2.3	0.0
批发和零售业	254.3	1.2
金融业	919.1	4.4
房地产业	4086.7	19.6
信息技术服务业	48.1	0.2
社会服务业	6623.1	31.8
卫生体育福利业	39.9	0.2
教育文化广播业	144.9	0.7
科学研究和技术服务业	56.3	0.3
合 计	20852.9	100.0

表5　2018年重庆市国有资产按产业结构分布情况

产 业	国有资产（亿元）	占国有资产总量比重(%)
第一产业	321.5	1.5
第二产业	5412.5	26.0
第三产业	15118.9	72.5
合 计	20852.9	100.0

2018年，重庆市国有资本及权益总量增加的主要因素如下：一是企业经营积累459.8亿元，占比38.4%；二是国家、国有单位追加投入的实收资本以及项目资本金等425.2亿元，占比35.5%；三是无偿划入国有资本227.9亿元，占比19%；四是清产核资、资产评估、产权界定及会计调整等其他因素净增加国有资本85.2亿元，占比7.1%。

三、重庆市国有资本保值增值综合分析评价

2018年，重庆市扣除客观因素之后的国有资本及权益总额20114.2亿元，平均国有资本保值增值率102.3%，比上年增加0.18个百分点，继续实现国有资本保值增值目标。

重庆市国资委监管企业、其他市级部门监管企业

国有资本保值增值率分别为101.9%、101.1%,分别比上年减少1.7个、0.8个百分点,区县政府监管企业国有资本保值增值率102.9%,比上年增加1.4个百分点。

表6 2018年重庆市国有企业地区国有资本保值增值情况

地 区	国有资本保值增值率(%)
重庆市	102.3
市级企业	101.6
市国资委监管企业	101.9
市级部门监管企业	101.1
区县监管企业	102.9
万州区	102.7
涪陵区	100.3
渝中区	99.6
大渡口区	101.2
江北区	100.2
沙坪坝区	102.3
九龙坡区	102.2
南岸区	104.4
北碚区	102.5
綦江区	101.2
大足区	102.2
渝北区	95.5
巴南区	101.2
黔江区	105.9
长寿区	119.9
江津区	101.7
合川区	103.5
永川区	101.9
南川区	101.6
璧山区	100.4

续表

地 区	国有资本保值增值率(%)
铜梁区	96.6
潼南区	109.1
荣昌区	125.8
开州区	100.9
梁平区	105.7
城口县	106.7
丰都县	106.0
垫江县	101.0
武隆区	101.0
忠县	100.1
云阳县	100.8
奉节县	100.4
巫山县	100.5
巫溪县	99.8
石柱土家族自治县	100.6
秀山土家族苗族自治县	101.5
酉阳土家族苗族自治县	112.5
彭水苗族土家族自治县	99.2

从行业分布看,有9个行业保值增值率低于平均值,交通运输业、仓储业、卫生体育福利业、教育文化广播业4个行业未实现保值增值。近几年来,企业国有资本保值增值空间有缩小趋势,培育新的利润增长点,实现转型发展的任务比较迫切。

表7 2018年重庆市国有企业行业国有资本保值增值情况

行 业	国有资本保值增值率(%)
平均值	102.3
农林牧渔业	100.9
工业	123.7

续表

行 业	国有资本保值增值率(%)
建筑业	104.7
地质勘查及水利业	100.7
交通运输业	99.6
仓储业	87.9
邮电通信业	101.4
批发和零售业	103.6
金融业	105.6
房地产业	101.6
信息技术服务业	104.5
社会服务业	101.8
卫生体育福利业	98.8
教育文化广播业	98.6
科学研究和技术服务业	109.4

四、重庆市国资委监管企业改革发展情况

(一)供给侧结构性改革取得实质性进展

重庆钢铁股份公司司法重整,采取市场化法治化债转股等措施化解债务417亿元,起死回生、扭亏为盈。在10月9日全国国有企业改革座谈会上,重钢集团作为全国供给侧结构性改革成功案例作交流发言;中央改革办《改革调研报告》2018年第42期刊载《大型国企改革重生的成功案例——重庆钢铁公司司法重组"浴火重生"》。重庆能源集团关闭永川煤矿和兴隆煤矿,化解过剩产能87万吨。市国资系统处置"僵尸企业"13户、压缩管理层级18户。非金融企业平均资产负债率61.3%,比上年末减少0.5个百分点。市属国有重点企业"三供一业"分离移交、退休人员社会化管理、市政设施和社区管理分离移交协议签订率100%,"三供"完成实质性移交81%,物业管理完成移交42.6%,退休人员实现社会化管理完成91.4%。

(二)企业市场化改革重组稳步实施

平稳完成重庆商投集团专业化重组整合,将资产、债务、人员整体成建制一分为三划转至相关市属国企,完成近100亿元有息负债分类处置工作。稳步推进重庆粮食集团市场化重组,通过分离储备粮业务、重组整合市场化油脂油料业务、适时引进战略投资者等市场化法治化改革路径,逐步化解208亿元债务。重庆能源集团组建渝新能源公司,完成5个矿业公司优质煤电资产重组整合。将市属国有投资企业的政府性融资功能与建设管理、运营服务相分离,制定市属国有投资集团改革转型发展方案,市城投集团、市地产集团初步制定市场化转型改革方案,明确企业市场化改革转型发展的功能定位和操作路径。制定市属国有担保公司整合重组方案,逐步将现有的10家国有担保公司整合为4家,进一步提升国有担保公司整体抗风险能力。13户市属国有建筑企业、27户市属国有房地产企业完成专业化重组或市场化退出。

(三)国企混合所有制改革稳妥推进

持续加大重要领域混合所有制改革试点,重庆商社集团面向"全国连锁前50强企业"公开挂牌征集2名战略投资者,实施集团层面混合所有制改革。重庆化医集团与战略投资者进行谈判,将引入行业龙头企业对其实施集团层面混合所有制改革。重庆渝康公司与多家央企投资者进行接触和洽谈,细化具体操作方案。2018年重点实施的19个二、三级企业混改项目中,完成4个,进入与战略投资者洽谈阶段的13个。对优质资产和优势企业以资产证券化为首选路径积极推进混改,重庆农商行、重庆银行境内首次公开发行股票获中国证监会行政许可受理审查,等待中国证监会发审委审议;重庆三峰产业集团完成股改,IPO前期准备工作按计划有序推进。市属国有重点企业控股的上市公司15家,资产总额1.6万亿元,资产证券化率52%。稳妥推进国有控股混合所有制企业员工持股试点,完成重粮健康等5户企业试点方案备案工作,进入实施阶段。

(四)国企创新发展取得新突破

以大数据智能化为引领,推动企业创新发展,加快转型升级步伐。市国资委对企业创新投入视同利润考核,每年安排国有资本经营预算支出2亿元对企

业创新项目实行后补助。2018年推动实施国企创新项目90个。鼓励市属国企以各种方式建设自主创新、协同创新、开放创新平台。36户市属国企拥有创新平台267个,其中国家级20个、市级124个。推动商贸物流企业加快发展跨境电子商务、城市配送物流、冷链物流和保税物流等新业态。重庆交运集团"同城配"、重庆对外经贸集团"西港全球购"等新商业模式盈利能力明显提升。重庆商社集团"马上消费"1—11月实现利润近7亿元。

(五)现代企业制度不断完善

改革国企评价考核制度,把新发展理念、高质量发展指标化、量化细化具体落实到各级国企领导班子年度、任期经营业绩评价考核中。修订完善《市属国有重点企业主要负责人经营业绩考核暂行办法》,对商业类企业、公益类企业实行分类考核。加强企业董事会建设,完善公司治理结构。制定实施《市属国有重点企业董事会建设及规范运行指导意见》,向企业董事会授权或下放26个权力事项。持续深化企业三项制度改革,推动企业干部能上能下、员工能进能出、收入能增能减机制,市人力社保局正在抓紧落实《关于改革国有企业工资决定机制的实施意见》的具体举措。不断完善企业市场化经营机制,探索推进市场化选聘经营管理者,通过市场化方式选聘经营管理者80人。

(六)国资监管效能不断提升

以管资本为主加快国资监管职能转变,制定市国资委权力清单、责任清单。积极探索国有资本授权经营改革,将国有资本运营公司调整为1家,投资公司调整为11家,其中重庆渝富集团作为国有资本运营公司典型案例,在10月9日全国国有企业改革座谈会上提供书面交流材料。强化监督和责任追究,有效防止重大资产损失。出台《市属国有企业违规经营投资责任追究实施办法》,对责任追究的范围、标准和程序等作出明确规定。加大关键领域监管力度,出台《市国资系统防范化解重大风险行动实施方案》《关于进一步加强市属国有企业重大经营风险管控的指导意见》,有效防范国企发生重大经营风险。举一反三深化国企违规投资、违规转借贷、"围哨"国企、违规招投标、违反"三重一大"事项集体决策5个专项治理,自查并整改问题629个,追责问责341人次。

五、重庆市国资委监管企业并购重组与完善法人治理结构情况

(一)并购重组情况

2018年,重庆市国资委围绕防范化解重大风险和深化供给侧结构性改革,大力推进监管企业重组整合。一是对高风险企业集团实施专业化重组。重庆商投集团、重庆粮食集团由于持续亏损、资金断裂陷入严重的债务危机,市国资委将重庆商投集团的资产分为四大类,分拆后分别划入南岸区属国企、重庆交运集团、重庆商社集团等企业,对重庆粮食集团采取政策性粮食储备业务与市场化业务重组隔离、资产处置盘活等综合措施,化解230亿元金融债务风险,保障政策性业务的持续稳定运行。二是对煤电企业进行重组整合。在重庆能源集团下新设渝新能源公司,通过市场化收购、无偿划转等方式重组整合重庆能源集团所属的17个存续煤矿、5个发电企业等223亿元优质资产,为下一步引入社会资本奠定基础。三是开展房地产企业专业化重组。13户市属国有建筑企业、27户市属国有房地产企业完成专业化重组或市场化退出。四是完成重药控股(000950.SZ)对建峰化工的重组并恢复上市,完成上市公司200亿元优质资产与55亿元低效资产的置换,消除退市危机。

(二)完善法人治理结构情况

截至2018年底,重庆市国资委监管的36户市属国有重点企业全部完成公司制改造,依法制定公司章程,不断完善以公司章程为核心的公司制度体系,进一步落实公司党组织在法人治理结构中的法定地位,进一步健全各司其职、各负其责、协调运转、有效制衡的国有企业法人治理结构。国有独资公司依法设立董事会、监事会和经理层,股权多元化公司依法设立"三会一层"。

(三)公司董事会运行进一步规范

一是董事会决策更加科学。符合条件的国有独资公司董事会均下设专门委员会,对董事会负责,为

董事会决策提供意见和建议。二是董事会成员构成不断完善,部分公司建立外部董事占多数的董事会。国有独资公司全部建立外部董事制度,形成"内部董事+外部董事"模式;股权多元化公司形成"执行董事+股东董事+独立董事"模式。三是董事会职权不断落实。除经理层成员选聘权、个别重大财务事项管理权外,中长期发展决策权、经理层成员业绩考核权、经理层成员薪酬管理权、职工工资分配管理权等大部分董事会职权下放或归位到董事会。

(四)公司监事会建设进一步完善

市属国有重点企业建立健全公司监事会,形成"内部监事+外部监事"模式,个别未设监事会的市属国有重点企业设监事,依法履行检查公司财务,监督公司董事、高级管理人员执行公司职务的行为等职权,对国有资本保值增值状况进行有效监督。

(五)不断加大制度建设和工作指导力度

先后出台《关于加强市属国有重点企业监事会工作的意见》《关于进一步规范国有出资人派出的股东代表、董事、监事履职行为的通知》《市属国有独资公司章程指引》《市属国有独资公司董事会议事规则指引》《市属国有重点企业外部董事管理办法》《关于建立重庆市市属国有重点企业外部董事、监事人才库的通知》《关于进一步规范董事会运行的通知》《重庆市市属国有重点企业董事会建设及规范运行的指导意见》等多个规范性文件,指导相关企业规范运行、提升运行效率。通过列席所出资企业董事会定期会议、建立季度董事会会议资料抽查制度、对董事会规范建设内容进行年度考核、对监事会主席履职情况进行考核等方式,监督企业相关运行情况,及时发现企业存在的问题,督促企业整改落实、规范公司法人治理结构。

六、重庆市国资委监管企业建立和完善经营业绩考核体系情况

2018年,为贯彻落实党的十九大精神,充分发挥业绩考核导向作用,重庆市国资委重新修订出台《市属国有重点企业主要负责人经营业绩考核暂行办法》(渝国资发〔2018〕3号),构建利润总额、净资产收益率、资产负债率、流动资产周转率、国有资本保值增值率"一利四率"质量标准考核体系,引导企业从质量变革、效率变革、动力变革着力,促进高质量发展,推动国有资本做强做优做大,实现国有资本保值增值,按照权利、义务、责任相统一的要求,遵循社会主义市场经济规律和企业发展规律,坚持经营业绩考核结果同董事长的激励约束紧密结合的原则,对重庆市国资委代表市政府履行出资人职责的市属国有重点独资企业的董事长施行经营业绩考核。

一是企业负责人年度经营业绩考核体系由质量变革指标、效率变革指标、动力变革指标组成。质量变革指标权重60%,效率变革指标和动力变革指标权重40%。重庆市国资委对不同功能企业,突出不同考核重点,"一企一策"设置业绩考核指标及权重,合理确定差异化考核标准,实施科学分类考核,由重庆市国资委主任与董事长签订经营业绩目标责任书,实行契约化管理。

二是主业处于充分竞争行业和领域的庆铃集团、重庆钢铁集团、重庆化医集团、重庆轻纺集团、重庆机电集团、重庆能源集团、中国四联集团、重庆建工集团、重庆商社集团、重庆对外经贸集团、重庆交运集团、市农投集团、重庆投资咨询集团13户商业一类企业董事长,主要考核企业经济效益、国有资本保值增值,将净资产收益率、经济增加值、财务绩效评价指标作为质量变革指标;针对不同行业特点、发展阶段、企业管理短板和产业引领任务,将应收账款周转率、成本费用利润率、资产负债率、全员劳动生产率、市级及以上新产品销售率、企业研发费投入比率等作为效率变革、动力变革指标。

三是兼顾承担重大专项任务的市水务资产公司、重庆渝富控股、重庆银行、重庆农商行、西南证券公司、重庆旅游投资集团、重庆联交所集团、重庆三峡融资担保公司、重庆进出口融资担保集团、重庆兴农融资担保集团、重庆药品交易所公司、重庆股份转让中心公司、重庆粮食集团、重庆渝康公司14户商业二类企业董事长,主要考核保障地方经济运行、发展前瞻性战略性产业等功能性业务,将净资产收益率、绩效评价指标和重点专项任务指标作为质量变革指标;针

对不同企业特点、发展阶段、企业管理短板和产业引领任务,将全员劳动生产率、营业利润增长率、应收账款周转率、成本费用利润率、资产负债率等作为效率变革、动力变革指标,鼓励企业承担社会责任,兼顾社会效益。

四是重庆机场集团、市城投集团、重庆高速集团、市地产集团、重庆交通开投集团、西永微电园公司6户公益类企业董事长,主要考核保障地方城市经济建设能力,将市政府重点专项任务等作为质量变革指标,将人工成本总额增幅控制率、债务综合融资成本率、资产负债率、产品服务质量、运营效率和保障能力作为效率变革、动力变革指标。

五是高危行业企业发生重大安全生产责任事故,扣减企业负责人1个等级差的绩效年薪;高危行业企业发生特别重大安全生产责任事故,扣减企业负责人2个等级差的绩效年薪;非高危行业企业发生较大安全生产责任事故,扣减企业负责人1个等级差的绩效年薪;非高危行业企业发生重大及以上安全生产责任事故,扣减企业负责人2个等级差的绩效年薪;企业发生重大环境污染责任事故,扣减企业负责人1个等级差的绩效年薪;企业发生特别重大环境污染责任事故,扣减企业负责人2个等级差的绩效年薪。

七、重庆市国资委监管企业负责人考核与选人用人机制改革情况

2018年,重庆市国资委党委深入贯彻全国国企党建工作会议、全国和重庆市组织工作会议精神,坚持问题目标导向,深入推进企业领导人员管理、企业人才培训、机关人事等各项工作。

(一)坚持正确导向选人用人

坚持党管干部原则,突出国企好干部标准和要求,注重专业化和依事择人,严格选人用人程序,同步国资国企改革和加强领导班子建设,选好配强企业领导班子,注重优化企业班子年龄、专业、经历结构,增强班子整体功能。选拔任用重庆市属重点国企领导人员24人(含配合市委组织部选拔任用),其中,提拔重用16人,新补充70后董事长1人、总经理2人;办理企业领导人员免职、退休、兼职、试用期满转正56人次,任免外部董事监事2人。完成部分企业党委副书记、纪委书记调整配备,配备党委专职副书记7人、纪委书记9人。根据重庆市干部统筹安排,15名党政干部交流国企任职,2名国企主要领导交流任市级部门主要领导。

注重近距离考察干部,完成34户重庆市属重点国企领导班子回访调研,进一步了解班子运行情况和领导人员日常表现;注重优秀年轻干部的了解培养,通过班子回访掌握一批优秀干部名单,并按要求向中组部调研组推荐16名国企和市国资委机关优秀年轻干部。

(二)加强企业领导人员管理制度机制建设

适应国企改革要求,完成重庆商投集团管理体制调整,形成重庆渝富控股集团、重庆商社集团、重庆新储备粮公司、重庆园投集团、重庆三峡银行、民生集团等企业管理体制调整建议。进一步规范企业领导人员管理,先后制定企业工会主席设置、保密总监设置、领导人员兼职、股东董事管理等制度,研究形成企业领导免去现职后至退休前有关管理建议。研究草拟企业领导人员分类分层管理试点工作意见、市场化选聘和管理经营管理者试点工作意见、专职外部董事管理办法等制度。

(三)从严企业领导人员监督管理

认真执行中央、重庆市委从严管理规定,切实加强对企业领导人员的监督管理。认真落实防止干部"带病提拔"要求,严格执行"凡提四必"、选人用人全程纪实、干部选任事项报告等规定。推进国企领导人员"能上能下",对有违规违纪、不担当不作为及身体原因等履职不力的及时调整,2人被撤职、3人被免职。认真开展2017年度企业领导班子和领导人员综合考核评价,262名企业领导人员中,优秀52人、称职202人、基本称职1人、不称职2人、不定等次3人、暂不定等次2人。认真做好信访举报核查处理工作,受理办理信访举报12件次,做到件件有落实、事事有回音。认真落实审计、巡视、信访、个人事项报告核查等要求,先后对53名企业领导人员进行提醒谈话或诫勉谈话。

(四)推进企业人才培训培养工作

认真贯彻落实重庆市科教兴市和人才强市行动计划有关要求,研究形成《创新型企业家培养计划实施办法》《优秀青年企业家培养计划》初稿,待市委组织部审定。大力实施各类各层次培训,先后举办8期国资专题培训、2期党的十九大精神专题培训、管党副书记专题培训、企业经营管理人员专题培训、企业专业技术人才培训等,直接培训中高层经营管理人员2440余人,指导企业培训各类经营管理人才11.5万余人次,培训各类专业技术人才20.6万余人次。加强高层次人才引进和高水平人才平台建设,引进本科以上各类人才3716人(其中硕士以上518人),9户企业获评国家、市级博士后科研工作站,4户企业获评首席专家、首席技能大师、市级技能大师工作室,组织70余名高层次人才参加全国技术能手、享受国务政府特殊津贴、市级学术技术带头人及后备人选等人才项目评选。组织企业开展应届毕业生和贫困大学生校园招聘及各类社会招聘等工作,组织3000余名大学生开展暑期实习和9名中国台湾地区大学生重庆实践活动。

八、重庆市国资委监管企业党的建设和廉政建设情况

(一)党的建设情况

截至2018年底,重庆市国资委监管企业(以下简称"国企")基层党组织4867个,其中,党委422个、党总支271个、党支部4174个,党员77859人。2018年,国企各级党组织深入贯彻习近平新时代中国特色社会主义思想和党的十九大精神,落实全国国企党建工作会议、全国重庆市组织工作会议精神,以党的政治建设为统领,以组织体系建设为重点,坚定不移推动国企全面从严治党向纵深发展,为国企国资改革和高质量发展提供坚强的组织保证和思想保证。

一是政治建设更加鲜明突出。全面落实新时代党的建设总要求,不断增强"四个意识"、坚定"四个自信"、坚决做到"两个维护",兑现市委"三个确保"政治承诺。坚持用习近平新时代中国特色社会主义思想武装党员,市国资委和国企开展党委会、中心组学习1074次。自觉坚持习近平总书记对国企提出的"三个有利于",对重庆提出的"两点"定位、"两地""两高"目标和"四个扎实"要求,认真落实市委"三大攻坚战""八项行动计划"。按照市委"十破十立"要求,营造国企良好政治生态。严格执行新形势下党内政治生活若干准则,认真贯彻落实民主集中制各项制度,切实增强国企党内政治生活的政治性、时代性、原则性、战斗性,国企各级党组织累计召开专题民主生活会、组织生活会8702次。

二是理论武装持续广泛开展。扎实推进学习宣传贯彻习近平新时代中国特色社会主义思想往实里走、往深里走、往心里走,推动党的十九大精神进企业、进车间、进班组、进头脑。制定《关于全面贯彻党的十九大精神落实市委五届三次全委会部署的实施方案》,细化提出6个方面25项重点任务,与企业改革发展工作一体部署、一体推进、一体落实。组织开展党的十九大精神知识竞赛,国企在岗党员参赛65291人次。市国资委举办2期国企党支部书记学习贯彻党的十九大精神示范培训班,指导国企各级党组织面向全体党员开展多形式、分层次、全覆盖的学习培训。国企基层党组织结合"两学一做"学习教育、"三会一课"、主题党日等推动学习贯彻不断向广度和深度拓展。国企意识形态责任制逐步落实,进一步落实意识形态工作责任制,细化国企党委意识形态工作清单,加强"国资晓渝"等新媒体平台建设,树立国企改革发展良好形象。

三是国企党的领导切实加强。坚决贯彻落实党对国企的全面领导,不断完善国企党委"把方向、管大局、保落实"领导作用的制度机制。全面落实党的领导融入公司治理,在全面完成36户市属重点国企及759户具备条件的二、三级国有全资绝对控股企业党建工作进章程的基础上,指导国企按照党的十九大和新修改的党章进一步修订完善公司章程,配套修订完善企业党委会、董事会、经理层工作规则和"三重一大"决策等制度。全面实行"双向进入、交叉任职"领导体制,认真落实党委书记、董事长"一肩挑",党员总经理担任党委副书记的领导体制。在国企全面推行党委会先议、会前沟通、会上表达、会后报告"四步工

作法",党组织研究讨论成为董事会、经理层重大决策的前置程序。

四是基层党组织建设扎实向好。以提升组织力为重点,突出政治功能,坚持从基本组织、基本队伍、基本制度抓起,推动国企基层组织运行制度化规范化。适应国企产权关系、组织结构、管理模式等变化,动态调整党组织设置、理顺党组织管理关系,全年国企同步国企改革发展新建撤并划转党组织215个。认真落实《国企党组织工作活动基本规范》,坚持规范开展"两学一做"、主题党日、"三会一课",全年开展支部主题党日84303次、讲党课31901次。坚持发展党员标准、严格发展程序、优化党员结构,全年发展党员4369人,其中生产经营一线职工占比81.6%、35岁以下青年职工占比72.1%。建立基层党组织换届提醒督促机制,全部完成具备条件的5136个基层党组织按期换届。坚持与生产经营相结合,普遍推行党员责任区、先锋岗等发挥作用载体,国企设置党员先锋岗15212个、党员责任区10875个、党员攻关小组1309个,建立党群活动室3504个。推行窗口服务企业党员戴党徽,亮身份、亮职责、亮承诺,在服务生产经营中发挥基层党组织的战斗堡垒作用和党员的先锋模范作用。坚持党建带群建团建,同步抓好国企共青团、工会、党外代表人士、妇女等群团工作,围绕国企高质量发展、技术攻关、创新创造以及城市发展等方面献策出力。

五是管党治党责任不断压实。认真落实市委《关于深化落实全面从严治党主体责任的意见》,持续加压管党治党责任传导。制定《市属国有重点企业党建工作责任制实施办法》,进一步明晰国企党委、党委书记、分管副书记、班子成员的党建工作责任。认真开展各级党组织书记抓党建工作年度述职评议考核,推行企业党委副书记、党委委员每季度向本企业党委会汇报履行全面从严治党责任的机制,将全面从严治党责任层层传导进一步落实。坚持开展党建工作季度督查,认真落实基层党建月报、季报、年报制度。

(二)廉政建设情况

一是把党的政治建设摆在首位,坚决落实"两个维护"。加强对深学笃用习近平新时代中国特色社会主义思想和党的十九大精神,贯彻落实党中央关于全面从严治党、深化国企改革、打好"三大攻坚战"等重大决策部署情况的监督检查,严肃查处存在违反政治纪律行为25人。落实市委"十破十立""五个结合"要求。制定实施《重庆市国资系统营造良好政治生态工作方案》,着力营造风清气正的良好政治生态。

二是持续强化压力传导,压紧压实管党治党政治责任。建立落实主体责任季度汇报机制,全覆盖开展"两个责任"约谈110人次,整改突出问题360个。加强对企业的日常监督,督促各企业加强巡视整改,并举一反三深化违规投资、违规转借贷款、开办关联公司"围猎"国企、违反"三重一大"制度决策和违规招投标等5个专项治理,自查并整改问题107个。以问责倒逼责任落实,实施问责153件,处理293人。

三是持之以恒正风肃纪,坚定不移纠正"四风"。经常性开展作风建设明察暗访,督促整改问题50个,发现和处置问题线索12件。扎实开展扶贫领域腐败和作风问题专项治理,督促各企业党组织落实脱贫攻坚政治责任。紧盯违规公款吃喝、违规收送红包礼金、违规发放津补贴或福利等突出问题,严肃查处违反中央八项规定精神问题71件,处理156人,处分49人。开展市国资系统"三多一懒"问题专题调研,坚决整治形式主义、官僚主义。

四是持续发力惩治腐败,更加有效削减存量遏制增量。保持惩治腐败高压态势,严格依规依纪依法开展审查调查,全系统受理信访举报1287件,处置问题线索628件,立案134件,结案127件,给予党纪政务处分162人。

五是着力加强纪律建设,不断深化标本兼治。全系统综合运用"四种形态"开展监督执纪693人次,其中通过诚勉、函询、通报批评等方式处理501人次,占72%。制定《市国资系统"以案说纪、以案说法、以案说德、以案说责"警示教育工作方案》,全系统开展警示教育3257场次,教育党员干部9.26万人次。针对监督检查和审查调查中发现的突出问题,提出整改建议35件次,督促完善国企监管制度,从源头上堵塞制度机制漏洞。

(撰稿人:隆 洋)

四川省

一、四川省国有资产监督管理工作综述

2018年,在四川省委、省政府坚强领导和国务院国资委指导帮助下,四川省国资系统坚持以习近平新时代中国特色社会主义思想为指导,认真贯彻党的十九大、全国国企改革座谈会、省委十一届三次全会等重要会议精神,按照中央企业、地方国资委负责人会议工作部署,坚持新发展理念和稳中求进工作总基调,主动作为、扎实工作,着力推动国资国企高质量发展,四川省国有经济指标呈现持续较快增长态势。截至2018年11月底,四川省地方国有企业资产总额6.8万亿元,比上年增长17.41%;所有者权益2.3万亿元,比上年增长19.21%;实现营业收入7114亿元,比上年增长20.27%;利润总额463亿元,比上年增长14.46%。其中,省属监管企业资产总额1.4万亿元,增长22.04%;所有者权益5202亿元,增长19.24%;实现营业收入2734亿元,增长20.58%;利润总额80.1亿元,下降0.59%。长虹、五粮液、华西等7户国企入选"2018年中国企业500强"。

二、四川省国有资产总量与结构分析

截至2018年底,四川省国有企业5969户,资产总额71995.27亿元,负债总额47330.48亿元,年末国有资产总量21757.04亿元,国有资本增值保值率101.34%,营业收入8438.43亿元,利润总额662.50亿元。与2017年相比,资产总额增长25.64%,归属于母公司的所有者权益增长30.26%,营业总收入增长19.21%,利润总额增长29.28%,归属于母公司的净利润增长21.48%。

表1　　2018年四川省国有企业指标

项　目	金　额(亿元)
资产总额	71995.27

续表

项　目	金　额(亿元)
所有者权益	24664.79
营业收入	8438.43
利润总额	662.50
净利润	519.00
归属于母公司所有者的净利润	289.52
应交税费总额	602.77
实际上缴税费总额	542.00

表2　　2018年四川省国有企业户数情况

2017年户数(户)	2018年户数(户)	比上年增长(%)
4981	5969	19.84

(一)国有资产按地区分布情况

2018年,省本级国有资产总量4344.46亿元,占四川省的19.97%,成都市国有资产总量7797.72亿元,占四川省的35.84%。省本级和成都市合计占四川省的55.81%。其他20个地区合计总量仅占四川省的44.19%,分布差异仍然较大。其中,超过千亿元的市州有2个,分别为宜宾市1761.60亿元,占比8.1%;泸州市1112.90亿元,占比5.12%。绵阳市、眉山市、乐山市超过600亿元。甘孜州、阿坝州未达到百亿元。国有资产总量的地区分布状况与各地区经济发展水平基本一致。

表3　　2018年四川省国有资产按地区分布情况

地　区	国有资产(亿元)	占国有资产总量比重(%)
省本级	4344.46	19.97
成都市	7797.72	35.84
宜宾市	1761.60	8.10
泸州市	1112.90	5.12
绵阳市	836.35	3.84
眉山市	689.34	3.17

续表

地 区	国有资产（亿元）	占国有资产总量比重(%)
乐山市	603.61	2.77
资阳市	479.51	2.20
德阳市	466.91	2.15
巴中市	466.61	2.14
广安市	443.07	2.04
遂宁市	364.30	1.67
凉山州	350.76	1.61
自贡市	334.29	1.54
南充市	326.44	1.50
雅安市	324.92	1.49
内江市	324.50	1.49
广元市	279.49	1.28
攀枝花市	164.88	0.76
达州市	138.31	0.64
甘孜州	75.01	0.34
阿坝州	72.07	0.33
合　计	21757.04	100.00

(二)国有资产按行业分布情况

2018年,社会服务业的国有资产总量9997.87亿元,占四川省的45.95%,为行业总量中最高。另有5个行业国有资产总量超过千亿元,分别为交通运输业2902.11亿元、建筑业2512.74亿元、房地产业2468.08亿元、工业1775.56亿元、金融业1534.37亿元,与社会服务业的差距明显,以上6个行业的国有资产总量合计比重97.40%。

其他行业中,农林牧渔业、教育文化广播业、批发和零售业的国有资产总量超过100亿元,分别占四川省的0.75%、0.67%、0.58%;另外6个行业所占比重不足1%,4个行业国有资产总量不足30亿元,其中卫生体育福利业和邮电通信业不足1亿元。

表4　2018年四川省国有资产按行业分布情况

行　业	国有资产（亿元）	占国有资产总量比重(%)
社会服务业	9997.87	45.95
交通运输业	2902.11	13.34
建筑业	2512.74	11.55
房地产业	2468.08	11.34
工业	1775.56	8.16
金融业	1534.37	7.05
农林牧渔业	162.18	0.75
教育文化广播业	145.42	0.67
批发和零售业	126.34	0.58
地址勘查及水利业	76.69	0.35
仓储业	32.02	0.15
科学研究和技术服务业	22.10	0.10
信息技术服务业	1.44	0.01
卫生体育福利业	0.09	0.0004
邮电通信业	0.03	0.0001
合　计	21757.04	100.00

(三)国有资产按经营规模分布情况

2018年,四川省大型企业国有资产总量突破万亿元,为10576.22亿元,占四川省的48.61%,小型企业国有资产总量6867.05亿元,占四川省的31.56%,在四川省国有经济中的份额较大。大型和小型企业在四川省国有经济中的比重结构呈哑铃型。中型企业国有资产总量3209.94亿元,微型企业国有资产总量最小,为1103.84亿元。

表5　2018年四川省国有资产按经营规模分布情况

经营规模	国有资产（亿元）	占国有资产总量比重(%)
大型企业	10576.22	48.61
中型企业	3209.94	14.75
小型企业	6867.05	31.56
微型企业	1103.83	5.08
合　计	21757.04	100.00

三、四川省国资委监管企业改革发展情况

(一)重点领域和关键环节改革取得新突破

一是改革配套政策更加完善。新出台《关于进一步推动省属企业结构调整与重组的实施意见》等5个配套改革文件,形成"1+30"改革政策体系。二是法人治理结构不断健全。组建外部董事资格评审委员会,评选产生首批专职外部董事人选,富润公司等3户省属企业实现"外大于内"的董事会结构。经理层市场化选聘有力推进,能投集团面向全国选聘总经理且推进经理层整体市场化选聘,产业振兴基金市场化选聘3名副总经理,有色科技集团等3户企业实现经营层整体市场化选聘。三是混合所有制改革有序推进。在川航等5户企业的10户二级子企业开展混合所有制改革试点,在能投分布式能源等8户企业开展员工持股试点。四川省地方各级国企混改面超过40%,省属企业超过51%。四是资产证券化取得重要进展。华西证券、成都银行、泸州商行、能投股份成功上市,四川发展控股大西洋、新筑路桥、参股申万宏源,川投水务挂牌新三板,川投PPP项目资产支持专项计划成功发行,省属企业资产证券化率超过19%,四川省地方国有控股上市公司30家。五是企业改革脱困、剥离办社会职能等工作积极推进。着力化解川煤集团债务风险,成功处置"10川煤债"兑付危机;审核划拨川煤集团2017年关闭退出矿井各项费用7.14亿元,妥善解决职工安置各项费用。推进剥离国有企业办社会职能和解决历史遗留问题工作,截至2018年11月底,"三供一业"完成分离移交或签订移交正式框架协议总体进度率超过97.5%。省属企业公务用车制度改革全面完成,平均节支率6.22%。四川发展、华西集团、川航集团、长虹控股集团4户企业入选全国地方国企改革典型案例;川商投集团、交投实业、九洲卫星导航等6户国企入选国企改革"双百行动"名单。

(二)供给侧结构性改革持续深入推进

一是优化国资布局。聚焦"5+1"现代产业体系构建,建立高质量发展推进体系,引导国有资本向产业链、价值链中高端集中,向优势企业和主业企业集中。截至2018年11月底,省属企业在"5+1"产业形成资产超过2000亿元,撬动各类资本超过万亿元,国有资本功能进一步放大,产业带动作用不断凸显。二是加快企业资源整合。四川发展合并报表资产规模突破1万亿元,四川金控获得AAA级主体信用评级,国宝人寿、四川通航公司、四川口腔医院等企业成功组建,四川港口集团加快推进组建,川商投集团、旅投集团等企业内部资源进一步优化整合。三是推进重大项目建设。坚持每季度举行项目集中开工,加大督导力度,雅康高速年底前将全线通车,天府国际机场、中国牙谷、川南城际铁路等重点项目加快建设。省铁投、交投等企业积极推进成贵高铁、成自宜、成南达万以及西渝、成昆等时速350千米高铁建设。截至11月底,省属监管企业完成固定资产投资832.7亿元。四是强化创新驱动。推动全国首个省级国有企业电商联盟发展,川投集团建立天府大数据研究院,九洲电器"国家空管监视与通信系统工程技术研究中心"获批国家工程技术研究中心,中国中铁磁悬浮交通工程研究中心落户成都。加强质量品牌建设,能投集团设计研发的户外多层级光引擎产品获得2018年度红点设计大奖,成飞设计研究所获得中国质量奖,川航、中国核动力研究设计院等企业获得中国质量奖提名奖,五粮液、东方电气、四川航空等7个国企品牌入围"2018中国500最具价值品牌"榜。五是积极做好军民融合深度发展。西南地区首个军民融合无人机研发制造基地——泸州浩克航空科技公司无人机基地开工建设,川航集团推进省低空空域协同运行中心建设工作;切实发挥军民融合产业基金杠杆作用,四川发展出资10亿元参与设立全国首只省级军民融合基金,投资的"真三维空间地理信息智慧云平台"项目,被确定为四川省首批军民融合重大创新工程之一。六是提升金融服务实体经济能力。四川国企ETF基金设立获证监会批复,即将挂牌运行。举办四川省市场化融资对接会,组织省属企业与金融机构现场签约13个重点项目,投资金额近700亿元。支持国企债券融资,川投集团、省铁投集团等发行80亿元债券。七是加强债务风险防范化解。每季度召开经济运行会,分析研判经济运行形势,制定防范化解省属企业债务

风险工作方案,分企业设立资产负债率预警线和管控线,并将8户企业资产负债率纳入2018年企业负责人经营业绩考核,切实推动企业防范化解债务风险。截至2018年11月底,省属监管企业平均资产负债率62.9%,比年初减少2.24个百分点。深入开展"成本管控、效益否决"专项行动,持续推进国企"瘦身健体"、提质增效。

四、四川省国资委强化国资监管情况

一是推动职能转变。贯彻落实国务院"放管服"改革部署,制定出台省国资委职能转变方案,精简国资监管事项35项,切实推进以管资本为主加强国资监管。二是强化重点领域监管。印发《省属企业主营业务确认表》,明确省属企业主营业务和培育业务,实施"3+2"主业动态管理。制定《四川省企业国有资产交易监督管理办法》,废止7个产权管理规范性文件。截至2018年11月底,四川省企业国有资产成交项目1995宗,交易额131.62亿元,竞价率52.13%,增值率24.94%,增值额26.27亿元。强化预算管理,修订《四川省省级国有资本收益收缴管理办法》,将监管企业国有资本收益上缴比例提高至25%。2018年省属企业上缴国有资本收益7.87亿元,较年初预算数增加1.33亿元。为省属国企安排9.64亿元国有资本经营预算资金,积极支持企业发展。三是法治建设成效显现。组建省国资委法律顾问团,重大决策合法性审查100%。督促企业主要负责人落实法治建设第一责任人职责。全面落实企业总法律顾问制度,总法律顾问100%到位。持续推进企业依法合规经营,完成四川省国资系统第三批"诚信守法示范企业"创建活动,148户国有企业成功创建为"诚信守法示范企业"。四是优化国资监管方式。完成国资监管综合信息平台建设,有效提升实时动态监管水平。督促省属企业落实主体责任,切实抓好安全生产、环境保护和信访稳定工作。五是强化国资研究,四川省"大学习、大讨论、大调研"活动中,围绕深化改革、高质量发展、国资监管、开放合作、风险防范等难点热点和前沿问题,确定13个综合调研课题、10个风险防范课题,形成一批具有较高质量的调研成果。

五、四川省国资委监管企业扩大对外合作情况

一是深化央企合作。第十七届西博会期间,成功举办治蜀兴川再上新台阶央地合作座谈会、"一带一路"国家(地区)企业合作发展大会等"央企四川行"系列活动。促成战略合作和项目合作协议50余个,投资总额超过3000亿元。二是深化国企"市州行"活动。围绕构建"一干多支、五区协同"区域发展新格局,与成都、绵阳、自贡、巴中等地举办项目合作推进会,签订项目合作协议110多个,投资总金额5000多亿元。三是聚焦陆海新通道建设,深化川桂合作筹建"川桂国企合作产业园",省国资委与广西国资委、川航集团与广西机场管理集团签署战略合作框架协议,省交投集团下属泸州港开通泸州港—广州、泸州港—钦州铁海联运班列,支持五粮液、四川商投到广西投资,推动两地国企联手拓展东南亚、南亚市场。四是推进国企积极"走出去"。四川省国有企业抓住落实"一带一路"倡议契机,加强中国四川国际投资公司"走出去"平台建设,境外办事机构100余个,海外并购、股权投资、工程建设等项目遍及全球50多个国家和地区,正实施境外项目240余个,投资金额1270多亿美元,成都双流国际机场开通国际(地区)航线112条,国有企业成为四川省"走出去"参与全球竞争的主力军。

六、四川省国资委监管企业党的建设和廉政建设情况

一是狠抓思想政治建设。深入学习贯彻党的十九大、习近平总书记对四川工作系列重要指示精神,扎实推进"两学一做"学习教育常态化制度化,牢固树立"四个意识",坚持"两个维护"。省委十一届三次全会召开后,四川省国资国企迅速掀起学习贯彻全会精神的热潮,省国资委党委召开党委(扩大)会或中心组专题学习会10余次,组织省属国企召开学习宣讲100余次,出台贯彻全会精神实施意见,确保中央、省委决策部署不折不扣在四川省国资国企落地落实。二是狠抓党建责任落实。召开国有企业党建述职评议会,

并进行满意度测评和党风廉洁建设集体约谈。深入实施国有企业党建"强基固本提升工程",扎实开展"三分类三升级"活动。开展典型引领示范行动,深入学习贯彻习近平总书记接见"中国民航英雄机组"时的重要指示精神。整合国企党员志愿服务资源,成立四川省国有企业系统共产党员志愿服务联盟。三是狠抓领导班子和人才队伍建设。拟定《关于开展落实省属企业董事会职权试点工作的实施意见》《省属企业董事会、董事评价办法》等规章制度。组织国有企业赴清华大学等高校集中招聘高校毕业生,并在哈佛大学、北京大学等高校举办4个培训项目。办好"四川国资国企大讲堂"。邀请国内知名专家,聚焦国资国企改革发展的热点难点问题,举办10期专题讲座,4000多人次参训。四是狠抓党风廉政和反腐倡廉。制定《省属企业党风廉洁建设责任制考核办法》等规章制度,首次对企业纪委书记实行单列考核,落实"两个责任"。深入开展巡视反馈意见整改,针对中央巡视反馈意见涉及国资国企工作问题,细化16条具体整改措施;督促省委首轮巡视6户省属企业立行立改,细化整改任务375项,制定整改措施789条,形成制度办法125个。开展国资系统巡察工作试点,启动省国资委党委第一轮巡察,实现与省委巡视工作有效对接。

七、四川省国资监管及国有企业改革发展具有地方特色情况

一是抓实产业帮扶。扎实推进"国企入凉""国企康巴行动"。国有企业在贫困地区投资建设项目56个,涉及能源、交通、旅游、医疗、农产品加工等领域,项目总投资额1.2万亿元。二是抓实驻村帮扶。省国资委机关和国有企业分期派出500余名驻村干部,投入2.1亿元无偿帮扶资金,实施基础设施、就业等项目369个。三是抓实就业扶贫。举办实用技能培训班、"农民夜校"等各类活动,培训近2万名群众,实现新增转移贫困劳动力就业5000余人。四是抓实扶贫平台建设。以四川省发展慈善基金会为主要平台,深入开展扶贫日系列活动,募集款物6.8亿元,募集总量比上年净超1亿元。协调央企扶贫基金落地四川设立子基金,签约14个项目总投资117亿元。川商投、交投、铁投等积极推进扶贫产品销售,帮助扩宽销售渠道。省国资委机关连续三年被省委省政府评为"定点扶贫先进单位"和"2017年'五个一'帮扶先进单位",23户企业、98名驻村干部受到省、州、县(区)2017年度表彰。在金沙江"11·3"山体滑坡等抗震救灾、恢复重建重大任务中,国有企业第一时间投入抢险救援,在保交通、通讯等方面发挥主力军和先锋模范作用,树立良好形象,赢得广泛赞誉。

(撰稿人:张永海)

贵州省

一、贵州省国有资产监管理工作综述

2018年,贵州省国资系统在国务院国资委和贵州省委、省政府的坚强领导下,始终坚持以习近平新时代中国特色社会主义思想为指导,全面贯彻落实党的十九大精神和习近平总书记在贵州代表团重要讲话精神,牢固树立"四个意识",坚定"两个维护",坚持新发展理念,以推进供给侧结构性改革为主线,按照上级决策部署,全力推动深化国企改革、强化国企国资监管、创新绿色发展、加强党的建设等各项工作,较好地完成各项工作任务。全省国资监管系统企业累计实现营业收入3994.6亿元,比上年增长8.4%;增加值1487.6亿元,比上年增长22.2%;利润总额564.1亿元,比上年增长23.2%;税费总额532.8亿元,比上年增长19.8%。其中,贵州省国资委27户监管企业实现营业收入3711.8亿元,比上年增长7.9%;经济增加值1425.8亿元,比上年增长21.7%;利润总额553.6亿元,比上年增长24.2%;税费总额507.5亿元,比上年增长25.1%。2018年贵州省监管企业盈利能力主要指标位居全国前列,净资产收益率、成本费用利润率、收入利润率排名全国省(自治区、直辖市)国资监管企业第一位,平均资产负债率低于全国大多省(自治区、直辖市),排名第三位。

(一)狠抓目标任务落实,收入利润快速增长

各级监管机构围绕目标任务,扎实抓好责任落实;各企业密切跟踪市场变化,及时调整经营策略和产品结构,巩固传统市场,大力开拓新兴市场,市场份额不断提升,利润、增加值等主要经济指标大幅增长。贵阳市国资委全面推进监管企业改革发展,实现营业收入475.3亿元,比上年增长14.5%;实现利润68亿元,比上年增长21.8%。

(二)强化企业协调服务,生产经营平稳向好

积极应对部分银行抽贷压贷断贷的局面,强化经济趋势分析研判,帮助企业解决经营中的困难和问题,采取有效措施,确保企业运行总体平稳。一批企业效益大幅增长,有15户企业利润比上年增长,其中茅台集团、瓮福集团、乌江水电3户企业增长超过3亿元;一批企业实现扭亏减亏,六枝工矿、省煤矿院扭转长期亏损局面,实现盈利,遵钛集团、水红铁路分别减亏7689万元、1165万元。

(三)深挖内部增收潜力,成本费用利润率明显提升

大力压减一般性管理和非生产性开支,压降"两金"规模,规范财务支出,企业经营成本大幅降低。贵州省国资委27户监管企业成本费用增幅低于利润增幅24.7个百分点,11户企业管理费用比上年下降。平均成本费用利润率18%,比上年增加3.4个百分点,百元收入承担的成本费用比上年下降3.1元。推动企业协同合作、"抱团取暖",瓮福、开磷等企业通过上下合作,压降成本20%。

(四)融资结构不断优化,企业资金压力有效缓解

贵州省国资委通过协调金融机构增加信贷额度方式,兑付企业私募债本息22亿元;协助有关部门设立省工业及省属国有企业绿色发展基金,发挥国有资本杠杆效应,撬动金融机构投放贷款118亿元。贵阳市国资委采用发行中期票据、可续期企业债、融资租赁等方式融资180多亿元,为企业发展提供资金保障。

二、贵州省国有资产总量与结构分析

截至2018年底,贵州省国有企业1665户,国有资本主要布局在社会服务业、建筑业、工业、房地产业、交通运输业、地质勘查及水利业,资产总额64546.95亿元。其中,省属国有企业125户,资产总额16653.29亿元,占比25.80%;市州及以下所属国有企业1540户,资产总额47893.66亿元,占比74.20%。

表1　2018年贵州省国有企业指标

项　目	金　额(亿元)
资产总计	64546.95
所有者权益	26485.05
国有资产总量	25330.59
营业收入	5568.56
利润总额	644.71
净利润	453.03
归属于母公司所有者的净利润	308.43
应交税费总额	637.35
实际上缴税费总额	592.83

表2　2018年贵州省国有企业户数情况

2017年户数(户)	2018年户数(户)	比上年增长(%)
1097	1665	51.78

表3　2018年贵州省国有资产按地区分布情况

地　区	国有资产(亿元)	占国有资产总量比重(%)
省属企业	4857.58	19.18
省国资委监管企业	2027.29	8.00
市州企业	20473.01	80.82
贵阳市	5533.39	21.84
六盘水市	1617.19	6.38
黔东南州	1211.84	4.78
安顺市	1763.11	6.96
铜仁市	1595.75	6.30

续表

地 区	国有资产(亿元)	占国有资产总量比重(%)
毕节市	1963.54	7.75
黔西南州	1336.84	5.28
遵义市	2527.04	9.98
黔南州	1411.88	5.57
贵安新区	1512.42	5.97
合 计	25330.59	100.00

表4　2018年贵州省国有资产按行业分布情况

行 业	国有资产(亿元)	占国有资产总量比重(%)
农林牧渔业	295.57	1.17
工业	1904.12	7.52
建筑业	5485.77	21.66
地质勘查及水利业	871.64	3.44
交通运输业	1861.71	7.35
仓储业	7.65	0.03
批发和零售业	277.37	1.10
金融业	333.29	1.32
房地产业	2056.41	8.12
信息技术服务业	5.61	0.02
社会服务业	11976.20	47.28
卫生体育福利业	7.20	0.03
教育文化广播业	215.91	0.85
科学研究和技术服务业	32.13	0.13
合 计	25330.59	100.00

表5　2018年贵州省国有资产按经营规模分布情况

经营规模	国有资产(亿元)	占国有资产总量比重(%)
大型企业	7194.44	28.40
中型企业	7531.17	29.73
小型企业	7908.81	31.22
微型企业	2696.17	10.64
合 计	25330.59	100.00

三、贵州省国有资本保值增值综合分析评价

2018年,贵州省国有资本运行稳中有进、持续向好,总体实现保值增值目标。从企业分类看,省属企业国有资本保值增值率105.46%,比市(州)所属企业高出5.1个百分点;贵州省国资委监管企业国有资本保值增值率113.41%,高出省属国有企业平均值7.9个百分点。从行业分类看,14个行业中,9个行业实现保值增值,5个行业未实现保值增值,保值增值率最高的是工业(114.31%),最低的是卫生体育福利业(91.46%)。

表6　2018年贵州省国有企业地区和行业国有资本保值增值情况

地　区	国有资本保值增值率(%)	行业	国有资本保值增值率(%)
省属企业	105.46	农林牧渔业	98.69
省国资委监管企业	113.41	工业	114.31
市州企业合计	100.37	建筑业	100.02
贵阳市	100.82	地质勘查及水利业	99.86
六盘水市	99.66	交通运输业	100.14
黔东南州	99.99	仓储业	102.95
安顺市	99.75	批发和零售业	104.30
铜仁市	100.20	金融业	99.88
毕节市	101.32	房地产业	102.42
黔西南州	100.69	信息技术服务业	99.17
遵义市	99.90	社会服务业	100.11
黔南州	100.14	卫生体育福利业	91.46
贵安新区	100.26	教育文化广播业	101.66
		科学研究和技术服务业	106.27

四、贵州省国资委监管企业改革发展情况

抓好中央国企改革"1+N"系列文件和全国国企改革座谈会精神的贯彻落实,推动出台《中共贵州省委贵州省人民政府关于进一步深化国有企业改革的实施意见》,完善贵州国企改革的顶层设计。以"伤其十指不如断其一指"的思路,全面推动国有企业改革在关键领域和关键环节取得明显突破。一是完善现代企业制度,市场化经营机制不断健全。加快形成有效制衡的公司法人治理结构和灵活高效的市场化经营机制,贵州省国资委27户监管企业全面完成集团层面公司制改革。坚持党管干部原则与董事会依法产生、董事会依法选择经营管理者、经营管理者依法行使用人权相结合,进一步完善企业法人治理结构,设立外部董事制度和外部董事人才库,向8户企业派出外部董事,遴选60余名外部董事人选。二是推进企业三项制度改革,激励约束机制不断健全。贵州省国资委认真落实《关于进一步深化监管企业劳动用工和收入分配制度改革的实施意见》等规定,部分监管企业在子企业层面推行职业经理人市场化选聘,有效激发企业活力。按实绩兑现薪酬,实现工资能升能减,推动减员增效,实现员工能进能出。三是推动综合配套改革,示范带动作用有效发挥。盘江煤电集团、轮胎股份公司、中建伟业、金州电力4户企业被纳入国务院国资委"双百行动"综合改革名单。对7户首批推动上市后备企业进行重点辅导、培育和推动,成熟一家、上市一家。深入推进黔晟国资等企业国有资本授权运营改革试点、扎实做好盐政执法人员分流安置工作、探索推进厂办大集体改革、实施公车改革、推进薪酬制度改革。四是积极推进混合所有制改革,国有资本功能不断放大。出台《贵州省国资委监管企业增资工作指引(试行)》等文件,引进非公资本参与企业改革,267户子企业实现混合所有制改革,其中国有控股226户、国有参股41户。在开磷江苏瑞阳公司等8户企业开展国有控股混合所有制企业职工持股试点工作。五是全面完成"三供一业"工作,助推国资国企轻装上阵。加大政策和资金支持力度,采取分离移交等方式,推进剥离国有企业职工家属区"三供一业"和所办医院、学校、社区等公共服务机构改革。全面完成职工家属区"三供一业"分离移交协议签订和教育医疗机构深化改革工作。

五、贵州省国资委监管企业并购重组与完善法人治理结构情况

各监管企业按照高质量发展的要求,深入推进供给侧结构性改革,以市场为导向优化产品结构、服务结构,有效推动质量效益明显提升。一是深入推进债转股工作,发展能力进一步提升。完成六枝工矿30多亿元债转股,资产负债率从超过100%降到35%以下;推动瓮福集团、开磷集团、水矿集团、遵钛集团近200亿元债转股工作,水矿集团、瓮福集团正式签订协议,开磷集团初步形成债转股方案,遵钛集团债转股工作正积极推进。二是战略重组扎实推进,重组效果进一步显现。围绕贵州省委、省政府重大战略,成功组建6家企业集团,重组企业战略支撑和引领作用进一步增强,总体运行情况好于2017年。2018年,盘江煤电集团实现利润12.3亿元,比上年增长42.9%,规模优势和协同效应逐步显现,煤电联动新格局逐步形成。航投集团飞机日利用率从4月初的6.9小时提升到年底的9.5小时,提升37%,营业收入比上年增长27%。遵义市国资委4家重组集团,资产总额比上年增加15.98个百分点,资产负债率比上年减少4.5个百分点。三是深入推进去产能工作,发展能力得到进一步提升。协调3.1亿元财政资金用于开展监管企业去产能后续工作,支持六枝工矿使用专项奖补资金9823万元,用于关闭矿井的职工分流安置。妥善解决林东矿业、水矿股份奖补资金问题,保障资金安全。四是加快科技成果转化步伐,创新发展能力进一步增强。充分发挥65个省级科技创新平台作用,监管企业加大研发投入,强化自主创新,取得一批重大创新成果,茅台集团、贵绳集团、詹阳重工集团3家企业获得第五届中国工业大奖,首次实现贵州省2家企业同时获得表彰奖励的重大突破。五是坚持聚焦主业实业,发展质量进一步增强。各级监管机构紧紧围绕贵州省三大战略行动,深入推动国有资本向关键领域、新兴产业、特色产业和优势企业集中,严控企业非主业投资,引导企业更加注重实业发展,集中精力干好

主业。毕节市国资委推进10户市管企业实体化发展，市交通建设集团与贵州铁投集团等合作投资参股威宁县、赫章县项目。黔西南州国资委一批重点实体化项目进入实质性阶段，兴义民航公司完成新航站楼建设，2018年旅客吞吐量突破100万人次，州城投公司完成代建项目2.4亿元等。

六、贵州省国资委监管企业建立和完善经营业绩考核体系情况

建立健全国有企业经营业绩考核体系是国有资产管理体制改革的一项重要制度创新，是依法履行出资人职责、落实国有资本保值增值责任的必要措施。经过多年的不断总结，贵州省国资委对监管企业的经营业绩考核工作体系已趋完善，并朝着积极健康的方向不断发展。一是突出目标导向。把目标的先进程度与考核计分相挂钩，紧紧围绕贵州省委、省政府确定的发展目标，激励企业"跳起来摘桃子"，引领企业多出力、作贡献。二是强化责任落实。在加强经济效益指标考核的同时，把生态建设、节能环保、安全生产、扶贫攻坚、提质增效、党的建设等纳入考核内容，全面落实国有企业的政治责任、经济责任和社会责任，引导企业有大担当、大作为。三是强化分类考核。健全完善与企业功能性质和行业特点相适应的分类考核办法，根据企业功能性质不同，按照商业Ⅰ类、商业Ⅱ类和公益类进行分类考核，设置不同的考核指标及权重。在纵向考核企业经营实绩的同时，横向与国内同行业先进水平进行对标考核，提高考核的针对性、导向性、客观性和精准度。四是强化激励约束。坚持责权利相统一，建立健全新的薪酬机制和可追溯的资产经营责任制，将考核结果与企业负责人激励约束紧密结合，实现业绩升、薪酬升，业绩降、薪酬降。五是突出价值创造。引导企业提升以经济增加值为核心的价值管理水平，促进企业进一步优化资源配置，实现转型升级，不断增强企业核心竞争力和可持续发展能力。

七、贵州省国资委监管企业负责人考核与选人用人机制改革情况

加强企业负责人考核和选人用人机制改革，是推进企业科学发展的重要因素，贵州省国资委坚持以习近平新时代中国特色社会主义思想为指导，全面贯彻落实贵州省委、省政府的安排部署，扎实抓好企业领导班子建设、人才队伍建设、干部监管等工作，为国资国企改革发展提供有力的人才队伍。一是健全监管企业负责人考核体系。为加强对监管企业领导班子和领导人员的监管工作，广泛征求省国资委机关各处室、监管企业的意见，起草《贵州省国资委监管企业领导班子和领导人员履职情况监督管理办法（试行）》，对监管内容、监管方式进行细化，强化结果运用，将履职情况作为企业领导人员绩效考评、选拔任用的重要参考，梳理正确用人导向。二是强化监管企业负责人日常监督管理。会同贵州省委组织部开展企业领导班子运行、优秀年轻干部专题调研，掌握企业日常经营和干部队伍情况，做到心中有数。结合企业领导班子和领导人员年度考核工作，对企业领导班子的政治素质、经营业绩、团结协作、作风形象情况，领导人员的素质、能力、业绩情况，落实党风廉政建设责任制情况，干部选拔任用情况等进行测评考核，并将考核结果及时反馈企业班子及领导人员，对得分靠后的人员进行专门提醒约谈。三是深入推动监管企业选人用人机制改革。在认真学习相关政策规定，深入企业实地调研、咨询了解中央企业和部分省（自治区）做法的基础上，结合贵州省实际，会同贵州省委组织部研究起草《贵州省省管企业领导人员管理办法》，参照中央企业领导人员管理办法，对职位设置、任职条件、选拔任用、考核评价、薪酬激励、管理监督等内容进行细化明确。四是扎实抓好新组建企业领导班子配备工作。2018年根据贵州省委、省政府关于组建"大企业、大集团"的安排部署，先后完成云上贵州大数据集团、航投集团、盘江煤电集团、现代物流集团、乌江能源等新组建企业的领导班子配备工作，提拔任用、转任重要岗位、调整43人，确保新企业及时运转和工作有序开展。

八、贵州省国资委监管企业党的建设和廉政建设情况

全面贯彻落实中央和省委关于加强国有企业党

的建设要求,狠抓国企党建重点任务的落实落地,取得阶段性成效。一是国企党建认识普遍提高,抓党建促发展能力增强。国有企业抓党建工作的自觉性、积极性、主动性不断增强,重业务、轻党建的思想得到明显转变,抓党建促生产经营、改革创新、高质量发展的认识普遍提高。二是强化重点任务落实,国企党建实现"集中补课"。推动"党建入章""两个全覆盖"等15项重点任务落实落地。构建长效机制,出台《贵州省国有企业推动党建工作与改革发展深度融合"一任务两要点两清单"》等一批制度办法。强化组织体系建设,以提升组织力为重点,突出政治功能,着力解决市县属国企党组织作用发挥不够、基层党支部建设不规范等问题,推动形成全省一盘棋、规范统一、上下联动的党建工作新机制,开创全省国企"大党建"新格局。三是强化品牌引领,推进创新发展。2018年,通过对党建工作经验的总结归纳,推出16期《贵州国企党建》,并从党员、党支部书记、党组织3个层面培育选树一批党建示范典型,集中以《国企党建》杂志高规格宣传推广,引导全省国企对标对表抓好党建工作。省农信社学士路支行党支部深度挖掘"家"文化特色元素,倾力打造"红色支行",培养造就大批优秀人才,用真情服务赢得职工和客户认同。高速集团贵阳北收费站党支部积极践行"高速先锋"党建品牌理念,培育形成"五色花"特色文化,成为高速服务行业标杆。四是深入推进党风廉政建设和反腐败工作,政治生态持续优化。2018年,查处贵州省国资委监管企业违反中央八项规定精神和贵州省委十项规定精神问题14起28人,给予党政纪处分24人;立案169件,党政纪处分173人。受理信访举报668件,处置管理权限内的问题线索310件。五是强化社会责任担当,坚决打赢脱贫攻坚战。认真抓好21户国有企业结对帮扶20个贫困县工作,选派52家企业169名管理人员参与贵州省同步小康轮战工作,建立贫困地区与系统企业职工食堂产销对接机制。累计投入帮扶资金5.21亿元,帮助引进资金9.71亿元,发放帮扶贷款139.4亿元,解决3.7万人就业,采购贫困地区农产品137.98万千克,带动增收2.65亿元。

(撰稿人:王 敏)

云南省

一、云南省国有资产监督管理工作综述

一是全力稳定增长。认真贯彻落实云南省稳增长22条措施,强化形势研判和经济运行分析,紧扣关键经营指标,多措并举稳定生产经营,全力巩固稳中有进、稳中向好态势,企业运行质量不断提升。二是全力防范风险。制定涉及省属企业降杠杆防风险、境外投资、重点企业风险化解等一系列规范指导性文件,加强动态监测和分析研判,强化资金管控,坚决守住不发生重大风险的底线。三是全力深化改革。加强统筹谋划,结合云南实际,完成云南省深化国企改革三年行动方案的顶层设计,制定省属企业混改操作指引,启动新一轮整合重组,将云南国资国企改革引向深入。四是全力提质增效。加快推进供给侧结构性改革,剥离企业非主业资产和低效无形资产处置,加大去产能力度,加快对"僵尸企业"处置和"三供一业"分离移交工作。五是全力强化监管。坚持以管资本为导向的改革方向,研究调整权责清单,制定出台国有资产评估、境外资产监管等一系列文件,加强国资监管机构法治建设,强化依法监管、分类监管、重点监管。

二、云南省国有资产总量与结构分析

表1　　2018年云南省国有企业指标

项　目	金额(亿元)
资产总额	44950.63
所有者权益	15729.24
国有资产总量	12670.72
营业收入	7202.76
利润总额	159.13

续表

项 目	金额(亿元)
净利润	86.34
归属于母公司所有者的净利润	34.41
应交税金总额	282.21
实际上缴税金总额	273.62
社会贡献总额	1377.63

表2 2018年云南省国有企业户数情况

2017年户数(户)	2018年户数(户)	比上年增长(%)
4397	4803	8.45

表3 2018年云南省国有资产按地区分布情况

地 区	国有资产(亿元)	占国有资产总量比重(%)
省级监管企业	3889.16	30.69
纳入合并	3313.42	26.15
暂未纳入合并	400.01	3.16
委托监管企业	175.73	1.39
州市国有企业	8781.56	69.31
昆明市	3895.22	30.74
保山市	718.08	5.67
红河州	703.26	5.55
曲靖市	460.00	3.63
玉溪市	449.82	3.55
临沧市	377.43	2.98
大理州	336.88	2.66
昭通市	291.29	2.30
德宏州	246.04	1.94
滇中新区	260.86	2.06
文山州	240.56	1.90
普洱市	228.98	1.81
楚雄州	216.62	1.71
西双版纳州	158.13	1.25
丽江市	130.59	1.03
迪庆州	37.53	0.30
怒江州	30.28	0.24

表4 2018年云南省国有资产按行业分布情况

行 业	国有资产(亿元)	占国有资产总量比重(%)
农林牧渔业	86.57	0.68
工业	437.78	3.46
建筑业	1179.63	9.31
地质勘查及水利业	395.26	3.12
交通运输业	1081.02	8.53
仓储业	18.43	0.15
批发和零售业	1.34	0.01
金融业	298.47	2.36
房地产业	444.79	3.51
信息技术服务业	27.79	0.22
社会服务业	8567.32	67.62
卫生体育福利业	1.47	0.01
教育文化广播业	97.02	0.77
科学研究和技术服务业	19.98	0.16
机关社团及其他	13.85	0.11
合 计	12670.72	100.00

表5 2018年云南省国有资产按经营规模分布情况

经营规模	国有资产(亿元)	占国有资产总量比重(%)
大型企业	7435.29	58.68
中型企业	1946.36	15.36
小型企业	2181.29	17.22
微型企业	1107.78	8.74
合 计	12670.72	100.00

三、云南省国有资本保值增值综合分析评价

2018年,云南省企业国有资产总量12670.72亿元,比上年增长17.6%。其中,国家、国有单位直接或追加投资增加823.6亿元,无偿划入增加254.7亿元,资产评估增加14亿元,产权界定增加133.6亿元,资

本(股本)溢价增加 212.5 亿元,中央和地方政府确定的其他因素增加 50.8 亿元,会计调整增加 73.3 亿元,经营积累增加 203.5 亿元,无偿划出、资产评估减少、清产核资减少、经营减值等原因减少国有资本及权益 528.4 亿元。考虑客观因素增减变动,云南省国有资本保值增值率 100.5%。其中,省国资委监管企业国有资本保值增值率 99.5%;地州国有企业国有资本保值增值率 100.9%。

表6　2018 年云南省国有企业地区和行业国有资本保值增值情况

地 区	国有资本保值增值率(%)	行 业	国有资本保值增值率(%)
省级	99.51	农林牧渔业	94.56
昆明市	101.51	工业	98.16
玉溪市	99.70	建筑业	102.06
保山市	99.28	地质勘查及水利业	99.77
西双版纳州	101.09	交通运输业	98.91
楚雄州	100.18	仓储业	101.52
大理州	104.55	批发和零售业	3.94
德宏州	99.17	金融业	100.30
迪庆州	94.45	房地产业	100.72
红河州	97.88	信息技术服务业	101.59
临沧市	99.81	社会服务业	100.99
怒江州	99.22	卫生体育福利业	99.12
曲靖市	101.74	教育文化广播业	107.13
文山州	105.15	科学研究和技术服务业	115.66
昭通市	100.40	机关社团及其他	99.50
滇中新区	102.34		
丽江市	100.25		
普洱市	100.37		

四、云南省国资委监管企业改革发展情况

(一)坚持稳增长总基调,生产经营稳中有进

2018 年,云南省国资委持续把稳增长作为各项工作的重中之重,认真贯彻落实云南省稳增长 22 条措施,强化形势研判和经济运行分析,强化责任落实,狠抓风险防控,多措并举提质增效,企业运行质量不断提升。截至 2018 年底,云南省国资委出资企业资产总额 2.25 万亿元,比上年增长 9.91%;负债总额 1.61 万亿元,比上年增长 7.08%;净资产 6397.78 亿元,比上年增长 17.72%;营业收入 7256.37 亿元,比上年增长 3.15%;利润总额 180.15 亿元,比上年下降 9.73%;利税总额 422.51 亿元,比上年增长 4.08%;经济增加值 2191.14 亿元,比上年增长 9.30%。

云南省州市监管企业继续保持良好发展态势。16 个州市及下辖县市区纳入统计范围的国有企业资产总额 23000.2 亿元,比上年增长 7.64%;净资产 9585.6 亿元,比上年增长 8.56%;营业收入 1074.4 亿元,比上年增长 5.01%;利润总额 68.3 亿元。

(二)狠抓工作落实见效,助推改革持续深化

云南省国资委认真贯彻落实省委、省政府决策部署以及国务院国资委工作安排,坚持落细落小,狠抓工作落实,全力助推国资国企改革向纵深发展。一是"双百企业"改革试点稳步推进。云南省国资委第一时间研究制定外向型"双百企业"综合改革实施方案,有序组织开展贵金属集团等 6 户"双百企业"试点工作,各项改革措施进入实质性探索阶段。二是混合所有制改革取得突破。制定省属企业混合所有制改革操作指引,坚持能混则混,扎实推进省属企业混合所有制改革工作,诚泰集团层面混合所有制改革基本完成;签订工投集团子公司云南植物药业公司引入贵州百灵企业的混合所有制改革合作协议;形成工投集团、贵金属集团、城投集团初步混合所有制改革方案;省属二、三级企业混改面超过 40%。稳妥有序推进 8 户企业员工持股试点工作,完成 4 户工商登记工作,843 人持股,出资 28068 万元。三是形成云南省国资国企改革方案顶层设计。8 个调研组深入 16 个州市

和相关省属企业精准调研、跟踪督导的基础上,制定印发《云南省深化国有企业改革三年行动方案(2018—2020年)》,配合省委、省政府召开云南省深化国企改革大会,牵头组织召开国企改革新闻媒体见面会,研究制定《云南省国有股权运营管理有限公司方案》,着力建设具有云南特色的"1+1+X"省级国有资产监管和国有企业发展新模式。

(三)多措并举精准施策,全面防范化解风险

一是建立完善工作机制。成立防范和化解省属企业债务风险工作组及云南资本专项整改督查组,建立主要领导负总责、分管领导分别负责、相关工作组具体负责的工作机制。加强全年预算动态监测和调度分析,重点对应收账款余额、存货余额、带息负债总额较大及增速较快的企业按月、按季提示董事会。二是细化工作举措。制定印发《关于省属企业降杠杆防风险的指导意见》,明确省属企业降杠杆总目标和分类降杠杆目标要求。将省属企业资产负债率力争降至70%以下纳入改革攻坚考核范围,"一企一策"制定风险防范化解工作方案,并建立动态监测提示机制。及时搭建云南省国有企业债务风险监测预警信息子系统,及时对企业债务进行预警和评判。三是着力化解重点企业风险。制定专项化解方案、股权处置方案和化债方案,全年召开19次工作组会议,加大借款清收、担保解除、资产变现、资金筹措和专项审计整改工作力度,全策全力、集中力量应对刚性兑付,设立偿债资金专户,强化资金管控、确保资金安全,坚决守住不发生重大风险的底线。四是严控投资风险。制定下发《规范省属企业境外投资经营行为实施意见》和加强企业对外担保、借款、投资管理的通知,修订印发《省属企业投资监督管理暂行办法》《省属企业境外投资监督管理暂行办法》及负面清单,全面加强投资监管,全面落实投资项目负面清单管理要求,严禁超越自身承受能力的投资行为。截至2018年底,云南省国资委出资企业平均资产负债率(不含金融)69.03%,比上年减少1.81个百分点。

(四)聚焦全面提质增效,扎实推进供给侧结构性改革

云南省国资委始终坚持以五大新发展理念为重要指引,坚持高质量发展导向,深入推进供给侧结构性改革,不断提高云南省国资国企发展质量和效益。一是全面优化产业结构。将加快剥离企业非主业资产和低效无形资产处置工作纳入省属企业攻坚战责任书内容,加大去产能力度,完成年度化解煤炭过剩产能90万吨目标任务,云天化集团、冶金集团、云锡控股等企业主动压减黄磷、合成氨、低效磷肥等过剩产能,加快推进昆钢控股环保搬迁转型升级工作和昭通天然气支线一期项目建设工作,积极推进省粮食产业集团组建、能投集团有机硅单体项目建设、云锡控股锡冶炼异地搬迁升级改造、安宁温泉康养中心基地项目、阜外医院和云阜国际医院项目建设等。二是加大"僵尸企业"清理力度。全年基本完成107户"僵尸企业"处置的关键工作任务。三是稳妥推进"三供一业"分离移交。省属企业签订"三供一业"分离协议占80%以上,完成省属企业"三供一业"补助资金申报审核工作,按时完成中央、省级财政补助资金划拨工作,通过关闭撤销、移交地方、改制或专业化管理等方式推进国有企业办教育、医疗机构分类改革工作进度达到50%以上,管理层级至三级以内的企业户数占80%。四是积极推进企业整体上市或主营业务上市工作。云南能投、城投置业的重大资产重组和空港物流新三板挂牌工作稳步推进,完成能投集团并购香港主板上市公司天美控股。五是全面推动企业"瘦身健体"。围绕"三张牌",将企业主营业务控制在3个以内,加快现代产业体系建设,扎实推进昆明宝象万吨冷链港,云锡10万吨锌、60吨铟冶炼技改,云上云·政务信息中心等一批转型升级项目,提升发展质量。六是强化金融支撑。认真分析研究当前金融政策、融资创新方式和企业需求,配合省发展改革委提出省属企业市场化债转股工作具体措施建议,进一步加大直接融资和上市公司再融资力度,2018年,云南能投集团境外发债2亿美元,省属企业直接融资超过700亿元。

(五)转向以管资本为主,加强和改进国资监管

按照以管资本为主国资监管的要求,结合机构改革,进一步提升监管水平。一是厘清权责清单。重点围绕加强监管,牵头启动权责清单调整工作,研究制定权责清单调整工作方案。二是强化依法监管。加强国资监管机构法治建设,进一步强化依法监管,着力加强重大事项合法性审查,认真落实向省人大常委会报告国有资产管理情况制度要求。三是细化落实管理办法。召开云南省产权管理业务培训工作会议,制定出台《云南省省属企业国有资产评估管理暂行办法》《云南省省属企业境外国有资产监督管理暂行办法》,进一步强化监督,组织监事会对省属企业开展重大风险专项检查,加快推进省级经营性资产集中统一监管工作,完成139户(含4户省属文化企业)省级经营国有资产移交划转。四是完善考核分配机制。深入推进分类监管,强化目标导向,制定出台《金融企业管理者经营业绩考核方案和薪酬管理方案》。严格规范省属企业负责人履职待遇、业务支出,稳步推进省属企业公务用车制度改革。

(六)融入"一带一路"建设,大力助推企业"走出去"

一是云南能投集团投资1.29亿美元建设的缅甸仰光达克韰燃气蒸汽联合循环电厂一期106兆瓦发电项目竣工仪式在缅甸仰光举行,标志着中缅能源合作取得新突破。二是昆钢斥资21.3亿美元兴建孟加拉国钢铁项目计划在孟加拉国投资并建立一个孟加拉国—中国钢铁国际产能与合作示范区项目,投产后该项目钢铁综合年产量200万吨。三是云锡集团围绕锡主业发展,积极与国际锡协、美国钢泰公司、德国巴斯夫、富士康科技集团、印度尼西亚PT蒂玛集团、日本长谷川研究所、宝钢股份等国内外优势企业签署战略合作协议,并按协议约定积极推进相关合作,为主营产品高端化、高附加值转型寻求突破。积极拓展东南亚、印度等国外市场,探索国际产能合作和海外产业布局。四是农垦集团主动融入国家"一带一路"建设,依托集团在老挝的10万余亩天然橡胶基地和加工厂,加强与老挝政府合作,共建老挝(国家级)橡胶产业研究院;依托集团在缅甸的万吨产能天然橡胶加工厂,与缅甸佤邦签署140万亩天然橡胶产业合作备忘录,与缅甸福兴兄弟集团签署全产业链合作的战略合作协议,再造一个海外"新农垦"初具规模,有力增强农垦集团天然橡胶资源的区域掌控能力。截至2018年底,省属企业投资境外重点项目16个,均稳步有序运营和推进。

(七)突出发挥政治功能,全面加强和改进党的建设

始终把党的政治建设摆在突出位置,把坚持党的领导、加强党的建设作为首要政治任务,全面贯彻落实服务生产经营不偏离要求,围绕"三个有利于"国企改革价值标准,充分发挥企业党组织的领导核心和政治核心作用。党的建设总要求进入公司章程实现二、三级公司全覆盖,"三重一大"事项前置研究成为必经程序,党的领导与公司治理融合更加紧密。管党治党"第一责任"持续抓牢,党建工作责任制层层落实;企业干部队伍建设高质量推进,选、育、用、留各环节从严从实,企业领导班子建设全面加强,人力资源活力全面激发;持续用力抓基层、打基础、固根本,"基层党建巩固年"要求精准落实,基层党组织组织力得到新的提升;意识形态工作责任制有效落实,思想教育工作持续巩固;党风廉政建设和反腐败工作深入推进,全面从严治党向纵深发展;巡视巡察工作持续向紧,巡视整改取得扎实成效。

五、云南省国资委监管企业并购重组与完善法人治理结构情况

(一)并购重组情况

根据省委省政府决策部署,围绕打造"两平台一基地"和3个千亿级产业链,统筹推进物流、煤炭、旅游酒店等同类产业整合提升。在央地合作上,积极推进与央企中铝集团的深化合作项目,稳妥推动冶金集团重组进入操作实施阶段。针对云南省物流业发展瓶颈,为进一步优化云南省物流资源,培育壮大龙头物流企业,加快推进现代物流产业发展壮大,推动物流集团与昆钢控股重组方案进入实质性落实阶段,物流集团的人员管理、生产经营等全面纳入昆钢控股集中统一管理。积极推动煤炭产业改革深化,统筹推进云南煤化工集团司法重组工作,完成初步尽调,基本形成《关于东源、解化司法重整方案》。

(二)完善法人治理结构情况

一是牵头推动《关于进一步完善国有企业法人治理结构 加强董事会建设的实施意见》落地落实,加

大省属企业法人治理情况的调研和督导力度,进一步加强董事会队伍建设,规范董事会运作,提升董事会科学决策水平。二是落实《省国资委参股企业委派董事监事管理办法》,加快构建以外派监事为主的监事会体系,促进委派董事、监事规范履职行权。三是出台《云南省省属企业专职外部董事考核评价办法(试行)》《云南省省属企业外部董事薪酬管理办法(试行)》,对外部董事选拔、履职、考核等方面进行完善细化;调整充实外部董事专家库,吸收36名专家入库,进一步推动省属企业董事会建设和专职外部董事管理科学化、制度化、规范化。

六、云南省国资委监管企业建立和完善经营业绩考核情况

2018年,云南省国资委切实履行企业国有资产出资人职责,维护所有者权益,加快建立健全有效的激励和约束机制,充分发挥考核分配"指挥棒"作用,引导省属国有企业实现高质量发展,做强做优做大国有资本。

(一)坚持制度先行,进一步完善优化各类省属企业管理者经营业绩考核分配办法

结合2018年新划入云南省国资委履行出资人职责的2户金融企业和4户文化企业运营实际,研究出台《云南省国资委关于印发金融企业管理者经营业绩考核实施方案和薪酬管理实施方案的通知》《云南省国资委关于印发〈省属国有文化企业管理者经营业绩考核实施方案〉〈省属国有文化企业管理者薪酬管理实施方案〉的通知》,进一步完善制度,增强考核针对性,强化激励约束机制。下发《云南省国资委关于印发〈云南省省属企业专职外部董事考核评价办法(试行)〉和〈云南省省属企业外部董事薪酬管理办法(试行)〉的通知办法》,进一步规范省属企业专职外部董事管理,更好地调动专职外部董事的积极性。

(二)坚持及时规范,扎实开展企业管理者经营业绩考核和薪酬兑现工作

一是结合省属企业改革攻坚任务要求,认真组织开展省属企业管理者2018年度考核责任书签订工作,及时完成20户省属企业管理责任书签订,明确管理者年度业绩目标,落实经营责任,推动省属改革攻坚任务落实。二是认真开展24户(含4户文化企业)省属企业管理者2017年度和4户文化企业2015—2017年任期经营业绩考核和薪酬测算工作,考核结果和薪酬兑现方案经省国资委主任办公会审议后将报省政府同意,并及时完成对各省属企业管理者薪酬兑现工作。三是持续强化20户省属企业负责人履职待遇业务支出管理,加强审核备案,促进企业负责人履职待遇业务支出管理制度化、规范化。

(三)坚持市场导向,推动省属企业进一步深化劳动用工和收入分配制度改革

一是在2017年出台《关于进一步深化省属企业劳动用工和收入分配制度改革的指导意见》基础上,结合各企业改革进程,坚持市场化导向,全覆盖开展三项制度改革情况调研督导工作,进一步传导改革压力,增添改革动力,破解改革难题,推动企业内部加快构建"管理人员能上能下""员工能进能出""收入能高能低"的新机制。二是持续推进《云南省国有控股混合所有制企业员工持股试点实施办法》落实,会同云南省财政厅、云南证监局确定8户试点企业名单,4户企业员工持股方案经省国资委备案并落地实施(包括2户上市公司)。三是在出台《国有科技型企业股权和分红激励暂行办法》基础上,印发《关于做好省属企科技型企业股权分红激励工作的通知》,按照"实施一批、储备一批、培育一批"的工作思路,对监管企业开展股权和分红激励工作进行安排部署,并对23户企业进行初步摸底调研,进一步落实省属国有科技型企业股权和分红激励政策。

七、云南省国资委监管企业负责人考核与选人用人机制改革情况

2018年,云南省国资委认真学习领会习近平新时代中国特色社会主义思想,深入贯彻党的十九大和十九届二中、三中全会精神,全面落实全国、云南省组织工作会议精神,紧紧围绕省国资委党委的中心工作,推进省属企业领导班子建设、董事会建设和人才队伍建设,为做强做优做大国有资本、推动省属

企业高质量发展提供组织保证和人才支撑。

(一)深化体制机制改革,高质量推进选人用人工作

加强省属企业领导班子建设。一是选好配强企业领导人员。按照"对党忠诚、勇于创新、治企有方、兴企有为、清正廉洁"的二十字要求,配合省委组织部调整充实企业领导人员48人次。完成云南信托等企业党委人选考察推荐、批复工作。二是配合做好省属企业领导人员管理体制调整后续工作。对139名省属企业领导人员开展履职考察考核,填报"调整完善省管企业领导人员管理体制干部履职考察考核专用登记表",呈报履职考察考核后任职初步建议;配合省委组织部档案接收工作组完成涉及划转的省属企业领导人员干部档案初审、补充完善档案材料等工作,并按要求向省委组织部信息管理处移交干部人事档案;妥善解决能投集团、水投公司部分副职领导人员的历史遗留问题,对管理体制调整后的省设计院集团副职领导人员进行重新任命。三是加强经常性分析研判。配合省委组织部开展联系单位优秀年轻干部调研工作,对云南资本、贵金属集团、诚泰保险、设计院集团4户企业开展加强省属企业领导班子思想政治建设课题研究和省属企业领导班子的调研,形成《加强云南省省属国有企业领导班子政治建设研究》,切实加强对企业领导班子和领导人员综合分析研判工作。

配合做好企业改革重组后的人事工作。服务省属企业改革发展大局,配合省委组织部做好昆钢控股与物流集团整合重组后的干部工作;认真做好诚泰保险混合所有制改革中的有关干部人事工作;严格执行参股企业委派董事监事管理制度,分别向世博旅游集团、文投集团委派部分董事、监事。

(二)严格程序标准,扎实开展年度综合考核评价工作

按照省委组织部和省国资委党委的统一部署安排,由省国资委领导带队,组成7个考核组,扎实开展2017年度省属企业领导班子和领导人员综合考核评价工作。

一是考评前周密部署。按照省委组织部和省国资委党委的统一部署安排,对21户省属企业领导班子和领导人员开展2017年度综合考核评价工作。向企业提前印发考核通知,要求企业对照标准开展自查、查漏补缺,认真做好各项准备工作。

二是考评中严格程序。由省国资委领导带队,组成7个考核组,严格按照发布考核预告、召开考核动员和民主测评会、民意调查、个别谈话、查阅资料、实地延伸检查、听取意见等7个步骤展开,不简化,不变通,扎实开展考核工作。

三是考评后认真负责。根据民主测评、个别谈话、查阅资料、实地检查、民意调查等情况,综合考核测评得分、企业党委意见、考核组意见、驻省国资委纪检组意见、省纪委2017年度云南省党风廉政建设责任制检查考核情况通报结果,认真做好分数评定、考核结果等次建议工作。经省国资委党委会研究,提出对领导班子和领导人员年度考核等次的建议,并就综合考核工作向省委组织部部务会作汇报。根据省委常委会议研究、省委组织部批复情况,向企业反馈综合考核评价结果。

(三)坚持从严从实,强化对企业领导人员的监督管理

一是强化从严监督。认真落实《省属企业领导人员选拔任用廉洁从业结论性评价办法(试行)》,加强选拔任用过程中的监督管理,切实把好人选廉洁关,防止"带病提拔"。

二是强化从严管理。严格执行《省国资委党委关于对省属企业领导人员进行提醒、函询和诫勉的实施细则》,强化日常监管,对班子不协调、考核结果较差等情形,利用开展谈心谈话、诫勉谈话、函询等问责方式给予提醒督查,在制度上保障从严管理监督干部,促使领导干部懂规矩、守纪律。

三是强化刚性约束。严格执行省属企业领导人员报告个人有关事项、"一报告两评议"、述职述廉述责、兼职任职以及外出报备管理等制度,坚持凡提必核,对拟提拔、转任重要岗位任职的人员进行个人事项查核。

(四)抓实政策落地,做好人才引进和平台建设

一是着力推动人才政策落地。指导企业做好"千人计划""万人计划"政策宣传解读,组织符合条件的人员(团队)申报"千人计划""万人计划""兴滇人才奖"等人才专项,鼓励以个人和团队为依托申报国家科技重大专项、国家和省级科学技术进步奖。2018年,新增"云岭英才计划"人才1人、"云岭产业技术领军人才"16人,各省属企业申报"千人计划""万人计划"46人,各企业享受国务院特贴专家、百千万人才、国家"千人计划"、"西部之光"访问学者、"云岭学者"、"云岭产业技术领军人才"、"云岭青年人才"等各类人才275人。

二是搭建人才服务和创新工作平台。指导省属企业加强与高校、科研院所等机构的协同对接,强化校企、院企合作,通过设立院士工作室、国家重点实验室(工程中心)、科技成果转化中心、企业技术中心等平台,依托云南高层次人才创新创业园、博士服务团工作站、院士工作站、博士后科研工作站、技能大师工作室等,建好用活"柔性引进高层次人才基地";支持和鼓励企业利用驻外机构、商务代表处等推动建立"云南省海外引智工作站",培养和引进一批熟悉国际经贸市场、规则和法律的国际化人才。省属企业获批创建院士工作站、产研中心、技术中心等各类创新中心58个,实现科技成果转化项目194项。

三是组织各类招才引智活动。组织企业参加"第三届云南国际人才交流会""2018中国海外人才交流大会暨第20届中国留学人员广州科技交流会"等活动。会同云南省工信委,组织开展2018年省委联系专家企业经营管理类人才行业评审工作。指导省属企业做好人才招聘配置工作,适时开展校园招聘与社会招聘补充优秀人才。2018年,企业招收的应届毕业生中"双一流""985""211"等高校的毕业生比例大幅提高,人才短板问题得到一定缓解。

(五)加大重点工作力度,强化教育培训和人才队伍建设

一是加强理论学习和党性教育。把习近平新时代中国特色社会主义思想和党的十九大精神学习培训作为首要政治任务,按照省委组织部的调训要求,组织企业领导人员参加在中央党校、国家行政学院、井冈山干部学院等地举办的领导干部进修班;举办省属企业基层党组织书记及党务工作骨干示范培训班、"万名党员进党校"培训班,基本实现全覆盖。

二是大力开展专业化能力培训。围绕省委省政府决策部署和国企国资改革重点任务,制定《2018年度省属企业干部教育培训重点班次计划》,依托浙江大学、云南工业干部学院等,举办省属企业混合所有制改革与资本运作、城乡建设与旅游发展、市场营销与品牌建设、财务管理与风险管控、车间主任及生产管理骨干人员5个培训班,300余人参加培训。

三是注重企业优秀年轻人才教育培养。认真贯彻落实习近平总书记关于做好优秀年轻干部工作的重要指示,对省属企业优秀年轻干部进行调研,摸清底数。各省属企业建立挂职锻炼、跟班学习、外派锻炼、轮岗交流、"师带徒"、新员工职业指导和青年员工职业生涯规划指导等培养机制,为优秀年轻干部健康成长创造条件。

四是建立企业人才培训能力体系。统筹安排省内外优质培训资源,支持能投集团、云投集团等企业推进企业大学建设。落实"云南省工业人才开发行动计划",支持云南工业干部学院开展企业人才培训,加强培训保障能力建设。各省属企业积极推进校企合作,与科研院所深度融合,建立实训基地,完善产学研用协同用人模式,拓展人才培养选聘途径。

五是探索市场化选聘机制,推进职业经理人制度建设。认真贯彻《省属国有企业市场化选聘高级管理人员指导意见(试行)》,在二、三级公司层面选聘职业经理人117人。有序推进市场化薪酬,致力形成更加合理的日常管理和收入分配机制。在国务院国资委职业经理研究中心的指导下,依托云投集团,建立职业经理人才大数据分中心,并在北京举行双方合作文件签署仪式。

八、云南省国资委监管企业党的建设和廉政建设情况

(一)党的建设情况

截至2018年底,党组织关系由省国资委党委管理企业62户,基层党组织8552个,其中党委885个、党总支498个、党支部8179个,党员169594人。

2018年,云南省国资委党委认真贯彻全面从严治

党要求，严格按照云南省委、云南省委组织部的部署安排，树牢问题导向，聚焦工作重点，聚力作用发挥，年度党建工作有序推进，国有企业党的建设取得新的成效。

一是理论武装全面加强。突出习近平新时代中国特色社会主义思想和党的十九大精神这个重点深入学习，突出《习近平新时代中国特色社会主义思想三十讲》等原文重点研读。云南省国资委党委组织中心组学习13次，举办"党建大讲坛"12期，党委书记讲党课2次，班子成员讲党课9次。编发学习贯彻习近平新时代中国特色社会主义思想和党的十九大精神理论研讨汇编1000册。省国资委党委和省属企业党委成立"习近平新时代中国特色社会主义思想"宣讲团，着力推动集中宣讲进企业、进基层、进班组，组织宣讲逾1500场次，受教育人数逾8万人次。成立省国资委党委党校，组织培训71期，培训学员7550人。以落实"三会一课"基本制度为抓手，持续推进"两学一做"学习教育常态化制度化，省国资委机关和省属企业党支部先后组织集中学习研讨逾43000次，党员干部"四个自信"牢固、"四个意识"坚定、"两个服从"坚决。

二是主体责任层层落实。召开省属企业党的建设暨纪检监察会议，与企业党委签订党风廉政建设责任书。2018年，省国资委党委34次、省属企业党委逾500次研究党建工作。结合企业改革重组，指导20户省属企业集团党委、411个基层党委、13户主板上市公司、11户新三板上市公司完成公司章程修订工作，明确党组织在公司治理中的法定地位，把党组织讨论研究作为董事会、经理层决策重大问题前置程序。起草完成《关于加强混合所有制企业党建工作的意见（试行）》（征求意见稿）。制定《关于健全完善基层党建工作责任落实体系的实施意见》，建立省国资委党委班子成员联系企业党建工作制度，下发省属企业党委书记、省国资委党委班子成员抓党建工作"责任清单"。组织省属企业党委书记现场述职评议考核。考核结果写入个人年度考核评价，装入个人档案。

三是基层基础夯实有力。认真落实全国、云南省国有企业党的建设工作会议精神和组织工作会议精神，按照省委部署要求，制定下发省属企业"基层党建巩固年"工作方案和重点任务项目清单，细化8个方面29项具体工作，着力在推动落实中巩固基层党建推进年、提升年成果，不断强化省属企业基层党组织组织力。基本组织建设实现全覆盖。指导省属企业党组织做到"应建尽建"，覆盖面100%；26个基层党委、18个党总支、383个党支部按期换届。基本队伍建设持续加强。19户省属企业党委书记、董事长由一人担任，19户省属企业党员总经理兼任党委副书记。20户省属企业均配齐专职副书记。配备专职党务工作骨干3554人、兼职骨干5681人。严格党员发展标准，发展党员3628人。持续加大培训力度，省国资委和省属企业党委组织"万名党员进党校"培训1478期，培训39621人；党的十九大精神干部轮训2258期，培训114644人；基层党组织书记、党务骨干培训691期，培训11582人。表彰先进基层党组织51个、优秀共产党员104人、优秀党务工作者55人。基本活动蓬勃开展。严格执行"三会一课"等制度，积极开展主题党日、政治生日、党费日等活动。先后把2.2万余名党员培养成为生产经营骨干，把1.7万余名生产经营骨干培养成为党员。建立"党员突击队""党员先锋岗""党员责任区"逾3万个。党建工作保障有效强化。党建工作经费预算全部落到实处，省属企业预算党建工作经费15028.7万元。深入开展"互联网+党建"工作，省属企业安装党建盒子1644个、考核平台808个，"云岭先锋"APP 89710人。省属企业集团层面云岭先锋"党建书屋"全部投入使用。"加强国有企业混合所有制企业党建工作"等7个课题研究取得阶段性实效。党支部规范化建设有序推进。制定省属企业加强党支部规范化建设实施方案和实施细则，明确2017年30%（1884个）、2018年50%（2425个）、2019年20%（545个）的创建规划。指导省属企业建立92个示范点引领推动，首批1884个基层党组织完成达标创建。

四是大力培育党建品牌。着力构建高速公路示范带，沿云南省高速公路全力推进示范带建设，昆明至红河方向打造城投石林三七科技公司党支部等7个示范点；昆明至西双版纳方向打造云天化晋宁磷化集团离退休第三党支部等12个示范点；昆明至大理方向打造交投昆西收费站等19个示范点；昆明至曲靖昭通方向打造交投昆北收费站党支部等13个示范点。着力构建昆明示范群，指导各企业抓实机关和在昆单位党支部创建工作，打造7个机关党支部和32个基层党支部示范点。着力构建企业示范区，指导昆钢在创建工作中注重整体推进，转发其做法。指导云天化将安宁片区3个二级公司7个党支部打造为示范区的工作有序推进。着力构建省外示范点，指导贵金属在湖南永兴、指导建投在柬埔寨建立党支部示范点，为省属企业省外、境外党支部如何抓创建进行有益探索。持续开展软弱涣散党组织整顿，330个后进党支部整改工作有力推进。

五是干部人才队伍建设全面加强。持续加强省属企业领导班子建设。配合省委组织部调整充实企业领导人员38人次，对139名省属企业领导人员开展履职考核。组织2017年度省属企业领导班子和领导人员综合考核评价。持续完善省属企业法人治理结构。推动《关于进一步完善国有企业法人治理结构加强董事会建设的实施意见》落地落实，考核10名专职外部董事、5名兼职外部董事2017年度履职情况。吸收36名专家加入省属企业外部董事专家库，任免6名外部董事，向云勤集团、联云集团推荐2名兼职外部董事建议人选。持续强化人才队伍建设。举办混合所有制改革与资本运作等专题培训。积极推动国有企业职业经理人才大数据分中心建设。完成2018年省委联系专家企业经营管理类人才行业评审工作，评选22名推荐人选上报省人才工作领导小组。

六是意识形态阵地全面筑牢。督导省属企业认真贯彻落实党委意识形态工作责任制实施细则要求，持续强化企业领导班子主体责任和班子成员的领导责任。与省属企业党委签订《意识形态工作责任书》，3次督查省属企业贯彻落实党委意识形态工作责任制情况。指导企业深入践行社会主义核心价值观，持续推进企业文化培育。向省委宣传部、省文明办遴选推荐1名"云岭楷模"候选人、12名"最美人物"候选人。推荐昆钢控股、交投集团为云南省社会主义核心价值观示范点，确定为省国资委党委学习贯彻习近平新时代中国特色社会主义思想示范基地。组织"最美云岭国企人"评选，推出3个先进集体、7名先进个人。立足企业内部报刊台网，借力中央省内主流媒体，累计宣传国资国企改革发展稿件逾1000篇，为省属企业改革发展营造良好氛围。

（二）廉政建设情况

一是提升廉洁教育实效。印发《关于深刻汲取省属企业违纪案件教训 从严打造国企干部队伍的通报》，组织省属企业党委书记、副书记、纪委书记专题学习研讨。二是打好作风建设持久战。坚持在节日期间开展明察暗访，坚决防止"四风"反弹。2018年，先后查处违反中央八项规定精神问题54起127人，给予通报曝光5批25起。三是积极推动巡察工作落地。2018年，组织三轮巡察工作，巡察115个企业基层党组织。前两轮巡察发现问题2551个，移交问题线索291条，其中移交纪检监察部门175条；反馈问题970个，完成整改1020条；初核26件、立案10件，移交地方监委2件。四是坚决有力惩治腐败。纪检组牵头检查考核省属企业党风廉政建设责任制落实情况。2018年，收到信访举报1095件，处置问题线索377件，立案125件；问责单位7个，问责个人118人，其中通报10人，诫勉39人，组织处理23人，党政纪处分53人。纪检组和省属企业运用第一种形态处置428人次，第二种形态176人次，第三种形态43人次，第四种形态16人次。五是着力加强纪检监察队伍和业务建设。出台加强和改进省属企业纪检监察组织建设的意见，20户省属企业设立纪委477个、纪检监察室338个，配备专兼职纪检监察人员5989人。成立60人的执纪审查人才库，建立省属企业领导人员廉洁档案。

（撰稿人：杨宝明）

西藏自治区

一、西藏自治区国有资产监督管理工作综述

2018年，在西藏自治区党委、政府的坚强领导下，在国务院国资委的指导支持下，西藏自治区国资系统深入学习贯彻党的十九大和十九届二中、三中全会精

神,认真贯彻落实习近平新时代中国特色社会主义思想,认真贯彻落实自治区第九次党代会和九届三次、四次全会精神,按照自治区党委、政府决策部署,坚持稳中求进、进中求好、补齐短板的工作总基调,坚持以人民为中心的思想,全面贯彻落实新发展理念,正确处理好"十三对关系",深化国企改革,强化国资监管,加强党的建设,保障和改善民生,各项工作稳步推进,取得较好成效。

(一)努力降本增效,发展质量稳步提高

面对严峻复杂的宏观环境和经济下行压力,各级国资委保持战略定力,认真分析研判形势,指导企业保持平稳运行;国资系统监管企业主动作为、积极应对,千方百计开拓市场,多管齐下降本增效,着力提升内控水平,国有经济运行总体保持平稳,国有资本基础支撑、战略引领和民生保障作用进一步增强,实现经济效益稳步提升。2018年,全区国资系统监管企业资产总额1977.1亿元,比上年增长20.6%;营业收入256.8亿元,比上年增长20.8%;利润总额29.46亿元,比上年增长5.5%;上缴税金22.2亿元,比上年增长14.7%。

(二)完善监管体制,国资监管逐步规范

牢牢把握职责定位,按照以管资本为主加强国有资产监管的要求,积极完善监管体制,明确监管重点,提升监管质量和效率。

一是强化制度管理。建立国企改革工作台账,加强跟踪督查,形成顶层设计、组织推动和督查落实的工作闭环,扎实推进国家和自治区已出台的改革举措落地见效。《关于加强和改进企业国有资产监督防止国有资产流失的实施意见》《关于推动企业创新发展的实施意见》等改革文件出台实施。完善法人治理结构、违规经营投资责任追究等改革文件制定工作有序推进。研究制定《关于授权西藏国有资本投资运营公司对部分产业集团履行出资人职责的试点方案》。推进国有企业负责人薪酬制度改革,企业负责人履职待遇、业务支出管理进一步规范。

二是强化依法监管。修改完善《以管资本为主推进职能转变实施方案》,明确监管重点,优化监管职能,梳理出取消、下放、授权事项16项。修订权责清单,国资监管事项调整到36项。对出资人监管事项进行全面梳理,在权责清单(2016版)的基础上研究制定《西藏自治区政府国资委出资人监管权力和责任清单项目事项(2018版)》。加强制度建设,制定、修订国资监管政策及规范性文件13件,进一步完善自治区国资监管规章制度体系。出台《区管国有企业主要负责人履行推进法治建设第一责任人职责规定》《关于深化"法律进机关、进企业"活动的实施意见》等,推进依法监管、依法治企。

三是推动机构改革。研究制定自治区国资委机构改革方案,科学设置内设机构和岗位职责权限,推进分事行权、分岗设权、分级授权和定期轮岗,确保工作运行协调顺畅。加强协调沟通,基本完成划转人员转隶工作。

四是改进监管方式。调整优化产权管理层级,更好运用出资人配置手段,降低国有资本重组整合成本。完善业绩考核,修订出台《自治区政府国资委监管企业负责人经营业绩考核办法》《自治区政府国资委监管企业负责人经营业绩考核实施方案》,科学合理设置考核指标,实施分类考核、分类激励,进一步发挥业绩考核的导向作用,引导企业更加注重发展的质量和效益。研究制定《西藏自治区区属国有企业违规经营投资责任追究办法》,明确区属国有企业违规经营投资责任追究的范围和程序,确保责任追究工作有章可循、规范有序。启动自治区国资监管云平台建设前期工作,着力打造规范化、程序化国资信息平台,完成建设并投入试运行。

五是强化综合监督。加强出资人财务监督,重点加强企业重大财务事项监管,严格审核企业对外担保、对外借款等事项,督促企业审慎决策、严防风险;进一步细化监测指标,完善检测手段,加强企业财务指标分析和运行情况动态监测;印发《监管企业资产负债率分类管控工作方案》,推动监管企业降杠杆、减负债;对部分监管企业开展财务专项审计,督促企业整改落实审计发现的生产经营和财务管理问题。积极改进监事会工作,深化出资人监督职能,自治区国有重点企业第一监事会对企业开展年度监督检查及专项检查,将监督重点放在第一线、放在企业内部,不断增强监督的针对性和有效性。

二、西藏自治区国有资产总量与结构分析

表1　2018年西藏自治区国有企业指标

项　　目	金　额(亿元)
资产总额	4179.5
所有者权益	976.2
国有资产总量	820.8
营业收入	373.5
利润总额	26.0
净利润	20.2
归属于母公司所有者的净利润	13.1
应交税金总额	32.3
实际上缴税金总额	32.6

注：数据统计口径为一级企业。

表2　2018年西藏自治区国有企业户数情况

统计范围	2017年户数(户)	2018年户数(户)	比上年增长(%)
按一级企业统计	307	325	5.9
按全级次统计	573	733	27.9

表3　2018年西藏自治区国有资产按地区分布情况

地　区	国有资产(亿元)	占国有资产总量比重(%)
区级国有企业	361.9	44.1
市级国有企业	423.4	51.6
县级国有企业	35.5	4.3
合　　计	820.8	100.0

注：数据统计口径为一级企业。

表4　2018年西藏自治区国有资产按行业分布情况

行　业	国有资产(亿元)	占国有资产总量比重(%)
农林牧渔业	24.6	3.0
工业	59.1	7.2

续表

行　业	国有资产(亿元)	占国有资产总量比重(%)
建筑业	81.3	9.9
交通运输业	17.1	2.1
批发和零售业	9.7	1.2
投资和金融类企业	58.9	7.2
房地产业	286.9	35.0
社会服务业	273.3	33.3
其他	9.9	1.1
合　　计	820.8	100.0

注：数据统计口径为一级企业。

表5　2018年西藏自治区国有资产按经营规模分布情况

经营规模	国有资产(亿元)	占国有资产总量比重(%)
大型企业	431.9	52.6
中型企业	203.6	24.8
小型企业	167.4	20.4
微型企业	17.9	2.2
合　　计	820.8	100.0

注：数据统计口径为一级企业。

三、西藏自治区国有资本保值增值综合分析评价

表6　2018年西藏自治区国有企业地区和行业国有资本保值增值率情况

地　区	国有资本保值增值率(%)	行　业	国有资本保值增值率(%)
自治区国有企业	101.6	农林牧渔业	129.3
区级国有企业	99.7	工业	111.2
自治区国资委监管企业	104.8	建筑业	104.9

续表

地 区	国有资本保值增值率(%)	行 业	国有资本保值增值率(%)
地市、县国有企业	103.3	交通运输业	105.2
		批发和零售业	106.9
		投资和金融类企业	104.3
		房地产业	102.6
		社会服务业	96.7
		其他	104.5

注：数据统计口径为一级企业。

四、西藏自治区国资委监管企业改革发展情况

2018年，西藏自治区国资委按照党中央、国务院和自治区党委、政府决策部署，积极稳妥、规范有序推进监管企业改革发展。

一是完善制度健全机制。编制《西藏自治区2018年—2020年国企国资改革发展规划》《深化西藏国有企业改革相关问题研究》《西藏自治区国资委监管企业改革发展及完善国资监管咨询综合报告》，印发《西藏自治区政府国资委监管企业投资监督管理办法》《关于加强和改进企业国有资产监督防止国有资产流失的实施意见》《关于推动企业创新发展的实施意见》，研究起草《西藏自治区政府国资委出资企业投资项目后评价管理办法》，完善战略规划和投资监管体系。推进国有企业负责人薪酬制度改革，企业负责人履职待遇、业务支出管理进一步规范，完善法人治理结构、违规经营投资责任追究等改革文件制定工作有序推进，比较完善的国资改革制度体系逐步形成。

二是改革重组稳步推进。积极推进各产业集团整合重组方案细化、筹备组设立、公司领导班子配备、章程制（修）订、股权划转、资本金注入以及工商注册登记等工作。股权投资、中兴商贸、高争建材、国际旅游、高驰信息、国盛园投、农牧产业、国土绿化8家企业主要领导人员或筹备组主要负责人已经明确；国际旅游、高争建材、高驰信息、中兴商贸4家企业党组织正式批准设立；股权投资、农牧产业、国土绿化、高驰信息、建设投资、国际旅游、高争建材、国盛园投8家企业完成工商注册登记。

三是国企改革不断深入。根据国务院国有企业改革工作领导小组推进"双百行动"部署，推动高争建材股份、甘露藏药股份进行"双百企业"深化综合改革试点，研究制定《关于授权西藏国有资本投资运营公司对部分产业集团履行出资人职责的试点方案》，建立国企改革工作台账，加强跟踪督查，形成顶层设计、组织推动和督查落实的工作闭环，扎实推进国家和自治区出台的改革举措落地见效。

四是推进"三供一业"分离移交，着力减轻企业发展负担。会同自治区财政厅研究制定《西藏自治区职工家属区"三供一业"分离移交财政资金管理办法》，会同自治区住建厅、财政厅研究制定《西藏自治区国有企业职工家属区"三供一业"分离移交维修改造标准及费用测算》，规范移交财政资金管理，积极推动"三供一业"分离移交工作。

五是努力提升能力创新发展。以实现高质量发展为目标，指导监管企业加大传统产业升级改造力度，2018年昌都金河流域瓦托水电站（50兆瓦）首台机组投产发电和嘎堆水电站全部机组投产发电，那曲金桥水电站（66兆瓦）首台机组安装完成并进入调试阶段。推进拉萨老水泥厂保护开发利用前期工作，指导高争集团加快开展项目设计研究。推动企业通过创新发展提升核心竞争力，各企业持续加强自主创新，加大科技投入，适应需求结构的变化，应用新技术新工艺新材料推动产品升级、提高产品质量和附加值，增加有效供给。甘露藏药完成中央交换机至净药库光纤网络改造、成品仓库网络和OA系统升级工程，推动实现由劳动密集型向技术密集型的转变。中兴商贸推动实施自治区盐业总公司拉萨食盐加碘厂迁建升级改造项目，完成调研论证及项目可行性研究报告编制工作。高争集团完成原703仓库搬迁新建项目前期工作以及老化球磨机技术改造，与天路股份共同投资组建西藏高天科技企业孵化器股份有限公司，积极培育自治区国家级科技企业孵化器。

五、西藏自治区国资委监管企业并购重组与完善法人治理结构情况

一是持续优化布局结构。根据国家产业政策和自治区重点产业发展总体要求,围绕自治区七大产业,积极推动国有资本更多向特色产业、前瞻性战略产业、现代服务业、基础设施与民生保障等关键领域、重点行业和优势产业集中。重点投资现代商贸物流、旅游文化、建材(水泥)、藏医药、清洁能源等领域,促进国有经济发展。积极推进经营性国有资产集中统一监管,西藏建设投资有限公司、西藏开发投资集团有限公司、西藏交通建设投资有限公司、西藏自治区投资有限公司4家公司移交区政府国资委履行出资人职责。2018年,与国旅集团、拉萨饭店、西藏大厦、拉萨皮革公司4家企业签订《西藏自治区国有资本经营预算支出使用考核责任书》,落实国有资本金注入资金1.4亿元。

二是调整结构做实主业。进一步突出企业主业发展,加快清理低效无效资产,推动优质资源更多向主业集中。围绕改革重组,进一步理顺国有企业股权关系,将原国盛公司、国资公司等企业持有的集团公司股权上划自治区国资委持有,将自治区盐业总公司、汽工贸公司整体划转中兴商贸集团,将藏通公司整体移交国旅集团。按照市场化退出机制,加快推进西藏火柴厂、那曲藏北金萨公司等企业政策性破产收尾工作。

三是完善法人治理结构。坚持把加强党的领导同完善法人治理相统一,推动形成有效制衡的法人治理结构,加强对企业章程的审核,把党组织研究讨论作为董事会、经理层重大决策的前置程序写入企业公司章程。重点推进董事会建设,建立健全公司法人决策执行监督机制,探索建立外部董事制度,印发《国有独资公司外部董事管理办法(试行)》,着力推动外部董事占多数的董事会建设。加大股份制改革力度,健全公司法人治理结构,落实董事会依法行使重大决策、选人用人、薪酬分配等权利。研究起草《西藏自治区区属国有企业公司制改制工作实施方案》,加快形成有效制衡的公司法人治理结构和灵活高效的市场化经营机制。

六、西藏自治区国资委监管企业建立和完善经营业绩考核体系情况

一是不断深化考核分配制度改革,统筹推进制度体系建设。从有利于落实国有资产经营责任、调动企业负责人积极性出发,西藏自治区国资委经营业绩考核体系建设着力强化分类分档考核、对标提升、差异化管理,更加有效发挥业绩考核对企业改革发展的杠杆和导向作用,完成《西藏自治区监管企业负责人经营业绩考核办法》《西藏自治区国资委监管企业负责人经营业绩考核实施方案》等制度办法的修订工作,科学合理设置考核指标,实施分类考核、分类激励,进一步发挥业绩考核的导向作用,引导企业更加注重发展的质量和效益。修改完善《自治区政府国资委监管企业负责人薪酬管理暂行办法》《自治区政府国资委监管企业负责人薪酬管理实施方案》。

二是加大企业负责人经营业绩考核中科技创新的奖励计分。深入贯彻落实党的十九大精神,贯彻落实自治区第九次党代会精神,加快推进企业创新发展,2018年,西藏自治区国资委印发《关于推进企业创新发展的实施意见》。督促企业坚持把创新摆在做强做优做大企业的核心位置,指导企业加快转型升级,不断培育新动能、发展新经济、壮大新产业,充分发挥国有企业在推动西藏经济长足发展、培育和催生经济社会发展动力、激发创新潜力和创造新潜能的引领作用。

三是把增加职工收入作为企业负责人年度经营业绩考核的指标。要求企业结合生产经营实际,坚持量力而行、尽力而为,调增职工工资收入,不断改善职工待遇,让广大职工共沐改革春风、共享改革成果。不断规范收入分配调控机制,要求企业坚持效益决定分配的基本原则,建立健全工资效益联动机制,要求职工收入增长切实体现面向基层、一线和艰苦复杂环境等急难险重岗位倾斜,着力提高低收入职工的收入水平。

四是深化企业三项制度改革。根据《自治区政府国资委关于深化国资委所属企业劳动用工和内部收入分配制度改革的指导意见(试行)》,指导企业以市

场化为导向,建立和完善劳动、人事、分配机制,全面推进企业劳动用工和收入分配的科学化、制度化和规范化。部分监管企业初步建立用工管理规范化、薪酬体系差异化的激励约束机制。督促企业依据全员业绩考核工作要求,推进工资分配切实向一线职工、专业技术骨干倾斜。进一步加大企业负责人薪酬兑付和内部收入分配监督检查制度的执行力度,督促企业全面贯彻落实中央和自治区收入分配改革精神。督促企业积极开展工资集体协商、工资支付情况专项检查等工作,指导企业开展农牧民工工资支付专项自查,积极参与全区农民工工资支付专项检查活动,确保无拖欠。

七、西藏自治区国资委监管企业负责人考核与选人用人机制改革情况

一是始终坚持党管干部原则。认真贯彻落实好干部标准、国有企业领导人员"二十字"和民族地区干部"三个特别"等要求,在选人用人中严格把关落实,积极推动配备企业领导班子,按照干部管理权限和成熟一批、研究一批的原则,向区党委组织部报送关于高驰公司、高争集团等公司推荐人选事宜的请示,做好相关国有企业领导班子考核考察工作。配合区党委组织部干部考察组分别对天路集团、天路股份、中兴商贸、皮革公司、中国电信、西藏宾馆、西藏银行、金谷集团以及区交通厅等单位推荐的企业领导人选进行考察。5户企业和3个筹备组的相关考察人选正式任职,相关企业领导班子建设取得积极进展。

二是严格履行干部选拔任用工作程序。按照《党政领导干部选拔任用工作条例》等规定,严格把握任职资格条件,严格干部选拔任用的程序和步骤。落实干部交流的有关要求,起草《区政府国资委机关事业单位干部选拔交流工作实施方案》。

三是大力争取外部人才支持。通过与相关中央企业沟通协调,建立战略合作关系,引入中国电建、华冶集团等中央企业开展经营管理人才援助工作,从人才、技术、项目等方面开展援藏工作。按照协商意见,中国电建先后选派12名优秀干部到西藏天路工作,华冶集团选派6名优秀干部到西藏矿业工作,取得明显工作成效。

四是市场化选聘高级经管人才助推企业发展。积极探索市场化选聘职业经营管理团队、职业经理人和专业技术人才,坚持"市场人市场价"总原则,采取协议薪酬方式,与企业经营效益等出资人目标挂钩,实现"选聘市场化、管理契约化、退出制度化"。实践证明,市场化选聘人才为企业带来新理念、新技术和新活力,创造价值,带动企业整体发展。

五是开展监管企业负责人考核工作。顺利完成2018年度和第五任期企业负责人经营业绩考核指标目标值的确定和责任书的签订工作。确定差异化考核标准,实施分类考核;重点实施经济效益考核,引导企业提高经济效益和运营效率;合理设置指标权重,引导企业明确改革发展重心;不断改进考核目标值确定机制,加大短板考核力度。积极开展2017年度企业负责人经营业绩考核、2016年度薪酬预发和2015年度薪酬清算工作。按照"业绩升、薪酬升,业绩降、薪酬降"的激励约束原则,积极探索和不断丰富激励机制,增强激励的有效性和针对性,发挥考核分配杠杆作用,引导企业提质增效、转型升级,提升管理水平和运营质量,不断增强盈利能力,积极落实国有资产保值增值责任。

八、西藏自治区国资委监管企业党的建设和廉政建设情况

2018年,西藏自治区国资委牢固树立"党政军民学、东西南北中,党管一切"的工作理念,坚持党的领导,加强党的建设。

一是强化思想政治教育。坚持对意识形态工作的领导,调动发挥群团组织作用,加强企业文化建设,关心关爱职工,国企职工队伍持续稳定。2018年,西藏自治区国资委系统领导干部讲党课36次,专题辅导讲座68次,组织学习培训班12期,微信送学1万余条,发放《国资系统干部职工应知应会知识手册》等学习资料5000余册(份),实现自治区国资委系统全体党员干部职工学习教育全覆盖。

二是严明政治纪律规矩。印发《自治区政府国资委党委重大事项请示报告实施办法》,进一步规范区政府国资委及国有企业重大事项请示报告工作,强化

党的集中统一领导,确保党始终总揽全局、协调各方。

三是落实中国特色现代国有企业制度建设要求。促进党组织发挥"把方向、管大局、保落实"领导作用、制度化具体化,确保党组织在重大问题上说得上话使得上劲。进一步完善"双向进入、交叉任职"的企业领导体制,保证党组织参与决策、带头执行、有效监督、发挥领导作用。分批分期深入企业开展党建调研督查工作,落实中国特色现代国有企业制度建设要求,国有企业普遍建立重大事项党委研究讨论前置程序,推动企业党组织与法人治理结构有机融合。

四是推进基层党组织规范化建设。落实党建工作责任制,明确党建工作重点任务,层层传导压力,确保企业围绕坚持党的领导、加强党的建设要求,认真履行党委主体责任、书记第一责任人责任。创新基层党建工作方式方法,推进基层党组织标准化建设,实现党员活动室"九有目标"。开展处置不合格党员工作,解决好党员理想信念模糊动摇、纪律松弛、精神不振、道德行为不端等问题。

五是加强干部人才队伍建设。选优配强各产业集团公司领导班子,增强班子合力和整体功能。组织开展"能力提升年"活动,督促党员干部强素质、提能力、转作风。与中国大连经理管理学院签订战略合作协议并在林芝设立分班,举办8期企业领导人员培训,培训640人次。研究制定《关于建立容错纠错机制鼓励广大干部改革创新干事创业的实施办法(试行)》,充分调动国资系统广大干部职工改革创新、干事创业的积极性。

六是强化党风廉政建设和反腐败工作。认真落实"两个责任"。加强对资本运作、合资合作、工程招标、改制重组、产权变更和交易物资采购等方面的监督管理,践行"四种形态",严格落实"三重一大"决策制度,对出现的苗头性、倾向性问题,及时"咬耳、扯袖"。认真落实述职述廉、个人有关事项报告等制度,加强对改革发展、民生保障、社会稳定等各项工作主抓者、主责者、监督者履行职责和行使权力的监督。纪检监察组组长全年与班子成员谈话20余人次,处级干部谈话30余人次,国有企业党委书记、纪委书记谈话50余人次。持之以恒纠正"四风"。认真贯彻中央八项规定精神和区党委实施办法,严肃整治不作为、慢作为问题和损害企业、职工和群众利益的不正之风。强化巡视发现问题整改工作落实。加强巡视整改工作领导,成立巡视整改工作领导小组,先后召开7次巡视整改专题会议、4次巡视整改办公室会议,研究部署推动巡视整改工作。坚持问题导向,认真研究制定巡视整改落实方案,梳理出35项具体问题和100条整改措施,逐条明确责任领导、责任人、牵头单位、配合单位和时限要求,做到任务到人、责任到岗、要求到位。指导督促企业对照问题举一反三、深挖细查,制定整改方案20份。

九、西藏自治区国资委监管及国有企业改革发展具有地方特色情况

一是加强同中央企业合资合作。在国务院国资委的关心支持和大力指导下,按照自治区党委、政府的部署要求,区政府国资委加强与中央企业对接沟通,推动合作共赢、共同发展。推动"央企助力富民兴藏"签约项目落实落地。截至2018年底,"央企助力富民兴藏"140个合同类签约项目累计完成投资1505.28亿元,预计"十三五"期间可完成投资1950.45亿元。推动"央企助力西藏脱贫攻坚"活动圆满完成。2018年9月7日,央企助力西藏脱贫攻坚会议暨签约仪式在拉萨举行,新增脱贫攻坚产业合作签约项目66项,资金243.45亿元,自治区与中央企业签署《人才、资金、项目援藏战略合作协议》11项,共青团自治区委、教育厅与中央企业团工委专项签署《关于组织实施"雪域雏鹰央企行"西藏中学生暑假夏令营合作协议》,中央企业贫困地区产业投资基金股份有限公司、四川省能源投资集团有限责任公司、西藏国资经营公司共同签署《设立中央企业贫困地区产业投资基金西藏子基金协议》。活动期间还举办国有企业面向西藏籍高校毕业生和贫困家庭劳动力专场招聘会等活动,取得丰硕成果。推动地产产品开拓市场。深化与国务院国资委和中央企业合作,组织小分队赴北京开展"西藏好水和青稞食品进央企厨房"活动,首批完成西藏好水订单1000吨、青稞食品订单2.1吨。

二是维护稳定,营造良好发展环境。从严从细落实维稳措施。坚持把维护社会稳定作为硬任务和第

一责任,定期不定期开展安全生产大检查活动,加强对人员密集场所、重点部位、高危行业的管控,连续七年实现无重大安全生产事故。关心关爱职工民生工作。扎实做好困难党员、困难职工、单亲女职工帮扶工作,增强职工队伍凝聚力向心力,帮助解决职工群众热点难点问题50余起。帮助在档困难职工脱贫113人,向全国总工会申报自治区国资委系统子女救助21人,医疗救助28人。大力开展走访慰问活动,发放慰问金175.15万元、1447人次。落实高争集团等6家企业15户职工家庭租赁住房补贴资金6.43万元。

三是积极履行政治责任和社会责任。印发《关于进一步深入贯彻落实"十三对关系"推进国有企业分类管理的通知》,制定《关于实施乡村振兴战略推进脱贫攻坚工作行动方案》,强化国有企业在西藏经济社会发展中的政治责任、经济责任和社会责任,推动实施国企和在藏央企助力脱贫攻坚行动、吸纳就业行动、生态绿化行动。统筹自治区国资委系统扶贫工作。强化34个驻村工作队脱贫攻坚职能,加强与19家央企驻藏机构的协调联络,将央企驻藏机构72个驻村点纳入统筹管理范围,增强国有企业脱贫攻坚工作影响力。截至2018年底,自治区国资委系统累计派出34个驻村工作队904人次,投入驻村扶贫资金9825万元,实施短平快项目31个,发展实体经济18个,为群众办实事、好事143件。2018年,高新雪莲、高争股份和昌都高争3家企业与63家重点项目施工单位签订水泥直供合同95.68万吨,其中重点项目93.09万吨,扶贫项目2.59万吨,对自治区重点项目坚决执行325型号、425型号、525型号水泥出厂价500元/吨、600元/吨、800元/吨的政府指导价,有力保障自治区重点工程建设项目水泥供应,积极助力脱贫攻坚。做好吸纳就业工作。2018年,自治区国资委监管企业开发就业岗位915个,吸纳西藏籍高校毕业生368人,吸纳长期工1909人、季节性用工4165人,加大岗位开发力度,为促进市场化就业作出积极努力。切实保护生态环境。按照生态保护第一,不越红线、不触高压线的要求,着力推进节能减排工作,指导督促企业坚守生态保护底线,发展绿色低碳经济,保护好西藏的碧水蓝天。

(撰稿人:侯昭平)

陕西省

一、陕西省国有资产监督管理工作综述

2018年,陕西国资系统坚持稳中求进工作总基调,牢固树立新发展理念,按照高质量发展要求,一手抓改革,一手抓发展,埋头苦干、锐意进取、积极作为,各项工作取得明显成效,陕西省国有经济发展呈现出稳中有进、活力增强、质效提升的良好局面。

(一)主要指标再创新高,高质量发展态势初显

一是规模实力稳居前列。陕西省国资委监管企业实现营业收入1.06万亿元,比上年增长10.8%,创历史新高,在全国地方国资委排第五位。延长石油、陕煤集团世界500强位次双双前移。陕西建工营业收入破千亿元,15户企业营业收入超过百亿元;31户企业实现增收,陕投集团、陕西环保集团等5户企业增长80%以上。陕西省国资委监管企业资产总额比上年增长9.9%,继续保持在全国第一方阵。完成固定资产投资2017.91亿元,比上年增长26.85%。其中,法士特集团增长2.7倍,中陕核、陕西地矿等4户企业比上年增长50%以上。各市国有企业总体上实现平稳增长,西安市属企业资产总额1.27万亿元,延安、韩城、安康、宝鸡、榆林、汉中、渭南7个市资产总额均实现两位数增长。二是运营效率明显提升。陕西省国资委监管企业利润总额391.4亿元,比上年增长15.6%,达到历年最好水平,排名全国第七位。33户企业盈利,27户利润比上年增长。陕煤集团利润135亿元,榆能集团、陕投集团、延长石油、陕西地电等11户企业超过10亿元。陕汽控股利润总额增长14倍,陕西建工、陕西金资等5户企业增长超过40%。部分市区也实现大幅增长,榆林利润总额86.7亿元,渭南、宝鸡、杨凌比上年增长超过30%。三是社会贡献成效显著。延长石油上缴税费415亿元,财政贡献排名陕西省第一。陕果集团、东庄水利、陕西交投、陕

铁集团、中陕核5户企业上缴税费比上年增长超过60%。西安、杨凌、商洛等市区上缴税费比上年增长超过10%。陕西高速、陕西交通集团累计减免通行费39.3亿元,减费让利支持全社会降成本。监管企业和陕西移动、中铁一局等55户驻陕央企组建9个合力团,助力产业扶贫,建成项目45个,开工92个,完成投资98.9亿元,实现1.6万人就业,带动贫困户1.9万户近10万人。陕西移民搬迁集团安置房开工率100%,竣工率97.6%。延长石油、陕投集团、陕西有色集团、陕西环保集团等企业为援藏、慈善、教育等社会事业捐款4835万元。新招录高校毕业生1.2万人,接待群众来访534批2840人次。全年没有发生重特大安全事故。

(二)深化改革全面提速,企业活力明显增强

一是三年行动方案引领攻坚。陕西省政府发布《深入实施国企国资改革攻坚加快推动高质量发展三年行动方案》,对改革进行系统谋划、全面布局,明确国有资本优化重组、混合所有制改革、股改上市等38项重点任务,提出到2020年实现利润总额500亿元、上市公司达到20户、混改面提高到60%、股改总体比例达到50%等改革发展目标。陕西省国资委及时推进13个配套制度的制定,推动企业编制和实施三年行动计划,以刚性举措确保国资国企改革,在重点领域和关键环节取得决定性成果。二是混改股改上市全面铺开。7户混合所有制改革试点企业坚持市场化改革方向,在完善治理、强化激励、放大功能等方面各有成效。陕投集团联合民营企业引进贝尔直升机生产线,通过混合所有制改革积极培育新兴产业。5户企业完成员工持股试点,形成资本所有者和劳动者利益共同体。陕煤新型能源成为陕西省第一家国有控股混合所有制员工持股企业。出台推进企业上市工作方案,对31户主营业务突出、竞争力强、发展潜力大的拟上市企业进行重点培育,17户完成股改,4户进入上市辅导。延长化建增发吸收北京石化院,陕国投完成22.7亿元配股,为2018—2019年冲刺上市开好头。4户国有资本投资运营公司试点积累经验,陕投集团构建产融结合新体系,优化总部组织架构,国有资本投资运营公司雏形初显。三是法人治理结构不断完善。陕西水务、东庄水利、引汉济渭、陕西地建、陕果集团5户企业,由执行董事制改为董事会制。陕汽控股、秦风气体规范董事会建设试点完成。向陕西粮农、陕投集团等3户企业派出5名外部董事。秦风气体、陕国投市场化选聘的9名高管实施差异化薪酬。宝鸡、渭南、铜川等市在规范董事会建设、选聘经理层方面进行积极探索。四是三项制度改革持续推进。延长石油推行领导人员三年任期制,推进经营管理人员能上能下。法士特集团建立星级员工薪酬评价体系,推进员工能进能出。西部机场对接市场,经营班子奖金与综合业绩考核挂钩,推进收入能增能减。

(三)结构调整步伐加快,资本布局日趋优化

一是聚焦优化主业。加强顶层设计,推动企业干主业、守主责,核定公布37户企业主业。出台《省属企业结构调整优化主业发展实施方案》,围绕巩固提升、培育壮大和清理退出,逐户明确发展方向。重点项目建设稳步推进,延长石油投资216亿元的煤油气资源综合利用高端化工项目建成投产,陕投集团清水川二期2×100万千瓦发电机组成功并网,咸阳机场三期扩建获国家立项批复,陕汽商用车项目进展顺利,陕体集团"体育之窗"建设积极推进,主业链条上的新动能加速形成。铜川、渭南、汉中、杨凌等市区制定投资负面清单,划定投资红线,引导主业发展。二是加快重组整合。重大重组整合项目取得进展,物流集团专业化整合进入最后阶段,健康医疗集团整合65家医疗机构有序推进,陕西水务整合7个市19个县水务资源,范围扩至60个县。宝鸡将36户市属企业整合为18户,咸阳4户企业实施依法破产,安康全面整合城区水务国有资产。企业内部资源整合加快,延长石油对11户企业分4个板块进行整合,陕西有色集团按产业将10户企业整合为5户。三是推进开放合作。企业积极参与"三个经济"建设,西部机场新开通7条国际航线,形成"丝路贯通、欧美直达、五洲相连"网络格局;陕西建工围绕主业开拓市场,在5个国家和7个省设立公司;陕西交通集团吴起—定边、柞水—山阳高速建成通车。军民融合力度加大,20户省属企业参与军民融合重点项目80个,陕西电子多型装备配套航母、歼20等国家重点工程型号。组织监管企业与西安、汉中开展战略合作,签约项目75个,总金额

2506亿元。协调企业参与首届中国国际进口博览会，签约项目14个，金额21.8亿元。四是持续"瘦身健体"。在各级政府和企业的共同努力下，陕西省"三供一业"分离移交任务全面完成，占全国总数的10%，得到省委、省政府充分肯定，工作经验在全国国企改革座谈会上作了交流。陕西地电、国网陕西公司等8户承接单位，在"三供一业"接收方面作出积极贡献。陕西有色集团金堆城矿区在全国独立工矿区综合改革试点创出典型，"渭南模式"在全国推广。以市场化、法治化方式推动"处僵"工作，多措并举推进"压减"工作，"压减处僵"工作成效显著。

（四）创新驱动势头强劲，竞争实力明显提升

一是科技创新成果显著。关键技术研究取得突破，电子信息烽火通信、陕煤集团神南矿业获得第五届中国工业大奖；陕重汽、汉德车桥、法士特公司获得国家科技进步一等奖；陕铁集团机场站盾构施工技术创全国先例。监管企业平均技术投入比率1.73%，陕西地建、陕西燃气、陕汽控股投入比率均高于全国行业优秀值。新建国家级研发平台4个，省级研发平台5个，陕西地建国家土地工程技术创新平台，进入自然资源部工程技术创新中心序列；陕药集团"中药与天然药物研发重点实验室"挂牌运行。二是管理创新取得进展。陕汽控股引入世界级"外脑"，推动营销体系深度变革，经受连续20个月市场高位运行考验，实现产销整车18.4万台；外经贸集团充分利用"两个市场""两种资源"，全力打造"易通人力"品牌，国际化经营能力得到提升；引汉济渭在全国率先实现信息化在工程建设阶段全过程、全工区覆盖无死角；陕西地建推动全员创新，全年发表高水平论文1063篇。三是商业模式创新积极推进。陕西电子发起设立的省级军民融合信息平台上线运行，200余台军工设备列入资源共享目录；陕西地电电费管理暨多元化缴费系统启动运营；秦川集团大力发展智能制造和服务型制造，打造"实物＋数据包"产品数字孪生新形态；陕数集团实现陕西省"一朵云、一中心、一服务"战略构想，建成全国第一个覆盖省域的政务云体系。

（五）国资监管积极变革，职能转变有效推进

一是自身改革不断深化。出台陕西省国资委职能转变方案，取消、下放监管事项25项、授权8项，公布国资监管权责清单，明确法定职权30项，推进由管企业转向管资本。服从机构改革大局，完成监事会机构人员职责划转，优化调整内部机构，创设创新合作处、资本运营处、公司治理处、监督处，第一时间完成机构、职责、人员"三到位"。各市转变职能也取得进展，宝鸡、渭南、汉中、商洛起草职能转变方案，铜川出台权责清单。西安、咸阳制定推进集中统一监管办法，延安、铜川分别新增监管企业45户、16户，汉中87户企业全部纳入统计范围。二是制度体系不断健全。按照"立改废"要求，对147件规范性文件逐件提出清理意见，确认继续有效31件，宣布废止、失效81件，拟修订35件，启动集中修订工作。出台《降杠杆降负债防风险实施意见》，强化重点领域风险防控。出台《投资监督管理办法》《投资负面清单》，规范投资行为。出台《境外投资和资产监督管理工作规程》，解决境外资本管理存在的突出问题。出台《违规经营投资责任追究办法》，加大违规责任追究力度。国资监管制度体系不断完善。三是监督管理不断加强。顺利完成年度目标责任考核，16户企业被评为A类，对6户存在安全生产、环境保护问题企业进行考核降分处理。全力做好经济运行动态监测，及时分析形成报告，对可能风险及时预警。对36户企业预决算审核发现的问题提出整改要求，约谈9户企业。通过产权市场公开转让国有股权、资产处置项目57宗。完成8.3亿元国有资本收益收缴。监事会提交年度集中检查和专项检查报告35份，揭示问题261项，提出意见167条，梳理35项重点关注风险事项。陕西省国资委党委对陕铁集团、陕西林业等6户企业进行巡察，发现问题320项，移交问题线索22件。

（六）党的建设不断加强，领导作用充分发挥

陕西省国资系统深入学习贯彻习近平总书记关于国企党建的重要论述，强"根"固"魂"，旗帜鲜明讲政治，各级党组织和广大党员干部"四个意识"更加牢固，落实"两个维护"更加坚决。全面实现党委书记、董事长"一肩挑"，开展党委书记抓党建述职评议，有效保障党委把方向、管大局、保落实。调整配备企业领导人员130余人次，领导班子结构得到优化。完成14户监管企业和7户央企党委换届工作，批复4户企

业成立党委纪委,理顺9户企业党组织关系。开展巡察全覆盖,跟进落实整改,企业党的领导和党的建设弱化、淡化、虚化、边缘化问题得到根本扭转。

二、陕西省国有资产总量与结构分析

2018年,陕西省国有企业发展稳中有进、稳中提质,质量效益持续向好,实现国有资本的保值增值。截至2018年底,陕西省国有企业资产总额50167.16亿元,比上年增长14.42%;国有资产总量12020.19亿元,比上年增长25.54%;营业收入12668.70亿元,比上年增长12.13%;利润总额543.18亿元,比上年增长12.32%;上缴税费947.98亿元,比上年增长19.02%;固定资产投资额2017.91亿元,比上年增长26.85%。

表1　　2018年陕西省国有企业指标

项目	金额(亿元)
资产总额	50167.16
所有者权益	15046.88
营业收入	12668.70
利润总额	543.18
净利润	410.85
归属于母公司所有者的净利润	247.14
应交税费总额	1000.34
实际上缴税费总额	947.98
固定资产投资额	2017.91

截至2018年底,陕西省国有企业5067户,比上年增加614户,增长13.79%。

从隶属关系看,省级企业2485户,比上年增加210户,增长9.2%。其中,国资委监管企业2117户,增长10.43%;省级非监管企业368户,增长2.8%;市级以下2582户,增长18.55%。

从盈亏状况看,盈利企业2870户,比上年增加347户,占比56.64%;亏损企业2197户,比上年增加267户,占比43.36%。

表2　　2018年陕西省国有企业户数情况

2017年户数(户)	2018年户数(户)	比上年增长(%)
4453	5067	13.79

表3　　2018年陕西省国有资产按地区分布情况

地区	国有资产(亿元)	占国有资产总量比重(%)
省属企业	5689.33	47.33
省国资委监管企业	5555.77	46.22
省属非监管企业	133.56	1.11
市属企业	6330.86	52.67
西安市	4422.40	36.79
宝鸡市	113.39	0.94
咸阳市	175.41	1.46
铜川市	43.04	0.36
渭南市	159.63	1.33
延安市	289.21	2.41
榆林市	575.95	4.79
汉中市	140.43	1.17
安康市	136.97	1.14
商洛市	92.10	0.77
韩城市	153.04	1.27
杨凌示范区	29.30	0.24
合计	12020.19	100.00

表4　　2018年陕西省国有资产按行业分布情况

行业	国有资产(亿元)	占国有资产总量比重(%)
工业	3532.22	29.39
煤炭工业	1142.46	9.50
石油和石化工业	583.17	4.85
冶金工业	208.27	1.73
化学工业	526.84	4.38
机械工业	193.36	1.61

续表

行业	国有资产（亿元）	占国有资产总量比重(%)
电力工业	368.64	3.07
建筑业	1529.81	12.73
交通运输业	2520.14	20.97
批发和零售业	315.31	2.62
金融业	797.45	6.63
房地产业	1387.84	11.55
社会服务业	1518.55	12.63
其他	418.87	3.48
合　计	12020.19	100.00

表5　2018年陕西省国有资产按经营规模分布情况

经营规模	国有资产（亿元）	占国有资产总量比重(%)
大型企业	3005.87	25.01
中型企业	1807.44	15.04
小型企业	3896.12	32.41
微型企业	3310.77	27.54
合　计	12020.19	100.00

三、陕西省国有资本保值增值综合分析评价

2018年，陕西省国有企业国有资本保值增值率102.9%，实现国有资本保值增值。

表6　2018年陕西省国有企业地区和行业国有资本保值增值情况

地区	国有资本保值增值率(%)	行业	国有资本保值增值率(%)
省属企业	104.21	工业	105.38
监管企业	104.13	煤炭工业	113.33

续表

地区	国有资本保值增值率(%)	行业	国有资本保值增值率(%)
非监管企业	107.23	石油和石化工业	98.18
市属企业	101.73	冶金工业	106.72
西安市	100.40	化学工业	104.65
宝鸡市	110.10	机械工业	102.96
咸阳市	88.61	电力工业	102.93
铜川市	98.27	建筑业	102.16
渭南市	101.05	交通运输业	102.72
延安市	102.69	批发零售业	112.24
榆林市	116.76	金融业	102.76
汉中市	100.66	房地产业	100.60
安康市	101.80	社会服务业	98.92
商洛市	100.98	其他	106.54
韩城市	97.00		
杨凌示范区	101.60		

四、陕西省国资委监管企业改革发展情况

（一）混合所有制改革和员工持股试点工作

2018年，陕西省国资委全力推动监管企业混合所有制改革，使混合所有制经济逐步成为省属国有企业的重要组成部分和重要经济形式。截至2018年底，陕西省混合所有制经济改革试点和混合所有制企业员工持股试点基本完成。以点带面推进65户省属国有企业混合所有制改革，引入非公资本56亿元。

（二）"两类公司"试点工作

2018年，陕西省国资委稳妥有序指导推进"两类公司"试点实施，将规划、主业及投资、工资总额管理、部分产权管理等一些重要事项的决策权，以及原属于企业董事会职权范围内的权利授予或归位于试点企业董事会行使。试点企业在搭建国有资本投资运营公司的管理框架，确定总部职能、运营模式、管控方式、授权体系、流程体系、核心业务等8个方面进行重

塑改革，围绕公司"投资+运营"的功能定位，在重塑集团总部职能、对权属企业的放权授权、加快转型等方面的改革形成可供借鉴的初步经验。

(三)剥离国有企业办社会职能和解决历史遗留问题工作

一是基本完成"三供一业"分离移交。陕西省国有企业职工家属区"三供一业"分离移交涉及住户125.1万户。截至2018年底，完成移交或签订协议100%，基本按照国家要求完成工作任务，累计支付维修改造费用95.47亿元。二是全面完成消防机构分类处理和市政、社区分离移交。陕西省国有企业有消防机构58个，全面完成分类处理工作。企业办市政设施248处，企业办社区管理机构260个，全部移交地方政府，与企业完全脱钩。三是深化教育、医疗机构改革。企业办教育机构162个，关闭撤销33个，移交地方44个，多元主体办学，引入专业化社会资本重组改制42个，符合政策要求，继续举办18个，累计完成深化改革占比84.57%。企业办医疗机构349个，关闭撤销99个，移交地方或政府办公立医院33个，由中央企业进行资源整合5个，由地方专业化平台资源整合91个，引入其他社会资本重组改制23个，通过托管不再直接管理3个，改为企业内部面向职工服务的医务室40个，属于职业病防治、特殊领域医疗保障7个，累计完成深化改革占比86.25%。

(四)"僵尸企业"处置工作

一是发挥合力建立联席会议制度。陕西省国资委联合省委组织部、省发展改革委、省工业和信息化厅、省财政厅、省人力资源社会保障厅、省地税局、省高院等18个部门成立联席会议，指导监督处置"僵尸企业"工作推进情况，协调解决处置"僵尸企业"过程中的重大问题。二是明确任务建立考核机制。按照三项机制的要求将"僵尸企业"处置纳入年度专项考核，下发重点工作任务考核办法，对监管企业处置"僵尸企业"工作进行单项考核并予以奖惩，要求各企业董事会也将处置"僵尸企业"工作纳入对经理层的考核。三是综合施策科学处置。"一企一策"做好"僵尸企业"处置方案，分类分业处置，坚持多兼并重组，少破产清算。充分考虑行业特点和企业实际，不搞"一刀切"。

四是依法有序推进。严格依法依规履行决策程序和内部审核流程，公开规范操作，切实维护出资人、债权人、企业职工的合法权益，防止国有资产流失。截至2018年底，累计完成105户"僵尸企业"处置任务，完成省属"僵尸企业"处置三年总任务的63%，清理不良资产78亿元，清理负债70亿元，妥善安置职工1500人。

(五)压缩企业管理层级、减少企业法人户数工作

一是明确任务，稳步推进。陕西省国资委2018年初与14户重点企业签订责任书，明确全年减少88户法人户数目标。分别召开22户重点企业和11户没有四级及以下企业的"压减"专题会。通过约谈、交流、通报、建立月报季报和考核制度等措施，全程督导，逐户建档，细化统计方式，确保工作方案、过会决策、工商注销等环节信息相印证、相一致。二是典型示范，加快整合。对标央企，学习国务院国资委和央企的成功做法；推广陕煤建设集团通过重组减人减机构增效益、陕旅集团三级架构新模式、有色集团内部产业板块整合等典型经验，激发企业改革的内生动力，涌现一批新的典型。三是完善统计和考核标准。根据2018年改革工作的重点和要求，对2018年"压减"工作考核评分标准和"压减"工作有关数据统计指标予以调整，在确保减法人、压层级、内优化分值平衡，兼顾监管企业都能参与努力达到的同时，重点向企业重组整合、提升管理层级、优化组织结构、创新管控模式等方面倾斜，督导企业按既定目标与时间节点落实，把"压减"工作引向深入。截至2018年底，累计减少法人258户，累计减少管理费用3.15亿元。其中，2018年减少法人166户，减少管理费用2.24亿元。

五、陕西省国资委监管企业优化主业与并购重组情况

(一)梳理确认省属企业主业

陕西省国资委紧紧围绕国有资本布局结构调整，聚焦发展主业，严控非主业投资。对省属企业经营业务情况进行详细梳理，坚持一般企业主业数量不超过3个，特大型企业不超过4个的原则，对酒店、房地产、旅游、建筑等非主业领域进行严格限制，只将其确认

为极少数关联度高的企业的主业。2018年12月,印发《陕西省人民政府国有资产监督管理委员会关于公布省属企业主业的通知》,正式公布37户监管企业主业并对部分企业主业进行动态调整。

(二)进一步优化主业发展

在主业引导上突出布局方向,去杂归核,逐步将优势资本向经济社会发展需要的方向集中。2018年5月,陕西省国资委成立课题组,开展"省属企业主业结构调整优化"专项课题研究。在深入研究省属企业的资产构成、产业结构、盈利能力、研发投入等基础上,起草《加快省属企业结构调整优化主业发展的实施方案》,指导省属企业从巩固提升、培育壮大、清理退出3个方面提出主业优化调整计划。2018年12月,印发省属企业结构调整和优化主业发展实施方案,逐户提出监管企业主业优化调整方向并指导企业上报具体工作方案。

(三)推动战略规划引领

加快推进以管资本为主转变国资监管职能,加强和优化省属国有经济布局,促进企业进一步突出主业、聚焦主业、优化主业。2018年5月,陕西省国资委围绕高质量发展目标,组织企业制定完善《省属企业发展战略纲要(2018—2022)》,以充分体现主业优化、创新转型、追赶超越等发展战略,突出企业的市场属性、产业特征、发展阶段为原则,以重点推进产业和产品结构优化为目标,从发展总体目标、主要经济指标、主要产品(业务)指标、主业结构调整目标、企业对标情况、市场占有率等方面明确提出每年具体目标和实施计划,积极落实国企改革攻坚高质量发展三年行动方案,助推企业创新驱动和转型升级。

六、陕西省国资委监管企业建立和完善经营业绩考核体系情况

(一)突出科学性、导向性,以目标责任考核工作实现追赶超越

一是沟通确定省属企业2018年度考核目标,分解落实省委考核任务。根据2018年陕西省经济增长目标要求和企业实际,沟通确定"营业收入稳站万亿元,利润总额300亿元,工业总产值增长16%左右"等目标任务,分解落实目标任务,夯实省属企业主体责任。二是下达省属企业年度考核目标任务。在陕西省国资系统2018年工作会议上,组织与省属企业签订年度经营业绩目标责任书。三是实施追赶超越半年考核点评,确保完成年度目标任务。印发《关于做好2018年度省属企业追赶超越经营业绩考核指标分解工作的通知》《省属企业追赶超越半年考核点评实施方案》,要求省属企业将年度目标任务细化分解到季度。开展追赶超越考核点评,并向省考核办、省发改委报送省属企业追赶超越半年考核点评报告。四是开展年度目标任务考核。联合省委组织部、金融办组成7个考核组,对39户签约企业2017年度目标任务完成情况进行现场考核。根据综合考核结果,完成年度薪酬兑现工作。

(二)突出精准性、差异性,以经营业绩考核工作激发企业活力

一是完善经营业绩考核体系和办法,实施更加科学精准的分类考核。在2018年度经营业绩考核指标确定过程中,增加归属母公司净资产收益率、成本费用利润率等效益效率指标权重;设置资产负债率、不良贷款率、资本充足率、"两金"占比等风险防控指标,引导企业高质量发展。对于初创企业及行业周期性下降以及处理历史遗留问题任务较重的企业,适当下浮考核基准,实施精准的分类考核。二是完善优化2019年度综合考核方案,扎实推进深化三年行动方案。制定包括经营业绩考核、党建工作考核和专项任务考核的综合考核方案,全面准确把握当前改革的形势任务,扎实推进深化三年行动方案,积极围绕布局结构更加优化、企业治理更加科学、创新驱动更加强劲、规模实力更加壮大、质量效益更加向好和监管体制更加完善"六个目标",深入开展"九大专项行动",推动高质量发展。

(三)突出激励性、约束性,以薪酬制度改革助推国企改革落地

一是推进差异化薪酬改革试点。根据省国企改革领导小组《省属国有企业六项改革试点工作总体方案》安排,开展陕国投、秦风气体2户企业薪酬分配差

异化改革试点任务。通过专题调研考察和周密部署，陕国投、秦风气体分别市场化选聘5名高管、7名高管，建立与业绩考核紧密挂钩的激励约束和引进退出机制，业绩升、薪酬升，业绩降、薪酬降，实现选聘市场化、管理契约化、退出制度化。二是持续优化企业负责人薪酬管理制度改革。借鉴国务院国资委的有关规定，结合陕西省实际，印发《关于受党纪政纪处分的企业负责人薪酬扣减制度》，进一步健全企业负责人薪酬追索扣回机制。三是实施职工工资总额预算管理改革。制定出台《陕西省属企业工资总额管理办法》，建立企业工资增长与经济效益联动的工资决定机制，形成"效益升、工资升，效益降、工资降"的收入能增能减的分配制度。四是深化企业内部三项制度改革。持续推进以合同管理为核心，以岗位管理为基础的市场化用工制度，真正形成省属企业管理人员能上能下、员工能进能出、收入能高能低的经营运转机制，起草《关于进一步深化省属企业劳动用工和收入分配制度改革的实施意见》，并列入省属国有企业建立中国特色现代企业制度的配套文件。五是规范企业负责人薪酬备案及信息披露工作。严格按照省属企业负责人薪酬改革领导小组印发的《陕西省省属企业负责人薪酬信息披露办法》，指导企业进一步完善企业信息公开制度，依法依规及时披露企业负责人薪酬信息，接受企业干部职工和社会监督，建设阳光国企。

（四）突出安全性、环保性，以专项环保考核履行社会责任

一是落实责任，建立机制，打好污染防治攻坚战。按照省委、省政府《关于加强突出环境问题整改工作的通知》要求，陕西省国资委成立以主要领导为组长，分管领导为副组长的省属企业生态环境保护问题整改工作领导小组，督导企业落实生态环保主体责任。及时与省环保厅建立协作机制，配合做好省属企业生态环境保护问题整改。二是加强考核，奖优罚劣。按照《省属企业负责人经营业绩考核办法》，在企业经营业绩年度考核中，对在生态环保工作受到省委省政府表彰的加1~2分，对企业发生重大环境污染事故的视情节扣1~5分，考核结果与企业负责人薪酬挂钩，督促省属企业落实生态环保主体责任。三是强化督导，履行责任。建立中央环保督察和省环保厅督察发现问题的台账，强化工作措施，明确整改时限。积极做好龙钢公司环保违法问题申请验收销号的各项准备工作。印发《关于切实履行好企业环境保护主体责任的通知》，多次赴延长石油、陕煤集团、陕西有色集团等企业进行现场环保工作调研，约谈西北橡胶有限公司、黄陵矿业和汉中锌业等环保问题突出的企业责任人，督导企业按照时限高质量完成整改工作。支持陕西环保集团、陕西水务等企业大力发展节能环保产业，鼓励延长石油、陕西燃气积极配合落实省铁腕治霾打赢蓝天保卫战行动计划，主动履行国有企业社会责任。四是指导企业模范履行社会责任。联合省工经联，组织召开2018年度陕西企业社会责任报告发布会。会议期间，17家企业发布陕西企业社会责任报告。2018年，陕西省省属国有企业普遍建立企业社会责任管理体系，大多数省属国有企业建立完善社会责任报告发布制度。在实现国有资本保值增值、落实国家宏观调控政策、实现高质量发展、完成节能减排任务，维护职工合法权益、加强安全生产、环境保护、脱贫攻坚、参与社会公益活动等方面作出不懈努力，取得积极进展，树立负责任的社会形象。

七、陕西省国资委监管企业负责人考核与选人用人机制改革

（一）加强企业领导班子建设

严格对照习近平总书记提出的国有企业领导人员"二十字"标准，坚持省属企业领导人员任职资格及选拔标准和程序，及时配备任免企业领导干部，切实加强企业领导班子和干部队伍建设，2018年调整干部49人，其中提拔12人、平级调整24人、到龄退休5人、事故追责撤销职务1人、政务处分2人等。协助10户驻陕央企领导班子进行考察调整。

（二）企业人才发展机制改革

重新修订《省属企业高层次人才发展资金管理办法》，设立"国企杰出人才奖"。成功举办中美企业创新合作交流大会，并邀请美国国际华人科技协会华人科学家代表团赴陕举办中美企业创新合作交流会。

挂牌组建陕西省国资委北美、北京、深圳人才交流中心。研究编写《陕西省国有企业人才国际化发展研究报告》。联合地市国资委在清华大学成功举办第六届陕西国企人才智力引进交流大会，包括陕西建工集团、陕西有色集团、中陕核工业集团等50余家大型国有企业汇集1000余个高端人才岗位和技术项目。

（三）完善企业法人治理结构

起草《董事会市场化选聘经理层成员指导意见》《外部董事暂行管理办法》等意见稿。正式启动外部董事委派工作，从大型企业遴选5名业务素质高、专业能力强的干部委派粮农集团、陕西投资、陕汽控股担任外部董事。全面开启新一轮外部董事委派工作。通过委派外部董事和聘任独立董事，优化董事会结构，规范董事会建设，提升董事会决策水平。

（四）试点工作

积极推进董事会选聘经理层成员，在陕国投、秦风气体2户企业开展试点工作。陕国投完成1名业务总监和1名投资总监选聘工作，并将原聘任的1名市场总监、1名总裁助理和1名业务总监转为市场化聘任总监级高级管理人员。秦风气体通过公开招聘聘任1名总经理、5名副总经理和1名财务总监，经理层实行契约化管理、市场化退出。

八、陕西省国资委监管企业党的建设和廉政建设情况

2018年，驻陕西省国资委纪检组认真贯彻党的十九大和中央、省纪委全会精神，坚持用党的政治建设统领从严治党，始终把纪律和监督挺在前面，强化问题导向，坚持标本兼治，系统党风廉政建设和反腐败工作一体推进，廉洁从业氛围更加巩固。一是通过定期督导检查、交流学习，系统廉政文化建设成效显著。驻省国资委纪检组、陕煤集团纪委、延长石油纪委3个单位被省纪委评为"2015—2017年度陕西省廉政文化建设先进单位"。11月15日，陕煤集团黄陵矿业公司、延长石油兴化销售公司等7户企业被省纪委命名为廉政文化进企业示范点。二是协助国资委党委完成6户省属企业巡察工作，发现问题320多项，移交线索22件。三是组织开展系统反腐倡廉宣教月、"三秦廉话"、"经典传世家训品读"、廉政精品创作等活动，组织系统4440名党员领导干部参加《监察法》网上答题，组织系统405名党员干部组成的45支队伍参加"陕旅杯——陕西省国资委系统《监察法》知识竞赛"活动。

（撰稿人：高　青）

甘肃省

一、甘肃省国有资产监督管理工作综述

2018年，面对错综复杂的国际国内形势和艰巨繁重的改革发展任务，甘肃省政府国资委和省属监管企业以习近平新时代中国特色社会主义思想为指导，认真落实甘肃省委省政府关于国资国企改革发展决策部署，坚持稳中求进工作总基调，以供给侧结构性改革为主线，以提高企业经营质量效益为中心，攻坚克难、开拓创新，国资国企改革发展党建各项工作取得新进展和明显成效。

（一）国有经济运行秩序良好

强化经济运行分析调度。认真落实甘肃省委省政府"三重""三一"工作方案要求，制定省国资委领导包抓和省国资委机关处室联系服务企业制度，坚持每季度召开经济运行分析调度会，紧盯效益下滑企业加强动态监测调控与监管，逐户签订"2018年度监管企业经营目标责任书"。各监管企业围绕年度目标任务，密切跟踪市场变化，及时调整经营策略，优化生产组织，加强运行调度，各企业总体保持稳中向好发展态势。扎实开展提质增效攻坚行动。积极发挥业绩考核"指挥棒"作用，制定印发《2018年省属监管企业提质增效稳增长攻坚行动方案》，明确5个方面60项具体措施，监管企业深挖内部潜力和全面降本增效取得积极效果。2018年，37户监管企业成本费用利润率比上年增长0.05%，"两金"占用流动资产比重比上

年下降3.6%，人均创收、创利比上年分别增长10.3%、14.5%。金川公司、省国投集团等6户企业比上年增利1亿元以上。多措并举防范化解债务风险。制定印发《省属监管企业全面风险管理工作实施办法(试行)》《省属监管企业资产负债率分类管控办法》，进一步健全完善监管企业债务风险预警和应急处置机制。加强债务风险动态监控，督导高负债企业深入开展风险评估工作，制定化解措施，强化资产负债约束。2018年，37户监管企业资产负债率63.86%，比全国地方国资委监管企业平均资产负债率低5.04个百分点。

(二)国资国企改革稳步推进

着力完善现代企业制度。以规范监管企业董事会建设为重点，健全董事会组织机构，规范各治理主体议事规则，完善内部制度体系。会同甘肃省委组织部制定《关于开展落实监管企业董事会职权试点工作的实施意见》，将企业中长期发展决策、经理层成员选聘、业绩考核、薪酬管理，职工工资分配，重大财务事项管理等6项职权授予试点企业董事会行使。深入推进三项制度改革，出台《关于改革国有企业工资决定机制的实施意见》，推动建立与经济效益和劳动生产率挂钩的工资决定机制。金川公司、省交建集团等6户企业被列入全国国企改革"双百行动"名单。积极推进公司制股份制改革。指导25户省直部门改制脱钩移交企业完成公司制改制，省属企业公司制改制面95.4%。制定出台《省属企业混合所有制改革工作推进方案》，选择酒钢集团祁牧乳业公司等8户企业开展员工持股改革试点。金川公司引进民营资本建设金川有色产品精深加工产业园，兰石集团引进恩力能源科技、河北清华发展研究院等合资设立兰石恩力微电网公司。通过引进战略投资、共同出资、项目合作等方式，积极发展混合所有制经济。

(三)资本布局结构进一步优化

聚焦主业优化布局。加强对监管企业战略规划管理，全面清理和重新核定监管企业主业，严控非主业投资，推动企业做强做优做精实业主业，2018年监管企业固定资产投资95.6%以上投向主业。积极推进传统产业升级改造，金川公司、酒钢集团等7户企业加快制造工艺数字化、智能化改造升级，从单一制造向"制造＋服务"转型。加大整合重组力度，推动组建十大产业集团，打造行业龙头企业，带动十大绿色生态产业发展，增强规模优势和协同效应，培育新的经济增长点。持续推进"瘦身健体"。指导监管企业完成120万吨煤炭产能化解任务，安置职工1365人。妥善处置16户"僵尸企业"，完成10户省直部门管理小微企业处置。有序推进国有企业办社会职能及职工家属区"三供一业"分离移交，30户监管企业"三供一业"分离移交正式协议全部签订，完成23个社区职能、33个市政设施、25个教育机构和32个医疗机构的分类改革移交，为企业轻装上阵参与市场竞争奠定良好基础。不断扩大开放合作。积极参与"一带一路"建设和国际产能合作，酒钢集团牙买加氧化铝厂复产后实现良性运营，金川公司南非梅特瑞斯金森达铜矿实现出矿，印度尼西亚红土镍矿项目顺利推进，白银公司秘鲁多金属尾矿综合利用项目达产达标，省建投积极推进中白工业园入园项目建设等一批国际产能合作项目顺利推进，为甘肃省产品、技术、服务进入国际市场提供平台支撑。

(四)科技创新发展能力持续增强

加大科技创新投入。加强关键核心技术攻关，2018年监管企业完成研发投入54.5亿元，比上年增长32.9%。兰石集团15000米海洋平台钻井包项目技术设计基本完成，省建投建筑机械等六大类产品获欧盟认证，金川公司生产的"矿产镍"被工业和信息化部评为"制造业单项冠军产品"，酒钢东兴铝业入围国家知识产权优势企业，省建投、八冶公司、长城建设集团、路桥集团获得6项省建设工程飞天金奖。积极推进科技成果转化。推动省属企业与中科院兰州分院建立"一院三所"科技创新及成果转化协同机制，承担省级科技专项13项、重点研发计划9项。兰石集团油气田压裂装备成功市场化，西北永新凹凸棒石产业化应用取得突破。积极推进创新平台建设。省机械科学研究院、化工研究院等企业积极筹建设立院士专家工作站，新增10个省级研发平台。探索建立股权激励等长效激励约束机制，激发高管、科研和技术骨干等各类人才的积极性和创造性。

(五)国有资产监管更加科学规范

加快监管职能转变。按照管好资本布局、规范资本运作、提高资本回报、维护资本安全的要求,制定出台《省政府国资委以管资本为主推进职能转变方案》,精简28项国资监管事项,修订完善出资人监管权力和责任清单,努力构建系统完备、科学规范、运行高效的国资监管体系,加快实现由管企业向管资本转变。改进国资监管方式。建立监管企业投资项目负面清单制度,加强财务监督和产权管理,制定监管企业违规经营投资责任追究办法,委派财务总监19人,完成32项资产评估项目备案、38宗项目进场交易,交易增值率77.92%。积极推进国有资本授权经营体制改革,推动省国投集团国有资本投资(运营)公司改革试点,并在全国国企改革座谈会上交流经验。推进经营性国有资产集中统一监管。经过尽职调查、清产核资和经济责任审计,完成省直部门管理97户企业脱钩移交改制工作,涉及总资产6405亿元、职工3.95万人,省直部门18个,基本实现省级经营性国有资产集中统一监管。

(六)国有企业党的建设明显增强

推动党的领导融入公司治理。坚持把监管企业党组织内嵌到公司法人治理结构中,推动342户二级子公司党建工作要求进入公司章程。完善"双向进入、交叉任职"领导体制,43户监管企业完成党委换届,303名党委委员进入董事会、经理层,规范党组织前置研究讨论重大问题的程序。着力夯实企业党建基础。扎实推进监管企业党支部建设标准化工作,制定出台《甘肃省国有企业党组织工作活动基本规范》《甘肃省国有企业党支部建设标准化手册》,对76个软弱涣散基层党组织进行集中整顿,督导6户在境外设立分支机构的监管企业建立16个境外党组织。制定《甘肃省属企业党建质量提升行动方案》,全方位推动省属企业党建质量提升。不断加强宣传思想工作。深入学习宣传贯彻习近平新时代中国特色社会主义思想和党的十九大精神,为企业改革发展凝聚强大精神力量。组织召开纪念改革开放40周年甘肃省国有企业改革座谈会,在《甘肃日报》等媒体广泛宣传国资国企改革发展和党建工作的新气象、新作为、新举措、新成效,讲好国企故事、唱响主旋律、传播正能量,努力营造良好的舆论环境。落实全面从严治党责任。制定《甘肃省属国有企业党建工作责任制实施办法》,将党建工作纳入企业负责人年度经营业绩考核,落实党组织书记抓党建述职评议制度,推动全面从严管党治党向基层延伸。对照十九届中央第一轮巡视反馈问题深入开展自查自纠,对26户脱钩移交企业开展政治巡察,把握运用监督执纪"四种形态",严肃查处违法违纪问题,有效发挥巡视巡察利剑作用。通过加强党的建设、强化党的领导,监管企业党组织把方向、管大局、保落实的领导作用明显增强。

二、甘肃省国有资产总量与结构分析

(一)国有企业主要指标情况

截至2018年底,甘肃省国有企业资产总额21677.4亿元,比上年增长12.12%;完成营业收入6698.1亿元,比上年增长11.81%;上缴税费总额191.8亿元,比上年增长7.05%。利润总额、净利润比上年有所下降。

表1　2018年甘肃省国有企业指标

项　目	金　额(亿元)
资产总额	21677.4
所有者权益	7049.3
营业收入	6698.1
利润总额	130.8
净利润	83.7
归属于母公司所有者的净利润	76.7
应交税金总额	191.1
实际上缴税金总额	191.8

(二)国有企业户数情况

2018年,甘肃省国有企业2245户,比上年增加264户,增长13.33%。其中省属监管企业1334户,比上年增加331户,增长33%;省属非监管企业133户,比上年减少201户,减少60.18%;市(州)属及以下企业778户,比上年增加134户,增长20.81%。

表2　2018年甘肃省国有企业户数情况

项　目	2017年户数（户）	2018年户数（户）	比上年增长（%）
全省国有企业	1981	2245	13.33
省属企业	1337	1467	9.73
省属监管企业	1003	1334	33.00
省属非监管企业	334	133	−60.18
市（州）属及以下企业	644	778	20.81

（三）国有资产按地区分布情况

截至2018年底，甘肃省国有企业资产总量6261.7亿元。其中，省属企业资产总量3801.7亿元，占比60.71%；市（州）属及以下国有企业资产总量2460亿元，占比39.29%。在市（州）属国有企业中，兰州市国有企业资产总量1358.3亿元，占比21.69%。

表3　2018年甘肃省国有资产按地区分布情况

地　区	国有资产（亿元）	占国有资产总量比重（%）
省属企业	3801.7	60.71
地市企业	2460.0	39.29
兰州市	1358.3	21.69
天水市	116.9	1.87
嘉峪关市	45.9	0.73
武威市	91.5	1.46
金昌市	42.4	0.68
酒泉市	98.0	1.57
张掖市	150.1	2.40
庆阳市	2.1	0.03
平凉市	113.0	1.80
白银市	135.2	2.16
定西市	85.4	1.36
陇南市	48.2	0.77
临夏州	41.7	0.67
甘南州	131.2	2.10
合　计	6261.7	100.00

（四）国有资产按行业分布情况

从行业分布情况来看，交通运输业国有资产总量最大，为1805亿元，占比28.83%。其次是社会服务业、工业、金融业和建筑业，占比分别为27.16%、16.50%、9.65%和9.08%。

表4　2018年甘肃省国有资产按行业分布情况

行　业	国有资产（亿元）	占国有资产总量比重（%）
农林牧渔业	61.3	0.98
工业	1033.3	16.50
建筑业	568.4	9.08
地质勘查及水利业	87.6	1.40
交通运输业	1805.0	28.83
仓储业	45.1	0.72
批发和零售业	26.5	0.42
金融业	604.2	9.65
房地产业	192.7	3.08
信息技术服务业	0.7	0.01
社会服务业	1700.7	27.16
卫生体育福利业	0.1	0.00
教育文化广播业	41.6	0.66
科学研究和技术服务业	13.1	0.21
机关社团及其他	81.4	1.30
合　计	6261.7	100.00

（五）国有资产按经营规模分布情况

从经营规模分布情况来看，大型企业国有资产总量3452亿元，占比55.13%；中型企业国有资产总量810.7亿元，占比12.95%；小型企业国有资产总量1551.3亿元，占比24.77%；微型企业国有资产总量447.7亿元，占比7.15%。

表5 2018年甘肃省国有资产按经营规模分布情况

经营规模	国有资产（亿元）	占国有资产总量比重（%）
大型企业	3452.0	55.13
中型企业	810.7	12.95
小型企业	1551.3	24.77
微型企业	447.7	7.15
合　计	6261.7	100.00

三、甘肃省国有资本保值增值综合分析评价

从地区来看，陇南市、嘉峪关市、酒泉市实现国有资本增值，比上年分别增值近2个百分点；庆阳市国有资本减值最大，近10个百分点；张掖市、天水市减值近7个百分点；金昌市、陇南市减值近2个百分点。

从行业来看，国有资本占有量较大且保值增值率较高的行业为卫生体育福利业，比上年增加61个百分点；其次为批发和零售业，比上年增加27个百分点。

表6 2018年甘肃省国有企业地区和行业国有资本保值增值情况

地区	国有资本保值增值率（%）	行业	国有资本保值增值率（%）
兰州市	100.19	农林牧渔业	99.07
天水市	99.84	工业	104.93
嘉峪关市	101.99	建筑业	102.17
武威市	100.17	地质勘查及水利业	99.83
金昌市	95.12	交通运输业	99.90
酒泉市	104.33	仓储业	107.34
张掖市	101.00	批发和零售业	100.88
庆阳市	81.58	金融业	103.49
平凉市	97.63	房地产业	97.86
白银市	103.40	信息技术服务业	97.26
定西市	97.18	社会服务业	99.81
陇南市	102.56	卫生体育福利业	136.86
临夏州	100.03	教育文化广播业	102.66
甘南州	99.86	科学研究和技术服务业	112.33
		机关社团及其他	105.68

四、甘肃省国资委监管企业改革发展情况

（一）构建国资国企改革制度体系基本完成

中共中央、国务院《关于深化国有企业改革的指导意见》出台后，甘肃省及时出台《深化国有企业改革的实施意见》，细化100项改革措施，逐项明确改革路线图和时间表。对照中央国企改革"1+N"政策体系，出台"1+21"政策文件和73个配套方案，形成"规定动作"与"自选动作"相结合的制度体系，基本完成甘肃省国资国企改革制度体系建设。

（二）加快推进公司制股份制改革

以规范省属监管企业董事会建设为重点，健全国有企业法人治理结构，完善国有企业现代企业制度，有序推进公司制股份制改革。2018年，省属企业公司制改制面95.4%，完成83户"僵尸企业"出清。出台《省属企业功能界定与分类方案》，完成32户省属企业集团及928户二级以下子公司、110户市州企业的功能界定与分类，省属企业分类改革、分类发展、分类监管、分类考核的措施不断完善。

（三）稳步推进国企改革试点工作

按照"五突破、一加强"目标，扎实推进6户纳入全国国企改革"双百行动"的企业综合改革，选择54户省属企业和二、三级企业以及市州企业作为综合改革试点示范，努力打造一批治理结构健全完善、经营

机制灵活高效、党的领导坚强有力、现代企业制度健全、市场竞争力较强的改革尖兵。

五、甘肃省国资委监管企业并购重组与完善法人治理结构情况

(一)加快推进企业战略重组整合

按照甘肃省委省政府关于深化国有企业改革实施意见,完成5组18户省属企业和18组37户市属企业重组整合。围绕抢占"一带一路"建设的文化、通道、技术、信息、生态5个制高点,加快推进十大产业集团组建,打造十大绿色生态产业龙头企业。省铁投集团、省药业投资集团、省科技投资集团等8户集团组建方案经省政府审核批复并完成工商登记。

(二)健全完善公司法人治理结构

紧紧围绕建立中国特色现代企业制度,推动企业健全完善法人治理结构,建设规范、高效、协同的战略型决策型董事会。着力推动35户省属企业实现外部董事占多数,更新200名外部董事、100名财务总监人才信息库,向30户省属监管企业委派财务总监。健全完善公司章程和各治理主体议事规则指引,明晰法人治理主体权责边界,规范内部运行机制。制定《关于开展落实省属企业董事会职权试点工作的实施意见》,选择白银公司、华龙证券等5户企业开展试点工作,将企业中长期发展决策等6项职权授予试点企业董事会行使。坚持"双向进入、交叉任职"领导体制,实现省属监管企业党委(党总支或支部)书记、董事长"一肩挑",中共党员总经理全部兼任党委(党总支或支部)副书记,逐步形成企业内部权力有效制衡机制。监管企业修订公司章程,明确党组织在公司治理中的法定地位,坚持把党组织研究讨论作为董事会、经理层决策重大问题的前置程序,有效规范企业党委决策程序。分别选择三毛股份公司、兰电股份公司开展董事会选聘经理层和市场化选聘职业经理人试点工作,长城电工股份公司探索推行职业经理人制度,面向社会和企业内部公开选聘总经理和副总经理,原有经理层成员全部竞聘上岗,转换为职业经理人,初步实现经理层成员任期制和契约化管理。

六、甘肃省国资委监管企业建立和完善经营业绩考核体系情况

(一)突出分类考核,合理确定指标

按照《甘肃省省属监管企业负责人经营业绩考核办法》,坚持"同一行业、同一尺度"考核原则,根据企业行业类别实施分类考核,建立行业对标分析考核机制,选取反映盈利能力、资产质量、风险控制等方面的考核指标,考核指标充分体现党中央和甘肃省委对国有企业高质量发展的要求,并与全国同行业同类型企业进行横向对标,积极引导企业凝聚发展优势、增强短板管理、提高经营管理水平。

(二)强化业绩考核"指挥棒"作用

结合监管企业行业特点、发展阶段、管理短板和产业功能,"一企一策、一业一策"设置经营业绩考核指标。将国企改革重点任务纳入企业负责人年度经营业绩考核,倒逼引导企业强管理、补短板、增活力。科学设置考核企业参与国际产能合作、经营管理体制机制改革、深化内部三项制度改革等考核指标,既体现国有资本保值增值的普遍要求、不断提高经济效益和回报水平,又充分考虑企业不同功能和行业布局特点、不断增强业绩考核的科学性、针对性和引领作用,使业绩考核贴近企业实际、提升企业管理水平、促进企业健康发展,切实发挥业绩考核"指挥棒"作用。

七、甘肃省国资委监管企业负责人考核与选人用人机制改革情况

(一)改进和加强企业负责人综合考核工作

严格落实甘肃省委省政府关于省属国有企业领导班子和领导人员综合考核评价办法的要求,结合省属国有企业功能定位和领导人员岗位职责,实行分类考核,运用测评、定量考核、定性评价和分析研判等方法,将省属国有企业领导班子和领导人员政治素质、履职能力、工作实绩、作风建设和廉洁自律等情况,与企业绩效和日常考核等方面结合起来进行综合考核评价。监管企业财务总监实行班子成员综合考核和

专项考核相结合的"双考核"制度,有效激励省属监管企业领导人员担当作为、干事创业。

(二)改进和创新企业选人用人机制

坚持党管干部原则,按照《中华人民共和国公司法》、《公司章程》和企业领导人员选拔任用有关法律法规规定,大胆探索完善企业领导人员管理机制,2018年省国资委党委会研究委管班子企业干部10次,涉及选拔任用调整、换届提名、董监事任免137人次。根据《关于加强培养选拔年轻干部工作的实施意见》,不断完善人才工作目标责任制和考核评价机制,积极调研省国资委管班子企业年轻干部工作,储备后备人才,完善企业领导班子结构和人才队伍结构。

八、甘肃省国资委监管企业党的建设和廉政建设情况

(一)党的领导进一步加强

按照甘肃省国有独资公司、控股公司章程指引要求,将党建工作全面纳入公司章程。2018年,342户建立法人治理结构的二级子企业全部完成章程修订工作。完善"双向进入、交叉任职"领导体制,监管企业282名党委委员分别进入董事会、经理层,监管企业实现党委书记、董事长"一肩挑",30户企业配备专职党委副书记。制定《省属监管企业党委会议事规则》,落实把党组织研究讨论作为董事会、经理层决策重大问题的前置程序的要求,监管企业党组织把方向、管大局、保落实作用明显增强。

(二)基层党建基础持续加强

加强基层党组织建设,分类提出加强监管企业党建工作方案,补齐党建基础建设短板,坚持与国企改革整合重组同步组建党组织543个、境外党组织16个,集中整顿76个软弱涣散企业基层党组织,调整理顺58户省直部门管理改制脱钩企业党组织关系。按照《甘肃省国有企业党组织工作活动基本规范》要求,强化党建基本保障,指导监管企业科学设置党务工作部门、配齐配强党务工作人员、足额保障党组织活动经费。2018年,省属企业及其子企业设立专门党务部门790个,配备专职党务工作人员2928人,提取党组织活动经费1.3亿元,建立党组织活动场所2378个。深入推进党支部建设标准化,编印《甘肃省国有企业党支部建设标准化手册》,组织召开省属企业学习贯彻《中国共产党支部工作条例(试行)》暨推动党支部建设标准化工作现场会。省属企业调整优化党支部112个,修订完善党支部工作制度741项,选树示范点党支部237个,设立党员责任区、示范岗16333个,有力保障省属监管企业提质增效和改革发展工作。

(三)党风廉政建设取得新成效

认真贯彻落实《中国共产党党内监督条例》等党内法规,2018年省属监管企业各级党组织建立健全各项制度9030项,签订党风廉政建设目标管理责任书2913多份、廉洁承诺书或责任书1.78万多份。深入开展"转变作风改善发展环境建设年"活动,认真贯彻中央八项规定精神和甘肃省委"双十条"规定,坚决整饬"四风"问题,严肃查处违反中央八项规定精神问题18件。严格监督执纪问责,正确把握运用"四种形态",驻省国资委纪检监察组和省属监管企业纪检监察部门接到信访举报856件、立案242件、给予党纪政纪处分187人,移送司法机关6人。积极开展政治巡察,对26户省直部门改制脱钩移交企业完成两轮政治巡察任务,有效发挥巡视(察)利剑震慑作用。

(撰稿人:李 军)

青海省

一、青海省国有资产监督管理工作综述

2018年,青海省国资系统以习近平新时代中国特色社会主义思想为指引,认真贯彻落实省委、省政府决策部署,坚持稳中求进工作总基调,坚持践行"四个转变"新思路,推进"四个扎扎实实"重大要求,坚持全面深化国资国企改革和供给侧结构性改革,推动重大改革举措扎实落地,国有经济规模不断扩大,发展质量不断提升。

（一）深刻领会中央精神，全面加强国企党建

深入开展"党的建设基础加强年"活动。一是印发《关于进一步加强监管企业党委委员分工负责的指导意见》《关于进一步加强监管企业党务工作机构建设的通知》等文件，建立党委书记抓党建工作"三项责任"报告制度，健全完善权责清晰、运行规范、协调高效的党委工作机制。二是开展基层党组织"四化"建设，推进党组织落实"四权"。扎实开展三级述职评议考核工作、推进省委十三届三次全会点评问题整改落实工作，推动全面从严治党要求落地落实。三是搭建"青海国企党建"宣传载体，举办监管企业改革开放40周年成就展，编发《党建工作简报》近90期，举办4期包括企业党委书记在内的280名党务工作者参加的党务培训，全面压紧压实监管企业主体责任，着力推动基层党建工作高质量发展。

（二）坚持改革引领发展，构建完善政策体系

结合青海省实际，出台配套文件，基本形成以关于深化国资国企改革的指导意见为统领，加快建立和完善法人治理结构的指导意见、省属企业重点改革任务实施意见等28个配套文件为支撑的"1+N"政策体系。全面梳理改革任务、落实重大要求，研究制定《2018年国资国企改革要点》，以"两突破、四攻坚"为总体目标，分解创新管资本机制、完善法人治理结构、实施"瘦体健身"、探索市场化经营等重点任务。继续推动"3+10"改革试点任务做实做细，要求企业将改革责任层层压实到各部门、分子公司，从上至下形成改革合力，持续推动改革工作引向深入。推进企业深化机构、市场营销体系、生产组织体系、生产质量管控体系等方面改革，全面提升经营管理效率和效益。

（三）试点示范稳妥推进，以点带面深化改革

注重发挥改革试点的示范、突破、带动作用，鼓励企业先行先试，推动重点领域取得突破。在试点企业开展企业劳动、人事、分配制度改革，推动建立既有奖励又有约束，即讲效率又讲公平的用人和薪酬分配市场化机制，促使企业内生动力和活力得到加强。积极组织申报，将省国投公司下属西宁国家低碳产业基金投资管理公司和三江集团下属青海三江原牧股份有限公司2户企业列入国务院国资委国有企业"双百行动"试点名单。印发《青海省关于开展混合所有制企业员工持股试点的实施意见》，确定由省国投公司下属青海省大数据有限责任公司和三江集团下属青海三江原牧股份有限公司2户企业开展青海省混合所有制企业员工持股首批试点。

（四）实施创新驱动战略，加快推动转型升级

坚持以发展质量效益为中心，持续推动企业创新、产业创新、技术创新和发展模式创新。2018年，10户省属国有工业企业中有9户企业建立企业技术中心，建成省级工程实验室5个、院士工作站1个、博士工作站1个，累计实施技术创新项目430余项，获得科技成果50余项，突破盐湖提锂、铅锌混合浮选再分离等一批制约产业升级的关键核心技术。积极引进战略投资者，先后批准设立煤业集团融资租赁、盐湖国际贸易等24家新企业，支持省属出资企业进入新领域、发展新产业、打造新优势。组织开展混合所有制改革工作流程及员工持股等专题培训，指导企业推动落实。截至2018年底，在集团层面开展混改工作的西部矿业集团有限公司和青海盐湖工业股份有限公司2户企业下属的119家子企业中，成为混合所有制企业58家，占子企业总数的48.7%。

（五）坚持监管服务并重，加快转变监管职能

围绕企业主业，严格执行负面清单管理，规范企业投资活动。2018年，各企业安排投资项目194个，投资总额227.66亿元。按照"严审核、严监管、严执行"要求，对企业投资计划进行中期调整，做到"一企一批复"。调增股权投资16项，调减股权投资9项，增减项目的投资额相抵后，年度投资总额净增加11.7亿元。强化出资企业风险应对和提质增效发展，全力守住底线。组织出资企业全面开展债务兑付风险排查工作，"一企一策"督促指导企业做好风险应对。探索建立紧急偿债机制，为短期资金周转困难企业提供资金支持，有效缓解企业还贷、续贷和转贷压力。为西钢、盐湖、省投、国投等重点企业累计协调资金160.85亿元，有效防范和化解企业偿债危机，守住不发生区域性、系统性风险的底线。

(六)不断强化担当意识,切实履行社会责任

始终坚持把安全生产工作与国资监管业务工作同安排、同检查、同落实,定期和不定期召开安全生产工作会议,传达学习会议、文件精神,安排部署重要节点、重点领域安全生产工作。2018年,省属出资企业发生死亡事故4起,死亡4人,安全生产整体向好,安全生产形势基本稳定。各企业认真履行社会职责,从党建扶贫、产业扶贫、技能扶贫等方面入手,16家出资企业联点帮扶49个贫困村,派驻扶贫干部136人次,党员干部结对帮扶建档立卡贫困户2034户,累计投入资金3774.5万元,实施产业扶贫项目42个,实现1019户脱贫,脱贫率50%以上。

二、青海省国有资产总量与结构分析

2018年,青海省国有企业平稳运行,纳入统计范围的769户地方国有企业资产总额7279.76亿元,比上年减少27.84亿元,基本与上年持平。其中,省国资委出资企业资产总额4683.73亿元,占比64.34%,比上年增长0.15%;省级部门管理的企业资产总额312.99亿元,占比4.30%,比上年下降25.40%;市州企业资产总额2283.04亿元,占比31.36%,比上年增长3.25%。

2018年,青海省地方国有企业所有者权益总额(净资产)2159.58亿元,比上年下降5.23%;归属母公司所有者权益1957.30亿元,比上年下降4.25%。

2018年,青海省国有企业实现营业收入1254.48亿元,比上年增长9.43%,再创历史新高。其中,省国资委出资企业营业收入1159.6亿元,占比92.44%,比上年增长9.24%;省级部门管理的企业和市州县属企业营业收入分别为49.7亿元和45.18亿元,分别占比3.96%和3.60%,均比上年略有提升。

2018年,青海省国有企业累计亏损96.41亿元,比上年增亏75.81亿元。其中,省国资委出资企业累计亏损93.03亿元,增亏66.43亿元;省级部门管理的企业亏损1.54亿元,整体效益由盈转亏,比上年减少3.72亿元;市州县属企业利润亏损1.85亿元,比上年减少5.67亿元。

表1　2018年青海省国有企业指标

项　目	金　额(亿元)
资产总额	7279.76
负债总额	5120.18
所有者权益	2159.58
营业收入	1254.48
利润总额	−96.41

表2　2018年青海省国有企业户数情况

2017年户数(户)	2018年户数(户)	比上年增长(%)
690	769	11.45

2018年,青海省国资委出资企业、西宁市国有企业、海西州国有企业国有资本及权益总额较大,分别为900.28亿元、387.5亿元和177.1亿元,分别占比51.05%、21.97%和10.04%。国有资本及权益总额增速最快的是省级非监管企业和海南州国有企业,分别增长18.19%和12.21%,降速较快的是海西州和玉树州,分别减少12.83%和7.25%。

表3　2018年青海省国有资产按地区分布情况

地　区	国有资产(亿元)	占国有资产总量比重(%)
全省国有企业	1763.65	100.00
省级企业	1031.07	58.46
省国资委出资企业	900.28	51.05
省级非监管企业	130.79	7.42
市州企业	732.57	41.54
西宁市	387.50	21.97
海西州	177.10	10.04
海东市	120.32	6.82
海南州	24.90	1.41
海北州	15.46	0.88
玉树州	3.84	0.22
黄南州	2.70	0.15
果洛州	0.74	0.04

2018年，青海省企业国有资产主要集中在社会服务业、金融业和工业。其中，社会服务业国有资产总量996.09亿元，占比56.48%，比上年下降4.57%；金融业国有资产总量295.43亿元，占比16.75%，比上年下降7.72%；工业166.85亿元，占比9.46%，比上年下降10.56%，工业企业主要集中在化学、冶金、煤炭和电力行业。国有资产总量增幅排在前三位的行业分别是科学研究和技术服务业，增长24.47%；卫生体育福利业，增长18.96%；农林牧渔业，增长9.49%。下降幅度最大的是工业。

表5　2018年青海省国有资产按经营规模分布情况

经营规模	一级企业户数（户）	国有资产（亿元）	占国有资产总量比重（%）
大型企业	19	937.61	53.16
中型企业	28	289.70	16.43
小型企业	94	402.77	22.84
微型企业	118	133.57	7.57
合　计	259	1763.65	100.00

表4　2018年青海省国有资产按行业分布情况

行　业	国有资产（亿元）	占国有资产总量比重（%）
农林牧渔业	15.00	0.85
工业	166.85	9.46
建筑业	96.64	5.48
地质勘查及水利业	67.64	3.84
交通运输业	12.19	0.69
仓储业	4.88	0.28
批发和零售业	11.64	0.66
金融业	295.43	16.75
房地产业	73.13	4.15
信息技术服务业	4.41	0.25
社会服务业	996.09	56.48
卫生体育福利业	3.89	0.22
教育文化广播业	5.44	0.31
科学研究和技术服务业	6.46	0.37
机关社团及其他	3.95	0.22
合　计	1763.64	100.00

2018年，青海省纳入统计范围的769户企业中有一级企业259户，其中，大型企业国有资产总量937.61亿元，占比53.16%，比上年下降5.16%；中型企业国有资产总量289.70亿元，占比16.43%，比上年下降9.63%；小型企业国有资产总量402.77亿元，占比22.84%，比上年增长11.69%；微型企业国有资产总量133.57亿元，占比7.57%，比上年下降22.93%。

三、青海省国有资本保值增值综合分析评价

2018年，青海省国有资产总量1763.65亿元，剔除政府追加、核减投资及无偿划入、划出等客观增减因素后，国有资本保值增值率93.68%。其中，省国资委出资企业净资产总额1238.50亿元，占比57.35%，国有资产总量900.28亿元，占比51.05%，比年初下降5.29%，剔除客观因素后，国有资本保值增值率94.94%；省级部门管理的企业净资产总额147.83亿元，占比6.85%，国有资产总量130.79亿元，占比7.42%，剔除客观因素后，国有资本保值增值率99.31%；市州县属企业净资产总额773.25亿元，占比35.80%，国有资产总量732.57亿元，占比41.54%，剔除客观因素后，国有资本保值增值率91.35%。

表6　2018年青海省国有企业地区和行业国有资本保值增值情况

地　区	国有资本保值增值率（%）	行　业	国有资本保值增值率（%）
省国资委监管企业	94.87	农林牧渔业	95.64
省级非监管企业	99.09	工业	87.78
西宁市	92.55	建筑业	99.47
海东市	98.12	地质勘查及水利业	100.94
海西州	82.91	交通运输业	109.78
海南州	100.92	仓储业	102.62

续表

地 区	国有资本保值增值率（%）	行 业	国有资本保值增值率（%）
海北州	98.09	批发和零售业	103.39
黄南州	100.11	金融业	85.72
果洛州	99.02	房地产业	101.32
玉树州	100.23	信息技术服务业	96.06
		社会服务业	95.14
		卫生体育福利业	94.83
		教育文化广播业	100.35
		科学研究和技术服务业	108.41
		机关社团及其他	100.00

四、青海省国资委监管企业改革发展情况

（一）推动专项攻坚，确保两类公司试点稳妥实施

起草青海省关于推进国有资本投资、运营公司改革试点的实施方案，结合企业实际情况，提出在国投公司、三江集团等3家企业开展国有资本投资运营公司改革试点工作。三江集团对所属第一批农牧场的176万亩的耕地、草场等土地估值入账，实现土地资源资本化，使公司资产规模由17.56亿元增加到50亿元以上，拓展投融资空间。国投公司以"二三四五"战略为引领，着力推进金融、投资、实体三大业务板块建设。金融方面，正在采取多种方式，整合内外部金融资源，开展金控集团组建工作。投资方面，依托"酒店+大健康"培育大健康产业发展，以智慧城市建设为突破口布局大数据产业。实体方面，加快推进绿电集团上市步伐，做强做大新能源产业，研究碱业整合及扩大产能的可行性，谋划"大碱业"发展之路。水利水电确定推进水利、水电、新能源、新材料产业协调发展，以优化管理架构和产业投资方式，逐步形成投资融资、项目建设为主要功能的国资投资运营模式。

（二）减轻企业负担，大力推进国有企业剥离办社会职能

联合省编办、省教育厅等五部门印发《青海省关于深化国有企业办教育医疗机构改革的实施方案》，提出青海省推进国有企业办教育机构、医疗机构改革的意见。举办青海省"三供一业"分离移交工作部署培训会，印发国有企业剥离企业办社会职能文件汇编200册。针对签订分离移交协议争议较大的供水、供气等情况，通过实地走访、开会协调、发函督促等方式，促成协议的签订。截至2018年底，国有企业职工家属区"三供一业"基本完成分离移交或签订正式协议的总体达到100%。

（三）积极组织申报，相关企业纳入"双百行动"试点

根据国务院国资委开展国有企业"双百行动"及《2018年省国资委国资国企改革要点》要求，在多方征求意见，与企业沟通和研究发展情况的基础上，将省国投公司下属西宁国家低碳产业基金投资管理公司和三江集团下属青海三江原牧股份有限公司2户企业列入国务院国资委国有企业"双百行动"名单。

（四）盯住工作重点，推动其他改革试点实施

内部市场化改革方面，西钢集团将年度指标以内部承包方式进行分解，并建立内部工序间模拟市场价格结算与核算机制。全面实行预算管理，发挥管控体系作用，通过盘活库存、修旧利废等方式。混合所有制企业员工持股方面，经请示省政府同意，会同省财政厅、中国证监会青海监管局联合印发《青海省关于开展混合所有制企业员工持股试点的实施意见》（青国资企〔2018〕26号）。青海省范围内开始试点备选企业的征集、遴选工作，并经省政府国资委委务会研究，确定由省国投公司下属青海省大数据有限责任公司和三江集团下属青海三江原牧股份有限公司2户企业开展青海省混合所有制企业员工持股首批试点。

五、青海省国资委监管企业并购重组与完善法人治理结构情况

（一）并购重组情况

积极推动企业通过资本市场和产权管理手段开展横向联合、纵向整合和专业化重组，促进资本向

符合国家战略的重点行业、关键领域集中，探索与行业龙头企业之间交叉持股、股权合作，促进合作共赢。完成比亚迪收购盐湖股份所持蓝科锂业51.42％股权、西矿集团整合青海锂业74.54％股权项目。完成西矿集团收购新疆瑞伦矿业80％股权、西矿股份收购西钢集团所属哈密博伦矿业等5个矿业公司股权、西矿股份全资子公司巴彦淖尔西部铜业受让江阴中基矿业所持有内蒙古双利矿业50％股权、西矿股份收购四川发展资产管理公司所持四川会东大梁矿业17.04％股权、青海国投收购中铝黄金公司70％的股权等项目。发挥国有资本投资、运营公司平台作用，促进国有资本合理流动，提高国有资本配置和运营效率。三江集团通过耕地、草场等土地估值入账，实现土地资源资本化，使公司资产规模由17.56亿元增加到50亿元以上，拓展投融资空间。国投公司以"二三四五"战略为引领，着力推进金融、投资、实体三大业务板块建设。水利水电以优化管理架构和产业投资方式，逐步形成以投资融资、项目建设为主要功能的国资投资运营模式。

（二）完善法人治理结构情况

一是公司治理更加完备。完成18户省属出资企业集团层面公司制改制和董事会建设。督促指导省属出资企业各级子企业全面开展章程修订工作。通过董事会成员和党委成员交叉任职的方式，较好地统一董事会在公司治理中的核心地位以及党委"三重一大"集体决策制度，公司治理水平稳步提升。积极探索省属独资公司专职外部董事制度。二是董事会建设更加完善。积极推动国有独资企业规范董事会建设，《青海省省属出资企业专职外部董事考核评价办法》经党委会研究通过。加强规范国投公司、三江集团、物产集团、机电控股、青鹏集团等独资企业董事会建设，委派董事长、内部董事，批准职工董事人选，推动规范董事会建设改革工作。初步建立由31名企业家和从事国有企业改革发展工作的专家组成的外部董事人才库，配备部分国有独资企业董事会董事。三是企业活力显著增强。围绕董事会授权试点工作，鼓励省属出资企业集团公司向符合条件的二级、三级企业授权董事会决策事项，在省国投公司下属绿点集团公司和发投碱业公司实施董事会授权试点，激发企业发展的内生动力和活力。

六、青海省国资委监管企业建立和完善经营业绩考核体系情况

（一）细化指标，业绩考核更加精准

优化指标设置，在设置资本运营质量、效率和效益，将经济增加值、利润等作为主要考核指标的同时，首次将国企改革工作纳入考核体系。"一企一策"确定2018年经营业绩考核目标，并与企业负责人签订目标责任书，将企业考核目标值先进程度与考核计分、结果评级、工资总额预算紧密衔接，使业绩考核目标与资源配置、企业职工工资紧密挂钩。通过分档管理，形成"赛跑机制"，鼓励企业主动追求"步步高"，发挥考核引导作用。

（二）强化激励，改革任务纳入考核

根据《关于开展省属出资企业2017年度改革任务考核工作的通知》要求，在全国率先将改革试点任务纳入企业领导人业绩考核内容。组织开展2017年度省属出资企业"3+10"改革试点任务考核，要求各企业对照改革任务考核打分表逐项总结、准备相关资料。各改革任务牵头处室结合各企业报送考核资料，对企业承担的改革任务推进情况、取得成效等进行考核评分。汇总形成各企业2017年度改革任务考核得分，激发各省属出资企业推进改革、深化改革的积极性。

（三）政策引领，完善业绩考核体系

制定印发《国有企业债务风险防范和化解预案》《关于做好青海省重点工业企业风险防范和化解的工作通知》，指导监管企业将防范债务风险、国资国企保值增值各项要求融入决策管理和生产经营中，把降低资产负债率纳入企业负责人年度经营业绩考核指标体系。

七、青海省国资委监管企业负责人考核与选人用人机制改革情况

（一）企业负责人考核分配工作开展情况

一是动态调整，薪酬管理更加规范。按照"当

年本企业经济效益和职工平均工资未增长的,企业负责人绩效年薪不得增长"的规定,对西钢集团、盐湖股份等效益下滑企业的负责人绩效薪酬给予调控,实现效益导向和薪酬激励约束作用。印发并要求企业填报《青海省政府国资委监管企业负责人薪酬手册》,首次对企业负责人薪酬兑现、福利待遇、履职待遇业务支出实施薪酬手册管理制度,简化企业负责人薪酬审核、备案工作流程。严格按照薪酬管理办法对企业负责人在薪酬兑现中领取的不符合规定的取暖费等津补贴进行清退,规范收入分配秩序,严明收入分配纪律。起草并经省国资委委务会研究《青海省省属出资企业专职外部董事薪酬管理暂行办法》,待财政部门确定薪酬资金来源后,正式印发执行,进一步规范省属监管企业专职外部董事薪酬管理,调动专职外部董事履职的积极性。二是积极探索,工资管理更加科学。加快管工资总额向工资决定机制转变,将2017—2018年作为省属出资企业工资总额管理工作过渡期,在总量相对可控的前提下给予企业分配自主权,将企业的工资总额管理权限下放给企业集团,并加强事中动态监控,事后审计清算,落实责任追究。召开专题会议,传达学习《关于改革国有企业工资决定机制的实施意见》(青政〔2018〕78号)、《关于认真贯彻落实〈企业年金办法〉做好企业年金方案备案工作的通知》(人社厅函〔2018〕232号)等文件精神,要求企业扎实做好国有企业工资决定机制改革的组织实施,合理确定预算指标基数,据实编制企业工资预算方案,引导企业根据自身战略更好的统筹内部分配。三是保障福利,企业发展更加健康。召开省属出资企业农民工工资支付工作会议,要求各企业高度重视、抓紧排查欠薪隐患并及时化解,保障农民工基本权益,确保重要节日、节点稳定工作。在业绩考核工作中查阅企业劳动合同、社保缴纳凭证等资料,督促各企业按照法律法规规范用工及福利情况,保障企业职工权益。召开会议,传达学习《企业年金办法》(人力资源和社会保障部令第36号),要求已实施企业年金的企业对照《企业年金办法》的新规定,检查本单位的企业年金方案,抓紧在2018年底前完成单位缴存比例变更及方案备案;鼓励尚未实施企业年金且具备经济能力、条件成熟的企业按照深化国有企业改革、完善养老保险体系的要求尽快建立年金制度。截至2018年底,12户企业实行年金制,占省属出资企业的67%。

(二)选人用人机制改革情况

一是三项制度改革推动用人机制转变。2018年,在18户监管企业中全面推行三项制度改革。推动企业用人机制从"相马"向"赛马"转变,员工晋升心态从"熬资历"向"亮成绩"转变,那些能干事、会干事、干成事的员工有了快速成长的通道和施展才华的舞台。盐湖集团在聘请1名首席科学家,引进2名中科院院士、1名研究员、6名博士的基础上,通过省委组织部的大力支持,引进3名"985""211"重点高校的选调生。西矿集团提出"机械化换人、自动化减人"的目标,实行薪酬总额管理,通过业绩考核,体系薪酬激励导向,形成培训和考核、使用、待遇相结合的激励机制。国投公司在所属12家所属单位开展薪酬外部对标工作,下调2家单位工资收入,预警3家工资增幅。修订完善员工职级调整、休假管理、退休返聘等9项用工管理制度,选拔培养中级后备干部28人,初级后备干部206人。

二是加强企业领导班子建设。2018年,新选拔任用省国资委管企业正职领导人员3人、副职8人,配合省委组织部推荐考察5家省管企业、5名领导班子正职人选、19名领导班子副职人员,配合省纪委驻省国资委纪检组推荐考察4名省管企业纪委书记、5名省国资委管企业纪委书记。加强年轻干部队伍建设,开展委管企业优秀年轻干部调研,考察推荐5家委管企业、8名优秀年轻干部。深入开展领导班子建设情况调研,完成7家省管企业的调研任务。规范外事管理,审核6个批次外国客商来青考察、洽谈业务,核准2名领导人员出国培训,进一步规范因公出国(境)工作程序。

三是加强企业人才队伍建设。紧紧围绕供给侧结构性改革和国企发展改革,持续加大经费申请和项目申报工作力度,积极争取省人才主管部门的经费支持和政策倾斜,向省政府申请设立省属国有企业人才工作专项经费。申报4个中端和初级人才项目，举办1期专业技术人才和高技能人才引育专题中高级管理人员培训班，配合省人才办、省人力资源社会保障厅先后开展"创新科技人才""博士服务团""西部之光访问学者""京青专家服务团""青海省优秀专业技术人才"等项目的组织申报和对接工作，出资企业17人入选"高端创新人才千人计划"、获得支持资金550万元，带动省属出资企业人才建功立业新时代、投身企业改革发展，营造重视人才、认可人才、争做人才的良好氛围。

四是强化领军后备人才建设。推动实施"省属国有企业百千万人才培育工程"，谋划培养引进100名优秀年轻企业领导人员、1000名技术拔尖人才和中层管理人员、10000名技术优秀人才和高技能人才，力求破解省属出资企业人才总量少、质量低、接续难的矛盾。"百人"层面，启动"领军后备人才培养主体计划"，在"70后"领导班子成员、"75后"中层正职和"80后"中层副职管理人员中选拔出领军后备人才80人，完成在省委党校、中国大连高级经理学院的专业强化和能力提升系统培训，分2批赴甘肃、青海、新疆、西藏四省（自治区），5户艰苦边远基层一线企业进行挂职锻炼，选派20名优秀领军后备人才赴德国举办1期制造业发展路径比较研究专题培训班。"千人、万人"层面，实施"骨干工匠人才培养计划"，举办1期专业技术和高技能人才引育专题高级管理人员培训班，进一步夯实企业主体责任。引导企业研究出台人才引进、培养、激励、保障方面的措施，盐湖股份、西部矿业、水电集团等多家企业均出台各自的企业人才培养规划，企业人才引育工作齐头并进、快速推进。

八、青海省国资委监管企业党的建设和廉政建设情况

（一）党的建设情况

严格遵循习近平总书记在全国国有企业党的建设工作会议上的讲话精神，持续推动为期三年的"党的建设年"活动，完成"重点强化年"任务，坚持系统抓、深入抓、抓责任、抓基层、抓重点。一是狠抓企业党的政治建设。组织开展再学习再领会再落实习近平总书记国企党建会重要讲话精神系列活动，督导企业党委深入开展政治巡察，严格执行"三重一大"事项集体决策制度。二是狠抓企业思想体系建设。组织开展省委十三届四次全会精神宣讲活动628场（次），受众近2.3万人。设立"青海国企党建"宣传专刊和网络专栏，编发各类党建工作信息简报100期。率先组织开展监管企业庆祝改革开放40周年活动，近3000名机关干部、企业职工和社会群众参观展览。三是狠抓企业组织体系建设。印发《关于进一步加强监管企业党委委员分工负责的指导意见》，形成党建工作齐抓共管、层层落实的工作格局；推进基层党组织落实"四权"、开展"四化"建设，基层党组织组织力、凝聚力和战斗力得到有效提升。印发《关于进一步加强监管企业党务工作机构建设的通知》，推动企业有人员、有条件、有能力聚精会神抓党建。四是狠抓党员教育体系建设。印发《关于进一步做好监管企业党员分层分类分专题教育培训工作的通知》，推动实现党员教育培训工作效能的最大化。分层次精心组织5期党建培训班，企业党委书记在内的330名党员干部参加培训。重点从一线青年员工、技术能手中高标准发展905名党员。五是狠抓党建责任体系建设。印发《关于建立监管企业党委书记抓党建工作三项责任报告制度的通知》《监管企业党支部和党员考评工作暂行办法》，组织召开党建重点任务专题推进会5次，2次发出《给监管企业党委书记的一封信》，从制度建设和监督考核入手，全面压紧压实工作责任，有效推动党建工作任务落实落地，有力促进监管企业党建工作全面加强、全面进步。

（二）廉政建设情况

认真落实党委主体责任，以强化责任落实、严肃党内政治生活为主线，贯彻落实中央八项规定和省委省政府21条措施要求，不断推进监管企业党风廉政建设工作。一是建章立制强基础。制定印发《2018年机关纪检工作要点》《2018年党风廉政建设和反腐败工作主要任务分工意见》《关于进一步加强监管企业党委委员分工负责的指导意见》《开展党风廉政建设"十个专项行动"实施意见》《机关坚决防

止"四风"问题的常态化监督工作制度》等文件，将全年重点工作细化、量化为40项具体任务，进一步完善监督约束机制。二是思想补钙强教育。将《宪法》《党章》《党内监督条例》《廉洁自律准则》《监察法》等作为学习培训必修篇目，发放《党风廉政建设应知应会要点》《廉政警示案例汇编》等学习资料，举办"党纪法规刻于心、敬法畏纪树清风"知识竞赛等活动，持续深入开展党员纪律教育、形势教育、主题教育。三是触及内心强警示。及时传达中央关于秦岭北麓西安境内违建别墅问题的有关通报精神和青海省省管领导干部警示教育大会精神，组织50名党员干部参观西宁女子监狱反腐倡廉教育基地，教育引导党员干部带头遵守党纪国法。四是紧盯关键强监管。制定并印发《进一步加强"青洽会"期间工作纪律》《机关经常性谈心谈话"十必谈"长效机制》《省级招商引资专项资金管理办法》《关于驻在部门专项资金项目资料报备暂行办法》《关于加强对驻在部门日常监督的实施意见》等制度措施，深入开展重要岗位和关键环节风险排查和专项检查。针对排查出的269个廉政风险点，制定279项防控措施，签订个人廉洁承诺书213份。建立处级党员干部廉政档案95份。在元旦、春节、中秋、国庆等重要时间节点召开会议、下发通知，加大提醒约束力度。五是抓早抓小强防范。坚持用好监督执纪"四种形态"，以问责促负责，倒逼责任落实。2018年，谈话提醒监管企业班子成员和部分中层管理人员100余名；对二级公司私设"小金库"问题诫勉谈话2人次；随机抽查14名监管企业领导人员《年度个人有关事项报告》，免职1人、诫勉1人、口头提醒1人、批评教育1人、责令做出检查2人；召开3次问题线索评估会，按要求及时办理信访举报35件，营造风清气正的良好政治生态。六是聚焦重点强管理。以深入开展"党的建设重点强化年"活动为契机，持续推进国企党风廉政建设。深入开展监管企业正风肃纪行动，加大专项资金项目和执行"三重一大"决策制度情况的日常督查和专项检查力度，全年开展监督检查332次。

（撰稿人：康 蓉）

宁夏回族自治区

一、宁夏回族自治区国有资产监督管理工作综述

2018年是贯彻落实党的十九大精神开局之年。宁夏回族自治区国资国企系统坚持以习近平新时代中国特色社会主义思想为指导，认真学习贯彻党的十九大，十九届二中、三中全会，习近平总书记来宁夏视察重要讲话和自治区第十二次党代会精神，坚决贯彻落实自治区党委、政府的决策部署，坚持新发展理念，落实高质量发展要求，以扭亏增盈提质增效为重点，以激发企业发展活力为目标，持续深化国企改革，不断完善国资监管，全面加强国企党的建设，各项工作取得新的成效。

（一）国有企业持续稳步发展

面对复杂多变的市场环境和经济下行压力，积极组织企业强管理、拓市场、降成本、补短板、防风险，全力以赴打好扭亏增盈提质增效攻坚战，企业持续稳步发展，经济效益稳定增长。截至2018年底，自治区国资部门监管和统计资产企业资产总额8531.49亿元、净资产2470.9亿元，分别比上年增长2.7%和19.1%；实现营业收入1000.44亿元、上缴税费127.3亿元、实现利润52.76亿元，分别比上年增长10%、14.3%和下降23.7%。其中，自治区国资委监管和统计资产23户企业资产总额6544.08亿元、净资产1492.12亿元，分别比上年增长4.2%和36.2%；实现营业收入897.65亿元、上缴税费115.08亿元、实现利润55.98亿元，分别比上年增长9.4%、9.7%和下降7.4%；净资产收益率3.4%，比上年减少0.7个百分点；国有资本保值增值率104.1%，比上年增加0.1个百分点。

（二）国有企业改革持续深化

深化改革仍是推动企业发展的重要动力。认真

落实中央和自治区一系列改革目标和任务要求,以更加积极的态度、更加扎实的工作,全力推动改革任务落实落地。一是法人治理结构不断完善。坚持加强党的领导与完善公司治理相统一,加快建立中国特色现代国有企业制度。督促15户企业完成党建工作要求进章程,党组织在公司法人治理结构中的法定地位逐步确立。认真落实党委会前置要求,进一步规范党委议事规则与工作流程,确保党委发挥领导作用组织化、制度化、具体化。择优向宁夏农垦、宁夏电投等企业选派外部董事5人,加强和规范管理考核,外部董事依法履职、参与决策的水平不断提升。积极推动职业经理人队伍建设,指导宁夏农垦、宁夏国投所属2家企业开展市场化选聘高级管理人员试点工作,市场化选人用人迈出实质性步伐。二是混合所有制改革积极推进。全力推进、稳妥实施混合所有制改革,通过培育上市、引进战投、兼并重组、出资新设等形式,积极推动混合所有制经济发展。在企业申请、严格审核基础上,确定3户二级企业开展混合所有制改革与员工持股试点,其中宁夏丝路风情员工持股试点基本完成,宁夏国际招标、宁夏众联启航混合所有制改革正在按照程序积极推进,自治区混合所有制企业185家,占自治区国有企业的23.7%,区属混合所有制企业35户,占区属企业总数的15%。宁夏建投、宁夏水投、银川通联资本3家企业入选国企改革"双百行动",按工作方案积极推进。三是剥离移交社会职能基本完成。加快推进"三供一业"等社会职能分离移交,进一步规范"三供一业"分离移交、维修改造工作程序,及时拨付补助资金1.4亿元,确保维修改造进度,促使企业减轻负担、轻装上阵、聚焦主业、加快发展。截至2018年底,签订移交协议96份、签订率94%,涉及企业36家、职工11.9万户,移交面积1216万平方米。宁夏农垦14个农场办社会职能移交属地管理,涉及资产78.3亿元、土地面积27.33平方千米。

(三) 国资监管方式不断优化

积极适应国企改革发展要求,加快推动向以管资本为主加强国有资产监管职能转变,进一步增强监管的针对性、有效性和科学性。一是基础管理工作持续强化。坚持依法、规范、精准原则,不断提升国有资产监督管理效能。研究制定《自治区国资委以管资本为主推进职能转变方案》,报请国有资产管理改革专项小组审定。完成宁夏农垦、宁夏水投等企业4.58亿元资产无偿划转,对宁夏再担保等企业9宗5.12亿元的国有产权(资产)转让项目评估结果审查备案,督促企业整改财务决算审计发现的135个问题。二是经营业绩考核不断优化。充分发挥考核"指挥棒"作用,实施分类精准考核,调动企业全面对标先进创新发展动力。依据企业行业发展特点、市场变化趋势和财务预算数据,合理确定差异化分类考核指标,不断增强考核的针对性和导向性。完成9户企业2017年度经营业绩考核,依据考核结果核定负责人薪酬,下发考核结果通报和整改通知,督促抓好考核发现问题整改,形成绩效考核监管闭环,促进企业全面提升经营管理质量和水平。三是履职待遇业务支出管理更加规范。坚持完善制度,加强日常监督,建立健全规范透明的企业负责人履职待遇业务支出管理制度体系。印发《关于进一步加强企业负责人薪酬福利性待遇及履职待遇管理工作的通知》,进一步规范企业负责人办公用房配置、公务用车配备、培训及业务招待等管理,责令企业对检查发现的8个问题限期整改,截至2018年底整改落实6个。印发《关于企业公务用车制度改革的通知》,明确公车改革范围、补贴标准、车辆处置、完成时限等,截至2018年底,9家企业完成集团公司层面改革,公务用车减少46%。四是监事会监督成效明显。坚持问题和风险导向,以检查财务、监督董事和高管人员履职行为为重点,不断强化监事会监督检查,将揭示问题整改情况与企业负责人薪酬挂钩,不断提高揭示问题整改率。截至2018年9月底,监事会提交监督检查报告57份,累计揭示问题115项,提出整改建议144条,完成问题整改95项,整改率82.6%。10月末按照机构改革要求,完成自治区国有大型企业监事会职能和人员整体转隶自治区审计厅。

二、宁夏回族自治区国有资产总量与结构分析

截至2018年底,纳入国有资产统计范围的自治

区三级以上国有独资、国有控股和参股企业（以下简称"宁夏国有企业"）745户，属于地方政府履行出资人职责的国有净资产总量2153.84亿元，比上年下降0.05%；户均占有国有净资产2.89亿元，比上年减少0.31亿元。

表1　2018年宁夏回族自治区国有企业指标

项目	金额（亿元）
资产总额	8531.49
所有者权益	2470.90
营业总收入	1000.44
利润总额	52.76
净利润	39.68
归属于母公司所有者的净利润	28.81
应交税金总额	128.84
实际上缴税金总额	127.30

表2　2018年宁夏回族自治区国有企业户数情况

2017年户数（户）	2018年户数（户）	比上年增长（%）
674	745	10.5

表3　2018年宁夏回族自治区国有资产按地区分布情况

地区	国有资产（亿元）	占国有资产总量比重（%）
区属国有企业	1249.41	58.00
地市企业	904.43	41.99
银川市	663.18	30.79
石嘴山市	48.36	2.25
吴忠市	77.56	3.60
中卫市	60.55	2.81
固原市	54.78	2.54
合计	2153.84	100.00

表4　2018年宁夏回族自治区国有资产按行业分布情况

行业	国有资产（亿元）	占国有资产总量比重（%）
农林牧渔业	96.21	4.47
工业	493.40	22.91
建筑业	5.57	0.26
地质勘查及水利业	0.81	0.04
交通运输业	332.12	15.42
仓储业	10.24	0.48
批发和零售业	6.41	0.30
金融业	132.53	6.15
房地产业	47.21	2.19
信息技术服务业	7.27	0.34
社会服务业	1020.91	47.40
教育文化广播业	0.32	0.01
科学研究和技术服务业	0.86	0.04
合计	2153.84	100.00

表5　2018年宁夏回族自治区国有资产按经营规模分布情况

经营规模	国有资产（亿元）	占国有资产总量比重（%）
大型企业	1103.98	51.26
中型企业	438.61	20.36
小型企业	492.57	22.87
微型企业	118.68	5.51
合计	2153.84	100.00

三、宁夏回族自治区国有资本保值增值综合分析评价

2018年，宁夏回族自治区国有企业国有资本保值增值率101.9%，比上年减少0.8个百分点。其中，区属国有企业国有国有资本保值增值率104.1%，比上年增加0.9个百分点；市县属企业国

有资本保值增值率 99.5%，比上年减少 1.4 个百分点。

表6　2018年宁夏回族自治区国有企业地区和行业国有资本保值增值情况

地 区	国有资本保值增值率（%）	行 业	国有资本保值增值率（%）
区属国有企业	104.10	农林牧渔业	100.92
银川市	99.60	工业	106.20
石嘴山市	100.83	建筑业	98.19
吴忠市	99.93	地质勘查及水利业	95.72
固原市	97.19	交通运输业	100.26
中卫市	97.98	仓储业	102.01
自治区汇总	101.90	批发和零售业	114.00
		金融业	104.71
		房地产业	99.79
		信息技术服务业	99.93
		社会服务业	100.79
		教育文化广播业	119.92
		科学研究和技术服务业	114.40
		自治区汇总	101.90

四、宁夏回族自治区国资委监管企业党的建设情况

2018年，宁夏回族自治区国资委党委坚决扛起全面从严治党主体责任，按照自治区党委决策部署，强"根"铸"魂"抓党建，凝心聚力促发展，推动国企党建32项重点任务落地落实，实现党建工作与企业发展双融合，党建成果与发展成果双提升。

（一）聚焦政治建设，强化思想引领

始终从政治上把大局、看问题、推工作，确保国企国资改革发展党建工作沿着正确方向前行。一是坚定政治方向。全年党委理论中心组学习15次，传达学习中央及自治区党委重要会议和文件精神13次，常态化督导企业党委严格党内政治生活，企业各级党组织和广大党员不断树牢"四个意识"、不断坚定"四个自信"、坚决做到"两个维护"。二是筑牢理想信念。坚持不懈用习近平新时代中国特色社会主义思想和党的十九大、自治区第十二次党代会精神武装头脑，扎实推进"两学一做"学习教育常态化制度化，累计举办专题培训班87期（次），培训党组织书记5034人次，推动学习宣传贯彻不断往实里走、往深里走。三是强化意识形态。制定意识形态工作10项制度，举办专题培训班9期，对企业意识形态工作责任制落实情况开展调研督查、风险排查和考核评价，牢牢掌握意识形态工作领导权、管理权和话语权。四是抓实巡视整改。先后召开5次党委会议学习巡视反馈意见和要求，将5个方面22项36个问题细化为99条整改措施，积极推进整改落实。

（二）聚焦主业主责，压实党建责任

坚持把党建工作记在心、扛在肩、抓在手，进一步推动"抓好党建是最大政绩"在思想上扎根、行动上落地。一是增强责任担当。坚持目标导向，召开党委会议17次、研究党建工作议题33项。坚持以上率下，密切联系基层党组织，形成全面从严治党向基层延伸的鲜明导向。二是拧紧责任链条。坚持问题导向，深入企业调研党建工作，开展督导检查、互查互检专项活动，下发整改督办函36份，开展企业党委书记和机关党支部书记抓党建述职评议工作，切实推动党组织书记知责明责、履职尽责。三是运用考核成果。完善党建工作责任制考核办法，体现党建工作价值，11户企业被评为"好"，21户为"较好"，4户为"一般"。将党建工作考核结果与经营业绩考核结果紧密挂钩，9户企业给予党建考核结果加分，与企业领导人员绩效薪酬挂钩，以责任倒逼党建任务落实。

（三）聚焦基层基础，推动全面过硬

以提升组织力为重点，突出政治功能，着力提高基层党组织的创造力、凝聚力和战斗力。一是强化党的领导。坚持"两个一以贯之"，9户企业及93户子公司全面完成党建工作要求进章程工作，督促18户区属企业单设党委工作部门，配备专兼职党务工作

者，按上年度职工工资总额1%列支党组织工作经费，企业党委把方向、管大局、保落实的能力不断提升。二是解决突出问题。规范党组织设置，指导9户企业党委完成换届选举。集中培训企业党员发展对象950名，指导企业发展党员1234人，处置不合格党员33人。统一编配《党支部工作纪实手册》，拨付860万元党费用于企业建强支部，党支部规范化标准化建设不断提升。从严整治共产党员信仰宗教和参与宗教活动问题，230名信仰宗教和参与宗教活动党员得到初步教育转化，1名退党除名，111名申请朝觐党员全部撤回申请，从严整治取得阶段性成果。三是激发人才活力。坚持党管人才原则，自治区国资委和各企业党委制定完善30余项人才制度，积极开展市场化选聘高管人员试点工作，加大对作出突出贡献的科技人才和科技创新成果激励性奖励力度，从著名高校、科研院所柔性引才544人，招聘引进硕士博士研究生20人，举办法人治理结构、混合所有制改革等培训研讨班6期（次），人才队伍素质不断提升。四是促进融合发展。把党建工作融入国资国企改革发展大局，扎实推进基层党组织"评星定级"，广泛开展党建品牌创建，持续开展"党员示范岗""党员责任区"等创先争优活动，有力推动企业改革发展。

五、宁夏回族自治区国资委监管企业党风廉政建设情况

（一）扎实履行全面从严治党主体责任

一是抓好党风廉政建设工作安排部署。认真落实宁夏回族自治区党委《关于推进全面从严治党若干问题的意见》，制定2018年《国资委党风廉政建设任务分工》，修订完善自治区国资委党委"三个清单"，明确任务、细化责任。二是抓好党风廉政建设工作贯彻落实。召开党风廉政建设工作会议，党委主要负责人与各企业、机关各处室签订党风廉政建设责任书；着力抓好党员特别是党员领导干部廉政教育，坚持以政治建设为统领，强化理论武装，引导党员干部牢固树立"四个意识"，端正权力观、政绩观；组织观看警示教育片《贪欲之祸》，学习中纪委、宁夏回族自治区纪委5起典型案例通报，持续发挥警示教育作用。三是扎实做好巡视整改。认真完成巡视"后半篇文章"，召开专题党委会议，研究整改方案，加强督促检查，立行立改整改86个边巡边改问题，清退违纪资金22.4万元。

（二）认真履行全面从严治党监督责任

一是提高政治站位，加强政治生态建设。督促引导党员干部严格遵守党的政治纪律和政治规矩，自觉加强党性锻炼，不断增强"四个意识"，自觉践行"两个维护"。对政治生态建设动态分析，有针对性地加强政治生态建设，建设积极健康的党内政治文化，弘扬忠诚老实、公道正派、实事求是、清正廉洁价值观，打造良好政治生态；积极探索政治生态建设制度化的有效途径，引导广大党员干部强化理想信念宗旨，增强"不想腐"的政治自觉；强化廉政教育，每逢重要活动和节假日前，通过会议学习、手机短信等形式重申廉政纪律，对党员干部进行廉政提醒，节后督促领导干部向纪检监察组书面报告本人及分管范围内干部执行廉洁纪律情况。二是强化履职担当，推动主体责任有效落实。深入开展违反中央八项规定精神问题专项检查和治理，对检查发现的问题进行严肃问责，组织处理18人，清退违规违纪资金6.65万元。发放《领导干部"两个责任"工作日志》，推动主体责任和监督责任履责有痕、倒查有据、落实有力。坚决纠正"四风"问题，持之以恒正风肃纪，"四风"问题集中整治持续向好发展。三是主动发挥"探头"作用，加大监督检查力度。2018年，驻自治区国资委纪检监察组先后2次对驻在单位和区属企业领导班子及其成员遵守党章党规党纪以及落实中央和自治区精神、重大决策部署、履职情况进行监督检查，及时反馈问题并提出问责建议，做到失责必问、问责必严。与驻企监事会建立互通情况议事机制、问题整改协作机制，形成监督合力。查处落实"两个责任"不力问题2起，问责处理5人。对区属国有企业发生重大经营损失、安全生产等问题进行问责，处理责任人89人。四是强化执纪审查，保持震慑作用。2018年受理信访举报及问题线索213件（重复51件），处置问题线索33件，谈话函询22件，初核15件，立案6件，给予党纪政务处分7人，组织处理22人，移送司法机关3人，收缴违纪资金81.46万元。其中，受理中央和自治区党委巡视组移交问题线索53件（重复8

件），给予党纪政务处分3人，组织处理7人，清退违规违纪资金2.01万元。受理违反中央八项规定精神问题线索16件，初核4件，谈话函询2件，立案2件，未办结2件，转交办理7件。严肃查处宁夏担保集团腐败窝案，发挥震慑作用。

（撰稿人：李 巍）

新疆维吾尔自治区

一、新疆维吾尔自治区国有资产监督管理工作综述

2018年，新疆维吾尔自治区各级国资监管机构和国有企业深入落实党的十九大精神，紧紧围绕社会稳定和长治久安总目标，坚持稳中求进工作总基调，贯彻新发展理念，按照高质量发展要求，以供给侧结构性改革为主线，统筹推进稳增长、促改革、调结构、惠民生、强监管、防风险等各项工作，国企改革发展稳定党建取得积极进展和扎实成效。

（一）国有经济保持平稳运行

2018年，新疆维吾尔自治区国有企业资产总额17349.65亿元，比上年增长3.62%；净资产6581.72亿元，比上年增长3.27%；归属于母公司所有者的净资产5992.27亿元，比上年增长3.34%；营业收入2510.09亿元，比上年增长17.27%；利税总额197.83亿元，比上年下降13.72%。其中，自治区本级监管企业资产总额4940.27亿元，增长7.77%；净资产1919.63亿元，增长7.75%；归属于母公司所有者的净资产1560.48亿元，增长8.20%；营业收入1923.02亿元，增长24.13%；利税总额118.06亿元，下降4.05%。

（二）供给侧结构性改革深入推进

一是结构布局持续优化。推动传统优势产业转型升级，支持企业加快布局新材料、金融、物流等战略新兴产业和现代服务业，其中自治区金融类国企利润贡献率从2017年的17.22%上升至21.20%。积极搭建中央企业、19个援疆省市国有企业与新疆地方企业合资合作平台，引导监管企业积极融入央企产业链，通过市场化手段，帮助自治区国企改进经营管理、升级改造产业、培育开拓市场、提升效益水平，实现共赢发展。二是"三去一降一补"得到落实。全力配合做好去产能工作，全年化解煤炭过剩产能69万吨，没有新增过剩产能。分行业设定资产负债约束标准，打破国资国企预算"软约束"，建立资产负债"硬约束"，强化杠杆动态监测和预警，推动高负债企业资产负债率回归合理水平。支持国有企业通过债转股和投资联动等方式补齐融资短板，提高资本实力和市场竞争力。三是"处僵治困"工作取得实际成效。完成43户低效无效企业和"僵尸企业"分类处置工作，盘活15户，重组7户，注销21户，年度任务完成率100%。四是创新驱动发展步伐加快。引导企业持续加大创新投入力度，加快关键核心技术突破。中泰集团投入1.26亿元开展8个行业关键技术研发，中泰化学获得第五届中国工业大奖。有色集团启动35个科技创新项目，制定行业标准2项，5个课题成果获得自治区QC成果三等奖。形成创新项目同产业对接、创新成果同利益收入对接的良性循环。

（三）国有企业改革不断深化

一是法人治理结构进一步完善，建立外部董事人才库，公司股份制改革稳步推进，三项制度改革不断深化，建立违规经营投资责任追究制度。二是混合所有制改革稳妥推进。制定拟推进混合所有制改革"三个清单"，确定拟实施混合所有制改革企业6户、拟推进上市和培育上市企业3户、拟申报员工持股试点企业4户。自治区本级671户监管企业中有367户实现混合所有制改革，混改率54.69%，比上年增加1.67个百分点。新疆交建11月28日在深交所成功上市，蓝山屯河、亚欧稀有等企业积极开展上市培育工作。三是改革试点和"双百行动"稳步推进。在总结前期9项改革试点经验的基础上，适时调整思路和步伐，积极探索国有资本授权经营体制改革，在交建集团、新投集团和金投公司分别开展董事会职权和投资、运营公司试点，不断创新运

营方式和监管模式。指导入选国务院国资委"双百行动"的4户企业制定综合改革实施方案,在改革重点领域和关键环节取得新突破。四是国有企业纳入国资统一监管工作取得阶段性成果。完成自治区级机关38户企业纳入国资集中统一监管工作。始终传导压力、压实责任、形成合力,确保全疆14个地州市政府所属的1238户企业全部有序纳入自治区国资委统一监管。五是剥离国有企业办社会职能全面推进。协调推动自治区国有企业"三供一业"分离移交和签订正式协议19.55万户,完成整体进度的82%,其中区本级企业17.56万户,完成工作进度的87%,切实减轻企业负担,保障企业轻装上阵,公平参与市场竞争。

（四）国资监管效能不断提升

始终坚持"两多、两少"的监管理念,紧紧围绕以管资本为主加快职能转变,加强国资监管,监管质量和效率不断提升。一是监管职能进一步转变。制定权责清单,梳理27项权责事项及流程图,促进各项工作规范化、科学化和制度化,不断提升"放管服"工作水平。二是监管方式进一步优化。突出规划引领,制定监管企业投资项目负面清单,规范企业投资行为,强化对重大事项全过程管控。完善违规经营投资责任追究机制,推动国资监管闭环。推进依法治企,全年举办专项普法教育培训3场,督导企业加强法律风险防范。联合监管企业设立规模15.31亿元的新疆国有资本产业投资基金,共同支持企业发展。推进国有产权交易阳光透明,全年累计成交57.08亿元,增值2.69亿元。三是监事会监督作用有效发挥。强化各监事会间力量整合和工作联合,首次派出2个专项小组赴塔吉克斯坦等国家对境外投资项目开展实地专项检查。深入调研监管企业改革发展情况及存在的问题,为国资国企改革决策提供参考依据。按照机构改革要求,监事会顺利完成转隶。

（五）地州市国资监管和国企改革取得新成效

一是风险防范机制不断完善。各地州市国资监管机构和国有企业认真落实打好防范化解重大风险攻坚战要求,健全风险预警长效机制,企业资产负债率稳中有降。昌吉、伊犁州和乌鲁木齐市资产负债率分别减少3.2个、2.3个和1.1个百分点。二是国企改革稳步推进。乌鲁木齐、昌吉、哈密、和田、喀什等地加快国资国企改革配套文件制定。伊犁州、博州等地引入社会资本积极推进混合所有制改革。克拉玛依、克州、吐鲁番、塔城等地稳妥推进剥离国有企业办社会职能和解决历史遗留问题。三是国有经济布局持续优化。乌鲁木齐市国资委筹备组建交旅投集团、物业集团和融资担保集团,加快系统内同业整合步伐。吐鲁番、阿克苏、阿勒泰等地组建农牧业和旅游公司,加快向农业产业化领域和旅游业布局。巴州国资委推动库尔勒银行、南天城建集团、博湖苇业和巴州万方物产等所属企业分别与中泰集团、新疆雪峰控股完成重组整合,提升所属企业快速发展能力。

二、新疆维吾尔自治区国有资产总量与结构分析

表1　2018年新疆维吾尔自治区国有企业指标

项　目	金　额（亿元）
资产总额	17349.65
所有者权益	6581.72
国有资产总量	6693.52
营业收入	2510.09
利润总额	99.05
净利润	72.55
归属于母公司所有者的净利润	30.82
应交税金总额	80.05
实际上缴税金总额	103.03

表2　2018年新疆维吾尔自治区国有企业户数情况

2017年户数(户)	2018年户数(户)	比上年增长(%)
982	1116	13.65

表3 2018年新疆维吾尔自治区国有资产按地区分布情况

地　区	国有资产（亿元）	占国有资产总量比重（%）
省属企业	1992.22	29.76
地市企业	4701.30	70.24
伊犁州	218.60	3.27
阿勒泰地区	102.80	1.54
塔城地区	45.10	0.67
博尔塔拉蒙古自治州	207.62	3.10
克拉玛依市	239.89	3.58
昌吉州	596.05	8.90
乌鲁木齐市	2115.22	31.60
吐鲁番市	35.71	0.53
哈密市	214.46	3.20
巴音郭楞蒙古自治州	467.21	6.98
阿克苏地区	325.51	4.86
克孜勒苏柯尔克孜自治州	52.83	0.79
喀什地区	66.14	0.99
和田地区	14.16	0.21
合　计	6693.52	100.00

表4 2018年新疆维吾尔自治区国有资产按行业分布情况

行　业	国有资产（亿元）	占国有资产总量比重（%）
农林牧渔业	153.42	2.29
建筑业	417.27	6.23
批发业	10.4	0.16
零售业	16.81	0.25
交通运输业	264.79	3.96
仓储业	12.69	0.19
餐饮住宿业	12.61	0.19

续表

行　业	国有资产（亿元）	占国有资产总量比重（%）
信息传输业	10.86	0.16
软件和信息技术服务业	15.58	0.23
房地产开发经营	445.54	6.66
物业管理	0.86	0.01
租赁和商务服务业	4363.50	65.19
其他未列明行业	589.95	8.81
工业	379.24	5.67

表5 2018年新疆维吾尔自治区国有资产按经营规模分布情况

经营规模	国有资产（亿元）	占国有资产总量比重（%）
大型企业	3648.54	54.51
中型企业	962.40	14.38
小型企业	1319.09	19.71
微型企业	763.49	11.40
合　计	6693.52	100.00

三、新疆维吾尔自治区国有资本保值增值综合分析评价

2018年，新疆维吾尔自治区国有及国有控股企业国有资本保值增值率100.23%。

按产业结构划分：第一产业企业148户，国有资本保值增值率99.75%；第二产业企业241户，国有资本保值增值率100.95%；第三产业企业727户，国有资本保值增值率100.13%。

按企业规模划分：大型企业50户，国有资本保值增值率100.71%；中型企业161户，国有资本保值增值率101.28%；小型企业483户，国有资本保值增值率99.87%；微型企业422户，国有资本保值增值率97.75%。

按监管类型划分：自治区本级监管企业56户，国有资本保值增值率101.27%；地州市监管企业597

户，国有资本保值增值率99.79%；自治区非监管企业98户，国有资本保值增值率98.83%。

表6　2018年新疆维吾尔自治区国有企业地区和行业国有资本保值增值情况

地　区	国有资本保值增值率（%）	行　业	国有资本保值增值率（%）
自治区本级	101.27	农林牧渔业	100.15
昌吉州	98.31	建筑业	101.11
吐鲁番市	92.41	批发业	97.71
和田地区	90.91	零售业	108.03
乌鲁木齐市	100.67	交通运输业	99.45
克孜勒苏柯尔克孜自治州	98.23	仓储业	97.97
喀什地区	100.22	住宿业	93.65
阿克苏地区	102.10	餐饮业	113.14
巴音郭楞蒙古自治州	99.12	信息传输业	103.30
伊犁州	98.07	软件和信息技术服务业	101.68
塔城地区	99.45	房地产开发经营	101.76
博尔塔拉蒙古自治州	100.22	物业管理	106.76
阿勒泰地区	99.27	租赁和商务服务业	100.31
克拉玛依市	101.77	其他未列明行业	98.14
哈密市	100.17	工业	100.75

四、新疆维吾尔自治区国资委监管企业改革发展情况

2018年，国资系统主动适应新常态，牢牢把握经济转型规律性特征，坚持稳中求进工作总基调，不一味追求指标性增长，持续深化改革和调整结构，国有经济运行保持在合理区间。监管企业根据关于深化国企改革的系列文件，结合企业自身状况，致力于完善法人治理结构，深入开展供给侧结构性改革，加快优化国有资本布局，有的放矢开展混合所有制工作，向高质量发展迈出坚实的步伐。新业集团制定六大改革目标、五大改革举措、16项具体改革任务，改革内部机构，成立金融业务、现代农业、教育培训3个事业部，整合内部股权资源，推进能源化工板块资产证券化工作，优化国有资本布局。新投集团通过整体谋划、与相关央企合作、推动产学研融合等措施，煤炭综合利用板块、化工新材料板块、商贸物流板块、铝冶炼及房产板块呈现高质量发展新气象。中泰集团推进混合所有制改革，积极开展国有资本改革试点，完成科林思德、南天城建、库尔勒银行的无偿划转，实施天雨煤化、博湖渔业、坎儿井、美克化工等企业的增资扩股和博湖苇业的破产收购，启动与金晖兆丰、东盛集团、火洲果业等企业的强强联合，推动南天城建、利华棉业、中泰兴苇的证券化进程，混合所有制资产占集团总资产的一半以上。交建集团以设计公司为主体，通过吸收合并的方式，对北朋检测、创思特工程咨询、科学技术院、公路勘察设计公司进行整合，有效压缩管理层级，降低成本，提升设计版块核心竞争力。积极实施"旅游+"，主动对接中旅集团等涉旅央企，加大在疆投资力度，打造旅游新业态，共同推动新疆旅游产业发展。有色集团可可托海国家矿山公园被评定为国家4A景区，2018年累计接待游客30万人次，3号矿脉等8个工业项目被评为国家第二批工业遗产，红色旅游、工业旅游展现新气象。机场集团积极打造"疆外快起来""疆内环起来"的"空中公交"航空网络，全年飞机起降41.6万架次，实现空防和地面安全生产零事故，非正常事件万架次率连续九年持续下降，机场放行正常率屡获全国同类第一，助推旅游产业发展。立足"一带一路"倡议和丝绸之路经济带核心区建设，6家区属国有企业在境外投资建厂和实施项目，不断打造国际合作竞争新优势。中泰集团依托中欧班列向俄罗斯、中亚等80多个国家和地区出口PVC、烧碱等，不断开拓欧亚新市场。国合集团联合吉尔吉斯奥什州政府成功举办吉尔吉斯妇女、儿童用品国际展销会和建材家居博览会，不断拓宽中亚经贸合作新领域。

在各项改革措施推动下，国有资本发展质量稳步提升。中泰集团资产总额和营业收入实现"双千亿"；雪峰控股净资产增幅近一倍；新业集团、能源集团营业收入增长20%以上；交投控股、有色集团、

再担保集团、市新华书店、国投公司上缴税费增长30%以上。参股企业中，宝武钢铁八一钢铁、中建新疆建工净资产和营业收入均实现两位数增长，利润总额较上年同期大幅增长。化工、有色金属、交通基础设施建设、房地产开发等产业健康发展，为新疆经济稳定增长、实现总目标奠定重要物质基础。

五、新疆维吾尔自治区国资委监管企业并购重组情况

（一）新疆雪峰投资控股有限责任公司重组新疆玉象胡杨化工公司

新疆雪峰投资控股有限责任公司投资6.6亿元，收购西北规模最大的三聚氰胺生产企业新疆玉象胡杨化工公司39.5%的股权，成为控股股东，并被列入自治区混合所有制改革首批8家试点企业之一。重组完成后，有利于进一步优化国有资本布局，发挥混合所有制经济的优势，增强企业活力，推动国有资本的高质量发展。

（二）新疆中泰化学股份有限公司重组新疆天雨煤化集团有限公司

2018年，新疆中泰化学股份有限公司以新疆天雨煤化集团有限公司评估值为定价依据，以现金5204万元向天雨煤化增资，占天雨煤化增资后注册资本的51%，实现对天雨煤化的绝对控股。增资后，天雨煤化可加快建设"500万吨/年煤分质清洁高效综合利用项目"，有利于稳定和完善中泰化学股份公司产业链，实现煤炭原料上下游产业的有机融合，增强产业相互带动作用，大幅度提高煤炭产品附加值，创造新的利润增长点，提升企业的核心竞争力。

六、新疆维吾尔自治区国资委监管企业建立和完善经营业绩考核体系情况

根据《国务院关于改革国有企业工资决定机制的意见》（国发〔2018〕16号）和《自治区关于改革国有企业工资决定机制的实施意见》（新政发〔2018〕93号）精神，新疆维吾尔自治区国资委坚持分类分级管理完善经营考核体系。完善出资人依法调控与企业自主分配相结合的工资总额分级管理体制，国资委以管资本为主调控监管企业工资分配总体水平，企业依法依规自主决定工资分配。引导监管企业坚持市场化改革方向，完善既符合企业一般规律又体现国有企业特点的工资分配机制，逐步实现企业职工工资水平与劳动力市场价位相适应。引导监管企业坚持效益效率导向完善经营考核体系。按照质量第一、效益优先的原则，职工工资水平的确定以及增长与企业经济效益和劳动生产率水平及提高相联系，切实实现职工工资能增能减、水平合理。深化企业内部管理人员能上能下、员工能进能出、收入能增能减的制度改革。规范企业内部分配行为，坚持按岗定薪、岗变薪变；建立健全全员业绩考核制度，强化工资分配与个人工作业绩和实际贡献紧密挂钩，合理拉开工资分配差距，调整不合理过高收入，理顺企业内部收入分配关系。

七、新疆维吾尔自治区国资委监管企业负责人考核与选人用人机制改革情况

一是树立鲜明的用人导向。注重发挥党组织的领导和把关作用，突出政治标准和专业能力，注重工作业绩，树立正确选人用人导向。紧紧围绕新疆工作总目标，严格执行《党政领导干部选拔任用工作条例》，按照"二十字"好干部标准、民族地区干部"三个特别"政治标准和"二十字"国有企业优秀领导人员标准选人用人。坚持"派最能打仗的人上一线"的原则，把参加"访惠聚"驻村工作和脱贫攻坚工作作为增强党性观念、历练干部和增长才干的"磨刀石"。二是健全完善促进干部全面发展的育人机制。大力实施优秀企业家培养计划和优秀企业经营管理人才培养计划，与清华、北大、复旦等知名院校和培训机构建立常态化合作培训机制，年投入培训资金300余万元，培训企业管理人员300余人次。加大干部培训交流力度，选派有潜质的干部赴国务院国资委、中央驻疆企业、南北疆基层挂职锻炼，在机关与企业和机关各处室之间实施轮岗和挂职交流，不断提升干部履职能力。三是激励干部人才新时代新担当新作为。建立与市场相适应的考核评价和薪酬分配等激励机制，优

化企业领导人员薪酬结构,改变单纯按行政级别确定基薪的做法,结合行业与企业特点、经营效益和管理难度确定基本年薪。改变工资总额管理方式,由单一核准制调整为备案、核准双轨制,授予相关企业更大自主权,激发企业活力,调动干部职工积极性。推动"天山英才"计划在企业落实落地,积极引导监管企业不断探索高技能人才激励方式,并结合实际建立各具特色的人才激励计划。四是着力集聚爱国奉献的各方面优秀人才。落实企业董事会用人自主权,在企业确立市场化选聘高级经营管理人员的用人导向,推动企业建立分级分类公开招聘制度。领导班子成员与企业的经营管理人才和技术骨干建立"多对一"联系机制,定期谈心谈话,走访慰问,及时解决困难诉求,让他们安心安身安业,努力把方方面面的优秀人才聚集到国资国企深化改革和高质量发展事业中来。

八、新疆维吾尔自治区国资委监管企业党的建设和廉政建设情况

新疆国资国企党委(党组)认真贯彻党的十九大和全国、自治区党建工作会议精神,始终把坚持党的领导、加强党的建设作为重要政治任务来抓,坚持党的建设与业务工作深度融合,把"坚持党的领导、加强党的建设"写进"1+N"系列改革文件,249家二级以下公司完成"党建进章程",实现全覆盖。指导企业各级党组织修订完善《企业"三重一大"事项》等议事规则240余份,决策程序等配套相关文件120余份,确保党组织研究讨论是董事会、经理层决策重大问题的前置程序。以"党建能力提升年"为抓手,深入推动党建工作重点任务落实落细,不断夯实党建"三基"建设,充分发挥基层党组织战斗堡垒和党员先锋模范作用。深入推进党风廉政建设和反腐败斗争,扎实开展政治巡察工作,受理信访举报126件次,初核线索61件,立案核查11件,核查结案12件,积极运用监督执纪"四种形态"处理44人次,其中运用第一种形态给予通报批评、诫勉谈话等处理29人次,占比66%。给予纪律处分12人,移送司法机关1人,问题线索9件,挽回损失85002.24元。严肃查处落实自治区维稳措施不到位、履职尽责不到位、安全管理责任不落实等违反政治纪律案件4起,给予党政纪处分3人,组织处理8人,为国资国企改革发展稳定提供坚强政治保证。

九、新疆维吾尔自治区国资监管及国有企业改革发展具有地方特色情况

(一)稳定责任全面落实

始终把维护稳定作为压倒一切的政治任务、重于泰山的政治责任,围绕突出打好"三场硬仗""一场人民战争",做到"三个联动"。不断强化安全稳定和社会治安防控体系建设,加强人防、物防、技防,坚决落实全年响应值班工作制度,着力抓好企业安全生产、环境保护和节能减排工作,综合治理和平安建设全面加强。严格落实信访首办责任制,开展"信访矛盾化解攻坚战",切实做好重要节点、重点人员的信访稳定工作,历时9年的新疆十大疑难信访案件之一原新疆五元电线电缆厂信访积案得到依法解决。全面落实意识形态工作责任制,深入开展"发声亮剑"揭批"两面人"活动,举办"发声亮剑"活动5461场次,撰写"发声亮剑"文章28956篇。为新疆实现"一年稳住""两年巩固"稳定大局"添彩不添乱"。

(二)政治责任全面履行

扎实开展"访惠聚"驻村工作,全力落实"1+2+5"工作任务,统筹协调国资系统33个驻村工作队、61名深度贫困村第一书记持续深化"访惠聚"驻村工作,筹措810万元用于"访惠聚"驻村工作队和第一书记工作保障和民生事项,在维护社会稳定、建强基层基础和扶贫帮困等方面取得积极成效。深入开展"民族团结一家亲"活动和民族团结联谊活动,统筹推进党员干部常态化下沉、驻村入户、扶贫帮困和"结亲周"走访等工作,有力促进各民族间交流交往交融。

(三)坚决打好脱贫攻坚战

研究制定《关于推动国有企业助力南疆四地州打好打赢精准脱贫攻坚战的实施意见》《自治区管理企业"一企一策"推动南疆四地州农业产业化发展助力脱贫攻坚行动方案》等,将打赢脱贫攻坚战与国有企业产业发展有机衔接。落实"国有企业就业

一批"任务,全年吸纳南疆四地州深度贫困地区贫困家庭劳动力3254人,完成率108.47%,充分发挥国有企业的示范表率作用。在于田县召开脱贫攻坚暨"访惠聚"驻村工作推进会,确保定点扶贫与产业扶贫同向同步。驻疆央企和区属国企将20.91万件、报价逾7200万元工装交由南疆四地州中小微企业制作。机场集团利用乌鲁木齐机场门户功能,打造"天缘好馕"品牌。新业集团充分发挥南疆企业龙头作用,2018年累计临时用工3.1万余人次,采购农产品1043吨,培训10907人,劳务输出4376人,带动当地农牧民增收致富。

(四)全力防范化解重大风险

自治区国资委牢牢守住确保不发生系统性风险的底线,组织监管企业坚持问题导向、增强忧患意识,认真梳理、全面排查各类风险隐患。先后两次组织召开监管企业防范化解重大风险专题会议,督促企业开展风险自查,防止发生系统性风险。国投公司对649份、141.4亿元的政府平台债务合同进行全面梳理,加强管控。密切关注国内外形势变化可能带来的新风险、新隐患,提前做好应对准备,切实做到预案在先。引导监管强化内控体系建设,建立管理改善和管理创新长效机制,规范企业运行程序,提高企业经营管理水平和风险防范能力,做到体系完整、控制全面、执行有效。持续提升直接融资特别是股权融资比重,积极稳妥推进市场化法治化债转股。持续加强债券兑付风险管控,强化企业债券发行比例管理和履约情况监测。强化投资行为全程全面监管,严禁超越自身承受能力的投资行为,严控非主业领域PPP项目投资,严禁开展单纯追求做大规模、不具备经济性的PPP项目,稳妥处置存量PPP项目风险。进一步规范企业境外投资经营行为,探索建立境外重大项目预报告制度、第三方风险评估制度,确保境外资产安全可控、有效运营。严守不同行业资产负债率警戒线,探索建立企业债务考核体系,严控企业负债规模快速增长,确保资产负债率控制在安全合理范围。截至2018年底,自治区国有企业资产负债率62.06%,比上年减少3.89个百分点。

(撰稿人:张 强)

新疆生产建设兵团

一、新疆生产建设兵团国有资产监督管理工作综述

2018年,新疆生产建设兵团国资系统深入学习贯彻习近平新时代中国特色社会主义思想和党的十九大及中央经济工作会议精神,紧紧围绕贯彻落实《中共新疆生产建设兵团委员会关于深化国资国企改革的实施意见》,把握高质量发展的根本要求,以供给侧结构性改革为主线,全面深化兵团国资国企改革、强化完善国资监管、全面加强党的建设,努力推动国有资本优化布局,各项工作取得新进展。

一是加强政策指导,确保国资国企改革正确方向。研究制定《中共新疆生产建设兵团委员会关于深化国资国企改革的实施意见》《关于加强和改进兵团企业国有资产监督防止国有资产流失的实施意见》等5个改革配套文件,积极构建国资国企改革的"四梁八柱"。按照兵团党委深化国资国企改革推进大会部署以及对国资国企改革有关要求,结合兵团国资国企改革实际,指导和帮助各师市及兵团国资委监管企业在认真分析研究企业问题的基础上,制定改革"诊断书",明确"一企一策"改革实施方案,确保国资国企改革始终沿着正确的方向有序推进。各师市出资企业及兵团国资委监管企业改革全面按照改革的任务书、路线图、时间表扎实有序深入推进。

二是分类推进国有企业改革,国有资本布局结构逐步优化。兵团国有及国有控股、参股企业4672户(含团办企业和非法人经营单位),其中,国有及国有控股企业3516户、参股企业1156户。截至2018年底,累计处置企业3359户,其中,注销1325户、退出574户、转让94户、破产57户、停止经营1309户,占比71.9%;安置分流职工29569人,其中,农牧一线安置19825人、内部退养811人、依法解除或终止劳动关系8933人,占比21.65%;资产

处置收益 42.03 亿元。通过注销、退出、转让、破产方式累计减少国有及国有控股企业 1598 户，压减 45.46%，管理层级由改革前的六级压缩至四级。按照《兵团国资委直接监管企业整合分立改革方案》要求，将兵团国资委直接监管企业由 8 户整合为 4 户，分别为兵团投资公司、兵团国资公司、兵团设计院（集团）公司、新疆通用航空公司，将中新建国际农业合作有限责任公司股权划转至建工集团，推动本级国有资本优化布局结构、提升配置效率。兵团国资委监管企业全级次有出资企业 323 户、国有及国有控股 247 户、参股 76 户。按照"优化国有资本布局，聚焦主业，培育有竞争力企业，实现高质量发展"的要求，加大企业处置力度，坚定坚决止住"出血点"，消灭亏损源，累计关停退转企业 174 户，占比 53.87%，累计安置分流职工 386 人，占比 4.04%，出让资产 2.16 亿元。

三是扎实推进企业"瘦身健体"，进一步提升发展质量和效益。积极推进"三供一业"分离移交工作，会同兵团财政局申请兵团其他国有企业职工家属区"三供一业"分离移交中央财政补助资金 15782 万元。2017 年 9 月以来，为 62 户原政策性破产企业争取"三供一业"分离移交中央财政补助资金 26.47 亿元，其中，2017 年预拨 7.15 亿元，2018 年预拨 16.67 亿元。2018 年，为 84 户其他国有企业争取"三供一业"分离移交中央财政补助资金 14.5 亿元，于 2018 年 6 月预拨 1.58 亿元，均全部拨付各师市。兵团涉及"三供一业"分离移交的企业 146 户，全部签订供水、供电、供热、供气及物业项目分离移交正式协议，签订率 100%。扎实推进"僵尸企业"处置。进一步落实《兵团国有企业处置"僵尸企业"工作方案》，建立"僵尸企业"处置信息报送机制，细化各项工作措施，强化调研督导，加大处置力度。共有"僵尸企业" 132 户，涉及资产 120.7 亿元、负债 148.21 亿元、职工 4679 人。截至 2018 年底，有 37 户"僵尸企业"处置完毕，涉及资产 31.65 亿元、负债 44.41 亿元。

四是积极推动国有企业向南疆发展。在引导兵团本级国有企业向兵团南疆城市发展的同时，促进兵团企业加强与中央企业、援疆省市企业在南疆的多元合作，通过产业发展，带动人口集聚，推动南疆经济发展。制定《关于引导中央企业加大在南疆师市投资力度促进产业发展的措施建议》，兵团投资公司与中央企业贫困地区产业投资基金股份有限公司共同出资成立规模为 5 亿元的产业扶贫基金，兵团投资公司与三师图木舒克市、东实集团、深圳创东方共同发起设立 8 亿元的"兵团草湖纺织服装产业发展基金"，支持兵团南疆地区产业发展，带动南疆人口集聚和精准脱贫。

五是在打好三大攻坚战中主动作为。重点促进国有企业去杠杆、减负债、防风险工作。加强企业动态监测和经济运行调控，把管控资产负债率作为经济运行分析工作的重要内容，加大日常分析监测力度。下发《关于进一步做好财务风险防范工作的通知》，督促监管企业进一步防范和化解重大风险。制定《关于加强兵团国有企业资产负债约束的实施意见》，加大对不能产生现金流或亏损严重的低效无效资产的处置力度，加快对高成本负债的置换，加大对应收账款、担保、对外借款等重大债项的清理力度，大力化解存续债务，防范资金链断裂等系统风险发生。截至 2018 年底，兵团国有企业资产负债率 75.29%，比上年下降 1.79 个百分点；金融债务余额增加 74.89 亿元，比上年增长 3.44%。

六是推进产权多元化改革，企业发展活力进一步增强。推进公司制和混合所有制改革。指导督促兵团国资委、各师国资委监管企业于 2018 年底前全面完成公司制改制工作。2018 年，研究制定《兵团航空企业管理局与新疆通用航空有限责任公司事企分开实施方案》，指导新疆通用航空有限责任公司稳妥推进混合所有制改革。梳理五年来兵团开展国有企业混合所有制改革情况，形成《兵团国资委开展国有企业混合所有制改革进展情况》。初步建立兵团国有企业外部董事人才库，制定下发《兵团国资委监管企业外部董事管理办法（试行）》。实施"走出去、引进来"发展战略，扩大兵团企业与中央、援疆省市和地方企业、非公有制企业等合资合作，不断提升开放发展的能力和水平。积极推动中国中铁与兵团建筑企业重组改革、兵团北站片区物流资源整合，组织兵团相关部门、相关师市国资委和企业，与深圳考察团开展对接和交流，就产业合作和参与国企混合所有制改革达成共识。新疆银隆股份公司在南疆地州注册棉花收储、加工及销售的公司10户，通过合资合作，有力助推地方棉花产业的流通和销售。兵团投资公司、石河子市国资公司、新疆天恒基投资公司等企业作为发起人参与新疆银行股份公司组建工作。积极组织兵团直属国有企业参加"广博会""西洽会""夏洽会""津洽会"等重点展洽会活动，组织17家企业参加在上海举办的首届中国国际进口博览会，多次参与北京、天津、西安、河南等地招商会，助力企业寻找合资合作项目、拓宽招商引资渠道。

七是深化三项制度改革，企业内生动力进一步增强。完善兵团国资委监管企业领导人员管理体制，从严管理企业领导人员。结合企业改革重组，加强企业领导班子建设，在企业领导人员选拔任用中，严格标准、规范程序、严明纪律，充分发挥党委在选拔任用过程中的领导和把关作用，选优配齐兵团国资公司、兵团投资公司、兵团设计院党委（纪委）、董事会、监事会、经营层班子，树立正确用人导向。修订《兵团国资委监管企业负责人经营业绩考核办法（试行）》，推动科学合理设置考核指标，在突出经济效益绩效考核的同时，将企业在维稳戍边、促进民族团结、吸纳安置内地产业工人就业等方面的尽责情况纳入考核重要内容。完善工资总额预算管理，将监管企业工资总额预算与企业全面预算、内部收入分配制度改革工作结合起来，推动切实建立工资能增能减的激励约束机制。

八是积极推进职能转变，国资监管能力进一步提升。研究制定《兵团国资委以管资本为主推进职能转变方案》，结合深化改革修订完善权力清单和责任清单，推动提高监管的科学性、针对性、有效性，加快实现以管企业为主向以管资本为主的转变。加快推进经营性国有资产集中统一监管工作，在全面调查摸底基础上研究制定《关于兵团机关各部门、直属机构、院（校）所属国有企业纳入国资统一监管的实施方案》，进一步明确53户企业的处置方式。推动国有资本授权经营体制改革，研究起草《新疆生产建设兵团关于推进国有资本投资、运营公司改革试点实施方案》《关于兵团国资公司改组为国有资本投资公司的改革试点实施方案》，探索将符合条件的国有企业改组为国有资本投资公司，组建改组若干国有资本运营公司。

九是强化管党治党责任落实，党的领导进一步加强。持续推进党建工作总体要求进章程工作，推动直接监管企业权属子公司党建工作进章程、完成工商变更。探索建立企业党组织内嵌到公司治理结构的有效方式，督促监管企业把"坚持党的领导，加强党的建设"作为制定和落实企业改革方案的基本原则，对落实党组织事先研究讨论程序前置进行检查，有效落实"四同步、四对接"工作机制，更好发挥国有企业党组织把方向、管大局、保落实的作用。抓好党建工作责任制和党风廉政建设主体责任落实。

二、新疆生产建设兵团国有资产总量与结构分析

截至2018年底，纳入统计范围的兵团各级次国有及国有控股企业（以下简称"兵团企业"）1862户（不含农牧团场，下同），资产总额5838.42亿元，比上年减少12.6%；负债总额4376.09亿元，比上年减少15.02%；所有者权益1462.32亿元，比上年减少4.48%。资产负债率74.95%，比上年减少2.13个百分点。实现营业收入2285.82亿元，比上年下降7.06%；利润总额34.22亿元，比上年减少44.29%；扣除所得税费用后，实现净利润16.72亿元，比上年减少62.42%。2018年，兵团企业国有资产总量1123.16亿元，比上年减少7.95%。

表1 2018年新疆生产建设兵团国有企业主要指标

项 目	金 额（亿元）
资产总额	5838.42
所有者权益	1462.32
营业收入	2285.82
利润总额	34.22
净利润	16.72
归属于母公司所有者的净利润	－0.22
应交税费总额	89.54
实际上缴税费总额	95.74
国有资产总量	1123.16

表2　2018年新疆生产建设兵团国有企业户数情况

2017年户数(户)	2018年户数(户)	比上年增长(%)
1640	1862	13.5

从地区分布来看，兵团国资委监管企业、八师、十一师、四师和二师国有企业占用国有资产比重较大，其中，兵团国资委监管企业国有资产总量152.59亿元，占比13.59%；八师国有资产总量257.04亿元，占比22.89%；十一师国有资产总量137.68亿元，占比12.26%；四师国有资产总量83.14亿元，占比7.4%；二师国有资产总量70.98亿元，占比6.32%。上述单位占比合计62.46%。

表3　2018年新疆生产建设兵团国有资产按地区分布情况

地区	国有资产(亿元)	占国有资产总量比重（%）
第一师	68.11	6.06
第二师	70.98	6.32
第三师	46.42	4.13
第四师	83.14	7.40
第五师	52.79	4.70
第六师	63.93	5.69
第七师	52.20	4.65
第八师	257.04	22.89
第九师	14.16	1.26
第十师	26.36	2.35
第十一师	137.68	12.26
第十二师	48.35	4.30
第十三师	29.48	2.62
第十四师	17.30	1.54
兵团国资委监管企业	152.59	13.59
兵团直属企业	2.63	0.23
合　计	1123.16	100.00

从行业分布情况看，兵团企业国有资产主要集中在租赁和商务服务业、制造业和农林牧渔业，合计占国有资产总量的49.89%。其中，租赁和商务服务业国有资产总量325.51亿元，占比28.98%；制造业国有资产总量134.57亿元，占比11.98%；农林牧渔业国有资产总量100.27亿元，占比8.93%。制造业主要集中在化学原料和化学制品制造业、酒及饮料和精制茶制造业、医药制造业、非金属矿物制品行业、农副食品加工业。其他11个行业占国有资产总量的50.11%。

表4　2018年新疆生产建设兵团国有资产按行业分布情况

行　业	国有资产(亿元)	占国有资产总量比重（%）
农林牧渔业	100.27	8.93
采矿业	2.72	0.24
制造业	134.57	11.98
电力、热力、燃气及水生产和供应业	73.91	6.58
建筑业	55.77	4.97
批发和零售业	87.87	7.82
交通运输、仓储和邮政业	60.66	5.40
住宿和餐饮业	10.11	0.90
信息传输、软件和信息技术服务业	93.65	8.34
金融业	63.70	5.67
房地产业	47.59	4.24
租赁和商务服务业	325.51	28.98
科学研究和技术服务	5.37	0.49
水利、环境和公共设施管理业	61.36	5.46
合　计	1123.16	100.00

兵团企业中，大型企业国有资产总量－94.78亿元；中型企业国有资产总量369.03亿元，占比32.86%；小型企业国有资产总量592.78亿元，占比52.78%；微型企业国有资产总量256.13亿元，占比22.8%。

表5 2018年新疆生产建设兵团国有资产按经营规模分布情况

经营规模	户数（户）	国有资产（亿元）	占国有资产总量比重（%）
大型企业	71	−94.78	−8.44
中型企业	357	369.03	32.86
小型企业	552	592.78	52.78
微型企业	882	256.13	22.80
合　计	1862	1123.16	100.00

三、新疆生产建设兵团国有资本保值增值综合分析评价

2018年，兵团16家单位中有5家实现保值增值，分别为二师保值增值率105.86%、七师保值增值率103.93%、兵团国资委监管企业保值增值率103.62%、四师保值增值率101.71%、十四师保值增值率100.01%。未实现保值增值的单位有11家。

表6 2018年新疆生产建设兵团国有企业地区国有资本保值增值情况

地　区	国有资本保值增值率（%）
第一师	93.86
第二师	105.86
第三师	89.64
第四师	101.71
第五师	94.95
第六师	93.07
第七师	103.93
第八师	99.32
第九师	97.82
第十师	97.49
第十一师	88.76
第十二师	85.55
第十三师	98.43
第十四师	100.01
兵团国资委监管企业	103.62
兵团直属企业	96.30
兵团国有企业汇总	96.77

2018年，兵团企业从行业分析上看，大部分行业实现保值增值，其中，科学研究和技术服务业保值增值率121.73%、建筑业保值增值率113.25%、金融业保值增值率108.58%、房地产业保值增值率107.32%、农林牧渔业保值增值率100.95%、租赁和商务服务业保值增值率100.64%、制造业保值增值率103.70%。

四、新疆生产建设兵团国资委监管企业改革情况

根据《兵团国资委直接监管企业整合分立改革方案》，按照"压缩企业管理层级、减少企业法人户数，理顺产权关系，整合同质化经营，推进干部交流"4项原则，通过资产重组、股权划转、授权托管等方式，将兵团国资委原8户监管企业（兵团国资公司、兵团投资公司、徕远集团、银隆公司、城投公司、兵团勘测设计院、咨询公司、中新建农业）整合为4户（兵团国资公司、兵团投资公司、兵团勘测设计院、新疆通用航空有限责任公司），通过重组整合和分立，提高资源配置效率，有效解决"小散弱"等问题。通过实施关闭破产、转让退出、重组整合、培育发展的"四个一批"，优化国有资本布局结构。截至2018年底，完成分类处置国有及国有控股企业154户，占兵团国资委监管的国资公司、投资公司、设计院和新疆通用航空公司出资国有及国有控股企业247户的54.18%。

五、新疆生产建设兵团国资委监管企业并购重组与完善法人治理结构情况

根据《公司法》等有关法律法规，在借鉴参考国务院国资委及其他省市等有关外部董事管理办法的基础上，结合实际，制定《兵团国资委监管企业外部董事管理办法（试行）》，开展兵团国资委外部董事人才库建设工作，确定32名外部董事，初步构建符合兵团国资委监管需求的外部董事人才库。按照企业领导人员选拔任用有关规定，经由动议、民主推荐、考察对象公示考察、"凡提四必"等程序，选优配齐兵团国资公司、兵团投资公司、兵团设计院党委（纪委）、董事会、监事会、经营层班子成员。

指导督促企业完善以岗位职责和任职条件为核

心的管理人员职级体系,强化任职条件和考核评价,实现管理人员能上能下、薪酬能升能降、员工能进能出。十一师选定建融集团积极开展职业经理人试点,兵团国资公司以兵团石油公司非油经营为试点平台,开展市场化选聘经营管理者,兵团投资公司下属银隆公司在三级企业和轧花厂推行职业经理人制度试点,通过市场化选聘和管理职业经理人,打通现有管理者和职业经理人身份转换通道,探索打造符合现代企业制度要求的职业经理人队伍。

六、新疆生产建设兵团国资委监管企业建立和完善经营业绩考核体系情况

一是持续加强国资监管工作,在前期调研的基础上,结合企业改革实际,研究修订《兵团国资委监管企业负责人履职待遇、业务支出管理办法》,对监管企业负责人办公用房、公务用车、培训、业务招待等7个方面作出详细规定,操作性更强。二是遵循市场经济规律和企业发展规律,修订出台《兵团国资委监管企业工资总额管理办法》《兵团国资委监管企业负责人经营业绩考核办法》。其中,工资总额管理办法中引入"工资总额预算与利润总额等经济效益指标企业经济效益增长,工资总额增长可以与经济效益增幅保持同步。企业经济效益下降,工资总额应当下降"条款,从薪酬激励的角度引导企业健全市场化经营机制。经营业绩考核办法以考核为抓手,突出效益效率,引导企业加快转变发展方式,优化资源配置,强化正向激励,调动企业内部各层级干部职工积极性,激发企业活力,初步确立以市场化为主体的考核机制。

七、新疆生产建设兵团国资委监管企业负责人考核和选人用人机制改革情况

一是选优配齐监管企业领导班子。认真开展重组整合后4家监管企业党委(纪委)、董事会、监事会、经营层班子选配工作。推动新疆通用航空公司与兵团航空企业管理局事企分开。2018年,调整职位25人次,其中,平级调任重要岗位及提拔使用9人。二是加强外部董事队伍建设。向自治区相关厅局、兵团相关厅局等单位发送外部董事推荐函,经对63人进行审核并提交兵团国资委党委审议,建立监管企业外部董事人才库,制定《兵团国资委监管企业外部董事管理办法(试行)》。三是加强监管企业领导人员的选拔任用和日常管理工作。认真贯彻落实企业领导人员个人有关事项报告制度,将企业领导人员个人有关的事项报告贯穿企业领导人选拔任用全过程,对企业领导人员的职务变动、任职提升建立逢动必查、逢提必审的选人用人机制,自觉接受组织的监督。

八、新疆生产建设兵团国资委监管企业党的建设和廉政建设情况

一是学懂弄通做实党的十九大精神。2018年,分2期组织230人在兵团电大举办学习党的十九大精神培训班,累计完成7000多个学时的集中学习,撰写心得体会230份,分组讨论8场次,取得良好培训效果。二是推进党组织与企业法人治理结构有机融合。印发《关于督促监管企业权属子公司将党建相关条款纳入企业章程的通知》,加大对"四同步、四对接"、党委会研究讨论作为决策重大决策前置程序,企业领导人员"双向进入,交叉任职""两个1%"等要求落实力度,推动党组织把方向、管大局、保落实。三是落实党建工作责任制。年初及时印发全年工作要点,通过组织监管企业党组织书记抓党建述职评议、签订党建和党风廉政责任书、组织开展党建和党风廉政半年检查、将履行"一岗双责"情况纳入企业领导人员考评体系等方式层层压紧压实抓党建工作责任。四是夯实党建基层基础。认真落实"三会一课"等党内基本制度,理顺重组整合后监管企业党组织隶属关系,开展纪念建党97周年"党旗映天山"主题党日、"七一"走访慰问老党员等活动,各监管企业创新开展"党建+"品牌创建、"亮身份、评明星"等系列工作,党建基层基础工作迈上新台阶。五是加强党风廉政建设和反腐败工作。通过对党风廉政建设和反腐败工作进行安排部署,印发年度工作要点并组织签订党风廉政和反腐败工作责任书、对六届兵团党委巡视整改进行"回头看"、起草制定党风廉政风险点、组织赴兵团乌鲁木齐监狱接受警示教育、会同纪检组开展半年工作督导检查等,着力营造风清气正的改革发展环境。

(撰稿人:胡杨军)

2019
CHINA'S STATE-OWNED
ASSETS SUPERVISION AND
ADMINISTRATION YEARBOOK

中国国有资产监督管理年鉴

中央企业改革与发展

第四篇

中国核工业集团有限公司

【基本概况】 2018年是贯彻落实党的十九大精神的开局之年，是改革开放40周年，也是中国核工业集团有限公司（以下简称"集团公司"）改革发展极不平凡的一年。在党中央、国务院、中央军委的坚强领导下，在上级部委的支持指导下，集团党组坚持以习近平新时代中国特色社会主义思想为指导，深入贯彻落实习近平总书记重要批示指示精神，不忘初心、牢记使命，广大干部职工团结拼搏、奋发进取，积极落实"两核"重组，扎实开展巡视整改、加强党的建设，全力打好三大攻坚战，加快推进重大军工项目，大力推动科技创新，深化体制机制改革，加大资本运作力度，取得一系列新进展、新成绩。集团上下士气振奋、信心更足、势头正劲，展现新气象，打开新局面。连续13年获得国务院国资委中央企业年度考核A级。

【主要指标】

2018年中国核工业集团有限公司主要经济指标

项　目	2017年	2018年	比上年增长（%）
资产总额（亿元）	5177.76	6796.88	31.27
所有者权益（亿元）	1551.32	1928.01	24.28
营业收入（亿元）	873.09	1525.09	74.68
利润总额（亿元）	138.67	159.50	15.02
净利润（亿元）	114.00	125.20	9.82
归属于母公司所有者的净利润（亿元）	60.96	62.87	3.13
技术开发投入（亿元）	63.21	89.83	42.11
利税总额（亿元）	204.18	264.23	29.41

续表

项　目	2017年	2018年	比上年增长（%）
应交税金总额（亿元）	111.69	131.10	17.38
全员劳动生产率（万元/人·年）	53.19	45.97	−13.57
净资产收益率（%）	7.64	6.71	减少0.93个百分点
总资产报酬率（%）	3.78	3.73	减少0.05个百分点
国有资本保值增值率（%）	107.64	104.84	减少2.8个百分点

【改革发展】 集团公司党组积极落实中央决策部署，高效推进重组整合。集团公司在较短时间内研究确定"两核"重组整合方案，完成总部机构人员调整和产业整合。按照"精干高效、简政放权、管理科学、相对稳定"原则，将总部机构调整为13个部门、4个议事协调机构，总部人员在两个集团原有基础上精简30%，各项工作实现平稳过渡。按照"做强主业、集团统筹、专业经营、市场运作"原则，整合形成10家专业化公司、13家直属单位。重组后，集团公司的核科技工业创新链和产业链更为完整，发展实力和竞争优势明显增强。

以重组为契机，研究制定集团公司新时代发展战略，评估完善"十三五"规划，明确集团公司中长期发展思路和今后两年的重点任务。建立以产权为纽带的母子公司管理体制，形成战略、财务和运营管控相结合的分类管控模式。发布授权经营管理改革方案，充分赋予成员单位经营自主权。出台成员单位分类定级标准。积极推动科研院所创新体制和激励机制改革。更新完善集团公司制度体系，编修40项关键业务流程、95项重要制度。

【巡视整改】 党组把抓好巡视整改作为深化全面从严治党、推动整体工作的重要契机、重要抓手，从对党忠诚高度落实主体责任，坚持新官理旧账，高站位、高质量支持配合开展中央巡视，不折不扣抓好巡视整改。建立完善巡视整改工作领导体制、工作机制，严格落实整改工作责任，深入开展突出问题专项治理和共性问题整改。党组研究提出226项整改措施,按计划完成191项。中央巡视组移交的334件问题线索,办结320件。落实巡视整改监督责任,对部分成员单位开展巡视整改监督检查,约谈整改责任落实不到位党组织负责人,集中通报一批整改共性问题,有力促进责任落实,巡视整改取得明显成效,得到中央巡视组和中央巡视办批示肯定。坚持政治巡视定位,对20家成员单位开展内部巡视,督促有关单位围绕中心工作认真落实整改责任。

【重大创新】 全面贯彻创新驱动发展战略,全年科研投入60亿元,取得一批重大科技成果。获得国家科技进步特等奖、中国工业大奖;国防科技奖39项,其中一等奖4项;军民两用技术创新大赛银奖3项。专利申请突破3000件,2件专利获得中国专利优秀奖。

"华龙一号"非能动安全壳热量导出系统完成典型工况试验并通过核安全局见证。空间核动力装置部分关键技术取得突破。中国首套军民两用安全级DCS平台龙鳞系统正式发布。2号专用装置大批量生产工艺实现定型,3号专用装置百台装架设计完成。CF3燃料N36管棒材批产成功。环形燃料组件完成首次零功率物理实验。三维深地探测、深部高效提铀等新一代勘查采冶技术取得新进展。核电站主蒸汽系统管道自动焊技术在国内首次成功应用。首批ITER磁体支撑产品交付国际组织。230MeV质子治疗加速器关键部件完成研制。50kW大功率电子加速器完成总装。

发布"创新2030"工程方案,提出先进核能系统技术发展路线,确定重点研究型号与先导技术研究方向。成立"核燃料及材料研发中心"等创新平台,优化内部研发资源配置。与清华大学等4所高校建立校企合作新模式,形成"小核心、大协作"的产学研用一体化创新体系。出台集团公司科技成果转化细则,打通科技成果转化激励路径。

【党建工作】 始终坚持党的全面领导,以党的政治建设为统领,不断提高党的建设质量。强化创新理论武装,学习宣传贯彻习近平新时代中国特色社会主义思想和党的十九大精神实现"五个全覆盖"。贯彻"两个一以贯之",将党的领导与公司治理深度融合。党组成员带头建立基层党建联系点、党建责任区。实施党建责任制考核,党建制度体系不断完善。在"华龙一号"等重点工程项目开展党建联建,推进党建质量管理体系建设试点。

党风廉政建设和反腐败取得新成效。严格履行重大事项请示报告制度。严格遵守政治纪律、政治规矩,严把选人用人、评先评优政治关、廉洁关、品行关、作风关,对存在问题的人员坚决予以否决。发布集团党组党风廉政建设任务清单,逐级压实责任,加大问责力度。坚决落实中央八项规定精神。大力整治形式主义、官僚主义问题,深入开展总部作风建设和集团公司"三办"清理工作。坚持以"零容忍"态度惩治违规违纪问题。全年组织召开警示教育大会2次,对典型违规违纪涉法案件进行通报曝光,强化震慑警示作用。结合问题线索反映情况,建立党组管理干部"廉政档案",形成定期分析集团公司政治生态机制。深化运用监督执纪"四种形态",抓早抓小、防微杜渐。

庆祝改革开放40周年,纪念核工业第一批厂矿创建60周年,弘扬"两弹一星"精神、"四个一切"核工业精神,"一堆一器"和"四〇四厂"入选国家工业遗产。推进重组文化融合,统一集团标识,形成新文化理念体系。加强党对群团统战工作领导,4人当选为工会十七大、共青团十八大、妇女十二大代表。积极履行社会责任,推进扶贫攻坚,涌现出胡仁禄等扶贫先进典型。全年援助48个贫困县2.14亿元,涉及129个重点援助项目,出资3.1亿元加入央企扶贫基金。拨付1300万元帮扶系统内1138名困难职工。进一步加强离退休干部党的建设和服务保障,积极落实221局离退休人员待遇问题。坚持党管保密,大力开展安全保密隐患梳理排查,确保国家秘密和商业秘密安全。积极开展信访积案排查化解,加强源头预防,依法维护职工利益,保持职工队伍总体稳定。

【人才队伍建设】 坚持三支队伍协同发展,创新人才发展体制机制。设立"人才特区",形成高层次人才和年轻干部培养新机制。加强干部队伍建设,着力推动干部队伍年轻化。选派13名党组管理干部、26名管理和技术骨干支持军工专项建设,选拔

18名年轻干部到艰苦困难岗位摔打锻炼,选派9人到北京市挂职交流。一批年满58岁的干部退出领导岗位、在新的岗位上发挥着重要作用。加大力度建设高层次人才队伍,全年聘任首席专家、科技带头人、首席技师55人。1人获得"国防科技工业杰出人才"称号,1人获得"国防科技工业十大创新人物"称号,3人入选"万人计划",3个团队入选科技部重点领域创新团队,1人获得中华技能大奖,6人获得"全国技术能手"称号,2个国家级大师工作室获批,在中央企业中名列前茅。

（撰稿人：王　健）

中国航天科技集团有限公司

【基本概况】 2018年,中国航天科技集团有限公司（以下简称"集团公司"）认真学习贯彻习近平新时代中国特色社会主义思想和党的十九大精神,着眼我国全面建成小康社会、建设社会主义现代化强国对航天科技发展提出的新任务、新要求,充分发挥集团公司作为维护国家安全战略基石和航天科技工业主导力量的地位作用,深入落实创新驱动发展战略和军民融合发展战略,推动供给侧结构性改革的各项要求,成功召开第七次工作会,习近平总书记专门对集团公司工作作出重要批示,极大地振奋集团公司全体干部员工的精神状态,为"发展航天事业、建设航天强国"凝聚起强大的战斗力和创造力。2018年,圆满完成37箭103星（器）的运载火箭发射任务,运载火箭发射次数首次突破30次,创历史新高,位列世界第一。一大批新型武器装备的研制成功和交付部队,进一步巩固我国的国家安全战略基石,为国防现代化建设提供强大装备支撑。集团公司在党的建设、产业转型升级、技术创新、市场拓展、军民融合、改革调整、人才队伍建设等各方面工作都取得突出成绩。全年获得"全国五一劳动奖章""全国工人先锋号""全国三八红旗手""全国五四红旗团委""全国青年岗位能手"等国家级荣誉40余项。高凤林当选中华全国总工会副主席,孙泽洲被授予第三届"央企楷模"称号,2家单位获评"首都文明单位标兵",2部作品获得中央企业"五个一工程"奖。

【主要指标】 2018年,集团公司资产总额4359.5亿元,比上年增长6.2%；营业收入2495.6亿元,比上年增长7.8%；利润总额207.1亿元,比上年增长5.5%；资产负债率45.8%；成本费用率93.2%；增加值662.5亿元,比上年增长12%,圆满完成全年经济指标任务和国务院国资委经营业绩考核指标,连续14年获得国务院国资委经营业绩考核A级。

表1　2018年中国航天科技集团有限公司主要经济指标

项　目	2017年	2018年	比上年增长（%）
资产总额（亿元）	4106.3	4359.5	6.2
所有者权益（亿元）	2111.6	2361.7	11.8
营业收入（亿元）	2315.2	2495.6	7.8
利润总额（亿元）	196.3	207.1	5.5
净利润（亿元）	173.5	185.4	6.9
归属于母公司所有者的净利润（亿元）	150.4	163.0	8.4
技术开发投入（亿元）	862.4	980.8	13.7
利税总额（亿元）	261.0	267.2	2.4
应交税金总额（亿元）	64.7	57.1	-11.7
全员劳动生产率（万元/人·年）	35.1	37.0	5.4
净资产收益率（%）	8.8	8.3	减少0.5个百分点
总资产报酬率（%）	5.1	5.0	减少0.1个百分点
国有资本保值增值率（%）	110.4	109.7	减少0.7个百分点

【改革发展】 2018年,集团公司成功召开第七次工作会,提出到2045年推动航天强国建设、支撑世界一流军队建设"两步走"的战略安排和建设成为世界

一流航天企业集团的奋斗目标，调整完善"十三五"规划目标和任务，明确集团公司未来三年改革发展的重点任务，为集团公司当前和今后一个时期的改革发展绘就宏伟的蓝图。习近平总书记专门对集团公司工作作出重要批示，为了贯彻落实好习近平总书记重要批示，集团公司党组作出《关于加快推动航天强国建设的决定》《调整"十三五"规划目标的决定》，发布《关于军民深度融合发展实施意见》《发展商业航天的指导意见》，并对未来三年改革发展任务的26个重点方面（含党的建设）进行分解，形成改革任务51项、发展任务43项，为进一步落实好集团公司发展战略奠定坚实基础。

2018年，继续强化经营业绩考核和三年滚动计划双闭环管理，构建涵盖全部二级单位的差异化考核管理办法和指标体系，实时监控督促年度各项战略目标任务进展；积极推动业务发展规划和行业对标深化实施，探索构建三年滚动计划评估管理体系，引导督促各单位战略目标落地。总部资产运营部和产业发展部完成合并重组，成立资产经营部。累计清退法人单位290户，"处僵治困"6户，提前超额完成国资委压减工作目标和三年"处僵治困"任务；全部完成"三供一业"项目管理职能移交，资产移交率95%以上；完成31家医疗机构分类改革、17家教育机构改革、15家市政社区机构管理职能分离移交及2户厂办大集体企业关闭等工作，组织集团公司3家"双百行动"试点单位完成实施方案，组织成员单位积极参加国家发展改革委第四批混合所有制改革试点企业申报，稳步推进10家军工科研院所转制试点。严控"两金"增长，"两金"占流动资产比重减少4个百分点；加大资金集中管控。完成各类审计项目1841项，审计发现问题累计整改完成率96%，开展境外投资、融资性贸易等领域法律风险排查；积极处理法律纠纷，避免和挽回经济损失1.8亿元。

2018年，加大干部交流和优秀年轻干部培养选拔力度，调整二级单位领导班子成员、出资人代表89人次，其中跨单位、跨部门交流36人；调整配备143名型号"两总"。高层次人才队伍建设取得新成绩，新增4人入选"国家万人计划"，7人入选"创新人才推进计划"，1人获得国防科技工业杰出人才奖，1个团队入选"国防科技创新团队"，95人获得国务院政府特殊津贴，2人获得何梁何利奖，20个团队和60人分别入选"首批集团公司级科技创新团队""青年拔尖人才"，1人获得中华技能大奖，6人获得"全国技术能手"称号，5人获得航天技能大奖，50人获得"航天技术能手"称号。骨干人才激励力度加大，组织11家军品科研生产单位实施分红和科技成果转化奖励，19家民用产业公司实施超额利润、EVA奖励等激励方式，2家科技型企业实施股权和分红激励。

【重大项目】 2018年，集团公司宇航型号圆满完成以北斗三号、嫦娥四号为代表的37次宇航发射任务，北斗导航工程圆满完成全球基本系统建设，正式提供全球服务；嫦娥四号月球探测器和鹊桥中继星成功发射，实现人类历史上首次月球背面着陆巡视探测；高分卫星部署稳步推进，高分辨率光学对地观测能力达到世界领先水平；中法海洋卫星、风云二号09星为"一带一路"倡议提供重要支撑。截至2018年底，集团公司有200颗航天器在轨稳定运行，为推动天基装备建设和国民经济发展发挥重要作用。集团公司积极探索商业航天发展模式，制定并发布《集团公司关于加快发展商业航天的指导意见》，不断释放资源，带动新兴航天力量开展商业航天活动。

2018年，与黑龙江省、山东省签署战略合作协议，搭建新的合作平台，与重庆市签署低轨移动通信卫星项目合作协议。重点围绕卫星及卫星应用、智慧城市、节能环保、高端装备等集团公司优势领域，先后组织与重庆市在低轨移动卫星通信系统、青海省在三江源资源保护建设、陕西省西安市城市生活垃圾处理、甘肃省祁连山环境保护、浙江省嘉兴智慧港区示范工程建设、黑龙江省卫星应用数据中心建设、山东济南中国航天科技园建设、山东青岛军民融合示范区等领域开展务实合作。

2018年，与中国诚通、中国电子等签署战略合作协议，积极推动与中国航油的项目合作，深入推进与国家能源集团的战略合作。与中国航油从企业信息化解决方案入手，实现首都新机场建设中在信息化建设与关键核心装备的攻关突破和应用示范；围绕航油高端装备国产化，与中国航油联合成立"中国航油高端装备研发中心",持续推进装备国产化联合研发;以双关断旋塞阀为代表的核心泵阀产品打破进口垄断,并与中国航油进出口公司签署全球代理合同,实现从科技研发、批量生产到实现出口的全方位合作,双关断旋塞阀还连续中标郑州、西安、广州、长沙等10余个机场,取得应用突破。与国家能源集团围绕煤基航天煤油在新一代运载火箭应用、氢能综合利用等国家重大工程部署,积极开展联合技术攻关,推动双方在满足应用需求的市场供给与资本金融等方面的全方位合作。与宁煤集团、神华煤制油公司签署合作协议,持续推进特种泵阀、热能装备、节能环保装备等传统优势产品的市场拓展,联合开展固废处理装备、煤基煤油等项目联合研发,推动煤化工高含盐废水零排放技术在宁煤的示范工程建设等。与中船集团围绕LNG船用设备、企业信息化建设等领域深入对接,与沪东重机签署具体业务合作协议,共同推进船用余热、烟气净化项目联合研发,围绕低温装备国产化,进一步推进阀门、密封件等产品的船用化工作;启动低温装备国产化论证工作,围绕节能环保产业,为舰船工业危废提供减量化、无害化、资源化的解决方案,并在中船集团立项;与中船绿洲在废水处理领域共同研发,推动产业化;与中船集团开展办公自动化等企业信息化项目合作。与华润集团在微电子、城市燃气安全及运营管理、空间生物搭载服务、医院管理、现代物业管理等领域合作,实现实质突破。与中远海运集团等积极对接,大力推进产业合作与项目落地,在智慧物流、智慧港口、高端装备等方面稳步推进项目合作。推进与兵器工业集团合作,乐凯工业探伤胶片得到广泛应用,实现兵器工业集团内部网上集中采购。

积极组织申报国家发展改革委"十三五"民用空间基础设施专项、北斗产业园、智慧海洋产业专项、应急通信、工信部2018年人工智能与实体经济深度融合创新、物联网集成创新与融合应用等项目。自主研发项目聚焦产业主业和主攻方向,加大对集团公司重点项目、系统级项目支持力度;支持特种装备(含智能制造)、节能环保装备、先进材料及应用、电子信息产品、卫星应用等领域项目及符合军民融合方针的军转民技术项目,将其列入集团公司2018—2019年度研发项目计划。

【走向海外】 2018年,集团公司积极适应外部环境,建立健全国内外营销体系,多渠道开拓市场空间,提升知名度和影响力。实现国际化经营收入309亿元,比上年增长12%,占集团公司营业收入的12%。发射服务方面,长征六号实现首次对外出口,与阿根廷Satellogic公司签署长征六号火箭多发采购协议。完成白俄科教卫星、阿根廷Satellogic公司Newsat4&5卫星搭载发射,亚太6C、巴遥一号、中意电磁星、中法海洋星、Saudisat5A/5B等国际卫星成功发射。航天基础设施方面,完成埃及卫星总装集成测试中心项目签约。宇航部组件、元器件方面,完成阿根廷Satellogic热管等卫星部件出口,向埃及出口高分辨率遥感卫星图像及相关软件。签署委内瑞拉通信卫星二号项目框架协议。组织参加第15届莫斯科国际石油及天然气展览会,钻采设备、完井工具、泵阀、双金属复合管、天然气调压站等30余种产品参展。2018年1月31日,航天机电、erae于韩国顺利完成第一阶段erae AMS(收购后更名为erae Automotive,简称erae Auto)51%股权交割,带动汽车空调系统国际化营业收入的大幅提升。航天光伏土耳其公司光伏电池及组件项目达到产能设计目标,形成300MW电池片、600MW组件生产能力。签署中白工业园项目四方入驻意向协议,启动研发中心等具体项目落地工作。航天投控与瑞士开发基金公司就凯富基金合作项目签署战略合作协议。参加进口博览会,集团公司与来自德国、美国、日本、瑞士等国家的20家企业签订采购项目24个,金额约60亿元。与达索公司签署合作备忘录,参加中法两国总理出席的中法企业家座谈会。参加中非论坛北京峰会、中非领导人与工商界代表高层对话会。出席中国—巴西航天合作三十年座谈会。参加国家发展改革委—空中客车公司第九届航空航天产业合作发展峰会,与空中客车公司签署合作备忘录。

【重大创新】 2018年,集团公司坚持自主创新的战略基点,紧紧围绕健全完善科技创新体系和体制机制,重大前沿领域技术突破和系统谋划,全力推进技术创新工作取得新突破。加强战略性前沿性领域谋划,围绕核心关键技术自主可控,一批基础和前沿技术重大项目获得立项,预先研究取得重要进展,为增强发展后劲和拓展新领域奠定基础;创新体系进一步完善，国防科技重点实验室平台运行能力持续增强；一系列技术创新领域管理办法制定出台，创新发展机制进一步完善。获得国家科技进步奖特等奖1项、技术发明奖一等奖1项、科技进步二等奖3项、技术发明二等奖1项。获得中国专利金奖1项、银奖2项。专利申请近7000件，授权3000余件。技术创新成果显著，在军工集团中名列前茅。

【党建工作】 2018年，集团公司继续加强党的建设和党风廉政建设，落实全面从严治党要求，确保党组织把方向、管大局、保落实作用落到实处。强化政治学习，12000余名副处级以上领导干部完成党的十九大精神轮训，举办11期党校主体班次，500名党员领导干部参训；组织开展第七次工作会精神巡回宣讲，引导集团公司全体党员以党章为根本遵循，把坚定理想信念作为首要任务，树牢"四个意识"、坚定"四个自信"、坚决做到"两个维护"，始终保持对党绝对忠诚。扎实落实全面从严治党责任，修订完善集团公司"三重一大"及重要决策事项目录，明确党组会前置审查重要决策事项；推进党建工作制度废、改、立工作；所有二级单位班子党政正职全部做到"双向进入、交叉任职"；集团公司所有基层党组织全部签订党建工作责任书；推进党建要求进公司章程工作。为进一步提高督查检查工作效率，组织开展全面从严治党相关工作的统筹调研和检查考核，确保落实落地。强化新闻宣传和群团工作。严格落实意识形态工作责任制，建立重大新闻发布网络联动机制，成功参加珠海航展，围绕北斗三号、嫦娥四号、改革开放40周年等重大活动圆满完成专题宣传；开展"建功新时代"职工经济技术创新创效活动，加强青年政治思想引导，大力实施钱学森青年创新基金等青年创新创效等工作；加强离退休人员服务管理，老同志的满意度不断提高。对6家二级单位开展巡视监督，对4家二级单位进行"回头看"，对总部开展巡视检查，实现首轮内部巡视全覆盖。全年运用监督执纪"四种形态"处置292人次。严把政治关、品行关、作风关和廉洁关，有依据、负责任地完成廉洁意见回复105人次。

【信息化建设】 2018年，集团公司加快实施航天制造2025战略，全面推进集团公司"两化"深度融合。论证形成重型运载数字化方案，液体火箭动力系统数字化方案启动实施，推动科研生产流程优化与重组。深入推进智慧院所、智能车间项目论证与实施。开展仿真系统平台建设和主流仿真工具选型工作，部分单位半物理仿真、全三维仿真投入重点型号应用。按照大集中部署、统一服务中心的模式，完成人力二期、党群二期、军民融合、法制、离退、工艺、标准化、民品投资等业务系统建设和拓展应用。完成宇航、武器信息系统的改造，新增宇航知识库、协同编写、国际航天等功能，完善武器计划管理模式。航天移动APP完成组织、用户、实时消息等总体框架建设，全集团推广应用移动请销假系统。完成电子招投标、电子超市、询比价采购、差旅集采等功能建设，完成《电子采购平台运行管理办法》《航天型号全级次供应商管理系统建设总体方案》的编制。发布集团公司"三网"建设方案，启动商密网应用服务中心建设，2018年底前实现移动端网络办公的初步应用。

【履行社会责任】 2018年，集团公司全面落实央企社会责任，圆满完成安全播出保障和精准扶贫工作。全年未发生安全播出事故，圆满保障春节、"两会"、中非合作论坛北京峰会等重要时段安全播出任务，确保集团公司承担的广播电视播出任务在敏感时期和重要时段安全无误。党组领导高度重视扶贫工作，集团公司董事长、总经理、副总经理、纪检组长等党组领导先后6次赴帮扶县检查指导定点扶贫工作，参加国家扶贫日活动，并同当地省委省政府、市委市政府、县委县政府就脱贫攻坚工作进行专题座谈交流。组织召开集团公司扶贫推进会，组织3个定点扶贫组长单位签署定点扶贫责任书，完成责任书目标任务分解，层层落实责任，确保完成全年扶贫任务目标。组织开展定点扶贫工作自查与评估，督促定点扶贫工作组及选派挂职干部、驻村书记认真履职，落实集团公司党组、扶贫领导小组的要求。建立帮扶项目库和项目评审专家库，组织外部专家对帮扶项目进行立项审查，确保项目筛选精准、帮扶资金使用精准；加强消费扶贫，向集团公司所属二级单位及全体干部职工发出倡议，搭建"公益航天科技"精准扶贫平台，方便单位、职工购买贫困县农特产品，奉献爱心，参与集团公司定点扶贫工作，累计注册5000余人。

表 2 2018年中国航天科技集团有限公司运载火箭发射情况

序号	运载火箭[1]	发射时间[2]	航天器名称	类型	轨道	所属国家/地区/组织
1	长征—2D	2018年1月9日	高景—1—03	遥感	LEO	中国
			高景—1—04	遥感	LEO	中国
2	长征—3B/远征—1	2018年1月12日	北斗—3—M7	导航	MEO	中国
			北斗—3—M8	导航	MEO	中国
3	长征—2D	2018年1月13日	陆地勘查卫星—3	遥感	LEO	中国
4	长征—11	2018年1月19日	吉林—1—07	遥感	LEO	中国
			吉林—1—08	遥感	LEO	中国
			淮安号恩来星	技术试验	LEO	中国
			全图通—1	技术试验	LEO	中国
			潇湘—2	技术试验	LEO	中国
			开普勒—0	技术试验	LEO	加拿大
5	长征—2C	2018年1月25日	遥感—30—04—01	遥感	LEO	中国
			遥感—30—04—02	遥感	LEO	中国
			遥感—30—04—03	遥感	LEO	中国
			微纳—1A	技术试验	LEO	中国
6	长征—2D	2018年2月2日	张衡—1	科学	LEO	中国
			风马牛—1	技术试验	LEO	中国
			少年星	技术试验	LEO	中国
			新卫星—4	遥感	LEO	阿根廷
			新卫星—5	遥感	LEO	阿根廷
			戈麦克斯—4A	技术试验	LEO	丹麦
			戈麦克斯—4B	技术试验	LEO	欧洲航天局
7	长征—3B/远征—1	2018年2月12日	北斗—3—M3	导航	MEO	中国
			北斗—3—M4	导航	MEO	中国
8	长征—2D	2018年3月17日	陆地勘查卫星—4	遥感	LEO	中国
9	长征—3B/远征—1	2018年3月30日	北斗—3—M9	导航	MEO	中国
			北斗—3—M10	导航	MEO	中国
10	长征—4C	2018年3月31日	高分一号02	遥感	LEO	中国
			高分一号03	遥感	LEO	中国
			高分一号04	遥感	LEO	中国

续表

序号	运载火箭[1]	发射时间[2]	航天器名称	类型	轨道	所属国家/地区/组织
11	长征—4C	2018年4月10日	遥感—31A	遥感	LEO	中国
			遥感—31B	遥感	LEO	中国
			遥感—31C	遥感	LEO	中国
			微纳—1B	技术试验	LEO	中国
12	长征—11	2018年4月26日	欧比特视频卫星—2A	遥感	LEO	中国
			欧比特高光谱卫星—2A	遥感	LEO	中国
			欧比特高光谱卫星—2B	遥感	LEO	中国
			欧比特高光谱卫星—2C	遥感	LEO	中国
			欧比特高光谱卫星—2D	遥感	LEO	中国
13	长征—3B	2018年5月4日	亚太—6C	通信	GEO	中国香港
14	长征—4C	2018年5月9日	高分—5	遥感	LEO	中国
15	长征—4C	2018年5月21日	鹊桥	空间探测	地月L2 Halo轨道	中国
			龙江一号	空间探测	环月轨道	中国
			龙江二号	空间探测	环月轨道	中国
16	长征—2D	2018年6月2日	高分—6	遥感	LEO	中国
			珞珈—1—01	遥感	LEO	中国
17	长征—3A	2018年6月5日	风云—2H	遥感	GEO	中国
18	长征—2C	2018年6月27日	新技术试验双星—A	技术试验	LEO	中国
			新技术试验双星—B	技术试验	LEO	中国
19	长征—2C/SMA	2018年7月9日	巴基斯坦遥感卫星—1	遥感	LEO	巴基斯坦
			巴基斯坦技术评估卫星—1A	遥感	LEO	巴基斯坦
20	长征—3A	2018年7月10日	北斗—2—I7	导航	IGSO	中国
21	长征—3B/远征—1	2018年7月29日	北斗—3—M5	导航	MEO	中国
			北斗—3—M6	导航	MEO	中国
22	长征—4B	2018年7月31日	高分—11	遥感	LEO	中国
23	长征—3B/远征—1	2018年8月25日	北斗—3—M11	导航	MEO	中国
			北斗—3—M12	导航	MEO	中国
24	长征—2C	2018年9月7日	海洋—1C	遥感	LEO	中国
25	长征—3B/远征—1	2018年9月19日	北斗—3—M13	导航	MEO	中国
			北斗—3—M14	导航	MEO	中国
26	快舟—1A	2018年9月29日	微厘空间一号系统—S1	技术试验	LEO	中国

续表

序号	运载火箭[1]	发射时间[2]	航天器名称	类型	轨道	所属国家/地区/组织
27	长征—2C/远征—1S	2018年10月9日	遥感—32—01—01	遥感	LEO	中国
			遥感—32—01—02	遥感	LEO	中国
28	长征—3B/远征—1	2018年10月15日	北斗—3—M15	导航	MEO	中国
			北斗—3—M16	导航	MEO	中国
29	长征—4B	2018年10月25日	海洋—2B	遥感	LEO	中国
30	朱雀—1	2018年10月27日	未来—1	遥感	LEO	中国
31	长征—2C	2018年10月29日	中法海洋卫星	遥感	LEO	中国
			长沙高新号	技术试验	LEO	中国
			潇湘一号02星	技术试验	LEO	中国
			天府国星一号	技术试验	LEO	中国
			照金一号	技术试验	LEO	中国
			天启卫星	技术试验	LEO	中国
			空中通信试验平台	技术试验	LEO	中国
			白俄罗斯国立大学卫星—1	技术试验	LEO	白俄罗斯
32	长征—3B/G2	2018年11月1日	北斗—3—G1Q	导航	GEO	中国
33	长征—3B/远征—1	2018年11月19日	北斗—3—M17	导航	MEO	中国
			北斗—3—M18	导航	MEO	中国
34	长征—2D	2018年11月20日	试验六号	技术试验	LEO	中国
			天平一号A星	技术试验	LEO	中国
			天平一号B星	技术试验	LEO	中国
			嘉定一号	通信	LEO	中国
			天智一号	技术试验	LEO	中国
35	长征—2D/远征—3	2018年12月7日	沙特卫星—5A	遥感	LEO	沙特阿拉伯
			沙特卫星—5B	遥感	LEO	沙特阿拉伯
			新疆交建号	技术试验	LEO	中国
			星时代二号	技术试验	LEO	中国
			斗鱼666	技术试验	LEO	中国
			瓢虫—1	技术试验	LEO	中国
			瓢虫—2	技术试验	LEO	中国
			瓢虫—3	技术试验	LEO	中国
			瓢虫—4	技术试验	LEO	中国
			瓢虫—5	技术试验	LEO	中国
			瓢虫—6	技术试验	LEO	中国
			瓢虫—7	技术试验	LEO	中国

续表

序号	运载火箭[1]	发射时间[2]	航天器名称	类型	轨道	所属国家/地区/组织
36	长征—3B/G3Z	2018年12月8日	嫦娥—4	空间探测	月球软着陆	中国
37	长征—11	2018年12月22日	虹云工程技术验证星	通信	LEO	中国
38	长征—3C	2018年12月25日	通信技术试验卫星三号	技术试验	GEO	中国
39	长征—2D	2018年12月29日	云海二号01	遥感	LEO	中国
			云海二号02	遥感	LEO	中国
			云海二号03	遥感	LEO	中国
			云海二号04	遥感	LEO	中国
			云海二号05	遥感	LEO	中国
			云海二号06	遥感	LEO	中国
			鸿雁星座试验星	通信	LEO	中国

注:1. 统计轨道发射任务。
2. 采用北京时间。

(撰稿人:黄 翔)

中国航天科工集团有限公司

【基本概况】 中国航天科工集团有限公司(以下简称"航天科工")是中央直接管理的国有重要骨干企业。2018年,航天科工以习近平新时代中国特色社会主义思想为指导,按照党中央、国务院、中央军委的战略部署,克难奋进,砥砺前行,把握"服务国家战略、服务国防建设、服务国计民生"战略定位,履行"科技强军、航天报国"企业使命,着力抓好质量提升、结构调整和发展方式转变,圆满完成年度经营计划和国务院国资委考核的经营业绩目标,实现新一轮高质量发展的胜利开局。连续12年被评为中央企业经营业绩考核A级,位居世界企业500强第322位。

【主要指标】 2018年,航天科工经营规模稳步增长,经济效益快速提升。实现营业收入2504.97亿元,比上年增长8.82%;利润总额184.96亿元,比上年增长10.65%;经济增加值131.54亿元,比上年增长16.7%;国有资本保值增值率110.6%,位居行业前列。

2018年中国航天科工集团有限公司
主要经济指标

项 目	2017年	2018年	比上年增长(%)
资产总额(亿元)	2882.52	3230.18	12.06
所有者权益(亿元)	1421.24	1636.28	15.13
营业收入(亿元)	2301.94	2504.97	8.82
利润总额(亿元)	167.16	184.96	10.65
净利润(亿元)	142.46	164.28	15.31
归属于母公司所有者的净利润(亿元)	108.52	122.13	12.54
技术科技支出(亿元)	257.08	321.12	24.92
全员劳动生产率(万元/人·年)	30.91	34.44	11.43

【改革发展】 2018年,航天科工全面深化国企改革,"1+N+23"改革框架基本形成,全民所有制企业公司制改造全面完成,事业单位分类改革稳步推进。湖南航天、航天云网列入国企改革"双百行动"综合试点。子企业功能界定与分类方案全面确定,东北地区企业转型升级二次创业取得阶段性成效。首批10家

军工科研院所转制和29家单位职业经理人队伍试点工作稳步推进；14家教育机构改革途径全面确定，完成办消防机构分类处理；圆满完成22.8万户家属区"三供一业"、11项市政设施和4项社区移交艰巨任务；完成湖南航天混合所有制改革改试点总体方案制定并推进实施。全级次单位亏损面保持军工优序排名第一。航天系统公司、培训中心、服务中心实现重组整合；经国务院国资委特别批准，注册成立航天医科公司，对医疗科技机构实施集中管理、资源整合。

【重大项目】 2018年，航天科工虹云工程技术验证星成功发射并开展在轨试验，标志着我国低轨宽带通信卫星系统建设迈出从无到有的重要一步；飞云工程圆满完成国产太阳能无人机总装；快云工程完成总体方案优化论证；行云工程卫星正样产品研制进展顺利；腾云工程实现火箭冲压组合发动机（RBCC）模态转换国内首次飞行验证；飞行列车工程引入吉利控股集团共同推动下一代交通发展。快舟一1A运载火箭圆满完成第二次商业航天发射，创造国内固体火箭入轨精度新纪录。"一带一路"空间信息走廊建设与应用云服务平台稳步运营。形成7个产业规模超过10亿元、3个产业规模超过20亿元的产业化项目。新签8项集团级战略合作协议，深化14项战略合作。获批"工业互联网创新发展工程""互联网+""人工智能创新"等国家级示范工程。

【走向海外】 2018年，航天科工国际化经营收入81.75亿美元，比上年增长32%，跨国指数4.8%。智慧云制造服务研究与示范工厂项目列入中德政府间国际科技创新合作重点专项。国际产能合作取得突破，智能终端印度工厂、IEE墨西哥工厂建成并形成收入，肯尼亚电网扩建项目进入实施阶段，安哥拉公民身份证制证中心等项目有序推进；中国香港特别行政区新一代公司注册综合信息系统项目成功中标。高端钻机产品出口沙特等多个国家，电动压裂泵产品成功进入国际市场。与西门子在工业互联网与智能制造领域合作取得重要成果。参加首届中国国际进口博览会、珠海航展等重要展会，国内外反响强烈。

【重大创新】 2018年，航天科工以激光、太赫兹、量子为代表的一批前沿战略与应用基础技术取得突破，量子通信网络建设取得新进展。光量子技术及应用总体部、应用数学研究中心等12个基础技术研发与工程应用机构相继成立。有效专利2.4万件，其中发明专利1.4万件；获得中国专利金奖1项。获得国家科技进步一等奖1项；获得国防科学技术奖32项，其中特等奖1项。制定全球首个面向智能制造服务平台的国际标准。主要参与制定的1项技术标准作为国际标准正式发布。108个内创成果和100个外创成果落地。基于INDICS平台的双创线上服务进一步优化。设备精灵双创成果实现公司化运营，首次实现国企科技成果所有权、使用权、收益权分离。

【党建工作】 2018年，航天科工各级党组织牢固树立"四个意识"，坚定"四个自信"，践行"两个维护"，落实新时代党的建设总要求和新时代党的组织路线，全面履行主体责任，广大干部职工为国奉献、为党分忧的思想自觉、政治自觉和行动自觉明显提高。用习近平新时代中国特色社会主义思想武装头脑、指导实践、推动工作，学习宣传贯彻党的十九大精神方案20项任务全部完成；党的十九大精神处（室）以上领导干部集中轮训全覆盖；推进"两学一做"学习教育常态化制度化。坚持"两个一以贯之"，将党组（党委）研究讨论作为董事会、经理层决策重大问题的前置程序。12家二级单位增配党委副书记；376个符合条件的单位建立党组织，616个党组织实现"应换必换"；基层党支部标准化、规范化建设取得实效。制（修）订党内规章制度20余项。相关党建经验在中组部《组工研讨》专题刊登，1项研究成果获得中国企业改革发展优秀成果一等奖。落实意识形态工作责任制，多项思想文化研究成果获得中宣部和国务院国资委表彰。群团组织获得"全国五四红旗团委"等国家级先进集体9个、先进个人14人，获奖总数居央企前列。

坚决落实"两个责任"，党风廉政建设和反腐败工作不断深入。强化政治监督，有力促进中央重大决策部署的贯彻落实。15万余人次参加党风廉政教育。制定实施党组巡视工作五年规划。对中央巡视反馈问题等九类问题和落实中纪委关于重大违纪违规案件工作建议开展自查自纠。集中通报2017年以来查处的违规违纪案件和突出问题。保障监督体系有效运行，警示亮牌214张。

【信息化建设】 2018年，航天科工大力推进智慧企业运行平台各类应用系统建设,合同、公文与制度AI试点建设取得突破,企业画像、审计管理等模块上线运行,初步实现核心业务管控调整智能化。ERP统筹比例超过60%,308家单位上线运行ERP,基本实现"采购到付款""销售到收款""生产到成本""项目到核算"一体化;商密网覆盖全级次境内单位和7家境外企业。网络安全组织体系、制度体系初步建成,技术防护能力进一步提升。扎实推进"三类制造"工作,内部企业及其科研生产设备符合安全保密前提下接入云平台12091台(套),智能化改造投入35.9亿元,"非哑企业"占比98%。

【履行社会责任】 2018年,航天科工发布2018年度社会责任报告,深度阐释航天科工社会责任价值观"您的安全——航天科工的责任"。在改革开放40周年、"中国航天日"之际,广泛开展交流会、座谈会、纪念仪式、科技竞赛等丰富多彩的主题活动,助力航天精神与航天文化深深融入员工心中,形成推动中国航天事业发展的强大动力。2018年,航天科工对定点扶贫县投入帮扶资金1003万元,比上年增长184.1%。开展"精准扶贫、爱心捐款"活动,捐款936万余元。

(撰稿人:崔云霞)

中国航空工业集团有限公司

【基本概况】 中国航空工业集团有限公司(以下简称"航空工业集团")是中央直接管理的特大型航空军工集团,是我国先进航空武器装备研制生产责任主体。2018年,航空工业集团党组以习近平新时代中国特色社会主义思想为指导,深入学习宣传贯彻党的十九大精神,树牢"四个意识",坚定"四个自信",坚决做到"两个维护",坚决贯彻执行党中央重大决策部署,推动自主创新,深化企业改革,做强做优做大航空主业,持续提高核心竞争力,向着"建设航空强国、成为世界一流航空企业集团"的"两步走"发展目标迈进。航空工业集团连续11年进入《财富》世界500强企业名单,2018年排名第151位。

【主要指标】 2018年,航空工业集团实现营业收入4388亿元,比上年增长8.39%;资产总额9480.3亿元,比上年增长8.83%;所有者权益3183.4亿元,比上年增长9.59%;利润总额182.6亿元;经济增加值(EVA)39.4亿元。

2018年中国航空工业集团有限公司主要经济指标

项目	2017年	2018年	比上年增长(%)
资产总额(亿元)	8711.2	9480.3	8.83
所有者权益(亿元)	2904.8	3183.4	9.59
营业收入(亿元)	4048.2	4388.0	8.39
利润总额(亿元)	165.5	182.6	10.36
净利润(亿元)	96.1	131.5	36.79
归属于母公司所有者的净利润(亿元)	24.5	46.0	87.45
技术开发投入(亿元)	259.7	286.1	10.17
利税总额(亿元)	135.1	154.2	14.17
应交税金总额(亿元)	156.8	149.7	-4.55
全员劳动生产率(万元/人·年)	20.4	23.3	13.91
净资产收益率(%)	3.3	4.3	减少1个百分点
总资产报酬率(%)	2.9	3.0	增加0.1个百分点
国有资本保值增值率(%)	106.5	106.8	增加0.3个百分点

【改革发展】 统筹改革的顶层设计与试点先行。印发全面深化改革的"1+N"文件体系和改革实施方案,包含11个主要领域和关键环节,明确主要任务、措施及配套文件,形成全面深化改革的顶层设计。航空工业集团被国务院国有企业改革领导小组确定为第二批国有资本投资公司试点企业,是唯一一家被列为国有资本投资公司试点的特定功能类商业二类企业。通飞公司、中航国际、机载公司3家单位进入国企改革"双百行动"名单。合肥江航、安吉精铸完成混

合所有制改革试点。

资本运作助推发展。中航科工 H 股全流通试点申请获得中国证监会批准,成为首家获批的央企上市公司。中航沈飞、深天马、中国航空工业国际完成重大资产重组。直升机重组项目启动。积极探索股权、可转债等多种融资渠道,在股市低迷的环境下,全年在资本市场成功融资 54 亿元。

持续推进"瘦身健体"提质增效工作。继续有序退出非主营业务,经营所涉及的国民经济大类由 2017 年的 61 类减少到 54 类。完成参股股权清理 200 余项。严控投资风险,全年非主业投资比例控制在 8% 以内。剥离企业办社会职能和解决历史遗留问题取得较大进展,"三供一业"分离移交正式协议签订率 100%,分离移交完成率 99.58%。

强化激励激发活力。集团总部岗位绩效工资制正式出台,树立基薪看岗位、高低看业绩的收入导向。实施股权和分红激励单位 48 家,骨干员工 1.3 万人受到激励,基本实现主业领域重点单位中长期激励全覆盖。中航科工、耐世特、中航联创等单位的激励方案成为国务院国资委推广实施的范例,成飞公司岗位分红成为央企改革成果典型案例。首次批复 4 家单位试行职业经理人制度。努力提升劳动用工与劳动生产率水平,劳动用工总量得到有效控制。

【重大项目】 航空军品研制坚持"使命引领、强军为本、创新为先"工作思路,完善"集团抓总、主机牵头、体系保障"管理机制,推进"全任务、全寿命、全要素、全价值链"管理架构落地生根,在基础研究、型号研制等方面取得重大进展,较好地完成全年任务。

民机研制生产稳步进行。"鲲龙"AG600 大型水陆两栖飞机成功实现水上首飞,习近平总书记特发贺电;MA700 新型涡桨支线飞机进入全面试制阶段;AC352 中型直升机基本具备适航条款试飞条件。民机机载设备与系统研制和验证项目立项。民机机头设计制造中心成立。整合 A320 机翼项目,巩固加强国内国际结构一级供应商能力。民机市场能力有序提升。借鉴西锐公司销售模式构筑国内通用飞机营销体系。整合国内外资源提升客舱系统竞争力。完善民机研制单位适航管理体系。航宇嘉泰座椅继获得美国适航认证后,又获得欧洲适航认证,同时打开波音和空客两大主要市场。通用航空协同发展。发布《通用航空发展白皮书》,成功举办第二届"通航日"活动,协同全社会资源共同促进通用航空产业发展。全年交付民机 467 架,比上年增长 11.5%;转包生产和国际合作收入 19.4 亿美元,比上年增长 10.2%。

坚持"三同三高①"原则聚焦拓展业务。采用多种措施促进智能制造机器人、虚拟现实、操作系统、激光投影等项目市场开拓,印制电路板南通项目"当年投产当年盈利",中小尺寸低温多晶硅和液晶显示屏出货量保持全球第一,汽车公司在中国汽车零部件百强企业中排名第四位。大力推进"双创"工作,通过国家"双创"示范基地建设评估。与一汽集团、东风汽车、中国中车等央企的合作进一步深化。

【走向海外】 秉承"共商、共建、共享"核心理念,践行"一带一路"倡议,扎实拓展海外市场,成功召开"空中丝路"峰会,系统推进"空中丝路"计划多向延伸。2018 年,"一带一路"沿线国家项目,已签约和在执行项目 179 个,标的额约 290 亿美元。大力开拓军贸市场,运 8F-200W 首架交付哈萨克斯坦。积极贯彻国家"走出去"战略,国际业务快速发展,国际影响力逐步提升,管理水平不断提高。2018 年,航空工业实现国际化收入首次突破 1000 亿元,占集团公司全年总收入的 25%。境外布局进一步完善,在全球 80 多个国家和地区设立近 260 个境外机构,海外雇员近 3 万人。

【重大创新】 建立科技创新评价体系,提高各单位的创新意识和创新能力。深化实施创新激励,科技成果转化奖励 818 人。提升航空技术创新中心的体系顶层谋划能力,呼应和支撑国家重大科技决策。夯实基础管理手段。AOS(AVIC Operation System,航空工业运营管理体系)完成总部业务流程显性化建模,建立多要素关联,摸清管理能力家底。19 家单位推进 AOS 试点取得初步成果,成飞公司、西飞公司初步实现流程与管理要素融合。"基于模型的系统工程逐步应用于项目全生命周期,促进研发模式向正向设计和协同创新模式转变"课题获得中企联管理成果一

---

① 三同:技术同源、产业同根、价值同向。三高:高端装备项目规模化、高技术项目产业化、高附加值项目服务化。

等奖第一名。加大力度提升创新产出,获得省部级以上奖励86项,一级行业学会奖18项。"鲲龙"AG600项目获得中国外观设计金奖,"翼龙1"无人机系统、飞亚达航天表及应用项目等获得中国工业大奖表彰奖。全年专利申请10007件,其中发明专利7400件,连续五年保持央企前四位。

【党建工作】 以学习宣传贯彻习近平新时代中国特色社会主义思想和党的十九大精神为主线,及时传达学习贯彻中央重要精神和重大部署。完善集团党组向党中央请示报告的工作制度,全年请示报告22件。深化落实全国国企党建会精神,进一步修订完善党组(党委)会、董事会、经理层等议事规则,落实党组织研究讨论"前置程序"要求。认真贯彻落实新时代党的组织路线,以政治建设带动领导班子整体功能提升,以落地好干部标准、优化考评机制激励广大干部新时代新担当新作为,大力加强年轻干部队伍和行业领军人才队伍建设。落实"中央企业党建质量提升年"部署,持续推进实施"1122"党建工作体系,印发2018版党建工作规范和星级党组织考评细则,完成对17家单位星级党组织达标督查或资格复审现场考核、对31位党组织书记现场述职评议。加强党对意识形态工作的领导,严格落实意识形态工作责任制。坚持党建带群建、带团建,群团组织的凝聚力和战斗力不断增强。加强党风廉政建设和反腐败工作,强化政治监督和对"关键少数"的监督。综合运用多种方式,巩固落实中央八项规定精神成果,驰而不息纠正"四风",持续保持惩治腐败高压态势。一体推进"不敢腐、不能腐、不想腐"建设,深化标本兼治,严管和厚爱结合、激励和约束并重。反腐败斗争压倒性胜利已经形成。

【信息化建设】 发布架构标准实施路线及模板体系,提炼形成适用于实施的基础开发路线。全面梳理已有IT治理制度文件,形成120多个流程和模板,统一架构思想认识和方法路线,推进架构方法普及与标准化。发布《军用航空工业信息化能力建设规划指南》,明确信息化能力建设重点任务,推动信息化向统一、集成、共享发展。推进基于模型的系统工程(MBSE)方法和标准在直升机重点型号中深入应用,形成型号业务与系统工程理论相结合的最佳实践。集团有13家2017年工信部"两化"融合管理体系贯标试点单位通过评定,4家单位获工业和信息化部批准成为2018年"两化"融合管理体系贯标国家级试点企业。编制完成通用要求、技术管理和技术类22项MBSE标准,持续推进统一代码登记和代码数据库建设工作。完成商网移动应用建设、开发及管理总体要求编制,形成基于金航商网的移动应用信息服务管理总体框架。

【履行社会责任】 落实党中央脱贫攻坚决策部署,全力推进定点扶贫工作,全面完成上级下发的年度定点扶贫工作计划,超额完成定点扶贫责任书各项计划指标。集团党组现场调研督导扶贫工作,做到5个扶贫县全覆盖。累计选派120多名驻村干部、挂职副县长(副市长)直接参与扶贫工作。在5个定点扶贫县审批立项扶贫产业项目25项,涵盖农业产业、工业产业和文化旅游等领域,直接资金投入1270万元。组建贵州和陕西义务支教讲师团。开展"蓝粉笔"教育公益行动,2018年投入30多万元,培训基层乡村教师1600人。持续开展"定点扶贫乡镇航空科普"、"1+N"助学、爱心助学接力活动和公益书苑建设工作。积极履行海外社会责任,举办第五届非洲职业技能挑战赛,为来自肯尼亚、加纳、赞比亚、加蓬、科特迪瓦的27支队伍108人提供专业的职业技能培训。

(撰稿人:欧旭军)

中国船舶工业集团有限公司

【基本概况】 中国船舶工业集团有限公司(以下简称"中船集团")组建于1999年7月1日,是在原中国船舶工业总公司所属部分企事业单位基础上组建的由中央管理的特大型国有企业。

截至2018年底,中船集团有55家成员单位,包括3家地区单位、3家上市公司、26家工业企业、7家科研设计院所、16家专业公司及挂靠单位,主要分布在北京、以上海为中心的长三角地区和以广州为中心的珠三角地区,在美国、俄罗斯、德国、瑞士、新加坡等12

个国家和地区设有驻外机构和企业，员工5万余人，年用工量逾12万人。

中船集团旗下聚集一批实力雄厚的造修船企业和船舶配套企业，包括江南造船（集团）有限责任公司、沪东中华（造船）集团有限公司、上海外高桥造船有限公司、上海江南长兴造船有限公司、广船国际有限公司、中船黄埔文冲船舶有限公司等，中国船舶及海洋工程设计研究院、上海船舶研究设计院、广州船舶与海洋工程设计研究院3家船舶研究设计机构，以及中船第九设计研究院工程有限公司等知名工程咨询、设计、总承包单位。

2018年，中船集团认真贯彻习近平新时代中国特色社会主义思想和党的十九大精神，坚决落实中央决策部署，着力突出政治引领和战略引领，切实履行强军首责，不断压实党建责任，确立新的发展战略，按期优质完成各项军工任务，实现大型邮轮工程正式启动，"雪龙2号"极地破冰科考船顺利下水，成功交付一批高端船型，创造军贸、非船拓展新纪录，圆满解决重大历史遗留问题，完成国务院国资委下达的第一档经营业绩任务，迈开高质量发展的坚定步伐。

【主要指标】 2018年，中船集团实现营业收入1145亿元，利润总额33.8亿元、比上年增长32.4%，超额完成国务院国资委的考核目标；营业利润率2.9%，比上年增加1.63个百分点；资产总额3022.5亿元，比上年增长3.9%；所有者权益973.9亿元，比上年增长11.4%；完成工业总产值779.7亿元，比上年减少5.7%；实现工业增加值97.6亿元，比上年增长2.8%。

【改革发展】 2018年，中船集团加快结构调整与布局优化工作，强化高质量发展战略在企业重大改革任务推进过程中的引领作用，编制并发布《高质量发展战略纲要（2018—2050）》，明确发展使命、愿景和战略目标、步骤。中船集团坚定不移深化重点领域改革。重点强化激励考核机制，实施总部机构优化调整，启动岗位竞聘。制定并实施新的总部部门、成员单位领导人员、成员单位业绩考核等制度，设置领导人员特别奖励和"中船贡献奖"。在中船租赁试点实施超额利润奖励方案，对创新发展和承担重要任务的单位给予工资总额单列支持1.87亿元。落实国有企业"1+N"改革部署，推动混合所有制等重点领域改革，中船租赁提交上市申请，九江精达完成股份制改造并实施骨干持股，2家公司入选国企改革"双百行动"。围绕处置海工资产完成市场化债转股，完成九江公司实体化改革方案审批。扎实推进专项改革，完成5家企业的年度"处僵治困"任务，压减企业28户，提前一年超额完成压减总目标。45项"三供一业"分离移交项目全部签订协议，完成7户厂办大集体改革。公司治理成效不断显现，董事会规范高效运行、管理和决策效率不断提高，充分发挥管战略、议大事、防风险的作用。

【重大项目】 2018年，中船集团加强前瞻研判和重大项目战略谋划，积极推动重大项目实施。大型邮轮工程正式启动，并在中国国际进口博览会上成功签约"2+4"艘13.55万总吨Vista级大型邮轮建造合同，迈出具有里程碑意义的一步；与上海市达成世博土地处置及深化战略合作的协议，彻底解决双方长达10年的一揽子问题，确立面向未来的新型合作关系，为在沪企业发展和整体布局优化创造良好条件；推动剥离长兴重工和中船圣汇股权、市场化债转股融资54亿元等举措，确保*ST船舶完成亏损治理任务。大型邮轮、智能船舶、船用低速机、智慧海洋等重大科技创新工程专项加快论证和实施。深化智慧海洋工程论证，支撑国家方案，开展示范区建设。大型邮轮工程一期即将实现国家重大专项立项，二期完成规划论证。新一代40万吨智能VLOC完成研制并交付，获得DNV全球首艘智能船船级符号。船用低速机创新一期工程完成原理样机设计并开始总装制造，二期启动论证。

【走向海外】 2018年，中船集团认真贯彻落实推进国务院关于国际产能合作和装备"走出去"的有关要求，积极承担起国家赋予的责任，通过对外投资和并购、境外工程总包等多种形式，充分利用军民船溢出效益，发挥投资和资本运作的纽带作用，加强国际化经营支撑国家战略实施。2018年，中船集团公司对80余个国家（地区）完成实际出口或成交，产品主要包括军品贸易、船舶、海洋工程、机电设备以及各类配套产品等。围绕动力装备产品的售后服务开展全球服务网点布局，建立位于新加坡、德国汉堡、希腊雅典、美国休斯敦4个售后服务网点。积极开展全方位的国际交流与合作，不断加强与三井、嘉年华、芬坎蒂尼、西门子、曼恩、ABB、瓦锡兰、麦基嘉、TTS、EVAC等国外专业公司合资合作，南京绿洲与麦基嘉公司签署合资意向书，中船动力与西门子合资合作项目顺利推进。深化与国内外各方的技术合作，重点推进与GTT、瓦锡兰、ABS等合作。积极实施"走出去"战略，参加美国海洋工程展、希腊海事展、德国汉堡海事展等海外展会，展示中船集团形象，加强与国外合作伙伴的合作交流。

【重大创新】 2018年，中船集团把创新放到引领发展的首要位置，加快创新驱动引领产业发展。科技创新顶层谋划能力持续加强，持续完善科技委工作体系，为重大科技问题决策提供支撑。深入落实《中国制造2025》，把智能制造作为集团公司发展主攻方向之一，研究制定《集团公司智能制造发展实施方案》；智能船舶、豪华邮轮等重大科技创新工程加快实施和论证；一批重点技术和产品研发取得突破，基础共性技术方面，突破低阻高效线型优化等关键技术，提前推出满足第三阶段排放标准船型方案。高技术船海装备方面，极地破冰科考船等完成自主研发。动力机电装备方面，智能控制技术等取得突破，自主品牌340小缸径低速机、320双燃料中速机等完成研制并获得订单；新型船用1200吨海洋吊机等研制成功。协同创新水平不断提升，深化与国内外各方的技术合作，大力推进共建联合重点实验室和协同创新联盟，重点推进与GTT、瓦锡兰、ABS等合作。知识产权成果大幅增长，截至2018年底有效专利持有量5917件，比上年增长30%，其中发明专利1538件，增长19%。主导编制国际标准3项，发布国家和行业标准116项。获得国家科技进步奖二等奖1项，国防科技进步奖一等奖2项。

【党建工作】 2018年，中船集团坚决落实党对国有企业的领导，党建工作对改革发展的引领保障作用显著增强。深入学习贯彻习近平新时代中国特色社会主义思想和党的十九大精神，不断增强"四个意识"，坚定"四个自信"，坚决做到"两个维护"，认真贯彻执行党中央决策部署。按照国企党建工作会等会议精神及"央企党建工作质量提升年"要求，制定并实施《成员单位党建工作责任制考核评价暂行办法》，将党建工作责任与经营业绩考核、领导人员综合考核相挂钩。认真抓好党建基层基础工作，落实"四同步"要求和基层组织按期换届，促进党建工作与改革发展深度融合；促进党员教育培训、"三会一课"、组织生活会等基层党组织活动的标准化、规范化。加大新闻宣传力度，集团公司品牌知名度和影响力不断提升。开展党风廉政建设"两个责任"落实情况专项监督检查，强化失责追究，推进管党治党责任向基层延伸。推进军工项目"干净工程"建设，着力破解军工"特殊论"。完成对10家单位的政治巡视，在5家单位开展巡察试点。围绕物资采购、涉军外包外协外购等开展专项监督检查，以检查促整改促提升；紧盯"关键少数"严肃违法违纪案件查处，持续形成强大震慑。制（修）订相关制度23项，进一步扎牢"不能腐"的制度笼子。持续强化对各级领导人员的日常监管，深化"第一种形态"运用，抓早抓小、防微杜渐；从经常性、长期性层面推进纪律教育，持续强化讲政治、守规矩、敢担当的氛围。

【信息化建设】 2018年，为弥补研发生产存在的信息化短板，中船集团加快实施骨干厂所信息化重塑工程，加快推进两化融合，积极引进CATIA V6先进全三维设计软件，重点推进"六厂两所"信息化重塑建设，以江南造船试点先行，尽快实现该软件的推广应用，在江南和黄埔取得较好的效果。

【履行社会责任】 2018年，中船集团积极践行绿色发展理念，大力推进节能减排工作，未发生环境污染事件，每万元工业增加值（现价）综合能耗比上年下降1.6%，二氧化硫、氮氧化物比上年分别下降1.5%和2.2%。2018年，中船集团认真履行《中央单位定点扶贫责任书（2018年度）》（以下简称《责任书》）明确的有关责任，累计投入885万元，从教育、医疗卫生、基础设施建设、产业发展、干部及技术人员培训等方面实施一批帮扶项目，全面超额完成《责任书》确定的各项任务，支持云南省鹤庆县于2018年9月顺利"脱贫摘帽"。

（撰稿人：尚家发）

中国船舶重工集团有限公司

【基本概况】 2018年，中国船舶重工集团有限公司（以下简称"集团公司"）深入贯彻落实中央关于全面深化改革和国有企业改革部署要求，加强改革统筹谋划和体系推进，加快实施重组整合、产融结合、市场化债转股等重点工作，改革调整持续深化拓展。

调结构与资源重组整合方面，构建产研一体、探测与对抗各具特色的水声系统，成立中国船舶重工集团电子信息与对抗研究院（第八研究院），构建海洋电子信息探测与干扰对抗融合发展、攻防一体的体系化发展能力；实施船舶柴油机产研一体化重组整合，低速机承接合同金额比上年增长97%、国内市场份额占比提升30%以上。

产融结合与市场化债转股方面，华舟应急收购陕柴重工核应急业务并更名为中国应急，成为集团公司应急装备产业上市平台；中国海防三期重组复牌，开创军工科研院所资产证券化新模式；中国重工首期市场化债转股全面完成，资产负债率降低11个百分点；陕西柴油机重工有限公司、重庆齿轮箱有限责任公司成功实施市场化债转股，资产负债率分别降至37.4%和46.5%。

【主要指标】 2018年，集团公司全面推进高质量发展，主要经济指标稳步增长，发展质量持续向好。全年实现营业收入3050.3亿元、比上年增长1.6%，利润总额88.6亿元、比上年增长33.4%，归属于母公司所有者的净利润65.7亿元、比上年增长35.7%，资产负债率57.6%、比上年减少1.71个百分点，净资产收益率3.3%、比上年增加0.5个百分点，总资产报酬率2.4%、比上年增加0.4个百分点，经济增加值比上年增长114.6%，国有资本保值增值率105%、比上年增加0.3个百分点，全员劳动生产率24万元/人·年、比上年增长4.3%，蝉联《财富》世界500强入榜船舶企业首位，综合实力和国际影响力进一步提升。

2018年中国船舶重工集团有限公司主要经济指标

项 目	2017年	2018年	比上年增长（%）
资产总额（亿元）	4962.1	5037.5	1.5
所有者权益（亿元）	2018.6	2112.7	4.7
营业收入（亿元）	3002.9	3050.3	1.6
利润总额（亿元）	66.4	88.6	33.4
净利润（亿元）	51.8	69.0	33.2
归属于母公司所有者的净利润（亿元）	48.4	65.7	35.7
技术开发投入（亿元）	283.0	333.5	17.8
利税总额（亿元）	112.7	139.9	24.1
应交税金总额（亿元）	64.8	66.3	2.3
全员劳动生产率（万元/人·年）	23.0	24.0	4.3
净资产收益率（%）	2.8	3.3	增加0.5个百分点
总资产报酬率（%）	2.0	2.4	增加0.4个百分点
国有资本保值增值率（%）	104.7	105.0	增加0.3个百分点

【改革发展】 持续推进考核与激励机制改革，对工资总额按固定、浮动、特殊性和奖励性四部分切块管理，既保障职工生活、又体现效益导向。将品牌产品以及去亏损、"处僵治困"、压降"两金"、"集造集配"等纳入经营业绩考核，引导和促进高质量发展。推动创新要素参与分配，开展第一批科技型企业分红激励试点。集团公司被评为"中央企业考核分配先进单位"。考核分配与激励机制不断完善。

混合所有制改革稳妥推进，中船重工（厦门）海陆智能科技有限责任公司等4家混合所有制企业引入民营资本和机制，发展势头良好。3家企业入选国务院国资委"双百行动"综合改革试点。

【重大项目】 重大决策方面。发挥战略引领作用，以根本原则、战略目标、战略重点、战略支撑、战略保障五方面为重要内容，确定了新时代中船重工高质量发展战略纲要的主要内涵，是集团公司学习贯彻落实习近平新时代中国特色社会主义思想的具体实践，是指导推动集团公司高质量发展的总体部署要求；集团公司总部职能部门由17个调整为23个，进一步优化集团公司总部有关职能建设，深入实施扁平化管理，加强完善党建工作机构，加强专项办公室的能力建设。

重大科研开发方面。我国首艘国产航母2018年5月13—18日首次出海试验，多项设备得到进一步测试，达到预期目的。

【走向海外】 积极响应"一带一路"倡议，推动军贸"走出去"。中孟联合建造的2艘大型反潜巡逻艇交付、1艘近岸巡逻艇下水；承建马来西亚濒海任务舰首舰开工建造；承建的泰国海军潜艇开工建造；我国近年来对乌兹别克斯坦最大援助项目乌兹别克斯坦挖泥船及配套用船项目完工；中资企业在玻利维亚第一个通过验收的项目玻利维亚贝宁大桥正式通车；参与建设的北极圈上最长大桥挪威Halogaland大桥通车；签订马来西亚烟厂项目EPC合同。

【重大创新】 扎实推进创新平台建设。截至2018年底，拥有国家级研发中心10个（研发中心3个、工程技术研究中心2个、国家重点实验室1个、国家工程实验室4个）、国家级企业技术中心13个、国防科技重点实验室10个、专业实验室150多个，自主创新能力和核心竞争力持续增强，形成比较完整的海军武器装备与军民融合产业科技创新体系。申请专利5434件、比上年增长25.4%，专利授权3055件、比上年增长13%，专利数量在中央企业中排名前十位。发布国际、国家和行业等各级标准384项，比上年增长57.4%。获得国防科技工业企业管理创新成果奖32项，其中一等奖3项。

以解决船舶工业发展技术难题为切入点的网络创新平台——"智海"平台不断优化，成立以来发布技术难题信息550条，组织各单位见面洽谈100余次，举办大型线下活动7次，解决成员单位提出问题151项。

【党建工作】 坚持党的全面领导。认真组织学习宣传贯彻习近平新时代中国特色社会主义思想和党的十九大精神，举办学习宣传贯彻活动3000多场次，专题集中培训中层以上领导干部6000多人，党组成员分赴党建联系点讲授专题党课，推动党的最新理论成果入脑入心。

贯彻新时代党的建设总要求和中央关于党建决策部署。研究制定18项任务、47条整改措施，国务院国资委党委2017年度考核集团公司党建工作指出的问题全部整改完成。调增党群工作部内设机构和人员编制，中船重工报社改革管理体制机制，统筹协调平面、网络等各类媒介，宣传贯彻党的路线方针政策及集团公司党组决策部署更加及时、全面、有效。以提升组织力为重点，加强基本组织、基本队伍、基本制度"三基建设"。实现成员单位党委书记党建述职全覆盖。共青团、统战等工作稳步开展。

弘扬军工人许党报国情怀。深入贯彻落实习近平总书记重要指示批示，组织开展"学英雄、勇担当、践行动、促发展"主题活动，会同中央及地方媒体一起广泛深入报道，成立"8·20"抗灾抢险先进事迹报告团，在集团公司和国家及地方党政机关、高校、企事业单位专题报告20余场；设立"许党报国蓝海爱心基金"，抚慰照顾好烈士遗属，激发干部职工履职尽责、拼搏奉献、推动高质量发展的热情和干劲。

推进党风廉政建设和反腐败不断深入。督促各级党委压实主体责任，以严肃问责倒逼责任落实，严肃查处违规违纪问题，持续强化不敢、知止氛围。巩固落实中央八项规定精神成果，制定《中共中国船舶重工集团有限公司党组关于贯彻落实中央八项规定精神的实施细则》，开展"四风"问题专项督查，制（修）订规章制度786项，实现内部巡视全覆盖。用好监督执纪"四种形态"，其中，运用第一、二种形态占比92.9%。

【信息化建设】 加强信息技术应用推广。推进集团公司智能制造第一批试点示范成熟技术应用推广，开展第二批以"协同"为主的智能制造试点示范，大力推进人工智能、大数据等新一代信息技术应用。持续推进知识管理，不断完善健全智能制造和信息化技术支撑体系，试点开展智慧院所、智慧车间建设。

加强信息化建设。按照"六统一"（统一规划、统一管理、统一标准、统一平台、统一采购、统一建设）原则，建立以管控类信息系统和管理类信息系统为架构的信息管理体系。

【履行社会责任】 全面履行绿色发展、扶贫等社会责任。践行绿色发展理念，将节能环保责任纳入生产运营全过程，工业企业产值综合能耗0.0529、比上年下降3.21%，二氧化碳、化学需氧量、氮氧化物、氨氮排放总量比上年下降6.31%、2.23%、3.44%、2.31%；聚焦精准扶贫、精准脱贫，投入扶贫资金2.75亿元，资本、产业、消费、教育、就业、人才扶贫综合发力，定点扶贫的云南省勐腊县成功脱贫"摘帽"、丘北县加快脱贫"摘帽"，获国务院扶贫开发领导小组考核最高等次荣誉。

（撰稿人：郑礼建）

中国兵器工业集团有限公司

【基本概况】 中国兵器工业集团有限公司（以下简称"兵器工业集团"）是国家国防安全的基础、陆军装备研制生产的主体、全军毁伤打击和信息化装备发展的骨干、国家实施"走出去"战略和"一带一路"倡议的支撑、国家推进军民融合深度发展的主力。2018年，全系统上下认真贯彻落实党中央、国务院、中央军委决策部署，积极践行新发展理念，落实高质量发展要求，履行好强军首责，统筹推进稳增长、抓创新、促改革、调结构、转方式、强管理、防风险工作，着力加强党的领导提升党建工作质量，改革发展党建各项重点工作取得新成效。着力开拓国内外市场，习近平总书记亲自见证签约的巴基斯坦拉合尔轨道交通橙线项目全线贯通。实现大客户营销订单120亿元、比上年增长11%，实现海外收入2076亿元、海外利润71.2亿元；军贸出口继续保持军工集团首位。汽车零部件、矿用车、成品油、铁路货车、光学材料等36项重点民品收入逆势增长。新产品贡献率37.27%、比上年增加3.5个百分点。2018年，资产总额3959.8亿元，职工22.1万人。

【主要指标】 2018年，兵器工业集团主要规模效益指标保持持续向好的态势，经济运行质量持续稳定提升，呈现出稳中有进、进中向好的发展态势。一是规模效益平稳增长，盈利结构持续改善。实现营业收入4545.49亿元，比上年增长4.11%；利润总额166.4亿元，比上年增长10.03%。二是成本费用率持续走低，提质增效成效明显。成本费用总额占营业收入比重的96.44%，比上年减少0.1个百分点；经济增加值83.68亿元，比上年增长11.04%。三是"两金"控制在预算目标范围内，经营风险总体可控。应收账款、存货均控制在年度预算目标范围内。

2018年中国兵器工业集团有限公司主要经济指标

项目	2017年	2018年	比上年增长（%）
资产总额（亿元）	3779.85	3959.82	4.76
所有者权益（亿元）	1510.98	1619.83	7.20
营业收入（亿元）	4365.98	4545.49	4.11
利润总额（亿元）	151.24	166.40	10.03
净利润（亿元）	114.70	126.31	10.12
归属于母公司所有者的净利润（亿元）	57.97	63.93	10.28
技术开发投入（亿元）	116.99	139.91	19.59
利税总额（亿元）	238.94	236.15	-1.17
应交税金总额（亿元）	125.00	108.45	-13.24
全员劳动生产率（万元/人·年）	23.56	25.98	10.27
净资产收益率（%）	7.72	8.07	增加0.35个百分点
总资产报酬率（%）	5.31	5.70	增加0.39个百分点
国有资本保值增值率（%）	105.26	105.06	减少0.2个百分点

【改革发展】

1. 国家重要领域混合所有制改革试点情况。

兵器工业集团所属内蒙古第一机械集团有限公司（以下简称"一机集团"）是国家重要领域混合所有制改革试点企业。在2017年底完成一机集团整体上市基础上，2018年继续推进混合所有制改革试点，全方位多层面推进经营机制转换，深化劳动、人事用工、薪酬"三能"制度改革，完善法人治理结构，完善监督机制。建立科学高效、运行顺畅、管理规范的母子公司管控体系。充分利用军工技术人才优势，培育开发出大功率AT变速箱、稀土永磁高效节能电机、反恐防暴轻型突击车、特种履带消防坦克、高铁扭杆等产品，成为新的经济增长点。2018年，主营业务收入144.5亿元，利润总额5.38亿元，实现持续稳健经营。

2. 薪酬、分配等改革情况。

2018年，兵器工业集团坚持体系谋划、灵活多元，完善市场化考核激励与收入分配机制。坚持分类分级开展子集团和直管单位绩效考核，薪酬增长单位增幅最大28.3%，下降单位降幅最大27.4%。对在重要竞争性项目中取得突破的单位进行即时奖励，鼓励参与市场竞争、拓展发展空间；完善工资总额特殊清单制，对科技成果转化、国家级创新平台等要素单列工资总额预算。研究制定《关于积极推进中长期激励工作的指导意见》，探索构建兵器特色的"3+N"中长期激励模式；通达信科等5家单位申报国有科技型企业激励计划，特能、物资、兵器四院、电子院等单位探索实施虚拟股权、超额利润分享、项目跟投等多种中长期激励方式。

【重大项目】 2018年，兵器工业集团与沙特阿拉伯合资合作总投资超过100亿美元的华锦阿美石油化工项目进入全面落地新阶段；完成伊拉克EBS项目、阿联酋A项目2个中大型油气田项目审批，从而使集团公司拥有权益原油年产量达到千万吨，达到与国内外知名公司同台竞技的地位；完成刚果（金）庞比铜钴矿、卡莫亚铜钴矿二期、缅甸S&K矿等矿产资源项目的资源量获取和论证审批工作；拓展国际工程业务盈利模式，完成孟加拉国博杜阿卡利1320MW火电站、克罗地亚塞尼风电2个重大国际工程投资项目论证审批；进一步优化汽车零部件和民爆业务海外产能布局，完成德国福霸、WAG汽车零部件公司在墨西哥建厂，伊拉克东刚果（金）、几内亚民爆生产线建设投产；克罗地亚塞尼风电项目开工建设，启动总投资25亿美元的孟加拉国1320MW超超临界火电站项目。

【走向海外】 2018年，兵器工业集团积极推进"一带一路"走深走实，推动军贸业务与海外战略资源、国际工程承包和产能合作、民品出口的良性互动，国际化经营稳步发展，跨国指数23.3%。全年实现海外收入2076亿元、海外利润71.2亿元，分别比上年增长13.7%、11.2%，分别占比45.7%、42.8%；实现进出口总额87.5亿美元，其中出口31.3亿美元、进口56.2亿美元。截至2018年底，兵器工业集团海外资产总额705亿元、海外人员13254人，分别占比17.8%、6.3%；经贸往来国家和地区151个。全年实现军贸出口成交31.6亿美元、比上年增长20%，继续保持军工集团首位，获得国防科工局"2017—2018年度国防科技工业军品出口先进单位"称号。国际工程实现成交27亿美元、ENR排名第94位，其中巴基斯坦拉合尔轨道交通橙线项目全线贯通；实现油气产量866万吨、铜金属产量16.3万吨、钴金属产量4400吨；民爆全球产业布局成效显著，在10个国家落地12个项目。

【重大创新】 2018年，兵器工业集团获得国家科技进步一等奖1项、国家科技进步二等奖3项、国家技术发明二等奖3项。4项创新成果获得第二十五届全国企业管理现代化创新成果二等奖。国防科技工业企业管理创新成果获得一等奖7项、二等奖15项、三等奖20项，获奖总量及一等奖数量均位于军工集团首位。

2018年，兵器工业集团申请专利4594件，授权专利2319件，截至2018年底累计有效专利13059件。"电动轮非公路自卸车坡起自动防倒滑系统"获得中国专利优秀奖，"蟒式全地形车"获得第十届国际发明展览会发明创业奖·项目奖一等奖。《红外光学材料均匀性测试方法》等3项国际标准获国际标准化组织（ISO）批准发布，实现兵器工业集团国际标准制定"零的突破"。全年新产品贡献率37.27%。

【党建工作】 坚持推动党的建设与中心工作深度融合，把引领和推动改革发展作为党建工作的出发点和落脚点，强化党的政治建设。深入开展固"根"聚"魂"、党组织强基、党员创新"三大工程"，启动实施军企共建海军"吴运铎"号综合试验舰特色教育基地，开展纪念祝榆生100周年诞辰学习宣传活动。首次命名基层示范党支部，树立学习标杆。把党员创新示范区、责任区建在车间班组、重点项目、海外一线，全年完成党员创新项目11223项、节创价值8.7亿元。强化政治监督,对精准脱贫、污染防治等中央重大决策部署落实情况进行专项督导。深化政治巡视,启动党的十九大之后首轮对10家单位的内部巡视,系统构建巡视巡察上下联动的监督网络格局。制定《兵器工业集团纪检监察体制改革实施方案》,启动纪检监察体制改革。

【信息化建设】 兵器云平台在第四届全球互联网经济大会上正式上线发布。该平台将兵器制造业与互联网深度融合,加强集团军民品产业技术创新、商业模式创新,填补国内军工行业全产业链军民深度融合的空白,支撑中国特色先进兵器工业体系建设。集团网站群成功上线运行,涵盖集团总部及下属单位等80个单位,站点数量85个,初步建成以"主站+子站"的综合型门户网站集合,提高集团互联网网站的安全保护能力,有效提升集团互联网品牌的凝聚力。公安部专门将兵器工业集团网站群的工作方案和建设经验向全国推广。圆满完成2018年"两会"、国庆、中非论坛、上合峰会等重要会议期间的安全保障和信息通报工作。在2018年底公安部召开的全国通报机制工作会议上,兵器工业集团获得"2018年度国家网络与信息安全信息通报工作先进单位"称号。

【履行社会责任】 2018年,兵器工业集团坚持开发式扶贫,在云南省红河县和黑龙江省甘南县2个定点扶贫县投入定点扶贫资金1110万元,引进资金282.5万元,重点实施16个特色扶贫项目。积极搭建系统内外公益销售平台,圆满完成2018年脱贫攻坚任务,取得良好的社会效益。黑龙江省甘南县在黑龙江省以综合排名第一的成绩,提前实现脱贫摘帽目标。中央电视台社会与法频道(CCTV-12)对兵器工业集团帮扶红河县梯田"稻鱼鸭共作"模式进行直播。集团电商扶贫案例获得"企业扶贫优秀案例奖",并入选中国社科院《中国企业扶贫蓝皮书(2018)》《中央企业社会责任蓝皮书(2018)》《社会力量参与脱贫攻坚实践案例研究(2018)》。"哈尼梯田"渔稻综合种养模式入选淡水鱼产业技术体系核心示范点。兵器工业集团获得中国社会责任百人论坛"精准扶贫金牛奖"。污染防治攻坚工作完成年度指标目标,万元可比价值化学需氧量排放量比上年下降11.18%、万元可比价值二氧化硫排放量比上年下降15.39%、万元可比价产值氮氧化物排放量比上年下降13.91%,全年未发生环境污染责任事故。

(撰稿人:许文伟)

中国兵器装备集团有限公司

【基本概况】 中国兵器装备集团有限公司(以下简称"兵器装备集团")是中央直接管理的国有重要骨干企业,是国防科技工业的核心力量,是我国最具活力的军民结合特大型军工集团之一。2018年,在党中央、国务院、中央军委的坚强领导下,兵器装备集团坚持以习近平新时代中国特色社会主义思想为指导,增强"四个意识",坚定"四个自信",做到"两个维护",认真贯彻落实党中央、国务院、中央军委决策部署,坚持稳中求进工作总基调,按照"五位一体"总体布局和"四个全面"战略布局要求,践行新发展理念,深化领先发展战略,不断推动集团公司向高质量发展转型。

【主要指标】 2018年,兵器装备集团实现营业收入2242.10亿元,实现利润总额24.67亿元,净利润7.25亿元,净资产收益率0.64%。

2018年中国兵器装备集团有限公司主要经济指标

项　　目	2017年	2018年	比上年增长(%)
资产总额(亿元)	3672.42	3326.79	-9.41
所有者权益(亿元)	1139.93	1134.20	-0.50
营业收入(亿元)	3026.87	2242.10	-25.93
利润总额(亿元)	212.59	24.67	-88.40
净利润(亿元)	170.75	7.25	-95.75
归属于母公司所有者的净利润(亿元)	49.99	17.74	-64.51
技术开发投入(亿元)	176.61	118.82	-32.72
利税总额(亿元)	439.52	133.01	-69.74

续表

项　目	2017 年	2018 年	比上年增长(%)
应交税金总额（亿元）	294.94	149.08	－49.45
全员劳动生产率（万元/人·年）	33.05	19.84	－39.97
净资产收益率（%）	15.35	0.64	减少 14.71 个百分点
总资产报酬率（%）	6.47	1.51	减少 4.96 个百分点
国有资本保值增值率（%）	108.78	103.49	减少 5.29 个百分点

【改革发展】 兵器装备集团认真贯彻党中央、国务院决策部署，高度重视混合所有制改革工作，成立以董事长为组长的全面深化改革领导小组和以分管领导为组长的混合所有制改革专项小组，制定《中国兵器装备集团公司混合所有制改革指导意见》，稳妥有序推进混合所有制改革，推动所属企业构建适度多元的股权结构、健全企业法人治理结构、完善现代企业制度、构建市场化经营机制，以混合所有制改革为突破口，进一步激发企业发展活力动力。2018 年，西南自动化研究所、华南光电、华强科技 3 家单位纳入国家混合所有制改革试点，占中央企业试点单位的 10%。

兵器装备集团积极探索集团内部混合所有制改革试点工作。坚持试点先行，分批推进集团内部混合所有制改革试点，确定长安轻型车事业部、长安欧尚事业部、万友汽车、华川工业、华中药业、洛阳北企首批 6 家内部混合所有制改革试点单位，在华中药业、万友汽车、长安欧尚事业部单位开展综合改革试点。研究形成混合所有制改革方案模板，组织试点企业规范编制改革方案；建立联合工作机制，加大企业改革方案研讨力度，组织多部门做好企业改革方案审查。

持续推进三项制度改革。加强制度体系建设，激励领导干部队伍主动担当作为；精准高效配置用工，超进度完成全年减员预算目标，减员降本增效显著；创新实施强激励硬约束机制，实现分类精准考核，"四能""四力"进一步显现，促进高质量发展的导向更加明确。各单位结合自身实际各有侧重稳步推进改革，取得阶段性成果。兵器装备集团三项制度改革经验做法入编 2018 年 9 月《国企改革简报》，上报国务院领导审阅。

兵器装备集团积极贯彻落实国务院《关于深化"互联网＋先进制造业"发展工业互联网的指导意见》《关于网络强国战略实施纲要》精神，编制《集团数字经济专项行动计划》，推动集团数字经济增长。深入实施长安汽车智能制造和生态圈，实现长安汽车智能网联车销量 52 万台，电商平台收入 2.9 亿元，注册用户数 596 万人，活跃用户数 44.5 万人。通过智能终端覆盖和虚拟接入长安民生物流物联网云平台，实现运输任务和资源的数据同步。采用反欺诈系统完善个贷业务风险防控，汽车金融移动预审批系统实现秒级审批，线上平台累计粉丝数达到 46 万人，实现贷后查询 556 万次。

2018 年是剥离企业办社会职能和解决历史遗留问题改革工作的攻坚之年，通过集团公司总部、地区局统筹协调、集中督导、多方探索等方式，各任务单位积极推进，基本完成 182 项"三供一业"、15 项市政、26 项社区管理协议签订及职能移交工作，基本完成 11 项教育、11 项医疗机构深化改革工作，完成全部消防机构分类处理工作，稳妥推进厂办大集体改革工作，积极探索试点城市退休人员社会化管理工作，全面完成国务院国资委指标任务。

【重大项目】 2018 年，全面实施利达光电资产重组，以利达光电为平台开启光电板块整合，中光学资产实现证券化，溢价 1.8 亿元注入上市公司，计划募集配套资金 3.5 亿元，项目获证监会正式批复。在国务院国资委统一指导下，推进央企之间资源调整、优势互补，创新资本运作方式，兵器装备集团所属中原特钢、中国嘉陵分别与中粮集团、电科集团重大资产重组，并于 2018 年 12 月获得证监会批准，解决企业长期亏损且扭亏无望的棘手问题，消除上市公司退市危机。

2018 年，兵器装备集团保变电气参与研究的"超、特高压变压器/电抗器出线装置关键技术及工程应用"获得国家科技进步二等奖，59 所的"一种低成本热强变形镁合金及其制备方法"获得第 20 届中国专利优秀奖。

【走向海外】 兵器装备集团积极响应国家"一带一路"倡议，以汽车及零部件、输变电、装备制造、光电信息和综合产业等领域为主,聚焦重点项目,以境外直接投资、对外承包工程、装备出口和技术合作为主要形式,着力加快优质产能和装备输出,带动技术、标准、服务、品牌"走出去",取得初步成效。截至2018年底,集团公司所属6家境内企业设立境外企业17家,分布在全球五大洲。境外资产总额19亿元,所有者权益11.8亿元。境外企业营业收入6.8亿元。

2018年,兵器装备集团国际业务指标中出口交货值107.09亿元,比上年增长16.44%;海外业务收入6.8亿元,比上年增长17.24%;境外投资2.64亿元,引进外资3.6亿元。

【重大创新】 2018年,兵器装备集团科技投入占营业收入的5.49%,新产品贡献率保持在50%以上。预算执行率92%以上。全年专利申请3050件,其中发明专利申请1491件、国防专利申请380件、国际专利24件;专利授权1545件,其中发明专利授权389件、国防专利61件、国际专利21件。科研项目转化成果显著,推出一批具有市场竞争力的新产品。1人入选国家"万人计划"青年拔尖人才、1个科研团队入选"万人计划"重点领域创新团队、1人入选国防科技卓越青年人才、1个科研团队入选国防科技创新团队(基础领域)。

【党建工作】 兵器装备集团带头讲政治,全年向党中央请示报告事项48件(次);带头抓学习,党组学习20余次,全年两级中心组学习超过600余场次;抓制度建设,制定《党建领先战略纲要(2018—2020年)》,出台制度13项;完善"双向进入、交叉任职"领导体制,着力推动"党建进章程",二级单位完成率100%,落实"两个一以贯之"。抓基层队伍能力提升,培训全行业基层党支部书记1600余人。抓意识形态阵地建设,达标率100%;形成中央媒体、地方媒体、行业媒体、企业自媒体联动宣传的良好局面。抓实统战、工会、共青团及妇女工作的顶层设计和领导、指导。

2018年,兵器装备集团以政治建设为统领,深入开展正风肃纪反腐各项工作,推动全面从严治党向纵深发展。坚持锲而不舍纠治"四风",中央八项规定精神逐渐深入人心。党组专题研究集团公司作风建设问题,制定20项措施并督促落实,修订完善《深入落实中央八项规定精神的实施细则》,修订完善覆盖集团公司领导人员、总部员工、企业班子成员等各类别人员的履职待遇、业务支出等规定。持续开展"四风"问题监督检查和整治工作。2018年,违反中央八项规定精神问题总体呈下降趋势,面上的享乐、奢靡问题基本得到遏制。持续加大纪律审查力度,推动形成反腐败高压态势。着力聚焦重点人重点事,有力削减存量、有效遏制增量,及时查处一批典型案件,不敢、知、止的氛围基本形成。2018年,纪检组初核问题线索35件,比上年增长6.5%;立案10件,比上年增长25%;处理党组管理干部66人,比上年增长175%;给予党纪处分13人,比上年增长44%。对2个党委、1个纪委和20名党组管理干部进行问责,比上年增长54%。坚持政治巡视要求,推动巡视质量持续提高。2018年上半年完成对二级单位党组织第一次巡视全覆盖目标任务,着力提升巡视工作政治站位和发现问题的精准性,现场巡视时间由1个月调整为2个月。加强现场指导督促,严格审核巡视报告,准确把握问题性质。2018年两轮巡视16家单位,发现问题193个,移交问题线索103件。强化对被巡视单位整改工作的督导检查,对巡视整改不力的严肃问责。

【信息化建设】 2018年,兵器装备集团积极贯彻落实国家《关于贯彻落实〈中共中央、国务院关于加强网络安全和信息化工作的意见〉的工作方案》文件精神,全面落实网信工作战略部署,整体推进网络安全和信息化工作。信息化投资占比0.5%,投资金额11.7亿元,总部信息系统完成率100%,集团信息化水平稳步提升。

【履行社会责任】 2018年,兵器装备集团坚持绿色发展,着力构建可持续发展模式,推进产业结构调整,健全节能减排管理体系。万元工业总产值(可比价)综合能耗0.0322吨标煤,比上年上升22.97%;按可比价计算,实现节能量0.64万吨标准煤,二氧化硫、化学需氧量、氨氮、氮氧化物排放量分别比上年下降23.7%、3.8%、1.67%、23.3%,绿色制造能力持续提升。

2018年,兵器装备集团认真贯彻落实党中央、国务院脱贫攻坚决策部署,站在讲政治的高度推动精准扶贫工作,在教育、产业、民生等领域下功夫、做文章、求实效。向云南省泸西县、砚山县投入定点扶贫资金

4000万元,启动实施20个扶贫项目,两县1621户6934人建档立卡贫困户从中受益。兵器装备集团积极引导各子公司开展社会责任工作,编制发布年度社会责任报告,被权威机构评为四星半级别,属于领先水平,系统性展示兵器装备集团积极履行经济责任、社会责任、环境责任的良好形象。

(撰稿人:张 玲)

中国电子科技集团有限公司

【基本概况】 中国电子科技集团有限公司(以下简称"中国电科")是在原信息产业部直属的46家电子科研院所及26家全资或控股公司基础上组建而成,于2002年3月1日正式挂牌运营,主要从事国家重要军民用大型电子信息系统的工程建设,重大电子装备、软件、基础元器件和功能材料的研制、生产及保障服务。是中央直接管理的涉及国家安全和国民经济命脉的国有重要骨干企业,是国内唯一覆盖电子信息技术全领域的大型科技集团。

【主要指标】 2018年,中国电科实现营业收入2204.27亿元,比上年增长8.08%;利润总额213.48亿元,比上年增长4.82%;净利润193.57亿元,比上年增长4.53%。

2018年中国电子科技集团有限公司主要经济指标

项 目	2017年	2018年	比上年增长(%)
资产总额(亿元)	3046.99	3547.71	16.43
所有者权益(亿元)	1627.10	1852.18	13.83
营业收入(亿元)	2039.44	2204.27	8.08
利润总额(亿元)	203.67	213.48	4.82
净利润(亿元)	185.18	193.57	4.53
归属于母公司所有者的净利润(亿元)	119.91	116.10	−3.18

续表

项 目	2017年	2018年	比上年增长(%)
科技支出(亿元)	366.30	403.10	10.05
应交税费(亿元)	90.85	100.68	10.82
全员劳动生产率(万元/人·年)	34.02	36.10	6.11
净资产收益率(%)	12.29	11.12	减少1.17个百分点
总资产报酬率(%)	7.54	6.75	减少0.79个百分点
国有资本保值增值率(%)	110.89	109.27	减少1.62个百分点

【改革发展】

1. 推进内部资源整合,持续建设子集团和专业公司。以打造主营业务板块龙头企业、提升整体核心竞争力为目标,整合16家研究所资源推进11家子集团和专业公司建设,在探测感知、海洋信息、装备制造、大数据、物联网等新兴领域进行有效布局。

2. 有序推进公司制股份制改革。一是全面实施公司制改革,除个别待清理子企业外,中国电科本部及所属成员单位基本完成全民所有制改制工作。二是推进上市公司建设,在8家上市公司基础上,2018年新增天奥电子上市平台,嘉陵股份划转重组获证监会审核通过。海康威视成为安防领域排名第一位的世界一流企业。三是推进混合所有制改革。中国电科下属电科仪器于2017年11月获批列入国家第三批混合所有制改革试点,2018年7月混合所有制改革总体方案获国家发展改革委正式批复。

3. 坚持"两个一以贯之",推进现代国有企业制度建设。坚持加强党的领导和完善公司治理有机结合,持续优化实施《中国电科现代国有企业"1+3"权责表》,按照人权、事权、财权划分管理类事项和金额类经济事项,理顺党组、董事会、经理层权责关系,探索在条件成熟的成员单位实施专项授权,探索实施区域监事会管理模式。

4. 全力以赴,按时保质完成国有企业改革专项任务。一是按照国家事业单位改革总体部署,积极稳妥推进军工科研院所改革,正式启动首批26所、40所、

44所、52所4家研究所企业化转制工作。二是落实国务院国资委关于"压减"工作要求,全面推进低效亏损企业治理和"压减"工作,累计完成法人户数124户,提前1年完成国务院国资委部署的20%压减工作任务。三是落实国务院国资委剥离企业办社会和解决历史遗留问题部署,35家成员单位签订"三供一业"分离移交正式协议,8家成员单位基本完成职工医院改革,6家成员单位基本完成幼儿园改造。

5.优化分配方式,推进激励约束机制改革。深入贯彻落实《国务院关于改革国有企业工资决定机制的意见》《中央企业工资总额管理办法(试行)》等要求,完善劳动、资本、技术、管理等要素按贡献参与分配的收入分配体系,修订印发《中国电科工资总额管理办法(暂行)》。建立健全中长期激励约束机制,印发《中国电科中长期激励管理制度(暂行)》《中国电科分红激励办法(暂行)》2项中长期激励制度,启动岗位分红、项目收益分红、科技成果转化收益分配等试点,进一步激发广大员工的积极性、主动性和创造性,有力支撑中国电科供给侧结构性改革。

【重大项目】

1.重大民品项目方面。

聚焦电子信息行业的重要领域和关键环节,着力国家安全和信息化领域的应用,深入推进军民融合产业发展,加大新兴市场培育力度,不断创新产业管理模式,在关系到国计民生的重要领域积极布局。

龙头企业持续健康发展,安防行业全球第一,占据国内视频监控35%以上份额,在全国省、市、县的视频联网共享平台占有率位居第一。在高端装备自主化方面,具备8英寸集成电路装备验证能力,积极打造6英寸第三代半导体装备整线集成能力,推动集成电路核心装备光刻机列项目。积极推进分布式光伏产业发展。

积极参与安全可靠工程(以下简称"安可"),成功中标教育部(安可二期部委第一单)、国防科工局、全国人大常委会、广电总局、国家国际发展合作署、中办专网等部委安可项目;中标河南许昌市(全国安可二期试点第一单)、湖南省委、江苏省等省市级安可试点项目。由中国电科承担的招商局集团信息安全整体保障工作通过专家评审,开创央企网络安全整体保障服务新模式。

在轨道交通市场,以中枢神经系统核心优势引领产业升级发展,通信系统市场份额位居第一,信号系统市场份额位居第二。紧密围绕国家战略,保障C919、AG600试飞取证工作以及MA700的研制工作。努力争取民机重大项目,累计参与民机科研任务10余项。积极响应党中央号召,增资中国商飞10亿元,成为我国大飞机事业发展的命运共同体。作为国家"智慧海洋"重大工程核心论证单位,紧密跟进国家发展改革委启动"智慧海洋"项目,推进中国电科蓝海信息示范系统逐步落地。

中国电科承建的首个区级智慧城市指挥中心在深圳市福田区正式启动,初步实现市区两级联动的态势监测;部署城域物联网,完成嘉兴城市综合运营管理中心的建设;在首届数字中国建设峰会及展览会上,集中展示城市运行管理中心、大数据中心、数据开放共享平台及福州鼓楼智脑服务、福州智慧南站等新型智慧城市建设成果。

2.对外投资与经营、并购重组方面。

聚焦主责主业,加大对核心技术研发、重大产业布局的有效投入,2018年累计完成投资174.39亿元,其中股权投资105.01亿元、自筹资金固定资产投资69.38亿元。稳步推进上市公司提升发展。中国电科首家跨地区、跨单位的材料专业公司整合。制定完成中国电科首批9家事业单位资产资本化方案。围绕集团公司发展战略,将部分关键核心业务资产从现有研究所剥离,引入国家及市场化战略性投资,搭建平台公司,并配套科技成果股权激励机制。中国电科军民融合发展基金正式组建并开始运作,已组建的国元基金、创投基金资源配置作用逐渐显现,完成投资14.92亿元。针对南方国基、北方国基两大子集团,组织策划组合的板块融资方案,直接融资金额超过20亿元。在财政部、国防科工局的指导下,中国电科与中航工业共同发起设立国家国防军民融合基金,完成首期出资10亿元,并储备一批军民融合项目。

3.重大科研开发方面。

(1)核高基科技重大专项。中国电科在核心元器件领域取得长足的进步,在一些核心技术方面取得重大突破。突破V波段高频外壳的设计和测试技术,高强度陶瓷的制备。完成 GaN 超高频 MMIC 外壳样品。"可平行缝焊的高频高速陶瓷无引线外壳"获得发明专利1件,应用该专利形成产品20余种;突破 FC－CLGA1738 外壳的设计和测试技术;突破高频信号传输路径建模仿真、氧化铝陶瓷高密度互连、尺寸一致性控制、新型低介电常数陶瓷开发等关键技术。

(2)极大规模集成电路制造装备与成套工艺科技重大专项。产品应用于硅片、碳化硅、砷化镓、蓝宝石等衬底材料。申请发明专利66件,其中国内发明专利60件、国际发明6件。封装设备得到国内封测龙头企业(通富微电、苏州晶方等)大生产线批量应用。申请发明专利166件,其中PCT申请6件。

(3)新一代宽带无线移动通信网科技重大专项。从"十一五"到"十三五",中国电科在03专项项目的争取数量上有了质的飞跃。在5G大规模天线、3.5GHz频段5G终端芯片、20 GHz～30 GHz频段5G终端功能芯片、5G测试仪器等方面取得长足的发展与进步。集团相关成员单位也成为华为、大唐等设备制造商的稳定供货方。在国内5G领域的地位得到显著的提高。

(4)网络空间安全科技创新2030重大项目。2018年在网信行动计划网络空间安全领域先期布局4个技术体系,4个战略任务,部分关键技术提前开展攻关,研究成果支撑多个项目立项。

(5)大数据科技创新2030重大项目。对标科技部《科技创新2030——大数据项目实施方案》,梳理出能够体现中国电科大数据领域技术能力和特色优势的"十大专题",形成指南素材,向科技部领导和论证专家进行汇报,得到认可。

(6)智能制造和机器人科技创新2030重大项目。严格按照科技部《科技创新2030——智能制造和机器人重大项目实施方案》战略布局,组织成立中国电科智能制造和机器人领域专家组,梳理出18个方向重点优势课题,并向科技部高新司先进制造和网络处开展工作汇报,得到高度认可。经过与科技部重点研发计划"智能制造"专家组对接,成功使中国电科"电科芯云"被纳入项目申报指南。

【走向海外】 2018年,中国电科依托"一带一路"国际合作高峰论坛、中非合作论坛等国家重大主场外交活动深入推进国际合作与海外市场开拓,取得显著成绩。

优化提升军贸产品体系,深耕传统优势市场,取得显著市场成效。军贸科研项目获批数量和总金额位列军工集团第一;南亚、非洲等传统市场预警机、指挥系统、各军兵种电子战、机载火控雷达、炮位雷达等优势项目市场开拓取得落地成果;反无人机等非传统安全领域出口项目实现突破。民品出口业务保持良好发展态势,积极探索新模式,不断推动优势产能"走出去"。海康威视持续拓展海外营销网络,新建印度本地化仓储设施,组建英国利物浦研发中心,充分利用全球资源提升国际化能力;国家信息化"走出去"取得成效,实现赞比亚智慧教育、孟加拉国智慧农业等重大项目签约;斯里兰卡卫生部医疗设施升级项目正式开工建设;装备子集团印度200MW电池生产线项目最终在印度安德拉邦斯里城产业园落地并实现开工量产。围绕科技与产业发展,加快推进创新开放合作。积极推动国际大科学工程,SKA反射面天线顺利出厂交付并安装调试,习近平主席在出席中国－南非科学家高级别对话会时参观成果展示并勉励双方科学家继续努力;与挪威企业签署商业航天合作意向书,围绕双方地面站网资源合作开展商业卫星测运控服务;在英国设立中国电科代表处,积极对接英国科技创新体系。策划实施重大活动,不断提升在国际市场品牌影响力。首次作为主办单位组织30余家成员单位400余项前沿产品重装亮相2018年珠海航展,实现一批重要合作签约,入选"2018年度国防科技工业十大新闻";成功举办第二届中国－东非空管高层论坛,正式发布中国为非洲定制的首个区域性民航信息服务整体解决方案,成为深化中非合作论坛成果的重要举措;在奥地利成功策划举办首届中国电科日活动,获得奥地利科技及工业界好评,充分发挥集团公司奥地利欧创园平台作用,为深入推动中奥合作奠定基础。

【重大创新】

1.技术创新方面。

中国电科主导的《可持续智慧城市成熟度模型》、与中国联通联合主导的《物联网物体描述需求》、与迪拜联合主导的《智慧城市影响评估》3项标准,通过

ITU 国际标准组结项审核，6个月公示期后将正式成为国际标准。

平流层气球集群电子信息系统项目，完成国内首次平流层高度的气球组网通信试验；微波光子雷达项目完成相控阵体制高分辨雷达成像试验，达到国际先进水平；单光子量子雷达项目完成全天时探测系统样机设计和试验，达到国际领先水平；第五代战斗机载火控雷达项目完成系统架构设计和主阵面样机研制；超宽禁带半导体材料与电子器件研究取得突破，达到国际一流水平；半导体固态太赫兹源项目将 InP HBT 器件截止频率提升，是国内自主设计和加工的工作频率最高的 InP 单片集成电路。

2. 管理创新方面。

"大型高科技央企集团以推动创新发展为目标的中长期激励管理"以建设世界一流创新型领军企业为目标，基于业务形态、组织结构和政策空间，构建激励目标、激励对象、激励机制的综合匹配评估体系，推进"大众创业、万众创新"在国有高科技集团落地生根，具有很高的推广价值。

"大型军工院所价值化、精细化、智能化存货管理"坚持"去库存、降成本、补短板、优化存量资源配置"原则，以打造大型军工电子行业存货管理标杆示范企业为目标，对企业盈利能力、竞争能力和可持续发展能力的提升起到积极促进作用，走出存货管理由成本中心向利润中心成功转型的新模式。

"军工企业以提升过程绩效为核心的'三抓一管'预防型质量管理"以提升过程绩效目标为根本，通过顶层策划，强化组织保障，建立质量管控机制，抓住关键环节，运用过程方法、PDCA 循环和零缺陷思想，开展"三抓一管"质量管理创新活动，受到兵工等其他军工企业专家的充分肯定和高度评价。

"军工企业精准化战略管理体系构建"以企业发展战略目标为引领，以精准的目标分解、计划实施和绩效考核闭环管理机制为抓手，以一体化信息化平台为支撑的全过程精准化战略管理体系，有效提升企业战略规划制定和实施的精准化水平，核心竞争能力得到大幅增强，为军工企业打造"精准化企业"提供示范。

2018年，中国电科获得国防工业企业协会管理创新成果一等奖6项、二等奖17项、三等奖15项，获得中国企业联合会管理创新成果二等奖7项。

【党建工作】

1. 党的建设情况。

始终与党中央保持高度一致，不断加强党对企业的全面领导，切实提高党建工作科学化水平，引领并保证世界一流创新型领军企业建设，2018年被确定为中央党的建设工作领导小组联系点，成为全国国有企业党建工作的"示范点"和"试验田"。紧扣军工央企特色，抓牢抓实党建工作，扎实有效开展党的群众路线教育实践活动、"三严三实"专题教育、"两学一做"学习教育和党的十九大精神学习宣传贯彻等工作，全系统讲政治抓党建的思想自觉、行动自觉进一步增强；持续优化党建工作体系，落实新时代党的建设总要求，构建中国电科新时代党的建设工作体系，按照"三强化、三抓好、三突出"的要求，推动构建改革发展党建一体化推进的工作格局；全面加强基本组织、基本队伍、基本制度"三基建设"，基层党组织战斗堡垒作用和党员先锋模范作用进一步彰显；大力弘扬"自力更生、协同作战、顽强拼搏、创新图强"的预警机精神，将"建设社会主义文化强国"的要求融入中国电科文化建设，用不可或缺的"大国重器"的理想追求、社会主义核心价值观塑造文化体系，发布企业文化核心理念、视觉识别、行为规范三大系统，不断坚定文化自信，推进文化强企，打造"智汇电科""大爱电科""精英电科"品牌，群团组织的桥梁作用得到充分发挥。

2. 反腐倡廉工作情况。

一是坚决把党的政治建设摆在首位。针对集团公司改革发展和生产经营中出现的典型问题，提出"五项要求、十条禁令"；联合开展自主可控工程的监督检查，推动中央重大决策部署落实落地；严把干部选拔任用、评优评先廉洁意见回复关；紧盯因公出国（境）环节，加强对党组管理干部的审核。二是不断拓展深化作风建设。利用微信、公众号等网络信息平台开展常态化监督提醒，利用典型案件开展针对性警示教育；盯住春节、"五一"等节假日，提醒党员干部廉洁过节，节后组织开展自查、互查、抽查，发现、纠正、处理违规问题，保持越往后越严的态势。三是坚持失责必问、问责必严、问责必曝光。先后就党组巡视、专项检查中发现的"管党治党不严""执纪宽松软""党委发挥'把管保'作用不到位"等问题,对7家单位党委、2家单位纪委及23名党组管理干部进行问责,督促落实管党治党责任落实到位。四是始终保持反腐败高压态势不减,全系统立案49件,结案42件,给予党纪政务处分52人,其中党组管理干部10人。五是扎实推进全系统巡视巡察工作,推动形成"上下联动一盘棋"的工作格局。先后对5家单位党委开展巡视,联动4家子集团党委分别对下属4家党委开展巡视巡察,发挥巡视巡察联动效应。

【信息化建设】 组织专家团队,集中完成"数字电科"建设方案论证。按计划推进在建项目建设,新建保密管理系统、资产管理系统(三期)、数字档案馆、舆情监测系统、电科头条等开始应用。丰富完善集团管理驾驶舱系统,整合多系统、多渠道信息,实现主要经济运行指标、重大决策辅助信息、重大项目进展、负面清单的数据可视化,支持办公PC端、移动端的跨平台信息同步。

根据国务院国资委要求,按时完成集团公司大额资金使用动态监测系统建设,完成"三重一大"数据采集客户端部署;按时完成集团公司门户网站及网站群46家二级单位网站的IPv6改造工作,形成《成员单位门户网站IPv6改造实施指南》指导成员单位开展工作。

落实集团领导关于建设电科特色"大制造体系"的有关要求,论证完成在印制电路板(PCB)和表面贴装组装(SMT)领域开展"大制造体系"下数字化转型与集团级信息化共享的试点建设方案。

巩固电科红网(国密网)分级保护体系建设,修订完善电科红网接入规范和操作规程,明确红网中心和成员单位两级管理边界,加强日常监督、检查和审计,开展红网整网风险评估工作;大力推进电科蓝网(商密网)纵深防御建设;稳步推进安全移动办公平台建设,上线即时通信、移动OA、电科头条、电科新品展、电科商城、电子邮件等17个应用。

完成红网涉密视频会议系统的升级改造和蓝网非密视频会议系统的新建工作,完善集团总部的视频会议室设施,提升集团视频会议效果或使用体验。完成集团总部蓝网终端虚拟化部署,为总部员工提供非密业务办公环境,实现总部员工每人专有1台蓝网计算机(虚拟)的目标。

完成总部信息化技改项目23台(套)设备的尾工工程;北京数据中心机房的通过验收并正式启用;技改项目完成档案验收,通过国防科工局财审司的正式审计和系统三司的竣工验收。

贯彻落实网络安全责任制;强化网络安全组织领导;建立网络安全通报预警机制;制定网络安全检查机制,连续第三年组织开展网络安全大检查;整合中国网安云防御系统和安全监测系统,构建监测预警平台开展互联网网站监测预警,对网站群系统275个网站开展统一防护。

【履行社会责任】 在电子信息行业发挥社会责任示范引领作用。以"新时代、新担当、新作为"为主题,发布《中国电科2017企业社会责任报告》,连续第六年获得"五星卓越级"评价,连续第五年获得"年度优秀企业公民"称号,同时获得中国社会责任百人论坛"责任十年 国企十佳"称号。报告案例入选国务院国资委《中央企业社会责任蓝皮书(2018)》《中央企业海外社会责任蓝皮书(2018)》,获得"金蜜蜂优秀企业社会责任报告"称号。

带着责任带着感情干扶贫,"电科模式"获好评。中国电科主要领导高度重视、亲力亲为,集团按照"因地制宜、精准扶贫、造血为主、电科特色"的工作方针,"扶志、扶智、扶产业"三扶并举,逐步探索出"综合党建+特色产业+志愿服务"三管齐下的精准扶贫模式。2018年,中国电科定点帮扶陕西绥德县和四川叙永县,投入帮扶资金816.8万元,实施"前湾村屋顶光伏发电二期建设""生态肉牛规模养殖和散养"等扶贫项目;为绥德县援建科技小屋1个;资助结对的2个县484名贫困学生学费2000元/人;组织开展"点亮科技梦想实践课堂""大爱电科,携手西安行"等各类活动,累计培训两县学生1720人次;集中采购两县农特产品460万元,带动地方7000余户贫困户增收;帮助两县销售农特产品64万元。扶贫案例连续第三年入选国务院扶贫办和中国社科院《中国企业扶贫蓝皮书》优秀案例,并被国务院国资委推荐入选国务院扶贫办《企业精准扶贫案例研究》。

(撰稿人:蒋晓琳)

中国航空发动机集团有限公司

【基本概况】 中国航空发动机集团有限公司(以下简称"中国航发")是中央直接管理的军工企业,由国务院国资委、北京国有资本经营管理中心、中国航空工业集团有限公司、中国商用飞机有限责任公司共同出资组建。2018年,中国航发以习近平新时代中国特色社会主义思想为指导,树牢"四个意识",坚定"四个自信",做到"两个维护",深入贯彻党中央、国务院和中央军委决策部署,积极践行"创新、协调、绿色、开放、共享"五大发展理念,始终秉持国家利益至上的价值观,坚持聚焦主业,大力推进集团"12345"战略框架体系落地,圆满完成全年任务,科研生产有了新突破,经营管理有了新进展,党的建设有了新成效,向着建成世界一流航空发动机集团的远景目标迈出坚实的一步。

【主要指标】 2018年,中国航发经济运行稳中向好,主要经济指标稳步改善。全年实现营业收入449.1亿元,主业收入占比87.6%;利润总额26.5亿元;EVA完成3.9亿元;成本费用总额占营业收入比重95.8%。

2018年中国航空发动机集团有限公司主要经济指标

项 目	2017年	2018年	比上年增长(%)
资产总额(亿元)	1326.7	1421.2	7.1
所有者权益(亿元)	741.6	830.9	12.0
营业收入(亿元)	467.6	449.1	-4.0
利润总额(亿元)	19.1	26.5	38.7
净利润(亿元)	13.8	21.3	54.2
归属于母公司所有者的净利润(亿元)	10.0	15.1	51.7

续表

项 目	2017年	2018年	比上年增长(%)
技术开发投入(亿元)	113.5	115.3	1.6
利税总额(亿元)	30.9	38.2	23.6
应交税金总额(亿元)	11.8	11.7	-1.0
全员劳动生产率(万元/人·年)	19.3	22.1	14.5
净资产收益率(%)	2.1	2.7	增加0.6个百分点
总资产报酬率(%)	2.4	2.5	增加0.1个百分点
国有资本保值增值率(%)	103.8	102.7	减少1.1个百分点

【改革发展】 2018年,中国航发坚持深化改革,优化调整集团总部机构和直属单位管理关系,确定集团混合所有制改革实施方案并推进实施。完成中国航发南京轻型航空动力有限公司管理关系调整,进一步压缩主机业务管理链条。稳步推进体制机制改革,全面推动中国航发商用航空发动机有限责任公司、中国航发湖南南方宇航工业有限公司实施"双百行动"综合改革,并争取集团有关单位进入国家第四批混合所有制改革试点企业名单;积极引进外部股东开展南方宇航混合所有制改革试点;推进中国航发控制系统研究所转制。

实施人才强企战略,大力推进干部、人事、劳动合同、考核、分配制度改革。一是干部队伍建设不断加强。选优配强各级领导干部;推进总会计师、纪委书记交流;从严监督干部,积极推进干部能上能下;持续推进型号总会计师专职化改革。二是技术技能人才集聚成长。广开渠道,吸引优秀人才;设立人才成长奖,给予优秀人才重奖。搭建青年拔尖人才、优秀人才等各类人才成长通道,促进其成长成才。年度获评创新人才推进计划中青年科技创新领军人才1人、中华技能大奖3人、全国技术能手6人。三是狠抓劳动用工管控。通过"机械化换人、自动化减人"、投资清理、组织机构优化等措施,职工总量压减到8.31万人,比上年减少7300人,技术人员占比大幅提高。四是收入分配制度更趋合理。科学调整工资总额预算指标,引导薪酬增量向科研生产骨干和基层一线倾斜;探索开展石墨烯项目分红权激励试点;实现企业年金集中管理,全年收益率位列中央企业前三。

【重大项目】 2018年,型号研制工作步伐加快,多项重点型号取得重要进展,多型发动机实现立项、鉴定、首飞,多个型号实现当年设计、当年试制、当年点火成功。在民用航空发动机方面,集团将民用发动机作为未来重要的发展方向之一,开展包括涡扇、涡轴、涡桨等在内的多型民用发动机项目研制。其中,大型客机发动机项目长江-1000AX实现首台整机点火成功;长江-1000A全面推进工程研制和试验验证,中国民用航空局正式接受长江-1000A发动机型号合格证申请;长江-2000AX发动机研制项目完成主要部件试验验证。中法合作研制的涡轴-16发动机,以及AES 100民用涡轴发动机、AEP 500民用涡桨发动机项目研制取得积极进展。在民用燃气轮机方面,推进中国航发燃机公司组建,确定燃机产业发展新布局和新模式。QD 70 B燃机海上平台示范项目发电机组运抵中国海油海南东方终端现场,进入现场安装、调试阶段,加快推进示范运行。QD 185燃机可靠性运行项目完成50小时验证试车及出厂试车,并获得业主方认可,机组完成成套各系统设备的采购、制造。QD 280工业燃机研制项目完成首台燃气发生器和动力涡轮研制,出厂试车性能满足设计要求,进入机组安装调试阶段。R0110重型燃机完成总体结构改进方案设计。在重点民品开发方面,突破高品质石墨烯粉体的绿色制备技术,实现大尺寸石墨烯薄膜的可控化制备。在投融资业务方面,设立中国航发集团财务有限公司和航空发动机产业发展基金,着力打造优化资源配置、节约融资成本、防控资金风险、实现产融结合的专业化平台。

【走向海外】 2018年,中国航发坚持推进国际合作向服务自主创新能力和技术水平提升转型,积极拓宽对外合作渠道,深化与国际主要航空发动机企业的合作,与Honeywell公司召开首届战略指导委员会,与RR公司签署战略合作意向书。积极参与中法、中英、中荷、中欧、中俄等民用航空工作组合作工作,与国外高校、研究机构开展联合研究项目,新建2个联合技术中心、1个联合创新中心。首次作为中国航展主办单位,携15项典型展品亮相第十二届珠海航展,展示集团成立两年来的新成果和新变化,获得社会各界高度关注,并借助航展平台开展40余场商务活动,进一步加深与国内外合作伙伴的交流合作。

【重大创新】 全面推进创新型集团建设,全年投入研发费用115.3亿元,利用自主创新专项资金支持开展前沿技术探索、重难点瓶颈攻关,加强基础研究和材料、制造、仿真、标准、计量等共性基础技术的应用研究,不断夯实自主创新基础。截至2018年底,中国航发建成国家级科技创新平台8个、集团级10个、省市级25个,初步形成专业完整、地域分布合理的布局。科技成果质量和数量稳步提升,2018年获得国防科学技术奖21项,申请发明专利1664件。

中国航发运营管理系统(AEOS)建设梯次铺开。全面建设产品研发体系,推进流程、要素梳理与评估,组建3个制造技术研究中心,试点开展压气机研发资源整合。深入实施生产制造体系,发布实施路径、评价标准和应用手册,构建体系文件框架,体系管理要素基本覆盖全部生产、试验和试制现场。持续优化供应商管理体系,完成体系文件编制、培训与试运行,上线信息系统,开展战略采购和联合采购。试点推进服务保障体系,改进技术资料和用户培训,开发数据管理系统,深入研究保障策略。

【党建工作】 2018年,中国航发坚持把深入学习贯彻习近平新时代中国特色社会主义思想和党的十九大精神作为首要政治任务,专门举办集中培训班,邀请中央宣讲团成员辅导授课,党组成员和十九大代表深入基层宣讲,各单位班子带头学、干部领着学、支部集体学,做到真学真懂真信真用。持续深化学习贯彻习近平总书记系列重要指示批示精神,开展"三个讲清楚"(讲清楚集团的初心和使命、讲清楚集团面临的机遇和挑战、讲清楚集团战略和文化)形势任务教育,统一思想认识,提高政治站位,凝聚发展共识。以系统化思维构建"四个一"(一个初心使命、一种党建工作机制、一项党建"铸心"工程、一套工作规范)党建"铸心"工作体系,形成抓党建促发展的总纲领、总框架、总抓手。着力深化党建"铸心"工程实施,组建442支"铸心"新长征党员突击队,1.2万名突击队员勠力攻关,一批技术难题陆续取得突破,有力推动重点型号研制，党组织战斗堡垒作用和党员先锋模范作用得到充分发挥。

压紧压实"两个责任"，2018年逐级签订党风廉政建设责任书1449份，岗位任职责任书2989份，逐级开展廉政约谈4913人次。巩固拓展落实中央八项规定精神成果，坚决防止"四风"问题隐形变异、反弹回潮，坚决反对形式主义、官僚主义。紧盯采购管理、工程建设等重点领域和关键岗位，加强廉洁风险防控，完成专项监督检查44项。持续保持惩治腐败高压态势，一体推进"不敢腐、不能腐、不想腐"，精准运用监督执纪"四种形态"，严肃查处各类违规违纪问题。坚持深化政治巡视，突出问题导向，实现集团首轮巡视全覆盖。狠抓问题整改，强化巡视成果运用。积极推动直属单位开展内部巡察工作。落实中管企业纪检监察体制改革要求，设立集团纪检监察组，配强纪检监察队伍，推动集团全面从严治党向纵深发展。

【信息化建设】 2018年，完成中国航发信息化"十三五"规划和智能制造"十三五"规划修订，发布"互联网＋航空发动机""十三五"规划总体方案，统一IT架构、分领域建设指南和信息化治理体系基本形成。集团级技术创新平台和共性技术平台上线运行，协同研制平台和高性能计算中心启动建设，压气机整合研发能力信息化平台完成论证。典型件数字化生产线、精益单元和智能车间的论证、建设和应用取得阶段性成效。以科研生产管控需求为牵引，开展信息化建设，打通"总部－直属单位"科研项目、生产、质量、服务保障等信息通道。基本形成"业务牵引、信息支撑、型号应用、建用结合"的"两化"深度融合机制。

【履行社会责任】 充分认识打好脱贫攻坚战对于全面建成小康社会，实现第一个百年奋斗目标的重要意义。主动作为，勇担脱贫攻坚任务，积极承担所属单位所在省市地方政府的扶贫任务，定点帮扶14个贫困村，投入资金815.97万元，派出扶贫挂职干部21人，实现建档立卡贫困人口脱贫1179人。切实履行环保责任，总投入1.05亿元，非化石能源比重超过39%。积极开展员工关爱，投入帮扶资金680余万元，帮扶困难员工4200余人。2018年中国航发发布首份社会责任报告，并获得"社会责任报告领袖奖"，"为航发尽责、为专项建功"主题劳动竞赛案例入选《中央企业社会责任蓝皮书(2018)》。

(撰稿人：程 勇)

中国石油天然气集团有限公司

【基本概况】 中国石油天然气集团有限公司（以下简称"中国石油"）是国有重要骨干企业和中国主要的油气生产商和供应商之一，是集油气勘探开发、炼油化工、销售贸易、管道储运、工程技术、工程建设、装备制造、金融服务于一体的综合性国际能源公司，在国内油气勘探开发中居主导地位，在全球34个国家和地区开展油气业务。2018年，位列《美国石油情报周刊》世界50家石油公司综合排名第三位、《财富》世界500强排名第四位。

【主要指标】 面对复杂多变的经营环境，中国石油坚持稳健发展方针，优化油气两条业务链运行，持续深化改革创新，扎实开展开源节流降本增效工程，各项生产指标全面增长，经营业绩好于预期。2018年，实现营业总收入27390亿元，利润总额1106亿元，实现税费4212亿元。

表1 2018年中国石油天然气集团有限公司主要经济指标

项　　目	2017年	2018年	比上年增长（%）
资产总额（亿元）	40987	41325	1
所有者权益（亿元）	24036	23901	－1
营业总收入（亿元）	23403	27390	17
利润总额（亿元）	533	1106	108
净利润（亿元）	176	428	144
归属于母公司所有者的净利润（亿元）	－47	150	－420
应交税费总额（亿元）	3774	4212	12

【改革发展】 以全球眼光、战略思维为引领，出台坚持稳健发展方针推动高质量发展意见，深入实施开源节流降本增效工程，资产创效能力明显增强，利润总额居国内油气行业领先地位。全面深化改革，持续优化公司治理结构和管控模式，积极推进油气业务管理体制改革，健全完善内部市场化机制，加快实施三项制度改革，混合所有制改革稳妥推进，有效激发企业活力。

构建符合业务特点的分级授权管理体系。落实差异化管控要求，制定印发《集团（股份）公司2018年授权管理清单》，梳理确定规划计划、财务、资金、土地处置、价格、组织人事、资本运营、采购、矿区服务、生产经营计划、科技、信息化、法律、质量安全环保等14类业务授权清单，明确集团（股份）公司对不同类型专业公司及企事业单位差异化授权事项。

【重点项目】 油气勘探取得新成果。一是新区新领域风险勘探获得多项重要突破。塔里木盆地风险勘探获得重大突破，发现秋里塔格新的含气构造带；巴彦河套盆地多口探井获高产油气流；四川盆地天然气勘探取得重大进展，在盆地西部揭示新的火山岩含气层系，东部探井获得高产气流；准噶尔盆地沙湾凹陷岩性油藏勘探取得重要发现。二是成熟区油气勘探取得多项重要成果。鄂尔多斯盆地长6、长8等油层新增探明石油地质储量2.2亿吨；靖边、神木—清涧地区新增探明天然气地质储量超过1700亿立方米；准噶尔盆地玛南斜坡多层系勘探取得新进展，落实6个整装规模储量区块，新增探明石油地质储量1.3亿吨；塔里木盆地克拉苏构造带新增探明天然气地质储量超过1500亿立方米；四川、柴达木、松辽、渤海湾等盆地新增多个油气规模储量区。

重点管道建设项目步伐加快。24项天然气管道互联互通重点工程陆续建成投产；中俄东线天然气管道工程全面提速，西气东输三线闽粤支干线开工建设，唐山和江苏LNG接收站扩建工程、深圳LNG接收站建设项目按计划推进；锦郑（锦州—郑州）成品油管道干线基本建成，钦南柳（钦州—南宁—柳州）成品油管道、云南成品油管道昆明支线、抚锦（抚顺—锦州）成品油管道等项目建成投产。

重点炼化工程建设项目进展顺利。辽阳石化俄罗斯原油加工优化增效改造项目投产，华北石化千万吨炼油升级改造项目全面建成，广东石化炼化一体化项目建设启动，大庆石化炼油结构调整转型升级、独山子石化乙烯优化、兰州石化乙烯改造项目开始施工。烷基化项目群建设加快推进，大庆石化、哈尔滨石化、兰州石化等7套装置建成投产。

油气营销网络建设取得新进展。持续加强直属炼厂周边、城市中心城区、高速公路沿线、旅游景区等地段站点的投资力度，2018年新开发加油（气）站506座，建成投运445座，新增零售能力292万吨/年。截至2018年底，中国石油在国内运营的加油站21783座，中国石油所属油库和加油站全部完成汽柴油国Ⅵ标准升级置换，实现国Ⅵ油品全面供应。

【油气业务】

1. 国内油气业务。

坚决贯彻习近平总书记关于大力提升勘探开发力度的指示精神，制定实施专项规划，打好勘探开发进攻战，取得一系列重要成果。国内新增探明石油地质储量63316万吨，连续13年超过6亿吨；新增探明天然气地质储量5846亿立方米，连续12年超过4000亿立方米。国内原油产量10102万吨、天然气产量1094亿立方米，分别占全国原油、天然气总产量的53.4%和70.2%。国内加工原油16236万吨，生产成品油11291万吨，生产乙烯557万吨，化工产品销售量2901万吨，成品油销售量11736万吨，占国内市场份额36.1%。国内天然气销售量1724亿立方米，占国内市场份额的66.2%。油气管线延展长度86734千米，覆盖全国30个省（自治区、直辖市）和香港特别行政区。

2. 国际油气业务。

国际油气业务坚持稳健经营，优化投资结构和区域布局，以"一带一路"沿线为重点持续推动海外油气合作。完成阿布扎比海上项目交割，成功签署巴西佩罗巴深水勘探项目，哈萨克斯坦部分项目延期取得重要进展。突出规模优质可快速动用储量，海洋勘探在巴西里贝拉项目、缅甸深水生物气藏勘探获得重要发现；陆上风险勘探在乍得邦戈盆地、俄罗斯亚马尔项目取得新突破，2018年海外新增油气可采储量当量9790万吨。根据油价与合同模式确定海外项目开发策略，乍得、伊拉克鲁迈拉等项目超计划运行，完成海外油气权益产量当量9818万吨，比上年增长10.2%。推进海外重点建设项目，伊拉克哈法亚项目三期、土库曼斯坦阿姆河项目萨曼杰佩气田增压工程等项目顺利投产，亚马尔项目LNG首船资源运抵国内。国际贸易统筹两种资源两个市场，加强原油进口组织、海外份额油销售，开拓成品油出口高端高效市场，2018年完成贸易量4.8亿吨。

中国石油与多个国家的政府和油气公司签署合作协议及谅解备忘录。与俄罗斯石油股份公司签署上游合作协议，与俄罗斯天然气工业股份公司签署技术合作协议和关于苏托尔明斯克油田合作框架协议，与委内瑞拉签署加强天然气合作开发谅解备忘录等多项协议，与巴西国家石油公司签署一体化项目商务模型协议，与挪威国家石油公司等合作伙伴签署战略合作谅解备忘录。

【重大创新】 坚持"业务主导、自主创新、强化激励、开放共享"，积极推进技术、管理和商业模式等创新，加强工业化与信息化深度融合，科技支撑保障作用进一步增强。大面积砾岩油气藏储层评价预测技术、二类油层弱碱三元复合驱等技术推动油气田增储上产；千万吨炼油、百万吨乙烯等成套技术优化升级，成功应用于广东石化炼化一体化等重点工程项目建设；新一代测井软件、20万道级超高效海陆一体化地震勘探技术等达到国际领先水平。

突出国家及公司重大科技专项攻关，加强科研平台建设，科技攻关取得12项重要标志性成果，"凹陷区砾岩油藏勘探理论技术与玛湖特大型油田发现"获得国家科技进步一等奖，"油气管道系统完整性关键技术与工业化应用"获得国家技术发明二等奖。主导制定《天然气—上游领域—用激光光谱法分析硫化氢含量》(ISO 20676:2018)和《橡胶—灰分的测定—第2部分：热重分析法》(ISO 247-2:2018)2项国际标准。2018年，申请国内外专利5117件，其中发明专利2906件；获得授权专利4515件，其中发明专利2120件。

【信息化建设】 信息化与生产经营高度融合，数字油田、智能炼厂、智能管道等信息化建设积极推进，支持保障作用进一步增强。2018年11月正式发布勘探开发梦想云平台1.0版本，以"集成、共享"为目标，建立统一数据湖、统一PaaS云平台，搭建协同研究工作环境。这是中国石油搭建的第一个主营业务智能共享平台。开展中俄东线天然气管道工程智能管道建设试点。工程综合开发利用工况实时采集传输系统、现场智能监控系统、全生命周期项目管理系统、机组通及工程项目管理平台等一系列工具，全线实现管道设计标准化、检测智能化、管理信息化和移交数字化，有效推进公司油气管道建设由数字化向智能化转变。加强对加油站的改造和智能化升级，加大"互联网+营销"创新力度，打造实现"人·车·生活"生态圈。通过整合客服电话95504、微信公众号、APP等平台入口，扩大互联网支付应用范围，进一步推动销售业务"线上+线下"融合发展。

【党建工作】 以习近平新时代中国特色社会主义思想为指导，全面贯彻党的十九大和十九届二中、三中全会精神，认真落实新时代党的建设总要求和新时代党的组织路线，着力抓好强化系统管理、落实党建责任、规范基层党建、宣传党建成果、深化党建研究等重点工作，中国石油党建工作水平明显提升。

深入学习贯彻习近平新时代中国特色社会主义思想和党的十九大精神。采取中心组学习、集中轮训、专题研讨、个人自学等方式，组织集中培训300余期、2.15万人、151万学时，实现全覆盖。2018年，各级党组织累计宣讲党的十九大精神超过10万场次，推进党的十九大精神进机关、进基层、进矿区、进课堂、进网络。2018年"七一"前，全面梳理2008年以来习近平总书记9次视察中国石油、3次作出重要讲话和指示批示、22次见证签约项目情况，6月28日在《中国石油报》刊发《做党和国家最可信赖的骨干力量——以习近平同志为核心的党中央关心中国石油发展纪实》，组织广大党员干部员工深入学习领会，始终牢记习近平总书记嘱托教诲。2018年9月27日，习近平总书记考察辽阳石化后，各企事业单位迅速传达学习习近平总书记重要讲话精神，在全系统掀起学习热潮，将巨大鼓舞转化为推动企业高质量发展强劲动力。

坚持党对国有企业领导重要政治原则，按照中组部、国务院国资委党委部署，着眼于把加强党的领导和完善公司治理统一起来，建设中国特色现代国有企业制度，明确和落实党组织在公司法人治理结构中的法定地位，积极稳妥推进党建工作要求写入公司章程工作向所属各级法人企业延伸。截至2018年底,具备推进条件的1119家各级独立法人企业完成党建工作要求写入公司章程工作,基本做到"应进必进",进一步明确党组织职责权限、机构设置、运行机制和基础保障。

党建信息化平台全面推广应用。截至2018年底,党建平台全面覆盖公司4万个基层党组织、70万名党员,平台移动端累计登录上亿人次,单日访问人数跻身全国APP前十强,活跃比例排名全国党建类APP第一位。实现线上记录"三会一课"24万次、党组织关系转接10.8万人,线上缴纳党费累计突破1亿元,"组织建在网上、党员连在线上"的目标初步实现,线上线下相互融合、相互促进的工作模式初步成型,"互联网+党建"理念逐渐深入人心。2018年7月1日,中央电视台《新闻联播》以《智慧党建:打造互联网上的红色精神家园》为题,报道中国石油在新疆偏远地区、海外项目等地党员运用党建信息化平台参加教育培训、开展组织生活、缴纳党费等情况。先后有80多家央企、机构洽谈合作,中国驻摩洛哥大使馆在30多家当地中资企业中推广应用该平台。

【履行社会责任】 中国石油始终坚持将企业发展与业务所在地可持续发展结合起来,关注民生和社会进步,与当地分享发展机遇和资源价值,积极参与社区建设,促进经济和社会和谐发展,做当地优秀的企业公民。2018年在全球主要社会公益上的总投入超过7亿元,获评"2018年度责任企业",获得"社会责任特别贡献奖""中华慈善奖"等。

表2　2018年中国石油天然气集团有限公司社会公益投入情况

类　别	投入金额(万元)
扶贫帮困	23291.0
赈灾捐赠	1154.0
支持教育	4937.0
公益捐赠	37806.6
环保公益	4904.0
总　计	72092.6

精准扶贫方面。积极响应联合国《2030年可持续发展议程》目标倡议以及中国政府关于扶贫减贫的政策方针,聚焦民生、产业、智力、医疗四大领域,结合公司业务和受援地资源、市场优势,开展精准扶贫,提升当地自我发展能力。2018年,中国石油在新疆、西藏、青海、重庆、河南、江西和贵州7个省(自治区、直辖市)的13个县(区)投入9749万元开展基础设施改造、教育培训、健康医疗和产业合作等扶贫项目44个,8万多名贫困人口受益。

教育事业方面。通过开展各项助学活动,帮助青少年获得公平教育机会。中国石油持续推进传统的支持教育项目,包括设立奖学金和助学金,资助家庭经济困难学生,改善贫困地区教学条件,支持科技文化教育及相关赛事活动等。2018年,中国石油奖学金表彰优秀学生635人,发放奖学金399万元。不断探索支持教育的新模式,倡导全社会关注并携手解决教育公平问题。与中国扶贫基金会、北京师范大学、腾讯公益等机构合作,开展"旭航"助学、"益师计划"等公益项目,帮助更多贫困地区的学子实现求学梦想。

地方发展方面。坚持开放合作、互利共赢,在上中下游领域,全面扩大与当地资本的合资合作,在建设运营中培养本地供应商和承包商,创造就业岗位,带动关联产业发展,回馈当地民众。中国石油与新疆维吾尔自治区政府在勘探开发、炼油化工、油气销售等多个领域开展合作,五年来累计完成投资2247亿元,增加当地就业6200多人。

海外社区建设方面。尊重业务所在地的文化习俗,致力于与东道国建立长期稳定的合作关系,成为当地社区的优秀企业公民,将中国石油发展融入当地经济社会发展中,积极创造社会经济价值,共同促进当地社区的繁荣发展。2018年,中国石油董事长王宜林被乌兹别克斯坦总统授予国家友谊勋章,以表彰其为乌兹别克斯坦经济社会发展作出的重要贡献。

发展当地经济方面。积极落实本地化战略,优先考虑采购和使用当地产品和服务,为当地承包商及服务商提供参与项目服务的机会,支持当地中小企业和社区创业者发展,为当地创造就业机会。乍得项目积极引入当地承包商和供应商,2018年与当地承包商、供应商签署11个较大金额的合同,合同额1374万美元。

依法透明纳税方面。严格遵守所在国法律法规，依法向当地政府纳税，为当地经济发展作出应有贡献。在伊拉克、蒙古等实施采掘业透明度执行计划（EITI）的国家，积极参与多利益相关方团体，向社会公开公司向当地政府纳税情况，超越 EITI 最低信息披露要求。支持并响应反税基侵蚀和利润转移（BEPS）和《中国石油税收政策》，并承诺在经济活动发生地和价值创造地依法纳税。2018 年，中国石油境外累计实现税费 711.8 亿元。

（撰稿人：任洁江）

中国石油化工集团有限公司

【基本概况】 中国石油化工集团有限公司（以下简称"中国石化"）的前身是成立于 1983 年 7 月的中国石油化工总公司。1998 年 7 月，按照党中央关于实施石油石化行业战略性重组的部署，在原中国石油化工总公司基础上重组成立中国石油化工集团公司，2018 年 8 月，经公司制改制为中国石油化工集团有限公司。中国石化是特大型石油石化企业集团，注册资本 2749 亿元，董事长为法定代表人，总部设在北京。对其全资企业、控股企业、参股企业的有关国有资产行使资产受益、重大决策和选择管理者等出资人的权力，对国有资产依法进行经营、管理和监督，并相应承担保值增值责任。

中国石化主营业务：实业投资及投资管理；石油、天然气的勘探、开采、储运（含管道运输）、销售和综合利用；煤炭生产、销售、储存、运输；石油炼制；成品油储存、运输、批发和零售；石油化工、天然气化工、煤化工及其他化工产品的生产、销售、储存、运输；新能源、地热等能源产品的生产、销售、储存、运输；石油石化工程的勘探、设计、咨询、施工、安装；石油石化设备检修、维修；机电设备研发、制造与销售；电力、蒸汽、水务和工业气体的生产销售；技术、电子商务及信息、替代能源产品的研究、开发、应用、咨询服务；自营和代理有关商品和技术的进出口；对外工程承包、招标采购、劳务输出；国际化仓储与物流业务等。

截至 2018 年底，中国石化是中国最大的成品油和石化产品供应商、第二大油气生产商，是世界第一大炼油公司、第三大化工公司，加油站总数居世界第二位，在 2018 年《财富》世界 500 强企业中排名第三位。

【主要指标】 2018 年是贯彻党的十九大精神开局之年，也是中国石化决胜全面可持续发展的起步之年。面对错综复杂的国际环境和艰巨繁重的改革发展任务，在以习近平同志为核心的党中央坚强领导下，中国石化各级领导班子团结带领广大干部员工，自觉以习近平新时代中国特色社会主义思想和党的十九大精神为指引，坚决贯彻党中央、国务院决策部署，坚持稳中求进工作总基调，按照高质量发展要求，贯彻"四个坚持"兴企方略和"改革、管理、创新、发展"工作方针，承压而上、奋勇向前，成功应对各种风险和挑战，公司发展总体呈现稳中有进、稳中提质、稳中向好势头。全年实现营业收入 2.94 万亿元、比上年增长 22.5%，利润（税前）967.38 亿元、比上年增长 66.2%，税费 3 581 亿元。

【改革发展】 2018 年，中国石化围绕增活力提效率，全面强化改革管理。资本公司在雄安注册并投入运营，销售股份有限公司注册成立。防范风险、"处僵治困"、分离移交三大攻坚战有序推进，公司资产负债率较年初减少 0.8 个百分点；国务院国资委督导的 39 户困难企业减亏扭亏任务全部完成；"四供一业"及其他办社会职能正式协议全部签订，独立工矿区剥离办社会职能综合改革试点稳步推进。三项制度改革进一步深化，直属企业"三定"方案落实工作全面展开，3 家"双百行动"试点和其他 9 家综合改革试点初见成效。公司制改制、压缩法人管理层级和法人产权层级工作全面完成。一体化共享服务建设取得突破性进展，财务共享完成境内企业全面上线。地热业务混合所有制改革扎实推进，矿权区块流转、自主承包经营、难动用储量开发等机制探索取得实质性进展。从严管理、精细管理、精益管理积极推进，规划计划引领作用不断增强，全员成本目标管理持续深化，HSSE 管理体系完善发布，依法依规治企水平有效提升。

【生产经营】 2018年,中国石化围绕稳增长保效益,精心优化生产经营。国内上游稳油增气降本取得实效,生产原油3506.03万吨,生产天然气275.75亿立方米;境外上游运营水平持续提升,海外权益油气当量产量4250万吨,桶油现金操作成本进一步降低。炼油与销售携手巩固产业链竞争优势,合力推进市场攻坚,加工原油2.46亿吨,境内成品油经营量1.8亿吨。化工提质增效升级成效明显,生产乙烯1151.15万吨,生产对二甲苯476万吨,三大合成材料高附加值比例进一步提高;化工产品经营总量8660万吨。天然气经营量保持快速增长。炼油中副产品经营量再创新高。润滑油高档产品销量进一步提高。石油工程、炼化工程海外市场开拓取得新成效。

【转型发展】 2018年,中国石化围绕转方式调结构,加快推进转型发展。围绕打造世界一流,研究提出"两个三年、两个十年"战略部署,制定实施相配套的规划计划和行动方案,绘就新时代打造世界一流的发展蓝图。加大投资优化力度,全力推进重点工程项目建设。油气勘探在顺北、威荣等地取得一批新发现,SEC油当量储量替代率下降势头得到扭转;涪陵页岩气二期等重点产能建设加快部署实施,威荣页岩气田成为继涪陵之后又一产能建设新阵地。炼化基地建设迈出新步伐,镇海乙烯、中科炼化等重点工程积极推进。新能源综合示范站建设稳步开展,境外加油零售业务取得新突破。天津LNG、鄂安沧管道、文23储气库等储运设施建设取得实效。易派客、石化e贸、易捷电商等新业态快速发展,非油品业务交易额、利润持续快速增长,地热、余热利用等清洁能源业务稳步发展。一批关键核心技术实现突破,"两化"深度融合加快推进,获得国家技术发明二等奖1项、国家科技进步二等奖3项,全年专利申请、获授权数量继续位居中央企业前列。

【党建工作】 2018年,中国石化围绕强"根"固"魂",坚定不移推动全面从严治党向纵深发展。认真学习宣传贯彻习近平新时代中国特色社会主义思想和党的十九大精神,广大干部员工"四个意识""四个自信"更加坚定,坚决做到"两个维护"的思想自觉和行动自觉显著增强。"党建入章"积极推进,党委书记、董事长(执行董事、分公司代表)"一肩挑"体制加快实施,党的领导融入公司治理进一步制度化规范化。坚定不移正风肃纪反腐败,深入推进中央巡视反馈问题整改,坚决落实中央八项规定精神和党组实施细则,健全大监督工作格局,推进党组巡视全覆盖,用好监督执纪"四种形态",大力实施"马上就办",促进政治生态持续好转。践行新时代党的组织路线,启动实施人才强企工程,扎实开展"三强"干部能力提升系列培训,加强企业领导班子配备和优秀年轻干部选拔培养,干部和人才工作得到切实加强。启动组织力提升工程,开展"双示范"创建,基层党建工作得到夯实和提升。强化意识形态和舆论引导工作,弘扬石油石化优良传统,唱响主旋律,凝聚正能量。

【履行社会责任】 2018年,中国石化始终坚持以人民为中心的发展思想,努力在共建共享中推进企业发展。认真落实党中央精准脱贫部署,切实承担起8个县及750个村的帮扶任务,全年直接投入扶贫资金2.3亿元,派驻扶贫干部1149名,定点扶贫县安徽省岳西县脱贫"摘帽"。完成国VI油品质量升级,强化安全生产责任措施落实,全面启动实施绿色企业行动计划,助力打好污染防治攻坚战和蓝天保卫战。坚定承担冬季天然气保供责任,拓展资源,为保障民生用气稳定供应作出积极贡献。积极投身抗灾救灾、捐资助学、扶危济困等社会公益事业,第20万例白内障患者在"中国石化光明号"成功复明。在13个省市启动"爱心加油站·环卫驿站"公益活动,持续开展"情暖驿站·满爱回家"、公众开放日等活动,增进与社会的沟通交流。

(撰稿人:单新东)

中国海洋石油集团有限公司

【基本概况】 2018年,中国海洋石油集团有限公司(以下简称"中国海油"或"公司")全体干部员工深入学习贯彻习近平新时代中国特色社会主义思想和党的十九大精神,切实强化责任担当,紧紧抓住油价回升有利时机,围绕公司生产经营和改革发展中心任务,抓党建,强管理,拓市场,防风险,促发展。主要经营指标呈现较快增长,主要业绩指标位居央企前列,业务结构不断优化,改革转型向纵深推进,安全环保形势总体平稳,呈现出稳中有进、进中向好的发展态势。一是油气勘探开发生产取得丰硕成果。国内勘探获得12个商业发现和11个潜在商业发现;成功评价"渤中19-6"等5个大中型油气田。其中,"渤中19-6"构造经评价证实为中国东部最大的凝析气田。采取有效增产措施,开发生产作业继续保持油井高生产时率和高利用率。二是专业技术与服务水平稳步提升。持续开拓国内外油田技术服务市场,海外业务覆盖全球30多个国家和地区。海洋工程业务稳健推进深水重点项目,首次实现世界最大吨位级之一的FPSO(巴西FPSO P67)交付,运载重量和距离创世界之最;首次获得卓越创新企业大奖(OCI)和中国工业大奖表彰奖。能源技术服务业务保持高速增长,FPSO运营规模位列中国第一、亚洲第二、全球第五;能源物流服务物资供应量大幅增长,比上年增长18.77%;安全环保与节能业务稳定发展,在溢油应急响应领域具备领先优势。三是炼化业务产销联动优势充分发挥。坚持走"低成本、差异化、科技引领"发展道路,主动适应市场变化,加强产销联动,经营利润连续三年超过百亿元。惠州炼化二期项目120万吨/年乙烯装置开车成功;中国海油与壳牌集团签署惠州石化三期化工项目合作谅解备忘录;大榭石化轻烃芳构化装置开工。四是天然气及发电业务助力"美丽中国"建设。中国海油继续以长江三角洲、珠江三角洲和环渤海湾为重点,优化产业布局,开拓天然气供应网络,积极参与国家天然气产供储销体系建设,通过加强管线互联互通、建设LNG接收站、加大资源获取、探索LNG罐箱多式联运等举措,全力增产增供,为保障国家能源安全和打赢蓝天保卫战作出积极贡献。五是金融业务支撑公司稳健发展。金融服务板块依托集团产业发展,加强产贸融结合和风险管控,积极创新服务模式,拓展服务网络,优化信息系统,努力打造金融服务品牌,金融资产质量和盈利能力持续提高。

2018年,公司在《财富》杂志世界500强企业中排第87位;在《石油情报周刊》杂志世界最大50家石油公司中排第32位。截至2018年底,公司的穆迪评级为A1,标普评级为A+,展望均为稳定。公司连续14年获评国务院国资委中央企业经营业绩考核A级。

【主要指标】 2018年,中国海油生产原油7406万吨,天然气277.6亿立方米;加工原油4128万吨,生产成品油1455万吨;进口LNG 2642万吨,天然气发电216亿千瓦·时,油品贸易量首次突破1亿吨,天然气销售量超过500亿立方米,实现节能量25.3万吨标准煤。全年实现营业收入7152.49亿元,比上年增长29.88%;利润总额1015.02亿元,比上年增长110.75%;净利润721.43亿元,比上年增长111.55%;缴纳利税费1147.02亿元,比上年增长15.71%;资产总额12165.58亿元,净资产7318.73亿元;全员劳动生产率273.21万元/人·年,比上年增长47.97%;总资产报酬率9.28%;国有资本保值增值率111.17%。

2018年中国海洋石油集团有限公司主要经济指标

项　目	2017年	2018年	比上年增长(%)
资产总额(亿元)	11292.35	12165.58	7.74
所有者权益(亿元)	6722.30	7318.73	8.88
营业收入(亿元)	5507.06	7152.49	29.88
利润总额(亿元)	481.63	1015.02	110.75
净利润(亿元)	341.03	721.43	111.55
归属于母公司所有者的净利润(亿元)	204.01	484.93	137.70
技术开发投入(亿元)	72.90	94.35	29.42
利税总额(亿元)	991.30	1147.02	15.71
应缴税金总额(亿元)	681.06	965.28	41.74
全员劳动生产率(万元/人·年)	184.64	273.21	47.97
净资产收益率(%)	5.06	10.28	增加5.22个百分点
总资产报酬率(%)	4.80	9.28	增加4.48个百分点
国有资本保值增值率(%)	102.78	111.17	增加8.39个百分点

【改革发展】 2018年,中国海油全面贯彻落实国家决策部署,聚焦制约公司发展瓶颈问题,扎实推动一批重点领域改革落地见效。积极推进垦利和乌石油田群2个海上勘探开发项目混合所有制改革,为解决制约公司增储上产的用海矛盾问题提供新路径;成功推动渤海油气田地方税收分成落地,为渤海增储上产营造有利发展环境。扎实推进"三供一业"分离移交、"处僵治困"、"压减"等专项工作,供给侧结构性改革取得显著成效。深入推进科技体制机制改革,发布实施公司深化科技体制机制改革方案,不断激发科技创新活力;加入国家自然科学基金企业创新发展联合基金,强化基础前瞻性研究;加大科技奖励力度,激发创新创效积极性。平稳实施海外业务整合,统筹推进海外业务管理架构重组、业务流程整合、资产组合优化和跨文化融合。着力推动管理资源共享,有效精简管理层级,提升管理效率,共享服务管理理念得到有效落实。

【重大项目】 2018年,中国海油国内上游建设项目20个,包括蓬莱19-3油田1/3/8/9、惠州32-5油田综合调整/惠州33-1油田等5个项目顺利完工投产。全年安装导管架8座、组块6座、铺设海管280千米、海缆66千米,建设产能520万立方米。公司国内中下游亿元以上在建工程项目23个,其中炼化板块9个,机械完工项目5个,包括宁波舟山石化泰富仓储改扩建项目、惠州石化炼化生产应急配套设施项目等;LNG及管道相关项目14个,实现机械完工6个,包括天津FSRU气化能力替代工程、深圳LNG与大鹏福华德支线联通、广东管道与大鹏南沙分输站联通等项目。新增液化天然气储运能力280万吨,新增油气管线131千米。

【走向海外】 2018年,中国海油坚持以突出效益为中心,以管理创新为手段,继续深化对外合作,持续优化全球业务布局,加强软实力建设,提高海外资产价值,实现海外业务可持续发展。海外原油产量3205万吨,天然气产量117亿立方米。油气主业继续得到国际资本市场的良好认可,获得《亚洲企业管治》杂志2018年"最佳投资者关系企业(中国)"等称号;入选汤森路透"全球能源领导者前100强"榜单;中国香港特别行政区大公文汇传媒集团"2018年中国证券金紫荆奖——最佳上市公司"等称号;获得《财资》杂志年度企业大奖铂金奖。专业技术服务板块深化国际化发展战略实施,海外市场注重协同全球战略区域布局,六大海外产值贡献区成绩斐然。海洋工程业务加快走向国际市场,承揽并实施俄罗斯亚马尔LNG、澳洲Ichthys LNG模块化建造项目、巴西FPSO工程总包项目等一批有影响力的海外项目,成功进入沙特阿美长期服务协议供应商名单,国际化经营能力明显提升。能源技术服务板块海外业务坚持"调整、突破、推进"的工作主线,新签孟加拉国Maheshkhali输气管线铺设项目和文莱PMB脱烯烃催化剂项目合同,与俄罗斯鞑靼石油公司签署合作协议,为米桑油田提供一体化运维服务等,海外盈利能力和市场竞争力持续提升。气电国际业务运行稳健,全年进口LNG创历史新高;与资源方之间的合作不断深化,签署现货贸易主合同72个。进出口业务继续深耕国际油品市场,加强海内外一体化运作,贸易量、销售收入、利润总额3项主要指标均创历史新高。

【重大创新】 2018年,中国海油以油气主业为基石,深入实施"创新驱动"战略,深化科技体制机制改革、建设完善科技创新体系,聚焦海上稠油高效开发、深水油气勘探开发、低渗—致密天然气勘探开发等关键核心技术攻关,不断探索海洋新型能源,为经济、社会和环境的可持续发展提供清洁能源。全年科技投入94.35亿元,其中研发投入32.93亿元。成立天然气水合物技术创新联盟,加入国家自然科学基金企业创新发展联合基金,进一步健全基础前瞻研究工作体系,开展跨界合作下的颠覆性创新,支撑海洋石油工业科技创新驱动发展。公司参与的"4000米级深海工程装备水动力学试验能力建设及应用"等2项科技成果获得国家科技进步二等奖,"寒区抗冰防滑功能性沥青路面应用技术与原位检测装置"获得国家技术发明二等奖,"储层成因单元界面等效表征方法"等2件专利获得第二十届中国专利优秀奖,"中国海油自升式钻井平台插拔桩关键技术及应用"等3项科技成果获得石油石化科技项目转化成果金质奖,"岩石物理驱动下叠前地震反演与油气识别"等多项成果获得2018年度行业部级科技进步奖一等奖,"海洋立管涡激振动实验技术开发与应用"获得中国海洋工程咨询协会海洋工程科学技术奖特等奖。全年公司获授权专利779件，其中发明专利298件。

【党建工作】 2018年，中国海油各级党组织认真学习贯彻习近平新时代中国特色社会主义思想和党的十九大精神，深入落实新时代全面加强党的建设总要求，扎实推进全面从严治党，党建工作质量明显提升。坚持把政治建设放在首位，深化习近平新时代中国特色社会主义思想和党的十九大精神集中学习与专题培训，不断提升各级党员领导干部的思想认识和政治站位，增强保障国家油气安全供应的责任感和使命感。深入贯彻全面从严治党要求，认真落实"一岗双责"，压实各级党组织主体责任。强化监督执纪，深入开展监督检查，严格落实问责条例。做实考核评价，实现对所属单位党建工作的制度化管理和精细化考核。在全系统开展"高质量发展"大讨论活动，推动党建工作与生产经营、企业发展同向发力、同频共振。坚持因地制宜、因企制宜，加强海外党建、区域党建、混合所有制党建工作。在全系统组织开展以庆祝改革开放40周年为主题的"五个一"宣传活动，强化群团组织建设，营造和谐健康发展氛围。以支部达标为抓手，突出抓好基层党组织"三基"建设，着力夯实基层党建。坚持选优育强基层党组织书记，开展岗位轮换交流和基层党务工作者示范培训班，基层党务工作水平得到显著提升。举办统战工作培训班，广泛凝聚共识，共同为公司生产经营、改革创新发展贡献智慧和力量。

【信息化建设】 2018年，中国海油围绕推动数字化转型、助力高质量发展的要求，积极探索信息化与工业化的深度结合，打造海上智能油田。"基于物联网实时数据的海上智能油田管理系统"入选2018年全国物联网集成创新与融合应用项目。加强信息基础设施建设，顺利完成集团14个门户网站的IPv6改造，完成美洲区域IT共享支持中心建设，初步建成渤海等区域微波环网，开展基础设施云（IaaS）的推广和平台云（PaaS）建设。注重生产信息化，开展海上平台无人化改造试点，实施LNG罐箱多式联运支持系统上线，在"数字炼厂"基础上开展工业互联网平台建设，推广APC技术应用，建立国内首个海油工程数字化技术中心，填补国家在海洋工程数字仿真技术领域的技术空白。实施管理信息化，从运营、监测、通报、保障、考核5个维度强化网络安全管理。公司参加公安部、国务院国资委、工业和信息化部等国家机关举办的网络安全大赛，均获得良好成绩，并在公安部全国网络安全大赛中成绩突出，受到国务院国资委通报表扬。做好海外信息化支持服务，"海外信息技术共享服务支持体系"等4个项目获得中国信息协会颁发的中国能源企业信息化管理创新奖和信息化方案案例创新奖。

【履行社会责任】 2018年，中国海油积极履行社会责任，持续做好社会公益。以中国海油公益基金会为平台，在精准扶贫、海洋保护、公益合作等项目投入公益慈善资金1.1亿元；坚持"解困、扶本、造血、建立长效机制"的扶贫工作原则，因地施策，精准扶贫，引导消费扶贫新模式，定点扶贫的甘肃省合作市提前脱贫。持续做好爱心助学、专项公益等公益慈善事业，获得民政部授予的第十届"中华慈善奖"。坚持将发展成果惠及社会，持续推进社区暖心工程，营造和谐共进的社区环境，带动社区文化建设，增进民生福祉，共建美好家园。《中国海油2017年可持续发展报告》获得中国社科院最高评级五星级，获得《中国企业社会责任研究报告》"责任十年，国企十佳"称号，获得"2018优秀企业社会责任报告领袖型企业奖"等多项荣誉。中国海油积极倡导和组织员工"蔚蓝力量"志愿服务，开展海洋知识科普和海洋环境保护、爱心支教、社区服务、社会助老助残助弱等多种公益活动，真情服务回馈社会。积极践行服务社会、创造和谐、造福于民的承诺，建立与社区间定期沟通交流机制，认真倾听当地政府和社区居民的合理化建议，新建项目环境和社会影响评估比例为100%。

（撰稿人：万友元）

国家电网有限公司

【基本概况】 国家电网有限公司（以下简称"公司"）成立于2002年12月29日，是根据《中华人民共和国公司法》规定设立的中央直接管理的国有独资公司。公司以投资建设运营电网为核心业务，连续14年获评中央企业业绩考核A级企业，连续三年排名《财富》世界500强企业第二位、中国500强企业第一位。

公司作为关系国家能源安全和国民经济命脉的特大型国有重点骨干企业，全面落实党中央、国务院重大部署，贯彻打赢"三大攻坚战"部署，服务新能源发展，实施国网阳光扶贫行动计划，重视发挥电网基础设施的支撑、保障和带动作用，助力乡村振兴、脱贫攻坚、污染防治、富边兴边和区域经济协调发展。

公司是全球最大的公用事业企业，经营区域覆盖26个省（自治区、直辖市），供电人口超过11亿人。公司是具有全球影响力的国际化企业，服务"一带一路"建设，投资运营7个国家和地区的骨干能源网，承包建设众多国家级输变电工程，带动中国电工装备出口80多个国家和地区。建成投运的巴西美丽山水电送出一期工程是中国特高压走出去的标志性工程，也是南美第一个特高压工程。

公司是全球技术领先的创新型企业。在特高压、大电网运行控制、智能电网、电动汽车充换电等领域取得一批世界领先的创新成果，中国成为全球首个实现特高压输电商业化运行的国家，也是唯一一个全套拥有特高压交、直流输电核心技术的国家。建成张北风光储输等大批智能电网重大创新工程，建成全球最大智慧车联网平台，累计接入充电桩28万个。依靠技术、管理和体制优势，国家电网成为近20年来全球安全运行记录最长的特大型电网。累计获得国家科技进步奖79项，其中特等奖2项，专利拥有量连续八年居央企首位。

2018年，公司在党中央、国务院的坚强领导下，深入学习贯彻习近平新时代中国特色社会主义思想，按照高质量发展要求，落实公司三届三次职代会暨2018年工作会议部署，大力实施新时代发展战略，努力拼搏、奋力攻坚，各项工作取得新成绩。

【主要指标】 2018年，公司资产总额39325.2亿元，营业收入25627亿元，实现利润780.1亿元，资产负债率56.6%。固定资产投资5130亿元，其中电网投资4889.4亿元。公司开工110（66）千伏及以上输电线路4.83万千米，变电（换流）容量2.85亿千伏安（亿千瓦）；投产线路5.15万千米、变电（换流）容量3.07亿千伏安（亿千瓦）。完成售电量42361亿千瓦·时，比上年增长9.3%。全员劳动生产率81.5万元/人·年，比上年增长5.69%。

【改革发展】 公司深化改革领导小组办公室印发《公司全面深化改革工作规则》，落实主体责任，加大执行力度，发挥各级改革领导小组和工作机构作用，按计划推进各项改革任务。坚持顶层推动，逐级落实责任，印发《公司认真贯彻党的十九大精神　全面深化改革2018年重点工作的通知》（国家电网体改〔2018〕90号）、《开展纪念改革开放40周年系列活动　推进公司改革落地见效重点工作安排的通知》（国家电网体改〔2018〕366号），制定年度工作计划，明确26项重点任务、145项改革工作举措。细化专业改革具体方案，督导落实，完成庆祝改革开放40周年系列活动，展示公司改革开放伟大成就。

电力改革红利进一步释放。按照中央确定的改革方向，坚持"统一市场、两级运作"框架，推进全国统一电力市场建设。省间电力市场中长期交易全部投入运营，电力交易平台规范高效运作，实现常态化开展交易，各交易平台注册市场成员7.8万家，注册生效售电公司超过3200家。推进交易机构股份化改造和规范化建设、电力现货市场试点，25家电力交易机构启动股份制改造，20个省组建市场管理委员会。2018年，市场化交易电量突破1.6万亿千瓦·时，比上年增长32.5%。全年降低客户用电成本915亿元，超额完成"一般工商业电价平均降低10%"的目标。配合国家发展改革委推动增量配电改革试点全面铺开，公司经营区域三批试点项目256个，确定项目业主95个，在47个增量配电项目上与社会资本开展合作。

国企改革纵深推进。贯彻落实国务院国资委要求，对所属1163家各级子企业进行功能界定与分类。出台《公司所属企业功能界定与分类工作意见》（国家电网体改〔2018〕399号），将公司所属二级企业细分为六类，明确各类企业发展方向、改革重点、管控方式和考核激励，为公司深化改革提供基础性制度框架。对外发布开放合作十大举措，在特高压直流输电等领域吸引社会投资，放大国有资本功能。13项混合所有制改革重点任务取得标志性成果,其中四川、河北综合能源服务项目,衢江抽水蓄能项目及信产集团子公司完成混合所有制改革。探索建立职业经理人制度,规范11家新兴业务类和市场化产业单位社会招聘工作。制定劳动合同管理办法,建立"1+1+20"劳动合同制度管理体系。

内部管理变革加速。启动多维精益管理体系变革,推动管理转型升级。以业扩提速、电能替代为重点大力增供扩销,围绕企业经营全过程推进降本增效。发布《关于加快新兴业务企业改革发展工作举措》(国家电网体改〔2018〕620号),为战略新兴业务发展提供制度保障。综合能源服务实现收入49亿元,比上年增长133%。电商平台交易规模突破5100亿元,比上年增长96%,国务院国资委将有关改革举措作为典型经验予以交流;光伏云网、"创e空间"纳入国家工信部试点示范项目。国网河北电力与国网节能公司研究组建雄安综合能源公司,国网金融科技集团、商用大数据、征信公司成功入驻雄安新区。国际公司稳步扩展海外市场,稳健运营境外资产,所有项目保持盈利。336家地市公司供电服务指挥中心全部建成,67家地市公司开展低压网格化综合服务试点。"网上国网"试点运行,线上缴费率超过50%。

【电网建设】 截至2018年底,公司750千伏、500千伏线路长度分别为2万千米、14.7万千米,比上年分别增长5.3%、8.9%;变电(换流)容量分别为1.6亿千伏安(千瓦)、11亿千伏安(千瓦),比上年分别增长6.7%、10%。配电网建设成效显著,城网、农网户均停电时间分别由2010年的8小时、32小时减少到4小时、18小时,综合电压合格率分别由2010年的99.50%、97.48%提高到99.995%、99.752%。

上海庙—山东特高压直流工程投运,苏通GIL管廊隧道工程贯通,蒙西—晋中等4项特高压交流工程开工建设;"五交五直"特高压工程纳入国家规划,其中陕北—湖北直流、张北—雄安交流、驻马店—南阳交流工程获得核准,首条以输送新能源为主的青海—河南直流工程开工建设。累计建成特高压"八交十一直"工程,核准在建"六交两直"工程,跨区跨省输电能力2.1亿千瓦。核准在建和在运特高压线路长度、变电(换流)容量3.7万千米、3.9亿千伏安(千瓦)。各级电网协调发展,藏中联网工程建成投运,结束西藏中东部地区孤网运行的历史,为藏区资源优势转化和边疆长治久安提供有力保障。河西走廊750千伏第三通道、5座抽水蓄能电站等工程开工建设。北京城市副中心等28个世界一流配电网先行示范区建成,北京冬奥会26项配套输变电工程启动建设。推进新一轮农网改造升级工程,完成74个小康用电示范县、2311个自然村通动力电改造,农村地区供电保障水平提升。推进北方地区冬季清洁取暖,完成京津冀及周边、汾渭平原地区210多万户居民"煤改电",天然气互联互通供电配套工程按期送电。

建成一批国际领先的示范工程,国网江苏电力建成大规模源网荷友好互动系统,具备376万千瓦秒级精准负荷控制能力;苏州同里小镇能源互联网建成投运,多能互补系统、"三合一"电子公路、负荷侧虚拟同步机等15项创新示范项目建成。发展新兴业务,智慧车联网平台接入88.9%的社会公共充电桩,充电量比上年增长75%,建成"十纵十横两环"高速公路快充网络,智慧能源控制系统上线试运行。推进智能电能表深化应用,低压停电事件主动上报应用覆盖26家省公司。完成国家自然科学基金委员会—国家电网智能电网联合基金2018年项目评审及2019年指南发布。

启动"三区两州"深度贫困地区电网建设,解决259条10千伏线路"卡脖子"、1.3万户居民低电压问题。累计接入光伏扶贫电站1814万千瓦、惠及247万户贫困户。在定点帮扶的青海玛多县新建11座光伏扶贫电站,援助西藏阿里地区措勤县光伏电站二期工程建设,助力湖北神农架林区脱贫摘帽。

【走向海外】 开展境外股权投资。完成巴西CPFL新能源公司要约收购,持有CPFL新能源公司99.94%股份。巴西特里斯皮尔斯二期项目提前2年多投运,巴西美丽山特高压输电二期项目工程总体进度进展顺利。截至2018年底,公司境外投资210亿美元,管理境外资产655亿美元,项目运营稳定、收益良好、全部盈利。

深化国际产能合作。创新开展BOOT、BMT等国际产能合作模式,带动国内优势产能走出去。推进巴基斯坦±600千伏默拉直流输电项目进入全面建设阶段。波兰科杰尼采400千伏变电站工程总承包项目竣工,是我国企业在欧盟完工的首个输变电工程总承包项目,埃塞俄比亚配网改造项目、埃及EETC500千伏线路项目按工程计划施工,中标希腊纳克索斯岛150千伏变电站项目。与葡萄牙国家能源网公司签署合作框架协议,与俄罗斯电网公司签署合作协议,开拓第三方市场,促进实现全产业链、全价值链"走出去"。与尼泊尔电力局签署中尼联网项目联合可研协议,完成中韩联网预可研报告。土耳其凡城直流联网项目正式开工,埃塞俄比亚—肯尼亚500千伏直流项目完成工程建设。协助开展菲律宾棉兰老岛—维萨亚、希腊克里特岛联网项目。

拓展国际交流与合作。配合国家主场外交,参加中非合作论坛北京峰会、中国国际进出口博览会、"一带一路"媒体合作论坛等重要活动。在IEC、IEEE新发起立项《电能质量管理导则》《柔性直流输电系统性能》等14项国际标准。累计主导编制国际标准61项,推动中国技术优势向国际竞争优势的转化。推广262项中国标准在"一带一路"相关国家电力建设中应用。

【重大创新】 加强科技成果培育和布局。获得国际科学技术奖2项、国家技术发明奖2项、国家科学技术进步奖8项、中国专利奖26项、中国标准创新贡献奖4项、中国电力科学技术奖66项、省级科学技术奖励225项。其中,"智能电网电能质量监测与控制关键技术"项目获得IEEE TCCPS(国际电气和电子工程师协会信息物理系统技术委员会)2018年工业技术杰出贡献奖,"智慧车联网"项目荣获2018年度国际爱迪生奖。截至2018年底,拥有专利82810件,其中发明专利20715件,专利申请量、授权量和累计拥有量连续八年排名央企第一位。

加强一流科技期刊体系建设。2种英文期刊《中国电机工程学会电力与能源系统学报》(CSEE JPES)和《高压电技术》(High Voltage)被SCI数据库收录,《智慧电力》入选中文核心期刊,《供用电》《电力工程技术》入选中国科技核心期刊。《全球能源互联网》中、英文刊创刊。

加强实验研究能力。成立国网上海能源互联网研究院,承接上海市智慧能源技术研发与转化功能型平台建设。跟踪国家促进首台套重大技术装备示范应用等新技术推广相关政策,推荐500千伏UPFC设备纳入相关目录。组织召开创响中国—国家电网站活动暨科技成果转化推介会。国家"科技创新2030"智能电网重大项目实施方案通过国家科技体制改革和创新体系建设领导小组审议。

【信息通信建设】 新建特高压光缆3344千米,公司光缆总长度159万千米,通信设备总量53万台(套),通信站8.8万座,通信业务通道47万条。组织实施国家"互联网+"智慧能源示范工程,建成公司级大数据开放试验平台,《电力大数据开放共享服务平台解决方案》入选工业和信息化部2018年"十佳大数据案例"。与西安交通大学联合申报的国家发展改革委大数据算法与分析技术国家工程实验室获批成立。获评国家信息中心"十大最具影响力大数据企业"。"面向电力产业链的'大数据+人工智能'融合创新工程""省级电力大数据平台及跨行业民生服务示范应用建设项目"入选工信部2018年大数据产业发展试点示范项目。

构建覆盖总部和国网北京、上海、山东、安徽电力等公司的电力量子保密通信星地一体示范网络,初步构建天地一体量子保密通信试验环境。在数据仓库与数据集市之间构建业务数据知识图谱,实现源端数据差异动态感知与企业数据的跨业务贯通。开展边缘计算框架设计,研制边缘物联代理通信协议适配模块,支持异构电力业务终端数据接入。开展基于一体化"国网云"的区块链技术研究与应用,完成区块链组件联盟链架构设计。

【党建工作】 截至2018年底,公司系统党组织42654个,其中党委2790个、党总支2109个、党支部37755个,党员65.05万人。加强思想政治工作研究,开展习近平总书记关于国有企业改革发展党建思想的学习研究,承担中央企业党建政研会课题"习近平新时代中国特色社会主义思想武装中央企业实践研究""新时代国有企业传承和弘扬红船精神实践与研究"等研究工作,4项成果获中央企业政研会表彰,其中一等奖1项、二等奖1项、三等奖2项。

弘扬劳模精神、劳动精神和工匠精神。张黎明被中宣部授予"时代楷模"称号,被党中央、国务院授予"改革先锋"称号。公司系统涌现出"大国工匠"许启金,全国道德模范刘源、王生廷,全国"慈善楷模"钱海军等重大典型。马进伟在抗洪抢险保供电中因公殉职,被国务院国资委党委、甘肃省委追授为优秀共产党员。

加强工作成果推广交流。在《人民日报》《学习与研究》《党建》《国企·党建》及国务院国资委党建、宣传工作简报等刊载党建工作信息、理论文章32篇。16家单位被评为"全国电力行业思想政治工作优秀单位",18人被评为"全国电力行业思想政治工作先进个人"。公司有"全国文明单位"381家、"省级文明单位"1553家,数量在央企中排名第一位。2个组织入选中宣部命名的第四批50个全国学雷锋活动示范点,5个志愿服务组织、2个志愿服务项目入选2018年全国宣传推选学雷锋志愿服务"四个100"先进典型。公司"青春光明行"志愿服务队被中宣部授予"全国最佳志愿服务组织"称号。

【履行社会责任】 推进公益资源整合。打造"国网阳光扶贫"和"国网光明工程"公益品牌,相关经验获得国务院扶贫办、国务院国资委高度评价。举行"特高压电网奖学金"联合颁奖仪式,扩大奖学金在行业内外、校企之间、社会各界的影响力。基金会纳入各单位公益品牌项目16项,"善小""三江源环保行动""春苗之家""电力爱心教室""点亮玉树"等品牌竞相涌现。

(撰稿人:王春娟 周秋慧)

中国南方电网有限责任公司

【基本概况】 2018年,中国南方电网有限责任公司(以下简称"公司")瞄准建设具有全球竞争力的世界一流企业的目标,攻坚克难、争先进创一流,推动改革发展、生产经营和党的建设取得显著成绩。全系统未发生较大及以上人身事故,未发生设备和电力安全事故,未发生对公司和社会造成重大不良影响的涉电公共安全事件。全网统调最高负荷1.69亿千瓦,比上年增长3.4%;完成售电量9703亿千瓦·时,比上年增长9%;西电东送电量2175亿千瓦·时,比上年增长7.2%,创历史新高;客户平均停电时间(低压)13.11小时,比上年下降6.97小时/户;中心城区客户平均停电时间1.12小时/户;累计有效专利拥有数1.73万件;第三方客户满意度测评82分,提升1分,广东、广西电网公司及广州、深圳供电局连续多年在地方公共服务评价中名列第一位。公司连续12年获得国务院国资委年度经营业绩考核A级,在世界500强企业中名列第110位。

【主要指标】 2018年,公司营业收入5355.49亿元,比上年增长8.86%;资产总额8149.97亿元,比上年增长9.89%;利润总额166.49亿元,完成国务院国资委考核目标。

2018年中国南方电网有限责任公司主要经济指标

项目	2017年	2018年	比上年增长(%)
资产总额(亿元)	7416.27	8149.97	9.89
所有者权益(亿元)	2916.53	3225.17	10.58
营业收入(亿元)	4919.41	5355.49	8.86
利润总额(亿元)	181.12	166.49	-8.08
净利润(亿元)	137.31	126.15	-8.13
归属于母公司所有者的净利润(亿元)	130.98	117.90	-9.99
技术开发投入(亿元)	24.08	32.98	36.96
利税总额(亿元)	456.10	422.72	-7.32
应交税金总额(亿元)	322.18	269.21	-16.44
全员劳动生产率(万元/人·年)	51.31	54.18	5.59
净资产收益率(%)	4.86	4.11	减少0.75个百分点
总资产报酬率(%)	3.85	3.60	减少0.25个百分点
国有资本保值增值率(%)	103.44	103.80	增加0.36个百分点

【改革发展】 在实施34项改革试点项目的基础上,大力推进入选国务院国资委"双百行动"的3家单位改革试点工作。提前完成138户子企业公司制改

制任务。深圳前海混合所有制改革试点任务基本完成。全面实现"三供一业"分离移交和供电设施接收。公司10家教培机构和1家医疗机构完成改革工作。建立组织机构、劳动用工、工资总额分类管理机制。产业工人队伍建设走在国企前列,职工创新、劳动和技能竞赛不断深化。多措并举提高劳动绩效,在业务和资产规模大幅增长的情况下,公司用工总量下降3.4%。稳步推进电力体制改革,南方(以广东起步)电力现货市场率先投入试运行,迈出我国电力市场化改革的关键一步。市场化交易规模不断扩大,省内市场化交易电量占比35.1%,省间市场化交易电量占"西电东送"总量的14%;突破性实施云贵水火置换43.5亿千瓦·时。有序引领、积极参与增量配电网建设,第一批20个试点项目全部确定项目业主,第二、三批试点配合地方政府完成配电网规划编制。落实云南保山地方电网合作协议,文山地方电网体制改革取得突破。

【重大项目】 全面推进20项重点工程建设,滇西北至广东特高压直流工程提前建成投产,南方电网西电东送送电能力超过5000万千瓦。深蓄、海蓄电站全部投入商业运行。开工建设世界首个特高压多端混合直流工程——昆柳龙直流工程。云贵互联通道工程纳入国家能源基础设施补短板重点项目。鲁西背靠背换流站工程获得国家优质工程金奖。"±800千伏特高压直流输电示范工程(云南—广东)"获得中国工业大奖,首次获得中国专利奖银奖。

【走向海外】 完成智利输电公司27.8%、马来西亚埃德拉公司37%、卢森堡恩赛沃公司24.92%的股权并购。越南永新项目全面投入商业运营,老挝南塔河一号水电站正式投产发电。与缅甸、老挝、越南、柬埔寨等周边国家电网互联互通取得新进展。牵头西电集团和中国电建集团组成联合体,中标菲律宾棉兰老岛和维萨亚斯群岛跨海直流输电工程换流站和接地极标段总承包项目。加快推进对澳送电第三通道项目建设,2018年12月完成珠海侧海底隧道接收井主体建设。公司欧洲、柬埔寨代表处完成注册挂牌,南美代表处批准设立,公司驻外机构7个,辐射亚洲、欧洲及南美洲。

【重大创新】 2018年,公司获得国家级、省部级科技奖励58项,其中国家科技进步奖一等奖、二等奖各1项。"复杂电网自律—协同自动电压控制关键技术、系统研制与工程应用"项目成果获得国家科技进步奖一等奖,牵头的"适用于多直流馈入电网的动态无功补偿装置的控制方法"获得中国专利银奖,"±800千伏特高压直流输电示范工程(云南—广东)"获得中国工业大奖,"芯片化保护关键技术与应用"获得中国电力科技进步一等奖。累计拥有国家级、省部级重点实验室17个,其中国家级2个。累计有效专利拥有数17267件,其中发明专利4799件,比上年分别增长59.4%、31.5%。实施科技创新发展20条措施,广东电网公司和深圳供电局成立科技孵化器公司。加快公司"双创"基地和平台建设。推动人工智能与业务深度融合,开展无人机巡视31万架次,机巡作业超40万千米,应用机器人巡检变电站145座。

【安全生产】 健全覆盖全员的安全生产责任体系,推动形成"大安全"管理格局。落实防范电网安全运行九大风险的38项重点工作,持续推进关键厂站、"西电东送"主通道和重要设备规范化检修和特巡特维,开展防范重大电气火灾事故、保护精益化检查以及稳控管理专项提升等设备隐患专项整治,电力事件比上年下降38%,确保复杂大电网的安全稳定运行。推进乡镇供电所防范人身事故专项治理行动,进一步健全涉电公共安全隐患排查治理长效机制,未发生有责任的涉电公共安全事件,社会人员触电事故事件下降7.7%。网络安全防护和管理进一步加强,具备500千伏及以上主网网络安全态势感知能力,成功处置勒索病毒等攻击,未发生二级以上网络安全事件。完成党和国家领导人视察、博鳌亚洲论坛、中国—东盟博览会等12次重大政治活动和重要民生活动保供电任务。统筹做好电网防灾减灾,制定城市保底电网规划建设指导意见及具体规划。持续强化防风加固改造,有效应对近年来持续时间最长、陆地大风影响范围最广、阵风风速最大的强台风"山竹"影响,杆塔受损率及抢修复电时间分别下降46%、40%。

【优化营商环境】 全面落实国家一般工商业电价降低10%部署,降低客户用电成本223亿元;大力推进电力市场化交易,降低客户用电成本284亿元;实施业扩投资延伸至客户红线,节约客户投资235亿元。粤港澳大湾区9个城市新增报装容量200千伏安及以下客户实现接电"零投资"。用电报装流程精简为2~3个环节,低压、高压客户接电时间分别缩减34%和22%。大力推广"互联网+电力"服务,互联网统一服务平台累计注册用户突破3000万人,互联网业务办理占比70%。实现智能电表和低压集抄全覆盖。在2018年度全国电力可靠性排名中,佛山、深圳、广州、东莞供电局分列第一名、第三名、第六名、第七名。广州、深圳及珠三角6个城市中心城区客户平均停电时间达到小于1小时的世界一流水平,深圳福田核心区达到2.5分钟以内的世界顶尖水平。

【党建工作】 始终把学习贯彻习近平新时代中国特色社会主义思想和党的十九大精神作为首要政治任务,深入贯彻新时代党的建设总要求和新时代党的组织路线,按照国务院国资委党委中央企业党建质量提升年工作部署,推动党的建设重点任务落实落地。制定党建工作责任制实施办法,修订领导班子成员全面从严治党责任清单,强化党建主责主业意识。建立党建、经营业绩两位一体的"双A制"考核体系。加强党员教育管理,推进"两学一做"学习教育常态化制度化。落实意识形态工作责任制,推动宣传思想工作不断强起来,牢牢把握正确的舆论导向。开展庆祝改革开放40周年系列宣传活动,开发坚定"四个自信"宣传阵地。坚持正确的选人用人导向,公司选人用人满意度始终处于央企前列。出台进一步激励各级干部新时代新担当新作为的实施意见,建立健全容错纠错机制和澄清保护机制。制定发现培养选拔优秀年轻干部的实施意见,加大人才体制机制改革力度。扎实推进基层党组织建设,打造坚强战斗堡垒。党风廉政建设持续加强,受理信访举报484件、处置问题线索1001条、立案审查214件、党纪政纪处分339人。实现监督执纪"四种形态"规范化试点全覆盖。扎实开展迎接中央新一轮巡视自查自纠、为期三年的整治基层及群众身边不正之风和腐败问题"扫雷"行动。深入推进形式主义、官僚主义专项整治。

【履行社会责任】 直接帮助240个贫困点脱贫"摘帽"、8.1万人脱贫,在国务院定点扶贫工作考核中获最高评级。实施清洁能源消纳24条措施,在全网来水好于上年的情况下,云南弃水电量降低40%,广西未发生弃水;全网风电、光伏发电量消纳比例均达到99%以上;非化石能源电量占比51.5%。全网线损率下降至6.31%,新建充电站374座、充电桩9605个,新增电能替代项目5880个,替代电量224亿千瓦·时。扎实服务国家重大战略,落实乡村振兴战略,制定25条措施改造升级农村电网,全年完成投资403亿元,广东提前两年实现国家新一轮农网改造升级目标。实施服务粤港澳大湾区发展、海南全面深化改革开放重点举措,助力建设富有活力和国际竞争力的一流湾区和世界级城市群,努力将海南打造成为国家级智能电网示范省。出台支持左右江革命老区振兴发展等专项规划,落实加强电网基础设施建设等21条措施。开展南方电网远景电力规划研究,提出南方五省区中长期电力发展建议。

(撰稿人:刘之阳)

中国华能集团有限公司

【基本概况】 2018年,在以习近平同志为核心的党中央坚强领导下,中国华能集团有限公司(以下简称"中国华能")坚决贯彻党中央、国务院决策部署,认真落实一届四次职代会暨2018年工作会议、党的建设工作会议精神,攻坚克难、扎实工作,三大攻坚战开局良好,安全生产总体平稳,提质增效成效显著,结构调整积极推进,科技创新取得新成果,党的建设不断加强,圆满完成各项目标任务。全年未发生较大及以上安全事故。生产、经营、政治、形象安全保持良好态势。截至2018年底,中国华能实现营业收入2786.27亿元,资产总额和金融管理资产规模均超过1万亿元,主要生产经营指标保持行业领先地位。境内外全资及控股电厂装机17657万千瓦。在国务院国资委2017年度中央企业负责人经营业绩考核中第13次被评为年度经营业绩考核A级。在2018年《财富》世界500强位居第289位。

一是积极推进结构调整。推动国家战略落实落地,参与筹建雄安新区核电创新中心。在海南自贸区成立供应链平台科技公司。服务"一带一路"建设，萨希瓦尔煤电获得巴基斯坦杰出成就奖和国家优质工程金质奖，柬埔寨最大水电工程——桑河二级水电站全部建成投产。绿色低碳发展步伐加快，产业协同水平不断提升，科技、金融等产业为公司发展作出积极贡献。积极服务"一带一路"建设，大力实施国际化发展战略，是最早"走出去"的中国发电企业。中国华能拥有海外装机容量913.7万千瓦，分布在澳大利亚、新加坡、缅甸、英国、巴基斯坦、柬埔寨6个国家。中国华能积极发挥集团化运作优势，境外电力技术服务拓展到20多个国家，境外金融服务有序开展，有力支持境外电力项目的发展，也为公司国际化提供新的源泉和活力。

二是科技创新取得新成果。前沿技术研发取得重大突破。石岛湾高温气冷堆示范工程全面进入核岛设备系统安装调试阶段。IGCC示范电站连续安全运行创世界纪录。"景洪电站水力式升船机技术"获得国家技术发明二等奖。糯扎渡水电站工程获得中国土木工程领域科技创新最高荣誉詹天佑奖。"基于IGCC的燃烧前二氧化碳捕集技术"获得中国电力科学技术进步一等奖。科技创新活力不断增强，信息化建设扎实推进。

三是各项改革持续深化。中国特色现代国有企业制度不断完善，集团公司第一届董事会正式组建运行。体制机制改革不断深化，管理流程优化改革稳步实施，4家单位纳入国务院国资委"双百企业"综合改革试点。供给侧结构性改革深入推进，"压减"法人、"三供一业"、市政设施分离移交及教育医疗机构改革等年度目标任务全面完成。

四是党的建设不断加强。持续深入学习贯彻习近平新时代中国特色社会主义思想和党的十九大精神，全面落实全国国有企业党的建设工作会议部署，按照国务院国资委"中央企业党建质量提升年"的要求，坚持强基础、抓重点、补短板、创特色，党的领导全面加强，党的建设质量明显提升。推进"两学一做"学习教育常态化制度化，44项年度党建工作重点任务全面完成。以党建责任制考核为抓手，健全责任书、重点任务、考核办法"三位一体"考核体系。推进基层党组织标准化规范化建设，全面开展"红旗党支部"创建活动，深化党员示范行动。全面推行党委书记抓党建述职评议考核工作，各级党委参加率100%。

五是正风肃纪持续发力。坚定不移纠"四风"、树新风，集中整治形式主义、官僚主义突出问题。建立起巡视巡察上下联动监督网。坚持政治巡视定位，组织开展3轮常规巡视、1轮巡视"回头看"。做好巡视整改"后半篇文章"，持续深化中央专项巡视整改。

六是依法治企水平不断提升。推进法治华能建设，落实法治要求，保障依法治理和决策，确保依法合规经营。常态化开展风险评估和内控评价，实现公司系统全覆盖。开展经济责任、建设项目投资及各类专项审计，抓好审计整改，较好地发挥审计监督保障作用。

七是队伍建设全面加强。按照国有企业领导人员"二十字"要求，严把选人用人关。完善干部监督制度。建立健全年轻干部选拔、培育、管理和使用工作机制，组织开展各类培训。

八是和谐企业建设取得新成效。围绕庆祝改革开放40周年，开展系列主题宣传和群众性教育活动。公司获评"改革开放40年中国企业文化典范组织"。推动解决一批信访积案。深化职工之家建设，积极开展厂际竞赛、技能竞赛，全面实行厂务公开清单制度。华能"三色帆"活动在中央企业青年志愿服务项目大赛中获得一等奖。锡林热电二电厂燃料检修队、小湾电厂运维部、马蹄沟煤矿综采队生产二班等5家单位获得"全国工人先锋号"称号；海南清洁能源分公司高行、达拉特电厂郑桂杰获得全国五一劳动奖章；玉环电厂郑卫东获得"大国工匠"称号；西安热工院危师让获得顾毓琇电机工程奖，成为第一位获此殊荣的发电领域科技人员。

【主要指标】

2018年中国华能集团有限公司主要经济指标

项　　目	2017年	2018年	比上年增长（%）
资产总额（亿元）	10396.07	10732.96	3.24
所有者权益（亿元）	2195.92	2471.10	12.53
营业收入（亿元）	2607.50	2786.27	6.86
利润总额（亿元）	118.53	143.61	21.16

续表

项　目	2017年	2018年	比上年增长（%）
净利润（亿元）	68.98	87.75	27.21
归属于母公司所有者的净利润（亿元）	14.57	0.59	－95.95
技术开发投入（亿元）	47.41	43.65	－7.93
利税总额（亿元）	346.57	398.37	14.95
应交税金总额（亿元）	235.35	257.73	9.51
全员劳动生产率（万元/人·年）	61.70	68.89	11.65
净资产收益率（%）	3.48	3.76	增加0.28个百分点
总资产报酬率（%）	3.64	3.90	增加0.26个百分点
国有资本保值增值率（%）	122.50	98.83	减少23.67个百分点

【改革发展】

1. 混合所有制进展情况。

分板块上市方面，按照"1＋M＋N"的资本战略布局，稳步推进分板块整体上市。澜沧江公司和长城证券先后顺利上市，公司系统上市公司6家。推动所属企业与民间资本、外商资本合作方面，2018年，资本公司联合国有资本、社会资本和民营资本，组建互联网金融公司云成金服并正式运营。推进新建项目股权多元化方面，中国华能制定《关于推进建设项目股权多元化的指导意见》，在有条件的新建项目中引入战略投资者。火电、水电和新能源等发电主业主要资产实现上市，资产证券化比例67%，混合所有制企业占比超过67%。

2. 企业产权情况。

2018年，中国华能完成股权融资72亿元。其中，华能长城证券IPO是集团公司整体资本运营布局的重大突破，募集资金19.58亿元。金中公司股权转让，增加现金流61.171亿元、增加利润37亿元。锦鹏项目股权、债权转让，盘活沉淀委贷70亿元、增加利润23亿元。联通股权转让，增加利润5亿元。开发公司出售股票，增加利润10亿元。通过股权转让、出售股票增加利润75亿元。

3. 企业管理情况。

构建企业领导人员分类分层管理机制，实现企业领导人员由身份管理向分类管理、岗位管理转变，由集中统一管理向分层管理、市场配置转变。加快推进市场化选聘企业经理层，落实企业董事会职权，畅通身份转换通道，建立激励约束和引进退出机制。

在劳动用工制度改革试点单位重点推进"员工身份去行政化、经理层职业化、用工管理契约化、薪酬待遇市场化、退休管理社会化"，探索市场化用工。畅通员工依法退出渠道，完善内部转岗安置、协商解除合同、特殊工种退休、病退及法定退休等渠道。

推进工资总额分类管理，进一步完善市场化金融企业工效联动机制和效益奖金延期支付制度；健全煤炭企业工资增长调控线制度；加大科技企业绩效挂钩工资比例。坚持效益导向，首次将人工成本利润率与绩效工资挂钩，引导企业牢固树立对标理念。持续推进科技企业中长期激励建设，扩大实施分红激励单位范围。

绩效管理取得显著成绩。一是全力做好国务院国资委考核管理，获得国务院国资委2017年经营业绩考核A级。二是做好区域公司考核管理，设置专项考核任务、提升对标考核权重、完善差异化考核、优化考核指标，并制定月度效益考核办法，在全集团推广月度预算管理，引导企业"以月保季，以季保年"，确保完成年度绩效目标任务。三是修订完善绩效管理制度，更加突出短板指标考核、突出特殊事项奖惩机制、分类控制A级户数比例、加强绩效薪酬联动、深化分类考核管理、优化考核指标和权重设置、完善计分规则。

【重大项目】 1月12日，中国华能集团有限公司外部董事聘任宣布会在集团公司总部召开，会上宣布国务院国资委聘任的中国华能5位外部董事，标志着集团公司董事会正式组建运行，这是集团公司向建立中国特色现代国有企业制度、建设具有国际竞争力的世界一流企业迈出的重要一步。

3月5日，国际电力公司英国SpaldingOCGT（具有黑启动功能的燃气开式循环机组）项目正式开工建设，总装机容量30万千瓦，总投资9800万英镑。

3月14日，华能果多水电有限公司名称变更为西藏开投果多水电有限公司。果多公司完成51%股权转让、股权交割及工商变更登记手续。

3月20日，贵诚信托发行国内首单脱贫攻坚专项资产支持证券，发行规模40亿元，专项用于乡村振兴、支持脱贫攻坚。

5月29日，中国华能与中国船舶重工集团有限公司在中船重工总部签署战略合作框架协议。其间，华能江苏分公司与中船海装北京新能源公司就海上风电开发签署合作框架协议。

5月24日，中国华能制定出台《防范和化解金融风险工作方案》。

5月28日，中国华能集团有限公司制定出台《精准脱贫攻坚战"红色行动计划"工作方案》，以实际行动践行"三色公司"使命。

6月1日，澜沧江公司苗尾水电站4号机顺利完成72小时满负荷试运行后正式进入商业运行。苗尾水电站4台机组全部投产发电，澜沧江上游水电站发电序幕正式拉开。

7月5日，云南省境内在建最大水电站——澜沧江公司黄登水电站首台1号机组通过72小时试运行，正式投入商业运行。该项目2号、3号机组相继于7月12日、8月16日投产发电，实现"一月双投""两月三投"。

8月10日，中国华能与哈尔滨电气集团有限公司在集团公司总部签署战略合作框架协议。

8月15日，中国华能与中国光大集团股份公司在光大集团总部签署战略合作协议。

8月24日，中国华能与中国银行股份有限公司在中国银行总部签署战略合作暨综合授信协议。

9月14日，在海南省与中央企业第二轮战略合作协议签约仪式上，中国华能与海南省人民政府签署战略合作协议。

9月19日，在2018年成都国际投资峰会上，中国华能与成都市人民政府签署战略合作协议。

9月30日，华能供应链平台科技有限公司、兖矿（海南）智慧物流科技有限公司在海口正式完成注册，10月22日正式运作。

柬埔寨当地时间10月21日，由华能澜沧江水电股份有限公司控股投资开发的柬埔寨境内最大水电工程——桑河二级水电站8号机组顺利通过72小时试运行，正式投产发电。至此，桑河二级水电站8台机组全部投产发电。12月17日，桑河二级电站正式进入商业运行。

10月21日，宁夏公司大坝电厂四期工程7号机组顺利通过168小时满负荷连续试运行，正式投产发电。

10月26日，华能集团金融产业首家上市公司长城证券股份有限公司正式在深圳证券交易所中小板挂牌上市。

11月7日，山东分公司八角电厂2台67万千瓦超超临界新建工程1号机组顺利通过168小时满负荷试运行，是我国供热能力最大、综合热效率最高的60万千瓦级双抽供热机组。

11月16日，华能巴基斯坦萨希瓦尔燃煤电站工程问鼎国家优质工程金质奖，成为获此项殊荣的唯一境外电力项目；华能渑池热电联产工程、华能莱芜电厂百万机组"上大压小"扩建工程、华能青海西宁热电厂"上大压小"新建工程和华能雅鲁藏布江藏木水电站工程获得国家优质工程奖。

12月16日，中国华能集团有限公司华亭煤业公司赤城煤矿主斜井井筒掘砌工程、回风斜井井筒掘砌工程和庆阳煤电公司新庄煤矿副立井井筒掘砌工程获得"太阳杯"工程奖。

12月26日，华能贵诚信托完成相关登记手续的变更，并换发营业执照，新一轮增资扩股工作全面完成。

【走向海外】 2018年，中国华能认真贯彻落实党和国家对外方针政策，积极融入国家整体外交和"一带一路"建设，聚焦国际化高质量发展，围绕创建具有全球竞争力的世界一流企业的战略目标，不断深化实施"走出去"战略。

截至2018年底，中国华能境外投资并参与管理的电力装机容量914.5万千瓦，境外电力资产分布在6个国家，包括英国、澳大利亚和新加坡3个发达国家，以及缅甸、柬埔寨和巴基斯坦3个"一带一路"沿线发展中国家。

2018年，柬埔寨桑河二级水电站实现8台机组全部投产发电，缓解柬埔寨电力供应不足的现状。巴基斯坦总理阿巴西签发授予华能萨希瓦尔电站"杰出成就奖"。英国斯伯丁开式循环燃气发电（OCGT）项目开工建设，成为英国第一个依靠容量合同实现项目融资开发建设的大型发电项目。中国华能联合国新国际，开展英国威尔特郡电池储能项目前期工作，其中

99.8兆瓦储能项目进入筹建阶段。

【重大创新】 2018年，中国华能贯彻创新驱动发展战略，积极组织重大技术攻关，前沿技术研发取得重大突破，获得国家技术发明奖1项、省部级科技进步奖20项、授权专利648件、主持制（修）订标准18项。其中，"景洪电站水力式升船机技术"获得国家技术发明二等奖，"糯扎渡水电站工程"获得中国土木工程领域科技创新最高荣誉詹天佑奖，"基于IGCC的燃烧前二氧化碳捕集技术"获得中国电力科学技术进步一等奖。华能萨希瓦尔燃煤电站获得中国电力行业优质工程奖和国家优质工程奖，被纳入"一带一路"十大典型案例。石岛湾高温气冷堆示范工程全面进入核岛设备系统安装调试阶段，IGCC示范电站创造166天的最长连续运行时间世界纪录。

中国华能深入开展创新平台建设，煤基清洁能源国家重点实验室通过科技部组织的评估。中国华能深入推进企业"双创"工作，完成"华创空间"平台开发建设，36项成果被评为全国电力职工技术成果奖，22项成果被评为全国能源化学地质系统优秀职工技术创新成果。中国华能科技工作者危师让获得2018年度顾毓琇电机工程奖，成为该奖设立以来首位获奖的发电领域科技人员。

2018年，中国华能系统管理创新工作取得新进展，8项管理创新成果在国家、行业组织的评审中获得表彰。其中，浙江分公司玉环电厂"火电企业引入基建监检模式的运维质量监督管理"、河南分公司沁北电厂"发电企业实现安全生产的多层次分类别员工培训管理"获得第二十五届全国企业管理现代化创新成果二等奖；江西分公司瑞金电厂"以'单元成本'管控为核心的燃煤火力发电企业精益化管理"、澜沧江公司黄登·大华桥建管局"全过程数字监控碾压混凝土可视化施工工法管理"、华东分公司上海石洞口二厂"党建'六个多一份'与生产管理融合促进的创新与实践"、辽宁分公司辽宁清洁能源公司"基于移动互联网+技术的集中式光伏项目群集成管理"、江苏分公司南通电厂"以互联网+党建推进党建与生产经营深度融合"、华北分公司天津IGCC示范电厂"我国首座IGCC示范电站企业文化建设协同企业发展的研究与思考"获得中电联2018年度电力创新奖管理类二等奖。

【党建工作】 2018年，中国华能各级党组织以习近平新时代中国特色社会主义思想为指导，深入学习贯彻党的十九大精神，全面落实全国国有企业党的建设工作会议部署，按照国务院国资委"中央企业党建质量提升年"的要求，坚持强基础、抓重点、补短板、创特色，公司党的领导全面加强，党的建设质量明显提升，为全面完成年度各项目标任务提供坚强保证。

坚持举旗定向，突出抓学习贯彻习近平新时代中国特色社会主义思想，各级党组织和党员干部树牢"四个意识"、践行"两个维护"的政治自觉更加坚定，履行"三色公司"使命、发挥"六个力量"的思想自觉更加清晰，推动高质量发展、建设世界一流企业的行动自觉更加有力。坚持明责履责，突出抓党建工作责任制落实，以党建责任制考核为抓手，健全责任书、重点任务、考核办法"三位一体"考核体系，管理体系不断完善，考评机制运行良好，督促改进持续提高，促进党建质量的提升。坚持强基固本，紧紧围绕"三基建设"这个关键，在抓实基层、打牢基础上下功夫，推进基层党组织标准化规范化建设，全面开展"红旗党支部"创建活动，深入开展"党员示范行动"，系统各单位建立各类党员示范岗、党员责任区1万余个，激励党员立足岗位当先锋、作表率，党建工作与生产经营融合不断深入。

2018年，中国华能党组、纪检（监察）组坚决扛起管党治党政治责任，推动监督全覆盖。抓全面监督，落实各级党组织管党治党主体责任。坚持逐级约谈制度，党组书记、副书记约谈49家二级单位主要负责人，推进责任和压力层层传递。加强干部监督，严肃处理14名公司党组管理干部，问责173个党组织或部门、226名党员领导干部，倒逼责任落实。加强作风建设，开展形式主义官僚主义集中整治。抓专责监督，严格执纪问责。全年立案85件，党纪处分114人。督促做好监督检查发现问题或漏洞的整改，发出监督意见书17份。制定监督执纪"四种形态"实施意见，修订纪律谈话实施办法，谈话1.6万余人次。着力抓"关键少数"，建立廉洁情况"活页夹"，覆盖党组管理干部541人、三级企业主要负责人488人。深化纪委书记对领导班子成员的"画像"工作，探索开展政治生态评价。抓职能监督，强化各领域的"管"和"治"。公司党组与总部各部门签订责任书，纪检组组长会同分管领导逐一约谈总部19个部门主要负责人，专题召开职能监督工作座谈会，纪检组长或部门负责人在煤炭产业、招投标等专业会上作管党治党专题辅导，推动压实"一岗双责"和职能监督责任。抓巡视监督，切实发挥利剑作用。牢牢把握政治巡视定位，分4轮对18家二级单位和总部部门开展内部巡视，发现问题453个，认真做好巡视"后半篇文章"，制定整改措施3158条。41家二级单位党委开展巡察工作，覆盖188家基层企业，有力推动全面从严治党向基层延伸。抓监察监督，研究制定纪检监察体制改革实施方案。独立设置党组巡视办，调整总部纪检监察部内设机构，开展公司系统监察对象调查摸底。

【信息化建设】

1. 网络安全态势总体平稳。

中国华能切实加强网络安全顶层设计工作，建立和落实网络安全责任制，健全覆盖集团公司各级单位的网络安全预警通报和应急处置体系，全年未发生重大网络安全事件。开展全系统网络安全执法检查工作，覆盖集团公司35家二级单位和239家三级单位，梳理等保三级系统152个、等保二级系统265个。开展商用密码应用试点示范、态势感知能力建设等工作。落实国务院国资委IPv6部署应用工作，组织系统内9个网站实施IPv6改造。

中国华能派出2支队伍参加国务院国资委首届中央企业网络安全攻防大赛，分别取得第17名和第35名的成绩，是非专业队伍在本次大赛中取得的最高名次，获得国务院国资委通报表扬，被评为"大赛优秀组织企业"。在公安部组织的"网鼎杯"网络安全攻防大赛上，参赛队伍取得电力行业第15名、总排名第163名的好成绩，该次竞赛获得国务院国资委优秀组织奖。

2. 信息化引领取得进展。

中国华能率先在央企中大力推进工业互联网建设，取得重大进展。"华能工业互联网平台项目"成功列入工信部"国家流程行业工业互联网示范项目"并获得国家补贴3000万元。"物联网与生产实时大数据系统项目"列入工信部"大数据发展产业试点示范项目"。公司水电板块30家水电站的生产实时数据成功接入平台，应用配置工作有序推进。参与"工业和信息化部工业互联网威胁信息共享与突发事件应急协作指挥平台建设与应用""工业互联网安全核心标准研制与重点行业试验验证环境建设及应用推广""面向重点行业的工业互联网攻防管控平台建设"3个国家级示范项目。

3. 信息化建设与应用在发电行业保持领先水平。

中国华能ERP、人资实现全覆盖，财务、物资采购、燃料、科技创新等实现相关业务板块全覆盖，风险内控、监察、审计覆盖各业务板块二级公司和部分基层企业。在建的"三重一大"、全面预算、营销管理、智慧党建等系统按照全覆盖的要求开展工作。完成覆盖集团公司各级企业的双网架构，形成规模化的机房及设备（全集团机柜4437台、服务器7667台）；建设以两地三中心为主、多点备份的灾备体系；企业混合云和云数据中心在建中。

【履行社会责任】 2018年，中国华能全面贯彻落实党的十九大精神，以习近平新时代中国特色社会主义新思想为指导，认真履行国有企业经济责任、政治责任和社会责任，为决胜全面建设小康社会、全面建设社会主义现代化国家贡献力量。

中国华能发布《污染防治攻坚实施方案（2018—2020年）》，全面部署燃煤机组超低排放改造、煤场灰场治理、废水治理、建设项目环保"三同时"和煤矿环保治理五大攻坚任务。大力调整能源结构，投产低碳清洁装机527万千瓦。提升节能降耗精细化管理水平，深入开展节能降耗工作，综合、燃煤、燃机及8个主力机型供电煤耗保持行业最优。

不断推进安全生产领域改革发展，安全管理体系不断完善，设备管理不断加强，全年没有发生较大及以上事故，17处生产矿井全部通过国家安全生产标准化验收。助力职业发展，举办员工培训班4.5万个，参训人数120.4万人次。

坚持多措并举，精准帮扶，从脱贫攻坚最需要、最迫切的问题出发，集中向产业、教育、医疗等领域倾斜，投入定点扶贫和对口支援资金2590万元，实施栋梁工程助学行动、同舟工程救急难行动、祝福工程兴农行动和驻村基层党建项目，帮助陕西榆林横山区、新疆阿合奇县正式退出国家贫困县序列。2018年，中国华能对外捐赠总金额6.04亿元，主要用于扶贫、救灾、环保和公益事业。其中扶贫资金6.01亿元，在11个贫困县（区）和全国142贫困村，实施372个扶贫项目，派出扶贫工作队45支、扶贫干部168人、第一书记49人,深入扶贫一线开展工作。连续两年获得国务院扶贫开发领导小组定点扶贫工作考核最优等级,获得民政部颁发的中国公益事业领域最高奖项"中华慈善奖","精准扶贫新时代,华能大爱暖人间"案例被国务院扶贫办、中国社科院《中国企业精准扶贫案例50佳(2018)》收录。

8月6日,中国华能集团有限公司《2017年可持续发展报告》在集团公司官网正式发布。这是自2006年集团公司率先在国内发电企业中发布可持续发展报告以来,连续发布的第12份可持续发展报告。《报告》被中国企业社会责任报告评级专家委员会评为五星级报告,是国内发电企业中唯一连续七年获得五星级评价的报告。

(撰稿人:王晓茜)

中国大唐集团有限公司

【基本概况】 中国大唐集团有限公司(以下简称"中国大唐")成立于2002年12月29日,是中央直接管理的国有特大型发电企业集团,是国务院批准的国家授权投资的机构和国家控股公司试点企业。2017年11月,中国大唐完成全民所有制企业变更为公司制企业的改制工作,注册资本金370亿元。

中国大唐实施以集团公司、分(子)公司、基层企业三级责任主体为基础的集团化管理体制和运行模式。截至2018年底,拥有上市公司5家、区域分公司12家、区域子公司18家、专业公司15家、派出机构1家。在役和在建资产分布在全国31个省(自治区、直辖市)及境外的缅甸、柬埔寨、老挝等国家和地区,资产总额7458.43亿元,员工总数9.6万人,发电总装机14703万千瓦。连续九次入选世界500强,连续六次被国务院国资委评为中央企业负责人经营考核A级企业。

【主要指标】 2018年,中国大唐完成发电量5540.84亿千瓦·时,比上年增长7.4%;实现营业收入1895.43亿元,比上年增长10.85%;利润总额95.98亿元,比上年增长48.40%;净利润61.61亿元,比上年增长22.23%;归属于母公司所有者净利润21.39亿元,比上年减少7.37%。利润、经济增加值、费用总额占营业收入比重和资产负债率4项经济考核指标均完成国务院国资委年度考核目标。

2018年中国大唐集团有限公司主要经济指标

项　　目	2017年	2018年	比上年增长(%)
资产总额(亿元)	7208.06	7458.43	3.47
所有者权益(亿元)	1444.53	1758.28	21.72
营业收入(亿元)	1709.87	1895.43	10.85
利润总额(亿元)	64.68	95.98	48.40
净利润(亿元)	50.41	61.61	22.23
归属于母公司所有者的净利润(亿元)	23.09	21.39	-7.37
技术开发投入(亿元)	27.82	32.66	17.40
利税总额(亿元)	216.02	231.65	7.24
应交税金总额(亿元)	175.92	177.79	1.07
全员劳动生产率(万元/人·年)	69.16	79.04	9.88
净资产收益率(%)	3.68	3.84	增加0.16个百分点
总资产报酬率(%)	3.44	3.96	增加0.52个百分点
国有资本保值增值率(%)	101.00	117.00	增加16个百分点

【改革发展】 一是加快调整电源结构。主动关停落后煤电产能208万千瓦。核准电源项目430.32万千瓦,清洁能源占94.91%。投产514.92万千瓦,清洁能源占52.03%。中国大唐首个自主开发建设的大唐滨海海上风电项目成功并网。郓城、东营、万宁等一批创新驱动发展项目前期及基建工作取得实质突破。

二是深入推进"瘦身健体""处僵治困"等工作。提前一年并超额完成国务院国资委下达的"瘦身健体"三年考核任务,累计压减法人单位180户。加强过程管控和重点督导,按时完成"处僵治困"年度处置任务。制定实施《中国大唐集团有限公司降低资产负债率三年行动方案》,2018年资产负债率较国务院国资委考核目标下降1.57个百分点。深入推进企业办社会职能分离移交，"三供一业"正式移交率99.36%，教育医疗、市政社区全面完成改革目标，居中央企业先进水平。

三是有序推进体制机制改革。落实"两个一以贯之"要求，推进领导体制改革，党委书记、董事长由一人担任的二级企业29家。修订各级党委工作规则和决策制度，把党的领导融入公司治理各环节。在实现总部集中办公基础上，调整上市公司机构设置，保证独立规范运作。2家公司入选"双百行动"改革试点，完成相关改革方案制定。适应电力体制改革，积极参与电力市场建设，推进市场营销体系改革，在23个省区批复组建26家售电公司。

四是谋划推进世界一流能源企业建设。贯彻落实党的十九大关于推动经济高质量发展和培育具有全球竞争力的世界一流企业的战略部署，组织13个调研组开展专项调研，召开4次改革发展研讨会，领导班子成员与各二级企业主要负责人面对面谋划发展、研究改革，统一思想、凝聚共识，为推动高质量发展、加快建设世界一流能源企业奠定基础。

【走向海外】 积极贯彻落实党中央、国务院提出的"一带一路"倡议，坚定不移推动国际化业务高质量发展。2018年，中国大唐境外投资业务实现营业收入5.2亿元，利润7443万元。

一是重点在役项目安全稳定运行。缅甸太平江一期水电站、柬埔寨斯登沃代水电站和柬埔寨金边至马德望输变电网项目，均保持安全稳定运行并全部实现盈利，创造良好的社会效益和经济效益。柬水项目被柬埔寨政府誉为"中资企业与柬政府合作的典范"。柬水、柬网项目被商务部评为"丝路明珠"项目。

二是前期项目取得阶段性成果。印度尼西亚米拉务燃煤发电项目推进开工准备；老挝北本水电项目作为老挝推荐给泰国的优先供电项目，同泰方积极开展购售电协议谈判；法电新能源希腊收购项目被国家发展改革委列为中法第三方合作示范项目，同法方深入研究并购方案。

三是对外工程承包业务带动中国技术装备"走出去"。中国大唐执行中的对外承包工程项目4个，其中泰国NPP5、NPP9生物质总包项目和印度脱硫总包项目建设基本完成；印度古德洛尔脱硫项目利用中国设备达到95%以上，成为印度国家脱硫工程的标杆项目；泰国NPP9生物质电站是亚洲最大的生物质电站；泰国PTG生物质总承包项目处于项目执行阶段。

四是加大境外运维市场开发力度。中国大唐系统内成立"海外运维联盟"，海外技术服务业务分布在印度尼西亚、柬埔寨、马来西亚、菲律宾、孟加拉国、圣普、巴西等国家。其中，圣普项目是中国和圣普恢复外交关系后，中国外交部和商务部联合实施的紧急援外项目，中国大唐技术服务外派专家组在短短48小时内恢复首都供电，得到圣普总理和中国使馆的高度赞扬。

【重大创新】 贯彻落实创新驱动发展战略，以提高自主创新能力为核心，加大科技创新力度，全面推进中国大唐创新体系建设，着力促进产业结构优化升级。

一是科技投入和创新产出稳步提升。2018年，科技投入33亿元，比上年增长20.8%。新增专利1212件，新承担行业及以上标准34项，获得行业及以上科技奖101项，科技成果及专利转化、推广应用为中国大唐增收43.81亿元，增利15.06亿元。获得国际质量管理小组会议金奖、中央企业质量管理小组赛一等奖和国家科技成果转化领域最高奖"中国技术市场金桥奖"。

二是积极承担国家前沿技术研究。"大型燃煤电站锅炉有机污染物排放控制技术的应用示范""燃煤机组水分回收与处理系统集成设计与装备成套技术""高效重金属控制技术集成及工程示范"3项课题进入国家重点研发计划煤炭清洁高效利用和新型节能技术重点专项计划。

三是创新工程项目取得积极成效。山东郓城630℃超超临界二次再热国家电力示范项目，通过研发高参数1000MW（630℃）超超临界二次再热锅炉、高效1000MW等级35MPa/615℃/630℃/630℃二次再热汽轮机，首次应用具有国内自主知识产权的G115新型高温材料，首次研发灵活高效带功率平衡发电机的双机回热技术、多介质耦合余热深度利用技术，实现发电效率50%、蒸汽温度630℃等技术突破。长山发电厂国家能源局燃煤耦合生物质气化发电试点项目投产在即，可年增发电量1.14亿千瓦·时，年消耗残余秸秆约10万吨。

【党建工作】 深入学习贯彻习近平新时代中国特色社会主义思想和党的十九大精神，增强"四个意识"，坚定"四个自信"，做到"两个维护"，坚持和加强党的领导，坚持全面从严治党，以一流党建引领一流能源企业建设。截至2018年底，中国大唐系统有党组1个、基层党委330个、党总支97个、党支部1942个、党员46057人，其中在岗职工党员35878人。

一是坚持把党的政治建设作为根本。贯彻全国组织工作会议精神和中央有关要求，制定《关于贯彻落实中央有关决策部署，进一步提高政治站位、强化担当作为的意见》，提出十项措施，鼓励干部新时代新担当新作为。贯彻《中央企业领导人员管理规定》，完善相关制度，加强干部队伍建设。严格落实"中央企业党建质量提升年"工作要求，全面推进"三基建设"，组织两轮党建责任制考核评价和党委书记现场述职评议，促进党建工作全面进步全面过硬。

二是坚持把党的领导融入公司治理各环节，推进加强党的领导和完善公司治理相统一。坚持"两个一以贯之"，严格执行"三重一大"决策前置程序，建立健全相关工作规则和议事规则，制定发布《"三重一大"决策制度实施细则》及决策事项清单，明确并落实党委（党组）组织在决策、执行、监督等各个环节的权利、责任及实现途径和工作方式，使党组织发挥作用组织化、制度化、具体化。充分处理好党组织和其他治理主体的关系，指导批复47家主要二级企业完成"三重一大"决策制度修订完善并制定议事清单，确保建立规范的二级公司决策体系。

三是狠抓纪律作风建设。深刻吸取严重违纪违法案件教训，扎紧制度笼子，依托"三重一大"、财务、采购等管理信息系统建设，把腐败问题易发多发环节纳入核心流程，实现在线过程监管。严格落实中央八项规定精神，制定"五条禁令"，集中整治形式主义、官僚主义，规范履职待遇支出。坚持政治巡视定位，完善体制机制，加强巡视力量，完成19家二级企业党委常规巡视或专项巡视。

四是认真落实以人民为中心发展思想。贯彻全国宣传思想工作会议精神，聚焦举旗帜、聚民心、育新人、兴文化、展形象使命任务，制定落实方案，加强改进思想政治工作和宣传工作。严管内部各类媒体阵地，抓好互联网舆情管控，压紧压实意识形态工作主体责任。加强职工思想动态分析，开展专项调查调研，加强矛盾隐患排查，把做好思想工作与解决实际问题紧密结合，把思想工作做到职工心坎上，让职工有更多获得感。

【信息化建设】 一是持续提升信息化建设与管理水平。编制发布《中国大唐集团有限公司网络安全和信息化规划（2018—2023年）》，确立CDT1633体系框架；持续推进财务及相关业务一体化、采购与物资管理中心、全面计划、全面风险、项目全过程、财务共享等系统的深度应用；根据国务院国资委国资监管系统上线运行方案部署安排，按时接入国资监管系统，与国资监管平台实现互联互通。北京数据中心作为集团公司第一个按照私有云平台架构设计的数据中心，完成机房和云平台规划设计。全面启动智慧电厂建设，确立7家试点企业。大力推进两化融合管理体系贯标，充分发挥数据要素的创新驱动潜能，打造企业信息化环境下的新型能力。

二是逐级压实网络安全责任。制定发布《中共中国大唐集团有限公司党组网络安全责任制》《中国大唐集团有限公司网络安全责任制管理办法》等一系列网络安全制度，在全系统开展为期4个月的网络安全专项检查。加强网络基础设施管理，建设网络安全和信息系统在线监测平台，网络安全防御能力逐步提升。2018年，中国大唐网络安全投入1.38亿元，占信息化整体投入的30%。

【履行社会责任】 一是污染防治卓有成效。认真贯彻全国生态环境保护大会精神和"绿水青山就是金山银山"理念，编制实施《打赢蓝天保卫战三年行动计划》，超低排放机组累计226台9249.9万千瓦，容量占比94.7%，超额完成国家下达的改造任务。积极推进废水及废弃物治理，各类污染物稳定达标排放。持续开展能耗对标攻坚，加强生产运营管理，完成供电煤耗301.85克/千瓦·时，比上年下降3.44克/千瓦·时。47台机组在全国火电机组能效对标竞赛中获奖。

二是脱贫攻坚纵深推进。深入贯彻中央脱贫攻坚决策部署和习近平总书记关于扶贫开发重要论述，召开专题推进会议，制定三年行动计划，与各二级企业签订责任状，加强现场调研督导，推进脱贫攻坚工作扎实开展。2018年向贫困地区直接投入帮扶资金3.95亿元；向贫困地区选派挂职干部129人，全面超额完成2018年中央单位定点扶贫责任书。陕西省澄城县1.4万名贫困群众脱贫，全县即将脱贫"摘帽"；广西壮族自治区大化县1.5万名贫困群众脱贫，18个贫困村脱贫出列。整村对口帮扶的44个贫困村中31个贫困村脱贫出列，1375户3887名贫困群众实现脱贫。中国大唐扶贫经验做法得到国务院扶贫办充分肯定。

（撰稿人：戴力壮）

中国华电集团有限公司

【基本概况】 中国华电集团有限公司（以下简称"中国华电"或"公司"）是2002年底国家电力体制改革组建的国有独资发电企业集团，属于国务院国资委监管的特大型中央企业。中国华电主营业务为电力生产、热力生产和供应；与电力相关的煤炭等一次能源开发以及相关专业技术服务。公司资产主要分布在全国32个省（自治区、直辖市）及俄罗斯、印度尼西亚、柬埔寨、西班牙等多个国家。管理实体单位494家，其中直属单位（二级单位）45家，基层企业448家；控股境内外上市公司7家；职工9.8万人。位居世界500强第397位。公司发电、煤炭、金融、科工四大产业均保持良好发展态势。发电产业装机1.48亿千瓦，拥有煤电8917万千瓦、水电2722万千瓦、天然气发电1509万千瓦、风光电1629万千瓦、生物质能2.8万千瓦，清洁能源装机占比39.7%，是中国同类型企业中水电装机最多、天然气发电装机最多、分布式发电装机最多的企业。煤炭产业控股煤矿产能5580万吨/年，拥有4个千万吨级煤矿。金融产业拥有6家金融机构，取得财务公司、信托公司、证券、保险经纪四类金融牌照，管理资产规模4643亿元。科工产业涵盖自动化、信息化、环保水务、高端装备制造等业务，拥有国家级企业技术中心、国家能源分布式能源技术研发中心等多个科技创新平台。

【主要指标】 2018年，中国华电以建设具有全球竞争力的世界一流能源企业为引领，以深化供给侧结构性改革为主线，以中央巡视为重要契机，按照"五个坚持、五个转型"发展思路、"两低一高"发展要求，努力实现"2218"发展目标，各项工作取得积极成效。截至2018年底，实现利润82.28亿元，完成国务院国资委年度考核目标的111%；完成发电量5559亿千瓦·时，比上年增长8.5%；核准电源项目440万千瓦，开工479万千瓦，投产275万千瓦，发电装机1.48亿千瓦，清洁能源装机占比39.7%；国际业务收入74亿元，利润总额9亿元；资产负债率77.83%，比年初减少2.88个百分点，十年来首次降至80%以下；供热量3.04亿吉焦；煤炭产量5078万吨；单位电能烟尘、二氧化硫、氮氧化物排放量比上年分别降低32%、11%、11%，单位电能化石能源消耗比上年下降1.63克，比"十二五"末下降7.94克；连续六年被国务院国资委评为经营业绩考核A级企业。

2018年中国华电集团有限公司主要经济指标

项　　目	2017年	2018年	比上年增长（%）
资产总额（亿元）	7967.75	8156.21	2.37
所有者权益（亿元）	1536.86	1828.66	18.99
营业收入（亿元）	2001.35	2144.58	7.16
利润总额（亿元）	67.25	82.28	22.35
净利润（亿元）	47.52	60.48	27.27
归属于母公司所有者的净利润（亿元）	22.53	30.72	36.34
技术开发投入（亿元）	34.59	54.10	56.40
利税总额（亿元）	278.30	303.22	8.96
应交税金总额（亿元）	226.30	226.71	0.18
全员劳动生产率（万元/人·年）	69.34	67.23	－3.05
净资产收益率（%）	3.20	3.64	增加0.44个百分点
总资产报酬率（%）	3.40	3.55	增加0.15个百分点
国有资本保值增值率（%）	104.10	110.90	增加6.80个百分点

注：2018年数据为决算后数据。

【生产经营】 常态化抓好提质增效，成立督导组加强困难区域实地督导,发电、煤炭、金融、科工四大产业均实现盈利,年发电量首次突破5500亿千瓦·时,煤炭产量首次突破5000万吨。设备利用小时比上年增长230小时,增幅居同类型发电企业前列。争取市场交易电量2252亿千瓦·时,比上年增加452亿千瓦·时,占全部售电量的43.6%。弃风弃光率比上年分别减少5.6个和6.8个百分点,弃水电量比上年减少73亿千瓦·时。经济运营优化电量276亿千瓦·时,实现电量优化效益7亿元。落实关停补偿电量107亿千瓦·时,实现增效近12亿元。平均电价比上年提高2.67元/兆瓦。抢抓煤炭产业市场机遇,创下日产商品煤17.5万吨、月产商品煤496万吨、年产商品煤5078万吨的历史最高纪录。积极应对煤价持续高位运行的严峻形势,节约燃料成本约23亿元。供电煤耗完成300.33克/千瓦·时。招标批次数和非招标采购订单数比上年分别增长64.6%、42.8%,物资采购节资率23.15%,电子招标比例达到98%以上。发电固定成本低于预算5.1个百分点,期间费用占收入比重11.57%。带息负债余额较年初降低134亿元,带息债务攀升势头得到有效扭转。资金归集率、账户入网率分别达到86.78%、86.52%。加大"两金"压降力度,国务院国资委考核口径"两金"占用下降3.8个百分点。持续开展"瘦身健体",全年压减72户、累计压减180户存量法人企业,压减率23.23%,提前一年完成国务院国资委下达的目标任务。全年完成8家、累计完成全部20家"僵尸企业"处置。重点推进并顺利完成陕西榆天化处置工作。全面完成9家特困企业治理任务。处置低效无效资产216项,收回资金10.98亿元。

【改革发展】 深入贯彻落实国企改革和电力体制改革部署,开展庆祝改革开放40周年系列活动,增强公司发展动力活力。按照"两个一以贯之"要求,完善法人治理体系,优化"三重一大"决策机制,依法落实董事会职权,修订各治理主体议事规则,保证科学决策。加强与产业资本、金融资本沟通对接,推动直属单位、基层企业引战投工作,金上公司引入权益资金16.67亿元。扎实推进剥离办社会职能及厂办大集体改革等工作,完成171个"三供一业"项目分离移交及6家教育机构、14家医疗机构分类处理工作。江苏公司、华电重工按照国务院国资委"双百行动"部署扎实推进改革工作。研究制定多经企业规范清理方案。积极参与电力市场化改革,在22个区域组建售电公司或增加售电业务,推进山东售电公司专业化管理运营试点建设,组建电力市场研究中心。参股4家电力交易中心。探索创新综合能源供应与服务商业模式,与数据中心运营商加强战略合作,积极延伸供应服务产业链。

【重大项目】 贯彻新发展理念,落实国家"四个革命、一个合作"的能源安全新战略,不断推动企业高质量发展。制定印发《中长期发展规划纲要(2018—2035年)》,编制公司在雄安新区、海南自贸区、粤港澳大湾区和长江经济带发展规划。在首届中国国际进口博览会期间与多家全球知名企业签署14项采购合同及合作协议,涉及金额11.5亿美元。积极发展风电、太阳能等新能源,非化石能源装机比重比上年提高0.25个百分点。金上水电外送消纳取得实质性进展,与河北、西藏签订电力送冀框架协议,外送工程被列为国家"十三五"电力规划重点推进项目。完成金中公司23%股权收购。金上拉哇200万千瓦水电项目获得国家核准。广东阳江50万千瓦海上风电项目获得核准。江苏句容二期3号高效超低排放百万千瓦火电机组建成投运,安徽芜湖二期3号高效超低排放百万千瓦机组完成168小时试运行。广州增城、天津军粮城H级重型燃机开工建设。新增供热装机733万千瓦,供热装机占火电比例71%。宁夏灵武至银川供热项目按期投产。关停淘汰落后煤电产能14台186万千瓦。

【走向海外】 印度尼西亚玻雅项目实现融资关闭,印度尼西亚占碑2号项目签订PPA并通过国家部委备案。在运在建和拟建海外项目473万千瓦,重点跟踪项目1400万千瓦。印度尼西亚马穆珠EPC项目建成移交,联合中标孟加拉国2台66万千瓦项目EPC业务。新签巴基斯坦塔尔等运维合同。获得穆迪、标普、惠誉三大评级机构的高级别国际信用评级。成立中国香港财资中心。联合华北电力大学共建华电"一带一路"能源学院,开展国际化业务培训。2018年,中国华电实现国际业务收入73.97亿元,利润总额9亿元,比上年分别增长159%和331%,国际业务收入占比3.4%,利润占比10.9%。

【重大创新】 成立科技创新委员会，构建"1+3+N"科技创新制度体系，十大重点科技项目计划稳步实施。推进科研体制改革，实施所属电科院和科研总院机构整合，形成统一研发平台。

【安全环保】 认真贯彻国家安全生产系列部署，落实主体责任，强化央企担当，圆满完成全国"两会"、上合峰会、中非合作论坛、首届进口博览会等重要时段电热安全保障和空气质量保障任务。所属国家会展中心（上海）能源站为进博会"核心区"提供高品质、无间断能源服务。在国家有关部门和地方政府统一组织下，成功处置金沙江2次堰塞湖突发自然灾害。西藏水电项目成功抵御50年一遇洪水袭击。落实"党政同责、一岗双责"要求，健全直属单位安全监督机构，加大安全监管问责力度。深入推进本质安全型企业建设，初步形成具有华电特色的"双重预防"管控机制。加强基建安全责任管理和重点领域专项整治，切实强化外委工程、外协人员、高风险区域等专项治理。组织对130余家单位和基建工程进行现场督导。践行"零非停"管理理念，加大设备综合治理力度。作为参加公安部"护网—2018"演习的唯一发电集团，获得"关键信息基础设施攻防优秀单位"称号。加强境外项目安全生产工作，组织督查组对4个境外单位开展专项督查。制定打好污染防治攻坚战指导意见，编制三年实施计划，全面部署蓝天、碧水、净土、生态修复四大领域生态环境保护工作。制定生态环境保护责任清单。持续推进煤机超低排放改造，基本完成公司在东、中部地区的煤电机组改造，超低排放机组占比86.5%。试点地区14家控排企业全部完成碳交易履约，建成电力行业首个二氧化碳在线检测平台。对248家企业进行环保督查。深入开展"环保监督+互联网"，环保信息联网率98.46%。共抓长江生态保护，金沙江上游、雅鲁藏布江中游实现首次鱼类增殖放流，放流珍稀特有鱼类300余万尾。

【党建工作】 深入学习贯彻习近平新时代中国特色社会主义思想和党的十九大精神，在学懂弄通做实上下功夫。坚决抓好中央巡视整改，梳理12个方面、88个整改事项和5个需研究探索事项，每位党组成员逐条压实责任，累计召开巡视整改工作会议59次。坚持上下一体整改，基本完成整改任务。深入落实全国国有企业党的建设工作会议精神，坚持"两个一以贯之"，直属单位和具备条件的基层企业均完成党政"一肩挑"改革，8家规模较大的直属单位配备专职副书记，直属单位均已完成纪委书记专职化。贯彻落实《中国共产党支部工作条例（试行）》，以"示范党支部"为抓手，推动基层党建全面进步、全面过硬。深入开展"四项治理""两项检查"，层层落实"两个责任"，以开展"纪律（规矩）建设年"活动为主线，严格监督执纪问责，深化政治巡视巡察，常规巡视21家直属单位和41家基层企业，推动全面从严治党向纵深发展。认真抓好国家审计查出问题整改督导，组织开展内部审计831项。继续实施"骏才计划"。深入推进精神文明和企业文化建设，开展职工思想教育，举办企业故事报告会。组织举办火电环保监督、火电集控运行、财务技能大赛和"金点子"创新创意大赛，组织赛前技能培训700余场次。承办并参加第十一届全国电力行业集控运行大赛，获得团体一等奖。大力开展职工创新创效活动，18项成果获得全国电力职工技术成果奖。开展华电"幸福行动"600余场次，获得首届中央企业青年志愿服务项目大赛银奖。

【信息化建设】 制定数字华电规划及2018—2020年建设方案，稳步推进统一数据存储共享平台，北京、上海两大数据中心建设；开展"三合一"协同办公、电力市场、财务共享等重点业务信息化系统建设。6个项目获得国家部委、行业协会一等奖，8个项目获得二、三等奖，创历史最好成绩，其中"天然气分布式关键技术研究"项目获得中国电力科技进步一等奖，"汽轮机冷端近零损失供热技术研究"项目获得中国电力技术创新大奖。新授权专利1045件，比上年增长17.2%，其中发明专利137件。

【履行社会责任】 积极履行社会责任，连续11年发布企业社会责任报告，先后发布4份专项报告，联合下属8家企业共同打造"社会责任报告矩阵"。深入推进实施"中国华电　度度关爱"责任品牌实施战略和责任品牌4C计划，举办第二届520公众开放日活动、第三届度度关爱社会责任月活动。聚集定点扶贫，实现定点扶贫县深度贫困村第一书记全覆盖，直接投入扶贫资金1392万元，培训基层干部380名、专业技术人员524名。修订印发助力精准脱贫工作指导意见，加大扶贫工作推进力度。公司社会责任发展指数连续四年位列全国第二，处于卓越者行列，荣获"最具影响力责任品牌""年度十大责任国企"等10余个重要奖项，进一步提升"中国华电"品牌形象。

（撰稿人：谢一骏）

国家电力投资集团有限公司

【基本概况】 2018年，国家电力投资集团有限公司（以下简称"国家电投集团"）认真贯彻落实党的十九大精神和习近平总书记关于能源革命的重要论述，确立"建设具有全球竞争力的世界一流清洁能源企业"总体战略。明确"先进能源技术开发商、清洁低碳能源供应商、能源生态系统集成商"战略定位，发布实施"十三五"及中长期发展规划，确定迈向世界一流的愿景、理念、定位、路径和保障，形成国家电投集团高质量发展的战略指引。即"2035一流战略"战略规划体系。积极推进大型先进压水堆、重型燃机2个国家科技重大专项，实现三代核电自主化依托项目4台机组全部商运。以规模化清洁能源基地落实国家重大战略，推进清洁发展和区域协调发展。落实"一带一路"倡议，推动国际项目走深走实，提升"国家电投"品牌国际影响力。坚决打赢"三大攻坚战"，完成风险防控、精准扶贫、污染防治各项阶段性任务。各项工作取得积极进展，企业发展迈上新台阶，圆满完成年度各项目标任务。

【主要指标】 2018年，国家电投集团资产总额10813.17亿元；营业收入2266.56亿元，比上年增长12.81%；实现利润108.18亿元，比上年增长15.66%；净利润65.9亿元，比上年增长21.18%。资产负债率78.61%，比上年减少3.09个百分点。完成固定资产投资887亿元，新增电力产能1452万千瓦。电力装机容量突破1.4亿千瓦，清洁能源占比48.9%。光伏装机容量1537万千瓦，保持世界首位。完成发电量4980亿千瓦·时，煤炭产量8059万吨，电解铝产量251.4万吨。资产结构和盈利质量持续优化，规模总量迈上新台阶，穆迪、惠誉和标普三大国际评级机构保持A类信用评级。

2018年国家电力投资集团有限公司主要经济指标

项　　目	2017年	2018年	比上年增长（%）
资产总额（亿元）	10012.00	10813.17	8.00
所有者权益（亿元）	18.75	21.84	16.48
营业收入（亿元）	2009.00	2266.56	12.81
利润总额（亿元）	93.53	108.18	15.66
净利润（亿元）	54.38	65.90	21.18
利税总额（亿元）	191.23	236.88	23.87

【改革发展】 深化中国特色现代国有企业制度建设。全面贯彻"两个一以贯之"，推动党的领导和公司治理有机融合，规范"三重一大"决策执行标准，进一步建立健全决策体系，明晰各治理主体权责定位。完善二级单位公司治理结构，外派董监事占多数的董事会和监事会组建完成。全面推进法治央企建设，在国务院国资委履行法治央企建设第一责任人考核中排名第一。国有资本投资公司改革试点获得国务院国资委批准。开展一流总部建设，将国家核电本部与国家电投集团公司总部深度融合，构建"战略、规划、计划"闭环管理体系和"计划、预算、考核、激励"工作落实体系，为推动战略落地、提升管理效率提供有力的机制保障。

【重大项目】 国家电投集团党组对接国家战略，在重大项目推进、沿海发达区域开拓、新能源、新业态的布局上下功夫。一是推动重点区域发展。认真对接京津冀、长三角、粤港澳大湾区等国家发展战略和地方发展战略，与山东、上海、广东、黑龙江等省市签署战略合作协议。二是推动新能源基地式项目创新发展。乌兰察布600万千瓦风电基地获得核准，青海海南州千万千瓦级清洁能源基地项目进展顺利，山东千万千瓦级核能基地形成布局。三是推动国际合作和海外市场开发。中缅伊江项目取得重大突破。中俄基金成功落地。巴西圣西芒水电，巴基斯坦、越南煤电等一批海外项目也取得重要进展。

【走向海外】 国家电投集团公司海外在运装机

容量364万千瓦,在建1240万千瓦。顺利接管巴西圣西芒电站并实现安全运营,当年盈利超过11亿元。越南永新煤电、智利蓬塔风电实现商运,巴基斯坦胡布煤电项目首台机组并网。缅甸伊江项目复工谈判工作取得重大突破。牵头发起成立中俄地区合作发展投资基金,组建基金公司,基金意向出资逾百亿元。巴西SAE和巴基斯坦KE股权并购、土耳其第三核电等项目开发稳步推进。积极参加首届中国国际进口博览会,与14家境外供应商签署合同和意向书,金额185亿元。

【重大创新】 组建氢能科技发展公司、氢能产业投资中心,天然气掺氢示范项目、制氢加氢站及氢能示范项目前期工作稳步推进。三代核电自主化依托项目三门、海阳4台机组全部商运;"国和一号"完成型号研发和施工图设计,示范工程具备核准开工条件;首台国产化AP1000主泵研制成功,"'国和一号'"非能动安全系统试验""数字化仪控系统工程样机研制"等18项课题通过验收。重燃专项型号研制、工程验证机研制、条件建设等任务取得重大突破;300兆瓦级F级燃机透平第一级静叶首件铸件通过鉴定,400兆瓦级G/H级技术验证项目完成总体和三大部件技术方案设计,与西门子、安萨尔多分别签署技术合作谅解备忘录。光伏发电实证基地新增储能示范,御风系统成功发布并应用于乌兰察布项目。黄河公司晶硅材料和特种气体入选工业和信息化部工业强基工程"一条龙"应用示范名单。全年获得电力、核能行业科技奖23项,获得中国专利授权275件,其中发明专利82件、技术秘密360件、软件著作权80件。双创平台获批工信部2018年制造业"双创"试点示范项目。

【党建工作】 党的领导党的建设持续加强。各级党组织把方向、管大局、保落实,发挥领导作用。开展全覆盖的"大党建"考核,促进党建主体责任落实。抓基层、补短板、建机制,以党建促改革、促发展,提升党建工作质量。制定完善党建工作制度、意见、办法21个,完成37家二级单位党组织成立、换届或委员增补。

党风廉政建设和反腐败工作深入推进。以贯彻落实党的十九大全面从严治党战略部署和中央纪委二次全会精神为重点,在全系统开展对照检查。从严监督执纪问责,处置违纪违规案件74起。严肃查处违反中央八项规定精神案件,发挥巡视利剑作用。认真落实审计监督全覆盖计划。

建立国家电投集团公司职代会制度,强化企业民主管理。扎实做好关爱员工工作,全年慰问困难职工、先进模范等7272人次,救助特重病职工841人,组织劳模疗休养122人。举办首届创意创新大赛、青年创新论坛。"映山红"公益行动获评全国青年志愿服务示范项目。

【信息化建设】 着力培育新业态、新动能,以新疆五彩湾电厂和贵州普安电厂为试点建设"智慧电厂",启动水电大数据平台和智能水电厂建设,搭建智慧能源平台。落实国务院国资委"工业互联网技术应用试点"要求,成立中能融合智慧科技公司,组建工业领域智能化技术联盟,推动能源行业智能转型。

【履行社会责任】 连续实现"七不发生"目标,实现国家能源局统计范围人身伤害"零事故"目标。严格遵循《核安全法》,确保核与辐射安全。推进质量体系建设和经验反馈,未发生一般及以上质量事故,获得国家优质工程金奖2项、省部级质量奖7项。

2018年,投入精准扶贫资金4393万元,实施帮扶项目100余项,5.07万贫困人口受惠。光伏扶贫投产85万千瓦,为3.1万户贫困户连续创造20年稳定收入,获得国务院扶贫办"企业扶贫优秀案例奖"。

深入推进污染防治。发布生态环境保护提升行动方案。积极推进霍林河露天煤矿生态治理恢复,三板溪水电厂通过环保专项验收,完成控排企业核算核查,开展煤电超低排放改造及非电领域污染防治。

(撰稿人:高 源)

中国长江三峡集团有限公司

【基本概况】 1993年9月27日,为建设三峡工程、开发治理长江,经国务院批准,中国长江三峡工程开发总公司正式成立;2009年9月27日更名为中国长江三峡集团公司;2017年12月28日完成公司制改制,由全民所有制企业变更为国有独资公司,名称变更为中国长江三峡集团有限公司(以下简称"三峡集团"或"集团")。三峡集团战略定位为以大型水电开发与运营为主的清洁能源集团，主营业务包括水电工程建设与管理、电力生产、国际投资与工程承包、风电和太阳能等新能源开发、水资源综合开发与利用、相关专业技术咨询服务等方面。经过20多年的持续高质量快速发展，三峡集团成为世界最大的水电开发运营企业和我国最大的清洁能源集团之一。

【主要指标】 2018年，三峡集团完成发电量2902亿千瓦·时，比上年增长1.96%；实现营业收入939.38亿元，比上年增长4.37%；利润总额423.63亿元，比上年增长0.78%。截至2018年底，集团可控装机7030万千瓦，其中清洁能源装机占比97%；资产总额7504.05亿元，比上年增长7.06%；净资产收益率9.16%；国有资本保值增值率106.22%。全面超额完成年度生产经营目标任务，为国民经济稳增长、促改革、调结构、惠民生、防风险作出新贡献。

2018年中国长江三峡集团有限公司主要经济指标

项目	2017年	2018年	比上年增长（%）
资产总额（亿元）	7008.97	7504.05	7.06
所有者权益（亿元）	3713.55	3956.53	6.54
营业收入（亿元）	900.03	939.38	4.37
利润总额（亿元）	420.36	423.63	0.78
净利润（亿元）	342.99	352.62	2.81
归属于母公司所有者的净利润（亿元）	238.27	241.55	1.38
技术开发投入（亿元）	20.22	18.75	-7.27
利税总额（亿元）	553.17	559.04	1.06
应交税金总额（亿元）	217.27	211.20	-2.79
全员劳动生产率（万元/人·年）	321.50	299.10	-6.97
净资产收益率（%）	9.51	9.16	减少0.35个百分点
总资产报酬率（%）	7.51	7.13	减少0.38个百分点
国有资本保值增值率（%）	108.78	106.22	减少2.56个百分点

【改革发展】 三峡集团高度重视混合所有制改革工作，将混合所有制改革作为深化国有企业改革的重要突破口，按照"完善治理、强化激励、突出主业、提高效率"的要求，多途径多方式推进混合所有制改革。截至2018年底，三峡集团混合所有制企业户数67户，比2012年底增加38户。其中，重庆区域配售电业务国家第二批混合所有制改革试点取得阶段性成果，初步实现以混改促电改、以电改促进库区经济社会发展的目标，并积极推动上海院纳入国家第四批混合所有制改革试点。加强已上市长江电力、湖北能源的改革力度，进一步完善公司法人治理结构，建立健全市场化经营机制。积极推动三峡新能源改制上市，引入具有协同效益的战略投资者。

根据国务院《关于改革国有企业工资决定机制的意见》和国务院国资委《中央企业工资总额管理办法》等文件精神，研究制定《所属单位工资总额管理办法（试行）》，建立与劳动力市场基本适应、与企业经济效益和劳动生产率挂钩的工资决定和正常增长机制。在内部收入分配方面，完善特别奖励管理机制，落实全年重点难点工作奖励由事后评定向事前约定转变的要求，细化奖励事项目标、强化奖励单位责任，接受全体职工监督，发挥专项激励的引领作用；优化境外薪酬管理，组织制定《关于加强和改进驻外员工薪酬福利管理的指导意见》，搭建起集团化海外薪酬福利体系框架，不断提高集团公司国际板块薪酬福利管理的规范化和科学化水平；推进收入分配市场化改革，建立多元分配制度，系统总结上海院实施科技型企业岗位分红激励试点经验并深化应用，在三峡融资租赁公司开展职业经理人制度试点，探索研究更多符合条件的科技型企业实施股权等中长期激励机制。

【重大项目】 2018年，三峡集团紧紧围绕战略发展定位，全力推动投资项目实施，新增装机146万千瓦，完成投资600亿元，比上年增长21%。国内重点工程建设全面推进，乌东德水电站完成投资110亿元，白鹤滩水电站完成投资140亿元；共抓长江大保护开局良好，先行先试初见成效，其中总投资额77亿元的九江市中心城区水环境系统综合治理一期项目全面开工；国内新能源业务再上新台阶，投产项目装机规模突破1000万千瓦，海上风电引领战略深入实施，其中江苏大丰和大连庄河项目首批机组投产，福清兴化湾样机试验风场全面投产，福清兴化湾二期和广东阳西沙扒一期项目全面开工；服务"一带一路"倡议，推动重点项目落实落地，稳步推进巴基斯坦卡洛特水电站、老挝南公1水电站等绿地项目建设，完成英国马里湾海上风电、智利阿蒂亚能源公司、哥伦比亚塔拉萨水电站股权交割；资本投资业务成为重要增长极，全年完成投资117亿元，实现投资收益91亿元；区域综合能源业务稳步发展，鄂州电厂三期工程2台百万千瓦机组成功并网，江坪河电站大坝填筑近顶，荆州煤港一期工程正式开工。

【走向海外】 2018年，三峡集团持续围绕"一带一路"沿线巴基斯坦市场、南美洲巴西市场和欧洲区域德国、英国市场开展清洁能源投资开发与建设，巴基斯坦卡洛特水电站项目建设稳步实施，巴西大水电项目、帕河能源项目以及德国稳达海上风电项目运行稳定，完成哥伦比亚塔拉萨水电站项目40%股权和英国Moray海上风电项目10%股权完成交割，成功进入英国海上风电市场。几内亚苏阿皮蒂水电站参股49%股权项目（45万千瓦）、几内亚凯乐塔水电站51%股权收购项目（23.46万千瓦）具备股权交割条件；绿地项目老挝南公1水电站（16万千瓦）开始大坝填筑；智利阿蒂亚能源公司100%股权收购项目完成交割，其名下鲁凯威水电站绿地项目开发正式启动。

【重大创新】 三峡集团深入贯彻创新驱动发展战略，认真学习落实习近平总书记2018年4月24日视察三峡工程时的重要讲话精神，以科技创新作为创新驱动发展的核心手段。紧密围绕集团业务发展领域的科技需求，强化顶层设计和统筹规划，通过原始创新、集成创新和协同创新等多种方式，持续加大科技投入。自主策划开展智能大坝工程建造、智能电站运维、海上风电柔性直流关键技术、8兆瓦海上风电机组国产化、高水头大容量机组研制、长江大保护关键技术等重点科技专项项目，力争在关键技术上实现重大突破和海上风电重大装备国产化；在海上风电方面，有效破解严寒地区海上风电抗冰难题，并在福建兴化湾海上风电场投入运行国内容量最大海上风机；在水电方面，牵头研发并在三峡电站成功应用行业首个压力钢管检测机器人，研制首套水电机组推导轴承状态监视系统，首次应用激光熔覆技术修复水轮机镜板和机组关键部件，自主掌握GIL检修关键技术，率先突破国际厂商技术壁垒。

三峡集团高度重视管理创新工作，坚持贯彻"创新、协调、绿色、开放、共享"新发展理念，大力实施创新驱动发展战略，不断提升管理的科学化、现代化水平。持续加强创新体系建设，积极调动广大职工开展管理创新，践行创新发展理念。2018年，三峡集团开展2015—2017年度管理创新成果评审，对33项具有创新性、科学性、实践性、效益性和示范性的管理创新成果进行奖励和推广，通过对先进管理理念、管理经验和管理方法手段的总结提炼，进一步提升集团公司经营管理水平，发挥管理创新在服务集团战略、转型升级、提质增效等方面的积极作用，推动集团公司高质量发展。

【党建工作】 三峡集团党组坚持以习近平新时代中国特色社会主义思想为指导，深入贯彻落实新时代党的建设总要求和新时代党的组织路线，坚持党的领导，加强党的建设，党建工作呈现全面推进、重点突破、明显提升的良好态势，为建设世界一流清洁能源集团提供坚强政治保证。坚持把学习贯彻习近平新时代中国特色社会主义思想作为首要政治任务紧抓不放，坚持把党的政治建设摆在首位，健全完善管党治党责任体系，不断推动党的建设质量提升。党组自觉肩负起全面从严治党主体责任，坚持突出重点、强化措施，狠抓党建重点工作落实落地。

三峡集团坚持用习近平新时代中国特色社会主义思想武装头脑，增强"四个意识"、坚定"四个自信"、做到"两个维护"。新增重点工作16项，统筹推进落实，坚决贯彻中央决策部署。开展"两个责任"调研，成立机关纪委，强化检查考核和追责问责，多措并举压实"两个责任"。开展形式主义、官僚主义集中整治，驰而不息纠治"四风"。聚焦"三大攻坚战"和重点领域关键环节开展监督检查，切实履行监督第一职责。受理问题线索121件、追责255人，完善纪检监察制度6项，开展纪法教育，一体化推进"三不腐"。开展海外专项巡视，完成内部常规巡视，推进政治巡察，建立上下联动监督网。推进纪检监察体制改革，强化纪检监察队伍配置，打造忠诚、干净、担当的纪检监察干部队伍。

【信息化建设】 2018年，信息化持续为三峡集团业务发展提供有效支撑。智能建造在乌东德、白鹤滩应用迈上新台阶，实现智能灌浆和施工精细化管理。智慧电厂建设拉开序幕，水下检修与流道检测机器人研制取得成功。信息化紧跟集团长江大保护业务发展，保障工作顺利开展。自主研发的新能源智慧资产管理系统取得进展，开展验证试用。三峡智慧旅游系统建设成果丰硕。海外业务信息化建设继续全方位推进。基于容器云和微服务架构升级改造综合信息门户即将上线。完成投资管理系统一期、水电工程造价管理系统建设。持续优化指挥中心功能，采用卫星通信技术破解海上风电建设期视频监控和远程可视化项目管理难题。初步建成核心网络安全态势感知平台，全年未发生重大网络安全事故。

【履行社会责任】 2018年，三峡集团认真学习贯彻习近平总书记关于扶贫工作的重要论述，坚决贯彻落实党中央、国务院决策部署，积极履行央企政治责任和社会责任，扎实开展定点扶贫、对口支援、援疆援藏、川滇两省少数民族帮扶、库区移民帮扶等工作，全年对外捐赠资金超过14亿元、实施项目250余项，为助力打赢脱贫攻坚战作出应有贡献。一是持续加大定点扶贫支持力度。结合扶贫县实际，捐赠资金3045万元，实施教育扶贫、健康扶贫、旅游扶贫、基础设施扶贫等项目。二是全力支持川滇两省少数民族脱贫攻坚。全年拨付云南省帮扶资金5亿元，累计拨付资金15亿元；拨付四川省帮扶资金4亿元，累计拨付资金12亿元。三是持续开展援疆援藏工作。捐赠资金1000万元实施教育援疆，助力阻断贫困代际传递。持续稳定办好"三峡西藏班"，累计支付培养费用1038万元。四是扎实开展库区帮扶。向三峡库区和金沙江库区捐赠资金7059万元，助力库区移民可持续发展。2018年，三峡集团长期定点帮扶的重庆市巫山县、江西省万安县顺利脱贫出列，重庆市奉节县、内蒙古自治区巴林左旗有望于2019年实现脱贫"摘帽"；三峡集团获得第十届"中华慈善奖"，在中央单位定点扶贫工作成效考核中荣获最高等次"好"的评价。

（撰稿人：严　艺）

国家能源投资集团有限责任公司

【基本概况】 国家能源投资集团有限责任公司（以下简称"国家能源集团"）是经党中央、国务院批准，由中国国电集团公司与神华集团有限责任公司合并重组而成的中央直管国有重要骨干企业，2017年11月28日挂牌成立，属国有资本投资公司改革试点企业、创建世界一流示范企业，主要经营国务院授权范围内的国有资产，开展煤炭等资源性产品、煤制油、煤化工、电力、热力、港口、各类运输业、金融、国内外贸易及物流、高科技、信息咨询等行业领域的投资和管理。公司注册资本1020亿元，总部设在北京。

国家能源集团拥有煤炭、火电、新能源、水电、运输、化工、科技环保、产业金融八大业务板块，是世界最大的煤炭生产公司、火力发电公司、风力发电公司和煤制油煤化工公司，在世界500强中排名第101位。截至2018年底，拥有煤炭产能5.6亿吨，采掘机械化率100%；电力总装机2.38亿千瓦，其中，火电装机1.8亿千瓦，新能源装机3969万千瓦，形成涵盖风能、太阳能、生物质能、潮汐能、地热能、海洋能在内的门类齐全的新能源产业体系，风电装机3829万千瓦，居世界第一位；运输板块拥有2155千米自营铁路、运输能力5.2亿吨，3个专业煤炭港口（码头）、62艘自有船舶，港口吞吐能力2.64亿吨；化工板块建设并成功运营400万吨级煤间接液化、百万吨级煤直接液化、60万吨级煤制烯烃等多个国家级示范工程；节能环保及高科技产业处行业领先地位，拥有4家直属科研机构、3个国家重点实验室、9个国家级研发平台，掌握节能减排、综合污染治理、新能源装备制造等20多项核心技术；产业金融板块拥有财险、寿险、融资租赁、财务公司、保险经纪、资产管理、商业银行七类牌照。

【主要指标】 2018年,国家能源集团深入贯彻习近平新时代中国特色社会主义思想和党的十九大精神,扎实践行习近平总书记"社会主义是干出来的"伟大号召,凝心聚力,稳中求进,主要指标取得新突破,经营发展开创新局面。完成煤炭产量5.1亿吨,煤炭销量6.8亿吨,发电量9533亿千瓦·时,供热量3.78亿吉焦,铁路运量4.4亿吨,自有港口装船量2.5亿吨,航运量1.5亿吨,化工品产量1494万吨,实现营业总收入5423亿元、利润总额735亿元,超额完成国务院国资委考核目标,确保国有资本保值增值,为国民经济稳增长作出积极贡献。

2018年国家能源投资集团有限责任公司主要经济指标

项 目	2017年	2018年	比上年增长（%）
资产总额（亿元）	17872	17826	-0.26
所有者权益（亿元）	6898	6992	1.36
营业收入（亿元）	5104	5423	6.25
利润总额（亿元）	653	735	12.56
净利润（亿元）	435	509	17.01
归属于母公司所有者的净利润（亿元）	169	234	38.46
技术开发投入（亿元）	26	76	192.31
利税总额（亿元）	1517	1630	7.45
应交税金总额（亿元）	908	885	-2.53
全员劳动生产率（万元/人·年）	88.45	99.22	12.18
净资产收益率（%）	6.44	7.40	增加0.96个百分点
总资产报酬率（%）	5.34	6.01	增加0.67个百分点
国有资本保值增值率（%）	105.46	106.85	增加1.39个百分点

【改革发展】 坚决贯彻落实中央决策部署,深入推进集团改革重组,按照国有资本投资公司试点改革方案,确立"实施专业管理—理顺产权关系—逐步分业上市"三步走战略,构建"职能部门+产业平台+服务中心"组织体系,打造党建统领型、战略管控型、资本运营型、创新驱动型、价值创造型、廉洁高效型一流总部。深化企业内部改革,健全法人治理结构,把党的领导融入公司治理,明确董事会"管战略、议大事、防风险"的战略定位,90%的子企业设立规范的董事会、监事会、经理层;建立劳动人事分配等基础性制度,制定高质量发展绩效考核体系,有效引导集团战略落地。稳妥推进混合所有制改革,抓好员工持股试点改革,积极参与国企改革"双百行动",包神铁路、龙源环保、联合动力3家单位入选试点。全力推进处僵治困、剥离企业办社会职能、压减机构工作,工作进度超过央企总体水平。

【经营发展】 牢固树立新发展理念,着力做强做优主业。2018年,主业投资占比94%,百万千瓦煤电机组30台,60万千瓦及以上机组占比60.6%,可再生能源装机占比24.4%,产业结构持续优化。深入推进供给侧结构性改革,大力实施"三去一降一补",落实煤电"三个一批"政策,去产能完成5处煤矿340万吨,移交国务院国资委资产管理平台6处煤矿240万吨,关停煤电机组349万千瓦,发展质量日益提高。深入推进提质增效,八大产业全面盈利。煤炭产量千万吨及以上的煤矿19座,30座煤矿进入全国煤炭科学产能百强并囊括前三名。火电度电利润、度电燃料成本和度电成本费用三项指标居行业前列,风电利用小时、单容利润总体处于行业先进水平,水电年发电量比上年增长6.6%、主营业务收入比上年增长10.3%。运输产业推行长交路运行,探索多式联运模式,铁路货运量、两港装船量、航运量均超历史最高水平。油化产业抓好安稳长满优运行,建立线上线下为一体的销售体系。科技环保产业统筹推进智慧企业、智慧电厂与智能制造产业生态体系建设,形成一批高新技术企业,龙源环保入选"2018年中国环境企业50强",科环节能获评全国节能服务公司百强榜第一名。金融产业集中专业优势,整体降低资金成本约8.6亿元。

【走向海外】 积极响应国家"一带一路"倡议,充分发挥技术、资金、管理优势,突出产能和技术合作,以项目投资带动相关产业"走出去"。截至2018年底,国家能源集团在印度尼西亚、澳大利亚、希腊、德国、南非、加拿大、美国7个国家有11个投资项目在运、1个项目在建、6个项目开展前期工作,投资涉及页岩气开发、火电、风电、光伏发电、科技环保技术产品、高新技术研发等各个领域。建成投产的南非、加拿大、澳大利亚风电和印度尼西亚煤电等项目运营良好，国华电力南苏电厂获得印度尼西亚"年度最佳电力企业"称号，以该电厂员工和印度尼西亚姑娘的爱情故事为原型拍摄的电影《爱在零纬度》广获赞誉；顺利完成希腊色雷斯格莱玛提卡奇和奥卡尼斯2个风电项目（36.8兆瓦）的交割并正式运营；美国宾州页岩气项目29口气井全部投产。在推进项目合作与发展过程中，主动融入当地社区，讲好中国企业故事，获得"2018海外履责典范企业奖"。

【科技创新】 大力实施科技创新战略，整合科技力量，完善创新体系，成立科技委员会，牵头成立"中国氢能源及燃料电池产业创新战略联盟"及"煤炭清洁高效利用和应对气候变化""智能发电""新能源与环保"3个协同创新中心，搭建起产学研深度融合的创新平台。一批重大技术和示范项目取得突破，世界首台8.8米智能超大采高综采成套装备在神东上湾煤矿投入试生产，国内首套超纯水液压支架系统在神东锦界煤矿平稳运行，联合动力300千瓦海洋潮流能发电机组成功并网发电，神朔铁路自动带电过分相装置投产试运行，国内首座铜铟镓硒薄膜建筑光伏一体化示范建筑投入使用，煤炭清洁高效生产、火电超低排放、低风速风电开发、煤制油化工、重载铁路运输、水电智慧企业建设等重大关键技术保持国际领先。加大科研力度，获得国家和省部级科技奖励92项，中国专利金奖1项、优秀奖2项，获得授权专利1513件，牵头在研国家科技项目28个，主持制定国家标准5项，参与制定国家标准25项。

【党建工作】 坚持以习近平新时代中国特色社会主义思想和党的十九大精神为指导，提出"把责任扛起来、把旗帜竖起来、把制度硬起来、把堡垒强起来、把考核实起来、把廉政严起来"的工作举措，严格落实全面从严管党治党责任。

一是全面加强党的领导。坚决把政治建设摆在首位，树牢"四个意识"，坚定"四个自信"，做到"两个维护"，制定《关于坚决维护以习近平同志为核心的党中央集中统一领导的意见》等制度规定，在思想上政治上行动上坚决同以习近平同志为核心的党中央保持高度一致。坚持党对国有企业的全面领导，贯彻"两个一以贯之"要求，把党建要求写入公司章程，把党组研究讨论作为董事会、经理层决策重大问题的前置程序。持续强化思想建设，组织开展庆祝改革开放40周年等39项宣传活动，推广应用党建信息化管理平台，组建首批党务内训师队伍，举办培训班6414期，培训党员24万人次，实现副处级以上党员干部轮训全覆盖。

二是纵深推进从严治党。认真落实党建工作责任制，健全完善党建责任制实施办法、书记抓党建述职评议考核办法、党委委员抓党建一岗双责实施办法等系列制度，与94家子分公司党委签订党建工作责任书。严格执行基层党建工作联系点制度，对全系统子分公司党委、62家基层企业党委及189个党支部进行专项检查并督导整改。持续加强党风廉政建设，统筹运用纪检、巡视、审计、法律等监督力量，强化监督执纪问责。持之以恒纠四风，开展专项治理，净化政治生态。

【信息化建设】 一是深入推进工业化与信息化融合，制定实施集团两化融合方案，启动完成网信工作总体规划和智慧企业顶层设计工作，支撑集团各产业板块智能化改造和数字化转型。加大统建系统建设应用力度，建立集团总部、二级单位、矿厂段生产单位三级管控体系，从规划、计划预算、项目立项、建设推广、应用评价全过程完善制度体系和标准体系，实现相关业务全口径全级次统一管控，圆满完成国务院国资委监测应用系统相关数据自动报送，获得通报表扬。打造"国家能源e购"询比价平台，实现非招标采购全流程电子化。

二是全面加强信息化安全建设。构建立体防护体系，组织编制完成火电板块工控系统网络安全规范，推进IPv6（互联网协议第6版）改造工作，搭建集团第一套IPv6实验网络，顺利通过国务院国资委测试监测平台考核。举办集团首届网络安全大赛，开展网络安全视频培训，组织申报的《大型央企信息安全综合监控、态势展现及应急响应平台解决方案》获得中央企业网络安全优秀解决方案奖。积极参加国务院国资委首届中央企业网络安全攻防大赛，2支参赛队伍分别获得第14名和第15名的良好成绩，位列发电企业、煤炭企业首位。

【履行社会责任】 一是主动担当央企责任，坚决打好三大攻坚战。坚持防范化解重大风险，健全完善全面风险管理体系,推进降杠杆、压"两金"、减负债,完成国务院国资委"两压""双控"目标。坚持狠抓污染防治不放松,实施生态环境保护三年规划和污染防治三年行动计划,严守生态环保红线,强化重点问题整改,建设绿色矿山,所有燃煤发电机组均实现脱硫脱硝改造,新建煤电项目全部符合超低排放标准,常规煤电超低排放机组占比98%。投入定点扶贫和对口支援资金1.75亿元,比上年增长117%,实施产业扶贫、易地搬迁扶贫、健康扶贫、教育扶贫等精准扶贫项目39个,受益人数126万人,定点帮扶的山西右玉县和对口支援的青海刚察县成功脱贫,对口支援的西藏聂荣县通过脱贫验收。

二是凝聚改革发展合力,共建和谐幸福家园。加强企业文化建设,积极打造"一家人、一条心、一盘棋、一股劲"的文化认同。加强统战工作,建立党外代表人士建言献策工作机制。建立健全职代会制度,完善厂务公开民主管理体系。畅通职工职业发展路径,实施"首席师"制度,开展青年岗位建功行动。深入实施惠民工程,健全困难职工精准帮扶工作机制,慰问特困职工3760人,发放困难慰问金2415万元,拨付专项困难救助资金660万元。

三是积极开展公益活动,精心打造"爱心"品牌。2018年,"爱心行动"项目救助全国贫困家庭先天性心脏病、白血病患儿1280人,开展新生儿先天性心脏病筛查18533例;"爱心书屋"项目建立1661所爱心书屋、捐赠图书259万册;"爱心学校"累计建成17所;"爱心助学"项目帮扶新疆和田地区、贵州台江县贫困学生1100人实现上学梦。

(撰稿人:简金芝)

中国电信集团有限公司

【基本概况】 2018年,中国电信集团有限公司(以下简称"中国电信")以习近平新时代中国特色社会主义思想为指导,深入贯彻落实党的十九大和十九届二中、三中全会、中央经济工作会议精神,以党建统领发展全局,推进网络强国建设,加强战略引领,全面落实国企改革"1+N"重大决策部署,深化改革创新,加快规模发展,提升质量效率,严格依法治企,推动企业转型升级。

业务生态形成规模。智能连接、智慧家庭、DICT、物联网、互联网金融五大业务生态融通互促、成效彰显。智能连接生态快速扩张。截至2018年底,中国电信移动用户突破3亿户,其中4G用户占比80%,比上年增加7.2个百分点;固定宽带用户累计1.7亿户,其中百兆以上用户占比69.1%;终端产业联盟成员扩大到545家。智慧家庭生态基础巩固。天翼高清用户1.2亿户,家庭云用户突破3000万户,智慧家庭产业联盟成员近300家。DICT生态发展势头良好。DICT收入比上年增长23.6%,其中云业务收入48亿元,比上年增长95%;应用融合拉动移动用户新增1300万户;云应用市场引入50多家合作伙伴。物联网生态初具规模,走上快速发展轨道。开卡用户数突破1亿户,收入比上年增长126%,天翼物联产业联盟成员超过400家。互联网金融生态发展加速。翼支付月均活跃用户、活跃商户和个人账户交易额比上年分别增长26%、211%和87%,其中活跃商户327万户。

综合网络保持优势。2018年,中国电信着力推进网络强国战略,打造全覆盖高质量的4G、光宽带、物联网精品网络,统筹建设云基础设施,稳步推进网络演进升级,支撑重点业务规模发展和综合智能信息服务的能力持续提升。建成全球最大的光纤到户网络,FTTH端口总量3.5亿个;南方城镇住宅覆盖率98%,行政村通光率91%,北方城市住宅覆盖率81%;积极布局千兆市场,千兆用户端口超过5000万个,有效保障光网领先优势。建成国内FDD 4G全覆盖网络,基站总数近140万个,覆盖人口98%以上;完成800M基站5M带宽重耕,VoLTE业务全国试商用。率先建成首张全覆盖的NB-IoT网络,并开展eMTC外场测试,打造高/中/低速全系列物联网。基本建成全网统一的云基础设施,IDC机架总数33万个,建成全国CDN平台,支撑天翼高清业务发展,实现内容一点接入、全网分发,用户体验显著提升。

智慧运营扎实推进。持续夯实IT基础,加强大数据应用,企业中台日益完善,渠道、客服、企业管理等智慧运营取得明显进展。数据运营能力全面提升。持续推进数据中台建设,初步建成企业级数字化能力开放体系。渠道运营能力不断增强。各渠道利用大数据开展精准营销，覆盖用户 2.78 亿户。网络运营能力再上新台阶。移动业务端到端质量保障工作深入开展，光宽带业务形成网络优化闭环生产体系，IPv6 行动计划有效落实。管理运营能力稳步提升。人力资源实施专业领军人才培养计划，开展人才特区试点；财务集约共享能力持续改善，推广应用财务机器人；深入推进采购集约化和供应链集中。

【主要指标】 截至 2018 年底，中国电信实现营业收入 4544.9 亿元，比上年增长 5.1%；利润总额 258.1 亿元，比上年增长 0.9%；资产总额 8441.1 亿元，比上年增长 2.3%；所有者权益 4849.1 亿元，比上年增长 2.9%；国有资本及权益总额从年初的 3642.4 亿元增长到年底的 3675.4 亿元，剔除客观因素影响后，国有资本保值增值率 107.9%。

2018 年中国电信集团有限公司主要经济指标

项 目	2017 年	2018 年	比上年增长（%）
资产总额（亿元）	8252.4	8441.1	2.3
所有者权益（亿元）	4712.0	4849.1	2.9
营业收入（亿元）	4323.8	4544.9	5.1
利润总额（亿元）	255.7	258.1	0.9
净利润（亿元）	189.5	184.5	−2.7
归属于母公司所有者的净利润（亿元）	123.0	110.1	−10.5
技术开发投入（亿元）	138.4	146.4	5.8
利税总额（亿元）	325.6	341.4	4.8
应交税金总额（亿元）	69.9	83.3	19.1
全员劳动生产率（万元/人·年）	43.5	46.0	5.8
净资产收益率（%）	4.07	3.84	减少 0.23 个百分点
总资产报酬率（%）	3.23	3.20	增加 0.03 个百分点
国有资本保值增值率（%）	106.4	107.9	增加 1.5 个百分点

收入、成本费用情况。在收入拓展方面，公司紧抓流量红利释放的窗口，积极把握企业上云的机遇，加快产品创新，全面升级融合，收入规模稳健增长，业务结构持续优化。在成本费用管控方面，公司紧抓规模发展机遇期，适度增加资源投入，持续开展资源精准配合和多维划小，提高成本使用效率，有效支撑企业规模发展和价值提升。2018 年成本费用占营业总收入比率 94.47%，保持稳定水平。

资产运营情况。2018 年，企业总资产周转率指标为 0.54 次，与上年持平。其中，流动资产周转率 3.4 次，比上年提升 0.2 次。存货、应收账款周转率分别为 40.7 次、13.1 次，较上年均有显著提升。风险指标方面，资产负债率 42.6%，比上年减少 0.4 个百分点，已获利息倍数 28.5，整体稳健，风险可控。

盈利能力情况。2018 年，企业营业利润率 6.3%，比上年增加 0.3 个百分点；净资产收益率实际完成值 3.8%，企业整体盈利能力保持稳定。

【改革发展】 持续推进"划小承包、专业化运营、倒三角支撑"三维联动改革，改革对企业发展的促进作用进一步显现。截至 2018 年底，全集团累计建立 5.8 万个划小承包单元，基本实现"小 CEO 能上能下、团队成员能进能出、承包收入能高能低"，员工"想干"的潜力进一步激发。移动互联网化的倒三角支撑体系快速推进，"基层派单、后台抢单、专家无地域界限支撑"的高效运营模式逐步形成，员工"易干"相关问题得到有效解决。自有厅、商圈、社区、农村、校园、商客、行客等领域的专业化运营持续深化，让小 CEO 和承包团队"会干"的教练体系和"为一线输送炮火"的赋能体系初步建立，企业营销策划、产品适配、系统与大数据支撑等更加精准化和专业化。

完善现代企业制度。一是分类推进子企业改革。在新兴业务领域，按照转型升级战略，遵循互联网行业规律和市场竞争规律，积极探索推进人才特区、混合所有制改革、健全公司法人治理结构等改革创新，培育天翼云、翼支付、天翼高清、云堤等业界知名的创新业务。在实业领域，在推进辅业改制上市的基础上，持续优化业务结构，强化专业整合和集约运营，不断创新商业模式、运营管理模式和激励模式，促进企业经营效益和发展质量持续提升。二是健全公司法人治理结构。将党建和依法治企工作要求写入公司章程,明确党组研究讨论是董事会、经理层决策重大问题的前置程序。三是深化企业内部"三项制度"改革。坚持党管干部原则,实现干部能上能下;深化收入分配制度改革,推进收入能增能减;顺应信息通信业智能化发展趋势和运营智慧化要求,优化人员总量控制机制,进一步盘活现有人力资源,提升人力资源质量和效率。

深化供给侧结构性改革。一是深入推进"瘦身健体"工作。企业法人由465户压减至374户,法人层级与管理层级从原来的六级压缩到四级。13家全民所有制子企业全部完成公司制改制工作。"三供一业"涉及的20省26万多户基本完成协议签订或移交工作。全面完成85户"僵尸特困"企业主体治理任务,治理亏损企业10户;治理高资产负债率企业10户,集团公司资产负债率下降0.9个百分点。二是推进"双创"工作。作为国家首批双创示范基地,中国电信积极打造以"员工创业、创新孵化和社会众扶"为核心的创新创业体系,积极发挥央企的示范和引领作用。

推进服务改革。全面落实行风建设和纠风工作,推进智能化服务,持续提升4G、光纤宽带等业务的服务能力,在19个省对外提供AI服务,智能语音服务量占比超过30%;客服机器人服务量4.6亿次,比上年提升148%;百万用户申诉率行业最低,移动、宽带业务满意度及综合满意度行业最优。

开展分配、薪酬改革。持续深入把握高质量发展内涵,适应专业主建、属地主战要求,按照"以人为本、盘活资源、分类施策、精准激励"的指导原则,不断强化收入分配的价值引领,通过制度体系建设和体制机制创新持续优化内部分配体系,引导各单位关注可持续发展能力,优化发展质量。一是建立完善符合各类公司特点的总量决定机制。对省公司在坚持以规模发展为主的同时强化对发展质量的引导,继续实行业务价值增配,增加利润抢盘;对专业公司根据功能定位建立健全差异化配置机制,支撑能力建设和转型发展。二是丰富和完善中长期激励机制。向国务院国资委申请新一期股票增值权激励计划,用以激发公司核心骨干人才干事创业的动力和活力,推动企业高质量发展。三是对核心骨干人才打好激励"组合拳"。对于领导人员,以业绩为基础,积极完善领导人员年度绩效工资调节机制、设立业绩优秀单位奖励,坚持业绩导向,提升激励水平,有效拉开激励差距;对于专业人才,除股权激励外,积极探索利用工资总额建立风险共担、利益共享的激励机制,为企业改革发展提供动力保障。

推进混合所有制改革。2018年,中国电信与工业物流行业的龙头民企传化集团成立合资公司天翼智联科技有限责任公司,推动产业互联网发展,拓展智慧物流产业。天翼电子商务有限公司(以下简称"支付公司")和中国通信服务股份有限公司(以下简称"中国通服")列入国务院国资委国有企业"双百计划"试点,并按期推进引入战略投资者及混改相关工作。支付公司、中国通服和号百控股股份有限公司3家企业向国家发展改革委申报国有企业第四批混合所有制改革试点企业。

【重大项目】

1. 重大决策。2018年,中国电信设立天翼物联科技有限公司、天翼智慧家庭科技有限公司,积极布局物联网与智慧家庭生态圈;设立天翼融资租赁有限公司,推进产融结合;设立中国电信股份有限公司研究院,加快推进科技创新。

2. 重大项目。2018年,中国电信进一步加强信息基础设施建设,深化4G网络覆盖、提升有线宽带能力、推进CTNet2025网络演进、增强数据运营支撑,在4G、有线宽带、业务网和IT系统等重点专业投资比重超过80%,有效促进网络能力提升、改善网络质量、保持综合网络优势。推进业务平台和综合信息服务,有序推进云网融合,聚焦IDC(互联网数据中心)重点区域,加大建设力度,打通天翼云资源池与基础承载网络的连接,在重庆、浙江等省开展智能随选网络试点,支持中小企业一线上网入云。推进IT系统建设,持续打造数据中台,实现企业主要数据自动采集,日数据采集量从100TB增至200TB,完成12省新一代BSS 3.0上线,对市场使能和一线赋能初见成效,营业效率和客户感知明显提升。

3. 重大科研开发。一是围绕云改战略,组织软件定义网络(SDN)/网络功能虚拟化(NFV)自主研发,推进研发组织变革。围绕云改战略,自主研发的"云枢—SDN Hub"网络编排器系统与中国电信商用数据中心 SDN 实现全对接,具备异构 SDN 统一接入、统一管理和统一调度的能力,现网试点后正扩大部署。组织开发 NFVI 资源池物理硬件、虚拟资源集中管理平台原型系统;开发支持容器的 NFVO 原型系统。二是深入开展5G研发与试验。发布《中国电信5G技术白皮书》,成为全球运营商首次发布全面阐述5G技术观点和总体策略的白皮书;建成首个运营商基于自主掌控开放平台的5G模型网,并打通第一个基于SA(独立组网)呼叫;完成业界首次SA组网的4G与5G网络互操作验证;成功实现业界首次高速波分复用型无源光网络(WDM—PON)承载5G前传的现网应用。在17个城市进行5G规模试验,实现一系列5G创新应用。

【走向海外】 中国电信持续推进"走出去"战略,积极建设信息丝绸之路,不断完善海外机构布局。2018年,新设立中国电信(欧洲)有限公司苏黎世分公司、西班牙分公司、意大利代表处、瑞典代表处、丹麦代表处、荷比卢代表处、匈牙利代表处等分支机构。2018年11月,与菲律宾当地合作伙伴组成联合体正式中标成为菲律宾第三家电信运营商。

所属辅业公司中国通服以扩大收入规模,提升盈利水平、推动业务转型升级为目标,积极推动业务模式创新,由传统工程总包模式(EPC)向"EPC+S(解决方案)+F(投融资)+O(运营)"模式转型,进一步集约市场营销、商务、融资和技术支撑等资源,重点聚焦东南亚、中东和非洲市场。2018年,部分重点项目拓展取得积极进展,包括沙特ITC国家宽带网项目(1.8亿美元,商贷类项目)、尼泊尔电信4G项目(1.6亿美元,现汇类项目)、数字马里项目(1.6亿美元,两优项目)、坦桑尼亚三期二阶段项目(3.1亿美元,两优项目)等,为公司未来一个时期的海外业务发展奠定基础的同时,也通过对外合作,高效助力中国产能、中国标准、中国技术"走出去"。

【重大创新】
1. 业务创新。把握智能化时代发展新趋势,以业务生态化为转型升级方向,致力于成为"领先的综合智能信息服务运营商"。一是坚持双向差异化发展策略,不断创新融合业务产品。积极探索互联网产品翼支付与电信业务的紧密融合协同发展,实现电信主业的互联网金融赋能。天翼视讯积极整合和发挥用户、计费、渠道、网络等多方面优势,建设行业领先的视讯内容汇聚分发平台,形成以视讯内容订购为主,视频游戏、购物、直播、云服务、数据咨询等多种业务同步发展的商业模式。针对政企用户推出天翼直播产品,提供"一个平台"(天翼直播平台)和"两个终端"(带导播功能的便携式4G直播盒和具有独立直播功能的手机客户端)服务,为各类政企客户提供高清晰、低延时、大并发、资质完善的网络直播服务与融媒体视频解决方案。建设综合平台,支撑5个生态圈转型升级,实现能力汇聚归集八大类150余项。爱音乐将爱听4G和爱音乐2个客户端进行融合,延续定向流量政策,为用户提供听、看、唱、玩为一体的综合音乐服务,以"免费无损下载+垂直内容社区+音乐短视频"做产品差异化运营,优化音乐短视频制作功能,为视频彩铃积累内容和培养用户。二是聚合产业链合作伙伴,促进智慧家庭新型业务及服务的创新、开发与商用。在智能网关及组网、智能家居、天翼高清以及智能机顶盒4个核心专业领域方面,引领产业链合作,开展跨界合作。在智能家居方面,积极开展生态对接,在智能音箱、智能插座、智能摄像头、无线路由器等领域,加强与百度、腾讯、阿里、小米、和尔泰、物联等品牌企业合作。在智能机顶盒方面,制定发布中间件、统一外观、智能语音机顶盒、智能音箱等规范,现网发布首款三合一机顶盒、智能语音机顶盒。

2. 管理创新。2018年,中国电信开展集团级管理创新成果评选活动,评选出"渠道积分评价体系创新实践"等19项优秀成果,在集团内部进行推广。"咨询设计服务企业以提高核心竞争力为目标的技术创新管理"等2项成果被评为国家级二等成果,"大数据驱动的人力资源智慧运营"等24项成果被评为通信行业优秀成果。中国电信继续大力推动质量管理小组活动的开展,全年获得国家和行业优秀质量小组奖94项。

3. 技术创新。一是推进研发改革及能力建设。改革研发体系,组建科技创新部,统筹全集团研发工作,推进企业自主创新能力建设。做实基础研究,加大基础研发投入,设立中国电信研究院,整合研究院资源,提高效率;做强应用研发,围绕生态圈建设,建立新型研发中心,实现特区机制,逐步实现规模行业可比;提供人才队伍保障和机制配套。二是全面推进科技创新工作。2018年,中国电信申请发明专利846件,获得发明专利授权563件;完成行业标准编制32项,发布21项企业标准。向国际标准化组织提交并被接受的文稿数285篇,完成主导的国际标准25项,完成联合主导的国际标准13项。其中,主导完成的ITU建议13项,联合主导完成的ITU建议4项。27人次担任国际组织管理职务,158人次担任编辑人/联合编辑人职务。5个国家科技重大专项课题获得批复立项(其中牵头课题3项),获得国拨经费支持1490万元。在2018年中国通信学会科学技术奖评选活动中,中国电信获得二等奖2项、三等奖6项。

【党建工作】 2018年,中国电信以党建统领企业发展全局,企业党的领导和党的建设得到全面加强。一是坚持把政治建设摆在首位,不断加强企业党的建设。党组始终旗帜鲜明讲政治,按照党的政治建设的总体要求,坚定政治信仰,强化政治领导,提高政治能力,净化政治生态,不断增强"四个意识",坚定"四个自信",坚决做到"两个维护"。认真履行党组的主体责任,发挥好把方向、管大局、保落实的领导作用。严格执行党建工作责任制,落实意识形态、网络安全工作责任制要求,制定网络意识形态工作责任制实施办法;建立党建工作考核评价机制,实现党建工作责任制检查考核省级分公司全覆盖和二级单位党委书记抓基层党建现场述职三年一轮全覆盖。坚持"两个一以贯之",不断完善中国特色现代国有企业制度,全面完成党建工作要求进公司章程;厘清党组(党委)会与董事会、总经理办公会的权责边界,建立"前置"议事规则;完成清理规范所属企业党组改党委工作;二级企业全部实现党委书记与总经理(董事长)"一肩挑"。贯彻新时代党的组织路线,坚持国有企业领导人员"二十字"要求,突出政治标准,坚持重实绩、重实干用人导向。坚持基层导向,加强优秀年轻干部队伍建设,6000余名干部进入后备人才库,每年选派300名各级优秀年轻干部参加党校集中培训;实施"人才强企工程",开展领军人才培养"星火计划";夯实"三个基本",大力推进支部设在部门、设在县区分公司,实现党的组织全覆盖;选优配强基层党组织书记,大规模开展教育培训,抓好党员日常教育管理监督,党组织书记队伍、党务工作人员队伍、党员队伍建设明显加强;从"三会一课"等基本制度入手,在严格执行上狠下功夫;启动基层党支部建设"百千万"工程,基层党建工作质量不断提升。二是深入推进党风廉政建设和反腐败斗争,风清气正的干事创业氛围逐步形成。制定落实党风廉政建设主体责任实施办法,推动各级企业党委扛起主体责任。开展党风廉政建设责任制检查,制定12项配套制度。开展党的十九大后新一轮内部巡视,推动二级企业开展巡察,建立巡视巡察联动机制。深化"三转",推进纪检监察体制改革。开展政治监督,重点监督检查遵守党章党规党纪和中央重大决策部署贯彻落实情况。大力整治形式主义、官僚主义,驰而不息反"四风",开展扶贫领域作风治理,制定9项监督措施。严格监督执纪问责,加大信访案件查办力度,着力减存量遏增量,2018年受理信访量下降6.4%,涉及党组管理干部的信访量也有所下降,反腐败斗争取得压倒性胜利。三是深入推进中央巡视整改落实。针对上一轮巡视提出的问题和整改要求,制定4个方面23项整改任务、76项具体措施,完成75项,其余1项基本完成。在全集团开展"四个专项治理",深入开展销售服务领域基层腐败问题治理;主动开展巡视整改"回头看",进一步夯实整改责任。经过持续整改,一批突出违纪违规问题得到严肃处理,党员领导干部的党性意识、纪律意识普遍增强,风清气正的政治生态基本形成,企业党的建设和改革发展取得明显成效。

【信息化建设】 2018年,中国电信继续发挥主力军作用,助力国民经济信息化建设。助力精准扶贫,为各级政府及扶贫干部提供精准扶贫大数据平台,平台服务13个省107个市934个县的3400万贫困人口。助力雄安新区建设,依托雄安新区重大项目管理办公室及人才工作站,快速响应需求;深度参与雄安新区6个规划方案编制,以及雄安临时数据中心、OA办公等10多个重点项目建设,为新区提供信息化基础条件;深化军民融合,完成一批重大项目建设;推进物联网建设,推出新一代物联网开放平台,初步实现"物云融合"能力,提供一站式"物"与"云"服务;推进工业互联网平台建设,抢占行业制高点。组织上海理想自主研发跨行业、跨领域的翼联工业互联网平台,并与多家合作伙伴平台对接。

【履行社会责任】 2018年,中国电信进一步强化中央企业责任工作,把企业融入经济、社会和环境的可持续发展之中。一是加快推进网络扶贫及普遍服务。全面完成所承担的约5万个行政村通光缆建设任务,实现"三区三州"深度贫困地区行政村光纤宽带和4G"双75%"覆盖。以网络扶贫、信息化扶贫、智力扶贫、公益扶贫、产业扶贫、就业扶贫6个扶贫全力助力脱贫攻坚,精准扶贫大数据管理平台服务15省(自治区、直辖市)930多个县的3800多万建档立卡贫困人口。二是持续推进"提速降费",固定宽带平均接入速率提高到120Mbps,取消流量国内漫游费,手机流量资费比上年降低67%,60余个方向的国际漫游流量资费比上年降低超过50%,固定宽带单位带宽价格比上年下降41%,面向中小企业的商务专线标准资费下调67%。三是积极防范处置网络与信息安全风险,工业和信息化部通报的中国电信的网络安全漏洞数量较上年显著下降。忠实履行保障通信安全畅通的使命,全力抗击多地泥石流和山体滑坡、台风"山竹"和"安比"、云南墨江地震等自然灾害,圆满完成上合组织青岛峰会、首届中国国际进口博览会等重大活动的通信保障。四是助推数字经济发展。推进智能连接、智慧家庭、互联网金融、DICT(数字化ICT)、物联网五大生态圈发展,与各行各业合作,在智能制造、智慧农业、智能交通物流、智慧政务、智慧教育、智慧医疗、智慧养老、智慧社区等领域实施项目,助力传统产业升级,助力民生事业提质。五是共创美好生活。加强用户个人信息保护,及时响应并处理用户反馈的问题,持续提升服务水平,客户申诉率优于工业和信息化部的管控目标,手机上网和固定上网的用户满意度保持行业领先水平。积极助力员工成长,实施领军人才培养"星火计划",加强优秀青年专业人才培养;弘扬劳模工匠精神,依托1200多个创新工作室带动员工岗位创新,表彰或推广员工岗位创新成果5000余项,22名员工获得"央企技术能手"称号。践行绿色发展,单位信息流量能耗比上年下降15%。

2018年,中国电信评选表彰32个社会责任优秀案例,履责案例"大力发展物联网及应用,共享万物互联智慧生活""中巴陆地直达光缆促进通信互联互通"分别入选《中央企业社会责任蓝皮书(2018)》《中央企业海外社会责任蓝皮书(2018)》。中国电信社会责任报告持续获中国企业社会责任报告评级专家委员会"五星级"最高评级,并被中国企业管理研究会社会责任专业委员会评为"可持续信息披露卓越企业"。集团旗下在中国香港上市的中国电信股份有限公司、中国通信服务股份有限公司均发布《ESG(环境、社会及管治)报告》。

(撰稿人:蒋小金)

中国联合网络通信集团有限公司

【基本概况】 2018年,中国联合网络通信集团有限公司(以下简称"中国联通"或"公司")以习近平新时代中国特色社会主义思想和党的十九大精神为指导,紧抓混合所有制改革机遇,全力推进互联网化运营,企业生产经营状况出现根本性好转,各项经营指标得到全面提升。经营业绩显著改善,客户口碑持续改善,信息服务供给能力显著提升。

【主要指标】 2018年,公司实现营业收入2921.9元,利润总额81.3亿元,资产负债率43.1%,在2018年《财富》世界500强中排名第273位。

2018年中国联合网络通信集团有限公司主要经济指标

项 目	2017年	2018年	比上年增长(%)
资产总额(亿元)	6188.3	5788.2	-6.5
所有者权益(亿元)	3258.7	3292.5	1.0

续表

项　目	2017年	2018年	比上年增长（%）
营业收入（亿元）	2763.5	2921.9	5.7
利润总额（亿元）	11.3	81.3	619.5
净利润（亿元）	3.7	53.4	1343.2
归属于母公司所有者的净利润（亿元）	−1.8	9.2	
技术开发投入（亿元）	58.0	115.5	99.1
利税总额（亿元）	83.3	154.2	85.1
应交税金总额（亿元）	80.2	77.6	−3.2
全员劳动生产率（万元/人·年）	40.8	47.8	17.2
净资产收益率（%）	0.13	1.63	增加1.50个百分点
总资产报酬率（%）	1.12	1.79	增加0.67个百分点
国有资本保值增值率（%）	104.80	109.75	增加4.95个百分点

【改革发展】　优化公司治理结构，选举产生混合所有制改革后新一届董事会和监事会，成立发展战略、提名、薪酬与考核、审计等专门委员会。将党建、法治央企要求纳入公司章程，授予包括各级管理人员、核心技术人才等在内的7945人累计8.07亿股限制性股票。

坚持党管干部和人才，修订《中国联通管理人员管理办法》《"近距离常态化"考核考察工作办法》，党组管理干部326人的"画像"全覆盖，把盘活存量和培养选拔优秀年轻干部结合起来。在中组部组织的"一报告两评议"中，党组选人用人认同率连续四年持续提高。持续推进实施创新领域"418人才工程"，促进人才结构转型升级。

实施工资总额备案制管理，完善人工成本总量决定机制。坚持增量收益分享机制，优化薪酬内部分配，建立与经济效益和劳动力市场价位相联系的工资总额决定和调节机制，持续推进建立标准合理、管理科学的职工福利体系，工资总额增长、员工获得感提高。

【重大项目】　修订"三重一大"决策办法、党组工作规则、总经理办公会议制度等，保障党组发挥把方向、管大局、保落实的作用，严格规范"三重一大"事项决策过程。建立"人事沟通酝酿小组"，持续完善投资、采购、薪酬分配、产品和品牌、股权投融资等决策委员会决策机制，以"领导＋专家"的模式确保决策的科学性。

在5G、边缘计算、车联网、工业互联网等领域重点开展系列重大网络基础性、前瞻性技术研究和技术应用示范，组织实施39项在研国家级科研项目。深耕核心技术自主创新，在信息化系统和安全手机等关键技术领域组织科研攻关开发，其中，天宫平台是国内电信行业首创的集团集中大型云化平台、慧企平台是完全自主研发且面向企业的微服务开发运维管理的云平台、沃Phone OS是在功能和性能方面基本满足市场需求的自主开发智能手机国产操作系统。

【走向海外】　中国联通国际业务实际总投资7.58亿元，业务规模27.4亿元；积极响应"一带一路"倡议，投资2.6亿元，在"一带一路"沿线设立13个分支机构（中国香港特别行政区、新加坡、缅甸、俄罗斯、泰国、马来西亚、越南、柬埔寨、哈萨克斯坦、阿联酋、印度、印度尼西亚和菲律宾），员工500余人，实现语音漫游100%通达，数据漫游通达60个国家和地区。

2018年，国际公司归属于母公司的所有者权益总额60.2亿元，利润总额5亿元，境外规划新开工项目规划投资5.8亿元，包括网络基础投资、海缆配套等。陆续完成中缅、中越、中老、中蒙、中俄、中巴、中尼的传输系统扩容和跨南大西洋（SAIL）海缆的商用投产。

【重大创新】　推进管理创新工作，管理创新成果评审产生集团公司优秀成果40项，行业评审获得通信行业管理创新优秀成果23项，国家级优秀成果2项，保持行业领先水平。优秀质量管理（QC）小组成果获得行业优秀成果79项，国家级优秀成果4项，成果质量继续保持行业第一；通信行业质量信得过班组评选成果质量领先。

申报的发明专利"移动通信网络室内分布系统中使用的全向吸顶天线"获得第二十届中国专利银奖。获得中国通信学会2018年科学技术奖4项，其中"移动互联网内容差异化服务关键技术研究及大规模应用"获得一等奖。牵头完成标准获得中国通信标准化协会2018年科学技术奖3项。

【党建工作】 党建要求进章程,更好发挥党组织领导核心和政治核心作用;全面推行"双向进入、交叉任职",党组书记和2位副书记均进入A股公司董事会;大力推进基层党组织工作与生产经营深度融合;全面启动"党建精品工程"建设,大力打造"一支部"500余个,推动集团总部、省、市公司三级本部近700个党支部与基层一线党支部"结对子";推动主题党日政治性和实效性有机融合。在2018年12月举办的中管企业党委(党组)专职副书记研讨班上,被中组部指定围绕"提高新时代中管企业党的建设质量"作专题经验交流发言。

严格落实党风廉政建设责任制,持续保持反腐高压态势。实施党委书记落实党风廉政建设责任制承诺制度,并纳入党建责任制考核体系,与绩效考核、干部考评直接挂钩。制定《中国联通党组巡视工作规划(2018—2022年)》,并完成8个省公司和集团总部21个部门的巡视;组织开展重点领域渠道、佣金、代理"三合一"专项检查。坚决贯彻落实中央八项规定,修订《中国联通贯彻落实中央八项规定精神、坚决纠正"四风"问题的若干规定》,查处违反中央八项规定精神问题88起,处理205人,处分人数比上年下降31%,发生在享乐主义、奢靡之风方面案件明显减少,企业风气得到明显好转。

【信息化建设】 2018年,从事网信工作员工数量17550人,投入391122万元,占企业年度营业收入的1.5%,其中专门用于信息化投入360160万元、专门用于网络安全投入19562万元、工业互联网建设投入6530万元。编制《2019—2021年中国联通大IT总体规划》等推进各领域IT协同共享,在全球70个国家和地区拥有112个境外业务接入点(POP),建设集团级数据中心5个,机柜总数量23068个。中国联通在专利成果、5G网络研发、人工智能、区块链新技术应用等领域实现突破,被科技部、国务院国资委、全国总工会授予"全国首批创新型企业"称号。

自主研发完成安全基线核查系统,制定网络安全责任制、系统安全问责等管理办法和考核机制。构建总部大数据平台,提供数据服务能力,促进信息技术与生产经营融合,上线运行公有云工业互联网平台,在全国系统漏洞众测中累计发现并处置系统漏洞294个;治理诈骗、骚扰电话,全年累计关停涉诈号码超过102万个,月均拦截垃圾短信1.5亿条。

【履行社会责任】 深入推进提速降费,积极推进"四降低、一取消",取消移动流量全国漫游费,移动流量资费、家庭宽带资费、中小企业互联网专线带宽单价、国际语音及数据漫游费较大幅度下降。

深入推进电信基础设施共建共享。拓展与市政、电力、交通等行业领域社会资源的共建共享,铁塔新建独享率控制在5%以内,全年与行业内外共建杆路、管道光缆共建率90%以上。

助力精准脱贫与乡村振兴战略。完善农村信息基础设施,承担电信普遍服务试点项目、宽带乡村和中小城市宽带建设任务。构建大扶贫格局,2018年,中国联通定点扶贫县黑龙江省饶河县实现脱贫"摘帽"。

(撰稿人:李 盈)

中国移动通信集团有限公司

【基本概况】 中国移动通信集团有限公司(以下简称"中国移动")是按照国家电信体制改革总体部署,于2000年组建成立的中央企业,是全球网络规模最大、客户数量最多、品牌价值和市值排名均位居前列的电信运营企业。2018年,中国移动坚持以习近平新时代中国特色社会主义思想和党的十九大精神为统领,深入学习贯彻党的十九大和十九届二中、三中全会精神,坚持和加强党的全面领导,坚决贯彻落实中央重大决策部署,在国务院国资委等上级部门的指导支持下,牢固树立和践行新发展理念,扎实履行中央企业政治责任、经济责任、社会责任,深化实施"大连接"战略和"四轮驱动"融合发展策略,保持持续健康发展的良好势头。中国移动连续14年被国务院国资委评为经营业绩考核A级单位,连续18年入选《财富》世界500强企业、2018年排名第53位、全球电信企业排名第三位,连续10年入选道·琼斯可持续发展指数。

【主要指标】 中国移动积极应对市场竞争更加激烈、传统业务加速下滑等挑战，不断提高发展质量和效益。2018年，营业收入保持行业领先，利润总额超过国务院国资委考核目标，在中央企业名列前茅。在实现公司自身持续发展和国有资本保值增值的同时，为促进新旧动能转换、经济社会持续发展贡献力量。

2018年中国移动通信集团有限公司主要经济指标

项　　目	2017年	2018年	比上年增长（%）
资产总额（亿元）	17214	17522	1.8
所有者权益（亿元）	11864	12652	6.6
营业收入（亿元）	7445	7415	-0.4
利润总额（亿元）	1391	1455	4.6
净利润（亿元）	1051	1096	4.3
归属于母公司所有者的净利润（亿元）	739	777	5.2
技术开发投入（亿元）	186	220	18.4
利税总额（亿元）	1884.2	1884.3	0.01
应交税金总额（亿元）	493	430	-12.9
全员劳动生产率（万元/人·年）	75.42	75.98	0.8
净资产收益率（%）	8.94	8.92	减少0.02个百分点
总资产报酬率（%）	8.11	8.36	增加0.25个百分点
国有资本保值增值率（%）	108.70	111.10	增加2.4个百分点

【改革发展】 中国移动深入贯彻落实中央关于深化国资国企改革的部署要求和重点任务，坚持以管理集中化、运营专业化、机制市场化、组织扁平化、流程标准化"五化"为方向，以增强活力、提高效率为中心，大力推进重点改革任务落地见效。全面推进"瘦身健体"，大力开展存量子企业"压减"，注销法人单位40户，管理层级全部压缩至三级。扎实做好子企业改革试点，积极参与国务院国资委"双百行动"，推动所属终端公司、在线服务公司、咪咕公司开展混合所有制探索。坚持"客户为根、服务为本"的发展理念，强化客户服务质量统一管理，完善服务质量标准体系，建立服务长效机制。坚持管运分离原则，明确网络运维改革的目标和基本方案。深化集中化改革，实现两级审计集中化组织管理，完善两级集中采购管理模式，推广以省为单位的业务集中稽核、网络费用集中稽核和资金集中支付，创新财务和人力资源集中共享服务模式。

【提速降费】 中国移动自觉站在促进信息惠民、推动消费升级、发展壮大新动能、提升经济发展质量的高度，全面落实政府工作报告要求，持续推进网络提速降费。提速方面，新建4G TD-LTE基站21万个、累计208万个，建成全球最大4G网络，县城及以上区域实现连续覆盖，重点景区、高铁、高速公路基本实现全覆盖；光纤到户（FTTH）覆盖家庭住户4.4亿户，均具备百兆以上接入能力，城区支持千兆带宽接入区域达到50%以上，政企专线接入1323万条；加速推动内容分发网络（CDN）覆盖到地市，有效改善互联网业务感知；积极打造数据中心、云计算中心、物联网等新型数字基础设施。降费方面，全面取消国内流量漫游费，手机上网流量平均单价下降62%；国际漫游流量包天不限量方向增加至220个，语音"1元区"方向增加至124个，国际漫游流量平均单价下降50%；20M以下家庭宽带全部免费提速，互联网专线平均单价下降23%；各项降费举措累计惠及客户18亿人次、企业172万家，在提高广大客户获得感、扩大公司业务量的同时，降低社会总成本。

【走向海外】 中国移动积极响应"一带一路"倡议，通过资本投资、多边合作和业务拓展等方式，加强国际化运营。强化国际信息通信基础设施"路、站、岛"布局，建设6条跨境陆缆系统，海外POP点164个、覆盖扩大至全球77个国家和地区、114个城市，国际传输总带宽39T。深化与"一带一路"沿线通信运营企业合作，面向500多家中资企业海外机构，提供优质实惠的综合信息通信服务。推动海外已投资企业经营业绩持续改善，巴基斯坦公司4G客户数持续增加，流量和收入份额不断扩大；与泰国True公司共同推动多个业务领域战略合作，移动、家庭宽带、付费电视三大主营业务均保持较好增长。发起"牵手计划",吸纳26个来自全球电信、终端、互联网行业生态圈内领先合作伙伴参与,总覆盖客户29亿户。

【重大创新】 中国移动坚持创新驱动发展,大力推动信息领域核心技术突破,不断增强自主创新能力。完善研发能力布局,健全"一体三环三纵"科技创新体系,即以内环研发机构、中环专业公司及直属单位、外环省公司为一体的组织型、全员型、开放型创新研发体系。建设5个国家级工程实验室,专职研发人员超过8000人。加快5G研发试验,主导5G应用需求和标准制定,在国际标准组织中牵头30余个关键项目、位列全球运营商首位,累计提交标准提案2700余篇、申请专利超1000件;在5个城市开展5G规模试验、12个城市开展5G应用示范,积极做好5G商用部署准备;筹备设立首期100亿元的5G联创产业基金,发起5G终端先行者计划,加速促进5G端到端产业成熟;率先成立5G联合创新中心,构建产学研深度融合、开放共享的5G新生态。打造国家级"双创"示范基地,积极探索大企业带动中小企业、共享资源、融通发展的"双创"模式,建立8个"双创"空间,搭建"万物互联创客马拉松"创新孵化平台,吸引近16万名内部员工和1500支外部创新创业团队。实施包含1张移动物联网、3个产业联盟、九大重点能力应用的"139合作计划",自主研发的能力共享平台入选国家共享经济示范平台,向全社会开放企业特色能力与资源,各项特色能力累计调用超过3500亿次,孵化应用超过6.6万个。

【党建工作】 中国移动紧紧围绕新时代党的建设总要求,深入贯彻落实全国国有企业党的建设工作会议精神,把坚持党的全面领导、加强党的建设贯穿渗透在公司改革发展管理的全过程、各领域,取得阶段性成效。突出抓好政治建设,制定印发党组关于加强和维护党中央权威和集中统一领导的实施意见、落实向党中央请示报告工作实施办法,切实把树牢"四个意识"、坚定"四个自信"、坚决做到"两个维护"的要求具体化、制度化。全覆盖开展党建工作考核评价,考评结果纳入领导班子和领导人员综合考评内容。推进全面从严治党向基层延伸,持续深化"六好"党支部创建工作,扎实推进中国移动党建云平台建设。制定印发《党风廉政和反腐败工作体系建设指导意见》和实务手册,持续推进嵌入式廉洁风险防控机制建设。深化作风建设,开展形式主义、官僚主义专项治理,加大对违反中央八项规定精神问题的查处力度。加强内部巡视巡察,印发《关于实践监督执纪"四种形态"的指导意见》,严格执纪问责,强化正风肃纪。

【信息化建设】 中国移动加速促进信息通信技术与实体经济深度融合,以数字化培育信息消费新业态、转型发展新动能。加快移动物联网发展,蜂窝物联网(NB—IoT)实现乡镇以上区域的连续覆盖,物联网连接数净增3.2亿个,总数达到5.5亿个,居全球首位。开发运营物联网开放平台OneNET,聚集开发者超过10万人,服务企业突破9000家,接入设备近8000万台,行业影响力不断提升。大力拓展行业信息化应用,打造覆盖重点垂直领域的产业互联网,工业互联网云平台连接超过1.8亿台设备,"互联网+交通"连接5400万辆机动车和近3000万辆共享单车,"互联网+医疗""互联网+教育"分别为1.5亿名医患、9000万名师生及家长提供服务。与超百家产业龙头强强联合,积极推进智能制造、智慧能源、智能汽车等深度研究,有效支撑重点行业数字化、智能化转型。

【履行社会责任】 中国移动始终牢记中央企业使命担当,积极履行社会责任,努力推动发展成果惠及社会民生。助力打赢精准脱贫攻坚战,加大定点扶贫和对口支援工作力度,完善贫困地区网络基础设施,累计完成54.6万个行政村4G覆盖、41.7万个行政村有线宽带覆盖,自主研发的精准扶贫系统获2018年联合国信息社会世界峰会电子政务类项目最高奖。助力污染防治攻坚战,持续开展绿色行动计划,深入推进节能减排,单位信息流量综合能耗比上年下降57%,连续第三年作为唯一内地企业入选全球环境信息研究中心(CDP)应对气候变化最高评级名单,"蓝天卫士"应用为200多个地市政府提供大气污染防治信息化支撑。抓好网络安全责任制落实,开展各类应急通信保障4899次,圆满完成青岛上合峰会、中非合作论坛等重大活动通信和网络信息安全保障任务。提升诈骗电话拦截与不良信息治理能力,月均拦截垃圾短信超过3.5亿条,累计拦截"呼死你"电话10.2亿次,"骚扰诈骗电话防护方案与实践"项目获得2018年联合国信息社会世界峰会杰出项目奖。大力开展公益项目,累计完成5300余名贫困先天性心脏病患儿救治和1.1万余名中西部乡村校长培训。2018年,中国移动位居"中国企业300强2009—2018年社会责任发展指数"榜首。

(撰稿人:郝 峰 周 舟)

中国电子信息产业集团有限公司

【基本概况】 2018年,中国电子信息产业集团有限公司(以下简称"中国电子")面对深刻变化的外部环境和转型发展的内部压力,中国电子深入贯彻落实中央有关决策部署,着力推进提质增效、转型升级、改革创新。一是综合实力持续提升。连续八年入选世界500强企业,排名第369位。二是产业布局持续优化。网络安全领域能力提升,形成新的核心能力;新型显示领域协同加强,建立新的产业生态;集成电路领域加速发展,设计、制造、封测为一体的集成电路产业日趋完善;积极布局智能制造、工业互联网、人工智能、健康医疗大数据等新兴业态。三是改革活力持续增强。中国电子积极参与混合所有制改革,集团下属企业混合所有制改革数量占总数的83%,居中央企业前列;发挥"产业组织者和引领者"作用,依托遍布全国的35家创新创业园区,深入构建电子信息产业大生态,培育和汇聚1万多家中小企业,年产值4000多亿元,实现"国进民升"。

【主要指标】 2018年,中国电子资产总额2768.5亿元,比上年增长5.2%;营业收入2186.5亿元,比上年增长1.1%;利润总额51.3亿元,比上年增长20.8%;科技开发投入72.5亿元,比上年增长1.7%;全员劳动生产率17.2万元/人·年,比上年增长5.8%;国有资本保值增值率103.85%;应收账款周转率6.89次,存货周转率5.2次;努力控制"两金"规模和增速,压降成本费用占收入比重,有效推动资金集中,完成资金集中度70%的目标。

2018年中国电子信息产业集团有限公司主要经济指标

项 目	2017年	2018年	比上年增长(%)
资产总额(亿元)	2630.8	2768.5	5.2
所有者权益(亿元)	816.1	883.0	8.2
营业收入(亿元)	2162.1	2186.5	1.1
利润总额(亿元)	42.5	51.3	20.8
净利润(亿元)	28.7	29.9	4.0
归属于母公司所有者的净利润(亿元)	11.3	23.2	105.6
技术开发投入(亿元)	71.3	72.5	1.7
利税总额(亿元)	102.6	104.8	2.2
应交税金总额(亿元)	53.4	60.6	13.6
全员劳动生产率(万元/人·年)	16.3	17.2	5.8
净资产收益率(%)	3.58	3.52	减少0.06个百分点
总资产报酬率(%)	2.94	3.43	减少0.49个百分点
国有资本保值增值率(%)	107.40	103.85	减少3.55个百分点

注:2017年数据为2018年决算数的上一年同期数。

【改革发展】 为增强发展活力,中国电子深入推进具有中国电子特色的市场化结构性改革,取得显著成效。一是全力推进资本运作,加大海外投资并购力度,整合在中国香港特区业务资源,打造境外投资融资平台。二是重点加强专业化重组整合,积极推进网络安全领域业务和资产整合,启动网络安全专业子集团组建工作。三是狠抓人才队伍建设,以"深化选人用人机制改革实施意见"为"1"条主线,围绕出资人代表、企业领导人员、职业经理人、优秀年轻干部等,建立"1+N"制度体系,创新推进以组织契约为特点的企业负责人和以市场契约为特点的职业经理人管理模式,强化岗位胜任力模型使用。四是坚决推进清理压缩"瘦身健体",2018年清理退出60户控股企业,"跑冒滴漏"现象得到进一步遏制;基本完成70户企业"处僵治困"主体工作;加快剥离企业办社会职能,加快"三供一业"分离移交工作,教育机构改革和社区管理职能移交工作全面完成,医疗机构改革取得较好成效,促进企业"轻装上阵"。五是积极推进混合所有制改革,熊猫汉达、中软信息混合所有制改革方案获国家发展改革委批复同意,中国长城、华大半导体、中电系统入选国企改革"双百行动"综合试点。

【重大项目】 2018年,中国电子以重点项目为抓手,突出业务协同,推进产业结构转型升级。新型显示领域,成都和咸阳2条8.6代液晶面板生产线产能爬坡进展顺利,综合良率均超过94%,面板销量平稳增长;冠捷科技年产400万台电视整机项目在咸阳建成投产。集成电路领域,工业控制组件重大项目顺利开工;新一代存储器项目完成芯片基本电性能测试。高新电子领域,深化体制改革和产业布局,推动重组整合,科研生产总体进展顺利,军贸业务稳定增长。信息服务领域,推动平台建设,积极拓展新空间。根据国家税务总局要求,中国电子对国家"金税"三期工程原国税、地税系统进行合并。园区业务发展迅速,总部基地与未来城二期建设加快,海南信息安全基地、银川军民融合产业园、重庆智能制造产业园、成都芯谷产业园等园区建设有序进行。

中国电子主动适应智能化时代发展趋势,加快推动智能制造、工业互联网、人工智能、健康医疗大数据等产业发展,谋划新兴业态布局落地。智能制造领域,打造智能制造"两平台一工程",成立中电工业互联网有限公司、中电智能科技有限公司2个业务发展平台;提升集团公司智能制造水平,打造发展新动能,完成9家企业智能制造方案的评估工作。工业互联网领域,与长沙市政府共建工业互联网创新中心,入选工信部工业互联网试点示范项目;推出电子玻璃领域工业互联网云平台解决方案;推出FabOS智能制造管理系统,关键核心技术指标达国际领先水平。人工智能领域,凭借网络安全领域核心优势,打造城市的"神经系统",中标智慧淮安、智慧株洲、武汉地铁5号线AFC项目、中新天津生态城智慧城市等项目。健康医疗大数据领域,加快推进健康医疗大数据中心及产业园建设国家试点工程;新增成都、广州2家地方政府落户签约,新增覆盖人口超过3600万人,超额完成年度目标。

【走向海外】 截至2018年底,中国电子境外资产总额387.7亿元,负债总额298.5亿元,营业总收入846.6亿元。中国长城科技集团股份有限公司收购柏怡国际小股东股权,推动长城整机硬件平台及业务的深度整合。深圳长城开发科技有限公司在马来西亚投资建厂,开拓当地及东南亚的其他客户和业务。冠捷科技有限公司新设智利、秘鲁子公司,在当地开展电视及显示器进口服务业务等。积极响应"一带一路"倡议,在厄瓜多尔、安哥拉、巴基斯坦、哈萨克斯坦等国家实施重大信息化项目,推动国际合作取得新进展。

【重大创新】 中国电子麒麟操作系统获得2018年度国家科技进步一等奖。飞腾64核高性能通用服务器芯片、澜起科技第二代DDR4内存缓冲控制器芯片获得"中国芯"大奖。第四代万兆级网络交换芯片达到国际顶尖水平,填补国内空白。计算机缓存控制器性能水平、市场份额均居世界首位。自主研发的整机用户体验达到甚至部分超过国外主流产品水平,并在国产化应用中得到主流应用。可信计算"白细胞计划"实现由被动防御到主动防御,有效抵御"勒索病毒"的攻击。国家级聚合式信息安全云服务平台有效保障国家关键信息基础设施安全。第7.5代液晶基板玻璃、高铝盖板玻璃打破国外垄断。深化联合创新,牵头成立人工智能制造业创新技术与产业联盟,联合航天科工成立智能协同云技术与产业联盟,参与组建中国超高清视频产业联盟。顺利通过国家"双创"示范基地年度评审;成功举办2018年"i+"创新大赛,召开5场"双创"合作伙伴大会,积极构建电子信息产业大生态。

【党建工作】 中国电子按照习近平总书记关于新时代党的组织路线重要论述和"两个一以贯之"要求,全面加强党的建设。一是强化政治建设,切实把党的领导力、组织力贯穿企业生产经营各项工作中,集团所属二级企业、具备条件的150家三级企业全部完成章程修订工作,"双向进入、交叉任职"领导体制得到落实,"前置程序"落实机制更加完善。二是强化"三基建设",研究出台中国电子党建工作路线图、任务书2.0版,形成路线图、任务书、责任制、体检报告"四位一体"党建工作新体系,推进"C—E—C"支部建设提升工程。三是强化监督执纪问责,持之以恒正风肃纪,坚持零容忍查处违纪违规问题,集团公司风清气正的局面进一步形成。强化作风建设,持续纠正"四风"问题,持续锤炼"务实高效、勤俭节约"过硬作风。

【信息化建设】 中国电子高标准高质量推进信息化管理,编制《中国电子信息化规划纲要》,完成商密网各业务应用系统替代升级,完成涉密网主体工程建设和后续方案调整;研究制定综合决策分析平台和各业务系统信息化建设方案,着力用信息化手段推动流程再造和组织变革。积极参与国务院国资委国资监管管理平台建设,实现"三重一大"决策和运行应用系统数据的及时采集;完善资金信息系统建设,与国务院国资委监测系统无缝对接,得到国务院国资委充分肯定。夯实档案基础管理,开展档案管理提升"百日会战",初步健全档案管理制度体系,着力推进档案管理信息化。健全协同管理机制。2018年,中国电子企业协同采购额65亿元,比上年增长12%。"大型企业集团以信息化为支撑的产业协同战略管控体系构建"获得国防科技工业管理创新成果一等奖。

【履行社会责任】 在绿色发展方面,制定《中国电子节能减排工作方案(2018—2020年)》,进一步健全完善节能环保监管体系,开展重点企业节能减排工作督查检查和专题分析,深入研究所属重点排污企业节能减排工作推进难点,逐步推广先进有效的节能减排技术改造工程,取得全年单位产值能耗及污染物排放全面下降的工作成果。

在精准扶贫方面,制定《中国电子扶贫攻坚三年规划(2018—2020年)》,深化"专责部门统筹协调+成员专项帮扶+帮扶项目示范应用"的扶贫实践,对定点县投入帮扶资金964.5万元,引进帮扶资金5610万元;培训基层干部946人、技术人员457人;购买贫困地区农产品95.7万元,帮助贫困地区销售农产品141.8万元。《中央单位定点扶贫责任书》中承诺项目全部兑现,均超额完成。定点帮扶的陕西镇安县、四川阆中市完成脱贫"摘帽"。"中国电子创新'互联网+'帮扶模式推进绿色扶贫"案例入选国务院扶贫办《企业精准扶贫案例研究》。扶贫工作得到社会各界高度评价,被《人民日报》评为"首批精准扶贫最具影响力企业"。

(撰稿人:安 超)

中国第一汽车集团有限公司

【基本概况】 中国第一汽车集团有限公司(以下简称"中国一汽")是国有特大型汽车企业集团。前身为第一汽车制造厂,是国家"一五"计划重点建设项目之一。1953年奠基兴建,1956年建成投产。经过60多年的发展,中国一汽从东北到华北、华东,再到西南、华南,构建立足全国、面向世界的产业布局。旗下拥有红旗、解放、奔腾等自主品牌和一汽大众、一汽奥迪、一汽丰田等合资合作品牌。截至2018年底,在册职工13万人。

2018年,中国一汽在党中央、国务院的坚强领导下,全面完成国务院国资委考核指标,改革发展各项工作取得新的成果和进步。坚定履行国企经济责任、政治责任和社会责任,工作成效受到政府、行业、媒体及社会各界的充分肯定,企业形象和社会影响力持续提升。在中国500最具价值品牌中,中国一汽品牌价值2716.27亿元,排名第九位,连续15年居汽车行业榜首。在世界500强排名第125位。被国务院国资委评为2017年度中央企业负责人经营业绩考核A级单位。

【主要指标】 2018年,中国一汽销售整车341.8万辆,比上年增长2.2%,增速高出行业5个百分点,份额增加0.6个百分点;实现营业收入5940亿元,比上年增长26.4%;利润总额431亿元,比上年增长2.5%。

2018年中国第一汽车集团有限公司主要经济指标

项　　目	2017年	2018年	比上年增长(%)
资产总额(亿元)	4368	4578	4.8
所有者权益(亿元)	2086	2198	5.4
营业收入(亿元)	4699	5940	26.4
利润总额(亿元)	421	431	2.5

续表

项　　目	2017年	2018年	比上年增长(%)
净利润（亿元）	308	310	0.6
归属母公司所有者的净利润（亿元）	193	176	-8.8
技术开发投入（亿元）	139	147	5.8
利税总额（亿元）	943	865	-8.3
应交税金总额（亿元）	635	555	-12.6
全员劳动生产率（万元/人·年）	104	105	基本持平
净资产收益率（%）	14.9	14.5	减少0.4个百分点
总资产报酬率（%）	10.3	9.6	减少0.7个百分点
国有资本保值增值率（%）	109.7	108.2	减少1.5个百分点

【改革发展】 中国一汽在"四大攻坚战"方面取得阶段性进展。一是全面深化改革攻坚战。完善公司管理体制，适度调整组织架构。继续推进"四能"改革，激发干部职工干事创业的精气神。狠抓"处僵治困"工作。"三供一业"、医院、幼教等存续社会职能完成分离移交和改制。二是提升体系与能力攻坚战。启动"业务重构和能力提升"工作，加速构建行业一流的管控体系。三是降低成本费用攻坚战。初步建立集团级以及各单位降本管理平台和一套工作机制，开展一大批降本项目，取得积极成果。四是转变工作作风攻坚战。各级领导干部积极发挥示范带动作用，"关键少数"的"头雁效应"不断显现。

【合资合作】 不断加强和扩大合资合作。密切高层沟通，增进合作共识，与大众、丰田的战略合作迈上新台阶。一汽大众实现持续、稳健增长，产品结构调整和产能布局加快推进，成为全国领先的200万辆级乘用车企业，其中奥迪品牌积极应对政策和市场变化，保持豪华车市场份额第一位置；一汽丰田完成组织结构调整，加快新产品投放和产能布局，总体保持良性增长。专门成立合资合作事业管理部，加强对合资合作的统筹管理，着力提高专业化水平。不断拓展合作广度和深度，加强与大众、丰田在新产品、新能源、高端订制、政策研究等领域的合作，巩固与马自达的合作关系。积极主动推进与东风、长安的三方（T3）多领域合作，基本完成在下一代绿色智能汽车平台、关键核心技术和移动出行平台等战略层面开展合作的前期论证工作，并在制造、物流等领域取得一些实质性成果。

【走向海外】 乘用车出口方面，聚焦巴基斯坦、俄罗斯等重点市场，挖潜拉美、越南等热点市场，打造B30明星产品，培育万辆级出口的体系能力。商用车出口方面，发挥商用车产品和国内体系能力优势，瞄准重点市场、重点客户，创新营销方法，在行业出口下滑的情况下逆势增长，在菲律宾、西北非等传统薄弱市场培育方面取得明显成效。2018年，中国一汽整车出口26289辆，零部件出口2050万美元。

深化战略合作，构建联合出海"生态圈"。牵头组织T3（中国一汽、东风集团、长安汽车）签署战略合作备忘录，在俄罗斯、南非产能合作，右置车联合开发，海外汽车金融业务共建等重点课题领域取得积极进展。推动政企合作，与缅甸交通部签约联合开展汽车职业培训，深度融入当地发展。加大海外市场战略合作力度，与越南、缅甸、俄罗斯当地企业签署战略合作协议，加快产能对接和产品导入。

【重大创新】 新兴业务加快布局。基本明确新能源、智能网联、移动出行等领域的发展思路、战略规划和主要技术路径，积极构建新兴业务创新联盟和生态圈，加快红旗小镇规划。

【党建工作】 一是深入开展党建工作。把政治建设摆在首位。深入学习习近平新时代中国特色社会主义思想和党的十九大精神，认真贯彻习近平总书记在全国国企党建工作会、东北振兴系列重要讲话精神，进一步加强意识形态和思想建设工作，持续牢固树立"四个意识"，坚定"四个自信"，坚决做到"两个维护"。坚持服务生产经营。落实"四同步"要求，紧紧围绕中国一汽改革发展中心任务，不断加强和改善党的建设，坚决做到党建和经营有机嵌入、同频共振，实现"双促进、双提高"。成功召开第十四次党员代表大会，确立建设世界一流移动出行服务公司的发展愿景和目标。层层压实管党治党责任。构建绩效联动、党政同责、从严问责的党建责任考核体系。强化干部队伍"头雁效应",带动和激励全体员工干事创业。深化基层组织建设,认真抓好群团工作。

二是扎实推进党风廉政建设和反腐败工作。以党的十九大精神为指引,深入学习贯彻中央纪委国家监委重大决策部署。把落实"两个维护"作为首要政治纪律,强化监督检查,推动党中央重大决策部署落实落地;开列全面从严治党"两个责任"重点任务清单,狠抓任务落实。从严抓监督。聚焦第十四次党代会换届纪律,严格监督,保证换届风清气正;深化政治巡视,2轮巡视7家二级党委,7个二级党委巡察所属基层党组织17个,对发现的问题严格落实整改。从严抓纪律。坚持有腐必反、有贪必肃;深入开展纪律教育,组织参观廉政教育基地。从严抓作风。修订发布《进一步贯彻落实中央八项规定精神实施细则》,组织开展转变作风攻坚战,深入开展"四风"问题、职工群众身边腐败问题专项治理,对发现的问题严肃处理,形成有力震慑。从严抓制度。持续完善党风廉政建设制度,废止25项,新建16项,修订9项,制度建设科学化水平不断提高。从严抓问责。针对巡视巡察发现的突出问题,进行通报和组织处理。

【企业文化建设】 紧扣新时代中国一汽发展新要求,创新文化理念体系,基本完成中国一汽新文化手册编撰。主动发声,抢占舆论高地,抓住一汽建厂65周年、红旗出车60周年、庆祝改革开放40周年等重大活动,深化与央媒等合作,创新传播方法,通过微信、抖音等自媒体新形式,主动向外界传播中国一汽改革发展成果,努力为企业赢得良好口碑和社会支持。践行"双关心"文化理念。加强员工健康体检管理,提高员工企业年金收益水平,改善员工工作环境和生活环境,持续开展"面对面、心贴心、实打实"、"两节"送温暖、金秋助学和大病救助等工作。通过举办集团第24届运动会和集体婚礼,参加长春国际马拉松比赛等活动,丰富职工文化生活。

【履行社会责任】 积极履行社会责任,发布《中国一汽社会责任报告》。完成扶贫任务,大力推进精准扶贫、援藏和"红旗扶贫梦想基金"等各项工作。2018年,中国一汽向吉林省镇赉县、和龙市,广西壮族自治区凤山县定点扶贫县投入资金4635万元,比上年增长15%。拨付援藏资金2610万元,主要用于新农村建设、基础设施建设、教育、医疗、就业等方面。开展"高举红旗,精准扶贫,走好新时代长征路"教育扶贫项目,投入5000万元,助力贫困地区教育公平发展。

(撰稿人:王艳红)

东风汽车集团有限公司

【基本概况】 2018年,东风汽车集团有限公司(以下简称"东风公司")面对超预期的汽车市场下行压力,按照高质量发展要求,聚焦做强做优、党建强企、深化改革、加快创新,扎实工作,整体经营保持健康稳定,核心能力加快构建,深化改革纵深推进,各项工作迈上新台阶。截至2018年底,总资产3266亿元,从业人员15万余人。2018年,产销汽车383万辆,位居中国汽车行业第二位、中国制造业500强第三位、《财富》世界500强第65位。

【主要指标】 2018年,东风公司开源节流,持续优化库存结构,坚决控制"两金"占用上升,有效管控重大风险,推动经营平稳运行。全年销售汽车383.1万辆,实现销售收入6051.8亿元,上缴税费576.5亿元,经营质量持续改善,利润总额与上年相比保持稳定,利润率比上年增加0.7个百分点;归属母公司所有者的净利润比上年增长9.3%;单车利润比上年提升7.6%;资产负债率比上年减少2.8个百分点,优于中央企业平均减少0.6个百分点的水平。较好地完成国务院国资委下达的4项指标任务。

东风公司投放乘用车新一代东风风神AX7、新天籁、QX50、新智跑、云逸、新408等10余款新品,产品结构持续优化,中高端产品比例增加。

东风公司胜利召开第九次党代会,提出加快建设卓越东风、开启世界一流企业发展新征程的新阶段使命和未来五年"三个领先、一个率先"奋斗目标;通过召开战略研讨会细化落实措施,明确卓越东风"六力、四前列"的指标体系和进入世界一流企业行列总体路线图。战略规划对事业计划、经营管理和财务预算的引领作用不断增强。

【自主品牌】 自主乘用车发展基础进一步夯实。东风风神进入产品3.0时代。新一代东风风神AX7搭载WindLink3.0人工智能车机系统,智能网联水平行业领先。东风启辰T60、东风风光iX5、东风风行T5等产品成功上市。核心能力加快构建,产品平台、技术、动力总成、电子架构能力得到提升。聚焦国Ⅵ技术,多款自主发动机实现SOP。商用车领先新优势持续打造。新一代东风天龙KL重卡、东风天锦KR中卡上市,商品力持续提升;加快升级换代,东风凯普特、多利卡、乘龙H7等车型成为市场明星。军品第一品牌地位得到巩固。调整完善军品事业体制机制,"一号工程"项目完成主要车型设计开发,第四代轻型战术车辆平台提前完成设计评审,东风猛士甲获得中国外观设计金奖。圆满完成2018年上合组织青岛峰会等重大活动服务保障。

【新能源乘用车】 2018年,销售新能源汽车7万辆,比上年增长29%,其中新能源乘用车销售5.1万辆,比上年增长223%,连续三年快速增长。新能源汽车研发及"三电"产业化进程提速。新能源产业园1号园区建成,2号园区开工建设。燃料电池研发和工业化项目加快展开,"全功率燃料电池乘用车动力系统平台及整车开发"获得国家重点研发计划立项。新能源商品不断丰富。东风风神E70续航里程行业领先。东风日产、神龙东风公司、东风悦达起亚等均在电动车市场加快布局,取得销量突破。

【改革发展】 "三供一业"分离移交全面完成,企业办社会职能加快剥离。东风职业教育培训中心完成移交。东风总医院等8家医疗机构彻底实现移交和划转。主营业务重组优化深入推进。东风商用车完成动力总成工厂、车辆工厂、铸锻业务、车辆子东风公司、车桥业务等整合进行模块化管理。东风汽车零部件集团确定"6+1"业务系统化发展方向和业务布局。市场化经营机制积极构建。按照"选聘市场化、管理契约化、薪酬差异化、退出制度化"的原则,初步实现岗位能上能下、薪酬能增能减、人员能进能出。以落实"双百行动"为契机,积极探索混合所有制改革,确立"混+改"的"10+8+5"三大类重点改革项目。推进DOA(授权决策体系)管理,明确总部与二级单位权责边界,提升管理效率与活力。干部领域实施DOA后,直管高管岗位从2016年的1200多个减少至2018年的252个。持续开展"瘦身健体",集团管理层级压缩到五级以内,累计压减法人71户,压减量22.3%,提前超额达成国务院国资委压减20%的目标要求。坚持"一企一策"推进"处僵治困",7家企业基本完成,8家企业主体完成。

【重大项目】 出行服务与智能网联业务发展加快。制定实施智能网联和出行服务规划,数字化业务东风公司筹备建设。"东风出行"、东风易微享、联友出行平台上线运行。2018年"东风出行"实现注册用户超6万人,运营车辆3000多辆,完成在武汉、十堰等地布局。汽车金融业务快速发展。各金融业务单元深化风险防控,创新产品服务,全年汽车金融贷款规模超过千亿元,利润比上年增长18.7%;金融业务综合渗透率29%。

【走向海外】 掌握在合资事业战略规划、资源配置、合作交流中的主动权,推动合资东风公司深化改革,合资事业整体保持健康发展。充分利用国际合作伙伴提升自主发展能力,与PSA共同开发e-CMP模块化平台、与雷诺日产联盟联合开发EV和PHEV,有序推进e-Power国产化项目。东风日产、东风本田等业务单元顶住市场下滑压力,实现逆势增长。合资乘用车销量对东风公司整体贡献度提升4个百分点。海外出口7.4万辆,行业排名第五名,为历史最好水平。积极对接国家重大项目,参与"一带一路"建设,业务实现新开拓。参加首届中国国际进口博览会。

【重大创新】

1. 技术创新。大力推进基础技术、前瞻技术研究,紧紧围绕产业"五化"发展趋势,加强技术攻关和成果应用。掌握高强度铝合金锻造成型等近20项轻量化关键技术。新能源"三电"技术水平提升,电池寿命提升1倍。自动驾驶技术迭代开发2代,无人驾驶乘用车和商用车开发分别达到L3和L4级,将于2020年投放有条件自动驾驶汽车,无人驾驶Minibus开发完成。WindLink系统迭代开发3代,客户体验行业领先。共享汽车按照"开发四类产品、打造两大平台、实施九项生态项目"的目标,努力成为国内领先的出行服务提供商。投入亿元构建东风众创平台，孵化大众创意项目。东风公司科技进步奖特等奖奖励额度提升到100万元。加强协同创新，积极开展跨界技术合作；与一汽、长安开展T3合作，在科技、制造、出行服务等方面取得阶段性成果。

2. 管理创新。坚持详对标、补短板，持续开展管理提升；加强管理诊断、管理改善，提升体系能力。坚持用信息化为管理赋能，重点建设集团管理运营控制系统（MOCS）、营销信息系统等，助推全价值链数字化转型。积极建设法治央企，加强依法治企法律制度建设，营造法治文化氛围。健全和完善董事会运行机制、议事和决策制度，保障董事会高效、规范运行。完善"一个平台，两个循环"（合规管理平台，体系建设循环与合规评价循环）合规管理体系，二级单位合规管理评价全面开展。

【党建工作】 主体责任制度化落实。强化党建与经营深度融合，党建事业计划管理体系不断完善。强化"三基"建设，基层党组织战斗堡垒作用和党员先进性进一步彰显。持续加强干部队伍建设，选配优秀年轻干部在二、三级单位领导班子挂实职，实现"70后""80后"进班子全覆盖，更多优秀年轻干部走上领导岗位。巩固落实中央八项规定和实施细则精神，"四风"显性问题基本消除。加强源头防治腐败，"不敢腐、不能腐、不想腐"的体制机制加快构建。坚持党对统战群团工作的领导，扎实推进"三共一创"，各方面智慧与力量广泛凝聚。

【履行社会责任】 加强全面风险管理，有效预防和规避风险。持续推进审计署、监事会发现问题整改落实。完成金融业务风险自查及整改。打好精准脱贫战，推进援藏、援疆、援桂、润楚等五省区九市县扶贫工作。东风公司获评国务院扶贫办企业扶贫优秀案例奖。落实打赢蓝天保卫战三年行动计划，积极打造绿色价值链。与2015年相比，万元产值综合能耗下降20.2%，化学需氧量、二氧化硫分别减排16.5%和78.7%，超额完成国务院国资委考核目标。扎实推进安全生产，全年安全生产事故比上年下降39%，未发生死亡事故。

【其他情况】 突出效益和价值导向，员工收入增长与人均劳动产出提升相匹配，2018年全员人均工资比上年增长7.4%，不同企业根据效益情况表现不同。员工满意度比上年增加2个百分点。

积极推进"十百千人才工程"。深挖合作伙伴资源，积极拓展国际化人才培养渠道。2018年，派遣39人海外挂职，累计储备120多名国际化人才。高质量开展海外引才，新引进海外人才10人。

持续推进"健康东风"等工程，加强困难员工精准帮扶，推进员工心理援助项目试点，"女职工特病险"、离退休职工关爱等深入实施。

（撰稿人：王 英）

中国一重集团有限公司

【基本概况】 中国一重集团有限公司（以下简称"中国一重"）前身为第一重型机器厂，是"一五"期间建设156项重点工程项目之一，始建于1954年，是中央管理的涉及国家安全和国民经济命脉的国有重要骨干企业之一，是国家创新型试点企业、国家高新技术企业，拥有国家级企业技术中心、重型技术装备国家工程研究中心、国家能源重大装备材料研发中心。

2018年，中国一重深入学习贯彻习近平新时代中国特色社会主义思想和党的十九大精神，认真贯彻落实公司党委、董事会各项决策部署，持续改革创新、敢于担当作为，延续良好发展态势。特别是习近平总书记赴中国一重视察工作以来，全体党员干部职工认真学习贯彻习近平总书记视察东北三省重要讲话及视察中国一重重要指示精神，狠抓生产经营，强化自主创新，持续对标达标，提高管理水平，各项工作呈现稳中有进良好发展态势。

2018年，中国一重加快推动传统产品优化升级，在做好装备制造板块的同时，大力发展新能源、节能环保、新材料、农业机械等新业务板块，努力形成优势突出、结构合理、创新驱动、开放协同的发展新格局，努力把中国一重构建成为多元发展、多业并举、多极支撑的高质量发展企业集团。

【主要指标】 2018年，中国一重实现营业收入

139.32亿元,比上年增长73.85%;利润总额3.08亿元。主要经济指标均比上年大幅增长,营业收入等多项指标创历史最好水平。

2018年中国一重集团有限公司主要经济指标

项目	2017年	2018年	比上年增长(%)
资产总额(亿元)	357.41	446.51	24.93
所有者权益(亿元)	134.13	184.61	37.64
营业收入(亿元)	80.14	139.32	73.85
利润总额(亿元)	1.08	3.08	185.19
净利润(亿元)	0.72	1.91	165.28
归属于母公司所有者的净利润(亿元)	0.50	1.64	228.00
技术开发投入(亿元)	3.48	3.95	13.51
利税总额(亿元)	7.75	7.62	-1.68
应交税金总额(亿元)	7.31	5.20	-28.86
全员劳动生产率(万元/人·年)	26.11	27.23	4.29
净资产收益率(%)	0.54	1.20	增加0.66个百分点
总资产报酬率(%)	2.17	2.10	减少0.07个百分点
国有资本保值增值率(%)	100.66	101.37	增加0.71个百分点

【改革发展】 2018年,中国一重被列入驻东北地区中央企业综合改革试点单位。深化企业内部改革60条具体措施按节点全部完成。三项制度改革方面,全员签订"两个合同",搭建"五个通道"晋升体系,深化薪酬分配"五个倾斜"原则,在二、三级单位推行经理层三年任期制。科技创新体系改革方面,初步形成"企业为主体、市场为导向、产学研相结合"的开放式科技创新体系,建立科研项目责任制、项目负责人竞聘等机制。混合所有制改革方面,按照国务院国资委要求制定混合所有制改革总体方案,所属子公司大连工程技术有限公司、大连核电石化公司被列为"双百企业"试点企业,齐齐哈尔精铸良项目等稳步推进,常州华冶在新三板上市。"瘦身健体"提质增效方面,按照国务院国资委要求完成全部特困企业和"僵尸企业"处置工作;有效开展印度尼西亚镍铁项目等风险管控工作,成功实现项目再造;完成全部82户厂办大集体企业12408名集体职工安置工作。

【重大项目】 2018年,中国一重的生产系统坚持以生产作业指导书及沙盘推演为抓手,加快各环节协调联动,做好生产任务平衡,着力解决生产瓶颈问题,合同履约率97%。其中,世界最大2400吨沸腾床锻焊加氢反应器、红沿河5号机组首台(套)百万千瓦级核电蒸汽发生器、"华龙一号"英国项目参考电站防城港二期首台反应堆压力容器等一系列重大产品顺利完工交付,标志着中国一重生产制造能力进一步提升。完成高端大型铸锻件制造技术升级改造等8个项目环评工作。

【重大创新】 2018年,中国一重不断强化科技创新管理工作,重新编制"十三五"三年科技滚动规划,进一步完善新产品开发管理制度等,确保国家课题"CAP1400反应堆压力容器研制"等8个项目验收工作顺利完成,成功申报"2018年工业强基工程""高强耐磨钢陶瓷增强立磨辊套研制"等3项课题。通过持续深化改革创新,建立以"225""255""1+10""双五""双达标"等为支撑的市场化体系,加快推进科研新产品开发工作,实现首支国产调相机转轴试制成功,全球首台"华龙一号"主管道项目首次实现不锈钢主管道热加工全流程制造工艺突破;实现新型3800mm中厚板及高性能5%Cr新材料支承辊的成功研制与应用。

2018年,中国一重有1项重大科技成果获得2018年度国家科学技术进步奖特等奖,"冷轧硅钢边降及同板差控制技术及工程应用""常规岛低压转子加工的产业化研究"获得中国机械工业科学技术奖二等奖,全年取得专利授权32件,其中发明专利授权11件。组织完成3项国家核电标准制(修)订工作。通过扎实开展"双创"工作,中国一重47个劳模创新工作室完成全部立项创新课题212项,直接、间接创效近7000万元。

【市场拓展】 中国一重在二级单位成立市场调研部,持续加大调研力度,强力开拓市场。国内市场方面,先后签订世界最大 3000 吨级浆态床锻焊加氢反应器、国内首台海南昌江小堆、国内首台重型 H 型钢轧机等具有战略意义的制造合同。开发神木富油等新用户,中国工程物理研究院真空靶室球壳体组件加工及安装等新项目,中新能化内蒙古大唐国际克什克腾煤制天然气项目维修等新业务。国际市场方面,通过积极参与"一带一路"建设和中国国际进口博览会,全年出口产品新增订货 16.4 亿元,比上年翻了两番多。签订墨西哥热连轧项目,中标中远巴西石油 3 号压缩机组压力容器等,顺利进入美孚石油供方名录,并成功中标新加坡项目全部 17 台加氢容器。

【新业务板块】 装备制造板块。军工数字化车间、大连前盐石化制造基地投入使用并不断完善。成立铸铁轧辊厂,单日最高浇注产量突破 4 支。大型铸锻件洁净钢平台建设部分项目动工。建立完善军民融合发展工作体系和内外联系机制,举办中国一重军民融合发展高峰论坛,制定《中国一重推动军民融合深度发展实施方案》。

新能源板块。完成冷链车生产准入公告,与广东省供销合作联社合作开展冷链物流业务,首批"国宝泰来"冷运鲜米发往广州,并陆续布置运营散装鲜米机。成立伊春燃气分公司,与当地政府签订天然气特许经营协议,与双鸭山建龙、吉林乾源等签订保供协议。与铁龙公司合作开展建龙北满特钢等原材料运输业务。

环保板块。与光华公司就活性炭催化剂项目达成合作意向,获得承德本特公司秸秆打捆直燃锅炉省内独家经销权,核电站中低放废液絮凝吸附技术及装置通过技术鉴定,与台山核电站签订超级压缩机等设备改造合同,齐齐哈尔垃圾焚烧发电项目开工建设。

新材料板块。攻克关键制造技术难题,完成 7 吨级镍基合金锻件工艺研究、百吨级弯刀成品件成形方案设计及相关数值模拟工作,与中航东安发动机厂成功签订直升机旋翼轴试制协议,申报 2018 年度齐齐哈尔市金属新材料产业重大研发项目。

农机板块。上线运行农机综合服务平台,开发完成网络销售平台、农机设备租赁平台,顺利实施双城 400 平方千米秸秆收储运用全流程处理项目。与意大利中兴马斯卡等签署战略合作及相关代理销售协议。积极与黑龙江北大荒农垦集团合作开展农机销售、租赁和无人机植保服务等。

其他板块。国际资源项目实现营业收入 11.05 亿元,尤其在电解铜、镍铁业务方面建立长期合作模式,实现收益突破,为参与"一带一路"国际贸易奠定基础。融资租赁项目实现集团上游供应链业务及内部子公司的试点投放。设立资金结算中心,推进资金管理系统建设,有效实现公司资金流管理和风险控制。

【党建工作】 2018 年,中国一重党委坚持在学懂弄通做实习近平新时代中国特色社会主义思想上下功夫,开办领导干部学习党的十九大精神集中轮训班,成立 15 个习近平新时代中国特色社会主义思想实践课题组。召开中国一重集团有限公司第十三次党代会和十三届二次全会,确立 8 个方面行动目标和 42 项重点任务,对贯彻落实工作进行全面部署安排,扎实推进习近平总书记重要指示精神落实落地。认真贯彻"23451"党建工作总体思路,持续推进"双五体系",探索推行生产现场支委会、炉台机床"微党课"等"三会一课"新模式,开展教育培训 400 余次。加强党建预算保障体系建设,拓展"四创"工程等品牌活动,围绕生产经营瓶颈问题,组织支部立项创新课题 310 项,推动党建工作与生产经营深度融合。狠抓作风建设,坚决纠正"四风",制定《巡视巡察工作规划(2018—2022 年)》,先后对 8 家直属党组织开展巡视巡察。深入推进思想政治工作,认真落实意识形态责任制。

【信息化建设】 2018 年,中国一重加强网络和信息安全管理,重点推进营销信息化建设、供应链信息化建设和产品研发设计系统整合,持续优化生产专业化、财务信息化、军工数字化等信息系统,为企业精益管理提供信息化支撑。完成数据标准化管理平台建设,有效推进公司财务信息化建设、军工事业部信息化车间建设,并积极探索在所属轧电制造厂、核电制造厂机床联网应用。建立以实现公司资源共享与增值利用为目标的信息化数据库,充分利用 CRM 售前管理信息化系统,提高项目信息调研水平。

【履行社会责任】 2018 年,中国一重坚决执行党中央关于脱贫攻坚工作部署,扎实做好扶贫攻坚工作,强化产业扶贫,与定点扶贫安徽泗县签订战略合作协议,投资新建东风水厂、温室大棚等帮扶项目,助力安徽泗县脱贫摘帽。积极与齐齐哈尔地区配套企业建立长期合作关系,与20多家加工企业签署战略合作协议,充分发挥地方配套产业互补优势。积极推动"一重产业园"建设,参与组建我国首家核能供暖产业联盟及齐齐哈尔重型高端装备产业联盟。

【其他情况】 群团建设。通过扎实推进"百万一重杯"劳动竞赛,高质量完成531个项目,累计节约加工周期1166天。生产技术运动会被列入国务院国资委备案中央企业职工职业技能竞赛,20多名选手被授予"中央企业技术能手"等称号。成立9个青年创新团队,立项青年创新课题73项,参加首届黑龙江省青年职工创新大赛,2项创新课题获奖。全年评选表彰公司"大工匠"10人、劳动模范10人、公司五一劳动奖章获得者30人。中国一重重型装备事业部轧电制造厂第二团支部获得共青团中央授予的"全国五四红旗团支部"荣誉称号。

企业文化建设。2018年,中国一重充分发挥新闻宣传主阵地作用,累计在中央电视台、《人民日报》等主流媒体发表有影响力外宣稿件55篇,提升企业品牌形象。企业组织内部职工成功举办"历史的回响"庆祝改革开放40周年成就展,弘扬正能量,传承奋斗精神。获得第七届黑龙江省"十佳和谐企业"称号,《中国一重报》获得黑龙江省"十佳"企业报称号。顺利编撰《中国一重志(1978—2018)》。

惠民工程建设。2018年,中国一重党委坚决践行以人民为中心的发展思想,为全体职工办理补充医疗保险,完成大学生公寓、退休职工活动中心等改造工程,建成中国一重展览馆理想信念和红色教育基地,利用"三大场馆"开展丰富多彩的文化体育活动。

(撰稿人:徐新宇)

中国机械工业集团有限公司

【基本概况】 2018年,中国机械工业集团有限公司(以下简称"国机集团")认真落实党中央、国务院决策部署及国务院国资委工作要求,奋力拼搏,攻坚克难,各项工作扎实推进,保持生产经营的平稳运行,蝉联中国机械工业百强首位,位居世界500强企业第250位,比上年跃升6位。

【主要指标】 2018年,国机集团实现营业收入3004.7亿元,比上年增长4.3%;利润总额101.9亿元,比上年下降8.9%,在消化部分历史包袱和支付相关改革成本后继续保持利润过百亿元;实现经济增加值17.5亿元,比上年下降51.5%。

2018年中国机械工业集团有限公司主要经济指标

项　　目	2017年	2018年	比上年增长(%)
资产总额(亿元)	3815.7	3944.4	3.4
所有者权益(亿元)	1225.9	1285.7	4.9
营业总收入(亿元)	2881.7	3004.7	4.3
利润总额(亿元)	112.1	101.9	−8.9
净利润(亿元)	81.4	67.3	−17.3
归属母公司所有者的净利润(亿元)	31.9	32.3	1.3
科技支出投入(亿元)	62.0	66.6	7.4
利税总额(亿元)	242.7	223.6	−7.8
应交税金总额(亿元)	121.4	135.0	11.2
全员劳动生产率(亿元/人·年)	23.6	26.9	13.9
净资产收益率(%)	4.7	5.4	增加0.7个百分点
总资产报酬率(%)	4.1	3.8	减少0.3个百分点
国有资本保值增值率(%)	103.1	103.2	增加0.1个百分点
经济增加值(亿元)	36.1	17.5	−51.5

【改革发展】

1. 扎实推进剥离企业办社会职能和解决历史遗留问题改革工作。一是"三供一业"分离移交工作方面。截至2018年底,供水、供电、供热、供气及物业管理项目基本完成协议签订。累计争取国有资本金7.12亿元,全部拨付企业;集团配套资金6.1亿元,累计拨付2.01亿元,"三供一业"分离移交工作完成户数占总户数的75%。二是企业办市政社区职能和消防机构改革方面。截至2018年底,国机集团下属企业全部完成社区、市政和消防移交工作。

2. 稳步开展混合所有制改革工作。2018年,国机集团开展混合所有制改革项目约20项,引入非公资本资金14亿元。先后启动中设集团重组浙江水电院、兰电所引入战略投资者、中设集团所属中成套和中农投公司等部分企业开展混合所有制改革等项目。推荐中工国际、中国联合2家企业,向国家发展改革委申报作为国有企业混合所有制改革第四批试点企业。

3. 深化员工持股改革试点工作。按国务院国资委部署,做好第一批员工持股改革阶段性总结及经验交流。哈尔滨电站设备成套设计研究所有限公司作为黑龙江省地方员工持股改革试点企业,完成改革实施方案制定、审计评估、进场挂牌、战略投资者遴选及引入、员工持股平台搭建等一系列工作,于2018年12月26日完成工商变更登记。

【重大项目】

1. 完成多项国家、省市及集团重点项目。2018年,国机集团执行的国家重点项目197项,累计总投入20.75亿元,其中国家专项资金7.56亿元。省市项目150项,总投入71.10亿元,其中财政资金6.89亿元。国机集团科技发展基金项目21项,总投入1.92亿元。国机集团技术开发专项经费项目39项,总投入18.01亿元。中国二重长线产品项目19项,总投入6.72亿元,其中国家专项资金3.82亿元。

2. 内外部重组顺利实施。一是外部重组。稳步推进与恒天集团的融合工作,积极推进多家中央企业及优质地方企业的重组工作,配合国务院国资委开展重组整合专项督查工作。二是内部重组。推进实施中设集团对天津电气院的重组托管、国机汽车与中汽工程的资产重组、中工国际与中国中元的资产重组、中国能源与蓝科高新的重组等。

3. 推进企业结构调整工作。国机重装上市工作有序推进;中国农机院下属中机试验在新三板挂牌,重组国机资产所属江苏华隆兴;中机国际开展后续业务资源整合工作;中国建设下属中机钢构启动股份制改制。

4. 落实重大技术装备财税补贴政策。一是继续用好国家重大技术装备进口税收政策,组织中国一拖、国机重工和现代农装等单位做好编制政策落实情况的梳理,提出2018年的免税需求,获得2.15亿元免税额度。二是落实首套重大技术装备保险补贴政策。积极争取落实BPY74265宽幅人造板连续压机成型压制系统、58in(1in=0.0254m)大型热磨制浆系统、山东瑞丰1420mm酸轧项目、湖北淮川EXY168MN热模锻压力机生产线、福清6号机组管道和波动管、压水堆示范工程1号机组反应堆主冷却剂管道和波动管等7套装备的保费补贴,获得补贴1893万元。

【走向海外】 截至2018年底,国机集团下属23家企业设立驻外机构335家,涉及92个国家和2个地区;启动集团首个海外区域中心授权经营试点工作。国机集团完成境外投资12.8亿元,涉及项目38个,占投资总额的5.45%。

由国机集团开发、联合招商局集团共同运营的中白工业园入园企业42家,协议投资总额近11亿美元。其中23家企业动工建设,14家企业投产运营。

国机集团在手执行工程成套及设计咨询项目合同总金额605.1亿美元,其中境外项目合同总金额432.5亿美元,公司工程项目收入中来自海外业务的占比71.5%。在"一带一路"沿线48个国家开展业务。

【重大创新】

1. 科技创新成果情况。2018年,国机集团获得省部级和全国行业性以上各类优秀成果奖370项,其中,科学技术奖118项(含国家科技进步二等奖1项)、勘察设计咨询奖159项。申请专利2233件,其中发明专利900件;授权专利1798件,其中发明专利458件。登记软件著作权241项。主持或参加标准制(修)订328项,其中,国际标准15项、国家标准106项。

2. 科研与服务平台情况。2018年，国机集团申请省部级以上科研与服务平台27家，其中国家级平台3家。国家级科技创新平台建设有新突破，中国汽车工业工程有限公司国家企业技术中心、桂林电器科学研究院有限公司国家企业技术中心、合肥通用院国家创新人才培养示范基地和中国电器院国家技术标准创新基地4个平台获批。

截至2018年底，国机集团拥有国家工程技术研究中心7家、国家工程研究中心4家、企业国家重点试验室6家、国家工程实验室6家、国家企业技术中心16家、国家级技术创新联盟7家、国际合作基地5家、博士后工作站20家、国家生产力促进中心6家、国家级质检中心24家、全国标准化委员会61家（其中分会15家）。国家级科研及服务平台数量超过160家。

获批牵头筹建国家重大技术装备创新研究院，智能工厂技术协同创新联盟牵头完成《智能工厂规划与技术标准》，新材料产业技术协同创新联盟成立并运行。

【党建工作】 国机集团党委始终把党的政治建设摆在首位，严守党的政治纪律和政治规矩，坚持党的领导不动摇，增强"四个意识"、坚定"四个自信"、坚决做到"两个维护"，落实全面从严治党要求，充分发挥好把方向、管大局、保落实的领导作用。

1. 持续加强党的政治建设。一是大力加强政治学习，不断强化政治责任，提高政治站位，提升政治能力。二是贯彻落实中央重大决策部署，着力推动创新驱动发展，积极推进国企改革"双百行动"，把精准扶贫作为重要政治任务，直接投入帮扶资金3437万元用于投建扶贫车间、捐建"爱心教室"、培训基层教师等74个重点扶贫项目。三是完善重大事项决策程序，发挥党委把方向、管大局、保落实作用。四是推进二级企业党委书记、董事长由一人担任。五是落实基层企业党建进章程工作，国机集团二级企业全部完成、三级企业90%以上完成党建工作总体要求写入公司章程的工作。

2. 深入学习贯彻习近平新时代中国特色社会主义思想和党的十九大精神。一是领导班子作表率，在个人自学的基础上带头开展集体学习和专题研讨，深入基层企业讲专题党课。二是切实做到"五个全覆盖"，实现集中宣讲全覆盖、学习研讨全覆盖、干部授课全覆盖、学习培训全覆盖和学习宣传贯彻活动全覆盖。三是引领企业改革发展，修订《国机集团2018—2020年发展规划》以及装备制造业务、贸易服务业务、工程承包业务和科研院所板块发展规划。

3. 压实各级企业党建责任。注重统筹谋划党建工作、建立健全制度体系、发挥集团领导班子示范作用、用好考核评价"指挥棒"等多项工作，出台《国机集团党委关于全面落实管党治党主体责任和监督责任促进企业治理效能进一步提升的实施意见》，推进党建和业务有机融合。

4. 夯实基层党组织党建基础。一是严格党组织管理，制定印发《关于在企业改革中进一步坚持和落实党的建设"四同步""四对接"要求的意见》，修订《国机集团全资及控股企业党组织换届选举工作实施办法》。二是加强境外党组织建设，重点推动境外强基工程。三是拓宽党员学习教育渠道，督促党员干部积极参与"国机大讲堂""丹棱课堂"学习，开通"国机党建"微信公众号并设立"先锋课堂"栏目，举办下属企业党委书记培训班、党委工作部长和基层党组织书记示范培训班。四是搭建党建信息平台，将党员信息管理、组织机构管理、"三会一课"在内的14项内容纳入在线管理和监督。五是建立经常性督查指导机制，探索对基层党组织工作经常性督查制度和基层联系点制度。六是广泛开展走访慰问活动，健全党内关怀帮扶机制，2018年走访慰问在北京企业222名老党员、困难党员，发放慰问金48万元。

【信息化建设】

1. 持续加强信息系统建设和应用。一是持续推进信息集成管理平台建设。建成海外工程项目风险管理数据库、境外项目信息管理系统、境外机构管理模块和国机集团科学技术奖评审管理系统。二是持续优化内网门户系统应用。开通党委书记信箱、董事长信箱和总经理信箱，打造国机集团"大门户"，进一步深化协同办公平台在国机集团各企业的推广，积极推进移动APP应用。三是持续推进网站群项目建设。建成15个站点,国机集团网站群在运行网站189个。截至2018年底,网站群项目建设整体投入356.1万元,节约总体建设成本700余万元。

2. 扎实推进信息化基础管理。一是健全网信工作体系,制定和实施国机集团党委网络安全工作责任制。二是夯实信息化基础设施,优化国机集团总部到二级企业的网络系统,实现网络向三级以下企业的延伸和覆盖,继续推进基于云计算、大数据的数据中心建设。三是规范信息化项目管理,强化软件项目立项、执行和验收管理。四是组织2018年办公软件、操作系统等软件的集中采购,推进软件正版化工作。

3. 不断强化网络与信息安全保障。一是完成国机集团总部8个系统的定级备案工作。二是完善网络安全工作机制,2018年做到零重大网络安全事件。三是加强网络安全培训,参加公安部、国务院国资委网络安全技能大赛2次,取得较好成绩;获得2018年国家网络安全和信息通报中心"先进单位""先进个人"称号。

4. 开展信息化专项建设。一是国机集团门户网站按期开通对IPv6访问的支持,通过国务院国资委组织的IPv6支持度评测验证。二是启动企业大额资金动态监测平台和"三重一大"信息系统的建设,按时完成系统对接和数据上报工作。

【履行社会责任】 一是编制并发布社会责任报告中英文版。2018年8月,对外发布第八份国机集团社会责任报告,获得"金蜜蜂2018优秀企业社会责任报告·长青奖一星级奖"。报告在内容编制、设计版式等多个方面求新求变,全面系统地展示2017年集团在经济、社会和环境方面的履责理念、实践和绩效。

二是加强履责绩效宣传。获得"2018对外承包工程企业社会责任绩效评价"活动"领先型企业"称号;申报的"坚持教育为根、打造国机教育帮扶模式"案例入选"实现可持续发展目标2018年企业最佳实践"奖。参加2018年实现可持续发展目标中国企业峰会,围绕"五个国机"理念,展现集团履行社会责任、为可持续发展助力的品牌形象。

(撰稿人:刘　为)

哈尔滨电气集团有限公司

【基本概况】 2018年,哈尔滨电气集团有限公司(以下简称"哈电集团")坚持以习近平新时代中国特色社会主义思想武装头脑、指导实践、开展工作。2018年9月,哈电集团召开第一次党代会,提出"建设具有全球竞争力的世界一流装备制造企业"的发展目标,确定"12348"发展战略,启动实施"五大工程"和8项重点任务,明确实现高质量发展的目标、战略和路径,各项工作取得较好成绩,总体发展保持平稳。

2018年是哈电集团"亮剑严冬"、转型发展的一年,也是谋篇布局、改革创新的一年。面对严峻形势,在党中央和国务院的坚强领导下,全体干部职工团结一致,攻坚克难,以高质量发展为中心,以解放思想为突破口,以应对1000万千瓦挑战为抓手,全力推进创新、运营、转型、改革、补短板等重点任务,较好地完成国务院国资委考核指标,集团整体发展保持平稳。全年实现营业收入289亿元,利润总额2.7亿元,正式合同签约额360.4亿元,发电设备产量1418.8万千瓦。

哈电集团各项工作扎实开展。一是市场开发努力推进。煤电产业正式合同签约额73.2亿元;汽轮机、汽轮发电机市场占有率45%,锅炉市场占有率28%;水电产业正式合同签约额31.9亿元,抽水蓄能扭转被动局面;核电产业正式合同签约额4.3亿元,签订海南昌江3号、4号汽轮发电机组,取得华龙一号"出生证";国际市场正式合同签约额143.5亿元,比上年增长377.6%。二是产品质量稳中有升。持续"火烧"质量,完成年度质量控制目标,全年无重大质量事故,无重大客户投诉,质量损失率比上年下降26.8%,常见病多发病比上年下降50%。实施质量提升计划,完成集团级质量改进10项、精益六西格玛质量改进(集团级工艺整顿)20项。加强质检和采购队伍培训和考核,培训168期3700人次。三是推进目标成本管理,加大设计、工艺、采购降本力度。利润实现稳定增长,创利能力全面提升,超额完成年度利润指标。

【主要指标】

2018年哈尔滨电气集团有限公司主要经济指标

项 目	2017年	2018年	比上年增长（%）
资产总额（亿元）	695.2	644.84	-7.24
所有者权益（亿元）	213.8	218.83	2.35
营业收入（亿元）	339.6	289.00	-14.90
利润总额（亿元）	2.3	2.71	17.83
净利润（亿元）	2.1	2.54	20.95
归属于母公司所有者的净利润（亿元）	0.1	0.36	260.00
技术开发投入（亿元）	14.3	12.59	-11.96
利税总额（亿元）	13.0	17.66	35.85
应交税金总额（亿元）	12.9	16.29	26.28
全员劳动生产率（万元/人·年）	23.7	28.30	19.41
净资产收益率（%）	1.0	1.17	增加0.17个百分点
总资产报酬率（%）	0.6	0.52	减少0.08个百分点
国有资本保值增值率（%）	100.2	101.50	增加1.3个百分点

【改革发展】 2018年，哈电集团全力将改革引向深入，做好改革顶层设计。为适应改革发展需要，制定《2018年哈电集团深化改革工作方案》，包括18个方面67个行动项。

一是积极推进三项制度改革。在干部人事方面制定《哈电集团党委关于进一步激励广大干部新时代新担当新作为的实施意见》，营造干事创业的良好环境；加大公开招聘选拔力度，集团公开招聘19名干部，占提拔任用总数的45.2%；推进干部队伍年轻化，修订《关于加强和改进优秀年轻领导人员培养选拔工作的实施意见》，所属企业年轻干部比例逐步提高。深化劳动用工，落实《哈电集团富余人员分流安置指导意见》，用工总量减少3371人。推进薪酬分配工作，坚持业绩导向，充分发挥薪酬激励作用，增加对企业减员"瘦身"、科技创新、市场开发等工作的专项薪酬支持，促进转型发展。

二是加快推进混合所有制改革。制定《阀门公司混合所有制改革总体工作方案》；推进成都三利亚股权转让，实施实业公司系统改革，制定《哈电集团实业公司系统改革总体方案》，开展机构整合调整，推进机构、人员、办公地点"三集中"；用工总量从437人降至220人；完成医疗机构改革；完成消防队改革。

三是推进"处僵治困"。动装公司、哈锅实业顺利完成国务院国资委"处僵治困"任务；哈汽实业进入关闭清算程序。完成国务院国资委"压减"任务，减少19户法人企业，管理层级控制在四级以内。全面完成大集体改革工作。

【重大项目】 一是继续加大投资运作工作力度，加快投资工作的整体进程。集团所属投资管理公司功能逐渐完善，机构优化，各项投资业务有序开展。实现投资业务突破，中铝山西新材料环保岛BOT项目注入资本金5000万元；双城风电项目注入资本金600万元。围绕生物质利用、垃圾发电等新能源产业开发，与黑龙江省有关地市签订战略合作协议，加强投资项目开发，成立大庆、黑河、佳木斯办事处。加强资本市场运作，全面实施H股私有化计划；完成定向增发，解决国拨资金转增股本问题；启动小股权收购工作。

二是市场开发取得较好成果。煤电产业正式合同签约额73.2亿元。汽轮机、汽轮发电机市场占有率45%，锅炉市场占有率28%；中标国电双维上海庙百万超超临界汽轮机、汽轮发电机设备。中小机组中标10.2亿元。水电产业正式合同签约额31.9亿元。抽水蓄能扭转被动局面，签订广东阳江3台40万千瓦项目和江苏句容6台22.5万千瓦项目，中标率25%。核电产业正式合同签约额4.3亿元。签订海南昌江3号、4号汽轮发电机组，取得华龙一号"出生证"，中标率50%；签订海南昌江3号、4号反应堆冷却剂泵合同。气电产业中标华电章丘2台40万千瓦级天然气热电联产项目机岛设备，中标率14%。电站服务产业正式合同签约额31.8亿元。军工产业实现订货9.8亿元，比上年增长53.8%。国际市场正式合同签约额

143.5亿元，比上年增长377.6%。签订巴基斯坦贾姆肖罗66万千瓦超超临界燃煤电站总承包及5年运维合同、印度尼西亚坦竣2台66万千瓦超超临界燃煤电站总承包合同。

三是装备制造转型升级成果涌现。国家重大科技专项、全球首台球床模块式高温气冷堆蒸汽发生器在哈电集团（秦皇岛）重型装备有限公司顺利通过验收；哈电集团设计制造的世界单机容量最大的白鹤滩1000兆瓦水电机组首台导水机构顺利通过验收并于同年实现机组座环成功吊装；自主研制的300兆乏全空冷调相机——酒泉1号、2号，锡林郭勒盟1号、2号机组陆续投入商业运行。

【走向海外】 2018年，哈电国际继续积极践行"一带一路"倡议，在国际市场上屡获佳绩。哈尔滨电气国际工程有限责任公司在2018年ENR"全球最大250家国际承包商"榜单中排名第65位，在上榜中国企业中排名第14位。

海外项目市场喜人。全集团实现正式合同签约额143.5亿元，比上年增长377.6%。其中，国际总承包项目128.7亿元、煤电机组出口7.4亿元、国际电站服务6.5亿元。国际总承包签订巴基斯坦贾姆肖罗66万千瓦超超临界燃煤电站总承包及5年运维合同、印度尼西亚坦竣2台66万千瓦超超临界燃煤电站总承包合同。乌兹别克斯坦安格连项目作为中乌两国产能合作的典范工程，受到乌方媒体的广泛赞誉；额尔登特项目获得蒙古国国家优质项目奖。公司承建的迪拜哈斯彦清洁燃煤电站海外绿色建设形象案例被评为2018年国企海外形象建设优秀案例；哈电集团进入2018年全球新能源企业500强。

国际合作持续深入。2018年，哈电集团先后与奥地利安德里茨集团、GE可再生能源集团、国际能源署总部、墨西哥国家电力公司第六分公司、日本三菱日立电力系统株式会社等探讨交流，参加"一带一路"能源部长会议、中越企业家圆桌会议等，共同研究、共同致力于国际能源产业发展。

【重大创新】 2018年，哈电集团继续加大创新驱动力度，多措并举，进一步加快科技创新与模式创新的步伐。全年申请专利729件，获得专利授权461件，其中发明专利100件，获得科技奖励23项，省部级以上科技奖励17项。

加快科技创新。完善科研体系建设，动装公司建立主泵工程中心，阀门公司成立研发部，佳电股份筹建哈尔滨研发中心，汽轮机公司完成研发机构的整合重组。推进科技创新，汽轮机新百万技术取得重大突破，实现5个"一次成功"，机组热耗达到国内领先水平；全球首台球床模块式高温气冷堆蒸汽发生器和主氦风机研制成功；AP1000主泵电机研制成功；白鹤滩百万千瓦水电机组首台导水机构通过验收，达到世界一流精品工程标准。加强技术与市场对接，收集66项市场技术需求，关闭完结52项，完成生物质、低压缸零出力改造、余热发电等设备研发并实现订货。

加快模式创新。加快推进BOT模式，签订中铝山西新材料环保岛BOT项目和中铝山西新材料热电分厂锅炉超低排放改造BOT项目，合同额3.2亿元。加快推进中小机组成套供货，签订兖矿鲁能化工2.5万千瓦三大主机设备，签订巴基斯坦格兰奇15万千瓦三大主机设备。

汽轮机公司的"中国实验快堆"获得国防科学技术进步特等奖、"650MW等级核电汽轮机国产化研制"获得中国工业大奖表彰奖。锅炉公司的"1000MW等级超超临界二次再热塔式锅炉研制及应用项目"获得黑龙江省科技进步一等奖。为国产首艘航母提供的全部主动力装置，经受住海试检验，获得肯定。

【党建工作】 2018年，哈电集团深入学习贯彻习近平新时代中国特色社会主义思想，贯彻落实习近平总书记东北考察重要指示精神、全国国有企业改革座谈会精神和中央经济工作会议精神，紧紧围绕集团公司第一次党代会确定的宏伟蓝图，为集团发展提供坚强支撑。

成功召开哈电集团第一次党代会。全面落实党的十九大新部署新要求，服务国家战略，提出建设具有全球竞争力的世界一流装备制造企业的战略目标，确定"12348"发展战略，明确"五大工程"，为哈电集团实现高质量发展指明方向。

开展解放思想大讨论活动。深入学习贯彻习近平总书记东北考察重要指示精神，开展以"践行新思想、瞄准新目标、展现新作为、开启新征程"为主题的解放思想大讨论活动，征集干部职工意见建议1

万余条，聚焦制约集团改革发展亟待解决的13个重点问题，不断用解放思想的思路和举措推动企业高质量发展。

实施"提质增效党员先行"党建载体工程。明确思想先行、实践先行、创新先行、服务先行、自律先行的核心要求，围绕生产经营、技术质量、改革管理等工作，设立党组织和党员建功立项1400余项，落实合理化建议近600条，党的建设和生产经营工作进一步融合，党支部战斗堡垒作用和党员先锋模范作用有效发挥。

深入推进党风廉政建设和反腐败工作。严格落实管党治党责任，注重发挥职能监督作用，强化廉洁风险防控，扎牢扎密制度"笼子"，巩固深化中央巡视整改成果，高质量完成年度巡视巡察工作，推进全面从严治党向纵深发展。落实习近平总书记关于纠正"四风"、加强作风建设的重要批示，制定《哈电集团党委关于深入贯彻落实中央八项规定精神进一步加强作风建设的实施意见》《开展集中整治形式主义、官僚主义专项工作方案》。

【信息化建设】 2018年，哈电集团强弱项，补短板，大力加强信息化建设。推进ERP一期项目建设，强化系统顶层设计，制定ERP业务蓝图，大幅优化现有流程；供应商资质管理、组织人事、质量NCR系统上线试运行。办公自动化系统功能进一步完善。加强信息化人才队伍建设，集中培训80余个关键用户。推进智能制造、"互联网＋"及大数据应用，"工业大数据应用技术国家工程实验室"揭牌运营；远程运维诊断服务系统取得阶段性成果；电站服务平台上线试运行。

【履行社会责任】 2018年，哈电集团积极承担经济责任、政治责任和社会责任，建立健全扶贫保障体系，充分发挥国有企业的综合优势，动员、融合和凝聚社会各方面的资源和力量，共同为精准扶贫助力，为贫困群众造福。创新扶贫模式，提升"造血"能力，哈电集团投入扶贫资金1000万元，设立产业扶贫基金，开设文山特色产品直营店，支持云南省文山市产业、企业发展。

哈电集团积极贯彻国家绿色发展理念，严格执行国家环保政策，大力利用新能源和可再生能源拓展环保产业，把哈电集团打造成为创造价值、负有责任、社会尊重、绿色发展的中央企业，为建设资源节约型、环境友好型社会贡献力量。

哈电集团始终坚持竭诚回馈社会、大力支持公益事业，树立有责任、有担当的企业形象。广大干部职工支持和参与社会公益事业，在2018年3月集中组织开展无偿献血活动，1937名职工献血，献血量累计459400毫升，缓解哈尔滨市临床用血压力；积极响应哈尔滨市文明办"爱在冰城，温暖乡村"公益活动，为东北地区困难群众送去棉衣、羽绒服等物资。

（撰稿人：刘长瑞）

中国东方电气集团有限公司

【基本概况】 中国东方电气集团有限公司（以下简称"东方电气集团"）是中央确定的涉及国家安全和国民经济命脉的国有重要骨干企业之一，是全球最大的发电设备制造和电站工程总承包企业集团之一，发电设备产量累计超过5.4亿千瓦，连续15年发电设备产量位居世界前列。东方电气集团在重视传统能源高效清洁利用的同时，践行"创新、协调、绿色、开放、共享"发展理念，大力发展新能源和可再生能源产业，拥有水电、火电、核电、气电、风电、太阳能六电并举的研制能力，可批量研制1000兆瓦等级水轮发电机组、1350兆瓦等级超超临界火电机组、1000兆瓦～1750兆瓦等级核电机组、重型燃气轮机设备、直驱和双馈全系列风力发电机组、高效太阳能电站设备、大型环保及水处理设备、电力电子与控制系统、新能源电池及储能系统、智能装备等产品。东方电气大力拓展海外市场，积极参与"一带一路"建设，大型装备产品和服务出口到近70个国家和地区，创造中国发电设备出口历史上若干个第一，连续25年入选ENR全球250家最大国际工程承包商之列。

2018年，东方电气集团以习近平新时代中国特色社会主义思想为指导，进一步加强党的领导，加强党的建设，筑牢发展的根和魂；坚持目标导向，强化战略引领，保持发展定力；坚持问题导向，持续深化改革，破解发展难题;坚持紧盯市场,加快转型升级,赢得发展空间;坚持实事求是,崇尚真抓实干,取得发展实效。全年实现营业收入、利润总额、职工收入比上年增长,顺利完成年度经营目标,为"十三五"做强做优,实现高质量发展奠定良好基础。

【主要指标】 2018年,东方电气集团实现从2017年扭亏脱困到2018年创新发展,质量效益明显提升。全年累计实现净利润11.76亿元,比上年增长60.72%;利润总额12.62亿元,比上年增长89.46%;利税总额30.46亿元,比上年增长15.55%;国有资本保值增值率103.38%,比上年增加2.69个百分点。净资产收益率3.83%,比上年增加1.34个百分点。

2018年中国东方电气集团有限公司主要经济指标

项目	2017年	2018年	比上年增长(%)
资产总额(亿元)	973.41	956.31	−1.76
所有者权益(亿元)	299.45	315.65	5.41
营业收入(亿元)	353.29	323.25	−8.51
利润总额(亿元)	6.66	12.62	89.46
净利润(亿元)	7.32	11.76	60.72
归属于母公司所有者的净利润(亿元)	3.59	6.87	91.37
技术开发投入(亿元)	16.31	18.29	12.15
利税总额(亿元)	26.36	30.46	15.55
应交税金总额(亿元)	23.69	22.63	−4.47
全员劳动生产率(万元/人·年)	33.36	36.90	10.61
净资产收益率(%)	2.49	3.83	增加1.34个百分点
总资产报酬率(%)	0.98	1.50	增加0.52个百分点
国有资本保值增值率(%)	100.69	103.38	增加2.69个百分点

【改革发展】 2018年6月12日,东方电气集团"彩虹项目"圆满收官。项目完成后,东方电气集团上市公司总资产占比提高到92%以上,基本实现集团整体上市;集团公司持有上市公司股份比例由41%提高到56%,通过国有资本证券化实现混合所有制改革,国有资本的控制力、影响力进一步提升。

2018年,东方电气集团建立首席技术专家、青年科技拔尖人才、首席技师体制,形成更完备的专家管理体系;建立"1+6"职称管理制度,形成更合理的人才分类评价体系;健全专业职务(非领导职务)评聘制度,形成"师途""仕途"双通道晋升体系。人才三体系的建立,基本形成以岗位为核心、以业绩为依据,与职级、工资、荣誉奖励相配套的一系列制度体系,人才管理的针对性和有效性得到增强。

制定《关于进一步加强员工绩效管理的指导意见》,构建以"绩效管理有目标、目标执行有辅导、执行情况有考核、考核结果有反馈、反馈结果有运用"的绩效管理体系,推进员工绩效管理从单环节绩效考核向全流程绩效管理转变。

高效稳妥推进"处僵治困"工作。以精简、关闭、重组、移交、退出等方式,完成2户"僵尸企业"和6户特困企业处置和治理、5家历史遗留多年"壳企业"处置,为集团公司止住"出血点",实现东方电气集团的轻装上阵。

【重大项目】 2018年,东方电气集团固定资产方面,所属企业东方汽轮机50兆瓦燃机整机试验台建设项目完成。

1. 股权投资方面。向所属企业东方风电增资用于大功率陆上风电机组和海上风电机组的研发。参与华能国际A股非公开发行和国机重装定向发行,加强央企间产业上下游的合作。

2. 重大科技项目方面。东方电气集团为白鹤滩水电站研制的百万机组首台精品座环顺利吊入地下厂房机坑,标志着首台白鹤滩机组大件开始进入安装工作。

9月2日,东方电气集团签署全球最大的清洁煤电项目——埃及汉纳维6×1100兆瓦清洁煤燃烧项目总承包合同。

12月13日,东方电气集团提供的全球首台EPR三代核电机组、世界最大容量1750兆瓦发电机组在台山核电站成功投运。

【走向海外】 截至2018年底,东方电气集团境外投运和在建机组总容量超过8000万千瓦，市场区域从传统的东南亚、南亚、中东拓展到非洲、南美洲和欧洲等市场，业绩覆盖全球近70个国家和地区，项目涉及水电、火电、风电、太阳能、燃机成套设备出口、轨道交通、环保和工程承包领域。

东方电气集团与大批有先进国际化经营经验的企业合作"抱团出海"，有力推动了我国电力设备相关产品、技术、服务、标准集群式"走出去"，提高了国产装备的国际竞争力。通过东方电气集团项目窗口，中国制造的发电、输变电、机车车辆、控制保护、通信等设备走入国际市场，先进的设计理念和产品标准得到越来越多用户认可。中国的施工安装、工程管理、运营维护等制造服务业跟随项目实施走进沿线国家，实现能力提升。

【重大创新】 1月8日，东方电气集团"600兆瓦超临界循环流化床锅炉技术开发、研制与工程示范"项目获得国家科学技术进步奖一等奖。东方电气获得国内首张10兆瓦等级海上风力发电机组设计认证证书。东方电气集团"汽轮机系列化减震阻力叶片设计关键技术及应用"获得国家科学技术进步奖二等奖。1月16日，东方电气集团发布国内首个高效叠瓦组件产品。2月28日，装载东方电气集团自主研发的氢燃料电池动力系统城市客车正式投入商业运行。东方电气集团成立共享服务公司，打造集团共享服务平台完善集团共享服务体系；发布《母子公司决策管理事项主要权责划分暂行管理办法》，对21类83项决策事项进行纵向权责界面明晰，进一步提高管控效率，完善管控体系。东方电气集团发布《集团公司精益管理推进行动方案（2018—2020）》，明确精益管理推进纲领，加强精益管理加强顶层设计；开展东方电气集团精益管理"倡导者""引领者""推进者"培训；以生产制造为切入点启动所属企业东方电机、东方汽轮机、东方锅炉精益项目试点工作，迈出精益改善第一步。

【党建工作】 2018年，东方电气集团深入学习贯彻习近平新时代中国特色社会主义思想和党的十九大精神，增强"四个意识"，坚定"四个自信"，做到"两个维护"，认真落实新时代党的建设总要求，始终坚持党的领导、加强党的建设，始终坚持党要管党、全面从严治党，始终践行国有企业"六种力量"的责任担当，有效推进"党建质量提升年"专项行动，充分发挥党组"把方向、管大局、保落实"的领导作用，通过抓党建促改革发展，为集团公司2018年取得良好的经营业绩，进入爬坡过坎、登高望远的发展新时期提供坚强保障。

东方电气集团严肃查处收受供应商贿赂、大搞利益输送的违纪违法问题。加强对利益输送和违规违纪款的追缴，全年挽回直接经济损失687.51万元。以廉洁东方电气展馆、读书思廉教育读本为载体进行警示教育，召开全集团警示教育大会，集中通报违纪违法案和纪检组查处的十大典型案例，选树第四批16名廉洁自律典型，发挥先进典型引领作用。一体推进"三不腐"机制建设，全面从严治党取得较大成果。

【信息化建设】 2018年，东方电气集团编制发布《中国东方电气集团有限公司2018—2020年信息化建设规划》，完善生产经营协同平台、产品研发协同平台。建设集团党建云平台，建立国资监管系统"大额资金动态监测"平台和"三重一大"报送平台。积极推进数字化车间建设与智能制造；建立安全环保信息系统、物料仓储系统；所属企业东方汽轮机"叶片数字化车间"项目通过科技部验收；所属企业东方重机数字化集成制造系统PBM上线。推进产品智能化和服务网络化，电厂远程监测诊断平台实现万州电厂、榆横电厂、氢能公交车的数据接入展现。客户在线服务平台及网上商城系统上线。完善IT基础设施与信息安全平台，优化网络结构，实现网络数据通信降费20%与网速提升；实施IPv6改造，在央企中首批实现IPv6访问可达。

【履行社会责任】 东方电气集团长期致力于社会公益事业，结合自身特色广泛开展公益献血、扶贫捐款、社区服务、志愿者服务等活动，积极履行企业社会责任，用实际行动展现东方电气职工无私奉献、助人为乐的美好品质，并向社会传递正能量。东方电气集团始终将海外项目作为一个传递国家形象和品牌价值的有效载体，遵守当地法律，尊重宗教信仰，理解文化差异，保障女性权利，加强员工培训，增进外籍员工的归属感、荣誉感和忠诚度，通过对企业文化认同增进对我国国家形象的认同。

在扶贫攻坚方面，全年派出扶贫干部16人，完成扶贫项目44个，投入扶贫资金1111万元，购买贫困地区农产品721万元，帮助销售贫困地区农产品1193万元，培训基层干部34人，培训技术人员218人。定点扶贫县山西吉县完成脱贫攻坚任务，提前"摘帽"退出。重点联系帮扶的四川昭觉县特布洛村、壤塘县下大石沟村完成脱贫验收。在四川昭觉捐建10个"一村一幼"幼教点，首批幼教点建成投运。出台《狠抓"五位一体"脱贫攻坚机制，决胜"百千万亿"脱贫攻坚工程》，制定三年扶贫规划。国务院副总理胡春华在视察东方电气集团期间，对东方电气集团扶贫攻坚工作给予充分肯定。

（撰稿人：康　莉）

鞍钢集团有限公司

【基本概况】　鞍钢集团有限公司（以下简称"鞍钢集团"）是由钢铁、矿业、钒钛、金融贸易、工程技术、化工事业、综合实业、信息产业、物流能源和地产等多个产业组成的特大型钢铁企业集团，拥有热轧板、冷轧板、镀锌板、彩涂板、冷轧硅钢、重轨、无缝钢管、型材、建材、特钢（不锈钢）等完整的产品系列，世界领先的钒产业和中国最大的钛产业，广泛应用于铁路、建筑、汽车、机械、造船、家电、集装箱、石油石化、航空航天等数十个行业。2018年，鞍钢集团党委以习近平新时代中国特色社会主义思想为指导，全面贯彻党的十九大和十九届二中、三中全会精神，深入落实习近平总书记"三个推进"要求和在深入推进东北振兴座谈会上的重要讲话精神，紧紧依靠广大干部职工，推动全面开放，擦亮鞍钢品牌，建设高品质鞍钢，各项工作取得显著成效。

【主要指标】　2018年，鞍钢集团生产经营持续向好，盈利能力大幅提升。产能规模充分释放，铁精矿、生铁、钢和钢材产量分别为4049万吨、3476万吨、3736万吨和3491万吨，比上年分别增长2.6%、2.4%、4.5%和5.3%。实现营业收入2158亿元，比上年增长14.9%。市场影响力不断增强，鞍钢品牌价值635.28亿元，比上年增值64.73亿元；被央视《大国品牌》评为"改革开放40年40品牌"；2018年《财富》世界500强排第428位，实现历史最好排名。

产业结构调整成效凸显。一是钢铁产业稳步发展。以擦亮鞍钢品牌为导向，加快推进技术改造，不断优化产品结构，鞍山钢铁新产品、独有领先产品、战略产品占比分别为12.4%、29.8%、69.3%；攀钢独有领先产品占比49.2%。鞍山钢铁、攀钢调品指数分别为275元/吨、394元/吨。完成鞍钢股份收购朝阳钢铁工作。钢铁产业实现利润114亿元，比上年增长56%。二是新产业、新业态加快形成。积微物联获得"工业和信息化部服务型制造企业""国家发展改革委共享经济典型平台"等称号，云南达海物流园开园运营并实现盈利。德邻陆港获得"中国智慧物流十大创新引领企业"等称号。工程公司、众元公司积极"走出去"，外部市场收入占比分别为52%、62%。资本控股、财务公司不断拓展产业链金融服务，产融结合进一步深化。国贸公司实施出口调品、买断自营、社会贸易、"一带一路""四轮驱动"，实现业务模式转变。三是资源产业协调发展。矿业公司着力规模提升、科技进步和系统优化，深挖内部潜力，吨矿成本降低15元。攀钢与地方投资公司设立钒钛壹号基金，推动钒钛产业发展。攀钢钒钛恢复上市。钒钛产业实现利润52.4亿元，比上年增长452%。

【改革发展】　2018年，鞍钢集团体制机制改革深入推进，法人治理结构进一步完善。专职董（监）事职能作用有效发挥，子企业董（监）事会规范运作水平不断增强。市场化经营机制逐步完善，全面实施契约化管理，在公司、生产厂、产线3个层面开展承包经营，推动由"工厂制"向"公司制"转变。推进项目契约化管理，攀钢高炉渣提钛产业化示范线等新设项目实施跟投管理。试点改革全面启动，矿业公司、工程技术公司、积微物联入选国企改革"双百行动"试点企业，聚焦提升活力、动力和效率，"一企一策"制定改革实施方案，推动在改革重点领域和关键环节率先取得突破。鞍钢集团获批综合改革试点企业，用足用好国家出台的国有资本投资公司、区域兼并重组等各项国企改革试点政策，综合改革试点实施方案上报国务院国资委。"瘦身健体"取得阶段性成果。精准施策，深化亏损企业治理，成立支持攀长特发展工作组，迅速扭转亏损局面，实现经营盈利。完成与国务院国资委签订的27户"僵尸"和特困企业治理的主体工作任务，推进"压减"工作，累计压减法人企业47户，压减比例20.5%，法人层级控制在四级，完成国务院国资委下达的目标任务。三项制度改革持续深化，完善市场化选拔任用机制，12家实行契约化管理的子企业经营者全部完成市场化选聘。制定差异化工资总额与效益联动办法，建立完善激励约束机制。推动人力资源优化改革，发挥人力资源共享平台作用，构建"三要素、四维度"全面岗位管理体系，推进身份管理向岗位管理转变。鲅鱼圈分公司试点推进人力资源集中一贯管理，取得初步成效。历史遗留问题加快解决，"三供一业"分离移交、教育医疗机构改革基本完成。

【重大创新】 2018年，鞍钢集团科技创新活力充分激发，科研体制机制逐步完善。深化科研机构公司制改革，实行科研项目合同制；构建"一厂一所"协同研发模式，对研发人员实行"年度收入＋期权"薪酬激励办法，优化人才晋升与评价机制，激发创新活力，提升研发效率。启动鞍钢集团（北京）中央研究院筹备工作，以科研项目为载体，加大研发经费投入，实现"三新"科技创效41亿元。创新能力持续提升，承担国家科技项目8项，成立面向国家重大项目和下游客户高端需求的2个战略咨询专家委员会，与哈工大、东北大学签订战略合作协议，与中科院上海光机所成立汽车材料连接技术联合实验室，与上海核工程研究设计院联合组建核电板材研发中心，筹建国家钒钛新材料产业创新中心，鞍钢北京"绿色智能制造与新材料院士专家工作站"获批。创新成果不断涌现，高精度钛合金丝材制备及应用项目实现成功试制，成功开发焦炉和干熄焦烟气脱硫脱硝新工艺技术，核电安注箱基体用18MND5钢板、Q420qFNH耐候耐极寒钢、双球头船用球扁钢实现全球首发，中厚板＋型材首次实现国内无挑剔整船供货。国内率先成功开发1%Ni超低碳高镍系列耐海洋环境腐蚀桥梁钢，系列高端产品应用于"海洋石油982"钻井平台、超大油轮"瑞丰"号、超大集装箱船"双子座"、"华龙一号"核电安注箱、德国莱茵河大桥、尼日利亚拉伊铁路等。获得国家科技进步一等奖、二等奖各1项，冶金科学技术一等奖1项、二等奖4项、三等奖5项。受理专利1550件，其中发明专利900件。两化融合扎实推进，鞍钢股份"钢铁厚板智能制造试点示范"项目被评为"国家智能制造试点及人工智能应用试点双示范"。攀钢与阿里云合作共建"钢铁大脑"，与浙大网新联合建设西南最大云计算智慧产业基地。矿业公司拓展信息化海外业务，高效完成卡拉拉信息化建设，实现跨洋远程运维。信息产业与金山云合作共建"精钢云"数据中心，成功研发我国钢铁行业首台喷码贴标一体化机器人并投入使用。

【节能环保】 2018年，鞍钢集团切实改进节能环保工作，主要节能减排指标持续向好。鲅鱼圈分公司和西昌钢钒分别获得"2018绿色发展十大优秀企业""2018绿色发展十大先进企业"称号，攀钢钒获得四川省"环保诚信企业"称号。

【企业管理】 2018年，鞍钢集团企业管理水平稳步提升，绩效考核管理不断强化。突出"重精准、强激励、硬约束、严考核、共担责"，建立完善"战略、预算、考核、薪酬、职位"一体化考核体系，激励导向作用充分发挥。财务管理进一步加强，拓展融资渠道、优化债务结构、严控投资管理、开展市场化债转股，资产负债率69.55%，剔除夯实资产质量、处置历史遗留问题等因素影响的112亿元，资产负债率65.66%，完成国务院国资委下达的考核目标。财务共享平台功能逐步完善。鞍钢股份成功发行18.5亿港元H股可转债，成为首个在境外发行H股可转债的中国上市钢铁企业。采购管理规范有效，建设供应商信息共享平台，实施动态考核评价，优化供应商结构。加强物资战略合作采购，推进值采平台建设，公开采购率90%，集中采购率91%。安全生产责任不断压实，安全标准化建设深入推进。法治建设迈出新步伐，法治工作与集团发展战略同步规划同步实施，加强法治工作考核和领导干部法治学习，各项工作纳入法治化轨道。

【党建工作】 2018年，鞍钢集团党建工作全面强化。党建工作责任不断压实，深入贯彻落实全国国企党建工作会议精神，持续推动党建重点任务落实，开展"党建进章程"回头看，修订党委常委会议事规则，全部完成"党建进章程""一肩挑""前置程序"等重点任务。落实全国组织工作会议精神,召开组织工作会议,明确组织工作重点任务,构建"1+9"制度体系。建立党委常委会向全委会报告党建工作机制,制定领导班子成员基层党建联系点制度。全面开展党委书记抓基层党建述职评议考核,在13个党委开展党支部书记述职评议试点。开展党委书记抓基层党建项目工作,完成集团级项目126项。领导班子和干部队伍建设进一步强化,坚持正确选人用人导向,规范选人用人程序,集团党委常委会讨论领导人员任免事项7次,调整领导人员34人。开展年度综合考核评价及"一报告两评议"工作,选树7个"四好"班子和13名优秀领导人员。加强优秀年轻干部培养选拔使用工作,制定"摇篮计划",人才队伍建设稳步推进。坚持党管人才原则,深入开展"弘扬爱国奋斗精神、建功立业新时代"活动,健全人才使用评价机制。基层组织力持续提升,深化"基层党支部建设提升年"活动,实现集团"样板"党支部在基层党委全覆盖,创建中央企业党支部工作示范点1个、辽宁省党支部工作示范点8个。进一步加强境外党组织和党员管理,加强党务干部队伍建设,实现党支部书记集中轮训、上岗培训全覆盖。开展共产党员工程活动,评选表彰集团级项目123项。

全面从严治党纵深推进。认真落实中纪委二次全会精神,巡视利剑作用充分发挥。持续深化中央巡视反馈问题整改,强化政治巡视,开展扶贫惠民领域专项巡视,聚焦"六围绕一加强"开展常规巡视。监督体系不断健全,进一步完善"1+3+5"大监督体系,实现党内监督和公司治理有机结合。巩固廉洁地图建设成果,优化廉洁地图信息系统,对党风廉政状况进行动态量化评价,从源头上强化管理、从严治理。正风肃纪持续推进,落实管党治党责任,签订党风廉政建设责任书,各级党委、纪委约谈领导人员367人次、谈话提醒83人次、廉洁谈话550人次。持续纠正"四风",惩治腐败力度进一步加大。

【职工生活】 2018年,幸福鞍钢建设持续深化,坚持依靠职工办企业。召开品牌建设工作座谈会,提升全员品牌意识,共同擦亮鞍钢品牌。弘扬"鞍钢宪法"精神,深入开展"网络问企"活动,强化民主管理和厂务公开,切实维护职工合法权益。以"当好主人翁、建功新时代"为主题,开展漏油治理、扬尘治理、炼铁系统提质增效、节水节电4项重点劳动竞赛,取得明显成效,"双增双节"创效1.55亿元。职工创新工作室增至205个,职工创新成果在国际发明展获金、银、铜奖75项。共青团组织全面开展"跟着郭明义学雷锋""青年创新登高""区域立体团建"三大品牌工作,充分调动青年职工积极性。职工获得感、幸福感不断增强,深入开展"践行共享理念、关爱一线员工"专项服务行动,新立项目586项,进一步改善职工工作环境和生活福利设施。建立职工薪酬增长机制,提高生活补贴,津补贴向一线职工倾斜,建立实施让职工共享发展成果的嘉奖机制。举办鞍钢集团第二届职工运动会,首次实现各区域职工共同参会,进一步增强企业凝聚力和向心力。开展大走访活动,走访各类困难职工、离退休人员等4.86万人次,发放救济金2103万元,审核发放职工医疗救济金1125万元。精准扶贫工作扎实推进,制定扶贫规划,召开扶贫工作推进大会,选派干部和专业医护人员驻县乡村扶贫,全方位多角度推动产业扶贫、民生扶贫、医疗扶贫、教育扶贫,投入扶贫资金2729万元,比上年增长94%,切实履行央企责任。

(撰稿人:赵 艳)

中国宝武钢铁集团有限公司

【基本概况】 中国宝武钢铁集团有限公司(以下简称"中国宝武")的前身是始建于1978年12月的上海宝山钢铁总厂,后经历宝山钢铁(集团)公司、上海宝钢集团公司、宝钢集团有限公司等不同阶段,于2016年12月与武汉钢铁(集团)公司实施联合重组后揭牌成立。中国宝武是全球现代化程度最高、钢材品种规格最齐全的特大型钢铁联合企业之一,是国有资本投资公司试点企业,对授权范围内的国有资产向国务院国资委承担保值增值责任,注册资本527.9亿元,资产规模逾7000亿元,产能规模7000万吨。经营范围包括国务院授权范围内的国有资产,并开展有关投资业务;钢铁、冶金矿产、煤炭、化工(除危险品)、电力、码头、仓储、运输与钢铁相关的业务,以及技术开发、技术转让、技术服务和技术管理咨询业务,外经贸部批准的进出口业务、国内外贸易(除专项规定)及其服务。通过遍及全球的营销网络,为70多个国家(地区)的用户提供产品和服务。总部设在中国(上海)自由贸易试验区世博大道1859号。截至2018年底,在册员工161302人。

中国宝武以成为"全球钢铁业引领者和世界级企业集团"为愿景,以"驱动钢铁生态圈绿色智慧转型发展,促进企业各利益相关方共同成长"为使命,以"诚信、协同、创新、共享"为核心价值观,致力于通过改革和发展,构建在钢铁生产、绿色发展、智能制造、服务转型、效益优异五方面的引领优势,打造以绿色精品智慧的钢铁产业为基础,新材料、现代贸易物流、工业服务、城市服务、产业金融等相关产业协同发展的格局,最终形成若干个千亿元级营业收入、百亿元级利润的支柱产业和一批百亿元级营业收入、十亿元级利润的优秀企业。钢铁产业拥有宝山钢铁股份有限公司[简称"宝钢股份",含宝钢股份直属厂部、上海梅山钢铁股份有限公司(简称"梅钢公司")、宝钢湛江钢铁有限公司(简称"湛江钢铁")、武汉钢铁有限公司(简称"武钢有限")、黄石涂镀板有限公司(简称"黄石公司")、宝钢新日铁汽车板有限公司、广州JFE钢板有限公司等],以及宝钢集团新疆八一钢铁有限公司(简称"八一钢铁")、宝武集团广东韶关钢铁有限公司(简称"韶关钢铁")、宝钢德盛不锈钢有限公司(简称"宝钢德盛")、宁波宝新不锈钢有限公司(简称"宁波宝新")、宝钢特钢有限公司(简称"宝钢特钢")、宝武特种冶金有限公司(简称"宝武特冶")、武钢集团鄂城钢铁有限公司(简称"鄂城钢铁")等企业,粗钢产量居中国第一、全球第二,产品定位高端,涵盖普碳钢、不锈钢、特钢三大系列,广泛应用于汽车、家电、石油化工、机械制造、能源交通、金属制品、航天航空、核电等行业。新材料产业以高性能金属材料、轻金属材料制造及延伸加工、新型炭材料及纤维材料、新型陶瓷基复合材料等为重点发展方向;现代贸易物流业服务于冶金原燃材料、金属制品、相关大宗商品全流通领域;工业服务业为企业和社会提供全生命周期、高效运营的系统解决方案及相应的工程服务;城市服务业以存量不动产盘活为基础,聚焦发展产业地产;产业金融业为冶金及相关产业提供供应链金融、产业基金、资产管理和社会财富管理等金融综合服务。

2018年,中国宝武抓住市场环境改善的机遇,加大改革创新和转型发展力度,进一步深化整合融合,发挥协同效应,实现高质量发展。硅钢销量全球第一,汽车板销量全球第三。研发投入率2.3%,申请专利2370件,其中发明专利1371件。二氧化硫、氮氧化物、化学需氧量排放总量比上年分别下降3.5%、10%和2.9%;吨钢综合能耗586千克标准煤,比上年下降14千克标准煤;万元产值能耗1.09吨标准煤,比上年下降9.9%;完成国务院国资委第五任期节能减排考核目标。上海地区工业企业用能总量1350万吨标准煤、煤炭消耗总量1279万吨,均完成上海市下达的年度考核目标。对外捐赠1.07亿元,获得第十届"中华慈善奖(捐赠企业奖)"。位居《财富》世界500强第162位,在全球钢铁企业中排名第二,被《财富》杂志评为"最受赞赏的中国公司",国际三大评级机构标准普尔、穆迪、惠誉继续给予全球综合性钢铁企业最高信用评级。

2018年,中国宝武与江苏省人民政府、南京市人民政府、盐城市人民政府分别签署战略合作协议,加快推动江苏省钢铁行业转型升级和空间布局优化,在推进地处南京的宝钢股份梅钢区域产业转移和转型发展的同时,在盐城市滨海港工业园区布局建设2000万吨级精品钢生产基地。宝钢德盛精品不锈钢绿色产业基地项目在福建省罗源湾开发区开工,首个项目1780毫米热轧工程打下第一根桩。宝钢广东湛江钢铁基地项目启动三号高炉系统项目。

【主要指标】 2018年,中国宝武完成工业总产值(现行价格)4170.89亿元,工业销售产值4177.07亿元,资产总额7118.09亿元,营业收入4386.20亿元,实现利润338.37亿元,上缴税费245.85亿元,净资产收益率7.77%。铁产量6253万吨,钢产量6724.84万吨,商品坯材产量6593.16万吨,商品坯材销量6613.59万吨,出口钢材340.59万吨。

2018年中国宝武钢铁集团有限公司主要经济指标

项目名称	2017年	2018年	比上年增长（%）
资产总额（亿元）	7456.07	7118.09	-4.53
所有者权益（亿元）	3434.85	3608.56	5.06
营业收入（亿元）	3968.63	4386.20	10.52
利润总额（亿元）	142.69	338.37	137.14
归属于母公司所有者的净利润（亿元）	1.48	143.42	9590.54
利税总额（亿元）	322.09	483.94	50.25
应交税金总额（亿元）	243.33	224.51	-7.73
全员劳动生产率（万元/人·年）	49.80	72.60	45.78
净资产收益率（%）	2.75	7.77	增加5.02个百分点
总资产报酬率（%）	3.08	5.71	增加2.63个百分点
国有资本保值增值率（%）	103.80	105.60	增加1.8个百分点

【改革发展】 2018年，中国宝武从"管资产"向"管资本"转变，打造"资本运作层—资产经营层—生产运营层"三层管理架构，完善公司体系建设。一是持续推进总部职能改革，构建价值创造型和战略管控型相结合的总部。推进武钢集团有限公司产业定位与改革发展，优化武汉总部运作机制，成立乌鲁木齐总部，国有资本投资公司统分结合、上海和区域总部分工协调的运营模式基本成型。二是多措并举，推进混合所有制改革。宝钢股份入选国务院国资委综合改革示范工程"双百行动"名单。欧冶云商股份有限公司在前期引入6家战略投资者和员工持股基础上，实施第二轮股权开放。上海宝信软件股份有限公司、上海宝钢包装股份有限公司实施各具特色的股权激励方案。三是全面推行"契约化"管理。充分授予子公司主要领导对副职的提名、评价、激励分配等权力，"一企一策"科学设定任期目标和战略任务，差异化设计针对性强的配套激励机制。2018年，18家一级子公司签署三年任期经营管理责任书。四是形成非核心资产退出机制。宝钢金属有限公司市场化转让上海宝钢气体有限公司51%控股权，在有序退出非核心业务的同时，走出一条通过产业培育和资本运作实现国有资本保值增值的创新之路。推进宝钢不锈钢有限公司资产处置，完成1项整条生产线的转让搬迁、2个区域的资产评估、1个区域的资产上网挂牌及多项零星资产转让和评估。

【产业发展】 2018年，中国宝武在"一基五元"（以钢铁产业为基础，新材料产业、现代贸易物流业、工业服务业、城市服务业、产业金融业协同发展）框架下，按照"一企一业、一业一企"原则大力推动跨区域、跨单元同类业务整合。钢铁单元强化协同，多基地一体化运营。宝钢股份确立多基地、制铁所的管理模式，进一步深化采购、销售、研发"三个统一"管理，产销研在统一的信息系统支撑下实现一体化运营，推进科技管理统一和研发资源集中配置。多元产业按照市场化交易的基本原则，坚持"聚焦向外、融合发展"，有序推进4批24个专业化聚焦融合项目，涵盖环境资源利用、信息技术、金属制品、原燃料物流、产成品物流等多个业务领域，涉及25家法人单位、3家大集体企业。

【重大创新】

1. 精品制造。2018年，中国宝武薄规格取向硅钢B18P080、B20R065、高强度高精度磁轭钢SXRE750实现全球首发，超大型液化石油气船用460LF-TM打破低温钢被国外钢厂垄断的局面，实现低温船板全面国产化替代。在高性能钢铁材料方面，形成以汽车用钢、硅钢、核电用钢、百米重轨、航空航天特种材料等为代表的高端精品家族，成为全球第一个具备第一代、第二代和第三代先进高强钢汽车板供货能力的厂商。冷轧汽车板国内市场占有率超过50%，高端取向硅钢实现品种全覆盖，高牌号硅钢比重持续提高，稳居世界前列。牵头"高效率、低损耗及特殊用途硅钢开发与应用""高性能超高强汽车用钢"等"十三五"重点研发计划项目，"汽车轻量化用吉帕级钢板稳定制造技术与应用示范"项目获得冶金科学技术奖特等奖。

2. 绿色制造。2018年，中国宝武完成钢渣在沥青混凝土和透水沥青混凝土的4个试点工程应用，实现钢渣集约化、规模化综合利用。宝武集团环境资源科技有限公司"移动式露天废钢切割烟尘消减技术研究项目"达到环保减排效果。梅钢公司和宝钢德盛干法脱硫灰应用试验、八一钢铁水处理污泥、鄂城钢铁焦化脱硫废液生产硫胺、宝钢工程技术集团有限公司冷轧废水达标、湛江钢铁脱硫灰回收利用等研究与处理均取得突破性进展。

3. 智能制造。2018年，中国宝武加速推进智能制造。宝钢股份实施智慧料场、焦炉四大车无人化、大型高炉及冷轧C008热镀锌机组远程操作等多个示范项目。韶关钢铁对烧结、炼焦、高炉、能源管控等进行集中控制，实现少人化、无人化、集控化。鄂城钢铁智慧制造体系能力明显提升。宝武炭材料科技有限公司探索专业化多基地智慧制造。

【安全管理】 2018年，中国宝武区域内发生生产安全事故43起，65人受到伤害，其中死亡14人、重伤1人、轻伤50人。2018年初发生一起煤气中毒较大生产安全事故后，面对开局不利的安全形势，中国宝武强化专项治理，全体员工积极应对。推进3D（风险大、环境脏、重复劳动岗位）智慧制造项目，提高安全本质化水平；深化落实企业主体责任，实施"长时间、全覆盖、不间断"安全督导；开展全体员工参与的岗位安全风险描述活动；推进冶金煤气等专项治理，构建安全风险分级管控和隐患排查治理双重预防机制。下半年，事故起数与伤害人数大幅下降。

【节能减排】 2018年，中国宝武首次完成11家矿业公司现场环境风险普查，全面排查和整治生态环境保护问题，启动环境保护督查工作。完成一批烧结、焦炉烟气超低排放改造项目，实施百项节能技改项目，废水零排放重点项目有序推进，固体废弃物不出厂专项工作取得阶段性突破。吨钢综合能耗586千克标准煤，比上年下降14千克标准煤；万元产值能耗1.09吨标准煤，比上年下降9.9%；二氧化硫、化学需氧量和氮氧化物排放总量比上年分别下降3.5%、2.9%、10%。

【履行社会责任】 2018年，中国宝武对外捐赠1.07亿元，获第十届"中华慈善奖（捐赠企业奖）"。全力推进脱贫攻坚，成立集团公司党委书记、董事长为组长的扶贫工作领导小组，建立党委负责的脱贫攻坚责任制，加强对定点扶贫和对口支援工作的领导，明确集团公司工会作为扶贫办公室常设机构。领导班子成员、外部董事、扶贫办公室主任全体出动，率队20批次分赴定点扶贫和对口支援的10个县，进村入户，与困难群众面对面交流，实地察看项目落地情况，对扶贫工作、扶贫项目进行调研、督导和检查。组织实施对口扶贫地区管理干部及创业致富带头人培训，培训基层干部712人、技术人员329人。设立贫困地区产业投资基金，做到扶持对象精准、项目安排精准、资金使用精准、措施到户精准、因村派人精准、脱贫成效精准，扶贫项目因地制宜，确保把定点扶贫资金花在刀刃上，把资金管好用好。全年投入1亿元，对口帮扶的云南宁洱县、西藏丁青县、青海同德县实现脱贫"摘帽"。

（撰稿人：张文良）

中国铝业集团有限公司

【基本概况】 中国铝业集团有限公司（以下简称"集团"）成立于2001年，总部设在北京，是国家授权的投资管理机构和控股公司、中央管理的国有重要骨干企业。主要从事矿产资源开发、有色金属冶炼加工、相关贸易及工程技术服务等业务，是全球最大的有色金属企业，氧化铝、电解铝产能均居全球第一位，铜业综合实力居全国第一位，铅锌锗综合实力亚洲第一位、世界第四位，稀土产业占据行业主导地位。

2018年，集团坚持改革创新转型升级总基调，全面从严治党，全面深化改革，全面精准管理，深化"加减乘除"，消化历史因素后实现利润总额50.4亿元，比上年增加29.9亿元，创2008年金融危机以来最好水平，全面完成国务院国资委考核目标。

集团注册资本金252亿元，截至2018年底，资产总额6413亿元，从业人员12.5万人，所属526家企业分布在23个省（自治区、直辖市），拥有5家境内外上市公司。连续11年入选《财富》世界500强企业，2018年排名第222位。

【主要指标】 2018年，集团实现营业收入总额

3002亿元,比上年降低4.9%;有色金属原矿产量3755万吨,比上年增长19.6%;氧化铝产量1508.7万吨,比上年增长5%;电解铝产量440.8万吨,比上年增长22.2%;铝加工材产量178.5万吨,比上年增长6.4%;精炼铜产量68万吨,比上年增长8.6%;铜加工材产量28.5万吨,比上年降低6.2%;稀土分离产品产量1.62万吨,比上年增长21.8%。

2018年中国铝业集团有限公司主要经济指标

项目	2017年	2018年	比上年增长(%)
资产总额(亿元)	5313.37	6413.14	20.7
所有者权益(亿元)	1952.28	2146.91	10.0
营业收入(亿元)	3155.15	3002.00	-4.9
利润总额(亿元)	20.50	50.39	145.8
净利润(亿元)	0.0012	29.55	
归属于母公司所有者的净利润(亿元)	-28.97	7.46	
技术开发投入(亿元)	49.18	46.01	-6.4
利税总额(亿元)	124.94	151.51	21.3
应交税金总额(亿元)	104.44	101.12	-3.2
全员劳动生产率(万元/人·年)	31.45	28.56	-9.2
净资产收益率(不含少数股东)(%)	-4.41	0.65	增加5.06个百分点
总资产报酬率(%)	2.81	2.91	增加0.1个百分点
国有资本保值增值率(%)	77.60	130.18	增加52.58个百分点

【改革发展】 对标世界一流、建设世界一流,大力实施重组整合,优化产业布局,深化供给侧结构性改革,行业影响力和全球有色金属领域话语权大幅增强。

一是整体改革有序推进。改革发展呈现良好势头,被纳入第三批国有资本投资公司试点,为加快有色金属行业整合重组、提高资本经营效率提供平台。所属的西南铝和华中铜业被国务院国资委纳入"双百企业"试点。

二是行业重组实现突破。与云南省政府签署合作协议,重组云南冶金集团和亚洲储量最大的铅锌矿,集团氧化铝、电解铝产能分别达到2000万吨和800万吨,成为近年来全球有色金属行业最大规模重组,向实现"大有色"目标迈出重要步伐。

三是发展战略更加完善。坚持"科学掌控上游,优化调整中游,跨越发展下游"的战略思路,成立四大新兴产业平台公司,初步形成"4+4+4"的高质量产业发展新格局,即:做强做优铝、铜、铅锌、稀有稀土四大核心产业,加快发展工程技术、工服物业、资本金融、贸易物流四大协同产业,积极培育环保节能、创新开发、海外发展、智能科技四大战略新兴产业。

四是资本经营亮点频现。实施149亿美元的外汇债转永续债、注资126亿元的法治化市场化债转股等资本运作项目,集团资产负债率降低19.6个百分点,负债率降至63.66%,在央企中降幅最大,大大降低融资成本。通过所属的中铝股份、云铜股份增发和中铝国际从H股成功回归A股,获得市场资金150多亿元。

五是"瘦身健体"完成目标。毫不手软处置"僵尸企业"、治理特困企业(以下简称"僵特企业"),对竞争力不强的73万吨氧化铝产能实施阶段性弹性生产,关停52万吨电解铝和25万吨炭素生产线。全面完成47户"僵特企业"治理任务,亏损面降至9.8%。集团整体管理层级从七级压缩至四级,减少法人户数168户,超额完成国务院国资委下达的三年目标。累计分流安置员工24534人,完成三年目标的110.5%。"瘦身健体"、处僵治困的做法成效,在国家发展改革委、国务院国资委有关会议上进行经验交流。

六是历史包袱大幅减轻。积极消化历史因素,39户企业办社会职能全面剥离。移交"三供一业"项目178项,完成率99.96%,走在央企前列。18个社区、39项市政设施全部移交地方政府管理,13个医疗机构、10个消防机构、27个教育机构完成分类改革。

【重大项目】 与集团海外铝土矿项目配套的广西华昇200万吨氧化铝项目开工,港口基地战略转型升级启动。东南铜业40万吨铜冶炼基地项目投运，赤峰云铜40万吨铜冶炼基地项目第一条线基本建成，铜产业集群化发展迈上新台阶。推进布局优化结构调整，普朗铜矿、牛苦头铅锌矿、华云一期、遵义铝业二期等一批2017年以来建成项目达产达标，发挥效益。广西华磊、华中铝业二期、中铝山东精细氧化铝等项目投产见效，山西中润、中铝瑞闽蓝园一期项目部分投产。

【走向海外】 积极践行国家"一带一路"倡议，开启全球化布局、国际化经营新征程。与几内亚政府签署博法项目矿业协议并获得采矿权，集团在海外第一个规模为1200万吨的铝土矿基地项目正式开工，成为海外战略实施的里程碑。秘鲁铜矿大力提产降本，2018年实现利润14.98亿元，成为南美洲中资矿业公司中盈利额最高的企业。与金融机构签署合作备忘录，西芒杜铁矿项目获得融资支持，为打造海外铁矿石基地提供保障。

【重大创新】 一是科技驱动成效凸显。编制科技发展专项规划、打造"杀手铜"技术方案，氧化铝工艺技术和装备制造能力达到世界领先，电解铝电耗和排放指标达到世界先进，自主创新关键技术世界领先。精细氧化铝品种、产销量不断扩大，产能达到全球第一，牢牢掌握全球市场影响力和定价权。高纯铝生产用氧化铝、新一代电子信息用高强高导铜合金等实现进口替代。拥有有效专利5356件，高新企业82户，均居行业第一。

二是铝的应用扎实拓展。践行绿色发展理念，拓宽应用领域，制定汽车轻量化专项规划（2018—2025年）。把握行业市场发展趋势，加快新能源汽车、海运装备等轻量化工作。加强对外合资合作，成立汽车用铝合金实验室，组建汽车轻量化科技公司，启动汽车轻量化开闭件总成线建设，全铝车身获中国国际新材料产业博览会金奖。

三是军品保供优质高效。坚持把军工保供作为"红旗工程"，10米锻环等铝加工关键铝合金材料成功批量供货，军机铝材100%保供，是国产大飞机铝材国内首个合格供应商，实现国内多个第一，满足国家航空航天需求，被评为中国航天突出贡献供应商。军品产量比上年增加1万吨，铝材、铜材成品率比上年分别增加0.74个和2.29个百分点。

【党建工作】 一是党建工作获得殊荣。集团强化党建工作得到习近平总书记重要批示，并在全国组织工作会议上作经验交流，在全国国企改革座谈会上进行书面交流，《人民日报》等中央媒体对集团党建工作经验进行采访报道。集团政治地位和荣誉明显提升，有现任全国人大代表3人、全国政协委员3人，其中全国政协常委1人。

二是从严治党导向鲜明。严格落实"两个责任"，坚持把党组织研究讨论作为重大决策的前置程序，巩固党组织在公司治理中的法定地位。党建工作融入中心服务大局，对实体企业和总部部门实施生产经营（绩效）与党建工作"双百分"制考核，强化党政同责抓党建的工作导向、目标导向和价值导向。

三是干部管理持续加强。试行干部聘任制和契约化管理，市场化引进紧缺专业人才和职业经理人41人。坚持在扭亏为盈和减亏企业提任干部，3户企业因业绩下滑对领导班子正职进行调整。选拔培养优秀年轻干部，提任及转任重要岗位"70后"正职4人、副职8人、总经理助理5人，引进外部"70后"人才3人。分层分类开展轮训，实现处级以上干部全覆盖。

四是反腐倡廉不断深化。在央企中首家出台禁止与干部亲属所办企业发生业务往来的暂行规定，发布第一批含85家企业的禁止交易名单。首次把业务板块、总部部门纳入巡视巡察范围，加强问题整改。建立"一总部、三中心、若干独立支队"联合办案模式，坚持每季度召开警示教育大会，通报违规违纪案例和问责事例128起，形成优化政治生态的长效机制。

【信息化建设】 加快统一管控信息化系统项目建设，人力资源管理信息化平台及会议系统、督办系统、"互联网+行政事务"平台上线运行，建成覆盖总部及81家实体企业90套全景仿真视频会议系统。"中国铝工业卓越技术创新服务平台"等3个信息化建设项目被列入工业和信息化部制造业"双创"平台试点示范项目。

【履行社会责任】 完善管理体系，印发《2018年度社会责任工作要点》《社会责任管理模块和负面清单（修订版）》《社会责任管理2017年度评估报告》。

在主要业务板块推进管理模块覆盖，开展4次现场培训。举办第三届社会责任大会和2018年"降碳节"活动，表彰8个先进单位、27名先进个人、十大优秀案例。连续13年发布社会责任报告、连续两年发布降碳报告，连续五年保持专业机构"五星级报告"最高评级，社会责任发展指数居央企第八位、中国企业第十位，社会责任报告获得"金蜜蜂2018企业社会责任报告·长青奖"，"大型中央企业基于管理模块和负面清单的社会责任管理"管理创新成果获得第二届中国企业改革发展优秀成果一等奖。

（撰稿人：王德国）

中国远洋海运集团有限公司

【基本概况】 中国远洋海运集团有限公司（以下简称"中远海运集团"或"集团"）2016年2月18日正式挂牌成立，由原中国远洋运输（集团）总公司与原中国海运（集团）总公司重组而成，总部设在上海，是中央直接管理的特大型国有企业。作为国家战略坚定的执行者，集团以承载经济全球化使命，打造全球领先的综合性物流供应链服务集团为愿景，制定涵盖航运、物流、航运金融、装备制造、航运服务、社会化产业和基于商业模式创新的"互联网＋相关业务"的"6+1"产业集群发展战略，优先发展集装箱运输、港口、综合物流、航运金融产业。

截至2018年底，集团远洋航线覆盖全球160多个国家和地区的1500多个港口，在境内外拥有10家控股上市公司，船队综合运力1.03亿载重吨/1284艘，综合运力及干散货船队、油轮船队、杂货特种船队、集装箱码头吞吐量、船员管理规模均居"世界第一"，集装箱船队、集装箱租赁、燃油供应、船舶代理、海工制造业务也位居世界前列。在世界500强企业中位居第335位，比上年上升31位。2018年，全球航运权威咨询机构英国海贸专门将"全球最佳表现者"大奖颁给中远海运，以表彰集团自改革重组以来对世界航运及相关产业所作的突出贡献。

积极参与服务国家重大外交活动。作为博鳌亚洲论坛核心服务保障单位，连续18年圆满完成服务多边主场外交的重大政治任务；积极参与金砖国家中国工商理事会、APEC中国工商理事会等机构工作，发挥建设性作用；主动服务首届中国国际进口博览会，成为首届进博会官方推荐的唯一境外运输服务商。

当地时间2018年12月3日，习近平主席在巴拿马运河为中远海运"玫瑰轮"开启过闸通行按钮，亲切慰问全体船员，并希望中远海运"不断优化物流运输，为促进国家航运事业和全球贸易繁荣作出更大贡献"。

【主要指标】 截至2018年底，中远海运集团资产总额8081.07亿元，所有者权益2802.42亿元，营业收入2818.37亿元，利润总额200.86亿元，净利润145.99亿元。

2018年中国远洋海运集团有限公司主要经济指标

项　目	2017年	2018年	比上年增长（%）
资产总额（亿元）	7091.58	8081.07	13.95
所有者权益（亿元）	2629.49	2802.42	6.58
营业收入（亿元）	2343.06	2818.37	20.29
利润总额（亿元）	193.69	200.86	3.70
净利润（亿元）	150.37	145.99	－2.91
归属于母公司所有者的净利润（亿元）	94.91	102.83	8.34
技术开发投入（亿元）	9.34	11.70	25.30
利税总额（亿元）	222.13	228.36	2.80
应交税金总额（亿元）	55.67	55.88	0.37
全员劳动生产率（万元/人·年）	33.34	38.19	14.57
净资产收益率（%）	5.98	5.38	减少0.60个百分点
总资产报酬率（%）	4.32	4.45	增加0.13个百分点
国有资本保值增值率（%）	108.20	114.70	增加6.50个百分点

【改革发展】 2018年,中远海运集团以入选国有资本投资公司试点为契机,认真贯彻落实党中央、国务院关于国企改革的重要战略部署和政策精神,将集团各项改革聚焦于服从、服务于国家重大战略部署,推动企业高质量发展。

一是启动国有资本投资公司试点改革。成功入选第二批国有资本投资公司试点,有利于集团在改革试点、产业链整合、参与事业单位转企、开展优质资产债转股等领域中获得更多切入点和政策资源,集团认真研究并提出国有资本投资公司试点方案,从战略高度、功能定位上提升集团在国家战略布局中的分量和作用,并以此作为今后深化各项综合改革的纲领性文件。积极参与国务院国资委"双百行动"试点,所属中远海运集运和宁波中远海运物流入选改革试点,从引入战略投资者和员工股份、职业经理人建设和岗位契约化管理、三项制度变革、薪酬激励等多个维度,制定综合改革试点方案,为系统内种好"试验田",努力打造集团改革新样板。

二是推进供给侧结构性改革。作为国务院国资委5家"压减"试点单位之一,截至2018年底,集团压减率29.6%,保持央企领先。造船产能从1150万载重吨压减至748万载重吨,海工产能从18个减至6个,实现企业减负、产品升级和效益改善。累计拆解船舶397艘1831万载重吨、新造173艘2315万载重吨新型船舶,船队年龄结构、船舶适货性和运营经济性得到优化。全力推进"三供一业"分离移交工作,2018年提前全面完成16454项分离移交任务,受到国务院国资委、地方政府、接收机构等的充分肯定,国务院国资委《国有企业改革动态》(剥离国有企业办社会职能和解决历史遗留问题工作增刊)(第58期)专刊宣传报道集团工作经验。

三是推进内部改革重组。集团船员管理体制改革全面落地,"三提高一降低"改革目标取得明显成效,集团船舶平均单船配备人数由2018年初52人/船下降至2018年底的37人/船,劳动生产率大幅提高,船员素质明显提升。船舶管理体制改革和地区公司转型发展稳步推进,天津、青岛、大连3家地区公司实现转型发展。先后完成财务公司、信息化工作和中国香港区域整合工作,为集团资金管理、信息化建设和中国香港地区资源优化打造新平台。

四是推进投资授权改革,提升企业活力和效率。集团规范直属单位董事会运作,按照"管控上移、经营前移、一企一策"的原则,30家直属单位获得董事会授权,制定直属公司董事会运作管理办法,进一步扩大授权范围,积极构建"战略管控型"架构和授权体系,将管理职能向事关集团改革全局和重大战略事项的研究、酝酿和决策集中,将日常生产经营所需要的决策权授予二级公司,进一步提升各业务单元的自主经营能力。

五是推动体制机制改革创新。集团实施中远海运港口、中远海运能源2家公司的股权激励方案,完善中远海运物流混合所有制改革方案。中远海运控股、特运的股权激励方案,以及中远海运科技的科技人员分红激励试点方案上报国务院国资委。深化职业经理人制度试点,坚持薪酬市场化对标,严格执行契约化管理,并积极总结试点经验,切实做好推广准备。

【重大项目】

1. 完成收购东方海外。2018年7月5日,集团按照努力成为世界一流国际集装箱班轮公司的战略目标,成功完成对东方海外的收购,成为集团成立以来最重要的并购项目,也是全球航运业迄今为止交易规模最大的并购案例。通过并购,集团集装箱船队运力达到近300万标准箱,排名世界第三位,迅速进入行业第一梯队,实现集团的第二次飞跃。成功并购东方海外,巩固和强化集团作为国家核心主力船队的地位,推动集团集装箱业务从行业跟随者向行业引领者的转变。

2. 推进亚马尔LNG运输项目。中国提出"一带一路"倡议后,俄罗斯最大的独立天然气生产商之一诺瓦泰克与中石油、丝路基金和法国道达尔共同开发俄罗斯首个特大型能源合作项目亚马尔LNG项目。集团积极参与服务该项目,投资订造14艘北极型LNG船舶和4艘常规型LNG船舶,并为项目提供液化工厂生产模块的特种船运输服务。2018年3月,中远海运集团和诺瓦泰克公司签署战略合作协议,约定共同推进双方在北极地区油气运输等业务领域的合作。

3. 开启中铝几内亚铝土矿一体化运输项目。2018年9月29日，集团与中铝集团签署几内亚铝土矿运输合同。几内亚铝土矿项目是中铝集团践行国家"一带一路"倡议，协助非洲国家资源开发的重要投资项目，项目一期年产1200万吨，后期将扩产为每年4000万吨。集团与中铝集团合作构建几内亚铝土矿项目全程一体化运营的新模式，将为集团散运业务由传统模式向锁定长期大宗货源的"项目发展模式"转型升级带来发展新机遇，也将为央企之间开展国际大合作蹚出一条新路。

4. 投资控股的阿布扎比码头开港。2018年12月10日，由中远海运集团与阿布扎比港务局合资的中远海运港口阿布扎比码头开港仪式在阿布扎比哈里发港举行。中远海运港口阿布扎比码头的建成与投入运营使哈里发港从世界排名第89位的集装箱港口进入前25位。

5. 投资新增新加坡巴西班让码头2个泊位。2018年11月21日，集团旗下中远海运港口有限公司与新加坡港务集团就位于新加坡的巴西班让合资码头新增2个泊位签署合作备忘录。新增2个泊位后，合资码头将拥有5个大型集装箱船舶泊位，年处理能力将由现在的3个泊位300万标准箱提升至500万标准箱。

【走向海外】 2018年，集团以国际化战略为导向，践行"一带一路"建设，推进全球发展。

一是推进深化航线布局。围绕"一带一路"沿线，投入约178艘集装箱船、172万标准箱运力，占集装箱总营运船队规模的58%。围绕欧洲、地中海、南美、中美洲及非洲等新兴市场重要节点进一步开辟延伸服务。2016—2018年，东南亚、印度、欧洲、拉美、非洲区域市场货量年均分别增长35%、120%、70%、122%、81%，以全球5.9%的运力承运完成全球10%的货运量。

二是加强支点建设。集团在"一带一路"相关国家码头及配套固定资产超过558亿元，"一带一路"沿线投资港口17个。希腊比雷埃夫斯港战略深入推进，2018年累计完成箱量491万标准箱，比上年增长18.3%，中远海运比港管理团队被国务院国资委评为十大"央企楷模"之一。以希腊比港作为枢纽港开辟中欧陆海快线，2018年中欧陆海快线完成货运量5万标准箱，比上年增长27%，客户数量由3家增加到635家，覆盖面扩大到9个国家1500个网点7100万人口，改变了欧洲地区的贸易运输格局。

三是拓展多式联运。集团主动肩负"国际陆海贸易新通道"战略使命，开通北部湾港首条国际外贸直航班轮干线，实现西南地区与"一带一路"的无缝对接；与成都市开展战略合作，在建设多式联运国际保税物流园区、拓展新通道运营平台和海外延伸服务能力等方面均取得实质性进展；实现"海南—东盟（新加坡）"班轮航线在海南首航，打通我国西部地区、沿海港口货物通过洋浦中转至东南亚的新通道。

【重大创新】 在打造航运数字经济方面，加快电商业务培育，深化与电商巨头合作，和京东、佳农一起打造厄瓜多尔香蕉区块链溯源项目，成为区块链技术在国际海上集装箱运输业内的首次商业落地。与上海海关、上港集团合作推进跨境贸易管理大数据平台建设，大幅缩短货物申报进境通关时间。牵头全球知名港航企业联合打造航运区块链联盟——全球航运商业网络，共同推动数字化标准的制定，提升行业协作水平。

在提升创新能力方面，围绕"智慧航运、智能制造"立项29个，投入近2亿元。牵头成立"上海海洋工程国家制造业创新中心"，组织"深水半潜式支持平台"等8个国家科研专项。由集团投资建造的航运技术与安全国家重点实验室总投资10亿元，2022年全部投入使用后将进一步提升航运和造船基础研究能力。

在推进科研创新方面，集团加大技术创新和共性技术研究，取得一批科技成果。2018年，集团及所属各单位获得省部级科技进步奖特等奖1项、一等奖7项、二等奖2项、三等奖1项，获奖数量和等级均创新高。申请各类专利276件，其中发明专利112件；获得授权专利126件，其中发明专利37件；登记软件著作权及软件产品82项。其中，集团所属中远海运特运等产学研单位联合承担的"中国商船开辟极地航线关键技术研究与应用"项目获得中国航海学会科学技术特等奖，是集团成立以来获得的最高奖项。

【党建工作】 2018年,集团党组深入学习贯彻习近平新时代中国特色社会主义思想和党的十九大精神,牢牢把握新时代党的建设总要求,把党的政治建设摆在首位,增强"四个意识"、坚定"四个自信",坚决维护习近平总书记党中央的核心、全党的核心地位,坚决维护党中央权威和集中统一领导。党组坚持把方向、管大局、保落实,把党组研究讨论作为董事会、经理层决策重大问题的前置程序,在集团改革发展中发挥坚强领导作用。落实管党治党政治责任,坚持"党建工作做实了就是生产力,做细了就是凝聚力,做强了就是竞争力"的理念,扎实推进层层压实党建主体责任,坚持不懈推进基层党组织"三基建设",夯实基层党建基础。积极开展纪念改革开放40周年系列活动,不断深化"四个一"(一个团队、一个文化、一个目标、一个梦想)文化理念融合。切实落实全面从严治党主体责任、监督责任,深入推进党风廉政建设和反腐败斗争,把配合中央巡视作为首要政治任务,强化政治责任担当,全力配合中央巡视,坚决落实中央巡视整改任务,广泛开展违反中央八项规定精神情况自查自纠专项治理等各项工作,扎实做好中央巡视"后半篇文章",推动巡视整改有效。召开2018年反腐倡廉建设工作会议,部署推动全年党风廉政建设和反腐败工作。强化政治监督,推动中央各项决策部署贯彻落实到位;持续保持高压态势,加大执纪审查工作力度。认真落实"三个区分开来"的要求,强化"为担当者担当、为干事者撑腰"的鲜明导向,建立信访举报澄清机制,保护干部职工改革创新、干事创业的积极性。

【信息化建设】 2018年,集团坚持信息化规划"五个一"蓝图架构,推进落实规划的集团统建任务,航标平台全面推广应用,并被国务院国资委评为优秀信息化项目;实施集团投资与管理信息系统和人力资源管理信息系统建设,分别完成第一阶段上线;推荐落实主数据管理二期并完成系统间对接;启动集团新社保管理,形成全集团集中系统;下属公司集运新一代内贸系统上线;同步开展船员管理、供应商与采购管理、物流新船代管理等系统建设。督促指导部分新整合的直属单位,编制和完善信息化工作总体方案。

2018年,集团以习近平总书记网络强国战略和网络安全观为指引,立足实际需求,编制印发《集团网络安全专项规划》《网络安全应急处置管理细则》,落实国家部委要求,组织做好重大活动和节假日网络安全保障。开展网络安全宣传和组织技能培训,相关专业人才队伍正逐渐壮大。2018年,集团参加央企网络安全大赛,获得团队二等奖、最强TOP10红军奖等奖项,入选"最强TOP10蓝军奖""网络安全与工业互联网优秀解决方案"。

【履行社会责任】 2018年,集团定点扶贫湖南省安化县、沅陵县和云南省永德县,对口支援西藏自治区洛隆县和类乌齐县。下属14家单位承担地方对口帮扶任务。集团党组高度重视扶贫开发工作,召开2次党组会专题研究部署精准扶贫工作。2018年,投扶资金5504.12万元,实施项目92项,组织培训班28期,培训干部、专业技术人才560人,购买和销售当地农产品881.6万元,受益贫困人口36143人次,在教育、特色产业扶持、民生基建、医疗卫生、扶危济困等方面开展大量卓有成效的工作,推动地方精准扶贫措施有效落实,助推洛隆县、安化县于2018年整体脱贫"摘帽"。

(撰稿人:翟　宇)

中国航空集团有限公司

【基本概况】 2018年,中国航空集团有限公司(以下简称"中航集团")坚持以习近平新时代中国特色社会主义思想为指引,坚决贯彻落实党中央、国务院决策部署,坚持以新发展理念为引领,聚焦高质量发展要求,把握机遇、攻坚克难,全力抓好安全生产,稳步推进深化改革,持续提高经营品质,大力提升服务质量,切实加强党建与反腐倡廉工作,各方面工作呈现积极稳健态势,形成高质量发展的良好开局。

坚决贯彻落实习近平总书记对民航安全工作作出的重要指示批示精神,围绕10个方面制定中航集团确保持续安全发展的30条具体措施并狠抓工作落实。加强安全生产的组织领导,紧密结合生产实际,准确把握阶段性特点,针对性部署安全工作,切实解决生产运行中存在的问题。持续推进安全管理体系建设与深度应用,深入开展日常运行风险防控、关键风险管控、重大变化风险以及组织风险管理。统筹抓好生产组织,中航集团所属中国国际航空股份有限公司(以下简称"国航")总体航班正常率高于行业平均水平,有效应对部分机型运行限制对生产组织的不利影响。着力飞行训练管理、专业队伍作风建设、业务训练等方面,不断巩固安全基础。认真落实民航法定自查要求,加快向行业合规的主动自律转变。

有效应对市场竞争加剧、航油成本大幅攀升、汇率变动等不可控不利因素,认真研判行业发展形势,梳理内外有利和不利因素,坚决贯彻党中央、国务院的重大决策部署,切实落实国务院国资委"瘦身健体"、提质增效、降杠杆减负债等专项工作要求,以全机队优化运营为抓手,大力开展效益攻坚,强化金融风险管控,保持行业效益领先优势,抗风险能力进一步提升。国航运输利润实现比上年增利(剔除油价影响后),主业核心竞争能力得到巩固和提升。所属专业公司强化市场意识,增强专业化经营能力,保持全面盈利的良好态势。

认真践行真情服务,价值观导向、客户导向、问题导向深入人心,全球化对标、全流程治理、全链条发力,旅客对服务工作的满意度、认可度明显提升。完善服务管理体系,构建全流程产品管理体系,搭建相关标准体系框架,完善产品配置标准。全面提升航班大面积延误时的旅客服务保障能力。国航的45个国内站点、8个国际(地区)站点提供电子登机牌服务。推广个性化离港前端,实现改签和简易值机功能。升级行李管理系统。

【主要指标】 2018年,中航集团优化结构,向"效率"要效益;提升收益,向"质量"要效益;专项管控,向"成本"要效益;主专业融合,向"协同"要效益;积极应对,向"管理"要效益。全年安全飞行224.5万小时,比上年增长6.1%;完成运输周转量275.2亿吨千米,比上年增长8.4%;货邮周转量79.7亿吨千米,比上年增长5.5%;运输旅客10972.7万人次,比上年增长8.0%;运输货邮190.8万吨,比上年增长3.6%;正班客座率80.6%,比上年降低0.5个百分点;飞机利用率9.52小时/日,比上年提升0.05小时。

2018年中国航空集团有限公司主要经济指标

项　目	2017年	2018年	比上年增长(%)
资产总额(亿元)	2486.70	2646.48	6.43
所有者权益(亿元)	1025.11	1105.95	7.89
营业收入(亿元)	1238.47	1394.11	12.57
利润总额(亿元)	120.36	101.34	-15.80
净利润(亿元)	90.55	82.03	-9.41
归属于母公司所有者的净利润(亿元)	41.95	37.89	-9.67
技术开发投入(亿元)	1.01	1.13	11.76
利税总额(亿元)	191.94	196.68	2.47
应交税金总额(亿元)	82.59	86.14	4.30
全员劳动生产率(万元/人·年)	55.88	52.58	-5.91
净资产收益率(%)	9.53	7.68	减少1.85个百分点
总资产报酬率(%)	6.30	5.13	减少1.17个百分点
国有资本保值增值率(%)	109.12	108.04	减少1.08个百分点

注:由于更改统计口径,2017年技术开发投入使用新口径统计,与决算数据不一致。

【改革发展】 一是重点改革任务取得新突破。全面完成公司制改制任务。推进规范董事会建设,完善中航集团和国航董事会一体化运行后的管理机制,完成专业委员会设置。深化组织转型工作积极推进,优化集团管控模式与总部机关职能。如期完成签署"三供一业"分离移交正式协议的任务目标。提前完成国务院国资委"企业法人户数减少20%左右"的工作目标。落实"双百行动"要求,推动航空货运物流混改相关工作。三项制度改革持续推进，基本建立差异化劳动合同管理体系和员工正常退出机制，推进岗位薪酬市场化对标、市场化人才机制建设和市场化薪酬试点。

二是主专业融合发展效应持续显现。加快集采一体化、信息一体化、人力资源共享服务平台建设，基本实现管理和服务职能全覆盖。财务共享服务中心项目完成立项和咨询机构遴选。北京租赁飞机租赁通道业务实现突破。传媒专业化项目机上娱乐系统建设成效明显。航食供应管理一体化项目进入实施阶段。成都出勤楼按照新模式开展运营管理，北京地区物业承接有序推进。物流专业化项目进展顺利，优质资源进一步集中共享。

三是战略性项目稳步推进。深化与首都机场的联合工作机制，协力完善北京枢纽功能，落实中短期速赢改造行动计划，推进综合交通体系建设。合理安排成都新机场基地建设投资，基建项目顺利开工。先后与浙江省、四川省人民政府签署战略合作协议，拓展业务的区域发展。北京航空成功实现向公务航空和公共运输航空同步运营的战略转型。

四是"法治中航"建设稳步推进。深入落实全面依法治国和法治央企建设要求，持续完善组织体系和配套机制，有序开展合规风险内控建设等重点工作。

【重大项目】 1月2日，中国航空集团公司由全民所有制企业改制为国有独资公司，改制后名称为中国航空集团有限公司，注册资本155亿元，改制后由国务院国资委代表国务院履行出资人职责。

8月3日，国务院国资委印发《国企改革"双百行动"工作方案》并公布中央企业和地方国资委所属404家"双百企业"名单，中航集团所属中国国际货运航空有限公司入选"双百企业"试点。8月24日，中航集团审议通过货运混合所有制改革第一阶段实施方案。8月28日，确定所属中国航空资本控股有限责任公司作为持股平台实施中航集团航空货运物流混合所有制改革项目。

9月19日，中航集团公开发行2018年公司债券（第一期）发行总额30亿元，期限三年，票面利率4.3%。

11月5日，中航集团交易分团参加首届中国国际进口博览会。其间，签署8份2019年度交易意向书，交易金额3.96亿美元。

【走向海外】 截至2018年底，国航在"一带一路"沿线19个国家开通62条国际航线，通航目的地城市28座，每周航班数量314班次。班次投入增至每周单向328班，可供座位数增至约每周单向6.5万个。

6月，中航集团所属中国航空（集团）有限公司成功中标香港国际机场高端物流中心项目，成为中航集团"一带一路"投资业务的标杆项目。物流中心建设完成后，将发挥各股东方在航空、物流、快递等行业的资源与市场优势，利用中国香港作为自由贸易港的区位和政策条件，配合机管局和特别行政区政府的长远战略规划，吸引更多跨境电商商家进驻，快速开拓航空货运业务，实现智能化运作。

【重大创新】

1. 管理创新。成立中航集团（国航股份）创新管理工作领导小组和办公室，编制并下发《关于加强创新工作的实施意见》《中国航空集团公司创新管理办法》《中国航空集团公司劳模和工匠人才创新工作室管理办法（试行）》。"强化人力资源信息系统应用实现全员参与管理，带动管理效能提升""企业级移动应用平台及员工端统一APP国航之翼"2个项目在中国交通企业管理协会组织的"第十七届全国交通企业管理现代化创新成果申报"活动中分别获得一、二等奖。

2. 科技创新。"高风险航迹追踪识别与预警技术"是国家重点研发计划"广域航空安全监控技术及应用"项目的重点课题，中国民航大学为课题承担单位，国航作为参与单位，拟建成全空域航空安全监视及风险预警实验平台，为项目研究成果的示范应用提供支撑。该项目执行期限为2016年7月至2020年3月，国航主要负责运输航空公司风险管控需求研究、升级和完善已有监控系统，并提供示范验证。完成"国航高风险航班追踪系统"开发，对标民航局飞标司下发的《航空承运人运行监控实施指南》要求，实现高度偏差告警、高度突变告警、应答机编码告警等重点特色功能；基于SBB（SwiftBroadband）位置报的远程航班监控，国航部分航班具备SBB位置下发功能，频率为每2分钟1次，远高于《航空承运人运行监控实施指南》频次的要求；航班监控系统与机务健康系统融合，实现部分机队的发动机空中关停、座舱高度大于1万英尺、发动机火警等故障告警，并可在监控系统中及时触发。

【党建工作】 2018年，中航集团把学习贯彻习近平新时代中国特色社会主义思想和党的十九大精神作为首要政治任务，坚持党组带头学、及时跟进学、深入系统学、联系实际学，扎实开展党组理论中心组学习、专题研讨、高管人员政治理论集中轮训、基层党务工作者专题培训，通过深化学习，各级党员干部进一步牢固树立"四个意识"、坚定"四个自信"、坚决做到"两个维护"。压实管党治党主体责任。在总部机关职能梳理过程中，将"两个一以贯之"重大要求坚决贯穿其中，做到党的建设与企业改革发展同频共振。围绕落实国企党建工作会30项重点任务67项举措，健全党建责任制实施方案和考核评价办法。扎实推进"两学一做"常态化制度化，推动基层党组织严格落实"三会一课"制度，持续完善"1+N"党建制度体系。加强党建工作创新。深入推进"健心房"党建课题研究，积极探索企业党建的新方法新举措。明确年度党风廉政建设和反腐败工作要点，强化各级党组织主体责任落实。有效发挥巡视利剑作用，对8家单位开展常规巡视、对5家单位开展巡视"回头看"。抓牢意识形态、新闻宣传、企业文化和群团工作。强化意识形态责任制落实，加强新闻宣传管理，引进首架A350宣传活动引发社会广泛关注和好评。成立统一战线工作领导小组和办公室，加强对统战工作的领导。大力推进"人文中航"系列活动、青年志愿者活动。启动"劳模和工匠人才创新工作室"创建，组织第二届职工运动会等活动，为改革发展稳定凝聚强劲合力。

【信息化建设】 中航集团紧密围绕"十三五"战略规划，充分发挥IT业务融合效能，完善制度、管控流程，强化IT内部管控，发挥技术创新引领作用。持续深化"大运行"平台，SOC（System Operations Center）外围系统整合项目试运行，行李再确认系统（BRS）实现京蓉两地行李互查跟踪。6架具备地空互联功能的A350飞机正式投产，真正实现机上宽带网络服务；完成机上网络地面实验室部署。持续打造全接触点客户关系互动平台，推进积分兑换平台迭代开发，商业模式创新项目二期完成短信平台升级改造项目建设。不正常行李处理应用项目理顺国航全球行查业务流程。完成专业公司信息化建设管理指导意见，完成北京航食ERP系统、民航快递核心生产系统等多个重点项目建设。落实欧盟通用数据保护条例（GDPR）要求，梳理相关系统进行合规性改造。

【履行社会责任】

1. 定点扶贫。自2012年与内蒙古苏尼特右旗和广西昭平县确定定点帮扶关系以来，中航集团始终把脱贫攻坚作为企业的重大政治任务和重要政治责任，坚决落实中央关于打赢脱贫攻坚战的各项决策部署要求和《中央单位定点扶贫责任书》中的各项承诺，依托集团"8+2"帮扶体系，加强组织领导、坚持精准施策、选派优秀干部、发挥自身优势、加大投入力度、强化督促指导，积极推动定点扶贫工作取得新进展。集团主要领导先后赴扶贫县（旗）实地调研，分管领导多次与扶贫县（旗）干部开展对接交流，召开系列专题会议重点部署，层层压实脱贫攻坚责任，下属30个二级单位全部制定帮扶工作方案。投入帮扶资金1000余万元，进一步推进和完善集团"8+2"帮扶体系，开展扶贫领域作风专项治理，引入空客公司、红十字总会等知名企业单位参与扶贫，"中航蓝天课堂"等创新帮扶活动得到集团内外的一致肯定。定点扶贫责任书年度承诺项全部完成，苏尼特右旗和昭平县均顺利完成年度脱贫目标。

2. 环境保护。编制并实施集团打赢蓝天保卫战三年行动计划，完善节能环保管理体系，推进北京地区节能减排项目。通过持续推进运行节油和提升腹舱载运率项目，拉动整体燃油效率提升，国航吨千米油耗比上年下降。灵活调配集团内部碳排放配额，按时完成各项碳排放履约。

3. 重要任务保障。中航集团发挥自身优势，积极承担多项急难险重航空运输任务，2018年顺利完成春运、"两会"、冬奥会和冬残奥会、中非合作论坛北京峰会、首届中国国际进口博览会、宁夏回族自治区和广西壮族自治区成立60周年庆祝活动等重要航班和专包机任务。

（撰稿人：李　楠　杨雅爽）

中国东方航空集团有限公司

【基本概况】 中国东方航空集团有限公司(以下简称"东航集团")总部设于上海,是国务院国资委监管的中国三大国有骨干航空运输集团之一。其前身是1957年原民航上海管理处成立的第一飞行中队。东航集团由原东方航空集团公司为主体,兼并原中国西北航空公司、联合原云南航空公司,于2002年10月组建而成,并于2010年完成与上海航空公司的联合重组。2011年6月,东方航空正式加入天合联盟。2017年12月30日,根据国务院办公厅出台的《中央企业公司制改制工作实施方案》,东航集团如期完成公司改制,正式更名为中国东方航空集团有限公司。

经过持续的产业结构调整和资源优化整合,东航集团旗下有各级投资企业176家,其中控股137家、参股39家,形成以航空客运为主,航空物流、航空地产、航空食品、金融租赁、进出口贸易、文化传媒、实业发展、产业投资等相关产业协同发展的现代航空服务集成体系。作为东航集团核心主业的中国东方航空股份有限公司,是我国首家同时在纽约、中国香港特区和上海三地上市的大型骨干航空企业,在全球拥有10家分公司、63家海外营业部及办事处、21家全资和控股子公司及20家持股公司。截至2018年底,东航集团员工97696人,总资产3200多亿元,全机队规模704架,其中大中型运输机692架。作为三大国际航空联盟之一的天合联盟成员,东航航线网络可通达全球179个国家1150个目的地,年旅客运输量逾1.21亿人次,在全球航空公司中名列前茅。

【主要指标】 2018年,东航集团实现营业收入1279亿元,比上年增长14.68%;在消化油价上涨和汇兑损失减利112亿元的情况下,实现利润总额65.86亿元。东航股份公司全年完成运输总周转量231.06亿吨千米、旅客运输量1.21亿人次、货邮运输量144.33万吨,比上年分别增长8.1%、9.6%、0.3%。

2018年,东航集团强化政治担当,深入学习贯彻习近平总书记关于民航工作系列重要指示精神,坚持科学发展,狠抓安全生产。通过适当降低发展速度,控制飞行总量,正确处理安全与发展、安全与效益的关系,加强内部管理、提高风险管控能力等多种措施,实现安全形势平稳向好的良好态势。全年安全飞行224.78万小时,起降93.01万架次,比上年分别增长6.5%、6.1%。截至2018年底,东航实现连续安全飞行1860万小时,创造历史良好安全周期。

2018年中国东方航空集团有限公司主要经济指标

项目	2017年	2018年	比上年增长(%)
资产总额(亿元)	2712.96	2904.00	7.04
所有者权益(亿元)	647.69	688.21	6.26
营业收入(亿元)	1115.72	1279.49	14.68
利润总额(亿元)	89.74	65.86	−26.61
净利润(亿元)	64.81	49.84	−23.10
归属于母公司所有者的净利润(亿元)	35.68	29.87	−16.28
利税总额(亿元)	173.89	157.05	−9.68
应交税金总额(亿元)	117.77	110.62	−6.07
全员劳动生产率(万元/人·年)	54.72	55.24	0.95
净资产收益率(含少数股东权益)(%)	10.68	7.45	减少3.23个百分点
总资产报酬率(%)	4.75	3.68	减少1.07个百分点
国有资本保值增值率(%)	117.14	106.59	减少10.55个百分点

【改革发展】 2018年,东航集团围绕全面建设小康社会三大攻坚战,采取有力措施。一是聚焦防范化解重大风险。密切关注、跟踪中美贸易摩擦对客运、货运以及油汇市场影响,在市场组织、运力投向、飞机引进等方面主动应对;对美元、港币远期锁汇,降低汇兑损失;针对重点领域开展60多项审计,整改审计问题332项,特别是加强高风险业务专项审计;强化资信评估、资金资产管理,突出防范资金回收、海外经

营、金融市场波动等重点风险；组织多方力量防范数据安全风险，加强欧盟通用数据保护条例（GDPR）合规管理。二是聚焦精准扶贫。制定精准扶贫三年规划实施方案，持续加大定点地区扶贫力度，深入乡镇、自然村，精准对接脱贫户，直接投入帮扶资金1383万元，引进社会资金361万元；帮助扶贫点发展特色产业，购买农副产品508万元，帮扶销售农产品263万元；加强扶贫资金管理，督促检查扶贫成果，帮助当地培养基层干部50人、技术人员982人；选派优秀挂职干部支援建设。三是聚焦低碳环保。设立"绿色环保奖"定向激励，鼓励采取单发滑行、精准飞行，优化航路，严控额外油量，合理使用辅助动力装置（APU）以及油改电等综合措施，提升节能减排精益管理水平，全年吨千米油耗下降4.2%。认真做好审计署专项审计，财政部财经纪律检查和国税总局税务检查等相关问题整改，做到立行立改，举一反三；不断推进法治央企建设，获得"法治民航、信用民航"竞赛一等奖。

在贯彻落实中央三大攻坚战同时，以啃硬骨头的精神有力推动集团五大攻坚战。一是攻坚全面深化改革。用实际行动纪念改革开放40周年，认真贯彻"两个一以贯之"重要指示，将党的领导融入重大决策、公司治理各环节；扎实推动"1+2+2"改革布局（"1"为集团股权改革；第一个"2"为物流和中联航成功纳入国企改革"双百行动"改革；第二个"2"为上航国旅和公务机改革）；集团、股份两级机关深度融合；推动营销服务系统、机务系统、综合采购等改革，认真研讨世界一流，谋划新一轮改革举措和产业布局。二是攻坚降杠杆减负债。制定专项方案，规划资产负债率控制目标，多渠道洽谈外部资本合作；尽力盘活无效资产和清理"两金"占压，出售、转让、租赁存量资产，提高资产流动性和回报率；落实压减任务，累计完成15户法人清理；全面动员"过紧日子"，制定降本创收挖潜方案。三是攻坚北京大兴国际机场。倒排工期、争分夺秒，工程建设、运营筹备双线并进，重点推进76个大项、258个子项，核心区、货运区封顶等重大工程取得实质进展。四是攻坚基层党支部建设。认真落实国企党建工作会议精神，扎实开展"党建质量提升年"，压实党建工作责任制，全面推行基层党建述职考核，实现直属单位督导调研全覆盖；深入推进蓝天党小组活动；依托"两端一微"（PC端、手机移动端、微信公众号），形成理论学习新阵地。五是攻坚纠"四风"树新风。认真落实中央八项规定精神，驰而不息纠"四风"；加强巡视巡察整改，狠抓责任落实；加大警示教育力度，点名道姓通报曝光典型案例。

【运营管理】 面对复杂的国内外形势，东航集团加强对形势的科学研判和有效应对，采取一系列有效措施，努力提升发展的质量和效益。一是运力投放精准。强化市场分析，市场预判准确，不断优化航线网络，在机型与市场、机型与航线匹配上下功夫，市场掌控能力有进一步提升，核心市场份额总体高于上年。二是精细收益管控。把握好控总量、调结构的政策，用好客票市场化对冲油价上涨的策略，把握住旺季的市场机遇，春节后座千米收入持续上涨，上海地区票价涨幅始终领先全国。三是把准销售节奏。优化上客节奏分析，收益和销售紧密联动；推出溢价产品，加大两舱销售力度，在十大机场推行"东方优行，商旅无忧"；深化全球差旅平台合作，深挖潜在集团客户差旅出行需求，优化一站式产品；扩大积分应用场景，提前2个月完成年度积分兑换目标。四是产投成效明显。客座率82.2%，比上年增加1.2个百分点，含燃油座千米收入0.438元，比上年增长5%；票价比上年增长2.7%；收入增幅高于投入增幅4.6个百分点，收入增幅、客座率增幅、座千米收入增幅和产投比处于较好水平，高质量发展成效明显。

集团下属的产投、地产、租赁、贸易、物流、食品等板块利润表现较好。东航产投公司聚焦重点投资项目以及投后管理，联手金控公司投资大地保险，以定增方式和吉祥航空交叉持股，加强合规风控、投资决策职能，盈利3.8亿元（不含物流），比上年大幅增长。东航投资公司布局商业板块迈出实质性步伐，上海、成都高品质商业综合体开业，高端住宅销售再创佳绩，盈利14.6亿元，比上年增长显著，获得行业建筑信息模型最佳应用一等奖。东航租赁公司积极降低主业融资成本，开发旅游、医疗、基建非航投资业务，稳健投资固收产品和货币基金，资产质量处于行业前列，盈利3.5亿元，比上年增长54%。东航进出口公司整合组建采购事业部，推进集采平台建设；完成航材贸易交互平台系统对接，抓住关检合并优化流程，缩短平均通关时间至2.1天,比上年提速70%;盈利1.7亿元,比上年增长47%。东航物流公司进入混合所有制改革第三阶段,健全授权决策机制,释放机制红利,增强盈利能力,提升高端合同物流和跨境电商业务体量,盈利12.6亿元,比上年增长34%。东航食品公司积极推进中央厨房项目,加大内部整合,实现餐食成品全流程扫码管理,运营效率提升,盈利2.5亿元,比上年增长32%。东航实业公司盈利0.21亿元,比上年增长25%,法人企业从18家压缩归类到9家,大力改革重组,改变原有"弱小散";增资设备租赁公司,获得融资租赁牌照。传媒股份公司充分运用触点资源,激发多样化产品营销动能;空中Wifi平台初获460万元商业价值,"东行记"APP发布,盈利0.8亿元,比上年增长12%。东航金控公司完善多策略组合,优化大类资产配置,研发风控系统,引入战略投资者,克服金融市场波动等不利因素,盈利6.3亿元,与上年基本持平。

【品牌建设】 东航集团认真贯彻"真情服务"理念,"民航服务质量体系建设"专项行动成果显著。一是变革服务系统。深化客户职能变革,突出做好服务关键"四个一"(一条快线、一个贵宾室、一件行李、一台自助值机);客舱系统创新"520安全工作法"(50℃热饮、2人制机门操作、安全隐患零容忍);从服务供给侧入手,推行"同一舱位、同一服务"。二是狠抓航班正点。紧盯31个关键节点,争分夺秒抢抓时间,细化到调整机型、起落跑道、空管协调、机务轮档锥筒、靠桥等运行系统各个细节,由点及面系统提升,全年航班正常率80.55%,比上年增加8.56个百分点,高于全民航平均水平;国际远程航班正常率84.02%,比上年增加5.8个百分点;2小时延误航班占1.48%,比上年减少2个百分点。三是彰显精品特色。从打造京沪精品航线扩展到3批14条精品航线,制定11项细化标准,优化白金卡和常旅客会员服务流程;伴随新机型B787、A350加入,对常旅客系统、服务流程和产品同步优化升级;推出"上海特色""丝路味旅"主题系列餐食,"东航那碗面"成为"网红"品牌,获得创新服务奖。四是努力补齐短板。全渠道投诉量比上年下降9.9%,民航局转发投诉比上年下降19.3%;行李运输管理系统全面推广,每千名旅客差错行李比上年下降8.5%。五是创新自助服务。在26家机场开通无纸化通关,自助率、站点覆盖率、渠道数等指标在国内处于领先地位;自助安检通关功能正式上线;成功在14个国家与地区上线新网站,在20多条国际远程航线两舱试点航前点餐;不正常航班实现线上赔付。六是优化品牌管理。按照"四个统一、一个体系"(统一资源、统一制作、统一传播、统一公关,品牌价值体系)原则,成立新闻中心,组建品牌管理委员会;讲好改革故事,宣传东航品牌。

【党建工作】 2018年,东航集团认真贯彻落实新时代党的建设总要求,认真落实国企党建工作会议精神,认真履行全面从严治党责任,党的建设工作呈现全面推进、重点突破的良好态势。一是坚持以政治建设为统领。牢固树立"四个意识",强化"四个自信",始终把"两个坚决维护"作为最高政治原则。把党和国家方针政策、决策部署在东航落地生根,作为检验政治建设成效的重要标志,把严格向党中央请示报告制度作为加强政治建设的重要内容;严格执行新形势下党内政治生活若干准则,党组(委)成员带头不折不扣执行双重组织生活制度。二是坚持加强制度建设。坚持提高政治站位,以习近平新时代中国特色社会主义思想为指导,完成从总部到基层921个政策性、制度性、规范性文件的梳理和修订。三是坚持加强干部人才队伍建设。贯彻落实新时代党的组织路线,牢牢把握党管干部原则,不断深化干部人才队伍建设,加强日常考察监督力度;进一步拓宽选人用人视野,创新选拔聘用机制;建设富有东航特点、航空特色、时代特征的年轻干部和人才培养体系。四是坚持监督执纪问责。推进"不敢腐、不能腐、不想腐"机制建设;强化正风肃纪,精准运用"四种形态",加大问责追责力度,持续释放"越往后执纪越严"的强烈信号;迅速组织传达十九届中央首轮巡视反馈情况,作出"一对标、二整改、三反思"专题部署,深入督导检查巡视整改。五是坚持群团同向发力。丰富职工服务中心、幸福职工之家关爱项目,拓展关爱员工行动;"爱在东航"传递温暖,组织各类"爱在东航"公益志愿服务项目1593个,员工参与24317人次,关爱83917人次,累计志愿服务148763小时;排忧解难、化解矛盾,做好信访维稳工作。

(撰稿人:石义刚)

中国南方航空集团有限公司

【基本概况】 中国南方航空集团有限公司(以下简称"南航")的前身中国南方航空公司成立于1991年2月1日。1993年1月,更名为中国南方航空(集团)公司。1995年3月,成立中国南方航空股份有限公司(以下简称"南航股份"),中国南方航空(集团)公司更名为南方航空(集团)公司。1997年7月31日,南航在中国香港和纽约同时上市。2002年10月,以南方航空(集团)公司为主体,联合中国北方航空有限公司、新疆航空有限公司,组建中国三大骨干航空运输集团之一的中国南方航空集团公司。2003年7月,中国南方航空股份公司在上海证券交易所上市(股票代码600029)。2017年10月23日更名为中国南方航空集团有限公司。

南航经营业务涵盖航空客货运输、通用航空、航空器维修、国内外航空公司代理业务、航空配餐、进出口贸易、免税品销售、文化传媒广告,以及金融理财、旅游酒店、工程建设、信息网络、资产租赁、航材销售等相关产业。南航股份运营包括波音787、777、737系列,空客A380、A330、A320系列等型号客货运输飞机超过840架(含厦航、重航),拥有北京、深圳等16家分公司,在珠海设有南航通航,在杭州、青岛等地设有22个国内营业部,在悉尼、纽约等地设有69个国外办事处。2018年,旅客运输量1.4亿人次,连续40年居中国各航空公司之首,居亚洲第一位、世界第三位。

南航每天有3000多个航班飞至全球40多个国家和地区、224个目的地,航线网络1300多条,提供座位数超过30万个。通过与合作伙伴密切合作,航线网络延伸到全球更多目的地。近年来,南航持续新开和加密航班网络,强化中转功能,利用第六航权,全力打造"广州之路"国际航空枢纽,广州国际和地区通航点超过50个,形成以欧洲、大洋洲2个扇形为核心,以东南亚、南亚、东亚为腹地,辐射北美、中东、非洲的航线网络布局,成为中国大陆至大洋洲、东南亚的第一门户枢纽。南航积极响应国家倡议,为推动"一带一路"建设提供有力支撑。在"一带一路"重点涉及的南亚、东南亚、南太平洋、中西亚等区域,建立完善的航线网络,航线数量、航班频率、市场份额均在国内航空公司中居于首位,成为中国与沿线国家和地区航空互联互通的主力军。

2018年,南航发展战略加快落地,制定《建设世界一流航空运输企业发展纲要》,明确"三二四五三"战略框架。持续打造"广州之路",顺利转场白云机场2号航站楼,不断提升广州枢纽运行效率和质量;全力打造北京枢纽,加快建设北京大兴国际机场南航基地,成立雄安航空公司。开展"手册落实年"活动,深化"南航系"在营销、机务和地服领域的合作,"南航e行"功能基本实现全覆盖,不再续签天合联盟协议,构建新型国际合作关系,"规范化、一体化、智能化、国际化"发展深入推进。

2018年,南航深化改革取得突破。推进大运行建设,组建飞行总队和运行指挥中心,成立华北、华东营销中心,集中核心资源、协同指挥、及时响应、提升资源配置效率。启动用工薪酬制度改革,整合成立货运物流公司,货运物流一体化改革和通航产业化改革纳入国务院国资委"双百行动"。投资入股广州银行,取得保险经纪牌照,金融与投资板块业务发展迅速,专业板块利润增长对经营支撑作用显现。

【主要指标】 2018年,南航运输旅客近1.4亿人次,比上年增长10.8%;客座率82.44%,比上年增加0.23个百分点;实现营业收入1443.58亿元,可用吨千米成本(不含航油成本)比上年减少3.80%,利润总额65.84亿元。

2018年中国南方航空集团有限公司主要经济指标

项　目	2017年	2018年	比上年增长(%)
资产总额(亿元)	2298.60	2619.44	13.9
所有者权益(亿元)	691.00	837.06	21.0
营业收入(亿元)	1281.60	1443.58	12.6
利润总额(亿元)	93.60	65.84	-29.6

续表

项目	2017年	2018年	比上年增长（%）
净利润（亿元）	73.00	50.21	−31.2
归属于母公司所有者的净利润（亿元）	35.30	30.51	−13.6
利税总额（亿元）	106.60	82.30	−22.8
应交税金总额（亿元）	100.10	115.50	15.3
全员劳动生产率（万元/人·年）	45.86	45.99	0.3
净资产收益率（含少数股东/不含少数股东）（%）	11.40/11.80	6.56/8.49	减少4.84个百分点/减少3.31个百分点
总资产报酬率（%）	5.60	4.02	减少1.58个百分点
国有资本保值增值率（%）	120.80	109.90	减少10.90个百分点

【改革发展】 南航明确"三二四五三"战略框架。战略目标是"三个一流"：一流的安全品质、一流的盈利能力、一流的品牌形象。战略布局是打造广州—北京"双枢纽"。战略取向是推动"四化"：规范化、一体化、智能化、国际化发展。治理体系由党的领导、治理结构、战略管理、市场机制和企业文化5个体系构成。保障能力是加强条件、资源、环境3个方面的保障。

南航稳步有序推进十大战略工程和深化改革九项重点任务，成熟一项、推动一项、落实一项。一是深化三项制度改革。启动用工薪酬制度改革，在6家二级单位完成试点，"增人不增资、减人不减资"的效果初步显现。二是推进规范董事会建设。南航持续建设和完善公司治理体系，制定董事会常务委员会议事规则，建立投资公司专职董事、专职监事制度，公司运作更加规范高效。充分发挥独立董事作用，设立专职董监事制度，派出10名专职董事到22家投资单位任职，提升董事会的决策质量和效率。公司董事会获评《财富》"中国最佳董事会50强"。三是深入推进"双百行动"。货运物流一体化改革和通航产业化改革纳入国务院国资委"双百行动"，整合成立南航货运物流公司，研究制定通航公司混合所有制改革实施方案。四是加快产融结合。成功入股广州银行，预计每年能带来5亿～7亿元投资收益，取得保险经纪牌照并开展试运营，集团资金归集度增加5个百分点。五是集中采购工程进展迅速。电子采购平台投入使用，管理和操作实现信息化、网络化，可集中采购项目实现67.6%直接集中采购，在央企采购对标排名中取得进步。六是成立明珠创新工作室。鼓励员工跨系统合作交流，首个进驻项目"领航2025"在机型航线匹配、客舱减载等方面取得重要成果。集团股权多元化改革取得重大进展：注销5家公司，超额完成国务院国资委压减任务；实现"三供一业"100%签约，各项改革稳步推进。

【重大项目】 南航深化大运行改革，以推进总部和分支机构职能优化协同高效为着力点，理清权责边界，调动积极性，聚焦质量效率提升，构建集中管控、高效决策、沟通顺畅、系统联动的大运行体系，进一步统一飞行资源管理，实现飞机、人力资源、技术管理、运行标准、飞行培训等多个统一；推进营销"大区制"改革，实现运力、航班等集中统一管理。公司核心资源更加集中、协同指挥更加有力、动态响应更加及时、资源配置更加高效，"总部管总，分支机构主战，矩阵单位主建"的集团管控新格局逐步形成。

南航启动用工薪酬制度改革，形成全面覆盖人力资源管理体系和管理机制的用工、薪酬制度改革方案，在6家单位完成试点实施，进入全面推广落地阶段，进一步激发全员干事创业激情。

南航圆满完成百亿融资项目，实现股权融资127亿元；持续优化债务结构，报告期内公司美元负债比率由34.31%下降至26.60%，降低南航的汇率波动风险，为发展成为世界一流航空运输集团奠定基础。

南航着力推进营销改革，试点建立华北、华东区域营销中心，试行营销客户经理制等机制创新。对31架宽体飞机进行客舱布局改造，增加1046个座位，年收入增加2.7亿元；持续推进智能化战略，上线民航领域首个人脸识别APP应用程序，建立智能化数据共享平台实现精准营销，旅客使用"南航e行"基本实现出行服务全流程数字化；推动营销与服务深度融合，针对明珠会员推出里程全舱动态兑换项目，制定大客户新策略促进集团客户业务发展，客运大客户销售收入116.79亿元,比上年增长23%。2018年,"南航e行"平台访问量3.71亿人次,比上年增长54.58%,南航网站排名、APP月活跃用户数、央企新媒体指数均领先国内航企,新媒体海外传播力排名央企第一位。

2018年,南航直销收入544.54亿元,服务电子化比例比上年增加14.07个百分点。公司明珠会员3978万人,比上年增长15.24%,实现常客收入436.96亿元,比上年增长20.84%。南航整合货运资源,成立货运物流公司,持续优化货机航线网络,不断完善高端产品体系,深化大客户合作,加大货运智能化平台建设投入。全年实现货邮运收入100.26亿元,比上年增长10.39%;货机收入52亿元,比上年增长12%。

加快推进广州—北京"双枢纽"战略落地。南航全力打造北京枢纽,新开北京—伊斯坦布尔等航线,为大兴机场运营提前布局,高标准建设北京大兴国际机场南航基地,完成投资34.6亿元,一期工程全部完成主体结构封顶。雄安航空筹建获批,按照承担北京新机场航空旅客业务量40%的目标,明确新机场运营筹备的137项任务,提前谋划做好北京大兴国际机场运力储备,研究红线外产业布局,落实78万平方米规划用地,提前研究转场方案。南航持续打造"广州之路",优化广州枢纽,完成广州白云机场T2航站楼转场运行,新开广州—三亚—伦敦,广州至罗马、拉合尔航线,并对广州往返多伦多、普吉、槟城、富国岛、兰卡威、巴厘岛、阿德莱德等航线进行加密。南航广州始发国际(含地区)航点55个,占白云机场国际航点总量的61.8%。广州枢纽旅客中转量442.4万人次,比上年增长8.4%,高于1.4%的航班量增幅,其中国际中转410.9万人次,比上年增长10.4%,枢纽效应进一步显现。

推动"规范化、一体化、智能化、国际化"发展。开展"手册落实年"活动,推动形成"手册领导"和"手册员工",规范化水平进一步提升。加强与厦航、川航在营销、机务、地服等领域合作,在广州、长春机场实现厦航、川航地面业务回收及休息室共用。

充分发挥考核指挥棒作用。深入开展战略解码工作,明确2019年总体目标,确定18项公司级KPI和24条公司级策略。积极推动考核纵向到底,将公司战略转化为员工行动。深入开展考核讲评,突出质量效益要求,确保各项改革任务和年度重点工作落实落地。

【走向海外】 南航决定自2019年1月1日起不再续签天合联盟协议,在持续妥善做好退盟工作的同时,继续深化与法荷航等原有合作伙伴的基础上,更有针对性地开展双边、多边合作,与美国航空扩大代码共享和常旅客合作,与英航、芬兰航空、阿联酋航空等多家国际知名航空公司开展战略合作。持续强化"南航系"协同发展,与法荷航、厦航签署四方联营合作协议,继续开展双边、多边合作,与厦门航空、四川航空在运力布局、航线合作、资源共享和客户协同等方面合力逐步增强。南航与法国航空、荷兰皇家航空、美国航空、澳洲航空、芬兰航空等31个国内外航空公司在790条航线(含主干线及以远航线)进行代码共享合作,新增国际航点102个,进一步扩大销售渠道和航线网络布局。

南航的战略转型主要是围绕枢纽做中转、围绕国际长航线做衔接,创造新的盈利模式和发展方式,网络型航空公司形态逐步形成。2018年,南航进一步完善国际布局,新开广州至罗马、拉合尔航线,并对广州往返多伦多、普吉、槟城、富国岛、兰卡威、巴厘岛、阿德莱德等航线进行加密,国际及地区航线达到56条。

【安全生产】 2018年,南航贯彻习近平总书记关于民航安全工作的重要批示指示精神,从严落实民航局26条措施,出台南航抓好安全工作的34条措施。深入开展"作风纪律专项整治""资质能力专项排查""地面代理专项整治"等活动,切实加大培训力度,深入开展安全检查,全面排查风险隐患,着力构建长效机制,牢牢把握安全工作的主动权。坚持高压反违章不放松,在关键专业队伍中营造"快乐工作,安全幸福"的安全理念,不断强化规章意识和底线思维。严格落实领导值班制度,将各项要求落实到岗位、到个人。加强空勤人员体检鉴定及健康管理,全年完成各类人员体检鉴定24211人次,有效预防空中失能发生。持续推进航空公司安全管理SMS体系建设,深化QAR等技术应用,着力提升安全管控水平。南航集团完成运输飞行277.3万小时,其中南航股份运输飞行213.1万小时,累计安全飞行2126.5万小时,连续保障230个月飞行安全和295个月空防安全,获得飞行安全钻石二星奖;厦航实现安全飞行64.1万小时;通用航空飞行1.37万小时;确保消防、危险品和公共卫生安全。发生公司责任原因事故征候1起,事故征候万时率0.0047,安全业绩连续三年保持行业领先。

【党建工作】 南航把学习贯彻习近平新时代中国特色社会主义思想和党的十九大精神作为首要政治任务,深入开展"大学习、深调研、真落实"活动,组织集中学习、专题培训、专题党课等7000多场次,参与党员超过8万人次。召开南航集团直属(股份)第一次党代会,制定出台《关于深入学习贯彻落实新时代党的建设总要求 努力把各级党组织锻造得更加坚强有力的决定》。扎实推进党建工作对标提升年,完成1700余名基层党组织书记轮训。制定《关于进一步激励干部新时代新担当新作为的实施意见》,持续推进优秀年轻干部"十百千"计划,与波音公司合作举办第一期中青年干部培训班,开展驻外办事处干部、机务系统干部交流调整及大运行建设干部交流挂职。组织开展重点领域专项审计和重要岗位经济责任审计,切实加强审计结果运用。开展中央巡视反馈问题整改落实情况再"回头看",完成四轮22家单位巡视,开展出国证照大检查,加强因公出国(境)管理。集中整治形式主义、官僚主义,持续推进物资采购、工程建设等重点领域廉洁风险防控,制定《南航集团关于构建"不能腐"体制机制的实施办法》,修订监督主体联席会议制度,完善大监督格局。发挥统战、群团、工会等组织作用,推动"五小"创新工作规范化、常态化、制度化,开展技能竞赛、青年培养、帮扶工程等活动。

【信息化建设】 南航十分重视企业的信息化建设,拥有超过1000人的信息化人才队伍,为相关研发工作奠定坚实的人才基础,新版官网、移动APP、微信平台、B2B等多个IT系统建设改造,形成客运营销、运行控制、空地服务、航空安全、货运、企业管理和公共平台等系统,有力支持公司战略转型和业务发展。

配合公司"大运行"明确信息化建设目标和实时路径,全面整合航班运行日志和运行保障信息,通过航班运行大屏幕,实现运行情况总览,全方位展示航班运行概况。研发GOCC系统航班保障功能,实现进程监控可视化,推进分子公司属地集中运行平台GOC建设。完成飞机状态实时管理和监控功能开发;旅客监控,搭建中转衔接监控平台,实施一键式改签;行李监控完成国际行李数据对接的推广试用。

大数据和人工智能应用方面,南航建成航线风险和机场风险数据库,监控飞机、机场、能见度等运行风险及关联风险,实现机队航油管理,提升运行品质管理和分析能力,完善空勤自动排班和地服人员优化排班算法,助力运行决策分析。

"南航e行"经过三年的完善,功能基本实现全覆盖,社交媒体粉丝超过3200万人,APP累计激活4000万次,关键指标保持行业领先。构建智慧地服,广州枢纽实现国内航班值机、托运、过检、登机的全流程自助和无纸化便捷出行,非柜台值机办理率65.35%,成为国内首家全面推广刷脸登机业务的航空公司;率先实现行李运输状态展示功能,行李差错率比上年下降48.6%;在境内航企中率先实现国内客票全渠道自助退改,推行航班100%预选座位,建立大面积航延客票改签的营销和服务联动机制,旅客体验更加方便快捷。

深入推进智能化技术应用方面,EFB电子飞行包获得中国民航局正式运行许可,南航成为国内首家全机队同时获得纸质资料电子化和电子放行运行批准的航空公司,正式迈入全机队无纸化运行新时代。白云机场T2航站楼全流程自助服务不断推进,实现自助值机、行李托运和自助登机。推出登机牌、手机二维码旅客身份验证和登机口、两舱休息室人脸识别功能。

将信息化全面应用在强化企业信息化管理上,完成司库系统业务咨询、银企平台搭建和对接,支撑公司大司库体系建设;搭建企业数据核心平台,实现财务决策数据的多样化灵活展现;践行公司集中采购战略要求,投产阳光商城、员工商城;实现差旅机票网上申请、订座、出票、报账全流程管理;优化"南航e家"使用体验,增加移动考勤、移动视窗、无纸化会议、效能监控;投产党建系统支持公司党建统战、党员学习、台账管理、党费缴交等业务。

【履行社会责任】 南航品牌影响力持续提升。2018年,南航开展航班正常提升工程,航班正常率80.96%,在三大航中排名第一位。开展服务质量体系建设提升专项行动,中国民航局公布的投诉率为百万分之24.65,在三大航中最低。

南航坚决贯彻执行党中央、国务院关于脱贫攻坚的重大决策部署,为脱贫攻坚和小康社会建设作出应有的贡献。2018年,南航在全国12个省(自治区)的2个县、21个村开展扶贫工作,投入扶贫资金1723.2万元,派出挂职和驻村干部63人。主动开展公益活动和志愿服务项目,为执行维和包机、应急救援、押送犯罪嫌疑人等提供特殊飞行保障服务。在国际化发展中积极融入海外社会,深入开展文化建设与交流活动,树立阳光南航、责任央企的良好形象。

中央媒体刊发南航新闻稿件超过146篇,其中中央电视台《新闻联播》等重点栏目正面报道49次。发布《阳光南航公约》企业文化体系;南航以"航空引领、产业带动、教育固本、关爱救助、阳光扶贫"为工作模式,发挥自身优势,持续推进产业扶贫、就业扶贫、教育扶贫。南航构建绿色发展战略,积极应对全球气候变化挑战,深度参与国际航空排放治理进程,不断开创绿色发展新局面。全面履行重大任务保障、扶贫攻坚、节能减排等政治责任和社会责任,阳光南航、责任央企的良好形象得到有力彰显,被评为Skytrax 2018年"全球最杰出进步航空公司";"中国南方航空"微博、微信账号被评为"2018年度中央企业最具影响力新媒体账号";机务工程部刘宇辉被国务院国资委党委授予"央企楷模"称号。

(撰稿人:张海峰)

中国中化集团有限公司

【基本概况】 中国中化集团有限公司(以下简称"中化集团")成立于1950年,是中国四大国家石油公司之一、化工产品综合服务商、最大的农业投入品(化肥、种子、农药)和现代农业服务一体化运营企业,并在高端地产酒店和非银行金融领域具有较强的影响力。中化集团设立能源、化工、农业、地产和金融五大事业部,对境内外300多家经营机构进行专业化运营,并控股中化国际、中化化肥、中国金茂等多家上市公司,拥有全球员工近6万人。中化集团是最早入围《财富》全球500强的中国企业之一,迄今上榜28次,2018年排名第98位。在国务院国资委2017年业绩考核中连续第13次被评为A级。

2018年,全球经济增长动能减弱,贸易争端加剧、地缘政治冲突等不利因素增加,原油价格震荡下行、金融监管不断强化及地产行业整体低迷等因素也使企业面临新的挑战。面对复杂的外部环境,中化集团敏锐把握市场机遇,紧盯目标任务层层落实,严控风险,圆满完成各项预算指标。

能源板块。能源事业部充分发挥在国内外市场拥有的资源、渠道和运作优势,在巩固提高石油国际贸易和石化仓储物流业务竞争优势的同时,加快向石油产业链下游延伸。炼化领域,泉州石化顺利完成首次大检修,主要装置运行平稳,累计加工原油1164万吨。仓储物流领域,2018年累计罐容利用率90%,比上年增加2个百分点。贸易领域,继续深化独立炼厂营销战略,原油及成品油贸易量、盈利均完成预算目标。销售领域,通过加快零售网络建设、实施油非互动等挖潜增效举措,经营业绩比上年大幅提升。

化工板块。在国家环保监管日趋严格的背景下,充分利用安全、环保生产上的优势,制冷剂、橡胶防老剂、绿色环保农药等主要装置全年保持高负荷平稳运行。农业化学领域,打造自主明星品牌,快速提升高毛利的自主产品经营占比。新材料领域,大力支持连云港精细化工循环经济产业园做大做强,并购全球领先的ABS材料制造商Elix Polymers,引进芳纶、反渗透膜材料等技术。新能源领域,通过并购淮安骏盛进入锂电池行业,主要产品实现量产并取得客户认证。

农业板块。以现代农业服务为转型升级突破点,加快推进渠道深耕,营业收入和利润均实现超预算的大幅增长。化肥领域,各主要肥种的销量均比上年有不同程度的增加,全年销量1161万吨。现代农业服务领域,以"种出好品质、卖出好价钱"为核心定位,聚焦核心作物、优势产区,2018年建成MAP服务中心90余座、示范农场超过100个,覆盖种植面积超过150万亩。种子领域,中种集团持续加强种质资源整合和商业化育种能力建设,强化营销推广,降低管理成本,在市场整体供大于求的情况下仍实现利润大幅减亏。

地产板块。2018年,中国金茂开发业务实现签约额1200亿元,比上年增长85%。持续推动由地产开发商向城市运营商的转变,累计获取或锁定12个城市运营项目。坚持"房子是用来住的,不是用来炒的"定位,聚焦高端领域实现差异化发展,发布金茂府2.0标准。

金融板块。大力推进消费金融圈战略和产业金融链战略落地,按照监管政策要求积极推动产品能力和运营能力创新;完成产业基金平台搭建,深度对接资金端与产业端,多支基金设立取得实质性进展。

【主要指标】 2018年,中化集团资产总额4897.49亿元,比上年增长17.39%;利润总额159.46亿元,比上年增长17.77%;归属于母公司的净资产收益率由8.4%提升至9.12%。

2018年中国中化集团有限公司主要经济指标

项　目	2017年	2018年	比上年增长(%)
资产总额(亿元)	4172.0	4897.49	17.39
所有者权益(亿元)	1140.0	1470.55	29.00
营业收入(亿元)	5188.2	5910.76	13.93
利润总额(亿元)	135.4	159.46	17.77
净利润(亿元)	84.2	98.12	16.53
归属于母公司所有者的净利润(亿元)	50.9	46.40	−8.84
归属于母公司的净资产收益率(%)	8.4	9.12	增加0.72个百分点
应交税金总额(亿元)	191.97	174.02	−9.35
净资产收益率(%)	9.21	7.20	减少2.01个百分点
总资产报酬率(%)	4.73	4.70	减少0.03个百分点
国有资本保值增值率(%)	112.28	102.40	减少9.88个百分点

【改革发展】 2018年3月,中化集团党组书记、董事长撰写题为《科学至上》的文章,文章系统阐述中化集团新一轮改革转型的总体思路。在2018年4月召开的高层研讨会上,中化集团全体经理人围绕"科学至上"的核心理念达成高度共识,力争用5～10年将中化集团全面转型为科学技术驱动的创新型企业。在此目标下,中化集团确定化工新材料、新能源、生物、环保等重点发展领域,计划未来三年累计投入资金1000亿元、新增各级科技人才1000人、实现新产品销售收入1000亿元,努力取得一系列重大研发突破和产业化进展。

2018年4月,中化集团围绕新的理念和战略目标发布关于深化改革全面转型的决定和相关工作方案,从创新战略、评价体系、创新架构、人力资源、总部改革等8个方面确定36项改革重点任务,组成党建、战略、评价、人力、综合5个工作组,统筹有序地推进改革转型工作。截至2018年底,22项课题完成结题评审,一批基础性、全局性、关键性的改革措施公布实施,进一步下放投资决策、法人机构设立和BU党建工作权限,以创新为导向的科技创新体系,鼓励改革、倡导创新的制度环境初步搭建起来,取得明显成果。

【重大项目】 2018年6月,中化集团以24.05亿元的价格收购扬农集团29.79%股权,并向其增资36亿元,将所持扬农集团股权由40.59%增加至79.88%。10月,中化国际以1.43亿欧元的价格,并购国际领先的西班牙ABS塑料企业Elix Polymers公司;以10亿元的价格入股淮安骏盛新能源科技有限公司,获得约80%的股份,正式进入锂电池领域;出售所持上市公司江山股份的全部股权,转让价格为18.03亿元。11月,中化现代农业以8.19亿元的价格收购荃银高科21.5%股权,成为荃银高科第一大股东。中化泉州二期100万吨/年乙烯项目于2017年开工建设,2018年正常进行,进入主体安装阶段。连云港精细化工循环经济产业园按照计划推进,园区土地规模由1.84平方千米扩张至4.27平方千米。MAP(现代农业服务)平台在全国快速落地,2018年底建成MAP服务中心90余座、示范农场超过100个,覆盖种植面积超过1000平方千米。2018年底,中化国际完全出售中化国际物流有限公司,转让价格34.5亿元。

【走向海外】 2018年,中化集团扩大在"一带一路"沿线国家的石油、化肥等大宗商品贸易规模,年贸易额超过600亿美元;充分发挥在杂交小麦、杂交水稻方面的研发优势,以口粮作物为重点推进与沿线国家的农业合作，帮助其提高农业发展水平。2018年，中化集团全面参与首届中国国际进口博览会，举行专场签约活动与全球17家合作伙伴签订采购协议，进口以原油、高品质肥料和高端化学品为主的19种商品，采购金额超过113亿美元，签约规模在参会央企中位居前列。

受外交部和中国贸促会委任，中化集团党组书记、董事长宁高宁2018年继续担任APEC工商咨询理事会可持续发展工作组主席，并在巴布亚新几内亚APEC峰会期间担任工商界代表与APEC经济体领导人对话会主持人和中方协调人，陪同习近平主席圆满出席对话活动。

【重大创新】 管理机制方面。2018年，中化集团突出技术评价在项目审查中的重要性，明确所有新投资项目必须进行技术评价，确保新上马项目的技术领先性。有序推进"闸门式"管理、情报系统及知识产权管理体系建设，完成研发人员双通道设置，完善开放多元产业化的科技管理体系。积极开展科技成果转化激励试点，集中资源推动科技成果产业化关键环节实施落地。

技术创新方面。2018年，中化集团在特种ABS、膜材料、对位芳纶、锂电池材料等多个细分领域实现产业落地。中化集团氟化工科技创新成果"环境友好五元环含氟材料催化合成技术及产业化"项目获得国家技术发明二等奖。

【党建工作】 2018年，中化集团按照国务院国资委党委"中央企业党建质量提升年"的总体部署，坚持重心下移，抓基础、抓规范、抓长效，党建工作质量明显提升。

在政治理论学习上，集团领导班子于6月下旬集体赴遵义进行现场学习，以"不忘初心、牢记使命、科学至上、引领发展"为主题展开研讨交流。2018年上半年，中化集团先后举办4期集团关键岗位党的十九大精神集中轮训和1期党务干部培训，覆盖全部272名关键岗位领导干部。在落实党建工作责任制上，出台《中化集团党建工作重点任务督促检查实施办法》，逐级严实责任，督促整改落实。在党风廉政建设上，坚持把纪律规矩挺在前面，确保整体氛围风清气正，制定集团《巡视工作五年规划》，组织开展常规巡视和专项巡视，制定发布中化集团大监督体系，建立完善"两协同"（计划协同、项目协同）、"两共享"（人员共享、信息共享）运行机制，统筹发挥纪检、审计、财务、法律等职能监督作用。

【履行社会责任】 中化集团从2002年开始积极响应党中央、国务院号召，承担对口支援西藏、青海和定点帮扶内蒙古的光荣使命。2018年，中化集团实际发生的累计对外捐赠支出7557.6万元，集团主要领导多次赴西藏岗巴县和内蒙古林西县、阿尔克鲁沁旗等扶贫一线进行现场调研督导。中化集团定点帮扶的内蒙古林西县成为自治区当年唯一一个"摘帽"的国家级贫困县，对口支援的青海德令哈市成功"摘帽"。

作为从事能源、化工等高风险行业的企业，中化集团始终把安全生产和生态环境保护放在首要位置。在安全生产方面，全年安全生产形势总体平稳，未发生较大及以上安全事故。在环境保护方面，6月召开生态环境保护大会，万元产值综合能耗、COD排放量等指标均顺利达到国务院国资委下达的第五任期考核要求。

（撰稿人：李舒群）

中粮集团有限公司

【基本概况】 2018年，中粮集团有限公司（以下简称"中粮集团"）深入贯彻落实习近平新时代中国特色社会主义思想和党的十九大精神，聚焦高质量发展，进一步提质增效、深化改革，企业改革发展和经营业绩迈上新台阶。一是经营业绩再创新高。中粮集团积极应对中美贸易摩擦、非洲猪瘟等严峻挑战。2018年，中粮集团资产总额5606亿元，营业收入4711亿元，利润总额129亿元，再创历史新高。二是持续提质增效，夯实发展基础。中粮集团坚持把"瘦身健体"、提质增效作为推动发展方式转变、促进发展质量和效益提升的重要抓手。在2016年、2017年扎实推进提质增效工作的基础上，2018年继续全力推动亏损企业扭亏增盈、"僵尸"和特困企业处置、法人压减等各项专项工作,均取得积极进展和显著成效,顺利完成国务院国资委挂牌督导的13户"僵尸"和特困企业处置,提前完成国务院国资委法人压减目标等。三是进一步深化国有资本投资公司改革。中粮集团作为国有资本投资公司改革首批试点企业,2018年在前期改革基础上,继续深化体制机制改革,进一步推进资产整合,打造人财物、产供销、责权利一体化的专业化公司;推进混合所有制和员工持股改革,激发企业内生动力;强化激励机制改革,推行职业经理人制度,优化选人用人制度;优化集团总部职能和架构,形成包括战略规划、全面预算、运营管理、风险管控、业绩考核等环节的战略管理闭环等。

【主要指标】 一是发挥农业"走出去"的领军作用,提升全球竞争力。坚决推动国际农粮业务非核心业务剥离,全面完成与尼德拉和来宝农业的整合,形成六大品种线主导的四大产区和三大销区。建立起较为完善的风控治理架构,运营质量得到全面提升。二是强化国内市场拓展,提升经营量和市场份额。粮食贸易业务加快市场化业务转型,提升粮源掌控能力,完善购销一体化机制。2018年,粮食贸易量比上年增长34%,其中内贸玉米销量比上年增长45%。稻谷和小麦加工业务重点推进下游渠道深耕和品牌业务发展,经营量比上年增长18%。纺织业务国产棉合作经营、自营购销等业务模式日趋多元,棉花经营量比上年增长45%。三是积极应对中美贸易摩擦。强化商情研判,通过套期保值等手段,控制经营风险。提前评估美国农产品进口风险,减少远期交货的采购数量;积极协调,确保已采购的美国农产品及时到货,锁定原料;加大替代品种的采购。四是完善优化粮油糖棉产业布局。中粮集团党组审议通过中粮集团贸易等8家专业化公司2018—2020年产业布局方案。全年集团审批通过46个项目,其中中粮集团油糖棉核心主业投资30个项目,占比65%。五是深入推进供给侧结构性改革。积极落实国家粮食去库存政策。临储拍卖出库量占全社会成交量的12%,累计竞拍陈化水稻363万吨,坚决执行库存稻谷定向加工出口任务。积极开展重大项目研发,集团9个重大项目中,2个项目实现增收超过1.3亿元,2个项目预期可降本超过3000万元,1个项目盘活库存4亿元。

2018年中粮集团有限公司主要经济指标

项 目	2017年	2018年	比上年增长（%）
资产总额（亿元）	5443.8	5606.4	2.99
所有者权益（亿元）	1582.8	1660.4	4.90
营业收入（亿元）	4753.9	4711.2	−0.90
利润总额（亿元）	122.1	128.8	5.49
净利润（亿元）	70.6	89.6	26.91
归属于母公司所有者的净利润（亿元）	27.4	22.3	−18.61
技术开发投入（亿元）	2.6	3.3	26.92
利税总额（亿元）	290.6	284.4	−2.13
应交税金总额（亿元）	172.2	155.6	−9.64
全员劳动生产率（万元/人·年）	31.9	30.3	−4.95
净资产收益率（%）	4.34	5.52	增加1.18个百分点
总资产报酬率（%）	1.62	1.30	减少0.32个百分点
国有资本保值增值率（%）	104.00	101.90	减少2.10个百分点

【改革发展】 中粮集团率先探索、持续深化国有资本投资公司改革,着力通过顶层设计和机制创新来破解矛盾。截至2018年底,中粮集团下属18家专业化公司中14家完成混合所有制改革或实现股权多元化。

1. 完善产权管理制度体系建设。根据国资监管最新政策规定及集团管理实际需要,全面梳理产权管理职能,严格按照国资监管要求,重新划分集团总部和专业化公司相关职责及权限,并再次全面修订4项产权管理制度。境内下属专业化公司在集团新修订制度的总体框架下,结合自身实际情况,明确内部产权事项审批程序和工作流程,制定相应的产权管理实施细则。

2. 下属企业重大重组项目产权管理情况。一是生化业务整合。中粮生化上市公司通过向中粮香港子公司发行股份,完成对相关生化业务资产的全资收购。交易完成后,中粮集团通过中粮香港持有中粮生化的股份由原来的15.76%变更为56.03%。二是地产业务整合。中粮地产以发行股份的方式向明毅公司收购其持有的大悦城地产91.34亿股普通股股份,并向特定投资者发行股份募集配套资金。交易完成后,大悦城地产成为中粮地产的控股子公司,中粮集团持有中粮地产75.64%的股份。三是资本重组上市。经证监会有条件审核通过,中粮资本装入中粮集团A股上市公司中原特钢从而实现上市。交易完成后,中粮集团持有上市公司62.78%的股份。

3. 稳步推进职业经理人制度。在前期试点的基础上,2018年对中粮集团饲料总经理岗位进行市场化选聘,按照职业经理人进行管理。进一步优化职业经理人的激励约束机制,完善退出和问责程序,畅通"下"和"出"的通道。

4. 进一步优化收入分配机制。按照以岗定薪、按绩取酬、权责对等的原则对员工薪酬结构进行调整,2018年在全集团范围实施基层员工涨薪,重点向骨干员工和一线技术工人倾斜,不断激发员工干事创业的积极性主动性。

5. 全面创新激励方式。积极扩大员工持股、项目跟投、股票奖金等激励手段的覆盖面,不断增强关键岗位人员和核心人才的干事创业活力。

6. 鲜明树立鼓励干部担当作为的用人导向。制定出台《中粮集团党组关于进一步激励广大干部新时代新担当新作为的实施意见》,从思想政治教育、选人用人、考核评价、容错纠错、提升本领能力、关心关爱干部、加强组织领导等7个方面提出具体举措,进一步建立和完善集团正向激励体系,切实为敢于担当的干部撑腰鼓劲。

【重大项目】

1. 投资管理制度建设及执行情况。中粮集团结合国资监管新规,修订《中粮集团有限公司投资管理指引》,强化投资计划管理,按照集团管资本、专业化公司管资产原则,进一步明确审批权限和审批程序。为进一步加强投资管理工作,提高投资审查效率,严控投资风险,中粮集团再次完善、细化集团投资管理制度,形成《中粮集团有限公司投资管理办法》等6项制度。

2. 重大投资项目进展情况。2018年,中粮集团投资额大的项目主要集中在粮油加工、贸易和地产业务。粮油加工业务重点项目包括广东产业园二期等,贸易业务重点项目包括防城港中良仓储有限公司仓储物流项目等,地产业务重点项目包括成都天府新区大悦城项目等。

3. 重大科研开发情况。创制基于我国母乳营养特性的全价母乳替代脂产品,处于行业领先优势;开发血糖调控功能米面健康新品,2款辅助食品(少醣生、纤肠态)研发上市;"玉米深加工提质增效关键技术开发""玉米淀粉及淀粉糖产品应用技术开发"为中粮生化产业开发出一系列产品和技术成果;开发食糖新产品创制与产业化关键技术,助力中粮集团提高产品品质;开展中茶超级单品关键技术研究,助力金花香橼进入全国渠道,实现终端销售收入超过2000万元;创制饲料无抗日粮关键技术开发及产品;创制航天食品关键技术研究及新产品,开发航天员专用主食类食品、复水类食品和即食类食品三大类产品,并通过航天员感官评测;开展粮油食品质量安全保障关键技术研究,查找并解析国内外标准和法规255个,编制快检产品评价技术规范等企业标准3件,丰富粮油产品危害物数据库。

【走向海外】 中粮集团坚定推进国际化战略,2014年以来顺利并购尼德拉和来宝农业2家国际性粮食企业,"走出去"取得显著进展,境外资产分布于60多个国家和地区,主要贸易中心位于瑞士、荷兰、新加坡、美国,主要经营性资产位于巴西、阿根廷、乌克兰、罗马尼亚、印度、南非、澳大利亚等。

2018年,中粮集团重点推动海外业务聚焦提质增效,加快业务整合,提升经营能力,基本完成尼德拉和来宝农业下属法人单位的整合,实现"一个团队、一个法人、一个运营中心、一本账"。中粮集团海外业务营业收入占集团整体的比重接近45%,经营口径实现扭亏为盈。

【重大创新】 2018年,中粮集团按照国家创新驱动发展战略与国家科技创新体制改革的精神要求,紧密围绕"以营养健康为核心的产品开发""以节能减排、提质增效为核心的技术开发"2条主线开展研发创新工作,努力加强"一带一路"的合作,强力推进企业自主研发创新,积极承担国家和地方政府科技任务,取得显著的成果和效益。

2018年,中粮集团获得专利授权356件,其中发明专利76件;主持制定国际、国家或行业技术标准13个,其中国家标准2个,行业标准11个;发表科技论文541篇,其中SCI28篇,第一作者3篇,EI11篇,第一作者1篇;获得2018年度中国粮油学会科学技术奖3项(一等奖2项、三等奖1项)、2018年度中国商业联合会科学技术奖二等奖1项、2018年度老龄产业博览会产业创新奖、2018年度BHERT最佳研发合作产业伙伴关系奖;被中国粮油学会授予"第三届全国粮油科技创新型企业"称号。

【党建工作】 2018年,中粮集团经过中央巡视和国务院国资委党建考核,在领导班子和干部队伍建设、基层党组织和党员队伍建设等各领域,在党的政治建设、思想建设、组织建设、作风建设、纪律建设以及制度建设、反腐败斗争等各方面,在领导干部教育培养、选拔任用、管理监督、考核激励等各环节,更加突出政治导向、政治标准、政治要求,在反思问题的同时,坚决落实各项整改任务。

中粮集团坚持以习近平新时代中国特色社会主义思想为指引,牢牢把握企业改革发展的正确方向,努力培育和打造"世界一流大粮商"。中粮集团党组围绕"党建质量提升年"目标,高举习近平新时代中国特色社会主义思想伟大旗帜,全面贯彻落实党的十九大精神,落实全国组织工作会议、全国国有企业党的建设工作会议精神,紧紧围绕新时代党的建设总要求和党的组织路线,牢记"四个意识",坚定"四个自信",坚决做到"两个维护",以强化党的基层组织体系为重点,以提升党建工作质量为主线,以服务集团改革发展为导向,坚持党要管党、全面从严治党,坚持党组带头、以上率下,党的建设取得扎实成效。

【信息化建设】 一是实现全集团范围内跨公司、跨系统的账级明细数据集中和共享。2018年,成功上线的中粮集团财务数据平台作为集团整体ERP项目的重要组成,覆盖中粮集团并表范围内1198家公司,通过自动对接15种类型系统,实现1043家、占比87%的单位的ERP系统直连(自动抽取财务凭证生成报表),包括粮油棉糖酒等核心主业的主要企业。在中粮集团国内企业管理信息化不断深入优化基础上,外延到中粮国际海外版图,在2018年度启动中粮国际ERP实施项目。

二是大力推动各专业化公司基于ERP的外延系统建设,在各行业领域起到标杆作用。中粮集团建立中粮糖业糖产品防伪追溯平台,对行业要求完全支持,且成本控制在极低水平,成为全国糖业的行业标准应用。通过信息化支持的供应链资金管理系统,让移动互联技术成为农企加工行业的新动力,使手机成为种植农户的"新农具",在中粮贸易、中粮糖业、蒙牛乳业等多个专业链条上成功实施,重构产业链生态圈,解决产业链上各企业、经营者生产和经营上的问题,有效降低农户贷款成本、风控成本、原料种植及收购成本,加快三农信息化建设步伐。中粮集团在大悦城控股ERP系统实施中深入与软件供应商SAP公司合作研发,成为SAP系统房地产行业解决方案唯一源自中国的行业解决方案,为中国房地产行业的信息化做了一定的基建和引领工作。

【履行社会责任】 中粮集团不断优化全球粮油糖棉产业布局,完善供应链和仓储物流体系,将中粮集团的发展与整个世界的粮食、食品的供应和需求形势连在一起,通过自身高效率、高质量的发展,核心竞争力的增强,带动产业链条上下游各环节更加广泛深入的合作,为粮食安全提供有效的解决之道。

中粮集团严抓全供应链质量管理,保障舌尖上的安全,根据消费者健康饮食和个性消费快速增长的变化趋势,大力丰富产品线和产品种类,强化品牌,研发创新,引领消费升级,满足人民美好生活需要。

中粮集团定点扶贫、对口援助9个县和新疆生产建设兵团。通过自觉履行打赢脱贫攻坚战的政治责任和社会责任,充分发挥农业龙头企业的产业体系优势,勇挑重担、迎难而上,全力推进脱贫攻坚,初步探索形成"产业扶贫带动脱贫攻坚"为核心的扶贫脱贫工作体系,为党和国家实现2020年脱贫目标贡献中粮力量。

中粮集团着力探索生态优先、绿色发展的新路子,达成人与自然和谐共生,实现可持续的绿色增长。

(撰稿人:姚新宇)

中国五矿集团有限公司

【基本概况】 中国五矿集团有限公司(以下简称"中国五矿")由原中国五矿和中冶集团两个世界500强企业战略重组而成,是以金属矿产为核心主业、由中央直接管理的国有重要骨干企业,国有资本投资公司试点企业,2018年世界500强排名第109位,总部位于北京。旗下拥有8家上市公司,包括中国中冶(601618.SH、1618.HK)A+H两地上市公司,五矿资本(600390.SH)、五矿稀土(000831.SZ)、五矿发展(600058.SH)、中钨高新(000657.SZ)、株冶集团(600961.SH)5家内地上市公司,以及五矿资源(1208.HK)、五矿地产(0230.HK)2家中国香港上市公司。截至2018年底,公司管理的资产规模1.86万亿元,其中资产总额8968亿元,管理金融资产9499亿元,境外机构、资源项目与承建工程遍布全球60多个国家和地区。

中国五矿以"世界一流金属矿产企业集团"为愿景,以"资源保障主力军、冶金建设国家队、产业综合服务商"为战略定位,率先在全球金属矿产领域打通从资源获取、勘查、设计、施工、运营到流通、深加工的金属矿产领域全产业链布局,形成以金属矿产、冶金建设、贸易物流、金融地产为"四梁",以矿产开发、金属材料、新能源材料、冶金工程、基本建设、贸易物流、金融服务、房地产开发为"八柱"组成的"四梁八柱"业务体系。

【主要指标】

2018年中国五矿集团有限公司主要经济指标

项目	2017年	2018年	比上年增长(%)
资产总额(亿元)	8552.72	8968.45	4.9
营业收入(亿元)	4933.61	5296.80	7.4
利润总额(亿元)	121.20	141.26	16.6

【重大项目】 2018年,中国五矿拥有世界一流的冶金建设企业,积累贯穿各环节的核心技术优势和设计施工能力,依托多年在冶金建设领域所形成的高技术建设优势,开拓高端房建、高速公路、城市片区开发及交通市政基础设施等基本建设领域,向高层次高端化发展。

中国五矿承接河钢产业升级及宣钢产能转移项目的高炉区域EPC总承包工程、防城港钢铁基地项目高炉本体及辅助设施总承包工程等一大批国内重点钢铁企业主要冶金项目。

中国五矿中标沙特千亿美元保障房一期、新加坡地铁T311等国外一批有影响力的重大项目;承担国家雪车雪橇中心项目、兰州柴家峡黄河大桥、贵州高速公路PPP项目等国内多个重点项目。

【走向海外】 在资源开发领域,中国五矿海外矿山取得突出成绩。秘鲁邦巴斯铜矿继续强化"安全、成本、产量"管理,有效化解社区风险,全年满产运行,作出巨大利润贡献,充分将资源优势转化为经济优势。澳大利亚杜加尔河锌矿于2018年5月1日按期实现商业化生产,杜加尔河选矿处理量达到设计产能,进入平稳生产运营阶段。巴布亚新几内亚瑞木镍矿项目镍钴产量均创历史新高,全年平均达产率108.44%,累计生产氢氧化镍35353吨,氢氧化钴3275吨,全球排名双双进入前十行列,生产成本低于国际同类项目,项目盈利能力显著增强。

中国五矿拥有遍布全球的贸易流通网络,全球采购、全球营销,金属矿产品流通规模稳居国内第一。公司建立"两头在外、两头上锁、大进大出、封锁循环"的贸易体系,焕发传统贸易业务生机。2018年,实现铜精矿贸易100万吨。

【重大创新】 2018年,中国五矿加强核心技术研发,储备优势科技成果,并注重科技成果的市场化应用,实现科技创新实力大幅跃升。中国五矿获得国家科技奖3项,其中国家科学技术进步一等奖1项、二等奖2项;获得中国有色金属工业科学技术奖16项,其中一等奖7项;获得冶金科学技术奖18项,其中一等奖7项;获得中国专利优秀奖13项。

公司拥有成建制的研究设计机构14家,国家重点实验室等各类国家级科技研发平台37个。拥有中国工程院院士2人、国家万人计划1人、国家百千万人才工程8人,专业技术人员超过8万人。截至2018年底,累计有效专利27046件。

【党建工作】 中国五矿坚持以习近平新时代中国特色社会主义思想为指引,学习宣传贯彻党的十九大精神,全面落实全国国有企业党的建设工作会议精神,坚持把党的政治建设摆在首位,落实全面从严治党责任,坚持党的领导、加强党的建设,保证党和国家方针政策、重大部署在企业贯彻执行,发挥党组对企业的领导作用。

一是学习贯彻习近平新时代中国特色社会主义思想和党的十九大精神。推动习近平新时代中国特色社会主义思想进企业、进车间、进班组,各级领导人员以党的十九大精神为主题讲党课做到所有基层组织和党支部全覆盖,持续开展"学思践悟十九大"主题征文活动等,形成全员参与、多点开花的良好舆论氛围;起草《贯彻落实党的十九大精神党建工作任务分解清单》,从党的政治建设、思想建设、干部队伍建设、基层组织建设、作风建设、反腐败斗争、监督体系建设和执政本领8个方面列明60个要点,明确各项党建任务的具体内容、牵头单位和实践要求。

二是加强对所属企业基层党组织党建工作考评。确定日常抽查督查、述职汇报评议、年底综合检查的党建考评机制,构建"压实责任—量化考核—反馈整改"的党建工作闭环,切实把严的要求落实到党的建设全过程;优化党建考评体系,形成《中国五矿集团有限公司2018年度党建工作考核评价指标体系》,实现党建考评总部各部门和直管企业全覆盖。

三是基层党组织建设围绕"三基建设"深层推进。抓基本组织,做好党组织应建必建、设置调整和应换必换工作,完成5家直管企业党组织(党委筹备组)新建、3家直管企业党委换届选举工作;抓基本队伍,做好党员发展和教育管理、党务工作人员培训,指导直属基层党组织完成党员发展工作,举办入党积极分子培训班,发展党员191人,举办集团公司党建质量提升专题培训班和直管企业及所属企业专职副书记培训班;抓基本制度,督促落实"三会一课"、组织生活会和党员民主评议等组织制度,安排部署主题党日活动。

【履行社会责任】 中国五矿秉持"珍惜有限,创造无限"的核心理念,珍惜有限的自然资源、人力资源和社会资源等,通过透明和道德的方式进行决策、管理和运营,全力创造价值五矿、创新五矿、平安五矿、绿色五矿、幸福五矿、和谐五矿,实现经济、社会和环境综合价值最大化,促进自身和利益相关方的可持续发展,逐步实现"实力五矿、美丽五矿、魅力五矿"目标。

中国五矿围绕"珍惜有限,创造无限"的可持续发展理念,以实现经济、社会和环境综合价值最大化为目标,逐步将"联合国2030年可持续发展议程"纳入"价值创造型"社会责任推进模式中,打造"十三五"时期可持续发展新模型,促进2030年可持续发展议程的有效贯彻与执行。

中国五矿推进社会责任管理与交流,通过对外沟通与交流,为中国企业提升社会责任意识和履责实践提供经验,同时也提升公司履责能力。

2018年,中国五矿参加"加强国有企业社会责任信息披露研究"课题研讨会,与会代表就企业社会责任信息披露的概念和内涵、内容规范、主体对象和相应要求、信息披露的强制性和监管措施、能力建设等方面进行深入研讨与交流。参加首届金蜜蜂企业社会责任国际学术研讨会,分享公司社会责任发展历程以及多年实践经验。参加第十一届中国企业社会责任报告国际研讨会"加强社会责任信息披露,打造新时代的透明国企"专题论坛,就国有企业社会责任信息披露的现状、挑战与解决方案等话题和与会嘉宾进行深入探讨。参加第十三届企业社会责任国际论坛"新时代扶贫新路径"分论坛,分享公司的扶贫历程和经验。

2018年,中国五矿在承担6个县的定点扶贫工作之外,还承担对口帮扶青海省祁连县、援疆援藏等工作。全集团所属二级企业承担24个地、市、县的扶贫帮扶任务,派出帮扶干部、驻村工作队75人。2018年,全集团全口径投入扶贫帮扶资金总额1.15亿元,为贫困地区引入资金15.33亿元,购买和帮助销售贫困地区农特产品110.49万元,培训基层干部665人次,技术人员及致富带头人等530人次。

(撰稿人:黄 硕)

中国通用技术(集团)控股有限责任公司

【基本概况】 中国通用技术(集团)控股有限责任公司(以下简称"通用技术集团"或"集团")是中央直接管理的国有重要骨干企业,成立于1998年3月,是在6家原外经贸部直属企业基础上组建的国有独资公司。2006年以来,集团先后重组5家中央企业和部分地方骨干企业。集团实行母子公司管理架构,具有小总部、大网络、轻资产、国际化的特点。截至2018年底,拥有20家境内二级经营机构;拥有3家上市公司(中国医药600056.SH、中国汽研601965.SH、环球医疗02666.HK);70家境外机构,其中直属境外机构10家;集团在岗职工3.1万人。

通用技术集团处于完全市场化、充分竞争领域,核心主业包括先进制造与技术服务咨询、医药医疗健康、贸易与工程承包。在先进制造与技术服务咨询领域,拥有汽车、纺织、精密超精密数控机床、精密工量具、环境咨询等行业的骨干企业和科研院所。在医药医疗健康领域,集团是国务院国资委批准的以医药为主业的3家中央企业之一,6家可参与国有企业办医疗机构资源整合的中央企业之一,业务领域涵盖医药工业、医药商业、医药进出口、医疗金融、医院投资建设运营等领域,形成较为完整的产业链。在贸易和工程承包领域,具有较强的国际市场开发能力、商务集成服务能力、全球资源整合能力、国际项目管理能力和风险管控能力。集团还是移动通信终端产品供应链综合服务商,具备完备的网络体系和高效的运营管理能力,连续多年在移动通信终端产品分销领域占据领导者地位。2018年,集团在国务院国资委对中央企业的经营业绩考核中连续十年获得A级世界500强排名第485位。

【主要指标】 2018年,集团实现营业收入1705亿元,比上年增长8.6%;利润总额68.8亿元,比上年增长12.9%,2项指标均超额完成全年预算,利润总额连续14年比上年增长。实现主业利润42.8亿元,比上年增长29%;可比综合毛利率8.9%,比上年增加0.6个百分点;资产负债率67.4%,比2018年初减少0.3个百分点。

2018年中国通用技术(集团)控股有限责任公司主要经济指标

项 目	2017年	2018年	比上年增长(%)
资产总额(亿元)	1570	1732	10.3
所有者权益(亿元)	513	565	10.1
营业收入(亿元)	1570	1705	8.6
利润总额(亿元)	60.9	68.8	12.9
净利润(亿元)	44.7	49.2	10.1
归属于母公司所有者的净利润(亿元)	27.8	29.3	5.4
利税总额(亿元)	106.4	124.4	16.9
应交税金总额(亿元)	61.7	75.2	21.9
净资产收益率(%)	9.14	9.21	增加0.07个百分点
总资产报酬率(%)	5.41	5.57	增加0.16个百分点
国有资本保值增值率(%)	107.30	105.10	减少2.2个百分点

【改革发展】 集团党组认真贯彻党中央关于全面深化改革的决策部署和"1+N"政策体系,扎实推进改革措施落实落地,坚决向改革要动力、要活力、要效率。一是扎实推进供给侧结构性改革,夯实高质量发展的基础。全力推动"处僵治困"工作,20家"僵尸"和特困企业中有19家完成处置治理任务,妥善分流安置职工7200余人;深入推进"压减"工作,累计完成压减法人户数122家,管理层级降至四级,提前超额完成"压减"任务;稳步推进"三供一业"分离移交工作,分离移交正式协议签订比例100%,完成分离移交比例98%。二是积极申请改组成为国有资本投资公司试点企业。2018年12月14日,国务院国资委下发《关于开展国有资本投资公司试点的通知》,正式确定

集团为新一批国有资本投资公司试点企业之一,这是集团发展的重要里程碑,对集团落实巡视整改意见、推动新一轮改革发展意义重大。三是调整优化主业发展组织架构。集中优势资源,凝聚专业力量,统筹谋划医药业务、国际业务、贸易业务、装备业务和新材料业务的发展目标和路径。四是积极推进体制机制改革。集团2家企业进入"双百企业"综合改革试点,试点工作有序推进;中纺标公司成功挂牌新三板;稳步推进投资公司作为集团二级公司开展混合所有制改革;向国家发展改革委申报将机械公司、邮电器材作为第四批混合所有制改革试点企业;中长期激励机制建设实现突破性进展,中国汽研限制性股票激励计划正式实施。

【重大项目】 2018年初,国务院国资委批复同意将"医疗健康服务"作为集团拟发展产业,在投资上视同主业管理,进一步打开集团医药健康业务的发展空间。2018年,继续加大投资并购工作力度,批复医药商业投资项目17个,快速拓展医药商业网络布局。在医药工业领域,聚焦优势品种,有序推进一致性评价。在医疗服务领域,紧抓国有企业办医疗机构改革的机遇,积极推进与国企医院的合作,进军医疗服务业务取得突破,决策医院并购投资项目7个,锁定床位数超过7000张。在内生增长与外部资源整合双轮驱动下,集团医药企业实现利润总额43.9亿元,比上年增长22.6%,高于集团总体利润增幅10.9个百分点。

【走向海外】 2018年,通用技术集团紧跟政策抢抓机遇,深度参与"一带一路"建设、国际产能合作等重大国家战略的实施,持续加大市场开发力度,国际化经营取得新成效。2018年,实现国际化经营收入225亿元,国际化经营指数13.4%。国际工程业务实现新签合同额22.68亿美元,比上年增长17.8%;营业收入75.61亿元,比上年增长137.9%。积极创新经营模式,联合江淮汽车集团共同收购哈萨克斯坦知名汽车企业51%股权,集装备、技术、标准于一体的国际产能合作模式取得突破;匈牙利光伏电站和孟加拉帕亚拉电站二期项目稳步推进,投建营一体化模式日趋成熟。积极参加首届中国国际进口博览会,现场完成采购签约3.15亿美元。

【重大创新】 2018年,通用技术集团深入实施创新驱动,加快发展先进制造与技术服务咨询业务,服务制造强国战略。修订《集团"十三五"科技发展(创新)规划》,制定《关于进一步推进集团科技创新发展的意见》,引导集团创新资源向主攻方向集中,加大科技成果产业化实施力度。全年研发投入4.9亿元。新增授权专利194件,其中发明专利55件。开发新产品87项。获得省部级科技奖励15项,其中一等奖5项。中纺院参与的"废旧聚酯高效再生及纤维制备产业化集成技术"项目获得国家科学技术进步二等奖;新发布国际标准2项,初步形成国际标准梯队布局;北京机床所牵头的国家04重大专项系列成果获得2018年度中国机械工业科学技术特等奖,开发的高速精密数控车磨复合加工机床填补国内空白。持续加大重大科技成果产业化实施力度,迅速在绿色纤维产业进行布局,在年产3万吨新溶剂法纤维素纤维生产线成功开车后,年产6万吨生产线建设项目全面开工。中国汽研加紧打造独立第三方汽车检验检测认证平台,国际先进的汽车风洞项目、国内首个以智能网联汽车试验和测试评价为主题的汽车综合性能试验场项目及国家智能清洁能源汽车质量监督检验中心投入建设。

【党建工作】 2018年,集团各级党组织坚持以学习贯彻习近平新时代中国特色社会主义思想和党的十九大精神为主线,通过接受中央巡视并进行整改,政治站位明显提高,党组织的全面领导能力进一步增强,全面从严治党向纵深推进,基层党建面貌焕然一新,党建质量进一步提升。一是持续用习近平新时代中国特色社会主义思想和党的十九大精神武装头脑、指导实践、推动工作的思想自觉、政治自觉和行动自觉不断增强。集团党组以上率下带头深学细研,全年组织党组会议学习29次,中心组集体学习10次,并就"贯彻新时代党的建设总要求加强党的建设""贯彻新发展理念和高质量发展要求推进改革发展"2个系列20个专题深入开展学习研讨,根据党的十九大精神制定推动集团高质量发展和提升党建质量的实施意见,将学习成果转化为改革发展的实际举措。二是突出加强党组自身建设,全面领导能力不断提升。集团党组制定《以政治建设为统领加强自身建设,全面提升

"把方向、管大局、保落实"能力和定力的若干措施》，并认真抓好落实；成立2个委员会（战略推进委员会、风险防控与合规委员会）和2个领导小组（违规经营投资责任追究领导小组、经营与廉洁风险管控监督领导小组），从体制机制上进一步落实党组对集团工作的全面领导，严格落实党组研究讨论的前置程序要求，充分发挥"把方向、管大局、保落实"作用。三是着力解决选人用人突出问题，选人用人导向不断匡正。进一步规范干部选任程序，制（修）订《集团二级机构领导人员管理办法》等12项制度；对考核不称职或连续三年基本称职、未如实报告个人有关事项的领导人员进行处理，查处"带病提拔"问题，对长期未交流的领导人员进行调整；进一步优化二级领导班子结构，全年调整53人次；开展二级公司和总部机构优秀年轻干部调研，建立优秀年轻干部人才库。四是扎实推进"三基"建设，基层党组织政治功能不断强化。制定《推进基层党支部标准化建设的指导意见》，推动全面从严治党落实落细到基层。搭建新的"通用智慧党建"信息平台；组织736个在职党支部开展分类定级和整改提升工作；强化基层党建考核及结果运用，有效推动党建责任压力层层传导。五是聚焦宣传思想工作的使命任务，意识形态工作的引领力不断提升。出台意识形态工作责任制和网络意识形态责任制实施细则；围绕学习宣传贯彻习近平新时代中国特色社会主义思想和党的十九大精神、改革开放40周年等重大主题加大正面宣传。六是加强党对统战群团工作的领导，群团组织凝聚力不断增强。成立统战代表人士建言献策工作室；推选6人出席统战群团系统全国代表大会。开展集团劳模评选、"五四"评选表彰等主题活动。扎实做好离退休老干部服务管理工作。

【信息化建设】 加强信息化建设，强化网络信息安全，夯实信息化基础，以信息化手段提升经营管理水平。一是加强集团管控信息化建设，促进集团职能管理、经营管控水平的提升。2018年，集团贸易业务公司完成ERP升级优化并上线运行，强化业务流程规范管理；根据国务院国资委统一部署，建设集团大额资金动态监测系统，实现大额资金每日监测，强化资金统一监管，提升资金管理能力；对党建信息化系统进行重建，建设"通用智慧党建系统"并上线运行，满足新时代党的建设新要求。二是开展集团信息安全建设，保障集团各项信息系统稳定运行。完成集团在用门户网站IPv6改造和各级网站安全防护体系的统一搭建。三是强化信息化管理，保障集团信息化整体工作水平的提高。建立集团云计算、大数据、智能制造等5项信息技术学科带头人工作机制。四是开展集团办公系统建设与优化，提高集团整体办公效率和办公自动化水平。

【履行社会责任】 集团主要领导和分管领导多次带队深入集团2个定点扶贫县内蒙古武川县和商都县调研，协调解决扶贫工作中遇到的困难和问题。集团全年投入扶贫资金1520万元，引进产业扶贫项目投资1115万元，选派3名挂职干部，帮助培训扶贫干部1260人，设立中国通用技术教育发展基金，引进呼叫中心项目，解决300多名青年大学生就业问题。集团公司援建武川县幸福互助院102套住房。各公司发挥自身优势，积极开展项目扶贫、智力扶贫。中国医药在武川县建设1.53平方千米中药材种植基地，通用咨询帮助商都县完成文化旅游发展规划。

（撰稿人：王冠祺）

中国建筑集团有限公司

【基本概况】 中国建筑集团有限公司（以下简称"中国建筑"）组建于1982年，是中央直接管理的国有重要骨干企业，主要业务包括房屋建筑工程、基础设施投资与建设、房地产投资与开发、勘察设计四大板块，经营范围遍布全球100多个国家和地区。2018年，中国建筑坚持以习近平新时代中国特色社会主义思想为指导，深入贯彻党的十九大部署，认真落实国务院国资委工作安排，全面统筹推进稳定增长、结构调整、改革创新、风险防范、企业党建各项工作，全力履行政治、经济和社会责任，向着具有全球竞争力的世界一流企业目标不断迈进。公司坚持稳中求进工作总基调，践行高质量发展要求，再创全年优异业绩，营业收入、利润总额在中央企业中分别排第四位、第八位，第13次被国务院国资委评为年度经营业绩考核A级,位居世界500强第23位,稳居全球最大投资建设集团,继续保持行业内全球最高信用评级。

【主要指标】 2018年,中国建筑主要指标高位增长,新签合约额26271亿元,比上年增长7.1%;完成营业收入12007亿元,比上年增长13.8%;利润总额718.9亿元,比上年增长19.3%;资产负债率76.96%,比年初减少0.81个百分点。

2018年中国建筑集团有限公司主要经济指标

项 目	2017年	2018年	比上年增长(%)
资产总额(亿元)	15608	18727	20.0
所有者权益(亿元)	3470	4315	24.4
营业收入(亿元)	10548	12007	13.8
利润总额(亿元)	602.4	718.9	19.3
净利润(亿元)	464.7	554.3	19.3
归属于母公司所有者的净利润(亿元)	180.8	209.0	15.6
技术开发投入(亿元)	124.9	160.0	28.2
利税总额(亿元)	1144.3	1273.8	11.3
应交税金总额(亿元)	541.1	689.4	27.4
全员劳动生产率(万元/人·年)	51.38	54.25	5.6
净资产收益率(%)	14.40	14.31	减少0.09个百分点
总资产报酬率(%)	4.66	4.79	增加0.13个百分点
国有资本保值增值率(%)	115.70	115.40	减少0.3个百分点

【改革发展】 中国建筑深入学习贯彻习近平总书记关于国企改革的重要论述,从战略高度认识新时代深化国企改革的中心地位,蹄疾步稳抓改革。作为投资建设领域唯一代表入选"世界一流示范企业"试点(共十家),开展综合性、引领性改革。所属2家单位入选国企改革"双百行动",探索基层单位深化改革路径。持续完善中国特色现代国有企业制度,实现境内子企业党建工作要求进章程"应进必进",全面落实决策前置要求,二级子企业和80%的三级子企业实现"一肩挑"。职业经理人试点落地,形成"1+N"制度体系,首批职业经理人已经就位。成功控股环能科技,成为中国建筑第八家上市公司。"瘦身健体"全面完成,全年减少企业132户,治理低效无效企业45户,处置不实际控制参股企业7户;三年累计"压减"比例近22%;"三供一业"等企业办社会职能按照进度要求,基本完成协议签订和正式移交工作。

【重大项目】 中国建筑持续主攻高端市场,全年承建一批重大项目,有力服务国家战略,持续提升行业影响。其中,合约额100亿元以上大项目5个;合约额10亿元以上项目56个,共计10560亿元,占全年建筑板块新签合约额的46.6%。房屋建筑领域,承揽4个300米以上的超高层建筑项目;中标全球最大的主题公园北京通州副中心环球影城;参建的中国尊项目(528米)顺利交付,刷新首都天际线。基础设施领域,中标深圳轨道交通13号线全线项目(合约额135亿元);中标武汉大东湖深隧工程,是全国首条城市污水处理深隧;中标九江综合水环境治理项目,是长江大保护首个落地项目;中标广东太平岭核电厂,是集团第二个双核岛工程;参建的港珠澳大桥顺利竣工,打造全国首个"一站式通关工程",助力港澳内地"三地三检"顺利推进。分区域看,公司在京津冀、长江经济带、粤港澳大湾区等区域新签合约额年度占比62.7%,其中在京津冀累计承接2022年冬奥会建设工程27个,服务国家重大区域发展战略取得更大成效。

【走向海外】 2018年,中国建筑深入贯彻推进"一带一路"建设工作5周年座谈会精神,坚持"海外优先"指导思想,高质量推进沿线重大项目建设,积极助力"一带一路"建设走深走实。全年海外新签合约额1644亿元,实现营业收入903亿元,国际承包商排名上升至第八位,首次挺进前10强。重大项目彰显影响,公司承建的巴新布图卡学园顺利竣工,习近平主席亲自揭牌启用;阿根廷国道列入习近平主席高访成果;援菲律宾戒毒中心得到中菲两国政府高度评价,写入《中菲联合声明》;巴拿马国家会展中心等3个项目在习近平总书记相关署名文章中专门提及；中巴经济走廊旗舰项目——巴基斯坦PKM公路部分路段提前15个月通车，全线路基基本贯通；在中非合作论坛北京峰会期间，公司签署合作文件涉及金额135亿美元。海外经营模式取得突破，中国建筑签署刚果（布）1号公路特许经营协议，签约阿根廷国道B线特许经营项目，实现设计、建造加运营的全产业链运作，2条道路运营里程超过1100千米，居中资企业首位。

【重大创新】 2018年，中国建筑强化自主创新，提升企业核心竞争力。持续完善创新的体制机制，修订"十三五"科技规划，推动科研立项聚焦重点、有序协同，组织施工机器人等一批引领性的科研项目。持续推进"绿色建造、智慧建造、建筑工业化"三大领域的研发创新，取得一批高水平成果，第四代超高层智能施工平台、重型H钢智能化生产线投入使用，均为全球首创。大力推进基础设施和海外的技术体系建设和科研攻关，支撑公司结构调整、走向海外。全年获得国家科技进步二等奖1项，主编发布3项国家标准，获得发明专利446件，发布首批集团重大科技成果。

【党建工作】 2018年，中国建筑把学懂弄通做实习近平新时代中国特色社会主义思想和党的十九大精神作为头等大事，推进系统学、跟进学、联系实际学，开展一线宣讲、专题轮训，把伟大思想贯彻到企业改革发展和党的建设的全过程、各方面。坚持把党的政治建设摆在首位，时刻要求全体干部员工树牢"四个意识"、坚定"四个自信"、坚决做到"两个维护"。深入学习贯彻习近平总书记在全国组织工作会议上的重要讲话精神，从严把好选人用人关，加大年轻干部培养力度，加强日常监督管理，激励干部担当作为。狠抓基层党建，以提升组织力为重点，突出政治功能，实现党组织设置、换届"应建必建""应换必换"，对全系统5000余名党支部书记进行轮训。推动全面从严治党向纵深发展，制定五年巡视工作规划，深入开展政治巡视，扎实做好巡视"后半篇文章"；持之以恒贯彻落实中央八项规定精神及其实施细则，重点纠正形式主义、官僚主义，坚决防止享乐主义、奢靡之风反弹回潮；一体推进"不敢腐""不能腐""不想腐"，保持风清气正的发展环境。

【信息化建设】 2018年，中国建筑信息化建设取得新成效，"云网端"信息化格局基本形成。互联网开放平台建设逐步深入，"i建造"取得阶段性成果，"i设计"实现试点运行。人力、审计、纪检等业务信息系统完成自主研发上线。智慧工地建设加快推进，"云筑智联"系统在近200个工程示范应用，提升基层项目管理水平。"财务一体化"平台建设取得突破性进展，在3家二级单位试点上线，全面上线后将显著增强集团财务管控能力。

【履行社会责任】 中国建筑认真学习贯彻习近平总书记关于脱贫攻坚的重要论述，坚决履行对甘肃省3个定点扶贫县（康乐县、卓尼县、康县）的政治责任，2018年投入、引进帮扶资金4680万元，积极开展产业、就业、教育、消费（电商）扶贫，为脱贫攻坚持续贡献"中建力量"。出资5亿元认购中央企业贫困地区产业投资基金。坚持绿色发展，年度单位产值能耗比上年下降5.4%，减少建筑垃圾16%，全年新签环境保护与治理领域合约额405亿元。积极助力农民工，全年吸纳农民工就业约150万人，支付农民工工资近850亿元；公司研发的"全国建筑工人管理服务信息平台"应用于14个省份，覆盖约400万名建筑工人，实时在线监管工资发放，为推动解决我国农民工管理难题贡献力量。认真贯彻中央对新疆工作的部署，选派干部、投入资源在新疆喀什12个村持续开展"访惠聚"驻村工作，积极提供岗位安置新疆富余劳动力，助力新疆长治久安。

（撰稿人：彭业伟）

中国储备粮管理集团有限公司

【基本概况】 中国储备粮管理集团有限公司（以下简称"中储粮集团"）是涉及国家粮食安全和国民经济命脉的国有大型重要骨干企业，受国务院委托，具体负责中央储备粮棉油的经营管理，执行国家粮棉油宏观调控任务,并承担国有资本保值增值责任,在国家宏观调控和监督管理下,依法开展业务活动,实行自主经营、自负盈亏。中储粮集团实行集团公司—分(子)公司—直属库"三级架构"垂直管理体制。截至2018年底,中储粮集团下设分公司23个、子公司7个,拥有直属库及分库980多家,人员、机构和业务覆盖全国31个省(自治区、直辖市)。自2000年成立以来,中储粮集团始终以"两个确保"(确保中央储备粮数量真实、质量良好,确保国家急需时调得动、用得上)为根本任务,逐步发展成国内最大农产品储备企业集团,成为维护国家粮食安全的"压舱石"、服务宏观调控的"主力军"和调节市场的"稳定器"。

【主要指标】

2018年中国储备粮管理集团有限公司主要经济指标

项　目	2017年	2018年	比上年增长(%)
资产总额(亿元)	15603.44	14090.73	-9.69
所有者权益(亿元)	848.34	968.69	14.19
营业收入(亿元)	2429.64	3185.05	31.09
利润总额(亿元)	56.30	57.13	1.47
净利润(亿元)	52.98	47.55	-10.25
归属于母公司所有者的净利润(亿元)	52.49	47.90	-8.74
技术开发投入(亿元)	0.52	0.21	-59.62
利税总额(亿元)	58.91	59.85	1.60
应交税金总额(亿元)	4.28	5.46	27.57
全员劳动生产率(万元/人·年)	31.27	-62.72	-300.58
净资产收益率(%)	6.61	5.10	减少1.51个百分点
总资产报酬率(%)	3.27	3.17	减少0.1个百分点
国有资本保值增值率(%)	106.95	105.14	减少1.81个百分点

注:净利润因国家税收政策调整比上年减少10.25%;全员劳动生产率因政策性粮油去库存比上年减少300.58%。

【改革发展】 2018年是全面贯彻党的十九大精神的开局之年,是中储粮系统经受一系列新考验、不断展现新气象的一年。2018年,中储粮集团接受中央巡视全面"政治体检"以及中央巡视整改的考验,广大干部员工的政治站位明显提高,"四个意识"更加树牢,"两个维护"更加坚决;认真落实国家粮食收储政策和去库存任务,履行管好"大国粮仓"的政治责任担当更加有力;深入开展"五严抓、五落实"大检查,有效防范化解各类风险的能力明显增强;深化全面从严治党、从严治企,持之以恒正风肃纪,党内政治生态得到净化。

一是持续夯实"两个确保",认真落实国家粮棉油购销政策和去库存任务,服务宏观调控主力军作用进一步彰显。扎实推进"标准仓、规范库"建设,累计创建标准仓1.8万个、规范库897个。中央储备粮账实相符率100%,质量达标率、宜存率稳定在95%以上。政策性粮食账实基本相符,质量总体良好。国家收储政策和重点专项进口任务圆满完成,累计收购最低收购价粮食2656万吨,粮食收购正由政策性收购为主向政府引导下的市场化收购为主转变;累计完成政策性粮棉油销售13273万吨,去库存取得重大进展,其中棉花、大豆、菜籽油去库存基本完成,在拍卖成交高量、7000多个库点集中出库的挑战下,实现销售出库平稳有序。高效完成242万吨跨省移库计划。

二是持续加大政策性粮食监管力度,防范化解重大风险全面发力。注重源头治理,累计对1.2万个库外储粮点进行监管风险评估,清理撤销风险库点447个。着力健全政策性粮食全链条监管,健全三级监督检查体系,加大检查频次和力度,常态化开展监督检查。深入开展"五严抓、五落实"大检查,在分(子)公司和直属库自查、复查的基础上,集团公司组织集中检查1039个承储库点、3526万吨储粮,问题整改率93%以上。

三是企业重点改革任务扎实推进。中储粮与中储棉重组后进一步融合发展。分公司事业部制改革试点扩大至10家分公司,财务集中管控和购销轮换统一运作水平进一步提升。中华粮网混合所有制改革顺利完成。财务公司申请筹备取得明显进展。113家企业法人"压减"任务全面完成。"三供一业"分离移交进度98%。6家特困企业"处僵治困"年度任务顺利完成。3家"双百企业"综合改革方案稳步启动实施。制定出台公司系统履行推进法治建设第一责任人职责实施办法,健全法律风险事件处置规范程序,实行重大案件联合办案制度。

四是企业经济运行保持良好态势。全年可控费用比上年降低2.7%,应收账款净额较年初下降68.9%;完成31件经济纠纷案件处理,挽回或避免经济损失4.63亿元;可归集资金集中度保持在98%以上。全年实现销售收入3185亿元,年末资产总额14090.7亿元,剔除政策性因素后资产负债率46%,实现利润57.13亿元,国有资本保值增值率105.1%。

【重大项目】 2018年,新开工仓储设施项目11个,完成投资项目竣工验收117个,维修改造项目2565个,新增仓容280多万吨,新增绿色储粮技术应用2148万吨。东北综合基地一期工程全面完工并投产运行。

【走向海外】 坚决落实国家对外贸易战略,按照应对中美经贸摩擦工作部署,认真执行国家下达的重点专项调控任务,有效服务国家对外贸易战略;积极服务"一带一路"建设,组团参加首届中国国际进口博览会,签订大豆采购协议,推动进口来源多元化,努力保障关键时刻国内重要紧缺农产品有效供应。

【党建工作】 认真学习贯彻习近平新时代中国特色社会主义思想和党的十九大精神,推动党员干部思想武装持续加强。深入开展大学习、大宣讲、大调研、大培训,举办党的十九大精神培训班120期,集中轮训13567人次,实现处级以上干部全覆盖。紧抓中央巡视重大契机,着力强化政治建设,各项整改工作扎实有力推进。截至2018年底,根据中央巡视反馈意见细化的52个问题中,44个基本完成整改或立行立改,整改率84.6%。制定完善22项干部人事制度,组织开展对6家分(子)公司选人用人专项巡视检查。在全系统开展"靠粮吃粮"专项治理。强化管党治党主体责任,企业党的建设质量明显提高。修订集团公司党组工作规则,制定"三重一大"决策事项实施办法和党组会、董事会、总经理办公会决策事项权限清单,充分发挥党组把方向、管大局、保落实作用。以"中央企业党建质量提升年"为契机,全面深化基层党的建设,落实"四个同步"、抓好"三基建设",推动基层党建全面进步、全面过硬。召开全系统首次组织人事工作会议,系统谋划干部队伍建设。加快优秀年轻干部培养,大规模实施员工岗位技能培训。逐级签订党风廉政建设责任书,对各级党组织落实"两个责任"情况严格考核。召开4次党风廉政建设警示教育大会和1次正风肃纪大会,力度和频次前所未有。精准运用监督执纪"四种形态",减存量遏增量取得显著成效,党风廉政建设和反腐败斗争的压倒性态势形成并得到巩固。在集团总部、各分(子)公司成立专门纪检监察机构,基层直属企业设立551个监督执纪小组、专兼职工作骨干3000余名,企业自我监督体系不断健全。启动党的十九大之后新一轮内部巡视,完成6家分(子)公司常规巡视,推动各分(子)公司建立巡察制度。

【信息化建设】 2018年,智能化粮库建设项目顺利验收,建成国内最大粮食仓储物联网,实现对中央储备粮管理全过程实时在线监控,监管效率和管理穿透力显著提升。完成政策性粮食收购"一卡通"功能升级,覆盖所有开展政策性收购省份的11248个库点。启动异地灾备中心建设。

【履行社会责任】 中储粮集团认真贯彻落实中央的决策部署,积极参与脱贫攻坚和污染防治攻坚,切实履行央企社会责任。在打好污染防治攻坚战方面,启动粮食出入库粉尘污染、熏蒸作业有害气体和烘干设备废气排放的专项治理。2018年,投入1900万元完成88个库点粮食出入库生产线粉尘控制技术改造;非禁煤区直属企业在用烘干塔改造任务基本完成,禁煤区直属企业稳步推进清洁能源替代。开展全系统旱厕改造,累计投入3600多万元,完成改造、拆除旱厕651座。在打好脱贫攻坚方面,研究制定三年定点扶贫工作方案,发挥收储体系和储备布局优势,在3个定点扶贫县分步实施扶贫项目建设,大力开展产业、技能、政策、信息等精准扶贫,积极探索"输血"与"造血"相结合的扶贫路子。2018年,向3个定点扶贫县选派扶贫干部12人,全系统选派扶贫干部120余人;在定点扶贫县收购农产品金额3.5亿元,培训村干部和创业致富带头人860余人;投入扶贫资金1.49亿元,实施扶贫项目建设12个并基本完工。

(撰稿人:欧阳神州)

国家开发投资集团有限公司

【基本概况】 2018年，国家开发投资集团有限公司（以下简称"国投"）坚持以习近平新时代中国特色社会主义思想为指导，全面贯彻党的十九大和十九届二中、三中全会精神，锐意改革创新，勇于担当作为，以助力打赢三大攻坚战为己任，全力以赴推动高质量发展，连续14年获国务院国资委年度经营业绩考核A级，再创历史新高。全年完成基本建设投资130亿元，长期股权投资319亿元。战略性新兴产业、金融服务业和国际业务资产占比56%，首次超过基础产业。党的十八大以来国投新增投资中，清洁能源、战略性新兴产业、金融及服务业等领域累计投资占比超过80%，投资结构不断优化、领域不断拓宽，有效发挥国有资本投资公司引导投资导向、助力经济结构调整、实施资本经营的独特作用，成功实现转型发展。

【主要指标】 截至2018年底，国投资产总额5822.83亿元，比上年增长18%；所有者权益1848.74亿元，比上年增长19%；营业收入1129.04亿元，比上年增长42%；利润总额193.38亿元，比上年增长6%；净利润162.75亿元，比上年增长11%；归属于母公司所有者的净利润61.94亿元，比上年下降10%；技术开发投入5.97亿元，比上年增长79%；利税总额262.04亿元，比上年增长5%；应交税金总额109.77亿元，比上年增长12%；全员劳动生产率65.41万元/人·年，比上年增长8%；净资产收益率9.56%；总资产报酬率5.32%；国有资本保值增值率103.88%。

2018年国家开发投资集团有限公司主要经济指标

项目	2017年	2018年	比上年增长（%）
资产总额（亿元）	4935.52	5822.83	18
所有者权益（亿元）	1557.03	1848.74	19

续表

项目	2017年	2018年	比上年增长（%）
营业收入（亿元）	793.87	1129.04	42
利润总额（亿元）	182.36	193.38	6
净利润（亿元）	145.97	162.75	11
归属于母公司所有者的净利润（亿元）	68.53	61.94	−10
技术开发投入（亿元）	3.33	5.97	79
利税总额（亿元）	249.72	262.04	5
应交税金总额（亿元）	97.94	109.77	12
全员劳动生产率（万元/人·年）	60.57	65.41	8
净资产收益率（%）	10.05	9.56	减少0.49个百分点
总资产报酬率（%）	5.44	5.32	减少0.12个百分点
国有资本保值增值率（%）	116.44	103.88	减少12.56个百分点

【改革发展】 深化供给侧结构性改革，资产质量效益不断提升。大力推动"压减"及结构调整；积极推进"处僵治困"和亏损治理；推动剥离办社会职能和解决历史遗留问题；扎实推进"两金"压控；大力降杠杆减负债。

持续深化试点改革，体制机制不断完善。国投高新、国投生物入选国有企业改革"双百行动"，国贸同益中公司混合所有制改革、国投高新股权多元化改革稳步推进；优化人力资源机制，完善员工职业发展通道；建立集团新业务前期开发协同机制，安信证券和中成集团积极发挥行业研究、属地优势和"探头"作用，助力集团转型发展；建立健全监督管理、审计评价、违规经营投资责任追究等制度体系，进一步夯实大监督工作基础。

【重大项目】 国投大力开展新业务，产业机构不断优化。国投电力北疆二期顺利投产，雅砻江水电两河口、杨房沟基建项目顺利推进，成功收购云南30万千瓦光伏；国投交通抓住机遇，顺利实现镇江港、张家港项目转让。成功控股收购中国水环境集团；国投高新成功收购神州高铁，亚普股份成功上市，设立首支国家级军民融合基金，先进制造业基金二期获国务院批准，央企扶贫基金二期完成募集，设立国投委并购基金，基金板块全年投资180亿元，投资宁德时代、寒武纪等多家独角兽企业；国投生物积极布局燃料乙醇业务，成功重组吉酒集团，铁岭项目当年开工、当年投料试产；国投健康北京、广州项目顺利运营，成功中标上海、贵阳公建民营养老机构；国投智能牵头成立国源通，推动协会会员资源共享深度合作。安信证券、安信期货、国投财务继续保持行业A类评级；国投贸易国际贸易额、电子工程院新签合同额均创历史新高；中投咨询市场化业务实现突破，为雄安建设提供优质采购服务；人力公司积极推进人力资源协同服务，"国聘"网成功运行。

【走向海外】 国投深入贯彻落实"一带一路"倡议，积极融入经济全球化进程，通过开展境外直接投资、国际工程承包和国际贸易等业务，不断拓展全球合作伙伴关系，助力全球经济社会发展。国投矿业收购约旦钾肥，国投电力收购英国琥珀陆上风电项目，中成集团收购新加坡亚德环保工程公司，国际并购取得突破性进展；国投贸易在首届进口博览会签约60亿元；融实国际境外融资服务能力进一步提高。

【重大创新】 国投实施"双轮驱动"创新战略，通过基金平台，发挥国有资本投资引导和支持作用，推动国家创新战略落地实施。在创新投资理念下，先后设立国投生物、国投智能、国投检测等实体企业，拓展战略性新兴产业领域。积极推动科技创新，全年获得授权专利110件，其中发明专利17件；党的十八大以来，累计科技投入46.5亿元，获得授权专利909件，其中发明专利118件。雅砻江水电获得2018年度国家科技进步二等奖。电子工程院获批筹建首家国家健康养老智能系统与装备质量监督检验中心。

【党建工作】 2018年，国投以习近平新时代中国特色社会主义思想为引领，全面贯彻落实新时代党的建设总要求，按照"中央企业党建质量提升年""卓越党建管理提升年"的部署，积极打造组织体系严密、党员队伍过硬、基本制度健全的坚强战斗堡垒；以卓越党建管理提升为抓手，狠抓"三基建设"，基层党建工作全面夯实；践行新时代党的组织路线，干部人才队伍建设全面加强；履行新时代宣传思想工作"五大使命"，集团凝聚力和影响力全面提升；深入推进党风廉政建设和反腐败工作，管党治党全面从严；认真落实党的群团工作要求，统战群团活力全面增强。

【信息化建设】 加强网信安全管理，调整成立集团网络安全与信息化领导小组，开展网络安全自查、集团互联网电子邮件系统安全专项整治、网络安全宣传活动及相关人员认证培训。建立投资管理决策信息系统，加强对子公司自主决策投资事项的监督备案管理。全年未发生网信安全事件。

【履行社会责任】 制定打赢脱贫攻坚战三年行动规划，完善国投扶贫开发制度体系。向定点扶贫地区派出9名挂职干部，投入资金3609万元；扶贫基金以产业扶贫为重点，全年投资61亿元，累计投资可带动48万贫困人口就业，增加地方税收15亿元，获得2017年度中国扶贫基金会杰出贡献奖。

加强生态环保督查，对京津冀、长三角、汾渭平原等国家环保重点区域及重点企业开展环保督查调研；加强安全生产监管，全面推进全员安全生产责任体系建立，促进"党政同责、一岗双责"落地生根；加强全面风险管理，召开金融企业风险防控与合规管理座谈会，跟踪排查金融业务、地方债相关业务风险，加强金融衍生品业务审核抽查。

连续十年发布《企业社会责任报告》并提出"五心行动"责任品牌，获得"金蜜蜂2018优秀企业社会责任报告·领袖型企业奖"；首次发布《国投海外社会责任报告》；创新编制国投首部主题型专题报告《创新与未来》，展示公司服务国家创新战略的独特优势和"为美好生活补短板，为新兴产业作导向"的品牌形象。

（撰稿人：李青林）

招商局集团有限公司

【基本概况】 2018年，招商局集团有限公司（以下简称"招商局集团"或"集团"）牢牢把握"立足长远、把握当下"的战略原则和"质量第一、效益优先、规模适度"的战略理念,主动应对复杂形势,狠抓质效提升,超额完成各项经营任务。

2018年,招商局集团各项经济指标再创新高,实现营业收入6499亿元,比上年增长11.30%;利润总额1450亿元,比上年增长14.12%;资产总额79563亿元。集团利润总额、净利润和总资产在央企中均排名第一位。招商局集团成为8家连续14年获得国务院国资委经营业绩考核A级的央企之一,连续4个任期获评"业绩优秀企业"。2018年发布的《财富》世界500强榜单中,招商局集团和旗下招商银行双双入围,招商局集团成为拥有2个世界500强公司的企业。

2018年,招商局集团各产业板块积极应对市场变化,主动迎接困难挑战,聚焦发展重点,解决痛点难点,总体实现跑赢大市、好于同行的目标。金融板块聚焦风险防控、服务实体经济,实现营业收入3667亿元,比上年增长10.0%,利润总额1116亿元、比上年增长14.5%,营业收入、利润总额再创历史新高,为集团保持稳定快速增长作出突出贡献。城市与园区综合开发板块深化内部协同整合,以改革创新、提升能力、提质增效为导向推动业绩增长,实现营业收入883.2亿元,比上年增长16.3%,利润总额265.2亿元,比上年增长26.9%。交通物流板块全面对接"交通强国"战略,强化客户协同营销,统筹多式联运体系创新发展,努力构建交通物流产业协同发展体系,营业收入接近2000亿元,比上年增长10.5%。

【主要指标】

2018年招商局集团有限公司主要经济指标

项　目	2017年	2018年	比上年增长(%)
资产总额(亿元)	73337	79563	8.50
所有者权益(亿元)	8913	9850	10.51
营业收入(亿元)	5839	6499	11.30
利润总额(亿元)	1271	1450	14.12
净利润(亿元)	976	1070	9.67

续表

项　目	2017年	2018年	比上年增长(%)
归属母公司所有者的净利润(亿元)	272	296	8.51
技术开发投入(亿元)	60	84	39.89
利税总额(亿元)	1736	1829	5.42
应交税金总额(亿元)	760	759	−0.04
全员劳动生产率(万元/人·年)	81.73	92.10	12.69
总资产报酬率(%)	1.90	2.03	增加0.13个百分点
国有资本保值增值率(%)	110.0	112.3	增加2.3个百分点

注:表中2017年及2018年数据均按照合并招商银行口径填报;全员劳动生产率、国有资本保值增值率按国务院国资委考核指标计算。

【改革发展】 一是整合取得新突破。港口方面:整合辽宁省港口项目取得重大突破,辽宁港口集团挂牌成立,打造形成南北母港互动发展新格局;港口板块重组实现多项突破,构建"A控红筹"的境内外双平台架构。物流方面:完成集团物流板块"A+H"平台搭建工作,实现海运、陆运、空运等物流资源的全面整合;设立合同物流、冷链物流统一经营主体,深入推动物流业务区域一体化整合,成立欧亚区域总部。航运方面:完成长航国际、深圳滚装等注入招商轮船,完成中外运航运的私有化,为打造集团统一的航运管理及资本运营平台奠定基础;长航油运成为首家退市后重新上市的企业。城市与园区综合开发方面:完成招商漳州注入招商蛇口,实现集团园区综合开发业务整体上市。装备制造方面:积极推进招商工业海工业务的整合协同,启动推进招商重工和长航重工的业务整合。此外,参与天津药研院混合所有制改革,以产融结合推动健康产业。

二是深化综合改革和专项改革。持续推进国有资本投资公司试点相关工作;优化调整集团总部机构设置;推进国企改革"双百行动"工作;基本完成公司制改革工作;全面推进各下属单位建立市场化的中长期激励机制。

三是推进提质增效和"瘦身健体"。深入推进"质效提升百分之一工程",3家重点单位成立专责工作小组,引入外部专业咨询公司,通过内外合作的方式共同推进质效提升专项工作,形成阶段性成果;持续推进企业压减工作,截至2018年底,集团累计减少法人户数633户,累计压减比例27.96%。最长法人层级压缩至十级,最长管理层级压缩至五级。

【重大项目】 2018年,招商局集团完成总投资822亿元,其中固定资产投资188亿元、股权类投资634亿元。完成总投资比上年增加536亿元。

1. 增资辽宁港口集团项目。集团增资242亿元入股辽宁港口集团,先取得49.9%股权;2019年将通过无偿划转方式获得辽宁港口集团1.1%股权,实现并表控股辽宁港口集团。

2. 招商港口重组项目。为搭建集团港口业务板块"A控红筹"双平台架构,集团出资50.64亿元,收购南山开发(集团)所持深圳赤湾港航股份有限公司(证券简称"深赤湾")的股权,并更名为招商局港口集团股份有限公司。

3. 重庆中信公路资产包项目。2018年1月,招商公路以对价45.32亿元成功摘牌重庆中信公路资产包项目。

4. 安徽亳阜高速项目。2018年1月23日,招商公路以15.8亿元收购平安信托所持亳阜高速项目公司100%股权。

【走向海外】 招商局集团围绕"一带一路"倡议,以人类命运共同体思想为引领,重点在构建综合物流服务网络、完善全球港口布局和探索开发海外园区等3个方面进行有益的探索和实践。截至2018年底,集团拥有境外实体企业193家,分布于全球44个国家和地区,初步形成遍布全球六大洲的产业布局。一是围绕"丝绸之路经济带"积极构建全球综合物流服务。携手合作伙伴,凭借主业优势,在全球38个国家建立81个综合物流网点机构,覆盖全球的综合物流服务网络初步形成。积极贯通欧亚物流大通道,开通多条中欧中亚国际货运班列,并推出东盟快线和"东方快车"等海铁联运服务。2018年开行国际班列802列,占全国总班列的13%。二是围绕"21世纪海上丝绸之路"不断优化全球港口网络。招商局集团在20个国家和地区投资56个港口和码头。2018年,新投资巴西巴拉那瓜港和希腊塞萨洛尼基港,并正式交割斯里兰卡汉班托塔港。在许多项目上,招商局集团与其他央企和第三方国家的伙伴实现合作。三是海外投资开发产业园区,因地制宜推广"前港－中区－后城"(PPC)招商蛇口模式。投资和管理白俄罗斯中白工业园和商贸物流园、吉布提国际自由贸易区、斯里兰卡汉班托塔临港园区、老挝赛色塔综合开发区等海外园区。

【重大创新】 一是召开集团创新大会。集团召开2018年创新大会,系统总结集团近五年来创新成效和实践经验;围绕投入扶持、考核激励、成果分享等关键问题,出台集团一系列创新发展新举措;聚焦"产业＋科技"和"产业＋互联网",提出集团未来创新工作的主要方向和重点工作。

二是健全完善创新机制。出台进一步推动创新工作的政策举措,通过建立涵盖全生命周期的资助体系、分润机制等方式,激发集团创新活力与动力;细化创新战略,进一步明晰集团创新体系、战略目标、主要方向和重点任务;优化科研投入支持机制并取得成效,集团2018年科研投入87亿元(含招商银行),比上年增长41%,新增各类知识产权超过500件。

三是形成丰硕创新成果。招商工业制造的首艘国产极地探险邮轮顺利下水,标志着中国在远洋船舶制造领域取得阶段性突破;全球首艘智能型40万吨级VLOC"明远轮"正式交付运营,标志着中国智能船舶迈入新时代;集团集装箱O2O平台、智能仓库改造、E港通等多个创新项目落地见效;5个"双创"项目获第二届中央企业熠星创新创意大赛奖励。

【党建工作】 一是坚持加强党的领导。把政治建设摆在首位,认真学习贯彻习近平新时代中国特色社会主义思想,举办31期党的十九大精神轮训,三级公司班子成员以上人员全覆盖。研究制定《集团党委向党中央请示报告工作若干规定》,按规定向党中央做好请示报告。认真落实前置程序要求,2018年召开29次党委会前置审议47项重大事项,确保党的领导贯穿企业改革发展全过程。

二是坚持抓实"三基建设"。制定《招商局集团党建工作三年规划(2019—2022)》。落实《招商局集团党建工作责任制实施办法》,将基层党建重点工作量化为KPI指标,加大检查考评力度。推进基层党组织书记党建述职,实现现场述职"三年全覆盖"。推动各二级公司按期换届,完成招商银行组织人事关系划转,进一步理顺集团党建工作体制机制。

三是坚持守住廉洁底线。加强监督执纪问责,先后制定完善受党纪政纪处分的员工薪酬扣减实施细则、海外廉洁风险防控工作暂行办法、党内监督谈话工作规定等一系列制度,构建不能腐的制度体系。制定五年巡视工作规划,相继完成对招商公路、招商资本、招商轮船、招商金融等10家二级公司党组织的巡视工作,发挥巡视利剑作用。

【信息化建设】 2018年,招商局集团信息化工作围绕集团战略,编制完成数字化能力规划,督导重点信息化建设项目,建成或优化信息化应用,推动数字化创新,实施云资源建设和应用,保障网信安全。信息系统运行正常,有力地支持集团管控和企业发展。信息化应用方面,协同办公系统功能续增、体验改善、覆盖扩围。数字化创新方面,在深圳物业、北京物业收入共享场景试点后,电子收费平台(CMPay)项目完成集团立项。招商云方面,按照集团数字化能力规划技术架构,覆盖中国外运及长航集团网络,全面规划招商全球网。全年数据中心安全、稳定、可靠运行,信息化基础设施可用性100%。网信安全方面,实施网站安全防护整改,实现全集团209个网站纳入云防护并实现态势感知平台监控。

【履行社会责任】 2018年,招商局集团进一步提升社会责任管理和实践,修订颁布《招商局集团捐赠与赞助合规管理办法》,制定《招商局集团脱贫攻坚三年倒计时行动方案(2018—2020)》。2018年,集团在中央单位定点扶贫考核中获得最高等次"好",并获得中国慈善领域政府最高奖项"中华慈善奖"。全年通过招商局慈善基金会支出1.25亿元,在国内外开展公益项目76项,积极在湖北蕲春等地开展产业扶贫,成为央企产业扶贫典范案例。招商局集团高度重视招商银行的扶贫工作,主动作为与云南省开展扶贫战略合作,助推"极贫县"镇雄按期脱贫。集团还不断加大香港特别行政区民生和社会公益事业的参与力度,打造海外公益品牌,加强员工志愿者队伍建设,全方位实现"责任央企"履责目标。

(撰稿人:袁洪其)

华润(集团)有限公司

【基本概况】 华润(集团)有限公司(以下简称"华润集团"或"集团")是一家在中国香港注册和运营的多元化控股企业集团,主营业务涉及大消费、大健康、城市建设与运营、能源服务、科技与金融五大领域,下设七大战略业务单元、19家一级利润中心,实体企业2000家,在职员工42万人。2018年,集团以"转型创新、质量发展"为主题,积极应对外部环境深刻变化,迎难而上、扎实工作,集团经营规模不断扩大,资产质量不断提升,获利能力有所增强,内控管理水平提升,市场竞争力更加巩固,综合实力进一步增强,社会影响力、品牌美誉度得到广泛的认可。华润集团在国务院国资委2017年度考核中被评为A级。在《财富》杂志公布的世界500强中排名第86位。

【主要指标】 2018年,集团实现营业收入6084.6亿元,比上年增长9.5%;利润总额661.2亿元,比上年增长2%,如剔除2017年万科处置收益影响,利润总额比上年增长39.2%。总资产报酬率5.8%,国有资本保值增值率113%。

2018年华润(集团)有限公司主要经济指标

项 目	2017年	2018年	比上年增长(%)
营业收入(亿元)	5554.5	6084.6	9.5
营业成本(亿元)	4009.5	4268.2	6.5
期间费用(亿元)	881.2	956.1	8.5
利润总额(亿元)	648.5	661.2	2.0
净利润(亿元)	384.6	451.1	17.3
归属于母公司所有者的净利润(亿元)	213.0	229.8	7.9
资产总额(亿元)	12159.2	14394.0	18.4
负债总额(亿元)	8680.3	10525.0	21.3

续表

项　　目	2017 年	2018 年	比上年增长（%）
所有者权益（亿元）	3478.9	3869.1	11.2
归属于母公司的所有者权益（亿元）	1805.7	1936.0	7.2

【改革发展】 一是健全企业治理结构。编制权责清单用以规范党委、董事会和经营管理层的决策事项。建立董事会授权决策机制，发挥董事会战略引领作用。充分发挥外部董事的建设性作用。加强董事会对经营管理层的监督管理，建立对高管层的业绩考核机制，考核结果与年度薪酬直接挂钩。启动"三重一大"信息化平台建设。

二是分类推进企业改革。在"商业一类"的分类基础上，集团结合产业多元化的特征，将各下属企业划分为竞争、功能和公共服务三大类，并按发展期、成熟期、探索期和转型期进一步细分，进行差异化的业绩考核，引导下属各企业按照集团战略部署推动业务发展。

三是加强职业经理人队伍建设。落实党管干部原则，组织构建华润经理人能力素质模型，将好干部标准落到实处。选优配强各级领导班子，有计划地对各单位管理团队进行调配。开展领导班子综合考核评价工作。加大优秀年轻经理人使用力度，建立潜质人才库，将培养选拔情况写入党建责任书。

四是积极探索国有资本投资公司试点。2018 年，华润集团被国务院国资委列入国有资本投资公司第三批试点企业。集团加强政策解读和方案设计，围绕整体定位、产业组合、与下属企业管控关系等持续推进改革。推进华润怡宝、太平洋咖啡混合所有制改革。推进华润微电子、东阿阿胶"双百"综合改革试点。

【"瘦身健体"】 2018 年，提前完成国务院国资委下达的企业压减任务。截至 2018 年底，累计减少 514 户法人，占整个压减计划的 98.28%；法人层级压缩至最长 12 级，管理层级压缩至最长四级。去产能取得实质突破，经国务院国资委决定，华润集团煤炭业务板块山西省境内所有 4 个区域公司和华润煤业本部向国源时代煤炭资产管理有限公司划归，同时移交华润煤业的管理权限。"处僵治困"成效显著。截至 2018 年底，集团 86 户"僵尸"和特困企业中完成 85 户治理任务，完成率 99%；整体亏损额较 2015 年减少 43 亿元；累计安置人员 25740 人，占总计划人数的 96%。

【重大项目】 2018 年，华润啤酒与世界第二大啤酒酿造集团喜力集团签订协议购得在中国 6 家公司的全部股权以及喜力香港有限公司的全部已发行股本。华润医药与江西省国资委实现战略合作，参与重组江中集团并成为江中集团的实际控制人。华润创业完成对汾酒集团持有的山西汾酒股权收购，成为山西汾酒第二大股东。华润深圳湾综合体全面落成，包括中国华润大厦、五星级酒店、高档公寓和购物中心，其中，中国华润大厦为深圳湾第一高楼，高约 400 米，是华润集团内地总部所在地。华润集团与腾讯公司签署战略合作协议。华润微电子与航天五院合作，共同推进航天生物集团旗下空间生物技术服务、生物制药、生物保健品和航天育种四大业务领域的发展。

【重大创新】 2018 年，集团成立创新发展和知识产权委员会，制定发布指导意见、工作指引。依托华润大学创新孵化平台，建立华润创新投资基金，在年度商业计划中将创新研发成果列为重点加分项。积极探索促进知识产权转移转化的机制和内部创新成果的应用授权和利益分享机制。2018 年，集团整体研发费用 16.2 亿元，其中医药工业、微电子研发费用 13.3 亿元。2018 年，集团申请专利 5388 件，其中国内专利 4786 件、国际专利 602 件。华润创业自主研发数字化平台。华润电力应用运行操作寻优系统（OOS）、火电燃料寻优系统（FOS），成立技术研究院，设立新能源产业基金。华润燃气发展智能燃气表具、管道精准定位系统、无人值守场站。华润饮料优化创新直火烘焙技术。华润医药设立研发平台。华润三九再次获得一项国家科技进步二等奖，构建国内首个中药配方颗粒跨区域分布式智能工厂。华润微电子在重庆、上海设立半导体研发中心，制定以 BCD、MEMS 为核心的工艺平台能力建设规划。华润化学材料成立新材料研究院。华润水泥独创水泥窑协同处置固废技术，形成处置生活垃圾能力超过 50 万吨/年。华润置地成立物联网实验室，携手腾讯打造首个智慧园区落户深圳华润城。华润医疗抓住国企医院改革的历史性机遇，积极改善国企医院和公立医院的运营效率，扩大医院网络，努力探索国企医院改革的新模式。

【内控管理】 2018年,集团将宏观经济及政策风险确定为重大风险,加强趋势研判、发布研究报告,从有效控制汇率风险、化解利率波动影响、加强现金流管理、严控金融产品4个方面入手,深化风控策略。协调港元资金出境,并安排股东贷款用于内部资源调配。把握合适窗口,调整资产与负债的内外币结构,降低错配风险。加强对业务单元海外项目融资的集中管理,持续开展汇率市场分析。采取年初积极提取银行贷款锁定利率、下半年择机发行债券的策略来降低境内融资成本。更新集团整体境外资金流动性分析及风险应对预案,改善集团负债的期限结构,减少短期再融资压力。金融板块加强对集团实体产业的支持和协同,银行贷款业务向中小微企业、实体经济、绿色环保领域倾斜,严格禁止非对冲类的衍生金融工具交易、杠杆交易及做空类交易。修订投资管理制度,避免投向产能过剩、过度竞争、依靠政府补贴、自身不熟悉的项目。突出抓好食品、药品、煤矿、建筑工地、水电燃气等重点领域安全管理、质量管理等工作,没有发生重大安全事故。

【党建工作】 2018年,在全集团范围内组织学习宣传贯彻党的十九大精神。发布《华润集团党建工作责任制考核评价办法》,着力构建"大党建"工作责任机制,强化党建责任目标管理与监督问责,统筹实施大党建综合考评,将考评结果与任免薪酬奖惩全面挂钩。成立党建工作领导小组,开展党建"三个一"工程,推进形成"大党建"工作格局。二级企业全部完成党建进章程工作,97.8%的全资、绝对控股三级企业完成党建进章程工作。完善"双向进入、交叉任职"领导体制。对照中央八项规定及其实施细则精神,修订相关制度和标准。启动党的十九大后新一轮内部巡视,建立巡视巡察上下联动监督网。围绕投资并购、招标采购、"三重一大"决策、管党治党等领域查处案件、问责追责。

【信息化建设】 2018年,成立华润集团网络安全和信息化领导小组,推进业务智能化发展、数字化转型,继续推进华润汇、华润通项目。ERP系统基本实现集团主营业务领域的全面覆盖,CRM体系逐步完善,生产制造、客户管理、营销及流通等业务信息化逐步由基础阶段向优化提升深入推进。华润汇共享中心建设在人力资源管理、财务共享、资金管理、法务管理方面取得一定成效;作业中心部分项目在试点区域的管理效益初现。华润通在客户通、积分通、电商通、跨境通、互联网能力等方面取得进展。

【履行社会责任】 一是落实乡村振兴战略,履行社会责任。2018年,新开工建设陕西延安、湖北红安、四川南江华润希望小镇,集团捐建华润希望小镇12个,直接受惠农户超过1万人,辐射带动华润希望小镇周边10万余人脱贫致富。宁夏海原草畜一体化肉牛养殖项目取得成效,创建"基础母牛银行"模式兜底扶贫,搭建村级养殖服务网络,实现贫困户、村集体、海原县三级受益。发布《华润集团乡村振兴白皮书》。华润集团社会责任报告再次获五星级评价,华润履行社会责任发展指数连续两年位居全国第一位并跻身五星级卓越者行列,获得中华慈善奖。

二是落实蓝天保卫战,加强污染防治。2018年,集团投入节能减排专项资金23.48亿元,实施节能减排项目168项,节能指标万元产值能耗比上年下降4.75%、万元营业收入能耗比上年下降1.15%、万元增加值能耗比上年下降3.76%。

【华润成立80周年】 2018年适逢华润集团成立80周年,习近平总书记回信高度评价华润集团80周年发展成果并提出希望和要求。集团开展以"润物耕心"为主题的系列宣传活动。发布80周年主题宣传片、户外广告、华润之歌。落成华润档案馆暨举办华润历史图片文献展。举办华润80周年纪念酒会、纪念大会,在纪念大会上发布《华润参与粤港澳大湾区建设白皮书》。《人民日报》发表《永远用奋斗定义自己——写在华润80周年之际》专题文章。华润集团入选中宣部"改革开放40周年百强企业"。

(撰稿人:朱虹波)

中国旅游集团有限公司
[香港中旅(集团)有限公司]

【基本概况】 2018年,中国旅游集团有限公司[香港中旅(集团)有限公司](以下简称"集团")以习近平新时代中国特色社会主义思想为指导,持续深入学习贯彻党的十九大精神和中央重大决策部署,认真落实中央巡视整改要求,在国务院国资委的指导下,集团坚持战略引领,聚焦旅游主业发展,狠抓经营管理,提升盈利能力,推动改革重组,为加快发展蓄势储能,严格巡视整改,贯彻落实中央要求,坚决树立正确导向,加快人才队伍建设,加强党建工作,推动党的建设与经营工作深度融合,各项工作都取得新进展、新成效。

【主要指标】 2018年,集团实现营业收入669.39亿元,利润总额64.73亿元,净利润46.79亿元,全面完成国务院国资委经营考核目标任务和集团经营预算指标,并均创历史新高。旅游主业收入和利润所占比重不断提升,运营、盈利和发展能力持续改善,旅游主业发展势头向好。截至2018年底,集团资产总额1008.16亿元,员工4万余人。

2018年中国旅游集团有限公司主要经济指标

项　目	2017年	2018年	比上年增长(%)
资产总额(亿元)	1470.74	1008.16	-31.45
所有者权益(亿元)	441.55	436.45	-1.15
营业收入(亿元)	629.84	669.39	6.28
利润总额(亿元)	63.70	64.73	1.62
净利润(亿元)	43.62	46.79	7.27
归属于母公司所有者的净利润(亿元)	14.55	14.17	-2.60
技术开发投入(亿元)	0.14		
利税总额(亿元)	97.06	83.83	-13.63
应交税金总额(亿元)	64.51	47.18	-26.86
全员劳动生产率(万元/人·年)	13.78	32.89	-2.98
净资产收益率(%)	9.67	10.68	增加1.01个百分点
总资产报酬率(%)	5.06	6.06	增加1.00个百分点
国有资本保值增值率(%)	109.33	104.53	减少4.80个百分点

【改革发展】 2018年,集团明方向、优战略、深改革、推整合、严整改、担责任、树正气、正导向,体制机制进一步健全,主业结构进一步优化。

一是战略引领聚焦主业发展。围绕"成为拥有卓越产品创新能力与资源禀赋,具备全球竞争力的世界一流旅游产业集团"的发展愿景,集团全面梳理并优化发展战略,将原来的旅行社、酒店、景区、国旅股份、地产、金融、国旅集团7个板块,证件、邮轮2个事业部,按照市场导向和旅游消费属性进行重组重构,明晰构建旅行服务、旅游投资和运营、旅游零售、旅游金融、商务酒店运营、战略创新孵化业务六大事业群的方向,进一步明确战略愿景和核心事业群的战略定位、发展目标、实施步骤和关键举措,形成旅游业务占据绝大份额的产业格局。

二是深改快改加快蓄势储能。针对长期困扰和束缚集团发展的突出矛盾和深层次问题,集团在完成总体改革构架设计的基础上,设立集团整合管理办公室,启动并实施第一批涉及全局性和核心业务的3个改革项目,即旅行服务业务的重组整合、旅游投资和运营业务的重组整合、集团优化战略和完善公司治理项目。将中旅总社、国旅总社、香港中旅社、证件业务部、芒果网和相关业务进行整合,搭建旅行服务事业群,提供面向消费者的产品和服务平台;将景区板块和地产板块进行整合,组建旅游投资和运营事业群,促进旅游产业要素融合。对集团总部组织架构和职能职责进行调整优化,突出战略管控核心职能,新增资本运营功能,强化党建机构,提升专业服务共享功能。对集团治理结构、管理体系和考核、考核激励机制进行全面梳理优化并制定制度规定和工作方案并分批分阶段推进实施。

三是扎实整改落实中央要求。集团对中央巡视指出的贯彻落实中央精神、党的组织建设、全面从严治党、落实中央巡视整改四方面九类问题进行逐条梳理,制定《落实中央巡视整改工作方案》并细化为110条整改措施,成立集团巡视整改领导小组和4个专项整改小组,召开8次专题党委会暨领导小组会议逐一研究推进整改事项,定期督办整改进展,与集团班子成员和二级单位负责人签署《巡视整改承诺书》,压实整改主体责任,从对党忠诚的政治高度坚决做好巡视整改"后半篇文章",截至2018年底基本完成85项,修订完善规章制度18项。

四是优化体系加强队伍建设。集团召开首次人才工作会议,聚焦巡视反馈的选人用人突出问题,树正气、定规划、立标准、正导向,明确选人用人标准和原则。针对战略发展需要及人才工作的突出问题,对人力资源体系进行全面诊断和优化,初步形成人才发展规划蓝图、后备人才体系建设方案、考核激励体系优化方案等17项具体工作成果。大力发现培养选拔优秀年轻干部,集团总部5名干部交流到基层工作,基层单位6名干部(含提拔2名)交流到集团总部工作;提拔15名干部,平均年龄不到43岁;集团职能部门负责人22人中"75后"10人、"80后"4人,2个事业群筹备组从基层一线企业选拔的年轻干部占新班子成员数60%,其中"75后"4人。

【重大项目】 2018年,集团党委和各级班子带领干部员工坚决贯彻落实习近平总书记重要指示批示精神和中央重大决策部署,服从服务国家战略需要,制定推动全域旅游、红色旅游、旅游扶贫等有关工作的具体措施和工作方案,推进"一带一路"重点旅游目的地国家布局并开发旅游线路产品;从旅游休闲度假区、旅行服务、免税、客运、基金等方面积极参与粤港澳大湾区建设;采取集团迁册、成立免税国际运营总部、打造旅游零售综合体、邮轮、旅游推广等多种举措助力海南自贸区和国际旅游消费中心建设。

旅游零售业务。成功完成日上(上海)、海免股权并购,中标上海虹桥国际机场、浦东国际机场、澳门国际机场和歌诗达邮轮免税经营权,把首都机场T3店铺打造为国产退税商品样板店,在20多家门店开展国产品退税业务,确定北京、上海、青岛、大连、厦门5家市内店选址并全力进军海南市场。全年免税业务占国内免税市场份额超过80%,进一步确立在国内市场的优势地位,全球排名居于前列。

旅行服务业务。积极拓展细分市场,提升入境游、出境游和国内游线路产品,重点发展会展会奖、航空服务业务,研究开发研学、马拉松、医疗、亲子、夏令营等个性化主题产品,成功取得澳大利亚、丹麦、西班牙3家签证公司和7家签证中心的继续运营权,完成韩国、加拿大、土耳其、德国、日本签证公司特许协议的续约,国旅总社连续13年蝉联全国入境游业务总额第一名。

旅游投资和运营业务。加大资源获取力度,在旅游资源大省积极寻求合作机会,与丹霞山景区、乳源大峡谷项目公司、太湖西山岛和成都文旅集团等达成发展旅游休闲度假项目的合作意向;拓展长三角城市地产、旅游地产项目,在宁波杭州湾和杭州等地获取1个城市地产项目、2个旅游地产项目合计6宗土地,新增土地储备104.7万平方米。

酒店业务。与18家酒店签订管理输出协议,新增客房2532间,KG酒店取得喜达屋资本的7家希尔顿酒店管理权,新增房间1330间。

金融业务。推出酒店客房间夜权质押贷、旅行社周转贷、先游后付等多款文旅特色金融产品。

邮轮业务。成功购置国际豪华邮轮,开始组建邮轮船队。

【党建工作】 2018年,集团以党建促发展,推动党的建设与经营工作深度融合。集团认真贯彻落实党的十九大和全国国有企业党的建设工作会议精神,始终把坚持党的领导、加强党的建设作为重要政治任务,落实全面从严治党主体责任,深入推进党风廉政建设,基本形成党建工作制度体系、构建党建工作责任制闭环、夯实党建工作基础,在集团改革过程中做到"四同步""四对接",为集团经营发展提供坚强政治保障和组织保障。

【履行社会责任】 2018年,集团坚定不移地贯彻落实党中央、国务院关于脱贫攻坚重大决策部署,召开集团扶贫攻坚工作会,编制完成《"十三五"脱贫攻坚工作规划》《打赢脱贫攻坚战三年行动计划》,对深化精准扶贫工作作出统一部署和安排,通过营销宣传、项目策划、出资合作等方式,助力扶贫点提升旅游目的地知名度。国务院扶贫开发领导小组首次对央企单位定点扶贫工作进行系统性考核,集团在310家被考核单位中获得最高评价等次"好"。集团深入贯彻"一国两制"方针,支持香港特别行政区政府依法施政,研究制定《集团党委关于新时期进一步加强言政工作的若干意见》,召开专题会议对言政工作进行部署,积极做好2次立法会议员补选的助选工作。

(撰稿人:马国亮)

中国商用飞机有限责任公司

【基本概况】 中国商用飞机有限责任公司(以下简称"中国商飞公司")是实施国家大型飞机重大专项中大型客机项目的主体,也是统筹干线飞机和支线飞机发展、实现我国民用飞机产业化的主要载体。中国商飞公司经国务院批准成立,由国务院国资委、上海国盛(集团)有限公司、中国航空工业集团有限公司、中国铝业股份有限公司、中国宝武钢铁集团有限公司和中国中化股份有限公司出资组建,2008年5月11日在上海成立,注册资本242亿元,总部设在上海。2018年增资扩股方案获国务院批准,首批资本金到位,新增中国电子科技集团有限公司、中国建材集团有限公司和中国国新控股有限责任公司3家股东单位。

中国商飞公司主营业务包括:民用飞机及相关产品的设计、研制、生产、改装、试飞、销售、运营、维修、服务、技术开发和技术咨询;与民用飞机生产、销售相关的租赁和金融服务;本公司或代理所属单位进出口业务;飞机零部件的加工生产业务;业务范围内的投融资、外贸流通经营、国际合作、对外工程承包和对外技术、劳务合作等业务以及经国家批准或允许的其他业务。

中国商飞公司使命是"让中国的大飞机翱翔蓝天",愿景是"为客户提供更加安全、经济、舒适、环保的民用飞机",目标是"把大型客机项目建设成为新时代改革开放的标志性工程,建设创新型国家和制造强国的标志性工程,把公司建设成世界一流航空企业"。

截至2018年底,公司所属单位有上海飞机设计研究院、上海飞机制造有限公司、上海飞机客户服务有限公司、北京民用飞机技术研究中心、中国商飞民用飞机试飞中心、上海航空工业(集团)有限公司、上海《大飞机》杂志社有限公司、中国商飞美国公司、中国商飞四川分公司、商飞资本有限公司、商飞集团财务有限责任公司。与俄罗斯联合航空制造集团公司(UAC)合资成立中俄国际商用飞机有限责任公司,作为CR929宽体客机研制主体。设立美国办事处、欧洲办事处,参股中国航空发动机集团有限公司、成都航空公司、浦银金融租赁公司等。截至2018年底,中国商飞公司从业人员12441人。

【主要指标】 2018年,中国商飞公司总体运行平稳,实现营业收入55.13亿元,利润总额-9.66亿元,净利润-9.77亿元。截至2018年底,公司资产总额683.01亿元,负债总额318.89亿元,所有者权益364.12亿元,资产负债率46.69%,"两金"占流动资产比重17.96%。公司圆满完成国务院国资委对公司的经营业绩考核目标。

2018年中国商用飞机有限责任公司主要经济指标

项 目	2017年	2018年	比上年增长(%)
资产总额(亿元)	580.12	683.01	17.74
所有者权益(亿元)	293.08	364.12	24.24
营业收入(亿元)	56.72	55.13	-2.80
利润总额(亿元)	-9.39	-9.66	-2.88
净利润(亿元)	-9.41	-9.77	-3.83
归属于母公司所有者的净利润(亿元)	-9.41	-9.77	-3.83
技术开发投入(亿元)	64.26	76.43	18.94
利税总额(亿元)	-9.12	-9.40	-3.07
应交税金总额(亿元)	0.28	0.40	42.86
净资产收益率(%)	-3.31	-2.97	增加0.34个百分点
总资产报酬率(%)	-0.16	-0.10	增加0.06个百分点
国有资本保值增值率(%)	94.57	96.14	增加1.57个百分点

【改革发展】

1. 深化发展战略及内部改革调整情况。2018年,中国商飞公司围绕国家关于国有企业改革的总体部署和要求,全面推进公司深化改革工作,加快建设COMAC管理体系;设立二级单位董事会,上飞院组建"五所四中心",客服公司组建运行支持部门。复材中心、维修交付中心挂牌成立。中国民航局首个驻工业方适航办公室在中国商飞公司成立。

2. 企业产权改革情况。2018年,中国商飞公司加强产权管理,优化资源配置。积极努力盘活资产,提高资产利用率。组织相关单位制定低效无效资产整改方案和工作计划,对问题房产进行逐一清理。加快推进子企业清理工作,并针对三级公司清理关闭问题,制定具体整改措施。中国商飞公司以产权登记工作为着力点和突破口,提高产权管理工作的管控水平,加强产权管理,做好产权管理信息系统数据更新工作。通过国务院国资委产权管理综合信息系统,将产权登记、资产评估、发债管理等模块相整合,统一使用同一个系统进行管理,使得产权登记的规范性、准确性、及时性进一步增强。

2018年,中国商飞公司资产评估管理工作稳步推进,严格按照国务院国资委有关要求对资产评估进行审核,加强对评估机构管理,资产评估报告质量进一步提高。开展资产评估项目后评估,加强对审批、评估备案后处置过程的监督,严把处置关、交易关,定期对以往备案项目进行复核,防范国有资产流失。

3. 人才强企与人力资源体系建设情况。一是加快发现培养选拔年轻干部。抓住关键少数,严格规范管理,建立健全《公司党委管理人员管理规定》等"1+4+N"选人用人制度体系,坚持事业为上、因事择人、人岗相适,坚持重实干、重实绩的导向,把政治考察摆在干部工作的重中之重,把考察延伸到日常工作,延伸到急难险重环节,着力建好持续选、重视育、适时用、强化管的全链条机制。制定公司职位职级体系管理办法、管理规定,畅通职位发展通道,形成管理、项目、技术、技能四类通道,让每位员工看到清晰方向和目标,完善有利于优秀人才脱颖而出的机制,盘活内部资源,形成一池活水。重点关注在型号研制、能力建设、科技创新、深化改革等重要工作中经受考验、表现突出的干部,把担当作为的优秀干部选任到关键、吃劲岗位。打通管理、技术、技能多职业纵向晋升和横向交流发展通道,鼓励干部人才跨序列横向交流,特别是管理和技术之间、经营与党务之间的交流,完善"之"字形成长路线,培养一支复合型干部人才队伍。

二是深化吸引、稳定和活力专项改革。争总额、补差额、调结构、奖骨干、设特区,推进薪酬体系改革。建立收入分配的对标机制,薪酬分配向一线倾斜,激励骨干。根据公司各类职能的特征,选取对标对象,开展市场薪酬对标,完成薪酬的市场补差,提升员工薪酬竞争力的水平。2018年,中国商飞公司建立与型号研制、生产任务完成情况紧密挂钩的工资总额核定机制,业绩好、收入高,业绩增、收入增,形成薪酬水平与业绩水平相适应、薪酬竞争力与人才竞争力相一致的收入分配原则。公司通过建立岗位绩效工资包,将各单位绩效工资总额与组织绩效考核结果强挂钩,薪酬分配向绩优单位倾斜。明确员工年度考核等次对下一年涨薪的联动关系,体现以业绩贡献为基础,实现人员的薪酬差异化分配。

三是系统策划"万人精兵工程"。深入分析商用飞机人才稀缺性、竞争性、全球性、成长周期长特点,突出战略导向、精准导向、高端导向和开放导向,强化储备意识,印发《公司"万人精兵工程"方案》,形成"领军梯队""精英梯队""杰出梯队""骨干梯队"。面向全球,前瞻培养拔尖人才。瞄准"工程经验+先进技术+前沿未来",注重"科学技术+文化背景+职业精神",联合世界级院校,配备世界级导师,建设世界级训练场,为公司发展建设和型号研制高标准、高起点、高水准培养拔尖人才。

四是建设高技能人才队伍。突出政治、思想、战略三大引领,熔铸"工匠魂"。公司坚持把学习贯彻习近平总书记关于大飞机事业重要指示精神作为政治引领,以宏伟的目标激发高技能人才队伍"想干事"的源动力。构建技能培训、班组建设、群策群力三大平台,炼就"工匠术"。建立校企合作、师徒带教、岗位培训等技能培训平台,实施高技能拔尖人才培养计划,持续打造COMAC精益班组建设平台,推广群策群力平台,锤炼"能干事"的真本领。打造科技、人才、精神三大高地,凝聚"工匠力"。推进智能制造,建设自动化装配生产线,打造科技高地;推行技术技能"双师型"人才跨界培养,打造人才高地;培育航空强国、"四个长期"和永不放弃大飞机创业精神,打造干事创业的精神高地。发现、树立、推广典型,讲述"工匠事"。打造具有产业特色、以职工为中心的匠心文化,讲好"大飞机故事""工匠故事"。

【重大项目】

1.C919大型客机。2018年,C919大型客机新增订单30架,累计订单815架。7月12日,C919大型客机完成2.5g极限载荷静力试验等关键试验,完成电源、航电、主飞控等软件集成试验;2架试飞机多地试飞,正常模式控制律试飞取得突破。11月23日,在第二届中国工业设计展览会上,C919大型客机驾驶舱等获评全国十大金奖设计作品;12月28日,C919大型客机103架机圆满完成首飞。

2.ARJ21新支线飞机。2018年2月27日至4月8日,ARJ21新支线飞机的104架试飞飞机赴冰岛进行大侧风试飞并圆满完成试飞任务;3月20—30日,ARJ21新支线飞机圆满完成呼和浩特往返乌兰浩特航线运行;5月2日,ARJ21新支线飞机正式在黑龙江省载客运营,"以哈尔滨为中心枢纽,进行基地化区域化运营"的新模式正式开启;12月25日,中国商飞公司与海航集团联合在海口举行ARJ21新支线飞机演示飞行活动。

2018年,ARJ21新支线飞机生产15架机,交付10架机。2018年,围绕批产提速目标,优化批产交付体系,实施模块化、智能化制造,开展工艺优化,初步建成生产运营管控平台。2018年,成都航空运营ARJ21新支线飞机10架,累计运营航线21条、通航城市24个、飞行8000余小时、载客近23万人次。

3.CR929宽体客机。2018年,CR929宽体客机确定总体技术方案,完成联合概念定义(JCDP),复材前机身全尺寸筒段试验件下线,11月6日,CR929宽体客机展示样机亮相珠海航展。

【走向海外】

1.企业"走出去"战略实施情况。中国商飞公司实施国际化建设方略,加快探索"走出去"路径。一是参与"一带一路"建设。以ARJ21新支线飞机投入商业运营为契机,积极开拓海外国际市场。二是参与中非"三网一化"合作。2018年9月7日,尼日利亚交通部航空国务部部长到访中国商飞公司,中国商飞公司向尼日利亚介绍ARJ21新支线飞机并探讨双方未来合作模式。三是发挥美国公司作用,探索适合中国商飞公司实际、顺应国际化发展潮流、符合"走出去"发展战略的体制机制创新和高新技术创新的道路。

2.对外投资与经营情况。中国商飞公司为服务主业,稳妥推进国际化经营战略,关闭无效境外资产,截至2018年底,现存续境外子企业(含境外办事处)3家,分别为中国商飞公司美国办事处、欧洲办事处和中国商用飞机有限责任公司美国有限公司(以下简称"美国公司")。其中,美国办事处和欧洲办事处为隶属于中国商飞公司总部的非独立法人机构,美国公司为中国商飞公司二级全资子企业。

2018年,中国商飞公司完成4项股权投资,全部为主业投资。包括出资中国航空发动机集团公司项目、浦银金融租赁股份有限公司增资项目、合资设立舟山波音完工中心项目、伊顿上飞(上海)航空管路制造有限公司增资项目等。

【重大创新】

1.技术创新。2018年,习近平总书记多次对大飞机事业作出重要指示,强调要实现关键核心技术自主可控、加快追赶国际先进水平,着力引领产业向中高端迈进。中国商飞公司成立4个课题组,聚焦"四个主题"开展大学习、大调研、大讨论,围绕大飞机产业链和产品全生命周期,梳理短板弱项,明确目标思路,细化措施计划,不折不扣推动习近平总书记重要指示精神在大飞机事业落地生根。10项成果获得上海市科学技术奖,新增专利授权186件;举办COMAC国际科技创新周;大数据应用项目获得2018年度"上海产学研合作优秀项目奖"唯一一个特等奖。

2.管理创新。2018年,中国商飞公司基本建成COMAC管理体系,推动公司从职能管理向业务过程管理转变;印发《2018年COMAC管理体系建设工作要点和计划》,全面完成各项工作;组织发布42份过程定义文件,召开8次专家评审会和5次专题审议会,推动管理显性化、科学化、精细化;建立与业务过程相匹配的结构化制度文件体系,制度文件管理模块上线运行,各项业务活动逐步走上规范化、制度化轨道;发布2018年度公司过程绩效指标(KPI),印发公司四力评价工作方案并组织初次实施。

组织召开公司首届管理创新大会,总结和部署管理创新工作;探索管理创新管理模式,构建公司管理创新体系建设思路;优化完善组织机构设置和职责界面,研究论证并组建商飞大学等6家机构,对公司总部5个部门的内设机构和职责界面进行优化调整,将北京办事处整体并入北研中心;协调推进效率改进专项工作,发布审批事项调整优化清单,并对调整优化后的落实情况进行持续检查和评估;组织梳理各业务过程产生的核心管理数据,形成管理数据共享清单。

【党建工作】 2018年,中国商飞公司深入学习贯彻习近平新时代中国特色社会主义思想和党的十九大精神,认真落实新时代党的建设总要求和党的组织路线,落实"中央企业党建质量提升年"部署,坚持"严党建、强支部、大监督、聚群团",胜利召开中国商飞公司第一次党员代表大会,把党员组织起来、把人才凝聚起来、把群众动员起来,为新时代大飞机事业提供坚强保证,公司党委下设1个总部机关党委和7个基层单位党委,有党(总)支部289个,其中党总支部29个;党员5790个,党员占职工总数的50.8%。公司在中央企业、中管企业2017年党建工作考核中均排名第二位。

一是旗帜鲜明讲政治,深入学习贯彻习近平新时代中国特色社会主义思想和党的十九大精神,深入学习贯彻习近平总书记关于大飞机事业重要指示精神。制定《公司党委关于维护党中央集中统一领导的实施意见》,组织公司党员干部职工连续第五年在习近平总书记视察公司现场举办专题研讨会。及时向党中央汇报学习贯彻习近平总书记重要指示、ARJ21飞机运营、公司2018年工作总结和2019年工作安排等情况,树牢"四个意识"、坚定"四个自信"、坚决做到"两个维护"。形成党委班子带头学、党员干部领着学、基层支部集体学、型号一线现场学、青年人才创新学、海外人士融入学的良好局面。

二是严格遵循"两个一以贯之",推动党的领导全面融入公司治理。党委把方向、管大局、保落实,完善两级党委《工作规则》《议事规则》,制定《"三重一大"决策事项清单》。着力解决往下延伸层层递减问题,组织所属二级、三级法人单位和合资公司全部完成章程修订,在7家所属单位中的3家实行党委书记、董事长"一肩挑",在规模较大的3家设专职党委副书记,各单位党务部门编制全部达到同级部门平均编制、全部落实党建经费保障。

三是持续落实"四同步、四对接"要求,紧紧围绕商用飞机研制抓党建强党建。坚持党建融入项目,在ARJ21、C919、CR929三大项目团队党支部设立党总支、配备专职书记,在境外试飞、生产运营等现场成立临时党组织,选派党员骨干到一线工位担任小政委,深入开展党员"闪光"行动、发挥支部"灯塔"效应,做到政治引领强、支部书记强、党员队伍强、中心工作强。加强标准化、规范化建设,编制《公司党建工作手册》,探索具有商飞特色的主题党日制度,公司3个支部分别被命名为中央企业、上海市示范党支部。积极开展"互联网+党建",与上海交大、建设银行等党建信息化服务供应商建设大飞机电子党建平台。

四是完善大监督体系,坚持不懈推进"廉洁商飞"建设。公司党委"巡视巡察工作领导小组办公室"挂牌,组建公司大监督委员会,增聘"大飞机特邀廉政监督员",构建党委指挥、纪委协调、全面覆盖、权威高效的大监督体系,全年处理119人次,追责28人。开展定点扶贫专项督查,研究制定《关于定点扶贫工作若干纪律要求》。公司纪委制定鼓励干部为大飞机干事创业"双九条"意见。狠抓作风建设,坚决纠治"四风"问题特别是官僚主义和形式主义,狠刹不作为、不落实、不着急、不严格、不出活等"五不"之风,修订印发《公司新"五不"承诺》,开展第二个"党风廉政警示教育月"。公司纪委建立"纪检监察工作联系点",开设"纪委书记信箱"。发挥巡视利剑作用,成立公司巡视巡察工作领导小组办公室,实现二级单位巡视巡察全覆盖。拓展"双保共建"范围,即保CR929项目研发合规、保双方员工廉洁安全,与公司"一带一路"民机合作伙伴举办"合规论坛"。

五是讲好大飞机故事,凝聚大飞机力量,培育弘扬大飞机创业精神。落实意识形态工作责任,聚焦

ARJ21市场导入、C919试飞取证和CR929联合研制等重点任务，开展庆祝改革开放40周年、"光荣十载、筑梦蓝天"等重大宣传活动。深入开展"群策群力"，将职工群众的"金点子"转化为推进公司创新发展的"金钥匙"。建功立业新时代，评选"十大青年英才""最美商飞人""大飞机工匠"，建设"劳模墙"，打造"青创空间""天空工厂"等青年创新平台，开展向运十飞机总设计师马凤山学习活动，"航空强国、四个长期、永不放弃"成为高高飘扬在大飞机人心中的精神旗帜。

六是落实党建工作责任制，把管党治党贯穿大飞机事业全过程。落实"两抓一查"要求，制定《公司党建工作责任制督查考核办法》，对7家所属单位和总部机关开展党建督查。形成"一会一报"机制，制定议事规则，完善汇报内容和方式，首次编发公司党建工作年报。加强党建制度建设，根据党的十九大及公司党代会后新情况，完成全面从严治党"1＋9"制度（2018版）修订并建立版次管理机制。

【信息化建设】 2018年，中国商飞公司信息化建设通过信息技术创新应用引领发展和转型升级，打造以智能制造为核心的"数字"商飞。围绕数字研发平台、制造运营平台、企业资源计划平台和业务协同平台的四大平台开展核心业务系统建设，完成新一代数字研发平台、制造运营平台架构设计，实现所属单位企业资源计划平台全覆盖，启动业务协同平台试点建设，建立健全数据治理体系，推进信息安全工作。

【履行社会责任】 2018年，中国商飞公司竭力帮助西吉县坚决打赢精准脱贫攻坚战，工作扎实推进并取得一定成效。根据《国务院扶贫开发领导小组关于2018年中央单位定点扶贫工作成效考核情况的通报》，中国商飞公司2018年定点扶贫工作等次为"较好"。公司被评为"固原市脱贫攻坚和乡村振兴先进集体"。

责任书落实方面。与西吉县政府签订《2018年中国商飞公司扶贫行动纲要》，印发《2018宁夏西吉县定点扶贫工作任务分解表》。5月19日，党委领导班子全体成员赴西吉县将台堡镇西坪村，在村委会办公室举行党委理论学习中心组第56次集体学习暨对口扶贫座谈会。

选派干部方面。先后选派4人赴西吉县挂职。根据《中央企业扶贫领域作风问题专项治理方案》的要求，进一步强化专项扶贫资金管理监督，印发《关于定点扶贫工作若干纪律要求》。

工作创新方面。针对西吉县缺少"集体经济收入"的问题，建设艾草扶贫车间、菊芋养殖基地、村级农机服务站项目。以大飞机西吉支教团、优秀中小学生夏令营项目为抓手，扶志扶智，激发群众的内生动力。连续第七次举办"走近上海·走近大飞机——宁夏西吉县优秀中小学生夏令营"。大力开展职教扶贫，培训基层干部及技术人员。举办基层党务干部及致富带头人培训班、"宁夏西吉·鲲鹏二期"英语教师特训、西吉县基层医疗卫生专业技术人员培训班、中国商飞精准扶贫基层党员干部培训班。联合中国银行，搭建"公益商飞"电商平台。

文化推广方面。以"大飞机航空博物馆"项目为平台，在西吉博物馆一层预留300平方米展位；2018年8月在西坪村召开的精准扶贫推进会上与西吉县签署合作备忘录。

（撰稿人：王 馨）

中国节能环保集团有限公司

【基本概况】 中国节能环保集团有限公司（以下简称"中国节能"或"集团"）是经国务院批准，由中国节能投资公司和中国新时代控股（集团）公司于2010年联合重组成立的以节能环保为主业的中央企业。经过多年发展，中国节能构建起以节能、环保、清洁能源、健康和节能环保综合服务为主业的"4＋1"产业格局，成为我国节能环保和健康领域规模大、实力强、专业覆盖面广、产业链完整的旗舰企业。中国节能拥有500余家下属企业，其中二级公司26家，上市公司5家，业务分布在国内各省（自治区、直辖市）及境外110个国家和地区，员工5万余人，旗下多家企业在我国节能环保各细分领域处于领先地位。

【主要指标】

2018年中国节能环保集团有限公司主要经济指标

项　目	2017年	2018年	比上年增长（%）
资产总额（亿元）	1444.82	1563.58	8.22
所有者权益（亿元）	434.16	476.21	9.69
营业收入（亿元）	522.13	468.40	−10.29
利润总额（亿元）	25.33	34.02	34.31
净利润（亿元）	15.13	21.40	41.44
全员劳动生产率（万元/人·年）	25.76	29.02	12.66

【改革发展】 2018年，中国节能深化改革工作取得新进展。一是持续推进董事会职权试点，落实深化改革重点事项。根据国务院国资委要求，重新梳理修订董事会职权试点实施方案以及董事会授权管理制度，进一步提高董事会科学决策效率。积极落实国务院国资委国企改革"双百行动"试点企业及国家发展改革委混合所有制试点企业工作部署，中国环保、新时代集团和建筑节能3家公司被确定为国企改革"双百行动"试点企业。继续平稳推进大地修复公司混合所有制企业员工持股试点，企业活力和改革效益逐步释放。丰富科技人才激励模式，制定实施科技型子企业分红激励管理办法和实施计划，选择中国环保所属临沂公司开展岗位分红激励。二是强化战略执行与战略管理，积极推进央企环保资产整合和集团内部重组整合。完成集团公司及二级子公司战略规划滚动修订和二级子公司主业核定工作。选择建筑节能公司、中节能实业公司、新时代集团和中国环保4家公司开展战略执行评价工作。研究集团绿色建筑业务、大健康业务、光伏业务、县域综合废弃物处理业务发展思路与方案。积极拓展主营业务范围，国务院国资委批复健康产业作为集团公司拟发展的新业务领域，明确绿色建筑属于中国节能主业范围。研究推进中央企业环保资产整合，完成初步调研与整合方案，实施工业节能、水务板块的相关重组整合。

【重大项目】 2018年，中国节能认真落实坚决打赢污染防治攻坚战、长江大保护、京津冀协同发展、雄安新区建设、海南自贸区建设等国家重大战略。

一是落实长江大保护工作取得重要进展。集团被推动长江经济带发展领导小组办公室确定为长江大保护污染治理主体平台企业，坚决贯彻落实习近平总书记"共抓大保护、不搞大开发"的指示要求，始终坚持高点站位、强化使命担当，倾力打造有高度、有温度、有力度的主体平台。建立集团长江大保护工作体系，成立集团长江经济带环境保护领导小组、集团长江保护事业部，确定126个地级以上城市的对接单位和对接负责人并签署责任书。发挥主体平台优势，汇集各方资源投入长江大保护工作。加强与沿江各省市对接，推动项目落地，全面推进长江经济带污染调研、排查，合作对接与治理工作，稳步推进开展试点工作。与浙江省、衡阳市、丽水市、湖州市、咸宁市签署战略合作协议。新签项目协议12份，在建及新开工各类节能环保项目70个；重点新跟踪项目139个。

二是高水平参加雄安新区建设。圆满完成雄安新区第一个项目雄安市民服务中心的综合能源供应系统、生活污水处理系统的设计和承建任务，创造性提供"能源供应＋环境治理"综合解决方案，为保障雄安新区市民中心清洁供能作出突出贡献，获得雄安市民中心高度肯定和致信感谢。积极推进雄安新区后续合作，与雄县签署合作协议。

三是参加京津冀环境治理取得新突破。集团就垃圾焚烧、污水处理、土壤修复、科技研发、绿色基金等与天津市达成"一揽子"合作意向，中标日处理3200吨的天津市东丽区生活垃圾综合处理厂PPP项目。中国环保在京津冀地区拥有近20个固废处理项目，总规模近3万吨/日，对京津冀地区的固废处置发挥举足轻重的作用。加强与亚洲开发银行沟通，加快推进5亿美元京津冀区域减排和污染防治基金落地实施；配合科技部推进落实京津冀环境综合治理重大项目，助推京津冀环境污染治理。

四是积极参与海南生态文明试验区建设。认真落实党中央关于支持海南建设国家生态文明试验区的有关部署,加强同海南省及其地市政府的工作对接,开展节能环保综合服务前期工作和方案论证。与海南省和三亚市签署战略合作协议,与海南省环保厅签署合作备忘录。

【走向海外】 2018年,中国节能积极开拓国际市场,响应"一带一路"倡议。新签国际工程项目近70个,进一步巩固海外市场规模。加强援外合作,加速国际市场的开发经营,推进产品出口,开拓发达国家市场。

【重大创新】 2018年,中国节能召开科技创新大会,全面部署集团科技创新工作。组建新的科技委员会,聘任节能环保行业著名院士、专家为外部委员。制定实施集团科技创新行动方案,明确集团科技创新的路线图、施工图和时间表。启动集团第一批18个重大科技创新项目,16个项目签订任务书,1个项目完成中试技术验收,3个项目完成小试技术验收。顺利完成国家环境保护工业污染场地及地下水修复工程技术中心验收工作。加强重点机构产学研合作,积极推进筹建以长江大保护科技创新联盟、多种固体废弃物集中协同处置国家工程研究中心等为代表的一批科技创新平台。万润公司获得2018年度(第二十届)中国专利奖优秀奖,太阳能镇江公司获得江苏省科学技术进步三等奖;中节能建设获建四川省节能环保创新服务平台。

【党建工作】 2018年,集团党委认真落实国务院国资委党委"党建质量提升年"的要求,以政治建设为统领,制定实施党建工作行动方案,推进党建工作重点任务落实,推动党的领导、党的建设与改革发展深度融合。

抓好重点党建任务。加强习近平新时代中国特色社会主义思想和党的十九大精神的学习培训和宣传贯彻。及时做好习近平总书记有关重要讲话精神、党中央和国务院国资委党委的一系列重大决策部署的学习传达和贯彻落实。组织5期培训班,对集团各级领导干部、基层党组织书记和党务干部进行集中轮训。通过集团宣传平台,发布稿件150余篇和新闻1100余条,总阅读量306万人次,较2017年总阅读量翻一番。发挥党委"把方向,管大局,保落实"作用,集团公司召开28次党委常委会,研究重大经营管理事项256项。压实党建责任制,集团党委与各二级公司党组织签订党建工作和党风廉政建设责任书,召开二级公司党组织书记述职评议会,组织开展2018年度二级公司党建工作责任制考评工作。坚持党管干部、党管人才原则,认真落实习近平总书记提出的"对党忠诚,勇于创新,治企有方,兴企有为,清正廉洁"的国有企业好干部要求。加快推进人才体制机制创新,编制实施干部人才建设行动方案。围绕中心工作需要,扎实推进干部选拔调配。创新干部选拔方式,持续加大竞争选拔力度。严把干部任用程序,持续加强二级公司和集团总部干部人才的选拔配置。全年调整集团党委管理权限内干部77人次。

推进全面从严治党。持续纠正"四风",不断巩固拓展落实中央八项规定精神成果。把监督挺在前面,不断巩固发展反腐败斗争压倒性态势。持续推动政治巡视巡察,初步构建上下联动监督。全力推进实现集团公司巡视全覆盖目标,2018年完成对8家子公司巡视。配合支持国务院国资委党委第四巡视组巡视工作,认真做好自查自纠、及时整改,认真落实巡视整改反馈意见,深入推进全面长效整改。

加强企业文化建设。制定实施企业文化建设行动方案,在落实社会主义核心价值观基础上,大力培育打造"忠诚、绿色、创新、卓越、严谨"的集团核心价值观。新时代健康公司被表彰为"首都文明单位标兵",六合天融公司被评为"首都文明单位"。扎实做好统战群团工作。集团党委成立统战工作领导小组、党委统战部和党外代表人士建言献策工作室。

【履行企业责任】 2018年,中国节能积极履行社会责任。为河南嵩县和广西富川县投入扶贫资金580万元,组织实施民生工程、教育扶贫、党建扶贫、产业扶贫、慰问贫困户和"百县万村"活动等,助力打赢脱贫攻坚战。切实做好节能减排工作,全年合并范围内企业绿色装机1019万千瓦,累计生产绿色电力139亿千瓦·时,比上年增长18%,相当于减排二氧化碳1080万吨,节约标煤434万吨;处理固体废弃物1016万吨,处理污水7.85亿吨,比上年增长12.5%;COD

总削减量18万吨，比上年增长16.2%。企业的环境及社会贡献度不断提高。

（撰稿人：汝昌晋）

中国国际工程咨询有限公司

【基本概况】 中国国际工程咨询有限公司（以下简称"公司"）是国内规模最大的综合性工程咨询机构，业务领域覆盖国民经济、社会发展以及国防建设的主要行业，形成以规划咨询、咨询评估、工程管理、投资策划、管理咨询为支撑的五大业务板块，为中央政府在国家重大建设项目的决策和实施方面发挥着重要作用，同时也为社会各类用户提供咨询服务。截至2018年底，公司累计完成各类咨询评估任务49000余项，涉及总投资74万亿元；通过评估优化，为国家节省建设投资近4万亿元。

2018年，公司以习近平新时代中国特色社会主义思想为指导，全面贯彻党的十九大和十九届二中、三中全会精神，深入实施"12445"战略，全面加强和提升能力建设，加快市场化业务转型，大力推进高端智库建设，坚定不移推进深化改革各项事业，在行政审批权限下放、深化简政放权的严峻形势下，聚焦主业、改革创新，优化业务结构、提高服务质量，不断增强市场化竞争能力和水平，改革发展各项工作取得新进展、新成效。

【主要指标】 2018年是国务院国资委将公司作为公益类企业进行经营业绩考核的第一年，社会效益指标（中央政府任务完成率和服务中央领导决策咨询成果）占60%权重，经济效益指标（经济增加值和期间费用占营业收入比重）占40%权重。根据2018年度经营业绩考核责任书及经中介机构审计的2018年度财务决算，各项考核指标实际完成情况：中央政府业务完成率75.34%，服务中央领导决策咨询成果44篇，期间费用占营业收入比重11.34%，经济增加值6799.77万元。公司全面完成国务院国资委核定的2018年度各项经营业绩考核指标。

2018年中国国际工程咨询有限公司主要经济指标

项　目	2017年	2018年	比上年增长（%）
资产总额（亿元）	26.17	25.64	-2.04
所有者权益（亿元）	18.13	18.57	2.41
营业收入（亿元）	15.23	15.75	3.45
利润总额（亿元）	1.79	1.96	9.32
净利润（亿元）	1.23	1.25	1.55
归属于母公司所有者的净利润（亿元）	1.21	1.24	2.07
技术开发投入（亿元）	0.18	0.26	43.58
利税总额（亿元）	3.10	3.62	16.77
应交税金总额（亿元）	1.46	1.66	13.70
全员劳动生产率（万元/人·年）	20.97	21.78	3.86
净资产收益率（%）	6.99	6.83	减少0.16个百分点
总资产报酬率（%）	7.02	7.55	增加0.53个百分点
国有资本保值增值率（%）	107.24	104.73	减少2.51个百分点

【改革发展】

1. 全面加强高端智库建设。公司建设高端智库有基础、有优势、有特色，既是公司的使命和责任，也是中咨品牌的价值所在。公司立足咨询评估工作基础，发挥多领域、跨学科和宏观综合优势，以服务党和政府决策为宗旨，通过参加国务院常务会议，向中央领导和中办、国办、中央财办报送政策咨询建议，完成国家级重大规划，承担国家重大项目评估等方式发挥重要智库作用。2018年，公司向党和国家领导以及中办、国办、中央财办（以下简称"三办"）报送政策研究成果44期，综合采用率84%，领导批示率52%。一批研究成果得到中央领导重要批示。公司作为唯一一家和"三办"都开通专网的企业和智库单位，研究成果报送范围从中央领导逐步拓展至地方省部级领导，影响力进一步扩大。

2. 加快推进业务转型升级。在国家简政放权和"放管服"改革深入推进的情况下,公司充分发挥专业齐全、链条完善的综合优势,在高质量完成好政府委托业务的基础上,大力开拓市场业务,初步形成五大业务板块,业务转型升级成效显著。一是评估业务从事前评估向事中、事后服务延伸。公司先后承担近20项国家发展改革委、国防科工局及相关部委委托的各行业"十三五"规划中期评估,成为公司适应国家"放、管、服"职能转变,从事前评估向事中、事后服务延伸的亮点。"十三五"中期评估涉及国民经济多个行业,如交通、能源、石油、天然气、水利、水电、国防科技工业等。通过高质量完成"十三五"中期评估业务,进一步提升公司的影响力和品牌价值,并带动相关业务的开发。二是国内外规划咨询项目保持平稳增长。公司积极开发规划编制和咨询业务,在相当程度上对冲咨询评估业务减少对业务整体的不利影响。2018年,公司新签各类规划咨询业务近300项,合同额近2.5亿元。规划业务板块逐步形成区域规划和产业规划等拳头产品。三是推动转型升级,着力培育管理咨询和投资策划业务。作为公司重点培育的新兴业务,管理咨询和投资策划业务取得实质性突破,如公司积极为海南自贸试验区谋划动植物种子资源引进中转基地项目,研究开展航运、高技术等领域的投资项目策划;与湖南省国资委签订战略合作协议,服务类型涵盖战略发展规划、并购重组、财务管理等;围绕发展我国新时代应急事业和新兴际华集团应急产业,公司与新兴际华集团签订战略合作协议,正式启动有关课题和规划研究;为山西焦煤集团、山西潞安矿业(集团)等地方能源企业"主业提质增效、新兴产业加快发展"提供专业化管理咨询服务。

3. 进一步完善企业法人治理结构。一是修订公司议事决策制度,根据国务院国资委对公司改制的批复文件,按照国家有关法律法规要求,参考其他中央企业做法,结合公司实际情况,在深入研究的基础上,对《公司重要会议议事决策制度》进行修订,进一步规范议事决策体制程序以及工作流程,明确各类决策会议的决策事项和议事规则,为公司有序推进各项工作提供基本遵循。二是建立健全"三重一大"制度体系。为适应公司体制机制改革需要,对《公司"三重一大"决策制度实施办法》进行修订,明确规定"三重一大"事项范围、决策主体及程序,加强对重大决策、重要干部任免、重大项目安排及大额资金使用方面的监督和管理,有助于进一步规范决策行为,提高决策水平,防范决策风险。三是规范董事会议事规则。为进一步完善董事会日常运行工作,充分发挥董事会经营决策作用,确保董事会科学决策和日常工作效率,公司决定增设董事会工作处,明确工作职责。为健全和完善公司决策体系,设立战略与投资委员会、提名委员会、薪酬与考核委员会、审计与风险管理委员会,为董事会的重大议案提供决策咨询。全面梳理公司已设立的各类决策和议事机构,清晰界定各自权限职责,逐步建立和完善党委会前置发挥核心领导作用、董事会发挥重大事项决策作用的现代企业制度。

4. 坚持不懈推进深化改革工作。根据国务院国资委关于国企改革工作要求,公司研究制定《全面深化改革2018年工作要点》,提出十大改革任务,坚定不移深化改革,持续推动创新。公司业务布局调整、混合所有制改革、干部队伍建设、薪酬管理等各项工作有条不紊推进。研究制定业务布局及组织机构优化的方案,对有关部门及内设处室进行优化调整,并明确相应职能。修订薪酬管理办法,通过业务开发与创新奖励、智库建设奖励、业务质量奖励和超额绩效奖励等方式,加强与业绩挂钩的浮动薪酬激励力度,进一步强化薪酬与考核的关联作用,加大职工薪酬中浮动薪酬的比重,将年度薪酬增量向业务一线、效益贡献大的员工和部门倾斜,充分调动员工积极性。坚持正确选人用人导向,组织完成一批处级及以上干部选拔任用和试用期满考核工作,进一步加大优秀年轻干部选拔力度、人才引进力度和干部挂职借调培养工作力度。2018年,所属企业中咨工程建设监理有限公司、中咨海外咨询有限公司被列为"双百企业",公司组织学习《国企改革"双百行动"工作方案》、国务院国资委主任肖亚庆关于《坚持问题导向 鼓励探索创新 深入推进国企改革"双百行动"》的重要讲话,按照"五突破、一加强"的工作要求认真开展相关工作,建立工作领导机制,明确提出制定综合改革实施方案的各项要求,公司各部门全力积极推动"双百企业"建设,打造改革尖兵。

【重大项目】 2018年,公司承担的较为重大的项目有:西安咸阳国际机场三期扩建工程可研评估、港珠澳大桥交通流量预测结果评估、川陕革命老区振兴发展规划中期评估、新疆乌鲁木齐机场改扩建工程可研评估、贵州毕节200万吨/年煤制清洁燃料项目评估、华大半导体上海特色工艺生产线建设项目评估、珠江三角洲水资源配置工程可行性研究报告评估、新建北京至雄安铁路（可研调整）咨询评估、金沙江上游拉哇水电站工程项目申请报告评估及青海—河南±800千伏特高压直流输电工程项目申请报告评估、中广核广东太平岭核电厂一期工程核准评估、2019年增强制造业核心竞争力专项、2019年服务业专项评估等。

【党建工作】 2018年,公司以"强化政治引领、聚焦三基建设、凸显文化宣传、凝聚群团力量、创新工作方式、营造和谐氛围"为主线,不断提高党建质量。公司党委深入学习贯彻习近平新时代中国特色社会主义思想,牢固树立"四个意识",坚定"四个自信",推进"两学一做"学习教育常态化、制度化。毫不动摇地坚持"两个一以贯之",完善"双向进入、交叉任职"领导体制。胜利召开公司第一次党代会,在公司全面推进"12445"战略的关键时期,统一思想、凝聚人心。召开"两优一先"表彰大会,营造崇尚先进、学习先进、争当先进的浓厚氛围。党委政治巡视8家所属企业,全面从严治党的任务得到落实。各级党组织压紧压实党建责任,实现"三基"建设制度化、常态化、规范化。2018年,公司团委书记参加共青团第十八次全国代表大会。积极开展青年交流活动,派代表参加团中央访英培训、延安和梁家河培训等。强化执纪监督检查,全力配合审计署审计工作。加大干部选拔任用全程监督力度,防止干部"带病提拔"。持之以恒落实中央八项规定精神,及时传达通报典型案例。组织编制《公司企业文化手册》,推进文化内化于心、固化于制、外化于行,将企业文化内容融入公司人才招聘测评模型,提升文化渗透力导向力。围绕纪念改革开放40周年,举办征文比赛和演讲比赛,建党97周年之际开展党员和党组织评优活动,进一步调动各级党组织、广大党员和党务工作者创先争优的积极性。

【信息化建设】 2018年,公司加强系统开发建设,先后建设完成优秀咨询成果评审系统、专家交流平台、集团出国审批管理系统以及开发合同管理系统等,逐步适应公司高端智库建设以及业务转型发展的战略需要,借助信息化手段不断提高公司管理水平,推进完善公司管理制度,提升企业竞争力。加大对外宣传力度,建设互联网门户英文网站,完成英文网站开发部署、上线运行,设计22个页面,41个栏目,并实现公司要闻和业务动态更新。按时完成国务院国资委布置的重点系统建设,完成公司网站IPv6改造、大额资金监管网络搭建以及公司"三重一大"监管系统建设等工作。公司不断加大信息安全保护力度,完成公安部信息安全等级保护备案和测评工作,内网协同办公系统、门户网站、邮件系统3个系统进行二级等保备案,通过北京市公安局网安大队对公司内外网络、门户网站、邮件系统的现场安全执法检查。

【履行社会责任】 2018年,公司将社会责任融入公司战略、治理结构和日常运营的各个流程中,不断完善社会责任管理体系,持续推进社会责任工作,加强和利益相关方的沟通,形成独具特色的社会责任管理体系。紧扣经济、社会和环境三重责任的和谐发展理念,提出自身的企业责任观"以智报国、用心为民",即在国家全面建设小康社会的进程中积极贡献力量,在国家经济社会发展战略的制定和实施中不断奉献智慧,在国家投资决策上努力提供科学的依据,以凝聚思想、优质高效的咨询成果助力社会民生事业,用心做好服务。公司秉承"服务国家、贡献社会"的核心价值观,以社会责任理念为指引,紧密围绕发展战略,不断强化责任管理,持续提升企业发展绩效、市场绩效、社会绩效和环保绩效,努力构建和谐社会。

为进一步加强与利益相关方的沟通,正面宣传公司积极践行责任理念的工作成效,组织编制2016—2017年度公司社会责任报告,在全集团范围内征集案例素材150余份、图片资料260余张,经总结提炼后形成近5万字的报告文稿,经数次优化完善,于7月中下旬完成报告文本印制并在公司网站正式上线发布。

（撰稿人：赵　坤）

中国诚通控股集团有限公司

【基本概况】 2018年,中国诚通控股集团有限公司(以下简称"中国诚通")高举习近平新时代中国特色社会主义思想伟大旗帜,坚决贯彻落实党中央、国务院和国务院国资委的决策部署,坚持党的全面领导,围绕"国有资本市场化运作专业平台"定位,深化资本运营公司改革试点,发挥运营平台服务功能,提升企业发展质量,各项重点工作平稳推进,取得明显成效。

【主要指标】 2018年,中国诚通实现营业收入1016.55亿元,比上年增长22.66%;利润总额28.23亿元,比上年增长13.6%,完成国务院国资委年度考核值的80.65%;净利润18.04亿元,比上年增长69.39%;净资产收益率1.39%,比上年增加0.11个百分点;资产总额2474.56亿元,比上年增长46.24%。

2018年中国诚通控股集团有限公司主要经济指标

项目	2017年	2018年	比上年增长(%)
资产总额(亿元)	1692.06	2474.56	46.24
所有者权益(亿元)	1047.88	1540.71	47.03
营业收入(亿元)	828.75	1016.55	22.66
利润总额(亿元)	24.85	28.23	13.60
净利润(亿元)	10.65	18.04	69.39
归属于母公司所有者的净利润(亿元)	0.77	7.40	861.04
技术开发投入(亿元)	4.01	3.50	−12.63
利税总额(亿元)	49.22	63.16	28.32
应交税金总额(亿元)	38.57	45.12	16.98
全员劳动生产率(万元/人·年)	33.95	34.08	0.38

续表

项目	2017年	2018年	比上年增长(%)
净资产收益率(%)	1.28	1.39	增加0.11个百分点
总资产报酬率(%)	2.80	2.46	减少0.34个百分点
国有资本保值增值率(%)	106.20	100.13	减少6.07个百分点

注:2017年数据未包括中国诚通按照国务院国资委部署,解决"处僵治困"等历史事项相关影响数。

【改革发展】 一是强化战略引领。深入系统分析国资国企改革新形势,结合国务院《关于推进国有资本投资、运营公司改革试点的实施意见》,研究制定2018—2020年中国诚通战略规划。

二是调整管控方式。按照"管资本"要求,调整对所出资企业管控方式,从"审批式管理"向"通过公司治理机制行权"转变。制定实施《改革完善公司法人治理结构意见》《派出董事、监事工作办法》等制度,修订完善《所出资企业分类考核办法》。建立派出董监事人才队伍29人,向所出资企业派出董监事19人。全年参加股东会50次,表决议案227个;参加董事会17次,表决议案43个。

三是深化内部改革。高效平稳完成诚通金属改革重组工作,以市场化方式实现优质资产的内部优化配置,稳妥处置低效无效资产,在岗干部职工和离退休人员全部妥善安置,资产盘活收益12亿元,成功探索内部重组的有效路径。

四是多维度推动改革。按照"双百企业"遴选标准,所属中储股份、岳阳林纸、中特物流三家企业成功入选名单。中储股份、诚通生态申报国家发展改革委全国第四批混改企业试点。

五是加强公司治理和管理。充分发挥董事会作用,进一步优化董事结构。2018年,国务院国资委对中国诚通董事会考核评价为"优秀"。以国有独资公司法人治理创新实践获得"公司治理卓越企业"奖。降低融资成本,完成120亿元债券发行,获得上交所优质发行人及储架式发行资格。

六是强化风险管控。中国诚通在中央企业主要负责人法治建设第一责任人履职评级中,被国务院国资委评为A级。积极配合审计署对中国诚通开展经济责任审计。推动所出资企业建立独立内审机构,配备专职审计人员,建立信息报送制度。

七是宣传改革成果。结合改革开放40周年和改革试点成果,主动发声,讲好诚通故事。积极参加中宣部大型纪录片《我们一起走过——致敬改革开放40周年》拍摄。做好"两个毫不动摇"专题宣传,《人民日报》、新华社、央视等对中国诚通改革情况进行全面报道。做好"一带一路"倡议五周年宣传,组织新华社等媒体走进格林伍德,相关视频报道播放近170万次。中储股份英国HB公司员工凯若琳的故事在央视二套《我与"一带一路"》节目中播出,获得良好反响。

【重大项目】 一是发挥基金投资功能。截至2018年底,国调基金立项项目81个,总金额1087亿元;签约金额891亿元,交割金额651亿元。在96家央企中,投资30余家央企项目,央企和国企投资累计占比86%。参与中船工业、中国中铁、中国铁物等项目,以市场化方式助力中央企业降杠杆、化风险、促改革。参与长远锂科、中电数据、中储智运、威马汽车等项目,主动布局战略性新兴产业。与北京市、吉林省以及五矿集团、航天科工、中信集团等搭建专业化子基金,引导国有和社会资本共同推动首都核心区转型发展、东北振兴、军民融合和国企结构调整等。诚通湖岸基金平稳有序运营,重点投向银行不良资产、地方融资平台债务和中央企业债务,并开拓债转股业务,签约16.62亿元,交割14.42亿元。

二是发挥股权管理功能。完成对22家央企626亿元市值的上市公司股份。研究制定《划入股权运作方案》,进行规范的上市公司市值管理,形成股权接收、有效盘活和市值管理流程。成功发布央企结构调整指数,牵头组织公募基金发行相关ETF产品,总规模538亿元,创造2018年全球资本市场新发指数基金规模之最。

三是发挥资产经营功能。中国诚通增补为党政机关和国有企事业单位培训疗养机构改革联合工作组成员。参与国家"十四五"规划养老制度改革研究,并被国资委确定为央企医疗机构改革6家接收平台单位之一。启动第一批38家中央和国家机关培训疗养机构改革试点工作。所属中国康养列入国家发展改革委首批"百城百企"普惠性养老建设示范企业,完成武钢集团所属楠山康养项目划转接收工作,涉及11家医疗及养老机构。

四是服务供给侧结构性改革。推进200亿元债转股专项债发行,推动托管的中国铁物改革脱困和转型发展,妥善化解债券兑付重大风险,资产负债率降至78.9%,2018年实现利润总额12.5亿元。和中国海油牵头,与5家央企共同组建海工装备资产平台,统一管理和优化整合央企海工装备资产。

五是培育金融服务功能。保险公司央企股权整合工作取得重大突破,完成3家央企所持保险公司10.14%股份的划转。在天津自由贸易试验区以中外合资方式设立商业保理公司。财务公司取得跨国外汇资金集中运营管理资质,具备成员企业外汇集中管理、央企间小币种串换服务功能。

【走向海外】 2018年,中国诚通所属诚通国际推动格林伍德二期等重点项目建设,发挥俄罗斯中国总商会会长单位优势,做强做优做大中俄经贸公共服务平台,促进中俄经贸合作。所属中国储运借助英国HB公司平台,建立国际国内交易所双向业务交割模式,收购英派拉(Impala)洋山保税仓库。所属华贸物流推动海外网络建设,探索属地化专业运营模式,与泛亚班拿、联邦快递等国际同行达成合作协议。所属中国物流依托专业、高效的物流能力,为巴基斯坦PKM高速公路项目供应沥青。中国诚通领导出席中俄投资合作委员会、第四届东方经济论坛等重大国际活动。在首届中国国际进口博览会上,中国诚通与来自11个国家和地区的15家外商签署采购协议,与中国进出口银行签署65亿元融资备忘录。俄罗斯副总理、法国前总理以及多国政要、学者和企业家分别与中国诚通作深入交流,探寻国际合作机会。

【重大创新】 2018年,中国诚通所属中国储运搭建供应链一体化服务平台,借助大宗商品仓储物流优势,在钢铁、铝、塑化等重要领域积极推进业务模式创新,打造大宗商品智仓网络;所属华贸物流以"三个聚焦"发展战略为指引,深耕空海运核心业务,筑牢核心产业根基。所属中国纸业与行业优秀企业对标,定位"浆纸+生态"双轮驱动,推动园林、污水处理、固废处理等项目。所属中国物流步入百亿级资产企业序列,借助体制优势推进上市工作，扩大资产规模；所属中储智运业务增长迅速，2018年实现运输收入100亿元，比上年增长77.87%，获得"中国杰出智慧物流企业"等系列奖项，并完成B+轮融资。所属诚通香港继续拓展融资租赁业务，形成跨境租赁服务装备制造企业"走出去"新模式；所属诚通人力完善法人治理结构，调整业务架构，逐步授权业务单元管理权限，激发企业活力。

【党建工作】 2018年，中国诚通党委始终以习近平新时代中国特色社会主义思想为指导，坚持"抓党建就是抓发展、抓发展必须抓党建"的原则，积极探索国有资本运营公司党建工作新模式，为集团改革发展提供坚强政治保证，把党建工作独特优势转化为企业核心竞争力。2018年，国务院国资委党委对集团2017年度党建工作责任制考核评价为"优秀"。

一是加强理论武装，坚决践行"两个维护"。中国诚通党委组织19次党委会、7次理论中心组集中学习，完成对107名集团党委管理干部、826名所出资企业党委管理干部的集中轮训，深入开展重温习近平总书记对集团重要批示精神专题学习。

二是坚决落实"两个一以贯之"，充分发挥党委领导作用。制定《改革完善公司法人治理结构指导意见》，明确治理主体权责边界。建立完善党委前置研究讨论程序，讨论研究董事会、经理层决策重大问题69项，重点进行政策性、方向性和程序性把关。

三是强化责任考核，推动党建责任制落实落地。建立所出资企业党建工作责任制考核评价制度体系，细化管党治党目标责任。

四是坚持党管干部、党管人才原则，锻造高素质干部队伍。修订《企业领导人员管理办法》，落实"20字"好干部标准和干部管理有关规定，保证党对干部人事工作领导权和重要干部管理权。建立所出资企业董监事、正副职等119人后备人才库。

五是推进"三基建设"，提升基层党建工作质量。推动5家所出资企业完成"两委"换届，推动127个基层党组织完成到期换届。建立党委规范性文件合法合规性审查和备案管理、党费和党建活动经费使用管理、基层党支部工作管理等工作制度，规范基层党组织工作程序。

六是从严落实管党治企责任，不断净化全系统政治生态。加强党风党纪教育，开展"反腐倡廉宣传教育月"活动，组织召开警示教育大会，编印《党风廉政教育手册》。制定《容错纠错实施办法（试行）》等制度。

七是深化巡视和经济责任问题整改，形成上下联动的监督网络。积极推进国务院国资委党委巡视和上级经济责任审计反馈问题、警示教育通报问题以及审计发现问题的整改，及时成立深化巡视整改工作领导小组，研究制定32项深化整改措施，明确时限要求和责任单位。

八是开展巡视巡察工作，建立内部巡视巡察制度和机构。成立中国诚通巡视工作领导小组，完成所有所出资企业常规巡视，实现集团巡视全覆盖。印发19项巡视工作制度，建立健全巡视工作制度体系。编制《中国诚通党委巡视工作2018—2022规划》。

【信息化建设】 打造"诚通云"和新版OA办公系统，优化档案信息化管理。建立运营监控系统，通过资本运营指标监测、结构调整基金指标监测、"三重一大"决策运行系统及大额资金动态监测，实时监控资本运营信息，为风控提供保障。

【履行社会责任】 2018年，中国诚通全面完成2018年定点扶贫责任书各项指标，对接帮扶的河南省宜阳县提前两年整体脱贫"摘帽"，重点结对帮扶的16个重点贫困村实现"村有特色、户有项目"，全县贫困发生率降至1.09%。

建立信访维稳应急预案体系，全面开展不稳定因素排查、风险评估和纠纷化解工作，累计排查48个信访风险点，涉及积案沉案17件，稳妥化解信访积案14件，保证企业稳定和谐的发展环境。

【其他情况】 2018年，中国诚通亏损企业退出30户、减少亏损66户，实现盈利1.19亿元。提前一年完成国务院国资委下达的压减工作任务，在原有587户企业的基数上，累计减少法人149户，减少比例25.38%。

截至2018年底，"三供一业"分离移交全部签署正式协议，涉及1.7万户供水、1.4万户供电、1200余户供热供气、近2万户物业管理。

通过清理退出、优化提升，8户企业比上年减亏增利1.7亿元,比2015年减亏增利6.59亿元,全面完成国务院国资委"处僵治困"专项任务。

围绕降杠杆、减负债的工作目标,确保"三金"整体控制在目标之内。截至2018年底,中国诚通合并口径"三金"合计283.99亿元,占全年预算的69.88%,增幅低于营业收入增幅5.69个百分点。

（撰稿人：丁若沙）

中国中煤能源集团有限公司

【基本概况】 中国中煤能源集团有限公司(以下简称"中煤集团")是国务院国资委管理的国有重点骨干企业,是国内唯一具有煤矿设计、煤矿建设、煤矿装备制造、煤炭开采及煤炭洗选加工、煤化工、煤矿坑口发电、煤炭及化工产品贸易等全产业链的企业。现有可控资源储量600亿吨,生产及在建矿井70余座,总产能3亿吨/年。拥有洗煤厂38座,洗选能力3亿吨/年。拥有完善的物流配送中心和分销网络,2018年完成煤炭销售量2.46亿吨。煤化工产品权益产能接近1000万吨,产品主要包括烯烃、甲醇、尿素、硝铵、焦炭等,其中图克大颗粒尿素项目单厂规模全国最大。积极推进煤电一体化,现有控股和参股发电厂34座,总装机超过2000万千瓦。煤矿建设企业承担国内多数千万吨级矿区、千万吨级高产高效矿井和大型洗煤厂的设计建设任务,代表行业最高水平。煤矿装备制造企业是我国规模最大、技术装备水平最高、产品成套服务最全、综合竞争实力最强的井工煤矿工作面输送设备、支护设备和采掘设备的制造企业。截至2018年底,中煤集团资产总额3868亿元,从业人员12万人。

【主要指标】 2018年,中煤集团全面贯彻党的十九大精神,以习近平新时代中国特色社会主义思想为指导,坚持稳中求进工作总基调,牢固树立和践行新发展理念,深入推进供给侧结构性改革,以提高质量效益和核心竞争力为中心,深入推进改革创新和结构调整,抢抓机遇积极开拓市场,科学有序组织生产销售,深挖潜能强化成本管控,扎实稳妥压控杠杆防范风险,运营质量和运营效率进一步提升,经济运行质量呈现稳中向好态势,高质量发展迈出新步伐。一是营业收入创历史新高。实现营业收入1500.19亿元,比上年增长28.4%。各板块营业收入均实现较快增长,煤炭企业营业收入突破千亿元。二是经营利润重回历史高位。实现利润总额84.76亿元,比上年增长37.2%。三是资产规模保持较快增长。资产总额3868.23亿元,比上年增长7.7%。四是经营现金流大幅增长、杠杆率同口径保持下降、盈利能力持续提升,各项盈利能力指标继续改善。总资产报酬率4.37%,比上年增加0.51个百分点;净资产收益率3.36%,比上年增加0.35个百分点。

2018年中国中煤能源集团有限公司主要经济指标

项　目	2017年	2018年	比上年增长(%)
资产总额(亿元)	3591.25	3868.23	7.71
所有者权益(亿元)	1249.91	1333.05	6.65
营业收入(亿元)	1168.12	1500.19	28.43
利润总额(亿元)	61.78	84.76	37.20
净利润(亿元)	35.6	43.38	21.85
归属于母公司所有者的净利润(亿元)	0.26	-10.81	-4257.69
技术开发投入(亿元)	11.97	16.42	37.18
利税总额(亿元)	221.08	267.23	20.87
应交税金总额(亿元)	159.3	182.47	14.54
全员劳动生产率(万元/人·年)	33.53	39.62	18.16
净资产收益率(%)	3.01	3.36	增加0.35个百分点
总资产报酬率(%)	3.86	4.37	增加0.51个百分点
国有资本保值增值率(%)	100.41	103.83	增加3.42个百分点

【改革发展】 2018年,中煤集团认真落实"两商"战略,积极推进煤电化一体化发展,完成总投资190亿元。大型现代化煤矿、电厂、煤化工项目加快推进,

多个项目具备竣工验收条件,产业结构进一步优化。积极参与央企煤炭资源整合,支持配合国源公司完成3家央企1亿吨产能的接收工作。加快推进供给侧结构性改革,退出煤炭落后产能760万吨,占央企当年去产能总任务的60%。狠抓"处僵治困",基本完成75户"僵尸"和特困企业清理处置任务。压减法人企业57户,超额完成3年目标任务。亏损面下降9.7%,亏损企业的亏损额减少7.9亿元,圆满完成考核目标任务。继续推进减人提效,稳妥分流安置人员10500人,职工总数减少11600人。实施精准激励,鼓励所属企业在效益提升的同时相应增加工资总额。兑现2017年正向激励6.8亿元,占当年工资总额的7.5%。职工收入连续三年保持较快增长,广大职工获得感进一步增强。"三供一业"分离移交全部签订协议,基本完成管理权和产权移交,企业办医疗机构移交取得积极进展。制定实施方案,开展装备公司、西安设计公司"双百行动"改革试点。继续推进内部整合,进一步理顺产权关系和管理关系,优化资源配置。

【重大项目】 2018年,中煤集团坚持以煤为基、煤电化纵向延伸产业链,加快淘汰落后产能、培育优质产能,提升煤炭资源价值,实现产业协同、融合增值,促进产业优化升级。别斯库都克、吉郎德煤矿、大海则、芒来等煤矿项目取得国家发展改革委核准批复,一批重点项目前期工作取得重大突破。平朔2×660兆瓦低热值煤发电项目、新疆2×660兆瓦北二电厂项目、上海能源2×350兆瓦煤矸石热电项目稳步推进。鄂能化合成气制年产100万吨甲醇技术改造项目开工建设。

【走向海外】 2018年,中煤集团鼓励各所属企业抢抓"一带一路"发展机遇,开展国际化经营。完善工作机制,搭建起集团公司"出海"信息平台和"联合出海"平台。矿山建设海外业务拓展到伊朗、印度、南非、土耳其等国家,新签订伊朗帕瓦德等项目,合同总金额6.33亿元。南非铂金矿项目进入实施阶段,实现营业收入2.13亿元。矿山装备海外业务实现采煤机首次出口印度尼西亚,孟加拉国成套液压支架完成交付,越南越煤集团首套装备成功达产,合同金额超过1亿元。承揽纳米比亚露天铀矿技术和设备维修服务项目,合同金额4260万元。

【重大创新】 截至2018年底,中煤集团建成由4个集团研究院、1个国家能源采掘装备研发实验中心、3个国家级企业技术中心、2个国家能源技术装备评定中心、10个省级企业技术中心、6个省级工程研究中心、6个煤炭行业工程研究中心、1个省级设计创新中心、8个国家认可实验室、6个博士后科研工作站、16家高新技术企业、5个中煤集团级"双创"示范基地、215个基层创新工作室、3个战略合作联盟等为主体的科技创新体系,科技研发能力显著增强。蒙大公司数字化工厂被工业和信息化部评为智能制造示范项目。"双创"基地布局实现五大产业全覆盖,装备公司"双创"基地入选国家工信部制造业"双创"平台示范项目。

核心技术和新产品支撑产业发展的能力不断提升。2018年,科技投入31亿元,技术投入比2.1%;获得行业科技进步奖39项,授权专利276件。复杂构造多煤层防冲技术、大功率高端智能化煤机成套技术及产品、DMTO工艺降低甲醇单耗技术、煤化工浓盐水资源化利用技术等取得重要突破,达到国际先进水平。"蒙陕深部矿区亿吨级煤炭基地关键技术"等9项国家级课题全部通过科技部验收。国家重大科技仪器专项"地面老空水3D磁共振探测应用开发"通过教育部验收。煤化工高端差异化双聚系列新产品、世界首台套(3×1600)高端智能化刮板运输机、高性能8米大采高采煤机、智能掘进机等重大新产品达到行业先进国内领先水平。

【党建工作】 2018年,中煤集团党委按照新时代党的建设总要求和"中央企业党建质量提升年"部署,全面落实党建工作责任制,持续推动党建工作质量提升,着力发挥"把方向、管大局、保落实"作用,引领和推动企业迈上高质量发展新台阶。坚持把政治建设摆在首位,筑牢"四个意识",增强"四个自信",在"两个维护"上始终做到旗帜鲜明、立场坚定。规范执行党委议事规则,全面落实前置研究讨论程序,保证党组织意图在企业重大决策中得到体现。深入贯彻落实《中央企业党建工作责任制实施办法》,建立完善党建述评考用机制。持续加强"三基建设",坚持"四同步四对接"。认真贯彻新时期党的组织路线,从严从实抓好领导干部队伍建设。深入贯彻落实党的十九大和中央纪委二次全会关于全面从严治党新部署新要求,强化监督执纪问责,为改革发展提供坚强保证。强化意识形态工作领导,牢牢把握正确舆论导向。加强对扶贫、统战、群团工作的领导和支持,贯彻党中央精准扶贫工作部署,因地制宜开展精准帮扶。

【信息化建设】 2018年,中煤集团按照国务院国资委党委网信领导小组安排部署,稳步推进国资监管信息化建设,建成集团公司层面的"三重一大"决策运行系统和大额资金支出动态监测应用系统,完成全集团网络安全技术防御体系建设,加快推进工控系统网络安全防护工作,积极开展IPv6改造工作。

【履行社会责任】 2018年,中煤集团牢记央企责任担当,努力提高央企的活力、影响力和带动力,在促进合作企业发展、贡献社会经济发展、引领全行业发展、煤炭保供稳价和打好三大攻坚战等方面发挥骨干带头作用,彰显中煤集团的行业地位,树立讲政治、讲责任、讲诚信、讲合作的央企良好形象。

经济责任方面,2018年,中煤集团实现社会贡献总额449.9亿元。其中,缴纳税费175.2亿元,占营业收入比重的11.68%。安全责任方面,中煤集团认真贯彻落实国家安全生产工作部署要求,狠抓重大安全风险防控,狠抓安全责任落实,狠抓安全标准化建设,狠抓全员素质提升,狠抓现场安全管控,安全生产形势保持稳定,杜绝较大及以上事故,原煤生产百万吨死亡率0.012,远好于行业平均水平。环境责任方面,以习近平生态文明思想为指导,坚持煤炭绿色开采、清洁利用、高效转化,大力推进开采方式科学化、资源利用高效化、生产工艺清洁化、矿区环境生态化,全面建设"绿色中煤",全年投入资金9亿元,完成12台煤电机组最低排放改造、44台燃煤锅炉环保改造、5座煤场全封闭改造和6项废水治理工程,超额完成国务院国资委下达的节能减排考核任务。创新责任方面,聚焦现代煤炭能源"安全、高效、绿色、智能"技术变革趋势,持续深化科技体制机制改革,持续构建与国际一流能源企业相适应的科技创新体系,提高科技进步贡献率。员工责任方面,全力为员工打造发展平台,实现员工和企业共同成长。截至2018年底,中煤集团有2人入选新世纪百千万人才工程国家级人选,涌现出242名煤炭行业高级职业经理人、37位"煤炭行业技能大师"、4位"煤炭行业优秀技术能手"、21个煤炭行业技能大师工作室、5人被国家人力资源和社会保障部授予"全国技术能手"称号。社会责任方面,中煤集团积极支持地方经济建设,开展扶贫帮困、捐资助学、赈灾救危等活动,与所在地社区共同发展,实现互利共赢。全年投入扶贫资金2500多万元,帮助3个定点扶贫县的240多个贫困村、6万多名贫困人口实现脱贫。

(撰稿人:王旭升)

中国煤炭科工集团有限公司

【基本概况】 2018年,中国煤炭科工集团有限公司(以下简称"中国煤科")深入学习贯彻习近平新时代中国特色社会主义思想和党的十九大精神,落实党中央、国务院及国务院国资委各项决策部署,坚持稳中求进的工作总基调,积极应对复杂多变的国内外经济形势,优化公司治理与提升企业管理同部署,市场开拓和降本增效同谋划,科技创新顶层设计和科研成果质量提升同推进,深化改革与战略执行同研究,安全生产基础进一步夯实,党的领导不断加强,各项工作稳步推进,取得明显成效。主要经营指标实现较快增长,资本结构和资产质量得到优化,经济运行基础进一步夯实。

【主要指标】 截至2018年底,中国煤科新签合同额307.3亿元,比上年增长13.9%;营业收入224.6亿元,比上年增长16.7%;经济增加值9.1亿元,比上年增长175.4%;利润总额16.3亿元,比上年增长4.9%;科技投入13.5亿元,比上年增长38.3%。资产总额473.6亿元,比上年增长0.7%;净资产261.8亿元,比上年增长3.3%;资产负债率44.7%。

2018年中国煤炭科工集团有限公司主要经济指标

项 目	2017年	2018年	比上年增长(%)
资产总额(亿元)	470.3	473.6	0.7

续表

项　目	2017年	2018年	比上年增长（%）
所有者权益（亿元）	253.4	261.8	3.3
营业收入（亿元）	192.5	224.6	16.7
利润总额（亿元）	15.5	16.3	4.9
净利润（亿元）	12.0	13.1	8.9
归属于母公司所有者的净利润（亿元）	7.4	5.9	−19.8
技术开发投入（亿元）	9.8	13.5	38.3
利税总额（亿元）	30.4	32.4	6.6
应交税金总额（亿元）	19.6	20.6	5.1
全员劳动生产率（万元/人·年）	23.3	23.9	2.9
净资产收益率（%）	4.95	5.12	增加0.17个百分点
总资产报酬率（%）	3.77	3.85	增加0.08个百分点
国有资本保值增值率（%）	106.00	103.72	减少2.28个百分点

【改革发展】 2018年，中国煤科坚决贯彻落实习近平总书记关于"两个一以贯之"的要求，坚持党对国有企业的领导，把企业党建有机融合于公司治理之中，积极推进中国特色现代国有企业制度建设，不断提升管理管控效能。

一是完善法人治理体系，推进现代企业制度建设。通过公司治理制度体系的优化，加强党的领导，明确党组织研究讨论是董事会、经理层决策重大问题的前置程序；确定清晰的治理主体，充分发挥党组织的领导作用，董事会的决策作用，经理层的经营管理作用。明确所属企业法人治理结构建设工作的总体思路，发布针对所属企业的"三重一大"决策制度，进一步规范所属企业公司治理机制。集团公司董事会作为集团公司的决策机构，严格落实"党组织研究是重大决策前置程序"的机制，规范完善授权管理制度，确保治理主体规范履职。2018年，召开集团公司董事会会议9次，形成决议43项，对集团公司重大事项进行决策，对企业运营进行监督管理。管理人员能上能下、收入能增能减、员工能进能出机制逐步建立，市场化选聘职业经理人机制有序推进，与市场经济相适应的绩效考核、薪酬分配机制逐步完善，中国特色现代国有企业制度不断健全。

二是统筹推进管理提升，夯实企业管理基础。中国煤科管理提升活动以促进发展为主线，以解决管理中存在的突出问题和薄弱环节为重点，基础管控效能得到提升。通过系统推进，确立557个提升目标和1643项改进措施，制（修）订制度1161项，制定、优化流程824项，识别风险168项，效率提升164项，降低成本140项。建设开发综合管理信息系统、人力资源系统、重大事项督办系统，完善财务集中管理系统，与国务院国资委大额资金监管系统进行对接，将集团所有账户纳入监控范围，年度集中资金77亿元，创历史新高，资金集中度88%；开展资产清查工作，资产管理基础进一步夯实；建立资源共享与协调机制，年度协调内部竞争81次；人力资源管理坚持"总量控制、提升素质、优化结构"；全面预算管理横向全面展开，纵向全级次推进；集中采购组织逐步规范。

三是深入推进供给侧结构性改革。截至2018年底，8家"僵尸企业"的处置全部完成，其中济源高开和天地华润进入破产清算程序；抚顺科工安仪和天地金草田完成工商注销；唐宝精煤和二连浩特矿业完成股权转让；贵州宏狮和唐山水泵厂财务达标。彤康食品、奔牛银起完成治困任务。截至2018年底，中国煤科压减法人户数33户，提前超额完成国务院国资委的考核任务。亏损企业14户，比上年的28户减少14户，但是个别企业仍亏损严重，沈阳研究院、北京华宇、北京源平亏损额超过3000万元。

四是深化企业改革，重点领域取得进展。中国煤科全面落实国企改革"1+N"政策体系。一是遴选推荐西安研究院和重庆设计院入围"双百行动"名单。2家企业分别在探索科研院所发展新模式和引领转型升级发展上发挥示范引领作用。在完成综合改革方案制定的基础上，西安研究院顺利完成经理层公开选聘工作，重庆设计院在推进市场开拓、转化经营机制方面的经验和做法被国务院国资委列为22户央企典型之一进行宣传推广，同时在新业务领域积极探索实施混合所有制改革的可行性。二是加大参股公司的管理、清理工作。印发《关于规范参股企业管理的实施办法》，加大对煤科洁能和金租公司等重要参股企业的监督管理力度，督导二级企业对经营业绩差、规模小、非主业的参股企业坚决实施清退措施。三是国有企业办社会职能分离移交稳步推进。其中"三供一业"分离移交涉及所属企业13家，除天地奔牛外全部签订正式协议，实现管理职能分离移交。沈阳研究院顺华能源学院完成清算，唐山研究院、西安研究院等所属5家医疗机构完成关闭或移交撤销工作。

【重大项目】 2018年，中国煤科紧紧围绕企业发展战略、公益类企业定位和世界一流科技创新型企业愿景，不断优化产业和资本结构，增强企业综合竞争实力。设立中煤科工能源科技公司，推动示范工程专业化整合。设立生态环境科技公司、土地整治与生态修复科学技术研究院，在生态保护修复等领域加大科研开发和资源投入力度。设立商业保理公司，积极筹建财务公司该服务和促进主业发展。完成北京华宇与唐山研究院的深度整合，进一步强化选煤业务从设计、研发到产品的一体化运营。积极推进宁夏地区企业优化整合，提升资源配置效率。发布《智能制造2025发展规划》，加快推动装备制造向高端转型发展。

【走向海外】 自国家"一带一路"倡议提出以来，中国煤科在国务院国资委的领导下积极参与"一带一路"建设，对"一带一路"沿线国家进行整体布局，因地制宜分步"走出去"；立足自身优势，与"一带一路"沿线国家优势互补、合力建设，实现共赢的局面；以稳健发展为基本要求，严格控制风险，做好全面的风险评估和管控工作，保证企业利益和安全。

一是在国际交流与合作方面，中国煤科加大与"一带一路"重点国家的国际交流，作为国际采矿大会组委会等10多个国际学术组织的成员单位，与世界100多个机构建立良好的合作关系。2018年，中国煤科作为中德合作煤炭工作组中方组长单位，积极筹备主办在中国举行的中德经济合作联合委员会煤炭工作组的第22次会议，在该会议基础上，2018年5月，中国煤科派出专家团组，对德国2025智能制造进行考察和研究，确定中国煤科智能制造的初步构想。

二是中国煤科在已布局的国际化经营基础上，对"一带一路"沿线国家加大开发力度，对俄罗斯、乌兹别克斯坦、哈萨克斯坦、蒙古国、土耳其、印度尼西亚、澳大利亚、巴基斯坦、印度、孟加拉国、越南等国家，围绕已经在手的重点项目，积极推进，取得良好成效。如俄罗斯库兹巴斯煤矿股份有限公司的后续设备供货合同，为中国煤科走进俄罗斯、扎根俄罗斯开辟道路；在乌兹别克斯坦市场，自安格连技术改造项目竣工后，沙尔贡煤矿改造项目也进入合同执行阶段，2个项目组均获得中国驻乌兹别克斯坦大使馆颁发的"中乌友谊杰出贡献奖"，对中国煤科的工作给予充分的肯定；2018年11月签署的安格连带式输送机供货项目和乌兹AKFA市政建筑项目，为扎根乌兹别克市场和拓展乌兹别克非煤市场打开新的篇章。

【重大创新】 2018年，中国煤科深入贯彻党和国家关于科技创新的战略部署，落实国务院国资委创新工作要求，进一步推进科技创新型企业的建设，强化"三个极端重要性"理念，推进"十三五"科技创新规划落地，以完善创新体系为工作主线，科技创新能力有新的提升。

一是完善创新体制机制。以"十三五"科技创新规划修编为基础，完成创新体系顶层设计，进一步明确科技创新使命、科技创新体系建设的重点任务、主要方向及实施路线。积极调研借鉴华为公司、中国电科、烽火通信、斯伦贝谢等创新型企业先进经验，组团赴德国学习借鉴智能制造技术，选派12名青年科技人员赴德国开展为期一年的访学，启动在澳大利亚建立海外研发中心，推进与高校的共建共享、合作共赢，以开放思维推动创新工作。同时以人才培养为支撑，激活吸引人才、培养人才、使用人才的体制机制，引导科研人员回归科研。

二是加强科研项目申报和科研条件建设。项目组织方面。2018年，获批省部级以上科研项目和行业级以上标准89项，其中省部级以上科研项目（课题）47项，国家/行业标准42项；纵向经费到款超过2.2亿元。完成公共安全、深地资源、质量基础等国家重点研发计划2018年度项目申报组织工作，获批项目7项，其中公共安全重点专项项目4项，占项目总数的70%。科研条件建设方面。实验和检测平台122个，不断巩固和强化集团公司在行业科技创新和检测检验领域的技术领先性和权威性。"矿用新装备新材料安全准入分析验证实验室建设项目"可研报告通过国家立项,其中集团公司投资估算8.8亿元,中央预算内投资6.1亿元。

三是提升科技成果质量。2018年,中国煤科获得授权专利408件,其中发明专利201件;获得省部级科技奖励97项,其中国家科技进步奖1项、中国专利优秀奖2项;获得中国煤炭工业协会科技奖80项,中国岩石力学与工程学会科技奖3项、中国机械工业联合会科技奖5项。中国煤炭工业协会科技奖数量比上年的52项增长54%;作为第一完成单位的获奖项目41项,比上年的16项增长156%,科研质量明显提升。一批关键技术和重大装备取得突破,西安研究院研制的"煤矿井下反射槽波超前探测技术与装备"达到国际领先水平;太原研究院研制的"智能锚杆机器人"可实现锚杆作业工序全自动化、智能化;上海煤科研制的"世界首台8.8米采高特厚煤层交流电牵引采煤机"在神东上湾煤矿正式投运。

【党建工作】 2018年,中国煤科党委深入学习贯彻习近平新时代中国特色社会主义思想和党的十九大精神。按照"中央企业党建质量提升年"各项部署,坚持党的领导、加强党的建设,深入推进全面从严治党,不断巩固全国国企党建工作会议成果,着力夯实"三基建设",为中国煤科改革发展提供坚强保障。

一是把深入学习贯彻习近平新时代中国特色社会主义思想和党的十九大精神作为首要政治任务。坚持把政治建设摆在首位,以中心组集中学习研讨、干部集中轮训、基层党支部书记集中轮训、基层党支部"三会一课"为抓手,以网络、内刊、微信客户端等为载体,广泛深入开展学习宣传贯彻活动,树牢"四个意识",坚定"四个自信",坚决做到"两个维护"。

二是发挥企业党组织领导作用,提升党的领导质量。集团公司党委坚持"两个一以贯之",切实把党的领导融入公司治理各环节,推动党组织发挥作用组织化、制度化、具体化。完成全级次92家企业党建工作要求进章程,设立董事会的二级企业完成党委书记、董事长"一肩挑",完善党组织参与决策体制机制,落实党组织研究讨论是董事会、经理层决策重大问题前置程序的要求,推动党的领导与公司治理有机融合。

三是坚持党管干部和党管人才原则,提升干部人才队伍建设质量。突出政治标准,规范选人用人程序,全年调整干部101人次,其中提拔28人。强化干部日常教育管理,严格落实重大事项请示报告制度、干部谈心谈话制度,加大干部培养交流力度,统筹抓好年轻干部选育工作,集团党委管理干部中年纪在45周岁以下的占比较年初增加9.1个百分点。加强高素质人才队伍建设,完善科技人才梯队体系,加大院士等高端人才选聘及引进力度,人才培养体系逐步完善。

四是推动基层党组织规范化建设,提升"三基建设"质量。中国煤科党委以基层党组织规范化建设为抓手,以提升组织力为重点,突出政治功能,不断深化"三基建设"。贯彻落实"四同步、四对接"原则,完成10个二级党组织和115个基层党支部换届改选,实现党组织"应建必建",按期换届"应换必换"。规范党员发展和党费管理工作,推动落实党务干部配备和党建工作经费"两个1%"的要求,完成第二轮党支部书记集中轮训和党务人员集中培训。完善党建基本制度体系,党建工作规范化建设水平不断提升。修订《集团公司党建考核评价办法》,建立党建考评结果通报和反馈机制,推动落实党建工作责任制。

五是服务企业改革发展中心工作,提升党建工作效能。广泛开展创先争优活动。组织开展"一个支部一个堡垒、一名党员一面旗帜、一项活动一种特色"的"六个一"主题党建活动,在基层党支部广泛开展以"五落实一强化"为内容的创先争优活动。在广大知识分子、科技人员中开展"弘扬爱国奋斗精神、建功立业新时代"主题活动,加强对工会、共青团的领导,融入改革发展中心工作,大力弘扬劳模精神、工匠精神。以职工创新工作室为载体的28项职工创新成果获得全国能源化学地质工会表彰;成功举办第五届国家职业二类职工技能竞赛,所属企业覆盖面63.6%;1名员工获平全国能源化学地质系统"大国工匠"、2名员工当选中国工会第十七次全国代表大会代表、1名员工当选中国妇女第十二次全国代表大会代表。

中国煤科全系统469个党支部,115个支部配齐支委班子,338个支部建立支部工作制度,409个支部规范支部台账,403个支部开展党员亮身份活动,238个支部开展党员示范岗创建活动,301个支部开展党员承诺践诺活动，226个支部建立党员联系帮扶群众制度。389名党员获得党内表彰，551名党员在劳模和先进评选中获得表彰，561名各领域的骨干向党组织递交入党申请书，各单位以党员名字命名建设的创新工作室15个。

六是保持正风肃纪高压态势，提升党风廉政建设和反腐败工作质量。2018年11月19日，根据中央纪委决定，对涉嫌严重违纪违法案件接受纪律审查和监察调查，中国煤炭科工党委与中央保持高度一致，坚决拥护并支持，第一时间召开党委常委扩大会议，传达中央决定精神，统一思想，安排部署有关调查配合工作。对涉及违纪违法案件的有关事项进行清理，尽力消除不良影响，以实际行动落实中央纪委国家监委的决定。在积极配合组织调查的同时，深入抓好企业生产经营和维护稳定工作。

集团公司党委纪委深入学习贯彻十九届中央纪委二次全会精神和中央企业党风廉政建设与反腐败工作会议精神，研究部署和督促落实"一条主线、五个深化"工作。深化纪律建设，集团公司党委和各二级党组织经常开展警示教育活动，认真落实监督执纪"四种形态"，认真开展违规经商办企业和违规兼职取酬专项治理，认真开展"五类问题"自查自纠和企业治理效能提升工作。深化作风建设，驰而不息纠正"四风"，多次重申作风纪律，完善落实中央八项规定精神实施办法，狠抓公款吃喝、公车私用、违规出国境等问题治理，认真部署形式主义、官僚主义问题集中整治工作。深化长效机制建设，着力健全完善集团层面不能腐的体制机制，印发构建"不敢腐、不想腐、不能腐"的体制机制建设指引。深化内部巡视工作，完成4轮、10家二级企业的内部巡视，巡视发现303个问题，党委高度重视巡视整改、问责追责和成果运用工作。深化纪检队伍建设，严管与厚爱相结合，既注重集团公司纪检队伍专业素质能力培养，又对出现的"灯下黑"问题进行严肃处理。集团公司持续保持正风肃纪的高压态势，全年党纪处分14人，其中开除党籍1人、留党察看2人、党内严重警告7人、党内警告4人；组织处理9人，其中辞退1人、免职4人、行政降职4人；诫勉谈话和批评教育51人；挽回直接经济损失300多万元。

【信息化建设】 2018年，中国煤科信息化建设工作按照公安部《信息系统安全等级保护基本要求》、国务院国资委《中央企业商业秘密安全保护指引》（以下简称《指引》）的要求，从信息化系统对网络环境及网络安全需求出发，遵循适度安全、互联互通为核心，以重点保护、分类防护、保障关键业务、技术、管理、服务并重、标准化和成熟性为原则，从多个层面进行建设，构建以安全管理体系和安全技术体系为支撑的信息安全体系。使应用系统在网络安全、主机安全、数据安全、应用安全等各个层面达到信息系统安全等级保护要求，并充分考虑符合中国煤科信息系统建设业务特点，为各类应用系统运行提供安全保障，做到"事前防范、事中控制、事后追溯"。集团公司网络安全防护体系框架分为技术体系与管理体系两部分。安全技术体系包括计算环境安全、边界安全、通信网络安全和安全基础设施四部分。安全管理体系包括人员与组织安全、安全策略、安全制度建设和安全运维四部分。根据《指引》中对分级分域管理原则，针对集团公司虚拟局域网发展需求，依据网络现状、业务系统的功能和特性、业务系统面临的威胁、业务系统的价值及相关安全防护要求等因素，对网络重新进行安全区的划分，实现按需防护、多层防护的理念，并在此基础上，注重网络及信息数据安全审计建设，对进入总部局域网的数据访问操作行为做到步步审计。信息系统部署在应用服务区，信息数据在数据存储区存储，根据中国煤科网络防护架构，经过安全隔离区和核心交换区的防护可以过滤大部分的外来攻击，因此在应用服务区部署审计设备、防火墙设备和应用监控设备即可满足信息系统的安全。

【履行社会责任】 2018年，中国煤科始终如一践行央企使命，积极为国家财政收入作出应有贡献，2018年缴纳税款20.8亿元。

中国煤科积极响应和落实国家精准扶贫的基本方略，立足实际，坚持问题导向，发挥企业优势，在完善顶层设计、强化组织领导、落实"六个精准"、加强统筹协调等方面精准施策、真抓实干，不仅超额完成扶贫责任书各项考核指标，而且在产业帮扶、基础设施建设、教育就业、"一村一品"、易地扶贫搬迁等方面特色鲜明、成效显著，为山西省武乡县、安徽省寿县在

2018年实现脱贫"摘帽"、增进老百姓的获得感和幸福感、打赢脱贫攻坚战担当作为、砥砺奋斗,展现一家央企的责任与情怀。2018年,中国煤科超额完成扶贫责任书各项考核指标。投入帮扶资金246万元,目标达成率111.8%;引进帮扶资金105万元,目标达成率105%;培训基层干部88人,目标达成率382.6%;培训技术人员138人,目标达成率134%;购买贫困地区农产品94万元,目标达成率104.2%;帮助销售贫困地区农产品33万元,目标达成率110%。

为充分发挥青年志愿者活动在思想引领、实践育人和组织青年等方面作用,把志愿精神转化为企业精神和企业文化,转化为企业发展的动力,中国煤科团委以"志愿服务耀煤科 小青共筑中国梦"为主题开展2018年志愿服务工作。开展学雷锋活动,中国煤科各爱心团队结合企业情况,相继开展关爱留守儿童、关爱空巢老人、助残阳光行动、生态环境保护、助力脱贫攻坚、文明企地创建、文明网络环境等63项志愿服务活动,服务总人数1230人。"煤科小青"爱心团队有关素材在中国志交会展示区亮相,展现中国煤科青年的精神风貌,展示中国煤科积极履行社会责任的良好形象。获得首届中央企业青年志愿服务项目大赛三等奖。

(撰稿人:姚雪亮)

机械科学研究总院集团有限公司

【基本概况】 2018年,机械科学研究总院集团有限公司(以下简称"机械总院集团")全面深入学习贯彻习近平新时代中国特色社会主义思想、党的十九大精神和中央经济工作会议精神,坚持和加强党的全面领导,坚持稳中求进工作总基调,坚持新发展理念,按照高质量发展的要求,以深化供给侧结构性改革为主线,全力推动战略引领、深化改革、加速创新、提升管理和加强党建,强化担当、狠抓落实,各项工作取得显著成绩。一是建立健全法人治理结构。坚持党委把方向、管大局、保落实,各治理主体的权责边界进一步明确,各司其职、协调运转的现代公司治理体系成效初现。二是持续推进"十三五"战略。战略引领改革发展持续发力,战略思想入脑入心,战略定力坚定不移,战略目标引领下的干部职工干事热情高涨。三是积极服务国家战略和行业进步。国家轻量化材料成形技术及装备创新中心、国家技术标准创新基地正式获批,助力国家制造强国战略再添新引擎。

【主要指标】 2018年,机械总院集团实现营业收入55.46亿元,首次突破50亿元大关,比上年增长20.59%;利润总额比上年增长23.08%,新增合同额比上年增长14.48%,经营业绩再创历史新高。机械总院集团二级单位中,有8家营业收入、利润增幅双双超过10%,10家二级单位营业收入增幅超过10%,9家二级单位利润增幅超过10%。其中,1家二级单位新增合同、到款总额比上年分别增长25%和20%,均创历史新高。

2018年机械科学研究总院集团有限公司主要经济指标

项　　目	2017年	2018年	比上年增长(%)
资产总额(亿元)	83.68	91.56	9.42
所有者权益(亿元)	40.06	43.99	9.81
营业收入(亿元)	46.82	55.46	20.59
利润总额(亿元)	3.51	4.32	23.08
净利润(亿元)	3.11	3.71	19.29
归属于母公司所有者的净利润(亿元)	2.74	3.21	17.15
技术开发投入(亿元)	6.79	8.28	21.94
利税总额(亿元)	5.46	6.27	14.85
应交税金总额(亿元)	2.42	2.59	6.94
全年劳动生产率(万元/人·年)	34.17	58.71	71.82
净资产收益率(%)	8.09	8.83	增加0.74个百分点
总资产报酬率(%)	4.64	5.09	增加0.45个百分点
国有资本保值增值率(%)	107.81	108.47	增加0.66个百分点

【改革发展】 2018年,机械总院集团坚持党的领导,强化战略引领,深化改革工作呈现新局面。

1. 现代企业治理体制日趋完善。机械总院集团及11家二级企业均设置董事会、监事会及经理层,符合条件的二级单位全部实现党委书记、董事长"一肩挑",部分企业引入外部董事,公司法人治理结构日趋完善。坚持党委会研究讨论作为重大事项决策的前置程序,深化党委把方向、管大局、保落实作用;通过"三会决策事项权限表"理清权责边界,形成各治理主体各司其职、协调运转、有效制衡的现代企业治理决策机制。

2. 混合所有制改革循序渐进。机械总院集团北京机械工业自动化研究所有限公司和中机寰宇认证检验有限公司进入国务院国企改革办公批准的"双百企业"名单。以股权转让方式完成对北京机械工业自动化研究所有限公司物流业务全资子公司的战略直投,助推重点产业发展。确定认检业务股份制改造计划和上市整体框架方案,统筹推进改制上市工作中涉及重点问题并形成专项工作方案;完成资产置换及无偿划转,稳健推进认检业务上市。组建混合所有制企业华通(常州)焊业股份有限公司,完成IPO专项审计工作,制定解决同业竞争、关联交易等主要问题的处理意见。郑州机械研究所有限公司齿轮业务改制稳步推进,初步形成统一的研发、市场和生产平台。

3. 战略管理能力进一步增强。战略目标引导下的干部配置逐级深入。将集团战略目标与二级企业领导班子责任绑定,实现子企业负责人签订任期责任承诺书全覆盖。战略目标挂钩实现由董事会到经营层、由正职到副职、由二级班子到重点企业三级班子的逐级推广。战略目标引导下的激励约束不断完善。修订综合绩效考核和干部管理办法,将干部调整、奖惩、薪酬等与战略目标完成情况挂钩,强化激励约束、压实发展责任。

4. 干部和人才队伍全面加强。推进重点人才工程,各类专业人才队伍统筹壮大。制定《百名青年创新创业人才计划管理办法》《首席专家选聘实施方案》等4项人才管理规定,为人才发展提供制度保障。沈阳铸造研究所有限公司娄延春和钛合金技术产业部获得"兴辽英才计划"科技创新领军人才和科技创新团队称号。

落实全国组织工作会议精神,加强干部交流与骨干人才培养。加大集团总部、子企业间、集团与有深度合作关系的企业及党政机关的双向交流力度,有力激发干部人才队伍活力。全年实现干部员工交流35人次,比上年增长400%。进一步探索技术序列工作,启动首席专家、财务专业技术序列试点,首次为通过考核的80位专家发放年度补助津贴。

强化学科建设,持续提升研究生招生及培养质量。创新人才培养模式、提高师资队伍素质、完善教育管理机制,加强宣传推进统一招生,研究生重点大学生源率56%。深化联合培养,招收29名联合培养博士生。成功申请新增机械总院集团北京机电研究所有限公司博士后工作站。集团招收博士后12名,比上年增长50%。推动研究生综合考核,持续提升培养质量,毕业生培养质量100%达标;15个学位授权点全部通过达标评估外部评审。

【重大项目】 一是组织重大项目和高端战略合作引领可持续发展。加强重大项目组织策划。策划落实2019年资本金"轻量化材料关键核心技术研发平台建设"、04专项等25项重大项目储备。持续深化高端战略合作。与山东省、常州市、内江市、重庆市万州区等装备制造业热点区域签订全面战略合作协议;持续召开轻量化、智能制造、汽车装备联盟理事大会和高端论坛,集团行业影响力显著提升。深化军民融合发展。哈尔滨焊接研究院有限公司策划集团单项最大军工项目获得国防科工局批复,北京机科国创轻量化科学研究院有限公司和武汉材料保护研究所有限公司基础加强计划重点项目获立项批复,军工科研项目取得新突破。

二是分院建设和区域布局持续拓展。机械总院集团与宁波市签订战略框架协议,南方中心启动建设并加速推进;与福建省政府、三明市政府签署新一轮三方共建协议,海西分院升级加速,营业收入比上年增长66.83%;机械总院集团江苏分院获批国家及省市级项目6项,合计资金1180万元,营业收入比上年增长150.80%。

【走向海外】 2018年,机械总院集团聚焦"一带一路",国际合作实现新突破。对标德国弗劳恩霍夫协会管理模式和前沿技术方向,探索建立国际合作新模式,成功举办第十届中韩先进制造会议,深化与韩国生产技术研究院战略合作关系。哈尔滨焊接研究院有限公司哈萨克斯坦螺旋钢管预精焊生产线签订第三套精焊机组出口合同;沈阳铸造研究所有限公司与全俄航空材料研究所签署合作框架协议,助力集团进入"两机"专项;北京机科国创轻量化科学研究院有限公司"超高速激光熔覆技术"项目成功入选2018年中德经济合作论坛签约项目;中机第一设计研究院有限公司中标中法两国领导人共同见证签署的第一个生物质热电项目——法国电力灵宝项目EPC总包工程。

【重大创新】

1. 科技创新能力再获提升。

"一院两制"科技创新体系建设全面实施。机械总院集团以"四重四工"国家级创新平台建设为重点,全面实施"一院两制"科技创新体系建设,制定创新体系建设评估办法和人员队伍建设指导意见,进一步规范创新体系建设和人员队伍建设。先进成形技术与装备国家重点实验室被科技部评为"优秀";北京机械工业自动化研究所有限公司建成高速动车组智能工厂运行管理试验平台,加强制造业自动化国家工程研究中心创新能力建设;武汉材料保护研究所有限公司成功筹建院士工作站,提升材料表面保护国家重点实验室技术水平;国家轻量化材料成形技术及装备创新中心正式获批,集团高端科技创新平台建设迈上新台阶;汇聚集团优势资源,4项"自上而下"重大科技创新项目组织实施,开启科技创新自主投入新模式探索,集团自筹科研经费投入突破5000万元,创历史新高。

科技创新活力带动下的科技成果不断涌现。郑州机械研究所有限公司完成集团首个国家强基项目的验收。北京机电研究所有限公司全年新增纵向合同额7830万元,比上年增长近5倍。2018年,获得中国机械工业科学技术奖特等奖1项、一等奖3项;中机生产力促进中心获得中国标准创新贡献一等奖1项;北京机科国创轻量化科学研究院有限公司、郑州机械研究所有限公司分别获得第二十届中国专利优秀奖2项。产学研成果不断涌现,集团获评"2018年度中国产学研合作十大好案例"。

2. 集团管控举措创新持续加强。

2018年,机械总院集团认真总结治理规律,创新集团管控举措,提高管理效率,筑牢发展根基,促进集团实现高质量发展。

"一完善两提高"管理工程扎实推进。结合审计、巡视与监督发现的问题,组织开展"一完善两提高"管理工程。制定管理提升活动指导意见及实施方案,形成问题整改和管理提升长效机制,通过"一张滚动清单+一套责任机制"扎实推进问题整改,系统解决巡视、审计与监督发现的问题。切实防范经营风险,提升基础管理水平。截至2018年底,108项整改项完成103项。

合规体系建设不断强化。全面推进集团及11家子企业完成建立总法律顾问制度,在"三重一大"相关法律事宜决策、制度制(修)订、法律纠纷案件处理中,总法律顾问、法律事务机构全程参与,合同审核与制度审核率实现100%。成立集团投资审核委员会,构建以内审内控、法务、风险质量、违规经营投资责任追究为一体的合规管理体系,为高质量发展保驾护航。

【行业服务】 2018年,机械总院集团加大标准化平台建设力度,推进"认检一体化"发展,积极探索档案馆发展思路,行业服务能力持续提升。

一是行业平台建设有了新突破。国家技术标准创新基地获国家标准化管理委员会批复,中机研标准技术研究院完成注册,重新扛起机械工业领域标准化业务大旗,为进一步提升集团标准化服务能力奠定坚实基础。机械总院集团全年发布国际标准5项,发布国家/行业/团体标准124项。承担工业和信息化部智能制造标准研究与试验验证项目6项。由哈尔滨焊接研究院有限公司主导制定的《激光—电弧复合焊接推荐工艺方法》国际标准成功立项。中机生产力促进中心编制完成《核电服务创新发展方案(加强版)》,为核电业务发展奠定基础;制定并实施装备制造战略咨询中心(二期)发展方案。

二是"认检一体化"改革凸显新成效。2018年,机械总院集团"认检一体化"业务实现营业收入4.1亿元、利润7114万元,比上年分别增长68%、20%。中机科(北京)车辆检测工程研究院有限公司成为全国首批国家级标准验证检验检测试点单位,获得交通运输部道路运输车辆达标车型检测机构和生态环境部环保型式检验等6项授权资质。中汽认证中心有限公司颁发电动自行车行业全国第一张CCC证书,获得能效检测实验资质扩项。中联认证中心(北京)有限公司获得工信部认定的绿色制造评价机构和国家高新技术企业认定。

三是行业服务引领作用再上新台阶。机械总院集团积极发挥共性技术基础和行业引领作用,积极参与《制造强国战略》《中国机械制造工程科技2035中长期发展战略研究》等,发布2018年制造强国发展指数报告,支撑装备制造业战略决策与布局,推动技术创新及产业转型升级。

四是机械工业档案馆发展有了新思路。组织完成二级企业档案工作调研,摸清管理现状及数字档案馆建设的需求。提出以档案服务为牵引,延伸到培训、展览的一条龙文化产业链以及土地综合利用、机械工业档案馆战略发展措施建议,进一步明晰档案馆发展新思路。

【党建工作】 2018年,机械总院集团坚持党建引领,强化基层基础,党建工作开创新局面。

一是深入学习贯彻习近平新时代中国特色社会主义思想,政治建设得到新提高。集团党委坚持把学习贯彻习近平新时代中国特色社会主义思想和党的十九大精神作为首要政治任务,纳入党委理论中心组学习和干部培训重点,着力抓好组织领导到位、学习培训到位、宣传引导到位、督查指导到位、推动工作到位。先后举办2期122名中高层干部参加的集中轮训班,各二级企业组织346基层党支部书记及中层干部开展轮训,实现培训全覆盖。

二是融入中心夯实根基,基层党建筑牢新堡垒。以"党建质量提升年"为抓手,推进基层党支部工作标准化规范化建设,编制标准化手册,为基层党支部提供"规定动作"清单,推动党支部在基层工作中唱主角、挑大梁。聚焦改革发展稳定重点难点,积极推动党建工作融入生产经营、融入改革发展、融入管理创新,以改革发展成果检验党建工作。集团各基层党组织设立党员责任区26个、党员示范岗120个、党员先锋队13个。

三是以严格监督执纪,改革发展营造新环境。聚焦中心任务,强化执纪问责。加强运用监督执纪"四种形态",构建"不能腐"的制度体系,开展以"五个一"为主线的廉政月活动,组织召开警示教育大会,建立干部廉洁活页夹。规范执纪,问题线索处置率100%。贯彻巡视条例,开展巡视工作。完成对郑州机械研究所有限公司、武汉材料保护研究所有限公司、哈尔滨焊接研究院有限公司、江苏分院4家二级党组织巡视。对机械总院集团北京机电研究所有限公司巡视整改监督检查。发挥监督作用,深入落实中央八项规定精神。开展"深入剖析严重违纪违法案件典型特征将办案成果转化为国企治理效能的工作",推进党建工作与业务工作深度融合。开展公车管理、办公用房、内部食堂管理等专项监督检查,推进问题整改。

四是坚持党管宣传思想,积极传播改革发展正能量。积极开展正面宣传,讲好央企故事。围绕贯彻落实党的十九大精神、改革开放40周年、"一带一路"倡议、扶贫攻坚等重大主题,做好中央、国务院国资委及集团重大决策和改革措施的宣传发动。组织志愿服务和科技公益活动,开展以"传承创新发展筑梦制造强国"为主题的"国企开放日"活动和科技创新成果展,彰显制造强国建设中的央企担当。

五是增强群团工作活力,汇聚改革发展新动能。展现一线巾帼风采,推选机械总院集团机科发展科技股份有限公司李芳为中央企业系统(在京)妇女十二大代表。发布集团青年工作"十三五"规划,扎实开展"青年大学习"行动,引领青年勇立创新创优潮头,建功新时代。举办团干部培训班。组织"改革开放四十年同心共筑中国梦"统战工作座谈会,团结各方力量投身机械总院集团改革发展中心工作。

【信息化建设】 2018年,机械总院集团积极推进信息化建设,制度、软件、硬件相结合,全面提升信息化管理水平。

一是完善信息化建设规范管理。机械总院集团按照国务院国资委统一部署完成中央企业"三重一大"决策和运行监管系统建设的阶段性工作,完成集团大额资金动态监测应用系统、"三重一大"事项清单采集指标台账和党的十九大以来集团"三重一大"

议题会议纪要、议题汇报材料的上传工作；完成集团信息公开目录的编制及备案工作，在机械总院集团官网开通信息公开专栏，完成相关信息公开工作。制定网络信息安全管理办法，实现网络安全管理有制可依。

二是优化信息化办公平台建设。上线运行供应链系统，逐步形成健全统一的财务核算体系。以现有综合管理平台为基础，进行模块开发和流程优化，提升工作效率。进一步完善总部绩效考核、职称评审、工作计划及日程协同、决策会议督办流程等模块，新增加项目评审、政工师评审、党支部考核模块及出差审批流程等功能模块。

三是加大信息化设备保障力度。积极推进IPv6网络通信协议升级，实现门户网站访问可达的要求。完成集团企业邮件服务器硬件升级。完成视频会议专线的加装工作，为召开机械总院集团视频会议提供保障。

【履行社会责任】 2018年，机械总院集团认真落实防范化解重大风险、精准脱贫、污染防治等重大部署，在打赢"三大攻坚战"中贡献机械总院智慧和力量。机械总院集团"两金"压减按期完成；落实"六大扶贫战略"，实施精准帮扶、志智双扶，助力河南新县提前脱贫"摘帽"；选派干部挂职内江助力创新发展；组织开展环境污染排查和整改，全年无重大安全生产事故及重大环境污染事件。

（撰稿人：李 姿）

中国中钢集团有限公司

【基本概况】 中国中钢集团有限公司（以下简称"中钢集团"或"集团"）是国务院国资委监管的中央企业。主要从事冶金矿产资源开发与加工、冶金原料、产品贸易与物流、相关工程技术服务与设备制造，是一家为冶金工业提供资源、科技、装备集成服务，集矿产资源、工程装备、科技新材、贸易物流、投资服务为一体的大型跨国企业集团。

2018年是中钢集团贯彻落实党的十九大精神开局之年，也是中钢集团二次创业、持续推进规划执行落地的攻坚之年。在国务院国资委、综合协调领导小组的指导帮助下，集团广大干部职工始终坚持以习近平新时代中国特色社会主义思想为指导，坚持稳中求进工作总基调，认真贯彻党中央、国务院和国务院国资委决策部署，全面落实国务院国资委领导考察调研中钢的讲话精神，按照高质量发展要求，以年初确定的经营发展十件大事为重点，迎难而上、主动作为，上下一心、合力攻坚，各项工作稳步推进，实现国务院国资委下达的考核目标。

【主要指标】 一是经营业绩创近六年最好水平。中钢集团全年实现盈利超过4亿元，比上年增长87%；实现营业收入641亿元，与上年基本持平；资产负债率较年初减少5个百分点；经营性现金净流入23亿元，超额完成年初确定的"三个10亿元"现金流目标；集团核心产（商）品产（采）销衔接良好，铁矿、铬矿、铁合金、轧辊、磁性材料、耐火材料等主导产品产销量创近年新高。

二是年度重点工作卓有成效。完成邢机搬迁升级可研论证和城区土地调规变性；收购金瑞锰业26.5%股权；完成中钢安环院注入中钢国际；土地资产盘活回笼资金4.5亿元，清欠回款超过4亿元；重新配置总部职能，平台公司优化调整为8个；中钢国际及中钢马矿院入选国企改革"双百行动"试点；完善轮岗交流、专务等制度，大胆使用优秀年轻人才；按计划完成"处僵治困""压级减户""三供一业"专项任务；后债务重组期集团总体风险可控。

【改革发展】

1. 着力抓好生产经营，当期业绩再创新高。

中钢集团始终坚持分类管理，不断强化目标导向，指导督促企业平稳应对市场变化。各经营单位紧盯年初确定的目标任务，层层分解落实责任，千方百计保稳定增效益，各项生产经营指标实现新的提升，为持续巩固集团稳中向好发展势头作出突出贡献。其中，矿产资源企业在市场大幅振荡的情况下，灵活组织产销，细化成本核算，保持较好盈利；工程技术企业继续保持集团第一盈利大户地位；科技新材企业整合重组初见成效，盈利能力显著提升；贸易服务企业着力业务转型，努力稳定客户渠道资源，继续保持平稳发展态势；中钢资产较好地发挥专业化经营优势，大胆开拓，为集团经济效益的平稳增长作出特殊贡献。

2. 不断深化改革创新，重点任务取得积极进展。

中钢集团坚定落实深化国企改革的各项决策部署，全力推进各项改革任务。一是有序实施集团总部及平台公司改革。按照董事会的要求，做实集团，完成资本运作、考核分配、安全环保、运营协调等职能优化调整；实施贸易与投资、冶金矿业与科技、中钢国际平台整合，平台公司优化为8个。理顺平台公司与所属企业股权关系，有序推进企业股权划转，为债转股实施创造条件。二是发挥科技创新引领作用。集团新增承担国家级科研课题7项，新增专利248件，获得省部级奖项43项；科研项目投入超过1亿元。注重科技成果转化，中钢热能院鞍钢针状焦及锂电负极材料技术转让项目总包合同额4.3亿元，实现研发和资本良性循环。三是扎实推进供给侧结构性改革，按计划完成专项任务。30户"处僵治困"企业基本按计划完成主体工作，比上年增盈1.9亿元，累计安置职工1.2万人，成功接受国务院国资委现场督导检查验收。"三供一业"涉及的13家企业35个项目进展符合目标要求，协议签订率100%，移交完成率95%以上。

3. 努力加强风险防范，集团总体风险可控。

集团全面落实风险管理主体责任，积极防范化解潜在风险。一是着力降低资产负债率。集团制定2018—2020年度资产负债率管控工作方案，通过提升经营效益、盘活资产、提高直接融资比例以及改善资产、资本、资金结构等方式，实现资产负债率较大幅度下降。二是着力防控经营风险。加强审计监督，积极跟踪问题整改，修订责任追究制度，有效防止国有资产流失。国贸控股平台加强对贸易业务转型发展的指导，强化对所属企业风控部门的垂直管理，积极开展业务授信评审，压缩高风险授信业务。积极引入期现结合业务避险，促进客户结构调整。三是严防重大生产安全事故和环境污染事件发生。集团不断强化安全生产责任落实，细化过程管理，量化绩效考核，各企业带头执行环保标准，全年集团重伤及以上事故、环保事故为零，在打好污染防治攻坚战中发挥表率作用。

【党建工作】 按照新时代党的建设总要求和"中央企业党建质量提升年"部署，在中钢集团二次创业、变革新生的攻坚关键时期，以党建质量的全面提升推动中钢集团"二次创业"新征程稳健前行。聚焦学习贯彻习近平新时代中国特色社会主义思想和党的十九大精神，通过举办中层干部学习党的十九大轮训班、开展"学习党的十九大主题调研"等多种方式，不断加强思想政治建设工作；聚焦贯彻落实全国国有企业党的建设工作会议重点任务，通过举办2018年基层支部书记轮训、召开党务工作推进会，强化党的领导融入公司治理各环节；聚焦落实党建工作责任制，通过开展3项不同维度的党建考评、内部巡视等工作，切实压实管党治党责任；聚焦推进党风廉政建设和反腐败斗争，为企业改革发展提供坚强政治保证；聚焦干部队伍建设，实行轮岗交流、专务等制度，大胆提拔使用优秀年轻人才，4名中层领导人员退出，14名45岁以下优秀年轻干部提拔任用，28人次轮岗交流；聚焦宣传思想文化和群团工作，通过举办京内单位第四届运动会、"身边的榜样"故事会等形式，不断激发企业内生动力；聚焦打好精准扶贫攻坚战，集团领导多次赴内蒙古翁牛特旗扶贫点调研，组织召开现场座谈会和工作推进会，拨付帮扶资金100万元，推动帮扶地区如期完成脱贫攻坚任务。

【履行社会责任】 2018年，中钢集团深入推进可持续发展战略和社会责任管理，将企业发展与履行社会责任紧密结合，努力实现经济效益和社会效益的和谐与统一。

2018年，中钢集团继续坚定履行社会责任，围绕价值产业链、绿色服务链、和谐共赢链的可持续发展责任理念，以编制发布社会责任报告为抓手，不断强化社会责任与经营管理的有机融合。集团广泛征集素材，与各职能部室、平台公司及所属企业联动，编制发布《中钢集团2017年社会责任报告》，获评中国社科院4.5星优秀评级。2018年是中国企业第一份社会责任国别报告《中钢集团可持续发展非洲报告》发布10周年，中钢集团切实落实党中央、国务院及国务院国资委关于企业海外履责的部署要求，派出团组再次走进非洲，编写发布《中钢集团可持续发展非洲报告（2018）》（中英文），真实全面展示中钢集团在非洲20多年来的履责实践及成效，努力在国际舞台上讲好中国故事，传播好中国声音。督促指导具备条件的子企业单独发布社会责任报告，展现负责任的中国企业形象。中钢集团在南非的企业（中钢萨曼可铬业有限公司）连续六年发布社会责任报告，与当地社会保持着良好沟通和互动。

（撰稿人：王　洋）

中国钢研科技集团有限公司

【基本概况】　中国钢研科技集团有限公司（以下简称"中国钢研"）是国务院国资委直接管理的中央企业，是我国冶金行业最大的综合性研究开发和高新技术产业化机构。2006年12月，经国务院同意、国务院国资委批准，原钢铁研究总院（创建于1952年）更名为中国钢研科技集团公司，冶金自动化研究设计院（创建于1973年）作为全资子企业并入中国钢研科技集团公司。2009年5月，经国务院国资委批准改制为国有独资公司，并进行董事会试点。

2018年，面对复杂多变的外部环境，中国钢研以习近平新时代中国特色社会主义思想为指导，深入学习贯彻党的十九大精神，坚持以加强党的领导、加强党的建设统领全局，坚持稳中求进的工作总基调，坚持以提高发展质量为中心，坚持以推进供给侧结构性改革为纲领，以"创新引领发展，改革突破瓶颈"为主线，扎扎实实、埋头苦干，夯实发展基础，消化潜在风险，各项工作稳步推进，实现平稳发展。

【主要指标】

2018年中国钢研科技集团有限公司主要经济指标

项　目	2017年	2018年	比上年增长（%）
资产总额（亿元）	198.41	202.03	1.82
所有者权益（亿元）	107.39	109.57	2.03

续表

项　目	2017年	2018年	比上年增长（%）
营业收入（亿元）	81.84	88.51	8.15
利润总额（亿元）	3.98	1.09	－72.61
净利润（亿元）	3.03	0.29	－90.43
归属于母公司所有者的净利润（亿元）	2.13	1.63	－23.47
技术开发投入（亿元）	5.44	10.40	91.18
利税总额（亿元）	8.83	5.79	－34.43
应交税金总额（亿元）	4.89	4.71	－3.68
净资产收益率（%）	2.82	0.27	减少2.55个百分点
总资产报酬率（%）	2.52	1.04	减少1.48个百分点
国有资本保值增值率（%）	103.00	105.07	增加2.07个百分点

【改革发展】　中国钢研结合中央有关深化国企国资改革要求，开展一系列工作，中国钢研领导班子及改革领导小组和工作小组认真学习研究"1＋N"系列文件，吃透文件精神，研究落地举措。

1. 建立和完善现代企业制度情况。一是分类推进国企改革和管理。中国钢研通过深化改革，对所属企业69家全部进行功能业务分类，并对直接管理的二级企业进行分类考核，除了综合考核、党建考核等项目的统一标准之外，加大差异化考核力度，实施重点业务考核。对中央研究院等主要从事科研开发的主体加大科研考核力度，同时从人员引进、集团重点关注事项的改进等方面根据其特点予以调整；对后勤等服务管理主体着力于服务提升、费用降低等方面；对其他企业重点开展经营业绩考核。二是推进股份改制情况。中国钢研控股3个上市公司，其中上市公司钢研高纳与青岛新力通公司合作，通过发行股份和支付现金，控股该公司65%股权并募集配套资金，已经通过证监会批准，完成工商变更。中国钢研根据业务发展实际,对作为国内分析检测领域权威单位的钢研纳克,通过内部整合、基础完善、业务优化,进行股份改制,并向证监会报送上市申报材料。三是健全法人治理结构。2018年,中国钢研党委进一步对党委会、董事会、总经理办公会和职代会等职责权限进行系统梳理和分类,明确各自的决策类型,并以正式文件确定下来,制定决策事项清单。确定涉及集团公司需要决策和审议的事项6个方面124项具体事项,把党对央企的管理全面融入企业法人治理结构中,不断完善法人治理。全面修改各所属单位章程,把党建内容纳入之中,使全集团"两个一以贯之"得以全面落实。

2.深化企业内部三项制度改革。根据业务发展和提质增效要求,中国钢研不断推进减员增效、"瘦身健体",同时高度重视引进高端人才,实现"人员能进能出"。安泰科技积极进行调整,在审慎制定方案基础上,把原来焊接分公司业务进行减并,对冗员进行分流,对不良资产进行清理,并确保有效业务的有序整合,保持平稳态势。钢研高纳对经营管理班子进行公开招聘,对所有职能管理部门重新进行职能梳理和岗位设置,全员竞聘上岗。报名人员积极踊跃,竞争激烈。通过模拟实施"市场化选聘、契约化管理、差异化薪酬、市场化退出"的策略,业务单元的人员年龄、知识结构、精神面貌、履职能力等都得到很大转变。

3.大力推进双创示范基地建设,打造钢研"双创特区"。2018年5月,中国钢研召开双创工作大会,出台涵盖包括科技成果转化、股权设置、人事及薪酬、双创资金支持等24条双创政策,极大激发创业热情。通过搭建创新生态体系,促进资源协同共享。包括专家人才资源库、科研装备资源库、科技成果资源库、国家中心及重点实验室资源库的搭建工作。采用"搭平台、配机制、引需求、招团队"的平台项目制和契约制新模式。针对创新创业中的堵点、痛点,加强政策的可操作性、突破性、激励性,明晰科研人员和团队在创新创业过程中的各个边界条件和容错机制,特别是在科技成果权益分配、科技成果入股、模拟股权创业、离岗留编等具体政策方面,为科研人员顺利开展创新创业铺平道路,建立政策保障,提供科研人员的"后路"和"出路"。即将建成双创空间基地2500平方米,成立双创法人实体4个,内部模拟实体2个。

4.剥离企业办社会职能。按照国务院和国务院国资委要求,经过精心组织、主动与接收单位对接洽谈,截至2018年底"三供一业"分离移交正式协议签订率100%,剥离工作按照国务院国资委下达的任务有序推进,并取得阶段性成效。剥离国有企业办医疗(医务室)、教育等公共服务机构(幼儿园),通过托管等方式,平稳有序推进。

【重大项目】 集团公司积极参与科技创新2030—国家重大项目"重点新材料研发及应用"实施方案编写,项目聚焦运载工具、国防军工、能源动力、信息显示四大战略领域,高速列车、远程宽体客机、超超临界火电机组、激光显示等20个战略系统、110项战略产品,梳理142种关键材料核心技术。积极参与到新材料强国2035、标准强国2035战略研究。一批核心关键技术取得突破,一批新产品和新装置成功推广应用,有力保障集团公司作为国家重大工程建设、高端装备制造用先进材料及工艺装备创新研发的核心地位。

钢研总院突破高纯净300M钢超大尺寸真空自耗锭冶金技术,填补国内空白;研发轴承钢、齿轮钢、2100MPa高强弹簧钢等高性能特殊用钢,多项关键技术达到世界先进水平;开发船体钢多元复合纳米强化技术,相关成果全面应用于590－1200MPa级高强韧易焊接船体钢,为新一代船体结构钢体系化建设奠定基础。钢研高纳掌握大型涡轮盘锻件残余应力控制技术,自主开发分区控冷装置及工艺,零件关键位置加工变形量减小近1个数量级,达到国际先进水平;开发的定向凝固+3D锻造粉末变形盘(FGH96)通过验证,将在下一代重点型号上得到应用。钢研纳克在材料基因工程高通量表征技术方面取得重要突破,成功开发超快全视场电镜技术,初步实现材料大尺度点对点成分、结构和性能表征;牵头制定发布国际标准1项。

【重大创新】 钢研总院牵头承担的国家重点研发计划项目"绿色化、智能化钢铁流程协同优化关键技术"取得重要进展,突破大比例球团条件下的渣铁比控制技术、燃料比控制技术等系列关键技术,可实现吨钢能耗降低4%,全流程能效提升3%,节能减排效果明显。铈磁体产业化技术取得进展,实现高铈磁体的批量制备,磁能积达到13兆高奥,成功应用于电动自行车驱动电机,大幅降低生产成本。自动化院承担国家重点研发计划项目"产品全流程质量在线监控、诊断与优化技术",板材缺陷识别率由85%提升到95%。开发大数据能源管理系统,解决能源精细化管理、多介质预测及优化等问题,提高企业能源流运行效率,大幅降低成本和能耗,该技术在多家钢铁企业实现应用。新冶集团成功开发连铸坯热送-热装技术、连铸坯角部无缺陷控制技术等,实现"近零缺陷"铸坯及产品的高效化生产,可实现吨钢能耗降低2%,全流程能效提升1%。

【党建工作】 2018年,中国钢研将学习贯彻习近平新时代中国特色社会主义思想和党的十九大精神作为首要政治任务,加强党建工作。集团党委把政治建设摆在首位,召开4次党的十九大中心组学习,组织4期领导干部和专职党务人员集中轮训班。各级党组织通过举办专题培训班、主题党日、支部共建、书记带头讲党课等加强党的十九大精神的深入学习。完成全级次"党建工作进章程"的工作目标。集团制定《党委会、董事会、总经理办公会决策事项权限清单》,设立党委的二级企业完成决策制度的建设工作。集团党委研究制定《加强党委领导班子建设的若干规定》,对落实全面管党治党和班子政治建设作出刚性约束。制定并实施《基层党建责任制考核评价实施细则》,对二级党组织书记开展述职评议考核,并将考核结果同党委班子成员薪酬直接挂钩。党委先后制定《"两学一做"学习教育常态化制度化实施办法》《党建和党风廉政建设考核评价办法》《集团公司加强"三基"建设实施意见》等9个基层党建工作制度文件,规范各项党务工作的制度、流程,落实"三会一课"、组织生活会、民主评议党员等党建活动,进一步发挥基层党组织战斗堡垒作用。集团党委制(修)订《中国钢研领导人员选拔使用管理办法》等5项干部管理制度,将国企领导人员"二十字"标准落实到选人用人工作中。进一步规范干部选拔任用工作流程,按照"凡提五必"的要求对提任人选进行全面考察审核,实行提任干部试用期制度。成立巡视工作领导小组和巡视巡查办公室,出台《集团党委巡视工作实施办法》,突出政治巡视,坚持问题导向,完成对二级单位党组织巡视巡察全覆盖,并在实际工作中运用"四种形态"进行监督执纪问责,落实八项规定及其实施细则精神,出台制度,进一步规范"改进调查研究工作"等8个方面29项作风改进新要求。高度重视巡视检查,做好整改"后半篇文章"。根据国务院国资委巡视反馈意见,集团党委成立巡视整改工作领导小组,全面落实巡视整改,把巡视整改、审计整改和深化改革紧密结合起来,认真制定整改方案,每项措施都明确整改目标、责任人和完成时限,可量化、可检查、可追责。截至2018年底,有近半的巡视整改任务落实完成,其余均按照计划在推进之中。通过整改,坚持源头治理,形成长效机制,努力使一次整改管长远,将巡视整改成果切实转化为集团公司的改革发展效能。

【信息化建设】 2018年,中国钢研结合国务院国资委大额资金管理和"三重一大"国资监管系统的建设,全面推进信息化建设。截至2018年底,2个系统正式运行,保证国务院国资委有关数据采集的及时和顺畅。持续推进协同办公系统深化应用,加强业务办理电子化审批固化工作。大力推进IPv6应用部署工作,完成互联网出口部分的升级改造及IPv6域名解析工作。实现集团公司网站能够对外提供IPv6服务的工作目标。大力落实《网络安全法》贯彻落实,根据公安部网安检查要求,持续改进,不断完善网安管理。积极推进在线集中采购,实现集约采购,降低采购成本。

【履行社会责任】 2018年,中国钢研积极践行央企责任,认真贯彻落实党的十九大关于脱贫攻坚的决策部署,切实履行央企社会责任,开展精准扶贫。2018年,集团公司投入200万元扶贫资金,实施4个扶贫项目,出资800万元认购"中央企业贫困地区产业扶贫基金",选派2名优秀青年干部到陕西省山阳县挂职。集团定点扶贫县包扶村——山阳县三槐村于2018年实现脱贫。

(撰稿人:薛向荣)

中国化工集团有限公司

【基本概况】 中国化工集团有限公司(以下简称"中国化工")成立于2004年5月,主营业务为化工新材料及特种化学品、石油加工及炼化产品、农用化学品、橡胶轮胎、基础化工、化工装备。拥有7家专业公司、4家直管单位、89家生产经营企业,控股9家上市公司,12家海外企业,26家科研院所,339个研发机构(其中海外147个),在全球150多个国家和地区拥有生产、研发基地和营销网络体系。自2011年开始,中国化工连续八年进入世界500强,2018年排名第167位,比上年提高44位。在化学品行业排名继续保持第三位。在中国化学原料及化学品制造业中排名第一位。

【主要指标】 2018年,中国化工以习近平新时代中国特色社会主义思想为指导,全面贯彻党的十九大和中央经济工作会议精神,落实中央企业负责人会议精神,坚持党对国有企业的领导,紧紧围绕"五位一体"总体布局和"四个全面"战略布局,以供给侧结构性改革为主线,统筹推进稳增长、促改革、调结构、防风险各项工作,加快发展生命科学、材料科学和环境科学三大产业,各项工作取得显著成绩。2018年,中国化工实现营业收入4458.14亿元,比上年增长13.68%;实现税息折旧及摊销前利润(EBITDA)505.1亿元,比上年增长28.5%;实现利润14.28亿元,比上年增长480.49%。

2018年中国化工集团有限公司主要经济指标

项 目	2017年	2018年	比上年增长(%)
资产总额(亿元)	7966.27	7988.49	0.28
所有者权益(亿元)	1929.67	2112.70	9.49
营业收入(亿元)	3921.65	4458.14	13.68

续表

项 目	2017年	2018年	比上年增长(%)
利润总额(亿元)	2.46	14.28	480.49
净利润(亿元)	6.87	-14.11	-305.39
归属于母公司所有者的净利润(亿元)	-69.01	-146.03	-111.61
技术开发投入(亿元)	121.60	157.00	29.11
利税总额(亿元)	110.42	257.37	133.08
应交税金总额(亿元)	107.96	243.10	125.18
全员劳动生产率(万元/人·年)	38.79	50.66	30.60
净资产收益率(%)	0.49	-0.70	减少1.19个百分点
总资产报酬率(%)	2.49	2.57	增加0.08个百分点
国有资本保值增值率(%)	113.56	-178.90	减少292.46个百分点

【改革发展】 2018年,中国化工深入贯彻落实深化国企改革"1+N"系列文件要求,以问题为导向,着力抓关键环节、抓有效举措,推动各项改革任务全面落地。一是稳步推进资本结构改革,提高资源配置效率。资产证券化率39%,比上年增加16个百分点。劳斯玛菲注入天华院上市完成交割。昊华股份将11家科研院所注入天科股份,实现首家专业公司整体上市。埃肯在挪威奥斯陆证交所上市,市值200亿挪威克朗,成为全球第二的硅产业一体化上市公司,开创中资企业在挪威IPO的先河。安迪苏设立创新型风险投资基金AVF,首轮募资2400万欧元,支持动物健康以及饲料和营养领域业务发展。二是深入推进"瘦身健体""处僵治困"。全年安置职工2.42万人,安置完成率90.6%。6家特困企业中,2家进行破产清算,4家改造提升的企业合计盈利33.5亿元。清理三级以下企业和低效无效长期投资63项;法人单位减少26户;企业管理层级压减到四级,法人层级压减到11级。

【走向海外】 2018年,中国化工在全球80多个国家开展业务，从北美、南美、欧洲到亚太区市场，各个板块的主要业务都有比较均衡的布局。海外企业在集团公司主要经营指标中的权重不断增加，收入占比66%，税息折旧及摊销前利润（EBITDA）占比提升到69%，员工人数占比64%。

海外企业主导的全球资产整合和中国市场开拓顺利推进，协同效应显著。安迪苏致力于"中国战略"，中国液体蛋氨酸产能从零发展到占总产能的54.8%，销售收入占比19.3%，实现高速发展。先正达依托技术优势和国内企业资源，与农业权威研究机构开展农药、种业等领域的合作；完成尼德拉种业、南美农场数字化管理Strider公司、美国农田图像处理Farmshots公司和蔬菜种子Abbott & Cobb公司、英国花卉种子Floranova公司等企业的收购，不断完善全球布局。倍耐力工业胎和风神轮胎实施全球产能梯次再平衡，初步实现产能互换。安道麦深入开展中国区建设与整合，进入中国市场两年，销售扩展到28个省。克劳斯玛菲支持3家橡机企业开展技术融合和二次创新，针对中国市场的PX系列中端注塑机完成样机测试。埃肯收购英国TM公司100%股权和TMG公司球磨机业务，业务拓展至高质量有机硅产品、硅材料解决方案以及向本地客户提供特种铸造合金和碳素材料的全套产品服务。

【重大创新】 2018年，推进科技创新平台建设，提高科技创新能力。完成科技投入157亿元，占集团公司营业收入的3.52%，其中R&D支出132.7亿元，占集团公司营业收入的2.98%，均比上年大幅提升。杭州水处理获得国家技术发明二等奖；西南院获批国家认定企业技术中心。全年申请专利2050件，其中发明专利1586件，"专利综合优势"位列央企A级，累计拥有有效发明专利居央企第三位。南通星辰、株洲院、风神轮胎和科技总院4件专利获得中国专利优秀奖。先正达加强对生物农药、RNA干扰、精准应用及制剂技术等方面投入，推出2种新原药、44种新制剂，商业化126种作物、154种蔬菜，完成科研192项；全年新产品销售额19.2亿美元，占比14%。安道麦多款差异化产品获得登记，相继上市Nimitz、Cronnos助推业务增长。倍耐力Connesso和Cyber Tyre轮胎设计平台，借助云计算和大数据分析，推进产品向数字化、智能化转型。克劳斯玛菲在成立180周年之际推出"Compass"项目，研发针对数字化和新商业模式的新产品和服务，重新定义新战略重心，订单比上年增长3.6%。天科股份、株洲院主导制定的2项国际标准发布。2人获评国务院国资委中青年科技创新领军人才。

【党建工作】 2018年，深入学习贯彻习近平新时代中国特色社会主义思想和党的十九大精神，牢固树立"四个意识"、践行"两个维护"，持续深化落实全国国有企业党的建设工作会议重点任务。认真开展党的基层基础工作，建立落实"四同步"要求，实现党组织全覆盖，切实加强海外企业党建，满足条件的海外企业境内机构全部建立相应党组织。做好党的干部人才工作，贯彻全国组织工作会议精神，完善选人用人机制，推动"千人博士计划"，加大优秀年轻干部培养力度，强化监督考评，探索建立企业中长期激励制度。加强党的宣传思想工作，落实意识形态工作责任制，积极开展新闻宣传，先正达、安迪苏、蓝星国际夏令营入选央视改革开放40周年纪录片，杭州水处理委内瑞拉项目入选央视"一带一路"五周年专题。加强党风廉政建设和反腐败工作，认真履行落实管党治党主体责任，用好监督执纪"四种形态"，通报违反中央八项规定精神案件，扎实开展违法违纪案件自查自纠和专项整改，加强内部巡视巡察工作。加强对统战群团工作的领导。充分发挥工会、共青团组织作用，齐心协力推动企业发展。多个集体和个人获得全国青年文明号、全国"五一劳动奖"、全国工人先锋号、巾帼集体、先进个人、劳动竞赛优秀组织单位等荣誉。

【信息化建设】 2018年，中国化工补足信息化管理短板，不断提升运营效率。实施国内相关企业ERP项目，11家企业上线运行。开展蓝星智云大数据平台建设，在南通星辰试点智慧安监、智能制造；在星火有机硅试点先进过程控制，产品品质明显提升。移动OA平台推广两年，安装企业78家，审批流程5万余条，占全部审批的1/3。开展信息安全问题整改，修订信息安全制度和应急预案，夯实网络安全基础。

【履行社会责任】 2018年，中国化工高度重视生态保护、气候变化等全球重大环境问题，坚持走以生态优先、绿色发展为导向的高质量发展道路。

2018年，中国化工万元产值综合能耗比上年下降3.6%，废水、COD、二氧化硫、氨氮和氮氧化物排放量分别比上年下降6.1%、8.1%、9.4%、7.2%和9.6%。连续3个任期被评为国务院国资委节能减排优秀企业，公司自成立以来未发生一般及以上突发环境事件。

积极参与精准扶贫，党委中心组成员深入定点扶贫县等调研，在甘肃省古浪县、河北省平山县采取多种因地制宜的帮扶措施，如绿色增长一体化解决方案、支持母羊繁育基地建设、支持改造水质检测中心、干部培训、农药技能培训、购销农产品等，持续通过产业扶贫、教育扶贫、民生扶贫、消费扶贫等方式，加大资金投入和帮扶力度。

继续依托蓝星夏令营活动平台，通过宣讲活动、游戏设计、参观展览等，培养中国小朋友的社会主义核心价值观，向外国小朋友展示社会主义核心价值观。

（撰稿人：王大鹏）

中国化学工程集团有限公司

【基本概况】 中国化学工程集团有限公司（以下简称"公司"）是国务院国资委直接监管的大型工程建设企业集团，是我国工业工程领域资质最为齐全、功能最为完备、业务链最为完整、知识技术密集的工程公司，是我国石油和化学工业体系的缔造者，是我国工程建设体制机制改革的先行者，是实施"走出去"战略和共建"一带一路"的排头兵，是建设美丽中国的实践者。自1995年以来连续入选美国权威刊物《工程新闻记录》（ENR）公布的"全球最大的250家承包商"，在全球油气行业工程建设公司排名中列第二位。

公司源自原国家重工业部1953年成立的重工业设计院和建设公司。1984年以中国化学工程总公司名义在国家工商行政管理局注册，2005年更名为中国化学工程集团公司。2008年9月，联合神华集团有限责任公司和中国中化集团公司共同发起设立中国化学工程股份有限公司，并于2010年1月成功上市。2017年12月，完成公司制改制，更名为中国化学工程集团有限公司。

公司拥有工程设计综合甲级资质6个，工程勘察综合类甲级资质3个，石油化工工程施工总承包特级资质2个，公路工程施工总承包特级资质1个，可提供从规划、可研、勘察、设计、采购、施工、开车及项目管理等项目全生命周期工程服务，业务覆盖化工、石油化工、新型煤化工、天然气及精细化工、新材料、电力、市政、建筑、路桥等建筑工程领域，主动服务雄安新区、长江经济带、粤港澳大湾区、军民融合等国家战略领域的基础设施业务，着力解决"化工围城""化工围江"，打赢污染防治攻坚战的环境治理业务，以化工新材料和特种化学品生产运营为重点的实业业务，以及支持公司主业发展的现代服务业业务。

公司是国家首批"创新型企业"之一，是"新一代煤（能源）化工产业技术创新战略联盟"理事长单位，拥有国家级企业技术中心11家、国家能源研发中心1家、省级企业技术中心5家、省级工程技术研究中心7家、博士后工作站6家、高新技术企业18家。截至2018年底，公司拥有国家授权专利2471件，获得专有技术认定247项，国家及省部级工法认定240项，主编、参编国家和行业标准315项，荣获国家及省部级科学技术奖355项，中国专利优秀奖9项，是实现科技创新成果工业化转化应用的先锋队和主力军。公司创新活力迸发、高端人才富集，拥有包括中国工程院院士、全国工程勘察设计大师、行业勘察设计大师等在内的一大批优秀管理和技术人才队伍，集中我国石油化工、煤化工、天然气化工和化学工业以及其他工程建设领域的主要力量。

公司是最早承接境外承包工程的中国企业，是实施走出去的先行者和排头兵。境外机构分布在俄罗斯、印度尼西亚、马来西亚、阿联酋、沙特、巴基斯坦、哈萨克斯坦、土耳其、埃及等国家和地区，境外业务占比近40%，为沿线国家经济整体水平的提高和人民福祉的提升作出重要贡献。

"十三五"期间，公司明确"三年五年规划、十年三十年愿景目标"的中长期发展战略，坚持以习近平新时代中国特色社会主义思想为指引，以改革和创新为动力，聚焦主业实业，着力发展建筑工程、环境治理和特色实业，走专业化、多元化、国际化的发展道路。通过不断优化经营布局、强推转型升级、狠抓精细管理、推动技术创新、全面加强党建，实现公司高质量超常规跨越式发展，将公司建设成为研发、投资、建造、运营一体化的具有全球竞争力的世界一流企业。

【主要指标】 2018年，公司资产总额1122.06亿元，比上年增长25.82%；营业收入869.51亿元，比上年增长45%；利润总额28.28亿元，比上年增长32.73%；净资产收益率5.65%；国有资本保值增值率106.86%，完成国有资本的保值增值目标。

2018年中国化学工程集团有限公司主要经济指标

项　目	2017年	2018年	比上年增长(%)
资产总额（亿元）	891.81	1122.06	25.82
所有者权益（亿元）	326.42	420.61	28.86
营业收入（亿元）	599.65	869.51	45.00
利润总额（亿元）	21.30	28.28	32.73
净利润（亿元）	14.54	21.12	45.30
归属于母公司所有者的净利润（亿元）	8.69	12.43	43.02
技术开发投入（亿元）	18.09	25.88	43.08
利税总额（亿元）	47.21	63.92	35.41
应交税金总额（亿元）	25.90	35.65	37.62
全员劳动生产率（万元/人·年）	22.36	27.26	21.92
净资产收益率（%）	4.55	5.65	增加1.1个百分点
总资产报酬率（%）	2.86	3.29	增加0.43个百分点
国有资本保值增值率（%）	103.64	106.86	增加3.22个百分点

【改革发展】 一是推进混合所有制改革。积极参与国企改革"双百行动"，2家企业进入"双百企业"名单，并以此为契机推动2家企业混合所有制改革。建立"双百行动"季报制度，强化监督，督促混合所有制改革和股权多元化工作落地。通过改革，2家公司经营困局得到改善。推动二级、三级公司混合所有制改革，以所属华陆公司参股贵州航天乌江机电设备公司为试点，探索投资风险抵押及跟投激励方式。依据国企改革"1+N"政策体系，研究、制定公司《推进混合所有制改革健全激励机制暂行办法》，明确混合所有制改革范围、条件和方式，加强顶层设计，逐步完善混合所有制改革政策体系。

二是落实三项制度改革。开展总部全员竞聘以及所属企业领导人员市场化选聘。集团总部通过竞聘上岗聘任41名中层干部，平均年龄为44岁，比竞聘前下降5岁。通过竞聘上岗87位业务管理人员，一大批年富力强、综合素质高、基层经验丰富的管理人员充实到管理岗位，总部管理力量大大加强，优化了人才结构。在集团总部的示范带动下，所属各企业也陆续开展机构改革、全员竞聘或公开竞聘工作。推动薪酬分配改革，在对标其他建筑类央企薪酬待遇的基础上，结合实际，重新确定公司总部的薪酬标准。

三是推动考核改革。实施差异化考核，将共性考核指标与个性化考核指标结合，做到"一企一策"，多维度对标、科学设置考核目标值，建立考核清单，实行分类、差异化考核。同时以战略规划为基础，从纵向、横向、战略3个维度，遵循历史数据，立足实际，结合未来发展需求，对企业经营业绩目标进行初步定位，再对标国务院国资委绩效评价标准值中的行业先进水平、同行业央企、同行业上市公司、集团内部板块四类先进水平，结合企业历史，"高标准、严要求"核定企业经营业绩考核目标。

【重大项目】 2018年，公司新签合同额2019亿元，比上年增长108.6%。其中，境内新签合同额1481.5亿元，比上年增长134.8%，占比73.4%；境外新签合同额537.5亿元，比上年增长59.6%，占比26.6%。

截至2018年底，公司储备合同额1837.73亿元，比上年增长50.81%。其中，工程公司1156.96亿元，比上年增长50.78%，建设公司680.77亿元，比上年增长50.85%。大多数企业合同结转额比上年增长明显。

境内重大工程项目有：内蒙古荣信化工有限公司年产40万吨煤制乙二醇及30万吨聚甲氧基二甲醚循环经济示范项目（46.68亿元），内蒙古久泰新材料有限公司年产100万吨乙二醇项目装置EPCM管理总承包（42.19亿元），天津渤化化工发展有限公司"两化"搬迁改造项目（35.21亿元），赣州市南康区F+EPC东山文峰及龙回半岭标准厂房项目（26.51亿元），浙江石油化工有限公司4000万吨/年炼化一体化项目（25.98亿元），兖州煤业榆林能化有限公司年产50万吨聚甲氧基二甲醚项目（21.65亿元），中煤鄂尔多斯能源化工有限公司合成气制年产100万吨甲醇技术改造项目（22.21亿元），神华榆林循环经济煤炭综合利用项目（一阶段工程）煤气化装置设计、采购、施工（EPC）总承包项目（21亿元）。

境外重大工程项目有：哈萨克斯坦KPI丙烷脱氢制丙烯及聚丙烯项目（128亿元）、印度尼西亚芝拉扎三期1×1000MW燃煤电站项目（61.8亿元）、俄罗斯ANPZ加氢裂化EPC项目（80.9亿元）、土耳其地下天然气储库项目（38.73亿元）、尼日利亚丹格特炼油项目（37.34亿元）、俄罗斯DCC项目（26.38亿元）、印度尼西亚东加里曼丹Kaltim-2 2×100兆瓦燃煤电站项目（24.1亿元）等。

【走向海外】 公司海外各区域市场积极整合内外部资源，形成经营合力，大力拓展海外市场，总部统筹引领海外市场区域经营生产一体化的格局逐步形成。

一是大力布局海外市场。设立迪拜公司、刚果（金）公司、俄罗斯分公司、印度尼西亚办事处等境外机构，所属企业新设立17个境外机构。境外机构总数123个，遍布50多个国家和地区，全球市场经营网络不断健全。迪拜公司在俄罗斯新签20多亿美元的项目，实现当年成立、当年签约、当年获得利润。二是对接"一带一路"倡议。积极开拓俄罗斯、哈萨克斯坦、印度尼西亚、土耳其、越南等"一带一路"沿线重点国家市场，"一带一路"沿线国家新签合同额占比连年上升。境外新签合同额537.5亿元，大项目数量及合同额稳步增长。三是实施投资推动市场开发。境外投资1.35亿元，为实施"走出去"战略提供有力支持。境外资产总额209.03亿元，完成营业收入278.16亿元，比上年增长60.24%。

【重大创新】 根据转型升级发展需求，公司持续加强顶层设计，加速实施创新驱动发展战略，形成较多的技术创新成果。

一是推进技术创新平台建设。牵头组建新一代煤（能源）化工产业技术创新战略联盟环保专业委员会；所属企业新增5家国家级企业技术中心、1家行业工程中心、1家省级企业技术中心、5家省级工程技术研究中心和1家博士后科研工作站。

二是大力推进新技术开发应用。所属天辰公司的氯丙烯直接环氧化制环氧氯丙烷工艺及催化剂研究项目，完成工艺包开发，进行工业规模的基础设计和详细设计。所属赛鼎公司的煤加压催化气化天然气示范项目，工业示范装置建设完成，在非催化的情况下完成开车。所属十四公司开发的环保型电化学综合治污技术，完成设备样机定型和性能测试，达到设计技术指标。所属东华公司聚甲氧基二甲醚技术，五环公司高效合成、低能耗尿素工艺技术，华陆公司无水氟化氢技术，三公司电厂钢结构间冷塔双塔吊正装法施工技术，八公司新型催化法低温烟气脱硝技术均实现在实际工程项目上的成功应用。

三是加快技术创新成果向经营成果转化，增加利润增长点。所属东华公司推广煤制乙二醇技术，获得技术转让费2220万元，在内蒙古大唐国际等多个项目中带动工程项目合同额35亿元；所属五环公司推广WHB合成气生产乙二醇技术，获得技术转让费4000万元；所属华陆公司通过氟硅等领域的技术创新成果带动工程合同额5亿元，获得技术转让费680万元。

2018年，公司获得国家授权专利304件，其中发明专利83件；获得专有技术认定22项；获得省部级工法认定11项；参与编制的4项国家标准、9项行业标准发布，在编国家标准39项、行业标准62项。公司组织评选出集团级工法27项，编制发布企业施工工艺标准369项。截至2018年底，累计拥有授权专利2471件，累计拥有专有技术247项。所属天辰公司、五环公司、成达公司、十三公司获得省部级科技进步奖。

【党建工作】 一是深入学习贯彻习近平新时代中国特色社会主义思想，把思想和行动统一到党中央要求上来。公司党委始终把深入学习贯彻习近平新时代中国特色社会主义思想作为首要政治任务。加强党委理论中心组学习，2018年公司各级党委开展集中学习600余次，做到每月至少一次学习；举办30余期学习贯彻习近平新时代中国特色社会主义思想和党的十九大精神轮训班，对3000多名党员干部进行集中轮训，做到轮训范围全覆盖，轮训纪律严要求。推动"两学一做"学习教育常态化制度化，印发2018年度推进方案，编印《党员领导干部应知应会100题》，促进党员干部准确把握习近平新时代中国特色社会主义思想精神实质，做到政治认同、思想认同、情感认同。

二是深入贯彻落实党中央决策部署和国务院国资委党委工作安排，确保党和国家方针政策、重大决策部署和上级要求在全集团得到坚决贯彻执行，充分发挥把方向、管大局、保落实作用。落实新发展理念，快速融入"一带一路"、京津冀一体化、长江大保护、军民融合、粤港澳大湾区建设和雄安新区建设等国家战略，承建一批重大项目。在年初召开党委二届七次全会、党建工作会议，对全年党建工作进行安排部署；年中和年底分别召开党委二届八次全会、党建工作现场推进会，总结落实情况。修订完善《党委会议事规则》《"三重一大"事项管理规定》等制度，严格落实党委研究讨论是董事会、经理层决策的前置程序要求。制定《所属企业党建工作考核暂行办法》，首次开展年中党建工作现场检查。

三是广泛开展"基层党组织建设落实年"主题活动，推动基层党建全面过硬。按照"中央企业党建质量提升年"要求，公司党委结合实际，决定开展"基层党组织建设落实年"主题活动。2018年11月底，公司党委在内蒙古荣信化工项目首次召开党建工作现场推进会，对"基层党组织建设落实年"活动进行全面总结。集团公司党委印发《境外机构党组织设置和党员教育管理办法》《基层党支部工作规则》《2018年党员教育培训工作计划》，进一步规范境外党组织建设、"三会一课"、组织生活会、民主评议党员等基本制度，加强党员教育培训。

四是不断提升文化宣传工作水平，为集团公司改革发展创造良好氛围。全集团各类网站累计登载新闻稿件8400余篇次，微信公众号发布信息3200余条，累计在中央和省部级主流媒体发稿503篇次，在国务院国资委官网发稿14篇，集团公司的品牌和影响力得到提升。

五是群团工作合力充分体现，激发广大职工建功新时代的新动能。集团公司党委高度重视群团工作，坚持党建带工建、带团建，推动重点工作落实，充分发挥职工的主力军、青年的生力军和突击队作用，38个集体和个人被授予省五一劳动奖状以及省劳动模范、中央企业优秀共青团员等称号。

【反腐倡廉】 一是坚持以政治建设为统领，践行"两个维护"，强化纪律教育，深化检查问责，监督推动落实全面从严治党政治责任。公司党委、纪委坚持以习近平新时代中国特色社会主义思想为指导，全面学习传达党的十九大和十九届二中、三中全会，十九届中央纪委二次全会精神，贯彻落实国务院国资委党委、驻委纪检监察组的工作部署，组织召开年度党风廉政建设和反腐败工作会议，制定印发年度工作要点，强化政策引领和系统指导，整体推进党风廉政建设和反腐败工作。广泛开展经常性纪律教育，以学习宣传贯彻《监察法》和新修订的《纪律处分条例》为抓手，巩固拓展"两学一做"学习教育的常态化、制度化成果。2018年，全集团开展党章党规党纪教育252次，受教育人数22045人次，基本做到对各级党员干部和监察对象的全覆盖。

二是坚持经常性教育警示，集中开展自查自纠和集中整治，切实强化作风建设，持之以恒落实中央八项规定精神。集团公司纪委持续整治享乐主义和奢靡之风，坚持在元旦、春节、"五一"、端午、中秋、国庆等年节重要时点及时下发通知、转发案例、组织明察暗访、突击检查，通过教育警示和监督检查督促各级党员干部绷紧中央八项规定精神这根弦，坚决防止"四风"问题反弹回潮。根据国务院国资委巡视组指出的问题，组织开展所属企业负责人履职待遇、业务支出自查自纠工作。全面启动形式主义、官僚主义集中整治工作,明确4个方面13项具体自查问题;自上而下主动征求所属各企业对集团公司领导班子及成员、总部各部门的意见和建议104条,积极推动总部机关有效发挥管控作用、强化服务意识。

三是坚持把监督挺在前面,强化对"关键少数"、重点领域和重要环节的日常监督,逐步构建有效的监督工作机制。公司纪委全面参与总部全员竞聘工作,全程参加党委开展的干部集中考察工作,着力加强对干部选拔任用的全过程监督;公司纪委书记从集团重要人事任免的初始酝酿阶段就参与并开展监督,确保选人用人的正确导向。紧盯"关键少数",制定《领导干部廉政档案管理办法(试行)》,按一人一档的原则建立集团党委管理领导干部的廉政档案,形成动态监督机制。严格执行新提任干部任前廉洁谈话制度,集团公司纪委书记对100余名新任干部开展任前谈话,提出廉洁自律要求。组织开展领导人员及亲属违规经商办企业自查自纠和重大违法违纪案件自查自纠工作,大力加强廉洁文化建设和法治意识教育,促进党员领导干部树立正确的价值观和政绩观,推动企业管理效能提升。通过自查自纠,各级领导人员进一步明确相关纪律要求,提升廉洁从业的思想自觉和行动自觉。

【信息化建设】 一是稳步推进信息化应用系统建设。根据信息化建设工作规划,完成主数据管理系统、集中采购管理系统、生产运营系统、总部OA系统升级和即时通信系统的部署和升级。全面提升信息化应用水平,实现信息化与生产经营管理活动的相互驱动。二是两化融合工作取得新进展。积极推动两化融合贯标和试点项目,开展两化融合项目的建设。组织推荐集团公司所属五环公司、赛鼎公司、二公司、七公司申报工业和信息化部2018年两化融合管理体系贯标试点;组织推荐集团公司所属成达公司"数字化工程集成平台"、集团公司所属天辰公司"项目综合管理信息系统"申报中央企业信息化优秀成果。三是网络和信息安全系统建设稳步推进。编制网络信息安全工作方案,完成《网络安全等级测评》,依据测评报告整改业务系统,提升公司网络安全防护能力,保障信息系统稳定运行。四是积极推进软件正版化工作。公司组织所属企业开展软件正版化工作,督促所属企业成立软件正版化工作小组。配合国务院国资委软件正版化督查工作,形成软件正版化工作指导意见。

【履行社会责任】 公司以"交付价值建设未来"为责任理念,通过发展经济、驱动创新、夯实质量、确保本质安全、加强环保、定点扶贫等方式积极践行社会责任。

以"三年五年规划、十年三十年愿景目标"为引领,转变经营观念,创新商业模式,积极服务国家宏观战略,充分拓展国际国内两个市场,开发化工、非化工两个领域,突出主业实业、相关多元化和国际化的发展道路,不断取得新突破。

坚决贯彻党中央、国务院关于安全生产、质量强国、生态环境的决策部署,落实全员安全质量环保责任,全年实现安全人工时4068万人工时,比上年增长23%。

积极践行"绿水青山就是金山银山"发展理念,健全完善环境保护和节能减排规章制度,切实落实环境保护和节能减排责任,持续改进环境管理绩效,全面排查治理污染源和风险点,对494个污染源、535个风险点逐一进行整改消项,全年未有破坏生态环保事件发生。

坚持以习近平总书记关于扶贫工作的重要论述为指引,进一步提高政治站位,全方位加大精准扶贫力度,取得显著成效。全年直接帮扶资金投入882.2万元。积极打造"党建+扶贫"品牌,在革命老区甘肃省华池县南梁干部学院建立"中国化学党员教育基地",创造性地将红色教育与扶贫送温暖、献爱心等系列活动相结合,以党建带扶贫,以扶贫促党建;实施就业扶贫,在定点扶贫县设立"中国化学劳务培训基地",举办首期焊工培训班,培训建档立卡贫困户家庭学员43人;大力开展劳务输转,组织所属23家企业在华池县举办2场就业扶贫专场招聘会,在2个定点扶贫县帮助182名贫困大学生实现就业,实现"一人就业、全家脱贫";开展"一对一"结对帮扶,公司3521名党员干部与定点扶贫县的1497户建档立卡贫困户结成帮扶对子,投入帮扶资金116万元;推动消费扶贫,投入资金超过214万元,帮助贫困户农民将农作物转化为经济收入,拓宽脱贫致富的渠道。全年组织捐赠活动 10 余次,慰问贫困户 200 多户,发放慰问金或慰问品价值 50 多万元。

(撰稿人:朱 军)

中国盐业集团有限公司

【基本概况】 中国盐业总公司经中央人民政府政务院批准成立于 1950 年,与盐务总局合署办公。1964 年,经国务院批准,组建全国性盐业托拉斯,1968 年,托拉斯因故解体,盐务总局一并撤销。1979 年,经国务院批准同意,恢复中国盐业总公司,与盐务总局合署办公。1994 年,国务院决定对食盐实行专营,委托中国盐业总公司代行盐业管理办公室职能负责全国食盐专营。2000 年,中国盐业总公司交中央企业工委管理,为国务院国资委监管的中央企业。2017 年,中国盐业总公司改制为中国盐业集团有限公司(以下简称"集团公司")。

集团公司是全国食盐专营的生产经营主体,中国盐行业龙头企业和唯一中央企业,国内重要化工企业。下属二级企业 41 家,员工 2.7 万余人。2018 年,集团公司资产总额 481.72 亿元,营业收入 232.61 亿元,利润总额 10.82 亿元。盐产能 1850 万吨,居世界第二位,盐产量 1258 万吨,盐销量 1305 万吨。主要化工产品烧碱产量 83 万吨,PVC 树脂(含糊树脂)产量 47 万吨,纯碱产量 280 万吨,复合肥产量 106 万吨。

【主要指标】

2018 年中国盐业集团有限公司主要经济指标

项 目	2017 年	2018 年	比上年增长(%)
资产总额(亿元)	496.14	481.72	-2.90
所有者权益(亿元)	101.46	106.63	5.10
营业收入(亿元)	250.21	232.61	-7.03
利润总额(亿元)	9.06	10.82	19.43
净利润(亿元)	7.56	6.97	-7.80

续表

项 目	2017 年	2018 年	比上年增长(%)
归母净利润(亿元)	2.44	2.43	-0.41
技术开发投入(亿元)	3.86	4.51	16.84
应交税金总额(亿元)	18.03	17.46	-3.16
全员劳动生产率(万元/人·年)	23.12	27.32	18.17
净资产收益率(%)	8.14	6.69	减少 1.45 个百分点
总资产报酬率(%)	4.93	5.16	增加 0.23 个百分点
国有资本保值增值率(%)	109.10	105.13	减少 3.97 个百分点

【改革发展】 集团公司精准施策、主动发力,围绕"内整外和、统分结合、创造价值"工作方针,深入推进盐业体制改革各项工作。以混合所有制改革为突破口,积极促进与盐业体制改革、行业重组整合、商业模式改造深度融合,混合所有制改革各项工作有力有序推进。以盐为源,提供优质盐产品、绿色环保化工产品、其他安全可靠民生产品及服务,建设绿色中盐、品质中盐、责任中盐、百年中盐,实现可持续发展。通过改革调整,发挥"创新行业价值,服务民本民生,体现国家意志"三大主体功能,切实增强集团公司活力、控制力、影响力和抗风险能力,初步建设成为具有创新能力、国际竞争力的国家盐业公司+优秀化工企业。

【队伍建设】 2018 年,集团公司持续推进所属企业领导班子建设,制定《党委推进企业领导人员能上能下实施细则》,努力选优配强所属企业领导班子,按照习近平总书记新时期好干部"二十字"要求,对总部及 27 家企业 58 名领导人员进行调整。加强年轻干部培养,制定《关于加强和改进优秀年轻干部培养选拔工作实施方案》,在后备干部中提拔使用 5 人,组织开展总部及二级企业 33 名年轻后备干部进行"纵向""横向"挂职锻炼,完成 2 名定点扶贫县挂职干部轮换工作。

【降本增效】 集团公司资产负债水平持续降低,较年初下降 1.36 个百分点,资金集中度比上年提高

15%。"压减"阶段性任务提前完成,全年净减少法人企业31户,管理层级、法人层级分别由原来的五级、六级压缩至四级和五级,提前完成3年减少法人企业户数20%的任务。

【产销协同】 2018年,集团公司制定《食盐计划衔接工作方案》,对二级企业进行目标任务分解,明确不同市场的业务方式和品牌分工,减少内部竞争。积极推进跨界合作,与中国邮政在16个省份开展业务合作。与重庆化医控股集团启动重组重庆市盐业(集团)有限公司,改组为中盐西南盐业有限公司;与广东盐业集团有限公司签订广盐股份混合所有制改革框架协议;与内蒙古盐业有限公司签订锡林郭勒盟额吉淖尔盐场混合所有制改革框架协议。围绕食盐产品、品牌、渠道、服务等领域,与吉林、广西、山西等省级盐业公司开展深度合作,中盐的市场影响力进一步增强,市场占有率稳步提升。

【重要项目】 中盐红四方年产30万吨乙二醇生产装置历经三年建设,产出符合最新国标的聚酯级乙二醇优等品,优等品率超过设计指标,正式进入试生产阶段,该项目为集团公司近年来最大投资项目,标志着中盐在实现基础化工向精细化工跨越的进程中迈出重要步伐。中盐龙祥60万吨/年制盐项目按期竣工投产,成为京津冀地区唯一的井矿盐食盐定点生产企业,将有力地推动京津冀地区食盐产销一体化发展,为华北及周边区域食盐供应提供坚实保障。

【重大创新】 2018年,集团公司与清华大学共同建立压缩空气储能联合研究中心,深入研究盐穴空气储能发电开发和应用技术,得到国家有关部门的高度重视。与清华大学联合中国华能共建的"盐穴压缩空气储能国家试验示范项目"正式奠基,4位中科院院士出席奠基仪式,中央电视台、新华网等媒体进行专题报道,开启创新行业价值的新篇章。中盐金坛"以二级盐泥为原料的二氧化硫吸收剂"专利技术获得第二十届中国专利优秀奖。两化融合创新发展实现新突破,中盐红四方的"化肥智能工厂试点"入选工业和信息化部智能制造试点示范项目。

【党建工作】 2018年,集团公司坚持把学习宣传贯彻习近平新时代中国特色社会主义思想和党的十九大精神作为最重要的政治任务,制定《学习宣传贯彻党的十九大精神指导意见》,要求各级党组织切实在学懂弄通做实上下功夫,在抓牢抓实抓深上下功夫。集团公司总部和所属企业党组织采取集中轮训、网络课堂、专题党课报告会等形式组织培训,覆盖率100%。落实全面从严治党责任,党风廉政建设和反腐败工作持续深化。制定《领导班子成员履行"一岗双责"任务手册》;与所属企业党委、纪委签订《党风廉政建设责任书》;修订《关于深入贯彻落实中央八项规定精神 进一步加强作风建设的实施意见》,坚决防止"四风"反弹回潮。印发《关于开展集中整治形式主义、官僚主义工作的实施方案》,督促各级党组织全面深入查摆问题。开展违反财经纪律、违规公款接待、"不作为、乱作为、慢作为"专项治理,加大执纪审查力度。制定《党委巡视工作规划(2018-2022年)》,修订《党委巡视工作实施办法》,推动巡视工作向纵深发展。

【企业文化建设】 2018年,集团公司努力践行"讲原则、讲道理、讲纪律、讲业绩、讲贡献、讲和谐、讲包容"员工评价标准文化,深入开展纪律规矩教育月活动,积极推进廉洁文化建设,广大干部职工的政治定力、战略定力、纪律定力、抵腐能力进一步增强,中盐意识、责任意识、协作意识、效率意识普遍提高,不断为中盐文化注入新的内涵,进一步筑牢修身立业的"压舱石"。

【安全生产】 按照国务院国资委、应急管理部要求,先后多次召开集团安全管理工作会议,对安全生产工作提出总体部署和严格要求,确保企业安全环保工作总体可控。紧盯关键环节重点部位,对中盐红四方乙二醇项目生产流程进行重点督查,在项目调试开车阶段,集团公司专门召开电视电话会议,就安全工作提出明确要求,查实查深查细,不留盲区盲点,为平稳开车提供安全保障。

【信息化建设】 2018年,集团公司着力破解"信息孤岛"问题,重启信息化整合项目。成立网络安全和信息化工作领导小组,建立健全信息安全保护体系,全面完成国务院国资委部署的IPv6改造工作,网络信息安全保障能力不断加强。扎实推进大额资金动态监测系统和"三重一大"决策运行系统建设,严格按规定时限完成党的十九大以来"三重一大"决策会议信息数据录入上传，并作为完成任务进度较快的30家央企之一，受到国务院国资委通报表扬。

【履行社会责任】 2018年，集团公司成立舆情应对专项小组，制定《网络舆情管理办法》，进一步健全和完善常规舆情周报和紧急舆情日报管理机制，扎实做好舆情监测引导。针对网络自媒体中出现的"食盐添加亚铁氰化钾有害健康"等谣言，迅速启动应急预案，积极与国家有关部门和中央电视台、新华网等权威媒体沟通，加强正面宣传，及时澄清辟谣，有效减少社会负面影响。与西藏盐业公司签订合作协议，积极响应国务院国资委富民兴藏要求，认真履行边远贫困地区食盐兜底保障责任。积极参与中央企业扶贫基金公司设立工作，与中国志愿基金会深入合作，围绕产业扶贫、教育扶贫、基础设施建设，积极为陕西宜川、定边两县扶贫攻坚工作作出积极贡献。

【获得荣誉】 2018年，集团公司获得"2018年中国品牌影响力100强""2018年中国品牌影响力十大社会责任典范""中国轻工业百强企业""食品行业五十强"等诸多奖项。中盐金坛"以二级盐泥为原料的二氧化硫吸收剂"专利技术获得第二十届中国专利优秀奖。两化融合创新发展实现新突破，中盐红四方的"化肥智能工厂试点"入选工业和信息化部智能制造试点示范项目。

（撰稿人：翟 郓）

中国建材集团有限公司

【基本概况】 2018年是贯彻落实党的十九大精神的开局之年。在国务院国资委的正确领导下，中国建材集团有限公司（以下简称"中国建材集团"）领导班子团结带领广大干部员工，坚决贯彻党中央重大决策部署，遵循新发展理念，按照"稳增长、调结构、抓改革、强党建"工作方针，以高质量发展为主线，紧盯目标任务，全力做好经营管理、整合优化、改革创新、加强党建等各项工作，付出艰辛努力，取得优异成绩，在高质量发展的征程中迈出坚实步伐。

【主要指标】 2018年，面对错综复杂的宏观经济形势和艰巨繁重的改革发展任务，中国建材集团努力克服经济下行压力带来的困难和挑战，认真落实年初确定的工作方针、管理原则和经营措施，开展大量卓有成效的工作，创造历史最好业绩，全面超额完成国务院国资委下达的经营目标。全年实现营业收入3480亿元、比上年增长15%，利润总额207亿元、比上年增长37%，净利润135亿元、比上年增长35%，资产总额、营业收入、息税前利润3项指标均超过圣戈班、拉豪、CRH，成为名副其实的全球最大的综合性建材产业集团。

【经营管理】 2018年，中国建材集团深入推进"三精"管理，提质增效明显。

一是推进"组织精健化"，"瘦身健体"。提前一年完成国务院国资委下达的三年压减总目标，累计压减444户，压减比例25.7%，提层级企业82户，实现管理层级四级、法人层级六级，消除七级企业。全年召开2次压减专题会，大力压减"两金四款""三类机构"。"两金"方面，应收账款和存货比上年减少，超额完成国务院国资委"两金"增幅低于营业收入增幅的要求。"四款"方面，其他应收款、预付账款、货币资金、带息负债均实现不同程度压减。"三类机构"方面，全年压减法人167户，顺利完成43家企业"处僵治困"任务，全面完成"三供一业"分离移交协议签署工作。

二是推进"管理精细化"，降低成本。坚持数字化管理，聚焦五大产品指标、十大综合指标，降本增效明显，22家企业获评"六星企业"。深入推进两化融合，集团贯标排名央企第八位，9家企业获评行业智能制造试点示范企业。加强风险防范，高度重视、认真做好审计署审计和国务院国资委检查整改，以整改促提高，实现标本兼治。严格落实企业安全生产主体责任，确保安全生产形势平稳。做好全面风险管理、内部审计和法律审核工作。

三是推进"经营精益化"，聚焦市场。贯彻"从管理到经营"理念，各级企业负责人转变思路，聚焦市场，发力经营。水泥板块深入践行"价本利"理念，带头执行错峰生产、淘汰落后、限制新增，缓解供需矛盾，维护行业健康发展。密切跟踪市场变化，及时调整营销策略和产品结构，水泥板块通过抓大客户、大项目和重点工程巩固核心市场,石膏板研发全球首创"鲁班万能板",玻纤、风电叶片等提升高端产品比例,高性能碳纤维产销两旺,锂电池隔膜成功开发多家战略客户,1毫米氮化硅微球替代进口产品,新型线路悬式绝缘子产品进入欧美市场,铜铟镓硒光伏模组等新材料快速占领市场。

【改革整合】 2018年,中国建材集团改革整合同向发力,叠加效应显著增强。

1. 改革试点工作落实落地。

一是扎实推进五项改革试点。经过不懈努力,集团兼并重组试点如期完成,被国务院国资委列为新一批国有资本投资公司试点。落实董事会职权试点继续深化,成为经理层契约化管理试点单位。员工持股试点进展良好,江西电瓷实现岗位或人员变动后股权调整的初步尝试。二是有序开展"双百行动"。北新建材、中材高新、中材国际3家企业被国务院国资委列入国企改革"双百行动",正按照方案有序推进。三是不断深化内部机制改革。探索运用员工持股、股权激励、超额利润分红,增强企业活力。积极开展科技型企业股权分红摸底调查,引导符合条件的企业加快实施,取得良好成效。

2. 重组整合工作深入推进。

一是"两材"重组取得突破性进展。"小两材合并"以股东赞成率超过99%、职工赞成率100%的不凡成绩创造资本市场"合并之最",合并之后,党委、董事会、监事会和经营班子快速到位,重组整合顺利进入第三阶段。二是持续推进整合优化。组织召开水泥与工程专题会、风电叶片业务、碳纤维应用推广整合会,进一步推进水泥、新材料、工程业务整合。水泥板块推行资源共享及定期会议协商机制,工程服务板块深化内部协作、共同研究全球布局和市场,检验认证业务启动集团内部资源重组取得实质性进展。产融整合快速推进,财务公司服务集团成员企业节约财务费用。

【转型升级】 2018年,中国建材集团深化调整转型,水泥、新材料、工程服务"三足鼎立"业务格局进一步完善。

一是水泥业务持续优化升级。加快向"高标号化、特种化、商混化、制品化"方向发展,特种水泥销量比上年增长34%,智能化示范线、协同危废垃圾处置等进展迅速。探索"水泥+商混+骨料"全产业链运营和"水泥+互联网+大数据"模式,数字化仓库、e客商等生产制造信息化管理和服务支持系统成效显著。

二是新材料业务迅猛发展。继北新建材之后,中国巨石、超薄触控玻璃项目获得中国工业大奖。石膏板业务启动"全球长城计划"、重组国内第二大石膏板企业,产能24亿平方米。玻纤桐乡、泰安、九江、埃及生产基地项目建成。高性能碳纤维T1000级、T700级分别实现百吨、千吨量产。世界最薄0.12毫米触控玻璃实现量产,大面积发电玻璃、高透光伏玻璃、8.5代TFT液晶玻璃基板等多个项目建成或在建。锂电池隔膜2.4亿平方米产能4条生产线建成。石墨20万吨浮选提纯及加工项目、耐火材料智能化生产线建成,手机全屏光电指纹识别芯片项目在建。

三是国际化和工程服务业务成果显著。中共中央、国务院、国务院国资委等领导对集团海外发展给予高度肯定。"六个一"海外布局初见成效,赞比亚工业园竣工、尼日利亚等工业园积极推进。水泥及玻璃工程保持全球市场份额领先地位,全年签署境外工程项目71个,埃及GOE6条水泥线建成,新能源工程新签西班牙、美国等光伏项目。参展首届中国国际进口博览会,与20家境外企业签订120亿元采购协议。

【重大创新】 2018年,中国建材集团坚持创新驱动战略,创新能力不断增强。

一是强化科技创新。集团48个技术研发方向列入国家重点研发计划、智能制造等目录,获批30余项新材料补短板国家项目,多项科研产品用于嫦娥四号等国防重点工程。哈玻院承担的科研项目列入国家科技进步特等奖名单,高强玻纤科研成果获得国防科技进步一等奖。累计有效专利超过11000件、新申请国际专利115件,制定发布国际标准1项、新立项国际标准2项,技术革新奖新增一线创新专利400项。打造协同创新联合体,与中国商飞对接确定7个材料合作方向。集团技术中心新组建10个研发部,成立CSTM建材领域标委会和集团标委会,组建国防无机非金属材料重点实验室等。

二是强化商业模式创新与推广。"绿色小镇"模式新增代理商72家、项目19个。"智慧工业"模式覆盖60多个国家。"智慧农业"模式新签四川等地项目、合同额20亿元。建材家居连锁超市迅速复制,坦桑尼亚3号店、赞比亚1号店开业。坦桑尼亚"海外仓"建成,南非等海外仓加快推进。大宗物联模式与中交等央企强化合作、签订项目300多个。检测业务获批国家无机非金属新材料检测评价平台,打造雄安建设标准和重大工程专用标准。

三是坚持管理创新。深入推进"八大工法""增节降""六星企业"等先进管理经验,质量竞赛获央企第二名,1项成果获得国家管理创新成果一等奖,57项成果获得行业管理创新成果奖。

【党建工作】 2018年,中国建材集团以习近平新时代中国特色社会主义思想为指导,坚决贯彻落实党的十九大和全国国企党建工作会精神,坚持"两个一以贯之",把党的领导和完善公司治理有机统一起来,发挥党委把方向、管大局、保落实作用。按照国务院国资委党委"迈向高质量、建设双一流"的要求不断提升党建工作质量,为企业改革发展提供坚强保证。成功召开集团第一次党员代表大会,选举产生第一届党委、纪委。严格落实党建责任制,全面开展对成员企业党委和总部党支部党建工作责任制考核,在各级党员领导干部中实行党建责任KPI。以混合所有制企业和海外党建为重点,以"五好党支部""党员先锋岗""党建工作品牌"为载体,抓实抓细基层工作。严格落实全面从严治党"两个责任",严格执行中央八项规定精神,推动深化"三转",开展集中整治形式主义、官僚主义工作。坚持党管干部、党管人才原则,加强各级领导班子和党员干部队伍建设,举办党的十九大精神轮训、从严治党、领导人员中长期经营管理、中青年干部等培训班。积极开展改革开放40周年系列宣传,综合运用官微、网站、通信等讲好企业故事。弘扬集团文化,举办"在一起、再出发"拓展活动,设立"善建公益"基金。

【履行社会责任】 2018年,中国建材集团始终秉承"善用资源、服务建设"的核心理念,坚持"绿水青山就是金山银山",按照"环境、安全、质量、技术、成本"进行经营要素的价值排序,持续开展"责任蓝天"行动。2018年,节能环保投入44亿元,余热发电装机容量约3079兆瓦,固体废弃物消纳9901万吨。

中国建材集团积极做好安徽石台县、宁夏泾源县和云南昭阳区、永善县、绥江县"四县一区"的定点扶贫工作,围绕民生帮扶、产业帮扶、就业帮扶、医疗帮扶、教育帮扶、电商帮扶六大策略,着力解决"两不愁、三保障"等突出问题,助力贫困地区脱贫攻坚。2018年,在集团努力下,宁夏泾源县、云南绥江县初步验收脱贫出列,安徽石台县、云南昭阳区、永善县顺利完成全年脱贫攻坚各项工作计划,为脱贫出列打下坚实基础。

(撰稿人:江秀龙)

中国有色矿业集团有限公司

【基本概况】 2018年,中国有色矿业集团有限公司(以下简称"中国有色集团")坚持以习近平新时代中国特色社会主义思想为指导,在国务院国资委的正确领导下,认真贯彻落实党中央、国务院重大决策部署和国务院国资委各项部署要求,统筹推进改革发展和党的建设各项工作,着力推动党建与业务深度融合,主要指标完成情况良好,利润总额、经济增加值、海外有色金属产品产量3项指标达到国务院国资委考核满分值,生产铜产品123万吨,铅锌产品40万吨,镍产品2.37万吨。中国有色集团位居2018年"中国企业全球化50强"第18位、"中国100大跨国公司"第31位,获得"有色行业境外资源开发功勋企业"称号。

【主要指标】

2018年中国有色矿业集团有限公司主要经济指标

项目	2017年	2018年	比上年增长(%)
资产总额(亿元)	1164.25	1206.20	3.60
所有者权益(亿元)	310.24	373.01	20.23
营业收入(亿元)	1197.82	1113.65	-7.03
利润总额(亿元)	12.38	20.71	67.24
净利润(亿元)	3.76	12.86	241.87

续表

项　目	2017年	2018年	比上年增长(%)
利税总额(亿元)	51.42	52.24	1.59
净资产收益率(%)	2.67	3.77	增加1.10个百分点
总资产报酬率(%)	3.54	3.73	增加0.19个百分点

【改革发展】 一是全面推进顶层设计。紧紧把握战略型、决策型董事会定位，高起点谋划职责定位，高质量建立规章制度，高效率推进规范运作，完成董事会筹建，推动"两个一以贯之"落地。

二是深刻把握新时代中央企业战略定位与历史使命，开展"大学习大讨论"活动。通过汇聚民智、外部学习、内部调研、引智助力、上下结合、交流互动，明确"三业协同、两轮驱动、全面变革"的"321"发展战略，做强资源、做大工程、做实贸易、做优资本、优先国际，全面推进集团公司质量变革、效率变革、动力变革，提出要打造"党建统领型、战略管控型、价值创造型、服务监督型、和谐奋进型"的一流总部，形成指导集团公司中长期发展战略纲要。

三是完善组织机构。为强化海外资源新市场新项目开发，组建集团公司国际业务部；为强化资本运营工作，组建集团公司资本运营部；为加强科技研发平台建设，组建国际研发中心、2个海外实验室；为加强所在国党建、纪检和行政协调，分别在赞比亚、刚果（金）成立党工委、纪工委和办事处。强化制度建设，制定董事会制度9项，同步修订党委会议事规则和"三重一大"制度，修订法人治理、财务、审计、安全、信息化等制度，着手启动集团制度体系全面修订工作。

四是坚持盘活存量、优化增量、主动减量，扎实开展"处僵治困"、压减法人、扭亏治亏、"三供一业"分离移交、"双百行动"等深化改革专项工作。完成11户"僵尸企业"处置工作；累计压减法人单位57户，实现"三年任务两年完成"目标；"三供一业"分离移交基本完成，9家企业全部签署移交协议；积极参与"双百行动"的2家出资企业各项工作均按时间节点顺利推进。

五是高度重视企业管理创新工作，夯实管理基础，提升规范化、制度化管理水平。强化经营调度，健全生产经营定期调度机制，组织召开季度经营运行分析会，对考核目标和企业生产经营情况实施动态监控、跟踪调度，"一企一案"、对症下药。

六是加强投资管理。认真研究、应对刚果（金）新矿业法对矿业投资影响，结合集团实际落实企业境外投资管理办法等规章制度，严格履行投资决策程序，审核投资项目29个，重大投资事项7个，跟踪重大资源项目8个，申报境外投资备案项目和事项12个。

七是加强财务管理。建立财务专业技术两级人才库，加强全面预算管理，将全面预算嵌入战略管理体系，优化财务管理模式，加强财务信息化建设，推进资金管理中心和财务公司双平台管控，防范资金风险，优化融资结构，降低融资成本，解决中色镍业资金回国问题。

八是加强法律风控。推进依法治企、合规经营，落实中央企业主要负责人履行推进法治建设第一责任人职责，集团公司进入中央企业法治建设A级行列，开展出资企业内部控制自我评价工作。

【走向海外】 2018年，中国有色集团坚持聚焦实业、突出主业、专注专业，扎实推进优先国际业务发展战略落地，海外资源开发、工程、贸易等主业取得积极进展。成功承办中国—赞比亚工商论坛，来华出席中非合作论坛北京峰会的赞比亚总统埃德加·伦古出席论坛，并见证中国有色集团与赞比亚政府签署《合作备忘录》；参加首届中国国际进口博览会，与13家国际知名企业签署8项重大采购协议。实施勘查找矿项目14项，新增铜钴、铅锌金属资源量30万吨，控股印度尼西亚达瑞铅锌矿，新增金属资源量360万吨，中色非矿谦比希东南矿区进入试生产，首采区探获资源量含铜37万吨、钴2万吨。中色卢安夏巴鲁巴矿全面恢复生产，矿山铜产量4.8万吨，创历史最好水平。刚果公司、香港控股通过矿权租赁、协议采矿等方式，增加铜钴资源量超过20万吨。承建的希腊项目带动中国氧化铝技术和成套装备首次进入欧洲市场。

【重大创新】 2018年，中国有色集团加快创新体系建设，强化研发平台统一管理，将核心技术指标纳入考核，开展专业领域战略专题研究和重点技术对标,召开首届国防科学技术成果鉴定会,获得有色金属工业科技进步一等奖3项、二等奖2项、三等奖5项;获批国家自然科学基金项目1项。建成非洲首座数字化矿山,实现生产过程实时监控和生产调度的快速响应,人均日采矿量提升5倍,安全性显著提升。

【党建工作】 2018年,中国有色集团把坚持党的领导、加强党的建设作为首要政治任务,认真贯彻党中央重大决策部署,组织5期学习贯彻习近平新时代中国特色社会主义思想和党的十九大精神培训班,召开学习座谈研讨会,学习贯彻活动实现"五个全覆盖",引导广大职工树牢"四个意识",坚定"四个自信",做到"两个维护"。加强党建责任制落实。推进党建与业务深度融合发展,印发党建质量提升年方案,落实全国国企党建会重点任务;开展党组织书记述职评议考核,完成2017年度党建考核反馈问题整改;召开海外党建工作座谈会、基层党建工作会议,推进示范党支部建设、基层党支部标准化建设;开展海外功勋奖、杰出贡献奖评选活动。加强干部队伍建设。坚持党管干部,调整、配备出资企业领导班子成员69人,"68后""70后"干部占比分别增至47.7%和33.8%。稳步推进董事长、党委书记一肩挑,配强出资企业专职党委副书记、专职纪委书记、总会计师。领导班子专业结构、年龄结构不断改善。

加强党风廉政建设和反腐败工作。严格落实中央八项规定精神,逐级签订党风廉政建设责任书。开展形式主义、官僚主义自查整治活动;清理规范各级代表处。加强内部政治巡视。对8家二级企业党组织进行巡视,延伸巡视5个党组织,巡视覆盖率31%。被巡视党组织制定整改措施545条,完成整改486条,持续推进59条。加强宣传思想和意识形态工作。召开宣传思想和企业文化建设工作会,加快建设"六个一"工作机制。组织"走进非洲20周年"等主题宣传活动,首次在境外召开宣传培训会、媒体座谈会,首次召开全集团范围的舆论引导培训会。加强群团工作。新建职工创新工作室41个,开展173项创新项目。举办职工技能竞赛、"有色工匠"评选等活动,开展红旗班组、劳动模范、先进班组和先进职工表彰。举办刚果(金)地方政府官员、缅甸企业外籍员工等交流研修、培训班。组织学习习近平总书记"7·2"重要讲话和共青团十八大精神,举办国际形势专题讲座、"青年大学习"主题团日活动。成功召开集团公司第一次团代会。

【信息化建设】 2018年,中国有色集团组织召开信息化工作会议。加强信息安全、正版化、项目建设管理。推进IPv6改造、ERP、电子会议、"三重一大"等系统建设。保障视频会议、网络和信息化系统正常运行。

【履行社会责任】 2018年,中国有色集团扎实推进精准扶贫,召开扶贫攻坚工作会及扶贫工作布置会,出资3009万元参与央企产业扶贫基金,支持定点扶贫县593万元。经贸合作区配合国家质检总局完成赞比亚数万华人华侨的霍乱疫情防控。

2018年,中国有色集团树立"主动安全、主动环保"理念,制定加强安全环保工作指导意见。全年安全环保投入3.3亿元。开展专项治理行动4项,组织检查4100余次,排查隐患11609项,培训人员5万余人次。全年未发生重大及以上安全事故、环境污染事件;主要污染物达标排放率99.8%,绿色矿山理念推广到海外企业,体现央企的绿色发展情怀;主要产品合格率94.7%,顾客满意度96.4%。

(撰稿人:王长明)

有研科技集团有限公司

【基本概况】 有研科技集团有限公司(以下简称"有研集团")创建于1952年,是中国有色金属行业规模最大、综合实力最强的研究开发和高新技术产业培育机构。主要业务领域包括有色金属信息功能材料、能源与环境功能材料、结构材料、复合材料、制备加工技术与装备、资源与环保技术、分析检测评价等。作为中国有色金属行业技术开发基地、国家级国际科技合作基地,有研集团拥有17个国家级创新平台,获得国家级和省部级科技成果奖励1100余项,拥有授权中国专利和国际专利2000余件,制定国家和行业标准600余项,先后为"两弹一星""核潜艇""载人航天""探月工程""大飞机"等国家重点工程提供一大批新材料、新工艺和新设备,为中国有色金属工业的发展提供强有力的支撑。有研集团在微电子材料、光电子材料、稀土材料、有色金属粉末、特种有色金属加工材料、新能源材料、高端冶金装备、分析测试等方面形成产业集群。截至 2018 年底,从业人员 4100 余人,其中两院院士 5 人,国家有突出贡献的中青年专家、"千人计划"、"国家百千万人才"和政府特殊津贴专家等各类高级技术人才 120 余名,拥有"材料科学与工程""冶金工程"等学科的博士和硕士学位授权点、博士后科研流动站。

【主要指标】 2018 年,有研集团实现营业收入 74.43 亿元,比上年增长 6.76%;营业利润 2.82 亿元,比上年增长 67.45%;归属于母公司所有者的净利润 1.56 亿元;国有资本保值增值率 105.35%;资产总额 92.21 亿元,比上年增长 2.95%。

2018 年有研科技集团有限公司主要经济指标

项 目	2017 年	2018 年	比上年增长(%)
资产总额(亿元)	89.57	92.21	2.95
所有者权益(亿元)	67.38	64.86	-3.74
营业收入(亿元)	69.72	74.43	6.76
利润总额(亿元)	1.68	2.82	67.45
净利润(亿元)	1.38	2.49	80.49
归属于母公司所有者的净利润(亿元)	0.54	1.56	191.02
技术开发投入(亿元)	5.39	4.34	-19.48
利税总额(亿元)	3.36	4.48	33.33
应交税金总额(亿元)	1.85	1.64	9.55
全员劳动生产率(万元/人·年)	25.42	24.35	-11.35
净资产收益率(%)	1.76	3.77	增加 2.01 个百分点
总资产报酬率(%)	1.88	3.51	增加 1.63 个百分点
国有资本保值增值率(%)	101.35	105.35	增加 4 个百分点

【改革发展】 2018 年,有研集团深入学习贯彻习近平新时代中国特色社会主义思想和党的十九大精神,认真落实国务院国资委的决策部署,牢固树立高质量发展理念,紧紧围绕"务实求进"的工作基调,"提质增效"的工作主线,召开中国共产党有研科技集团有限公司第十次代表大会,明确提出"创新驱动高质量发展"的思路与举措,经营发展质量不断提高,各项工作取得显著进展。

一是不断深化公司制改制。2018 年,有研集团深入推进公司制改制工作。2018 年 1 月 11 日,有研工程技术研究院有限公司注册成功,经营范围承接原有研总院研发类相关工作。2018 年 5 月,有研总院劳动服务管理中心完成注销清算,完成兴友公司改制。全资子企业北京市兴达利物业管理公司保留全民所有制企业的性质并更名为北京有色金属研究总院,开展研究生教育和科学研究业务。

二是加强推进股份制改制。2018 年,所属公司有研粉末新材料股份有限公司完成股份制改制,启动上市工作。2018 年 1 月 25 日,北京有研艾斯半导体科技有限公司成立,有研集团所占股权 49%;国联汽车动力电池研究院有限责任公司完成增资扩股,有研集团所占股权变更为 29.03%。

三是加强制度体系建设。以公司制改制为契机,全面推动公司化规章制度体系建设工作,梳理集团原有 229 项规章制度,提出初步改进建议,全年修订制度 160 余项,其中覆盖决策管理、投资与产权管理、财务管理、风险管理、党群纪检等 12 个领域,完善规章制度体系,提升经营管理水平。

四是加强资金管理和风险管控。优化集团账户管理,降低资金成本。多方拓展融资渠道,综合授信额度较上年大幅增加,为发展提供充足的资金保障。出台《有研集团风控合规管理指引》,涵盖战略管理等 17 个管理领域,162 个重要管理活动,规范风险管控工作。

五是推动人才队伍结构优化。全年调整干部 36 人次,其中新提任 8 人;新提拔"80 后"中层正职 1 人、副职 2 人;选派 1 名"80 后"干部到贵州省思南县挂职锻炼;选派 6 人参加中组部、中纪委、国务院国资委选调培训;选派 10 余人赴美国、德国学习国外研发机构优秀管理经验、科研成果转化和工业4.0先进技术。

六是加强基地保障能力建设。截至2018年底，有研集团怀柔研发基地第二阶段建设项目有序推进，项目完成全部设备购置和工程改造等建设内容，并通过环保、安全、职业卫生、财务审计、工程质量、保密技防测评、消防等各单项验收。有研稀土燕郊基地建设项目、有研亿金产业化建设项目正常开展建设，有研粉末合肥产业基地建设项目基础工程完成施工，主体施工完成一半，设备招标采购工作同步进行。

七是加强安环和保密工作。有研集团全面严格落实安全生产责任制，加大监督检查工作力度，彻底排查各类安全隐患，切实堵塞安全漏洞，确保生命财产安全；系统建立完善集团保密管理与制度体系，进一步明确并严格落实保密责任制。规范定密管理，梳理集团商业秘密保护事项及目录；按照涉密人员管理相关要求，加强涉密人员的动态管理。加大警示教育案例、保密常识技能等内容宣传力度，举办有研集团保密培训会，普及保密常识，营造保密氛围，严肃保密纪律；强化保密工作指导和监督检查。

【重大项目】

1. 重大决策。2018年，有研集团在优化产业格局、降本增效上取得较大突破，有效推动集团高质量发展。有研半导体实施完成战略重组，成立北京有研艾斯半导体科技有限公司，注册成立山东有研半导体材料有限公司，着力解决半导体产业搬迁、产业扩产升级。有研粉末启动股改上市工作，通过香港国瑞全资控股英国Makin公司，不断推进内部重组，实施板块整合。组建"中国新材料测试评价联盟"，成立国合通测，承担国家新材料检测评价平台—主中心建设任务，立足急需国产化、进口替代的新材料目标产品，提供新材料全方位全流程的检测与评价服务。

2. 重点项目。有研集团承担工业和信息化部工业转型升级项目2项，主要为新材料分析与测试服务以及新能源动力电池领域。国家新材料测试评价平台—主中心建设工作：以国合通用测试评价认证股份公司为核心，建设国家新材料测试评价主中心，在新材料生产和应用聚集的省会城市投资建设一批直属实验室，构建新材料检测领域的全国服务网络体系。动力电池创新能力建设项目：由国联汽车动力电池研究院有限责任公司承担，项目完成后将建成动力电池中试孵化能力和设计验证能力，通过协同人才、技术、装备、资金等各类创新资源，打通前沿技术和共性关键技术的研发供给、技术扩散和首次商业化的链条，形成协同创新的生态系统。

3. 投资与经营。所属公司国合通测通过增资上海品控检测进军汽车检测领域，在上海建设区域实验室与专业实验室，增资品控检测有利于在专业领域形成品牌和规模优势，实现自身的快速发展，也对当地处于快速发展阶段的新材料产业及汽车产业形成有力支撑，促进上下游和相关产业的发展。国合通测出资1000万元对上海品控检测进行增资入股，增资后国合通测占51%股权。

【走向海外】 有研集团现有2家境外公司，位于英国和中国香港，分别为Makin Metal Powders (UK) LIMITED和香港国瑞粉末投资有限公司。2018年10月，香港国瑞出资收购Makin高管层持有的股权，Makin成为有研粉末全资所属公司。所属公司国联研究院在加拿大成立全资子公司国联固态电池有限公司，主要开展固态锂离子动力电池的研究开发、技术服务和产品销售等业务，为固态锂离子动力电池工业化成套技术输出创造条件。

【重大创新】 2018年，有研集团获得省部级科技奖励11项，中国专利优秀奖1项。发表科技论文180篇，申请专利383件、获授权专利305件，制（修）订标准39项。

一是科研平台建设取得新突破。2018年，国合通测中标"国家新材料测试评价平台——主中心"项目，全面启动建设工作，中国新材料测试联盟成员单位增至600余家。获批科技部国家引才引智示范基地。牵头成立中国稀有金属绿色制造技术创新战略联盟。支持成立中国氢能源及燃料电池产业创新战略联盟。国联研究院锂电升级工程研发工作和动力电池检测评价平台建设工作稳步推进。有研亿金通过工业和信息化部"国家技术创新示范企业"复核认定。有研稀土牵头组建"稀土光功能材料协同创新研究院"。有色金属材料制备加工国家重点实验室通过科技部组织的企业国家重点实验室首次全国评估，得分总排名第二位。

二是科技创新不断涌现。有研工研院铝合金细晶铸锭技术实现成功转让,直升机用铝基复合材料动环锻件成功批量交付用户;动力反应堆用复合屏蔽材料典型样件通过技术鉴定;氢化锆产品实现批量销售;高纯超细硼粉研制取得进展;研发的新型高强高韧-低淬火敏感性铝合金取得美国、加拿大、日本、欧盟等主要国家的国际专利授权,成为我国首个获得国际发明专利大范围授权的航空铝合金材料;开发出基于高容量钛系储氢合金的燃料电池客车固态储氢系统;微生物复绿山体和农田重金属污染治理工程实现突破,冶炼固废资源化及原位修复获得国家项目支持;在智能传感纳米线应用探索中取得进展,论文被微电子器件领域的顶级会议接收。有研亿金超高纯金属靶材参加庆祝改革开放40周年大型展览,承担的02专项靶材项目顺利通过验收。有研博瀚与江西理工大学合作承办《钨科技》英文期刊。

三是国际科技合作取得新进展。2018年,有研集团获批科技部国家引才引智示范基地。和美国麻省理工学院、英国焊接研究所等知名院校及机构在高端材料研究领域继续开展合作交流。组织召开2018上海工业博览会高端装备与新材料技术与产业分会,第十五届中俄双边新材料新工艺研讨会筹备会等国际会议。作为国际能源署氢能执行协议(IEA-HIA)执行委员会成员积极参加国际高端会议,争取氢能技术标准的国际话语权。

【党建工作】 2018年,有研集团党委以习近平新时代中国特色社会主义思想为指导,全面贯彻党的十九大和十九届二中、三中全会精神,贯彻落实十九届中央纪委三次全会、中央企业党风廉政建设和反腐败工作会议精神,树牢"四个意识"、坚定"四个自信",坚决做到"两个维护",全面落实新时代党的建设总要求,以政治建设为统领,以深化"两学一做"学习教育为重要载体,全面落实党建工作责任制,不断提升党建工作质量。

1. 加强党的政治建设,贯彻落实党对国有企业的领导。

有研集团党委严格执行新形势下党内政治生活若干准则,落实党委理论中心组学习、民主生活会、基层党建联系点和双重组织生活等基本制度。

2. 党建基层基础工作。

做好"四同步""四对接"。有研集团党委在完成自身和所属单位改制工作后,及时进行党组织名称的变更及调整、党组织负责人及党务工作人员的配备,在机构调整过程中,新设、换届、增补、改选基层党组织22家。制定《有研集团党委关于进一步加强党组织基础保障工作的实施办法》,对建立党建机构、配备党务力量、保障工作经费提出明确要求。

全面加强"三基建设",修(制)订党建制度34项,举办4次党务工作者实务培训,有效指导基层党组织标准化、规范化建设工作。规范发展党员工作程序,注重从生产一线、产业工人和青年中发展党员情况。积极开展"两优一先""优秀员工""巾帼标兵""优秀团员青年"等多种形式的创先争优活动,引导广大党员职工立足岗位履职尽责。

以专项督查作为提升基层党组织标准化、规范化建设的重要抓手,对基层党委、党总支和党支部进行党建督查和"回头看",及时通报基层党组织在党建基础工作方面存在的突出问题及表现,确保整改工作落实到位。

3. 党的宣传思想工作。

完成修订《有研集团党委中心组学习管理办法》,制定《2018年度党委中心组学习计划》。深入贯彻落实全国宣传思想工作会议、中央企业宣传思想工作会议和中央企业外宣工作会议精神,全面加强对意识形态工作的领导。

推进企业文化和精神文明建设,开展诚信文化标语征集活动,启动企业文化建设专项咨询工作,深入开展向"时代楷模""优秀党员"学习活动。结合实际开展形势任务教育。制定《有研集团新时代学习大讲堂实施方案》,举办"新时代学习大讲堂"。开展庆祝改革开放40周年主题宣传活动,有研集团产品入选国家大型展览。健全舆情监测分级处置机制,妥善开展舆论引导。制定《有研集团党委舆情工作管理办法》《有研集团党委新闻宣传工作管理办法》。

4. 执行中央八项规定及实施细则精神和廉洁从业工作。

强化"两个责任",推动落实党风廉政建设责任修订集团党委、纪委落实党风廉政建设"两个责任"的实施意见。召开党风廉政建设和反腐败工作会议，制定《有研集团党委2018年党风廉政建设和反腐败工作要点》，组织开展纪律教育活动，集中观看警示教育片、参观反腐倡廉教育基地、举办廉洁专题讲座，党委书记、纪委书记带头讲党课，在干部大会上解读《中国共产党纪律处分条例》，党委班子成员对分管领域和联系点单位加强廉政谈话，强化教育、监督、管理党员干部。

正风肃纪，推动落实中央八项规定及实施细则精神和廉洁从业。紧盯重要节点，下发节前通知严明"十五个严禁"纪律要求，强化安排部署和监督检查。纪委书记对财务、公务接待、公车、食堂、接待场所等管理部门以及纪检巡视部门负责人进行约谈，要求把好节日廉洁第一道关口。开展落实中央八项规定精神情况和履职待遇、业务支出情况自查自纠。

5. 党的统战群团工作。

深入贯彻落实工会十七大、共青团十八大、妇联十二大精神，加强对统战群团工作的研究和顶层设计，找准工作切入点、结合点，不断完善党建带群建的体制机制。年度经费预算中，明确列支统战、群团工作经费，为工作开展提供必要的经费保障。

【信息化建设】 2018年，有研集团持续深化集团管控信息化应用项目建设。系统性完成财务系统升级，实现物流、资金流、信息流与业务流的"四流合一"，助理财务管理转型升级；组织实施资金集中管理系统建设，加强资金管控能力；启动统一管控平台设计、建设工作。根据国务院国资委要求，2018年完成门户网站的IPv6改造工作；开发实施"三重一大"报送接口，实现"三重一大"决策数据的客户端上传功能，在建"三重一大"报送系统。核心管控业务的一体化管理，为有研集团管控能力提升提供支撑。

【履行社会责任】 2018年，有研集团积极履行社会责任，持续推进定点扶贫县的扶贫攻坚工作。

加大投入力度，推进精准帮扶。累计投入140余万元，用于捐建希望童园、建设"四点半课堂"等教育设施和桑树种植等产业项目以及贫困学生资助等，在教育扶贫和产业扶贫方面取得成效。

着力推进人才和智力扶贫，注入"源头活水"。通过开展"研究生春晖人才扶贫"、幼教工作者京黔双向培训交流、到央企培训等方式，为贵州思南县脱贫攻坚注入"源头活水"。项目动员30多名硕士博士研究生，惠及思南县120多名幼儿教师、150多名农业技术人员、50多名贫困家庭待业大学毕业生，着力阻断贫困的代际传递。

扶贫成效获得认可。有研集团派驻思南县茶山村第一书记顾峰毓连续两次主动申请延期，坚持驻村帮扶4年，实现茶山村顺利从贫困村名单中出列。顾峰毓先后被评为"思南县脱贫攻坚奋进标兵""贵州省脱贫攻坚优秀村第一书记"，获得"全国脱贫攻坚奖创新奖"（是央企中唯一获奖个人）。

（撰稿人：吴桂勇）

北京矿冶科技集团有限公司

【基本概况】 2018年是贯彻落实党的十九大精神开局之年。北京矿冶科技集团有限公司（以下简称"矿冶集团"或"集团"）坚决贯彻党中央国务院决策部署和国务院国资委各项工作要求，坚持稳中求进工作总基调，坚持以提高发展质量和效益为中心，以供给侧结构性改革为主线，全体干部员工凝心聚力、锐意进取，各项工作取得显著的成效，实现良好开局。2018年，矿冶集团新获批纵向项目67个，新获批项目合同经费1.59亿元，纵向到款9536万元。获得各类科技奖励44项，其中"锌清洁冶炼与高效利用关键技术和装备"获得国家科技进步二等奖。获授权专利131件，软件著作权27项。负责或参与制（修）订正式发布标准42项，其中国家标准23项，行业标准19项。

【主要指标】 2018年，矿冶集团实现营业收入50.75亿元，比上年增长34.83%；利润总额4.45亿元，比上年增长19.62%。矿冶集团超额完成国务院国资委下达的年度考核任务，实现集团整体经营效益大幅增长。

2018年北京矿冶科技集团有限公司主要经济指标

项 目	2017年	2018年	比上年增长（%）
资产总额（亿元）	78.70	92.43	17.45
所有者权益（亿元）	41.23	58.87	42.78
营业收入（亿元）	37.64	50.75	34.83
利润总额（亿元）	3.72	4.45	19.62
净利润（亿元）	3.02	3.80	25.83
归属于母公司所有者的净利润（亿元）	0.96	1.12	16.67
技术开发投入（亿元）	3.03	4.03	33.00
利税总额（亿元）	5.71	6.26	9.63
应交税金总额（亿元）	1.99	1.81	-9.05
全员劳动生产率（万元/人·年）	36.28	34.52	-4.85
净资产收益率（%）	7.62	7.39	减少0.23个百分点
总资产报酬率（%）	5.86	5.35	减少0.51个百分点
国有资本保值增值率（%）	104.26	104.13	减少0.13个百分点

【改革发展】 2018年，矿冶集团坚持以新发展理念为引领，以供给侧结构性改革为主线，扎实推进"瘦身健体"提质增效，加快产业布局优化，不断深化改革，释放企业活力。

一是"处僵治困"取得突破。扎实推进丹东重工"僵尸企业"处置工作，丹东重工100%股权转让项目在北京产权交易所完成挂牌并与摘牌方签订股权转让协议，圆满完成"僵尸企业"处置任务，妥善解决丹东重工的全部历史遗留问题，促进国有资本保值增值。

二是混合所有制改革取得进展。深入落实"1+N"政策要求，加快企业改革步伐。北矿检测和亿博公司被国务院国资委确定为"双百企业"，其中北矿检测率先推进科技型企业股权激励工作，制定完成骨干员工持股计划初步方案。北矿科技首次开展上市公司股权激励工作，制定针对公司管理层和核心员工的限制性股票激励方案，并获国务院国资委批复，按程序组织实施。

三是体制机制改革有序推进。完善科研管理、科技评价奖励等制度，修订二级经营单位负责人业绩考核办法，实施以增加知识价值为导向的考核分配政策，进一步加大科技收入、综合知识产权值、工程技术力量值等体现科技创新重要性的关键指标权重，更好地满足国务院国资委对集团公益类央企的功能定位和考核要求，有效发挥考核"指挥棒"作用。

四是三项制度改革不断深化。修订中层干部选拔任用管理办法，进一步完善干部考核评价机制。制定薪酬管理、员工职业发展通道管理及相关等级评价制度，并在职能部门试点推行，更加重视个人能力、岗位贡献、工作效能，为想干事、能干事、干成事的员工搭建干事创业平台，提供职业晋升通道，为下一步在全集团开展三项制度改革打好基础。

【重大项目】 2018年，矿冶集团在研科研基金重大项目取得积极进展，"680m^3超大型高效浮选机成套技术研究"在江铜集团完成工业试验，各项试验生产指标远超预期，达到行业领先水平；"铝电解废阴极隔氧连续超高温无害化处置及资源化利用工业化技术开发"项目在山东滨州建成示范线并产出高质量石墨产品；"基因矿物加工工程"项目在孙传尧院士直接领导下，按计划全面展开，取得阶段性成果。瞄准废旧锂电池综合回收领域，新立项支持"废旧动力电池黑粉湿法回收关键技术研究""废旧动力电池安全拆解工艺技术及装备研究"2个重大项目。

【走向海外】 国际化经营取得新进展。全年进出口总额1.67亿美元，比上年增长13.60%。其中，出口总额1.29亿美元，比上年增长14.47%；进口总额3793.07万美元，比上年增长10.72%，均创历史新高。产品出口方面，当升科技在韩国储能市场稳定增长，选矿所高效特色药剂逐步打开南美市场。北矿科技、商贸部在秘鲁、俄罗斯等国获签一批矿冶装备出口新订单。海外工程与咨询服务方面，进一步巩固集团在非洲的市场。集团在赞比亚、哈萨克斯坦、印度等国的业务也不断扩大，国际化经营呈现持续增长态势。

"一带一路"创新合作取得新突破。加强国际科技合作,在非洲、南美等地成立联合实验室和联合研究中心,不断深化和丰富"一带一路"建设内涵。矿冶集团作为唯一中方单位与南非国家矿业研究所等共同成立的"中南矿产资源开发利用联合研究中心"正式揭牌,成为"一带一路"矿产资源领域首个国家级中外联合研究机构。

【重大创新】 2018年,矿冶集团聚焦国家科技发展战略需求,积极参与国家重大战略科研任务申报,新获批纵向项目67个,新获批项目合同经费1.59亿元,纵向到款9536万元。其中,由集团牵头的"地下金属矿规模化无人采矿关键技术研发与示范""锌冶炼过程危废源头减量关键技术与示范""华南中小城市多源固废区域化利用处置集成示范"3个项目成功获批国家重点研发计划项目。

2018年,矿冶集团获得各类科技奖励44项,其中"锌清洁冶炼与高效利用关键技术和装备"获得国家科技进步二等奖。获授权专利131件,软件著作权27项。矿山所和亿博公司2件专利获得中国专利奖优秀奖。负责或参与制(修)订正式发布标准42项,其中国家标准23项,行业标准19项。另有34项国家和省部级课题通过各主管部门组织的验收。

获批中国—南非矿产资源开发利用联合研究中心、金属矿绿色开采国际联合研究中心、产业技术基础公共服务平台等5个国家和省部级创新平台。加入中国稀有金属绿色制造技术创新战略联盟等4个产业技术创新联盟。矿物加工国家重点实验室、国家重有色金属质检中心等6个平台在上级主管部门检查评估中被评为"优秀",创新平台建设实力进一步增强,有力提升关键核心技术自主创新能力。

【党建工作】 2018年,矿冶集团始终把坚持党的领导、加强党的建设作为重要政治任务来抓,把提高企业效益、增强企业竞争力、实现国有资本保值增值作为各级党组织工作的出发点和落脚点,持续推动党建工作与生产经营深度融合,党的建设全面加强,政治保障优势充分发挥,筑牢集团高质量发展的基础。

一是强化政治学习,坚定改革发展决心。以习近平新时代中国特色社会主义思想为指导,深入学习贯彻党的十九大和全国国企党建工作会议精神,进一步提高政治站位,树牢"四个意识",坚定"四个自信",坚决做到"两个维护",用学习成果武装头脑、指导实践,坚定改革发展信心。

二是强化政治责任,把稳改革发展方向。深入贯彻落实"两个一以贯之",把加强党的领导与完善公司治理统一起来,建设中国特色现代国有企业制度,充分发挥集团党委把方向、管大局、保落实的重要作用。

三是强化政治功能,夯实改革发展根基。完成25家二级、三级企业的党建要求进公司章程工作,集团各级党组织发挥领导作用日益凸显,夯实企业改革发展的基础。

四是保持政治定力,净化改革发展环境。严肃党内政治生活,加强纪律教育,开展经常性提醒谈话;全面推进廉控工程,坚持问题导向开展巡视全覆盖,构建"不敢腐、不能腐、不想腐"体制机制,制度"笼子"越扎越紧,党的纪律建设全面加强,促进集团党风企风持续改善,为集团改革发展创造良好的政治环境。

【信息化建设】 2018年,矿冶集团继续以信息化促进管理提升。工程设计管理信息化系统投入运行,提高工程项目多专业协同效率。完成集团综合管理信息化提升项目招标,不断提升办文、办会、合同、外事管理信息化水平。稳步推进管理驾驶舱建设,加强数据信息共享和运行态势监控。完成大额资金信息系统和相关数据通道建设,成为首批实现大额资金调用信息和"三重一大"决策数据向国务院国资委国资监管运行平台推送的中央企业之一。

【履行社会责任】 2018年,矿冶集团坚决贯彻落实党中央重大决策部署,积极履行社会责任,发挥科技型企业优势,在精准扶贫与污染防治方面积极作为、争当表率,积极助力打好三大攻坚战。

一是大力推进精准扶贫。坚决贯彻共享发展理念,通过专项扶智资金、救急难、精准教育帮扶、人居工程项目、央企扶贫产业基金、兴安盟扶贫专项、消费扶贫专项等方式全面落实精准扶贫。集团领导班子成员先后10人次分别赴河南平舆县和内蒙古兴安盟调研,确保扶贫各项工作顺利推进。积极响应中组部号召,选派集团副总经理周洲赴兴安盟任盟委委员、副盟长,助力"西老革"脱贫攻坚。持续加大扶贫专项投入,超额完成扶贫责任书考核内容。

二是积极参与污染防治。充分发挥集团专业技术优势,切实践行"绿水青山就是金山银山"的发展理念,助力建设天蓝、地绿、水清的美丽中国。积极支持并参与完成《国家绿色矿山建设规范》《排污许可证申请与核发技术规范》《污染源源强核算技术指南》等标准的制定,在行业内获得好评。在工业和信息化部、自然资源部倡导的"绿色工厂""智能矿山"中持续发出"矿冶声音"。集团提供的案例"科技创新助力'智能矿山'建设推动矿业生产方式跨越式发展"入选国务院国资委《中央企业社会责任蓝皮书(2018)》,彰显集团在履行社会责任方面的担当作为。

(撰稿人:吴 桐)

中国国际技术智力合作有限公司

【基本概况】 2018年,中国国际技术智力合作有限公司(以下简称"中智公司")坚决贯彻落实党中央、国务院、国务院国资委各项决策部署,坚持以高质量发展为统领,坚持稳中求进工作总基调,紧紧抓住改革发展、创新转型的主要矛盾,沉着应对各种挑战,持续提升发展质量效益,经营业绩保持快速增长,全面完成国务院国资委下达的考核指标,行业影响力进一步提升。公司紧紧聚焦主业发展,板块整合建设成效显著,各专业板块的战略定位更加清晰,发展势头更趋强劲。人力资源外包板块不断向人事外包价值链高端挺进,同时向C端服务延伸,区域网络布局进一步扩大,外包服务网络直属机构144个,覆盖全国23个省、135个市,"全国作业"及专业服务能力持续增强;人力资源管理咨询板块不断丰富咨询价值内涵,积极拓展战略运营咨询、信息技术咨询、财务咨询、风险咨询等管理咨询服务生态圈细分市场,对企业的利润贡献率不断提升;招聘板块积极研讨板块定位和发展思路,进一步明确加强专业能力建设的发展目标;教育培训板块积极加强与外包、管理咨询业务的联系,逐步打开外部市场,形成新的业务突围;国际业务板块和技术贸易板块紧扣国家"一带一路"倡议,不断拓展产品线,稳步扩大优势业务的经营规模和盈利水平,逐步形成新的业务发展格局。截至2018年底,中智公司连续八年蝉联"HROOT全球人力资源服务机构50强",连续11年获得"大中华区最佳人力资源服务机构"称号。

【主要指标】 2018年,中智公司经营业绩再创历史新高,营业收入、利润总额、经济增加值、资产总额比上年分别增长23.16%、16.9%、34.96%、18.2%;服务雇员数突破200万人,服务客户9万余家,比上年分别增长8.55%和18.64%;各项指标均超额完成国务院国资委下达的考核任务,连续32年保持经营业绩稳步增长。

2018年中国国际技术智力合作有限公司主要经济指标

项 目	2017年	2018年	比上年增长(%)
资产总额(亿元)	103.79	122.69	18.20
所有者权益(亿元)	37.59	43.67	16.18
营业收入(亿元)	202.03	248.82	23.16
利润总额(亿元)	7.63	8.92	16.90
净利润(亿元)	5.77	6.75	16.93
归属于母公司所有者的净利润(亿元)	5.72	6.68	16.83
技术开发投入(亿元)	1.53	1.76	14.91
利税总额(亿元)	32.36	36.72	13.49
应交税金总额(亿元)	27.52	30.97	12.53
全员劳动生产率(万元/人·年)	43.50	49.86	14.62
净资产收益率(%)	16.45	16.61	增加0.16个百分点
总资产报酬率(%)	7.92	7.92	持平
国有资本保值增值率(%)	118.03	118.08	增加0.05个百分点

【改革发展】 2018年,中智公司稳妥推进企业改革,积极探索集团公司层面股权多元化改革实施路径,研究制定《中智公司股权多元化改革方案》。全力推动"双百企业"试点工作,中智上海公司及管理咨询公司成功申报"双百"试点。积极推进业务板块专业化调整,组建公司六大业务板块专业建设委员会,制定印发《六大板块专业建设委员会2018年工作推进指引》,推动公司各项业务由粗放式发展向专业化发展转型。积极对接雄安新区、粤港澳大湾区、海南自贸区自贸港等国家战略,为雄安新区政府、企业、员工提供高质量人力资源服务;发布粤港澳大湾区人才吸引力指数,为澳门特别行政区金融管理局提供人才和资本引进整体解决方案,助力澳门特别行政区特色金融发展;全力推进与海南省三亚市在区域总部建设、职业技能院校合作、高端人才引进、人力资源产业园建设等领域的合作,为海南地方经济社会发展作出积极贡献。各分支机构创新加强客户分级管理,逐步完善分级标准,形成适合自身发展特点的客户分级方案,实现以客户为中心的个性化服务与专业化营销。

【重大项目】 2018年,中智公司坚持以客户需求为导向,大力推进服务产品开发建设,在高质量服务客户方面取得新成效。上海公司、财务咨询公司等分支机构根据个人所得税政策和市场变化,及时研发新产品,降低客户成本,满足客户需求,有效提升客户满意度。北京分公司积极拓展法律服务,为客户提供线下线上一体化整体解决方案。管理咨询公司迭代完善中智薪酬体系软件"薪e通",满足中小企业在薪酬体系设计方面的基础需求。广州公司联合政府、残疾人联合会,积极开展残疾人阳光就业援助项目,取得良好经济和社会效益。财务咨询公司积极为小微企业制定全生命周期财税解决方案,研究推出"中智微财税"服务产品。沈阳公司创新研发"中智招考评测服务",形成集招聘、考务、选才、聘用管理为一体,快速响应市场需求的新产品。商务发展公司以业务链条为轴,通过产品梳理,形成"中智出入境+商旅"的服务产品。环球国际公司、大连公司积极拓展境外赴日业务范围,推进板块整合并拓展区域培训业务,使赴中国台湾地区培训成为公司标杆培训项目。

【重大创新】 2018年,中智公司加强战略管理创新,结合企业发展实际,明确"战区主战、兵种主建"的发展思路,积极指导各分支机构编制战略发展规划,将战略指标纳入绩效考核体系,全面推动战略落地。持续完善企业法人治理体系,根据"三会"职责,制定"三会"责任清单,进一步规范"三会"责任边界;积极完善分支机构董事会配置,制定下发《中智公司分支机构董事会监事会设置及人员配置标准暂行办法》;加强分支机构董事会工作部门规范性辅导,针对董事会建设和分支机构外部董事规范履职,制定发布《中智公司董事会会议实务指引》《中智公司派出董事履职指引》。不断深化管理创新,修订完善、制定出台中智公司《法律纠纷案件管理办法》《合同管理办法》《投资管理办法》《京外分公司工作指引》《干部交流管理工作规定》《采购管理办法实施细则》等一系列制度文件,编制中智公司《主营业务法律风险识别与控制指引》《违规经营投资责任追究暂行办法》《人才发展三年行动计划》等重要指引及计划,公司资金集中、合同审核、投资审批、预算管理、规划备案、干部管理、合规采购、风险防控等集中管理体系框架基本搭建完成,战略、运营、人力、财务、风控等管控协同关系逐步理顺,企业管理基础进一步夯实。2018年,中智公司制定修改各类规章制度超过100部,二级分支机构首次全面实现规章制度汇编,总数超过1700余部。持续加大知识产权保护工作力度,积极保护公司无形资产,首次完成"中智"和"CIIC"主商标在9个国家和地区的注册申请工作。

【党建工作】 2018年,中智公司党委认真学习贯彻习近平新时代中国特色社会主义思想,不断增强"四个意识",坚定"四个自信",坚决做到"两个维护",始终在思想上政治上行动上同以习近平同志为核心的党中央保持高度一致。深入学习贯彻党的十九大及国有企业党的建设工作会议精神,组织开展学习贯彻党的十九大精神领导干部培训班、党组织书记轮训班、党务干部学习培训班,不断强化理论武装,增强发展自信。坚持落实两个"一以贯之",完成中智公司总部及各级分支机构党建进章程工作,明确党委(党组织)在公司法人治理结构中的法定地位,切实落实党委会研究重大问题前置程序。深入贯彻落实党章和新形势下党内政治生活若干准则,举办3次在线党章测试,组织"七一"党章党规知识竞赛等活动。坚持补短板强弱项,指导推动各分支机构基层党组织组建、换届等,认真落实党建工作责任制,通过党建述职评议及二级分支机构领导班子党建考核等工作进一步压实政治责任。坚持抓思想、管舆论,特别是增强网络舆论管控能力,通过《中智视野》、"智领中国"、"中智党建"等媒介及时传播中智好声音、弘扬正能量。公司党委、纪委认真贯彻国务院国资委党委、驻委纪检监察组工作部署,持续推进党风廉政建设和反腐败斗争,制定《中智公司党员干部廉洁档案管理办法(试行)》,启动《廉洁风险防控手册》编制,大力开展任前廉洁谈话、纪律教育月、党规党纪教育和形式多样的警示教育活动,积极践行监督执纪"四种形态",扎实推进"三不"体制机制建设,严肃查处违规违纪问题,持续释放违纪必究的强烈信号。认真贯彻落实中央八项规定精神,从严开展领导干部违规乘坐交通工具问题集中专项整治行动。充分发挥巡视利剑作用,深入开展政治巡视,促进全面从严治党责任落实。以高度的政治站位,配合完成国务院国资委党委巡视和审计署审计工作,并积极推进巡视、审计反馈问题整改,推动企业发展不断取得新成绩、展现新气象。

【履行社会责任】 2018年,中智公司坚持站在服务支撑国家战略发展的全局高度积极履行央企社会责任,按照"精准扶贫"攻坚战要求,着重在就业扶贫、教育扶贫、医疗扶贫和社会扶贫等领域倾力帮扶云南大姚县、姚安县脱贫。同时,充分依托人力资源服务的独特优势,全力跟进落实国家各项稳就业政策,扎实做好高校毕业生、退役军人、农民工等重点群体就业工作,主动为城镇各类就业困难人员提供就业帮扶。2018年,中智公司通过专业服务推动130万人次实现就业择业和流动,助力5000余名高校毕业生、2500余名残疾人实现稳定就业,助力5000余人获得长期兼职岗位,助力5000人次获得短期兼职岗位,由中智公司提供就业服务的农民工超过10万人,外派至境外的各类劳务人员接近1万人,在推动"更高质量和更充分就业"方面,发挥央企重要引领作用。

(撰稿人:薛俊武)

中国建筑科学研究院有限公司

【基本概况】 中国建筑科学研究院有限公司(以下简称"中国建研院")创建于1953年,前身为建筑工程部建筑技术研究所。1979年6月,经国家科委批准,正式命名为中国建筑科学研究院。2000年10月,由科研事业单位转制为科技型企业,隶属于国务院国有资产监督管理委员会,2017年12月完成公司制改制,更名为中国建筑科学研究院有限公司,经济类型为国有独资,注册资本增加到12亿元。

中国建研院是我国建设行业最大的综合性研究与开发机构,面向全国的建设事业,以建筑工程为主要研究对象,以应用研究和开发研究为主,致力于解决我国工程建设中的技术关键问题;负责建筑行业标准规范的管理、主要工程建设技术标准规范的制(修)订以及标准规范的宣传贯彻与推广;承担国家建筑工程、建筑节能、空调设备、太阳能热水器、化学建材、电梯的质量监督检验以及建筑产品认证;开展行业所需的共性、基础性、公益性技术研究,科研及业务工作覆盖建筑结构、地基基础、工程抗震、空调设备、建筑物理、建筑防火、建筑材料、建筑机械以及建筑信息化等建筑工程所有研究领域。研发工作重点围绕建筑节能、绿色建筑、生态城市、智慧城市、海绵城市、建筑工业化、住宅产业化、既有建筑改造以及BIM等新技术领域。经营活动还包括建筑工程勘察、设计、工程承包及专业设备与材料制造,涵盖勘察、规划、设计、施工、监理、检测、材料生产、机械设备制造和信息化等房屋建筑全产业链,为城市建设中的复杂、超限和标志性工程项目提供成套解决方案。

【主要指标】 2018年,中国建研院实现营业收入56.59亿元,比上年增长10.15%;利润总额2.78亿元,比上年增长12.50%;归属于母公司所有者的净利润1.87亿元,比上年增长14.31%;资产总额56.20亿元,比上年增长8.26%;国有净资产20.39亿元,比上年增长9.33%；净资产收益率（不含少数股东）9.58%；国有资本保值增值率109.84%；科技支出6.09亿元，技术投入比率10.77%。

2018年中国建筑科学研究院有限公司主要经济指标

项　目	2017年	2018年	比上年增长（%）
资产总额（亿元）	51.94	56.20	8.26
所有者权益（亿元）	20.50	22.60	10.41
营业收入（亿元）	51.37	56.59	10.15
利润总额（亿元）	2.47	2.78	12.50
净利润（亿元）	2.00	2.34	17.12
归属于母公司所有者的净利润（亿元）	1.64	1.87	14.31
技术开发投入（亿元）	5.38	6.09	13.30
利税总额（亿元）	4.98	5.49	10.35
应交税金总额（亿元）	3.17	3.33	4.93
全员劳动生产率（万元/人·年）	16.05	17.67	10.09
净资产收益率（%）	9.24	9.58	增加0.34个百分点
总资产报酬率（%）	4.86	5.15	增加0.29个百分点
国有资本保值增值率（%）	112.11	109.84	减少2.27个百分点

注：利税总额=税金及附加+应交增值税+利润总额；全员劳动生产率=劳动生产总值÷全年平均从业人员人数。

【改革发展】 2018年，中国建研院不断开创改革发展新局面，在完善现代企业制度、混合所有制改革、国企改革"双百行动"等方面积极稳妥地向纵深推进。一是完善法人治理结构，制定《董事会议事规则》等多项管理制度，明确党委会、董事会、经理层的权责边界，建立党委领导、董事会决策、经理层执行、纪委监督的治理体系。二是根据国务院国资委国企改革整体部署，所属二级单位北京建机院成功入选"双百行动"试点企业，并按计划稳步推进各项改革工作。三是推进深化供给侧结构性改革，优化资源配置，按照国务院国资委"压减"工作要求，注销转让3家法人公司，顺利完成2017—2018年"压减"任务。

【重大项目】

1. 咨询与服务项目。承担徐州东站结构咨询与设计、北京顺义中铁后沙峪项目装配式混凝土结构专项设计咨询、国家文物局部分博物馆、文物保护单位文物消防安全评估、2019北京世界园艺博览会绿色生态示范区咨询服务等项目。

2. 设计与规划项目。承担西安陕西广播电视发展基地施工图设计、北京亦庄移动硅谷创新中心地铁上盖综合体项目、辽宁省疾病预防控制中心、深圳中央海滨文化公园钢结构及幕墙工程结构施工图设计等项目。

3. 施工与监理项目。承担济南名悦山庄、京东集团2016年京东云（华东）数据中心二期机房、北京大学附属中学惠新东街校区改造、重庆来福士广场空中连廊底部幕墙整体提升工程、北戴河国际旅游度假中心一期桩基础工程等专业施工项目。

4. 检测与认证项目。承担北京工人体育场结构安全鉴定、2018中非合作论坛北京峰会新闻中心结构安全性评估、内蒙古厂房火灾后安全鉴定、合肥市轨道交通5号线沿线建筑物检测鉴定、援塞内加尔竞技摔跤场中期验收检测等多项检测业务。

5. 软件与产品。开发具有自主知识产权的"设计、生产、施工一体化"装配式建筑BIM管理平台，形成全产业链的集成应用系统，为实现建筑工业化和信息化的融合提供技术支撑。

【走向海外】 2018年，中国建研院响应国家"一带一路"倡议和"走出去"发展战略，积极开拓海外市场，稳步开展国际化经营。中国建研院产品（包括建筑机械设备、建材产品等）出口、技术服务（软件研发、检测检验、设计等）、专业施工工程和监理、援外项目质量检测、鉴定与验收等国际化经营继续平稳开展，经营范围涵盖俄罗斯、印度、巴西、新加坡、马来西亚等国家。

【重大创新】

1. 科研项目。中国建研院在研科研课题372项，其中新开科研课题121项，完成科研课题82项。取得授权专利73件，编辑出版著作26部，发表论文238

篇。评选出中国建研院科技进步奖32项、青年科技成果奖14项。认定中国建研院学术论文奖12项、学术著作奖13项、专利奖15项。完成"十三五"国家重点研发计划"既有城市住区功能提升与改造技术"等3个项目的立项工作。中国建研院牵头的"十三五"国家重点研发计划项目专项经费3.9亿元,项目总数和专项经费总额在建筑领域处于领先水平。中国建研院作为主要参与者完成的"废旧混凝土再生利用关键技术及工程应用"获得国家科技进步二等奖。中国建研院17项成果荣获华夏建设科学技术奖,其中,"高强高性能混凝土及其结构应用技术集成化研究"等3项成果获得一等奖;"建筑结构抗地震倒塌机理及应用技术研究"等5项成果获得二等奖。

2. 标准规范。中国建研院标准研编工作持续保持行业领先,在编国家、行业标准规范制(修)订项目53项,地方标准4项,在编团体标准193项,在研行业标准化研究项目3项,项目级别和数量稳居建筑领域第一。全文强制国家工程建设规范工作取得重大进展。7项全文强制国家工程建设规范项目圆满完成研编并申报正式立项,2项全文强制国家产品标准项目启动研编。标准国际化工作取得新进展。继续推进2项ISO国际标准制定工作;接任ISO TC180/SC4主席;主办国际标准化组织ISO/TC142第14届年会;参加ISO TC/178 WG4、WG6等工作组会议及国际建筑法规合作委员会(IRCC)会议。积极响应国家标准化改革工作号召,承担中国建筑学会标准工作委员会、中国土木工程学会标准与出版工作委员会秘书处工作,2018年立项管理30项标准。依托中国建研院的住房和城乡建设部强制性条文协调委员会组织完成29项标准的强制性条文审查工作。

【党建工作】 2018年,中国建研院把党的政治建设摆在首位,广大党员干部筑牢"四个意识"、坚定"四个自信"、落实"两个维护"的自觉性和坚定性进一步增强。发挥党的领导作用的体制机制逐步健全,中国建研院及所属28家企业全部完成"党建进章程",中国建研院及建立董事会的3家企业全部实现党委书记、董事长"一肩挑",中国建研院及所属二级单位党组织全部制定议事规则和"三重一大"决策议事规则。贯彻落实"中央企业党建质量提升年"部署要求,以提升组织力为重点,强化政治功能,积极推进"三基"建设。坚持党管干部原则,深入学习贯彻全国组织工作会议精神,召开中国建研院干部人才工作会议,明确中国建研院干部人才工作的指导思想、总体要求、目标任务和具体措施。

【信息化建设】 2018年,中国建研院重点夯实信息基础,着力提升网络安全与信息化水平。建成并投入使用中国建研院视频会议系统,升级财务核算系统,通过信息化手段强化财务管控力度。高度重视信息安全,提高风险防范能力,完成中国建研院及下属单位20个门户网站的安全检查工作,通过漏洞扫描和渗透测试发现网站存在的各种安全漏洞风险,及时排除隐患,加强网络安全工作。高度重视国资监管工作,全力配合国务院国资委做好国资监管各项工作,按照要求完成本企业端的大额资金监管系统建设。

【履行社会责任】 2018年,中国建研院充分发挥综合技术优势,积极履行社会责任,扎实推进精准脱贫攻坚工作。2018年,根据国务院国资委工作安排,选派副总经理范圣权赴革命老区江西省吉安市挂职市委常委、副市长,选派2名优秀干部赴山西省偏关县挂职副县长和驻贫困村第一书记;充分发挥自身优势实施技术帮扶,大力扶持基层党建工作与职业教育发展,积极开展消费扶贫,广泛组织扶贫募捐,圆满完成中国建研院签订的《中央单位定点扶贫责任书》所承诺的各项指标。

(撰稿人:王 娜)

中国中车集团有限公司

【基本概况】 2018年是全面贯彻党的十九大精神的开局之年,是中国中车集团有限公司(以下简称"中国中车")贯彻落实习近平总书记视察中车重要指示精神和政治巡视整改要求的重要一年。9月26日,习近平总书记视察中国中车齐车集团时指出:"装备制造业是国之重器,是实体经济的重要组成部分,国家要提高竞争力,要靠实体经济,齐车要乘势而为、乘势而上,加强自主创新,练好内功,不断推出新技术、新产品、新服务，永远掌握主动权，不断做强做优做大。"这是中国中车成立以来，习近平总书记第三次视察中国中车，充分体现党和国家对中国中车发展的关怀和厚望。中国中车认真贯彻落实习近平总书记的重要指示精神，主动服务国家战略，提出交通强国、装备支撑，全面深化改革，推动创新发展，打造国之重器，塑造"国家名片"，开启高质量发展的新征程。

中国中车坚持新发展理念，以"双打造一培育"为战略目标，围绕"13156"经营工作思路，着力构建"五大业务"，全力推进"十大任务"。以全面预算管理为主线，建立六大类提品质指标，统筹推进提质增效活动，实现经营品质新提升。坚持实施创新驱动发展，不断完善科技创新体系、科技管理体系，时速350千米长编"复兴号"动车组、时速250千米、时速160千米、17辆编组超长版"复兴号"动车组相继投入运行，"复兴号"动车组形成谱系化，时速350千米"复兴号"高速动车组位列中国工业大奖榜首，习近平总书记2次称赞"复兴号奔驰在祖国广袤的大地上""复兴号高速列车迈出从追赶到领跑的关键一步"。坚持人才强企理念，截至2018年底拥有一支由14名中车科学家、77名首席技术专家、467名资深技术专家、2248名技术专家为核心的技术人才队伍。国企改革"双百行动"快速推进，综合改革方案全面启动，混合所有制改革稳步实施并取得积极进展。坚持提升管理效能，开创经营管理新局面。持续拓展产业空间、开辟经营领域，切实推进相关多元产业发展。积极参与"一带一路"建设，持续耕耘海外市场，高端装备在发达国家实现由产品合作转向"产品＋技术＋服务＋资本＋管理"的全方位合作。2018年，中国中车位居《财富》世界500强第385位，在《财富》（中文版）发布的"最受赞赏的中国公司"榜单上，中国中车位居中央企业首位、中国制造业行业首位；入榜"中央企业品牌传播力十强"，在责任承担与形象塑造、知名度、美誉度、正面信息发布等指标上位居央企首位，在"正能量活动参与排行榜""品牌溢价排行榜""微信传播力排行榜"等榜单上位居央企前列；再次位居两年一度的世界轨道交通座次表首座；在"2018中国品牌价值评价信息发布会"上，中国中车品牌价值位居制造业之首、中国品牌百强榜前列。

【主要指标】 面对复杂多变的内外部形势，中国中车及所属子企业直面困难，以全面预算管理为主线，建立六大类提品质指标，统筹推进"1＋12"提质增效活动，经营业绩保持稳中有进、稳中向好态势。2018年，中车集团实现营业收入2293.5亿元，比上年增长6%；利润总额120.1亿元，比上年降低3.6%（剔除2个二七公司疏解非首都功能相关费用影响因素，利润总额143.9亿元）。中车股份实现营业收入2190.83亿元（年报数据），比上年增长3.82%；归属于母公司所有者的净利润113.05亿元，比上年增长4.76%。中车股份合并资产总额3575.23亿元，比上年减少4.71%；所有者权益1496.85亿元，比上年增长5.47%；资产负债率58.13%，比年初减少4.05个百分点。

根据所属企业2018年经营指标完成情况，按照《中国中车所属企业负责人表彰奖励暂行办法》，授予株机公司、大同公司、长客股份公司、四方股份公司、唐山公司、眉山公司、山东公司、西安公司、株洲所、四方所、永济电机公司、株洲电机公司、财务公司和中车置业14家企业"突出贡献奖"，大连公司、浦镇公司2家企业"特别贡献奖"，戚墅堰公司、广州公司、齐车公司、长江公司、贵阳公司、戚墅堰所和中车金控7家企业"突出进步奖"。为了强化"同一个中车"意识，激发各企业深化改革、协同创新的积极性，特设"改革重组攻坚奖"和"协同创新专项奖"，并进行表彰。

【改革发展】 2018年，中国中车快速推进国有企业改革"双百行动"，综合改革方案全面启动，齐车集团、长客股份公司、株洲电机公司、株洲所入选国务院国资委"双百行动"企业名单，入选数量排名中央企业第一位。实施混合所有制改革，着力推进产投公司混改，新增完成11户各级次混合所有制企业。"压减""处僵治困"专项工作。提前一年完成国务院国资委"压减"任务，累计减少法人户数107户，2家"僵尸企业"和24户特困企业达到国务院国资委治理完成标准，亏损企业户数和亏损金额分别下降22.86%和23.54%。牵引系统和新材料整合工作正式启动，南口公司与福伊特2个合资公司注册运营，探索出特困企业治理新模式。内部业务重组整合取得阶段性成果，齐车集团、长江集团正式组建并开始运作，为后续改革推进提供参考样板；有序推进金融、类金融企业重组，改革重组的内生动力不断得到释放。

【重大项目】 按照核心、支柱、支撑、平台、培育五大业务方向，着力开拓市场，全年新签市场订单3485.96亿元，比上年增长2.18%；累计在手订单2741.61亿元，比上年增长12.71%。

积极参与"一带一路"建设，持续拓展海外市场，成功开辟哥斯达黎加市场、签约新加坡地铁翻新项目，签约62.63亿美元，比上年增长10.19%。公司首批在北美本土化生产的橙色地铁下线，中国高端装备在发达国家实现由产品合作转向"产品＋技术＋服务＋资本＋管理"的全方位合作。

核心业务稳步增长，国铁市场实现向"制造＋服务"转变，武汉、北京、沈阳等配件中心投入运行，战略性采购、高级修合作等项目加快推进，承建的第一个地铁系统重庆轨道交通四号线一期工程具备开通试运营条件。支柱业务成绩显著，中标江苏靖江等污水治理PPP项目8个，总投资额56.05亿元，首台国产净化槽成功下线；实施新能源汽车并购整合，新能源商用车业务规模与效益持续增长，居行业第五位。支撑业务取得突破。乘用车电驱系统订单批量增长，成功进入一汽、东风等大客户供应商名录；汽车IGBT批量应用；特种变压器市场首次进入船舶工业领域；全球首条智轨快运系统示范线在株洲开通运行。平台业务作用显现，产融平台持续发力，管理基金规模超过209亿元，撬动社会资本149亿元，撬动社会资本比例接近1∶2.5，以基金撬动社会资本的杠杆率具有明显优势，支持主业发展；不动产经营平台建设全面加快，低效无效资产处置积极推进，退城入园土地盘活取得良好收益。培育业务发展迅速，数字化产业开始布局，数字化公司筹建取得实质性进展；智慧物流产业在中车产业链中得到广泛推广应用；获得工业和信息化部批复立项7个智能制造项目，两化融合发展指数79.5。

【重大创新】 坚持创新驱动，科技创新能力进一步增强，时速350千米长编"复兴号"动车组，160千米动力集中动车、17辆超长编组动车组等相继投入运行，"复兴号"动车实现谱系化发展；承担的7个"先进轨道交通"重点专项任务11个定向项目取得阶段性成果，"高速列车转向架用轴承核心关键技术""高速列车用IGBT芯片核心关键技术"2个重大攻关项目开始实施；自主研发能力持续提升，京张智能动车组样车研制完成，全球首辆全碳纤维复合材料地铁车体研制成功，时速160千米快速磁浮列车、国内最大马力的深海机器人等新产品先后下线。持续完善"开放、协同、一体化、全球布局"的科技创新体系、科技管理体系，国家高速列车技术创新中心建设积极推进，蒂森克虏伯磁技术研究室入驻国家高速列车技术创新中心，轨道交通国家工程实验室等3个项目开工建设，国家高速列车产业计量测试中心正式获批筹建；土耳其、南非2个海外技术研发中心实现挂牌，海外研发中心15个，海外研发资源整合利用能力不断增强。推进互联网、大数据、人工智能和实体经济深度融合，智能制造项目取得积极进展，智慧物流在产业链中广泛推广应用。2018年，科技投入占比5.3%；中国中车申请专利3006件（发明专利2103件），其中中车股份专利授权总数2497件（发明专利授权数1145件），海外专利授权数60件，专利奖获奖数量再创历史新高；获得专利金奖1项，银奖4项，优秀奖10项，累计获奖量全国排名第二位，工业化平台动车组获中国优秀工业设计金奖。

【管理提升】 贯彻落实和承接国家战略，完成"十三五"发展战略规划的优化。深化全面战略性合作，拓展中国中车产业发展和资源协同空间，新中车成立以来累计签订战略合作协议超过100份。基本完成2个二七公司业务转移和资产处置，"非首都功能疏解"实现阶段目标。推进"三供一业"分离移交，完成29个项目协议签订。坚决打好三大攻坚战，建立健全风险管控机制，加大各类风险化解力度，着力防范融资性贸易风险，确保企业风险总体可控。实施精准扶贫，全年累计投入定点扶贫资金1400余万元。实施污染专项整治工作，助力打好蓝天、碧水、净土三大保卫战。推进精益生产、精益管理，持续提升管理水平。发布并全面贯彻实施可复制、可移植、可评价的"中车Q"质量管理标准，确保铁路安全有序运营，产品质量保持稳定，动车组等产品故障率显著下降。中车总部实行全员竞聘上岗，职能进一步优化。深化劳动、人事、分配三项制度改革，进一步释放人力资源活力。落实安全生产责任制，进一步加强安全管理。坚持依法治企，进一步健全完善法律制度体系。

【党建工作】 2018年，中国中车党委深入学习贯彻习近平新时代中国特色社会主义思想和党的十九大精神，深入贯彻落实习近平总书记视察中国中车重要指示精神，牢牢把握新时代党的建设总要求，全面落实全国国有企业党的建设工作会议精神和中央企业党建质量提升年各项部署，以政治建设为统领，以提质换挡为主线，以党建"金名片"为目标，以党建工作责任制为抓手，以政治巡视为动力，抓重点、补短板、强弱项，巩固深化成果，实施新时代高铁先锋工程，深化党风廉政建设和反腐败斗争，以一流党建工作引领企业高质量发展。

【信息化建设】 2018年，信息化工作围绕中国中车"13156"总体工作部署，以推动"数字中车"建设和智能制造试点示范为重点，全面推进各项工作并取得丰硕成果。4月2日，组织召开中国中车2018年两化融合工作视频会议，按照"产业数字化、数字产业化"新目标，统筹安排部署中国中车两化融合各项重点工作。

【履行社会责任】 2018年，中国中车继续坚定不移地贯彻落实党中央、国务院关于脱贫攻坚工作部署，充分发挥企业自身优势，依托产业带动，聚焦精准发力，主动担当作为，全年投入帮扶资金1418.6万元，派出挂职干部5人，全力做好广西壮族自治区百色市、靖西市、那坡县，甘肃省天水市麦积区、甘谷县4个县（市、区）的定点扶贫工作，并取得较好成绩，其中甘谷县接受国家脱贫"摘帽"验收核查。

（撰稿人：冯　睿）

中国铁路通信信号集团有限公司

【基本概况】 中国铁路通信信号集团有限公司（以下简称"中国通号"）始建于1953年，是我国创建最早的铁路专业化公司之一。2000年9月，中国通号与铁道部政企分开，移交中央企业工委管理。2003年4月，成为国务院国资委监管的国有大型企业。

中国通号是以轨道交通控制技术为特色的高科技产业集团，全球最大的轨道交通控制系统提供商，拥有轨道交通控制系统设计研发、设备制造及工程服务于一体的完整产业链，是中国铁路通信信号系统制式的研究设计、铁路标准的参与制定单位和铁路电务施工标准规范的编制单位，是保障国家轨道交通安全运营的核心企业，为我国13.1万千米铁路、2.9万千米高铁提供安全保障。中国通号具有铁路电务工程和电信工程专业承包一级资质，机电设备安装工程专业承包、建筑智能化工程专业承包一级资质，具有国家甲级工程勘察、工程设计、工程咨询、工程监理、通信信息网络系统集成等多项资质；具有对外进出口经营权和对外工程承包权，企业"AAA"级信用等级证书，"AAA"级银行信用等级；是北京市高新技术企业，北京市工商局认定的"重合同、守信用"单位。总部及各企业全部通过ISO9000质量体系认证，13家涉及安全关键产品的企业全部通过IRIS认证。中国通号发展成为全球最大的轨道交通控制系统解决方案提供商和设备供应商，是中国铁路通信信号技术体制和产品标准归口管理单位，具有投融资、设计研发、系统集成、装备制造、运营维护等完整产业链。

中国通号作为中国高速铁路通信信号系统技术引进消化吸收与自主创新主体承担单位，拥有具有世界先进水平的高速列车控制系统技术和主要装备，主要从事列车控制系统技术的研发设计、系统集成、装备制造、施工安装和运营维护等"一站式"服务，其核心技术在时速300千米以上的高速铁路中得到广泛应用，成功运用于武广、京沪、哈大等高速铁路和客运专线，创造的高铁技术案例库数以万计，在中国轨道交通安全控制领域的影响力、控制力处于领先位置。

中国通号坚持"一业为主、相关多元"，不断完善产业产品结构，打造上下延伸、关联拓展、产业协同的通信信号、电力电气化、信息工程、工程总承包、新兴业务、资本运作和海外业务七大业务板块体系，推动中国通号可持续发展。

中国通号大力拓展城市轨道交通市场,成功开发出具有完全自主知识产权的城市轨道列车运行控制系统(CBTC),先后承揽北京、天津、上海、重庆、广州、深圳、武汉、南京、昆明、成都等多个城市的地铁轻轨通信信号总承包项目。大力拓展海外业务,作为中国铁路"走出去"联合体成员之一,参与中印尼、中泰、中俄、美国西部铁路等项目谈判与建设,部分产品和技术出口至亚、非、拉美等十多个国家和地区,与巴基斯坦、乌兹别克斯坦、埃塞俄比亚、安哥拉、肯尼亚、阿根廷等国家开展合作,提供产品技术和系统交付解决方案。

2018年,中国通号以习近平新时代中国特色社会主义思想为指引,深入学习贯彻党的十九大和十九届二中、三中全会精神,牢固树立"五大发展理念",按照高质量发展的要求,坚持以供给侧结构性改革为主线,加快培育具有全球竞争力的世界一流企业。经过持续转型升级和结构调整,业务结构由单一的通信信号,逐步调整为通信信号、电力电气化、信息技术、轨道交通工程总承包、资本运营、海外业务、新兴业务多点支撑和协同发展的良好局面。业务规模和经济效益保持快速增长,2018年实现营业收入400.18亿元,比上年增长15.65%;利润总额45.44亿元,比上年增长5.67%,圆满完成国务院国资委要求的稳增长任务,实现国有资本保值增值。

中国通号于2017年完成公司制改制,由全民所有制企业改制为国有独资公司。集团公司不设股东会,由国务院国资委行使股东权利。集团公司设董事会、经理层、监事会。董事会根据国务院国资委授权行使部分决策权。实行外派监事会制度,由国务院国资委代表国务院派驻监事会,2018年3月,根据第十三届全国人民代表大会第一次会议批准的国务院机构改革方案,国有重点大型企业监事会的职责划入中华人民共和国审计署。中国通号设党委,根据《中国共产党章程》等法规履行职责,重大决策履行党委讨论研究前置程序。

截至2018年底,中国通号由1家二级控股公司(中国铁路通信信号股份有限公司,以下简称"股份公司")、3家二级全资企业组成。股份公司由16家全资子公司、9家控股子公司组成,主要分布在国内经济中心区域,包括京、津、沪及东北、华东、华南、西北、西南等地区的重要城市。

截至2018年底,中国通号在职职工19369人,其中管理人员6314人、专业技术人员7848人、技能人才5207人。

【主要指标】 截至2018年底,中国通号资产总额834.91亿元,比上年增长29.62%;负债总额484.24亿元,比上年增长38.03%;资产负债率58%;所有者权益350.66亿元,比上年增长19.53%;国有资本保值增值率111.66%,处于同行业良好值和优秀值之间,完成国有资本保值增值目标。

2018年中国铁路通信信号集团有限公司主要经济指标

项　　目	2017年	2018年	比上年增长(%)
资产总额(亿元)	644.12	834.91	29.62
所有者权益(亿元)	293.37	350.66	19.53
营业收入(亿元)	346.04	400.18	15.65
利润总额(亿元)	43.00	45.44	5.67
净利润(亿元)	35.04	37.37	6.65
归属于母公司所有者的净利润(亿元)	24.88	25.28	1.61
技术开发投入(亿元)	16.61	17.97	8.19
利税总额(亿元)	68.78	79.98	16.28
应交税金总额(亿元)	8.17	10.83	32.56
全员劳动生产率(万元/人·年)	54.56	59.58	9.20
净资产收益率(%)	12.59	11.61	减少0.98个百分点
总资产报酬率(%)	7.32	6.20	减少1.12个百分点
国有资本保值增值率(%)	112.55	111.66	减少0.89个百分点

【改革发展】 2018年,中国通号有序推进"压减"工作,注销企业法人3户,包括研究设计院集团下属

电务公司、通号电缆集团下属科技公司和通号创新投资公司下属湖北公司。截至2018年底,以2016年5月31日84户企业为基数,累计压减企业法人17户,达到压减基数的20%,提前完成三年压减任务目标。集团公司管理层级保持在三级,法人层级保持在五级(五级法人全部为项目公司)。

截至2018年底,中国通号38个"三供一业"分离移交进展顺利,正式协议签订率100%,实质移交完成率100%,总体任务完成率显著高于国务院国资委通报的全国水平(包括中央企业及地方国有企业)。2018年分2批24个分离移交项目提交国有资本经营预算资金预拨申请,申请资金10705万元。截至2018年底11个分离移交项目获得国有资本经营预算补助预拨资金2759万元。

【重大项目】 2018年,中国通号重大投资项目2项。一是所属西安工业集团西信公司轨道交通安全控制系统技术装备能力提升技术改造项目。计划总投资67890万元。2018年该项目计划投资11500万元,实际完成投资7024万元。截至2018年底,项目累计完成投资65039万元,完成各建筑主体工程并启动搬迁。该项目对生产进行重新规划和布局调整,提升技术装备和工艺制造水平,为提升中国通号智能化制造水平打下坚实基础。二是中国通号长沙产业园项目(一期)。计划总投资106300万元,2018年计划投资29710万元,实际完成投资6136万元。截至2018年底,累计完成投资64940万元。该项目利用中国通号现有的系统集成、智慧交通等综合控制平台,将增强中国通号在轨道交通通信信号及智能控制领域的市场地位,建设城市轨道交通高端装备产业化基地。2018年完成厂区生产厂房及附属工程(除电气厂房)竣工验收,达到投产条件,工程决算有序推进。

为完善产业链,补全工程设计咨询短板,打造国内一流的工程总承包企业,实施1个并购项目——中国通号所属通号建设集团有限公司投入资金10797万元,收购长沙市建筑设计院有限责任公司99.97%的股权。剩余0.03%计划在2019年完成收购,收购完毕后通号建设集团将持有100%股权。

积极推进内部资源优化重组。一是大力发展城市轨道交通业务,将城交公司管理主体由研究设计院集团调整为股份公司。二是提升投资经济论证能力,将研究设计院集团下设非法人单位工程经济设计院的管理关系调整到通号创新投资有限公司。三是加强相关业务整合,将通号智慧城市公司持有的通号(北京)电子科技有限公司49%股权转让给通信信息集团。

【走向海外】 2018年,中国通号积极贯彻落实"一带一路"倡议,持续推进"大海外"战略,参与新加坡—马来西亚高铁项目前期准备和技术支持工作,签订塞铁路贝尔格莱德中心—旧帕佐瓦区段通信信息与信号工程项目、肯尼亚内罗毕至奈瓦沙标准轨距铁路项目、坦桑尼亚车载系统项目等工程承包合同,稳步推进雅万高铁、拉合尔橙线轻轨等在建项目,积极跟踪莫喀高铁、中泰铁路等重点项目,稳健、持续发力海外轨道交通建设市场。通过在2018InnoTrans柏林轨道交通展、土耳其高铁大会等国际知名展会上的精彩亮相,进一步提升在国际市场上的知名度。

2018年,中国通号完成海外新签合同额8亿元。其中对外承包工程合同7.5亿元;对外产品销售合同5080万元。

2018年,中国通号在原有的境外机构基础上,加快境外经营机构的实体化注册工作。其中通号国际控股有限公司贝尔格莱德分公司于2018年5月正式注册成立,并取得当地施工承包资质;完成在肯尼亚、坦桑尼亚注册分公司的可行性研究报告及内部决策评审程序。土耳其、匈牙利、泰国、马来西亚等境外机构正在加紧规划论证。

2018年,中国通号积极开展对外合作,邀请各国轨道交通专家协会、相关政府部门以及各类"一带一路"研究班代表团39批次586人次到访中国通号,通过参观和考察加深对中国通号的了解。开展海外业务的相关企业经营人员积极跟进重点项目,深耕一线,不断加强与驻在国客户沟通,先后访问塞尔维亚国家铁路局、匈牙利国家铁路公司、德黑兰地铁公司、阿根廷交通部等多个外国政府部门及业主单位,为项目顺利实施和经营起到促进作用。

2018年,中国通号海外重点项目实施推进平稳有序,印度尼西亚雅万高铁、巴基斯坦拉合尔橙线、巴基斯坦铁路改造项目(7+24站)、内马铁路项目、阿根廷项目等多个海外项目,在面临既有线安全施工压力、工期及各类资源紧张的严峻挑战下,各级领导干部职工扎根海外一线,艰苦奋斗,攻坚克难,保障各项目节点工期的实现。

【重大创新】 2018年,中国通号将发展混合所有制经济作为深化国有企业改革的重要突破口,稳妥推进混合所有制改革。新增5户控股混合所有制子企业,其中二级企业1户、三级企业4户,5户企业引入非公资本9150万元。通过与非公有制优势企业的合作,在拓展业务领域、增强竞争优势、放大国有资本影响力等方面取得积极效果。

2家核心研发设计企业——研究设计院集团和智慧城市研究设计院凭借强劲的科研实力和广阔的发展前景被纳入"双百行动"企业名单。中国通号积极组织"双百企业"制定综合改革实施方案,明确具体改革目标、改革措施、责任分工等内容。2家"双百企业"在稳妥推进股权多元化和混合所有制改革、全面加强党的领导党的建设、完善市场化经营机制等有实质性举措,为企业改革发展和科技创新注入新动力。

国家级创新平台和示范建设方面,中国通号所属天津铁路信号有限责任公司获得国家发展改革委"国家企业技术中心"认定;北京全路通信信号研究设计院集团有限公司获评工业和信息化部"国家技术创新示范企业";卡斯柯信号有限公司被国家知识产权局认定为"国家知识产权示范企业",企业技术和品牌实力不断增强。

中国通号科技发展成果丰硕。截至2018年底,中国通号各企业拥有现行有效企业技术标准1800余项,其中2018年发布技术类标准524项。CTCS-3级列控系统标准体系日趋完善,该体系包含291项技术标准;完成并发布自主化CBTC系统标准体系建设102项;国家标准和行业标准编制方面,中国通号负责编制的《铁路站内道口信号设备技术条件》等7份国家标准由国家标准化管理委员会发布实施,《铁路信号故障——安全原则》等28项铁道行业标准发布实施。

2018年,中国通号获得省部级科技奖励22项,其中中国专利奖银奖1项、中国标准创新贡献奖和标准科技创新奖一等奖1项、北京市科学技术奖2项、中国铁道学会科技奖14项等;在国家铁路局组织的2018年度铁路重大科技创新成果入库工作中,中国通号入库重大成果35项,其中标准16项,占入库标准总数的33%;申请专利总数和申请发明专利总数分别比上年增长36%和40%,专利申请数量连续三年增幅超过30%;针对"一带一路""走出去"重点海外项目,组织进行知识产权预警和布局工作,布局海外专利72件。

【党建工作】 2018年,中国通号党委以认真学习贯彻习近平新时代中国特色社会主义思想和党的十九大精神为主线,以落实全面从严治党要求和中央企业党建工作质量提升年任务目标为重点,以"细致、精致、极致"为根本工作要求,在首次央企党建责任制考核工作中获得"优秀"评级。

深入学习贯彻习近平新时代中国特色社会主义思想。一是组织举办中国通号党委学习贯彻习近平新时代中国特色社会主义思想和党的十九大精神集中培训班,总部部门副职以上领导及内设处室负责人,区域经营指挥部领导班子及部门负责人,二级企业领导班子成员及部分重点三级企业领导班子成员192人参加。二是指导各二级企业党组织开展集中轮训,分别组织举办为期5天的集中培训活动,1088人参加,完成课时570个。

做好"三重一大"工作。一是落实党委会前置程序要求。保障完成集团公司、股份公司43次党委常委会,涉及公司党的建设、年度重点工作安排、重大项目安排、重要人事任免、重要管理制度等事项。二是依托"互联网+"为科学高效决策提供支撑。按照国务院国资委《关于组织建设中央企业"三重一大"决策和运行监管系统有关事项的通知》要求,组织梳理党的十九大以来公司"三重一大"决策制度、事项清单和议题清单,在96家中央企业中较快地完成47项事项清单、7个制度、59次会议279个议题的更新填报工作。

全面提升党建工作质量。一是印发中国通号2018年党建工作要点,明确部门责任分工和完成时限,严格按照计划推进实施。二是深化"两学一做"学习教育常态化制度化。开展2018年度"两优一先"评选表彰,在全系统选树先进党委3个、先进基层党组织50个、优秀共产党员98人、优秀党务工作者34人。组织开展"我身边优秀共产党员"先进典型事迹征集活动,营造"比、学、赶、帮、超"的氛围。三是强化党建考核评价。组织开展2017年度党建述职评议考核,两年内实现二级企业党组织书记现场述职全覆盖。加强年中工作督查,推动形成一级抓一级、层层抓落实的党建工作责任体系。印发《中国铁路通信信号股份有限公司党建工作责任制考核评价暂行办法》,推动党建工作从"软指标"变成"硬约束"。四是加强党建工作规范化建设。发放《党支部工作标准化手册》,推动党支部工作流程等20个标准化流程及34个标准化名册、表单在全系统的运用。五是推进党建工作创新。实施党建"十百千"示范工程,打造10个示范基层党委、100个示范基层党支部,培育1000名模范党员。实施领导干部能力建设工程,推动"二十字"标准落实。

夯实党建"三基工程"。一是坚持"四同步、四对接"。根据企业深化改革、组织机构调整、项目建设情况实际,2018年新设党委5个、党总支1个,撤销二级企业党总支1个、机关党支部1个,确保党的组织和工作全覆盖。二是扎实推进党组织到期必换。组织开展中国通号2018年度换届选举工作培训,为做好全系统换届选举工作奠定良好基础。筹备开展集团公司党委第四次暨股份公司党委第二次党代会,制定《中国铁路通信信号集团有限公司党委换届选举工作实施方案》,协调完成全集团196名党代会代表的选举、26名党委委员候选人预备人员及9名纪委委员候选人预备人选的酝酿推荐工作。督促通号工程局集团等35个基层党组织完成换届选举工作。三是抓好党员发展管理。2018年新发展党员153人,其中高知识群体25人,产业工人(含劳务派遣工)18人、35岁及以下86人。四是加强党费管理。印发专项检查通知,对所属9家二级企业党组织自2008年起的党费进行专项抽查,促进党费收缴使用和管理规范化、科学化。

2018年,中国通号坚持把党风廉政建设和反腐败工作纳入企业经营管理总体工作,坚持稳中求进工作总基调,注重发挥反腐倡廉工作合力,积极推动全面从严治党向纵深发展。

一是持续压实主体责任。集团公司纪委书记、副书记及纪检监察部负责人分别带队对部分二级企业党委(总支、支部)书记开展上门约谈,全面了解、调研企业党风廉政建设和反腐败工作存在的突出问题,强化"一把手"责任担当意识,推动全面从严治党向基层延伸;对部分基层党支部书记开展反腐倡廉形势任务教育,进一步督促基层党组织落实全面从严治党主体责任;逐级签订党风廉政建设责任书、"一岗双责"责任书,形成一级抓一级、层层抓落实的党风廉政建设责任制体系。

二是持续加强作风建设。制定《关于深入贯彻中央八项规定精神进一步加强作风建设的实施办法》,从调研工作、会议活动、文件简报、规范因公出国(境)管理、新闻宣传工作、厉行勤俭节约、改进作风、抓好督促落实等方面明确提出要求;在重大节日前,下发通知严明纪律要求,提醒广大党员干部廉洁文明过节;紧盯重要时间节点,组织开展纠正"四风"专项监督检查,针对违规公款吃喝、公车私用、公款旅游、违规收送礼品礼金、违规发放津补贴福利、大办喜庆事宜等问题进行明察暗访,严防"四风"问题反弹。

三是持续推进"三不腐"体制机制建设。健全"不敢腐"的惩戒机制,强化问题线索集中管理,实行线索处置全程登记备案、集体研判等工作机制,对党的十八大以来股份公司纪委受理的信访件进行"大起底",确保问题线索不遗漏、不积压,保持惩治腐败高压态势;修订职工违纪违规处理规定,健全惩处问责机制,细化负面行为清单,规范职工从业行为。健全不能腐的防范机制,出台《关于推进"不能腐"体制机制建设的实施意见》,建立党委领导、纪委牵头、各职能部门分工负责的"不能腐"工作体系;加强对企业"三重一大"事项决策和执行过程的监督,强化对选人用人过程的监督,坚持对拟提拔干部进行廉政考察,提出廉政评价意见,防止"带病提拔";加强物资招标采购监督,修订《招标监督管理办法》,用信息化手段对招标实施全过程监控,扎实推进"阳光采购";强化党内监督,出台《巡视巡察工作规划(2018年—2022年)》《关于深入开展巡察工作的指导意见》,推进巡视巡察工作全覆盖;开展领导干部及其亲属违规经商办企业专项治理工作,规范领导干部廉洁从业行为;为集团公司管理的领导干部建立廉政档案"活页夹",全面掌握企业政治生态状况。健全"不想腐"的自律机制,在全系统组织开展以"扬正气树新风 知敬畏守底线"为主题的党风廉政教育月活动,通过研读学原著原文、学党纪条规、廉洁故事征文等方式,引导广大党员干部进一步廉洁自律;大力开展廉政文化宣传,充分利用办公网站、微信公众号、内部报刊、宣传栏、电子屏、展板等多种方式向干部职工定期推送反腐倡廉学习材料,不断增强广大党员干部的政治免疫力;加强纪律教育,召开警示教育大会,通报典型案例,用身边事教育身边人,强化领导干部底线意识、红线意识。

四是持续加强自身能力建设。强化履职意识,贯彻"三个为主"工作要求,制定《二级企业纪委报告工作制度》,修订《二级企业纪委书记述职管理办法》;加强对下级纪委的领导,组织开展下属企业纪委书记(纪检委员)年度述职述廉、考核评议和新任职提名考察工作,推动各企业纪委履行好监督责任,要求各二级企业按月报送"日常监督执纪工作数据统计表",及时全面掌握下级纪委工作动态。强化组织建设,增强总部纪检监察工作力量,进一步明确职责分工,增加人员编制,配强基层纪检监察人员;严抓作风建设,修订《纪委民主生活会制度》;开展"先进纪检监察工作者""党风廉政先进个人"评选活动,营造自觉对标、见贤思齐的浓厚氛围。强化人才培养,建立执纪审查审理人才库,抽调人员进行业务轮训,选派纪检监察骨干参加中央纪委国家监委举办的培训班,举办纪检监察内训班,提高纪检监察干部的监督执纪能力。

【信息化建设】 2018年,中国通号继续推进信息化建设,组织开展内部系统项目权限审计,推进业务过程管理系统建设以及ERP、门户网站、OA、信息编码和主数据等多个系统的应用与运维工作,持续优化ERP系统功能。通过组织梳理问题、邀请专家诊断、会商应对措施等方式,解决实际问题3508项,为信息化建设系统模块的全面上线运行铺平道路。

为配合国务院国资委国资监管平台工作,中国通号开展"大额资金"对接系统和"三重一大"系统建设工作。按照国务院国资委IPv6应用推进计划,对企业网站群进行IPv6改造。对运营使用的信息系统开展等级保护定级工作,对等保二级及以上系统开展测评,有效保证各信息网络及业务系统的安全性、企业信息的安全以及用户账户信息、业务信息、敏感保密信息不被攻击等。为进一步提升信息系统对业务的支撑作用,开展资金管理系统和协同办公系统的升级改造工作。

通号信息编码平台系统完成系统验收,截至2018年底,通号信息编码平台系统管理物料主数据320064条、供应商主数据26708条、客户主数据9636条、会计科目主数据1702条。

【履行社会责任】 2018年,中国通号党委认真贯彻中央领导关于定点扶贫的一系列重要指示,始终将做好脱贫攻坚工作作为履行好中央企业政治责任、社会责任的重要举措。一是将定点扶贫工作纳入公司年度党建工作要点,召开扶贫工作会议,部署安排定点扶贫工作,党委常委会先后5次研究扶贫帮扶工作事宜,在全系统遴选有基层工作经验的优秀干部到河南省社旗县挂职。二是加强工作统筹,把握定点扶贫工作任务目标,深入河南省社旗县开展实地调研9人次,全年报送公司党委常会议题7项。三是聚焦扶贫实效,加大定点扶贫专项资金投入,先后引进160万元产业项目和300万元健康保险项目;出资50万元建造冷库和保鲜库各一座;引进160万元"三粉"加工项目,建成面积600平方米扶贫车间一座。四是实施教育扶贫,为贫困地区师生踊跃捐款捐物,全年累计捐款捐物100万元。开展"金秋助学"活动,全年资助建档立卡贫困家庭大学生80人。坚持"慈孤救助"行动,全年救助河南省社旗县贫困家庭小学生119人;举办2期培训班,培训基层干部186人,技术人员和致富带头人130人。五是参与健康扶贫。引进中国扶贫基金会"顶梁柱健康扶贫公益保险项目",每年资助河南省社旗县100万元用于建档立卡贫困人口补充医疗报销。六是坚持民生扶贫,建成一套50吨级污水处理系统,解决帮扶村485户1875人生产生活污水排放难题。实施亮化工程,为河南省社旗县袁老庄村安装LED太阳能路灯48盏。七是突出党建扶贫。帮助河南省社旗县袁老庄村设立"初心屋",开展"两评四榜",组织"七一"评比表彰,举办扶贫脱贫政策培训班,增强创业致富本领。

(撰稿人:马立军)

中国铁路工程集团有限公司

【基本概况】 中国铁路工程集团有限公司是集勘察设计、施工安装、房地产开发、工业制造、科研咨询、工程监理、资本经营、金融信托、资源开发和外经外贸于一体的多功能、特大型企业集团,总部设在北京。

中国铁路工程集团有限公司的前身是中华人民共和国铁道部于1950年3月成立的设计局和工程总局及1952年9月铁道部成立的基本建设局。1958年3月铁道部将基本建设局、设计总局、新建铁路工程局合并为基本建设总局。1979年5月,基本建设总局对外称中国铁路工程总公司。1989年7月,铁道部撤销基本建设总局,正式组建中国铁路工程总公司。2000年9月,经国务院批准,铁道部与中国铁路工程总公司实行政企分开,中国铁路工程总公司整体移交中央企业工委管理。2003年国务院国资委成立后,中国铁路工程总公司隶属国务院国资委管理。2006年11月,被列为国有独资企业董事会试点企业。2007年9月12日,中国铁路工程总公司独家发起设立中国中铁股份有限公司(以下简称"中国中铁"),并于2007年12月3日和12月7日,分别在上海证券交易所和香港联合交易所挂牌上市。作为中国中铁的控股股东,中国铁路工程总公司于2017年12月28日完成公司制改制,工商变更登记为中国铁路工程集团有限公司。

中国中铁是中国铁路工程集团有限公司经营业务的运营主体,拥有40余家子、分公司,主要分布在中国除台湾地区以外的各省、市、自治区,并在60多个国家和地区设有办事处、代表处和项目部等境外机构。主要子企业有中铁一局、二局、三局、四局、五局、六局、七局、八局、九局、十局、大桥局、隧道局、电气化局、武汉电气化局、建工、广州局、北京局、上海局18家施工企业集团;中铁二院、六院、设计、大桥院、华铁、科研院6家勘察设计咨询科研企业;由中铁工业控股的中铁山桥、宝桥、科工、装备4家工业制造企业;中铁国际、东方国际、中铁信托、中铁财务、中铁资本、中铁交投、中铁南方、中铁投资、中铁开投、中铁城投、中铁上投、中铁置业、中铁文旅、中铁资源、中铁物贸15家国际业务、金融、投资、房地产、矿产管理、物资贸易公司。中铁国资资产管理有限公司负责管理中国铁路工程集团有限公司有关学校、医院、主辅分离资产等未进入上市范围的机构和资产。

中国中铁具有住房和城乡建设部批准的铁路工程施工总承包特级资质、公路工程和市政公用工程施工总承包一级资质以及桥梁工程、隧道工程、公路路面、公路路基工程专业承包一级资质。作为全球最大建筑工程承包商之一,自2006年起,连续13年进入世界企业500强,2018年中国中铁在《财富》世界500强企业排名第56位,中国企业500强中排名第13位。在ENR全球最大250家国际承包商排名第17位。

中国中铁是科技部、国务院国资委和中华全国总工会授予的全国首批"创新型企业",拥有"高速铁路建造技术国家工程实验室""盾构及掘进技术国家重点实验室""桥梁结构健康与安全国家重点实验室"3个国家实验室及7个博士后科研工作站。拥有13个国家认定的企业技术中心,并先后组建桥梁、隧道、电气化、先进工程材料及检测技术、轨道、施工装备、城市轨道工程及磁悬浮交通工程等15个专业研发中心。截至2018年底,获得国家科技进步奖115项,其中特等奖5项、一等奖16项;中国土木工程詹天佑奖130项;获得中国建设工程鲁班奖175项,国家优质工程奖290项;省部级(含国家认可的社会力量设奖)科技进步奖3325项;国家级工法166项,省部级工法2528项;通过省部级科技鉴定的科技成果1454项;拥有有效专利授权9057件,其中发明专利2398件。

截至2018年底,中国中铁职工总数283031人,其中在岗职工265154人、管理人员126593人。中级职称及以上专业技术人员91742人,高级专业技术人才29897人,其中正高级高级工程师1955人、高级工程师21610人、高级会计师1669人、高级经济师2324人。有中国工程院院士1人,国家级突出贡献专家10人,国家勘测设计大师8人、"百千万人才工程"国家级人选10人,中国青年科技奖3人,詹天佑奖获得者82人,茅以升铁道工程师奖86人,享受国务院政府特殊津贴专家人员288人。

【主要指标】 2018年,中国铁路工程集团有限公司新签合同额16936.5亿元,比上年增长8.7%。实现企业营业额9541亿元,为计划8800亿元的108.4%,比上年增长11.4%。资产总额9468.8亿元,比上年增长11.67%;所有者权益2234.5亿元,比上年增长30.66%;实现营业收入7417.2亿元,比上年增长6.79%。实现利润总额226.3亿元,比上年增长15.98%。

2018年中国铁路工程集团有限公司主要经济指标

项 目	2017年	2018年	比上年增长(%)
资产总额(亿元)	8479.4	9468.8	11.67
所有者权益(亿元)	1710.1	2234.5	30.66
营业收入(亿元)	6945.6	7417.2	6.79
利润总额(亿元)	195.1	226.3	15.98
净利润(亿元)	141.6	173.7	22.64
归属于母公司所有者的净利润(亿元)	79.1	82.1	3.82
技术开发投入(亿元)	111.0	134.4	21.01
利税总额(亿元)	459.2	558.1	21.52
应交税金总额(亿元)	344.4	329.5	-4.33
全员劳动生产率(万元/人·年)	31.6	32.3	2.21
净资产收益率(%)	8.8	8.8	持平
总资产报酬率(%)	3.0	3.1	减少0.1个百分点
国有资本保值增值率(%)	109.1	109.7	减少0.6个百分点

【改革发展】 2018年,中国中铁积极落实"1+N"系列改革文件部署和改革举措,全面加快结构优化和产业聚集步伐,推进房地产业务和三级工程公司重组改革,完成高铁电气新三板挂牌,批准允许设立基金管理公司的首批试点二级企业,推动国内外并购重组工作。开展混合所有制改革和"双百行动"综合改革,所属中铁咨询增资扩股引入战略投资者及员工持股试点工作顺利实施,所属中铁九局、中铁二院、中铁国际3家单位入选"双百行动"名单。推进剥离企业办社会职能和解决历史遗留问题工作,按期完成国务院国资委下达的"三供一业"分离移交各阶段工作目标,截至2018年底,累计拨付"三供一业"分离移交补助资金21.88亿元,其中中央财政补助资金10.95亿元、企业配套资金10.93亿元。医疗教育机构改革有序推进并取得积极进展,截至2018年底完成32家所办医疗机构的改革与处置任务。推进薪酬与激励制度改革,完善与企业经济效益和劳动生产率挂钩的工资决定机制,指导所属中铁工业制定股权激励实施方案,并全力支持所属单位依法合规、积极稳妥地进行改革探索,通过经济杠杆进一步激发广大员工干事创业的激情。深入推进全面管理实验室活动,逐步形成覆盖各层次和各业务板块的管理创新基础体系,2018年,中国中铁评出60项管理创新成果奖,9项成果获得国家级管理创新奖。

2018年,中国中铁站位企业长远发展,围绕区域协调发展、建设交通强国、"一带一路"、乡村振兴、军民融合发展等国家战略及倡议,进一步加快战略性市场布局与植根步伐,全面推进市场领域创新与业务结构调整,发出全面升发城市建设市场的动员令,深度融入京津冀、长三角、珠三角、粤港澳大湾区等城市群建设,全面加大棚户区和城中村改造、共有产权房、产业新城等领域的开发力度,有效拓展城市综合体开发、地下综合管廊、城市双修、海绵城市、水务和水环境治理等新市场,城市建设市场的新签合同额占基建主营业务新签合同额的55.2%。其中,房建市场开发完成新签合同额2489亿元,比上年增长42%,成为企业发展的强劲增长极。

【重大项目】 2018年,中国中铁参与施工建设的世界级超级工程港珠澳大桥正式开通,承建的奥运重点工程京张高铁八达岭隧道安全贯通,广深高铁、济青高铁、怀邵衡铁路、川黔铁路、渝黔铁路扩能、昆明绕城高速公路等一大批重点项目顺利竣工或开通运营,举世瞩目的川藏铁路规划设计工作正在推进中,商合杭高铁、蒙华铁路、北京地铁、广州地铁、乌鲁木齐地铁、中老铁路、雅万高铁、孟加拉国帕德玛大桥等重点在建项目建设有序进行。中国中铁承建的世界最长跨海峡公铁两用大桥平潭海峡公铁两用大桥实现主塔全部封顶；世界最大跨度双层悬索桥武汉杨泗港长江大桥进入桥面主体结构建设阶段；世界在运容量最大输电工程宾金线特高压线路完成首次导线更换并顺利送电；国内高海拔地区首座转体梁桥格库铁路格东特大桥成功转体合龙；国内最大连续梁组合体系市政桥梁贵阳市北京东路延伸段火石坡特大桥顺利建成；中国出口海外迪拜雨水隧洞工程的最大直径土压平衡盾构机成功下线并交付使用。

【走向海外】 2018年，中国中铁大力推动海外管理体制和机制的改革与创新，积极推进海外重大项目的运作与建设，在重大基础设施特别是在高铁勘察设计、建造施工、工程装备等拥有核心技术方面充分发挥综合优势，整合、调动各方资源，全力推进企业"走出去"。2018年，中国中铁在91个国家和地区设立境外机构308个，国际业务累计新签合同额153.92亿美元，完成营业额61.82亿美元，在建项目合同总额406.51亿美元。

截至2018年底，中国中铁完成"一带一路"重点项目有乌兹别克斯坦安琶铁路隧道、马来西亚吉隆坡MRT和孟加拉国栋吉至派罗布巴扎尔铁路增建二线工程等项目；重点在建项目有印度尼西亚雅万高铁项目、中老铁路项目、孟加拉国帕德玛大桥铁路连接线项目、哈萨克斯坦阿斯塔纳轻轨一期项目、俄罗斯莫斯科—喀山高速铁路项目和巴西至秘鲁的两洋铁路项目等。

中国中铁以项目实施带动工业产品出口，盾构设备、配件、施工技术服务出口地区涵盖新加坡、以色列、黎巴嫩等国家；工业施工机械产品成功打入阿联酋、老挝、土耳其、泰国等十几个国家的市场；铁路道岔产品出口至美国、俄罗斯、南非、新西兰、菲律宾等20多个国家和地区，在泰国、印度尼西亚和马来西亚市场全部实现自营出口，全年整组道岔出口约1000组，销往北美辙叉产品3000根以上；钢桥梁钢结构出口至北美、欧洲、非洲市场30多万吨。

【重大创新】 2018年，中国中铁新开科研项目1293项，课题以玉磨铁路、渝昆高铁、银西铁路、郑州黄河特大桥、赤壁长江公路大桥、深圳春风隧道、胶州湾海底隧道、南天山特长隧道、广州地铁、大连地铁、徐州磁浮轨道交通示范线、芜湖市轨道交通1号线、海口地下综合管廊等重难点工程为依托，重点开展多功能泥水平衡盾构机的研制及施工关键技术、中高速磁浮交通工程关键技术、气动轻轨综合技术、城市复杂环境下超大直径盾构装备与施工关键技术、跨坐式单轨关键技术、城市综合地下管廊及海绵城市关键技术的研究；研发制造第一台国产化双轮铣、1300吨箱梁运架搬提超大吨位桥梁施工装备。围绕川藏铁路和高速铁路发展方向，深入开展"多功能TBM成套机械快速施工技术""高寒强震及复杂环境山区铁路建设关键技术""400km/h高速铁路技术体系及建设成套技术"等重大课题研究，进一步加快极端装备和智能装备研究制造步伐。

2018年，中国中铁获得国家科技进步奖4项、技术发明奖1项、中国土木工程詹天佑奖12项，获得省部级科技成果奖328项；获得授权专利1888件，其中发明专利389件，"钢桁梁纵向多点连续拖拉施工方法""一种孔内注浆并有效止浆的方法及装置""一种串并联多级阀粘滞阻尼方法及阻尼器""超级电容有轨电车充电轨系统"4件专利获得第二十届中国专利奖优秀奖；获得省部级工法377项。2018年，中国中铁新增2个国家企业技术中心、15个省部级技术中心以及"一带一路"互联互通研究中心、中国单轨交通发展研究中心、路基与地基工程技术研发中心、爆破安全技术研究中心、智慧城市研究中心、气动列车研发中心6个专业研发中心。国内建筑业企业首个数控中心完成建设并投入运行。

【党建工作】 2018年，中国中铁各级党组织认真落实党的十九大、全国国企党建会、全国组织工作会、全国宣传思想工作会等重要会议精神和国务院国资委党委"中央企业党建质量提升年"工作部署，全面加强党的领导，在思想上政治上行动上同以习近平同志为核心的党中央保持高度一致，制定《向国资委党委请示报告事项清单》，把党的政治建设分解为4项巡视重点内容。对9256名副处职以上领导人员进行集中轮训，组建宣讲团赴海外开展宣讲，各单位组织宣传贯彻活动2万余次。部署开展"学用结合"调研活动，召开理论研讨会，形成研究成果1061篇。严格按程序组织召开民主生活会，领导班子成员和高管分别参加指导二级企业 2 次民主生活会，带头到党建联系点过组织生活。全公司 9500 多个基层党组织全部召开组织生活会，16 万多名党员参加民主评议。

坚持"两个一以贯之"，按照党的十九大最新精神修订上市公司章程，股东大会以 93.79% 同意率高票通过。所属 42 家二级企业、具备条件的 369 家三级企业全部完成党建工作"进章程"。坚持"双向进入、交叉任职"，所属二级企业均实现"一肩挑"，配备专兼职党委副书记。坚持把方向、管大局、保落实，进一步细化制定《党委前置研究讨论重大事项实施细则》，全年召开党委常委会 18 次，前置研究讨论重大事项 45 个。认真履行法治建设第一责任人职责，在国务院国资委年度检查评比中排名前三位。

严格落实新时期好干部标准和国企领导人员"二十字"要求，进一步完善选人用人程序，调整领导班子成员 158 人次，查找并纠正选人用人问题 24 个。举办领导干部培训班 5 期，培训公司党委管理干部 220 人次。选拔二级企业领导班子后备人选 79 人。制定印发《领导人员交流工作实施办法》，45 名二级企业领导人员交流任职，20 名领导人员改任非领导职务。完成对二级企业领导班子年度综合考核评价、日常履职考察和任期考核，评选表彰 13 家"四好"领导班子。修订《工程技术专家管理办法》，推荐享受国务院政府特殊津贴专家 22 人、茅以升铁道工程师奖 12 人、詹天佑铁道科学技术奖 25 人。

严格履行主体责任，先后召开 11 次党委办公会、14 次党建工作领导小组会议，研究部署党建重点工作。组织 14 家二级企业党委书记进行现场述职评议，完成 2018 年党建责任制考核评价。深入开展"找补强"党建质量提升活动，所属 42 家二级企业查找整改问题 491 个。编写《党支部建设标准化工作指导手册》《新时代党建工作新格局指导手册》，中铁五局京张铁路三标项目被评为中央企业第一批基层示范党支部。制定雅万高铁"党建示范线"和孟加拉国帕德玛大桥项目"党建示范工程"实施方案。开展"詹天佑杯"京张高铁党建主题实践活动、双洮高速党旗红主题活动，表彰 99 个"红旗项目部"。开展破解"两张皮"问题课题调研，1 个案例入围中组部《基层党组织书记案例选编》，公司党委在中央企业基层党建工作座谈会上介绍经验，在中央企业负责人会上作书面交流。

常态化推进党风廉政建设，先后召开工作会、推进会、警示教育大会以及 6 个片区的项目党风廉政建设专题会。制定构建"不能腐"体制机制推进计划，完善制度 10 余项。编制《五年巡视工作规划》，分 2 批对 16 家二级企业开展新一轮政治巡视，所属二级企业党委对 243 个三级企业及基层项目部进行巡察。制定《深入贯彻落实中央八项规定精神的实施意见》《总部人员内部公务活动用餐规定》，开展"四风"问题专项调研和形式主义、官僚主义集中整治。认真落实中央纪委《工作建议》，在全公司范围内深入开展自查自纠，受到国务院国资委党委现场调研检查好评。综合运用监督执纪"四种形态"，保持反腐败高压态势，给予党政纪处分 1665 人次，组织处理 1006 人次，刑事处理 16 人。

坚持聚焦改革开放 40 周年和"三重一外"，讲好企业故事，全年对外宣传 24.6 万篇次，为历年之最。中国中铁被中宣部确定为改革开放 40 周年"百城百县百企调研行"重点宣传单位，在中宣部等九部委庆祝改革开放 40 周年理论研讨会上作交流发言，《求是》杂志刊登公司党委署名文章。大力倡导公司核心价值理念，表彰项目文化建设示范点 77 个，拍摄一系列纪录片、宣传片。表彰示范道德讲堂 117 个，在中央企业精神文明建设工作现场会上作交流发言。

坚持党的依靠方针，坚持党建带群建，支持各级工会、共青团组织围绕中心、服务大局，团结带领广大职工群众和团员青年建功立业。加大先进典型选树培养，改革先锋巨晓林、中华技能大师秦环兵、全国最美青工白芝勇、全国技术能手王汝运、全国十大最美职工徐州、全国"五一"劳动奖章获得者王中美、央企楷模王杜娟等一大批个人受到上级表彰。广泛实施员工关爱工程和困难职工脱困解困工作，筹集"两节"送温暖资金 1.69 亿元，建立 EAP 试点单位 417 个，心灵驿站 775 个，困难职工脱困解困率 41%。扎实开展精准脱贫和援疆援藏工作，认缴中央企业贫困地区产业投资基金 9000 多万元，投入 4319 万元支持定点扶贫县建设，湖南省桂东县顺利脱贫"摘帽"。公司在中央企业援藏干部座谈会上作经验交流。认真传达学习工会十七大、共青团十八大和妇联十二大精神，巨晓林再次当选全总兼职副主席，公司工会主席当选全总执委、全国妇联执委，公司团委书记当选团中央委员。

【信息化建设】 2018年，中国中铁运用云计算、物联网、大数据、GIS、BIM等技术，建设中国中铁数字化管控中心，并以企业管理、经营开发、项目管理、财务共享、应急指挥等业务管理内容为切入点，运用新技术促进创新管理，为中国中铁生产经营活动注入新的活力。举办首届中国中铁"卓越杯"BIM大赛，加强对所属单位BIM技术应用的专业引导及青年员工对BIM技术的认知和理解，筛选优秀的BIM应用优秀成果和优秀人才。强化网络安全意识、提升网络安全保障能力，在全公司范围内选拔网络安全优秀人才，组队参加首届中央企业网络安全攻防大赛。完成中国中铁总部IPv6网络出口建设，扩大海外骨干网络中国香港接入中心试点。"业财共享信息平台"入围国务院国资委2018年中央企业信息化优秀成果，被中国施工企业管理协会推荐为"第14届工程建设行业信息化高峰论坛典型案例（企业级信息化专项应用类）"。对现有邮件系统架构进行扩容升级和电子邮件网关升级改造，全年收发电子邮件271万封。全年召开视频会议116次，参会40余万人次。

【精准扶贫】 2018年，中国中铁以教育扶贫、产业扶贫为先导，以重点援建项目为抓手，助力贫困地区脱贫攻坚。全公司19家单位参与扶贫开发工作，投入专项资金2953.66万元，帮助建档立卡贫困人口近2400人脱贫。2018年，中国中铁持续开展教育扶贫工作。在山西省保德县投入10万元，把保德县建档立卡贫困户最偏远的南河沟乡92名中小学住宿生和留守儿童作为重点教育帮扶对象；在湖南省桂东、汝城两县投入45万元资助贫困新生和在校大学生250多人。依据地方特色培育产业，投入近23万元支持桂东县大塘镇茶叶加工厂建设；在汝城县南洞乡打造供销一体化的产业扶贫示范基地，按照"公司＋合作社（基地）＋贫困户"的合作模式，解决贫困劳动力1200人就业。搭建农产品销售平台，投入30万元在保德县李家湾村建设"保德县南河沟小杂粮加工厂"，投入15万元在保德县城修建"保德县农产品展销中心"，辐射带动产业链各环节。构建"培训＋推荐就业"模式，促进劳动力转移，先后投入50万元打造"保德好司机"劳务品牌，由中国中铁出资，集中组织建档立卡贫困劳动力参加汽车驾驶员培训，成立"保德好司机"运输协会和"保德好司机"职业介绍所，帮助贫困户实现就业。抓技能培训扶贫，激发贫困人口内生动力，投入17.2万元在汝城县开展"人人有技能"精准扶贫送技能下乡活动，对1500名建档立卡贫困户进行种植技术培训，扶贫效果明显。继续投入近4000万元支持重点援建项目建设，桂东县大塘工业园一期3栋厂房建设项目以及保德县内中国中铁幸福大道项目顺利完工，汝城职教新城建设进展顺利，3个重点项目的实施助推各县的脱贫攻坚工作。

截至2018年底，桂东县61个贫困村全部达到退出标准，累计实现脱贫14407户44620人，贫困发生率0.96%，群众认可度97.88%。汝城县80个贫困村全部达到退出标准，累计实现脱贫18260户60419人，贫困发生率0.91%，在2018年贫困退出市级复核检查中群众认可度98.1%。保德县154个贫困村全部达到退出标准，累计实现脱贫12661户33595人，贫困发生率0.46%，群众认可度98%。

【履行社会责任】 2018年，中国中铁积极参与成昆铁路山体垮塌、国道347线四川茂县段山体垮塌、国道317线泥石流、超强台风"山竹"等抢险救灾200多次，投入抢险救灾人员1.5万多人次、设备2600多台（套）、投入资金3300余万元。中国中铁在昆明、贵阳、西安建立3支国家隧道专业应急救援队，多次参与国家重大救援任务，并在贵阳基地承办国内首次国家级隧道应急救援专业实训。

2018年，中国中铁组建1100多支志愿服务队，投入志愿服务15800余人次，开展各类志愿服务活动4200多次，帮扶人数超过4万人。捐资助学1300多万元，帮扶学生8300多人，其他公益慈善事业投入超过5000万元。

中国中铁修订发布《中国中铁绿色施工科技示范工程评选办法》《中国中铁节能低碳技术评选管理办法》。2018年，全公司无环境责任事故及节能减排重大违规违纪事件发生，排放污染物均达到国家和所在地相应排放标准。2018年，中国中铁进一步加大节能低碳重点技术研发力度,37项技术被评选为中国中铁重点节能低碳技术,年度万元营业收入综合能耗(可比价)0.0553吨标煤/万元,比上年下降3.2%,圆满完成节能减排既定年度工作目标。10个项目获得"首批中国中铁绿色施工科技示范工程"称号,72个项目获得"中国中铁节能减排标准化工地"称号。《桥梁工程绿色施工规范及评价标准》正式发布。

编制发布2017年度《社会责任报告暨ESG(环境、社会与管治)报告》。增加对中国中铁履行精准扶贫社会责任情况和排放物、资源使用、环境及天然资源3个层面的关键绩效指标进行披露,从11个方面客观全面反映中国中铁社会责任管理和履行情况。

(撰稿人:王 琳)

中国铁建股份有限公司

【基本概况】 中国铁建股份有限公司(以下简称"中国铁建")的前身是组建于1948年7月的中国人民解放军铁道兵,由中国铁道建筑总公司(2017年12月改制为中国铁道建筑有限公司)独家发起设立,于2007年11月5日在北京成立,为国务院国资委管理的特大型建筑企业。2008年3月10日和3月13日,分别在上海证券交易所(A股,代码601186)和香港联合证券交易所(H股,代码1186)上市。

截至2018年底,中国铁建下辖中国土木工程集团有限公司,中铁十一、十二局集团有限公司,中国铁建大桥工程局集团有限公司,中铁十四至二十五局集团有限公司,中铁建设集团有限公司,中国铁建电气化局集团有限公司,中国铁建港航局集团有限公司,中国铁建房地产集团有限公司,中铁第一、第四、第五勘察设计院集团有限公司,中铁上海设计院集团有限公司,中铁物资集团有限公司,中国铁建重工集团有限公司,中国铁建国际集团有限公司,中铁城建集团有限公司,中国铁建投资集团有限公司,中国铁建财务有限公司,诚合保险经纪有限公司,中铁建商务管理有限公司,中铁建南方建设投资有限公司,中铁建昆仑投资集团有限公司,中铁建华北投资发展有限公司、中铁建金融租赁有限公司、中铁磁浮交通投资建设有限公司、中铁建重庆投资集团有限公司、中铁建资产管理有限公司、中铁建华南建设有限公司、中铁海峡建设集团有限公司、中铁建北部湾建设投资有限公司、中铁建西北投资建设有限公司、中铁建城市建设投资有限公司、中铁建网络信息科技有限公司、北京培训中心(党校)等46家二级子公司和单位。管理层级三级法人企业516家,其中,工程公司162家、四级法人企业224家。在职员工295862人。其中,管理人才71996人,占比24.34%;专业技术人员134977人,占比45.62%;技能人才88889人,占比30.04%。拥有中国工程院院士1人、国家勘察设计大师8人、"百千万人才工程"国家级人选11人、中国青年科技奖获得者1人、享受国务院特殊津贴的专家254人。

2018年,中国铁建拥有机械动力设备129221台(套),设备固定资产原值710.10亿元,净值272.09亿元。机械设备总功率1249.72万千瓦,技术装备率10.32万元/人,动力装备率47.41千瓦/人。公司业务涵盖工程承包、勘察设计咨询、工业制造、房地产开发、投资服务、物资物流、产业金融以及新兴产业,具有科研、规划、勘察、设计、施工、监理、维护、运营和投融资等完善的行业产业链。在高原铁路、高速铁路、高速公路、桥梁、隧道和城市轨道交通工程设计及建设领域,确立行业领导地位。自20世纪80年代以来,中国铁建在工程承包、勘察设计咨询等领域获得国家级奖项796项。其中,国家科学技术奖77项、国家级勘察设计咨询奖143项、中国土木工程詹天佑奖101项、中国建设工程鲁班奖132项、国家优质工程奖352项。累计拥有专利11423件,获省部级以上工法2969项。

中国铁建经营业务遍及包括中国台湾地区在内的全国32个省(自治区、直辖市)和香港特别行政区、澳门特别行政区以及世界120余个国家和地区,是中国乃至全球最具实力、最具规模的特大型综合建设集团之一。连续14年入选《财富》杂志"世界500强",2018年排名第58位;连续23年入选美国《工程新闻记录》(ENR)杂志"全球250家最大承包商",2018年排名第三位;连续17年入选"中国企业500强",2018年排名第14位。

【主要指标】 2018年,中国铁建实现营业收入7301.23亿元,比上年增长7.22%;利润总额251.05亿元,比上年增长18.11%;上缴税金255.93亿元;利税总额506.98亿元,比上年增长12.08%;净利润198.38亿元,比上年增长17.25%;基本每股收益1.26元。资产总额9176.71亿元,负债总额7103.36亿元,资产负债率77.41%。所有者权益2073.35亿元,其中归属于上市公司股东权益1698.90亿元,归属于上市公司股东的每股净资产12.51元。

2018年中国铁建股份有限公司主要经济指标

项　目	2017年	2018年	比上年增长(%)
资产总额(亿元)	8218.87	9176.71	11.65
所有者权益(亿元)	1786.49	2073.35	16.06
营业收入(亿元)	6809.81	7301.23	7.22
利润总额(亿元)	212.56	251.05	18.11
净利润(亿元)	169.19	198.38	17.25
归属于母公司所有者的净利润(亿元)	160.57	179.35	11.70
技术开发投入(亿元)	109.99	128.96	17.25
利税总额(亿元)	452.32	506.98	12.08
应缴税金总额(亿元)	237.20	243.26	2.55
加权平均净资产收益率(%)	12.16	12.00	减少0.16个百分点
总资产报酬率(%)	3.42	3.65	增加0.23个百分点
国有资本保值增值率(%)	111.00	107.9	减少3.10个百分点

【公司治理】 一是持续加强公司治理规范运作。中国铁建股份有限公司股东大会(以下简称"股东大会")严格按照《中国铁建股份有限公司章程》(以下简称《公司章程》)《股东大会议事规则》的规定召开,依法行使股东权利,维护股东利益。董事会及专门委员会严格按照《公司章程》《董事会议事规则》、专门委员会工作细则等制度合规运作,审慎决策。监事会严格按照《公司章程》《监事会议事规则》的规定,监督公司财务、内控体系建设、董事及高级管理人员履职行为。总裁等高级管理人员严格按照《公司章程》《总裁工作细则》等制度的规定开展生产经营和管理工作,组织实施董事会决议,接受监事会的监督。2018年获得"最佳董事会""最受投资者尊重的上市公司""中国改革开放40周年突出贡献上市公司"等称号。

二是持续完善法人治理制度建设。中国铁建按照监管机构的有关规定,结合企业实际,修订《中国铁建股份有限公司章程》《中国铁建股份有限公司董事会议事规则》《中国铁建股份有限公司总裁工作细则》《中国铁建股份有限公司二级公司董事会规范运作指导意见》《中国铁建股份有限公司二级公司董事会规范运作考核评价暂行办法》。

三是不断加强信息披露管理。中国铁建严格按照股票上市地上市规则的规定和要求,真实、准确、完整、及时、公平地披露信息,不断提升信息披露水平。继续坚持法定信息披露与主动信息披露相结合,不断增强定期报告内容的针对性和有效性,高质量编制披露2018年度报告、半年度报告和季度报告,全年披露中英文文件394份。其中,在上海证券交易所披露中文文件147份,在香港联合交易所披露中文文件150份、英文文件97份。

【改革发展】 2018年,中国铁建深化改革,强化内部资源整合,先后成立中铁建西北投资建设有限公司、中铁建城市建设投资有限公司等投资平台公司,并调整区域经营机构,所属12个区域指挥部调整为9个区域总部。重组整合公司内部信息化资源,组建中铁建网络信息科技有限公司;持续做大做强工业制造板块,稳步推进中国铁建重工集团有限公司股份制改造及上市事宜。持续推进"瘦身健体",强力压存量、控增量,全年压减法人单位61户,累计压减253户;积极参与并开展"双百行动",所属中铁二十三局集团有限公司、中铁第四勘察设计院集团有限公司、中铁第五勘察设计院集团有限公司被列入国务院国资委国企改革"双百行动"试点单位。

【转型升级】 2018年,中国铁建大力推进企业转型、产业升级,坚持"转产、转场、转商"工作思路,推动产融结合,培育新兴产业、新兴业务,增强企业发展新动能。进一步加快非工程承包产业发展,全年非工程承包产业利润贡献度 56.74%,比上年增加 5.49 个百分点;营业收入 1347.09 亿元,比上年增长 3.20%;利润 142.45 亿元,比上年增长 30.76%。进一步优化工程承包主业结构,"铁路、公路、房建、市政、城轨"五大千亿元市场更加均衡稳固,新兴市场业务呈现迅猛增长态势,特别是生态环境保护业务实现跨越式增长。大力发展投融资和运营业务,全年新增投融资项目 101 个;新增高速公路运营项目 14 个,持有经营性公路累计 58 个、总里程 5740 千米;新增其他运营类城市轨道交通、综合管廊、地方铁路、停车场等项目 9 个,参与运营维管服务的铁路与城市轨道总里程 1 万千米;亚吉铁路、麦加轻轨等海外重大项目年度运营任务顺利完成。

【市场经营】 2018 年,面对市场严峻形势和巨大压力,中国铁建积极应对,认真研究市场发展方向,深化区域经营改革,优化调整产业结构,不断强化经营能力建设,大力开拓海外市场,深化开拓国内市场,较好地完成全年主要生产经营目标,经营规模总体保持稳中有进。全年新签合同额 15844.72 亿元,比上年增长 5.05%。其中,国内业务新签合同额 14542.53 亿元,占新签合同总额的 91.78%,增长 3.63%;海外业务新签合同额 1302.19 亿元,占新签合同总额的 8.22%,增长 24.03%。工程承包板块新签合同额 13523.55 亿元,占新签合同总额的 85.35%,比上年增长 4.58%。其中,铁路工程新签合同额 2120.40 亿元,占工程承包板块新签合同额的 15.68%,减少 1.50%;公路工程新签合同额 2914.93 亿元,占工程承包板块新签合同额的 21.55%,减少 26.74%;城市轨道工程新签合同额 1042.41 亿元,占工程承包板块新签合同额的 7.71%,减少 49.09%;房建工程新签合同额 3652.08 亿元,占工程承包板块新签合同额的 27.01%,增长 77.79%;市政工程新签合同额 2692.30 亿元,占工程承包板块新签合同额的 19.91%,增长 36.57%;水利电力工程新签合同额 488.87 亿元,占工程承包板块新签合同额的 3.61%,增长 101.96%;机场码头工程新签合同额 109.80 亿元,占工程承包板块新签合同额的 0.81%,增长 12.48%。非工程承包板块新签合同额 2321.17 亿元,占新签合同总额的 14.65%,比上年增长 7.90%。其中,勘察设计咨询新签合同额 177.11 亿元,增长 3.71%;工业制造新签合同额 243.88 亿元,减少 14.05%;物流与物资贸易新签合同额 862.62 亿元,增长 4.79%;房地产新签合同额 934.55 亿元,增长 36.61%。

2018 年,中国铁建着力强化区域经营、加强高端对接、落实海外优先、优化体制机制、强化要素保障、夯实基础工作,加强与 20 多个省市以及军方、央企等方面的高层互动与务实合作,卓有成效参与中非合作论坛北京峰会,成功签约一大批重点项目,市场经营总体保持平稳。全年新获得特级资质 10 项,特级资质总数增至 75 项,中铁十八局集团有限公司成为全国首家拥有铁路、公路、建筑、市政公用、水利水电五项特级资质的"五特"企业;"四特"企业 8 家,"三特"企业 4 家。

【施工生产】 2018 年,中国铁建系统完成施工产值 6798.9 亿元,合同金额大于 5000 万元的在建工程 3608 项。其中,铁路工程 577 项、公路工程 773 项、市政工程 474 项、城市轨道交通工程 685 项、水利水电工程 157 项、房屋建筑工程 847 项,其他类别工程 95 项。国内在建重点工程 35 项。其中,铁路工程 14 项:京张铁路及崇礼铁路、蒙华铁路通道、京沈客运专线、玉溪至磨憨铁路、大瑞铁路、郑万客运专线、成贵客运专线、成兰铁路、昌赣客运专线、汉十客运专线、广州南沙港铁路、黔张常铁路、福厦高速铁路、贵南高速铁路。公路工程 4 项:兴延高速公路、北京新机场高速公路、延崇高速公路、成都经济区环线高速公路浦江至都江堰段。市政工程 2 项:明珠湾大桥、南京市江北新区综合管廊二期工程。城市轨道交通工程 10 项:广州地铁(18 号线、22 号线)、北京地铁(8 号线三期、16 号线)、深圳地铁(6 号线、深圳国际会展中心配套工程)、成都地铁 5 号线、南京地铁 7 号线、清远磁浮旅游专线、乌鲁木齐地铁 2 号线、青岛地铁 1 号线、昆明地铁 5 号线、厦门地铁 2 号线。水利、电力工程 3 项:苏通 GIL 综合管廊工程、新疆引额供水二期工程、吉林中部引松供水工程。房屋建筑工程 2 项:乌鲁木齐宝能城、银川绿地中心项目。

2018 年,中国铁建完成公路 2259 千米、轨道交通

575千米、隧道1340折合千米、桥梁1530折合千米、铺轨4083千米、房屋竣工面积1962万平方米、土石方12.8亿立方米；生产盾构设备115台（套）、特种装备产品448台（套）、大型养路机械设备61台（套）。2018年，渝贵铁路、哈牡高速铁路、广深港高速铁路、长春、青岛、苏州、南京等地有关城轨地铁、北京兴延、贵州安紫、广东云湛、昆明绕城高速公路等重难点工程开通运营；港珠澳大桥拱北隧道、博鳌通道、青岛世界博览城等重难点项目建成完工；苏通GIL综合管廊、爱民隧道、荆西隧道、祥和隧道、九岭山隧道、清华园隧道等重难点隧道管廊全面贯通；攀枝花金沙江大桥主跨、怒江大桥、赣江特大桥、跨胶州湾特大桥跨海段、澧水南源大桥、重庆鹅公岩轨道交通专用桥等重难点桥梁顺利合龙；莫斯科地铁、尼日利亚拉伊铁路等海外重难点项目平稳可控。

【安全生产】 2018年，中国铁建坚持安全发展理念，弘扬生命至上、安全第一思想，强化安全生产主体责任落实，紧密围绕安全包保责任、安全风险管理与隐患排查治理等9项评价内容，细化工作措施，扎实开展安全生产工作，全年未发生重大生产安全责任事故。一是全面落实安全生产责任。中国铁建所属各单位坚持以落实安全生产责任制为核心，根据业务特点和安全生产风险强弱，分类、逐级签订安全包保责任书。细化包保内容，明确包保责任主体、包保目标，以及奖罚措施，并严格进行考核兑现，强化安全责任的落实，建立健全"横向到边、纵向到底"的安全生产责任体系。二是狠抓安全风险管理与隐患排查治理。着力加强风险源头治理，彻底消除安全隐患。针对危险性较大工程项目编制专项技术方案、专项应急预案，组织专项评审论证，施工前组织安全条件专项验收，严格落实专项监测方案，施工过程中落实专人全过程值班。开展日常检查、专项检查，提前想到、提前发现、提前消除隐患。三是扎实开展安全生产专项治理行动。按照国务院安全生产委员会、住房和城乡建设部等国家有关部委要求，制定施工安全专项治理行动实施方案，将房建与市政、铁路、公路等工程，特别是重点治理复杂地质条件下各类隧道工程，纳入专项治理对象，强化事前和事中控制。四是加强全员安全教育培训。中国铁建坚持把提高全员的安全意识、规范安全行为作为重点，积极组织开展各类安全教育培训活动，特别是加强一线员工的班组工前教育，提升管理人员的安全意识和能力。五是强化正向激励。为调动一线作业人员做好安全工作的积极性、主动性，中国铁建从完善激励机制入手，积极推行安全行为与收入挂钩制度，强化正向激励，促进一线人员从"要我安全"向"我要安全"转变。六是不断推进安全生产应急管理工作。结合现场实际和季节性施工特点，完善应急预案，有针对性地开展隧道塌方、防高空坠落、防灾减灾、火灾等现场应急救援演练，提升应对突发事件的处置能力。

【质量控制】 中国铁建高度重视质量发展，认真落实国家质量发展纲要精神，严格执行有关质量标准，推行项目终端质量责任制，开展铁路红线管理自查自改和高速铁路质量隐患排查整改专项工作，推进工程质量创优活动和安全质量标准化工地建设，确保质量管理形势平稳推进，2018年全系统未发生重大工程质量问题。一是加强工程质量管理，修订印发《中国铁建股份有限公司质量事故管理规定》，强化对工程质量事故的责任追究，进一步探索将劳务队伍的班组长纳入质量责任体系，落实作业层质量责任的途径和方法。二是积极开展工程创优活动。按照《中国铁建股份有限公司创建优质工程管理规定》，持续推进过程精细化质量管理理念落实，推动质量管理水平全面提升，按规划控制创优活动，开展全面质量管理小组活动，搞好创优策划，落实过程创优，实现创优目标。三是开展高速铁路质量隐患排查整改专项工作。开展对全系统承建的全部已开通运营高速铁路项目的全面质量回访，对即将开通的线路进行全面检查和检测，进行质量隐患排查整治。四是加强铁路工程质量安全红线管理。按照中国国家铁路集团有限公司《铁路建设项目质量安全红线管理规定》，部署开展铁路工程红线管理工作，切实强化铁路项目质量安全意识和关键环节控制，确保项目质量安全方面全面受控，提升铁路建设项目质量安全水平。

【技术创新】 2018年，中国铁建大力加强以科技创新为核心的全面创新，注重创新体系建设，新增高端创新团队5个、省部级及以上劳模创新工作室12个；强化重大专项管理，主持国家重点研发计划"城市地下大空间安全施工关键技术研究";成功研制百米级全断面竖井掘进机、国内首台铁路大直径土压盾构/TBM双模式掘进机、全球首台全智能混凝土喷射机;重视技术标准体系建设,主持或参与编制国家、行业等标准126项;加强创新成果转化,实现各类知识产权转化收益1.5亿元。全年新增授权专利3128件,其中发明专利462件;获得中国专利银奖1项、优秀奖3项;获得国家技术发明奖1项,国家科技进步奖2项,省部级科学技术奖88项,省部级工法285项,国际咨询工程师联合会菲迪克奖2项,省部级勘察设计咨询奖62项。

【工程创优】 2018年,中国铁建获得中国建设工程鲁班奖10项,国家优质工程奖46项。其中,参建的重庆西站工程(重庆至贵阳铁路扩能改造工程重庆西站站房及相关工程)、广深港客运专线深圳福田站工程、新建云桂铁路引入昆明枢纽昆明南站站房工程、中国通号轨道交通研发中心工程、神华神东补连塔煤矿2号辅运平硐工程、安徽省六安至岳西至潜山高速公路工程、南京长江第四大桥工程、卢旺达远景城综合社区开发项目一期工程、亚的斯亚贝巴至吉布提铁路工程、新加坡轨道交通大士西延长线工程获得2018年度中国建设工程鲁班奖;参建的长沙磁浮工程、大理至丽江高速公路工程、华能山东如意巴基斯坦萨希瓦尔2×660兆瓦燃煤电站工程、尼日利亚铁路现代化项目阿布贾至卡杜纳段工程获国家优质工程金质奖;新建天津至保定铁路大北环线金钟河特大桥、新建山西中南部铁路通道太行山隧道、郑州市轨道交通2号线一期工程、新建郑州至徐州铁路客运专线徐州特大桥、宁波市轨道交通2号线一期工程、武汉市轨道交通机场线综合工程、武汉地铁3号线升官渡停车场工程、新建长沙至昆明铁路客运专线湖南段"四电"系统集成、防灾安全监控、信息及相关工程、长株潭城际铁路湘潭特大桥、新建合肥至福州铁路闽赣段通信信号电力系统集成工程、新建合肥至福州铁路客运专线北武夷山隧道、广州市轨道交通9号线岐山车辆段与综合基地工程、新建贵阳至广州铁路客运专线四电系统集成、防灾安全监控及相关工程、云桂铁路(云南段)东风隧道、新建云桂铁路石林隧道、成都基础设施维修基地工程、新建呼准铁路大路黄河特大桥、敦煌至格尔木铁路沙山沟特大桥,青藏铁路西格二线关角隧道工程、新建兰新铁路第二双线西宁跨兰西高速公路特大桥、新建成都至重庆铁路客运专线新中梁山隧道、新建兰州至重庆铁路广元至重庆段新井口嘉陵江特大桥、新建兰州至重庆铁路广元至重庆段兰渝人和场隧道、北京站至北京西站地下直径线工程前三门隧道、济南至徐州公路济宁至鱼台(鲁苏界)段工程、南通东方大道快速路高架工程、麻竹高速公路宜城至保康段综合工程、江门至罗定高速公路三岔顶隧道、海南省国道西线(G255)海口过境线—海秀快速路(一期)工程、商州至西安高速公路工程、宁夏永宁黄河公路大桥工程、兰州市深安黄河大桥工程、厦门至成都公路贵州境毕节至生机(黔川界)段高速公路工程法朗沟特大桥、金融总部商务区基础设施建设项目红星路南延线段工程、成都—自贡—泸州—赤水(川黔界)高速公路成都至眉山(仁寿段)项目、华为北京环保园无线终端研发中心三期(3-3-276-1地块)工程、大连胜利路星海融汇工程、东航技术应用研发中心项目(1号楼、3号楼、10号楼)工程、合肥南站综合交通枢纽配套北广场工程、厦门软件园三期高速路以北研发区一期工程A04号楼工程、中国铁建·国际城B座工程、建发·大阅城一期工程获得国家优质工程奖。

【走向海外】 中国铁建积极落实国家"一带一路"倡议,大力实施"海外优先"战略,持续做大做优海外市场,拓展优化企业生存发展空间,在建海外项目900余项。重大境外工程:沙特内政部安全总部发展项目,尼日利亚铁路现代化项目卡杜纳—卡诺段,尼日利亚铁路现代化项目拉各斯—伊巴丹段,赞比亚奇帕塔经佩塔乌凯—塞伦杰铁路设计施工合同,孟加拉国铁路阿考拉—锡莱特米轨转换混合轨改造项目,卡诺市轻轨详细勘察、设计和施工项目,卡拉奇—拉合尔高速公路第三段——拉合尔—阿卜杜哈基姆(约230千米)的设计、采购及施工总承包(EPC)项目,阿尔及利亚贝佳亚港口—东西高速公路100千米连接线,尼日利亚铁路现代化项目阿布贾—卡杜纳段,阿尔及利亚55千米铁路项目,尼日利亚阿布贾城市铁路工程,鲁雷纳瓦克—里韦拉尔塔公路项目,泰国生态农业工厂设计施工总承包(EPC)项目,马来西亚南部铁路,格鲁吉亚现代化铁路项目,俄罗斯莫斯科第三换乘环线西南段维尔纳斯基大街站—阿米尼耶夫斯卡耶公路站地铁线路,卡塔尔卢赛尔体育场项目。2018年,中国铁建新签对外承包工程新签合同额197.75亿美元,对外承包工程项目完成营业额72.36亿美元。

【党建工作】 2018年,中国铁建党委深入学习贯彻习近平新时代中国特色社会主义思想和党的十九大精神,牢牢把握新时代党的建设总要求,以政治建设为统领,以中央企业党建质量提升年为载体,以党建工作责任制为抓手,巩固深化全国国有企业党的建设工作会议成果,不断提升企业党的建设质量,努力为深化企业改革、做强做优做大中国铁建提供坚强保证。

1. 认真贯彻落实习近平新时代中国特色社会主义思想和党的十九大精神,把坚决维护党中央权威作为学习贯彻党的十九大精神、推进全面从严治党的灵魂和主线,推动党中央重大决策部署的贯彻执行。采取多种方式,推进党的领导与公司治理体系有机融合。及时传达全国组织工作会议精神等,把中央精神结合企业实际进行细化,融入企业改革发展过程。组织梳理党委前置研究和"三重一大"决策事项清单,理顺沟通衔接流程,将党建工作融入公司治理体系。

2. 坚持用习近平新时代中国特色社会主义思想武装头脑,提高领导干部的理论水平。落实党管干部原则,全面加强干部管理,深化领导人员履职尽责管理,促进各级领导人员清正廉洁。开展2017年度综合考核评价和选人用人"一报告两评议"工作。坚持党管人才原则,严把推荐考察关,夯实人才管理基础。制定印发《表彰奖励管理办法(试行)》等制度,规范人力资源管理工作。按照统筹规划、突出重点、分层管理、分级负责的要求组织实施员工教育培训工作。

3. 落实党建工作责任制,开展党建工作责任制考评、签订党建工作责任书,压实压紧管党治党责任。召开境外单位党建工作座谈会,推动境外党建工作标准化、制度化,为实施海外优先战略提供坚强组织保障。

4. 构建融媒体宣传格局,实现视媒纸媒网媒新媒体立体发声。《中国铁道建筑报》聚焦党建和企业中心工作,全方位展现企业发展成就和精神面貌。充分发挥铁道兵纪念馆作用。召开全系统首次海外宣传工作推进会,推动外经单位和重点区域、重点项目,加大海外宣传力度。依托中非合作论坛等重要主场外交,提高外宣效果。

5. 成立党风廉政建设和反腐败工作领导小组,统筹推进党风廉政建设和反腐败工作,层层签订《党风廉政建设责任书》。坚决贯彻中央纪委、国务院国资委党委和驻委纪检监察组对重大违纪违规案件的部署安排,成立专项整改领导小组,部署开展自查自纠工作。持之以恒贯彻落实中央八项规定及其实施细则精神,集中整治形式主义和官僚主义,严肃查处违反"三重一大"决策制度等违纪违规行为。坚定不移深化政治巡视,推动企业持续健康发展。

6. 严格遵守中国境内及境外业务所在国家和地区的法律法规,严禁任何贪污及行贿受贿行为。坚持有腐必反、有贪必肃,保持惩治腐败高压态势;着力加强廉洁风险防控,制定《中国铁建股份有限公司关于进一步加强境外廉洁风险防控工作的实施意见》《中国铁建股份有限公司关于进一步加强廉洁风险防控工作的实施意见》;出台《中国铁建股份有限公司线索处置工作细则(试行)》,规范线索处置;印发《中国铁建股份有限公司领导人员廉政档案管理办法(试行)》,全面建立领导人员廉政档案,强化领导干部日常监督管理。

7. 坚持党建带动,激发群团活力,增强员工归属感。一是坚持党建带工建,先后在成都地铁等重点工程开展劳动竞赛,推进职工群众技术创新,弘扬劳模精神、劳动精神和工匠精神。二是坚持党建带团建,不断提高团组织吸引力、凝聚力和战斗力。开展"青年大学习""铁建青年跟党走""转变作风、青年先行"专题教育活动,引导团员青年提素质、练内功、比风采。全年6家单位获评"全国模范职工之家",5人获得全国"五一劳动奖章",1人获评"全国三八红旗手",3个集体获评"全国工人先锋号",8个集体获得火车头奖杯,7名青年获评"全国青年岗位能手"。

【节能减排】 一是中国铁建严格遵守与污染防治相关的国内法律法规以及国际规约,不断提升节能减排管理水平,将节能减排工作融入施工、生产全过程。继续加大资金投入,推动技术进步,淘汰落后产能,从源头控制能源消耗和污染物排放,推动节能减排工作取得实效。二是加大节能减排宣传教育和培训工作力度,通过张贴宣传标语、举办培训班等方式,努力营造节能减排的浓厚氛围,提高全员节能减排意识,使节能减排工作在日常工作中得到充分落实,实现企业绿色发展。2018年,公司举办节能环保管理干部培训班,培训人员6300余人,培训覆盖率90%以上。三是倡导节能、低碳、节俭的生产方式、消费模式、生活习惯,在员工中全面普及节能低碳知识、节能方法,强化员工的节能意识、资源意识和环境意识。全年能耗总量516.32万吨标准煤,企业万元营业收入综合能耗(可比价)0.0864吨标准煤,比上年下降3.03%。四是践行生产经营与环境保护同行理念,坚持环境保护与施工生产同时设计、同时施工、同时投产使用,强化环境污染综合治理,加强自然生态保护修复,开展资源节约利用,多措并举,全方位、全地域、全过程保护生态环境,减少施工对环境的负面影响,交付一项项绿色工程。

【履行社会责任】 一是中国铁建不断完善法人治理结构,保护投资者权益,努力实现企业高质量发展,2018年获得"中国上市公司最具投资价值品牌企业""中国上市公司最具核心竞争力100强""中国上市公司改革开放40年杰出企业""最受投资者尊重的上市公司"等称号。二是坚持与合作伙伴携手前行,为客户交付建筑精品,提供优质满意服务。三是秉持"以人为本"理念,积极维护员工权益、支持员工发展,构建和谐劳动关系,不断增强员工获得感、成就感、幸福感。全年培训员工468855人次;筹集送温暖资金7214万元,慰问困难员工家庭12653户,慰问劳模先进、一线员工、离退休人员和农民工76491人次。四是积极履行企业公民责任,利用自身的优势开展精准扶贫,支持社区发展,热心社会公益,履行海外责任,用铁建人的真情温暖社区公众。全年对外捐赠1902.52万元;派出定点扶贫干部30人,直接投入无偿帮扶资金4003.60万元,物资折款4071.20万元。其中,在3个定点扶贫区县直接投入帮扶资金1559.58万元,帮助引进各类资金3096.75万元;培训基层干部和专业技术人员144人次,接收对口贫困县大学毕业生11人;购买贫困地区工业品、轻工业品1349.19万元,农产品218.26万元,帮助销售贫困地区农产品149.83万元。

(撰稿人:杨启燕)

中国交通建设集团有限公司

【基本概况】 中国交通建设集团有限公司(以下简称"中交集团")是国务院国资委监管的特大型综合建筑企业,在2018年《财富》杂志"世界500强"中排名第91位。中交集团主要从事交通基础设施的投资建设运营、装备制造、房地产及城市综合开发等,为客户提供投资融资、咨询规划、设计建造、管理运营一揽子解决方案和综合一体化服务,是中国第一家成功实现境外整体上市的特大型国有基建企业,业务足迹遍及全球150多个国家和地区,员工数量超过14万人。在国务院国资委2018年度中央企业经营业绩考核中,连续13年获评国务院国资委经营业绩考核A级企业。经过长期发展,中交集团成为世界最大的港口设计及建设公司、世界最大的公路与桥梁设计建设公司、世界最大的疏浚公司、世界最大的集装箱起重机制造公司、世界最大的海上石油钻井平台设计公司;亚洲最大的国际工程承包公司、中国最大的设计公司、中国最大的高速公路投资商;拥有中国最大的民用船队。

【主要指标】 2018年,中交集团坚持以习近平新时代中国特色社会主义思想为指导,坚决贯彻落实党中央、国务院和国务院国资委的决策部署,调结构、拓市场、促改革、强管理、抓党建,取得良好的经营业绩。公司新签合同额12646亿元,完成营业收入5830亿元,实现利润总额287亿元,全力推动公司高质量发展,向着世界一流企业目标再出发再奋进。

2018年中国交通建设集团有限公司主要经济指标

项目	2017年	2018年	比上年增长(%)
资产总额(亿元)	11930	13659	14.49
所有者权益(亿元)	2658	3129	17.72
营业收入(亿元)	5367	5830	8.63
利润总额(亿元)	274	287	4.74
净利润(亿元)	201	215	6.97
归属于母公司所有者的净利润(亿元)	104	105	0.96
技术开发投入(亿元)	98	119	21.43
利税总额(亿元)	258	325	25.97
应交税金总额(亿元)	286	308	7.69
全员劳动生产率(万元/人·年)	52	54	3.85
净资产收益率(%)	8.06	7.43	减少0.63个百分点
总资产报酬率(%)	3.65	3.44	减少0.21个百分点
国有资本保值增值率(%)	115.54	107.40	减少8.14个百分点

【改革发展】 2018年,中交集团按照国务院国资委关于深化改革的总体部署,结合公司实际,深入推进各项改革工作并取得积极成效。一是总体改革稳步推进。制定《试点改革实施方案》《集团组建方案》,"一台多柱"总体架构雏形渐显。中交疏浚上市加紧推进,振华重工顺利分拆,中交房地产业绩提升,中国城乡正式组建,中交产投运行稳定,中交资本加快筹建,机场建设集团完成重组,信科集团整合成立。二是专项改革完成目标。累计压减法人户数240户,管理层级从七级压缩至三级,法人层级从十级压缩到七级,累计减少人工成本和管理费用近8亿元。6家"僵尸企业"全部脱困,全面完成国务院国资委"处僵治困"工作任务。"三供一业"分离移交协议签订率100%。三是综合改革取得成效。中交房地产、中交疏浚、信科集团被列入国务院国资委国企改革"双百行动"试点单位;完成一公局与隧道局重组,下放5个方面17项管理权限;调整房地产业务管理体系,优化绿城中国管控机制;搭建轨道分公司、中交投资和一公局集团3个轨道交通业务管理平台;抓好三项制度改革,推进市场化选聘,深化差异化考核。

【重大项目】 2018年,中交集团积极践行国家战略,坚守匠心建造,全力打造交通基础设施精品工程。公司实施的远海工程圆满完成各项使命,受到党和国家最高级别表彰;创下多项世界之最的港珠澳大桥建成通车,习近平总书记出席大桥开通仪式,高度肯定"大桥的建设非常了不起";巴布亚新几内亚独立大道顺利移交;中马友谊大桥等"一带一路"标志性项目竣工;全国最大公路PPP项目太行山高速通车运营;蒙内铁路等3项工程获得ENR年度全球最佳及优秀工程项目奖;长江南京以下12.5米深水航道二期工程正式试运行;非洲第一大悬索桥莫桑比克马普托大桥及连接线项目正式通车;青岛地铁13号线开通,成为国内建设周期最短、一次性开通里程最长的轨道交通项目。

【走向海外】 2018年,中交集团加大全球经营布局,加密全球化发展网络,"中交全球化"向"全球化中交"转变的态势进一步凸显。一是高端对接成效显著。参加中非合作论坛北京峰会,签订各类项目协议23项,涉及金额超过100亿美元;深度参与"16+1峰会"、巴新APEC会议、中西经贸论坛等大型国际活动,在第三方市场合作、构建战略联盟等方面取得成效。二是国际化经营能力持续提升。制定《海外板块管理办法》及13项配套制度;全年新进入克罗地亚、东帝汶、多米尼加、布基纳法索等国别市场,经营范围扩展到全球155个国家,境外机构229个,国际化经营指数提升至28%,继续稳居亚洲最大国际承包商首位。三是海外融合持续深化。澳大利亚约翰·霍兰德公司发展迈上新台阶,营业收入和利润总额持续攀升。切实推进属地化经营,在肯尼亚、新加坡、乌克兰等国新设子公司,外籍员工3897人;在科伦坡港口城、埃塞俄比亚季马工业园等海外项目实施中,紧密对接所在国需求,促发展、促就业、建学校、重环保、惠民生,获得"海外履责典范企业奖"。

【重大创新】 2018年,中交集团坚持创新驱动战略,推进科技创新机制改革和体系建设,优化创新资源配置,加大研发投入,在前沿和关键核心技术、大型海工装备等方面攻克技术壁垒，抢占产业制高点。召开科技创新大会，部署科技创新工作重点任务；首期规模10亿元的中交双创基金启动实施；为雄安新区提供100余项创新性成果；启动悬浮隧道、智能桥梁等51项面向前沿引领和关键共性技术研发项目；史上首台无人驾驶跨运车、世界首套盾构机智能化焊接系统、全球最大海上风电施工平台相继问世；全年获得国家科学技术奖励5项，其中"中国高精度位置网及其在交通领域的重大应用"获得国家科技进步一等奖，获得詹天佑大奖6项、省部级科技类奖项184项；主持修订的2项挖泥船ISO国际标准发布实施，主编、参编《水运工程地基设计规范》《公路工程设计导则》等一批标准，进一步提升行业话语权。

【党建工作】 2018年，中交集团贯彻落实全国国企党建工作会精神和中央企业党建"质量提升年"要求，党的领导核心和政治核心作用进一步发挥。一是政治建设"定盘星"更加牢固。始终把政治建设摆在首位，切实增强树牢"四个意识"，坚定"四个自信"，坚决做到"两个维护"，以落实党的十九大精神为重点，持续推进30项重点任务。完善"双向进入、交叉任职"领导体制，推动党组织深度嵌入公司治理结构。在首次中央企业党建责任制考核中被评为"优秀"，被中央党的建设工作领导小组确定为国有企业党建工作联系点。二是党建基础"压舱石"更加稳固。严抓"基本组织、基本队伍、基本制度"建设，实行党建考核"三级联查"，强化党员领导干部"一岗双责"，把党建工作"软指标"变为"硬约束"；深入推进"三级联创"，系统开展"中交蓝·党旗红"等多项活动；首个党外代表人士建言献策平台正式揭牌，工会工作蓬勃开展，团青工作全面活跃，涌现出全国"最美职工"林鸣等一批模范典型，充分展示中交人的良好精神风貌。三是廉政建设"防火墙"更加牢固。扎牢"不能腐"的笼子，修订《公司党委落实中央八项规定精神实施意见》，规范干部亲属经商行为，组织开展重大违纪违规案件专项整改。强化"不敢腐"的震慑，完成3轮28家单位巡视，开展公务用车、办公用房等专项检查，试点建立境外纪工委，召开首次警示教育大会，加大惩治腐败力度。全力营造风清气正的发展环境，增强"不想腐"的自觉，推动党规党纪入脑入心。

【信息化建设】 2018年，中交集团以"互联网+"引领和支撑公司管理变革为目标，推动深度数字化转型，推进信息化"穿透工程"三年行动计划，促进管理提升，驱动业务融合。充分依托企业在交通基础设施领域的优势发展信息产业，组建中国交通信息科技（集团）有限公司，支撑公司深度数字化转型升级，同时按照"产信融合"思路，重点打造与中交集团各产业紧密融合的智慧产业。制定公司网络安全工作三年计划，持续优化网络与信息安全基础环境；推广总承包项目管理系统、云电商平台、统一门户平台应用；实施流程优化一期项目，建立三级流程管理体系；开展智慧工地建设，实现施工现场关键要素数字化管理，提升管理精细化和标准化水平。

【履行社会责任】 2018年，中交集团积极发挥企业优势，切实扛起央企使命与担当。一是扎实推进三大攻坚战。积极履行政治责任和社会责任，多措并举降杠杆减负债，截至2018年底资产负债率77.09%，比上年减少0.63个百分点。大力实施精准扶贫、精准脱贫，形成具有中交特色的脱贫攻坚"六大体系"，持续做好云南、新疆帮扶工作，2018年投入帮扶资金9507.53万元，助力定点帮扶地区标注脱贫12万多人。践行绿色发展理念，积极构建绿色发展体系，全年未发生一般及以上突发环境事件，6项技术进入交通运输重点节能低碳技术推广目录，7个项目获得中国节能协会创新奖。二是全力筑造优质精品工程。落实质量强企战略，严格遵守安全质量健康环保（QHSE）管理体系，全年项目一次验收合格率100%，8个项目工程获得鲁班奖，34个项目获得国家优质工程奖，国家级建设工程质量获奖数量再创新高。三是积极参与共促社会和谐。发挥基础设施建设专业优势，在抢险救灾等急难险重事件中发挥重要作用。组织助学济困、关爱弱势群体等公益活动，依托中交蓝马甲志愿服务总队，持续开展志愿服务活动，近万人参与蓝马甲志愿者。在多地创办农民工业余学校近600所，累计培训农民工超过35万人次，推进产业工人队伍建设，提升职业技能，保障困难群众就业。

（撰稿人：杨胜利）

中国普天信息产业集团有限公司

【基本概况】 中国普天信息产业集团公司（以下简称"中国普天"或"公司"）是以信息通信技术的研发、系统集成、产品制造、产业投资以及相关的商品贸易为主业的中央企业，业务覆盖信息通信与网络安全、智慧城市、低碳绿色能源、创新创业平台、工业自动化装备制造及金融信息化等领域。

中国普天认真履行信息通信产业"国家队"的职责，从邮电工业起步，在不同历史阶段为国家通信事业和信息产业的发展壮大作出巨大贡献。中国普天以创新驱动，坚持技术创新、集成创新、商业模式创新和2个"三位一体"管理体系，持续拓展产业空间，全面提升产业可持续发展能力，不断推进企业由传统通信设备制造商向信息化整体解决方案提供商和综合运营服务商转型。

作为国家创新型高新技术骨干企业，中国普天净资产超过100亿元，拥有30余家全资及控股二级企业。公司在京津冀经济圈、长江三角洲、珠江三角洲以及中西部地区均建立重要的研发和产业基地，产品和服务遍及全球100多个国家和地区，Potevio品牌是国家重点支持出口的知名品牌之一。

【主要指标】 2018年，中国普天实现营业收入757亿元，与上年基本持平；利润总额6亿元；"两金"占流动资产比重48%，比上年减少2.6个百分点；净资产略有增加。截至2018年底，公司总部及出资企业员工2.3万人。

【改革发展】 2018年，中国普天不断深化体制机制改革，大力完善公司治理结构，推进多层次管理创新，加大出资企业改革力度，为公司可持续发展注入活力。

1. 完善顶层规划设计，推进总部体制机制变革。

一是进一步完善公司治理结构，强化中国普天集团的战略引领和科技创新驱动能力。2018年，中国普天审议通过中长期战略规划，明确下一步的战略发展方向。本着"小总部、大产业"的思路，中国普天对总部职能部门进行优化重组，将普天股份总部职能部门进行职责整合优化后上移至普天集团；缩减总部人员编制26%，将总部编制控制在百人以内。

二是完成对事业部的优化重组。根据中国普天战略发展规划，围绕推进公司产业结构优化升级，发挥事业部带动产业发展的核心作用，建设事业部自身核心竞争力，中国普天对事业部组织结构进行优化重组，将普天股份总部的5个事业部和商务管理部整合为信息通信事业部，定位是聚焦行业信息通信领域，培养和扶植重点产业，带动相关产业及相关企业发展。

三是深入推进绩效考核和收入分配改革。2018年，中国普天重新修订出资企业高管人员业绩考核管理办法、薪酬管理办法和工资总额管理办法。在出资企业绩效考核指标中增加"核心竞争力指标"，对企业实施分级分类管理；同时以业绩为导向，将企业效益与薪酬分配紧密挂钩，引导企业做强主业，提升自主产品核心竞争优势，增强可持续发展的能力。总部职能部门业绩考核规则也进行调整，年度绩效奖金按一定比例与集团公司整体经营业绩考核进行联动。

2. 拓展改革创新思路，推进企业转型发展。

2018年，中国普天拓展改革思路，一批长期存在的困难企业治理问题开始得到解决。西安普天、武汉普天整体转型双创园区纳入普天双创板块；侯马普天股权重组工作取得一定进展。普天物流完成重组，将贵阳科创全面纳入普天物流管理，下一步将把管理中心由北京迁移至贵阳，以降低成本费用，提高运营管理效率。普天新能源启动混合所有制改革工作，有效激发企业活力。南京普天成功恢复上市，维护公司在资本市场的形象。

3. 强化内部资源整合，业务协同发展初见成效。

中国普天通过加强高层组织协调和内部资源整合，强化企业业务板块市场的协作能力。在轨道交通板块，组织相关企业进行协调，并多次通过高层拜访协助推动重点业务拓展；总部事业部与东信轨交公司积极交换合作意向，实现在青岛轨道交通等项目的合作。东信轨交公司作为轨道交通板块的核心企业，也充分利用东信集团内部的技术和研发力量,推进轨道交通领域的"互联网＋"改造以及人脸识别等技术和产品的研发,取得积极成果。在相关企业的共同努力配合下,轨道交通板块业务开始走上良性发展的轨道,为后续进一步提升奠定良好基础,也为其他业务领域的市场协作作出表率。

【人力资源管理】 2018年,中国普天深入落实"二十字"方针和组织工作原则,坚持正确用人导向,根据总部和出资企业经营管理工作需要以及梯队人才培养情况,进一步加大领导干部队伍选拔和优化力度,推进领导干部队伍和人才队伍建设。严格干部选拔任用标准和程序,突出选拔具备企业实践工作和管理经验的领导干部,聚焦一线年轻干部,加大培养选拔力度。2018年,中国普天集团党委对52名干部进行考核调整,提拔25名平均年龄44岁的干部,其中40岁以下6人,有效推进干部队伍年轻化。加快人才梯队建设,首次建立财务管理人才库,开展财务管理能力提升、投融资平台战略与管控、资本运作与投融资规划、纪检监察专业人才业务培训等,逐步形成中国普天专业人才储备池。

【产业发展】 2018年,中国普天加大科技创新力度,推进产品结构调整,强化市场协同与资源共享,优化重点项目运作,不断拓宽业务领域,推动集团的产业转型升级。

1. 创新信息通信技术与应用。

中国普天下属企业普天技术以LTE230电力无线专网为代表的专网产品实现公司自研产品的市场突破。2018年,公司强化标准制定,推进技术创新,与国家电网签署战略合作协议,推动通过多个国家和行业标准。2018年,普天技术承建的国网系统首个地市区域全覆盖的LTE230成功验收,标志着公司成功打造无线专网领域的品牌工程,为下一步的市场拓展打下坚实基础。

完善特种通信应用和信息安全产品,加强对国家网络信息安全的支撑能力。2018年,公司多款4G专网通信设备产品完成研发和生产定型,特种通信四大类6款产品进入2018年JZ装备列装目录,首次列装网络攻防类产品;定位车、电子围栏等产品中标多地特种通信项目。强化大数据市场开拓,中标广西、海南、浙江等多地的公安大数据项目。东信集团中标多地公安无线通信和警用数字集群项目,圆满完成港珠澳大桥开通、珠海国际航展、杭州世界游泳锦标赛等重大活动的通信保障工作。南京普天配线产品圆满完成"两会"、世界互联网大会、国际进口博览会通信保障任务,一体化机柜等配线产品在多省的铁塔集团遴选中入围,并成为中国电信光配线架等产品A级供应商。

面向政务、民生领域,不断完善普天特色智慧城市解决方案体系。普天和平推动建设的重庆永川"服务公社"信息惠民服务平台成功上线运行,打造"政务服务＋数据智能＋新零售"的大数据平台新模式;事业部、普天技术、东信集团等中标海关总署、天津等多地的各类政府信息化项目以及中车、大唐等企业信息化项目。普天技术推动建设将"互联网＋"与大健康产业深度融合的智慧养老体系,发布普天智慧养老管理云平台,中标江苏、海南等多地的政府购买智慧养老项目,完成与泰康等高端养老机构的智慧养老合作。普天技术、南京普天中标多个智慧园区和智慧教育项目,事业部在智慧监狱方面与云南监狱管理局开展战略合作,持续完善普天特色的智慧城市解决方案体系。杭州鸿雁积极推动传统业务向智能家居、智慧园区等新产业、新领域转型,全年智能家居项目签约超过10万套,并在绿城、万科等高端地产项目中逐步落地。

2. 构建绿色低碳能源产业体系。

2018年,中国普天新能源汽车充电设施网络重点突破公交、公网等大客户,新增充电网络项目的利用率显著提升,单位投入产出居行业前列。2018年,普天新能源新增入网服务车辆20195辆,新增充电度数3.81亿千瓦·时、新增充电时长725.6万小时,投充电网络单位功率充电量比上年增长17％。强化标准制定,截至2018年底,参与制定、修订国际、国家、行业等标准139项,其中已发布84项,保持行业领先地位。

3. 推进信息化和工业化深度融合。

强化技术创新和市场拓展,不断推进工业自动化解决方案落地。2018年,普天物流延续在烟草物流市场的领头地位,几乎包揽全部烟草商业物流大型项目,中标西安、丽水、阳泉等一大批异型烟分拣项目,品牌影响力持续提升。医院物流领域,2018年中标北京顺义中医院、佛山妇幼医院项目,实现新的业务增长点。拓展新行业物流领域,中标京东、上汽、兵器工业集团等项目。通过持续拓展新市场,公司核心产品技术的行业应用得到进一步拓宽。

金融电子领域,东信股份现金设备在大银行市场获得突破,入围邮储银行、交通银行,同时继续保持农信市场优势,实现19家省级农信的入围。智能非现金设备不断扩大市场,智能柜台、排队机、回单机等产品入围交通银行、重庆银行等多家银行;智能设备创新转型成果初现,线下自助贷款机、政务自助机等新产品成功研发并投入使用,智能财务一体机、智能助残设备等实现商用落地。智能卡产业市场销量持续增长,通信卡发卡量比上年增长近30%,其中物联网卡销量比上年增长287%;金融卡、社保卡、IC卡居住证销量比上年实现较大增长。

轨道交通领域,普天东信的轨道交通专用无线通信系统中标杭州多条地铁项目,合同金额超过6000万元,取得重大市场进展。事业部承接的北京地铁安保中心工程、北京轨道交通视频监控升级改造项目、深圳地铁NOCC信息化综合运行管理平台等项目顺利推进中。

4. 建设创新创业服务平台。

一是双创示范基地各项工作稳步推进,园区运营管理水平持续提升。2018年,中国普天完善双创板块远期战略规划和近期工作指引,制定普天双创《三年发展规划》,推进布局全国中心城市建设双创园区网络、建立双创园区—孵化器—创业投资的全产业链服务体系;编制发布《双创园区及孵化器建设运营指引》,对园区建设运营标准规范细化。成功组织首届双创大赛,7个获奖项目推荐参加国务院国资委主办的"央企熠星创新创意大赛"。二是园区项目建设进展顺利。天津双创项目实现主体结构封顶,并启动招商工作;普天实业西区改造项目、普天高科一期改扩建工程、贵阳科创野鸭塘项目正常推进。三是创投工作实现良好开局。2018年,公司发布《创业投资管理试行办法》,为创投工作开展提供制度保障。普天联创在公司各园区、孵化器筛选出30余家入孵企业进入创业投资项目池,并于2018年底完成首个园区创投项目落地,为公司创投工作奠定良好开局。

【走向海外】 2018年,中国普天认真落实国家"一带一路"倡议与"国际产能合作"等政策,努力扩大既有业务的合作范围,积极推动普天自有产品"走出去"。普天国际在"一带一路"倡议沿线区域国家成功拓展缅甸通信产品市场,中标马来西亚亚通项目电源类集采招标项目,并首次向泰国和缅甸市场出口电池电源等主业产品;东信集团签订泰国粉黄线轻轨项目;东信和平俄罗斯公司开拓独联体部分地区的银行卡市场,业绩稳步提升。在南美和非洲地区,普天国际签约176万套杭州鸿雁LED照明设备加勒比地区合同;完成东信集团GSS、ATM机等金融机具海外发货3000余台;普天技术承担非洲吉布提信息化项目建设。

【重大创新】 2018年,中国普天新参与承担5项国家重大科技项目和2项省部级科技项目,11项国家重大科技项目和4项省部级科技项目通过验收;新增专利申请433件、专利授权457件、软件著作权137项,普天技术1件专利获得中国专利优秀奖;5个QC小组获得"全国优秀质量管理小组"称号。

【党建工作】 2018年,中国普天集团党委深入学习宣传贯彻习近平新时代中国特色社会主义思想和党的十九大以及全国组织工作会议、中央企业党的建设工作座谈会精神,充分发挥"把方向、管大局、保落实"的领导作用,牢牢把握新时代党的建设总要求,坚持和加强党的全面领导,以政治建设为统领,以党建质量提升年为载体,以强化党建责任制为抓手,持续深入落实全国国有企业党的建设工作会议安排部署的党建重点任务,进一步压实管党治党政治责任,推动企业党的建设全面过硬、全面加强。

坚持把习近平新时代中国特色社会主义思想和党的十九大精神作为党员干部教育培训的必修课,确保实现"五个全覆盖"。充分发挥党建"三个作用",推进党建工作"四融合",推进机制融合,落实党建工作进公司章程要求;推进工作融合,充分发挥在信息技术领域的优势,建设并应用"智慧党建APP",使党务工作乘上"智慧快车";推进人员融合,构建"双向进入、交叉任职"领导体制;推进考核融合,把党建工作考核与经营业绩考核有机统一起来。深入推进党建重点工作落实,加强党建"三基建设",不断筑牢党建根基。

狠抓党风廉政建设责任制,多种手段推进"两个责任"落实,通过将"两个责任"考核与企业经营业绩相挂钩以及组织出资企业党委书记、纪委书记年度履职专项考核等形式,层层签订责任书,基本做到落实"两个责任"无死角、全覆盖。强化监督检查和严格执纪,紧盯重点部门和关键岗位,严防"四风"反弹回潮,防止腐败现象滋生蔓延。健全完善制度体系,健全廉洁风险防控机制,不断推进"不能腐"体制机制建设。坚持教育在先、警示在先、预防在先,加强思想政治建设和宣传教育工作,提高广大党员干部接受监督的自觉性。持续深化三转,提高履职能力,严格监督执纪,2018年完成对信访举报以及重点问题线索的查办工作,10余名违规违纪人员受到党政纪处分。加大国务院国资委巡视反馈意见整改力度,针对巡视组和巡视督查反馈意见指出的4个方面14个问题,结合集团开展的问题清单梳理制定的95项整改措施,明确责任人、完成时限、整改目标和考核"量化"标准,截至2018年底,完成87项整改措施,其余8项跨年度整改项目都按计划稳健推进。深入开展内部巡视巡察工作,对普天实业、天津中天等5家出资企业党委开展巡视巡查工作,切实发挥巡视工作的监督和利剑作用。

【履行社会责任】 积极履行央企的政治责任和社会责任,进一步加大精准扶贫力度,抓好扶贫项目落实。加大扶贫资金帮扶力度,投入扶贫资金较上年增长一倍。推进扶贫项目建设,出资建设燕麦饲草基地示范项目,创造良好经济效益;启动"健康扶贫"创新项目,解决青海省果洛州达日县地域性疾病诊断便利性的难题;援建村级党员活动室,切实帮助扶贫地区改善基层党组织活动办公条件。配齐配强扶贫队伍,2名扶贫干部到位上岗。

(撰稿人:郎晓黎)

中国信息通信科技集团有限公司

【基本概况】 中国信息通信科技集团有限公司(以下简称"中国信科"或"集团")成立于2018年8月15日,由武汉邮电科学研究院有限公司和电信科学技术研究院有限公司联合重组而成。2018年,在国务院国资委的正确领导下,集团全体干部职工以习近平新时代中国特色社会主义思想和党的十九大精神为指导,深入贯彻落实习近平总书记视察集团重要讲话精神,坚持稳中求进工作总基调,坚持以供给侧结构性改革为主线,坚持以高质量发展为总要求,着力科技创新,着力抢抓市场,着力深化改革,着力管理提升,着力强化风险防范,着力推进党的建设,新集团发展实现良好开局,重组效应初步显现。2018年,中国信科实现合同总额、销售总额比重组前武汉邮科院和电信科研院两院合并数分别增长3%和8%,创历史新高。

【主要指标】

2018年中国信息通信科技集团有限公司主要经济指标

项 目	2017年	2018年	比上年增长(%)
资产总额(亿元)	845.8	832.4	-1.58
所有者权益(亿元)	361.3	338.0	-6.45
营业收入(亿元)	495.4	512.8	3.51
利润总额(亿元)	-13.1	6.3	148.09
净利润(亿元)	-16.3	3.1	119.02
归属于母公司所有者利润(亿元)	-9.2	-10.7	-16.30
技术开发投入(亿元)		63.7	
利税总额(亿元)		38.3	
应交税金总额(亿元)		32.0	
全员劳动生产率(万元/人·年)		21.03	
净资产收益率(%)		0.89	
总资产报酬率(%)		1.78	
国有资本保值增值率(%)		81.43	

注:中国信科2018年成立,部分经济指标无2017年数据。

【改革发展】 2018年，中国信科治理结构和组织架构实现重构。顺利完成新集团名称预核准、公司章程审批、职工董事选举等相关手续，完成工商注册。召开中国信科第一届董事会第一次会议。完成各上市公司权益变动披露和要约收购豁免申请等相关手续，中国信科股权划转工作顺利完成。

一是产业结构实现融合优化。通过对集团各产业板块的认真细致调研，确定集团未来发展的"六个三"产业战略定位，努力做全球无线通信领域领军企业、全球光通信领域先导企业、全球集成电路和高端光电子器件主导企业、数据通信领域核心企业、网络安全和特种通信领域国家队、新型智慧城市建设主力军。

二是业务发展实现有效协同。着眼于5G建设需要，积极推进内部资源整合，成立5G联合工作组。汇集集团南区虹信公司与北区大唐移动主要资源成立联合攻关队伍，将北方烽火、无线移动创新中心转由大唐移动托管，充分发挥原分散的各单位技术比较优势和人才相对优势，加强大唐移动与烽火通信、虹信公司在技术研发、产品开发、市场营销和工程服务等多方面、多层次业务协作，为开拓5G市场奠定良好基础。

三是人力资源管理进一步完善。引进光电子、无线通信、云计算、大数据、芯片设计等领域顶尖人才19人，推报国家杰出工程师、央企先进集体和劳动模范等各类人才奖项24项。积极开展中长期激励实践，2018年，集团员工离职率比上年减少1.3个百分点，其中中长期激励对象离职率明显下降。

四是财务管理进一步精细化。推进财务高效融合，总部财务完成一体化纵向分工，全面预算管理实现全覆盖。认真配合审计署专项检查，扎实整改提出的问题。充分利用税收优惠，整体入库税负降至3%以下，实现出口退税9亿元、软件退税3.5亿元和所得税优惠5亿元。丰富理财融资手段，继续推进资金集中。

【重大项目】 一是产业配套项目进一步推进。集团下属烽火通信海缆生产基地开始试生产，光棒产业园、西安产业园全面封顶，华东产业基地开工建设；光迅公司光电子产业园二期工程通过竣工验收；长江通信物联网与智慧应用产业园项目完成开工建设前准备工作；理工光科产业园建设二期工程项目基本完成主体结构施工；数据所西安研发中心正式投入使用；大唐高鸿总部基地项目办理验收中。

二是资本运作进一步深化。大唐电信集团成功发行中票20亿元；武汉光谷烽火光电子信息产业投资母基金等基金到位资金超过11亿元；光迅科技非公开发行股票获证监会批准，烽火通信可转债项目获国务院国资委批准；大唐股份公司参与设立中外合资企业瓴盛科技（贵州）有限公司，增资辰芯科技；大唐高鸿启动公司债5亿元发行工作。

【走向海外】 2018年，中国信科国际市场合同额、销售额再次超30%高速增长，规模超过5000万美元的代表处增加至8个；大T市场攻坚取得进展，突破全球排名前50位的运营商客户9个。传输产品在南美实现规模突破，中标厄瓜多尔全国骨干传输网项目，高端产品中标泰国400G二平面项目；光缆连续十年出口量居全国第一，自主研发设计的国内外3种主流型号海底光缆顺利通过国际环球接头联盟颁发的UJ认证，并完成海缆海外市场首单；中标俄罗斯第一大运营商MTS 2018年基站天线集采项目；完成柬埔寨FDD 700M、PICO室内覆盖项目，拓展菲律宾smart 4G有源室内分布市场。全年审批因公出国（境）团组6536批次7023人次，涉及94个国家和地区。

【重大创新】 一是以5G为代表的无线通信领域不断实现突破。截至2018年底，中国信科布局5G相关专利超过3000件，提交标准提案超过5000件，中国提交标准提案数量占全球标准提案的1/3，其中1/3来自集团。集团LTE专利数和5G标准必要专利数均进入全球前十位，并取得大规模天线、超密集组网等关键技术的全球领先地位。中国信科积极参与工业和信息化部第三阶段5G技术研发试验，率先完成3.5G、4.9G的NSA、SA阶段实验室和外场测试，完成与华为、高通、展锐等终端的IoDT互操作测试，核心网测试是首批100%完成全部用例的厂商之一，整体测试结果排名前三位。完成预商用平台开发，进行5G特通适配层原型研发，以车联网为核心应用，初步建立5G业务应用和业务合作生态圈。

二是在传统优势的光通信领域继续厚植技术优势。中国信科基于自研19芯光纤实现1.06Pb/s光传输,是国内首次完成P比特级光传输系统实验。基于FTN技术的超大容量光传输系统实现5×256－Gb/s 3120千米光传输系统实验,是所见报道中压缩比最高、传输距离最远的光传输系统实验。首次完成基于硅光器件和FTN算法的400G光传输实验,达到国际领先水平。实现100G/200G全集成硅基相干光收发集成芯片和器件的量产,是国际上已报道的集成度最高的商用硅光子集成芯片之一,填补国内商用硅光芯片和相干光收发器的空白。自研100G/400G系列光模块产品成功发布和商用。5G承载解决方案在电信运营商测试、全球多厂家设备互联互通、工业和信息化部和国家发展改革委组织的5G试点项目中均表现不俗。

【党建工作】 2018年,中国信科认真学习贯彻落实习近平新时代中国特色社会主义思想和党的十九大精神。4月26日,习近平总书记视察集团总部并作重要讲话,集团上下深受鼓舞,党委理论中心组第一时间组织专题学习,第一时间组织召开学习传达会议,开展"重走习近平总书记视察路"活动。新集团成立后,集团党委开展"学习习近平新时代中国特色社会主义思想"征文活动,党委常委带头,各基层党组织撰写理论指导实践的深度文章160篇。

一是坚决贯彻落实党建责任制各项要求,狠抓"三基"建设。新集团成立后,出台包括《党委工作规则》在内的首批9项基础性党建制度,形成以"5+1"为主要内容的基层党建工作考核评价标准,并将党建工作开展情况与二级单位班子成员薪酬挂钩。创新开展模拟支部创建,形成18种品牌支部创建方案,并向212个支部进行推广应用。积极推进以"党建互联网+"形式增强党建工作形式创新,夯实支部建设。

二是着力推进党风廉政和反腐败工作体系建设。集团党委全力支持纪委工作,集团总部纪检监察人员力量大大加强;在子公司层面,对纪检监察机构设置、专职纪检监察人员配置规定最低标准。出台《禁止领导干部在外办企业》等文件,出台《在纪检监察工作中贯彻落实"三个区分开来"重要思想的实施办法》。

三是聚力强化巡视整改落实工作。集团党委高度重视国务院国资委党委巡视反馈的问题,持续推进整改落实工作,针对巡视反馈问题制定的43项整改措施全部按计划落实。集团党委成立巡视工作领导小组,发布《集团党委巡视工作规划(2018－2022年)》《集团党委巡视工作办法》等文件。

【信息化建设】 2018年,中国信科实现集团南北区总部邮件的内网加密传输;分阶段稳步推进"大额资金动态监测系统""三重一大决策和运行监管系统""产权投资项目管理系统"等信息化建设专项,逐步实现与国资监管信息化平台的对接;打通南北区原有内部网络,搭建视频会议系统,促进南北区沟通交流。

【履行社会责任】 不断加大政策宣传和解释力度,有序推进退休人员社会化管理工作。进一步推进群团工作效能提升,发挥平台作用,使群团工作真正围绕中心、服务大局。组织扶贫专班和专项资金聚力脱贫攻坚战,助力湖北大悟、河南沈丘脱贫"摘帽",集团主导的贫困县建设服务外包基地项目成为中央企业项目扶贫新亮点。

(撰稿人:张楚良)

中国农业发展集团有限公司

【基本概况】 2018年,在国务院国资委的正确领导下,中国农业发展集团有限公司(以下简称"中国农发集团"或"集团")领导班子带领广大干部员工,认真学习贯彻习近平新时代中国特色社会主义思想和党的十九大精神,贯彻落实中央经济工作会议和中央农村工作会议精神,落实国务院国资委中央企业负责人会议和集团年度工作会部署,坚持以战略引领发展,以改革激发活力,以管控守住底线,以党建举旗定向,顺应农业供给侧结构性改革要求,积极推进转型升级,突出创新驱动,持续深化改革,努力提质增效,加强风险防控,推动高质量发展,全面加强党建工作,资产运营质量和效率不断提升,生产经营保持稳定增长,为集团"十三五"战略目标的实现奠定坚实基础。

【主要指标】 2018年,中国农发集团较好地完成年度经营业绩考核指标。利润总额实际完成值86639

万元,超基准值7786万元;经济增加值实际完成值17497万元,超目标值13456万元;费用总额占营业收入比重10.64%,流动资产周转率1.49次/年。

2018年,集团实现营业收入282.71亿元,比上年增长5.56%;利润总额8.66亿元,比上年增长7.22%。盈利主要来自渔业、畜牧业及种植业三大板块,从收入来看,分别占集团总收入的20.45%、40.15%和19.87%,合计占80.47%;从毛利来看,分别占集团毛利的17.79%、52.98%和14.63%,合计占85.40%;从利润总额来看,分别占集团利润总额的31.42%、45.53%和7.57%,合计占84.52%。

2018年,集团资产总额328.41亿元,比上年增长1.98%;负债总额180.50亿元,比上年下降0.27%;所有者权益147.92亿元,比上年增长4.87%。其中归属于母公司的所有者权益97.02亿元,比上年增长2.69%。资产负债率54.96%,比上年减少1.24个百分点。2016—2018年,集团资产负债率均保持在60%以下,接近国务院国资委对农林牧渔业绩效评价优秀水平。

2018年中国农业发展集团有限公司主要经济指标

项　目	2017年	2018年	比上年增长(%)
资产总额(亿元)	322.04	328.41	1.98
所有者权益(亿元)	141.05	147.92	4.87
营业收入(亿元)	267.81	282.71	5.56
利润总额(亿元)	8.08	8.66	7.22
净利润(亿元)	5.52	6.70	21.36
归属于母公司所有者的净利润(亿元)	6.14	3.66	−40.32
技术开发投入(亿元)	3.12	4.27	36.86
利税总额(亿元)	12.17	12.23	0.49
应交税金总额(亿元)	9.76	5.33	−45.39
全员劳动生产率(万元/人·年)	13.86	15.92	14.86
净资产收益率(%)	4.06	4.63	增加0.57个百分点

续表

项　目	2017年	2018年	比上年增长(%)
总资产报酬率(%)	3.84	3.52	减少0.32个百分点
国有资本保值增值率(%)	106.0	103.85	减少2.15个百分点

【改革发展】

1. 战略规划不断完善,重点项目加快推进。

2018年,集团适时调整"十三五"滚动规划目标,确立打造具有全球竞争力的世界一流企业的发展方向,明确集团渔业、畜牧业、种植业以及农业机械装备与工程板块的发展目标,大力推动重点战略投资项目建设,企业实力和竞争力得到不断加强。一是积极响应"走出去"发展战略和"一带一路"倡议,加大海外基地投资建设,不断创新发展模式,增强国际市场竞争能力。新西兰马陶拉乳粉工厂正式投产,斐济、瓦努阿图、所罗门3个渔业基地建设进一步扩大,涉农产品进口业务规模保持行业领先。二是新厂建设和更新改造项目顺利实施,升级改造步伐进一步加快。中牧安达高标准绿色环保的化合类兽药厂开工建设;中农发天津豪威生物公司正式运营;加大渔船更新改造力度,计划建造55艘,完工17艘依次下水,20艘在建造中。三是有计划、有步骤盘活开发自有土地,提升土地资源价值。中垦双桥项目、牡丹江马场棚改项目取得积极进展;舟山明珠工业园一期项目正式动工;兰州厂搬迁项目正式启动,郑州、南京等一批工厂搬迁项目稳步推进。

2. 结构布局进一步优化,转型升级取得成效。

以"专业化、规模化、提升价值链、提高竞争力"为目标,将金枪鱼延绳钓业务重组整合注入中水渔业,成为国内最有影响力的金枪鱼延绳钓捕捞船队;组建全国最大的鱿鱼钓专业公司;新西兰乳业项目建成投产,集团对接"一带一路"倡议,境外产业布局再谱新篇。远洋渔业在巩固捕捞的基础上,通过舟山明珠工业园和科创园项目、瓦努阿图渔业综合基地项目,向价值链中高端转移,中水公司非捕捞业务营业收入占比从2016年初的33.3%提升到2018年的47%;中牧股份几年来奋力开拓市场化高端疫苗业务,在生物制品业务收入中占比47%,比上年增加8个百分点;中牧公司通过乳业项目实现从贸易企业向优质畜产品生产供应商的转型;乡企公司积极应对政策调整,市场业务比上年增长2.5倍。服务体系逐步完善。集团种植、畜牧、农机各板块企业结合自身特点探索各种形式的服务模式,以服务带动研发生产销售,提升为"三农"服务的能力,为农业现代化作出贡献。

3. 管理改革不断深化,运营效率和活力持续增强。

2018年,集团围绕价值管理、对标管理、市值管理和风险管理等开展一系列管理改革,不断深化选人用人制度改革,扩大职业经理人制度改革,落实股票期权激励计划,企业管理效率和活力得到持续增强。一是积极推动混合所有制改革,实现股权多元化经营。利用上市公司融资平台成功实施"滇池"项目,引入民营机制,成立中普生物公司,实现优势互补、强强联合,进一步巩固集团生物制药龙头企业的行业地位;积极申报国企改革"双百企业"并得到批准,根据综合改革方案,聚焦"五突破一加强",有序推进综合性改革工作的开展。积极申报国家发展改革委第四批国企混合所有制改革试点企业,密切跟踪进程。二是首次股票期权激励计划的效果开始显现。股权激励允分调动上市公司中牧股份高管、核心骨干员工的积极性,企业发展面貌焕然一新,经济效益得到大幅提升,一批适应市场需求的新产品和关键生产技术也相继实现突破,大大提升企业的市场竞争力和可持续发展能力。三是制定《中国农发集团全面对标管理工作方案》,启动全面对标管理,建立健全对标管理指标体系和对标池,修订业绩考核办法,加大对标管理考核权重。四是强化市值管理,提振投资者信心。华农资产完成中牧股份公司的股份增持,中牧股份增持厦门金达威股份进入实施阶段。利用上市公司市值申请IPO新股发行配售并获得可观投资收益。五是继续扩大市场化选聘和公开招聘范围,深化职业经理人制度改革。2018年,完成中水公司总经理和副总经理2个岗位的市场化选聘,公开招聘集团总部职能2个岗位和委派总会计师2个岗位。通过公开招聘方式选拔的干部占年度新提拔任用干部的35.7%,有力激发经营管理人员的积极性和创造性,取得明显成效。六是积极推进"压减""处僵治困""三供一业"分离移交等专项改革工作。集团分类施策,采取多种压减方式,减少企业法人38户,取得较大进展;顺利完成所属3家"僵尸企业"和5家特困企业员工安置工作,安置职工1171人;"三供一业"分离移交完成供水项目11529户、供电项目6855户、供热项目3598户、物业移交项目13481户,"三供一业"分离移交工作2018年全部完成。

【走向海外】 2018年,集团积极贯彻落实"一带一路"倡议,继续推进农业"走出去",市场范围不断扩大,海外业绩逐年攀升。2018年,集团境外经营资产总额120亿元,境外收入近100亿元,从业人员近万人。企业组织管理、资源配置、风险管控以及社会责任等各方面国际化水平显著提升。

一是远洋渔业国际竞争力不断增强。2018年,按照国务院国资委"打造具有国际竞争力的世界一流企业"的要求,集团进一步明确"远洋渔业要对标世界一流,实现从最大捕捞企业向世界一流渔业企业的跨越"的目标,提出"稳定非洲、深耕南太、发展西亚"的原则,不断完善优化"走出去"的区域和产业布局,提升远洋渔业专业化水平,斐济、瓦努阿图、所罗门等南太渔业基地建设进一步加快,远洋渔业转型升级、船舶更新改造进一步推进,远洋渔业资产总额近100亿元,年捕捞产量20万吨,年营业收入近60亿元,从业人员12000多人。

二是新西兰乳业全产业链项目顺利推进。继续推进新西兰乳业项目,新西兰马陶拉乳粉工厂正式投产;投资控股的新西兰博德科公司获得中国认监委2个婴幼儿配方奶品注册,罐装奶粉面市销售;增资控股上海纽瑞滋销售公司,形成婴幼儿配方奶粉全产业链,从源头到终端打造集团乳品品牌。集团通过布局"一带一路"区域,加快推进"走出去",可以获得国际优势的乳业资源,带动国内优势产能输出。项目通过优化制约我国乳业发展的关键环节、薄弱环节,提升产业核心竞争力,推动中国乳制品产业的转型升级。

三是种业"走出去"与海外特色种植业基地稳健发展。截至2018年底,集团种业板块累计向南亚国家出口种子5500多万千克、推广面积350多亿平方米,在巴基斯坦、孟加拉国等南亚国家开展卓有成效的合作交流,建立良好的贸易渠道、技术合作及互信关系,在目标国拥有较丰富的种质资源、综合实力较强的研究团队、较完备的科研基地、实验室和试验示范推广网络,为集团下一步种业"走出去"发展奠定坚实的基础。集团在非洲、乌克兰、柬埔寨、澳大利亚等国家和地区均有种植业投资项目,业务涵盖粮食作物和经济作物种植及家禽家畜养殖。其中集团的坦桑尼亚剑麻种植与加工项目拥有土地面积6900万平方米,主要从事剑麻种植及纤维加工业务,每年向国内出口剑麻纤维2000多吨,是唯一一家在非洲从事剑麻种植、加工和贸易的中资农业企业。坦桑剑麻项目被农业农村部列入首批13个"农业'走出去'探索试点"项目之一。

四是农产品国际贸易协调发展。集团以所属中牧公司、乡企公司为代表企业,立足集团综合农业特色,结合海外区域布局和产业结构,开展农产品国际贸易,业务范围涉及70余个国家,遍布"一带一路"重点区域,经营100余种进出口产品。乡企公司紧跟"一带一路"倡议,大力扩展贸易"朋友圈",开拓印度尼西亚青蟹、斯里兰卡黑虎虾、冰岛鳕鱼、澳大利亚黄油、西班牙饲料添加剂等进口新产品,涉农产品进口业务规模保持行业领先。中牧公司以高端兽药疫苗为主,积极布局天津自贸区,以贸易业务促进转型升级,以产业投资扩大贸易规模,取得积极成效。

【重大创新】 2018年,集团坚决贯彻国家创新驱动发展战略,继续加大科技创新工作力度,加强顶层设计,加大科技投入,坚持研发预算管理常态化,推进重点研发项目清单管理,探索科技创新管理模式创新,集团科技创新工作迈上新台阶,取得新成效。

一是加大科技创新力度,提升核心竞争能力。授权专利总数和受理专利总数双双创历史新高,新兽药证书和植物新品种权证书保持量质齐升。2018年,集团整体研发投入4.56亿元,获得授权专利80件,其中发明专利16件;受理专利73件,其中发明专利24件。新增新兽药证书8项、植物新品种权证书4项、省级以上平台3个、省级以上成果奖励4项。研发新产品累计实现销售收入10.6亿元。承担国家政策资金研发专项13项,执行政策资金3328.28万元。中牧股份研究院通过中国合格评定国家认可委员会认可,获得CNAS实验室认证;中牧公司亿林肉羊育种场经农业农村部认定为国家级肉羊核心育种场。舟渔公司海产品研究院被认证为浙江省农业重点企业研究院。巨明公司经过审核,重新被认定为山东省高新技术企业。

二是坚持问题导向,完善全面风险防控体系。集团调整全面风险管理职能,配强管理队伍,拓宽外部审计、内部审计、部门和企业多条信息收集渠道。开展贸易风险专项检查,对9户企业贸易业务进行抽查,清理叫停贸易企业高风险低收益的贸易业务。开展决算审计发现问题整改、内控缺陷整改、监事会发现问题整改,对原监事会发现的23项问题,制定88项整改措施,其中,62项完成、26项持续推进;积极配合审计署对集团的经济责任审计,确保审计工作的顺利开展。组织开展内控评价,完善内控制度建设,纠正执行中存在的缺陷。开展境外风险排查,建立境外风险事件库。

三是强化运营分析与监控,进一步提升运营质量。集团加大信息收集渠道建设力度,增设运营分析指标,重点围绕产品、市场、竞争对手3个维度,开展生产经营形势分析和对标分析,编制《经营动态》,及时反映企业经营异动情况,运营风险预警机制逐步完善。

四是强化投资管理,化解重大风险。集团修订完善投资管理制度,加强投资计划管理,建立项目审核责任制,提高项目申报材料的准确性。强化并购项目过程管理和后评价,投资风险得到有效防控。2018年,农发种业化解河南农化和广西格霖项目风险;舟渔公司武汉梁子湖公司历史遗留问题的确认取得进展,为后续工作奠定基础;爱地公司积极采取措施控制沈阳爱地和时代乳业风险,经营状况好转。

五是加强合规管理和法治建设。2018年,集团制定《合规管理实施办法(试行)》,明确合规管理的重点领域、重点环节、重点人员。继续推进集团法治央企建设,对各企业《中央企业主要负责人履行推进法治建设第一责任人职责规定》贯彻落实情况开展检查督导,全面落实重大决策、经济合同和制度法律审核3个100%全覆盖。加强诉讼案件指导、跟踪等工作,做好1000万元以上贸易合同的跟踪备案。

六是加强资金管理,严控资金风险。集团加大资金归集和内部调剂力度,开辟独立集中资金管理途径,截至2018年底,集团整体集中资金规模52亿元,全口径资金集中度69.5%,比上年提升1倍以上,首次实现非上市公司资金集中全覆盖。上市公司独立集中资金22亿元,集中度创历年来最高,节约资金成本1.5亿元以上。加强资金预算管理,控制担保贷款规模,降杠杆减负债,完成年度目标。

七是开展违规经营投资责任追究。根据国务院国资委《中央企业违规经营投资责任追究实施办法(试行)》,集团高度重视,制定《中国农业发展集团有限公司违规经营投资责任追究实施办法(试行)》,并依据国务院国资委的要求启动对相关贸易问题的专项核查和责任追究工作。

八是坚持不懈抓好安全稳定工作。以远洋渔业、生药化药、建筑施工等高危行业为重点,严格督导企业安全生产和节能减排主体责任的落实,强化红线意识,创新监管手段,压实安全生产和节能减排责任,突出日常监管和隐患排查治理,有效防范和遏制大的生产安全事故和环境污染事故的发生,全年无重大安全生产事故,保持和谐稳定发展局面。

【党建工作】 2018年,按照国务院国资委"党建质量提升年"的要求,集团党委深入学习贯彻习近平新时代中国特色社会主义思想,贯彻全国组织工作会议、中央企业党建工作座谈会精神,落实国务院国资委党委各项工作部署要求,加强党的全面领导,着力推进制度建设,着力培养高素质专业化干部队伍,着力加强"三基"建设,党建工作质量不断提升。

一是深入学习习近平新时代中国特色社会主义思想,把政治建设放在首位,坚定不移贯彻落实党中央决策部署和国务院国资委党委工作要求。集团党委以中心组学习、专题党课、集中轮训等形式开展学习活动,引导广大党员干部不断增强"四个意识",坚定"四个自信",坚决做到"两个维护",保证集团各级党组织和全体党员干部自觉在思想上政治上行动上同以习近平同志为核心的党中央保持一致,确保党中央重大决策部署和国务院国资委党委工作要求在集团落到实处。2018年,组织7次党委理论中心组学习,对集团党委管理干部145人进行轮训,各二级企业党组织举办专题培训学习70余次,各基层党支部积极开展专题学习活动,确保做到"五个全覆盖"。

二是深化落实党建工作责任制,确保各项工作部署责任到人。制定2018年度党建工作要点,逐级落实党建责任,使党建工作由"软指标"变为"硬杠杠",首次在集团二级企业开展党建责任制落实情况考核,构建"压实责任—量化考核—反馈整改"的党建工作闭环。建立集团领导班子成员党建工作基层联系点制度,加强对企业党建工作的领导,持续推动国企党建会精神和"党建质量提升年"各项工作部署的落实。

三是落实"两个一以贯之"要求,发挥党委领导作用。坚持加强党的领导与完善法人治理结构相结合,建立党委前置研究重大事项的决策机制,党委把方向、管大局、保落实的领导作用得到进一步加强和体现。推动党组织从体制机制层面与企业全面融合,形成"四位一体"的党建工作格局。14个已换届企业中,具备条件的领导班子成员全部进入党委班子。

四是深入贯彻新时代党的组织路线,加大干部公开选拔和交流力度,继续推进市场化选聘职业经理人,着力建设高素质专业化企业领导人员队伍。坚持正确用人导向,结合行业特点和集团实际,提出"培养建设一支有'三农'情怀、有产业报国理想、懂经营善管理、敢担当守规矩的领导人员队伍",作为国有企业领导人员"二十字"要求在集团的具体体现。持续开展干部公开选拔和交流,2018年通过公开招聘方式选拔的经营管理类干部占年度新提拔任用干部的比例接近一半,对14家企业调整充实领导人员47人次,干部交流24人次,纪委书记交流委派率73.3%,总会计师交流委派率91.6%。

五是加强党的组织建设,夯实"三基建设",促进基层党建工作标准化规范化。将党支部标准化、规范化建设作为"三基建设"的重要内容,纳入党建工作要点和党建工作责任书。严肃党内政治生活,完善并出台制度16项,印发"三会一课"、组织生活会、民主评议党员等3项实施细则,基层组织建设得到持续深化。高度重视海外基层党建工作,形成中水渔业斐济代表处党支部等9个党建助推生产经营典型经验。

六是落实党风廉政建设"两个责任",加强纪律建设和作风建设,以内部巡视推动问题整改,推动全面从严治党引向深入。集团党委认真贯彻落实党中央、国务院国资委党委关于党风廉政建设和反腐败工作的各项决策部署,制定《中国农发集团党委委员全面从严治党责任清单》,明确党委委员全面从严治党"一岗双责"101条。认真组织学习《中国共产党问责条例》《中国共产党纪律处分条例》等制度规定,深刻吸取重大违纪违规案件教训,印发《中国农业发展集团有限公司贯彻落实〈中国共产党问责条例〉的实施办法(试行)》,党的纪律问责工作进一步规范和强化。扎实推进完成集团总部和二级企业巡视全覆盖并向重点三级企业延伸,开展集中整治形式主义、官僚主义行动,严肃执纪问责,有效使用"四种形态",风清气正的良好环境全面形成。2018年,集团纪委接到信访举报45件,全部处置,立案4件。3名领导干部接受党组织的提醒谈话。

七是推进党建带"统战群团"。7家企业完成工会换届,2人当选为中华全国总工会十七大代表;召开集团第二次团员代表大会,选举产生新一届团委。

【信息化建设】 截至2018年底,集团进行14个管理信息化项目建设,合同投资总额2940.56万元,实际完成投资2843.65万元,建成10个应用系统,1个门户网站系统,1个接口平台系统,2个信息化基础设施。集团总部进行的网络信息系统投资项目,系统建成率100%,系统投入应用率84.62%。特别是建成投入使用的财务核算、资金管理、全面预算管理、人力资源管理4个系统,基本覆盖全集团企业,在人、财管理方面为集团提供集中、统一管理的执行环境,对提高集团管控能力起到至关重要的作用。

【履行社会责任】 作为中央农业企业,中国农发集团以服务"三农"为宗旨,发挥行业排头兵和主力军作用,努力促进远洋渔业转型升级,维护国家海洋权益,服从和服务国家外交大局;提升研发水平,生产高品质疫苗和药物,在动物疫病防控和公共卫生安全保障方面发挥重要作用;加速培育和发展现代种业、农机制造业等,保障我国粮食安全、服务"三农"能力和水平进一步提升。在"走出去"发展过程中,遵守所在国法律,尊重当地文化和风俗习惯,促进当地就业和经济社会发展,受到广泛赞誉。作为中国农业产业化龙头企业协会会长单位,在促进龙头企业发展和农业产业化方面发挥积极作用。集团认真贯彻应急管理部、国务院国资委等部门关于安全生产、节能减排、环境保护的工作部署和要求,保持安全生产总体形势稳定,全面完成节能减排工作目标。

中国农发集团积极参与慈善救助、扶贫济困等社会公益事业。远洋渔业企业在开展海上作业期间,多次在南太平洋、几内亚比绍、毛里求斯等国家及海域积极参与海上救助及国际援助。2018年2月,集团所属中水渔业斐济代表处"中水702"渔船在南太平洋公海海域进行生产作业时,成功救起3名所罗门渔民;4月,集团所属中水公司援建的几内亚比绍布巴克岛和乌拉卡尼岛制冰厂举行隆重的开业典礼并投入运营;5月,集团所属中水渔业"金盛2号"船在毛里求斯海域成功救起在海上遇险的4名毛里求斯船员,彰显中央企业的责任和担当,也为我国远洋渔业赢得良好的声誉。集团党委深入贯彻落实习近平总书记关于脱贫攻坚重要指示精神,按照国务院扶贫办和国务院国资委部署,始终把安徽省宿州市萧县定点扶贫任务作为一项政治任务,调整充实扶贫工作领导机构,集团2名领导赴萧县调研,选派2名扶贫干部工作在一线,突出抓好产业扶贫、基础设施扶贫、教育扶贫、扶智扶志扶贫、社会扶贫等工作,2018年累计投入帮扶资金202万元,比上年增长125%,是2017年的2.25倍,引进帮扶资金120万元,组织贫困户劳动就业、专业技术人员等培训826人次,购买和帮助销售萧县的农产品28万元。集团定点帮扶村陶墟村党总支被评为"四星级党组织"。集团所属远洋渔业企业优先从河南、四川、云南、贵州、广西等省(自治区)国家级贫困县中招收船员,2018年招聘船员350人,支付薪酬2100多万元。选派1名干部到新疆九鼎集团任副总经理,积极做好援疆工作。

(撰稿人:李 尧)

中国林业集团有限公司

【基本概况】 中国林业集团有限公司(以下简称"中林集团")以习近平新时代中国特色社会主义思想

为指导,认真贯彻落实党的十九大精神和党中央、国务院以及国务院国资委决策部署,牢牢把握"质量提升年"的总要求,积极应对内外部环境的深刻变化,采取一系列的有效措施,推进资产质量、经营质量、项目质量、改革质量、人才质量稳步提升,较好地完成年度各项指标。

【主要指标】 2018年,中林集团实现营业收入1305.5亿元,利润总额5.6亿元,净利润3.4亿元,资产总额1035.6亿元,所有者权益总额286.5亿元,在收入和利润大幅增加的同时,国有资本保值增值能力进一步增强。

2018年中国林业集团有限公司主要经济指标

项 目	2017年	2018年	比上年增长(%)
资产总额(亿元)	801.22	1035.6	29.25
所有者权益(亿元)	284.91	286.5	0.56
营业收入(亿元)	938.09	1305.5	39.16
利润总额(亿元)	4.90	5.6	14.28
净利润(亿元)	3.47	3.4	-2.02
归属母公司所有者的净利润(亿元)	0.99	0.3	-69.69
利税总额(亿元)	9.05	10.7	18.23
应交税金总额(亿元)	4.55	8.6	89.01
净资产收益率(%)	1.64	1.19	减少0.45个百分点
总资产报酬率(%)	3.36	3.59	增加0.23个百分点
国有资本保值增值率(%)	96.58	99.53	增加2.95个百分点

【改革发展】 一是继续提升企业改革创新质量。中林集团充分发挥改革典型引领示范作用,杭州千岛湖公司和绥芬河国林木业城入选国企改革"双百企业"名单。持续加大混合所有制改革力度,积极引进民营资本和战略投资者,新设混合所有制企业23户,引入非国有资本总额16亿元。二是深入推进薪酬与考核制度改革。充分发挥考核激励作用,对集团班子副职,增加团队经营业绩考核指标和个人考核指标,加大绩效考核权重;对二级子公司领导班子和关键岗位人员,积极推进超额利润分享计划,探索建立风险共担、利益共享的激励约束机制。建立健全容错纠错机制,推进建立企业年金制度。三是加强干部队伍建设。结合集团战略定位,建立干部人才队伍选拔、培养、考核机制,放开引进审批权限,加强校企合作,与中央财经大学、北京林业大学、东北林业大学、南京林业大学等高校签订合作协议。制定"青苗计划""青蓝计划""雄鹰计划"等培训计划,成立专业技术资格评审委员会。四是加强风险防控建设。编制全面风险管理手册,对全级次企业审计发现的问题建立清单,实行"销号"管理,强化整改跟踪工作。建立客户资信管理制度,动态跟踪客户经营管理情况,完善经营投资合作方负面清单制度,搭建合作方资信信息共享平台。完善总法律顾问制度,加强普法教育,夯实法律工作基础,开展法律专题培训和宣传教育,增强知法、守法、用法自觉性。

【重大项目】 2018年,中林集团大力推进区域资源整合,优化资源配置,推动集团同区域企业合并重组,成立3个区域平台公司,对江苏、上海区域部分港口,浙江、云南区域生态旅游业务及黑龙江地区园区、木家居企业进行资源整合。深入推进江苏熔盛重工重组工作,形成交易架构与重组方案,签署重组框架协议,启动改造规划。中林(镇江)生态产业城先进木业制造区一期项目和木材初加工二期项目建设顺利推进。伊利托公司与中铁哈尔滨局开展合作,开通木材专列站点。绥芬河国林木业城四期项目全部完成并开始运行,延续"当年开工、当年建成、当年投产"的中林速度。新民洲港二期工程4个泊位通过验收并投入运营,全年进口木材280万立方米,木材进口量位居全国港口前列。重庆巴南、江西九江、江苏泗阳、河北曹妃甸、大连长兴岛等港口和产业园区项目都在积极推进之中。湖北富水湖、丹江口水库、江西余干鄱阳湖、江西阳明湖等项目成功落地,与湖北洪湖、黑龙江镜泊湖、吉林月亮湖、新疆赛里木湖等湖泊经营管理机构达成初步合作意向。

【走向海外】 2018年,中林集团坚持全球森林资源经营者的定位,加大海外市场经营开发力度,推进海外项目建设,加强国际交流与合作。一是加大海外森林资源开发力度。新西兰公司不断增加资源控制数量,加大资源开发力度,采购并出口木材260多万立方米。租用美国天使港堆场,开拓巴西、乌拉圭、印度等新兴木材消费市场,拓展海外市场空间。二是积极推进海外重大项目建设。启动"缅中林业国际综合园区"项目,打造缅甸最大的林业国际性综合园区,创建以森林资源开发、木材加工贸易、生态旅游、文化交流为一体的综合性林业平台。三是加强国际化交流与合作。以首届中国国际进口博览会为契机,举办国际贸易洽谈会,与12家海外企业签署合作协议。

【重大创新】 2018年,中林集团积极践行"绿水青山就是金山银山"的发展理念,大力推进生态旅游和森林康养产业。与重庆市政府签署战略合作协议,打造首个央企与地方合作的省级平台,建设长江上游的生态屏障——重庆市500万亩国家储备林项目。"千岛湖模式"成功入选中央党校教学案例,成为中央党校生态文明建设首个案例课程。成立中林两山学院,通过教学、示范和研讨,探索"两山理论"的实现途径,积极复制和推广"千岛湖模式",实施"一湖推十湖,十湖带百湖",面向全国湖泊输出千岛湖生态旅游和保水渔业的经营理念和商业模式。

【党建工作】 2018年,中林集团在以习近平同志为核心的党中央坚强领导下,以深入学习贯彻习近平新时代中国特色社会主义思想和党的十九大精神为主线,以深化全国国有企业党建工作会议精神为重点,扎实推进"中央企业党建质量提升年"各项任务落实。坚持把落实全国国企党建会精神作为"突破口",严格落实"四同步、四对接"要求,持续推动党的领导和公司治理有机融合。坚持完善抓落实的党建工作机制,管党治党责任层层压实,健全党建工作领导机制,建立党建例会督办落实机制,完善"述评考用"相结合的工作机制。坚持全面提升"三基建设"质量,党建基层基础工作逐步夯实,不断加强基层组织建设,不断加强党务人员队伍建设,加强基本制度建设,制定出台基层党支部规范化建设指导意见。坚持党管干部、党管人才原则,领导人员队伍建设不断加强,不断强化正确用人导向,不断完善培养体系建设,不断从严监督管理,逐步建立起管思想、管工作、管作风、管纪律的从严管理体系。坚持从严从实,党风廉政建设和反腐败工作深入推进,不断规范党内政治生活,持之以恒纠正"四风",坚持从严执纪问责,不折不扣落实巡视整改工作要求。坚持把准意识形态正确方向,良好改革发展氛围已经形成,意识形态工作责任制落到实处,正面宣传成果显著,文化品牌建设扬帆启航,新媒体建设稳步推进。

【履行社会责任】 2018年,中林集团认真贯彻落实中央关于扶贫工作的有关要求,选派优秀扶贫干部,赴定点扶贫县工作,以科学的扶贫方案因地制宜进行帮扶,实施产业扶贫、教育扶贫和社会扶贫,受到社会各界好评。将生态旅游与产业扶贫相结合,与地方政府合作,在云南西双版纳建设昆罕大寨森林生态旅游精准扶贫项目。入选参加中宣部纪念改革开放40周年"百城百企百县调研行"活动,被多家中央主流媒体争相报道。

(撰稿人:任瑞芳)

中国医药集团有限公司

【基本概况】 中国医药集团有限公司(以下简称"国药集团"或"集团")成立于1998年,为国有控股有限责任公司。国药集团是涵盖医药行业全产业链的医药健康产业集团,截至2018年底,集团旗下各级子公司超1000家,其中上市公司6家。2012年集团成为首家进入世界500强的中国医药企业,在2018年《财富》世界500强排名第194位,全球制药企业第六位。

国药集团主营业务形成"三大体系"(医药商贸体系、医药科研体系、医药工业体系),着力打造"五大网络"(医药物流分销配送、全国医药零售连锁、全国麻醉药品配送、全国生物制品营销及冷链配送、全国医疗器械耗材产品配送),确立11大类业务(医药现代物流分销、医药零售、生物制品、化学制药、现代中药、诊断试剂与化学试剂、科学仪器与医疗器械、医药科研与工程设计、医药国际经营与海外实业、医药会展与传媒、医疗健康产业),涵盖医药健康全产业链,各业态协同效应日益提升。

【主要指标】 2018年,国药集团营业收入和利润总额均保持两位数增长,且利润总额增速高于营业收入增速,圆满完成董事会制定的各项经营指标。

2018年中国医药集团有限公司主要经济指标

项　目	2017年	2018年	比上年增长（%）
资产总额（亿元）	2819.77	3420.72	21.31
所有者权益（亿元）	1075.32	1315.66	22.35
营业收入（亿元）	3503.96	3967.50	13.23
利润总额（亿元）	166.64	191.52	14.93
净利润（亿元）	130.48	151.08	15.79
归属于母公司所有者的净利润（亿元）	46.64	58.50	25.43
技术开发投入（亿元）	19.50	22.68	16.30
利税总额（亿元）	283.71	322.12	13.54
应交税金总额（亿元）	117.07	130.60	11.56
全员劳动生产率（万元/人·年）	33.95	34.97	3.00
净资产收益率（%）	13.05	12.64	减少0.41个百分点
总资产报酬率（%）	7.51	7.70	增加0.19个百分点
国有资本保值增值率（%）	119.58	106.60	减少12.98个百分点

【改革发展】 2018年,国药集团坚决贯彻落实党中央、国务院关于深化国有企业改革的重大决策。完成工商变更,由国有独资公司改革为国务院国资委、国家开发投资集团有限公司及中国国新控股有限责任公司共同持股的国有控股有限责任公司。改革完成后,国药集团继续作为国务院国资委履行出资人职责的中央企业。

国药集团持续深化改革试点工作,不断完善体制机制创新,实现国企民企共同发展。截至2018年底,集团混合所有制企业1000余家,占集团法人企业93%以上。国药集团通过健全党组织、完善有效制衡、平等保护的公司法人治理结构、探索完善市场化激励等措施,理顺混合所有制企业的内在关系,解决改革过程中遗留的体制机制问题,进而激发企业活力,提高企业创造力和竞争力,放大国有资本功能。

2018年,为进一步加强集团全面深化改革工作的组织领导,健全工作机制,国药集团成立全面深化改革领导小组,由集团董事长和副董事长分别担任领导小组组长和副组长,集团领导班子成员担任小组成员。改革领导小组统筹改革全局,充分发挥引领和协调作用,最大限度凝聚改革共识,形成改革合力,推动各项改革任务向纵深发展。在全面梳理前期各项改革进展情况的基础上,结合"十三五"发展规划,国药集团制定印发《国药集团全面深化改革实施方案》,系统规划集团当前和今后一个时期各项改革重点,明确改革目标和具体举措,进一步统一思想认识,增强改革的使命感和紧迫感。

【重大项目】 2018年,国药集团推动集团医药商业网络"三网"融合,顺利完成国药控股和国药器械的重组整合工作,大幅增强集团医疗器械业务规模与行业竞争力,实现药品和医疗器械业务统一规划、专业经营、协同发展。零售板块国际合作项目顺利落地。国药控股在零售领域与国际巨头沃博联达成战略合作,国大药房成为中方控股的合资企业,瞄准国际市场,打造新型医药零售商业模式。中药控股成功引入战略投资者中国平安,将与中国平安深入开展中药相关领域业务的战略合作,引进全球中药领域先进的研发与生产技术,产生协同效应,并借助中国平安在医药健康领域的优势资源,深化中药全产业链协同。

【走向海外】 2018年,国药集团加强对外合作与交流,大力拓展国际市场。集团配合国家主场外交,参加首届中国国际进口博览会,集团的现场签约数量和签约金额均居行业首位。集团持续夯实国际经营一体化平台,国药国际与中药控股开展合作,112个配方颗粒和10个中成药项目落地越南,中成药首次按照药品在韩国进行注册;国药国际与国药中生合作,首次自主完成集团产品海外临床试验;国药中生的肺炎疫苗和国药现代奥曲肽注射液,依托国药国际首次实现出口。集团自主工业产品"走出去"步伐加快,国际认证取得新成果。阿奇霉素通过FDA国际认证、齐多夫定通过FDA国际认证复认证。

【重大创新】 2018年，国药集团科技活动经费支出总额超过20亿元。集团获得新药证书4件，生产批件14件，临床批件21件，申请专利358件，获得授权专利222件，获得中国专利优秀奖2项。国药中生的猪蓝耳病基因嵌合病毒活疫苗等3个兽用产品成为全球首家上市品种，一类创新药长效干扰素α1b获得临床批件，重组人凝血因子Ⅷ国内血液制品企业首家获得临床批件；国药医工总院研发的2个一类新药获得临床批件；中药控股91个配方颗粒通过国家标准初审。

大力推进仿制药一致性评价工作。结合集团自身品种结构，统筹规划，完善一致性评价闭环管理。截至2018年底，集团开展一致性评价品种60个（品规90个），批准品规2个，完成复方甘草片等11个重点品种、品规申报工作，其中7个品规为国内首家申报。

【党建工作】 2018年，国药集团以习近平新时代中国特色社会主义思想和党的十九大精神为指导，坚持政治理论学习和专项学习，深入宣讲推动，统一思想认识，明确工作方向，增强责任使命。集团加强党的领导与完善公司治理有机融合，扎实推进党建工作总体要求写进公司章程，贯彻落实"三重一大"制度，认真执行党委参与"三重一大"决策制度、落实党委研究前置程序要求，坚持党管干部原则，落实好干部标准，加强党委对干部选拔任用工作的领导。集团部署"党建强基"专项行动，加强党建基础工作，健全完善工作基础台账和基本制度，带动管理水平整体提升；建强基层党建队伍，有力提升基层党务干部抓党建的意识、能力和水平；提升基层党建水平，研究探索集团加强基层党建工作的理论支撑和经验推广。

【信息化建设】 2018年，国药集团十分重视网络安全和信息化建设工作，坚持党对网信工作的统一领导。集团总部组建以集团党委书记、董事长为组长，总经理和信息化分管领导为副组长的网信领导小组，组建信息化项目评议小组、网络安全技术支撑小组等专业机构，为集团各子公司提供网信相关咨询、应急支持服务。

在组织保障基础上，集团紧紧围绕发展战略，遵循"统一规划、分层建设、高效协同"原则，开展集团信息化顶层设计，初步形成集团信息化战略规划框架，为未来三年信息化建设指明方向；修订包括集团《信息化项目管理办法》在内的多项信息化管理制度，完善网信工作机制，进一步明确集团总部IT定位，推动业务板块信息化水平不断提升；完成"三重一大"数据报送系统、财务合并报表系统升级项目，开展主数据系统、统一用户认证平台的升级、优化，各业务板块一体化信息化系统建设持续推进，管控信息化、业务信息化两方面都取得较好的成绩。

【履行社会责任】 2018年，国药集团认真贯彻落实《关于中央企业履行社会责任的指导意见》，始终秉承"诚信经营、健康安全、以人为本、绿色发展"的责任理念。一是继续加强质量监管，不定期开展质量安全专项检查，控制药品质量风险，落实产业升级工作。二是持续推进产业升级2020计划实施落地，完成隐患整改12010项，隐患整改率98.1%。三是继续开展环保风险防控体系建设和能源节约项目推进工作，持续提升节能环保能力，2018年致君（深圳）制药有限公司、国药集团国瑞药业有限公司被工业和信息化部授予"绿色工厂"称号。

国药集团积极参与雄安新区开发建设，与雄安新区管委会签署战略合作框架协议。国药集团是签约生物医药产业的首家央企，充分体现集团的政治责任和战略前瞻，对雄安新区发展现代生命科学和生物技术产业具有积极意义。

2018年，国药集团全面落实中央医药储备任务，做好应急药品及医疗器械储备调拨工作，圆满完成各类药品和医疗器械紧急供应保障以及国家对外医疗援助任务；扎实开展精准扶贫工作，对青海省治多县和吉林省靖宇县继续加大扶贫资金投入。

（撰稿人：王英伟）

中国保利集团有限公司

【基本概况】 中国保利集团有限公司（以下简称"保利集团"或"集团"）于1992年经国务院、中央军委批准组建，1993年2月在国家工商行政管理总局注册成立。1999年3月，保利集团由军队划归中央大型企业工作委员会领导管理,成为国有重要骨干企业。2003年,由国务院国资委履行出资人职责。2010年,中国新时代控股(集团)公司涉军业务并入保利集团。2016年,中国航空工业集团公司地产业务并入保利集团。同年,国务院国资委将保利集团列入国有资本投资公司试点企业。2017年,中国轻工集团公司、中国工艺(集团)公司并入保利集团,中国中丝集团公司由保利集团托管。

30多年来,保利集团通过不断的改革和创新,逐渐培育发展壮大,业务遍布全球100多个国家及国内100余个城市。业务涉及投资及军品、民品贸易,房地产开发,文化艺术经营,民用爆炸物品产销及相关服务,金融、轻工、工艺等相关业务,均名列行业前茅。保利集团营业收入和利润总额增幅均高于中央企业整体水平,财务预算总体完成情况良好,主要财务指标超额完成全年预算,连续四年进入世界500强榜单,2018年排名第312位。

【主要指标】 2018年,集团实现营业收入3056.46亿元,比上年增长22.2%;利润总额433.43亿元,比上年增长44.2%;净利润307.76亿元,比上年增长38.8%;归属于母公司所有者的净利润98.95亿元,比上年增长27.0%。集团资产总额10872.82亿元,比上年增长20.2%;净资产2355.63亿元,比上年增长16.3%。

2018年中国保利集团有限公司主要经济指标

项目	2017年	2018年	比上年增长(%)
资产总额(亿元)	9043.63	10872.82	20.2
所有者权益(亿元)	2025.32	2355.63	16.3
营业收入(亿元)	2500.81	3056.46	22.2
利润总额(亿元)	300.55	433.43	44.2
净利润(亿元)	221.73	307.76	38.8
归属于母公司所有者的净利润(亿元)	77.90	98.95	27.0
技术开发投入(亿元)	3.59	6.41	78.5
已交税费(亿元)	335.31	456.75	36.2
利税总额(亿元)	635.86	890.18	40.0
应交税金总额(亿元)	319.14	463.01	45.1
全员劳动生产率(万元/人·年)	71.29	90.48	26.9
净资产收益率(%)	12.96	14.06	增加1.1个百分点
总资产报酬率(%)	4.46	5.04	增加0.58个百分点
国有资本保值增值率(%)	115.41	114.39	减少1.02个百分点

【改革发展】 一是不断优化制度体系。建立健全与国有资本投资公司相适应的制度管控体系,强化融资、投资、风控、考核四大功能,构建"管投向、管程序、管回报、管风险"的权责对等、运营规范、信息对称的国有资产监管体系。全面修订《投资管理制度》,新增中轻工艺授权体系,按照净资产规模划定企业授权等级,制定《境外投资管理办法》,修订投资管理负面清单,明确各板块以主业为核心的投资管控原则;修订《子企业综合考核办法》,用好考核指挥棒,突出分类考核,提高业务及管理指标权重,新增法治建设指标;制(修)订《集团公司企业领导人员管理规定》等5项人事制度,加强培养选拔优秀年轻干部;制定《新闻宣传工作评价办法》《日常舆情监控工作指引》,明确新闻宣传基本原则,建立危机事件处理制度和流程。

二是全面推行改革试点。以"1+N"系列政策体系为指导,抢抓专项试点契机,按照"梯次展开、纵深推进、全面落地"原则深化改革,基本达到集团子公司改革试点全覆盖。保利国际、工艺集团、文化公司、蚕丝绸缎、丝绸服装5家企业成功入选国企改革"双百企业"试点单位名单,按"一企一策"原则分别制定2018—2020年综合改革实施方案。混改试点方面,积极组织国家发展改革委第四批混合所有制改革申报工作,初步选取保利国际和中轻集团入围试点。

三是稳步推进三项制度改革。完善顶层设计、加强统筹部署、发挥首创精神,"管理人员能上能下、员工能进能出、收入能增能减"的"三能"机制建设取得新突破。第一批试点形成的差异化分配、公开选聘、内部人员流动等62项改革成果，在《国企改革简报》《国资报告》刊发，并在集团范围进行分享及推广；有序铺开第二批5家试点，进一步探索市场化选人用人机制、岗位管理体系建设、科技型企业分红权激励等试点工作；制定《进一步深化三项制度改革实施意见》，明确到2020年各级企业改革目标、时间表和路线图。

【重大项目】 一是积极开展资本运作。开展市场化兼并收购，引入非公资本，扩大市场规模，放大国有资本功能，推动股权多元化，切实提高国有资本活力、影响力和控制力。保利国际联合南方公司控股长大公司，夯实海外工程业务基础；保利发展将保利投顾注入香港上市公司合富辉煌境内平台，优势互补，强强联合；工艺集团战略增持中博世金12%股权后成为第一大股东，并购工艺品零售行业细分领域龙头企业"韵泓"；中国珠宝顺利挂牌新三板；保利影业与新联爆破分别在产权交易所挂牌招标，引入战略投资者；保利久联及时调整注入方案，增加大股东股比3.3个百分点。

二是大力推进业务协同。经过三年努力，各板块协同工作取得显著进展。保利国际支持保利发展在青岛、三亚等地开展国防主题概念项目，与工艺集团筹建叶蜡石合资公司；保利发展受让中丝集团上海、浙江房产项目，与文化公司合作实现郑州文化广场、慈溪文化小镇项目落地，与工艺集团共同代理销售中丝产品；工艺集团与中丝集团产品携手入选首届进博会国礼；保利发展与文化公司整合艺术教育资源，收购和乐教育45%股权，设立珠海、长沙艺术教育中心。

三是全面融合中轻工艺。通过多种形式全方位、深层次对接，加快推进中轻工艺业务与管理融合；配齐配强2家企业领导班子，选拔和交流一批能力素质强、职工群众认可度高的优秀干部；按照"三个一批"思路对中轻工艺现有业务进行深入调研，初步明确核心主业与优势业务；执行集团投资与财务制度体系，强化项目审批，提升精细化管理水平；推进业务对接，促进与集团其他板块融合发展。

四是基本完成两板整合。集团公司向保利发展转让香港控股50%股权交割手续顺利完成，分别在境内外两地资本市场公告。随着香港控股股权变更和人事调整完成，集团地产业务结构与2家上市平台定位得到进一步调整和明确，有助于提升整体运营效率与核心竞争力。

五是参与托管中丝集团。中丝集团方面，完成核查风险、保持稳定、谋划发展3项重点任务。梳理风险源和出血点，严禁融资性贸易，防止损失进一步扩大；稳定干部职工队伍，精简总部机关，配备核心骨干；重组银行贷款，变现有关资产，集团给予支持，确保现金流稳定；研究发展方向，初步确定"抓原料成品两端，控基地、创品牌"的丝绸主业发展思路。

【走向海外】 2018年，保利集团积极响应号召，稳步实施"走出去"战略，推进国际交流合作，加快重点业务海外布局，开创集团国际化经营的新局面。2018年，保利集团纯境外营业收入35.34亿元，纯境外总资产379.87亿元。集团公司先后参与博鳌论坛、中非论坛、上合峰会、首届进博会4场主场外交活动以及瑞士达沃斯、南非金砖等大型国际论坛，加入中法、中英企业家委员会等双边合作机制，为国际化经营拓展新空间。7月，集团主要领导当选国际商会执行董事，首次在国际组织中任职，代表中国工商界建言献策，宣传国企新形象。保利国际和中轻集团签订海外工程项目12个，合计金额23.4亿美元；保利发展和保利置业项目陆续进入销售期，在美国、澳大利亚、中国香港等国家和地区销售签约12.4亿美元，新获取英国等3个住宅开发项目；工艺集团以贸易合作方式建立稳定南非供货渠道，铬进口量跃居全国第一；文化公司引进海外院团演出500余场，圆满完成平昌冬奥会"北京八分钟"演出运营工作；保利久联与澳瑞凯成立合资公司，引进先进技术和安全生产管理体系。

【重大创新】 2018年，保利集团下属保利物业通过互联网技术、云计算技术、大数据技术等新一代信息技术，建立起新型智慧型生活。8月，在重庆举办的首届中国国际智能产业博览会上，保利集团提出的智慧生活、智能制造、数字影院等成果展示，引起观众热烈的反响。

2018年，保利集团不断强化创新驱动，促进转型升级。一是加快科技创新步伐。科技类企业要加强研发投入,注重专利成果产业化;生产类企业要注重产品创新,提高产品科技含量;经营类企业要注重科技成果应用,不断优化产品,提高客户满意度。二是推进商业模式创新。顺应政策和市场变化,探索长租公寓模式,加大自持物业比例。探索利用网络经济和大数据技术,创新客户管理模式;用科技创造市场,开发潜在的需求,创造新的需求实现模式,形成市场与科技对接、创意与经济对接。三是加强管理创新。通过推动数字化企业进程,建设集团的智能云平台,实现组织管理的高效化、精细化和自动化,实现板块业务的大数据融合,提升管理效率,促进板块业务协同,实现管理方式的变革,推动集团"互联网＋"进程;通过创建标准,达到管理创新,争取参与行业和国家标准的制定,增加话语权,在更高维度上,对产业乃至行业形成管理能力;顺势而为,逐步适应互联网经济、平台经济的模式,对产业经济的商业运作环节进行创新重组,改造原有管理模式。

【党建工作】 2018年,保利集团公司党委进一步提高政治站位,认真落实新时代党的建设总要求,把党建工作摆在更加突出的位置。一是认真组织学习习近平新时代中国特色社会主义思想和党的十九大精神,分级分批开展培训,用新思想新理论凝聚改革共识。二是加强政治建设,不断增强党委领导力,积极引领发展改革。三是规范基层党组织建设,加快补齐短板,打造坚强战斗堡垒。四是加强党性教育,党委书记带头讲党课,全面开展"四种考验"大讨论,汇集改革攻坚合力。五是抓好党风廉政建设,挺纪在前,严守底线,营造深化改革的良好政治生态,切实把党组织的政治优势转化为助推发展改革的强大动力。

【信息化建设】 2018年,保利集团大力推动集团数字化转型,对125家三级以上企业的信息化建设情况进行摸底调查,启动集团公司本级财务信息化升级工作,新增网络费用报销系统、大额资金支付系统与全面预算系统;圆满完成国务院国资委IPv6改造和"三重一大"系统建设的阶段性任务,获得国务院国资委表彰;集团战略与投资项目管理系统实现试运行,全集团1689家企业的基本信息采集和项目月报实现线上管理。

【履行社会责任】 2018年,保利集团结对帮扶山西五台、河曲,内蒙古喀喇沁旗,云南鲁甸、巧家,广西忻城6个国家扶贫开发工作重点县,全系统扶贫面积16545平方千米,扶贫人口245万人。6名挂职副县长、4名驻村第一书记奋战在扶贫一线,扎根定点扶贫县,克服艰苦条件和困难,一心扑在扶贫岗位上,在开展产业扶贫、就业扶贫、消费扶贫、教育扶贫、文化扶贫上取得明显成效。2018年,投入扶贫资金3233万元,对定点扶贫县直接投入帮扶资金932.3万元,引进帮扶资金52万元,培训基层干部300人,培训技术人员3800人,带动31494人建档立卡贫困人口脱贫。

保利集团从客户与社区需求出发,全面提升管理质量、产品质量和服务质量。保利发展通过延展不动产的全产业链,有效整合行业生态系统资源,旗下的物业、代理、建筑、商业等业务初具规模。

保利集团积极践行绿色发展理念,不断强化环保意识,创新环保技术,提升环境治理水平,推进企业可持续发展。在环保产业发展、科技创新、绿色科技成果产业化等领域作出应有的贡献。通过海绵城市、装配置建筑等各类项目,大力推动节能环保设施落地。2018年,新获取国家绿色建筑项目19项,其中绿建三星设计标识5项、绿建二星设计标识14项。新获取国际级绿色健康建筑认证8项,其中,美国LEED金级预认证3个、英国BREEAM健康住宅认证三星认证2项、美国WELL健康住宅金级预认证3项。

(撰稿人:张 旻)

中国建设科技有限公司

【基本概况】 2018年,中国建设科技有限公司(以下简称"建设科技集团"或"集团")按照高质量发展的标准要求,在国家经济建设、社会建设、文化建设、生态文明建设上作出突出的贡献,发挥"排头兵"的作用;在雄安新区、北京城市副中心、长江经济带、粤港澳大湾区、北京冬残奥会、世园会等国家重要战略区域、重大工程的参与度不断攀升,发挥"国家队"的作用,"领袖企业"地位不可撼动。2018年,集团营业收入110.35亿元,比上年增长32.11%;人均产值由上年的87.64万元提升至110.77万元,比上年增长26.39%;人均利润由上年的5.46万元提升至5.8万元,比上年增长6.23%;以技术与资本融合的多元化发展模式取得更多成果,科技对建设的引领力、投资对主业的拉动力得到进一步增强。

【主要指标】 2018年,集团主要经济指标再创历史新高。其中,资产总额147.7亿元,比上年增长7.43%;所有者权益67亿元,比上年增长10.14%;利润总额5.85亿元,比上年增长12.38%。

2018年中国建设科技有限公司主要经济指标

项　　目	2017年	2018年	比上年增长(%)
资产总额(亿元)	137.49	147.70	7.43
所有者权益(亿元)	60.83	67.00	10.14
营业收入(亿元)	83.53	110.35	32.11
利润总额(亿元)	5.20	5.85	12.38
净利润(亿元)	4.00	4.58	14.30
归属于母公司所有者的净利润(亿元)	3.30	3.84	15.41
技术开发投入(亿元)	3.31	5.20	57.00
利税总额(亿元)	9.04	10.05	6.99
应交税金总额(亿元)	7.05	7.48	6.07
全员劳动生产率(万元/人·年)	35.09	38.20	8.88
净资产收益率(%)	6.78	7.12	增加0.34个百分点
总资产报酬率(%)	4.27	4.36	增加0.09个百分点
国有资本保值增值率(%)	105.32	107.10	增加1.78个百分点

注：表中数据为该年度财务决算数据,不考虑追溯调整影响。

【改革发展】 2018年,集团按照"三会一层"制度要求,不断完善公司法人治理结构,清晰界定各治理主体的权责,做到集权有道、分权有序、有效制衡、协调运转。在优势技术领域的混合所有制改革迈出实质性步伐。中国院与清华紫光组建的中设数字技术股份有限公司于2018年3月正式运营,技术优势逐步发挥,企业治理机制探索出初步成果。完成筑邦改制工作。采取股权增发方式,盘活世纪图景公司业务。在勘察设计行业改革的背景下,标准院合资新设立控股子公司国标筑图建筑设计咨询有限公司,中国院合资新设立"中设安泰公司",占据北京市施工图审核5个席位中的2席。以"双百行动"试点企业为载体,积极探索深化以"五突破一加强"为主要内容的综合性改革的思路和方式方法,形成可复制、可借鉴的经验。指导成功入选国企改革"双百行动"的2家公司都市高科(北京)环境科技有限公司、北京国标建筑科技有限责任公司制定完善"一企一策"综合改革实施方案,组织学习政策,定期研究和推动工作,协调解决重点难点问题。企业办社会职能分离移交扎实推进。按照国务院国资委年底基本完成的要求,8月底集团与北京房地集团签订整体移交协议,涉及住户1074户、房屋面积7.44万平方米。中国院医务室职能调整为对内服务,压减人员,控制规模,达到国务院国资委验收要求。

【重大项目】 2018年,集团在雄安开展科研咨询12项,承担重要项目30余个,6家子企业入选雄安"规划咨询库""工程咨询机构库"等各类智库。在"一带一路"建设方面,将经营触点扩展至东南亚、中亚、南亚与非洲等新兴市场国家,业务领域由建筑设计拓展到交通、环卫、水环境等新兴领域,极大提升国际影响力。在乡村振兴方面,探索总结以"共谋、共建、共管、共评、共享"为主要内容的乡村治理与脱贫新模式。

承担内江沱江流域、南宁市水塘江环境综合治理等一批代表性的项目,形成覆盖省、市、县、镇、村五级行政区划的水污染"治疗方案",把"绿水青山就是金山银山"的理念付诸实践;承担北京通州东方厂、光源里棚改、中国医学科学院、北京协和医院等一批大型项目的设计任务,为"住有所居""学有所教""病有所医""老有所养"贡献设计方案。

承担国家重大文化项目16项,"一带一路"沿线遗址保护项目18项。习近平总书记亲自批示的良渚古城申遗项目顺利通过联合国教科文组织的国际专家现场审核，将"中华第一城"的历史文化价值推介至全球。

2018年，集团全力推进2项国际标准编制工作，完成技术标准63项，其中，国家标准15项、行业标准22项、团体标准19项、企业标准5项。

创办"雄安讲坛"，汇聚国内外顶尖的院士和大师，致力探索中国城市建设模式转型升级的"雄安模式"。

【走向海外】 2018年，集团按照习近平总书记"聚焦重点、精雕细琢"的要求，将经营触点扩展至东南亚、中亚、南亚与非洲等新兴市场国家，业务领域由传统的建筑设计拓展到交通、环卫、水环境等新兴领域。中标孟加拉国达卡吉海事大学项目，拓展马尔代夫固废资源化利用、孟加拉国高速公路、柬埔寨污水处理等市场，新签合同额1.2亿元。在乌兹别克斯坦成功推广中国标准规范及项目管理经验，推动标准和技术一起"走出去"。发挥CPG支点作用，在马来西亚、中东及其他区域市场谋篇布局。成功实现美国、荷兰等西方发达国家市场的突破，极大提升集团的国际影响力。

【重大创新】 2018年，集团贯彻绿色发展理念，以绿色化为核心，与信息化和工业化相融合，在科技研发领域取得大量成果。2018年，集团成功申请国家重点研发计划项目4项；集团科技创新基金立项6项，青年科技基金立项36项；获得专利70件，软件著作权17项；推荐全国勘察设计科研奖5项。在承担的国家重点研发计划项目"地域气候适应型绿色公共建筑设计新方法与示范"取得阶段性成果的基础上，召开业内4名院士、500余名代表参加的"绿色建筑设计方法创新论坛"，汇聚行业力量共同构建新时代高质量绿色建筑的理念体系，引领未来发展方向。承担国家重点研发计划项目"公共建筑节水精细化控制技术及应用""存余垃圾原位削减和无害化处理与资源化利用技术体系及商业化模式"，牵头的国家重大水专项课题"城镇污水处理厂提标技术集成与设备成套化应用"顺利通过验收。承担"十三五"国家重点研发计划"绿色宜居村镇技术创新"实施方案编制、"村镇建设发展模式与技术路径研究"、"乡村住宅设计与建造关键技术"等项目，进一步巩固集团在乡村建设领域的技术优势。成功申请冬奥科技专项"十三五"国家重点研发计划"复杂山地条件下冬奥雪上场馆建造运维关键技术"，为完成冬奥会场馆自主设计施工运维提供有力的技术支撑。

【党建工作】 2018年，集团认真贯彻落实全面从严治党要求，始终保持融入中心、服务大局，为企业改革发展提供坚强有力的政治保障。

学习贯彻习近平新时代中国特色社会主义思想和党的十九大精神。集团党委将学习好、宣传好、贯彻好习近平新时代中国特色社会主义思想作为首要政治任务，列入党委中心组年度学习计划，融入全年工作，自觉增强"四个自信"，树牢"四个意识"，增强践行"两个维护"的思想和行动自觉。依托中国人民大学开办2期专题理论学习班，集团中层以上干部全部脱产学习；在全集团广泛开展党课宣讲，实现"五个全覆盖"。在深入学习领会的基础上，研究出台集团党委《关于贯彻落实〈中共中央政治局关于加强和维护党中央集中统一领导的若干规定〉精神的实施意见》，使党对集团改革发展党建工作的全面领导形成共识、得到固化，为企业发展提供坚强政治保证。

不断夯实强化管党治党的政治责任。坚持把加强党的建设与发展经营工作统筹推进。2018年初，召开党建思想政治工作暨党风廉政建设大会，印发《集团党委2018年党建工作要点》，统筹推进全年党建工作。坚持从提高各级领导班子履行主体责任的意识入手，层层签订党建工作责任书、"一岗双责"责任书，进一步增强担当精神和责任意识。坚持以考核促落实，根据新修订的《二级企业党建和思想政治工作考核细则》，开展各级党组织书记述考评工作，压实压紧党建工作责任。认真开展"汲取严重违纪违法案件教训 提升企业治理效能"自查自纠整治工作，自查梳理出需要进一步改进加强的83项具体工作，逐一建立整改台账，明确整改责任人和整改时限，确保自查自纠整治工作深入彻底。

进一步筑牢基层党建工作基础。坚持以提升组织力为重点，突出政治功能，努力在强化"三基建设"上下功夫。依托集团"四同时、全覆盖"工作机制，严格落实"四同步"要求，持续加强基层党组织建设，大力解决应建未建、应换未换问题，党组织覆盖率100%；鼓励各基层党支部开展支部攻关、党员先锋示范项目等各类创新实践活动17项，有效发挥基层党支部战斗堡垒作用。集团各企业全年组织党务干部培训27场次，有效提升基层党务干部队伍的建设水平；制定印发《关于进一步明确中央企业党委（党组）对直属企业（单位）党建工作领导和指导责任的通知》，进一步加强对集团直属各企业党建工作指导。

深入推进企业党风廉政建设和反腐败工作。认真贯彻落实十九届中央纪委二次全体会议精神、中央企业纪检监察工作座谈会和中期推进会要求，推动全面从严治党落到实处。构筑"不想腐"的思想堤坝，组织召开集团廉洁从业警示教育大会和廉洁文化建设经验交流会议。聚焦主责主业，扎实履行监督责任，开展重大违法违纪案件自查整治工作督查，以融入制度、嵌入流程为目标深入推进企业廉洁风险防控。巩固落实中央八项规定精神，开展中央八项规定精神相关制度专项检查。坚持挺纪在前、违纪必究，实践运用好"四种形态"。坚持正确导向，加强选人用人监督。聚焦履职主责主业，推进纪检监察队伍建设。认真组织开展内部巡视工作。2018年对3家二级企业开展内部巡视工作并针对被巡视单位的整改情况进行专项督导和检查，认真做好巡视"后半篇文章"。在坚持稳中求进基本工作方针的总基调下，不断推动企业纪检监察和巡视工作实现高质量发展。

（撰稿人：蒋　捷）

中国冶金地质总局

【基本概况】　2018年，中国冶金地质总局（以下简称"总局"）深入学习贯彻习近平新时代中国特色社会主义思想和党的十九大精神，以提高质量效益和核心竞争力为中心，以推进供给侧结构性改革为主线，扎实推进高质量发展等各项工作。

【主要指标】　2018年，总局实现营业收入160.38亿元，比上年增长4.65%；实现利润总额6.61亿元，比上年增长4.92%；资产总额231.4亿元，比上年增长9.11%；国有资本保值增值率107.12%，接近行业优秀水平；国家地质调查项目设计质量得分87.47分，处于国内领先水平；全面完成国务院国资委考核指标。

2018年中国冶金地质总局主要经济指标

项　目	2017年	2018年	比上年增长（%）
资产总额（亿元）	212.07	231.40	9.11
所有者权益（亿元）	80.99	88.69	9.51
营业收入（亿元）	153.25	160.38	4.65
利润总额（亿元）	6.30	6.61	4.92
净利润（亿元）	5.05	5.23	3.56
归属于母公司所有者的净利润（亿元）	4.70	4.75	1.06
技术开发投入（亿元）	2.53	2.76	9.09
应交税金总额（亿元）	8.38	8.73	4.18
全员劳动生产率（万元/人·年）	16.04	19.43	21.13
净资产收益率（%）	6.65	6.16	减少0.49个百分点
总资产报酬率（%）	3.89	3.67	减少0.22个百分点
国有资本保值增值率（%）	106.95	107.12	增加0.17个百分点

【改革发展】　一是牢固树立新发展理念，紧紧围绕打造"一流绿色资源环境服务商"战略目标，以提高质量效益和核心竞争力为中心，全面贯彻落实国企改革"1+N"系列文件，大力推进供给侧结构性改革，不断深化内部改革。召开总局深化改革工作座谈会，对总局全面深化改革方案进行修订完善，大力构建自身"1+N"指导文件体系。在积极解决自身面临的矛盾问题的同时，向上反映改革中所存在的困难和问题。编辑出版总局《改革开放40周年论文集》，营造全面深化改革氛围。

二是以组织结构的重塑性改革为抓手，强化集团管控，打造高效组织体系，提高企业对市场反应的灵敏度。在完成对各层级单位的功能界定与分类的基础上，对公益类和商业类企业实施分类发展分类考核，形成"1+6"授权经营业绩考核体系。完成对所属正元地信公司股份制改造，积极稳妥推进所属三川德青公司等单位的股权多元化改革，2家公司成为国务院国资委国企改革"双百行动"企业。

三是着力提升公司治理水平。完善重大事项党委会前置研究和"双向进入、交叉任职"的领导体制，保证党委讨论和决定重大事项的及时性和全覆盖。在子企业董事会建设方面，积极稳妥推动董事会职权落实，完善决策运行机制。规范股东代表、董事、监事依法履职，不断提升依法经营管理水平。

四是不断深化三项制度改革。积极探索建立以岗位管理为基础、以合同管理为核心的市场化用工机制。加大市场化公开招聘力度，健全劳动用工审批制度。按照《关于改革国有企业工资决定机制的意见》精神，建立"强激励、硬约束"的业绩考核与薪酬管理机制，建立健全与经济效益和劳动生产率增长相匹配的正常工资增长机制。积极推进事业单位养老保险改革，按照国家有关部门部署要求开展相关工作。

五是扎实推进供给侧结构性改革，夯实高质量发展基础。聚焦发展核心主业，转型升级成效显著，传统地质业务和大地质工作均取得重要成果。聚焦强化科技创新，弥补技术能力短板，努力提高科技创新与产业发展的融合度，获得多项科技创新荣誉。聚焦推进"瘦身健体"，加速推动企业办社会职能分离移交。全面推进"压减"工作，严格控制非主业投资，清理无实际业务或效率低下的公司。聚焦降杠杆减负债，持续关注债务规模及结构变化情况，严控带息负债增长，确保债务风险可控，持续压降"两金"规模。

【重大项目】 2018年，总局紧紧围绕打造"一流绿色资源环境服务商"战略目标，承担地质勘查项目1600余项，深耕矿产地质、布局生态地质，取得显著成效。

1."湘西—滇东地区矿产地质调查"项目。该项目发现我国石炭系规模最大的锰矿，拓展南华系和奥陶系找矿空间；建立海相沉积型锰矿成矿模式，丰富"内源外生"锰矿成矿理论。新发现矿（化）点114处，圈定找矿靶区39处，其中，锰矿17处；提交大型规模矿产地3处，中型规模矿产地2处。估算资源量：锰矿1.28亿吨、稀土氧化物77.89万吨、氧化铌6.01万吨、磷4254万吨、钒79.28万吨。

2."塔里木盆地西南缘锰多金属矿矿产调查"项目。该项目建立玛尔坎苏地区锰矿成矿模式，在南疆发现我国最富的锰矿床。新发现矿点34处，新发现矿产地1处，累计圈定找矿靶区14处；初步估算玛尔坎苏地区锰矿预测资源总量2亿吨。

【走向海外】 "十三五"期间，总局根据国际市场出现的新形势新挑战，努力寻找对策，把握战略机遇，合理布局海外。在战略布局上，不断加快"走出去"的步伐，以海外矿产资源勘查开发为工作重心，着力建设境外矿产资源勘查开发基地与境外工业产品研发制造基地，着力完善国际市场营销网络体系和国际工程项目承接体系。系统梳理总局各产业设备采购需求，参加首届中国国际进口博览会，与美国、加拿大、德国、意大利等国设备厂商签订合作意向书，提升国际化经营对总局"打造一流绿色资源环境服务商"战略目标的贡献。

【重大创新】 2018年，总局努力提高科技创新与产业发展的融合度。明确以打造智慧地下空间为重点的科技创新方向，制定总局科技创新引领产业发展专项方案。开展总局地质勘查技术体系建设，颁布总局地质勘查技术体系纲要，在全国率先推行固体矿产勘查绿色标准，颁布高于国标与行标的固体矿产勘查原始资料编录规程。获得多项科技创新荣誉，获得十大地质找矿成果奖1项、金罗盘奖1项、省部级科技奖励25项，授权专利78件，主持或参与制定国家及行业标准7项。正元地信获评"全国测绘科技创新型优秀单位"，"基于北斗的管线安全预警系统"项目顺利通过验收，3个项目入围2018中央企业熠星创新创意大赛初选名单。

联合实施的"地质科技创新引领南疆地区地质找矿新突破"获评中国地质学会2018年度"十大地质科技进展"。参与完成的"南疆地区找矿突破支撑产业发展与脱贫攻坚"成果获得自然资源部中国地质调查局、中国地质科学院2018年度十大地质科技进展奖。

【党建工作】 2018年，总局深入学习贯彻习近平新时代中国特色社会主义思想和党的十九大精神，以党的政治建设为统领,落实党中央、国务院国资委党委决策部署,打好"三大攻坚战",帮助对口扶贫县实现脱贫"摘帽",助力生态文明取得成效。统筹推进"瘦身健体"、提质增效、转型升级、"党建质量提升年"等各项工作。

一是强化思想引领。制定中心组学习办法和年度计划,以习近平新时代中国特色社会主义思想为核心内容开展集体学习。对加强意识形态、宣传思想、网络安全、舆情处置工作进行系统部署,开展意识形态工作专题督查,全年意识形态、负面舆情事件零发生。加强宣传引导。聚焦改革开放40周年重大专题开展系列活动,利用多种媒体、展会展示总局形象。

二是夯实基层基础。基层党组织实现全覆盖,开展支部书记培训、党员岗位建功等活动。认真落实"三会一课"、组织生活会等基本制度,完善党建考核、谈心谈话、党费管理等制度体系。形成"通气、座谈、测试、查阅、反馈"加"党课"的"5+1"党建基层联系点工作模式。用两年时间实现二级单位党委书记现场述职全覆盖。

三是抓好党风廉政建设。坚持不懈落实中央八项规定及其实施细则精神,开展形式主义、官僚主义集中整治,深入剖析重大违法违纪案件开展自查自纠。认真开展内部巡视巡察工作。深入推进巡视整改,与各单位党委签订整改《承诺书》,针对反馈的问题,制定整改方案、台账和手册,落实整改责任和完成时限,建立整改工作机制,扎实推进整改。

四是加强职工队伍建设。召开工会第二届委员会扩大会和共青团第三次代表大会。完成工会改选,坚持并完善职代会制度。组织参加全国物探竞赛并取得优异成绩,广泛开展读书活动、篮球赛等群众性文体活动。扎实开展主题团日、青年文明号创建、青年志愿者等活动。做好老干部、困难党员和困难职工的走访慰问工作,职工队伍总体稳定。

【信息化建设】 总局不断加大对集团管控信息化,特别是与国资监管信息化对接工作的资金保障力度,年初由总局办公室会同信息中心根据国务院国资委网信工作部署及总局网络安全与信息化领导小组工作部署,制定年度计划,明确重点任务,统筹安排网信工作所需资金,保障各项工作顺利开展。2018年,总局党委高度重视网络安全与信息化工作,深入学习领会习近平总书记关于网络强国战略重要论述,不断提升集团管控能力,高质量推进网络安全与信息化建设工作。总局网络安全与信息化领导小组充分发挥作用,加强集团管控能力,统筹推进贯彻落实国资监管信息化建设"三年行动计划",部署全系统网信工作。进一步建立健全网信工作体制,抓好组织机制落实,重点加强组织保障,由总局办公室牵头,信息中心及相关业务部门配合,协同推进"三年行动计划"各项内容贯彻落实。在落实国务院国资监管信息化建设三年行动计划方面,2018年总局完成3项重点工作。

【履行社会责任】 2018年,总局编制并发布冶金地质总局年度社会责任报告,强化履行社会责任理念,秉持"大地质观、大资源观、大生态观"的理念,为国家提供矿产资源保障,服务生态文明建设。积极践行国家绿色发展、生态发展理念,紧密围绕地质勘查矿业开发主业,坚持人与自然和谐发展,积极践行节约集约循环利用的资源观,绿色发展、生态发展初见成效。

2018年,总局党委坚持以习近平新时代中国特色社会主义思想和党的十九大精神为指导,深入贯彻落实习近平总书记关于脱贫攻坚系列重要论述精神,坚决响应党中央、国务院关于打赢脱贫攻坚战三年行动的决策部署,严格按照党中央、国务院和国务院国资委有关扶贫工作部署要求,牢固树立"四个意识",切实履行中央企业社会责任,强化组织领导,加大帮扶力度,进一步推动总局在云南大理白族自治州漾濞彝族自治县、巍山彝族回族自治县的扶贫工作,不断提升扶贫工作成效,超额完成2018年度《中央单位定点扶贫责任书》确定的帮扶责任目标。巍山县于2018年9月顺利脱贫"摘帽"。总局2018年扶贫工作被国务院扶贫开发领导小组评为"良好"等级。

2018年,所属山东局党委组织全体职工开展"情系灾区"募捐活动,为遭受台风灾害的山东省潍坊、东营、菏泽等地市的受灾人民奉献爱心。广大干部职工积极踊跃参加,伸出援助之手,用实际行动心系灾区、支援灾区。所属三局多次参与山西省地质灾害频发地区救援活动。

(撰稿人:朱奕璇)

中国煤炭地质总局

【基本概况】 2018年,中国煤炭地质总局(以下简称"总局")积极贯彻落实党中央重大决策部署,坚持"五大发展理念",助力"三大攻坚战",保障国家能源安全。总局围绕国家重大战略部署,融入地方经济发展,成立京津冀联合指挥部,助力京津冀一体化,参与雄安新区建设;成立中煤江南发展有限公司,投身粤港澳大湾区经济发展。推动组建3家生态文明建设专业化公司,新型能源勘探与开发利用、地下空间探测、矿山治理、环境修复、地理信息、浅层地温能勘查等生态文明建设相关产业取得长足发展。确定11家地勘院队进行改革试点,持续推进三项制度改革,强化竞争上岗和绩效考核。完成全民所有制企业改制、6家企业董事会建设以及36家"僵尸"和特困企业的处置。

【主要指标】 2018年,总局实现营业收入217.15亿元,比上年增长18.5%,其中经营收入196.79亿元,增长23.3%;利润总额4.94亿元,比上年增长29.4%;净利润3.78亿元,比上年增长60.5%;归属于母公司所有者的净利润3.9亿元,比上年增加1.83亿元。营业收入和利润总额增幅均超过央企平均水平;成本费用总额占营业收入比重97.09%,资产负债率59.5%。完成国务院国资委下达的考核目标任务。

2018年中国煤炭地质总局主要经济指标

项 目	2017年	2018年	比上年增长(%)
资产总额(亿元)	176.67	206.05	16.6
所有者权益(亿元)	71.30	79.95	12.1
营业收入(亿元)	183.24	217.15	18.5
利润总额(亿元)	3.82	4.94	29.4
净利润(亿元)	2.36	3.78	60.5

续表

项 目	2017年	2018年	比上年增长(%)
归属于母公司所有者的净利润(亿元)	2.07	3.90	88.2
技术开发投入(亿元)	2.28	4.07	78.6
利税总额(亿元)	9.78	10.62	8.7
应交税金总额(亿元)	7.42	6.84	−7.8
全员劳动生产率(万元/人·年)	17.21	19.59	13.8
净资产收益率(%)	3.40	5.00	增加1.60个百分点
总资产报酬率(%)	2.82	3.21	增加0.39个百分点
国有资本保值增值率(%)	102.85	105.92	增加3.07个百分点

【改革发展】

1. 市场开拓卓有成效。2018年,总局主动对接京津冀、粤港澳大湾区、长江经济带等区域,签订各类合同比上年增长70%以上。建立上下联动的营销体系,推动产融结合,与多家金融企业研究资产证券化、构建产业基金、股权多元化等合作,启动多家上市公司收购的前期调研工作,5家企业的基金公司组建工作有序推进。

2. 企业管理持续加强。一是财务管理水平不断提升。总局不断拓宽外部融资渠道,全年非受限资金集中度97%,资金池内部融通比上年增长21%。深入开展降杠杆减负债工作,加大"两金"压控力度。二是风险管控能力显著加强。总局坚持任中和离任审计相结合,组织开展"两金"审计调查。深入推进主要负责人履行法治建设第一责任人职责,在国务院国资委检查中获得95分,被评为A级。三是项目管理水平有效提升。初步形成以项目经理负责制为核心的项目目标管理责任体系。安全、环保、设备、质量等机构与制度体系进一步健全,全面完成"杜绝较大及以上生产安全责任事故"的目标。

3. 人力资源管理逐步优化。一是加强人力资源规划管理。制定《总局2018-2020年人才队伍建设工作规划》,为集团发展提供智力保障和人才支撑。二是加强制度建设。制定印发《中国煤炭地质总局直属人员管理规定》等10余项干部人才管理相关制度。三是加强人才招聘、调配管理。2018年,全局计划招聘511人,最终实际接收447人;按程序批复71人的人事调动事宜。四是加强人才统计工作。积极开展总局人员名单化管理,按月统计全局名单化报表,确保统计基础数据准确无误。五是加强人才培训及职称管理。组织开展总局高层管理团队北京大学培训、总局中青年干部培训等,完成总局工程、经济、会计3个系列高级职称评委会向人力资源社会保障部报备工作。

4. 收入分配体系不断完善。总局制定完善事业单位绩效工资改革、履职待遇业务支出、工资总额统计核算等方面的制度,积极推进建设企业年金,薪酬福利保障制度激励作用进一步发挥。总局总部带头推进收入分配制度改革,修订完善岗位管理、薪酬管理、劳动纪律制度,带头推进所属单位全员绩效考核。

【重大项目】

1. 资源勘查与新能源勘查开发。2018年,总局组织开展全国特殊用煤资源潜力调查评价、全国重点煤矿区煤层气资源潜力评价、矿山环境修复与治理示范建设等重点项目。所属中化局探明磷矿资源量3.15亿吨,并在江西发现一大型萤石矿床。地质集团在内蒙古有关地区铀矿调查与勘查示范项目取得重大突破,发现长度大于7.8千米、宽度大于2千米的超大型铀矿床。

2. 生态文明与农业地质技术服务。总局所属江苏局生态环境公司成功中标山西废弃矿山综合治理项目,并首次中标Hg(汞)污染耕地调控示范等项目,打开土壤修复新市场。浙江局采取"三边模式"顺利承建浙江省规模最大的矿山复绿项目,相继开展浙江省多项土样采集检测项目和土地质量地质调查项目。

3. 地理信息与地下工程产业。总局所属湖北局承接川藏铁路雅安至林芝段勘测等项目,地下工程产业首次突破10亿元大关,地灾治理、环境修复板块业务发展迅速。航测局先后承揽西藏电力电网地理信息平台数据项目,成功开辟电力测绘市场;承接的"中缅油气管道数字化恢复"项目为"智能管道、智慧管网"建设的首个试点项目。

【走向海外】 截至2018年底,总局纳入财务合并报表范围的境外子公司5家,境外资产总额8536.1万元,营业收入10036.8万元。总局境外项目主要为矿权投资项目和承包工程项目。2018年,新签对外承包工程合同总额1.26亿元,项目主要分布在印度尼西亚、老挝、缅甸、阿联酋、莫桑比克、几内亚、洪都拉斯、巴西、中国香港、中国澳门等国家和地区,所属行业为地质勘查、基础工程施工、测绘等。

【重大创新】 2018年,总局获得国家、省部级科学技术奖11项,获得专利授权337件、计算机著作权58项。组织实施的"西北地区煤与煤层气协同勘查与开发的地质关键技术及应用"获得2018年国家科技进步二等奖;"全国煤炭资源潜力评价"获得2018年国土资源科学技术一等奖;"全国煤中金属矿产资源评价"获得中国地质学会2018年度十大地质科技进步成果奖;"油气管道系统完整性关键技术与工业化应用"获得教育部2017年科技进步一等奖;煤层气地质研究团队获评首批"国土资源部科技创新团队"。

【党建工作】 截至2018年底,总局有党委76个、党总支39个、党支部558个、党员11220人。2018年,总局坚持以习近平新时代中国特色社会主义思想为指导,深入贯彻落实党的十九大精神,在国务院国资委的正确领导下,充分发挥国有企业党委领导作用,始终把政治建设放在首位。全面深化基层党建"三基建设",推进"两学一做"学习教育常态化制度化,积极开展"支部建在项目上、党旗飘在工地上"主题实践活动。完成总局和14家直属单位届中增补两委委员工作。全年修订完善《总局直属单位党建工作责任制考核评价暂行办法》等党建工作制度31项。

建立健全党委议事规则,重新修订《总局会议制度》《总局"三重一大"决策制度实施办法》等相关制度。凡按照要求需要向国务院国资委、财政部、自然资源部等上级部门呈送的重要报告(总结类除外)、请示、方案等,涉及重要人事任免、重大项目安排、重大事项决策、大额资金使用等"三重一大"事项,以及成立机构、调整职能等事项,必须依照规定,报总局党委会议(党委扩大会议)、局长办公会议审议审定。

支持纪委监督执纪问责,制定内部巡视五年规划。落实党风廉政建设工作报告制度和日常工作月报制度,定期分析汇总,及时掌握了解所属单位党风廉政建设和反腐败工作情况。2018年,总局各级纪委研究单位党风廉政建设和反腐败工作536次,党风廉政建设责任"签字背书"411例,逐级报告履行监督责任情况509次。所属单位纪委书记述职130人次。各单位开展反腐倡廉教育645场次,参加15605人次,开展警示教育397场,参加人员10608人次,开展廉洁文化建设专项活动104次。

【履行社会责任】 总局党委始终坚持党对脱贫攻坚工作的领导,把扶贫工作当作一项重大政治任务来抓,根据实际重新调整定点扶贫工作领导小组,明确责任人。2018年,总局领导5次赴定点扶贫县甘肃省张家川县深入实地查看并调研,与张家川县就重点产业扶贫、项目对接、就业安置等事宜进行沟通交流。互派交流扶贫、挂职干部5人。出资1000万元参与中央企业贫困地区产业投资基金,实施定点帮扶,推动产业扶贫。发挥专业技术优势,为张家川县制作1∶50000地形图和大比例全域正射影像图,使该县项目规划有了地理信息依托;为张家川县开展首次"土壤体检"工作。12月中旬,专门组织督查组深入到张家川县9个乡镇11个村55个贫困户家中开展进村入户调研,对脱贫攻坚工作开展督促检查,督促当地县级党委政府落实好脱贫攻坚主体责任和扶贫政策,强化责任担当。

2018年,总局按照国务院扶贫办和国务院国资委要求,完成《中央定点扶贫责任书》签订的各项扶贫工作任务。投入资金223.10万元,主要实施6个帮扶项目,实现精准对接帮扶。

(撰稿人:张 卓)

新兴际华集团有限公司

【基本概况】 新兴际华集团有限公司(以下简称"集团公司")作为上轮军改产物,2000年由解放军和武警部队78户军需企事业单位以原总后工厂局(军级)为机关,以新兴铸管公司为核心企业整编重组而成,2001年正式从军队进入中央企业序列,2010年由新兴铸管集团更为现名,2012年成为军队走出的第一家世界500强,2018年排名第381位。

作为国有资本投资公司试点中央企业,涉足冶金铸造、轻工纺织、专用装备、医药健康、应急产业和商贸物流服务六大业务,具有军民融合"先天优势"、铸管市场"顶端优势"、应急产业"先发优势"三大业务优势。现为全球第一球墨铸管研发制造商、全国第一后勤军需和职业置装供应服务商、应急救援装备产业技术创新战略联盟理事长单位,也是中央军委首长专用服装和航天宇航鞋靴的指定服务商。在南水北调、西气东输等多项国家工程,在军队换装、阅兵保障等历次专项任务,在抗震救灾、抗洪抢险等历次灾害救援中都发挥突出作用,多次获得全国阅兵突出贡献奖和抗震救灾特别贡献奖。"新兴""际华"2个主品牌跻身亚洲品牌500强,10个子品牌获评中国驰名商标。

作为国有资本投资公司试点,集团按照"小总部、大产业",实施三级法人管控体系,总部治理结构完善,设党委、董事会、经理层,领导班子成员10人(其中党委常委7人),经国务院国资委批复设总经理助理级高管人员5人。总部设有12个部门(其中涉及党群类部门7个),编制83人。

成员企业200余家,遍布全国26个省(自治区、直辖市),以及意大利、印度尼西亚、印度、赞比亚等国家,整合为九大二级公司板块化管理,其中,两大上市公司新兴铸管股份(000778.sz)和际华集团股份(601718.sh)覆盖全集团60%以上人员和资产。

截至2018年底,集团公司职工人数52949人。党员21656人,其中在岗党员11496人;设党委80个、党总支68个、党支部641个,其中二级公司党组织8个。

【主要指标】 截至2018年底,集团公司资产总额1419.23亿元,净资产639.83亿元,资产负债率55.20%;营业收入1733.57亿元,利润总额30.32亿元。

2018年新兴际华集团有限公司主要经济指标

项　目	2017年	2018年	比上年增长(%)
资产总额(亿元)	1374.71	1419.23	3.24
所有者权益(亿元)	581.72	635.85	9.31

续表

项 目	2017年	2018年	比上年增长（%）
营业收入（亿元）	2100.45	1733.57	−17.47
利润总额（亿元）	54.10	30.32	−43.96
净利润（亿元）	38.93	18.14	−53.40
归属于母公司所有者的净利润（亿元）	29.74	6.86	−76.93
技术开发投入（亿元）	19.74	16.30	−17.43
利税总额（亿元）	94.58	76.15	−19.49
应交税金总额（亿元）	46.05	46.00	−0.11
全员劳动生产率（万元/人·年）	23.91	26.73	11.79
净资产收益率（%）	8.67	1.75	减少6.92个百分点
总资产报酬率（%）	5.61	3.70	减少1.91个百分点
国有资本保值增值率（%）	117.50	101.77	减少15.73个百分点

【改革发展】 2018年，集团公司深入推进供给侧结构性改革，聚焦主业实业，年度营业外收入显著降低，核心业务盈利能力不断增强。六大板块业务布局初步形成，应急产业经国务院国资委批复"视同主业管理"，中国应急产业协会经工业和信息化部审批由集团牵头组建，行业先发优势和龙头地位进一步巩固。国有资本投资公司试点成功入围，深化董事会行权试点和职业经理人试点形成方案。伊犁农牧、新能装备入选国企改革"双百行动"试点。集团总部职能有效优化，形成以"战略管控＋财务管控＋风险管控"为主的"智慧型"管控，有效支撑集团发展。际华股份内部资源和区域整合迈出实质性步伐，外部产业联盟初见雏形，本部营销统筹率军品被装93％，民品行配78％，央企工装100％。

2018年，集团公司在"去产能、去库存、去杠杆、降成本、补短板"方面取得显著进展。一是全力提质增效，通过夯实基础管理、开展全价值链对标、推进精益管理、强化成本管控、严控"两金"增长、盘活长期闲置各类存量资产等措施，有效降低企业经营成本，提高企业经营效率，推动集团高质量发展。二是积极稳妥推进"处僵治困"，积极主动、迎难而上，"一企一策"研究制定工作方案，稳步推进实施，运营质量逐步提升。三是积极推进"瘦身健体"，通过提升管理权限、股权划转、吸收合并、清理退出等多种方式压减企业层级，通过清算注销、控股转参股等多种方式压减企业户数，运营效率不断改善。四是全面推进"三供一业"分离移交工作，截至2018年底，"三供一业"分离移交工作基本完成国务院国资委下达的目标。

【重大项目】 2018年，集团公司发展紧紧围绕主业实业，大力推进结构调整，优化产业布局，着力推进重点项目建设。铸管股份牵头发起中国智慧水务联盟，推动成立中国铸造产业园联盟，搭建协作共享平台，拓展范围经济。际华股份独家承揽圆满完成国家首批消防救援换装任务；与德国PTE公司项目合作成功落地，一期合作项目开工运转，努力打造中部地区最大最强混炼胶生产企业；调整际华园开发思路，已开业项目完善业态、提升业绩，未开工项目寻求合作、降低风险。新兴重工轻型高机动系列救援车配装甘肃消防总队。医药控股聚焦应急医疗，针对院前医学急救领域与军事医学研究院开展战略合作，取得阶段性进展；主动承接完成523原料药和饮水消毒丸等军队特需药品的应急生产，拓展军民融合和应急产品空间。

【走向海外】 2018年，集团公司积极创造条件、利用好国际国内两个市场、两种资源、两类规则、两个金融平台，积极参与国家推进"一带一路"、周边"互联互通"、非洲"三网一化"建设，推进国际产能和装备制造合作。冶金板块依托铸管及钢铁制品的规模和技术优势，积极拓展国际市场，创新业务模式，重点在生产、市场、融资等领域谋求国际化发展。在中东、非洲、南美及东盟4个区域进行产品结构调整，重点突破美国、欧洲及印度3个难点市场，实现主要市场全覆盖。成立土耳其、印度办事处，调研建厂事宜，进一步优化完善海外生产布局，降低物流成本，凸显区域优势。印度西南卡纳塔卡邦综合钢铁工厂项目，一期年产80万吨球团厂建成投产，二期综合钢厂建设工作稳步推进。尼日利亚阿布贾5.2万吨、科威特UAH 19.5万吨、孟加拉国达卡Gandharbpur一期

3万吨等一批重特大项目取得阶段性进展，即将进入市场收获期。集团所属铸管股份、际华股份、中新联在首届中国国际进口博览会上与西门子、淡水河谷等外商签约项目7个。集团公司年度出口增长3.39%，其中新兴重工出口销售比上年翻番。

【重大创新】 2018年，集团公司创新驱动战略初见成效。研究总院基本实现实体化独立运行，首次牵头承担国家重点研发计划项目4个。铸管股份智能制造渐成态势，工业机器人在国内首次应用于铸管生产线，支撑"铸管4.0"关键技术积累；百年寿命球墨铸铁管线研发项目成果鉴定技术水平国际领先；DN2600自锚接口管和最大尺寸管件生产填补国内空白；主导制定的ISO10804，是铸铁管领域首个我国企业主导的国际标准；特管新产品首次成功应用于高铁列车和国产飞机。际华股份纺织、服装、鞋靴、装具智能生产线建设如期启动，精益管理有序推进。围绕关键原材料开发、应急救援系统等重点项目，与东华大学、武汉纺织大学等高校和科研院所建立战略合作关系，建立产业创新联盟。应急装备创新成果市场化取得突破性进展，轻型高机动应急救援系列装备首次配装甘肃消防总队，助力组建全国首支应急救援快遣队。集团支撑提出的"加快发展我国应急救援志愿者队伍""两会"提案被列为"全国政协重点提案"，为应急产业发展拓展空间。

【党建工作】 2018年，集团公司党委充分发挥"把方向、管大局、保落实"领导作用，认真落实管党治党主体责任，有力促进和保障企业改革发展。一是狠抓政治建设。制定《集团公司党委关于突出党的政治建设增强党员领导干部政治意识的实施意见》，组织系列活动做到"五个全覆盖"，对集团公司强化政治建设作出全方位的部署和安排。二是狠抓组织建设。2018年，新成立2家二级公司同步成立临时党委、纪委；建立集团系统换届管理工作台账，实现党组织应建必建、应换必换。三是狠抓宣传文化工作。召开集团宣传思想工作会议，总结近五年来宣传思想工作，印发《关于加强集团公司宣传思想工作的指导意见》，对集团公司宣传思想工作作出具体部署安排并监督落实。4次登陆央视频道，集团公司产品入选国家博物馆"庆祝改革开放40年大型展览"。四是狠抓群团工作。召开常委会专题听取群团统战工作报告，坚持把群团工作纳入党委年度重点工作进行安排部署；圆满完成集团职代会和工会换届工作。1个集体获得"全国模范职工之家"称号，4个个人（集体）获得"全国团青先进"称号。五是狠抓巡视和巡视整改。集团公司党委认真学习国务院国资委党委2018年首轮巡视工作动员部署会精神，进一步完善规则制度，狠抓落实，从根本上解决中央企业党的建设弱化淡化虚化边缘化问题，切实把接受巡视并做好巡视整改作为严肃的政治考验。

【信息化建设】 2018年，集团公司深入推进两化融合，加快企业管理信息化建设及所属企业智能化转型升级工作。集团资金调度系统正式上线，覆盖126家企业。铸管股份以铸管4.0项目为依托，借助大数据技术，实现企业设计开发、生产制造、质量控制、现场管理和运营管理系统全面互联互通。际华股份推广鞋靴、纺织、服装智能生产线的精益制造成果，进一步创造条件推进"精益＋智造"，持续减员增效，打造"用人少、效率高"的"黑灯工厂"。

【履行社会责任】 脱贫攻坚方面。集团公司定点帮扶甘肃定西市安定区、内蒙古四子王旗，超额完成2018年定点扶贫责任书规定的各项任务，对2个定点扶贫县区直接投入帮扶资金859.12万元，培训技术人员340人，培训基层干部126人次，吸纳贫困人口就业138人、直接带动建档立卡贫困人口实现脱贫876人。

安全生产方面。集团公司积极落实"国有企业要发挥安全生产工作示范带头作用，自觉接受属地监管"总体要求，实现隐患总量、事故起数"双下降"目标，安全生产工作总体呈现稳中向好的预期态势。

环境保护方面。集团公司深入贯彻"环保就是生产力"的指导思想，全面跟踪解读政策形势，系统对标分析标准规范，铸管股份实施189项环保治理项目，环保投入总计超过10亿元。

2018年，集团公司工会获得"全国模范职工之家"称号，总部获得"首都文明单位标兵"称号，蝉联"中国企业社会责任300强"并提升至第34位，司歌入选国务院国资委"放歌新时代——中央企业音乐作品特别节目"，并在卫视播出。

（撰稿人：胡 望）

中国民航信息集团有限公司

【基本概况】 中国民航信息集团有限公司（以下简称"中国航信"）正式组建于2002年10月，是国务院国资委监管企业中唯一以信息服务为主业的中央企业，总部设在北京。公司注册资本30亿元。截至2018年底，中国航信有分公司5家、二级子企业6家，其中全资子公司2家、参股子公司3家、控股上市公司1家。公司员工7454人。

中国航信作为专业从事航空旅游信息服务的企业，主要业务包括航空业务、全球分销业务、机场业务、旅游交通业务、航空物流业务、结算业务、公共信息服务业务、移动业务8个板块以及与上述业务相关的延伸信息技术服务。中国航信是全球第三大航空旅游分销信息处理系统运营商、全球第一大航空结算数据处理服务商，所运营的民航订座（ICS）、离港（DCS）、分销（CRS）、结算（RA）系统是国内航空公司、机场直接面向旅客的基础业务管理系统，是国内对公服务的8个重要信息系统之一，被纳入国家信息生产安全管理体系，通过公安部等级保护的认证，拥有计算机信息系统集成企业一级资质。截至2018年底，航空公司业务系统服务于国内40余家航空公司、20多家外国及地区性航空公司，机场业务系统服务于200多家国内机场，分销业务系统服务于8000余家代理商。

【主要指标】

2018年中国民航信息集团有限公司主要经济指标

项　目	2017年	2018年	比上年增长（%）
资产总额（亿元）	226.1	242.3	7.2
所有者权益（亿元）	176.7	193.6	9.6
营业收入（亿元）	67.4	74.9	11.1
利润总额（亿元）	25.9	26.2	1.2
净利润（亿元）	22.7	23.4	3.1
归属于母公司所有者的净利润（亿元）	6.1	6.4	4.9
技术开发投入（亿元）	8.7	22.8	162.1
利税总额（亿元）	28.3	29.1	2.8
应交税金总额（亿元）	6.5	7.0	7.7
全员劳动生产率（万元/人·年）	72.8	71.5	−1.8
净资产收益率（%）	13.5	12.7	减少0.8个百分点
总资产报酬率（%）	12.1	11.2	减少0.9个百分点
国有资本保值增值率（%）	110.5	110.2	减少0.3个百分点

【改革发展】 一是坚持深化改革。2018年，中国航信制定并印发公司2018年改革工作要点和《关于进一步加强全面深化改革工作的实施意见》，制定深改领导小组及办公室工作规则。根据公司2018年改革工作要点，确定公司22项重点改革任务，明确责任部门和责任领导及时间节点。结算公司和天信达公司被列为国务院国资委国企改革"双百行动"试点单位。移动科技公司被列入国家发展改革委第二批混合所有制改革试点单位，改制工作得到国家发展改革委、国务院国资委相关部门认可，混合所有制改革实施方案获得股份公司董事会通过。

二是加强干部制度建设。根据全国国有企业党的建设工作会议和全国组织工作会议精神以及构建"不能腐"体制机制建设工作要求，制定并印发《中国航信专职党委（党总支、党支部）书记、副书记配备管理办法（试行）》《中国航信干部选拔任用廉洁从业结论性评价办法》等6项干部管理、监督制度。根据新版《中央企业领导人员管理规定》（中办发〔2018〕43号），组织实施《中国航信干部选拔任用工作规定》的修订工作。

三是优化内部收入分配管理。中国航信推进内部三项制度改革，在充分听取广大干部职工意见的基础上，对标行业和市场，打通员工内部职业发展通道，调整优化薪酬结构，加强考核结果运用，努力构建与市场化竞争环境相适应、有利于激发内在活力的劳动用工和收入分配管理体系，既解决痛点难点，也找准提升点，助力公司管理迈上新台阶。

【重大项目】 2018年，为响应国家疏解北京"非首都功能"号召，中国航信全力推进顺义基地建设，加强实施控制，项目整体进展顺利。园区建设投资总体控制在概算范围内。严格控制风险，未发生法律纠纷案件。二期项目正式立项，履行政府报批工作。2018年，顺义高科技产业园区项目完成投资7275万元，截至2018年底，累计完成投资47.21亿元。

中国航信强化实业主业，不断服务落实国家"民航强国"战略。"航信通"与231家机场签署协议，完成209家机场全安检通道部署，国内旅客使用量超过2.25亿人次。"人证合一"与195家机场签署合同，占航信系安检信息系统机场总量的94.7%。BSP在线支付平台全年交易额超过990亿元，国内市场份额占40%。附加服务电子杂费单票证全年交易量308万张，比上年增长33%。"行啊"差旅解决方案销售航段量334万航段，差旅酒店业务比上年增长125%。附加服务中性柜台业务与27家航空公司和49家机场签约，并在77家机场投产。

中国航信自主可控的新一代国际运价计算系统完成建设并全面投产，系统功能达到国际先进水平，具备完全替代并超越SITA RFS系统的能力。中国航信自主研发的低成本航空公司解决方案在海外航空公司成功投产，稳固公司在旅客服务系统（PSS）市场上的国内市场地位，加强海外PSS市场竞争力。

【走向海外】 2018年，中国航信全力响应国家"一带一路"倡议，积极与俄罗斯、蒙古国、柬埔寨、缅甸等国家航空公司开展商务洽谈，在海外旅客服务系统PSS业务方面取得进展。成功签约俄罗斯皇家航空等3家海外PSS客户；支持国航、东航等航空公司国际航空联盟业务，积极参与星空联盟、天合联盟工作会议，并聘请联盟业务专家进行航空联盟业务支持，推进国内航空公司与盟内外航之间合作业务开展。2018年，实现天合联盟成员间seamless直连，联程值机优化，联盟会员数据库升级，实现星空联盟旅客安全证件校验。加快推进海外销售市场推广，与12家国内航司签署海外销售协议，在新西兰、柬埔寨等地加入中性结算体系，海外市场全年销售量达到280万段，"行啊"差旅解决方案推广至日本、韩国、新加坡等地的多家代理使用。

【重大创新】 2018年，中国航信牵头承担的"核高基专项——民航客票交易系统国产化"课题，作为将现有的民航客票系统从国外平台向核高基专项支持的国产基础软件平台迁移的标志性应用示范。该项目顺利通过工业和信息化部对核高基课题验收，标志着中国航信承担的国家核高基专项任务圆满完成。该项目提出核心交易系统从传统大型主机到小型机再到X86平台的转移方法。帮助国产厂商改进产品，完善并验证110多项技术，积累国产基础软件的使用经验。

【党建工作】 2018年，中国航信党委在国务院国资委党委坚强领导下，以习近平新时代中国特色社会主义思想为指导，认真落实中央和国务院国资委党委关于提升党建质量的决策部署和有关要求，扎实推进各项重点任务，取得积极成效。一是加强党的政治建设，坚决维护以习近平同志为核心的党中央权威和集中统一领导。强化理论武装，深入学习贯彻习近平新时代中国特色社会主义思想和党的十九大精神。二是加强"三基建设"，推动基层党建工作规范化、标准化。落实"四同步"要求。根据行政单位变动和党员人数增减情况，及时调整党组织设置。三是加强党风廉政建设和反腐败工作，推动作风持续改进。加强研究部署，年初组织召开集团2018年党风廉政建设和反腐败工作会议，认真分析集团反腐倡廉形势及发展现状，部署集团党风廉政建设和反腐败工作任务，研究制定年度工作任务及工作重点，并与各单位签订党风廉政建设责任书。

【信息化建设】 2018年，中国航信持续推动网络安全与信息化建设，顺利完成北京后沙峪与上海嘉兴数据中心的启用投产，分批次顺利实施包括民航主机系统在内的500余个信息生产系统的迁移转场。中国航信重点开展网络安全检测监测体系建设，持续提升漏洞自发现与态势感知能力，初步构建起多维一体的立体式信息安全防护体系，将通过信息资产感知、安全威胁感知、网络流量分析等先进技术，为民航信息化建设的快速发展提供有力保障。中国航信作为国家发展改革委资助的行业重大信息安全专项的牵头单位，协同空管、国航、民航大学等多家民航单位全力开展"民航重要信息系统网络安全保障示范工程项目"。多项子项目建设成果落地应用，有效促进民航信息安全防护水平的整体提升。

【履行社会责任】 保障生产安全方面。中国航信运营的信息系统的生产安全，直接关系民航运输服务行业的生产秩序，中国航信严格落实安全生产责任制，加大安全生产投入，严防系统安全事故发生。建立健全应急管理体系，不断提高应急管理水平和应对突发事件能力。确保全年6.2亿人次航空旅客安全出行。

节约社会资源和环境保护方面。截至2018年底，"航信通"产品与全国所有民用机场（231家）签署实施使用协议，完成229家机场的全通道部署实施，为每人次旅客节约通关时间7分钟，全年为旅客节约通关时间6000万小时；减少机场安检人员5.4亿次手工盖章操作，节约安检人员操作时间超过45万小时，合计每年节约人工成本2700万元；节约纸质登机牌5.4亿张，年节约登机牌成本10800万元，减少碳排放量6000吨；减少机场值机柜台、登机牌打印机设备、自助值机设备、楼内场地占用，保守估算能够节约机场建设和维护成本3亿元。

扶贫工作方面。2018年，中国航信坚持聚焦精准，加大工作力度，通过实施产业扶贫、加强消费扶贫等一系列新举措，取得切实的帮扶成效。2018年，中国航信累计投入项目资金303万元，惠及贫困人口6300余人。通过教育扶贫、人才培训努力"扶智"；通过产业帮扶、就业促进、消费扶贫致力"扶志"；通过深度贫困帮扶基金、全员扶贫聚焦贫中之贫、坚中之坚，努力实现稳定脱贫和可持续发展。

关爱员工方面。通过"航信职工大讲堂"，提升职工队伍整体素质；通过职工文体协会，开展各类日常训练学习活动，丰富职工业余文化生活；通过"心健康·新旅程"职工关爱计划（EAP），促进职工心理健康，提升职工心理资本；通过职工普惠活动，让职工享受实惠，进一步增加获得感。

（撰稿人：任泽宇）

中国航空油料集团有限公司

【基本概况】 中国航空油料集团有限公司（以下简称"中国航油"）成立于2002年10月11日，注册资本44.16亿元，是国有大型航空运输服务保障企业，是国务院授权的投资机构和国家控股公司试点企业，是国际航空运输协会、国际航煤联合检查集团、美国试验和材料协会、英国石油协会、美国石油协会等国际组织成员。

中国航油以航油业务为核心，构建航油、油品贸易、物流、国际业务四大主营业务板块，控股、参股二级企业27家，在全球286个机场为400多家航空客户提供航油加注服务，在25个省（自治区、直辖市）为民航及社会车辆提供汽柴油及石化产品的批发、零售、仓储及配送服务，在长三角、珠三角、环渤海湾和西南地区建有大型成品油及石化产品的物流储运基地。2018年，中国航油以营业收入2802.7亿元排名《财富》世界500强第371位。

【主要指标】 2018年，中国航油销售油化产品6106万吨。其中，销售航油2929万吨，比上年增长10%；石油商品387万吨，比上年增长7.5%；国际贸易量2791万吨，比上年减少10%。实现营业收入2802.7亿元，比上年增长29.8%；营业成本2667亿元，比上年增长31%；利润总额82.8亿元，比上年增长14%。

2018年中国航空油料集团有限公司
主要经济指标

项　　目	2017年	2018年	比上年增长（%）
资产总额（亿元）	510.1	553.0	8.4
所有者权益（亿元）	309.0	336.8	9.0
营业收入（亿元）	2158.6	2802.7	29.8
利润总额（亿元）	72.6	82.8	14.0
净利润（亿元）	55.4	63.3	14.3

续表

项 目	2017年	2018年	比上年增长(%)
归属于母公司所有者的净利润(亿元)	27.3	31.5	15.4
技术开发投入(亿元)	0.1	0.1	0.0
利税总额(亿元)	123.0	125.5	2.0
应交税金总额(亿元)	49.8	42.7	−14.3
全员劳动生产率(万元/人·年)	94.3	92.4	−2.0
净资产收益率(%)	19.7	19.6	减少.01个百分点
总资产报酬率(%)	15.7	15.7	持平
国有资本保值增值率(%)	129.6	102.7	减少26.9个百分点

【改革发展】 2018年,中国航油持续加强与炼厂、国储局等单位的沟通协调,统筹协调配置国内外航油资源,平衡各供应商的采购数量和结构,最大限度降低过剩产能的冲击,保证航油主体地位。航油业务积极开拓市场,成功拓展民航飞行学院等3家系统外用户、12个支线机场的供油业务,主动应对山东临沂、辽宁大连等外部市场主体冲击,彻底解决新疆地区历史遗留问题,国内市场占有率96.6%。石油业务加快推进实体化和资源化战略,强化薄弱地区、补充空白地区,成立延安石油公司,网络布局进一步优化;克服成品油市场剧烈震荡、市场需求持续低迷和36座加油站双层罐改造等不利因素,继续巩固"四位一体"经营模式,完成零售配送业务量175万吨,比上年增长15%,盈利能力显著增强。物流业务继续发挥航油运输主力军作用,全年完成航油水运量768万吨、管输量451万吨、仓储量280万吨,总体运输量比上年增长27%,为航油稳定供应提供坚强保障;泽胜新建5艘3500吨级船舶交付投运,海鑫新建1艘1.5万吨船舶下水舾装,沿海航油水运市场自有运力占比增加7个百分点,运输能力进一步提升。通航业务实现内部整合,明确对A1类机场实现航油加注服务全覆盖,与中信海直等企业签订战略合作协议,通航事业迈开新步伐。

【重大项目】 2018年是中国航油成立以来投资总额最高的一年,也是投资完成最好的一年,投资总额121亿元。中国航油以推进实施重大工程为抓手,切实提高投资完成率,北京大兴国际机场8座2万立方米油罐、44.8千米机坪管道、2座航空加油站全面完成建筑安装,2座场内地面加油站基本具备加油功能,4座场外地面加油站主体完工,津京第二输油管道项目全线203千米基本贯通,抢回滞后两年半的工期,实现与北京大兴国际机场建设进度基本同步;石油公司天津车用乙醇汽油配送中心建设项目从立项到建成用时4个月,实现高速度高效率,确保项目按期投运,标志着石油公司迈出由销售型企业向生产型企业转型的第一步,充分体现中国航油作为央企的社会担当;西南储运基地完成立项工作,基本形成实施方案和项目进度表;北方储运基地提前2个月全面完成整改,运转平稳,成为集团公司最大的航油储运基地;研发中心项目先后完成一系列重要工作,顺利开工建设。咸阳管线更新、武汉机场卸油站等工程完成验收;青岛胶东国际机场场内供油工程主体完工,60千米场外航油管道取得突破性进展,获得路由批复;成都天府国际机场供油工程全面开工,完成4座油罐基础施工;深圳、南宁、西安等机场航油项目和新疆、四川简阳等石油项目以及呼和浩特、长春、大连、银川、兰州、昆明等规划管线前期工作有序推进,一批重点工程逐步落实落地。

【走向海外】 2018年,中国航油国际业务发展进入新阶段,重新定位新加坡公司与国际控股公司主要职能,集团国际化战略实施载体进一步清晰。积极推进落实国际化发展《北京行动宣言》,与蒙古国民航局、美国贝塔公司、俄罗斯天然气航油公司等达成多领域合作意向,实现向蒙古国出口加油车,完成航煤一般贸易出口10.8万吨。加快国际化网络布局,设立柬埔寨和巴基斯坦2个海外代表处,柬埔寨暹粒机场供油项目顺利推进。加强对外沟通合作,与BP航空合作的HB项目签订在全球范围的运输航空及通用航空合资合作备忘录,向国家发展改革委争取保留民航用油专项用户资质,向商务部争取到11万吨一般贸易出口配额,与国储局协调优化调整5个代储点的代储量,为缓解国内资源过剩、拓展国际出口业务发挥积极作用。"莱茵河"项目交割成功收尾,成功中标东航、南航在法兰克福,土耳其航空在布鲁塞尔、斯图加特的航油供应服务,新增北美自供机场——纽约肯尼迪机场,航空公司客户总数16家,新增8个海外供油机场,海外供油机场数57个,其中"一带一路"沿线机场16个。

【重大创新】

1. 管理创新。2018年,中国航空油料集团有限公司正式挂牌运营,迈出集团化管理新步伐。一是认真落实国家全面深化改革相关工作,石油公司和重庆泽胜入选国务院国资委国企改革"双百企业"试点,完成18家商业二类、47家商业一类子企业备案工作,物流公路运输项目被民航局列入民间资本引入民航领域首批示范项目;稳步推进"压减"工作,全年减少法人单位8户,提前半年完成国务院国资委下达的任务;积极推进"处僵治困"工作,亏损企业减少5家、减亏4000万元。二是深化采购管理工作,成立集团采购委员会和采购管理部,对集团及所属企业投资、生产、经营过程中涉及的物资、工程和服务等采购业务进行管理。三是强化集团运营管控,充分发挥生产调度会信息共享和指挥平台作用,67家单位上线,通过10次调度会督办104项重点工作。四是持续提高财务管理水平,强化全面预算管理,坚定贯彻"一切支出受控于预算"的理念,建立滚动预算模型,准确预测年度经营情况,为公司决策提供及时有效支持;着力降杠杆减负债,制定集团3年降杠杆减负债工作整体方案,切实提高"两金"效益和周转效率;强化资金集中管理,全年累计归集资金1914亿元,资金集中度超过90%。

2. 科技创新。中国航油举办首届科技大会,与8家科研院所、央企和高校实现高起点科研战略合作,发布覆盖国内200多家机场的中国航煤消费指数;航油油品质量研发中心和特种车辆研发中心挂牌成立,出台18项科技管理办法和实施细则,规范化体系和科研载体建设稳步推进;集团安全运营调度指挥系统一期项目完成,与南方航空合作研发的智慧加油项目在新加坡精彩亮相。

【党建工作】 2018年,中国航油以党的政治建设为统领,先后组织4期党的十九大精神集中轮训班、培训200余人;颁布《中国航油党建全面质量提升发展纲要》,召开加强党的政治建设研讨会,激发党建内生动力;加强基层组织建设,全系统3548名党员参加"学习十九大、尊崇新党章"知识竞赛,100余名党组织书记和党务干部进行党建实务专题培训;修订《党建工作责任制实施办法》,建立各级党组织书记抓党建责任清单,党建考核权重提高至25%,发挥党建考核综合评价"指挥棒"作用;打造"一岗双责""微党课""高高原党建""海外党建"4张名片,落实党建工作要求进章程,圆满完成全部企业的章程修订工作;加强干部管理和人才工作,发布中国航油人才工作纲要,举办第三期中央党校中青年干部培训班,招录高校毕业生361人。加强巡视整改工作,创新巡视工作体制机制,探索建立巡视后评价机制。加强反腐倡廉工作,对全系统工程项目经理进行2期廉洁培训,组织工程管理人员签订廉洁从业承诺书,向相关人员点对点发送162份廉洁提示函。严格执行中央八项规定精神,聚焦公车私用、"小金库"等重点领域,实现上下联动、全方位监督检查。

【信息化建设】 2018年,中国航油按照民航局、国务院国资委、公安局关于网络与信息安全等通知要求,组织开展网络安全专项检查、专项整治行动等工作,在全国"两会"、博鳌亚洲论坛、上合组织元首理事会、首届中国国际进口博览会等重要活动期间,制定网络安全专项工作方案,建立工作微信群,加强值守,严密监控网络安全事件,每日执行"零报告"制度,没有出现"漏报、迟报"等现象,圆满完成重要时期网络安全专项保障。信息通报工作获得上级部门表彰,在国家网络与信息安全信息通报工作会议上获得2018年信息通报工作"先进个人"称号;编写的《中国航油移动安全平台建设项目方案》获得2018年中央企业网络安全与工业互联网优秀解决方案奖。全面推进企业信息化建设,改造基础设施运行环境,完成集团公司存储备份系统更新项目建设;大力推进安全生产运营调度系统项目,完成安全运营调度指挥平台、指挥大厅项目建设。

【履行社会责任】 2018年,中国航油坚决落实党中央重大决策部署,在服务党和国家工作大局中体现企业的责任担当,圆满完成国家重大活动和急难险重保障任务,安全保障供油468万架次,安全生产平稳有序;倡导绿色低碳发展理念,推进节能减排与环保实践;加大精准脱贫力度,助力宁夏回族自治区盐池县率先脱贫"摘帽"。积极加强与利益相关方的沟通合作,成功举办企业社会责任影像展,参加中国企业社会责任国际论坛,获得"金蜜蜂企业"称号;《中国航油2017企业社会责任报告》获得金蜜蜂2018优秀企业社会责任报告领袖型企业奖;中国航油获得实现可持续发展目标2018企业最佳实践奖、2017中国社会责任企业精准扶贫奖。

(撰稿人:杨 罡)

中国航空器材集团有限公司

【**基本概况**】 中国航空器材集团有限公司(以下简称"中国航材")是专门从事飞机采购及航空器材保障业务的专业公司。作为国内民航业最大的、中立的第三方航空器材保障综合性服务提供商,中国航材紧紧围绕"一优四强",确立以航空器整机保障服务、航空器材保障服务、技术装备及机场业务保障服务、通用航空发展及保障服务为主业的四大业务板块发展方向,主要业务涉及飞机批量采购、航空租赁、航材共享、飞机机轮保障、机场服务保障、导航技术服务、航空地毯制造、航空节能服务、通用航空、航空培训和航空展览等领域。

2018年,中国航材以习近平新时代中国特色社会主义思想和党的十九大精神为行动指南和根本遵循,在国务院国资委、民航局的指导下,坚持新发展理念,整体战略更加清晰、经营思路求新求变,以提高发展质量和效益为中心,深化改革激发活力,全面提升管理水平,生产经营稳中求进,抢抓机遇转型发展,不断探索各个领域、各项工作取得显著成效。

【**主要指标**】 2018年,中国航材运行实现稳中向好,业务能力逐步提升,完成营业收入31.16亿元,创历史最高水平,利润总额4.35亿元,全面完成国务院国资委下达的各项年度考核指标。

2018年中国航空器材集团有限公司主要经济指标

项 目	2017年	2018年	比上年增长(%)
资产总额(亿元)	129.63	139.22	7.40
所有者权益(亿元)	61.77	65.45	5.96
营业收入(亿元)	24.65	31.16	26.41
利润总额(亿元)	4.62	4.35	-5.84
净利润(亿元)	3.49	3.36	-3.72
归属子母公司所有者的净利润(亿元)	1.72	1.61	-6.40
技术开发投入(亿元)	0.21	0.30	42.86
利税总额(亿元)	5.40	5.18	-4.07
应交税金总额(亿元)	1.62	1.76	8.64
全员劳动生产率(万元/人·年)	99.36	89.38	-10.04
净资产收益率(%)	5.91	5.30	减少0.61个百分点
总资产报酬率(%)	5.28	5.10	减少0.18个百分点
国有资本保值增值率(%)	101.68	105.30	增加3.62个百分点

【**改革发展**】 2018年,中国航材在企业改革与发展中努力践行习近平新时代中国特色社会主义思想,按照党和国家的需要,不断探索和实践,在关系国家安全和经济命脉的重要领域和行业发挥作用。

1. 践行供给侧结构性改革,高质量发展基础进一步夯实。一是按照"三去一降一补"要求,继续把"瘦身健体"、提质增效和"压减"工作作为推动中国航材做强做优的重要抓手,按计划完成2家企业的控股权让渡,3家企业的工商注销工作。二是高度重视"两金"风险,加大应收账款催收清欠力度,合理分解压降任务,将"两金"指标与业绩考核挂钩,实现"两金"增幅低于收入增幅,完成国务院国资委"两金"考核的相关要求,增加收益。

2. 主动对接国家重大战略,担当"国家队"的实力进一步增强。一是响应建设"民航强国"战略,践行对通用航空板块的顶层设计,恢复"中国通用航空有限责任公司"名称,重振"中国通航"这一见证过中国通用航空辉煌历史的悠久品牌。进一步集合行业资源,为构建通用航空运营"国家队"、促进民航"两翼齐飞"踏出关键性的一步。二是落实党中央支持雄安新区建设的号召,成功组建中航材航空救援股份有限公司并落户雄安新区,这是我国航空应急救援领域首支"国家队",是国家发展改革委和民航局面向社会推进"民航领域鼓励民间投资清单"中的重要项目,更是中国航材坚持新发展理念,发挥央企优势,全力支持雄安战略的重要举措。三是支持参与国家突发事件应急救援体系建设。积极参与国家应急救援体系规划,涉足海事监管领域,探索进入无人机应用行业,为下一步擎起通用航空运营"国家队"的大旗构建良好布局。

3. 扎实推进企业改革,经营发展活力进一步激发。一是初步建立起可以支持集团公司持续发展的优质高效管理体系,为探索进一步简政放权,建立权责清晰、运转高效的组织管理机制打下基础。二是继续加大对混合所有制企业的党的领导和管控力度,建立规范的现代企业体制机制;持续加大对信息产业、飞机廊桥制造、地面设备保障服务、应急救援等新技术、新兴领域的投资和混合所有制改革力度,培育发展新动能,提升中国航材在民航保障服务行业的控制力和影响力。三是以国企改革"双百行动"为重点,谋划推进混合所有制改革、员工持股、职业经理人制度、薪酬分配差异化等改革;同步推进四大业务板块整体改革,形成以点带面、全面深化改革、全面创新发展的良好局面。

4. "选用育管督"有机统一,着力培养忠诚干净担当的高素质干部队伍。进一步理清干部人才队伍建设思路,制定《关于加强和改进集团公司干部人才队伍建设的实施意见》,从"选用育管督"5个方面提出17项具体措施,从战略高度对集团公司至少未来三年内的干部人才队伍建设进行规划设计,进一步加大竞争性选拔和社会化选聘力度,探索实行职业经理人制度和外聘专家顾问管理办法。健全制度体系,完善管理监督机制,制定、修订所属领导人员选拔聘任、干部能上能下、领导人员交流工作、选拔任用廉洁从业结论性评价、领导人员兼职、因私出国(境)管理6项干部管理监督制度。崇尚实干担当,建立加油鼓劲的正向激励体系,出台《关于进一步激励广大干部新时代新担当新作为的实施意见》。通过加强国际化培训,与中国商飞、国务院国资委、民航局对口挂职培养,全方位提升干部人才综合素质。

5. 董事会决策作用充分发挥,推动经营能力、改革本领、发展水平不断提升。2018年是中国航材公司制改制、开展规范董事会建设工作的第一年。董事会充分发挥决策作用,各位董事忠实代表和维护出资人利益,科学决策、民主决策、审慎决策。经理层在董事会的带领下,努力推进管理创新、技术创新,围绕重大项目在更大范围、更宽领域、更深层次配置资源,为赢得发展空间掌握主动权。

【重大项目】 2018年,中国航材紧紧围绕"一优四强"战略落地,以产品、技术、商业模式、管理流程创新改进为手段,坚持目标导向,战略引领改革发展的效应不断显现;加大板块融合力度,板块内部向心力、协同能力明显加强,集团公司核心竞争力不断提高,行业引领态势初步形成。

1. 航空器整机保障服务板块。业务发展事业部根据新形势、新要求,积极开拓创新飞机批量采购新模式,初步建立有效的工作机制和方案,巩固和提升飞机批量采购行业优势地位;工业合作项目在继续承接传统项目的基础上,开拓新的工业合作业务,从而进一步扩大中国航材的行业影响力。奇龙航空租赁有限公司在董事、管理层、股东合作愿望与目标、外部市场环境均发生较大变化的情况下,通过反复与外方股东沟通协调,成功增强股东间的互信,统一目标;根据战略目标选聘新的CEO,制定CEO绩效与公司业绩联动的考核机制,顺畅与集团公司的管理对接。

2. 航空器材保障服务板块。中国航空器材有限责任公司在不断推进各项既定业务的同时,富余航材处置取得历史性突破,接收三大航过去20余年长期积存的原值近37亿元的富余航材,为后续培养专业化处置能力、塑造公司品牌奠定坚实基础。昆明利顿人通信息服务有限公司继续加强产品研发,成功获取国航三期系统项目,进一步巩固市场地位。北京凯兰航空技术有限公司集合供应链各相关方,创新集金融、客户服务、风险控制等元素为一体的合作模式,整体机轮刹车保障业务占据全国16%的机轮刹车市场,成为航材共享平台的有力支撑。

3. 技术装备及机场业务保障服务板块。中国民航技术装备有限责任公司继续保持业务持续稳定增长的良好势头，抢抓市场机遇，通过对中国航材集团北京华诺航空服务有限公司和中国航材集团华德宝空港技术（昆山）有限公司的并购，初步实现业务协同整合。中航材导航技术（北京）有限公司成功中标空管局"民航情报管理中心工程航行情报自动化核心系统"建设项目（AIM项目），填补国内相关领域的空白，实现"质"的飞跃。北京中航空港建设工程有限公司中标蒲城机场跑道建设等10余个重要项目，为经营发展打下良好基础。北京航空工艺地毯有限公司在获得波音供应商资质认证方面取得有效进展，为进一步扩大市场影响创造有利条件。

4. 通航发展及保障服务板块。中国通用航空有限责任公司在巩固传统业务、积极开拓市场的同时，与集团产业发展办公室共同参与国家应急救援体系规划，涉足海事监管领域，探索进入无人机应用行业，为下一步擎起通用航空运营"国家队"的大旗构建良好布局。中国航材集团通用航空服务有限公司克服原有供货渠道受国际政治影响的不利因素，寻找出对俄业务的替代途径；长期代理的L—410飞机销售在中国市场开拓方面取得显著进展。新设立的中航材航空救援股份有限公司与浙江省共同规划浙江省航空救援与应急体系，为实现集团公司以省为单位的应急救援体系布局创造先机。

【党建工作】 2018年，中国航材按照集团党建提升"1234"工作思路，把政治建设放在首位，始终坚持推进党建经营相融合，积极构建"七个一"党建格局，把提高经济效益、增强竞争力、实现国有资本保值增值作为党组织工作的出发点和落脚点，为集团公司改革发展和各项经营活动提供坚强政治保证。强党建与完善治理结构相统一，形成党委、董事会、经理层相融合的体制机制，使各级党委的领导作用、董事会的决策作用、经理层的经营管理作用有效发挥。统筹推进各类整改工作，将整改工作与深化改革、战略落地相结合，与依法治企、全面提升集团管理水平相结合。构建集团党建工作责任制考核评价体系，组织开展对集团直属党组织2018年度落实党建工作责任制现场考核评价工作。创新基层党建工作方式，招标党支部获得国务院国资委2018年度"中央企业基层示范党支部"称号。首次召开推进党的建设工作座谈会，扭住"三基建设"这个薄弱点，推动基层党组织建设全面提升。坚持党管干部党管人才，"选用育管督"有机统一。集团党委、纪委"两个责任"良性互动、协同发力，推进党风廉政建设与合规经营、管理提升在制度上相结合、在工作中相融合。制定2018—2022年巡察工作五年规划，明确三年实现巡察全覆盖的工作目标，巡察工作步入常态化、制度化轨道。

【信息化建设】 2018年，为贯彻落实国务院国资委推进互联网协议第六版（IPv6）规模部署行动要求，中国航材结合企业实际情况，采用中国联通的IPv6互通升级服务平台，完成外网的IPv6升级改造。根据国务院国资委相关文件要求，完成资金监管系统和"三重一大"决策运行系统建设。中国航材高度重视网络信息安全保障工作，严格落实网络安全责任制，持续提升监测预警能力、攻击防御能力和应急恢复能力。在2018年"两会"等国内重大活动期间，全级次执行每日安全事件零通报机制，全年未发生网络安全事件。

【履行社会责任】 2018年，中国航材在深化改革、转型发展的过程中，积极践行中央企业社会责任，扶贫济困，热心公益，真情回馈社会。坚持"以人民为中心"的发展理念，着力保障和改善员工生产生活条件，关心员工切身利益，帮助员工成长成才，建设"幸福航材"。秉持精准扶贫、精准施策的原则，助力陕西省白水县打赢脱贫攻坚战，2018年投入扶贫资金235.4万元，比上年增长79%。积极推动航天育种种植产业扶贫项目，帮助贫困群众建立造血机能；开展健康扶贫项目，帮助5个建档立卡贫困村建成村级标准化卫生室；"救急难"救助建档立卡贫困户28户。为帮助重点包联贫困村陕西省古槐村真正实现"两不愁三保障"，协调相关部门解决安全饮水问题；指导建立村集体合作社，开展示范果园建设及花椒育苗产业扶贫项目；为村委会捐赠办公电脑，有效改善办公条件。结合集团公司党团活动开展第四次"寸草春晖·关爱留守儿童"系列公益活动，组织青年员工筹集善款3.6万元，继续资助贫困留守儿童完成学业，开展"航空知识进校园"活动，为偏远山区小学的孩子们打开视野，拓展知识，丰富人生。

（撰稿人：王丽娜）

中国电力建设集团有限公司

【基本概况】 2018年,中国电力建设集团有限公司(以下简称"中国电建集团"或"集团")准确把握高质量发展要求,充分发挥能力优势,大力开拓国内外两个市场,着力提升经营质量,推动集团发展实现稳中有进。一是经营业绩稳步增长。集团紧扣发展主题,始终把保增长放在突出地位。二是品牌影响稳步提升。集团公司2018年《财富》世界500强企业排名上升至第182位,在ENR全球150强设计企业和250强承包商中分别排名第二位、第六位;在国务院国资委2017年中央企业经营业绩考核中连续第六年获评A级企业。中国电建股份公司获评第八届中国证券金紫荆"最佳上市公司",董事会获得第十四届中国上市公司董事会"金圆桌"公司治理卓越企业奖,充分体现资本市场对公司治理和价值的认可。集团坚决贯彻落实中央脱贫攻坚战略部署,云南剑川、新疆民丰2个扶贫定点县脱贫攻坚成效显著。集团在金沙江白格堰塞湖应急处置工作中主动担当、勇于负责、发挥专业优势,勇创"四个第一",得到国家有关部委和川藏各级政府及广大人民群众的广泛赞誉。

【主要指标】 2018年,中国电建集团资产总额8500.78亿元,比上年增长23.43%;所有者权益1815.30亿元,比上年增长21.06%;资产负债率78.22%;营业收入4049.78亿元,比上年增长11.41%,利润总额137.88亿元,比上年增长21.02%,主要经营质量指标和发展规模指标均好于年度预定目标。

2018年中国电力建设集团有限公司主要经济指标

项　目	2017年	2018年	比上年增长(%)
资产总额(亿元)	6887.14	8500.78	23.43
所有者权益(亿元)	1499.54	1815.30	21.06
营业收入(亿元)	3634.92	4049.78	11.41
利润总额(亿元)	113.93	137.88	21.02
净利润(亿元)	81.69	105.40	29.02
归属于母公司所有者的净利润(亿元)	51.56	53.17	3.12
技术开发投入(亿元)	104.40	123.45	18.25
利税总额(亿元)	247.75	281.51	13.63
应交税金总额(亿元)	168.11	183.84	9.36
全员劳动生产率(万元/人·年)	34.54	37.57	8.77
净资产收益率(%)	6.23	6.36	增加0.13个百分点
总资产报酬率(%)	3.07	3.24	增加0.17个百分点
国有资本保值增值率(%)	108.78	108.69	减少0.09个百分点

【改革发展】 2018年,中国电建集团突出改革牵引力和创新驱动力,聚焦重要领域和关键环节,稳扎稳打,持续发力,内生活力和发展动力持续增强。一是体制机制不断改革创新。围绕推进实现"做强做优做大、实现世界一流"发展目标,持续优化公司治理与集团化管控、业绩考核与薪酬分配、投资管理与市场协同等顶层设计、运行机制与管理制度,全年新立和修订重大制度38项,进一步适应集团发展要求。扎实推进"双百行动",3家子企业入选国企改革"双百行动"试点企业名单。二是发展方式不断改革创新。全产业链一体化生产经营模式进一步发展完善并深入推进,子企业协同意识明显增强,一体化优势得以有效发挥,获得良好市场营销成效。着力推动发展方式转变,通过股权与项目合作、债转股等方式大力发展混合所有制。成立国际贸易服务公司、商业保理公司,搭建海外资金管理平台,集团的供应链、金融链和产业链不断完善,产融结合向纵深发展。

【重大项目】 2018年,中国电建集团投资建设、勘察设计、监理、工程总承包、参建的28个工程获得国家级优质工程奖,其中5个重点工程获得国家优质工程金质奖,2个重点工程获得中国建设工程鲁班奖。

1. 白鹤滩水电站工程。白鹤滩水电站位于金沙江下游四川省宁南县和云南省巧家县,控制流域面积43.03万平方千米,占金沙江以上流域面积的91%,电站正常蓄水位为825米,水库总库容206.27亿立方米。枢纽工程主要由混凝土双曲拱坝、二道坝及水垫塘、泄洪洞、引水发电系统等建筑物组成。混凝土双曲拱坝坝顶高程834米,最大坝高289米,坝身布置有6孔泄洪表孔和7个泄洪深孔;电站总装机容量16000兆瓦,左、右岸地下厂房各布置8台单机容量1000兆瓦的水轮发电机组。白鹤滩水电站以其高坝大库、百万机组、复杂的地质条件和工程技术成为全球瞩目的焦点,堪称"目前中国乃至世界技术难度最高的水电工程"。该电站由中国电建集团所属华东院设计,水电四局、水电五局、水电七局、水电八局、水电十四局等子企业承担施工任务。2018年,电站引水发电系统工程施工全面进入混凝土浇筑高峰期,截至2018年底尾水调压室开挖支护、尾水隧洞底板混凝土施工进入收尾阶段,尾水隧洞边顶拱混凝土正处于浇筑高峰期。完成土石方明挖224.9万立方米,混凝土浇筑27.74万立方米,锚杆1.63万根,固结灌浆5.67万米,回填灌浆2.77万平方米,钢筋制安2.64万吨。进水塔混凝土施工整体封顶。各在建项目进展顺利,履约良好。

2. 乌东德水电站。乌东德水电站是金沙江下游4个梯级水电站的最上一级,位于云南省昆明市禄劝县和四川省凉山州会东县交界的金沙江下游河道上。工程发电为主,兼顾防洪、航运,电站总装机容量1020万千瓦,年发电量389.1亿千瓦·时。水库正常蓄水975米,总库容74.08亿立方米。工程枢纽由挡水建筑物、泄水建筑物和引水发电系统等组成。大坝为混凝土双曲拱坝,最大坝高270米。引水发电系统采用岸边引水式地下厂房,左右岸各布置6台85万千瓦发电机组。中国电建所属成都院承接中国长江三峡集团有限公司建设管理局"I-WB1基于仓面混凝土质量控制驱动的大坝混凝土全过程高效施工智能控制系统"项目;水电七局主要承担乌东德电站砂石及混凝土供应;水电八局承担右岸电站6台85万千瓦水轮发电机组和公用辅助设备安装与调试;贵州院设计贵州境内156千米高压直流线路。2018年,工程各方面建设取得重大进展。其中,"大坝混凝土全过程高效安全施工智能控制系统-监控系统"正式上线运行;乌东德水电站工程大坝建设实现"双百"目标,大坝平均浇筑至高程882.3米,单坝段最大上升121米,浇筑混凝土101.6万立方米;左右岸地下电站首批机组顺利实现土建向机电交面,国内首次大规模成功应用800兆帕级高强钢,蜗壳和压力钢管焊接高质量完成;泄洪洞进水塔、左岸地下电站进水塔、右岸地下电站进水塔(7号、9号)等"三塔"浇筑到顶;全面研发应用智能灌浆系统,革新国内外灌浆工程管理;7号机定子机座组装等工程。完成贵州义龙试验区至罗甸县,途径贵州省义龙试验区、安龙县、贞丰县、望谟县、罗甸县156千米高压直流线路设计任务。

3. 两河口水电站项目。两河口水电站位于四川雅江县,电站装机容量300万千瓦,总投资664亿元。电站采用"拦河砾石土心墙堆石坝+右岸引水发电系统+左岸泄洪、放空系统+左、右岸导流洞"的工程枢纽总体布置格局,是藏区综合规模最大、雅砻江干流中游规划建设的7座梯级电站中装机规模最大的水电站工程。电站由中国电建所属成都院设计,水电十四局、水电十六局、水电十二局、水电五局承担施工任务。水电十四局作为两河口电站主要参建单位之一,与水电十六局组成联合体共同担负引水发电系统工程,并单独承担机电设备安装工程。2018年是两河口水电站引水发电系统工程开挖向混凝土浇筑转序的关键年,竖井开挖进入攻坚阶段,金属结构安装全面启动。电站进水塔浇筑平稳上升,6号塔浇筑至EL2852米,完成2018年保蓄水发电目标节点要求;三大洞室顺利实现从开挖向混凝土施工转序,厂房5号、6号机组按期向机电标交面;安全标准化保持一级达标;施工质量得到水电工程质量监督总站巡视组肯定;联合体获得的"五一劳动奖状""诚信履约优秀项目部"等多项表彰。

4. 黄登水电站工程。黄登水电站位于云南省兰坪县,采用堤坝式开发,是澜沧江上游古水至苗尾河段水电梯级开发方案的第六级水电站,以发电为主。

是世界在建最高碾压混凝土重力坝。坝顶高程1625米,最大坝高203米,坝顶长度464米,为一等大(1)型工程,永久性主要水工建筑物级别为1级。水库正常蓄水位1619米,总库容16.7亿立方米;电站装机容量1900兆瓦,年发电量85.78亿千瓦·时。黄登水电站被业界誉为"澜沧江流域施工难度最大电站"。该工程由中国电建所属昆明院设计,水电四局、十四局、水电基础局、西北院等承担施工任务。2018年,黄登水电站主坝混凝土浇筑至全线1625米设计高程。电站总装机190万千瓦,7月首台机组投产发电。

5. 文登抽水蓄能电站工程。山东文登抽水蓄能电站位于山东省威海市文登区界石镇,工程区距威海公路里程44千米。电站装机容量1800兆瓦,额定水头471米,安装6台单机容量300兆瓦的单级混流可逆式水泵水轮机组。电站枢纽工程由上水库、下水库、引水发电系统等建筑物组成。电站建成后以两回500千伏出线接入山东电网,在系统中承担调峰、填谷、调频、调相及事故备用任务。上水库正常蓄水位625米,死水位585米,正常蓄水位以下库容924万立方米,上水库大坝为钢筋混凝土面板堆石坝,坝长472米,坝轴线处最大坝高101米。下水库正常蓄水位136米,死水位110米,正常蓄水位以下库容1109万立方米,下水库大坝为钢筋混凝土面板堆石坝,坝长425米,坝轴线处最大坝高51米。输水发电系统位于苇疥沟与六度寺沟之间的山体内,输水系统由引水系统和尾水系统组成。引水和尾水系统均采用一洞两机的布置型式,输水系统总长3085米,引水系统长1379米,尾水系统长1706米。地下厂房按近中部方式布置,地下厂房开挖总尺寸为214.5米×26.5米×53米(长×宽×高)。文登抽水蓄能电站在国内水电工程中首次大规模采用全强风化料作为混凝土面板堆石坝的坝料(占整个坝体的填筑量约37%),在国内抽水蓄能电站工程中首次在地下洞室采用TBM掘进技术。该电站由中国电建所属北京院设计,土建主体工程由葛洲坝、中铁十四局承担,筹建期工程由中国电建所属水电一局、水电三局、水电七局等承担施工任务。截至2018年底,电站筹建期工程基本完成,引水发电系统工程施工全面进入洞室开挖高峰期。上、下水库土建及金属结构安装工程标(C1标)进行上水库库内料场、库区清理、环库公路、上水库进/出水口开挖,输水发电系统土建及金属结构安装工程标(C2标)进行地下洞室群[主厂房、主变洞、排风洞、出线洞、地面开关站、排水廊道、引水高压管道、引(尾)水支管、尾调交通洞、尾水事故闸门室、尾水隧洞等]开挖,主厂房开挖至第二层64.5米。

6. 杨房沟水电站。杨房沟水电站位于四川省凉山彝族自治州木里县,工程规模为一等大(1)型工程。工程枢纽主要建筑物由挡水建筑物、泄洪消能建筑物及引水发电系统等组成。挡水建筑物采用混凝土双曲拱坝,坝顶高程2102米,正常蓄水位2094米,最大坝高155米;引水发电系统布置在河道左岸,地下厂房采用首部开发方式,尾水洞布置在杨房沟沟口上游。杨房沟水电站的开发任务为发电,电站总装机容量1500兆瓦,安装4台375兆瓦的混流式水轮发电机组。杨房沟电站是全国首个百万千瓦级EPC水电工程项目,由中国电建所属水电七局和华东院组成雅砻江杨房沟水电站设计施工总承包项目部承建。项目于2015年12月30日进场,2016年1月1日正式开工,计划2021年12月31日投产发电,2024年工程全部竣工。2018年6月30日地下厂房开挖支护全部完成,2018年10月30日大坝首仓混凝土浇筑完成,电站主体工程施工成功转序。

7. 山东沂蒙抽水蓄能电站工程。山东沂蒙抽水蓄能电站位于山东省临沂市费县,工程装机容量1200兆瓦,安装4台单机容量为300兆瓦的单级混流可逆式水泵水轮机-发电电动机机组。电站额定水头375米,设计年发电量20.08亿千瓦·时,年抽水用电量26.77亿千瓦·时,电站综合效率系数0.75。2015年6月12日正式开工,由中国电建所属北京院设计,水电一局、中电建建筑集团、水电四局、水电十四局、水电十六局等子企业承担施工任务。截至2018年底,供水、供电、通风兼安全洞和进厂交通洞施工完成;场内道路基本完成;上水库库盆累计完成土石方开挖695万立方米,占总开挖量的77%;大坝填筑390万立方米,占总填筑量的63%;高压管道上平段、上弯段及下平段开挖支护均完成;高压管道竖井开挖;尾水隧洞主洞开挖,完成总开挖量的83%;地下厂房开挖至蜗壳层、排风竖井开挖支护完成,主变室第三层开挖支护完成，地面开关站土石方开挖完成；下水库大坝填筑到顶，库区开挖基本完成，泄洪放空洞闸门井开挖支护完成，洞身无压段衬砌完成，有压段进行衬砌施工。各施工标段进展顺利，履约良好。

8. 敦化抽水蓄能电站工程。敦化抽水蓄能电站位于吉林省敦化市北部，电站总装机容量1400兆瓦，额定水头655米，安装4台单机容量350兆瓦的单级混流可逆式水泵水轮机组。该工程为一等大(1)型工程，枢纽工程主要由上水库、输水系统、地下厂房系统、下水库和地面开关站等建筑物组成。电站建成后以一回500千伏出线接入吉林电网，在系统中承担调峰、填谷、调频、调相、事故备用及黑启动等任务。敦化抽水蓄能电站地处严寒地区，为在建项目水头最高的抽水蓄能电站，首次将沥青混凝土心墙堆石坝应用于抽水蓄能电站。该电站由中国电建所属北京院设计，中电建建筑集团、水电六局、水电七局、水电十一局、水电十四局、水电十六局等子企业承担施工任务。截至2018年底，上水库在进行坝体填筑；下水库大坝填筑至坝顶，泄水建筑物施工完成，具备蓄水安鉴的条件；引水系统贯通；地下厂房开挖支护完成；1号机蜗壳层浇筑完成。各在建项目进展顺利，履约良好。

9. 大藤峡水利枢纽工程。大藤峡水利枢纽工程位于珠江流域西江水系的黔江河段末端，坝址区在广西桂平市黔江彩虹桥上游6.6千米处，是红水河梯级规划中最末一个梯级，被誉为珠江上的"三峡"，是一座防洪、航运、发电、补水压咸、灌溉等综合利用的流域关键性工程。总库容34.79×108立方米，总装机容量1600兆瓦，工程规模为一等大(1)型工程。中国电建所属水电八局主要承建一期左岸泄水闸、左岸厂房左岸泄水坝段工程、纵向围堰坝段工程、左岸厂房发电系统工程。2018年2月3日泄水闸工作门二期首仓混凝土开浇；4月6日泄水闸第一根钢梁吊装；6月6日泄水闸23号坝段一区到顶；6月17日厂房8号机组座环开始吊装，6号、7号机组相继开始安装，工程按照计划有序进行。

【走向海外】 2018年，中国电建集团国际业务在全球贸易放缓的大背景下，主要经营发展指标实现逆势上扬，全年新签国际业务合同比上年增长12.4%。特别是在市场开发方面取得新突破，新开拓吉布提、南非等7个国家；新进入地热、海工、炼油、援外4个行业领域。海外能源电力投资成效持续凸显，已投产电站年发电量均刷新历史新高，年总发电量突破100亿千瓦·时，并创造海外中资发电企业年度发电利用小时数最佳指标，推动集团海外业务转型升级再上新台阶。截至2018年底，巴基斯坦卡西姆港燃煤电站累计发电75.59亿千瓦·时，占巴基斯坦全国总发电量的10%，得到中巴两国政府及巴基斯坦社会各界、人民群众高度赞许。

国际业务属地化发展扎实推进，区域总部建设实现较大进展。区域总部凝聚、统筹区域内子企业打造立体营销体系，分行业确定牵头子企业负责研究行业规划和项目培育，在潜力国别和机会型国别市场加大授权营销、分层营销力度，使得整体竞争能力得到较大提升。东南非区域通过小比例投资带动的津巴布韦旺吉燃煤电站7号、8号机组项目顺利开工，开创我国政府"两优"贷款用于海外项目贷款的先河；中西非区域在加纳新签"一揽子"项目合同27亿美元；中东北非区域成功签约集团最大的海外现汇项目——沙特萨拉曼国王国际综合港务设施项目；欧亚区域实现中亚俄罗斯市场历史性突破；亚太区域中标越南16个光伏项目，超过该国别年度光伏市场份额的60%；美洲区域抢抓新能源机遇，在阿根廷、墨西哥、古巴等国实现新能源类项目签约装机1066兆瓦，并使得集团成为拉美地区最大的新能源项目总承包商。集团在全球70个国家和地区市场实现联合营销。部分子企业与当地企业联营或根据国别特点成立当地企业，以风险共担、利润共享、优势互补为原则，先后在巴西、智利成功中标实施多个输变电项目。

深度融入"一带一路"建设，着力参与沿线国家市场开发，全年在"一带一路"沿线39个国家新签对外承包工程项目合同371份；在"一带一路"沿线65个重点国家中有46个执行在建项目。推动巴基斯坦南北燃气管线项目进入"中巴经济走廊"能源项目清单，签署东南亚装机规模最大、集团海外签约最大光伏项目——越南油汀420MWdc光伏电站EPC项目；集团签约合同额最大援外项目——布隆迪胡济巴济水电站项目等。"一带一路"沿线一系列重大项目的签约，筑牢集团服务"一带一路"建设领头企业的战略定位。

进一步加强国际工程履约监管，成立项目履约监管中心，高度关注重大风险项目、重点关注项目履约风险，协调内外资源对海外风险项目提供大力支持。以履约为核心的子企业国际经营能力评价体系不断健全，根据评价结果对国际业务市场布局进行适应性调整，形成优胜劣汰良性机制。集团海外履约水平有所提升，中老铁路、雅万铁路建设项目施工建设顺利开展，卡鲁玛水电站项目成功化解项目工期及调差风险，塔吉克斯坦格拉夫纳亚水电站首台机组提前发电，赞比亚下凯富峡水电站等13个项目被中国对外承包工程商会评为"海外杰出营地""海外优秀营地"。

【重大创新】 2018年，中国电建集团4项工程获得国家科学技术奖，其中，"超深与复杂地质条件混凝土防渗墙关键技术"等3项创新成果获得国家科技进步二等奖，"水力式升船机关键技术及应用"获得国家技术发明二等奖。2018年，集团开发投入123.45亿元，比上年增加19.05亿元，研发投入占营业收入的3.04%。高新技术企业增至86家。新增国家级研发平台2个，国家级研发平台达到8个。依托企业技术中心、国家能源水电工程技术研究中心、垃圾焚烧技术与装备国家工程实验室等一批国家级研发平台，把脉水电、风电、太阳能等可再生能源领域科技创新的战略方向，深入开展中国风电、太阳能技术标准"走出去"、优化能源配置推动能源供给侧改革研究、垃圾焚烧烟气污染物超低排放处理技术研究等事关行业发展的政策性、战略性课题研究，做好相关领域标准化体系建设和管理工作，为国家可再生能源行业重点工程建设、行业可持续发展和科学监督评估提供支撑。新授权专利2643件，其中发明专利420件；累计有效专利12136件，其中发明专利1890件。制（修）订国家与行业标准415项，其中新立项134项，完成发布159项。组织开展水电、火电、地铁等工法体系研究，获行业和省部级工法340余项，集团级工法397项。

1.超深与复杂地质条件混凝土防渗墙关键技术。中国电建历经13年攻关，形成超深与复杂地质条件混凝土防渗墙技术体系，首创复杂地质条件下200米级超深防渗墙造孔成槽施工工法体系和成套装备，解决传统装备无法满足施工要求的难题。研发超深与复杂地质条件防渗墙槽孔固壁技术，开发新型防渗墙正电胶固壁泥浆，研制大体积泥浆自动搅拌系统。创新超深防渗墙混凝土浇筑成墙技术体系，首创"接头管法"防渗墙相邻墙段连接技术，研究形成超深混凝土防渗墙"气举法"槽孔清孔换浆、泥浆下混凝土浇筑和防渗墙内预埋灌浆管等技术。该成果获得2018年国家科技进步二等奖1项，省部级科学技术特等奖1项、一等奖3项，授权专利35件，获得国家级工法5项，主编行业规范2部，发表论文113篇、专著13部。项目成果成功应用于国内所有11项超深防渗墙工程，创造防渗墙深201米的世界纪录，并推广应用于交通、市政、矿山、环保工程等多个领域，经济、社会和环境效益显著。

2.300米级特高拱坝安全控制关键技术及工程应用。项目依托锦屏一级、溪洛渡、大岗山拱坝的设计安全控制，组织优势科研技术团队，产学研用相结合，持续20多年科技攻关，创建特高拱坝安全控制的3K方法体系与成套技术，形成特高拱坝施工动态反馈设计技术和运行期安全评价体系。成果解决工程重大技术难题，确保工程成功建设与安全运行。核心技术推广应用到多座特高拱坝设计中，确立我国特高拱坝设计位居国际领先地位。该项目获得授权发明专利39件，软件著作权11项，发表论文101篇。成果获得2018年国家科技进步二等奖1项，省部级科技进步一等奖3项，省部级优秀设计一等奖3项，溪洛渡获得世界FIDIC工程项目杰出奖，锦屏一级获得中国土木工程詹天佑奖。

3.水力式升船机关键技术及应用。该项目依托国家863计划等20余项科技项目，历时十余年，联合攻关，提出水力式升船机设计、制造、施工、运行成套技术，建成世界首座利用水能作为提升动力和安全保障措施的全新升船机——澜沧江景洪水力式升船机，实现升船机发展史上真正意义的自适应"全平衡"，从原理上根本消除传统升船机运行安全风险，解决难以适应大水位变幅条件的困难，避开制约升船机发展的制造安装运维难题，显著提升升船机安全性、可靠性、适用性和经济性。该项目获授权发明专利21件，在编规范6项，出版专著2部，发表论文100余篇，获得

2018年国家技术发明二等奖1项，省部级科技特等奖2项，中国专利奖1项。项目成果为世界首创、中国原创，是世界通航技术领域的重大创新，达到国际领先水平。世界通航领域权威组织国际内河委员会将水力式升船机确定为第三种垂直升船机类型，其突破传统升船机的技术瓶颈，更具技术优势，为高坝通航领域提供一种全新、先进、实用的技术选择。

4.超大型水电站用金属结构关键材料成套技术开发应用。金属结构是水电站可靠运行的关键，压力管道是水电站的"主动脉"，是金属结构的核心。随着超大型水电站高水头（200米）、大型化（100万千瓦）的发展，对压力管道的强韧性和可焊性提出极高的要求。目前国外材料无法适应水电野外施工和安全服役要求。因此，高强度、特厚钢板及配套焊材成套技术是攻克水电站超大型发展技术瓶颈的关键，也是世界级难题。针对影响世界上水电机组扩容的最大技术瓶颈，即缺乏高强、特厚钢板及配套焊材和焊接成套技术进行攻关，历经十余年，通过全产业链协同创新，首次开发超大型水电站金属结构关键材料成套技术，包括高性能系列钢板、高强韧焊材、高效焊接技术。该项目成果获得2018年国家科技进步二等奖、北京市科学技术一等奖、冶金科学技术一等奖、中国电力科学技术一等奖，获授权发明专利8件，制定国家标准3项，发表论文51篇，企业级技术秘密14项。开发的水电用钢系列产品稳居市场占有率第一，其中150毫米特厚板占有率100%。该项目成果应用在31个重大水电工程，其中国内23个，总装机6774万千瓦，占"十一五"以来国内新增水电装机的50%以上，其中包括已投产单机容量最大的向家坝水电站、单机容量最大的抽水蓄能机组——仙居电站、巴基斯坦"三峡"——塔贝拉电站、非洲最大的吉布Ⅲ水电站等超大型水电工程。

【党建工作】 2018年，中国电建集团党委深入落实新时代党的建设总要求，坚持党的领导，加强党的建设，不断强"根"固"魂"，推动党的建设质量不断提高。一是政治建设质量进一步提升。集团各级党委把政治建设摆在首位，严格遵守政治纪律和政治规矩，坚定不移落实党中央决策部署，树牢"四个意识"、坚定"四个自信"、践行"两个维护"，自觉在思想上政治上行动上同以习近平同志为核心的党中央保持高度一致。全力配合国务院国资委党委政治巡视，全面接受巡视反馈意见，努力做好巡视"后半篇文章"。扭住国企党建会重点任务落实不放松，持续推动二、三级企业党建要求进章程，及时调整议事规则，在具备条件企业实施党委书记、董事长"一肩挑"，党委"把方向、管大局、保落实"领导作用有效发挥。认真开展深入剖析重大违纪违法案件典型特征专项整治工作，进一步提升企业治理效能。二是思想建设质量进一步提升。集团党委带头学习贯彻习近平新时代中国特色社会主义思想和党的十九大精神，组织各级党组织集中轮训，参培人数近7万人次，基本实现党员培训全覆盖，推动习近平新时代中国特色社会主义思想和党的十九大精神进基层、进一线、进班组，增强广大党员的党性修养。三是组织建设质量进一步提升。认真贯彻落实新时代党的组织路线，坚持新时期好干部标准和对国企领导人员"二十字"要求，大力加强年轻干部培养，努力培育高素质专业化领导人员队伍。坚持"四同步、四对接"，确保党的组织和工作全覆盖。加强基本队伍建设，选优配强基层党组织负责人和党务工作人员，落实党建工作经费保障。四是制度建设质量进一步提升。坚持制度治党，制（修）订《党委议事规则》《党建工作责任制实施办法》等33项党建工作主要制度，进一步健全务实管用的党建工作制度体系，确保制度文件符合党内法规和国务院国资委党委规范性文件，促进党建管理水平不断提升。五是党风廉政建设与反腐败工作质量进一步提升。创新纪检监察工作方式，充分利用"互联网＋"强化远程监督，开展远程廉洁教育，建立网络举报、电子邮箱和举报电话"三位一体"信访举报体系，强化群众监督。加大监督执纪问责力度，始终保持高压态势，持续强化"不敢腐"的威慑，全年集团纪委立案31件，给予党政纪处分46人，移交司法机关3人；对苗头性、倾向性问题开展提醒谈话、警示谈话、约谈函讯、诫勉谈话40人。落实集团党委巡视工作规划，着力开展巡视"回头看"和项目党组织机动式巡视。66家子企业启动开展巡察工作，初步构建上下联动的监督网。

【信息化建设】 2018年，中国电建集团项目管理信息化PRP系统在施工业务板块应用持续深化，新开工施工项目系统覆盖率99.39%。研究开发水电工程勘测设计施工一体化信息化平台、基于BIM的火电工程EPC项目管理平台，完成全球可再生能源规划平台、风电规划和光伏电站规划系统开发及应用并在行业大力推广。

【精准扶贫】 2018年，中国电建集团定点扶贫云南省剑川县和新疆维吾尔自治区民丰县取得积极成效。民丰县成功实现脱贫"摘帽"；剑川县脱贫"摘帽"工作正抓紧推进。经国务院扶贫开发工作领导小组考核，中国电建2018年定点扶贫工作等次为"好"。

2018年，中国电建领导6人次赴定点扶贫县调研考察，研究部署并着力推动定点扶贫工作。中国电建扶贫捐赠资金8953万元，比上年增长221.69%。其中，总部扶贫捐赠资金5143万元，比上年增长4.5倍。有关子企业按照地方党委政府的安排开展扶贫工作，扶贫捐赠资金3810万元。中国电建总部及30家有关子企业定点联系44个扶贫县（乡、村），重点分布在四川、云南、陕西、青海、新疆等贫困地区，派出挂职扶贫干部、驻村第一书记和驻村工作队员57人（其中驻村第一书记29人）。印发《中国电建助力剑川县全面打赢脱贫攻坚战三年实施方案》。大力开展消费扶贫，2018年中国电建购买并帮助销售定点扶贫县农产品近200万元，超额完成责任书目标任务。

【履行社会责任】 2018年，中国电建集团高度重视履行社会责任，在扶贫攻坚、抢险救援、扶危救困等方面作了大量富有成效的工作。集团不断拓展社会责任履行范围，围绕"一带一路"倡议和"走出去"战略，扎实落实海外经营社会责任，坚持多方共赢理念，积极参与所在国公益事业，支持社区的文化、教育、医疗等公共服务设施建设，为当地经济社会发展作出应有贡献。集团大力创新海外社会责任实践方式，海外志愿者服务行动荣获第四届中国青年志愿服务项目大赛中央企业唯一金奖。2018年，集团位列中国企业300强社会责任发展指数第15位、国有企业100强社会责任发展指数第12位，获得中国社会责任海外履责奖、海外履责典范企业金牛奖。

（撰稿人：郝颂东）

中国能源建设集团有限公司

【基本概况】 2018年，中国能源建设集团有限公司（以下简称"中国能建"或"公司"）深入学习贯彻习近平新时代中国特色社会主义思想和党的十九大精神，认真落实党中央、国务院的各项决策部署，在国务院国资委的正确领导下，把握发展大势，遵循发展规律，经受住严峻的市场形势、急迫的转型压力和繁重的保增长任务考验，保持平稳发展态势，取得突出成绩。一是统筹推进，战略管控不断强化。编制完成新一轮滚动发展规划和投资业务规划，梳理完善总部职责和管理事项，高端经营不断深化。二是多措并举，业务转型不断加快。国际业务新签合同额、营业收入、利润总额占比分别增加0.84个、1.76个、5.01个百分点，国内非电工程新签合同额比上年增长15.56%，占比49.71%。三是突出重点，企业改革不断深化。完成30户"僵尸企业"、特困企业处置治理，妥善分流安置19431人，大幅超出计划。累计减少企业法人132户，管理层级压缩至五级。"三供一业"分离移交正式协议签订率99.98%。积极推进混合所有制改革和国企改革"双百行动"试点工作。四是规范运作，管理水平不断提高。资产负债率较年初减少1.57个百分点，营收利润率增加0.60个百分点。项目履约能力不断提升，41项工程获得中国电力优质工程奖。五是科技引领，创新成效不断凸显。连续五年获得国家级科学技术奖励，111项成果获得电力建设科学技术进步奖，18项成果获得中国电力科学技术奖，部分成果填补行业和领域空白。六是位居《财富》世界500强第333位，在ENR全球工程设计公司150强、国际工程设计公司225强、国际承包商250强及全球承包商250强均排名前列，获得国际机构良好信用评级，企业行业地位和品牌价值进一步凸显。

【主要指标】 2018年，中国能建资产总额3965.50亿元，比上年增长11.46%；营业收入2260.67亿元；利润总额、净利润分别为115.90亿元、88.10亿元，比上年分别增长6.14%、5.38%。

2018年中国能源建设集团有限公司主要经济指标

项 目	2017年	2018年	比上年增长（%）
资产总额（亿元）	3557.83	3965.50	11.46
所有者权益（亿元）	859.96	992.20	15.37
营业收入（亿元）	2368.78	2260.67	−4.56
利润总额（亿元）	109.17	115.90	6.14
净利润（亿元）	83.55	88.10	5.38
归属于母公司所有者的净利润（亿元）	25.12	28.60	13.85
技术开发投入（亿元）	61.08	62.20	1.80
利税总额（亿元）	226.20	241.20	6.63
应交税金总额（亿元）	115.29	103.90	−9.89
全员劳动生产率（万元/人·年）	29.47	31.36	6.41
净资产收益率（%）	10.14	9.60	减少0.54个百分点
总资产报酬率（%）	4.25	4.10	减少0.15个百分点

【改革发展】 2018年，中国能建深入贯彻落实党中央、国务院国资委关于深化改革的精神及要求，大力推动改革重点任务落实。一是全面推动实施混合所有制改革试点工作。所属江苏电建一公司、湖南院2家试点单位按照国家发改委批复的混合所有制改革试点总体方案框架，进一步制定完善混合所有制改革及员工持股具体方案，经国家发展改革委、国务院国资委备案后实施。推荐所属东电二公司、广电工程局公司、华南装备公司申报国家第四批混合所有制改革试点企业。加大国家混合所有制改革政策宣传贯彻力度，鼓励符合条件的企业引入战略投资者或投资并购非国有企业，进行股权多元化与混合所有制改革。部分所属企业混合所有制改革取得实质性进展。葛洲坝集团股份有限公司以"增资扩股＋股权转让"方式并购杭州华电华源环境工程公司，葛洲坝绿园公司以增资扩股方式并购重组日照赛诺公司，融资租赁公司拟以增资扩股方式引入战略投资者，完成混合所有制改革立项的审批程序。二是以管资本为主推进产权管理工作转变。加快资本结构优化和布局，对所属业务资源进行区域整合，组建区域公司、板块公司，发挥集合、协同效应。调整优化产权管理事项10项，进一步梳理修订产权管理相关规章制度和业务操作流程，形成全面覆盖、上下统一、权责明晰、配套协调的产权管理制度体系。三是优化国有资本运营配置。积极利用股票和债券市场，优化财务资本结构。利用可续期公司债、永续中票等多种债券方式，通过国内银行间市场和交易所市场发行债券，优化财务结构。全年发行一般公司债42亿元，降低资产负债率约4.18个百分点，运用产权和实物交易等市场积极盘活存量资产，提高资产利用效益。四是完善组织人事制度体系。构建横向到边、纵向到底的"1＋N"制度体系，以修订公司《领导干部管理规定》为主线，做好组织人事管理体系顶层设计和结构化管理，定期对制度体系评审评估，及时完善、修订，确保干部人事管理工作始终做到有规可依、有章可循。制定发布《二级单位党委书记、董事长（执行董事）、总经理职责分工的原则意见》《直属企业领导班子、董（监）事会、"两委"、总助总师、副总师职数的通知》《领导干部报告个人有关事项管理办法》《干部交流管理办法》等制度规定。五是深化薪酬分配改革工作。进一步强化工效联动机制，加大正向激励力度。强化国际经营成果奖励，根据境外盈利项目营业收入占比给予奖励。修订所属企业负责人薪酬管理办法，完善差异化分类管理模式，优化薪酬核定指标挂钩机制，强化效益指标与考核结果的挂钩力度。完善特别嘉奖和任期激励制度，增加企业负责人薪酬分配弹性。拟定《员工持股管理办法》，进一步完善中长期激励机制，为混合所有制改革试点企业、"双百行动"改革落地做好政策储备。六是完善所属企业经营业绩考核制度。调整细化分类考核，简化年度业绩考核指标体系，按经营、战略导向和管理控制3项指标进行考核。加强目标管理，推动和引导所属单位积极承担较高目标，约束和限制低目标，实施强激励硬约束。调整优化考核等级，强化效益类指标晋级限制条件。做好与党建工作责任制考核的衔接，党建工作考核结果与经营业绩考核相衔接。适当增加党建工作考核中的党风廉政考核权重，将扶贫纳入党建工作考核。

【重大项目】 2018年,中国能建高度重视投资业务发展,持续开展投资领域政策研究,准确把握投资业务发展方向,加快转型步伐,加强投资对工程主业的带动作用。按照国务院国资委统计口径,全年投资完成319.87亿元,比上年增长8.48%,保持投资业务平稳发展,投资带动、内部协同的格局进一步形成,四川巴万高速公路、巴基斯坦SK水电站、越南海阳电厂等一批重点投资项目有效推进。

公司通过并购巴西圣诺伦索供水公司,成功进入巴西水务建筑市场,熟悉当地市场规则,逐步拉动公司在南美的工程承包业务;通过并购杭州华电华源公司、重组日照赛诺环境公司、收购保定市尧润环保科技公司,进一步完善公司环保水务板块产业链条,扩大业务规模,巩固行业优势,提升盈利水平;通过收购并投资建设瓜州清洁供暖项目,快速进入供热行业,依托公司在高压电极锅炉储热方面的技术优势,开拓当地及山东、河北、内蒙古等地的供热业务,形成规模效益。

公司重点在清洁燃煤发电、新能源、智能电网、环保、工程安全等领域组织科研开发。承担"太阳能光热发电及热利用关键技术标准研究""高压大容量柔性直流输电关键技术研究与工程示范应用""绿色可持续污染场地风险管控与治理修复技术耦合与示范"等14项国家重大科技项目研究任务。完成"±1100kV特高压直流输电设计关键技术""柔性交流输电设计技术""主动配电网规划设计相关领域关键技术"等一批关键技术攻关,取得多项科研成果。启动"混凝土智慧施工技术研究与应用""新能源电源优化技术研究"等4项重大科技专项。

公司承建的马来西亚砂捞越再生能源走廊(SCORE)重点推广项目——马来西亚巴勒水电站主体土建项目工程,肯尼亚境内投资最大的水利水电项目——肯尼亚斯瓦克大坝工程,世界第一高的抽水蓄能电站库盆大坝、第一高的沥青混凝土面板堆石坝、第一大填筑规模的抽水蓄能电站——江苏句容抽水蓄能电站工程,全国集成度最高的煤电一体化项目——陕能赵石畔煤电一体化项目雷龙湾电厂2×1000兆瓦工程,世界首个具有网络特性、电压等级最高、输送容量最大、技术水平最先进的柔性直流电网工程——张北柔性直流工程(北京段)换流站工程等重点项目实施进展良好。承建的巴基斯坦必凯联合循环电站工程、神皖合肥庐江2×660兆瓦发电机组工程、江苏田湾核电站二期2×1100兆瓦工程等多个重点项目建成投产。

【走向海外】 2018年,中国能建国际业务主要指标全面增长,实际签约、收入、利润分别为1421.19亿元、389.85亿元、39.42亿元,比上年分别增长7.06%、3.44%、10.42%。业务覆盖全球140多个国家和地区,各类驻外机构200多个,国际业务合同存量近5000亿元,在建大中型项目280多个,中外员工4万多人。排名ENR"2018年度全球承包商及国际承包商250强"第12位和第21位,ENR"全球工程设计公司及国际工程设计公司150强"第四位和第18位。

2018年,中国能建集团实现国际电力项目签约1168.24亿元,比上年增长24.9%,新签合同额连续四年突破100亿美元。新签工程总承包项目1302.39亿元,比上年增长16.4%,占签约总额的92.66%,国际工程总承包能力不断提升。新签合同额超过5亿美元的项目10个,累计910.21亿元,占全部签约额的64.76%,大型项目运作能力不断增强。

2018年,中国能建集团在"一带一路"沿线国家签约金额1066.73亿元,比上年增长37.97%,占签约总额的75.89%。参与中非"三网一化"、中东欧合作、中拉合作取得新收获。全年累计在相关地区签约金额427.3亿元,占签约总额的30.07%。

公司海外市场网络布局持续优化调整,驻外机构管理不断规范,按市场开发类、项目执行和管理类等不同功能实施分类管理。驻外机构的信息触角作用不断显现,项目信息获取能力不断提升,全年新增立项项目980多个,涉及100多个国家和地区,项目金额超过3000亿美元。

【重大创新】 2018年,中国能建认真组织管理创新成果申报工作,"建筑施工企业国际项目的立体化风险管控""环保企业基于全产业链的业务拓展管理"获得中国企业联合会审定的第二十五届全国企业管理现代化创新成果二等奖。3项成果获得中国电力规划设计协会审定的创新奖,其中"融入式党建模式探索""积极推进跨文化管理 助力打造国际型工程公司"2项成果获得特等奖,"借力'互联网+'推动电力企业文化建设创新发展"获得一等奖。公司及所属企业职工有45篇论文在中国企业联合会所属《企业管理》杂志社和华北电力大学联合组织的2018年电力企业管理创新论文大赛中获奖,其中特等奖1篇、一等奖5篇、二等奖13篇、三等奖26篇。

公司实施创新驱动发展战略,建立重大科技专项、众筹科技项目、各单位自主立项3个层次的研发机制,形成以2个国家级和46个省级研究机构、4家院士专家工作站、11家博士后科研工作站为主体的研发体系,高新技术企业达到86家,科技创新体系不断完善,技术创新能力进一步增强。

2018年,中国能建集团获得国家级科技奖励3项,省部和行业级科技奖励220项,获得的省部和行业级及以上科技奖励比上年增长26%。其中"重大工程结构安全服役的高韧性纤维混凝土制备与应用关键技术"为我国高坝等重大工程混凝土结构的服役性能提升提供关键材料和技术保障,获得国家技术发明奖二等奖;"超大型水电站用金属结构关键材料成套技术开发应用"形成具有国际竞争力的全产业链创新技术集群,获得国家科技进步二等奖。"电力系统接地基础理论、关键技术及工程应用"首创岩土地区爆破接地降阻技术,发明接地系统诊断技术,获得国家科学技术进步奖二等奖。

2018年,中国能建集团获得专利授权1289件,其中发明专利231件,累计拥有有效专利8797件,其中发明专利1527件;获得软件著作权106项;编制完成国际标准(IEEE标准)3项,国家和行业标准86项,主编的世界上首部光热发电设计标准发布。这些研究成果在公司建设的水电、火电、电网、新能源、非电等工程中转化和应用,创造显著的经济效益和社会效益。

【党建工作】 2018年,中国能建党委牢固树立"四个意识",坚决做到"两个维护",牢牢把握稳中求进工作总基调,聚焦"中央企业党建质量提升年"要求,深入抓好企业党的建设工作。一是用习近平新时代中国特色社会主义思想和党的十九大精神武装头脑。开展公司党委常委赴基层宣讲活动,推动党的十九大精神进工地、进车间、进班组。修订印发《党委意识形态工作责任制管理办法》《党委理论学习中心组学习管理办法》。举办党委中心组集中和扩大学习讲座10次,举办所属企业负责人集中轮训班6期,公司主要领导坚持用习近平新时代中国特色社会主义思想武装头脑,以深学彻悟引领善用善为,在求是网、《经济日报》《国资报告》发表多篇署名文章。二是全面强化党建责任。印发《公司党建责任制考核评价办法》,对党建考核作出全面安排。组织召开企业度党委书记现场述职评议会,开展党建工作现场检查。完成2017年度基层党建"述、评、考"工作。推进党建进章程,16户二级企业、83户三级企业全部完成,实现全覆盖。在中央企业党建工作责任制首次考评中,公司获得"优秀"等级。三是规范党内政治生活。印发所属企业召开党代会工作计划,推动相关工作制度化开展,强化督导,规范换届选举。认真执行"三会一课"、领导班子民主生活会、组织生活会、谈心谈话、党员党性分析等基本制度。四是进一步夯实党建基础。扎实召开党建工作推进会,聚焦上级党建、组织、宣传3个重要会议,明确公司下一阶段工作重点。印发公司党建三级责任体系文件,明确提出"集团总部管总、直管企业主建、基层企业主抓"体系建设要求。深化基层党支部标准化建设,举办2期党支部书记示范培训班。命名百家示范党支部,编辑公司培训教材《实践在支部》案例集,发挥示范引领作用。

中国能建党委、纪委深入贯彻落实党的十九大、十九届中央纪委二次全会以及中央企业党风廉政建设和反腐败工作会议精神,忠实履行党章赋予的职责,不断将全面从严治党向纵深推进,为企业持续健康发展提供坚强保障。认真落实"两个责任",注重同级监督,自上而下开展约谈工作,履行管党治党政治责任;深入推进全面从严治党向基层延伸,严肃党内政治生活,净化政治生态;抓住作风建设这个关键,密切关注"四风"变异问题,驰而不息正风肃纪;强化监督执纪职责,扎实推进新要求新任务落地生根,准确运用"四种形态",挺纪在前;严肃查处违纪违规问题,保持反腐高压常态;把纪律教育贯穿监督执纪的全过程,充分发挥警示教育效用;强化制度建设,促进机制体系规范有序运转,一体推进"不能腐""不敢腐""不想腐"体制机制;狠抓队伍能力建设,强化纪检干部监督,深化"对标看齐补短板"活动,全年组织91名所属企业纪委书记、156名纪检监察干部培训,不断提升队伍履职能力和水平。

【信息化建设】 2018年,中国能建加强管理信息系统建设,提升管理效率和效益;推进主营信息化工作,助力企业发展与转型升级。完成人力资源管理信息系统、总部费用报销系统、国际业务管理系统、综合事务系统、运维监控系统的建设工作,对OA系统、科技管理系统、数字档案馆进行功能升级并推广应用,降低管理成本,提高管理效率和水平。所属单位开展"大数据""高清视频辅助""私有云"三大基础平台建设和应用,提出建设"数字化管理平台、数字化设计平台、数字化项目管理平台、数字化协作平台、数字化知识管理平台"等多个价值平台的工作举措,完成能源研究网、全国新能源电力消纳监测预警平台开发等重点项目。

公司修订网络安全管理办法,明确党委对网络与信息安全负主体责任。将网络与信息安全监督工作纳入公司"大监督"体系,加强督导和管理;制定电力行业网络安全三年行动计划实施方案,对网络安全工作进行部署。持续开展网络安全信息通报工作及网络安全隐患排查整改工作,启动总部网络与信息安全风险评估工作,制定相应的风险管控方案,开展网络与信息安全技术培训及技能竞赛,提高技术防护实操水平。

【履行社会责任】 2018年,中国能建贯彻落实创新、协调、绿色、开放、共享发展理念,深入推进绿色发展,建设美丽中国,在追求高质量发展中,严格遵循"自主创新、奉献社会、科学发展、共建和谐"的社会责任观,致力于打造政府认可、投资者青睐、业主满意、职工幸福、绿色环保的和谐可持续发展企业。一是积极维护社会稳定和谐。通过毕业生招聘、成熟人才引进、接收安置复转军人等方式完成新增就业4284人。加大对离退休人员和社会弱势群体的关爱力度,支付离退休人员养老金及福利性补助7.8亿元;所属企业、职工对外捐赠总额1586.79万元。二是积极开展援疆援藏工作。2018年,公司在新疆、西藏、青海及三省藏区在建项目1254个,合同总金额470.06亿元,完成合同额63.85亿元。三是积极开展定点扶贫工作。对广西玉林市、陕西镇巴县定点开展扶贫工作,成立广西、陕西扶贫工作组,派出扶贫干部4人,累计投入扶贫资金1130万元。大力实施基础设施建设,投资建设田林—西林高速公路,改善交通促进当地经济社会发展,项目总投资274亿元。积极推动消费扶贫,开展定点帮扶县农产品采购活动,完成采购额超过1100万元。积极开展教育扶贫,组织2个帮扶县贫困学生北京游学,开阔眼界、增加知识;组织镇巴县光伏扶贫电站运维人员技术培训。四是积极发展环保产业。公司积极发展污水处理、水环境治理、资源循环利用等环保产业,通过组建院士专家工作站、水务研究所、技术研究中心等逐步掌握流域综合治理、污泥处置、固废处理、水环境治理等先进环保技术。投建的温岭污水处理厂PPP项目正式通过环保验收,实现稳定达标运行;荆门竹皮河水环境综合治理PPP项目利用污泥固化技术处理有毒有害重金属,成功避免二次污染。五是在国际业务中积极履行社会责任。积极响应国家"一带一路"倡议,落实"走出去"战略,2018年在"一带一路"沿线及其他75个国家和地区开展海外工程项目开发工作。积极推行属地化管理,促进当地就业,解决当地就业、雇佣当地员工累计超过27000人。积极开展抢险救灾活动,在老挝、巴基斯坦、科威特等国家开展抢险救灾8次,积极开展校舍捐建、助学助教、图书和文具捐赠、修建水渠、平整耕地,修缮道路等各类社会公益活动。六是积极推介履责成果。发布《中国能建2017年度社会责任报告》,10项社会责任工作入选中电联2018年度电力企业社会责任优秀案例。

(撰稿人:张　猛)

中国黄金集团有限公司

【基本概况】 中国黄金集团有限公司(以下简称"中国黄金")是我国黄金行业唯一一家中央企业,是中国黄金协会会长单位、世界黄金协会在中国的首家董事会成员单位、世界黄金协会中国委员会主席单位,也是"上海金"首批提供参考价的成员单位。2017年11月,经国务院国资委批准,中国黄金集团公司由全民所有制企业改制为国有独资公司,名称变更为中国黄金集团有限公司。

2018年是贯彻落实党的十九大精神的开局之年。面对错综复杂的宏观经济环境以及行业政策调整和稳增长的巨大压力,中国黄金生产经营各系统始终坚持以习近平新时代中国特色社会主义思想为指导,树牢"四个意识",坚定"四个自信",坚决做到"两个维护",牢牢把握稳中求进工作总基调,深入贯彻新发展理念,按照高质量发展要求,加快推进"资源质量、资产质量、安全质量、经营质量"变革提升,巩固生产经营平稳势头,圆满完成2018年各项目标任务。

【主要指标】 一是生产系统克服部分企业停产、生产衔接调整等重重困难,稳住生产平稳势头。全年生产矿产金40.4吨,完成预算目标的100.97%;生产矿山铜15.49万吨,完成预算目标的105.37%。

二是经营系统做实做优资产质量,加快"降杠杆、减负债",经营水平不断提升。2018年,中国黄金实现营业收入1051.67亿元,完成预算目标的103.8%。在消化部分历史遗留问题的基础上,实现利润总额6.09亿元,完成预算目标的107.3%。市场化债转股取得重大突破,中国黄金资产负债率从69.37%下降到67.17%,完成国务院国资委考核目标。

三是销售系统加大综合研判力度,创新开展含量金集中销售,创利水平大幅提升。启动实施含量金集中销售,实现销售模式变革,提高整体竞争力。完成自营交易量243吨,比上年增长10.8%。在金价长期窄幅波动的情况下,全年"四统一"销售均价271.98元/克,超过同期上交所均价1.09元/克。营销管理部完成营业收入185.3亿元,创利1.1亿元。

2018年中国黄金集团有限公司主要经济指标

项　　目	2017年	2018年	比上年增长(%)
资产总额(亿元)	1078.63	1084.84	0.58
所有者权益(亿元)	330.43	364.47	10.30
营业收入(亿元)	1002.04	1051.67	4.95
利润总额(亿元)	7.67	6.09	-20.60

续表

项　　目	2017年	2018年	比上年增长(%)
净利润(亿元)	3.30	0.84	-74.55
归属于母公司所有者的净利润(亿元)	-2.19	-2.86	-30.59
技术开发投入(亿元)	6.49	13.93	114.64
利税总额(亿元)	37.74	34.81	-7.76
应交税金(亿元)	30.07	28.72	-4.49
全员劳动生产率(万元/人·年)	20.23	22.52	11.32
净资产收益率(%)	1.03	0.24	减少0.79个百分点
总资产报酬率(%)	2.49	2.54	增加0.05个百分点
国有资本保值增值率(%)	97.31	97.55	增加0.24个百分点

【改革发展】 一是中国黄金管控体系优化全面完成。管控模式由以运营管控型为主调整为以战略管控型为主,做实中金黄金和中金香港2个矿业板块,充分发挥板块、平台企业的作用,构建集团公司—板块公司—所属企业的二级管理体系。加大管理权限下放力度,明确责任边界,形成高效的决策体系。

二是"处僵治困"专项改革有序推进。2018年,中国黄金31户"僵尸企业"、特困企业累计分流安置6731人,完成总体计划的94.82%。27户企业达到国务院国资委"处僵治困"主体完成标准,高于中央企业平均水平。"压减"44户企业,超额完成全年目标,中国黄金管理层级由七级压缩至四级。31户企业签订完成103个"三供一业"分离移交协议,14户企业完成22个剥离企业办社会项目。

三是混合所有制改革取得突破。中国黄金下属中金珠宝完成股份制改造,所属中金辐照完成股权出售激励。中金珠宝、西藏华泰龙入选国企改革"双百行动"试点企业名单。湖北三鑫、设计院申报国家发展改革委第四批混合所有制改革试点企业。

四是干部队伍建设不断优化。坚持党管干部原则,从严落实国企领导人员"二十字"要求,修订、制定《企业领导人员管理规定》《关于进一步激励广大干部新时代新担当新作为的实施意见》，建立健全干部激励机制，激发干部担当作为；坚持党管人才原则，不断提升管理、技术、技能人才队伍建设，加大对年轻干部队伍的建设力度，全年新提拔干部106人，其中"75后""80后"46人，占比43.4%。

【重大项目】 一是建成投产项目4个。2018年，中国黄金累计完成基本建设投资13.9亿元，年新增产能矿产金2.5吨、矿山铜1.2万吨。其中，中原冶炼厂二期项目提前达产达标、甲玛二期顺利达产，取得较好的经济效益；江西金山、吉尔吉斯库鲁项目基本建成。

二是批复可研开工项目10个。山东纱岭、内蒙古矿业低品位铜矿石资源开发、辽宁新都整体搬迁改造工程等项目全力做好施工准备。

【走向海外】 2018年，中国黄金紧紧抓住难得的重要战略机遇期，积极推进"一带一路"等资源并购项目。经过三年多努力，俄罗斯阳光项目团队逐一解决俄罗斯国家法律法规许可等问题，于2018年9月在云南举行的中俄首脑会晤工业分委会第三次会议上正式签署收购协议，收购完成后，可增加金资源储量142吨，快速建成后预计年产金6吨。阳光项目的实施，符合国家"一带一路"倡议和俄罗斯"开发远东"战略，打造金砖国家框架下的中、俄、印三国企业之间矿业方面的首次合作。

【重大创新】 一是顶层设计进一步优化。印发《进一步促进科技创新工作指导意见》，对中国黄金科技创新工作进行全面部署安排。对省部级及以上研发平台和高新技术企业兑现奖励资金2450万元。截至2018年底，全集团有33家企业成为高新技术企业，数量位居行业之首；累计获得科技奖励378项，拥有有效专利900件，制定技术标准135项，省级及以上研发平台15个。

二是企业创新能力不断增强。西藏华泰龙成为黄金行业和西藏地区唯一一家入选"2018国家技术创新示范企业"的单位。苏尼特金曦、潼关冶炼、湖北三鑫检测中心通过CNAS认证。贵州锦丰采矿试验和选冶工艺优化项目，大幅提升回收率和井下生产能力。

三是科技成果产业化进程加速推进。长春黄金研究院CG505环保提金药剂实现试生产。烟台贵金属材料研究所纳米金催化剂制备扩大试验全面完成，为拓展黄金产品应用的新领域奠定基础。

【党建工作】 一是突出政治引领作用。"领导带头"引领学。集团党委理论学习中心组分专题学习研讨13次；领导班子分别在党建联系点、分管领域和所在支部、基层企业讲党课39次；各企业党委中心组集中学习700余次；企业党员领导干部也深入一线解读宣讲党的十九大精神。"集中培训"脱产学。分7期对671名集团总部副处级以上人员和企业领导班子成员、分5期对449名支部书记和支部委员、分2期对161名党群部长和党务骨干进行集中培训。"落实转训"扩大学。参训学员通过黄金大讲堂、专题党课、职工夜校等学习平台进行转训，带动近3万人次的学习，进一步充实党建师资、扩大培训效果。"移动党校"延伸学。针对所属企业多、分布广、地域偏、优质学习资源匮乏，不便于开展集中培训等实际困难，集团党校组织优质讲师团队，分赴湖北三鑫、内蒙古太平、中原冶炼厂、夹皮沟等企业开展移动式培训，通过移动党校填补学习培训的"空白点"。

二是突出基层抓党建。将党的领导与公司治理深度融合。对《集团公司"三重一大"决策制度实施办法》进行修订，进一步规范集团公司党委会、董事会、总经理办公会决策权限，把党组织研究讨论作为董事会、经理层决策重大问题的前置程序，从而保证党组织真正实现把方向、管大局、保落实；对108家企业"三重一大"决策制度建立及执行情况开展督导落实，规范基层党组织决策程序；符合修订条件的197家企业全部完成党建入章程，比上年新增43家。抓好党建工作的顶层设计和全程把关。符合建立条件的122家以及新成立的中金股份、中金香港、莱州汇金、资产公司等企业全部建立党组织，实现基层党组织的应建必建。推动党建工作责任制考核常态化。2018年，集团公司领导班子带队，组建11个考核组，深入基层一线，对60家企业党组织党建工作责任制和党风廉政建设情况进行现场考核，进一步压实党建责任，持续提升基层党建质量。

三是突出思想政治建设。围绕改革开放40周年发出"黄金声音"。拍摄关于反映我国黄金行业改革开放40年来发展情况的大型纪录片《大国金路》,在央视中文国际频道《走遍中国》栏目播出;做客人民网参加《对话企业家·改革开放40周年系列访谈》;召开黄金行业庆祝改革开放40周年座谈会,发行《黄金之路——中国黄金行业庆祝改革开放40周年》画册和《筑梦——中国黄金行业庆祝改革开放40周年征文集》。围绕"一带一路"发出"黄金声音"。借助博鳌论坛、中非论坛、国际矿业大会、中国国际黄金大会、中坦矿业论坛等重要国际化合作交流场合,加强对中国黄金"一带一路"项目建设情况的宣传,树立中国黄金国际化步伐不断加快、国际化程度不断提高的正面形象,入选"中国企业海外形象20强"。扎实推进企业文化建设。印发《中国黄金集团有限公司企业文化纲要》,加大对企业精神、企业使命、企业愿景、发展理念的宣传贯彻力度。

四是突出全面从严治党。强化主体责任意识。与集团领导班子、总部部门负责人、62家企业党组织签订党建工作责任书;将党建工作责任制中党风廉政建设指标占比由15%提高至20%;集中约谈87家企业131名党政主要负责人和总部部门20名党政主要负责人。进一步扎紧制度笼子。修订《关于深入贯彻落实中央八项规定精神 进一步加强作风建设的实施意见》,制定并印发《职工违规违纪行为处分规定》《落实监督执纪"四种形态"实施办法(试行)》,推进监督执纪"四种形态"具体化、规范化、常态化。加大执纪问责力度。严肃查处7起违反中央八项规定精神问题,给予党政纪处分11人,诫勉谈话6人,批评教育11人;开展专项治理和集中整治工作,全年初核69次,处理举报信91封,给予16人党政纪处分,问题线索实现"零暂存"。深入开展廉洁教育。召开违纪案件通报会通报7起典型案件,召开警示教育大会,对新提拔调整的31名企业领导人员和集团总部、中金股份、中金香港新聘任的中层管理人员分别进行任前集体廉洁谈话。扎实推进巡视工作。制定巡视工作5年规划,分3轮完成18家企业党组织的现场巡视和报告编制工作。

【信息化建设】 一是持续推进"数字黄金2020"项目。针对ERP系统在同行业及中央企业中的建设和运营情况组织一系列的专项考察工作,进一步明确"数字黄金2020"项目建设思路,形成考察报告及下一步中国黄金信息化建设推进建议,推动集团总部和特级企业实现智能化、数字化,一级企业实现核心业务信息化、自动化的分级建设目标。

二是大力推进"三重一大"决策和运行监管系统建设。中国黄金高度重视"三重一大"决策事项上报工作,提前完成国务院国资委上报任务要求。积极开展"三重一大"决策和运行监管系统开发建设工作,力争早日实现与国务院国资委成功对接。

【履行社会责任】 2018年,中国黄金直接投入扶贫资金1000万元,引进帮扶资金839万元,帮助销售农特产品846.2万元;培训基层扶贫干部894人、技术人员148人;通过"宏志班"培养219名贫困学生,安排集团内就业109人,资助贫困家庭学生、残疾儿童487人;提供正式工作岗位431个、临时工作岗位794个。河南新蔡县成功实现脱贫"摘帽"。"中国黄金电商扶贫馆"成为全国首批上线的10家中央企业电商扶贫馆之一。以中国黄金旗下位于贵州省贞丰县的贵州锦丰公司为依托,提供正式工作岗位431个、临时工作岗位794个,在贫困地区购买1.46亿元生产物资,直接购买贫困地区农产品47.25万元,帮助销售贫困地区农产品846.2万元。教育扶贫、产业扶贫、就业扶贫、电商扶贫等一系列帮扶举措,得到国务院扶贫办、国务院国资委等部门的充分肯定,《人民政协报》刊发专题报道《扶贫,是我们应履行的责任》。

(撰稿人:徐翰青)

中国广核集团有限公司

【基本概况】 中国广核集团有限公司(以下简称"中广核")是由核心企业中国广核集团有限公司及30多家主要成员公司组成的国家特大型企业集团。1994年9月,中国广东核电集团有限公司正式注册成立,注册资本102亿元。2013年4月,中国广东核电集团更名为中国广核集团,中国广东核电集团有限公司同步更名为中国广核集团有限公司。截至2018年底,集团公司注册资本137.2353亿元,职工人数40740人。

中广核以"发展清洁能源，造福人类社会"为使命，以"成为国际一流清洁能源企业"为愿景，以"安全第一、质量第一、追求卓越"为基本原则，坚持"一次把事情做好"的核心价值观。经过近40年的稳健、快速发展，中广核逐步形成"4+X"的产业格局，包括核电、核燃料、新能源、金融服务四大产业板块和若干培育中的新业务。截至2018年底，集团所属子公司和二级成员企业32家，资产总额6750亿元，在运清洁能源控股装机容量5116万千瓦（含核电2430万千瓦，非核清洁能源2686万千瓦），是我国最大的核电集团、第二大清洁能源集团、世界第三大核电集团。

按照"主业突出、相关多元"的战略部署，中广核核燃料、新能源、核技术、生物天然气、环保与污染防治等产业稳健发展。

中广核积极深化改革，成为唯一一家同时获得国务院国资委"两试点、一示范、一行动"的中央企业，具体包括打造国有资本投资公司试点、落实董事会职权改革试点、创建世界一流示范企业、深入落实国企改革"双百行动"，为中广核在更高起点上谋划和推进改革提供重要契机，创造有利条件。

【主要指标】 2018年，中广核实现营业收入978.51亿元，利润总额165.83亿元，比上年分别增长14.7%和14.2%；国有资本保值增值率104.7%，较好地实现国有资本保值增值。资产负债率71.9%，比上年减少1.4个百分点，较好地落实国务院国资委关于降杠杆、减负债、防范经营风险的有关要求。

2018年中国广核集团有限公司主要经济指标

项　目	2017年	2018年	比上年增长（%）
资产总额（亿元）	6329.57	6700.92	5.9
所有者权益（亿元）	1691.07	1882.44	11.3
营业收入（亿元）	853.46	978.51	14.7
利润总额（亿元）	145.19	165.83	14.2
净利润（亿元）	117.86	138.73	17.7
归属于母公司所有者的净利润（亿元）	45.83	56.50	23.3

续表

项　目	2017年	2018年	比上年增长（%）
技术开发投入（亿元）	31.33	34.14	9.0
利税总额（亿元）	210.46	242.92	15.4
应交税金总额（亿元）	92.60	104.19	12.5
全员劳动生产率（万元/人·年）	116.49	122.84	5.5
净资产收益率（%）	7.5	7.8	增加0.3个百分点
总资产报酬率（%）	4.6	4.6	持平
国有资本保值增值率（%）	111.8	104.7	减少7.1个百分点

【核安全管理】 中广核坚决贯彻落实习近平总书记关于核安全的相关指示，连续三年定为"核电安全管理提升年"，聚焦影响核安全的人因与设备两大主要因素。2018年，在世界核电权威组织核营者协会（WANO）组织评比的全部11项核安全指标中，中广核与美国、法国、英国、俄罗斯、韩国的6家全球先进核电企业相比，6项排名第一位，1项排名第二位，3项排名第三位，1项排名第五位，核电安全运行整体达到世界卓越水平。

【改革发展】 产权管理方面。一是以国务院国资委推行新产权管理系统为契机，对产权登记信息进行排查及优化，力保系统数据及时准确。二是通过境内外平台公司整合、空壳公司注销、低效资产剥离等途径，分步有序推进法人单位压减及法人链条压降工作。

收入与分配方面。在"完善治理、强化激励、突出主业、提高效率"的国企改革总基调指引下，动力变革获得新的突破。一是推动工资总额决定机制的有效落地，切实提高员工的获得感。二是构建核电全生命周期的激励体系，全面推进动力变革。三是有序推进收入分配领域改革，确保队伍稳定。四是完善绩效与薪酬的联动机制，通过强化绩效面谈制度化建设，建立绩效末位排名机制以传递考核压力，完善绩效考核日常奖分配和年度绩效调薪机制。

【重大项目】 重大项目进展方面。广东太平岭核电项目取得全部核准批文，为实现项目核准奠定坚实基础。浙江三澳核电项目历时两年完成海洋功能区划调整。福建宁德二期核电项目完成选址阶段"两评"批复。广东陆丰核电项目解决部分核准支持性批文过期问题，积极研究制定美国进口设备受限的兜底方案，项目始终保持项目核准"热备用"状态。山东招远核电项目于2018年9月30日上报国家能源局，申请同意开展前期工作，将成为山东省继海阳、荣成之后的第三核电基地。中广核抓住国家大力推进清洁取暖的机遇，系统性地提出小堆市场开发方案，重点推进河北、贵州等小堆项目，并创新提出"生态核电"发展理念，主要研究成果在太平岭、三澳、阳西等核电项目上取得推广应用，由中广核申报的"我国生态核电模式探讨"课题获得中国能源研究会管理创新三等奖。

对外投资与经营方面。截至2018年底，中广核境外非核清洁能源项目控股装机总量1338万千瓦，其中控股在运项目32个、控股在建项目3个。下辖EDRA公司是东南亚地区最大的独立发电商、马来西亚最大的外国直接投资者和第一大独立发电商、埃及第一大独立发电商、孟加拉国第二大独立发电商、韩国最大的中资企业。

并购重组方面。2018年，中广核在国内实施多个并购项目，投资金额50.12亿元，涉及线缆料、改性工程塑料、辐照改性、核仪器仪表、天然气、风力、太阳能发电等领域。其中涉及风力、太阳能发电新增装机容量158万千瓦，包含风电项目89万千瓦、光伏项目69万千瓦。

科技研发方面。在"科技引领、创新驱动"的战略下，中广核包括华龙一号、小型堆、先进燃料组件等多项重点科研项目取得可喜成果，集中推动提升中广核科技能力，助力中广核实现建设世界一流清洁能源企业目标。

【走向海外】 2018年，中广核实施5个在运风电及光伏项目的并购，投资金额约67.98亿元，新增境外在运在建的装机容量146万千瓦，新增境外绿地开发容量39.5万千瓦，为后续深耕欧洲及南美市场夯实良好基础。

海外核电开发方面。中广核参股的英国欣克利角C（HPC）项目于2018年12月4日完成1号机组核岛筏基浇筑第一罐混凝土的里程碑计划；中广核参与开发的塞兹维尔C（SZC）项目和拟使用中国自主华龙一号技术主导开发的布拉德韦尔B（BRB）项目前期开发工作按计划进行；华龙一号通用设计审查"GDA"于2018年11月13日正式进入第三阶段。纳米比亚湖山铀矿于2018年11月底提前实现并超过年度生产目标。中哈组件厂项目建设工作有序推进。

海外非核清洁能源开发方面。中广核自主开发建设的马六甲224万千瓦燃气联合循环项目、规划装机224万千瓦，总投资约59亿林吉特，于2018年12月15日顺利完成1号机组主体工程的混凝土浇筑；吉打5万千瓦太阳能项目2018年3月正式开工建设，于2018年12月实现升压站带电一次成功。

海外收购、并购方面。瑞典北极股权并购项目装机48.8万千瓦，于2018年11月完成交割，是欧洲最大的单体陆上风电项目。巴西Atlantic股权并购项目于2018年11月签订SPA。巴西Gamma项目总投资金额约合人民币54亿元，于2018年12月签订SPA。

【重大创新】 技术创新方面。2018年，中广核申请专利1245件，其中发明专利722件；获得授权专利769件，其中发明专利268件。其中，"核电站非能动堆腔注水系统及方法"获得第二十届中国专利银奖，"一种利用图同构验证编译器的方法""核反应堆压力容器用整体螺栓拉伸机及其操作工艺"2件专利获得第二十届中国专利优秀奖。

管理创新方面。2018年，中广核在公司治理、流程管控和体系运作上持续发力，成果显著。一是立足于提升公司治理能力和水平，强化成员公司董事会建设。二是持续强化集团制度流程化、信息化建设。完成投资、并购、资产盘活与退出等5个关键领域端到端流程，实现与各成员公司的贯通，决策与管理运作的规范化水平明显提升。三是调整理顺部分业务的运作体系。

【党建工作】 2018年是全面贯彻落实党的十九大精神的开局之年，也是"中央企业党建质量提升年"。在国务院国资委党委的坚强领导下，中广核以习近平新时代中国特色社会主义思想为指导，把政治建设摆在首位，牢牢把握新时代党建工作总要求，认真贯彻落实党中央、国务院和国务院国资委党委部署要求，持续推动集团党建质量提升，为企业改革发展提供坚强保证。

一是以习近平新时代中国特色社会主义思想武装头脑指导实践推动工作，将政治建设列入集团年度重点工作抓落实，与以习近平同志为核心的党中央保持高度一致。

二是紧扣重点要点，推动集团党建工作质量整体提升。实现境内外党组织全覆盖，创建集团10个示范党支部；组织实施"红鹭计划"20期，培训党支部书记600余人，设立党员先锋岗900余个。大亚湾公司党委创新建立党务辅导机制，相关经验做法在《中央企业党建工作简报》推广。

三是党风廉政建设和反腐败工作取得新进展。坚持"一案三用"，在相关领域提出改进建议52条，推动完善制度41项，有效促进管理提升。坚决发现问题和整改落实并重，完成对6家成员公司的巡视，发现272个问题并推动整改，进一步彰显巡视利剑作用。

四是关爱行动深入人心。持续开展为职工"办实事、解难事"专项行动近300项，争取当地人才租赁房、安居型商品房指标，累计解决近600名员工住房需求。举办集团第六届运动会，竞赛项目42项，25人次刷新集团13项记录，36名外籍员工参赛。关注员工心理健康辅导，全年累计心理咨询量突破2000人次。深入推进技能竞赛，承办广东省、深圳市级竞赛各1项，组织集团级竞赛18项，基层级竞赛600项，累计参赛2万多人次。

【信息化建设】 2018年，中广核信息化全面开启引领业务创新征程，在网络与信息安全管理、风险管控、精益化管理、国际化信息化支持、服务集团战略方面都取得较大成绩，有效支撑集团各板块和国际化业务的精益化管理和创新发展。

一是加强党对网信工作的统一领导。原集团网络安全与信息化领导小组调整为集团网络安全和信息化委员会，由集团公司党委书记担任主任，集团公司信息化分管领导和首席信息官担任副主任。

二是有力推进网络安全工作。通过建立集团网络安全态势感知平台、24小时常态化监控中心以及网络安全信息通报机制，为中广核各项业务和经营管理活动正常进行保驾护航。2018年网络安全平均状态为良好水平（平均分为85.1分）。

【履行社会责任】 一是坚持发展清洁能源。当好国家生态文明建设的主力军。2018年，中广核清洁能源上网电量2320亿千瓦·时，等效减少消耗标准煤7100万吨，减排二氧化碳1.7亿吨，相当于种植52亿平方米森林，为构建绿色高效低碳的现代能源体系、建设美丽中国作出积极贡献。

二是坚持精准扶贫。党委主抓高位推动，全年班子成员14人次赴扶贫点调研检查，投入帮扶资金近2600万元，选派扶贫挂职干部26人。在国家定点扶贫县广西凌云县、乐业县，投入帮扶资金1744.2万元，坚持以项目促进脱贫，重点推进桑蚕养殖和猕猴桃种植产业扶贫，项目直接惠及773户3281人。推进中广核—凌云县特少数民族白鹭班教育扶贫项目，首届100名高三学生专科上线率100%。帮助引进帮扶资金379.32万元，培训基层干部96人、技术人员413人。依托集团内部海核淘网、工会组织和外部电商平台，采购贫困地区农产品1100余万元，其中采购定点县农产品610.75万元。

三是坚持透明沟通，持续创新与公众、媒体的沟通方式。2018年，中广核组织14场新闻发布会，参与国内外大型展会10余次，核电基地累计参观人数70万人次。在全国核行业率先开设趣味科普新媒体平台"核宝一族"，结合第六届"'8·7'公众开放日"，推出核电行业首个科普机器人"核宝"，上线"公众参观核电站网络预约平台"，聘请郭承站、郎永淳等9位"绿色中国年度人物"担任中广核科普大使，持续以多样化、立体化的传播方式开展公众沟通。联手华为创新开展品牌跨界活动，积极推介"华龙一号"自主品牌，该话题在新浪微博引发1317万人围观互动，持续扩大集团品牌影响力。

（撰稿人：王 爽）

中国华录集团有限公司

【基本概况】 2018年，中国华录集团有限公司（以下简称"华录集团"）深入学习贯彻习近平新时代中国特色社会主义思想，认真贯彻落实国务院国资委各项决策部署，在华录集团党委和董事会领导下，坚持稳中求进的工作总基调，牢固树立和践行新发展理念，以提高质量效益和培育核心竞争力为中心，以推进供给侧结构性改革为主线，立足"以信息产业为基础的新型文化产业集团"的发展定位，紧紧围绕终端制造、信息服务和文化内容三大产业，以新时代制造强国、网络强国、文化强国战略为引领，大力实施"1+N"发展战略，推动高质量发展，从整合传统产业和加速培育新产业新业态双向发力，主业实业的供给质量和效率不断优化提升，总体工作取得明显成效。

【主要指标】 2018年，华录集团实现营业收入72.31亿元，比上年减少25.1%；利润总额17.35亿元，比上年增长72.8%，利润总额创造公司建成以来历史最好水平，完成国务院国资委考核目标的142.63%，经济增加值8.9亿元，完成考核目标的237.44%，流动资产周转率0.48次，成本费用总额占营业收入比率94.48%。从行业来看，华录集团盈利能力状况、债务风险状况处于行业优秀水平，国有资本保值增值率处于行业优秀水平。

2018年中国华录集团有限公司主要经济指标

指　　标	2017年	2018年	比上年增长（%）
资产总额（亿元）	234.33	193.64	-17.4
所有者权益（亿元）	136.49	94.26	-30.9
营业收入（亿元）	96.58	72.31	-25.1
利润总额（亿元）	10.04	17.35	72.8
净利润（亿元）	8.89	11.67	31.3
归属母公司所有者净利润（亿元）	4.15	9.05	118.1
技术开发投入（亿元）	5.47	5.68	3.8
利税总额（亿元）	11.68	20.10	72.1
应缴税金总额（亿元）	3.19	7.78	143.9
全员劳动生产率（万元/人·年）	32.45	25.95	-20.0

续表

指　　标	2017年	2018年	比上年增长（%）
净资产收益率（%）	6.66	10.11	增加3.45个百分点
总资产报酬率（%）	5.35	9.03	增加3.68个百分点
国有资本保值增值率（%）	99.42	124.62	增加25.2个百分点

【改革发展】 2018年，华录集团积极参与国企改革试点，示范突破带动作用有效发挥，集团旗下子公司易华录、北方华录成功入选国务院国资委国企改革"双百行动"试点企业名单，开展国务院国资委东北中央企业综合改革试点申报。深入推进混合所有制改革，国有资本布局进一步优化，按照"宜控则控、宜参则参""国有资本有进有退，有所为有所不为"的原则，对上市企业华录百纳实施再混合所有制改革，引入战略投资者，成功实现国有资本保值增值的目标。截至2018年底，华录集团混合所有制企业占比71.4%，企业效益质量明显提升，国有资本功能有效放大。

【重大项目】 2018年，华录集团以新的生产要素"数据资源"为抓手，以蓝光存储设备为依托、光磁电一体存储技术为核心，打造光存储私有云、行业云、公有云的行业级应用，创新性提出集海量数据存储、云计算、大数据分析和人工智能应用于一体的新型数字经济基础设施"城市数据湖"，提供数据存储、云计算、大数据分析、人工智能模型训练等六大类近20种产品，有效提升当地信息基础设施水平，带动大数据产业发展。数据存储产品DA3系列全球向产品逐步完成设计，并开始向欧洲等地区销售；300GB蓝光光盘生产线完成组装调试并量产，该生产线是国内首条300G蓝光光盘生产线，其量产标志华录集团率先在国内建成大数据存储全产业链。在智能交通产业方面，聚焦交通缓堵、综合交通、城市公交、汽车电子标识，"城市综合交通大数据应用服务平台"入选工业和信息化部2018年大数据产业发展试点示范项目名录和国务院国资委中央企业重大科技成果摘编。该平台的10个产品先后获得北京软件和信息服务业协会的产品认定证书，成为国内大数据应用的主打产品,通过推广该服务平台及其相关技术于国内多个城市成功应用。

【走向海外】 2018年,华录集团在国家"走出去"战略引领下,积极推进国际化经营,打造以智能交通、安全城市产业为基础、数据运营服务为核心的国际化公司。通过与央企、跨国公司以及当地政府合作,在"一带一路"沿线国家落地一批安全城市和智能交通项目,在塔吉克斯坦、摩尔多瓦、巴基斯坦及非洲一些国家的首都和主要城市建立安全城市和智能交通系统,促进当地的基础设施改善,推动当地工业化进程,保障城市安全,加强对车辆的管控。塔吉克斯坦杜尚别智能交通项目、摩尔多瓦基辛那乌智能交通项目、白俄罗斯智能交通项目有效增加当地政府财政收入。在巴基斯坦伊斯兰堡和拉合尔安全城项目、白沙瓦BRT快速公交项目以及非洲肯尼亚、加纳、乌干达等智能交通项目上,华录集团打造了成功案例。在大数据存储领域、投影机、植物工厂、蓝光播放机、功放音响、无线模组等领域,华录集团加强与日本、欧美的合作,并从使用技术、改进技术,发展到创新技术的阶段,大量优秀的产品实现"走出去"。出口业务覆盖全球,重点以欧美和日本为主。先后为美国Harman、MarkLevinson、日本Yamaha、JVC、欧洲ARCAM、Teufel等公司提供ODM、OEM业务支持。作为全球数字视频、音频、信息产品整机及关键件的生产基地,2018年在蓝光高清播放系统、蓝光刻录机、便携电视、功放音响等产品领域有几十个新机种投产面世,实现出口销售19.5亿元,出口销往日本、欧洲、澳洲、东南亚、南美、北美等地。

【重大创新】
1. 管理创新。华录集团认真贯彻落实全国组织部长会议精神和《关于激励广大干部时代新担当新作为的意见》要求,积极深化以市场、劳动、资本、知识、技术、管理等要素决定的薪酬福利机制改革,发挥薪酬福利的杠杆作用以及激励约束作用。提升考核工作水平,实现考核评价与薪酬激励相结合。在原有考核方式基础上,进一步明确责任主体,严格考核程序,细化指标设计,尝试建立分类考核指标库,进一步公开和明确绩效奖金的兑现方法。充分做到把考核评价与薪酬激励相结合,使考核评价有抓手、薪酬激励有依据,进一步提高考评工作的公信力和薪酬发放的激励作用,激发员工的积极性和创造性。通过推进混合所有制改革发展,吸引集聚优秀的行业高端技术、经营管理人才加入华录集团,逐步解决中国华录发展新兴产业的业务、管理领军人才问题,锻炼和培养一批专业技术人才。华录集团具有专业技术职务的人才比例为47%,具有高级专业技术职务的占8%,具有中级专业技术职务的占18%。公司注重坚持党的领导与规范公司法人治理相结合,按现代企业制度依法治企,不断探索各子公司董事会、监事会、总经理办公会与经营层"三会一层"的有效运转与制衡机制建设,逐渐形成按集团总部各部门职能分工向子公司选派董事监事的工作规范。

2. 科技创新。华录集团不断突破核心技术的研发并持续加大科研投入,尤其在大容量蓝光存储系统、激光投影技术、数字出版、智能交通、核心关键件等方面取得突破性进展。先后参与公安交通集成指挥、投影显示、数字出版等领域的标准制定。2018年参与制定4项标准并得到颁布实施,分别是行业标准《偏轴短焦激光数字投影显示屏幕》,团体标准《激光投影电视接收机技术规范》《激光投影电视接收机用光学屏幕技术规范》《激光电视尺寸与观看距离推荐指南》,在国内率先启动RGB三色激光影院的研发,三色激光技术作为激光显示技术的业内制高点突破新型显示产业发展瓶颈。全年申请专利92件,其中发明35件、实用新型50件、外观设计7件;获得授权专利92件,其中发明17件、实用新型62件、外观设计13件;办理登记软件著作权191项。

通过搭建产业协同创新平台,华录集团在城市数据湖项目、生态城市"互联网+再生资源"领域、精密模具设计与制造、公共安全等方面,与上下游企业和高校展开深入战略合作,构建产学研协同创新平台。2018年,新增省级工程技术研究中心1个、省级服务型制造示范平台1个、国家企业技术中心分中心1个、省级企业技术中心1个。截至2018年底,华录集团拥有国家级企业技术中心2个、博士后科研工作站1个、双创空间1个、国际科技合作基地1个、工程技术研究中心4个、创新中心1个、设计中心1个、重点实验室6个,具有国家信息系统集成大型一级企业资质,获评"国家技术创新示范企业",牵头或参与组建产业技术创新联盟20个,承担大连市模具技术公共服务平台的建设工作,为华录集团技术创新、科技研究、新技术应用、新产品开发、工业设计、成果转化提供有力支撑。

【党建工作】 华录集团党委结合企业实际,认真对标中组部、国务院国资委党委30项重点任务和国务院国资委党委23项重点工作,按照把加强党的领导和完善公司治理统一起来、建设高素质国有企业领导人员队伍、把国有企业基层党组织建设成为坚强战斗堡垒和加强对国有企业党的建设的领导四大方面总要求,逐条细化找差距,一项一项抓落实,不断改善基层党组织建设工作,取得较大进步。集团党建工作在国务院国资委2017年度的考核中被评为B级,山东易华录被评为首批中央企业基层示范党支部。华录集团党委坚持"管资本就要管党建""管业务就要管党建"的要求,在基层党组织中通过层层签订党建工作责任状,并按照"四同步"要求,在年度经营评价时同步开展党建述职评议和考核全覆盖,考评结果按"一岗双责"确定考核权重,纳入个人薪酬兑现,构建党建工作"部署—实施—督促—考评"的闭环系统。华录集团党委坚决支持纪委工作,大力构建"不敢腐"的惩戒机制、"不能腐"的防范机制、"不想腐"的保障机制。通过依规开展履职监督,对领导班子及成员执行党风廉洁建设责任制、落实"一岗双责"情况进行监督,督促责任落实。通过对公司"三重一大"决策程序开展监督,避免因失职渎职导致国有资产流失。通过成立集团巡视工作领导小组,明确巡视职责、完善组织机构、开展内部巡视。2016—2018年,华录集团党委内部巡视所属二级企业党组织7个、巡察三级企业党组织6个、首次开展1户企业巡视"回头看",内部巡视二级企业覆盖2/3以上。华录集团党委进一步加强党建理论研究,深化学习贯彻中央精神的成果转化。2018年,华录集团党委书记的署名文章《举旗定向,把党的政治优势厚植为混合所有制企业竞争优势》刊登在《首都建设报》《学习时报》。华录松下公司"中外合资混合所有制企业党的思想建设研究"课题获得中央企业党建思想政治工作研究会2018年度优秀研究成果三等奖。易华录公司的"混合所有制上市公司党风廉政体系建设研究——易华录以从严治党引领从严治企的实践思考"获得北京国企党建研究会2018年度课题调研二等奖。

【信息化建设】 2018年,华录集团信息化建设加速推进。ERP系统新上线企业21家,OA系统新上线企业7家,内部审计信息系统上线运行;国资监管数据报送系统搭建成型,"三重一大"数据顺利报送,得到国务院国资委表扬,是第七家完成全量报送的中央企业。贯彻落实国务院国资委IPv6部署要求,完成6家企业8个网站IPv6改造,两化融合管理体系通过工业和信息化部复审,进一步强化网络安全建设,开展信息系统安全等级保护测评,同子企业签署2018年网络安全考核责任状,网络安全纳入考核体系,实现全年无重大无计划停机及网络安全事故发生的目标,网络运行完好率和信息系统运行可用率超过99%。

【履行社会责任】 2018年,华录集团成立由集团党委书记、董事长担任组长,总部及相关企业负责人担任组员的扶贫开发领导小组,从内部选派5名优秀中青年干部作为挂职干部和驻贫困村干部,进行深入的调查研究,提出扶贫开发目标、任务,制定扶贫开展计划并组织实施,组织对扶贫工作进行总结和考核,研究制定扶贫开发项目和资金使用的管理办法,促进两县、三村基础建设项目和民生项目的落地实施。坚持务实发展,明确脱贫攻坚任务。华录集团以文化扶贫为引领,通过"持扶贫题材艺术作品创作""开展对口帮扶计划""加大艺术培训力度""送戏下乡"等形式,加大文化扶贫的政策和资金扶持力度,发挥文化在脱贫攻坚工作中"扶志""扶智"作用。2018年,华录集团累计向河南上蔡县、重庆奉节县、辽宁朝阳县等扶贫地区累计捐赠资金225万元。强化思想引领,增强脱贫攻坚实效。华录集团认真组织开展扶贫领域作风问题专项治理,摸清作风建设薄弱环节,落实专项整改措施,建立定点扶贫作风建设长效机制,确保如期完成脱贫攻坚目标任务。召开6次党委会研究扶贫工作,对集团有关扶贫的组织架构、相关制度、扶贫资金使用,人员的派出、待遇、考核和管理任用,项目的落实、监督管理和效果评价等进行研讨审议,旨在聚焦重点,关注全局,领导班子统一思想,形成合力。

(撰稿人:杨 威)

上海诺基亚贝尔股份有限公司

【基本概况】 上海诺基亚贝尔股份有限公司(以下简称"上海诺基亚贝尔"或"公司")是国务院国资委直接监管的中央企业中唯一一家中外合资企业,也是诺基亚在中国的独家运营平台。作为中国改革开放之初由国家决策成立的我国信息通信和高科技领域的第一家中外合资企业,公司积极"引进来""走出去",通过引进、消化吸收、再创新,在技术创新和国际化发展方面走出中央企业独特的发展道路,为我国通信网络和通信技术实现跨越式发展作出积极贡献,并有效带动中国通信产业的群体崛起。

公司拥有员工近15000人,业务遍及50多个国家和地区,为全球电信运营商和各领域行业客户提供端到端信息通信解决方案和高质量的服务,并在移动网络、固定网络、IP网络、光网络、软件应用以及5G、物联网、云计算等下一代网络技术诸多领域成为行业领先者。

上海诺基亚贝尔扎根中国创新,为中国、为世界。公司也是诺基亚全球研发的重要组成部分,研发人员近10000人,拥有6个产品研发中心和诺基亚贝尔实验室中国研创中心。作为国家创新型企业和国家企业技术中心,公司积极贡献于《国家中长期科学和技术发展规划纲要》国家创新战略实施,充分利用中国的创新生态和全球资源优势,实现"Future X 网络"愿景,成为互联世界的创新领导者。

【主要指标】 2018年,上海诺基亚贝尔完成营业收入225.3亿元,实现利润总额7.3亿元,经济增加值(EVA)16.5亿元,研究与开发费24.8亿元,新产品新技术销售收入占总营业收入比重61.7%,技术投入比11%。

【改革发展】 2018年是整合后的第一个完整财年,公司致力于挖掘整合的协同效应,深化转型,推动与诺基亚总部的战略协同,落实"中国产品路标优先"和5G产品开发追赶计划,大力提升中国5G创新研发中心的责任和能力,确保公司在2018年的5G第三阶段测试中取得成功,重回5G设备供应商第一梯队;充分利用整合后全球技术和市场资源,丰富产品线,提高产品质量、技术性能和成本优势,提升客户满意度;持续推进结构优化和管理提升工作,以精益管理理念,不断提升企业经营效益;充分吸收双方文化中的优良因素、摒弃不良因素,打造新的优秀企业文化,塑造企业未来发展的精神动力和智力源泉;根据企业发展的新需要,动态调整、持续优化组织架构,消除影响公司发展的体制障碍,释放体制活力。建立科学的选才用才育才留才机制,加强绩效考核和机制激励,不断提高员工的核心能力和道德修养。

2017年5月,上海贝尔股份有限公司与诺基亚(中国)有限公司合并成立上海诺基亚贝尔股份有限公司,公司并购原诺基亚(中国)有限公司下属的4家投资企业。截至2018年底,公司管理层级三级,法人层级二级,符合国务院国资委对中央企业管理层级及法人层级量化要求。公司利用整合契机,着力于机构重组及人员精简,严控成本,提高效率。

【重大项目】 2018年是上海诺基亚贝尔正式运营第一个完整年,新公司根据合资企业的治理模式和运营模式开始运作。这标志着历时超过两年的整合谈判取得圆满成功,同时这也是原上海贝尔股份有限公司深化改革,在集团层面推进转型与变革的重大成果。

上海诺基亚贝尔拥有国家认定的企业技术中心,承担多项国家重大专项。国家重大科技专项的各项工作,按照科技部、工业和信息化部的最新要求和工作部署,完成3项到期课题的任务和档案验收,2项课题的财务验收,完成质量获评审专家及上级部门一致好评;积极组织2019年重大专项课题的申报工作。公司累计牵头承担重大专项26项,参与承担重大专项40项。

【走向海外】 2018年,公司积极应对各种困难与挑战,借助国家"走出去"战略和"一带一路"倡议的契机,发挥战略优势,成功突破重点海外市场。在海外自营区域的菲律宾、老挝和蒙古国市场,直接出口业务实现持续增长和突破,全面超额完成业务目标。在菲律宾，突破Globe电信公司固网接入市场，扩大IP和光传输、LTE等领域的战略合作，进一步巩固、强化Globe全业务供应商的市场地位；在老挝，与老挝电信公司连续签订多个网络扩容合同，突破老挝ETL公司新市场，签署DWDM和IP网络扩容项目合同；在蒙古国，继续深化与MobiCom的长期合作，签署海外自营业务区的首个独立软件销售大单，获得MobiCom 100%的计费市场份额。

2018年，公司深入与孟加拉国Teletalk 2G/3G/LTE领域的合作，利用中国融资继续支持泰国True大规模IP扩容，与多哥电信签署网络扩容合同，并在孟加拉国、埃塞俄比亚、尼日利亚、莫桑比克、中亚等地区，积极开拓中国融资和中资大型EPC合作项目，推动直接出口业务的稳定发展。

【重大创新】 2018年，上海诺基亚贝尔积极开展科技创新工作，新申请发明专利230余件，新增授权专利150余件，参与中国通信标准化协会（CCSA）行业标准和国家标准编写81项，牵头11项，向国际标准组织提交文稿6000余篇，在5G、网络安全等领域作出巨大贡献。

5G领域。公司积极实施中国引领5G发展战略，推进面向商用的5G产品研发；加入5G试验投入，在工业和信息化部和三大运营商的5G试验中取得优良的成绩。在产品研发方面，成功完成面向商用的基带处理单元的研发，同一机框可以同时支持LTE和5G，规模部署于外场试验。在RRU射频单元方面，面向预商用的3.5GHz和4.9GHz有源阵列天线产品100%通过工业和信息化部的所有射频指标测试，并按期参加大规模外场测试。"智能助残业务平台及服务"项目获得2018年6月工业和信息化部主办的"绽放杯"5G应用征集大赛一等奖和最佳表现奖。公司的"5G梦工厂"孵化众多5G相关创新项目。在5G标准方面公司积极发挥引领作用，向3GPP等国际标准化组织输出大量技术文稿，借力外方股东诺基亚集团的力量，推动5G全球研发合作以及统一标准。

固定网络领域。新成立的全球固移融合产品部的研发中心落地上海，针对5G手机终端成熟度晚于5G网络建设发展的问题，关注5G CPE落地中国移动市场，提出可行性分析和技术方案建议，填补产品空白。推动25G WDM PON技术开发，助力中国电信5G承载网络建设。

IP和光网络领域。在5G前传和数据中心互联两大应用领域取得重大研发进展。数据中心互联方面，与国内领先的互联网公司紧密合作，联合本地产业生态环境中的合作伙伴，共同打造下一代开放的光传输网络。软件业务方面，全面支持网络虚拟化、端到端网络切片、高效灵活计费、AI客户体验管理以及安全解决方案，助力运营商更好地迎接数字化转型所带来的机遇。

【党建工作】 一是牢固树立"四个意识"，不断提升思想自觉和行动自觉。领导班子举办为期一周的党委中心组成员学习习近平新时代中国特色社会主义思想和党的十九大精神集中培训班；党委书记等领导带头到基层党总支、党支部讲党课；建立各级党组织每月编报《学习宣传贯彻十九大精神简报》制度，向党委中心组成员、基层党务干部和全体党员推送电子版的《学习直通车》70多期，组织召开民主党派人士学习党的十九大精神座谈会。

二是对接治理结构，完善体制机制，发挥"把方向、管大局、保落实"作用。党委进一步明确企业党建工作的三人定位、三人保障和三人重点；推进企业更好地服务国家发展战略，党委按照党的十九大提出的建设"网络强国""数字中国""智慧社会"要求，研究企业发展战略与国家重大战略部署相契合问题；推动市场领先战略、创新驱动战略、开放合作战略落地。

三是落实"四同步""四对接"，不断提升基层党建工作质量。党委认真落实党建工作责任制，对落实情况开展自评并接受国务院国资委党委的检查，认真开展整改；开展党建质量提升专项督查，认真检查基层党支部党建责任是否有效落实、基础工作是否规范开展、合规经营是否带头执行；根据企业转型情况，及时调整基层组织建制、选优配齐支部班子，健全优化原诺基亚党组织建制，组建菲律宾党支部；推动基层党组织在重大项目中通过支部联建加强不同部门党员沟通交流，通过党员牵头项目组、带头技术攻关，发挥党组织战斗堡垒作用和党员先锋模范作用。

四是落实"两个责任"，加强作风建设，推进廉洁合规工作。纪委召开党风建设和反腐败工作会议,组织党员领导干部集体签订年度《党风建设和反腐败工作责任书》;纪委组织党员和关键岗位员工观看12场警示教育片,及时修订公司相关制度;纪委认真落实领导干部述职述廉、提醒谈话、诫勉谈话、谈话函询等制度,党委书记、纪委书记在年中和年终分别与16名领导干部进行谈心谈话;纪委联合法律部成立公司法治建设领导小组,协同合规部完善公司合规管理4个层级制度体系,推动合规监督内嵌到公司经营管理关键环节。

五是发挥群团作用,传承企业精神,营造和谐氛围。工会与公司行政方签署新的五年"集体劳动合同";党委与工团组织共同关注、同心协调生产运营平台等转型项目的政策制定、方案落实及其善后工作;举办大型群众性文化活动为企业转型凝心聚力。

六是调动政府、企业、社会资源,凝聚中外股东和广大员工力量,推动定点扶贫。党委逐项落实"责任书"内容,加大对云南省宁蒗县的扶贫力度;援建宁蒗贝尔中学运动场、小凉山学校教研创新中心;资助贝尔中学"贝尔班"和教师培训;组织员工与贫困家庭学生开展结对助学;与电商平台合作建立助力山货出山的员工购买宁蒗农特产品专享平台。

【信息化建设】 2018年是公司数字化转型之年,在确保已有的信息技术服务正常运作的前提下,积极按照已经制定的数字化转型方案和路线,稳步推进信息技术数字化转型的开展。公司基础设施和信息化方面交付的成果包括:无线接入在办公区域投入服务,网络语音服务面向用户投入使用,并且通过网络和连接升级实现更高效的Office365连接。新的视频会议在办公区域陆续投入使用,9月新的VPN解决方案投入使用,10月新的服务门户网站对所有用户开放,并完成计算机和邮箱的迁移技术试点。在应用系统方面,质量系统、公司内联网和互联网系统以及座位系统都成功上线。应用系统相关的人事、财务和差旅整合项目按计划稳步实施,将在下一年度为上海诺基亚贝尔用户提供全球领先的人事、财务和差旅报销等数字化平台,提高员工工作效率。在信息安全方面,部署实施安全漏洞扫描和渗透测试,对公司各系统和设备进行安全检查,及时发现和修复安全漏洞,有效提高企业安全等级,加强对企业信息资产的保护;公司的门户网站和数据中心也在2018年进行相关安全申报,达到网络安全等级保护的要求。

【履行社会责任】 2018年,公司坚持以习近平新时代中国特色社会主义思想为指导,坚持"市场领先、创新驱动、开放合作"三大战略引领,以诚信、透明的方式开展企业经营;全面推进5G、物联网和工业互联网等开发和应用,以创新智造助力中国通信产业发展;坚持合作共赢的理念,与供应商、客户、合作伙伴共谋发展,以科技创新与共享助推行业发展进步;积极探索国际化运营新模式,利用全球资源实现全球研发一体化,以国际视野投身"一带一路"建设。加大精准扶贫和污染防治投入力度,发挥自身专业优势,为全面建成小康社会与建设美丽中国贡献力量。

社会责任工作为公司赢得多项荣誉,并为社会作出突出贡献。"爱传递,诺基亚贝尔信息化电脑教室"公益项目入选国务院国资委2018年《中央企业社会责任蓝皮书》;暖风志愿服务团队在第四届中国青年志愿服务项目大赛中获得银奖。

(撰稿人:徐秋青)

华侨城集团有限公司

【基本概况】 华侨城集团有限公司(以下简称"华侨城集团")是国务院国资委直接管理的大型中央企业,1985年诞生于改革开放的前沿阵地——深圳。控股华侨城A、康佳集团、华侨城(亚洲)、华侨城文旅科技、云南旅游5家上市公司是国家首批文化产业示范基地。2018年,华侨城集团连续八年在中央企业业绩考核中获评A级。

华侨城集团培育旅游及相关文化产业经营、房地产及酒店开发经营、电子及配套包装产品制造3项国内领先的主营业务,其中康佳、锦绣中华、世界之窗、欢乐谷主题公园连锁、波托菲诺、茵特拉根小镇、华侨城大酒店、威尼斯睿途酒店等均为中国著名品牌。

按照国家新型城镇化战略思路,在"五大发展理念"指导下,华侨城集团继续深耕"文化＋旅游＋城镇化"和"旅游＋互联网＋金融"的创新发展模式。在新战略驱动下,华侨城以文化为核心,旅游为主导,在全国各地不断开拓,布局全国40多个城市,形成新型城镇化、文化创意产业、产融平台、全域旅游、城市开发运营、主题酒店开发运营、智慧管理输出等业务板块,引领中国文化旅游产业不断前行。

2018年,华侨城集团按照党中央、国务院、国务院国资委的部署和要求,以新思路和新举措积极适应经济新常态,取得优异的经营业绩。华南集团、华东集团、康佳集团、中部集团、西部集团、云南集团、香港华侨城、资本公司、光明集团、欢乐谷集团、云南世博11家企业超额完成年度目标任务,其他企业也稳步推进各项重点工作,为集团整体实现跨越式发展作出重大贡献。2018年,华侨城集团实现营业收入1103亿元,比上年增长38%;利润总额203亿元,比上年增长4%;实现净利润158亿元,比上年增长19%;资产总额4440亿元,负债总额3044亿元,资产负债率68%。

2018年,华侨城集团连续八年入选"全国文化企业30强"、连续六年位居全球主题公园集团四强,入选"中国旅游集团20强""改革开放40年40品牌"等,位列"2018年中国特色小镇投资运营商年度品牌影响力排行榜"第一名。

【主要指标】

2018年华侨城集团有限公司主要经济指标

项　　目	2017年	2018年	比上年增长(%)
资产总额(亿元)	3223.82	4440.04	37.73
所有者权益(亿元)	1056.82	1392.65	31.78
营业收入(亿元)	801.08	1103.49	37.75
利润总额(亿元)	194.92	203.37	4.34

续表

项　　目	2017年	2018年	比上年增长(%)
净利润(亿元)	133.23	158.32	18.83
归属于母公司所有者的净利润(亿元)	58.65	84.40	43.90
技术开发投入(亿元)	3.53	5.20	47.31
利税总额(亿元)	277.82	308.23	10.95
应交税金总额(亿元)	153.36	158.70	3.48
净资产收益率(%)	16.50	12.93	减少3.57个百分点
总资产报酬率(%)	6.75	8.96	增加2.21个百分点
国有资本保值增值率(%)	118.22	118.63	增加0.41个百分点

【改革发展】

1. 以顶层设计为切入点,健全法人治理结构。2018年,华侨城集团在完成公司制改制,成立董事会的基础上乘势而上,稳步提升公司治理水平,深入推进"党建进章程",制(修)订集团董事会、党委常委会、总经理办公会议事规则和"三重一大"决策制度实施办法,完成集团公司层面"三重一大"决策和运行应用系统的建设,实现加强党建和完善公司治理的有机统一。建立职工代表大会制度,进一步规范民主管理和民主监督。通过上述举措,党委、董事会、经理层、职代会等不同治理主体的责权利更加明确,既发挥党委领导作用又调动各方面积极性,既保证运转效率又有效制衡,形成发展合力;对下属企业授权也更加清晰,事项审批更加完善,大幅提升决策效率。

2. 以混合所有制改革为着力点,倒逼经营机制转换。坚持"以混促改",优化企业股权结构,提升治理水平。一是积极引入社会资本,推进股权多样化,康佳KKTV、易平方引入阿里巴巴等优秀互联网企业成为战略合作伙伴;旅投集团完成增资扩股,调整股权结构,各方股东积极性及产业能力进一步提高;按照国务院国资委改革要求,华侨城医院引入华润健康作为战略投资者,完成改革合作框架协议的签署。二是大力实施内部重组,将文化旅游科技业务与全域旅游业务相结合,推动完成文旅科技公司、云南旅游上市公司重大资产重组。三是积极打造改革试点示范,文旅科技和康佳易平方2家企业入选国企改革"双百行动"试点企业。

3. 以管理提升为支撑点,积极向管理要效益。华侨城集团主动找差距、补短板、强弱项,提升总部管控水平。一是重塑优化总部职能,下放经营职能、整合交叉职能、推动服务共享、加强核心职能,搭建起"精总部、大产业"的管理架构,成立13个职能部门、2个职能中心。二是建章立制科学管理,制(修)订各项管理制度176项,稳步提升管理的科学化、规范化、标准化水平。三是持续加强资金统筹,通过资金池高效调拨存量资金,推行资金成本考核制度,强化资本使用效率硬约束。四是大力实施集中采购,集采产品29项、覆盖70%以上工程建设业务,集采规模达到国务院国资委对标要求的良好水平。五是强化产权管理,压实做细产权管理工作,产权登记率大幅提高,为加强资产管控提供有力抓手。

【业务发展】

1. 文化产业日渐强大。一是文化品牌影响力不断扩大。完成国家大型文化工程《今注本二十四史》一期编撰;成功打造全国首个品牌灯会"华侨城·自贡灯会";承办改革开放40周年综艺晚会、2018年中尼跨国春晚等大型演出;呈现33场高水准的文化艺术展览;甘坑客家小镇、创意文化园入选深圳市重点规划建设的"十大特色文化街区"。二是积极"走出去"。澜湄合作·云南文化旅游产业发展论坛成功举办,《吴哥的微笑》连续八年获评全国文化出口重点项目,中柬文化创意园项目成功落地。三是布局新领域。与腾讯合作,发起成立粤港澳大湾区首支数字创意产业基金,投资山水动画、创梦娱乐,不断拓展文化产业新兴领域布局。

2. 旅游业务保持行业领先。2018年,游客接待量超过1亿人次,市场竞争力显著增强。一是主题公园稳中有进。欢乐谷集团加强七地欢乐谷经营统筹,继续坚持实施"品牌、品质、人才"三大保卫战。襄阳、郑州、西安、扬州等地主题公园项目先后落地,进一步完善全国版图。二是全域旅游打开新局面。发动"云南大会战",汇集各方力量,聚焦"全产业链、全要素、全区域、全天候、全季节"补短板,云南全域旅游建设呈现一片繁荣景象。三是景区赋能管理成绩斐然。积极获取5A、4A级景区资源,管理合作的5A级景区从7家增至19家,集团成为全国运营管理5A级景区最多的企业。四是"美丽乡村"探索成效显著。紧跟国家乡村振兴战略,成立华侨城美丽乡村投资公司,提出建设100个美丽乡村的愿景,示范项目"中廖村"获评"全国文明村镇",成为全国美丽乡村建设的典范;深圳光明小镇、黄龙溪"欢乐田园"项目正式面世,践行"旅游+农创"新模式。五是"旅游+互联网"深度融合。战略入股同程旅游、盛大游戏,引入网易手游《第五人格》,深化战略协同,形成对华侨城旅游产业渠道端和内容端的重要补充。六是举办声势浩大的文化旅游节。整合旗下50座城市、100余家景区资源,发起全球首个由一家企业举办的全国性的旅游节庆,在全国打造跨时间、跨空间、跨业态的"华侨城文化旅游节",进一步强化推动华侨城旅游产业发展的品牌声势和市场影响力。

3. 新型城镇化全面布局。一是打造新型城镇化样板间。安仁古镇、甘坑小镇、黄龙溪古镇位列"2018年中国特色小镇项目年度品牌影响力排行榜"十强。其中,安仁古镇打造出民国风和博物馆群的差异化特色,安仁论坛连办三届,在国内形成很大影响;甘坑小镇将客家文化与原创IP、高科技结合,入选国家级文旅特色小镇。与法国欧贝欧集团共同打造四川眉山中法农业科技园,通过国际合作开拓新型城镇化发展新思路。二是稳步拓展资源版图,为城镇化和文化旅游重大项目提供利润平衡和资金补充源。深耕粤港澳大湾区、天津及京津冀、南京及长三角、武汉及中部、成都及西部、云南六大区域,综合利用设条件挂牌、合作拍地、股权收购、一二级联动等多样化手段,成功落地杭州丁桥、重庆悦来、衡阳来雁新城、太原武汉杨春湖等土地项目,在有效控制土地成本的基础上进一步夯实可持续发展的优质资源储备。三是地产去化逆势进取。在诸多不利因素影响下,深圳本部、武汉华侨城、南京置地、重庆华侨城、招华红山、上海天祥等项目表现突出。

4. 金融支撑体系持续构建。以有力的金融支撑，多方位支持实体主业发展。一是资本公司、香港华侨城2家投融资平台积极为各战区项目落地和开发建设提供融资支持，并围绕主业积极开展投资并购，融资租赁业务打开新局面，进一步丰富集团产业构成。二是参与江苏国信增发成为其第二大股东，在保险、信托领域进行有意义的探索布局。三是广开融资渠道，综合运用银行贷款、债券、基金、资产证券化、信托等手段，有效保障主业发展的资金供给。

5. 电子业务加速转型升级。康佳集团积极推进"科技＋产业＋城镇化"战略落地，形成"科技园区业务群、产业产品业务群、平台服务业务群、投资金融业务群"协同发展的良好局面。滁州、宜宾、南京、遂宁等科技产业园项目相继落地，半导体、环保、新材料等新兴产业齐头并进，成功收购新飞，实现"康佳＋新飞"双品牌运作。科技创新取得重大突破，数字电视广播系统与核心芯片国产化项目荣获国家科技进步奖二等奖。2018年，康佳实现营业收入460亿元，比上年增长47%。

(撰稿人：薛 晔)

南光（集团）有限公司

【基本概况】 南光（集团）有限公司（以下简称"南光集团"或"集团"）是唯一一家总部设在中国澳门的国务院国资委直属中央企业，集团前身南光贸易公司成立于1949年8月，是中国澳门最早的中资机构。集团主营业务由原油及成品油、日用消费品贸易，酒店旅游，特色金融，地产经营开发和综合物流服务板块构成。

2018年，南光集团认真贯彻落实国企改革"1＋N"系列文件精神。按照国务院国资委的工作部署，认真学习领会党的十九大精神，牢牢把握习近平新时代中国特色社会主义思想，坚定不移推动国企改革"1＋N"政策体系在全集团落地。

【主要指标】 2018年，南光集团实现营业收入62.2亿元，比上年减少83.49%；利润总额17.3亿元，比上年减少3.57%。根据上级要求，有关公司从南光集团无偿划出，导致南光集团营业收入大幅下降。

2018年南光（集团）有限公司主要经济指标

项　目	2017年	2018年	比上年增长(%)
资产总额（亿元）	199.45	213.46	7.02
所有者权益（亿元）	168.43	179.55	6.60
营业收入（亿元）	376.66	62.20	－83.49
净利润（亿元）	16.8	15.64	－6.90
归属于母公司所有者的净利润（亿元）	16.05	15.23	－5.11
利税总额（亿元）	19.27	18.32	－4.93
应交税金总额（亿元）	2.66	2.82	6.02
全员劳动生产率（万元/人·年）	50.23	53.00	5.53
净资产收益率（%）	10.08	9.08	减少1.00个百分点
总资产报酬率（%）	9.17	8.41	减少0.76个百分点
国有资本保值增值率（%）	104.19	113.46	增加9.27个百分点

【改革发展】 2018年，南光集团强化问题导向，狠抓深化改革，企业内在活力增强。一是深化综合改革。多次宣传改革形势，学习改革政策，作出改革部署；落实"1＋N"系列文件精神，聚焦重点难点问题，努力补齐补强短板；对8个方面30项重点任务细化分解，推动工作落实；1家企业入选国务院国资委国企改革"双百行动"试点单位，标志着集团的改革发展进入一个全新的时期。二是推进"压减"工作。因企施策，确定年度"压减"任务，制定"压减"专项考核措施。截至2018年底，累计压减企业29户，减少27%，超额完成国务院国资委的"压减"任务；法人层

级从六级压缩到五级,缩短管理链条。三是做好内部资源整合。理顺内地企业产权和管理关系,对同类业务开展资源整合,调整3户企业管理关系。四是持续推进内部业务协同,利用考核激励政策,加大内部协同力度,实现在中国澳门二级公司业务协同全覆盖。2018年,集团内部业务协同交易额2.1亿元。五是做好有关公司专项安排。按照上级专项会议精神,多次召开专题会议,作出一系列工作部署和安排,加强工作协调,注重工作配合,高效率做好落实,保证按时完成任务。

南光集团努力攻坚克难,狠抓工作落实,企业管理工作不断加强。一是加强成本和资金管理,深化内部挖潜,制定目标措施,加强过程控制,完成2018年每百元营业收入负担的成本费用比上年减少1.5%的目标,比上年末下降19.37%;资金集中度提高到91.96%,超过国务院国资委要求的80%目标;完成国务院国资委大额资金报送系统建设并投入使用。二是加强"两金"压降工作,从严设定目标,制定计划措施,夯实资产质量,落实绩效考核,持续优化"两金"周转指标,减少资金沉淀。应收账款比上年末减少48.46%、存货减少4.65%、"两金"增幅均低于收入增幅,一年以上应收账款和非正常存货零增长,完成国务院国资委要求的工作目标。三是加强产权管理。以管资本为主,建立健全产权管理制度,加强监督检查,强化二级公司产权管理,开展基础工作评价;理顺重要子企业产权和管理关系,完成6户产权登记,对3户企业进行产权调整,实现所有权和管理权的统一;采用吸收合并方式,完成2家下属企业的合并。积极处理低效无效资产,推动处置与主业关联度不高、无竞争优势、长期不分红、扭亏无望的低效无效资产,优化资源配置。四是加强参股企业管理。积极履行股东职责,取得较好的投资回报;推动完成中国南光进出口公司的托管划转;在国务院国资委和财政部的大力支持下,经过艰苦努力,与东方资产公司多轮磋商,达成共识。五是加强制度建设。启动"规章制度建设年",按照"五问"要求,结合整改工作,全面推进制度"立改废释",全年"立改废"制度141项。通过召开审核会议、加强审核备案、举办知识竞赛等方式,营造学制度、用制度的良好氛围,推动制度建设迈上了新台阶。六是提升法律管理。以法治南光建设为目标,以落实企业主要负责人履行法治建设第一责任人为主线,强化法律审核,聚焦风险防范,加大历史遗留案件解决力度,在国务院国资委法治工作评比检查中获评中央企业A级。七是加强财务和业务风险防控。严控债务风险,督促高负债企业强化风险管控;加强高风险业务监控,开展融资性贸易排查;规范大宗商品贸易管理,严格监控与主业无关的贸易业务;加强委托贷款、对外担保、信托、融资租赁、金融衍生品等高风险业务的管控。同时,进一步强化信息化建设工作。

南光集团积极推动"根植澳门,联结内地,拓展海外"的战略落地,全面贯彻"南光+"合作发展理念,狠抓创新引领,企业发展迈出新步伐。一是召开集团规划发展研讨会,进一步明晰发展方向和目标,编制印发集团三年滚动规划,全力推动战略的贯彻实施。二是深耕澳门市场。延伸服务链条,在澳门口岸边检大楼基础上,积极承接相关设施维护保养业务;积极开展大桥港澳快线、边检大楼接驳巴士线、综合度假村接驳线和桥面穿梭巴业务,不断扩大服务领域;继续以打造"濠江盛汇"为龙头的系列品牌展会,积极参与澳门特区休闲科技展,推动澳门特区经济适度多元。三是稳妥开展内地业务,地产业务稳中求进,无锡、海口和横琴大厦项目进展顺利,积极研究探索新项目,创新仓码管理新业态,开展档案管理业务,引领转型发展。

【重大项目】 2018年4月,南光集团顺利完成港珠澳大桥澳门口岸管理区东侧公众停车场项目的移交工作。10月24日,全力配合港珠澳大桥全面通车运营。12月12日,南光集团投资参股企业中华(澳门)金融资产交易股份有限公司揭牌运行。集团领导及相关单位负责人等与近300家政府机关、中央企业、金融机构代表共同见证揭牌。

南光集团新建一条海底新航煤管线,进一步保障澳门机场航煤的安全供应;全力推进作为珠澳合作重点建设项目的横琴南光大厦的建设。

【履行社会责任】 2018年,南光集团加大扶贫投入,投入1000余万元;集团领导及相关单位继续多次深入定点扶贫县,加强工作调研和互动交流,在专业教育培训、特色农产品销售、劳务输出等方面创新扶贫思路，推动具有集团特色的扶贫工作落实落地，取得成效；协助落实澳门特别行政区政府对口扶贫，工作得到充分肯定。

南光集团支持澳门特区政府依法施政，积极建言献策，在应对"山竹"台风时，南光集团积极作为，发挥央企担当，保障澳门电力、民生供应，获得特别行政区政府和澳门社会各界好评。

（撰稿人：尹诗岚）

中国西电集团有限公司

【基本概况】 中国西电集团有限公司（以下简称"中国西电集团"或"集团"）是国务院国资委直接监管的输配电成套设备研发制造企业，成立于1959年7月，是以我国"一五"期间156项重点建设工程中的5个项目为基础发展起来的，是输变配电领域唯一一家能够完整提供一次成套自主研制设备的国家核心骨干企业集团。截至2018年底，中国西电集团拥有全资和控股子公司（单位）60余家，其中大中型生产制造骨干企业19家、研究院所2家、金融公司2家、控股上市公司2家、国家（行业）级研发平台6个、国家行业检测中心4个，职工17000余人。

2018年，中国西电集团认真学习贯彻习近平新时代中国特色社会主义思想和党的十九大精神，牢固树立"四个意识"，更加坚定"四个自信"，坚决做到"两个维护"，认真落实国务院国资委中央企业负责人会议、党风廉政建设和反腐败工作会议要求，面对复杂多变的内外部情况，克服困难，锐意进取，保持企业平稳运行，企业改革发展和党的建设各项工作扎实推进，较好地完成全年目标任务。

【主要指标】 2018年，中国西电集团实现营业总收入172.22亿元，比上年增长0.43%；利润总额6.78亿元，归属于母公司所有者的净利润2.71亿元。

2018年中国西电集团有限公司主要经济指标

项 目	2017年	2018年	比上年增长（%）
资产总额（亿元）	391.06	400.01	2.29
所有者权益（亿元）	243.67	244.69	0.42
营业收入（亿元）	171.48	172.22	0.43
利润总额（亿元）	12.68	6.78	−46.53
净利润（亿元）	10.67	5.29	−50.42
归属于母公司所有者的净利润（亿元）	6.47	2.71	−58.11
技术开发投入（亿元）	12.49	11.68	−6.48
利税总额（亿元）	22.21	15.29	−31.16
应交税金总额（亿元）	11.85	10.36	−12.57
全员劳动生产率（万元/人·年）	23.29	20.05	−13.90
净资产收益率（%）	4.48	2.17	减少2.31个百分点
总资产报酬率（%）	3.27	1.81	减少1.46个百分点
国有资本保值增值率（%）	104.82	100.85	减少3.97个百分点

【改革发展】 2018年，中国西电集团紧紧围绕贯彻落实国企改革"1+N"系列文件，强化顶层设计，各项改革工作取得突破。一是坚定不移把完善企业法人治理结构与坚持党的领导相结合，加强子企业董事会建设，集团（除医院、技校外）所有二级子企业均建立董事会（含执行董事），实现集团除境外企业和合资企业外全部控股企业党建进章程。二是推进三项制度改革。强化考核结果在领导人员评价、薪酬评定、职位调整、优秀年轻干部培养等方面的应用，逐步构建"能者上、庸者下、劣者汰"的良性机制。严控人员总量，推动企业人员结构优化。三是优化集团管控模式。成立变压器事业部和宝光子集团，明晰事业部与

集团总部权责，充分授予事业部战略、投资、干部、考核等管理权限，提高事业部资源配置效率，激发事业部发展活力。四是优化考核奖励机制。坚持效益联动、业绩导向原则，长期与短期激励相结合，职工薪酬与企业效益相联动，突出正向激励，与所属各单位签订决胜"2020目标"责任书，以中期目标激励企业转型升级和高质量发展。

【重大项目】 2018年，中国西电集团密切跟踪市场和行业变化，做好战略市场的研究与策划，加强技术和市场协同。积极对外寻求合作，先后与国机集团、东方电气、通用技术等签署战略合作协议；与南方电网、中国电建联合中标菲律宾国家电网重大EPC项目，是集团公司自主研发的直流输电技术首次以总包方式走出国门；中标乌克兰国家电网330千伏变电站改造工程EPC项目，实现中国企业中标乌克兰国家电网项目"零的突破"；以埃及制造基地为依托，支撑区域市场开拓，全年累计中标金额10亿元；在非洲乌干达、坦桑尼亚市场EPC项目取得新突破。

【走向海外】 2018年，中国西电集团积极响应"一带一路"倡议，不断提升企业国际化经营能力，加快企业"走出去"步伐。一是海外市场拓展成效显著。2018年实现出口新增订货60亿元，比上年增长33%，创历史新高。二是持续完善国际化经营保障体系。组织编制《中国西电集团海外业务发展规划》，明确集团海外业务发展的指导思想、发展目标、主要任务和保障措施。充分发挥集团战略规划和执行委员会、科技咨询委员会等专家智库作用，准确把握企业经营发展方向和海外产品技术发展方向。三是积极拓展海外合资公司业务。以埃及和印度尼西亚合资公司为依托，在带动当地技术发展、提升装备制造能力的同时，积极拓展"XD"品牌在周边国家和市场的影响力。

【重大创新】 2018年，中国西电集团坚定不移贯彻落实创新驱动发展战略，抢占产业发展制高点，持续增强企业核心竞争力。一是重大创新研发取得新突破。14项重点创新研发项目通过国家鉴定，其中国际领先10项、国际先进4项；西安高压电器研究院有限责任公司参与完成的"输电等级单断口真空断路器关键技术及应用"项目获得2018年国家技术发明二等奖；西安西电变压器有限责任公司参与完成的"超、特高压变压器/电抗器出线装置关键技术及工程应用"项目获得2018年国家科技进步二等奖。二是积极推进科技创新平台建设和能力提升。集团在国家企业技术中心年度评价中获得"优秀"等级，西安西电电力系统有限公司成功晋级国家级企业技术中心，变压器事业部成功组建中国西电智能电气工程研究院。三是知识产权管理业绩突出。新增专利申请297件，其中发明专利118件；新增专利授权211件，其中发明专利62件；完成软件著作权登记26项，新获得国外专利授权4件；"一种电阻触头的制备方法"获得国家发明专利优秀奖。四是创新氛围更加浓厚。完成西电双创服务中心建设，通过陕西省第六批众创空间基地认定；积极参加各类创新创意大赛，在科技部第三届创新挑战赛中荣获优胜奖，陕西省科技工作者创新创业大赛中8个项目分别获得金奖、银奖、铜奖。

【党建工作】 2018年，中国西电集团推进企业党建与生产经营深度融合，不断将党建工作成效转化为企业竞争优势、创新优势和科学发展优势。一是强化政治建设。开展多层次、多形式、全覆盖的学习教育，扎实推进习近平新时代中国特色社会主义思想和党的十九大精神进支部、进车间、进班组、进岗位、进现场。把理论研究作为加强和改进思想政治工作的重要载体，2018年集团获得中央企业党建思想政治工作研究会年度政研课题三等奖和优秀奖各1项。二是夯实基层基础，提升党建质量。按照"中央企业党建质量提升年"的总体要求，全面加强"三基建设"。结合境外企业规模、党员人数和所在国家、地区实际，灵活设置党的组织，创新党组织活动方式，加强对境外党员的教育管理。三是扎实开展国务院国资委党委政治巡视整改工作。集团党委先后12次召开党委常委会，认真研究制定整改工作方案，细化制定128条整改措施。进一步完善工作机制，通过上下联动的穿透式整改，实现巡视整改横向到边、纵向到底。四是坚持党管干部原则，提高选人用人质量。强化选人用人制度体系建设，推动选人用人工作科学化、制度化、规范化。五是认真落实全面从严治党主体责任,坚持把纪律和规矩挺在前面,运用监督执纪"四种形态",将"三个区分开来"要求贯穿执纪审查、责任追究全过程。

【信息化建设】 2018年,中国西电集团深化两化融合,以"信息化管理、智能制造、远程运维服务、绿色安全"为抓手,结合智能制造发展大力推进绿色制造。一是制造智能化和管理信息化水平持续提升。编制印发《数字化工厂建设指南》《精益工厂建设方案》,指导所属制造型企业提升制造数字化和精益化水平;财务共享中心实现上线运行,提升财务管理信息化水平。基本建成"大党建"信息化平台,党建工作质量得到进一步提升。二是编制集团《2018—2020信息化/数字化建设三年滚动规划》,围绕公司战略、"十三五"发展规划及信息化规划,对2018—2020年集团总部和子企业信息化建设任务进行细化分解。三是扎实推进数字化设计3.0。选择3家企业进行示范,组织策划数字化设计工作总结交流观摩会,共享数字化设计的成果,助推企业数字化转型。四是积极组织开展信息化优秀成果征集工作。"智能制造:重塑格局,提升优势,创造价值——中低压输配电装备智能制造新模式项目汇编材料"入围中央企业信息化优秀成果。

【履行社会责任】 2018年,中国西电集团在推动企业高质量发展的同时,把国有企业应当承担的社会责任牢牢扛在肩上。一是认真贯彻落实党中央、国务院关于推进生态文明建设、坚决打好污染防治攻坚战的决策部署,投资2000余万元,开展挥发性大气污染物排放治理,通过国家强化大气污染防治督导检查。二是扎实推进节能减排工作,积极推行精益生产、绿色制造和能源管理体系标准建设,大力推进节能减排新技术、新工艺、新设备在基建技改项目中的应用。三是全力做好精准扶贫。结合央企定点扶贫对象陕西省宝鸡市麟游县万家城村实际,精心策划,综合施策,深入推进党建扶贫、产业扶贫、医疗扶贫、教育扶贫,全年捐资162万元,援建光伏电站1座。积极参加陕西省国资委扶贫"合力团",助力地方扶贫攻坚,努力在打赢"精准扶贫攻坚战"中贡献力量。

(撰稿人:曾俊伟)

中国铁路物资集团有限公司

【基本概况】 2018年,中国铁路物资集团有限公司(以下称"中国铁物")深入学习贯彻习近平新时代中国特色社会主义思想和党的十九大精神,面对复杂外部环境和许多不确定变化因素,坚决贯彻落实中共中央、国务院国资委决策部署,扎实推进各项工作。一是深耕铁路轨道交通市场,开展技术研发创新,确保生产经营总体稳定;二是降杠杆减负债成绩显著,主要财务指标持续向好,积极推动重组上市;三是深化内部改革,推进"瘦身健体",完成天山建材划转接收;四是加大资产盘活力度,多措并举推进清收清欠,夯实基础管理,有效防范经营风险;五是推进全面从严治党,不断提高党建工作质量,加强宣传和群团工作,汇聚改革发展力量,践行央企社会责任,认真抓好定点扶贫、安全环保和维护稳定等工作。

【主要指标】 2018年,中国铁物实现营业收入631.82亿元,比上年增长3%;利润总额12.54亿元,比上年增长131%。

2018年中国铁路物资集团有限公司主要经济指标

项　目	2017年	2018年	比上年增长(%)
资产总额(亿元)	536.25	570.96	6.47
所有者权益(亿元)	34.86	120.79	246.48
营业收入(亿元)	613.25	631.82	3.03
利润总额(亿元)	5.42	12.54	131.28
技术开发投入(亿元)	0.11	0.42	284.88
利税总额(亿元)	14.40	22.50	56.26
应交税金总额(亿元)	8.98	9.96	10.95

续表

项　目	2017年	2018年	比上年增长（%）
全员劳动生产率（万元/人·年）	30.66	44.87	46.34
净资产收益率（%）		9.32	
总资产报酬率（%）	2.58	3.16	增加0.58个百分点
国有资本保值增值率（%）		127.35	

【改革发展】 2018年，中国铁物实施内部机构改革，解除集团公司与股份公司的委托管理关系，股份公司董事会、经理层和各部门上移至集团公司，做实集团公司，领导班子及高管配备到位，集团公司总部职能部门由15个压减到11个，人员压减至100人，突出管党建、管战略、管投资、管干部、管预算与考核、管工资总额与薪酬、管合规与风险监控的职责，服务能力明显提升。改革审计管理体制，整合审计资源，设立南北两个区域审计中心，进一步发挥内部审计功能。归集优质资产和业务，成立拟上市平台公司，为中国铁物落实优质资产重组上市奠定基础。停止部分特困企业生产经营，专司风险清欠，全年完成压减法人单位6户，累计完成压减法人单位27户，与法人户数压减基数133户比，减少比例20.3%。截至2018年底，在册职工期末人数6850人，比上年减少627人。下属轨道集团、伊通物流2家企业列入国务院国资委国企改革"双百行动"试点企业，具体改革举措深入推进。持续深化三项制度改革，在系统内全面推行收付实现制考核，对经营人员与经营项目，不回款不计奖，有效控制应收账款快速增长，提高经营质量。

【重大项目】 2018年，中国铁物全面聚焦铁路核心业务，深耕市场，挖掘潜能，累计新签销售合同总金额600余亿元。集中资源保障国家铁路燃油、钢轨等专项物资供应，通过对钢轨、焊头、道岔、扣件及相关产品质量监督，从源头打造保障国家铁路安全运行的"钢铁防线"。与铁路总公司签署铁路柴油、钢轨采购供应委托代理服务协议，巩固油轨专供地位；持续推进与铁路总公司建立资本纽带，形成专项方案报送铁路总公司，通过资本融合推进业务融入，努力构建"大铁路"物资集成供应链生态体系。为拉林、蒙华、京雄、京张、京津冀城际铁路和北京新机场、中老铁路等一批国家、海外重点项目提供招标代理等一体化服务。中标赣深铁路、牡佳铁路、巩义铁路、玉磨铁路、贵南高铁、大瑞铁路、昌赣铁路、格库铁路、京津冀城际等重点铁路工程项目，提供钢材、水泥等物资供应服务。依靠公司在铁路物资供应领域的优势，将市场向城市轨道交通领域延伸，获得广州地铁18号线、22号线项目，福州地铁5号线项目，深圳地铁12号线项目等多项地铁项目订单，实现对公司铁路建设等工程服务板块业务的有力补充。在全国8个铁路局推广汽车配送柴油加注业务，加大对加油站终端、厂矿、工业及物流园区等细分市场的油品供应。开发铁路装备市场化业务，连续两年获得铁路机车车辆整车订单，巩固中车造车材集中采购业务，每年高速、普速打磨作业里程超过3万千米。铁建工程服务，不断向铁路局运营物资市场拓展。各区域公司深耕区域终端市场，业务转型发展取得积极成效。

【走向海外】 2018年，中国铁物积极服务国家战略，紧抓机遇，在海外铁路物资集成供应领域实现重要突破。总结借鉴中老铁路物资集成服务模式，成功复制推广到匈塞铁路项目，下一步将大力推广至中泰铁路、巴铁改造等项目。通过为海外铁路建设项目提供优质产品和高效服务，全面进入"一带一路"沿线国家铁路物资供应市场，中国铁物成功中标莫桑比克马普托港口货运铁路线维修项目、西非国家多哥首都洛美绕城公路项目，围绕巴基斯坦拉合尔轨道交通橙线项目、阿根廷贝尔格拉诺货运铁路改造项目、蒙内铁路、孟加拉国达卡至纳拉扬甘杰铁路、肯尼亚货运铁路维修、多哥洛美绕城公路等项目建设需求，提供钢轨等铁路线路产品供应与运营维护服务。在确保钢轨等铁路线路物资及时、稳定供应的同时，中国铁物深度融入钢轨供应链全流程，以钢轨供应为抓手，向供应商管理、技术标准咨询、物流方案建议、钢轨修复打磨等领域延伸，实现物资供应、技术、服务集群式"走出去"，显著增强中国铁物在国际铁路物资市场的影响力。

【重大创新】 2018年，中国铁物高度重视科研开发工作。投入科研经费4253万元。开展轨道维护科研项目17个，完成结题7个。新增专利授权12件（实用新型专利授权11件、发明专利授权1件），16件专利（实用新型专利10件、发明专利6件）进入审批环节。中国铁物下属轨道集团成立铁路轨道运维技术研究中心，集中专业优势资源，着力推进铁路钢轨保护技术研发与产业化。持续深化钢轨全生命周期管理系统、探伤系统、钢轨廓形数据库系统等技术平台研发和建设。中国铁物下属轨道集团"小半径曲线钢轨个性化廓形打磨技术及工艺流程创新"项目获得第三届全国铁路青年科技创新奖，"钢轨个性化廓形打磨的全流程管理"项目获得第二十四届中国铁道企业管理协会全国铁道企业管理现代化创新成果一等奖，与铁科院金化所合作开发的"异种钢轨通用焊接技术"获得铁科院科学技术二等奖，填补国内该领域的空白。承担的铁路总公司"铁路运营物资库存管理研究"课题圆满通过验收。

【党建工作】 2018年，中国铁物党委深入学习贯彻习近平新时代中国特色社会主义思想和党的十九大精神，全面贯彻落实党中央和国务院国资委党委各项决策部署，将党建工作总体要求纳入公司章程，全面落实"双向进入、交叉任职"领导体制以及党委书记、董事长"一肩挑"要求，严格执行党委研究讨论前置程序规定，加强境外项目党组织建设，设置中老铁路项目党支部，全方位多层次推进习近平新时代中国特色社会主义思想进基层、进支部、进班组，组织举办党员领导干部培训班，在集团定点扶贫县湖北省孝昌县和革命圣地延安举办党支部书记培训班，切实做到全覆盖。科学决策回归铁路主业，深化改革激发内生活力，实现党建工作与改革脱困深度融合、互为促进，为中国铁物扭亏脱困和改革发展提供坚强有力的政治保证、组织保证和思想保证。制作宣传片，创办官微，改版官网，打造"铁小悟"卡通形象，积极向国务院国资委网站报送信息，主动传播铁物好声音，做好舆情管理，内鼓士气，外树形象，保持员工队伍的稳定。

中国铁物扎实推进党风廉政建设和反腐败工作，印发《中国铁物党风廉政建设和反腐败工作主要任务分解落实方案》《构建"不能腐"体制机制的实施办法》等制度文件。集团总部及下属公司签署党风廉政建设责任书1144份，廉政谈话210人，诫勉谈话28人，警示谈话24人，批评教育62人。对796名领导人员建立廉洁档案；对拟选拔任用干部出具廉洁情况回复和廉政证明180份；对下属公司违反中央八项规定精神和廉洁从业规定整改追责不力问题进行公开曝光，督促推进整改追责。

【信息化建设】 2018年，中国铁物按时完成大额资金、"三重一大"决策和运行监管系统对接相关工作，开展SAP、合同等系统数据核查，推进审计分析系统建设，优化业务预算管理系统、ERP系统功能。加强移动互联网创新应用，燃油宝APP上线，为油品业务强化业务管理、防控业务风险提供及时便捷的手段。实现钢轨探伤系统与铁路总公司工务信息平台对接，完善探伤宝APP，深化钢轨廓形大数据库系统开发。电子招标系统完成检测认证，成为铁路行业首个国家最高等级认证的电子招投标平台，促进了招标业务拓展。物流系统在中老项目物资储备基地上线，有效支持海外仓储物流业务的开展，提升了服务质量和管理水平。中企云商的大宗商品电商平台功能逐步走向完善，自主研发"透明供应链"管理产品，无车承运平台正式上线。中国铁物强化网络安全管理工作，坚持网络安全定期检查及评估机制，完成全系统IPv6网络改造，对重要信息系统进行故障恢复应急演练，实施部分老旧基础设施更新改造，完成信息系统数据备份和异地容灾项目建设，开展公司邮件系统安全检查和整改。

【履行社会责任】 2018年，中国铁物践行中央企业社会责任，积极落实中央扶贫工作部署，领导班子成员和高管人员赴定点扶贫县孝昌县调研考察，帮助引进社会资本投资6000余万元，培训基层干部650人、技术人员600人，积极开展消费扶贫，购买贫困地区农产品；积极帮助引进扶贫企业，培育创业致富带头人，吸纳贫困人口就业增收。及时选派和调整挂职扶贫干部和驻村第一书记，强化调研，开展精准帮扶，督促落实脱贫攻坚主体责任。除做好定点扶贫外，中国铁物还积极参与援疆、援藏、援青、地方扶贫等相关工作,以业务拓展为抓手服务区域经济社会发展,按照地方党委政府要求,对铁路轨道交通等基础设施运营、建设所需物资,提供采购供应、质量控制等服务,确保物资保质、保量、及时供应。扎实落实新疆地区"访惠聚"、西藏特色产品进央企等相关工作。

(撰稿人:马 禹)

中国国新控股有限责任公司

【基本概况】 中国国新控股有限责任公司(以下简称"中国国新")于2010年12月22日经国务院批准成立,由国务院国资委代表国务院履行出资人职责,2016年初被国务院国有企业改革领导小组确定为国有资本运营公司试点的2家中央企业之一,是在国家授权范围内履行国有资本出资人职责的国有独资公司,是国有资本市场化运作的专业平台。

按照党中央、国务院决策部署,围绕国务院国资委工作要求,中国国新聚焦试点目标和功能定位,积极探索市场化、专业化资本运营模式,基本形成"5+1"业务格局,即基金投资、金融服务、资产管理、股权运作和境外投资五大板块,以及央企专职外部董事服务保障1个平台。中国国新以中国国有资本风险投资基金为核心,设立运营包括国新国同基金、央企运营基金、国新建信基金、双百基金和科创基金在内的国新基金系,筹集资金总规模超过7000亿元,着力支持国有企业深化改革、创新发展和优化布局,培育孵化战略性新兴产业;积极打造金融服务平台,通过新设和并购,拥有商业保理、融资租赁、财务公司、保险经纪、金服公司、大公资信、前海保险交易中心7家主要金融、类金融机构,提供创新金融产品和服务,助力国有企业深化供给侧结构性改革、防范化解重大风险,增强资本流动性和提高回报;积极参与有关企业专业化重组整合、股权多元化改革、化解过剩产能、市场化债转股等工作,推动国有企业落实重点领域改革和提质增效;积极稳妥开展持有上市公司股份的专业化运作,促进国有资本合理流动、保值增值;国新国际投资有限公司围绕服务"一带一路"建设等国家战略,开展境外投资,大力推动中国企业境外优质项目落地,支持企业"走出去"。中国国新承担央企专职外部董事服务保障任务,专职外部董事30余人,分别在近60户中央企业任职。成功推动划入的中国华星集团有限公司(原中国华星集团公司)、中国文化产业发展集团有限公司(原中国印刷集团公司)2家原中央企业结构调整,实现转型发展。

【主要指标】 2018年,中国国新实现利润总额76.09亿元,比上年增长12.26%,超额完成国务院国资委年度考核目标;实现净利润71.89亿元,比上年增长19.58%;资产总额3806.19亿元,比上年增长38.34%。

2018年中国国新控股有限责任公司
主要经济指标

项 目	2017年	2018年	比上年增长(%)
资产总额(亿元)	2751.42	3806.19	38.34
所有者权益(亿元)	1498.71	2118.83	41.38
利润总额(亿元)	67.78	76.09	12.26
净利润(亿元)	60.12	71.89	19.58

【改革发展】 2018年,中国国新全面落实国企改革各项部署,统筹推动深化企业改革和运营公司试点工作。加强全面深化改革组织领导,切实研究改革举措,完善专项工作机制,抓好重点任务实施,不断增强改革发展的系统性、整体性和协同性。加快运营公司改组定型,以"强总部"为抓手,持续强化总部核心能力建设。积极推动所属2家"双百企业"开展综合性改革。深化内部三项制度改革,积极探索完善市场化机制与加强国资监管的有机结合。做好市场化选人用人,有效保障试点人才需求,建立合法依规的人员退出机制,落实"能进能出""优胜劣汰";"一企一策"优化所属企业业绩考核,实现所出资企业负责人年度薪酬与经营业绩考核结果联动;探索形成基金市场化团队"五个捆绑"方案,构建多元化激励约束"工具箱"。严格落实中央关于打好三大攻坚战,特别是防

范化解重大风险的决策部署,扎实开展"风险防控年"各项工作,切实抓好风险防控。

【重大项目】 2018年,中国国新牢牢把握运营公司试点定位,聚焦进入实体产业的国有资本,较好地发挥市场化专业化运营平台公司对推动国有经济布局结构优化调整和国有资本做强做优做大的特殊重要作用。

基金投资。围绕落实创新驱动发展战略,聚焦战略性新兴产业等领域和关键核心技术"卡脖子"环节,稳步开展项目开发、储备和投资。2018年,投资涉及人工智能、医药卫生、高端装备制造等领域的多个项目。重点投资培育3个战略性项目,不断加强投后管理赋能。基金投资成为试点工作的一大亮点。

金融服务。加快构建完善金融服务平台,提供特色化、定制化金融服务,服务国有企业压"两金"、去杠杆、降负债,提高资金流动性和资金周转率。截至2018年底,通过保理、租赁累计投放资金超过千亿元。研发创新金融服务产品,其中"企票通"上线运行,在国务院国资委央企产业链清欠试点工作中得到应用。响应中央关于支持民营企业发展要求,发行国内首单民营企业支持专项债券。

资产管理。稳妥开展特色资管业务,推进有关国有企业改革重组脱困和重点领域改革。领投46亿元、带动各方资金逾160亿元参与有关企业债转股项目。在国务院国资委指导下,开展划入上市公司股份专业化运作,进一步盘活存量资本、优化资本配置。

【走向海外】 2018年,中国国新所属国新国际作为境外投资主要平台,围绕服务"一带一路"建设等,支持中国企业"走出去"。截至2018年底,国新国际累计为54家中国企业国际化项目提供支持,其中涉及"一带一路"沿线国家20多个,项目交割金额占比68%。

【重大创新】 2018年,中国国新在国有资本运营试点工作探索实践中,聚焦战略性新兴产业和"卡脖子"环节,充分发挥基金投资对新产业、新业态的培育孵化功能,广泛涉足国内外创新领域和亮点项目。投资项目涉及高端装备制造、生物医药、新能源与新材料、节能环保、新一代信息技术等方面,实现战略性新兴产业9个子领域全覆盖。同时,通过加强与科研院所合作,加快推动重大科技成果转化落地。

【党建工作】 2018年,中国国新认真落实国务院国资委党委"中央企业党建质量提升年"工作部署,深入学习贯彻习近平新时代中国特色社会主义思想和党的十九大精神,不断提高政治站位,树牢"四个意识",坚定"四个自信",坚决践行"两个维护"。成立公司党建工作领导小组,加强党建工作组织领导,进一步推动全面从严治党责任落实。持续加强党的领导与完善公司治理相统一,优化决策机制、流程和议事规则,抓好重大问题决策前置程序落实,进一步发挥公司党委领导作用。按照"四同步""四对接"要求,持续深化"三基建设",加强对混合所有制企业党建工作的研究,探索构建运营公司党建工作新模式,确保"国有资本投到哪里,党的建设就跟进到哪里"。持续深化党建工作责任与考核体系建设,层层压实全面从严治党责任。将国务院国资委党委巡视整改作为一项重要政治任务,切实做好巡视整改"后半篇文章",不折不扣抓好巡视整改任务的落实。持之以恒正风肃纪,召开全系统通报违反中央八项规定精神问题警示教育大会,强化执纪问责,形成震慑效应。

【信息化建设】 2018年,中国国新结合国有资本运营公司特点,加强信息化建设顶层设计,编制发布《中国国新信息化总体规划》。落实国务院国资委有关监管要求,实现"三重一大"事项报送、大额资金实时汇聚和动态监测。提升集团信息化管控水平,建设统一身份认证平台和信息共享平台,推动集团办公信息系统与相关业务信息系统数据互通,不断优化升级信息化基础设施。所属金服公司充分运用区块链等金融科技手段积极推动"企票通"等创新金融服务产品的研发和运用。

【履行社会责任】 2018年,中国国新高度重视精准脱贫工作,成立公司扶贫办,党委副书记、副董事长担任负责人,加强扶贫工作组织领导,研究制定年度扶贫计划,全年多次召开定点扶贫专题工作会,扎实推进脱贫攻坚。党委书记、董事长周渝波等公司领导先后带队到湖北利川调研,加强对扶贫工作指导。加强与派驻干部及当地政府有关部门的沟通联系,确保援建项目建设落地和资金使用到位,帮助建设和完善湖北利川扶贫点党支部活动室、卫生室、水厂、扶贫车间、双水国新小学等基础民生设施,改善学习教育教学条件。结合中国国新金融服务业务和发展实际,加大产业扶贫力度,利用自身人才智力资源和联系央企资源等优势,充分调研内部资源,成立由公司领导牵头,总部多个部门共同组成的项目组,协调有关央企投资组建风电项目公司,利用收益反哺扶贫工作,吸纳外出打工的高学历青年回流就业,培养懂管理、懂经营的带头人,增强造血能力。进一步做好向中央企业贫困地区产业投资基金加大入资工作,完成二期出资手续。发布中国国新年度社会责任报告,积极履行好作为国有资本运营试点企业应尽的社会责任。

【其他情况】 2018年,中国国新认真做好专职外部董事日常服务和党支部建设等各项工作。30余名专职外部董事分别在近60户中央企业任职,2018年累计参加任职企业董事会会议及专门委员会会议486人次,股东会、企业工作会及各类汇报会308人次,为有关央企的改革发展发挥重要作用。

(撰稿人:祖培园)

中国汽车技术研究中心有限公司

【基本概况】 中国汽车技术研究中心有限公司(以下简称"汽研中心")成立于1985年,总部位于天津,是隶属于国务院国资委的中央企业,是在国内外汽车行业具有广泛影响力的综合性科技企业集团。汽研中心始终以推动中国汽车产业健康持续发展为使命,坚持"独立、公正、第三方"的行业定位,艰苦奋斗、干事创业,为推动我国汽车产业发展和实现国有资本保值增值作出贡献。

汽研中心有职能部门9个、部门及全资子公司22家,控股公司7家,总资产100亿元,净资产74.8亿元,占地总面积539万平方米,员工4692人。形成以行业智库服务、汽车产品检测认证、共性及前瞻性技术研发为核心的覆盖汽车全产业链和全生命周期的技术服务能力,业务涵盖行业服务、标准业务、政策研究、检测试验、工程技术研发、认证业务、大数据、工程设计与总包、咨询业务、新能源、产业化和战略新兴业务等十二大领域。除天津总部外,汽研中心在北京、上海、广州、武汉、昆明、宁波、盐城、牙克石等地打造多个区域中心,构建覆盖我国大部分地区的服务网络。汽研中心还积极推动企业国际化发展,在德国慕尼黑、日本东京设立常驻办事处。汽研中心按照高质量发展的要求,努力将自身打造成为具有全球影响力的世界一流汽车技术服务企业。

【主要指标】 2018年,汽研中心实现营业收入51.10亿元,比上年增长13.36%;利润总额13.03亿元,比上年增长10.86%;经济增加值8.17亿元,比上年增长3.04%。在2018年国务院国资委发布的中央企业业绩考核结果中,汽研中心连续第14年获得B级,在同类央企中名列前茅。

2018年中国汽车技术研究中心有限公司主要经济指标

项 目	2017年	2018年	比上年增长(%)
资产总额(亿元)	89.76	99.42	10.76
所有者权益(亿元)	66.11	74.80	13.14
营业收入(亿元)	45.08	51.10	13.36
利润总额(亿元)	11.76	13.03	10.86
净利润(亿元)	9.65	10.54	9.21
归属母公司所有者的净利润(亿元)	9.55	9.79	2.58
利税总额(亿元)	15.39	16.82	9.33
应交税金总额(亿元)	3.63	3.79	4.38
全员劳动生产率(万元/人·年)	134.00	139.00	3.73
净资产收益率(%)	15.98	14.98	减少1.00个百分点

续表

项目	2017年	2018年	比上年增长(%)
总资产报酬率(%)	14.35	14.04	减少0.3个百分点
国有资本保值增值率(%)	118.54	115.26	减少3.3个百分点

【改革发展】 2018年，汽研中心进一步完善现代企业制度，创新体制机制，激发各类要素活力，努力增强汽研中心的影响力、竞争力、抗风险能力。各项改革稳步推进，并取得重大进展。一是公司制改制全面完成。2月，汽研中心完成公司制改制，降低企业的债务风险和投资风险，为汽研中心推进混合所有制改革、资产证券化等一系列改革创造条件。二是法人治理结构落地。发布《"三重一大"决策制度》《党委会议事规则》，成立汽研中心董事会，发布《董事会议事规则》《总经理办公会议事规则》，并将党委会研究讨论作为董事会、经理层决策重大问题的前置程序，形成在党委领导下的，董事会、监事会和经理人员之间权责明确、相互制衡的法人治理结构。三是三项制度改革取得进展。印发《关于进一步激励广大干部担当作为，加强优秀年轻干部选拔培养的实施办法》《关于落实"三个区分开来"要求、建立容错纠错机制的指导意见》，出台《领导干部管理办法》；修订并发布《经营业绩考核办法》《部门负责人薪金管理办法》，下发《关于2018年度控股公司经营业绩考核建议方案的通知》；调整企业年金方案，增加企业缴费比例，制定补充医疗保险方案，提高员工医疗保险待遇。四是投资管理体系进一步完善。根据改制后企业组织架构的变化和投资管理需要，对《投资管理办法》及其配套制度进行系统修订，制定并发布《违规经营投资责任追究管理办法》，成立投资管理委员会并开展相关工作。五是专项改革任务顺利完成。汽研中心坚持"瘦身健体"、提质增效，积极推进"压减"工作。对规模小、财务状况不佳、不具备核心竞争力的企业，进行注销或转让；对于急需大规模资金投入的产业化项目，引入战略投资者，进行股权结构调整，适度让渡控制权。2016—2018年，通过注销或重组的方式累计完成对11户企业的"压减"工作，企业户数压减比例23.4%。汽研中心家属区"三供一业"分离移交工作，于10月完成物业交接，12月全面完成供暖、供电、供水的施工改造并接入市政管网。

【重大项目】 2018年，汽研中心华南基地建设项目一期工程于2018年3月正式开工，采用"设计施工采购总承包（EPC）"模式，建设内容包括整车排放试验室、发动机耐久试验室、停车楼以及动力站房、油库等附属设施，建筑面积超过5万平方米，计划2019年6月完工并投入使用。

【走向海外】 2018年，汽研中心继设立德国办事处后设立日本办事处；集团总部及各下属子企业与国外政府部门、科研及行业机构、企业交流频繁。

【重大创新】 2018年，汽研中心完成全球规模最大、范围最广、采集参数最多、数据量最大的工况调查项目——中国新能源汽车产品检测工况研究和开发项目。汽研中心承接2018新能源重点专项项目14个。

【党建工作】 2018年，汽研中心党委坚持以习近平新时代中国特色社会主义思想为指导，全面贯彻党的十九大和十九届二中、三中全会精神，深入贯彻落实全国国有企业党的建设工作会议精神，按照党的十九大报告中提出的新时代党的建设总要求"不断提高党的建设质量"及国务院国资委党委"不断提高中央企业党的建设质量，为建设具有全球竞争力的世界一流企业提供坚强保证"的要求，始终把提高企业效益、增强竞争力、实现国有资本保值增值作为汽研中心党委工作的出发点和落脚点，围绕经营抓党建，抓好党建促发展。汽研中心党委严格参照《中国共产党基层组织选举工作暂行条例》，保质保量如期完成换届工作，进一步发挥把方向、管大局、保落实的领导作用，坚持"两个一以贯之"，将党的领导与公司法人治理结构紧密结合；不断完善党建工作体制机制，层层压实管党治党责任；强化基层党建工作考核，抓实"三基建设"，推动基层党组织全面进步、全面过硬；高度重视宣传思想和意识形态工作，为汽研中心改革发展凝聚强大精神力量；从严从实加强领导班子建设，不断激发广大领导干部队伍干事创业的热情，在新时代有新担当、新作为；深入推进党风廉政建设和反腐败工作,层层推动"两个责任"落地生根,不断提高廉政风险防控的科学化、规范化水平;落实五年巡视巡察全覆盖计划,对汽研中心下属2家公司开展巡视巡察工作,切实发挥巡视利剑作用。汽研中心党委坚定不移推动新时代全面从严治党向纵深发展,持续推进汽研中心改革发展向高质量迈进。

【**履行社会责任**】 2018年,汽研中心坚持"公正、科学、客观"原则,正式启用《C—NCAP 2018版规则》、进行C—NCAP评价并发布评价结果,组织NCAP国际安全研讨活动,进一步扩大C—NCAP和汽研中心的影响力。成功举办第11届汽车安全中国行活动、第四届中国汽车安全日活动和联合国道路安全十年行动,编写并发布《中国儿童道路交通安全蓝皮书》,受到行业和社会的广泛关注和高度肯定。

(撰稿人:金伟光)

国有资产统计资料

2019 CHINA'S STATE-OWNED ASSETS SUPERVISION AND ADMINISTRATION YEARBOOK

中国国有资产监督管理年鉴

第五篇

2018年全国国有企业户数、从业人数、国有资产总量综合分析表

项　目	户数(户)	年末从业人员人数(万人)	年末国有资产总量(亿元)
国资系统监管合并	152089	3127.9	395269.0
国资系统监管合计	152089	3136.2	942243.6
一、按企业规模分类			
（一）大型企业	7426	1921.8	274060.9
（二）中型企业	25755	751.0	216038.4
（三）小型企业	50064	383.8	262167.1
（四）微型企业	68844	79.6	189977.3
二、按组织形式分类			
（一）公司制企业	145634	2946.6	907724.5
其中：国有独资企业	35089	530.8	364909.2
（二）非公司制企业	6455	189.7	34519.1
三、按盈利或亏损分类			
（一）盈利	96704	2410.5	783137.0
（二）亏损	55385	725.7	159106.6
四、按监管关系分类			
（一）国务院国资委监管企业	44347	1316.3	120637.0
（二）地方国资委监管企业	107742	1811.7	274632.0
五、按经济带分类			
（一）东部沿海地区	76434	1455.3	539160.1
（二）中部内陆地区	28236	780.5	144448.7
（三）西部边远地区	37879	822.3	194067.5
六、按产业作用分类			
（一）基础性行业	42650	1535.2	409056.7
（二）一般生产加工行业	24219	849.4	98681.7
（三）商贸服务及其他行业	85220	751.6	434505.2

注：1. 本表数据汇编范围为国务院国资委监管企业和全国37个省（自治区、直辖市、计划单列市、新疆生产建设兵团）所属的国资委系统监管15.2万户，以下简称国资系统监管企业；

2. 本资料中按照综合及行业划分的分析数据基于单户企业报表数据直接进行汇总（不含合并抵消）。

2018年全国国有企业户数、从业人数、国有资产总量行业分析表

行 业	户数(户)	年末从业人员人数(万人)	年末国有资产总量(亿元)
国资系统监管合并	152089	3127.9	395269.0
国资系统监管合计	152089	3136.2	942243.6
一、农林牧渔业	3719	64.7	5319.9
其中:农业	1731	35.0	2822.7
林业	444	15.9	726.6
二、工业	39192	1502.3	290080.0
其中:煤炭工业	2167	228.6	21464.7
石油和石化工业	836	148.7	62639.2
冶金工业	2410	149.4	31961.5
建材工业	2888	49.0	6424.8
化学工业	2976	100.2	12383.5
森林工业	116	1.4	144.0
食品工业	1279	24.5	1524.9
烟草工业	9	0.1	14.3
纺织工业	394	12.5	461.1
医药工业	761	25.7	2812.1
机械工业	6756	274.2	29495.1
其中:汽车工业	1309	108.8	14083.8
电子工业	1638	74.0	8766.5
电力工业	8084	207.6	79011.9
市政公用工业	5341	70.0	14286.5
其他工业	2755	97.7	8705.4
三、建筑业	11954	397.2	68746.1
四、交通运输业	8446	287.5	89566.8
其中:铁路运输业	280	4.9	6394.8
道路运输业	4744	201.0	57452.6
水上运输业	1470	22.2	10949.7
航空运输业	589	45.0	8203.6

续表

行　业	户数(户)	年末从业人员人数(万人)	年末国有资产总量(亿元)
五、仓储业	3730	23.9	7269.9
六、商贸业	20543	185.4	37226.6
七、房地产业	20562	112.5	85419.6
八、信息传输、软件和信息技术服务业	3286	140.2	50441.4
其中:电信业	671	116.3	47766.6
九、社会服务业	26171	222.1	243899.3
十、教育文化广播业	2569	15.5	1962.9
十一、科学研究和技术服务业	7492	92.3	9994.5
十二、金融业	3366	74.2	49643.3
十三、其他	1059	18.5	2673.6

2018年全国国有企业户数、从业人数、国有资产总量地区分析表

地　区	户数(户)	年末从业人员人数(万人)	年末国有资产总量(亿元)
国资系统监管合并	152089	3127.9	395269.0
一、国务院国资委监管企业	44347	1316.3	120637.0
二、地方国资委监管企业	107742	1811.7	274632.0
北京市	8615	128.4	13097.3
天津市	3691	39.6	9256.5
河北省	2053	50.7	3604.9
山西省	4224	119.1	3993.5
内蒙古自治区	1110	27.8	4597.7
辽宁省	2398	50.3	5172.6
其中:大连市	408	8.0	1067.6
吉林省	997	15.5	3520.7
黑龙江省	1326	36.2	4053.3
上海市	11340	152.6	25641.7

续表

地 区	户数(户)	年末从业人员人数(万人)	年末国有资产总量(亿元)
江苏省	3977	58.7	13843.3
浙江省	4757	65.4	11451.4
其中:宁波市	339	3.3	1199.8
安徽省	3069	76.5	13675.5
福建省	5070	55.2	8137.9
其中:厦门市	1750	15.7	2123.6
江西省	2438	49.4	9005.6
山东省	6730	137.7	13137.7
其中:青岛市	1210	25.0	2159.2
河南省	1814	65.8	4200.5
湖北省	3630	40.5	11193.0
湖南省	2002	33.3	10306.6
广东省	10544	155.1	23747.3
其中:深圳市	1674	42.3	6508.4
广西壮族自治区	3140	78.6	8278.8
海南省	976	10.2	1400.3
重庆市	3007	53.0	16982.0
四川省	4734	65.0	17845.7
贵州省	1566	38.0	5046.1
云南省	4088	42.7	10738.0
西藏自治区	394	2.3	424.7
陕西省	2974	70.1	7760.5
甘肃省	2103	36.2	5082.9
青海省	511	8.4	1346.4
宁夏回族自治区	597	4.9	1474.6
新疆维吾尔自治区	2027	23.9	5592.4
新疆生产建设兵团	1840	20.9	1022.5

2018年全国国有企业资产负债综合分析表

项 目	资产总计（亿元）	负债合计（亿元）	所有者权益（净资产）（亿元）	资产负债率（%）
国资系统监管合并	1806946.3	1217272.2	589674.1	67.4
国资系统监管合计	2734630.5	1695770.5	1038859.4	62.0
一、按企业规模分类				
（一）大型企业	918598.1	599428.3	319169.8	65.3
（二）中型企业	706316.5	468489.1	237827.0	66.3
（三）小型企业	659812.2	382567.8	277244.4	58.0
（四）微型企业	449903.7	245285.3	204618.3	54.5
二、按组织形式分类				
（一）公司制企业	2665765.7	1662716.5	1003048.7	62.4
其中：国有独资企业	791206.5	419655.4	371550.7	53.0
（二）非公司制企业	68864.8	33054.0	35810.8	48.0
三、按盈利或亏损分类				
（一）盈利企业	2200883.6	1328472.6	872410.6	60.4
（二）亏损企业	533746.8	367297.9	166448.9	68.8
四、按监管关系分类				
（一）国务院国资委监管企业	580844.8	381627.3	199217.5	65.7
（二）地方国资委监管企业	1226101.5	835644.9	390456.6	68.2
五、按经济带分类				
（一）东部沿海地区企业	1564179.0	958517.4	605661.0	61.3
（二）中部内陆地区企业	429267.0	273018.1	156248.9	63.6
（三）西部边远地区企业	555912.2	351666.7	204245.5	63.3
六、按产业作用分类				
（一）基础性行业企业	979244.1	537656.1	441588.0	54.9
（二）一般生产加工行业企业	285045.3	166355.1	118690.2	58.4
（三）商贸服务及其他行业企业	1470341.1	991759.4	478581.3	67.5

2018 年全国国有企业资产负债行业分析表

行　业	资产总计（亿元）	负债合计（亿元）	所有者权益(净资产)（亿元）	资产负债率（%）
国资系统监管合并	1806946.3	1217272.2	589674.1	67.4
国资系统监管合计	2734630.5	1695770.5	1038859.4	62.0
一、农林牧渔业	13007.6	7397.1	5610.5	56.9
其中：农业	6187.9	3275.8	2912.2	52.9
林业	1684.0	953.1	730.9	56.6
二、工业	729823.8	398683.6	331140.2	54.6
其中：煤炭工业	76352.7	50133.7	26219.1	65.7
石油和石化工业	111898.1	44630.3	67267.7	39.9
冶金工业	86037.4	50964.3	35073.1	59.2
建材工业	19622.8	11374.5	8248.2	58.0
化学工业	40231.2	24607.7	15623.5	61.2
森林工业	468.2	304.0	164.2	64.9
食品工业	4462.4	2395.3	2067.0	53.7
烟草工业	42.4	28.2	14.3	66.4
纺织工业	1628.9	1021.0	607.9	62.7
医药工业	6872.3	2896.4	3975.9	42.1
机械工业	89173.9	50049.7	39124.3	56.1
其中：汽车工业	39346.6	20312.6	19034.0	51.6
电子工业	22477.1	11132.6	11344.5	49.5
电力工业	190814.5	106035.5	84779.0	55.6
市政公用工业	36133.2	20468.3	15664.8	56.6
其他工业	20978.4	10516.9	10461.5	50.1
三、建筑业	226605.4	152820.3	73785.2	67.4
四、交通运输业	202983.0	107730.3	95252.7	53.1
其中：铁路运输业	10533.2	4080.5	6452.7	38.7
道路运输业	135238.6	76204.3	59034.3	56.3
水上运输业	26385.4	13294.3	13091.1	50.4
航空运输业	18772.7	9302.1	9470.7	49.6

行　业	资产总计 （亿元）	负债合计 （亿元）	所有者权益(净资产) （亿元）	资产负债率 （%）
五、仓储业	28977.0	21143.5	7833.5	73.0
六、商贸业	130605.0	87559.2	43045.3	67.0
七、房地产业	341027.7	245783.9	95243.8	72.1
八、信息传输、软件和信息技术服务业	72750.2	21876.8	50873.4	30.1
其中：电信业	66292.9	18492.2	47800.7	27.9
九、社会服务业	496883.8	245310.4	251573.3	49.4
十、教育文化广播业	3952.2	1893.0	2059.2	47.9
十一、科学研究和技术服务业	23233.2	12825.9	10407.3	55.2
十二、金融业	457579.8	388721.7	68858.1	85.0
十三、其他	7201.7	4024.9	3176.8	55.9

2018年全国国有企业资产负债地区分析表

地　区	资产总计 （亿元）	负债合计 （亿元）	所有者权益(净资产) （亿元）	资产负债率（%）
国资系统监管合并	1806946.3	1217272.2	589674.1	67.4
一、国务院国资委监管企业	580844.8	381627.3	199217.5	65.7
二、地方国资委监管企业	1226101.5	835644.9	390456.6	68.2
北京市	64309.5	43261.2	21048.3	67.3
天津市	68078.1	52421.8	15656.3	77.0
河北省	17812.1	12302.4	5509.7	69.1
山西省	32010.4	24053.4	7957.0	75.1
内蒙古自治区	13832.7	7939.9	5892.8	57.4
辽宁省	16787.2	9518.6	7268.6	56.7
其中：大连市	2334.0	835.2	1498.8	35.8
吉林省	12343.4	8313.8	4029.6	67.4
黑龙江省	9188.8	4741.8	4447.0	51.6
上海市	194316.9	152200.6	42116.3	78.3

续表

地　区	资产总计 （亿元）	负债合计 （亿元）	所有者权益（净资产） （亿元）	资产负债率(%)
江苏省	54536.0	32651.3	21884.7	59.9
浙江省	44874.7	30246.0	14628.8	67.4
其中:宁波市	3947.6	2448.3	1499.2	62.0
安徽省	42967.5	25151.2	17816.4	58.5
福建省	37723.6	25801.6	11922.0	68.4
其中:厦门市	9233.3	5976.1	3257.2	64.7
江西省	29289.7	18700.7	10589.1	63.8
山东省	75823.5	51598.8	24224.7	68.1
其中:青岛市	16419.2	12084.6	4334.6	73.6
河南省	21453.2	15730.5	5722.7	73.3
湖北省	47725.9	32482.6	15243.3	68.1
湖南省	29069.6	17324.5	11745.0	59.6
广东省	108981.4	70252.6	38728.7	64.5
其中:深圳市	33714.3	21065.8	12648.5	62.5
广西壮族自治区	29438.1	19677.0	9761.1	66.8
海南省	5028.2	3075.1	1953.2	61.2
重庆市	60622.2	40728.5	19893.7	67.2
四川省	63807.7	42299.9	21507.8	66.3
贵州省	18032.6	10735.9	7296.7	59.5
云南省	41541.8	27223.7	14318.1	65.5
西藏自治区	1977.1	1325.6	651.5	67.0
陕西省	34632.2	23760.7	10871.5	68.6
甘肃省	18277.6	11530.0	6747.6	63.1
青海省	6214.8	4363.6	1851.2	70.2
宁夏回族自治区	3877.8	1978.6	1899.2	51.0
新疆维吾尔自治区	15697.3	9882.6	5814.6	63.0
新疆生产建设兵团	5830.1	4370.6	1459.4	75.0

2018年国有工业企业户数、从业人数、国有资产总量地区分析表

地　区	户数(户)	年末从业人员人数(万人)	年末国有资产总量(亿元)
工业企业合计	39192	1502.3	290080.0
一、国务院国资委监管企业	16701	729.5	201841.1
二、地方国资委监管企业	22491	772.8	88238.9
北京市	2027	51.9	10745.2
天津市	722	16.4	2197.2
河北省	676	34.6	3483.4
山西省	1594	91.2	7133.1
内蒙古自治区	263	12.0	2211.8
辽宁省	533	29.7	2554.2
其中:大连市	120	3.9	279.1
吉林省	249	7.1	461.2
黑龙江省	299	16.9	665.8
上海市	1457	40.0	6774.7
江苏省	670	19.5	2683.3
浙江省	726	12.7	3042.2
其中:宁波市	47	0.5	119.2
安徽省	536	45.9	3735.4
福建省	766	19.5	2573.6
其中:厦门市	134	3.1	312.7
江西省	672	16.3	1775.1
山东省	1629	80.5	7334.5
其中:青岛市	295	13.3	620.1
河南省	700	49.6	2393.4
湖北省	514	10.6	654.0
湖南省	456	14.3	1681.0
广东省	1786	44.5	5153.3

续表

地 区	户数(户)	年末从业人员人数(万人)	年末国有资产总量(亿元)
其中:深圳市	267	3.9	820.6
广西壮族自治区	696	16.5	1630.5
海南省	92	0.9	264.0
重庆市	631	14.0	1557.4
四川省	867	24.7	2170.6
贵州省	261	11.2	1727.9
云南省	801	12.9	1764.4
西藏自治区	73	0.5	127.0
陕西省	1115	40.5	6229.8
甘肃省	509	17.6	2178.1
青海省	177	5.5	1249.5
宁夏回族自治区	88	0.9	141.1
新疆维吾尔自治区	386	6.0	981.8
新疆生产建设兵团	519	8.5	964.7

2018年国有工业企业资产负债地区分析表

地 区	资产总计(亿元)	负债合计(亿元)	所有者权益(净资产)(亿元)	资产负债率(%)
工业企业合计	729823.8	398683.6	331140.2	54.6
一、国务院国资委监管企业	451288.4	227068.2	224220.2	50.3
二、地方国资委监管企业	278535.4	171615.4	106920.0	61.6
北京市	29265.7	16462.9	12802.8	56.3
天津市	8125.9	5646.4	2479.5	69.5
河北省	12500.0	8495.4	4004.6	68.0
山西省	31482.2	23407.6	8074.5	74.4
内蒙古自治区	5658.4	3350.2	2308.2	59.2
辽宁省	9276.9	6170.8	3106.1	66.5

续表

地 区	资产总计（亿元）	负债合计（亿元）	所有者权益(净资产)（亿元）	资产负债率(%)
其中:大连市	902.4	504.6	397.8	55.9
吉林省	1533.7	968.0	565.7	63.1
黑龙江省	2380.2	1589.3	790.8	66.8
上海市	16522.1	8178.1	8343.9	49.5
江苏省	7494.5	4040.1	3454.4	53.9
浙江省	6606.3	3171.2	3435.2	48.0
其中:宁波市	302.4	164.7	137.7	54.5
安徽省	11395.0	6279.8	5115.2	55.1
福建省	6175.0	3252.4	2922.6	52.7
其中:厦门市	833.1	484.0	349.2	58.1
江西省	5150.7	2893.9	2256.8	56.2
山东省	27530.3	17394.5	10135.8	63.2
其中:青岛市	2492.8	1332.0	1160.8	53.4
河南省	11600.5	8676.0	2924.5	74.8
湖北省	2802.4	1897.3	905.1	67.7
湖南省	5601.6	3335.9	2265.6	59.6
广东省	15535.4	8259.6	7275.8	53.2
其中:深圳市	2129.7	1113.6	1016.0	52.3
广西壮族自治区	5163.5	3335.6	1827.9	64.6
海南省	356.4	92.5	263.9	26.0
重庆市	4413.5	2684.7	1728.8	60.8
四川省	7105.7	4406.4	2699.3	62.0
贵州省	4174.5	2051.2	2123.3	49.1
云南省	5990.5	3957.7	2032.8	66.1
西藏自治区	284.9	137.0	147.8	48.1
陕西省	17047.2	10339.5	6707.7	60.7
甘肃省	6224.5	3758.8	2465.7	60.4
青海省	4277.0	2856.3	1420.7	66.8
宁夏回族自治区	432.2	281.9	150.3	65.2
新疆维吾尔自治区	2463.7	1431.6	1032.1	58.1
新疆生产建设兵团	3965.3	2812.6	1152.7	70.9

2018年国有商业企业户数、从业人数、国有资产总量地区分析表

地 区	户数(户)	年末从业人员人数(万人)	年末国有资产总量(亿元)
商业企业合计	20543	185.4	37226.6
一、国务院国资委监管企业	5364	83.5	25393.1
二、地方国资委监管企业	15179	101.9	11833.5
北京市	1298	10.0	740.4
天津市	749	2.3	1358.0
河北省	331	2.8	308.2
山西省	916	5.7	593.5
内蒙古自治区	79	0.3	45.2
辽宁省	287	1.1	113.5
其中:大连市	38	0.2	2.7
吉林省	138	1.2	132.3
黑龙江省	237	0.5	—7.0
上海市	1858	17.3	1550.4
江苏省	662	2.8	404.4
浙江省	999	4.1	848.2
其中:宁波市	38	0.2	24.9
安徽省	434	2.9	327.0
福建省	980	3.1	778.9
其中:厦门市	499	2.1	532.7
江西省	258	1.2	62.1
山东省	774	7.4	428.8
其中:青岛市	116	2.5	27.5
河南省	193	0.8	106.2
湖北省	353	6.5	209.7
湖南省	183	1.3	171.3
广东省	1248	7.0	806.0
其中:深圳市	89	0.6	149.2
广西壮族自治区	560	2.1	313.2

续表

地 区	户数(户)	年末从业人员人数(万人)	年末国有资产总量(亿元)
海南省	77	0.4	18.3
重庆市	366	10.5	502.0
四川省	440	3.2	591.9
贵州省	232	0.7	500.6
云南省	337	1.3	213.4
西藏自治区	34	0.1	6.1
陕西省	354	2.8	349.8
甘肃省	182	0.5	45.9
青海省	49	0.2	31.3
宁夏回族自治区	30	0.1	3.1
新疆维吾尔自治区	182	0.4	121.2
新疆生产建设兵团	359	1.1	159.4

2018年国有商业企业资产负债地区分析表

地 区	资产总计(亿元)	负债合计(亿元)	所有者权益(净资产)(亿元)	资产负债率(%)
商业企业合计	130605.0	87559.2	43045.3	67.0
一、国务院国资委监管企业	73768.7	45140.3	28627.9	61.2
二、地方国资委监管企业	56836.3	42418.9	14417.4	74.6
北京市	3461.7	2519.9	941.8	72.8
天津市	8489.7	7085.2	1404.5	83.5
河北省	1899.4	1536.0	363.4	80.9
山西省	4275.0	3629.6	645.4	84.9
内蒙古自治区	149.3	102.0	47.3	68.3
辽宁省	649.3	514.0	135.2	79.2
其中:大连市	24.0	19.4	4.6	80.8
吉林省	555.6	386.7	168.9	69.6

续表

地 区	资产总计（亿元）	负债合计（亿元）	所有者权益(净资产)（亿元）	资产负债率(%)
黑龙江省	195.5	191.3	4.2	97.8
上海市	6973.7	5037.3	1936.4	72.2
江苏省	1748.8	1236.0	512.8	70.7
浙江省	3177.3	2082.3	1095.1	65.5
其中:宁波市	52.6	25.7	27.0	48.8
安徽省	1258.3	866.9	391.4	68.9
福建省	3420.4	2266.3	1154.1	66.3
其中:厦门市	2709.4	1823.6	885.8	67.3
江西省	824.2	753.3	71.0	91.4
山东省	3330.2	2760.2	570.0	82.9
其中:青岛市	854.0	789.4	64.6	92.4
河南省	427.7	311.8	115.9	72.9
湖北省	914.7	603.1	311.6	65.9
湖南省	713.2	470.0	243.2	65.9
广东省	2758.8	1781.1	977.8	64.6
其中:深圳市	364.2	188.3	175.9	51.7
广西壮族自治区	1335.8	998.7	337.2	74.8
海南省	92.8	66.9	25.9	72.1
重庆市	1778.6	1222.5	556.0	68.7
四川省	1794.5	1051.2	743.3	58.6
贵州省	1533.0	1028.7	504.3	67.1
云南省	1122.3	886.6	235.7	79.0
西藏自治区	19.2	12.8	6.4	66.5
陕西省	1636.5	1234.3	402.2	75.4
甘肃省	468.2	418.9	49.3	89.5
青海省	139.5	107.8	31.7	77.3
宁夏回族自治区	12.4	9.0	3.4	72.6
新疆维吾尔自治区	758.4	512.5	245.9	67.6
新疆生产建设兵团	922.5	736.1	186.4	79.8

2018年北京市国有企业主要指标表

行　业	户数(户)	年末国有资产总量 (万元)	资产总额 (万元)	人均利润 (元/人)	人均税费 (元/人)
合　并	8615	130973194.0	643095034.0	91719.4	117133.3
合　计	8615	338710435.7	1036837365.9	146869.1	117646.5
一、农林牧渔业	173	3499476.6	8140810.5	117954.6	15237.8
其中:农业	53	181947.0	633779.0	14846.1	14222.8
林业	7	43195.4	289623.3	36781.7	20113.0
畜牧业	63	2691524.2	5928651.2	163938.6	3482.4
渔业	2	24961.9	76114.7	428829.8	2537.9
二、工业	2019	106694942.1	289900563.1	141570.9	147038.5
其中:煤炭工业	22	1147278.0	4185637.7	144555.9	128439.3
石油和石化工业	1	30000.0	33166.6	0.0	39626.2
冶金工业	68	16473252.6	61076460.4	12403.7	81819.4
建材工业	237	5230410.2	16329491.2	138652.1	111711.6
化学工业	72	587222.7	1716471.2	22897.7	43431.0
森林工业	3	35893.6	76493.2	−739187.0	37217.6
食品工业	104	1666006.4	6523803.5	94973.4	118092.1
烟草工业					
纺织工业	24	245254.6	687912.5	−14041.3	28735.5
医药工业	36	1341006.8	3078985.1	322960.7	142128.1
机械工业	316	17427158.6	54869642.4	260071.8	300658.6
电子工业	103	23851405.0	52982412.5	77078.5	94034.8
电力工业	216	14180169.7	31914071.1	680648.7	295062.7
市政公用工业	641	20737751.7	49177873.0	173734.0	105575.3
其他工业	172	3642329.0	7067609.2	29021.3	63618.0
三、建筑业	393	7535750.1	36175977.8	97269.4	88501.9
四、交通运输业	147	27816455.6	66404513.6	11764.8	10092.6
其中:铁路运输业	5	15304.1	162885.9	−223233.2	100726.2
道路运输业	128	27708993.8	66061436.0	13665.2	9940.3
水上运输业	1	58466.2	60738.1	−192847.9	83836.4
航空运输业	4	27634.3	73596.7	−1073738.1	5698.8

续表

行　业	户数(户)	年末国有资产总量(万元)	资产总额(万元)	人均利润(元/人)	人均税费(元/人)
五、仓储业	120	657611.2	1725247.1	61289.2	43617.7
六、商贸业	1291	7360677.8	34461131.8	105813.8	85373.8
七、房地产业	1828	80414498.5	339257146.7	684725.0	485496.2
八、信息传输、软件和信息技术服务业	129	850743.8	2437237.2	8576.8	36769.2
其中:电信业	5	11114.8	58957.0	140912.3	31527.2
九、社会服务业	1824	92526869.3	219311105.2	115724.9	38723.2
十、教育文化广播业	213	1458311.7	1972079.7	21691.9	21073.9
十一、科学研究和技术服务业	301	3391704.9	10129634.0	75914.5	61715.1
十二、金融业	67	6083869.1	25481315.1	372888.4	268446.9
十三、其他	110	419524.8	1440604.1	−80721.6	9442.6

注:人均利润＝利润总额÷全年平均职工人数;人均税费＝已交税费总额÷全年平均职工人数。

2018年天津市国有企业主要指标表

行　业	户数(户)	年末国有资产总量(万元)	资产总额(万元)	人均利润(元/人)	人均税费(元/人)
合　并	3691	92565382.1	680780942.4	40421.6	110428.5
合　计	3691	238848954.1	911935445.9	40242.8	108085.3
一、农林牧渔业	52	424568.5	1026064.5	−14817.5	37609.5
其中:农业	27	248077.4	594235.7	11633.9	105695.5
林业	2	16584.4	61224.9	−1120033.5	48383.5
畜牧业	16	152207.3	321705.2	−11172.3	2097.0
渔业	4	7427.1	48099.5	−27367.9	15370.2
二、工业	722	21971613.0	81258966.1	−14171.2	54214.0
其中:煤炭工业	1	118399.9	402293.1	29523.1	12469.8
石油和石化工业	1	1275.3	10642.8	0.0	0.0
冶金工业	49	5874903.8	32793867.7	−143489.0	21170.7

续表

行　业	户数(户)	年末国有资产总量（万元）	资产总额（万元）	人均利润（元/人）	人均税费（元/人）
建材工业	24	73031.3	495132.4	−77675.2	55019.6
化学工业	80	4100125.0	10917103.6	23272.1	57707.6
森林工业	3	6813.8	12559.9	−388169.1	7504.3
食品工业	38	153097.1	663487.2	6562.7	36116.8
烟草工业					
纺织工业	33	485761.9	1868663.4	145147.3	17994.5
医药工业	38	1319285.2	4139762.3	43300.4	97804.2
机械工业	155	702224.3	3600731.9	−41506.6	29156.5
电子工业	55	2685002.8	6990481.6	49307.5	17569.9
电力工业	55	1294238.0	3931826.9	248864.0	212933.9
市政公用工业	132	3468390.5	12044276.1	67274.0	123250.2
其他工业	55	1669270.0	3355424.1	−2082.7	31289.6
三、建筑业	288	12886921.5	50960156.8	−21266.4	86065.8
四、交通运输业	189	32194109.8	67762890.2	−5205.7	24069.9
其中:铁路运输业	2	23075.5	26198.0	612448.7	226550.0
道路运输业	117	26536612.8	53871321.8	−26329.6	12514.9
水上运输业	23	4034959.3	10887614.7	111145.3	71339.2
航空运输业	1	1277.6	1976.9	−141262.3	33597.4
五、仓储业	137	2207029.2	5320390.7	42928.1	63929.8
六、商贸业	748	13573786.3	84890142.9	−47286.2	189655.3
七、房地产业	642	30380175.8	132634605.8	−501321.5	367698.3
八、信息传输、软件和信息技术服务业	53	268425.8	764652.5	112133.3	52009.1
其中:电信业					
九、社会服务业	576	108418862.9	242065002.3	140325.6	84049.2
十、教育文化广播业	50	492610.5	1032017.9	−41798.0	36974.0
十一、科学研究和技术服务业	154	616821.6	2047665.4	128486.4	31346.8
十二、金融业	59	15058364.8	239419330.5	636264.3	390658.0
十三、其他	21	355664.6	2753560.2	501344.5	37074.6

2018年河北省国有企业主要指标表

行业	户数(户)	年末国有资产总量(万元)	资产总额(万元)	人均利润(元/人)	人均税费(元/人)
合 并	2053	36048622.5	178121101.5	48936.3	72895.6
合 计	2053	86201295.5	282266551.0	66192.2	74760.7
一、农林牧渔业	23	58621.0	180062.5	1164.7	15177.2
其中:农业	15	51216.1	170146.0	3929.4	15641.5
林业	3	1739.0	2655.5	-102545.7	822.5
畜牧业	4	5029.0	5675.5	-93693.3	0.0
渔业	1	636.9	1585.6	-70098.5	1279.9
二、工业	674	34812025.5	124945297.6	51525.8	73912.2
其中:煤炭工业	118	8826098.1	37705225.5	25145.6	79844.2
石油和石化工业	1	3942.8	14782.0	-76823.0	86631.5
冶金工业	62	17281061.1	59446348.6	44827.2	64641.0
建材工业	55	107773.9	1447891.7	-23783.2	9751.3
化学工业	54	2367609.8	6074033.0	182419.7	113936.0
森林工业					
食品工业	9	-1485.3	43355.2	-71613.9	13692.6
烟草工业					
纺织工业	23	449634.4	1494018.2	389.9	19160.3
医药工业	24	676376.6	2982094.3	30833.4	114622.1
机械工业	87	922228.9	3095301.1	16862.6	23064.0
电子工业	1	8374.0	30109.1	117422.4	63795.0
电力工业	94	2609268.5	7667720.3	303473.6	137837.9
市政公用工业	102	1163702.7	4185754.0	84847.2	62955.8
其他工业	45	453482.9	817236.7	59331.2	121481.9
三、建筑业	135	2212200.9	7285515.0	10063.5	52736.5
四、交通运输业	114	6199720.2	13508377.1	-48931.0	19050.2
其中:铁路运输业	11	1270479.6	3239825.6	-245397.2	32665.3
道路运输业	68	2161674.7	4760275.3	-3534.6	11197.3

续表

行　业	户数(户)	年末国有资产总量（万元）	资产总额（万元）	人均利润（元/人）	人均税费（元/人）
水上运输业	11	1890836.9	3972008.2	－314526.6	27531.0
航空运输业	7	537092.8	903175.0	－42353.6	20748.6
五、仓储业	55	2784017.7	6044990.2	183233.7	68174.3
六、商贸业	329	3079025.6	18985011.1	107645.9	61440.5
七、房地产业	148	4418087.2	10529983.3	136296.6	196317.6
八、信息传输、软件和信息技术服务业	36	303498.6	812160.0	75885.4	46729.2
其中：电信业					
九、社会服务业	394	28909683.2	60884675.9	114786.0	96759.6
十、教育文化广播业	8	140728.0	147306.0	28749.5	6118.7
十一、科学研究和技术服务业	90	171638.8	355603.8	28210.8	21021.5
十二、金融业	29	3027521.1	38277049.0	650361.1	332286.4
十三、其他	18	84527.7	310519.7	－8937.0	4775.8

2018年山西省国有企业主要指标表

行　业	户数(户)	年末国有资产总量（万元）	资产总额（万元）	人均利润（元/人）	人均税费（元/人）
合　并	4224	39935211.7	320104347.1	27635.8	74352.9
合　计	4224	167891393.1	563652034.5	46362.2	74928.4
一、农林牧渔业	83	306403.3	860323.9	－27085.7	25027.6
其中：农业	57	267455.5	788142.8	－29954.3	30532.3
林业	6	5870.9	10808.8	－16165.3	9601.9
畜牧业	9	15687.2	34433.6	－17790.0	675.4
渔业	2	1033.3	1951.5	27659.3	3209.3
二、工业	1593	71399956.0	314669749.2	52795.2	83939.6
其中：煤炭工业	595	44883957.7	212500840.8	52539.1	99343.2
石油和石化工业	17	782646.7	1947675.6	279792.8	137733.4
冶金工业	49	6399816.1	18535041.1	85794.8	84367.4
建材工业	66	475095.5	2126438.8	－25112.5	16642.6

续表

行　业	户数(户)	年末国有资产总量（万元）	资产总额（万元）	人均利润（元/人）	人均税费（元/人）
化学工业	175	4893635.6	29228364.7	18993.5	25196.6
森林工业	2	14.7	1014.5	5377.6	30628.5
食品工业	30	37672.5	190262.7	11829.1	23002.1
烟草工业					
纺织工业	7	−16796.7	93368.2	−4567.2	2917.8
医药工业	11	47871.0	525967.5	191788.9	103162.5
机械工业	212	2818720.3	12293989.4	1255.8	28399.6
电子工业	14	21428.4	191991.9	−2097.0	2273.5
电力工业	187	5144474.0	22196458.3	−12080.8	81605.7
市政公用工业	173	4422569.6	12384153.0	9056.2	23211.6
其他工业	75	1547341.0	2881646.7	494034.0	212745.3
三、建筑业	263	5538918.7	25862934.4	24448.1	39674.6
四、交通运输业	251	16780874.4	56919138.0	8384.3	29921.8
其中:铁路运输业	36	790938.9	2388849.1	23951.8	55739.3
道路运输业	188	15412692.8	53416437.4	8587.5	27496.1
水上运输业	2	14428.8	161780.8	−89417.0	3872.0
航空运输业	9	464213.8	672869.6	−1990.4	18191.9
五、仓储业	57	172591.7	726070.0	−28360.9	12749.9
六、商贸业	915	5929801.8	42744471.6	594.6	58216.4
七、房地产业	269	2956572.5	16594521.7	34737.9	113366.5
八、信息传输、软件和信息技术服务业	52	94971.9	279769.3	28223.0	21999.4
其中:电信业	3	9945.5	23307.8	1463.3	6770.9
九、社会服务业	490	60754163.8	89908257.4	16454.7	27297.7
十、教育文化广播业	27	58249.0	160262.9	31960.2	28899.0
十一、科学研究和技术服务业	171	446185.5	1111965.7	43612.2	26858.3
十二、金融业	41	3228807.7	13495924.1	3834053.6	1182870.5
十三、其他	12	223897.0	318646.3	−27293.8	3671.3

2018年内蒙古自治区国有企业主要指标表

行 业	户数(户)	年末国有资产总量（万元）	资产总额（万元）	人均利润（元/人）	人均税费（元/人）
合 并	1110	45977121.3	138326574.3	14396.3	40951.1
合 计	1110	84396256.7	179577349.6	26786.7	40739.2
一、农林牧渔业	101	3575004.7	6826034.4	2806.0	1005.4
其中:农业	45	2354141.4	3418686.2	2749.8	1750.0
林业	29	740684.5	2344490.6	3843.7	498.9
畜牧业	4	−10264.4	29628.7	−163518.2	0.0
渔业	1	−260.2	8632.6	−22339.9	474.1
二、工业	257	21603677.4	55510922.6	45797.0	59863.1
其中:煤炭工业	13	60363.6	300066.6	1226463.0	3160638.3
石油和石化工业					
冶金工业	52	11341950.9	29897420.5	68101.3	37586.0
建材工业	20	145575.2	584328.1	−43994.1	52051.2
化学工业	3	45531.6	129293.8	−41537.7	3951.5
森林工业	2	2146.7	20473.2	−151051.7	12610.0
食品工业	5	−15760.6	95994.9	−226111.9	6051.7
烟草工业					
纺织工业					
医药工业					
机械工业	20	130424.4	717363.6	−60791.7	36593.7
电子工业	1	9672.0	38818.3	120814.5	16075.9
电力工业	68	7184396.7	17349365.2	54653.7	90437.3
市政公用工业	57	2602064.2	6130011.3	−11703.8	32560.2
其他工业	18	99592.0	283001.6	−21384.0	50134.5
三、建筑业	117	13921578.1	22849153.9	−7030.3	60808.4
四、交通运输业	68	5618017.0	10022589.3	−23615.6	14708.7
其中:铁路运输业	3	131479.0	353955.4	236384.9	84616.1

续表

行 业	户数(户)	年末国有资产总量(万元)	资产总额(万元)	人均利润(元/人)	人均税费(元/人)
道路运输业	35	4483465.2	7397083.3	−36087.5	4057.1
水上运输业	2	2717.7	7199.0	−129833.4	1754.3
航空运输业	26	719970.6	1508245.2	−86743.9	20684.4
五、仓储业	18	45042.2	210762.9	−2399.5	1756.5
六、商贸业	77	445256.5	1485649.1	126625.8	106629.7
七、房地产业	53	1548665.7	8329491.9	−12761.2	60348.2
八、信息传输、软件和信息技术服务业	20	28877.0	81971.6	55762.7	37910.5
其中:电信业	2	0.0	10378.8	3887.0	19888.7
九、社会服务业	273	34730404.2	67928771.9	4089.4	35195.6
十、教育文化广播业	25	152924.1	486446.0	16936.5	17419.7
十一、科学研究和技术服务业	66	487003.7	968002.1	58956.4	69675.7
十二、金融业	21	1559361.3	4097164.5	1677525.3	455644.6
十三、其他	14	680444.8	780389.4	23676.2	12524.1

2018年辽宁省国有企业主要指标表

行 业	户数(户)	年末国有资产总量(万元)	资产总额(万元)	人均利润(元/人)	人均税费(元/人)
合 并	2398	51726006.7	167872060.9	39798.0	97372.6
合 计	2398	116562595.5	254722075.4	48377.5	96308.7
一、农林牧渔业	62	422846.9	1059646.9	−2190.7	2519.7
其中:农业	36	207919.6	471405.3	−3689.0	618.4
林业	2	378.6	1454.6	0.0	0.0
畜牧业	3	876.7	2588.7	−4758.6	274.1
渔业	13	63122.2	115304.7	13496.9	9645.8
二、工业	538	25556963.8	93287856.8	58597.6	138440.8
其中:煤炭工业	48	4142448.0	10592361.4	30922.6	49178.8
石油和石化工业	7	5300.8	396724.8	−430822.6	9799.7
冶金工业	48	8316450.6	31034790.2	30923.8	53200.6

续表

行　业	户数(户)	年末国有资产总量（万元）	资产总额（万元）	人均利润（元/人）	人均税费（元/人）
建材工业	28	72095.7	425854.4	−70286.3	46749.5
化学工业	22	148309.9	677722.8	71706.9	15121.1
森林工业	2	−8786.9	29217.8	−70180.2	2196.8
食品工业	17	97583.8	233734.2	36204.4	44570.2
烟草工业					
纺织工业	1	183.0	13013.8	−67396.9	0.0
医药工业	1	−34.8	45.0	−84631.8	1269.9
机械工业	185	7980790.7	35996978.5	156991.7	354971.8
电子工业	3	17695.4	81838.9	80389.1	20978.4
电力工业	50	536744.8	2669988.8	−26591.3	38534.6
市政公用工业	91	3714159.7	9924215.2	−22466.8	21386.4
其他工业	32	457074.3	1111302.1	−153122.8	26962.4
三、建筑业	233	2175407.7	9100699.4	6505.3	59676.0
四、交通运输业	122	8067788.9	14742136.8	10096.7	12961.6
其中:铁路运输业	1	6777.7	7185.7	4488.5	10008.8
道路运输业	97	6735201.3	12356772.6	−3062.6	4456.5
水上运输业	5	164845.3	736820.1	314730.8	97590.8
航空运输业	10	1059130.8	1404590.5	36655.2	60418.8
五、仓储业	55	256828.3	1358613.8	28712.8	29301.7
六、商贸业	290	1232690.2	6798269.6	27840.4	93579.1
七、房地产业	201	6862456.0	13005885.0	132612.9	104504.7
八、信息传输、软件和信息技术服务业	36	30979.5	134067.4	41989.4	24512.0
其中:电信业	1	−121.5	156.2	6132.3	218.2
九、社会服务业	540	68644639.1	107709055.2	68488.3	17240.0
十、教育文化广播业	37	34593.2	173597.2	−27912.7	8608.6
十一、科学研究和技术服务业	206	574965.6	1651860.3	21866.4	29626.5
十二、金融业	37	1874873.9	4401914.9	142380.2	114082.9
十三、其他	41	827562.3	1298472.2	22696.0	2541.6

2018年大连市国有企业主要指标表

行　业	户数(户)	年末国有资产总量(万元)	资产总额(万元)	人均利润(元/人)	人均税费(元/人)
合　并	408	10675996.4	23340325.7	23537.3	33191.5
合　计	408	20197577.5	32302957.3	36544.6	33191.5
一、农林牧渔业	20	6508.8	40771.4	−49253.9	13236.8
其中:农业	17	6743.0	28019.1	−53393.9	16744.3
林业					
畜牧业	1	−11.3	272.6	−22517.6	1251.7
渔业	2	−222.9	12479.7	−35891.1	1142.7
二、工业	118	2800545.0	9077214.2	34420.9	46852.0
其中:煤炭工业					
石油和石化工业	1	277.3	8196.2	−17360.0	391.9
冶金工业	2	72768.8	160050.5	62281.4	12018.8
建材工业	3	50119.8	191254.2	22608.1	76818.1
化学工业	16	85457.8	460136.6	83544.0	16464.4
森林工业					
食品工业	4	12487.4	37663.3	12342.6	45314.6
烟草工业					
纺织工业					
医药工业	1	−34.8	45.0	−84631.8	1269.9
机械工业	67	1541712.0	5603729.9	45154.7	57503.9
电子工业	2	18709.6	81363.5	80822.5	20203.6
电力工业	6	42178.8	581260.1	−1236.3	14307.9
市政公用工业	10	563835.5	1385082.2	−43453.2	16308.7
其他工业	6	413032.9	568432.6	−12367.8	32025.4
三、建筑业	32	116057.7	794360.0	23278.3	57195.2
四、交通运输业	52	4646768.4	5743322.7	28618.6	8023.9
其中:铁路运输业					

续表

行　业	户数(户)	年末国有资产总量(万元)	资产总额(万元)	人均利润(元/人)	人均税费(元/人)
道路运输业	47	4172670.3	5189739.9	24041.2	4421.0
水上运输业					
航空运输业	2	463505.2	498799.8	63625.8	35194.4
五、仓储业	1	-114.3	13.6	-84072.9	568.7
六、商贸业	30	8094.7	190348.6	-66330.8	162516.8
七、房地产业	27	1034193.8	1717922.5	385262.0	199903.5
八、信息传输、软件和信息技术服务业	13	12832.8	60774.9	59284.3	35371.3
其中:电信业	1	-121.5	156.2	6132.3	218.2
九、社会服务业	89	11528329.6	14609143.4	58811.4	21288.2
十、教育文化广播业	2	67.5	1039.3	-9909.3	3377.8
十一、科学研究和技术服务业	15	8604.8	18074.5	-16327.2	10344.1
十二、金融业	5	35278.8	42660.2	418994.8	288698.8
十三、其他	4	409.9	7312.1	-20255.1	433.8

2018年吉林省国有企业主要指标表

行　业	户数(户)	年末国有资产总量(万元)	资产总额(万元)	人均利润(元/人)	人均税费(元/人)
合　并	997	35206946.2	123433588.2	41934.6	39892.1
合　计	997	58115487.3	157587807.1	45972.0	39991.5
一、农林牧渔业	73	1091911.4	3650533.0	-12913.8	1879.0
其中:农业	27	464077.6	569944.9	-132798.1	13647.9
林业	20	582755.7	2829787.7	-9021.2	1637.9
畜牧业	7	51274.7	136461.9	-44188.8	1503.2
渔业	2	-259.1	175.5	0.0	0.0
二、工业	249	4612042.1	15337010.5	11333.3	20297.4
其中:煤炭工业	27	1150871.0	4232021.0	-682.7	10725.8
石油和石化工业					

续表

行 业	户数(户)	年末国有资产总量（万元）	资产总额（万元）	人均利润（元/人）	人均税费（元/人）
冶金工业	8	32575.8	62865.9	－47749.4	9305.5
建材工业	11	58802.9	160563.7	87219.2	121200.9
化学工业	15	229597.5	1591685.6	8171.1	15100.7
森林工业	28	824701.2	2346606.8	－21263.0	28474.0
食品工业	12	30187.3	205629.7	－79817.6	32058.2
烟草工业					
纺织工业	4	－80299.6	365218.6	17406.9	10663.9
医药工业	2	5411.9	16405.9	－71030.4	14444.7
机械工业	27	612285.5	1700810.0	79864.5	34336.8
电子工业	2	4001.0	13165.3	－1133.5	7559.0
电力工业	36	187204.3	1056224.7	－99.5	25193.2
市政公用工业	67	1477514.0	3396557.8	－2174.1	25422.3
其他工业	10	79189.2	189255.5	105593.5	73821.0
三、建筑业	97	14857049.6	25807057.2	762913.0	103024.2
四、交通运输业	29	4001873.8	10819997.8	－43769.1	13693.9
其中:铁路运输业					
道路运输业	25	3919033.3	10661370.3	－44729.8	13697.4
水上运输业	2	4734.0	6812.5	－77196.5	25781.1
航空运输业					
五、仓储业	48	2692601.2	5762865.9	－9336.2	21023.2
六、商贸业	137	1321894.4	5553447.5	89794.2	63840.4
七、房地产业	69	512762.3	4394294.0	－388950.7	136489.7
八、信息传输、软件和信息技术服务业	12	12133.7	26798.3	325068.9	138071.5
其中:电信业					
九、社会服务业	157	25060726.6	42342880.7	16386.4	112414.0
十、教育文化广播业	7	13860.1	86085.4	－1927544.7	44103.2
十一、科学研究和技术服务业	30	－77140.9	2210303.4	－405487.1	29671.1
十二、金融业	81	4012727.8	41585448.0	228964.7	194859.6
十三、其他	8	3045.1	11085.5	－12435.0	1.7

2018年黑龙江省国有企业主要指标表

行　业	户数(户)	年末国有资产总量(万元)	资产总额(万元)	人均利润(元/人)	人均税费(元/人)
合　并	1326	40533349.5	91888247.7	11289.0	23242.5
合　计	1326	54548564.6	114862021.1	17505.5	23183.5
一、农林牧渔业	76	1017620.6	1896207.4	−1651.4	485.4
其中:农业	16	19646.4	41628.4	4132.4	432.0
林业	26	745419.9	1281321.0	−838.5	378.1
畜牧业	1	−518.2	8712.4	0.0	0.0
渔业	2	8067.4	22873.5	−44403.0	1180.3
二、工业	300	6679299.5	23842238.6	13070.7	23315.2
其中:煤炭工业	34	3213418.7	11041245.0	16336.1	24951.1
石油和石化工业	2	16542.0	25795.7	−8601.1	82551.7
冶金工业					
建材工业	9	11473.9	138304.0	−43236.7	27251.6
化学工业	23	−80673.4	228838.0	1295.0	24605.4
森林工业	11	−28845.1	119013.2	−40289.0	1013.3
食品工业	7	12036.3	30479.3	−123525.0	2246.3
烟草工业					
纺织工业					
医药工业	19	748489.9	2220652.7	75618.4	42001.0
机械工业	70	141919.1	1571587.0	−32265.3	11188.9
电子工业	10	51068.3	176602.9	147.7	11417.0
电力工业	29	1009729.0	1865731.8	137869.4	52322.4
市政公用工业	43	1368544.2	5866671.4	−35671.4	5567.0
其他工业	40	211698.0	542575.9	30842.0	43221.4
三、建筑业	171	4487809.7	14048663.7	9281.8	65592.1
四、交通运输业	76	2132086.7	4929365.6	3587.8	10391.3
其中:铁路运输业	8	212926.3	461386.9	−23841.5	18136.5

续表

行　业	户数(户)	年末国有资产总量(万元)	资产总额(万元)	人均利润(元/人)	人均税费(元/人)
道路运输业	38	1292850.8	3437554.0	5213.2	3071.5
水上运输业	21	74459.5	148809.2	－7664.5	6220.4
航空运输业	4	548206.6	876203.4	16497.2	36073.1
五、仓储业	34	93293.6	238469.6	47527.4	19804.8
六、商贸业	236	－71333.1	1952184.8	113249.1	73338.1
七、房地产业	118	6195319.3	15524642.4	493290.8	267701.0
八、信息传输、软件和信息技术服务业	10	8363.4	79554.9	14600.7	34687.1
其中:电信业					
九、社会服务业	230	32761881.0	48341154.4	110866.9	42773.7
十、教育文化广播业	12	2417.9	6426.9	－7883.4	5887.8
十一、科学研究和技术服务业	38	39276.5	116669.3	－6568.5	15699.0
十二、金融业	15	1205361.0	3774287.0	－95054.7	93708.7
十三、其他	10	－2831.5	112156.5	－46729.6	1913.0

2018年上海市国有企业主要指标表

行　业	户数(户)	年末国有资产总量(万元)	资产总额(万元)	人均利润(元/人)	人均税费(元/人)
合　并	11340	256416813.8	1943168727.4	284532.6	203922.7
合　计	11340	610596701.6	2562306909.0	398454.8	200212.7
一、农林牧渔业	232	2312380.8	5256731.4	22392.2	14413.6
其中:农业	88	883974.7	1939924.4	75200.2	12581.0
林业	14	381484.1	535446.5	－292195.4	17488.7
畜牧业	70	518272.8	1131604.2	－14070.0	6454.3
渔业	21	465630.9	1155568.6	112189.6	32899.5
二、工业	1457	67746905.3	165220835.4	218024.8	111029.0
其中:煤炭工业	8	52282.4	212818.8	236776.5	515242.1
石油和石化工业	3	289459.7	377465.6	756623.9	815096.4
冶金工业	19	－35226.8	560930.9	－24028.2	43598.4

续表

行　业	户数(户)	年末国有资产总量（万元）	资产总额（万元）	人均利润（元/人）	人均税费（元/人）
建材工业	100	931852.9	4202127.2	82152.5	134891.4
化学工业	126	3166176.4	6662267.4	277612.3	114606.5
森林工业	3	8632.8	13500.3	－17609.9	15792.4
食品工业	137	2359123.7	6933049.6	132555.2	59488.5
烟草工业	1	117532.3	355997.5	2248135.6	418643.5
纺织工业	29	182627.9	456945.6	1934.8	32039.4
医药工业	99	4710167.9	8661247.1	285689.2	115520.9
机械工业	420	33491856.4	89477665.8	322065.4	157483.0
电子工业	44	6559684.8	11753016.9	－52866.1	54686.7
电力工业	66	2811992.6	7507119.4	912151.2	355856.6
市政公用工业	192	11889308.3	24086157.4	148814.7	110503.1
其他工业	202	1188420.5	3853526.4	46861.0	22447.9
三、建筑业	656	17617567.5	71474500.1	180377.1	204471.6
四、交通运输业	418	71222732.1	108294124.2	133849.7	50394.2
其中:铁路运输业	2	20513.2	63385.9	388407.9	471499.2
道路运输业	275	56547947.0	79806567.2	－31821.3	23437.3
水上运输业	54	7764999.7	15786502.3	1074720.7	148765.8
航空运输业	13	6057000.9	9293373.1	1321539.4	369834.5
五、仓储业	198	1887531.8	3721535.0	117462.1	68028.0
六、商贸业	1853	15486356.0	69700645.4	186877.9	201475.4
七、房地产业	3174	126148042.0	498968392.8	1309791.0	849158.8
八、信息传输、软件和信息技术服务业	158	1496522.0	4928692.1	－11952.5	66565.1
其中:电信业	2	191608.0	338129.0	653667.0	274876.7
九、社会服务业	2459	218072800.4	372102821.0	498248.6	80825.8
十、教育文化广播业	118	293526.2	809215.9	30463.8	38123.2
十一、科学研究和技术服务业	289	3774578.1	8459776.2	97210.6	63531.4
十二、金融业	246	82648897.0	1248372969.6	878052.9	364432.3
十三、其他	82	1888862.4	4996669.9	－129884.9	63486.5

2018年江苏省国有企业主要指标表

行　业	户数(户)	年末国有资产总量(万元)	资产总额(万元)	人均利润(元/人)	人均税费(元/人)
合　并	3977	138432797.3	545359720.2	160700.5	105325.9
合　计	3977	289818203.2	703432070.9	205325.9	104164.3
一、农林牧渔业	147	3691958.1	6553444.3	67472.4	10257.4
其中:农业	97	2350601.1	4387460.6	39740.1	9794.3
林业	8	11665.2	38575.8	92399.3	29988.1
畜牧业	3	15980.3	18055.6	61154.4	6139.8
渔业	16	65655.8	220818.8	54638.4	6673.3
二、工业	668	26750710.3	74753139.9	192498.2	144656.5
其中:煤炭工业	39	3478799.9	8153645.1	149033.7	125313.5
石油和石化工业	3	−50785.5	71198.6	−92530.5	17687.8
冶金工业	16	219359.7	681424.7	−38264.6	29630.9
建材工业	23	149359.0	692978.4	350181.3	164521.0
化学工业	50	1965127.6	5011614.3	223107.6	98287.6
森林工业	2	1502.0	30134.2	19230.6	5189341.1
食品工业	34	184215.2	936060.7	63289.4	52328.3
烟草工业	1	471.3	887.1	131149.5	17689.1
纺织工业	38	469628.5	1216896.7	−789.4	22389.2
医药工业	12	535473.7	2281100.5	436573.7	294200.6
机械工业	150	8407435.1	28513562.1	83050.8	111109.3
电子工业	20	180547.5	663587.6	54351.0	23460.7
电力工业	98	4990775.9	10739741.2	495095.4	236291.3
市政公用工业	62	2920943.2	7262521.1	232188.8	97852.8
其他工业	119	3286432.3	8455469.7	306872.7	259577.9
三、建筑业	210	12737217.2	36366854.6	104772.9	71969.4
四、交通运输业	330	61735821.9	131221473.1	129026.9	40660.7
其中:铁路运输业	11	14208629.1	19817140.9	−3131593.3	242362.6

续表

行 业	户数(户)	年末国有资产总量（万元）	资产总额（万元）	人均利润（元/人）	人均税费（元/人）
道路运输业	199	40611618.4	97966157.8	145926.8	41339.4
水上运输业	35	1887686.5	3295898.6	28771.4	13256.4
航空运输业	32	2632286.7	3690618.3	113863.6	34779.5
五、仓储业	93	3991481.4	6849677.3	29612.2	42065.7
六、商贸业	659	4042350.5	17472975.4	234844.2	163423.6
七、房地产业	480	19157442.5	68045426.4	348644.5	260373.1
八、信息传输、软件和信息技术服务业	65	156942.2	979091.1	26292.2	47332.8
其中:电信业					
九、社会服务业	934	136352903.4	279835621.0	251079.5	60223.9
十、教育文化广播业	54	278174.0	993565.7	－51314.0	13636.7
十一、科学研究和技术服务业	91	1420416.1	3331948.1	114601.5	66967.7
十二、金融业	193	18489483.6	75318209.7	955895.0	322935.0
十三、其他	53	1013302.1	1710644.3	18792.3	22429.6

2018年浙江省国有企业主要指标表

行 业	户数(户)	年末国有资产总量（万元）	资产总额（万元）	人均利润（元/人）	人均税费（元/人）
合 并	4757	114514264.8	448747493.4	136975.0	92392.1
合 计	4757	219359940.1	619304060.2	207111.2	92274.4
一、农林牧渔业	86	777446.8	2084628.2	4026.8	17849.1
其中:农业	28	356129.9	877232.1	－92764.8	8878.0
林业	28	78266.0	675132.0	77250.6	21353.5
畜牧业	5	10125.9	78149.2	－291983.2	279.5
渔业	2	54592.6	68753.2	224147.5	8447.2
二、工业	726	30422071.6	66063368.3	171782.0	99534.8
其中:煤炭工业	2	71620.0	142760.7	－447199.5	19852.4
石油和石化工业	1	27600.0	27606.9	0.0	0.0

续表

行　业	户数(户)	年末国有资产总量(万元)	资产总额(万元)	人均利润(元/人)	人均税费(元/人)
冶金工业	30	5035808.5	7469512.8	276198.1	211619.5
建材工业	38	141972.6	1244415.4	61839.8	65324.5
化学工业	114	4389061.3	10411931.0	149430.5	96944.4
森林工业	2	115507.1	436663.9	−532808.1	36642.6
食品工业	46	173352.3	578996.3	51945.7	49020.0
烟草工业					
纺织工业	5	46995.4	168741.7	89235.2	26689.4
医药工业	11	96792.5	203277.1	8396.7	38112.8
机械工业	99	1829551.0	5722366.8	62433.3	53886.6
电子工业	11	208719.9	579431.9	−14859.2	30049.1
电力工业	101	11868085.0	22395566.0	789523.3	221339.5
市政公用工业	206	5736471.3	15192280.7	−26072.9	81452.7
其他工业	56	694643.8	1485200.1	247935.7	59907.4
三、建筑业	230	4099646.6	17638388.1	107398.4	72814.4
四、交通运输业	427	43581586.2	99176540.0	143030.2	38995.6
其中:铁路运输业	9	1405808.1	2326229.5	17808.1	17680.5
道路运输业	241	32502477.6	79193415.6	119330.8	32660.4
水上运输业	123	7228306.7	12670209.1	305984.2	63415.5
航空运输业	28	2320244.2	4727959.8	85803.3	57328.2
五、仓储业	89	1000386.6	2624837.2	92180.1	68259.5
六、商贸业	998	8477470.8	31767793.8	336064.1	193344.0
七、房地产业	476	16844730.3	58220708.6	475862.2	309121.8
八、信息传输、软件和信息技术服务业	68	367675.2	860156.8	125650.1	55878.1
其中:电信业					
九、社会服务业	1246	103793897.6	218869918.9	260748.6	62021.2
十、教育文化广播业	134	1661681.5	2529500.7	28346.9	13333.6
十一、科学研究和技术服务业	167	1267449.6	2794687.3	72453.5	74793.7
十二、金融业	70	6813428.0	115987099.1	571610.3	256619.7
十三、其他	40	252469.1	686433.2	−44434.9	8116.8

2018年宁波市国有企业主要指标表

行　业	户数(户)	年末国有资产总量（万元）	资产总额（万元）	人均利润（元/人）	人均税费（元/人）
合　并	339	11998202.8	39475509.1	110201.7	84130.2
合　计	339	22173964.8	52404008.9	239543.0	84130.2
一、农林牧渔业	4	151909.7	172752.5	1730861.9	25481.3
其中:农业	1	131.9	5184.7	16614.3	12383.8
林业					
畜牧业					
渔业					
二、工业	47	1192462.4	3023846.0	205387.8	125697.6
其中:煤炭工业					
石油和石化工业					
冶金工业					
建材工业	9	71124.2	354754.8	380332.1	157574.8
化学工业	1	13479.3	67810.9	−129645.8	4568.3
森林工业					
食品工业					
烟草工业					
纺织工业					
医药工业					
机械工业					
电子工业					
电力工业	17	163481.8	317269.7	141810.4	110071.2
市政公用工业	19	935462.5	2262402.0	212239.8	146065.4
其他工业	1	8914.5	21608.8	4743.0	16910.1
三、建筑业	11	399336.4	1080949.0	106045.7	117377.7
四、交通运输业	17	3355927.9	10481083.8	62837.0	20185.6
其中:铁路运输业					

续表

行 业	户数(户)	年末国有资产总量(万元)	资产总额(万元)	人均利润(元/人)	人均税费(元/人)
道路运输业	15	3345098.0	10460666.0	69837.7	19687.0
水上运输业	2	10829.8	20417.8	−581930.9	66105.6
航空运输业					
五、仓储业					
六、商贸业	38	249060.2	526207.2	105321.9	59604.7
七、房地产业	37	3324738.5	9304259.9	130377.0	208804.2
八、信息传输、软件和信息技术服务业	9	18899.0	24292.3	152386.5	74426.8
其中:电信业					
九、社会服务业	109	12618260.3	26298787.0	1240700.2	191204.3
十、教育文化广播业	46	531746.1	864816.4	42612.8	29717.6
十一、科学研究和技术服务业	15	235743.8	456124.6	76794.3	5342.8
十二、金融业	4	93508.2	166700.6	912384.8	273834.2
十三、其他	2	2372.4	4189.5	31515.8	5172.3

2018年安徽省国有企业主要指标表

行 业	户数(户)	年末国有资产总量(万元)	资产总额(万元)	人均利润(元/人)	人均税费(元/人)
合 并	3069	136755493.7	429675472.8	134604.9	114218.6
合 计	3069	226886662.1	540323986.6	167548.6	116979.0
一、农林牧渔业	98	2898730.3	4157463.0	7864.2	4129.7
其中:农业	69	2832881.0	3967754.9	7806.3	3435.5
林业	7	−6032.6	31168.7	−51574.4	8786.7
畜牧业	2	583.3	2687.6	15111.6	0.0
渔业	4	−292.9	1947.4	−499.0	345.2
二、工业	536	37353785.4	113949869.2	171401.4	127664.8
其中:煤炭工业	38	11086295.7	32037322.4	105739.9	59440.8
石油和石化工业	3	21920.3	24444.4	−158010.7	31260.2
冶金工业	66	7034350.3	22901939.4	171862.9	134854.0

续表

行　业	户数（户）	年末国有资产总量（万元）	资产总额（万元）	人均利润（元/人）	人均税费（元/人）
建材工业	26	5311143.7	17339711.2	780548.9	344981.1
化学工业	54	2110643.6	5988759.1	20985.9	39805.4
森林工业	4	8073.8	21353.7	48144.1	2427.9
食品工业	20	36734.6	95223.7	−10449.3	8997.3
烟草工业					
纺织工业	5	206420.0	776579.0	19884.8	21408.1
医药工业					
机械工业	119	4115506.0	17300579.1	−34020.6	189927.0
电子工业	8	304476.3	2779341.6	68549.4	24156.5
电力工业	68	4932693.5	9070530.3	174063.6	131172.4
市政公用工业	77	1285761.5	3172337.8	40543.1	54299.4
其他工业	51	902560.3	2458528.8	195496.9	195530.3
三、建筑业	299	10339027.5	30917346.0	51267.9	88598.2
四、交通运输业	187	16131820.5	40518204.5	61193.8	36374.4
其中:铁路运输业	6	63608.8	197547.9	−28361.7	111719.9
道路运输业	128	12191095.9	35354638.9	56316.2	36714.4
水上运输业	31	2442228.6	2891130.0	138835.2	67945.4
航空运输业	7	668003.0	770414.7	27557.2	20857.4
五、仓储业	80	331241.9	789107.3	20340.3	23479.5
六、商贸业	433	3268513.5	12580599.8	102257.6	276010.8
七、房地产业	392	12095861.3	40085072.4	175636.1	270750.4
八、信息传输、软件和信息技术服务业	30	1269803.1	2012909.7	79236.4	29612.2
其中:电信业					
九、社会服务业	604	116840283.3	226574929.8	407859.1	73343.1
十、教育文化广播业	53	686121.7	1170824.8	10986.1	9932.9
十一、科学研究和技术服务业	129	1254372.2	2506368.9	58507.0	53658.0
十二、金融业	207	23141433.7	62570087.4	567976.5	224015.6
十三、其他	21	1275667.8	2491203.9	740777.8	33444.0

2018年福建省国有企业主要指标表

行　业	户数(户)	年末国有资产总量(万元)	资产总额(万元)	人均利润(元/人)	人均税费(元/人)
合　并	5070	81379006.7	377236266.8	120465.4	97602.4
合　计	5070	182324358.9	520804876.6	189051.2	100299.4
一、农林牧渔业	103	243641.3	705842.7	93913.1	11530.7
其中:农业	28	85696.9	273793.6	100859.6	7040.4
林业	16	60423.0	99525.4	21943.3	19153.7
畜牧业	14	8575.7	83647.0	49807.7	772.0
渔业	6	1363.6	3988.0	−63314.4	1596.0
二、工业	764	25716617.7	61725981.8	131708.4	69793.2
其中:煤炭工业	20	641658.4	953142.5	61865.8	45994.1
石油和石化工业	1	8585.1	9114.6	−1187012.2	1754.1
冶金工业	76	4993611.7	10277174.1	420427.4	180442.7
建材工业	61	585214.2	1622043.8	178230.3	113490.8
化学工业	49	4779332.8	12379237.9	179799.4	65062.1
森林工业	7	212689.0	339744.2	−267725.4	45661.9
食品工业	48	783365.5	2026931.0	29753.3	19283.7
烟草工业	1	920.3	920.3	0.0	0.0
纺织工业	4	74395.6	129552.8	15486.1	15069.5
医药工业	16	537995.4	635229.1	927145.5	315063.7
机械工业	113	2161104.6	6574164.4	20577.8	29180.5
电子工业	76	3677827.9	10701722.1	39924.5	32380.7
电力工业	79	2952212.5	5767317.9	366840.6	191356.4
市政公用工业	157	3273630.8	6845476.3	155542.4	43113.9
其他工业	46	52156.1	744092.4	−7427.1	34498.2
三、建筑业	311	16273724.1	44801187.2	78304.3	83700.7
四、交通运输业	485	33011708.0	73382732.1	77791.7	26124.1
其中:铁路运输业	15	914609.8	1704681.9	254998.7	69707.2

续表

行　业	户数(户)	年末国有资产总量(万元)	资产总额(万元)	人均利润(元/人)	人均税费(元/人)
道路运输业	314	29828649.1	66602066.7	58077.7	19527.3
水上运输业	64	720638.5	1787316.8	146363.6	59504.4
航空运输业	19	991228.3	1785491.6	200157.0	52236.9
五、仓储业	164	3295624.1	6774049.5	172755.2	54955.1
六、商贸业	979	7786120.7	34200821.4	274077.9	301457.0
七、房地产业	750	32133794.9	91800597.0	701481.2	387766.7
八、信息传输、软件和信息技术服务业	103	619266.7	1413659.7	64135.0	63128.7
其中:电信业					
九、社会服务业	1026	56978112.0	114935004.2	172854.2	39258.2
十、教育文化广播业	68	507050.2	753081.3	47578.8	21131.2
十一、科学研究和技术服务业	192	563708.8	1162119.7	55600.0	29616.9
十二、金融业	97	5084743.7	88948737.0	1408150.6	411857.1
十三、其他	28	110246.7	201062.9	−4899.9	2259.9

2018年厦门市国有企业主要指标表

行　业	户数(户)	年末国有资产总量(万元)	资产总额(万元)	人均利润(元/人)	人均税费(元/人)
合　并	1750	21236302.2	92332640.5	171227.5	156791.6
合　计	1750	48006539.3	147775295.4	304155.4	160106.0
一、农林牧渔业	30	83173.9	321745.1	73480.9	11873.1
其中:农业	6	21819.8	103763.1	699088.6	2675.5
林业	5	21962.1	49546.1	−12766.2	18165.2
畜牧业	9	1997.8	73457.7	63237.3	839.5
渔业					
二、工业	134	3126957.2	8331333.4	71075.2	27830.0
其中:煤炭工业					
石油和石化工业					

续表

行 业	户数(户)	年末国有资产总量(万元)	资产总额(万元)	人均利润(元/人)	人均税费(元/人)
冶金工业	9	344973.7	832845.7	17227.3	11138.8
建材工业	17	139371.1	288021.6	220953.9	112269.5
化学工业	12	64991.5	277535.9	8293.7	16911.8
森林工业					
食品工业	26	339569.0	1443781.9	30301.4	15717.4
烟草工业					
纺织工业	2	1554.1	9212.5	63962.7	40856.6
医药工业	2	−3376.2	10636.5	−192665.7	28960.3
机械工业	24	921932.5	2236535.9	45557.2	22575.7
电子工业	6	82098.1	526532.1	32457.0	6994.5
电力工业	3	24895.8	35512.3	62848.1	194117.5
市政公用工业	27	1204141.9	2475369.9	320358.9	57056.8
其他工业	5	5552.5	7000.7	1792.9	31027.0
三、建筑业	49	3143320.3	10766605.3	33461.0	46185.5
四、交通运输业	135	7620888.5	11472240.2	138325.6	30942.6
其中:铁路运输业	12	271018.0	875731.2	247785.1	72513.1
道路运输业	44	5952701.0	7493499.8	85928.1	9093.7
水上运输业	31	479424.8	1047432.9	293052.4	106499.7
航空运输业	9	753332.4	1251278.2	250521.9	60890.2
五、仓储业	75	1836277.1	3373165.8	186314.7	60634.7
六、商贸业	499	5327221.3	27094134.0	383297.1	397708.1
七、房地产业	392	13290767.3	52557015.7	922023.1	471158.3
八、信息传输、软件和信息技术服务业	31	249842.4	790748.5	140661.1	78511.9
其中:电信业					
九、社会服务业	295	11705723.3	28149538.5	217139.0	38020.7
十、教育文化广播业	25	94105.3	144913.2	4381.3	16562.1
十一、科学研究和技术服务业	30	156049.4	348585.1	209097.5	38494.1
十二、金融业	46	1332086.4	4374836.8	1027795.3	303558.4
十三、其他	9	40127.0	50433.9	−65263.4	5398.9

2018年江西省国有企业主要指标表

行　业	户数(户)	年末国有资产总量(万元)	资产总额(万元)	人均利润(元/人)	人均税费(元/人)
合　并	2438	90055907.7	292897033.1	121322.3	83487.7
合　计	2438	123160183.1	355292960.8	128122.0	80911.9
一、农林牧渔业	76	239182.3	1182774.9	5536.9	20829.8
其中：农业	41	164111.3	570999.2	−13419.9	25349.9
林业	13	11625.0	93247.6	−9757.0	5380.1
畜牧业	2	−2611.8	1423.6	−88652.4	0.0
渔业	9	23323.1	50530.2	−11702.9	421.7
二、工业	671	17748803.8	51500955.3	119338.0	75193.2
其中：煤炭工业	39	2250982.9	6066637.7	10615.6	14867.4
石油和石化工业					
冶金工业	123	8234280.0	23853609.8	196539.2	99361.7
建材工业	93	1084718.6	2315707.2	368334.3	203076.1
化学工业	67	1033391.2	2266085.4	109595.0	73969.0
森林工业					
食品工业	8	4879.5	48045.0	−40314.3	12677.5
烟草工业					
纺织工业	2	226318.5	477345.1	448980.7	4880.3
医药工业	5	123288.0	441196.8	214454.2	118939.3
机械工业	82	2428066.4	8682641.3	43105.8	65373.4
电子工业	9	17898.7	88685.7	41215.0	16249.7
电力工业	41	670365.3	1745678.6	105115.3	56170.6
市政公用工业	126	1233890.4	4369279.6	70386.2	38880.8
其他工业	75	439980.5	1145034.9	61245.8	62556.5
三、建筑业	285	24620152.5	67969334.6	216202.2	166364.6
四、交通运输业	178	19804361.0	48031170.8	88825.3	35071.9
其中：铁路运输业	6	143500.6	331447.6	−46984.2	31391.7

续表

行　业	户数(户)	年末国有资产总量(万元)	资产总额(万元)	人均利润(元/人)	人均税费(元/人)
道路运输业	155	19032852.4	46586538.6	91732.8	35444.2
水上运输业	10	449957.0	904402.8	1958.2	15172.9
航空运输业	3	127866.5	132852.2	−126082.8	9049.6
五、仓储业	40	215465.1	593388.9	86361.4	11288.4
六、商贸业	257	615358.2	8236527.5	−76454.6	81620.4
七、房地产业	225	18601488.2	46275901.0	400950.6	231916.2
八、信息传输、软件和信息技术服务业	33	32616.6	88009.2	24964.5	23144.7
其中:电信业					
九、社会服务业	455	26721436.3	63109018.2	44279.5	67450.7
十、教育文化广播业	66	1251835.6	3567004.6	201666.1	41319.8
十一、科学研究和技术服务业	90	2645637.0	5114248.3	125048.2	52206.1
十二、金融业	41	6804896.5	53406266.4	783321.9	368760.1
十三、其他	21	3858950.1	6218361.2	103955.6	1121.6

2018年山东省国有企业主要指标表

行　业	户数(户)	年末国有资产总量(万元)	资产总额(万元)	人均利润(元/人)	人均税费(元/人)
合　并	6730	131376820.2	758234744.6	108719.2	91571.7
合　计	6730	306673611.4	1028567020.4	146080.9	92899.0
一、农林牧渔业	105	374491.6	1440168.9	22277.1	18442.9
其中:农业	41	91718.6	313208.6	−41163.2	32445.3
林业	11	72636.6	211183.3	122927.6	20345.5
畜牧业	6	31839.3	66549.6	−34101.5	2240.7
渔业	22	110733.3	387466.4	117460.8	10243.1
二、工业	1629	73345061.6	275303019.4	148686.4	95125.2
其中:煤炭工业	197	27301148.6	88164103.5	168161.6	121050.6
石油和石化工业	11	1209540.1	3616063.8	397935.9	622037.7

续表

行　业	户数(户)	年末国有资产总量(万元)	资产总额(万元)	人均利润(元/人)	人均税费(元/人)
冶金工业	116	11936107.8	50676474.8	59208.5	66574.9
建材工业	97	966735.6	3205129.9	146915.5	85109.2
化学工业	155	8058510.3	27872804.9	531920.1	182251.8
森林工业	7	29840.6	138574.9	−42852.9	35117.5
食品工业	40	192646.6	614536.0	28627.7	35448.3
烟草工业					
纺织工业	24	157373.6	1167776.9	−1051.3	9478.4
医药工业	31	446611.9	2112305.2	61751.6	39846.5
机械工业	316	10032712.3	49882214.6	130223.6	63518.2
电子工业	97	3209906.4	13420895.8	138282.1	91823.4
电力工业	131	1277836.6	4152483.5	93771.6	43868.5
市政公用工业	282	6755308.4	22282584.3	−28961.5	37556.4
其他工业	123	1619164.5	7300737.5	102696.6	130811.2
三、建筑业	532	20210437.5	60585285.0	78045.4	90802.0
四、交通运输业	483	42161480.0	105903516.3	61583.5	30934.9
其中:铁路运输业	17	9388154.0	14844752.8	298695.8	51060.7
道路运输业	289	24725691.2	70849799.9	32803.1	23451.2
水上运输业	52	1297080.9	4900619.9	−175272.5	35834.9
航空运输业	27	2573141.1	4491910.6	7643.9	37258.1
五、仓储业	139	3179517.8	5235521.5	6386.8	37692.7
六、商贸业	773	4279512.1	33292519.7	32687.6	107392.2
七、房地产业	770	32403361.0	122838439.9	552168.7	349541.9
八、信息传输、软件和信息技术服务业	220	2040477.4	5207805.7	117892.1	75637.1
其中:电信业	1	95.8	206.3	479.0	3232.2
九、社会服务业	1261	106009447.4	217252959.1	226865.2	62634.1
十、教育文化广播业	188	1159242.2	2453541.0	15649.4	14760.4
十一、科学研究和技术服务业	374	1587346.7	4086941.3	−14377.3	31292.0
十二、金融业	214	19017937.6	191923457.5	457562.5	242497.9
十三、其他	42	905298.5	3043845.2	−11048.0	9621.9

2018年青岛市国有企业主要指标表

行　业	户数(户)	年末国有资产总量（万元）	资产总额（万元）	人均利润（元/人）	人均税费（元/人）
合　并	1210	21592254.1	164191699.5	118970.2	94361.1
合　计	1210	43849970.7	197205280.0	140024.5	95220.3
一、农林牧渔业	12	119240.0	287230.5	－99415.5	11772.9
其中：农业	4	1291.4	4335.2	146146.4	109263.1
林业	2	1922.5	96613.8	－39162.0	5655.0
畜牧业					
渔业	2	112866.1	172703.3	－786721.8	39610.2
二、工业	295	6200920.5	24928009.2	92568.9	83640.3
其中：煤炭工业					
石油和石化工业					
冶金工业	3	568.8	13180.7	92338.1	159714.2
建材工业	11	25613.6	132313.4	81386.4	137397.7
化学工业	44	1476682.8	4380927.4	114287.7	48452.4
森林工业	3	5893.6	83462.3	－507900.8	44337.6
食品工业	8	29562.2	69055.6	105924.5	80669.3
烟草工业					
纺织工业	5	7596.1	75187.2	－25808.5	25337.7
医药工业					
机械工业	32	332460.9	4370277.3	102971.5	64462.8
电子工业	22	2254853.4	7149423.0	162412.8	55258.7
电力工业	78	329283.6	1443943.8	0.0	0.0
市政公用工业	58	773412.7	3270618.2	－96838.5	38619.0
其他工业	29	964562.5	3938813.1	67330.4	137729.6
三、建筑业	50	1218605.8	5344931.3	60764.0	70218.7
四、交通运输业	129	9831709.8	24062105.9	85195.0	29286.9
其中：铁路运输业	1	68477.4	151891.6	－672519.1	802120.7
道路运输业	83	6191788.8	15035222.1	－4731.3	6954.6

续表

行业	户数(户)	年末国有资产总量(万元)	资产总额(万元)	人均利润(元/人)	人均税费(元/人)
水上运输业	14	266199.8	1737556.7	−1600996.0	66909.9
航空运输业	7	1339987.1	2494804.1	171755.6	62632.3
五、仓储业	19	2275401.3	2806108.2	−13269.3	145929.5
六、商贸业	116	274733.2	8539856.4	8999.0	119667.0
七、房地产业	170	5041290.0	17942635.7	1309145.1	626645.0
八、信息传输、软件和信息技术服务业	33	85058.5	722510.8	202080.8	137877.5
其中:电信业					
九、社会服务业	220	14605377.2	35174721.6	479434.3	120738.6
十、教育文化广播业	77	648177.5	1361855.7	87459.0	23472.4
十一、科学研究和技术服务业	31	128991.4	161152.6	1378.8	32017.5
十二、金融业	50	3361735.6	75654842.9	727019.8	323210.2
十三、其他	8	58729.9	219319.2	−33754.1	44791.2

2018 年河南省国有企业主要指标表

行业	户数(户)	年末国有资产总量(万元)	资产总额(万元)	人均利润(元/人)	人均税费(元/人)
合 并	1814	42005428.2	214531532.6	20616.6	45704.2
合 计	1814	78944348.3	290317419.2	35317.5	45660.6
一、农林牧渔业	22	201711.4	557297.7	23927.5	30697.8
其中:农业	15	61161.6	132714.4	24569.5	29826.4
林业	3	139094.9	403218.4	150381.7	195812.5
畜牧业	2	1032.8	1976.3	−89357.2	1265.9
渔业					
二、工业	699	23932324.4	115995349.5	26704.7	47644.0
其中:煤炭工业	291	13887041.3	74646967.5	18465.9	46120.3
石油和石化工业	7	−35737.0	344268.7	−191456.0	24052.2
冶金工业	48	3841364.9	11082520.0	81603.6	79222.1

续表

行　业	户数(户)	年末国有资产总量（万元）	资产总额（万元）	人均利润（元/人）	人均税费（元/人）
建材工业	43	631264.2	2035102.1	305336.3	227912.1
化学工业	90	2070533.3	13217698.7	10114.2	35403.8
森林工业	1	−59.5	962.6	−7796.1	9394.5
食品工业	8	26410.2	64693.1	−32710.5	19433.1
烟草工业					
纺织工业	7	84548.3	252494.6	−11614.1	22747.9
医药工业	1	−2620.3	1354.2	−4059.3	88515.5
机械工业	85	1554204.5	7083559.8	38725.5	22929.6
电子工业	8	140673.6	351610.1	76688.5	28595.7
电力工业	21	4435.4	1049253.4	−172834.1	23990.2
市政公用工业	55	1539723.3	4172865.8	75488.9	51538.2
其他工业	36	197220.9	1702501.4	−107500.7	25969.7
三、建筑业	137	10051545.0	24986459.5	45007.5	37649.7
四、交通运输业	75	6063799.9	16136794.4	6890.2	5492.4
其中:铁路运输业	5	47652.1	107329.7	42443.9	28087.1
道路运输业	61	6013770.4	16016961.8	5728.6	4986.3
水上运输业	1	728.1	2741.0	57039.6	32974.9
航空运输业	1	1172.6	4637.2	−1836905.9	0.0
五、仓储业	33	75123.8	367842.9	−24196.1	14035.8
六、商贸业	190	1046677.5	4252083.4	40391.9	58767.2
七、房地产业	167	6613297.9	21327809.3	366401.3	387939.1
八、信息传输、软件和信息技术服务业	29	161216.7	256936.4	−18036.2	19946.0
其中:电信业	1	4166.3	6937.3	3612.6	151.9
九、社会服务业	295	26405393.9	51206022.6	5240.2	29138.4
十、教育文化广播业	41	183836.6	500584.5	−128127.9	5736.3
十一、科学研究和技术服务业	71	162836.8	571719.1	−7385.6	46557.1
十二、金融业	37	3725592.9	52996351.1	921081.0	82684.5
十三、其他	18	320991.4	1162168.8	7124.7	11074.5

2018年湖北省国有企业主要指标表

行　业	户数(户)	年末国有资产总量(万元)	资产总额(万元)	人均利润(元/人)	人均税费(元/人)
合　并	3630	111929552.9	477259141.0	95636.3	68327.2
合　计	3630	188069341.9	584239650.8	106666.8	69247.2
一、农林牧渔业	147	1121234.7	3150727.7	5878.2	5192.0
其中:农业	61	379707.7	1179404.7	-517.9	4179.5
林业	7	6803.1	13088.3	102206.8	65097.2
畜牧业	30	55169.9	239742.8	37066.2	3477.4
渔业	27	124411.6	323812.1	6453.9	2960.0
二、工业	515	6550181.4	28429391.3	13885.8	38164.5
其中:煤炭工业	20	16495.6	227539.1	-987.3	32442.8
石油和石化工业	5	35649.1	687605.0	42481.6	115276.2
冶金工业	8	-105061.2	183753.0	-12356.2	3987.4
建材工业	21	360680.5	478009.6	667055.7	39426.3
化学工业	46	1350625.6	11615188.0	-56791.9	16254.0
森林工业	5	85054.3	398293.2	-575673.8	108485.5
食品工业	42	419939.4	1675715.1	122063.9	38071.1
烟草工业	1	3191.9	5054.6	2279.8	42977.6
纺织工业	17	145444.1	485006.4	43172.1	42472.9
医药工业	12	62051.8	301617.2	127056.4	66811.2
机械工业	114	1071347.8	3586561.1	8724.0	21005.0
电子工业	14	57804.6	233010.2	84747.5	29693.9
电力工业	39	144898.9	616982.4	25616.3	15493.6
市政公用工业	114	2571335.8	7046751.3	42261.5	33693.5
其他工业	57	330723.2	888305.0	40107.0	43842.8
三、建筑业	342	27938746.9	82707586.4	189062.0	165197.6
四、交通运输业	242	21180228.6	54859451.1	35753.7	11498.3
其中:铁路运输业	13	4384278.1	8760348.2	-359231.0	15981.6

续表

行　业	户数(户)	年末国有资产总量(万元)	资产总额(万元)	人均利润(元/人)	人均税费(元/人)
道路运输业	160	13698033.4	40306996.3	48782.2	9470.6
水上运输业	38	901174.6	2297696.8	11755.1	17238.5
航空运输业	11	2025759.3	3089260.4	－83633.2	36112.0
五、仓储业	160	1223460.5	3781406.5	91854.5	24031.6
六、商贸业	352	2093793.2	9147035.2	54776.2	49531.9
七、房地产业	631	26848313.8	97682925.9	566122.5	399800.2
八、信息传输、软件和信息技术服务业	57	146250.9	330478.2	86766.5	31722.5
其中:电信业					
九、社会服务业	791	91023770.4	221826901.4	227922.0	81682.5
十、教育文化广播业	82	460270.0	1080744.4	18843.6	11163.3
十一、科学研究和技术服务业	169	1099125.3	2106135.8	125730.8	51407.4
十二、金融业	103	7447786.1	77043259.4	689122.9	322725.6
十三、其他	39	936180.1	2093607.7	14139.7	7155.1

2018年湖南省国有企业主要指标表

行　业	户数(户)	年末国有资产总量(万元)	资产总额(万元)	人均利润(元/人)	人均税费(元/人)
合　并	2002	103065811.7	290695613.1	65877.6	69938.3
合　计	2002	143245804.6	373536887.0	86742.1	72364.3
一、农林牧渔业	56	387985.6	1065495.4	－5868.9	20153.6
其中:农业	19	234646.6	515653.0	－9976.5	40078.1
林业	12	18540.4	45291.0	－23482.5	16860.5
畜牧业	14	90701.4	228533.0	－4312.8	9516.0
渔业	1	－769.1	857.8	－255298.8	2208.1
二、工业	455	16799561.5	56003544.0	95773.5	71889.8
其中:煤炭工业	22	903927.2	2014126.5	15273.1	24553.1
石油和石化工业	1	5930.9	6186.7	－490911.3	484045.9

续表

行　业	户数(户)	年末国有资产总量（万元）	资产总额（万元）	人均利润（元/人）	人均税费（元/人）
冶金工业	60	7278640.6	17155821.7	275426.4	138139.3
建材工业	7	54900.4	281967.7	11592.5	46355.4
化学工业	39	681366.8	1567785.4	35559.4	24119.0
森林工业	3	7261.1	79835.1	－177515.2	216.9
食品工业	16	91655.3	267502.2	－28655.9	19371.1
烟草工业					
纺织工业	15	36054.8	159394.9	2740.4	8302.7
医药工业	10	127643.0	249761.4	120974.5	120103.3
机械工业	126	4352718.3	24025239.8	－1700.2	55806.8
电子工业	20	143892.2	321604.1	15162.5	49792.6
电力工业	64	1573416.4	4656505.4	129941.6	73863.2
市政公用工业	36	1267138.4	4716167.8	34043.7	45654.3
其他工业	34	241521.0	422179.8	61440.2	54935.4
三、建筑业	221	45249627.8	113924728.6	110638.8	87552.4
四、交通运输业	117	8862336.2	27764023.4	29128.7	21939.1
其中：铁路运输业	3	14827.1	17906.6	679.4	7492.4
道路运输业	87	6305673.3	24195882.3	26757.3	20260.6
水上运输业	13	869231.4	1095527.7	145193.0	93888.6
航空运输业	6	1528735.4	2127631.7	31556.2	24534.8
五、仓储业	46	567356.0	2302456.6	64926.3	17441.3
六、商贸业	182	1709561.8	7127824.9	－189792.3	186960.9
七、房地产业	295	27496127.9	66007374.9	299253.3	176734.9
八、信息传输、软件和信息技术服务业	37	187955.6	386321.7	358220.3	117396.9
其中：电信业					
九、社会服务业	382	36257821.1	83171188.7	107170.9	49897.8
十、教育文化广播业	21	497637.7	1287877.2	52675.9	20576.9
十一、科学研究和技术服务业	81	761485.0	1074355.8	33575.0	38687.4
十二、金融业	88	3295913.7	10097693.6	538040.5	199714.4
十三、其他	21	1172434.8	3324002.1	54924.7	20340.6

2018年广东省国有企业主要指标表

行　业	户数(户)	年末国有资产总量(万元)	资产总额(万元)	人均利润(元/人)	人均税费(元/人)
合　并	10544	237473305.2	1089813733.7	193087.3	156015.7
合　计	10544	514283872.3	1447219764.2	282101.7	152981.5
一、农林牧渔业	241	1098767.1	4413709.3	102670.9	35745.0
其中:农业	105	383460.8	1471738.1	125206.1	60717.5
林业	29	59093.7	136936.9	19680.9	1654.1
畜牧业	27	78829.8	313426.0	9462.9	7164.0
渔业	9	-27197.4	34507.7	-101302.5	7951.8
二、工业	1782	51514137.5	155286063.6	229678.0	147192.7
其中:煤炭工业	5	-945658.5	33780.6	-12738059.7	161634.9
石油和石化工业	3	11795.0	14335.6	478270.2	330767.3
冶金工业	119	3174033.3	8804333.1	249271.9	76645.3
建材工业	42	204112.7	541419.0	142179.4	87937.7
化学工业	141	1440185.3	5748325.7	68563.1	50049.0
森林工业	3	-15211.8	13295.8	129163.9	21977.1
食品工业	90	902581.2	1934294.9	-6819.8	48540.1
烟草工业	1	701.9	1184.0	56002.1	15042.6
纺织工业	35	156773.7	591393.5	-11239.7	11900.9
医药工业	44	1380245.8	4227458.8	234743.6	89997.2
机械工业	227	9588149.3	49974907.2	303426.0	216694.6
电子工业	87	1022911.8	4226411.0	86540.5	43955.3
电力工业	301	18798873.1	41444065.0	436462.2	221557.6
市政公用工业	493	12917051.7	30546214.9	173723.3	88055.9
其他工业	169	2899232.1	6319821.2	101254.3	88035.0
三、建筑业	599	26446774.2	61956423.7	132234.7	133791.8
四、交通运输业	874	120912766.4	239884350.2	145833.8	40528.1
其中:铁路运输业	13	10106887.9	17532666.8	-615945.8	18839.5

续表

行　业	户数(户)	年末国有资产总量(万元)	资产总额(万元)	人均利润(元/人)	人均税费(元/人)
道路运输业	574	93922560.7	194216876.8	149709.9	38143.3
水上运输业	196	8087067.1	13836394.8	251145.7	59210.2
航空运输业	38	7972013.5	11821608.3	184998.7	57044.2
五、仓储业	225	3352994.7	7586996.2	227775.4	148824.0
六、商贸业	1241	8002752.9	27416499.9	149381.9	163334.9
七、房地产业	1898	64207128.4	330560190.7	572015.7	466880.0
八、信息传输、软件和信息技术服务业	166	3809004.5	8049126.6	524014.3	42801.5
其中:电信业	5	96804.9	126393.3	379287.0	102364.5
九、社会服务业	2640	199554449.4	341250236.4	352176.8	59072.3
十、教育文化广播业	207	1495764.0	2074218.5	6758.4	20924.4
十一、科学研究和技术服务业	368	1742062.3	5654939.7	38715.4	42376.2
十二、金融业	243	31726372.4	262334024.2	722955.7	280834.0
十三、其他	60	420898.5	752985.3	13421.3	27895.7

2018年深圳市国有企业主要指标表

行　业	户数(户)	年末国有资产总量(万元)	资产总额(万元)	人均利润(元/人)	人均税费(元/人)
合　并	1674	65084090.0	337142880.1	305965.8	238065.2
合　计	1674	136935419.0	401421372.0	411242.7	239434.9
一、农林牧渔业	46	531031.9	2548892.5	100043.9	62933.6
其中:农业	23	115909.0	513880.0	276602.9	118747.0
林业	1	1249.1	1800.6	0.0	0.0
畜牧业					
渔业					
二、工业	266	8206574.0	21295842.1	122009.9	86007.0
其中:煤炭工业					
石油和石化工业	1	9000.0	9157.6	0.0	0.0

续表

行 业	户数(户)	年末国有资产总量(万元)	资产总额(万元)	人均利润(元/人)	人均税费(元/人)
冶金工业	1	-67.0	1445.6	-904162.1	41274.1
建材工业	1	18729.0	61844.1	19309.0	24546.4
化学工业	19	160883.5	301615.8	22366.5	21242.4
森林工业					
食品工业	5	26185.9	66475.9	143074.3	19266.4
烟草工业					
纺织工业	1	2746.4	4767.9	18232.3	3620.2
医药工业	1	85202.5	145932.0	245375.3	89007.9
机械工业	18	175189.7	641471.0	89169.6	66101.8
电子工业	10	276352.4	872748.9	4403.1	18599.5
电力工业	63	4514754.0	12081110.4	244446.4	261248.7
市政公用工业	137	2640665.8	6581453.8	168706.1	81058.9
其他工业	9	296931.7	527819.1	-56926.0	67402.3
三、建筑业	67	988903.2	5246717.1	251555.2	155784.4
四、交通运输业	106	33975716.7	56414312.1	303164.2	46849.2
其中:铁路运输业	1	0.0	85669.0	875836.3	15379.0
道路运输业	79	26955794.4	47709408.3	269578.3	42608.3
水上运输业	14	2752807.8	3527932.0	1607481.6	146642.9
航空运输业	8	4254526.5	5074842.6	398633.3	75235.6
五、仓储业	62	1290607.8	3077935.0	433977.5	419958.0
六、商贸业	88	1488587.1	3638259.8	251737.5	98110.9
七、房地产业	451	39385372.4	209025643.7	630428.2	519849.3
八、信息传输、软件和信息技术服务业	34	2010622.9	4659626.3	3075441.9	111028.6
其中:电信业	2	69745.4	75481.5	647619.0	226717.4
九、社会服务业	366	39431954.0	63457899.6	266421.1	61259.4
十、教育文化广播业	42	72250.9	115115.0	104707.9	65300.3
十一、科学研究和技术服务业	82	587129.4	1560066.5	79623.1	49090.7
十二、金融业	45	8666717.9	30009634.7	510776.7	282914.2
十三、其他	19	299950.6	371427.7	21346.9	33202.3

2018年广西壮族自治区国有企业主要指标表

行　业	户数(户)	年末国有资产总量（万元）	资产总额（万元）	人均利润（元/人）	人均税费（元/人）
合　并	3140	82788279.3	294380722.5	90449.6	85844.3
合　计	3140	139466889.2	407849685.8	128273.6	85064.9
一、农林牧渔业	87	1271894.3	4199970.5	－237244.5	87272.7
其中:农业	40	651585.4	2443844.4	－391990.4	18719.5
林业	21	472123.3	1307919.7	51543.4	55564.8
畜牧业	6	1656.6	14126.6	－34752.1	1350.5
渔业	3	－480.7	514.5	－76740.6	1011.3
二、工业	696	16304595.8	51635143.0	125518.3	78069.4
其中:煤炭工业	31	786586.2	2555389.7	15798.2	31208.7
石油和石化工业	7	71583.3	212035.0	249213.8	268037.0
冶金工业	78	4197203.1	15040508.8	236882.9	126878.6
建材工业	72	909021.2	2083005.0	121856.4	81790.8
化学工业	46	303231.5	1891437.6	3638.9	25095.0
森林工业	4	19347.5	76159.3	－43760.7	46808.9
食品工业	26	235684.8	1175785.4	－160167.5	60898.9
烟草工业					
纺织工业	4	47439.8	139760.4	18435.5	13404.1
医药工业	6	323523.3	515937.7	258696.4	214143.3
机械工业	114	1485652.9	6285879.5	63639.6	54579.6
电子工业	2	12794.4	68840.0	24364.8	34577.1
电力工业	151	6140681.2	16433111.1	60204.0	51788.4
市政公用工业	72	1362070.1	4029869.9	59451.7	43533.4
其他工业	83	409776.4	1127423.6	534514.2	15543.1
三、建筑业	224	22599675.0	63544664.6	115310.5	101986.4
四、交通运输业	196	12111123.7	37749240.6	33535.1	24852.0
其中:铁路运输业	5	58471.7	124373.3	－499379.4	94189.4

续表

行　业	户数(户)	年末国有资产总量(万元)	资产总额(万元)	人均利润(元/人)	人均税费(元/人)
道路运输业	101	9672298.0	30914050.7	58622.2	25591.9
水上运输业	44	664818.0	2065900.2	−162616.1	34431.2
航空运输业	16	1229472.6	3599758.4	4770.6	16557.1
五、仓储业	111	4379327.4	9159783.4	298934.6	71687.2
六、商贸业	559	3130706.0	13355557.0	57849.7	106793.5
七、房地产业	332	10121426.8	32854051.8	284670.0	245993.4
八、信息传输、软件和信息技术服务业	41	360465.7	975022.5	16251.5	8616.8
其中:电信业					
九、社会服务业	555	57383956.4	130674352.8	186000.5	80844.7
十、教育文化广播业	95	824328.3	2217264.5	13389.7	26938.0
十一、科学研究和技术服务业	88	224807.0	586533.4	65561.7	37639.5
十二、金融业	143	10709510.3	60733306.1	365319.4	185860.6
十三、其他	13	45072.5	164795.7	−130637.6	5684.5

2018年海南省国有企业主要指标表

行　业	户数(户)	年末国有资产总量(万元)	资产总额(万元)	人均利润(元/人)	人均税费(元/人)
合　并	976	14002886.1	50282261.3	19119.4	41754.6
合　计	976	24337912.3	59145045.6	26112.5	41909.6
一、农林牧渔业	147	3018086.1	5732728.2	12926.1	7452.4
其中:农业	98	2413549.8	4695680.9	14545.2	7729.9
林业	9	274635.6	296596.5	−29471.5	1687.0
畜牧业	15	167361.6	223814.6	−773.7	531.2
渔业	5	12812.9	16988.2	−12713.7	14303.5
二、工业	92	2640025.1	3564015.7	6957.1	27228.5
其中:煤炭工业					
石油和石化工业	1	0.0	7669.4	−108915.5	436782.4

续表

行　业	户数(户)	年末国有资产总量（万元）	资产总额（万元）	人均利润（元/人）	人均税费（元/人）
冶金工业	4	617841.4	674796.8	−449144.1	103152.1
建材工业	5	19732.2	27277.2	−10268.6	35899.0
化学工业	4	4867.6	15372.4	36762.2	2423.9
森林工业					
食品工业	10	18285.8	28196.7	−2567.6	2215.9
烟草工业					
纺织工业	1	2489.8	6164.6	14377.4	6787.3
医药工业					
机械工业	4	8956.4	11571.7	45428.4	23443.9
电子工业					
电力工业	24	487890.6	830532.4	31443.0	27619.6
市政公用工业	24	440937.7	780280.5	42921.9	36850.2
其他工业	14	1039900.3	1172617.8	−3029.1	11908.3
三、建筑业	107	2721442.5	7220898.4	137019.5	390206.9
四、交通运输业	84	991085.4	2337496.2	18930.5	33050.0
其中:铁路运输业					
道路运输业	59	206481.1	886607.9	15685.7	13201.4
水上运输业	18	626770.0	1268594.7	31731.4	107699.5
航空运输业	4	119984.8	122129.3	186715.7	18327.4
五、仓储业	46	724483.6	1084745.6	−18080.2	105222.9
六、商贸业	75	180378.0	922985.8	5426.1	58504.3
七、房地产业	170户	8310188.9	28057361.2	72994.2	117514.3
八、信息传输、软件和信息技术服务业	11	15541.0	30033.4	10155.0	41778.4
其中:电信业					
九、社会服务业	155	5314253.7	9129278.1	64256.3	39080.1
十、教育文化广播业	13	22823.3	71006.2	−28644.8	7352.8
十一、科学研究和技术服务业	41	20720.5	44548.0	16557.7	31392.7
十二、金融业	24	359606.6	907775.9	800599.5	363980.4
十三、其他	11	19277.7	42173.0	6409.3	5536.8

2018年重庆市国有企业主要指标表

行 业	户数(户)	年末国有资产总量(万元)	资产总额(万元)	人均利润(元/人)	人均税费(元/人)
合 并	3007	169819773.1	606221652.7	109027.8	93085.5
合 计	3007	244127221.7	714213588.7	127213.6	83319.4
一、农林牧渔业	117	3465415.6	6642833.5	58405.8	14510.6
其中:农业	41	2277133.9	4044722.9	71290.4	21765.8
林业	23	435213.9	1050665.5	−269572.1	32226.7
畜牧业	15	165789.5	297403.5	71937.5	2703.2
渔业	8	12615.5	22727.1	−20790.9	3715.6
二、工业	631	15574358.8	44134986.8	41217.8	56689.6
其中:煤炭工业	27	2118773.5	5649591.6	14584.9	33332.7
石油和石化工业					
冶金工业	20	382913.7	3285884.4	−3233.2	72052.6
建材工业	20	145252.6	644016.7	75478.2	109116.0
化学工业	70	1423026.4	6100026.7	15753.4	59425.7
森林工业	1	4045.6	4773.7	−149090.5	27967.0
食品工业	25	334052.9	880257.2	93971.7	62101.9
烟草工业	4	19745.4	60255.6	11071.0	43974.4
纺织工业	6	25217.9	71857.1	228000.2	200872.5
医药工业	30	667856.2	1943512.0	9863.1	72696.3
机械工业	104	3044638.7	8551129.7	49609.3	33773.8
电子工业	16	199577.4	550411.9	16587.5	13921.3
电力工业	86	1849629.4	5469995.0	30304.3	113100.5
市政公用工业	193	5349601.3	10325140.8	151179.8	88431.1
其他工业	28	530412.1	1788090.8	−11690.2	31374.7
三、建筑业	343	59502101.1	142634773.0	259055.3	160065.0
四、交通运输业	258	32254818.4	64963595.1	5580.9	19216.5

续表

行　业	户数(户)	年末国有资产总量(万元)	资产总额(万元)	人均利润(元/人)	人均税费(元/人)
其中:铁路运输业	4	740863.3	805028.6	－314186.9	5650.0
道路运输业	181	28780044.3	57893084.5	27695.2	18947.1
水上运输业	23	428176.5	1113633.6	12753.5	12300.0
航空运输业	18	2215643.7	4845417.5	－194713.7	25115.7
五、仓储业	88	932743.6	3721930.7	－117086.6	23977.1
六、商贸业	364	5013416.5	17778945.5	45693.3	65332.3
七、房地产业	276	32260034.3	81617277.1	395524.0	203636.2
八、信息传输、软件和信息技术服务业	36	357569.8	552979.1	60737.9	39519.5
其中:电信业					
九、社会服务业	576	81947236.5	168652947.3	184092.6	78130.3
十、教育文化广播业	54	1093570.9	1637980.4	65122.0	18849.7
十一、科学研究和技术服务业	106	334392.0	982136.0	65890.7	36382.6
十二、金融业	136	9765722.5	178015388.1	703965.6	351822.5
十三、其他	22	1625841.7	2877816.3	－59251.1	34018.4

2018年四川省国有企业主要指标表

行　业	户数(户)	年末国有资产总量(万元)	资产总额(万元)	人均利润(元/人)	人均税费(元/人)
合　并	4734	178456810.4	638076549.3	105372.3	83242.1
合　计	4734	290498217.8	818019088.2	146839.9	83209.5
一、农林牧渔业	95	1427802.8	4402638.9	281.4	10045.9
其中:农业	68	511530.4	1347683.9	－13629.7	7829.0
林业	8	209.6	54818.1	－9288.0	322.6
畜牧业	4	2105.1	5976.1	－27551.7	1008.2
渔业	4	1675.0	4584.8	－8876.0	378.7
二、工业	866	21641775.4	70604549.7	59587.8	67219.2
其中:煤炭工业	42	1094185.4	5583743.7	－2156.9	27816.0
石油和石化工业	1	2152.4	5316.2	－92894.9	10659.5

续表

行　业	户数(户)	年末国有资产总量（万元）	资产总额（万元）	人均利润（元/人）	人均税费（元/人）
冶金工业	29	270784.7	1021748.6	7817.3	64958.6
建材工业	74	590938.9	1918790.4	33108.2	52254.5
化学工业	65	1933513.9	6717244.5	67863.1	55340.6
森林工业	1	−2962.0	15197.1	−635410.2	68431.6
食品工业	16	74824.8	173907.4	47541.5	47560.9
烟草工业					
纺织工业	16	339781.2	1676546.9	−26442.1	22372.3
医药工业	11	1041.7	120509.3	−49717.6	15202.8
机械工业	98	1209547.4	7732869.1	71339.1	23939.8
电子工业	63	1000533.4	7580560.9	8824.0	18022.5
电力工业	156	8364810.0	21146079.0	274135.7	67632.5
市政公用工业	198	4899990.6	10169944.6	125255.0	69122.0
其他工业	79	1192755.1	4967921.0	40092.8	295904.3
三、建筑业	413	32798564.9	93350433.7	51470.2	112758.8
四、交通运输业	339	45648711.1	106962565.0	28189.9	22932.9
其中:铁路运输业	11	1205641.1	2468286.5	4128.1	45535.1
道路运输业	269	37009684.6	92877641.0	27972.0	19804.6
水上运输业	17	340851.4	999518.5	−47925.2	88157.2
航空运输业	30	6926815.7	10268524.0	44201.6	46288.2
五、仓储业	121	767111.4	1963863.5	10397.7	21158.8
六、商贸业	439	5912043.9	17937921.3	872610.0	333886.9
七、房地产业	512	30042653.3	96905308.5	256743.6	187254.4
八、信息传输、软件和信息技术服务业	108	456041.6	948941.1	151174.9	53370.1
其中:电信业	1	323.8	366.0	−17672.0	17001.0
九、社会服务业	1230	134735311.7	307395797.8	222054.2	55233.8
十、教育文化广播业	174	1613219.1	2839855.9	48055.6	19672.7
十一、科学研究和技术服务业	194	818986.5	1781646.3	43204.6	32416.7
十二、金融业	198	14091556.1	111844974.5	679366.2	266514.2
十三、其他	45	544439.9	1080592.0	6035.0	8314.8

2018年贵州省国有企业主要指标表

行　业	户数(户)	年末国有资产总量(万元)	资产总额(万元)	人均利润(元/人)	人均税费(元/人)
合　并	1566	50460505.9	180326119.3	244804.5	211434.3
合　计	1566	82780873.8	226612351.7	702295.6	211441.1
一、农林牧渔业	32	514570.4	1061944.2	25294.4	11315.9
其中:农业	24	485475.3	848180.8	10280.0	12759.6
林业					
畜牧业	4	645.8	8611.6	−83003.5	837.7
渔业					
二、工业	398	22443316.5	63952645.6	433542.7	150467.0
其中:煤炭工业	43	2471164.4	8975944.7	32942.3	47768.2
石油和石化工业	38	379166.2	520318.9	146681.8	91430.6
冶金工业	25	875809.3	3693958.6	6770.5	58345.8
建材工业	23	139399.6	658914.0	79631.4	39358.0
化学工业	77	3166115.7	13424462.4	45995.3	57152.3
森林工业	3	123227.5	248799.1	−92087.9	4970.4
食品工业	4	34772.1	29363.6	63023.5	10993.4
烟草工业					
纺织工业					
医药工业	1	135.9	425.2	−18523.5	3816.2
机械工业	25	119340.1	707045.8	−5512.4	16383.6
电子工业	27	947036.4	2402598.5	76850.2	43594.6
电力工业	58	3657041.2	15993229.9	−454434.2	270914.7
市政公用工业	29	867949.3	2186818.3	63981.6	45635.4
其他工业	47	9664025.3	15115966.6	2008917.1	453302.9
三、建筑业	158	13215763.4	36912323.7	96555.7	164660.3
四、交通运输业	93	7122916.5	13494214.3	−29353.2	31882.4
其中:铁路运输业	4	139267.7	387188.1	−1234444.3	68672.0

续表

行　业	户数(户)	年末国有资产总量（万元）	资产总额（万元）	人均利润（元/人）	人均税费（元/人）
道路运输业	66	4322237.3	8855132.7	－32.4	17876.7
水上运输业	2	2633.2	2728.8	－79773.4	1002.3
航空运输业	16	2252682.7	3456516.3	－76533.9	54499.0
五、仓储业	28	405080.2	1416089.6	－37388.1	57506.3
六、商贸业	323	5264569.4	16398098.3	9528964.7	2081145.8
七、房地产业	131	3358786.0	12195630.9	128709.2	203552.8
八、信息传输、软件和信息技术服务业	14	11276.7	62356.0	－60979.5	28343.0
其中:电信业					
九、社会服务业	291	29174500.7	68185631.9	85600.7	37872.6
十、教育文化广播业	22	75154.2	195584.5	－38948.1	7887.3
十一、科学研究和技术服务业	52	255531.7	666815.8	17297.5	42166.6
十二、金融业	17	892241.9	11964361.7	11184807.2	2775309.2
十三、其他	7	47166.1	106655.2	－29431.1	4466.1

2018 年云南省国有企业主要指标表

行　业	户数(户)	年末国有资产总量（万元）	资产总额（万元）	人均利润（元/人）	人均税费（元/人）
合　并	4088	107379819.4	415417998.1	47385.0	74323.1
合　计	4088	197251614.9	552599750.1	83075.5	72931.6
一、农林牧渔业	194	2659063.7	4789006.8	－21529.1	10845.0
其中:农业	107	1220316.2	2500217.6	－12289.0	10558.8
林业	43	1279690.8	1936912.3	－55750.7	8681.2
畜牧业	6	3920.6	10500.1	－105275.9	2684.9
渔业	1	52.9	61.4	0.0	0.0
二、工业	799	17662876.0	59738698.6	32253.2	71130.2
其中:煤炭工业	25	1198037.4	2382984.8	203649.0	138329.6
石油和石化工业	1	13228.6	50484.6	－35313.4	217.6

续表

行　业	户数(户)	年末国有资产总量（万元）	资产总额（万元）	人均利润（元/人）	人均税费（元/人）
冶金工业	77	4463196.4	16662953.2	10821.0	78819.1
建材工业	90	1530063.3	4862714.2	106581.1	112332.2
化学工业	52	3007403.4	12432514.7	－20026.8	54095.4
森林工业	2	1687.9	20373.5	－33199.7	1159.1
食品工业	22	163575.0	508152.6	－15337.2	9213.1
烟草工业					
纺织工业					
医药工业	11	160067.0	708676.7	－95970.9	70503.8
机械工业	57	1037405.3	3479643.8	90653.0	42396.1
电子工业	18	155788.1	273821.1	41652.1	29155.2
电力工业	73	1776498.6	5287561.5	－22329.5	73530.4
市政公用工业	299	4008176.8	11472666.1	83181.5	86370.1
其他工业	71	142389.1	1590240.0	5791.6	36086.5
三、建筑业	316	17620685.6	51481138.7	182561.1	117289.0
四、交通运输业	149	17572926.1	43649932.6	－39318.5	19744.3
其中:铁路运输业	6	77724.8	292286.4	44281.4	77588.3
道路运输业	110	13134864.5	36887561.9	－57835.9	17698.1
水上运输业	5	106057.9	119476.1	－21277.1	5918.7
航空运输业	17	4129213.9	6076555.3	2415.4	18874.4
五、仓储业	107	699475.7	2952688.7	25060.2	35195.4
六、商贸业	335	2131477.2	11224750.5	－64647.1	107227.0
七、房地产业	424	16827376.6	66536268.1	200000.0	213740.5
八、信息传输、软件和信息技术服务业	101	697498.4	1953177.4	23513.0	16224.7
其中:电信业					
九、社会服务业	1210	111106614.4	260083629.5	242372.8	61271.7
十、教育文化广播业	151	996898.8	1998726.5	39631.0	14308.4
十一、科学研究和技术服务业	165	737855.6	4609790.8	73129.6	42758.3
十二、金融业	99	7938790.0	41068834.5	313379.9	193417.0
十三、其他	38	600076.7	2513107.5	－76139.3	5574.9

2018年西藏自治区国有企业主要指标表

行　业	户数(户)	年末国有资产总量(万元)	资产总额(万元)	人均利润(元/人)	人均税费(元/人)
合　并	394	4247487.2	19770889.4	140181.9	105440.9
合　计	394	6923383.8	22030584.5	170568.3	112738.8
一、农林牧渔业	25	133641.8	699468.5	30043.1	14830.5
其中:农业	14	103942.4	298751.4	−6328.3	5491.4
林业	3	20801.6	291523.3	881060.0	218169.8
畜牧业	4	5869.5	79562.2	−75549.1	1572.3
渔业					
二、工业	74	1262944.1	2895743.9	319575.4	151435.9
其中:煤炭工业					
石油和石化工业					
冶金工业	4	58609.9	86076.8	1156.7	47299.3
建材工业	33	783208.0	1334332.0	805771.6	296462.9
化学工业	4	72955.3	163779.0	−32350.5	77774.2
森林工业					
食品工业	6	8975.5	23546.1	100142.4	17233.2
烟草工业					
纺织工业	2	756.4	12933.5	−1560.7	11644.6
医药工业	3	33466.8	50758.0	36092.6	69226.4
机械工业					
电子工业					
电力工业					
市政公用工业	8	54333.9	691428.9	117910.4	24202.2
其他工业	14	250638.2	532889.6	−136130.1	42604.4
三、建筑业	56	635235.1	2710760.3	517190.5	268847.5
四、交通运输业	33	207788.5	2210324.4	36481.5	95670.3
其中:铁路运输业					

续表

行　业	户数(户)	年末国有资产总量(万元)	资产总额(万元)	人均利润(元/人)	人均税费(元/人)
道路运输业	30	126496.0	500439.9	－6687.8	24435.9
水上运输业	1	－38.6	796.6	－64129.7	0.0
航空运输业	2	81331.1	1709088.0	72677.9	154976.5
五、仓储业	3	20640.0	23241.4	249356.7	58480.6
六、商贸业	33	72637.9	206324.5	38818.3	84016.3
七、房地产业	35	2476341.1	6770949.4	299950.7	218563.4
八、信息传输、软件和信息技术服务业	6	33297.0	45138.2	－218294.6	146242.5
其中:电信业					
九、社会服务业	97	1914488.7	5982510.7	50723.3	23288.9
十、教育文化广播业	8	33846.0	286984.2	40402.0	20384.2
十一、科学研究和技术服务业	15	27164.3	47105.0	106432.5	35721.2
十二、金融业	3	98242.1	136174.8	610739.2	82344.3
十三、其他	6	7117.1	15859.2	－248264.9	2569.5

2018年陕西省国有企业主要指标表

行　业	户数(户)	年末国有资产总量(万元)	资产总额(万元)	人均利润(元/人)	人均税费(元/人)
合　并	2974	77604854.4	346321749.7	68359.0	131705.8
合　计	2974	155747169.7	482061137.6	103172.2	136917.7
一、农林牧渔业	84	529793.1	1369063.1	－557.1	2745.8
其中:农业	58	184258.6	666977.5	4011.0	3229.2
林业	8	13370.7	15728.1	－12602.4	58.9
畜牧业	2	870.1	3236.0	8166.8	11.9
渔业	2	454.6	11033.9	－960942.6	1017.1
二、工业	1115	62297657.8	170472117.5	113725.8	188787.2
其中:煤炭工业	101	18556519.5	42218315.0	482785.5	263649.5
石油和石化工业	60	16494399.6	43446548.9	－83037.4	622538.1

续表

行　业	户数(户)	年末国有资产总量（万元）	资产总额（万元）	人均利润（元/人）	人均税费（元/人）
冶金工业	89	5191026.7	21905522.0	64874.4	76593.3
建材工业	46	1918087.4	6261370.5	24048.5	28989.4
化学工业	101	7271759.4	18516907.6	76800.7	117149.0
森林工业	3	429.9	12698.9	－13242.6	3215.9
食品工业	33	76351.7	377132.3	5634.9	23750.3
烟草工业					
纺织工业	25	454337.4	1104475.3	－19734.3	2947.7
医药工业	19	158348.4	939955.5	99749.8	279342.3
机械工业	236	3496138.3	10739702.8	19304.6	32132.1
电子工业	65	358715.9	1604848.3	8544.7	14956.2
电力工业	131	4341476.3	13353012.4	48517.0	77952.4
市政公用工业	148	2760753.0	6965211.4	51594.5	48731.3
其他工业	53	673443.9	1642132.9	117327.9	153529.0
三、建筑业	266	7870689.6	30206675.7	85088.6	64227.0
四、交通运输业	108	28500154.2	72664611.7	6051.8	19108.7
其中：铁路运输业	22	4132189.4	6120116.3	－84360.5	45461.9
道路运输业	62	21315313.4	61342235.3	－4073.7	14134.5
水上运输业	1	691.1	7359.5	27450.9	61673.0
航空运输业	20	2478038.6	3330519.2	32794.1	20876.6
五、仓储业	53	590290.9	1446743.1	45294.8	25741.9
六、商贸业	353	3496481.5	16361754.5	204093.2	124478.2
七、房地产业	221	6600910.7	32628824.5	164931.8	109569.0
八、信息传输、软件和信息技术服务业	33	49736.5	198528.8	5865.9	39424.5
其中：电信业					
九、社会服务业	404	35873435.4	86717492.4	109253.3	31147.5
十、教育文化广播业	24	157466.1	385286.1	59039.4	40564.3
十一、科学研究和技术服务业	199	1497151.4	4194956.2	25725.0	29597.6
十二、金融业	88	7799724.4	64536972.6	262040.0	231846.7
十三、其他	26	483678.0	878111.4	5149.6	2742.0

2018 年甘肃省国有企业主要指标表

行　业	户数(户)	年末国有资产总量(万元)	资产总额(万元)	人均利润(元/人)	人均税费(元/人)
合　并	2103	50828702.2	182776171.9	28305.2	59116.1
合　计	2103	91011350.6	239250372.1	37124.0	59069.4
一、农林牧渔业	95	778678.9	2661240.2	5284.9	3641.2
其中:农业	73	703457.3	2466241.7	2269.8	3590.8
林业	5	5508.0	9339.7	171139.5	19780.5
畜牧业	11	60528.4	169599.1	33189.3	2567.2
渔业					
二、工业	508	21788336.7	62197977.7	40192.2	60446.4
其中:煤炭工业	33	3232817.4	6155631.7	33974.8	57644.1
石油和石化工业					
冶金工业	75	11329272.6	33788194.3	63744.1	78844.2
建材工业	46	318821.9	1150314.2	17534.1	36714.2
化学工业	28	238424.6	1155843.1	－24642.2	29079.4
森林工业					
食品工业	16	63143.0	172717.5	－2526.5	19091.3
烟草工业					
纺织工业	2	94279.8	227598.5	－9523.1	4495.0
医药工业	8	212667.1	620335.6	61779.8	46227.2
机械工业	94	1825488.4	7093942.5	－2372.0	32239.9
电子工业	4	5526.7	24534.3	20760.4	19316.1
电力工业	71	2360306.5	6871786.0	123700.4	119267.8
市政公用工业	92	1289299.1	3244526.6	－11382.6	22134.7
其他工业	39	1766819.9	2648318.2	18137.5	34118.0
三、建筑业	271	11956927.8	33914385.3	49891.2	63062.0
四、交通运输业	127	20063768.1	53675093.3	－36157.6	40727.5
其中:铁路运输业	3	2985597.2	3654767.7	－70827.7	143803.8

续表

行　业	户数(户)	年末国有资产总量（万元）	资产总额（万元）	人均利润（元/人）	人均税费（元/人）
道路运输业	104	16291047.1	47500350.5	－29559.2	41871.5
水上运输业	5	7777.0	14482.6	3217.6	7645.1
航空运输业	15	779346.8	2505492.4	－111329.3	22511.1
五、仓储业	90	472610.9	1456425.4	85328.5	7396.9
六、商贸业	180	456429.2	4676118.2	－116307.6	90351.6
七、房地产业	152	6174507.2	26180696.7	144713.8	235046.7
八、信息传输、软件和信息技术服务业	19	60873.4	226149.9	33436.0	32927.7
其中：电信业	1	282.6	331.5	－86885.1	756.6
九、社会服务业	401	19489253.6	35691830.7	－11179.9	36740.2
十、教育文化广播业	42	400070.9	1130991.7	40486.0	28193.5
十一、科学研究和技术服务业	137	773430.7	1768534.0	68133.2	48647.4
十二、金融业	66	7659316.0	14495516.9	457254.5	178093.0
十三、其他	15	937147.2	1175412.2	316838.9	2493.8

2018 年青海省国有企业主要指标表

行　业	户数(户)	年末国有资产总量（万元）	资产总额（万元）	人均利润（元/人）	人均税费（元/人）
合　并	511	13464449.9	62147989.0	－116684.0	71673.1
合　计	511	29301461.7	88674247.9	－167798.4	71710.1
一、农林牧渔业	21	112835.7	264314.7	4541.2	3568.9
其中：农业	14	92461.0	213244.0	－463.5	6094.4
林业	1	1522.7	1635.3	－586881.4	0.0
畜牧业	4	4790.6	12164.9	－5276.9	850.4
渔业					
二、工业	180	12929620.5	43299279.4	－233766.1	77294.7
其中：煤炭工业	18	6362521.5	8317991.2	26707.0	67685.9
石油和石化工业					

续表

行 业	户数(户)	年末国有资产总量（万元）	资产总额（万元）	人均利润（元/人）	人均税费（元/人）
冶金工业	46	3422916.5	19435940.0	－376399.0	73098.4
建材工业	7	20239.2	122914.1	－14004.5	22829.4
化学工业	31	1867093.7	10111656.1	－168672.7	109167.5
森林工业					
食品工业	8	35771.2	70617.7	－4159.8	28470.4
烟草工业					
纺织工业					
医药工业					
机械工业	7	69020.0	387970.0	－68569.0	12576.3
电子工业					
电力工业	44	1107277.4	3904416.9	13756.7	66392.4
市政公用工业	10	177861.2	624545.4	－15611.8	15262.0
其他工业	9	－133080.3	323227.9	－297401.9	76853.2
三、建筑业	22	1116104.4	3193097.9	60344.9	19832.0
四、交通运输业	33	185950.7	714128.0	20156.3	11665.4
其中:铁路运输业	2	978.3	12080.3	－230919.9	758.9
道路运输业	29	177410.6	608165.8	22211.1	11475.8
水上运输业					
航空运输业	1	6543.4	92861.8	－2413.7	31114.8
五、仓储业	8	83959.7	218843.7	237689.2	43459.5
六、商贸业	49	311405.0	1393417.7	47613.2	154153.3
七、房地产业	46	448263.8	1662594.7	－25897.4	45272.1
八、信息传输、软件和信息技术服务业	3	4925.2	10786.9	－35343.9	32500.4
其中:电信业					
九、社会服务业	92	12368113.0	24495576.9	－92293.5	89816.8
十、教育文化广播业	5	17491.4	74892.4	1429.5	3714.1
十一、科学研究和技术服务业	19	41180.2	142906.0	32119.3	16426.6
十二、金融业	31	1637655.0	13149011.3	－449870.2	350739.2
十三、其他	2	43957.2	55398.3	－30048.0	27.9

2018年宁夏回族自治区国有企业主要指标表

行　业	户数(户)	年末国有资产总量(万元)	资产总额(万元)	人均利润(元/人)	人均税费(元/人)
合　并	597	14746149.1	38778453.2	26744.6	47998.9
合　计	597	25661257.4	48445501.0	40346.3	48429.3
一、农林牧渔业	63	1028995.8	1998263.2	6830.5	1845.9
其中:农业	35	947526.0	1607370.0	420.0	1120.8
林业	10	12129.1	90464.1	−4886.9	15158.2
畜牧业	8	59073.4	272144.6	44254.2	1110.2
渔业	4	6611.0	14590.3	59379.1	15945.3
二、工业	88	1410963.3	4321501.9	51409.3	91830.0
其中:煤炭工业	8	44987.9	122803.4	−23248.7	40674.5
石油和石化工业					
冶金工业					
建材工业	1	300.0	1129.4	0.0	0.0
化学工业	5	21591.7	39719.3	37106.0	43320.3
森林工业					
食品工业	6	−27860.4	37560.0	−1251597.4	29287.1
烟草工业					
纺织工业					
医药工业					
机械工业	2	4763.0	36880.1	−363036.3	17781.0
电子工业					
电力工业	5	144943.9	702297.7	67353.1	25818.8
市政公用工业	51	1212726.7	3228490.1	81615.2	116556.7
其他工业	11	10044.5	153155.8	−8300.9	22968.0
三、建筑业	53	372698.2	1567123.1	27581.7	94955.8
四、交通运输业	52	5939648.8	11942167.2	6684.9	26722.9
其中:铁路运输业	6	2424938.6	3388735.0	174138.6	90457.4

续表

行 业	户数(户)	年末国有资产总量(万元)	资产总额(万元)	人均利润(元/人)	人均税费(元/人)
道路运输业	33	3446854.8	8324585.9	−16703.1	15674.4
水上运输业	3	46798.1	194561.0	−115554.9	18844.4
航空运输业	7	18380.6	25483.5	−223288.0	12922.6
五、仓储业	6	59813.3	69253.6	−5197.0	1363.9
六、商贸业	29	30252.4	122319.7	−4424.8	23001.4
七、房地产业	40	747248.3	2971420.6	4592.2	101876.5
八、信息传输、软件和信息技术服务业	12	84789.1	120805.6	29107.7	43642.1
其中:电信业					
九、社会服务业	179	14930829.4	23804630.0	81165.1	45463.9
十、教育文化广播业	18	24989.6	84057.4	−86414.2	1797.6
十一、科学研究和技术服务业	40	59886.5	94507.4	36482.5	23279.5
十二、金融业	17	971142.7	1349451.4	991467.7	169591.3
十三、其他	0	0.0	0.0	0.0	0.0

2018年新疆维吾尔自治区国有企业主要指标表

行 业	户数(户)	年末国有资产总量(万元)	资产总额(万元)	人均利润(元/人)	人均税费(元/人)
合 并	2027	55923639.4	156972531.2	55808.5	54696.8
合 计	2027	76201237.8	182159808.2	83057.8	54722.8
一、农林牧渔业	193	1712146.8	3206586.0	2196.2	4193.5
其中:农业	76	1080032.9	1777063.1	5490.4	3020.3
林业	34	279459.1	332438.8	−10857.5	3303.4
畜牧业	41	208026.2	409614.5	3722.4	1493.4
渔业	2	−55.7	626.9	335786.5	14406.1
二、工业	385	9803481.1	24587303.7	72146.1	55461.2
其中:煤炭工业	10	647379.0	2226822.5	122134.3	83127.2
石油和石化工业	12	293965.5	594750.1	83356.4	105656.2

续表

行　业	户数(户)	年末国有资产总量（万元）	资产总额（万元）	人均利润（元/人）	人均税费（元/人）
冶金工业	39	1575847.0	4115510.9	90112.4	74091.3
建材工业	26	47191.7	293523.0	−70763.9	102689.2
化学工业	39	2979936.2	8594907.8	119687.1	73939.9
森林工业					
食品工业	15	49449.5	220528.3	−17153.0	40381.4
烟草工业					
纺织工业	11	413158.4	1278178.6	87097.9	11407.0
医药工业	1	3094.1	6964.3	16108.4	27351.0
机械工业	14	84217.0	261487.6	−49536.5	41216.3
电子工业					
电力工业	34	620295.1	1286465.1	469598.8	41707.3
市政公用工业	142	2945811.9	5424292.4	−50421.2	19343.3
其他工业	44	195193.2	388999.2	38457.0	47343.9
三、建筑业	168	3129287.0	11238182.9	150723.0	104245.5
四、交通运输业	91	2939367.8	5733733.5	3693.7	13121.3
其中：铁路运输业	4	62418.1	304666.5	−224494.0	191931.2
道路运输业	67	1525100.5	3325468.1	4145.5	10451.2
水上运输业	1	1073.3	11678.0	13059.5	28331.5
航空运输业	6	1234010.1	1763784.0	−6313.2	14879.4
五、仓储业	86	152880.0	842950.5	−2159.1	10572.6
六、商贸业	181	1210469.6	7580828.8	723712.5	206306.3
七、房地产业	177	5334892.0	18752073.1	225618.5	199021.6
八、信息传输、软件和信息技术服务业	39	340948.2	706013.5	37779.1	12946.1
其中：电信业					
九、社会服务业	515	47629880.1	86401635.1	32237.1	31620.1
十、教育文化广播业	34	243338.1	676661.7	56163.8	45656.3
十一、科学研究和技术服务业	103	523845.1	744631.8	39960.4	34372.1
十二、金融业	42	3163567.5	21552279.2	908861.9	384856.6
十三、其他	13	17134.7	136928.5	−9536.5	5051.6

2018年新疆生产建设兵团国有企业主要指标表

行 业	户数(户)	年末国有资产总量(万元)	资产总额(万元)	人均利润(元/人)	人均税费(元/人)
合 并	1840	10225355.8	58300646.7	22834.8	63413.7
合 计	1840	19706611.4	78423349.3	27538.5	63044.8
一、农林牧渔业	265	1259188.6	6242766.0	−145.5	9893.5
其中:农业	92	494993.8	2688840.7	−43591.1	19903.3
林业	7	45446.1	117853.5	−1064.5	10613.0
畜牧业	54	371686.7	1082206.7	18112.5	2072.5
渔业					
二、工业	405	5417950.7	20965505.3	32456.7	74765.8
其中:煤炭工业	20	49230.1	861102.4	−22695.6	72650.4
石油和石化工业	3	11808.6	40067.1	25570.8	4634.4
冶金工业	11	58315.3	160106.8	−9950.7	114039.5
建材工业	66	505645.9	2289961.3	−48716.0	79382.5
化学工业	51	2231857.7	7579530.3	114737.7	102768.0
森林工业	3	1049.9	7655.5	−227202.1	11007.7
食品工业	99	311530.7	1729263.0	−12574.8	32165.6
烟草工业					
纺织工业	3	40816.5	72164.5	787.1	20889.0
医药工业	6	273977.9	675517.7	−57035.8	70342.5
机械工业	10	8683.0	106453.5	−166698.2	23156.2
电子工业	4	11790.8	45885.4	44362.0	42857.1
电力工业	50	1274063.0	6003752.9	−27302.9	37885.0
市政公用工业	38	348795.5	782289.5	7677.1	22066.8
其他工业	42	290368.8	611966.9	237468.9	217323.2
三、建筑业	198	1437857.3	9525346.2	18145.4	87878.4
四、交通运输业	60	604579.2	1929953.0	20378.7	26893.5
其中:铁路运输业	3	30626.4	82170.1	−6297.7	21416.4

续表

行　业	户数(户)	年末国有资产总量 (万元)	资产总额 (万元)	人均利润 (元/人)	人均税费 (元/人)
道路运输业	48	448575.9	1570953.0	32760.1	31360.8
水上运输业					
航空运输业	4	123564.9	270163.2	－32603.2	6308.9
五、仓储业	20	132816.3	765568.8	－487146.0	49044.9
六、商贸业	319	1444429.6	8338843.3	115082.0	115619.5
七、房地产业	100	511102.6	2872843.1	187292.5	263467.2
八、信息传输、软件和信息技术服务业	8	－206.0	22123.9	29037.2	28671.7
其中：电信业	1	251.4	282.5	8908.1	5772.1
九、社会服务业	321	7828293.6	25400801.5	－22064.8	16155.4
十、教育文化广播业	20	2157.5	71295.3	－48096.3	5389.0
十一、科学研究和技术服务业	59	251012.5	698377.1	96200.4	42240.7
十二、金融业	59	816256.8	1588229.4	1594999.3	519782.7
十三、其他	6	1172.7	1696.5	16044.7	0.0

2019
CHINA'S STATE-OWNED
ASSETS SUPERVISION AND
ADMINISTRATION YEARBOOK

中国国有资产监督管理年鉴

国有资产监督管理政策法规选编

第六篇

中共中央办公厅、国务院办公厅印发《关于加强国有企业资产负债约束的指导意见》

(2018年5月11日,召开中央全面深化改革委员会第二次会议。会议审议通过了《关于加强国有企业资产负债约束的指导意见》。2018年9月,中共中央办公厅、国务院办公厅印发了《关于加强国有企业资产负债约束的指导意见》,并发出通知,要求各地区各部门结合实际认真贯彻落实。)

为深入贯彻习近平新时代中国特色社会主义思想和党的十九大精神,落实中央经济工作会议、全国金融工作会议和中央财经委员会第一次会议部署,加强国有企业资产负债约束,降低国有企业杠杆率,推动国有资本做强做优做大,增强经济发展韧性,提高经济发展质量,现提出如下指导意见。

一、总体要求

(一)总体目标。加强国有企业资产负债约束是打好防范化解重大风险攻坚战的重要举措。要通过建立和完善国有企业资产负债约束机制,强化监督管理,促使高负债国有企业资产负债率尽快回归合理水平,推动国有企业平均资产负债率到2020年年末比2017年年末降低2个百分点左右,之后国有企业负债率基本保持在同行业同规模企业的平均水平。

(二)基本原则

——坚持全面覆盖与分类管理相结合。所有行业、所有类型国有企业均纳入资产负债约束管理体制。同时,根据不同行业资产负债特征,分行业设置国有企业资产负债约束指标标准。突出监管重点,对超出约束指标标准的国有企业,结合企业所处发展阶段,在综合评价企业各类财务指标和业务发展前景基础上,根据风险大小采取适当管控措施。严格控制产能过剩行业国有企业资产负债率,适度灵活掌握有利于推动经济转型升级发展的战略性新兴产业、创新创业等领域的国有企业资产负债率。

——坚持完善内部治理与强化外部约束相结合。加强国有企业资产负债约束要与深化国有企业改革、建立现代企业制度、优化企业治理结构等有机结合,建立健全长效机制。同时,通过强化考核、增强企业财务真实性和透明度、合理限制债务融资和投资等方式,加强国有企业资产负债外部约束。

——坚持提质增效与政策支持相结合。各有关方面要积极主动作为,根据总体目标要求进一步明确高负债国有企业降低资产负债率的目标、步骤、方式,并限期完成。国有企业要坚持提质增效、苦练内功,通过扩大经营积累增强企业资本实力,在严防国有资产流失前提下,不断降低资产负债率。同时,要为高负债国有企业降低资产负债率创造良好政策和制度环境,完善资本补充机制,扩大股权融资,支持盘活存量资产,稳妥有序开展债务重组和市场化债转股。

二、分类确定国有企业资产负债约束指标标准

国有企业资产负债约束以资产负债率为基础约束指标,对不同行业、不同类型国有企业实行分类管理并动态调整。原则上以本行业上年度规模以上全部企业平均资产负债率为基准线,基准线加5个百分点为本年度资产负债率预警线,基准线加10个百分点为本年度资产负债率重点监管线。国有企业集团合并报表资产负债率预警线和重点监管线,可由相关国有资产管理部门根据主业构成、发展水平以及分类监管要求确定。邮政、铁路等特殊行业或无法取得统计数据行业的企业资产负债率预警线和重点监管线,由相关国有资产管理部门根据国家政策导向、行业情况并参考国际经验确定。

由国务院国资委履行出资人职责的中央企业,资产负债率管控工作继续执行现行要求,实践中再予以调整完善。金融类国有企业资产负债约束按照现有管理制度和标准实施。

三、完善国有企业资产负债自我约束机制

(一)合理设定资产负债率水平和资产负债结构。国有企业要根据相应资产负债率预警线和重点监管

线,综合考虑市场前景、资金成本、盈利能力、资产流动性等因素,加强资本结构规划与管理,合理设定企业资产负债率和资产负债结构,保持财务稳健、有竞争力。

(二)加强资产负债约束日常管理。国有企业经营管理层要忠实勤勉履职,审慎开展债务融资、投资、支出、对外担保等业务活动,防止有息负债和或有债务过度累积,确保资产负债率保持在合理水平。在年度董事会或股东(大)会议案中,要就资产负债状况及未来资产负债计划进行专项说明,并按照规范的公司治理程序,提交董事会或股东(大)会审议。在企业可能或已实质陷入财务困境时,要及时主动向相关债权人通报有关情况,依法依规与相关债权人协商,分类稳妥处置相关债务。

(三)强化国有企业集团公司对所属子企业资产负债约束。国有企业集团公司要根据子企业所处行业等情况,按照国有企业资产负债率控制指标要求,合理确定子企业的资产负债率水平,并将子企业的资产负债约束纳入集团公司考核体系,确保子企业严格贯彻执行。国有企业集团公司要进一步强化子企业资产、财务和业务独立性,减少母子企业、子企业与子企业之间的风险传染。

(四)增强内源性资本积累能力。国有企业要牢固树立新发展理念,以提高发展质量和效益为中心,着力提升经营管理水平,进一步明确并聚焦主业瘦身健体,通过创新驱动提高生产率,增强企业盈利能力,提高企业资产和资本回报率,为企业发展提供持续的内源性资本。

四、强化国有企业资产负债外部约束机制

(一)建立科学规范的企业资产负债监测与预警体系。相关国有资产管理部门要建立以资产负债率为核心,以企业成长性、效益、偿债能力等方面指标为辅助的企业资产负债监测与预警体系。对资产负债率超过预警线和重点监管线的国有企业,相关国有资产管理部门要综合分析企业所在行业特点、发展阶段、有息负债和经营性负债等债务类型结构、短期负债和中长期负债等债务期限结构,以及息税前利润、利息保障倍数、流动比率、速动比率、经营活动现金净流量等指标,科学评估其债务风险状况,并根据风险大小程度分别列出重点关注和重点监管企业名单,对其债务风险情况持续监测。

(二)建立高负债企业限期降低资产负债率机制。对列入重点监管企业名单的国有企业,相关国有资产管理部门要明确其降低资产负债率的目标和时限,并负责监督实施。不得实施推高资产负债率的境内外投资,重大投资要履行专门审批程序,严格高风险业务管理,并大幅压减各项费用支出。依据市场化法治化原则,与业务重组、提质增效相结合,积极通过优化债务结构、开展股权融资、实施市场化债转股、依法破产等途径有效降低企业债务水平。

(三)健全资产负债约束的考核引导。相关国有资产管理部门要加强过程监督检查,将降杠杆减负债成效作为企业考核和评价的重要内容。对列入重点关注和重点监管企业名单的企业,要将企业资产负债率纳入年度经营业绩考核范围,充分发挥考核引导作用,督促企业贯彻落实资产负债管控要求。

(四)加强金融机构对高负债企业的协同约束。对资产负债率超出预警线的国有企业,相关金融机构要加强贷款信息共享,摸清企业表外融资、对外担保和其他隐性负债情况,全面审慎评估其信用风险,并根据风险状况合理确定利率、抵质押物、担保等贷款条件。对列入重点关注企业名单或资产负债率超出重点监管线的国有企业,新增债务融资原则上应通过金融机构联合授信方式开展,由金融机构共同确定企业授信额度,避免金融机构无序竞争和过度授信,严控新增债务融资。对列入重点监管企业名单的国有企业,金融机构原则上不得对其新增债务融资。

(五)强化企业财务失信行为联合惩戒机制。加强企业财务真实性和透明度审核监督。国有企业负责人对企业财务真实性负全责,要确保企业不虚报资产隐匿债务,财务信息真实可靠。会计师事务所等专业中介机构要严格按照会计准则规范出具审计报告,客观准确反映企业资产负债状况。加强社会信用体系建设,完善企业财务失信行为联合惩戒机制,将违法违规企业、中介机构及相关责任人员纳入失信人名单,并依法依规严格追究责任,加大处罚力度。

五、加强国有企业资产负债约束的配套措施

（一）厘清政府债务与企业债务边界。坚决遏制地方政府以企业债务的形式增加隐性债务。严禁地方政府及其部门违法违规或变相通过国有企业举借债务，严禁国有企业违法违规向地方政府提供融资或配合地方政府变相举债；违法违规提供融资或配合地方政府变相举债的国有企业，应当依法承担相应责任。多渠道盘活各类资金和资产，积极稳妥化解以企业债务形式形成的地方政府存量隐性债务，保障国有企业合法权益。进一步完善国有企业参与国家或地方发展战略、承担公共服务等的合法权益保障机制。各级政府和社会组织要严格落实减轻企业负担的各项政策，一般情况下，不得强制要求国有企业承担应由政府或社会组织承担的公益性支出责任。国有企业自愿承担的，应严格履行相应决策程序。加快推进"三供一业"分离移交，减轻国有企业办社会负担，协助解决国有企业历史遗留问题。

（二）支持国有企业盘活存量资产优化债务结构。鼓励国有企业采取租赁承包、合作利用、资源再配置、资产置换或出售等方式实现闲置资产流动，提高资产使用效率，优化资源配置。鼓励国有企业整合内部资源，将与主业相关的资产整合清理后并入主业板块，提高存量资产利用水平，改善企业经营效益。鼓励国有企业加强资金集中管理，强化内部资金融通，提高企业资金使用效率。支持国有企业盘活土地使用权、探矿权、采矿权等无形资产，充分实现市场价值。积极支持国有企业按照真实出售、破产隔离原则，依法合规开展以企业应收账款、租赁债权等财产权利和基础设施、商业物业等不动产财产或财产权益为基础资产的资产证券化业务。推动国有企业开展债务清理，减少无效占用，加快资金周转。在风险可控前提下，鼓励国有企业利用债券市场提高直接融资比重，优化企业债务结构。

（三）完善国有企业多渠道资本补充机制。以增加经营效益为前提，进一步完善国有企业留存利润补充资本机制。与完善国有经济战略布局相结合，实现国有资本有进有退动态管理，将从产能过剩行业退出的国有资本用于急需发展行业和领域国有企业的资本补充。充分发挥国有资本经营预算资金的作用，在逐步解决企业历史遗留问题及相关改革成本后，更多作为资本投向关系国家安全、国民经济命脉的重要行业和关键领域。充分运用国有资本投资、运营公司，吸收社会资金转化为资本。积极推进混合所有制改革，鼓励国有企业通过出让股份、增资扩股、合资合作等方式引入民营资本。鼓励国有企业充分通过多层次资本市场进行股权融资，引导国有企业通过私募股权投资基金方式筹集股权性资金，扩大股权融资规模。支持国有企业通过股债结合、投贷联动等方式开展融资，有效控制债务风险。鼓励国有企业通过主动改造改制创造条件实施市场化债转股。

（四）积极推动国有企业兼并重组。支持通过兼并重组培育优质国有企业。鼓励国有企业跨地区开展兼并重组。加大对产业集中度不高、同质化竞争突出行业国有企业的联合重组力度。鼓励各类投资者通过股权投资基金、创业投资基金、产业投资基金等形式参与国有企业兼并重组。

（五）依法依规实施国有企业破产。充分发挥企业破产在解决债务矛盾、公平保障各方权利、优化资源配置等方面的重要作用。支持国有企业依法对扭亏无望、已失去生存发展前景的"僵尸子企业"进行破产清算。对符合破产条件但仍有发展前景的子企业，支持债权人和国有企业按照法院破产重整程序或自主协商对企业进行债务重组。对严重资不抵债失去清偿能力的地方政府融资平台公司，依法实施破产重整或清算，坚决防止"大而不能倒"，坚决防止风险累积形成系统性风险。同时，要做好与企业破产相关的维护社会稳定工作。

六、加强国有企业资产负债约束的组织实施

（一）明确各类责任主体。国有企业是落实资产负债约束的第一责任主体，要按照本指导意见要求，明确企业资产负债率控制目标，深化内部改革，强化自我约束，有效防范债务风险，严防国有资产流失，确保企业可持续经营。相关金融机构要根据国有企业资产负债和经营情况，审慎评估企业债务融资需求，平衡股债融资比例，加强贷后管理，开展债务重组，协助企业及时防范和化解债务风险。对落实本指导意见不力和经营行为不审慎导致资产负债率长期超出

合理水平的国有企业及其主要负责人,相关部门要加大责任追究力度。对落实本指导意见弄虚作假的国有企业,相关部门要对其主要负责人及负有直接责任人员从严从重处罚。

(二)建立部门信息共享和社会公开监督约束机制。相关国有资产管理部门要将列入重点关注和重点监管企业名单的企业及其债务风险状况,报送积极稳妥降低企业杠杆率工作部际联席会议(以下简称联席会议)办公室,并由联席会议办公室通报相关部门,为相关部门开展工作提供必要基础信息。各级相关国有资产管理部门要将各类企业资产负债率预警线和重点监管线以及按照规定应公开的企业财务信息,通过"信用中国"等媒介向社会公开,接受社会监督。

(三)加强国有企业资产负债约束实施工作的组织协调。各级相关国有资产管理部门要按照本指导意见确定的降低国有企业资产负债率目标和约束标准,分解落实、细化要求、加强指导、严格考核,有关情况及时报告联席会议办公室。各级审计部门要依法独立开展审计监督,促进国有企业资产负债约束落实到位。相关金融管理部门要按照本指导意见进一步明确规则,加强对金融机构的业务指导和督促。各级政府向本级人大常委会报告国有资产管理情况时,应报告国有企业资产负债情况和资产负债率控制情况。联席会议要加强组织领导、统筹协调、检查督导和监督问责,确保国有企业降低资产负债率取得实效。重大问题要及时报告党中央、国务院。

国务院关于改革国有企业工资决定机制的意见

国发〔2018〕16号

各省、自治区、直辖市人民政府,国务院各部委、各直属机构:

国有企业工资决定机制改革是完善国有企业现代企业制度的重要内容,是深化收入分配制度改革的重要任务,事关国有企业健康发展,事关国有企业职工切身利益,事关收入分配合理有序。改革开放以来,国家对国有大中型企业实行工资总额同经济效益挂钩办法,对促进国有企业提高经济效益、调动广大职工积极性发挥了重要作用。随着社会主义市场经济体制逐步健全和国有企业改革不断深化,现行国有企业工资决定机制还存在市场化分配程度不高、分配秩序不够规范、监管体制尚不健全等问题,已难以适应改革发展需要。为改革国有企业工资决定机制,现提出以下意见。

一、总体要求

(一)指导思想。全面贯彻党的十九大精神,以习近平新时代中国特色社会主义思想为指导,认真落实党中央、国务院决策部署,统筹推进"五位一体"总体布局和协调推进"四个全面"战略布局,坚持以人民为中心的发展思想,牢固树立和贯彻落实新发展理念,按照深化国有企业改革、完善国有资产管理体制和坚持按劳分配原则、完善按要素分配体制机制的要求,以增强国有企业活力、提升国有企业效率为中心,建立健全与劳动力市场基本适应、与国有企业经济效益和劳动生产率挂钩的工资决定和正常增长机制,完善国有企业工资分配监管体制,充分调动国有企业职工的积极性、主动性、创造性,进一步激发国有企业创造力和提高市场竞争力,推动国有资本做强做优做大,促进收入分配更合理、更有序。

(二)基本原则。

——坚持建立中国特色现代国有企业制度改革方向。坚持所有权和经营权相分离,进一步确立国有企业的市场主体地位,发挥企业党委(党组)领导作用,依法落实董事会的工资分配管理权,完善既符合企业一般规律又体现国有企业特点的工资分配机制,促进国有企业持续健康发展。

——坚持效益导向与维护公平相统一。国有企业工资分配要切实做到既有激励又有约束、既讲效率又讲公平。坚持按劳分配原则,健全国有企业职工工资与经济效益同向联动、能增能减的机制,在经济效益增长和劳动生产率提高的同时实现劳动报酬同步提高。统筹处理好不同行业、不同企业和企业内部不同职工之间的工资分配关系,调节过高收入。

——坚持市场决定与政府监管相结合。充分发挥市场在国有企业工资分配中的决定性作用,实现职工工资水平与劳动力市场价位相适应、与增强企业市场竞争力相匹配。更好发挥政府对国有企业工资分配的宏观指导和调控作用,改进和加强事前引导和事后监督,规范工资分配秩序。

——坚持分类分级管理。根据不同国有企业功能性质定位、行业特点和法人治理结构完善程度,实行工资总额分类管理。按照企业国有资产产权隶属关系,健全工资分配分级监管体制,落实各级政府职能部门和履行出资人职责机构(或其他企业主管部门,下同)的分级监管责任。

二、改革工资总额决定机制

(三)改革工资总额确定办法。按照国家工资收入分配宏观政策要求,根据企业发展战略和薪酬策略、年度生产经营目标和经济效益,综合考虑劳动生产率提高和人工成本投入产出率、职工工资水平市场对标等情况,结合政府职能部门发布的工资指导线,合理确定年度工资总额。

(四)完善工资与效益联动机制。企业经济效益增长的,当年工资总额增长幅度可在不超过经济效益增长幅度范围内确定。其中,当年劳动生产率未提高、上年人工成本投入产出率低于行业平均水平或者上年职工平均工资明显高于全国城镇单位就业人员平均工资的,当年工资总额增长幅度应低于同期经济效益增长幅度;对主业不处于充分竞争行业和领域的企业,上年职工平均工资达到政府职能部门规定的调控水平及以上的,当年工资总额增长幅度应低于同期经济效益增长幅度,且职工平均工资增长幅度不得超过政府职能部门规定的工资增长调控目标。

企业经济效益下降的,除受政策调整等非经营性因素影响外,当年工资总额原则上相应下降。其中,当年劳动生产率未下降、上年人工成本投入产出率明显优于行业平均水平或者上年职工平均工资明显低于全国城镇单位就业人员平均工资的,当年工资总额可适当少降。

企业未实现国有资产保值增值的,工资总额不得增长,或者适度下降。

企业按照工资与效益联动机制确定工资总额,原则上增人不增工资总额、减人不减工资总额,但发生兼并重组、新设企业或机构等情况的,可以合理增加或者减少工资总额。

(五)分类确定工资效益联动指标。根据企业功能性质定位、行业特点,科学设置联动指标,合理确定考核目标,突出不同考核重点。

对主业处于充分竞争行业和领域的商业类国有企业,应主要选取利润总额(或净利润)、经济增加值、净资产收益率等反映经济效益、国有资本保值增值和市场竞争能力的指标。对主业处于关系国家安全、国民经济命脉的重要行业和关键领域、主要承担重大专项任务的商业类国有企业,在主要选取反映经济效益和国有资本保值增值指标的同时,可根据实际情况增加营业收入、任务完成率等体现服务国家战略、保障国家安全和国民经济运行、发展前瞻性战略性产业以及完成特殊任务等情况的指标。对主业以保障民生、服务社会、提供公共产品和服务为主的公益类国有企业,应主要选取反映成本控制、产品服务质量、营运效率和保障能力等情况的指标,兼顾体现经济效益和国有资本保值增值的指标。对金融类国有企业,属于开发性、政策性的,应主要选取体现服务国家战略和风险控制的指标,兼顾反映经济效益的指标,属于商业性的,应主要选取反映经济效益、资产质量和偿付能力的指标。对文化类国有企业,应同时选取反映社会效益和经济效益、国有资本保值增值的指标。劳动生产率指标一般以人均增加值、人均利润为主,根据企业实际情况,可选取人均营业收入、人均工作量等指标。

三、改革工资总额管理方式

(六)全面实行工资总额预算管理。工资总额预算方案由国有企业自主编制,按规定履行内部决策程序后,根据企业功能性质定位、行业特点并结合法人治理结构完善程度,分别报履行出资人职责机构备案或核准后执行。

对主业处于充分竞争行业和领域的商业类国有企业,工资总额预算原则上实行备案制。其中,未建立规范董事会、法人治理结构不完善、内控机制不健全的企业,经履行出资人职责机构认定,其工资总额预算应实行核准制。

对其他国有企业，工资总额预算原则上实行核准制。其中，已建立规范董事会、法人治理结构完善、内控机制健全的企业，经履行出资人职责机构同意，其工资总额预算可实行备案制。

（七）合理确定工资总额预算周期。国有企业工资总额预算一般按年度进行管理。对行业周期性特征明显、经济效益年度间波动较大或存在其他特殊情况的企业，工资总额预算可探索按周期进行管理，周期最长不超过三年，周期内的工资总额增长应符合工资与效益联动的要求。

（八）强化工资总额预算执行。国有企业应严格执行经备案或核准的工资总额预算方案。执行过程中，因企业外部环境或自身生产经营等编制预算时所依据的情况发生重大变化，需要调整工资总额预算方案的，应按规定程序进行调整。

履行出资人职责机构应加强对所监管企业执行工资总额预算情况的动态监控和指导，并对预算执行结果进行清算。

四、完善企业内部工资分配管理

（九）完善企业内部工资总额管理制度。国有企业在经备案或核准的工资总额预算内，依法依规自主决定内部工资分配。企业应建立健全内部工资总额管理办法，根据所属企业功能性质定位、行业特点和生产经营等情况，指导所属企业科学编制工资总额预算方案，逐级落实预算执行责任，建立预算执行情况动态监控机制，确保实现工资总额预算目标。企业集团应合理确定总部工资总额预算，其职工平均工资增长幅度原则上应低于本企业全部职工平均工资增长幅度。

（十）深化企业内部分配制度改革。国有企业应建立健全以岗位工资为主的基本工资制度，以岗位价值为依据，以业绩为导向，参照劳动力市场工资价位并结合企业经济效益，通过集体协商等形式合理确定不同岗位的工资水平，向关键岗位、生产一线岗位和紧缺急需的高层次、高技能人才倾斜，合理拉开工资分配差距，调整不合理过高收入。加强全员绩效考核，使职工工资收入与其工作业绩和实际贡献紧密挂钩，切实做到能增能减。

（十一）规范企业工资列支渠道。国有企业应调整优化工资收入结构，逐步实现职工收入工资化、工资货币化、发放透明化。严格清理规范工资外收入，将所有工资性收入一律纳入工资总额管理，不得在工资总额之外以其他形式列支任何工资性支出。

五、健全工资分配监管体制机制

（十二）加强和改进政府对国有企业工资分配的宏观指导和调控。人力资源社会保障部门负责建立企业薪酬调查和信息发布制度，定期发布不同职业的劳动力市场工资价位和行业人工成本信息；会同财政、国资监管等部门完善工资指导线制度，定期制定和发布工资指导线、非竞争类国有企业职工平均工资调控水平和工资增长调控目标。

（十三）落实履行出资人职责机构的国有企业工资分配监管职责。履行出资人职责机构负责做好所监管企业工资总额预算方案的备案或核准工作，加强对所监管企业工资总额预算执行情况的动态监控和执行结果的清算，并按年度将所监管企业工资总额预算执行情况报同级人力资源社会保障部门，由人力资源社会保障部门汇总报告同级人民政府。同时，履行出资人职责机构可按规定将有关情况直接报告同级人民政府。

（十四）完善国有企业工资分配内部监督机制。国有企业董事会应依照法定程序决定工资分配事项，加强对工资分配决议执行情况的监督。落实企业监事会对工资分配的监督责任。将企业职工工资收入分配情况作为厂务公开的重要内容，定期向职工公开，接受职工监督。

（十五）建立国有企业工资分配信息公开制度。履行出资人职责机构、国有企业每年定期将企业工资总额和职工平均工资水平等相关信息向社会披露，接受社会公众监督。

（十六）健全国有企业工资内外收入监督检查制度。人力资源社会保障部门会同财政、国资监管等部门，定期对国有企业执行国家工资收入分配政策情况开展监督检查，及时查处违规发放工资、滥发工资外收入等行为。加强与出资人监管和审计、税务、纪检监察、巡视等监督的协同，建立工作会商和资源共享机制，提高监督效能，形成监督合力。

对企业存在超提、超发工资总额及其他违规行为的,扣回违规发放的工资总额,并视违规情形对企业负责人和相关责任人员依照有关规定给予经济处罚和纪律处分;构成犯罪的,由司法机关依法追究刑事责任。

六、做好组织实施工作

(十七)国有企业工资决定机制改革是一项涉及面广、政策性强的工作,各地区、各有关部门要统一思想认识,以高度的政治责任感和历史使命感,切实加强对改革工作的领导,做好统筹协调,细化目标任务,明确责任分工,强化督促检查,及时研究解决改革中出现的问题,推动改革顺利进行。各省(自治区、直辖市)要根据本意见,结合当地实际抓紧制定改革国有企业工资决定机制的实施意见,认真抓好贯彻落实。各级履行出资人职责机构要抓紧制定所监管企业的具体改革实施办法,由同级人力资源社会保障部门会同财政部门审核后实施。各级人力资源社会保障、财政、国资监管等部门和工会要各司其职,密切配合,共同做好改革工作,形成推进改革的合力。广大国有企业要自觉树立大局观念,认真执行国家有关改革规定,确保改革政策得到落实。要加强舆论宣传和政策解读,引导全社会正确理解和支持改革,营造良好社会环境。

(十八)本意见适用于国家出资的国有独资及国有控股企业。中央和地方有关部门或机构作为实际控制人的企业,参照本意见执行。

本意见所称工资总额,是指由企业在一个会计年度内直接支付给与本企业建立劳动关系的全部职工的劳动报酬总额,包括工资、奖金、津贴、补贴、加班加点工资、特殊情况下支付的工资等。

国务院关于推进国有资本投资、运营公司改革试点的实施意见

国发〔2018〕23号

各省、自治区、直辖市人民政府,国务院各部委、各直属机构:

改组组建国有资本投资、运营公司,是以管资本为主改革国有资本授权经营体制的重要举措。按照《中共中央国务院关于深化国有企业改革的指导意见》、《国务院关于改革和完善国有资产管理体制的若干意见》有关要求和党中央、国务院工作部署,为加快推进国有资本投资、运营公司改革试点工作,现提出以下实施意见。

一、总体要求

(一)指导思想。

全面贯彻党的十九大和十九届二中、三中全会精神,以习近平新时代中国特色社会主义思想为指导,坚持社会主义市场经济改革方向,坚定不移加强党对国有企业的领导,着力创新体制机制,完善国有资产管理体制,深化国有企业改革,促进国有资产保值增值,推动国有资本做强做优做大,有效防止国有资产流失,切实发挥国有企业在深化供给侧结构性改革和推动经济高质量发展中的带动作用。

(二)试点目标。

通过改组组建国有资本投资、运营公司,构建国有资本投资、运营主体,改革国有资本授权经营体制,完善国有资产管理体制,实现国有资本所有权与企业经营权分离,实行国有资本市场化运作。发挥国有资本投资、运营公司平台作用,促进国有资本合理流动,优化国有资本投向,向重点行业、关键领域和优势企业集中,推动国有经济布局优化和结构调整,提高国有资本配置和运营效率,更好服务国家战略需要。试点先行,大胆探索,及时研究解决改革中的重点难点问题,尽快形成可复制、可推广的经验和模式。

(三)基本原则。

坚持党的领导。建立健全中国特色现代国有企业制度,把党的领导融入公司治理各环节,把企业党组织内嵌到公司治理结构之中,明确和落实党组织在公司法人治理结构中的法定地位,充分发挥党组织的领导作用,确保党和国家方针政策、重大决策部署的贯彻执行。

坚持体制创新。以管资本为主加强国有资产监管,完善国有资本投资运营的市场化机制。科学合理界定政府及国有资产监管机构,国有资本投资、运营

公司和所持股企业的权利边界,健全权责利相统一的授权链条,进一步落实企业市场主体地位,培育具有创新能力和国际竞争力的国有骨干企业。

坚持优化布局。通过授权国有资本投资、运营公司履行出资人职责,促进国有资本合理流动,优化国有资本布局,使国有资本投资、运营更好地服务于国家战略目标。

坚持强化监督。正确处理好授权经营和加强监督的关系,明确监管职责,构建并强化政府监督、纪检监察监督、出资人监督和社会监督的监督体系,增强监督的协同性、针对性和有效性,防止国有资产流失。

二、试点内容

(一)功能定位。

国有资本投资、运营公司均为在国家授权范围内履行国有资本出资人职责的国有独资公司,是国有资本市场化运作的专业平台。公司以资本为纽带、以产权为基础依法自主开展国有资本运作,不从事具体生产经营活动。国有资本投资、运营公司对所持股企业行使股东职责,维护股东合法权益,以出资额为限承担有限责任,按照责权对应原则切实承担优化国有资本布局、提升国有资本运营效率、实现国有资产保值增值等责任。

国有资本投资公司主要以服务国家战略、优化国有资本布局、提升产业竞争力为目标,在关系国家安全、国民经济命脉的重要行业和关键领域,按照政府确定的国有资本布局和结构优化要求,以对战略性核心业务控股为主,通过开展投资融资、产业培育和资本运作等,发挥投资引导和结构调整作用,推动产业集聚、化解过剩产能和转型升级,培育核心竞争力和创新能力,积极参与国际竞争,着力提升国有资本控制力、影响力。

国有资本运营公司主要以提升国有资本运营效率、提高国有资本回报为目标,以财务性持股为主,通过股权运作、基金投资、培育孵化、价值管理、有序进退等方式,盘活国有资产存量,引导和带动社会资本共同发展,实现国有资本合理流动和保值增值。

(二)组建方式。

按照国家确定的目标任务和布局领域,国有资本投资、运营公司可采取改组和新设两种方式设立。根据国有资本投资、运营公司的具体定位和发展需要,通过无偿划转或市场化方式重组整合相关国有资本。

划入国有资本投资、运营公司的资产,为现有企业整体股权(资产)或部分股权。股权划入后,按现行政策加快剥离国有企业办社会职能和解决历史遗留问题,采取市场化方式处置不良资产和业务等。股权划入涉及上市公司的,应符合证券监管相关规定。

(三)授权机制。

按照国有资产监管机构授予出资人职责和政府直接授予出资人职责两种模式开展国有资本投资、运营公司试点。

1. 国有资产监管机构授权模式。政府授权国有资产监管机构依法对国有资本投资、运营公司履行出资人职责;国有资产监管机构根据国有资本投资、运营公司具体定位和实际情况,按照"一企一策"原则,授权国有资本投资、运营公司履行出资人职责,制定监管清单和责任清单,明确对国有资本投资、运营公司的监管内容和方式,依法落实国有资本投资、运营公司董事会职权。国有资本投资、运营公司对授权范围内的国有资本履行出资人职责。国有资产监管机构负责对国有资本投资、运营公司进行考核和评价,并定期向本级人民政府报告,重点说明所监管国有资本投资、运营公司贯彻国家战略目标、国有资产保值增值等情况。

2. 政府直接授权模式。政府直接授权国有资本投资、运营公司对授权范围内的国有资本履行出资人职责。国有资本投资、运营公司根据授权自主开展国有资本运作,贯彻落实国家战略和政策目标,定期向政府报告年度工作情况,重大事项及时报告。政府直接对国有资本投资、运营公司进行考核和评价等。

(四)治理结构。

国有资本投资、运营公司不设股东会,由政府或国有资产监管机构行使股东会职权,政府或国有资产监管机构可以授权国有资本投资、运营公司董事会行使股东会部分职权。按照中国特色现代国有企业制度的要求,国有资本投资、运营公司设立党组织、董事会、经理层,规范公司治理结构,建立健全权责对等、运转协调、有效制衡的决策执行监督机制,充分发挥党组织的领导作用、董事会的决策作用、经理层的经营管理作用。

1. 党组织。把加强党的领导和完善公司治理统一起来,充分发挥党组织把方向、管大局、保落实的作用。坚持党管干部原则与董事会依法产生、董事会依法选择经营管理者、经营管理者依法行使用人权相结合。按照"双向进入、交叉任职"的原则,符合条件的党组织领导班子成员可以通过法定程序进入董事会、经理层,董事会、经理层成员中符合条件的党员可以依照有关规定和程序进入党组织领导班子。党组织书记、董事长一般由同一人担任。对于重大经营管理事项,党组织研究讨论是董事会、经理层决策的前置程序。国务院直接授权的国有资本投资、运营公司,应当设立党组。纪检监察机关向国有资本投资、运营公司派驻纪检监察机构。

2. 董事会。国有资本投资、运营公司设立董事会,根据授权,负责公司发展战略和对外投资,经理层选聘、业绩考核、薪酬管理,向所持股企业派出董事等事项。董事会成员原则上不少于9人,由执行董事、外部董事、职工董事组成。保障国有资本投资、运营公司按市场化方式选择外部董事等权利,外部董事应在董事会中占多数,职工董事由职工代表大会选举产生。董事会设董事长1名,可设副董事长。董事会下设战略与投资委员会、提名委员会、薪酬与考核委员会、审计委员会、风险控制委员会等专门委员会。专门委员会在董事会授权范围内开展相关工作,协助董事会履行职责。

国有资产监管机构授权的国有资本投资、运营公司的执行董事、外部董事由国有资产监管机构委派。其中,外部董事由国有资产监管机构根据国有资本投资、运营公司董事会结构需求,从专职外部董事中选择合适人员担任。董事长、副董事长由国有资产监管机构从董事会成员中指定。

政府直接授权的国有资本投资、运营公司执行董事、外部董事(股权董事)由国务院或地方人民政府委派,董事长、副董事长由国务院或地方人民政府从董事会成员中指定。其中,依据国有资本投资、运营公司职能定位,外部董事主要由政府综合管理部门和相关行业主管部门提名,选择专业人士担任,由政府委派。外部董事可兼任董事会下属专门委员会主席,按照公司治理结构的议事规则对国有资本投资、运营公司的重大事项发表相关领域专业意见。

政府或国有资产监管机构委派外部董事要注重拓宽外部董事来源,人员选择要符合国有资本投资、运营公司定位和专业要求,建立外部董事评价机制,确保充分发挥外部董事作用。

3. 经理层。国有资本投资、运营公司的经理层根据董事会授权负责国有资本日常投资运营。董事长与总经理原则上不得由同一人担任。

国有资产监管机构授权的国有资本投资、运营公司党组织隶属中央、地方党委或国有资产监管机构党组织管理,领导班子及其成员的管理,以改组的企业集团为基础,根据具体情况区别对待。其中,由中管企业改组组建的国有资本投资、运营公司,领导班子及其成员由中央管理;由非中管的中央企业改组组建或新设的国有资本投资、运营公司,领导班子及其成员的管理按照干部管理权限确定。

政府直接授权的国有资本投资、运营公司党组织隶属中央或地方党委管理,领导班子及其成员由中央或地方党委管理。

国有资本投资、运营公司董事长、董事(外部董事除外)、高级经理人员,原则上不得在其他有限责任公司、股份有限公司或者其他经济组织兼职。

(五)运行模式。

1. 组织架构。国有资本投资、运营公司要按照市场化、规范化、专业化的管理导向,建立职责清晰、精简高效、运行专业的管控模式,分别结合职能定位具体负责战略规划、制度建设、资源配置、资本运营、财务监管、风险管控、绩效评价等事项。

2. 履职行权。国有资本投资、运营公司应积极推动所持股企业建立规范、完善的法人治理结构,并通过股东大会表决、委派董事和监事等方式行使股东权利,形成以资本为纽带的投资与被投资关系,协调和引导所持股企业发展,实现有关战略意图。国有资本投资、运营公司委派的董事、监事要依法履职行权,对企业负有忠实义务和勤勉义务,切实维护股东权益,不干预所持股企业日常经营。

3. 选人用人机制。国有资本投资、运营公司要建立派出董事、监事候选人员库,由董事会下设的提名委员会根据拟任职公司情况提出差额适任人选,报董事会审议、任命。同时,要加强对派出董事、监事的业务培训、管理和考核评价。

4. 财务监管。国有资本投资、运营公司应当严格按照国家有关财务制度规定,加强公司财务管理,防范财务风险。督促所持股企业加强财务管理,落实风险管控责任,提高运营效率。

5. 收益管理。国有资本投资、运营公司以出资人身份,按照有关法律法规和公司章程,对所持股企业的利润分配进行审议表决,及时收取分红,并依规上交国有资本收益和使用管理留存收益。

6. 考核机制。国有资本投资公司建立以战略目标和财务效益为主的管控模式,对所持股企业考核侧重于执行公司战略和资本回报状况。国有资本运营公司建立财务管控模式,对所持股企业考核侧重于国有资本流动和保值增值状况。

(六)监督与约束机制。

1. 完善监督体系。整合出资人监管和审计、纪检监察、巡视等监督力量,建立监督工作会商机制,按照事前规范制度、事中加强监控、事后强化问责的原则,加强对国有资本投资、运营公司的统筹监督,提高监督效能。纪检监察机构加强对国有资本投资、运营公司党组织、董事会、经理层的监督,强化对国有资本投资、运营公司领导人员廉洁从业、行使权力等的监督。国有资本投资、运营公司要建立内部常态化监督审计机制和信息公开制度,加强对权力集中、资金密集、资源富集、资产聚集等重点部门和岗位的监管,在不涉及国家秘密和企业商业秘密的前提下,依法依规、及时准确地披露公司治理以及管理架构、国有资本整体运营状况、关联交易、企业负责人薪酬等信息,建设阳光国企,主动接受社会监督。

2. 实施绩效评价。国有资本投资、运营公司要接受政府或国有资产监管机构的综合考核评价。考核评价内容主要包括贯彻国家战略、落实国有资本布局和结构优化目标、执行各项法律法规制度和公司章程,重大问题决策和重要干部任免,国有资本运营效率、保值增值、财务效益等方面。

三、实施步骤

国有资本投资、运营公司试点工作应分级组织、分类推进、稳妥开展,并根据试点进展情况及时总结推广有关经验。中央层面,继续推进国有资产监管机构授权的国有资本投资、运营公司深化试点,并结合本实施意见要求不断完善试点工作。同时推进国务院直接授权的国有资本投资、运营公司试点,选择由财政部履行国有资产监管职责的中央企业以及中央党政机关和事业单位经营性国有资产集中统一监管改革范围内的企业稳步开展。地方层面,试点工作由各省级人民政府结合实际情况组织实施。

四、配套政策

(一)推进简政放权。围绕落实出资人职责的定位,有序推进对国有资本投资、运营公司的放权。将包括国有产权流转等决策事项的审批权、经营班子业绩考核和薪酬管理权等授予国有资本投资、运营公司,相关管理要求和运行规则通过公司组建方案和公司章程予以明确。

(二)综合改革试点。国有资本投资、运营公司所持股国有控股企业中,符合条件的可优先支持同时开展混合所有制改革、混合所有制企业员工持股、推行职业经理人制度、薪酬分配差异化改革等其他改革试点,充分发挥各项改革工作的综合效应。

(三)完善支持政策。严格落实国有企业重组整合涉及的资产评估增值、土地变更登记和国有资产无偿划转等方面税收优惠政策。简化工商税务登记、变更程序。鼓励国有资本投资、运营公司妥善解决历史遗留问题、处置低效无效资产。制定国有资本投资、运营公司的国有资本经营预算收支管理政策。

五、组织实施

加快推进国有资本投资、运营公司改革试点,是深化国有企业改革的重要组成部分,是改革和完善国有资产管理体制的重要举措。国务院国有企业改革领导小组负责国有资本投资、运营公司试点工作的组织协调和督促落实。中央组织部、国家发展改革委、财政部、人力资源社会保障部、国务院国资委等部门按照职责分工制定落实相关配套措施，密切配合、协同推进试点工作。中央层面的国有资本投资、运营公司试点方案，按程序报党中央、国务院批准后实施。

各省级人民政府对本地区国有资本投资、运营公司试点工作负总责，要紧密结合本地区实际情况，制定本地区国有资本投资、运营公司改革试点实施方案，积极稳妥组织开展试点工作。各省级人民政府要将本地区改革试点实施方案报国务院国有企业改革领导小组备案。

上市公司国有股权监督管理办法

国务院国有资产监督管理委员会、
财政部、中国证券监督管理
委员会令第36号

《上市公司国有股权监督管理办法》已经国务院国有资产监督管理委员会主任办公会议审议通过，并报经中央全面深化改革领导小组同意，现予公布，自2018年7月1日起施行。自施行之日起，2007年印发的《国有股东转让所持上市公司股份管理暂行办法》（国资委 证监会令第19号）同时废止。

上市公司国有股权监督管理办法

第一章 总 则

第一条 为规范上市公司国有股权变动行为，推动国有资源优化配置，平等保护各类投资者合法权益，防止国有资产流失，根据《中华人民共和国公司法》《中华人民共和国证券法》《中华人民共和国企业国有资产法》《企业国有资产监督管理暂行条例》等法律法规，制定本办法。

第二条 本办法所称上市公司国有股权变动行为，是指上市公司国有股权持股主体、数量或比例等发生变化的行为，具体包括：国有股东所持上市公司股份通过证券交易系统转让、公开征集转让、非公开协议转让、无偿划转、间接转让、国有股东发行可交换公司债券；国有股东通过证券交易系统增持、协议受让、间接受让、要约收购上市公司股份和认购上市公司发行股票；国有股东所控股上市公司吸收合并、发行证券；国有股东与上市公司进行资产重组等行为。

第三条 本办法所称国有股东是指符合以下情形之一的企业和单位，其证券账户标注"SS"：

（一）政府部门、机构、事业单位、境内国有独资或全资企业；

（二）第一款中所述单位或企业独家持股比例超过50%，或合计持股比例超过50%，且其中之一为第一大股东的境内企业；

（三）第二款中所述企业直接或间接持股的各级境内独资或全资企业。

第四条 上市公司国有股权变动行为应坚持公开、公平、公正原则，遵守国家有关法律、行政法规和规章制度规定，符合国家产业政策和国有经济布局结构调整方向，有利于国有资本保值增值，提高企业核心竞争力。

第五条 上市公司国有股权变动涉及的股份应当权属清晰，不存在受法律法规规定限制的情形。

第六条 上市公司国有股权变动的监督管理由省级以上国有资产监督管理机构负责。省级国有资产监督管理机构报经省级人民政府同意，可以将地市级以下有关上市公司国有股权变动的监督管理交由地市级国有资产监督管理机构负责。省级国有资产监督管理机构需建立相应的监督检查工作机制。

上市公司国有股权变动涉及政府社会公共管理事项的，应当依法报政府有关部门审核。受让方为境外投资者的，应当符合外商投资产业指导目录或负面清单管理的要求，以及外商投资安全审查的规定，涉及该类情形的，各审核主体在接到相关申请后，应就转让行为是否符合吸收外商投资政策向同级商务部门征求意见，具体申报程序由省级以上国有资产监督管理机构商同级商务部门按《关于上市公司国有股向外国投资者及外商投资企业转让申报程序有关问题的通知》（商资字〔2004〕1号）确定的原则制定。

按照法律、行政法规和本级人民政府有关规定，须经本级人民政府批准的上市公司国有股权变动事项，国有资产监督管理机构应当履行报批程序。

第七条　国家出资企业负责管理以下事项：

（一）国有股东通过证券交易系统转让所持上市公司股份，未达到本办法第十二条规定的比例或数量的事项；

（二）国有股东所持上市公司股份在本企业集团内部进行的无偿划转、非公开协议转让事项；

（三）国有控股股东所持上市公司股份公开征集转让、发行可交换公司债券及所控股上市公司发行证券，未导致其持股比例低于合理持股比例的事项；国有参股股东所持上市公司股份公开征集转让、发行可交换公司债券事项；

（四）国有股东通过证券交易系统增持、协议受让、认购上市公司发行股票等未导致上市公司控股权转移的事项；

（五）国有股东与所控股上市公司进行资产重组，不属于中国证监会规定的重大资产重组范围的事项。

第八条　国有控股股东的合理持股比例（与国有控股股东属于同一控制人的，其所持股份的比例应合并计算）由国家出资企业研究确定，并报国有资产监督管理机构备案。

确定合理持股比例的具体办法由省级以上国有资产监督管理机构另行制定。

第九条　国有股东所持上市公司股份变动应在作充分可行性研究的基础上制定方案，严格履行决策、审批程序，规范操作，按照证券监管的相关规定履行信息披露等义务。在上市公司国有股权变动信息披露前，各关联方要严格遵守保密规定。违反保密规定的，应依法依规追究相关人员责任。

第十条　上市公司国有股权变动应当根据证券市场公开交易价格、可比公司股票交易价格、每股净资产值等因素合理定价。

第十一条　国有资产监督管理机构通过上市公司国有股权管理信息系统（以下简称管理信息系统）对上市公司国有股权变动实施统一监管。

国家出资企业应通过管理信息系统，及时、完整、准确将所持上市公司股份变动情况报送国有资产监督管理机构。

其中，按照本办法规定由国家出资企业审核批准的变动事项须通过管理信息系统作备案管理，并取得统一编号的备案表。

第二章　国有股东所持上市公司股份通过证券交易系统转让

第十二条　国有股东通过证券交易系统转让上市公司股份，按照国家出资企业内部决策程序决定，有以下情形之一的，应报国有资产监督管理机构审核批准：

（一）国有控股股东转让上市公司股份可能导致持股比例低于合理持股比例的；

（二）总股本不超过10亿股的上市公司，国有控股股东拟于一个会计年度内累计净转让（累计转让股份扣除累计增持股份后的余额，下同）达到总股本5％及以上的；总股本超过10亿股的上市公司，国有控股股东拟于一个会计年度内累计净转让数量达到5000万股及以上的；

（三）国有参股股东拟于一个会计年度内累计净转让达到上市公司总股本5％及以上的。

第十三条　国家出资企业、国有资产监督管理机构决定或批准国有股东通过证券交易系统转让上市公司股份时，应当审核以下文件：

（一）国有股东转让上市公司股份的内部决策文件；

（二）国有股东转让上市公司股份方案，内容包括但不限于：转让的必要性，国有股东及上市公司基本情况、主要财务数据，拟转让股份权属情况，转让底价及确定依据，转让数量、转让时限等；

（三）上市公司股份转让的可行性研究报告；

（四）国家出资企业、国有资产监督管理机构认为必要的其他文件。

第三章　国有股东所持上市公司股份公开征集转让

第十四条　公开征集转让是指国有股东依法公

开披露信息，征集受让方转让上市公司股份的行为。

第十五条 国有股东拟公开征集转让上市公司股份的，在履行内部决策程序后，应书面告知上市公司，由上市公司依法披露，进行提示性公告。国有控股股东公开征集转让上市公司股份可能导致上市公司控股权转移的，应当一并通知上市公司申请停牌。

第十六条 上市公司发布提示性公告后，国有股东应及时将转让方案、可行性研究报告、内部决策文件、拟发布的公开征集信息等内容通过管理信息系统报送国有资产监督管理机构。

第十七条 公开征集信息内容包括但不限于：拟转让股份权属情况、数量，受让方应当具备的资格条件，受让方的选择规则，公开征集期限等。

公开征集信息对受让方的资格条件不得设定指向性或违反公平竞争要求的条款，公开征集期限不得少于10个交易日。

第十八条 国有资产监督管理机构通过管理信息系统对公开征集转让事项出具意见。国有股东在获得国有资产监督管理机构同意意见后书面通知上市公司发布公开征集信息。

第十九条 国有股东收到拟受让方提交的受让申请及受让方案后，应当成立由内部职能部门人员以及法律、财务等独立外部专家组成的工作小组，严格按照已公告的规则选择确定受让方。

第二十条 公开征集转让可能导致上市公司控股权转移的，国有股东应当聘请具有上市公司并购重组财务顾问业务资格的证券公司、证券投资咨询机构或者其他符合条件的财务顾问机构担任财务顾问（以下简称财务顾问）。财务顾问应当具有良好的信誉，近三年内无重大违法违规记录，且与受让方不存在利益关联。

第二十一条 财务顾问应当勤勉尽责，遵守行业规范和职业道德，对上市公司股份的转让方式、转让价格、股份转让对国有股东和上市公司的影响等方面出具专业意见；并对拟受让方进行尽职调查，出具尽职调查报告。尽职调查应当包括但不限于以下内容：

（一）拟受让方受让股份的目的；

（二）拟受让方的经营情况、财务状况、资金实力及是否有重大违法违规记录和不良诚信记录；

（三）拟受让方是否具有及时足额支付转让价款的能力、受让资金的来源及合法性；

（四）拟受让方是否具有促进上市公司持续发展和改善上市公司法人治理结构的能力。

第二十二条 国有股东确定受让方后，应当及时与受让方签订股份转让协议。股份转让协议应当包括但不限于以下内容：

（一）转让方、上市公司、拟受让方的名称、法定代表人及住所；

（二）转让方持股数量、拟转让股份数量及价格；

（三）转让方、受让方的权利和义务；

（四）股份转让价款支付方式及期限；

（五）股份登记过户的条件；

（六）协议生效、变更和解除条件、争议解决方式、违约责任等。

第二十三条 国有股东公开征集转让上市公司股份的价格不得低于下列两者之中的较高者：

（一）提示性公告日前30个交易日的每日加权平均价格的算术平均值；

（二）最近一个会计年度上市公司经审计的每股净资产值。

第二十四条 国有股东与受让方签订协议后，属于本办法第七条规定情形的，由国家出资企业审核批准，其他情形由国有资产监督管理机构审核批准。

第二十五条 国家出资企业、国有资产监督管理机构批准国有股东所持上市公司股份公开征集转让时，应当审核以下文件：

（一）受让方的征集及选择情况；

（二）国有股东基本情况、受让方基本情况及上一年度经审计的财务会计报告；

（三）股份转让协议及股份转让价格的定价说明；

（四）受让方与国有股东、上市公司之间在最近12个月内股权转让、资产置换、投资等重大情况及债权债务情况；

（五）律师事务所出具的法律意见书；

（六）财务顾问出具的尽职调查报告（适用于上市公司控股权转移的）；

（七）国家出资企业、国有资产监督管理机构认为必要的其他文件。

第二十六条　国有股东应在股份转让协议签订后5个工作日内收取不低于转让价款30%的保证金，其余价款应在股份过户前全部结清。在全部转让价款支付完毕或交由转让双方共同认可的第三方妥善保管前，不得办理股份过户登记手续。

第二十七条　国有资产监督管理机构关于国有股东公开征集转让上市公司股份的批准文件或国有资产监督管理机构、管理信息系统出具的统一编号的备案表和全部转让价款支付凭证是证券交易所、中国证券登记结算有限责任公司办理上市公司股份过户登记手续的必备文件。

上市公司股份过户前，原则上受让方人员不能提前进入上市公司董事会和经理层，不得干预上市公司正常生产经营。

第四章　国有股东所持上市公司股份非公开协议转让

第二十八条　非公开协议转让是指不公开征集受让方，通过直接签订协议转让上市公司股份的行为。

第二十九条　符合以下情形之一的，国有股东可以非公开协议转让上市公司股份：

（一）上市公司连续两年亏损并存在退市风险或严重财务危机，受让方提出重大资产重组计划及具体时间表的；

（二）企业主业处于关系国家安全、国民经济命脉的重要行业和关键领域，主要承担重大专项任务，对受让方有特殊要求的；

（三）为实施国有资源整合或资产重组，在国有股东、潜在国有股东（经本次国有资源整合或资产重组后成为上市公司国有股东的，以下统称国有股东）之间转让的；

（四）上市公司回购股份涉及国有股东所持股份的；

（五）国有股东因接受要约收购方式转让其所持上市公司股份的；

（六）国有股东因解散、破产、减资、被依法责令关闭等原因转让其所持上市公司股份的；

（七）国有股东以所持上市公司股份出资的。

第三十条　国有股东在履行内部决策程序后，应当及时与受让方签订股份转让协议。涉及上市公司控股权转移的，在转让协议签订前，应按本办法第二十条、第二十一条规定聘请财务顾问，对拟受让方进行尽职调查，出具尽职调查报告。

第三十一条　国有股东与受让方签订协议后，属于本办法第七条规定情形的，由国家出资企业审核批准，其他情形由国有资产监督管理机构审核批准。

第三十二条　国有股东非公开协议转让上市公司股份的价格不得低于下列两者之中的较高者：

（一）提示性公告日前30个交易日的每日加权平均价格的算术平均值；

（二）最近一个会计年度上市公司经审计的每股净资产值。

第三十三条　国有股东非公开协议转让上市公司股份存在下列特殊情形的，可按以下原则确定股份转让价格：

（一）国有股东为实施资源整合或重组上市公司，并在其所持上市公司股份转让完成后全部回购上市公司主业资产的，股份转让价格由国有股东根据中介机构出具的该上市公司股票价格的合理估值结果确定；

（二）为实施国有资源整合或资产重组，在国有股东之间转让且上市公司中的国有权益并不因此减少的，股份转让价格应当根据上市公司股票的每股净资产值、净资产收益率、合理的市盈率等因素合理确定。

第三十四条　国家出资企业、国有资产监督管理机构批准国有股东非公开协议转让上市公司股份时，应当审核以下文件：

（一）国有股东转让上市公司股份的决策文件；

（二）国有股东转让上市公司股份的方案，内容包括但不限于：不公开征集受让方的原因、转让价格及确定依据、转让的数量、转让收入的使用计划等；

(三)国有股东基本情况、受让方基本情况及上一年度经审计的财务会计报告;

(四)可行性研究报告;

(五)股份转让协议;

(六)以非货币资产支付的说明;

(七)拟受让方与国有股东、上市公司之间在最近12个月内股权转让、资产置换、投资等重大情况及债权债务情况;

(八)律师事务所出具的法律意见书;

(九)财务顾问出具的尽职调查报告(适用于上市公司控股权转移的);

(十)国家出资企业、国有资产监督管理机构认为必要的其他文件。

第三十五条 以现金支付股份转让价款的,转让价款收取按照本办法第二十六条规定办理;以非货币资产支付股份转让价款的,应当符合国家相关规定。

第三十六条 国有资产监督管理机构关于国有股东非公开协议转让上市公司股份的批准文件或国有资产监督管理机构、管理信息系统出具的统一编号的备案表和全部转让价款支付凭证(包括非货币资产的交割凭证)是证券交易所、中国证券登记结算有限责任公司办理上市公司股份过户登记手续的必备文件。

第五章 国有股东所持上市公司股份无偿划转

第三十七条 政府部门、机构、事业单位、国有独资或全资企业之间可以依法无偿划转所持上市公司股份。

第三十八条 国有股东所持上市公司股份无偿划转属于本办法第七条规定情形的,由国家出资企业审核批准,其他情形由国有资产监督管理机构审核批准。

第三十九条 国家出资企业、国有资产监督管理机构批准国有股东所持上市公司股份无偿划转时,应当审核以下文件:

(一)国有股东无偿划转上市公司股份的内部决策文件;

(二)国有股东无偿划转上市公司股份的方案和可行性研究报告;

(三)上市公司股份无偿划转协议;

(四)划转双方基本情况、上一年度经审计的财务会计报告;

(五)划出方债务处置方案及或有负债的解决方案,及主要债权人对无偿划转的无异议函;

(六)划入方未来12个月内对上市公司的重组计划或未来三年发展规划(适用于上市公司控股权转移的);

(七)律师事务所出具的法律意见书;

(八)国家出资企业、国有资产监督管理机构认为必要的其他文件。

第四十条 国有资产监督管理机构关于国有股东无偿划转上市公司股份的批准文件或国有资产监督管理机构、管理信息系统出具的统一编号的备案表是证券交易所、中国证券登记结算有限责任公司办理股份过户登记手续的必备文件。

第六章 国有股东所持上市公司股份间接转让

第四十一条 本办法所称国有股东所持上市公司股份间接转让是指因国有产权转让或增资扩股等原因导致国有股东不再符合本办法第三条规定情形的行为。

第四十二条 国有股东拟间接转让上市公司股份的,履行内部决策程序后,应书面通知上市公司进行信息披露,涉及国有控股股东的,应当一并通知上市公司申请停牌。

第四十三条 国有股东所持上市公司股份间接转让应当按照本办法第二十三条规定确定其所持上市公司股份价值,上市公司股份价值确定的基准日应与国有股东资产评估的基准日一致,且与国有股东产权直接持有单位对该产权变动决策的日期相差不得超过一个月。

国有产权转让或增资扩股到产权交易机构挂牌时,因上市公司股价发生大幅变化等原因,导致资产评估报告的结论已不能反映交易标的真实价值的,原决策机构应对间接转让行为重新审议。

第四十四条 国有控股股东所持上市公司股份间接转让,应当按本办法第二十条、第二十一条规定聘请财务顾问,对国有产权拟受让方或投资人进行尽职调查，并出具尽职调查报告。

第四十五条 国有股东所持上市公司股份间接转让的，国有股东应在产权转让或增资扩股协议签订后，产权交易机构出具交易凭证前报国有资产监督管理机构审核批准。

第四十六条 国有资产监督管理机构批准国有股东所持上市公司股份间接转让时，应当审核以下文件：

（一）产权转让或增资扩股决策文件、资产评估结果核准、备案文件及可行性研究报告；

（二）经批准的产权转让或增资扩股方案；

（三）受让方或投资人征集、选择情况；

（四）国有产权转让协议或增资扩股协议；

（五）国有股东资产作价金额，包括国有股东所持上市公司股份的作价说明；

（六）受让方或投资人基本情况及上一年度经审计的财务会计报告；

（七）财务顾问出具的尽职调查报告（适用于国有控股股东国有产权变动的）；

（八）律师事务所出具的法律意见书；

（九）国有资产监督管理机构认为必要的其他文件。

第四十七条 有股东产权转让或增资扩股未构成间接转让的，其资产评估涉及上市公司股份作价按照本办法第四十三条规定确定。

第七章 国有股东发行可交换公司债券

第四十八条 本办法所称国有股东发行可交换公司债券，是指上市公司国有股东依法发行、在一定期限内依据约定条件可以交换成该股东所持特定上市公司股份的公司债券的行为。

第四十九条 国有股东发行的可交换公司债券交换为上市公司每股股份的价格，应不低于债券募集说明书公告日前1个交易日、前20个交易日、前30个交易日该上市公司股票均价中的最高者。

第五十条 国有股东发行的可交换公司债券，其利率应当在参照同期银行贷款利率、银行票据利率、同行业其他企业发行的债券利率，以及标的公司股票每股交换价格、上市公司未来发展前景等因素的前提下，通过市场询价合理确定。

第五十一条 国有股东发行可交换公司债券属于本办法第七条规定情形的，由国家出资企业审核批准，其他情形由国有资产监督管理机构审核批准。

第五十二条 国家出资企业、国有资产监督管理机构批准国有股东发行可交换公司债券时，应当审核以下文件：

（一）国有股东发行可交换公司债券的内部决策文件；

（二）国有股东发行可交换公司债券的方案，内容包括但不限于：国有股东、上市公司基本情况及主要财务数据，预备用于交换的股份数量及保证方式，风险评估论证情况、偿本付息及应对债务风险的具体方案，对国有股东控股地位影响的分析等；

（三）可行性研究报告；

（四）律师事务所出具的法律意见书；

（五）国家出资企业、国有资产监督管理机构认为必要的其他文件。

第八章 国有股东受让上市公司股份

第五十三条 本办法所称国有股东受让上市公司股份行为主要包括国有股东通过证券交易系统增持、协议受让、间接受让、要约收购上市公司股份和认购上市公司发行股票等。

第五十四条 国有股东受让上市公司股份属于本办法第七条规定情形的，由国家出资企业审核批准，其他情形由国有资产监督管理机构审核批准。

第五十五条 国家出资企业、国有资产监督管理机构批准国有股东受让上市公司股份时，应当审核以下文件：

（一）国有股东受让上市公司股份的内部决策文件；

（二）国有股东受让上市公司股份方案，内容包括但不限于：国有股东及上市公司的基本情况、主要财务数据、价格上限及确定依据、数量及受让时限等；

（三）可行性研究报告；

（四）股份转让协议（适用于协议受让的）、产权转让或增资扩股协议（适用于间接受让的）；

（五）财务顾问出具的尽职调查报告和上市公司估值报告（适用于取得控股权的）；

（六）律师事务所出具的法律意见书；

（七）国家出资企业、国有资产监督管理机构认为必要的其他文件。

第五十六条　国有股东将其持有的可转换公司债券或可交换公司债券转换、交换成上市公司股票的，通过司法机关强制执行手续取得上市公司股份的，按照相关法律、行政法规及规章制度的规定办理，并在上述行为完成后10个工作日内将相关情况通过管理信息系统按程序报告国有资产监督管理机构。

第九章　国有股东所控股上市公司吸收合并

第五十七条　本办法所称国有股东所控股上市公司吸收合并，是指国有控股上市公司之间或国有控股上市公司与非国有控股上市公司之间的吸收合并。

第五十八条　国有股东所控股上市公司应当聘请财务顾问，对吸收合并的双方进行尽职调查和内部核查，并出具专业意见。

第五十九条　国有股东应指导上市公司根据股票交易价格，并参考可比交易案例，合理确定上市公司换股价格。

第六十条　国有股东应当在上市公司董事会审议吸收合并方案前，将该方案报国有资产监督管理机构审核批准。

第六十一条　国有资产监督管理机构批准国有股东所控股上市公司吸收合并时，应当审核以下文件：

（一）国家出资企业、国有股东的内部决策文件；

（二）国有股东所控股上市公司吸收合并的方案，内容包括但不限于：国有控股股东及上市公司基本情况、换股价格的确定依据、现金选择权安排、吸收合并后的股权结构、债务处置、职工安置、市场应对预案等；

（三）可行性研究报告；

（四）律师事务所出具的法律意见书；

（五）国有资产监督管理机构认为必要的其他文件。

第十章　国有股东所控股上市公司发行证券

第六十二条　办法所称国有股东所控股上市公司发行证券包括上市公司采用公开方式向原股东配售股份、向不特定对象公开募集股份、采用非公开方式向特定对象发行股份以及发行可转换公司债券等行为。

第六十三条　国有股东所控股上市公司发行证券，应当在股东大会召开前取得批准。属于本办法第七条规定情形的，由国家出资企业审核批准，其他情形报国有资产监督管理机构审核批准。

第六十四条　国家出资企业、国有资产监管机构批准国有股东所控股上市公司发行证券时，应当审核以下文件：

（一）上市公司董事会决议；

（二）国有股东所控股上市公司发行证券的方案，内容包括但不限于：相关国有股东、上市公司基本情况、发行方式、数量、价格，募集资金用途，对国有股东控股地位影响的分析，发行可转换公司债券的风险评估论证情况、偿本付息及应对债务风险的具体方案等；

（三）可行性研究报告；

（四）律师事务所出具的法律意见书；

（五）国家出资企业、国有资产监督管理机构认为必要的其他文件。

第十一章　国有股东与上市公司进行资产重组

第六十五条　本办法所称国有股东与上市公司进行资产重组是指国有股东向上市公司注入、购买或置换资产并涉及国有股东所持上市公司股份发生变化的情形。

第六十六条　国有股东就资产重组事项进行内部决策后，应书面通知上市公司，由上市公司依法披露，并申请股票停牌。在上市公司董事会审议资产重组方案前，应当将可行性研究报告报国家出资企业、国有资产监督管理机构预审核，并由国有资产监督管理机构通过管理信息系统出具意见。

第六十七条　国有股东与上市公司进行资产重组方案经上市公司董事会审议通过后，应当在上市公司股东大会召开前获得相应批准。属于本办法第七条规定情形的，由国家出资企业审核批准，其他情形由国有资产监督管理机构审核批准。

第六十八条　国家出资企业、国有资产监督管理机构批准国有股东与上市公司进行资产重组时，应当审核以下文件：

（一）国有股东决策文件和上市公司董事会决议；

（二）资产重组的方案，内容包括但不限于：资产重组的原因及目的，涉及标的资产范围、业务情况及近三年损益情况，未来盈利预测及其依据，相关资产作价的说明，资产重组对国有股东及上市公司权益、盈利水平和未来发展的影响等；

（三）资产重组涉及相关资产的评估备案表或核准文件；

（四）律师事务所出具的法律意见书；

（五）国家出资企业、国有资产监督管理机构认为必要的其他文件。

第六十九条　国有股东参股的非上市企业参与非国有控股上市公司的资产重组事项由国家出资企业按照内部决策程序自主决定。

第十二章　法律责任

第七十条　在上市公司国有股权变动中，相关方有下列行为之一的，国有资产监督管理机构或国家出资企业应要求终止上市公司股权变动行为，必要时应向人民法院提起诉讼：

（一）不履行相应的内部决策程序、批准程序或者超越权限，擅自变动上市公司国有股权的；

（二）向中介机构提供虚假资料，导致审计、评估结果失真，造成国有资产损失的；

（三）相关方恶意串通，签订显失公平的协议，造成国有资产损失的；

（四）相关方采取欺诈、隐瞒等手段变动上市公司国有股权，造成国有资产损失的；

（五）相关方未在约定期限内履行承诺义务的；

（六）违反上市公司信息披露规定，涉嫌内幕交易的。

第七十一条　违反有关法律、法规或本办法的规定变动上市公司国有股权并造成国有资产损失的，国有资产监督管理机构可以责令国有股东采取措施限期纠正；国有股东、上市公司负有直接责任的主管人员和其他直接责任人员，由国有资产监督管理机构或者相关企业按照权限给予纪律处分，造成国有资产损失的，应负赔偿责任；涉嫌犯罪的，依法移送司法机关处理。

第七十二条　社会中介机构在上市公司国有股权变动的审计、评估、咨询和法律等服务中违规执业的，由国有资产监督管理机构将有关情况通报其行业主管部门，建议给予相应处罚；情节严重的，国有股东三年内不得再委托其开展相关业务。

第七十三条　上市公司国有股权变动批准机构及其有关人员违反有关法律、法规或本办法的规定，擅自批准或者在批准中以权谋私，造成国有资产损失的，由有关部门按照权限给予纪律处分；涉嫌犯罪的，依法移送司法机关处理。

国有资产监督管理机构违反有关法律、法规或本办法的规定审核批准上市公司国有股权变动并造成国有资产损失的，对直接负责的主管人员和其他责任人员给予纪律处分；涉嫌犯罪的，依法移送司法机关处理。

第十三章　附　则

第七十四条　不符合本办法规定的国有股东标准，但政府部门、机构、事业单位和国有独资或全资企业通过投资关系、协议或者其他安排，能够实际支配其行为的境内外企业，证券账户标注为"CS"，所持上市公司股权变动行为参照本办法管理。

第七十五条　政府部门、机构、事业单位及其所属企业持有的上市公司国有股权变动行为，按照现行监管体制，比照本办法管理。

第七十六条　金融、文化类上市公司国有股权的监督管理，国家另有规定的，依照其规定。

第七十七条　国有或国有控股的专门从事证券业务的证券公司及基金管理公司转让、受让上市公司股份的监督管理按照相关规定办理。

第七十八条　国有出资的有限合伙企业不作国有股东认定，其所持上市公司股份的监督管理另行规定。

第七十九条　本办法自2018年7月1日起施行。

中央企业违规经营投资责任追究实施办法(试行)

国务院国有资产监督管理委员会令第37号

《中央企业违规经营投资责任追究实施办法(试行)》已经国务院国有资产监督管理委员会主任办公会议审议通过,现予公布,自2018年8月30日起施行。

中央企业违规经营投资责任追究实施办法(试行)

第一章 总 则

第一条 为加强和规范中央企业违规经营投资责任追究工作,进一步完善国有资产监督管理制度,落实国有资产保值增值责任,有效防止国有资产流失,根据《中华人民共和国公司法》、《中华人民共和国企业国有资产法》、《企业国有资产监督管理暂行条例》和《国务院办公厅关于建立国有企业违规经营投资责任追究制度的意见》等法律法规和文件,制定本办法。

第二条 本办法所称中央企业是指国务院国有资产监督管理委员会(以下简称国资委)代表国务院履行出资人职责的国家出资企业。

第三条 本办法所称违规经营投资责任追究(以下简称责任追究)是指中央企业经营管理有关人员违反规定,未履行或未正确履行职责,在经营投资中造成国有资产损失或其他严重不良后果,经调查核实和责任认定,对相关责任人进行处理的工作。

前款所称规定,包括国家法律法规、国有资管规章制度和企业内部管理规定等。前款所称未履行职责,是指未在规定期限内或正当合理期限内行使职权、承担责任,一般包括不作为、拒绝履行职责、拖延履行职责等;未正确履行职责,是指未按规定以及岗位职责要求,不适当或不完全行使职权、承担责任,一般包括未按程序行使职权、超越职权、滥用职权等。

第四条 责任追究工作应当遵循以下原则:

(一)坚持依法依规问责。以国家法律法规为准绳,按照国有资产监管规章制度和企业内部管理规定等,对违反规定、未履行或未正确履行职责造成国有资产损失或其他严重不良后果的企业经营管理有关人员,严肃追究责任,实行重大决策终身问责。

(二)坚持客观公正定责。贯彻落实"三个区分开来"重要要求,结合企业实际情况,调查核实违规行为的事实、性质及其造成的损失和影响,既考虑量的标准也考虑质的不同,认定相关人员责任,保护企业经营管理有关人员干事创业的积极性,恰当公正地处理相关责任人。

(三)坚持分级分层追责。国资委和中央企业原则上按照国有资本出资关系和干部管理权限,界定责任追究工作职责,分级组织开展责任追究工作,分别对企业不同层级经营管理人员进行追究处理,形成分级分层、有效衔接、上下贯通的责任追究工作体系。

(四)坚持惩治教育和制度建设相结合。在对违规经营投资相关责任人严肃问责的同时,加大典型案例总结和通报力度,加强警示教育,发挥震慑作用,推动中央企业不断完善规章制度,堵塞经营管理漏洞,提高经营管理水平,实现国有资产保值增值。

第五条 在责任追究工作过程中,发现企业经营管理有关人员违纪或职务违法的问题和线索,应当移送相应的纪检监察机构查处;涉嫌犯罪的,应当移送国家监察机关或司法机关查处。

第二章 责任追究范围

第六条 中央企业经营管理有关人员违反规定,未履行或未正确履行职责致使发生本办法第七条至第十七条所列情形,造成国有资产损失或其他严重不良后果的,应当追究相应责任。

第七条 集团管控方面的责任追究情形:

(一)违反规定程序或超越权限决定、批准和组织实施重大经营投资事项,或决定、批准和组织实施的重大经营投资事项违反党和国家方针政策、决策部署以及国家有关规定。

(二)对国家有关集团管控的规定未执行或执行不力,致使发生重大资产损失对生产经营、财务状况产生重大影响。

(三)对集团重大风险隐患、内控缺陷等问题失察,或虽发现但没有及时报告、处理,造成重大资产损失或其他严重不良后果。

(四)所属子企业发生重大违规违纪违法问题,造成重大资产损失且对集团生产经营、财务状况产生重大影响,或造成其他严重不良后果。

(五)对国家有关监管机构就经营投资有关重大问题提出的整改工作要求,拒绝整改、拖延整改等。

第八条 风险管理方面的责任追究情形:

(一)未按规定履行内控及风险管理制度建设职责,导致内控及风险管理制度缺失,内控流程存在重大缺陷。

(二)内控及风险管理制度未执行或执行不力,对经营投资重大风险未能及时分析、识别、评估、预警、应对和报告。

(三)未按规定对企业规章制度、经济合同和重要决策等进行法律审核。

(四)未执行国有资产监管有关规定,过度负债导致债务危机,危及企业持续经营。

(五)恶意逃废金融债务。

(六)瞒报、漏报、谎报或迟报重大风险及风险损失事件,指使编制虚假财务报告,企业账实严重不符。

第九条 购销管理方面的责任追究情形:

(一)未按规定订立、履行合同,未履行或未正确履行职责致使合同标的价格明显不公允。

(二)未正确履行合同,或无正当理由放弃应得合同权益。

(三)违反规定开展融资性贸易业务或"空转""走单"等虚假贸易业务。

(四)违反规定利用关联交易输送利益。

(五)未按规定进行招标或未执行招标结果。

(六)违反规定提供赊销信用、资质、担保或预付款项,利用业务预付或物资交易等方式变相融资或投资。

(七)违反规定开展商品期货、期权等衍生业务。

(八)未按规定对应收款项及时追索或采取有效保全措施。

第十条 工程承包建设方面的责任追究情形:

(一)未按规定对合同标的进行调查论证或风险分析。

(二)未按规定履行决策和审批程序,或未经授权和超越授权投标。

(三)违反规定,无合理商业理由以低于成本的报价中标。

(四)未按规定履行决策和审批程序,擅自签订或变更合同。

(五)未按规定程序对合同约定进行严格审查,存在重大疏漏。

(六)工程以及与工程建设有关的货物、服务未按规定招标或规避招标。

(七)违反规定分包等。

(八)违反合同约定超计价、超进度付款。

第十一条 资金管理方面的责任追究情形:

(一)违反决策和审批程序或超越权限筹集和使用资金。

(二)违反规定以个人名义留存资金、收支结算、开立银行账户等。

(三)设立"小金库"。

(四)违反规定集资、发行股票或债券、捐赠、担保、委托理财、拆借资金或开立信用证、办理银行票据等。

(五)虚列支出套取资金。

(六)违反规定超发、滥发职工薪酬福利。

(七)因财务内控缺失或未按照财务内控制度执行,发生资金挪用、侵占、盗取、欺诈等。

第十二条 转让产权、上市公司股权、资产等方面的责任追究情形:

(一)未按规定履行决策和审批程序或超越授权范围转让。

(二)财务审计和资产评估违反相关规定。

(三)隐匿应当纳入审计、评估范围的资产,组织提供和披露虚假信息,授意、指使中介机构出具虚假财务审计、资产评估鉴证结果及法律意见书等。

(四)未按相关规定执行回避制度。

(五)违反相关规定和公开公平交易原则,低价转让企业产权、上市公司股权和资产等。

(六)未按规定进场交易。

第十三条　固定资产投资方面的责任追究情形:

(一)未按规定进行可行性研究或风险分析。

(二)项目概算未按规定进行审查,严重偏离实际。

(三)未按规定履行决策和审批程序擅自投资。

(四)购建项目未按规定招标,干预、规避或操纵招标。

(五)外部环境和项目本身情况发生重大变化,未按规定及时调整投资方案并采取止损措施。

(六)擅自变更工程设计、建设内容和追加投资等。

(七)项目管理混乱,致使建设严重拖期、成本明显高于同类项目。

(八)违反规定开展列入负面清单的投资项目。

第十四条　投资并购方面的责任追究情形:

(一)未按规定开展尽职调查,或尽职调查未进行风险分析等,存在重大疏漏。

(二)财务审计、资产评估或估值违反相关规定。

(三)投资并购过程中授意、指使中介机构或有关单位出具虚假报告。

(四)未按规定履行决策和审批程序,决策未充分考虑重大风险因素,未制定风险防范预案。

(五)违反规定以各种形式为其他合资合作方提供垫资,或通过高溢价并购等手段向关联方输送利益。

(六)投资合同、协议及标的企业公司章程等法律文件中存在有损国有权益的条款,致使对标的企业管理失控。

(七)违反合同约定提前支付并购价款。

(八)投资并购后未按有关工作方案开展整合,致使对标的企业管理失控。

(九)投资参股后未行使相应股东权利,发生重大变化未及时采取止损措施。

(十)违反规定开展列入负面清单的投资项目。

第十五条　改组改制方面的责任追究情形:

(一)未按规定履行决策和审批程序。

(二)未按规定组织开展清产核资、财务审计和资产评估。

(三)故意转移、隐匿国有资产或向中介机构提供虚假信息,授意、指使中介机构出具虚假清产核资、财务审计与资产评估等鉴证结果。

(四)将国有资产以明显不公允低价折股、出售或无偿分给其他单位或个人。

(五)在发展混合所有制经济、实施员工持股计划、破产重整或清算等改组改制过程中,违反规定,导致发生变相套取、私分国有资产。

(六)未按规定收取国有资产转让价款。

(七)改制后的公司章程等法律文件中存在有损国有权益的条款。

第十六条　境外经营投资方面的责任追究情形:

(一)未按规定建立企业境外投资管理相关制度,导致境外投资管控缺失。

(二)开展列入负面清单禁止类的境外投资项目。

(三)违反规定从事非主业投资或开展列入负面清单特别监管类的境外投资项目。

(四)未按规定进行风险评估并采取有效风险防控措施对外投资或承揽境外项目。

(五)违反规定采取不当经营行为,以及不顾成本和代价进行恶性竞争。

(六)违反本章其他有关规定或存在国家明令禁止的其他境外经营投资行为的。

第十七条　其他违反规定,未履行或未正确履行职责造成国有资产损失或其他严重不良后果的责任追究情形。

第三章　资产损失认定

第十八条　对中央企业违规经营投资造成的资产损失,在调查核实的基础上,依据有关规定认定资产损失金额,以及对企业、国家和社会等造成的影响。

第十九条　资产损失包括直接损失和间接损失。直接损失是与相关人员行为有直接因果关系的损失金额及影响；间接损失是由相关人员行为引发或导致的、除直接损失外、能够确认计量的其他损失金额及影响。

第二十条　中央企业违规经营投资资产损失500万元以下为一般资产损失，500万元以上5000万元以下为较大资产损失，5000万元以上为重大资产损失。涉及违纪违法和犯罪行为查处的损失标准，遵照相关党内法规和国家法律法规的规定执行。

前款所称的"以上"包括本数，所称的"以下"不包括本数。

第二十一条　资产损失金额及影响，可根据司法、行政机关等依法出具的书面文件，具有相应资质的会计师事务所、资产评估机构、律师事务所、专业技术鉴定机构等专业机构出具的专项审计、评估或鉴证报告，以及企业内部证明材料等，进行综合研判认定。

第二十二条　相关违规经营投资虽尚未形成事实资产损失，但确有证据证明资产损失在可预见未来将发生，且能可靠计量资产损失金额的，经中介机构评估可以认定为或有损失，计入资产损失。

第四章　责任认定

第二十三条　中央企业经营管理有关人员任职期间违反规定，未履行或未正确履行职责造成国有资产损失或其他严重不良后果的，应当追究其相应责任。违规经营投资责任根据工作职责划分为直接责任、主管责任和领导责任。

第二十四条　直接责任是指相关人员在其工作职责范围内，违反规定，未履行或未正确履行职责，对造成的资产损失或其他严重不良后果起决定性直接作用时应当承担的责任。

企业负责人存在以下情形的，应当承担直接责任：

（一）本人或与他人共同违反国家法律法规、国有资产监管规章制度和企业内部管理规定的。

（二）授意、指使、强令、纵容、包庇下属人员违反国家法律法规、国有资产监管规章制度和企业内部管理规定。

（三）未经规定程序或超越权限，直接决定、批准、组织实施重大经济事项。

（四）主持相关会议讨论或以其他方式研究时，在多数人不同意的情况下，直接决定、批准、组织实施重大经济事项。

（五）将按有关法律法规制度应作为第一责任人（总负责）的事项、签订的有关目标责任事项或应当履行的其他重要职责，授权（委托）其他领导人员决策且决策不当或决策失误等。

（六）其他应当承担直接责任的行为。

第二十五条　主管责任是指相关人员在其直接主管（分管）工作职责范围内，违反规定，未履行或未正确履行职责，对造成的资产损失或其他严重不良后果应当承担的责任。

第二十六条　领导责任是指企业主要负责人在其工作职责范围内，违反规定，未履行或未正确履行职责，对造成的资产损失或其他严重不良后果应当承担的责任。

第二十七条　中央企业所属子企业违规经营投资致使发生本条第二款、第三款所列情形的，上级企业经营管理有关人员应当承担相应的责任。

上一级企业有关人员应当承担相应责任的情形包括：

（一）发生重大资产损失且对企业生产经营、财务状况产生重大影响的。

（二）多次发生较大、重大资产损失，或造成其他严重不良后果的。

除上一级企业有关人员外，更高层级企业有关人员也应当承担相应责任的情形包括：

（一）发生违规违纪违法问题，造成资产损失金额巨大且危及企业生存发展的。

（二）在一定时期内多家所属子企业连续集中发生重大资产损失，或造成其他严重不良后果的。

第二十八条　中央企业违反规定瞒报、漏报或谎报重大资产损失的，对企业主要负责人和分管负责人比照领导责任和主管责任进行责任认定。

第二十九条　中央企业未按规定和有关工作职

责要求组织开展责任追究工作的,对企业负责人及有关人员比照领导责任、主管责任和直接责任进行责任认定。

第三十条 中央企业有关经营决策机构以集体决策形式作出违规经营投资的决策或实施其他违规经营投资的行为,造成资产损失或其他严重不良后果的,应当承担集体责任,有关成员也应当承担相应责任。

第五章 责任追究处理

第三十一条 对相关责任人的处理方式包括组织处理、扣减薪酬、禁入限制、纪律处分、移送国家监察机关或司法机关等,可以单独使用,也可以合并使用。

(一)组织处理。包括批评教育、责令书面检查、通报批评、诫勉、停职、调离工作岗位、降职、改任非领导职务、责令辞职、免职等。

(二)扣减薪酬。扣减和追索绩效年薪或任期激励收入,终止或收回其他中长期激励收益,取消参加中长期激励资格等。

(三)禁入限制。五年直至终身不得担任国有企业董事、监事、高级管理人员。

(四)纪律处分。由相应的纪检监察机构查处。

(五)移送国家监察机关或司法机关处理。依据国家有关法律规定,移送国家监察机关或司法机关查处。

第三十二条 中央企业发生资产损失,经过查证核实和责任认定后,除依据有关规定移送纪检监察机构或司法机关处理外,应当按以下方式处理:

(一)发生一般资产损失的,对直接责任人和主管责任人给予批评教育、责令书面检查、通报批评、诫勉等处理,可以扣减和追索责任认定年度50%以下的绩效年薪。

(二)发生较大资产损失的,对直接责任人和主管责任人给予通报批评、诫勉、停职、调离工作岗位、降职等处理,同时按照以下标准扣减薪酬:扣减和追索责任认定年度50%~100%的绩效年薪、扣减和追索责任认定年度(含)前三年50%~100%的任期激励收入并延期支付绩效年薪,终止尚未行使的其他中长期激励权益、上缴责任认定年度及前一年度的全部中长期激励收益、五年内不得参加企业新的中长期激励。

对领导责任人给予通报批评、诫勉、停职、调离工作岗位等处理,同时按照以下标准扣减薪酬:扣减和追索责任认定年度30%~70%的绩效年薪、扣减和追索责任认定年度(含)前三年30%~70%的任期激励收入并延期支付绩效年薪,终止尚未行使的其他中长期激励权益、三年内不得参加企业新的中长期激励。

(三)发生重大资产损失的,对直接责任人和主管责任人给予降职、改任非领导职务、责令辞职、免职和禁入限制等处理,同时按照以下标准扣减薪酬:扣减和追索责任认定年度100%的绩效年薪、扣减和追索责任认定年度(含)前三年100%的任期激励收入并延期支付绩效年薪,终止尚未行使的其他中长期激励权益、上缴责任认定年度(含)前三年的全部中长期激励收益、不得参加企业新的中长期激励。

对领导责任人给予调离工作岗位、降职、改任非领导职务、责令辞职、免职和禁入限制等处理,同时按照以下标准扣减薪酬:扣减和追索责任认定年度70%~100%的绩效年薪、扣减和追索责任认定年度(含)前三年70%~100%的任期激励收入并延期支付绩效年薪,终止尚未行使的其他中长期激励权益、上缴责任认定年度(含)前三年的全部中长期激励收益、五年内不得参加企业新的中长期激励。

第三十三条 中央企业所属子企业发生资产损失,按照本办法应当追究中央企业有关人员责任时,对相关责任人给予通报批评、诫勉、停职、调离工作岗位、降职、改任非领导职务、责令辞职、免职和禁入限制等处理,同时按照以下标准扣减薪酬:扣减和追索责任认定年度30%~100%的绩效年薪、扣减和追索责任认定年度(含)前三年30%~100%的任期激励收入并延期支付绩效年薪,终止尚未行使的其他中长期激励权益、上缴责任认定年度(含)前三年的全部中长期激励收益、三至五年内不得参加企业新的中长期激励。

第三十四条 对承担集体责任的中央企业有关经营决策机构,给予批评教育、责令书面检查、通报批评等处理;对造成资产损失金额巨大且危及企业生存发展的,或造成其他特别严重不良后果的,按照规定程序予以改组。

第三十五条 责任认定年度是指责任追究处理年度。有关责任人在责任追究处理年度无任职或任职不满全年的,按照最近一个完整任职年度执行;若无完整任职年度的,参照处理前实际任职月度(不超过12个月)执行。

第三十六条 对同一事件、同一责任人的薪酬扣减和追索,按照党纪处分、政务处分、责任追究等扣减薪酬处理的最高标准执行,但不合并使用。

第三十七条 相关责任人受到诫勉处理的,六个月内不得提拔、重用;受到调离工作岗位、改任非领导职务处理的,一年内不得提拔;受到降职处理的,两年内不得提拔;受到责令辞职、免职处理的,一年内不安排职务,两年内不得担任高于原任职务层级的职务;同时受到纪律处分的,按照影响期长的规定执行。

第三十八条 中央企业经营管理有关人员违规经营投资未造成资产损失,但造成其他严重不良后果的,经过查证核实和责任认定后,对相关责任人参照本办法予以处理。

第三十九条 有下列情形之一的,应当对相关责任人从重或加重处理:

(一)资产损失频繁发生、金额巨大、后果严重的。

(二)屡禁不止、顶风违规、影响恶劣的。

(三)强迫、唆使他人违规造成资产损失或其他严重不良后果的。

(四)未及时采取措施或措施不力导致资产损失或其他严重不良后果扩大的。

(五)瞒报、漏报或谎报资产损失的。

(六)拒不配合或干扰、抵制责任追究工作的。

(七)其他应当从重或加重处理的。

第四十条 对中央企业经营管理有关人员在企业改革发展中所出现的失误,不属于有令不行、有禁不止、不当谋利、主观故意、独断专行等的,根据有关规定和程序予以容错。有下列情形之一的,可以对违规经营投资相关责任人从轻或减轻处理:

(一)情节轻微的。

(二)以促进企业改革发展稳定或履行企业经济责任、政治责任、社会责任为目标,且个人没有谋取私利的。

(三)党和国家方针政策、党章党规党纪、国家法律法规、地方性法规和规章等没有明确限制或禁止的。

(四)处置突发事件或紧急情况下,个人或少数人决策,事后及时履行报告程序并得到追认,且不存在故意或重大过失的。

(五)及时采取有效措施减少、挽回资产损失并消除不良影响的。

(六)主动反映资产损失情况,积极配合责任追究工作的,或主动检举其他造成资产损失相关人员,查证属实的。

(七)其他可以从轻或减轻处理的。

第四十一条 对于违规经营投资有关责任人应当给予批评教育、责令书面检查、通报批评或诫勉处理,但是具有本办法第四十条规定的情形之一的,可以免除处理。

第四十二条 对违规经营投资有关责任人减轻或免除处理,须由作出处理决定的上一级企业或国资委批准。

第四十三条 相关责任人已调任、离职或退休的,应当按照本办法给予相应处理。

第四十四条 相关责任人在责任认定年度已不在本企业领取绩效年薪的,按离职前一年度全部绩效年薪及前三年任期激励收入总和计算,参照本办法有关规定追索扣回其薪酬。

第四十五条 对违反规定,未履行或未正确履行职责造成国有资产损失或其他严重不良后果的中央企业董事、监事以及其他有关人员,依照国家法律法规、有关规章制度和本办法等对其进行相应处理。

第六章 责任追究工作职责

第四十六条 国资委和中央企业原则上按照国

有资本出资关系和干部管理权限,组织开展责任追究工作。

第四十七条 国资委在责任追究工作中的主要职责:

(一)研究制定中央企业责任追究有关制度。

(二)组织开展中央企业发生的重大资产损失或产生严重不良后果的较大资产损失,以及涉及中央企业负责人的责任追究工作。

(三)认为有必要直接组织开展的中央企业及其所属子企业责任追究工作。

(四)对中央企业存在的共性问题进行专项核查。

(五)对需要中央企业整改的问题,督促企业落实有关整改工作要求。

(六)指导、监督和检查中央企业责任追究相关工作。

(七)其他有关责任追究工作。

第四十八条 国资委内设专门责任追究机构,受理有关方面按规定程序移交的中央企业及其所属子企业违规经营投资的有关问题和线索,初步核实后进行分类处置,并采取督办、联合核查、专项核查等方式组织开展有关核查工作,认定相关人员责任,研究提出处理的意见建议,督促企业整改落实。

第四十九条 中央企业在责任追究工作中的主要职责:

(一)研究制定本企业责任追究有关制度。

(二)组织开展本级企业发生的一般或较大资产损失,二级子企业发生的重大资产损失或产生严重不良后果的较大资产损失,以及涉及二级子企业负责人的责任追究工作。

(三)认为有必要直接组织开展的所属子企业责任追究工作。

(四)指导、监督和检查所属子企业责任追究相关工作。

(五)按照国资委要求组织开展有关责任追究工作。

(六)其他有关责任追究工作。

第五十条 中央企业应当明确相应的职能部门或机构,负责组织开展责任追究工作,并做好与企业纪检监察机构的协同配合。

第五十一条 中央企业应当建立责任追究工作报告制度,对较大和重大违规经营投资的问题和线索,及时向国资委书面报告,并按照有关工作要求定期报送责任追究工作开展情况。

第五十二条 中央企业未按规定和有关工作职责要求组织开展责任追究工作的,国资委依据相关规定,对有关中央企业负责人进行责任追究。

第五十三条 国资委和中央企业有关人员,对企业违规经营投资等重大违规违纪违法问题,存在应当发现而未发现或发现后敷衍不追、隐匿不报、查处不力等失职渎职行为的,严格依纪依规追究纪律责任;涉嫌犯罪的,移送国家监察机关或司法机关查处。

第七章 责任追究工作程序

第五十四条 开展中央企业责任追究工作一般应当遵循受理、初步核实、分类处置、核查、处理和整改等程序。

第五十五条 受理有关方面按规定程序移交的违规经营投资问题和线索,并进行有关证据、材料的收集、整理和分析工作。

第五十六条 国资委专门责任追究机构受理下列企业违规经营投资的问题和线索:

(一)国有资产监督管理工作中发现的。

(二)审计、巡视、纪检监察以及其他有关部门移交的。

(三)中央企业报告的。

(四)其他有关违规经营投资的问题和线索。

第五十七条 对受理的违规经营投资问题和线索,及相关证据、材料进行必要的初步核实工作。

第五十八条 初步核实的主要工作内容包括:

(一)资产损失及其他严重不良后果的情况。

(二)违规违纪违法的情况。

(三)是否属于责任追究范围。

(四)有关方面的处理建议和要求等。

第五十九条 初步核实的工作一般应于30个工作日内完成,根据工作需要可以适当延长。

第六十条 根据初步核实情况,对确有违规违纪违法事实的,按照规定的职责权限和程序进行分类处置。

第六十一条 分类处置的主要工作内容包括:

(一)属于国资委责任追究职责范围的,由国资委专门责任追究机构组织实施核查工作。

(二)属于中央企业责任追究职责范围的,移交和督促相关中央企业进行责任追究。

(三)涉及中管干部的违规经营投资问题线索,报经中央纪委国家监委同意后,按要求开展有关核查工作。

(四)属于其他有关部门责任追究职责范围的,移送有关部门。

(五)涉嫌违纪或职务违法的问题和线索,移送纪检监察机构。

(六)涉嫌犯罪的问题和线索,移送国家监察机关或司法机关。

第六十二条 国资委对违规经营投资事项及时组织开展核查工作,核实责任追究情形,确定资产损失程度,查清资产损失原因,认定相关人员责任等。

第六十三条 结合中央企业减少或挽回资产损失工作进展情况,可以适时启动责任追究工作。

第六十四条 核查工作可以采取以下工作措施核查取证:

(一)与被核查事项有关的人员谈话,形成核查谈话记录,并要求有关人员作出书面说明。

(二)查阅、复制被核查企业的有关文件、会议纪要(记录)、资料和账簿、原始凭证等相关材料。

(三)实地核查企业实物资产等。

(四)委托具有相应资质的专业机构对有关问题进行审计、评估或鉴证等。

(五)其他必要的工作措施。

第六十五条 在核查期间,对相关责任人未支付或兑现的绩效年薪、任期激励收入、中长期激励收益等均应暂停支付或兑现;对有可能影响核查工作顺利开展的相关责任人,可视情况采取停职、调离工作岗位、免职等措施。

第六十六条 在重大违规经营投资事项核查工作中,对确有工作需要的,负责核查的部门可请纪检监察机构提供必要支持。

第六十七条 核查工作一般应于6个月内完成,根据工作需要可以适当延长。

第六十八条 核查工作结束后,一般应当听取企业和相关责任人关于核查工作结果的意见,形成资产损失情况核查报告和责任认定报告。

第六十九条 国资委根据核查工作结果,按照干部管理权限和相关程序对相关责任人追究处理,形成处理决定,送达有关企业及被处理人,并对有关企业提出整改要求。

第七十条 被处理人对处理决定有异议的,可以在处理决定送达之日起15个工作日内,提出书面申诉,并提供相关证明材料。申诉期间不停止原处理决定的执行。

第七十一条 国资委或中央企业作出处理决定的,被处理人向作出该处理决定的单位申诉;中央企业所属子企业作出处理决定的,向上一级企业申诉。

第七十二条 国资委和企业应当自受理申诉之日起30个工作日内复核,作出维持、撤销或变更原处理决定的复核决定,并以适当形式告知申诉人及其所在企业。

第七十三条 中央企业应当按照整改要求,认真总结吸取教训,制定和落实整改措施,优化业务流程,完善内控体系,堵塞经营管理漏洞,建立健全防范经营投资风险的长效机制。

第七十四条 中央企业应在收到处理决定之日起60个工作日内,向国资委报送整改报告及相关材料。

第七十五条 国资委和中央企业应当按照国家有关信息公开规定,逐步向社会公开违规经营投资核查处理情况和有关整改情况等,接受社会监督。

第七十六条 积极运用信息化手段开展责任追究工作,推进相关数据信息的报送、归集、共享和综合利用,逐步建立违规经营投资损失和责任追究工作信息报送系统、中央企业禁入限制人员信息查询系统等,加大信息化手段在发现问题线索、专项核查、责任追究等方面的运用力度。

第八章　附　则

第七十七条　中央企业应根据本办法，结合本企业实际情况，细化责任追究的范围、资产损失程度划分标准等，研究制定责任追究相关制度规定，并报国资委备案。

第七十八条　各地区国有资产监督管理机构可以参照本办法，结合实际情况制定本地区责任追究相关制度规定。

第七十九条　国有参股企业责任追究工作，可参照本办法向国有参股企业股东会提请开展责任追究工作。

第八十条　对发生生产安全、环境污染责任事故和不稳定事件的，按照国家有关规定另行处理。

第八十一条　本办法由国资委负责解释。

第八十二条　本办法自 2018 年 8 月 30 日起施行。《中央企业资产损失责任追究暂行办法》（国资委令第 20 号）同时废止。

国资委关于废止《中央企业经济责任审计管理暂行办法》的决定

国务院国有资产监督管理委员会令第 38 号

《国资委关于废止〈中央企业经济责任审计管理暂行办法〉的决定》已经国资委第 149 次主任办公会议审议通过，现予公布，自公布之日起施行。

国资委关于废止《中央企业经济责任审计管理暂行办法》的决定

为贯彻落实中共中央《深化党和国家机构改革方案》和十三届全国人大一次会议审议通过的《关于国务院机构改革方案的决定》，国资委决定废止《中央企业经济责任审计管理暂行办法》（国资委令第 7 号），现予公布。

本决定自公布之日起施行。

中央企业工资总额管理办法

国务院国有资产监督管理委员会令第 39 号

《中央企业工资总额管理办法》已于 2018 年 12 月 11 日经国务院国有资产监督管理委员会第 158 次主任办公会议审议通过，现予公布，自 2019 年 1 月 1 日起施行。

中央企业工资总额管理办法

第一章　总　则

第一条　为建立健全与劳动力市场基本适应、与企业经济效益和劳动生产率挂钩的工资决定和正常增长机制，增强企业活力和竞争力，促进企业实现高质量发展，推动国有资本做强做优做大，根据《中华人民共和国企业国有资产法》、《企业国有资产监督管理暂行条例》、《中共中央　国务院关于深化国有企业改革的指导意见》、《国务院关于改革国有企业工资决定机制的意见》和国家有关收入分配政策规定，制定本办法。

第二条　本办法所称中央企业是指国务院国有资产监督管理委员会（以下简称国资委）履行出资人职责的企业。

第三条　本办法所称工资总额，是指由企业在一个会计年度内直接支付给与本企业建立劳动关系的全部职工的劳动报酬总额，包括工资、奖金、津贴、补贴、加班加点工资、特殊情况下支付的工资等。

第四条　中央企业工资总额实行预算管理。企业每年度围绕发展战略，按照国家工资收入分配宏观政策要求，依据生产经营目标、经济效益情况和人力资源管理要求，对工资总额的确定、发放和职工工资水平的调整，作出预算安排，并且进行有效控制和监督。

第五条　工资总额管理应当遵循以下原则：

（一）坚持市场化改革方向。实行与社会主义市场经济相适应的企业工资分配制度，发挥市场在资源配置中的决定性作用，逐步实现中央企业职工工资水平与劳动力市场价位相适应。

（二）坚持效益导向原则。按照质量第一、效益优先的要求，职工工资水平的确定以及增长应当与企业经济效益和劳动生产率的提高相联系，切实实现职工工资能增能减，充分调动职工创效主动性和积极性，不断优化人工成本投入产出效率，持续增强企业活力。

（三）坚持分级管理。完善出资人依法调控与企业自主分配相结合的中央企业工资总额分级管理体制，国资委以管资本为主调控中央企业工资分配总体水平，企业依法依规自主决定内部薪酬分配。

（四）坚持分类管理。根据中央企业功能定位、行业特点，分类实行差异化的工资总额管理方式和决定机制，引导中央企业落实国有资产保值增值责任，发挥在国民经济和社会发展中的骨干作用。

第二章 工资总额分级管理

第六条 国资委依据有关法律法规履行出资人职责，制定中央企业工资总额管理制度，根据企业功能定位、公司治理、人力资源管理市场化程度等情况，对企业工资总额预算实行备案制或者核准制管理。

第七条 实行工资总额预算备案制管理的中央企业，根据国资委管理制度和调控要求，结合实际制定本企业工资总额管理办法，报经国资委同意后，依照办法科学编制职工年度工资总额预算方案并组织实施，国资委对其年度工资总额预算进行备案管理。

第八条 实行工资总额预算核准制管理的中央企业，根据国资委有关制度要求，科学编制职工年度工资总额预算方案，报国资委核准后实施。

第九条 工资总额预算经国资委备案或者核准后，由中央企业根据所属企业功能定位、行业特点和经营性质，按照内部绩效考核和薪酬分配制度要求，完善本企业工资总额预算管理体系，并且组织开展预算编制、执行以及内部监督、评价工作。

第十条 中央企业工资总额预算一般按照单一会计年度进行管理。对行业周期性特征明显、经济效益年度间波动较大或者存在其他特殊情况的企业，工资总额预算可以探索按周期进行管理，周期最长不超过三年，周期内的工资总额增长应当符合工资与效益联动的要求。

第三章 工资总额分类管理

第十一条 主业处于充分竞争行业和领域的商业类中央企业原则上实行工资总额预算备案制管理。职工工资总额主要与企业利润总额、净利润、经济增加值、净资产增长率、净资产收益率等反映经济效益、国有资本保值增值和市场竞争能力的指标挂钩。职工工资水平根据企业经济效益和市场竞争力，结合市场或者行业对标科学合理确定。

第十二条 主业处于关系国家安全、国民经济命脉的重要行业和关键领域、主要承担重大专项任务的商业类中央企业原则上实行工资总额预算核准制管理。职工工资总额在主要与反映经济效益和国有资本保值增值指标挂钩的同时，可以根据实际增加营业收入、任务完成率等体现服务国家战略、保障国家安全和国民经济运行、发展前瞻性战略性产业以及完成特殊任务等情况的指标。职工工资水平根据企业在国民经济中的作用、贡献和经济效益，结合所处行业职工平均工资水平等因素合理确定。

上述企业中，法人治理结构健全、三项制度改革到位、收入分配管理规范的，经国资委同意后，工资总额预算可以探索实行备案制管理。

第十三条 公益类中央企业实行工资总额预算核准制管理。职工工资总额主要与反映成本控制、产品服务质量、营运效率和保障能力等情况的指标挂钩，兼顾体现经济效益和国有资本保值增值情况的指标。职工工资水平根据公益性业务的质量和企业经济效益状况，结合收入分配现状、所处行业平均工资等因素合理确定。

第十四条 开展国有资本投资、运营公司或者混合所有制改革等试点的中央企业，按照国家收入分配政策要求，根据改革推进情况，经国资委同意，可以探索实行更加灵活高效的工资总额管理方式。

第四章 工资总额决定机制

第十五条 中央企业以上年度工资总额清算额为基础,根据企业功能定位以及当年经济效益和劳动生产率的预算情况,参考劳动力市场价位,分类确定决定机制,合理编制年度工资总额预算。

第十六条 工资总额预算与利润总额等经济效益指标的业绩考核目标值挂钩,并且根据目标值的先进程度(一般设置为三档)确定不同的预算水平。

(一)企业经济效益增长,目标值为第一档的,工资总额增长可以与经济效益增幅保持同步;目标值为第二档的,工资总额增长应当低于经济效益增幅。

(二)企业经济效益下降,目标值为第二档的,工资总额可以适度少降;目标值为第三档的,工资总额应当下降。

(三)企业受政策调整、不可抗力等非经营性因素影响的,可以合理调整工资总额预算。

(四)企业未实现国有资产保值增值的,工资总额不得增长或者适度下降。

第十七条 工资总额预算在按照经济效益决定的基础上,还应当根据劳动生产率、人工成本投入产出效率的对标情况合理调整。企业当年经济效益增长但劳动生产率未提高的,工资总额应当适当少增。企业劳动生产率以及其他人工成本投入产出指标与同行业水平对标差距较大的,应当合理控制工资总额预算。

第十八条 主业处于关系国家安全、国民经济命脉的重要行业和关键领域、主要承担重大专项任务的商业类中央企业和公益类中央企业可以探索将工资总额划分为保障性和效益性工资总额两部分,国资委根据企业功能定位、行业特点等情况,合理确定其保障性和效益性工资总额比重,比重原则上三年内保持不变。

(一)保障性工资总额的增长主要根据企业所承担的重大专项任务、公益性业务、营业收入等指标完成情况,结合居民消费价格指数以及企业职工工资水平对标情况综合确定,原则上不超过挂钩指标增长幅度。

(二)效益性工资总额增长原则上参照本办法第十六、十七条确定。

第十九条 工资总额在预算范围不发生变化的情况下,原则上增人不增工资总额、减人不减工资总额,但发生兼并重组、新设企业或者机构等情况的,可以合理增加或者减少工资总额。

第二十条 国资委按照国家有关部门发布的工资指导线、非竞争类国有企业职工平均工资调控水平和工资增长调控目标,根据中央企业职工工资分配现状,适度调控部分企业工资总额增幅。

对中央企业承担重大专项任务、重大科技创新项目等特殊事项的,国资委合理认定后,予以适度支持。

第二十一条 中央企业应当制定完善集团总部职工工资总额管理制度,根据人员结构及工资水平的对标情况,总部职工平均工资增幅原则上在低于当年集团职工平均工资增幅的范围内合理确定。

第五章 工资总额管理程序

第二十二条 中央企业应当按照国家收入分配政策规定和国资委有关要求编制工资总额预算。工资总额预算方案履行企业内部决策程序后,于每年一季度报国资委备案或者核准。

第二十三条 国资委建立中央企业工资总额预算动态监控制度,对中央企业工资总额发放情况、人工成本投入产出等主要指标执行情况进行跟踪监测,定期发布监测结果,督促中央企业加强预算执行情况的监督和控制。

第二十四条 中央企业应当严格执行经国资委备案或者核准的工资总额预算方案,在执行过程中出现以下情形之一,导致预算编制基础发生重大变化的,可以申请对工资总额预算进行调整:

(一)国家宏观经济政策发生重大调整。

(二)市场环境发生重大变化。

(三)企业发生分立、合并等重大资产重组行为。

(四)其他特殊情况。

第二十五条 中央企业工资总额预算调整情况

经履行企业内部决策程序后，于每年10月报国资委复核或者重新备案。

第二十六条　中央企业应当于每年4月向国资委提交上年工资总额预算执行情况报告，国资委依据经审计的财务决算数据，参考企业经营业绩考核目标完成情况，对中央企业工资总额预算执行情况、执行国家有关收入分配政策等情况进行清算评价，并且出具清算评价意见。

第六章　企业内部分配管理

第二十七条　中央企业应当按照国家有关政策要求以及本办法规定，持续深化企业内部收入分配制度改革，不断完善职工工资能增能减机制。

第二十八条　中央企业应当建立健全职工薪酬市场对标体系，构建以岗位价值为基础、以绩效贡献为依据的薪酬管理制度，坚持按岗定薪、岗变薪变，强化全员业绩考核，合理确定各类人员薪酬水平，逐步提高关键岗位的薪酬市场竞争力，调整不合理收入分配差距。

第二十九条　坚持短期与中长期激励相结合，按照国家有关政策，对符合条件的核心骨干人才实行股权激励和分红激励等中长期激励措施。

第三十条　严格清理规范工资外收入，企业所有工资性支出应当按照有关财务会计制度规定，全部纳入工资总额核算，不得在工资总额之外列支任何工资性支出。

第三十一条　规范职工福利保障管理，严格执行国家关于社会保险、住房公积金、企业年金、福利费等政策规定，不得超标准、超范围列支。企业效益下降的，应当严格控制职工福利费支出。

第三十二条　加强企业人工成本监测预警，建立全口径人工成本预算管理制度，严格控制人工成本不合理增长，不断提高人工成本投入产出效率。

第三十三条　健全完善企业内部监督机制，企业内部收入分配制度、中长期激励计划以及实施方案等关系职工切身利益的重大分配事项应当履行必要的决策程序和民主程序。中央企业集团总部要将所属企业薪酬福利管理作为财务管理和年度审计的重要内容。

第七章　工资总额监督检查

第三十四条　中央企业不得违反规定超提、超发工资总额。出现超提、超发行为的企业，应当清退并且进行相关账务处理，国资委相应核减企业下一年度工资总额基数，并且根据有关规定对相关责任人进行处理。

第三十五条　国资委对中央企业工资总额管理情况进行监督检查，对于履行主体责任不到位、工资增长与经济效益严重不匹配、内部收入分配管理不规范、收入分配关系明显不合理的企业，国资委将对其工资总额预算从严调控。

第三十六条　实行工资总额预算备案制管理的中央企业，出现违反国家工资总额管理有关规定的，国资委将责成企业进行整改，情节严重的，除按规定进行处理外，将其工资总额预算由备案制管理调整为核准制管理。

第三十七条　国资委将中央企业工资总额管理情况纳入出资人监管以及纪检监察、巡视等监督检查工作范围，必要时委托专门机构进行检查。对工资总额管理过程中弄虚作假以及其他严重违反收入分配政策规定的企业，国资委将视情况对企业采取相应处罚措施，并且根据有关规定对相关责任人进行处理。

第三十八条　中央企业应当依照法定程序决定工资分配事项，加强对工资分配决议执行情况的监督。职工工资收入分配情况应当作为厂务公开的重要内容，定期向职工公开，接受职工监督。

第三十九条　国资委、中央企业每年定期将企业工资总额和职工平均工资水平等相关信息向社会披露，接受社会公众监督。

第八章　附　则

第四十条　本办法由国资委负责解释，具体实施方案另行制定。

第四十一条　本办法自2019年1月1日起施行。《关于印发〈中央企业工资总额预算管理暂行办法〉的通知》（国资发分配〔2010〕72号）、《关于印发〈中央企业工资总额预算管理暂行办法实施细则〉的通知》（国资发分配〔2012〕146号）同时废止。

国务院国资委 2018 年政务公开工作要点

国资厅发〔2018〕24 号

2018年，国务院国资委将全面贯彻落实党的十九大和十九届二中、三中全会精神，以习近平新时代中国特色社会主义思想为指导，深入落实党中央、国务院关于全面推进政务公开工作的系列部署，紧紧围绕中央经济工作会议要求和深化国企国资改革重点工作，根据《国务院办公厅关于印发 2018 年政务公开工作要点的通知》要求，结合国资委履行出资人职责实际，扎实做好国资委政务公开工作。

一、加强政策发布解读和舆情回应工作

以深化国企国资改革、完善国资监管为重点，按照国资委统一部署，加强政策发布解读。落实信息发布主体责任，充分履行好主要负责人"第一解读人和责任人"的职责，充分利用发布会、吹风会、通气会等方式，及时准确传递权威信息和政策意图，避免误解误读。密切关注涉及国企国资改革发展等方面的舆情，及时预警、科学研判、妥善处置、有效回应，引导社会预期。健全完善与宣传、网信等部门的快速反应和协调联动机制，加强与新闻媒体的沟通联系，提高政务舆情回应的主动性、针对性、有效性。稳妥做好突发事件舆情回应工作，及时准确发布权威信息。

二、继续推进国资监管和中央企业信息公开

依法依规向社会公开中央企业总体经济运行情况，中央企业国有资产保值增值和经营绩效情况，中央企业负责人经营业绩考核结果和薪酬情况，中央企业改革重组结果，中央企业负责人重大变动、外部董事调整情况，中央企业定点扶贫等履行社会责任重点工作情况，组织开展国有资产损失调查及违规经营投资责任追究工作情况等。监督指导产权交易机构做好国有产权交易、增资扩股项目的信息披露和结果公示工作，推动产权交易机构与公共资源交易平台实现信息共享。督促指导中央企业做好去产能公示公告工作。推进中央企业信息公开工作。

三、持续做好主动公开和依申请公开工作

细化完善主动公开目录。公开全国人大代表建议和全国政协委员提案办理结果。公开委机关 2018 年预算编制和 2017 年财务决算相关报表。公开"三公"经费财政拨款预算支出、政府采购信息、国有资产占有使用、预算绩效等重要事项的说明工作。向社会公布国资委机关定点扶贫相关事项。向社会公布公务员考录有关事项。优化依申请信息公开接收渠道，规范依申请答复标准文本格式，加强依申请信息公开的法律审核，进一步规范依申请公开答复工作。

四、加强政务公开平台建设

进一步加强和改进国资委网站内容建设和管理水平，开设《国资委公告》专栏，实现公告电子版与纸质版同步发行，整合政务热线电话，完善政务咨询栏目答复流程。按照中央办公厅、国务院办公厅关于推进政府网站部署互联网协议第六版（IPV6）的有关要求，做好国资委门户网站相关改造工作。

关于印发《中央企业合规管理指引（试行）》的通知

国资发法规〔2018〕106 号

各中央企业：

为推动中央企业全面加强合规管理，加快提升依法合规经营管理水平，着力打造法治央企，保障企业持续健康发展，我委制定了《中央企业合规管理指引（试行）》，现印发给你们。请遵照执行。工作中的情况和问题请及时反馈。

中央企业合规管理指引（试行）

第一章 总 则

第一条 为推动中央企业全面加强合规管理，加快提升依法合规经营管理水平,着力打造法治央企,保障企业持续健康发展,根据《中华人民共和国公司法》《中华人民共和国企业国有资产法》等有关法律法规规定,制定本指引。

第二条　本指引所称中央企业,是指国务院国有资产监督管理委员会(以下简称国资委)履行出资人职责的国家出资企业。

本指引所称合规,是指中央企业及其员工的经营管理行为符合法律法规、监管规定、行业准则和企业章程、规章制度以及国际条约、规则等要求。

本指引所称合规风险,是指中央企业及其员工因不合规行为,引发法律责任、受到相关处罚、造成经济或声誉损失以及其他负面影响的可能性。

本指引所称合规管理,是指以有效防控合规风险为目的,以企业和员工经营管理行为为对象,开展包括制度制定、风险识别、合规审查、风险应对、责任追究、考核评价、合规培训等有组织、有计划的管理活动。

第三条　国资委负责指导监督中央企业合规管理工作。

第四条　中央企业应当按照以下原则加快建立健全合规管理体系:

(一)全面覆盖。坚持将合规要求覆盖各业务领域、各部门、各级子企业和分支机构、全体员工,贯穿决策、执行、监督全流程。

(二)强化责任。把加强合规管理作为企业主要负责人履行推进法治建设第一责任人职责的重要内容。建立全员合规责任制,明确管理人员和各岗位员工的合规责任并督促有效落实。

(三)协同联动。推动合规管理与法律风险防范、监察、审计、内控、风险管理等工作相统筹、相衔接,确保合规管理体系有效运行。

(四)客观独立。严格依照法律法规等规定对企业和员工行为进行客观评价和处理。合规管理牵头部门独立履行职责,不受其他部门和人员的干涉。

第二章　合规管理职责

第五条　董事会的合规管理职责主要包括:

(一)批准企业合规管理战略规划、基本制度和年度报告;

(二)推动完善合规管理体系;

(三)决定合规管理负责人的任免;

(四)决定合规管理牵头部门的设置和职能;

(五)研究决定合规管理有关重大事项;

(六)按照权限决定有关违规人员的处理事项。

第六条　监事会的合规管理职责主要包括:

(一)监督董事会的决策与流程是否合规;

(二)监督董事和高级管理人员合规管理职责履行情况;

(三)对引发重大合规风险负有主要责任的董事、高级管理人员提出罢免建议;

(四)向董事会提出撤换公司合规管理负责人的建议。

第七条　经理层的合规管理职责主要包括:

(一)根据董事会决定,建立健全合规管理组织架构;

(二)批准合规管理具体制度规定;

(三)批准合规管理计划,采取措施确保合规制度得到有效执行;

(四)明确合规管理流程,确保合规要求融入业务领域;

(五)及时制止并纠正不合规的经营行为,按照权限对违规人员进行责任追究或提出处理建议;

(六)经董事会授权的其他事项。

第八条　中央企业设立合规委员会,与企业法治建设领导小组或风险控制委员会等合署,承担合规管理的组织领导和统筹协调工作,定期召开会议,研究决定合规管理重大事项或提出意见建议,指导、监督和评价合规管理工作。

第九条　中央企业相关负责人或总法律顾问担任合规管理负责人,主要职责包括:

(一)组织制订合规管理战略规划;

(二)参与企业重大决策并提出合规意见;

(三)领导合规管理牵头部门开展工作;

(四)向董事会和总经理汇报合规管理重大事项;

(五)组织起草合规管理年度报告。

第十条　法律事务机构或其他相关机构为合规

管理牵头部门,组织、协调和监督合规管理工作,为其他部门提供合规支持,主要职责包括:

(一)研究起草合规管理计划、基本制度和具体制度规定;

(二)持续关注法律法规等规则变化,组织开展合规风险识别和预警,参与企业重大事项合规审查和风险应对;

(三)组织开展合规检查与考核,对制度和流程进行合规性评价,督促违规整改和持续改进;

(四)指导所属单位合规管理工作;

(五)受理职责范围内的违规举报,组织或参与对违规事件的调查,并提出处理建议;

(六)组织或协助业务部门、人事部门开展合规培训。

第十一条 业务部门负责本领域的日常合规管理工作,按照合规要求完善业务管理制度和流程,主动开展合规风险识别和隐患排查,发布合规预警,组织合规审查,及时向合规管理牵头部门通报风险事项,妥善应对合规风险事件,做好本领域合规培训和商业伙伴合规调查等工作,组织或配合进行违规问题调查并及时整改。

监察、审计、法律、内控、风险管理、安全生产、质量环保等相关部门,在职权范围内履行合规管理职责。

第三章 合规管理重点

第十二条 中央企业应当根据外部环境变化,结合自身实际,在全面推进合规管理的基础上,突出重点领域、重点环节和重点人员,切实防范合规风险。

第十三条 加强对以下重点领域的合规管理:

(一)市场交易。完善交易管理制度,严格履行决策批准程序,建立健全自律诚信体系,突出反商业贿赂、反垄断、反不正当竞争,规范资产交易、招投标等活动;

(二)安全环保。严格执行国家安全生产、环境保护法律法规,完善企业生产规范和安全环保制度,加强监督检查,及时发现并整改违规问题;

(三)产品质量。完善质量体系,加强过程控制,严把各环节质量关,提供优质产品和服务;

(四)劳动用工。严格遵守劳动法律法规,健全完善劳动合同管理制度,规范劳动合同签订、履行、变更和解除,切实维护劳动者合法权益;

(五)财务税收。健全完善财务内部控制体系,严格执行财务事项操作和审批流程,严守财经纪律,强化依法纳税意识,严格遵守税收法律政策;

(六)知识产权。及时申请注册知识产权成果,规范实施许可和转让,加强对商业秘密和商标的保护,依法规范使用他人知识产权,防止侵权行为;

(七)商业伙伴。对重要商业伙伴开展合规调查,通过签订合规协议、要求作出合规承诺等方式促进商业伙伴行为合规;

(八)其他需要重点关注的领域。

第十四条 加强对以下重点环节的合规管理:

(一)制度制定环节。强化对规章制度、改革方案等重要文件的合规审查,确保符合法律法规、监管规定等要求;

(二)经营决策环节。严格落实"三重一大"决策制度,细化各层级决策事项和权限,加强对决策事项的合规论证把关,保障决策依法合规;

(三)生产运营环节。严格执行合规制度,加强对重点流程的监督检查,确保生产经营过程中照章办事、按章操作;

(四)其他需要重点关注的环节。

第十五条 加强对以下重点人员的合规管理:

(一)管理人员。促进管理人员切实提高合规意识,带头依法依规开展经营管理活动,认真履行承担的合规管理职责,强化考核与监督问责;

(二)重要风险岗位人员。根据合规风险评估情况明确界定重要风险岗位,有针对性加大培训力度,使重要风险岗位人员熟悉并严格遵守业务涉及的各项规定,加强监督检查和违规行为追责;

(三)海外人员。将合规培训作为海外人员任职、上岗的必备条件,确保遵守我国和所在国法律法规等相关规定;

(四)其他需要重点关注的人员。

第十六条 强化海外投资经营行为的合规管理:

（一）深入研究投资所在国法律法规及相关国际规则，全面掌握禁止性规定，明确海外投资经营行为的红线、底线；

（二）健全海外合规经营的制度、体系、流程，重视开展项目的合规论证和尽职调查，依法加强对境外机构的管控，规范经营管理行为。

（三）定期排查梳理海外投资经营业务的风险状况，重点关注重大决策、重大合同、大额资金管控和境外子企业公司治理等方面存在的合规风险，妥善处理、及时报告，防止扩大蔓延。

第四章 合规管理运行

第十七条 建立健全合规管理制度，制定全员普遍遵守的合规行为规范，针对重点领域制定专项合规管理制度，并根据法律法规变化和监管动态，及时将外部有关合规要求转化为内部规章制度。

第十八条 建立合规风险识别预警机制，全面系统梳理经营管理活动中存在的合规风险，对风险发生的可能性、影响程度、潜在后果等进行系统分析，对于典型性、普遍性和可能产生较严重后果的风险及时发布预警。

第十九条 加强合规风险应对，针对发现的风险制定预案，采取有效措施，及时应对处置。对于重大合规风险事件，合规委员会统筹领导，合规管理负责人牵头，相关部门协同配合，最大限度化解风险、降低损失。

第二十条 建立健全合规审查机制，将合规审查作为规章制度制定、重大事项决策、重要合同签订、重大项目运营等经营管理行为的必经程序，及时对不合规的内容提出修改建议，未经合规审查不得实施。

第二十一条 强化违规问责，完善违规行为处罚机制，明晰违规责任范围，细化惩处标准。畅通举报渠道，针对反映的问题和线索，及时开展调查，严肃追究违规人员责任。

第二十二条 开展合规管理评估，定期对合规管理体系的有效性进行分析，对重大或反复出现的合规风险和违规问题，深入查找根源，完善相关制度，堵塞管理漏洞，强化过程管控，持续改进提升。

第五章 合规管理保障

第二十三条 加强合规考核评价，把合规经营管理情况纳入对各部门和所属企业负责人的年度综合考核，细化评价指标。对所属单位和员工合规职责履行情况进行评价，并将结果作为员工考核、干部任用、评先选优等工作的重要依据。

第二十四条 强化合规管理信息化建设，通过信息化手段优化管理流程，记录和保存相关信息。运用大数据等工具，加强对经营管理行为依法合规情况的实时在线监控和风险分析，实现信息集成与共享。

第二十五条 建立专业化、高素质的合规管理队伍，根据业务规模、合规风险水平等因素配备合规管理人员，持续加强业务培训，提升队伍能力水平。

海外经营重要地区、重点项目应当明确合规管理机构或配备专职人员，切实防范合规风险。

第二十六条 重视合规培训，结合法治宣传教育，建立制度化、常态化培训机制，确保员工理解、遵循企业合规目标和要求。

第二十七条 积极培育合规文化，通过制定发放合规手册、签订合规承诺书等方式，强化全员安全、质量、诚信和廉洁等意识，树立依法合规、守法诚信的价值观，筑牢合规经营的思想基础。

第二十八条 建立合规报告制度，发生较大合规风险事件，合规管理牵头部门和相关部门应当及时向合规管理负责人、分管领导报告。重大合规风险事件应当向国资委和有关部门报告。

合规管理牵头部门于每年年底全面总结合规管理工作情况，起草年度报告，经董事会审议通过后及时报送国资委。

第六章 附 则

第二十九条 中央企业根据本指引，结合实际制定合规管理实施细则。

地方国有资产监督管理机构可以参照本指引，积极推进所出资企业合规管理工作。

第三十条 本指引由国资委负责解释。

第三十一条 本指引自公布之日起施行。

科技部、国资委印发《关于进一步推进中央企业创新发展的意见》的通知

国科发资〔2018〕19号

各省、自治区、直辖市及计划单列市科技厅(委、局)、国资委,新疆生产建设兵团科技局、国资委,各中央企业:

为深入贯彻党的十九大精神,实施创新驱动发展战略,落实中央企业科技创新推进会议要求,加快推动中央企业创新发展,科技部会同国资委制定了《关于进一步推进中央企业创新发展的意见》,现印发给你们,请结合实际,认真组织实施。

请各地方科技厅(委、局)、国资委参照执行本意见,加强研究,相互配合,共同施策,积极推进地方国有企业创新发展。

关于进一步推进中央企业创新发展的意见

党的十八大以来,党中央、国务院把科技创新摆在国家发展全局的核心位置,围绕实施创新驱动发展战略作出了一系列重大决策部署。中央企业作为国民经济发展的重要支柱,是践行创新发展新理念、实施国家重大科技创新部署的骨干力量和国家队。推动中央企业提高科技创新能力,走创新发展道路,是实现科技创新面向世界科技前沿、面向经济主战场、面向国家重大需求的必然要求。

为深入学习贯彻党的十九大精神,实施创新驱动发展战略,落实中央企业科技创新推进会议要求,加快推动中央企业创新发展,提出以下意见。

一、总体要求

(一)指导思想。

全面贯彻落实党的十九大精神,以习近平新时代中国特色社会主义思想为指导,按照党中央、国务院科技创新重大决策部署要求,发挥科技创新和制度创新对中央企业创新发展的支撑推动作用,通过政策引导、机制创新、研发投入、项目实施、平台建设、人才培育、科技金融、国际合作等加强中央企业科技创新能力,充分发挥中央企业在国家安全、国民经济和社会发展等方面的基础性、引导性和骨干性作用,培育具有全球竞争力的世界一流创新型中央企业,为建设创新型国家和世界科技强国提供坚强支撑。

(二)基本原则。

坚持科技创新与体制机制创新双轮驱动。加强科技发展规划和创新政策引领,支持创新要素向中央企业集聚,不断增强科技创新能力。通过体制机制创新,突破瓶颈障碍,提高资源配置效率,激发创新要素活力。

坚持政府引导和市场配置资源相结合。发挥市场配置资源的决定性作用,运用市场的手段,充分调动中央企业创新发展内生动力,更好发挥政府引导作用,创新国家重大科技任务组织方式,建立健全有利于中央企业创新发展的科研管理服务机制。

坚持聚焦国家发展战略布局创新资源。着眼国家战略需求和部署,强化中央企业在国家创新体系中的重要作用,在国家重大科技项目实施、创新人才培养、创新创业基地建设方面统筹考虑,整体布局,协同推进,促进科技重点领域取得重大突破和中央企业科技创新能力全面提升。

坚持基础研究、应用研究和技术创新融通发展。把握科技发展趋势,完善创新生态,把原始创新摆在更加突出位置,引导中央企业围绕基础研究、应用研究和技术创新全链条部署,增加成果供给,促进成果转化,培育发展新兴产业。

(三)主要目标。

建立特色鲜明、要素集聚、活力迸发的中央企业创新体系;突破一批核心关键技术,在若干重点产业领域形成一批具有国际影响力和竞争力的创新型中央企业;取得一批对国家经济社会发展具有重要作用的创新成果,推动高质量发展,为我国建成创新型国家和现代化经济体系提供强有力的支撑。

二、重点任务

（四）鼓励和支持中央企业参与国家重大科技项目。

共同指导和推动中央企业在国家科技计划组织实施中发挥更大作用，制定出台相关政策措施，鼓励中央企业承担和参与国家重大科技项目。在集中度较高、中央企业具有明显优势的产业领域，将中央企业的重大创新需求纳入相关科技计划项目指南，支持中央企业牵头承担国家科技重大专项、重点研发计划重点专项和"科技创新2030——重大项目"，结合项目特点，可按照"一企一策"原则制定管理、投入和知识产权分享机制，优化管理流程，提高实施效率，一体化推进基础研究、共性技术研发、应用示范和成果转化。

（五）鼓励中央企业增加研发投入。

深化科技体制改革和国企改革，健全中央企业技术创新经营业绩考核制度，将技术进步要求高的中央企业研发投入占销售收入的比例纳入经营业绩考核。引导和鼓励中央企业加大对基础研究和应用基础研究的投入。加强对中央企业高新技术企业认定工作的指导，协调相关部门完善研发费用加计扣除等创新激励政策，促进相关政策落实落地。推动中央企业加快实施《国有科技型企业股权和分红激励暂行办法》（财资〔2016〕4号），进一步发挥好股权和分红激励政策的带动作用。

（六）支持中央企业发挥创新主体作用。

激发中央企业创新发展的内在动力，充分发挥在技术创新决策、研发投入、科研组织和成果转化应用方面的主体作用。支持中央企业参与编制国家科技创新规划和相关技术领域发展专项实施方案，在科技专家数据库中增加中央企业技术专家数量和比重，更多吸收来自中央企业的专家参与国家科技计划项目评审和验收。在中央企业推广应用创新方法，提高研发和生产效能。推进《促进科技成果转化法》在中央企业落地，采取多种方式推动建立中央企业技术交易平台，提高知识产权创造、应用、管理和保护能力。

（七）支持中央企业打造协同创新平台。

支持中央企业设立或联合组建研究院所、实验室、新型研发机构、技术创新联盟等各类研发机构和组织，加强跨领域创新合作，打造产业技术协同创新平台。加强对在中央企业中建立国家各类创新基地和平台的统筹规划和系统布局，按照《国家科技创新基地优化整合方案》（国科发基〔2017〕250号）精神，支持中央企业承建更多的技术创新中心、重点实验室等国家科技创新基地，对外开放和共享创新资源，加强行业共性技术问题的应用研究，发挥行业引领示范作用。鼓励中央企业建设完善军民两用技术创新平台。将中央企业符合条件的科研设施与仪器设备，纳入国家科技资源共享服务平台，进一步向各类创新主体开放共享。

（八）共同推动中央企业科技人才队伍建设。

树立人才是第一资源的理念，落实中央关于深化人才发展体制机制改革的意见，支持中央企业加大创新型科技人才的培养、引进力度，共同支持在中央企业建立高层次人才创新创业基地。结合创新人才推进计划的实施，加大对中央企业中青年科技创新领军人才、重点领域创新团队、创新人才培养示范基地等的支持力度，重视培育高水平战略科学家和具有创新精神的企业家。在中央企业培育一批创新工程师、创新咨询师和创新培训师。

（九）共同指导和推动中央企业深入开展双创工作。

支持中央企业围绕主营业务和发展需要，推行众创、众包、众扶、众筹等创新模式。建立一批特色鲜明、创客聚集、资源开放、机制灵活、成效显著的专业化众创空间。支持中央企业面向中小企业开放创新资源，建设大中小企业融通发展的众创平台。共同支持办好中央企业熠星创新创意大赛，加强与"中国创新创业大赛"的协调联动和资源整合。发展完善科技金融，为创新创业提供金融服务和融资支持。

（十）支持中央企业参与北京、上海科技创新中心建设。

引导中央企业整合创新资源，积极投入北京、上海科技创新中心建设。会同两地政府，在资金投入、重大工程以及项目安排、平台建设、人才引进等方面加强与中央企业合作。推动中央企业围绕新一代信息技术、北斗导航、高端处理器芯片、大飞机、智能制造与机器人、深远海洋工程装备、生物医药、能源、新能源汽车、节能环保、新材料、轨道交通、人工智能等产业领域，在两地组织实施重点示范项目，加快中央企业科技成果在两地转化落地。

（十一）共同开展创新创业投资基金合作。

加强国家科技成果转化引导基金与中央企业创新类投资基金的合作，围绕国家科技创新部署和区域创新发展需求，在创新创业、人工智能、军民融合、信息安全、装备制造、生物医药、新材料、现代农业等国家重点支持和鼓励发展的科技创新领域和方向，联合地方政府、金融机构、社会资本，成立一批专业化创业投资基金，推动中央企业科技成果的转移转化和产业化。

（十二）支持中央企业开展国际科技合作。

以"一带一路"建设为重点，加强中央企业创新能力开放合作，支持中央企业参与实施"一带一路"科技创新行动计划，与"一带一路"沿线国家企业、科研机构和大学开展高层次、多形式、宽领域的科技合作。支持中央企业主动布局全球创新网络，并购重组海外高技术企业或研发机构，建立海外研发中心或联合实验室，促进顶尖人才、先进技术及成果的引进和对外合作，实现优势产业、产品的"走出去"，提高全球创新资源配置能力。

三、保障措施

（十三）加强组织领导。

科技部和国资委建立推动中央企业创新发展的部际联席会议机制，协调工作，部署任务。加强对双方战略合作的组织领导和工作推进，在顶层设计、改革措施和工作保障等方面实现部门联动，加强对中央企业创新发展各项工作的指导，分解重点任务，明确时间表和路线图，推动各项任务落到实处。

（十四）开展监测评价和宣传推广。

完善国家创新调查制度，部署和开展中央企业创新能力监测及科技基础条件资源调查，不断优化对中央企业创新发展的考核和评价机制。总结和宣传中央企业在创新发展中涌现的新典型、新做法、新机制和新模式，编写中央企业创新发展报告，形成一批可借鉴、可复制、可推广的案例和经验，利用多种形式宣传中央企业创新发展的突出成果。

关于公布规章规范性文件清理结果的公告

国务院国有资产监督管理委员会公告

2018年第1号

根据《国务院关于国务院机构改革涉及行政法规规定的行政机关职责调整问题的决定》（国发〔2018〕17号）要求，进一步落实机构改革相关精神，国资委对截至2018年7月底现行有效的规章规范性文件进行了全面清理。清理结果已经国资委第149次主任办公会议审议通过，现予公告。

废止失效的规章规范性文件目录

1. 中央企业经济责任审计管理暂行办法（国资委令第7号）

2. 关于印发《中央企业经济责任审计实施细则》的通知（国资发评价〔2006〕7号）

3. 关于印发《关于建设规范董事会的中央企业董事会和监事会工作关系的意见（试行）》的通知（国资发监督〔2010〕82号）

4. 关于印发《关于加强和改进国有企业监事会工作的若干意见》的通知（国资发监督〔2006〕174号）

5. 关于印发《中央企业支持配合监事会依法开展当期监督工作规则（试行）》的通知（国资发监督〔2009〕337号）

6. 关于印发《中央企业综合分析机制工作办法（试行）》的通知（国资发监督〔2011〕119号）

7. 关于认真落实中央企业综合分析会议精神有关事项的通知（国资发监督〔2012〕16号）

8. 关于进一步支持配合监事会开展监督检查工作有关事项的通知（国资发监督〔2012〕120号）

9. 关于印发《中央企业综合分析机制工作办法实施细则(试行)》的通知(国资发监督〔2013〕24号)

10. 关于印发《国有企业监事会兼职监事管理暂行办法》的通知(国资发监督—〔2017〕161号)

11. 关于印发《监事会监督检查成果运用暂行办法》的通知(国资厅发监督〔2007〕61号)

12. 关于印发《国有单位受让上市公司股份管理暂行规定》的通知(国资发产权〔2007〕109号)

13. 关于规范国有股东与上市公司进行资产重组有关事项的通知(国资发产权〔2009〕124号)

14. 关于规范上市公司国有股东发行可交换公司债券及国有控股上市公司发行证券有关事项的通知(国资发产权〔2009〕125号)

15. 国资委关于清理和处置低效无效资产的通知(国资发改革〔2013〕208号)

2019
CHINA'S STATE-OWNED ASSETS SUPERVISION AND ADMINISTRATION YEARBOOK

中国国有资产监督管理年鉴

国有企业履行社会责任和党的建设成果概览

第七篇

信息点亮生活

连接无所不在的未来

一个世纪以来，我们与信息通信行业共同成长。从信息通信产品制造到行业信息化应用，从服务中国到服务全球，普天始终以优质的信息通信技术产品与服务，推动人类文明和社会进步。点亮前所未见的生活，连接无所不在的未来！

中国普天信息产业集团有限公司　　China Potevio Corporation
中国　北京市海淀北二街6号　　100080　　http://www.potevio.com

Potevio 中国普天

微信平台

手机平台

创新施工区大党建工作品牌
打造新时代大国重器典范

中国长江三峡集团有限公司（简称"中国三峡集团"）重点工程施工区大党建工作起源于三峡工程建设，发展于溪洛渡、向家坝工程建设，成熟于乌东德、白鹤滩工程建设。党的十八大以来，为保障和促进国家重大水电工程高质量建设，中国三峡集团党组坚持以习近平新时代中国特色社会主义思想为指导，在全面总结三峡工程、溪洛渡工程和向家坝工程建设党建工作经验的基础上，在乌东德、白鹤滩水电工程建设中全面深入推进施工区大党建工作。

按照习近平总书记"大国重器一定要掌握在自己手里"的重要指示精神，紧紧围绕创建世界一流精品工程、创新工程、绿色工程、民生工程、廉洁工程目标，始终坚持"紧贴工程抓党建、抓好党建促工程"这一主线，充分利用开展参建单位党组织联创共建、构建施工区"大监督"工作体系、开展劳动竞赛等三大抓手，着力凝聚施工区党建、纪检、工会、团青四种力量，搭建了施工区大党建工作统筹协调委员会、精神文明建设指导委员会、党风廉政建设联席会议、劳动竞赛委员会、社会治安综合治理委员会五大平台，构建了以工程建设管理单位党组织为主导，地方政府以及设计、施工、监理、设备制造厂家等各方共同参与，形成了组织共建、事务共商、活动共办、资源共享、成果共勉、培训教育同步、党风党纪共治的施工区大党建工作格局。

施工区大党建充分体现了社会主义制度优越性和国有企业的政治优势和组织优势，将坚持党的全面领导和加强党的建设融入工程建设管理各个环节，使工程建设参建各方建立了超越经济合同的政治联系和组织联系，打造了一批争创"红旗岗、先锋号、攻关小组"、青年建功、志愿服务等特色活动品牌，涌现出一批讲政治、勇担当、善作为、作风率的优秀共产党员和先进基层党组织，凝聚起打造新时代大国重器的磅礴力量，实现了资源配置最优化、组织效能发挥最大化，有力推动了工程建设实际问题的解决，攻克了特大型地下洞室群围岩稳定、高拱坝混凝土浇筑温控技术等一大批世界级技术难题，为乌东德、白鹤滩两个世界级水电站全面实现"五大工程"建设目标、打造新时代大国重器提供了坚强的政治和组织保障。

目前，中国三峡集团进一步总结提炼和推广施工区大党建工作经验，研究制定重点工程项目党建联建（大党建）工作指导意见和工作标准，推进形成可借鉴、可复制、可推广的大党建工作模式，并在三峡集团所属福建海上风电开发区域、"一带一路"首个大型水电项目巴基斯坦卡洛特水电站施工区、长江大保护项目建设中进行推广实践。

中国三峡集团党组书记、董事长雷鸣山在乌东德水电站调研施工区大党建工作

中国三峡集团党组副书记、总经理王琳在白鹤滩调研施工区大党建工作

乌东德施工区举办学习贯彻党的十九大精神知识竞赛

乌东德工程大党建安全隐患排查党员突击队

乌东德工程建设部第三党支部开展主题党日活动暨联创联建活动

2019年10月14日,白鹤滩工程施工区农民工联合党工委揭牌仪式暨宁南县委书记讲"不忘初心、牢记使命"主题教育党课

白鹤滩工程施工区开展灌浆者党员廉洁诚信承诺宣誓主题党日活动

"当好主人翁 建功新时代"主题劳动竞赛之白鹤滩工程建设者职业技能比武活动——混凝土工比武

2019年6月12日,白鹤滩、乌东德"服务五大工程 共铸大国重器"团建共建活动(黄春江 摄)

2019年9月29日,"我和我的祖国"中国三峡集团白鹤滩施工区庆祝新中国成立70周年歌咏会 (刘 涛 摄)

国投卓越党建管理项目化
助力改革创新发展见成效

党的十八大以来，国家开发投资集团有限公司（以下简称"国投"）党组始终把政治建设摆在首位，以习近平新时代中国特色社会主义思想为指导，坚决贯彻党中央各项决策部署，落实党要管党、从严治党的要求，加强顶层设计和全程把关，构建"卓越党建管理"规范基层党建管理，实施党建工作五年规划（2016—2020年）推进基层党建工作，通过"一年推进、两年落实、三年提升"，大大加强了基层党组织的凝聚力、战斗力和创造力，使党建工作成为企业价值链上的重要环节，成为助推企业转型升级和高质量发展的内生动力。

经过四年不断的实践和完善，"卓越党建管理"在国企业领域打响了名号，成了国投的品牌名片。"卓越党管理"的做法和成效被《求是》《党建研究》等媒体广宣传；得到了中组部、国务院国资委党委的充分肯定，派出专题调研组多次到集团开展调研；100多家中央企业地方国有企业纷纷到集团学习交流。"卓越党建管理"列丛书出版发行，并走进中央党校、中组部干部学院、国大连高级经理学院、北京市委党校的课堂，成为国有业党建工作务实创新有效的成果案例。

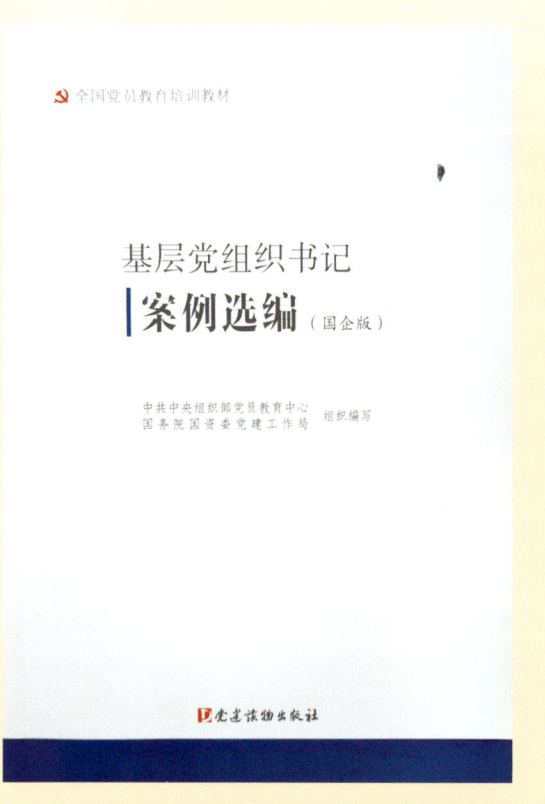

国投"小狮会"项目入选《基层党组织书记案例选编（国企版）》

聚焦党建项目化管理　交流分享典型经验

作为"卓越党建管理"中的重要实践方式,党项目化引用借鉴项目化管理概念,以立项的方式党建工作内容实现项目化运作,即用项目化的形式来抓党建工作,通过融入现代管理理念进行项目管理、过程化控制,将庞大的党建工作系统细化"主题实践、阵地建设、党群共建、创新创效、典型示范"五个载体中。用这五个载体抓关键(主题实践)、抓阵地(阵地建设)、抓协调(党群共建)、抓带动(典型示范),实现责、权、利相统一,责任分工明确,责任主体明确,有效促进党建任务落实,提升党建工作质量。

国投各级党组织按照选项与立项、组织与实施、验收与评估的项目实施流程,在对应的党建项目库中选取适合自身特色的具体内容,或结合自身特色创建项目,把党的建设落实到一件件听得到、看得见、摸得着、做得成的项目上,促使党建工作条理化、明确化,进一步理清了工作思路,减轻了基层负担,推动了基层党建工作标准化、规范化建设。国投党群工作部党支部为更好地践行国投创新理念,创建"小狮会"项目;"小狮会"借草原雄狮威武活跃之意,旨在引导党员干部坚定理想信念、积极担当作为、勇于展示自我,"狮"字与"师"同音,寓意"人人为我师";"小狮会"以成果、演讲、访谈、路演等方式开展集中思想教育,日益成为独具特色的党建品牌。

通过一个个党建项目,很好地解决了基层党建工作碎片化、与业务工作"两张皮"、方式方法单调等问题,使党的组织优势有效转化为发展优势,国投的党建工作在科学化建设的基础上"有组织、有活动、有作用、有影响",助力国投连续15年被评为国务院国资委业绩考核A级,引领国投向"卓越党建"和具有全球竞争力的世界一流资本投资公司的目标不断迈进。

召开党建质量提升现场推进会

召开卓越党建管理成果交流会

卓越党建管理项目化主题展览

中国化学工程集团有限公司
CHINA NATIONAL CHEMICAL ENGINEERING GROUP CORPORATION

中国化学工程集团有限公司（China National Chemical Engineering Group Corporation Ltd.简称CNCEC）是国务院国资委直接监管的大型工程建设企业集团，是我国工业工程领域资质最为齐全、功能最为完备、业务链最为完整、知识技术密集的工程公司，是我国石油和化学工业体系的缔造者，是我国工程建设体制机制改革的先行者，是我国共建"一带一路"的排头兵，是我国清洁能源工程领域的领军者，是先进工业综合解决方案的提供者，是建设美丽中国的实践者，为国家基础工业发展壮大和工业文明持续进步贡献卓著。

2018年是公司贯彻落实党的十九大精神的开局之年，全集团深入学习贯彻习近平新时代中国特色社会主义思想和党的十九大精神，不断提高政治站位，进一步树牢"四个意识"，坚定"四个自信"，坚决做到"两个维护"。

2018年，公司全面拉开深化三项制度改革的帷幕。集团总部和所属企业开展公开选拔招聘，全体员工公开竞聘上岗，在全集团形成了"上岗靠竞争、收入比贡献"的良好氛围和制度保障。

公司深度融入国家战略，对接京津冀协同发展、雄安新区建设、粤港澳大湾区建设、长江经济带建设、军民

天辰耀隆20万吨己内酰胺项目

融合、"一带一路"建设等,突出主业实业,在相关多元化和国际化的发展道路上不断突破。

公司积极投身三大攻坚战。提高风险意识,在项目源头上控制风险、执行中规避风险;大力拓展区域性系统性环境治理工程,积极参与工业污染处理、垃圾处理、水环境治理领域项目建设;公司打造"党建+扶贫"品牌,创造性地开展就业扶贫、消费扶贫及"一对一"结对帮扶活动,将红色教育与扶贫送温暖、献爱心等系列活动相结合,以党建带扶贫,以扶贫促党建。

公司加大自主创新和"卡脖子"技术攻关力度,自主研发的己二腈技术填补了国内空白,为集团公司在尼龙及下游合成纤维、工程塑料产业发展奠定了坚实基础。

在新一届领导班子的带领下,中国化学工程不忘初心、砥砺奋进、攻坚克难,以全面加强党的领导为统领,完善中国特色现代企业制度,推进深化改革,优化布局结构,加快转型升级,不断开创改革发展和党建工作新局面。

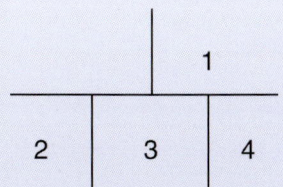

❶ 中国海油珠海LNG接收站项目一期工程
❷ 新疆广汇新能源有限公司120万吨/年甲醇、80万吨/年二甲醚项目甲烷深冷分离(B系列)安装装置
❸ 中石油独山子石化公司1000万吨/年炼油和100万吨/年乙烯工程
❹ 集团公司在定点扶贫县开展春节慰问活动

徐矿集团是中国民族工业的启蒙，煤炭工业改革的先锋。

徐矿集团党委书记、董事长
徐州矿务局局长　冯兴振

■ 徐州矿务集团有限公司

徐州矿务集团有限公司（以下简称"徐矿集团"），源自1882年清光绪年间成立的徐州利国矿务总局，是中国民族工业的启蒙，煤炭工业改革的先锋，具有纯正的红色基因。徐矿集团由徐州矿务局改制而来，是江苏省人民政府授权的国有资本投资主体，是江苏省属唯一能源工业企业，总部位于淮海经济区中心城市江苏省徐州市，区位优越，交通便利。徐矿集团产业涉及煤炭、电力、煤化工和矿业工程、煤矿机械、建设投资等能源及关联领域，是中国大企业集团500强，能源企业全球竞争力500强，煤炭企业全球竞争力30强，荣获"全国五一劳动奖状"，被评为"全国精神文明建设先进单位""全国学习型组织标兵单位"等。

传承红色基因，勇担产业报国重任

徐矿集团至今已有137年的煤炭开采历史，是中国规模化开采最早的煤矿之一。1882年，徐州利国矿务总局（徐矿集团前身）开办建立，开启了中国煤炭工业化开采先河。

1928年，徐矿集团成立江苏企业中第一个党支部——中共贾汪煤矿特别支部，从此，徐州煤矿革命、建设、发展翻开了崭新的一页。解放战争时期，著名的"佩剑将军"起义在徐矿集团夏桥井打响，毛泽东主席给予了高度评价，称其为淮海战役第一个大胜利。抗美援朝战争爆发后，徐矿职工自觉集资捐献"贾汪矿工号"战斗机，用实际行动抗美援朝、保家卫国。

作为华东地区重要的煤炭生产基地，新中国成立以来，徐矿集团累计生产煤炭9亿多吨，为经济社会发展作出了积极贡献。20世纪60年代初，国民经济发生严重困难，徐矿职工响亮喊出"国家有困难，我们来分担；国家需要煤，我们来增产！"的口号。1959—1961年的"三年困难时期"，徐矿集团共生产煤炭1500多万吨，展示了徐矿人为国分忧、报效国家的主人翁情怀。70年代，徐矿集团跻身全国十大千万吨矿务局之列。1983年，徐矿集团在全煤行业率先实行经济总承包，打破了计划经济时期煤炭统一销售、统一价格的"统配"模式，为煤炭企业由计划经济向市场经济过渡积累了宝贵经验，集团所属新河煤矿"实行经济承包，老矿充满活力"的做法在《人民日报》头条刊发。1992年，徐矿集团在全煤行业率先实行煤价放开经营，不仅在全煤行业率先由计划经济步入社会主义市场经济，而且也成为煤炭行业迈向市场的第一步，实现了徐州煤矿发展史和煤炭工业发展史上的一次飞跃。

■ 1977年，徐矿跻身全国十大千万吨矿务局之列

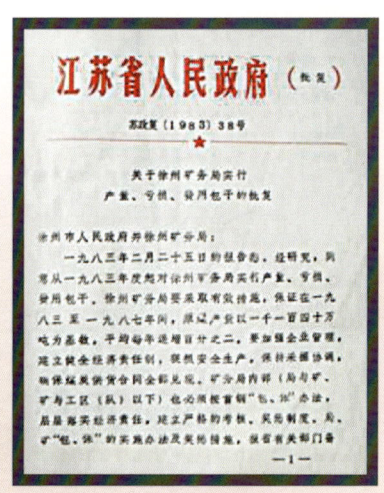

■ 1983年，江苏省人民政府同意徐矿实行产量、亏损、费用的总承包

践行初心使命，壮大实体经济

阔步迈入新时代，徐矿集团深入贯彻落实能源安全新战略，以高质量发展走在全国行业前列为目标追求，积极践行新发展理念，着力推动管理创新和产业转型升级。

徐矿集团"跳出徐矿看徐矿，站在全国看徐矿，放眼世界看徐矿"，在经济社会发展大局中谋划自身定位，把服务江苏能源安全保障作为最大使命，确立了"一体两翼"发展路径。"一体"，即以煤炭、电力、煤化工为主体产业，拓展油气和新能源领域，打造实力强、职工富、形象好的新型能源集团。"两翼"，即盘活存量资源和开发无形资源，融入地方盘活存量资源，协同发展矿业工程、煤矿装备、现代物流、生态文化旅游等产业；大力发展以技术和管理为主的服务外包产业，融入"一带一路"沿线国家，加快向能源综合服务商迈进。

徐矿集团聚焦主业基地化，全面推进"蒙电送苏"、"陕电送苏"、"晋焦入苏"、新疆煤电化、"一带一路"能源服务、省内清洁能源"六大能源基地"建设，一批转型发展大项目有序推进。徐矿集团在内蒙古自治区锡林郭勒盟装机596万千瓦电力及配套煤矿项目，被国家发改委、能源局列入国家第一批煤电联营重点推进项目；在新疆煤炭生产能力达到1350万吨以上，电力权益装机容量1060MW，成为保障新疆能源供应的重要支撑和江苏省产业援疆的主力军；在陕西、甘肃开发实施煤矿、电力、煤化工、铁路等多个项目，形成了"煤—电—化—

■ 新疆最大的井工煤矿——天山矿业公司俄霍布拉克煤矿

■ 同心共筑徐矿梦文艺演出　　　　　　　　　　　■ 国家康居示范工程——"徐矿城"棚户区改造项目

路"等一体化产业链；打通"晋焦入苏"通道，与山西焦化企业在焦炭贸易、集装箱运输等方面开展全方位合作；在孟加拉国建设运营该国第一座现代化煤矿，培养了第一批产业工人，是迄今为止我国最大的海外承包运营煤矿项目；与多方参与共建的江苏省沿海输气管道公司挂牌运营。经过不懈努力，"六大能源基地"正在逐步形成煤炭产能5000万吨/年、电力装机容量2000万千瓦、焦炭入苏1000万吨/年的发展格局，成为江苏能源安全保障的主力军。

徐矿集团把让全体徐矿人都能过上好日子作为最大追求，坚持发展成果与职工共享，企业有了效益首先想到职工，自2017年下半年新一届领导班子上任以来，企业民生改善支出超过20亿元，守住了底线民生，保障了基本民生，推进了质量民生。关注弱势群体、困难家庭、特困户"三大群体"，设立150万元精准脱贫基金，特困户2019年底前全部脱贫，比国家既定目标提前一年完成。做好涨工资、提待遇、美环境"三件实事"，企业效益好转的同时，在2017年恢复职工7项福利待遇的基础上，2018年在岗职工人均工资收入又增长16.3%；下大力气改善职工生产生活条件，广泛呼吁提高矿工的产业工人地位，政治上有地位、经济上有待遇、社会上受尊重的氛围不断浓厚。

■ 全国甲醇行业优秀企业——陕西长青能化公司

弘扬先锋精神，探索走出资源枯竭矿区重生新路

■ 2019年9月22日，"徐矿之变"的行业样本荣登《人民日报》头版头条

转型发展路上，徐矿集团用忠诚、情怀和担当破解了资源枯竭企业发展的行业难题，为衰老矿区转型提供了"三个样本"，《人民日报》头版头条报道了徐矿集团高质量发展做法。

解决产业接续问题，创出老工业基地转型样本。战场由东向西转，聚焦能源主业，发展实体经济，谋划布局了六大能源基地，有效解决产业接续问题。产能由劣向优转，积极淘汰落后产能，大力发展大型现代化矿井，建设了新疆最大的井工煤矿，在陕西建设了中国煤炭工业首个第四代矿井和徐矿集团首个煤化工项目。产业由低向高转，坚持依托煤、发展煤、延伸煤，实施煤电一体化、煤化一体化，推动产业结构由"一煤独大"向煤基高级化升级。发展由散向聚转，聚焦煤电化核心主体产业做增量，整合非主营业务减存量，清理退出新设公司、低效企业和集体企业等68户，其中集体企业2019年底前全部清理完毕。

■ 配合地方政府在原权台煤矿塌陷区治理的潘安湖湿地公园

■ 淮海经济区规模最大、标准最高的数据中心——淮海大数据产业园　　■ CFB 技术引领绿色发展新潮流——江苏华美热电公司　　■ 依托技术、管理和品牌优势建设运营的孟加拉国首座现代化煤矿——巴拉普库利亚煤矿

解决人员安置问题，创出关闭矿井重生样本。徐矿集团积极响应国家号召推进去产能工作，6 对矿井安全平稳闭坑，核减产能 790 万吨。徐矿集团树立"满眼都是人才、满眼都是资源"的发展理念，充分发挥百年徐矿的品牌、技术、人才等优势，大力发展以技术和管理为主的服务外包产业，目前，徐矿集团在国内富煤省区和"一带一路"国家开展煤矿、电力运维服务，涉足 6 个国家、9 个省区，项目 29 个、创业人员近 1 万人，年创收近 20 亿元，走出一条关闭矿井重生新路，为解决"矿关了、人怎么办"的行业难题提供了徐矿方案。

解决生态治理问题，创出衰老矿区生态修复样本。牢固树立绿色发展理念，把融入地方发展作为最大责任，在与地方政府协同融合中盘活存量资源、修复治理生态，着力把衰败的采煤迹地变成绿水青山、金山银山。按照宜景则景、宜居则居、宜商则商的原则，累计投入生态治理和村庄搬迁资金 44.4 亿元，配合地方政府在往日的采煤塌陷地上相继建成了潘安湖、安国湖、九里湖等国家生态湿地公园，采煤搬迁集中建设的马庄村、湖里村、杨屯村成为乡村振兴的靓丽名片。

站在新时代新起点上，徐矿集团将以习近平新时代中国特色社会主义思想为指引，认真践行新发展理念，坚定"一体两翼"总路径，实施"六大能源基地"总布局，高质量建设国际化特大型省属能源集团，为江苏能源安全提供可靠保障，让全体徐矿人都能过上好日子。

■ 全国本安智能生态文明矿井——陕西郭家河煤业公司

品质卓越
助力打造国之重器

安阳钢铁集团有限责任公司（以下简称"安钢"）始建于1958年，经过60多年的发展，现已成为集采矿选矿、炼焦烧结、钢铁冶炼、轧钢及机械加工、冶金建筑、科研开发、信息技术、物流运输、国际贸易、房地产等产业于一体，年产钢能力超过10万吨的现代化钢铁集团，是河南省最大的精品板材和优质建材生产基地，河南省重要骨干企业。

安钢主体装备先进，拥有4000m³级高炉、150t转炉、3500mm炉卷、1780mm热连轧、1550mm冷轧等一大批高端装备高效生产线。安钢产品定位中高端，直供直销比例达到60%以上，60余项产品荣获冶金行业"金杯奖""品质卓越产品""特优质量奖"，多项产品用于国家重点工程，助力打造国之重器。安钢环保治理指标水平世界一流、国内领先，成为国内首家实现工序干法除尘和首家实现大气污染排放脱白的钢铁联合企业，大气污染排放指标远低于国家超低排放限值要求，被树为行业绿色发展的示范标杆和旗帜。2018年5月，中共中央政治局常委、全国人大常委会委员长栗战书莅临安钢，对安钢环境治理的做法给予充分肯定。

站在新的历史起点，安钢坚持以"创新驱动、品质领先、提质增效、转型发展"总体战略为引领，制定了走出安钢发展安钢、走出安阳发展安钢、走出国门发展安钢"三个走出"的战略举措，确立了打造绿色发展特色、高效发展特色、高质量发展特色"三大特色"的战略构想，以前瞻的视野，宏大的气魄，不断提升发展理念、发展层次、发展水平，力争早日把安钢建成为环境一流、管理一流、品牌一流、效益一流的现代化钢铁强企。

低碳、环保、绿色、生态的园林化新钢城

国内首创、国际一流、国内领先的安钢焦炉烟气脱硫脱硝项目

花园一样的安钢厂区

安钢厂区一角

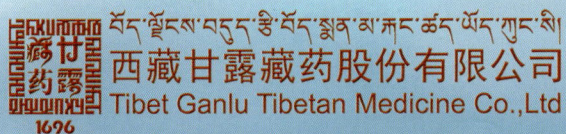
西藏甘露藏药股份有限公司
Tibet Ganlu Tibetan Medicine Co.,Ltd

　　西藏，藏医药的发源地，千百年来引领藏医药的传承与发展。西藏甘露藏药股份有限公司(原西藏自治区藏药厂)生产的"甘露"牌藏药，始创于1696年拉萨药王山，堪称中国藏医药发展的"活化石"，被誉为"中华藏药核心品牌"。所产藏药以配方正宗，用料地道，工艺精湛而著称于世。甘露藏药加持法会和"欧曲坐珠钦莫"炼制秘法、七十味珍珠丸、仁青常觉等配伍技艺，在传统医学体系中都是异常珍贵的非物质文化遗产！

七十味珍珠丸
国药准字Z54020062

适用人群：脑出血、脑梗塞、偏瘫、脑供血不足、脑萎缩、脑外伤后遗症、癫痫、震颤、心脏病、高血压等多种心脑血管、神经系统慢性病疑难杂症

仁青常觉
国药准字Z54020057

适用人群：急、慢性胃炎(包括慢性浅表性胃炎、慢性萎缩性胃炎)、消化系统溃疡(包括胃及十二指肠溃疡)、慢性溃疡性结肠炎、各种中毒（指自然毒、代谢毒、生化毒等）

地址：拉萨市经济开发区林琼岗路15号　热线：400-116-1696　邮件：Info@glzy.cn　网站：Http://www.glzy.cn

绿树掩映中的酒钢公司厂区

酒泉钢铁（集团）有限责任公司（以下简称"酒钢"）始建于1958年。经过61年的建设发展，酒钢已初步形成钢铁、有色、电力能源、装备制造、生产性服务业、现代农业六大产业板块协同发展的格局。钢铁产业具备年产1000万吨钢（其中不锈钢120万吨）的生产能力；有色产业已形成年产电解铝170万吨的生产能力，排名国内大型铝企业第六位。电力能源产业已形成3365兆瓦的自备火电装机容量。集团现有职工3.7万人。位居中国企业500强第189位，中国制造企业500强第80位。

宏兴钢铁股份有限公司是酒钢钢铁产业上市子公司，拥有镜铁山矿和西沟石灰石矿两座矿山，形成了从采矿、选矿、烧结、焦化到炼铁、炼钢、热轧、冷轧完整配套的碳钢和不锈钢现代化工艺生产线，主要装备达到国内先进和西北领先水平。

酒钢有色产业拥有嘉峪关、陇西两个电解铝生产基地和牙买加阿尔帕特氧化铝生产基地、酒钢天成彩铝深加工基地，初步形成"煤—电—氧化铝—电解铝—铝加工"完整产业链。形成年产氧化铝165万吨、电解铝170万吨、铝合金铸轧卷40万吨的生产能力，是甘肃省最大的铝冶炼加工企业。

酒钢电力能源产业拥有32台（套）自备火力及余能回收发电机组，85座6千伏到330千伏变电站、输配电网及相应的电力传导设施，在为集团公司钢铁、有色等产业提供电力支撑的同时，承担了嘉峪关市93%的采暖供热。

45万吨铝合金生产线　　酒钢1号、2号高炉 　　不锈钢冷轧卷板

位于祁连山深处的酒钢铁矿生产基地镜铁山矿全貌

中国汽车工业协会

　　中国汽车工业协会（以下简称"中汽协会"，英文缩写"CAAM"）1991年11月28日在中华人民共和国民政部注册登记，是在中国境内从事汽车（摩托车）整车、零部件及汽车相关行业生产经营活动的企事业单位和团体在平等自愿基础上依法组成的自律性、非营利性的社会团体，地址设在北京。

　　中汽协会最高权力机构是会员代表大会，实行理事会制，目前会员单位2700多家，常设机构是秘书处。协会自成立以来，通过在行业发展、政策研究中发挥重要影响力和推动力，先后被主管部门评为"全国先进社会组织""5A级社会组织"，多次被评为"全国机械行业先进协会""全国机械行业文明单位"。

　　中汽协会充分发挥提供服务、反映诉求、规范行为、搭建平台等方面的作用,得到了国内外汽车行业、社会各界、政府部门等组织机构的广泛认可。2016年10月，协会经OICA（世界汽车组织）理事会推举、会员代表大会表决，成为OICA第一副主席，并于2019年11月接任主席，协会也同许多国家和地区的汽车相关组织建立了密切联系，国际影响力日益扩大。

　　中汽协会高度重视党建工作，协会党支部认真贯彻落实党中央精神，把握党建工作重点，继续深入推进"两学一做"学习教育常态化，以服务全行业为目标，切实加强协会党组织的建设，在保障了协会工作的正常开展外，也为行业发展提供思想政治和组织保证。

　　中汽协会始终以代表中国汽车产业的根本利益，致力于中国汽车工业的可持续发展为使命，未来将继续全心全意为行业、会员、政府服务，为促进中国汽车强国建设，构建绿色和谐的汽车社会发挥更加重要的推动作用。

参加国际汽车行业组织活动（OICA会议）

参加国际汽车行业组织活动

中国汽车工业协会常务副会长兼秘书长付炳峰在会员代表大会上讲话

召开会员代表大会

被民政部评为"5A级社会组织"

被民政部评为"全国先进社会组织"

# 中国石油广西石化

中国石油广西石化公司(以下简称"公司")是中国石油为深入落实国家西部大开发战略,优化炼油化工产业布局,在南方地区建设的第一个千万吨级炼厂,致力于建设"国内领先,世界一流"环境友好型炼化企业。项目一次规划、两期建设,总投资228亿元,设计年加工能力1000万吨。2006年12月30日,千万吨炼油项目奠基;2010年9月8日,千万吨炼油项目一次投产成功,主要加工中东低硫原油;2014年8月30日,含硫原油加工配套工程投产,具备了加工高硫高酸原油的能力。

公司定位"大规模、短流程、燃料型",采用全加氢型工艺流程,主要工艺技术从美国UOP、DOW化学,法国得利满等公司引进,主体生产装置有1000万吨/年常减压蒸馏、350万吨/年重油催化裂化、400万吨/年渣油加氢脱硫等23套,以及公用工程、罐区、码头及码头库区、铁路专用线、100万立方米原油商业储备库等配套工程。所加工的原油全部从海外进口,以中东含硫原油为主。主要产品有汽油、柴油、航煤、芳烃、聚丙烯、液化气、沥青、硫黄等,油品质量满足国Ⅵ标准,除满足广西及周边地区,还远销新加坡、澳洲等国际市场。

2009年,公司荣获"全国五一劳动奖状"。2013年,千万吨炼油项目摘得IPMA国际卓越项目管理最高奖——特大型项目金奖。2014年和2019年,两次获评"全国石油和化工行业责任关怀最佳实践单位"。2018年,被广西壮族自治区政府评为"清洁生产企业"。

繁忙的十万吨级码头　　　　　打造绿色炼厂,经济与环境保护和谐发展　　　　　岗位员工正在现场巡检

西南联合产权交易所
SOUTHWEST UNITED EQUITY EXCHANGE
川藏产权交易市场

西南联合产权交易所有限责任公司（以下简称"西南联交所"）成立于2009年，由四川省、西藏自治区和成都市两地三方国有企事业单位共同出资组建，是实现资源市场化高效配置、促进资本与各类要素资源流动的资本市场平台。西南联交所是全国唯一一家跨省区的产权交易机构，是国务院国资委确定的从事中央企业资产交易的机构、科技部确定的国家技术转移示范机构，也是中国企业国有产权交易机构协会常务理事单位、长江流域产权交易共同市场副理事长单位。

近年来，西南联交所牢牢把握产权交易行业发展趋势，积极推动业务开展平台化、交易模式电商化、服务内容综合化、服务方式投行化。公司现已搭建全流程信息化的互联网交易平台——第四产权，促进科技成果转移转化的专业平台——第一生产力，形成了涵盖交易业务、鉴证业务、增值业务、第三方服务业务在内的多元化业务体系，累计实现交易金额近2万亿元，平均增值率40%以上。2018年，西南联交所被评为行业信用AAA级。2019年7月，西南联交所与全国20多个省市的产权交易机构共同发起设立"国企混改项目信息发布平台"，实现混改项目信息"一网发布、全网获取"，为推动国企混改项目跨区域合作贡献了"四川智慧"。

未来，西南联交所将继续围绕产权交易市场建设这一中心工作，坚持以服务实体经济为出发点，不断推动流程优化和业务创新，努力为中央和地方各级国有企业做好服务，为推动地方经济高质量发展贡献产权市场力量。

2019
CHINA'S STATE-OWNED
ASSETS SUPERVISION AND
ADMINISTRATION YEARBOOK

中国国有资产监督管理年鉴

大事记

第八篇

2018年国务院国有资产监督管理委员会大事记

1月

15日,国务院国资委在北京召开中央企业、地方国资委负责人会议,国资委党委书记郝鹏出席会议并讲话,国资委主任、党委副书记肖亚庆作工作报告。

17日,国务院国资委在国务院新闻办举行新闻发布会,国资委党委委员、总会计师沈莹通报2017年中央企业经济运行情况,并就有关问题回答中外记者提问。

17日,国务院国资委党委召开中央企业党风廉政建设和反腐败工作会议,认真学习贯彻落实习近平总书记在十九届中央纪委二次全会上的重要讲话和全会精神,总结2017年中央企业党风廉政建设和反腐败工作,通报查处的违纪案件,研究部署2018年工作任务。

24日,中央纪委驻国资委纪检组组长、国资委党委委员江金权赴中国诚通控股集团有限公司调研企业学习贯彻党的十九大精神情况。

24日,全国国有产权管理工作会议在北京召开。国资委副主任、党委委员黄丹华出席会议并讲话。

25日,中央企业宣传思想工作会议在北京召开。国资委副主任、党委委员黄丹华出席会议并讲话。

25—26日,国务院国资委在北京召开2018年度中央企业考核分配工作会议。国资委副主任、党委委员徐福顺出席会议并讲话,党委委员、总会计师沈莹出席会议。

25—26日,国务院国资委管理局系统年度工作会议在北京召开。国资委副主任、党委委员徐福顺出席会议并讲话。

31日,国资委副主任、党委委员、国务院扶贫开发领导小组成员徐福顺带队赴国资委机关定点扶贫县河北平乡县开展扶贫慰问活动,看望驻村干部、乡村扶贫干部和部分困难群众,听取基层干部群众对扶贫工作的意见建议。

2月

1日,国资委主任、党委副书记肖亚庆在国资委会见中国香港特别行政区行政长官林郑月娥一行,就加强中央企业与香港各界合作、支持办好"国家所需 香港所长——共拓'一带一路'策略机遇论坛"等问题进行交流。

2日,国有重点大型企业监事会2018年度工作会议在北京召开。国资委副主任、党委委员王文斌出席会议并讲话,国资委党委委员、秘书长阎晓峰主持会议并作总结。

2日,国务院国资委直属机关2018年党的工作暨纪检工作会议在北京召开。国资委副主任、党委委员、直属机关党委书记黄丹华出席会议并讲话。

3日,国资委主任、党委副书记肖亚庆出席"国家所需 香港所长——共拓'一带一路'策略机遇论坛",并作专题论坛开场主题发言。

7日,国资委党委书记郝鹏赴国家电网有限公司总部和基层供电单位调研。

9日,国务院国资委召开中央企业安全生产工作视频会议,国资委主任、党委副书记肖亚庆出席会议并讲话。

9日,国资委主任、党委副书记肖亚庆赴中国大唐集团有限公司督导安全生产工作,并慰问一线员工。

12日,国资委副主任、党委委员徐福顺慰问国资委机关两地办公区后勤服务人员和武警官兵,对机关服务工作给予充分肯定。

23日,剥离国有企业办社会职能和解决历史遗留问题专项小组召开会议,国资委主任、党委副书记、专项小组组长肖亚庆主持会议并讲话。

3月

10日,国资委主任、党委副书记肖亚庆应邀出席十三届全国人大一次会议记者会,就国有企业改革发展相关问题回答中外记者提问。国资委副秘书长、新闻发言人彭华岗参加记者会,并回答有关问题。

13日,全国"两会"第四场"部长通道"开启,国资委主任、党委副书记肖亚庆接受采访,回应热点话题。

21日,国务院国资委党委召开扩大会议。国资委党委书记郝鹏主持会议并讲话,国资委主任、党委副书记肖亚庆出席会议并讲话。

26日,国资委主任、党委副书记肖亚庆出席中国发展高层论坛2018年会闭门圆桌会,作题为《脚踏实地 主动作为 推动国有企业高质量发展取得实实在在成效》的演讲,并与与会50多位跨国企业和有关机构负责人、外国知名学者以及中国海洋石油集团有限公司、国家电网有限公司等8家中央企业负责人,就相关议题进行交流研讨。

26日,国务院国资委党委举办的中央企业与国资委直属机关领导干部集中轮训研讨班正式启动。国资委党委书记郝鹏在轮训班上进行开班动员,并作辅导报告;国资委副主任、党委委员黄丹华主持开班式。

27日,国资委主任、党委副书记肖亚庆在国资委会见加拿大艾芬豪资本集团创始人兼主席弗里兰德一行,双方就继续深化合作、加强沟通等问题进行交流。

27日,中央纪委驻国资委纪检组召开干部大会,宣布中央关于中央纪委驻国资委纪检组组长的任命决定。中央纪委常委、国家监委委员、中央纪委驻国资委纪检组组长、国资委党委委员陈超英出席会议并讲话。

27—28日,国务院国资委直属机关定点扶贫暨"五委会"工作会议在北京召开。国资委副主任、党委委员徐福顺出席会议并讲话。

29—30日,国务院国资委在北京召开2018年中央企业国际合作工作座谈会。国资委副主任、党委委员黄丹华出席会议并讲话。

29—30日,国务院国资委、财政部在北京共同举办剥离国有企业办社会职能和解决历史遗留问题工作培训班,总结2017年工作,部署2018年目标任务和工作安排。国务院国资委副主任、党委委员孟建民出席并讲话,国资委党委委员、总会计师沈莹通报有关工作进展情况。

4月

2日,国资委主任、党委副书记肖亚庆赴中国交通建设集团有限公司调研。

2日,中央纪委驻国资委纪检组召开会议,对国资委党委管理领导班子中央企业纪委书记2017年度履职专项考核现场检查工作进行动员和部署。中央纪委常委、国家监委委员、驻国资委纪检组组长、国资委党委委员陈超英出席会议并讲话。

9日,国务院国资委召开视频会,对中央企业和国资委直属机关、直管协会深入学习宣传和贯彻实施宪法进行动员部署。国资委党委书记郝鹏出席会议并讲话,国资委副主任、党委委员翁杰明主持会议。

10日,国务院国资委党委召开党委理论学习中心组集体学习(扩大)会议。国资委党委书记郝鹏主持会议并讲话。

10日,国资委主任、党委副书记肖亚庆,国资委副主任、党委委员黄丹华在出席博鳌亚洲论坛2018年年会期间分别会见SK集团董事长崔泰源和德勤全球主席柯睿尚。

11日,国务院国资委在博鳌亚洲论坛2018年年会期间举办国企改革分论坛,国资委主任肖亚庆与欧洲智囊团名誉主席、WTO前总干事拉米,清华大学国家金融研究院院长、IMF前副总裁朱民,美国波士顿咨询公司全球主席博克纳,泰国正大集团资深副董事长谢炳,招商局集团董事长李建红等嘉宾一起,围绕"市场融合、开放发展"主题进行深度"对话"。国资委副主任黄丹华、国资委副秘书长彭华岗和10余家中央企业负责人参加分论坛。

13日,国资委副主任、党委委员翁杰明赴中国机械工业集团有限公司调研。

14日,在第十六届中国国际人才交流大会开幕期间,国务院国资委与国家外专局举行"国资委中央企业国际合作引智创新基地"授牌活动。国资委副主任、党委委员黄丹华和科技部副部长、国家外专局局长张建国共同为中国机械工业集团有限公司、中国中化集团有限公司、招商局集团有限公司、中国商用飞机有限责任公司、中国节能环保集团有限公司、中国钢研科技集团有限公司、中国民航信息集团有限公司、中国广核集团有限公司、南光（集团）有限公司、中国大连高级经理学院、国家电网有限公司（南京南瑞集团公司）、中关村华电产业园12家引智创新基地单位授牌。

16日，国资委主任、党委副书记肖亚庆赴黑龙江省调研。国资委副主任、党委委员翁杰明参加调研。

16—17日，国资委副主任、党委委员徐福顺赴中国中车集团有限公司所属长春轨道客车股份有限公司、国家电力投资集团有限公司所属吉林电力股份有限公司调研。

17日，国资委党委书记郝鹏在国资委会见越共中央政治局委员、中央书记处书记、中央经济部部长阮文平率领的越南共产党代表团，双方就国企改革和国资监管等议题交换意见。

17日，央企助力东北振兴·建设美丽吉林座谈会在长春召开。国资委主任、党委副书记肖亚庆出席会议并讲话。

17日，国资委主任、党委副书记肖亚庆，副主任、党委委员黄丹华应世界经济论坛创始人兼执行主席施瓦布邀请，出席论坛在北京举行的企业交流座谈活动，并在活动之前与施瓦布主席举行会谈。

17日，国资委副主任、党委委员孟建民一行赴中国铁路物资集团有限公司调研，督导中国铁路物资集团有限公司"处僵治困"与改革发展工作。

19日，国资委党委书记郝鹏赴电信科学技术研究院调研。

24日，国资委党委书记郝鹏赴中国节能环保集团有限公司调研。

26日，国资委党委书记郝鹏赴中国航空器材集团有限公司、中国民航信息集团有限公司、中国航空油料集团有限公司调研。

26—27日，国资委主任、党委副书记肖亚庆赴招商局集团有限公司、华润（集团）有限公司、中国旅游集团有限公司调研。

27日，国资委主任、党委副书记肖亚庆在访问中国香港特别行政区期间，会见中国香港特别行政区行政长官林郑月娥。

28日，国资委副主任、党委委员翁杰明赴中国铝业集团有限公司调研。

5月

7日，国资委副主任、党委委员徐福顺赴中国化学工程集团公司调研。

7—9日，国资委主任、党委副书记肖亚庆，党委委员、总会计师沈莹赴国资委机关定点扶贫县河北魏县、平乡县调研扶贫工作开展情况。

8—10日，国资委党委书记郝鹏赴湖北武汉、宜昌6家中央企业调研。

9日，国资委主任、党委副书记肖亚庆，党委委员、总会计师沈莹赴河北雄安新区调研中央企业参与雄安新区建设情况。

10日，国资委主任、党委委员翁杰明在国资委会见中国香港特别行政区律政司司长郑若骅一行。双方就推动中央企业与香港特别行政区法律界开展合作进行交流。

14日，国资委副主任、党委委员黄丹华在调研驻印中央企业国际化经营工作期间，会见印度国企部部秘巴胡谷娜。

16日，国务院国资委、财政部、证监会联合印发《上市公司国有股权监督管理办法》（国务院国资委、财政部、证监会令第36号）。

17日，国资委副主任、党委委员翁杰明赴中国国新控股有限责任公司调研。

18日，国资委副主任、党委委员翁杰明赴国家开发投资集团有限公司调研。

21日，中央纪委常委、国家监委委员、中央纪委驻国资委纪检组组长、国资委党委委员陈超英赴中国铝业集团有限公司调研。

21日，国务院国资委党委在甘肃临夏州召开中央企业深度贫困地区脱贫攻坚现场推进会。国资委党委书记郝鹏出席会议并讲话，国资委副主任、党委委员徐福顺主持会议。

22日，国务院国资委在甘肃召开中央企业助力建设幸福美好新甘肃座谈会。国资委党委书记郝鹏出席会议并讲话。

23日，国资委副主任、党委委员黄丹华出席首届中国国际进口博览会交易团组织工作电视电话会议，并就中央企业做好交易分团组织工作进行动员讲话。

23日，中央纪委常委、国家监委委员、中央纪委驻国资委纪检组组长、国资委党委委员陈超英赴中国交通建设集团有限公司调研。

23日，国务院国资委召开国资监管平台上线试运行启动视频会议。国资委副秘书长周渝波出席会议并讲话。

24日，国资委主任、党委副书记肖亚庆，国资委副主任、党委委员徐福顺赴安徽调研，并出席中央企业助力国家全面创新改革（安徽）试验区建设座谈会。

26日，第二十一届西洽会"央企重庆行"主题活动在重庆举行。国资委主任、党委副书记肖亚庆出席活动。

28日，国资委主任、党委副书记肖亚庆，国资委副主任、党委委员黄丹华赴中国五矿集团有限公司、中国能源建设集团有限公司调研。

29日，国务院国资委召开中央企业境外风险防控座谈会。国资委主任、党委副书记肖亚庆出席并讲话，国资委副主任、党委委员黄丹华主持座谈会。

29日，国资委副主任、党委委员孟建民主持召开部分中央企业剥离办社会职能工作座谈会。

30日，国资委副主任、党委委员黄丹华在国资委会见中国香港特别行政区金融管理局总裁陈德霖。

30日，国资委党委委员、总会计师沈莹主持召开部分中央企业剥离办社会职能工作座谈会。

30日，国资委副主任、党委委员翁杰明赴中国核工业集团有限公司所属福清核电有限公司、中国广核集团有限公司所属宁德核电有限公司调研。

31日，国资委副主任、党委委员徐福顺在国资委与中国科协党组成员、书记处书记宋军一行商谈工作。

31日，国资委主任、党委副书记肖亚庆出席摩根士丹利第四届中国峰会，作题为《深化改革　扩大开放　扎实推动国有企业实现高质量发展》的演讲，并会见摩根士丹利全球董事长兼首席执行官高闻。

31日，国资委副主任、党委委员翁杰明赴海南调研国企国资改革工作。

6月

4日，国务院发展研究中心和国务院国资委在中国石油天然气集团有限公司联合召开中央企业参与"一带一路"建设座谈会。国资委主任、党委副书记肖亚庆出席会议并讲话，国资委党委委员、秘书长阎晓峰出席会议。

4—8日，中央纪委常委、国家监委委员、中央纪委驻国资委纪检组组长、国资委党委委员陈超英赴中国保利集团公司、中国医药集团总公司、中国建设科技有限公司，就落实"两个责任"和监察法贯彻落实情况开展专题调研。

5日，国资委主任、党委副书记肖亚庆在国资委会见西门子总裁兼首席执行官凯飒一行。

6日，国务院国资委党委理论学习中心组举行集体学习（扩大）会议。国资委党委书记郝鹏主持会议并讲话。国资委主任、党委副书记肖亚庆，国资委党委委员出席会议。

7日，国资委主任、党委副书记肖亚庆在国资委会见澳大利亚西澳州州长麦高文一行，双方就加强国资委、中央企业与西澳州的交流合作等议题交换意见。

7日，国资委主任、党委副书记肖亚庆在国资委会见新加坡财政部部长王瑞杰一行，双方就加强国资监管、加强合作等议题进行交流。

8日，国资委主任、党委副书记肖亚庆在国资委会见力拓集团首席执行官夏杰思一行，就进一步拓宽和加深国资委、中央企业与力拓的交流合作进行沟通。

8日，国务院国资委党委召开2017年度中央企业党委（党组）书记党建工作述职会议。国资委党委书记郝鹏主持会议并讲话。中央纪委驻国资委纪检组组长、国资委党委委员陈超英，国资委副主任、党委委员翁杰明出席会议。

8日，人力资源社会保障部、财政部、国务院国资委联合召开贯彻落实《关于改革国有企业工资决定机制的意见》电视电话会。国资委副主任、党委委员徐福顺出席会议并讲话。

12日,中央纪委驻国资委纪检组组长、国资委党委委员陈超英赴中国铁道建筑集团有限公司所属望京隧道项目工地调研。

13日,国资委主任、党委副书记肖亚庆赴中国铝业集团有限公司、中国化学工程集团有限公司调研。

13日,国资委副主任、党委委员翁杰明在中国航天科技集团第五研究院主持召开培育具有全球竞争力世界一流企业座谈会。

14日,中央纪委常委、国家监委委员、中央纪委驻国资委纪检组组长、国资委党委委员陈超英赴中国普天信息产业集团有限公司所属德胜创新创业园区调研。

20日,国资委党委委员、总会计师沈莹在国资委会见阿尔斯通全球首席执行官韩法利一行。双方就加强交流合作、共同参与"一带一路"建设、实现互利共赢等议题交换意见。

20日,国资委主任、党委副书记肖亚庆赴中国船舶工业集团有限公司调研。

20日,国资委副主任、党委委员翁杰明在中国建筑集团有限公司主持召开培育具有全球竞争力世界一流企业座谈会。

21日,中央纪委常委、国家监委委员、中央纪委驻国资委纪检组组长、国资委党委委员陈超英赴中国节能环保集团有限公司调研。

21日,国资委主任、党委副书记肖亚庆在国资委会见诺基亚集团总裁兼首席执行官苏立一行。双方就进一步加强和深化国资委、中央企业与诺基亚的合作、现代通信业发展、5G的发展前景等进行广泛交流。

21日,国务院国资委党委和中共陕西省委在北京联合召开《梁家河》发书仪式暨国资委和中央企业学习座谈会。国资委党委书记郝鹏出席会议并讲话,国资委副主任、党委委员翁杰明主持会议。

21日,国资委党委委员、总会计师沈莹在国资委会见英国特许公认会计师公会会长李志明一行。双方就企业财务管理提升、财会队伍建设与培养,以及交流合作等议题进行探讨。

22日,国务院国资委召开中央企业重组整合工作座谈会。国资委副主任、党委委员翁杰明出席并讲话,国资委副秘书长彭华岗主持会议。

22日,国务院国资委与应急管理部联合召开中央企业安全生产工作视频会议。国资委副主任、党委委员徐福顺出席会议并讲话。

25日,中央企业助力山东新旧动能转换座谈会在济南召开。国资委党委书记郝鹏出席会议并讲话,国资委副主任、党委委员徐福顺出席会议。

26日,国资委副主任、党委委员翁杰明在中国石油天然气集团有限公司主持召开培育具有全球竞争力世界一流企业座谈会。

27日,中央宣传部、国务院国资委、中华全国总工会、天津市委在人民大会堂联合举办张黎明先进事迹报告会。国资委党委书记郝鹏出席报告会并讲话。

27日,国资委党委委员、总会计师沈莹主持召开中央企业办医疗机构深化改革座谈会。

28日,中央纪委国家监委驻国资委纪检监察组召开2018年中央企业纪检监察工作中期推进会议暨"七一"主题党课。中央纪委常委、国家监委委员、驻国资委纪检监察组组长、国资委党委委员陈超英出席会议并讲话。

28日,国资委主任、党委副书记肖亚庆在中国香港特别行政区出席第三届"一带一路"高峰论坛有关活动。

30日,中央纪委常委、国家监委委员、中央纪委国家监委驻国资委纪检监察组组长、国资委党委委员陈超英赴国资委机关定点扶贫县河北魏县调研扶贫攻坚有关工作。

7月

4日,国务院国资委召开中央企业生态环境保护工作会议。国资委副主任、党委委员徐福顺出席会议并讲话,国资委党委委员、总会计师沈莹主持会议。

6日,国务院国资委召开中央企业IPv6规模部署应用工作推进视频会议。国资委党委委员、秘书长阎晓峰出席会议并讲话。

6日,国务院国资委召开中央企业降杠杆减负债工作推进会。国资委主任、党委副书记肖亚庆出席会议并讲话,国资委党委委员、总会计师沈莹主持会议。

6日,国资委党委委员、总会计师沈莹在国资委会见希腊资产开发基金会执行主席克塞诺福斯一行,双方就加强交流合作等议题交换意见。

6日,部分独立工矿区剥离办社会职能工作座谈会在中国石油化工集团有限公司胜利油田召开,国资委副主任、党委委员孟建民出席会议并讲话。

9日,国务院国资委与中国科协召开共同推进中央企业科技创新座谈会。国资委主任、党委副书记肖亚庆出席会议并讲话,国资委副主任、党委委员徐福顺主持会议。国务院国资委和中国科协签署共同推进中央企业科技创新战略合作协议。

9日,国资委副主任、党委委员徐福顺赴国家电网有限公司所属国网电子商务有限公司、国家能源投资集团有限责任公司所属国电物资集团有限公司调研,并主持召开中央企业电子商务发展座谈会。

11日,国资委主任、党委副书记肖亚庆赴中国兵器装备集团有限公司调研,并召开部分中央企业所属企业改革座谈会。

11日,中央纪委常委、国家监委委员、中央纪委国家监委驻国资委纪检监察组组长、国资委党委委员陈超英赴中国电信集团有限公司调研。

12日,中央纪委常委、国家监委委员、中央纪委国家监委驻国资委纪检监察组组长、国资委党委委员陈超英赴中国民航信息集团有限公司调研。

13日,国资委印发《中央企业违规经营投资责任追究实施办法(试行)》(国资委令第37号),《中央企业资产损失责任追究暂行办法》(国资委令第20号)同时废止。

17日,国资委主任、党委副书记肖亚庆赴中国长江三峡集团有限公司调研。

17日,国务院国资委召开中央企业、地方国资委负责人视频会。国资委党委书记郝鹏主持会议并讲话,国资委主任、党委副书记肖亚庆出席会议并讲话,国资委副主任、党委委员徐福顺通报2017年度中央企业负责人经营业绩考核结果。国资委党委班子成员陈超英、翁杰明、孟建民、阎晓峰、沈莹出席会议。

17日,国资委副主任、党委委员徐福顺赴中国诚通控股集团有限公司调研。

18—19日,国资委党委委员、秘书长阎晓峰赴中国南方航空集团有限公司调研。

19日,国资委副主任、党委委员徐福顺赴中国铁道建筑有限公司调研。

19—20日,国资委主任、党委副书记肖亚庆,国资委副主任、党委委员翁杰明赴湖北调研国有企业改革并召开座谈会。

20日,中国信息通信科技集团有限公司成立大会在武汉召开。国资委主任、党委副书记肖亚庆出席会议并讲话,国资委副主任、党委委员翁杰明出席会议。

20日,国务院国资委召开中央企业脱贫攻坚工作视频会议。国资委副主任、党委委员徐福顺出席会议并讲话,国资委党委委员、秘书长阎晓峰主持会议。

24日,国资委主任、党委委员肖亚庆赴天津调研,先后赴中国航空工业集团有限公司所属空客天津总装公司、天津医药集团金耀制剂园、中环电子信息集团天津712通信广播股份公司和天津中车机辆装备有限公司了解相关情况。

24日,中央企业援疆干部座谈会在乌鲁木齐举行。国资委党委书记郝鹏出席会议并讲话,国资委副主任、党委委员徐福顺主持会议。

24日,中央企业暨19援疆省市国有企业产业援疆助力脱贫攻坚工作推进会在乌鲁木齐召开。国资委党委书记郝鹏出席会议并讲话。

24—26日,国资委党委委员、秘书长阎晓峰赴宁夏海原调研华润(集团)有限公司基层单位。

25—26日,国资委党委委员、总会计师沈莹赴四川调研剥离国有企业办社会职能和解决历史遗留问题工作。其间,主持召开内蒙古、安徽、重庆等10省(自治区、直辖市)剥离国有企业办社会职能和解决历史遗留问题工作座谈会。

27日,国务院国资委组织召开中央企业国资监管信息化建设现场推进会议。国资委副主任、党委委员翁杰明出席会议并讲话。

27日，国资委主任、党委副书记肖亚庆赴上海诺基亚贝尔股份有限公司调研。

30日，国务院国资委召开媒体通气会，通报国资委和中央企业深化供给侧结构性改革、推动中央企业高质量发展有关情况。国资委副主任、党委委员翁杰明出席会议并通报相关情况。

8月

1日，国资委党委书记郝鹏在以色列调研中央企业驻以单位改革发展和党建工作。其间，与以色列农业农村发展部部长乌里·艾瑞尔以及总理办公室、外交部、经济部、土地管理局有关官员和科技企业高管举行工作午餐会，并听取以Agrint等公司高管介绍公司科技创新情况。

2日，国资委主任、党委副书记肖亚庆先后赴中国中钢集团有限公司、中国盐业集团有限公司调研。

2日，国资委党委书记郝鹏在埃及调研中央企业驻埃单位工作。其间，访问埃及总理府，与埃及总理穆斯塔法·马德布利举行会谈，就中央企业在埃开展项目合作等进行交流。

3日，国家发展改革委、人民银行、财政部、银保监会、国务院国资委联合印发《2018年降低企业杠杆率工作要点》（发改财金〔2018〕1135号）。

7日，国资委党委书记郝鹏在肯尼亚调研中央企业驻肯单位工作。其间，访问肯尼亚运输、基础设施、住房和城市发展部，与部长詹姆斯·马查里亚就中肯企业合作和项目推进进行交流。

8—10日，国资委副主任、党委委员徐福顺赴云南省调研中央企业脱贫攻坚工作。其间，主持召开中央企业助力云南脱贫攻坚推进会并讲话。深入深度贫困地区"三区三州"之一的云南怒江州泸水市和福贡县，看望贫困群众，并实地调研当地政府和中国交通建设集团有限公司的扶贫项目。

12日，国务院国资委印发《关于公布规章规范性文件清理结果的公告》（国资委公告2018年第1号）。

14日，国务院国资委与中国香港特别行政区商务及经济发展局在香港举办"与央企共赢'一带一路'机遇——产业园区投资环境交流会"。国资委党委委员、秘书长阎晓峰出席会议并致辞。

15—16日，国务院国资委与香港金融管理局在香港共同举办"连通'一带一路'，共拓发展机遇高层圆桌会议"。国资委党委委员、秘书长阎晓峰出席会议。

16日，中国中钢集团有限公司邢台机械轧辊有限公司全面升级建设正式启动。国资委副主任、党委委员、总会计师沈莹出席并讲话。

17日，国企改革"双百行动"动员部署视频会议在国务院国资委召开。国务院国有企业改革领导小组办公室主任，国资委主任、党委副书记肖亚庆出席会议并讲话，国务院国有企业改革领导小组办公室副主任，国资委副主任、党委委员翁杰明主持会议。

21日，中央纪委常委、国家监委委员、中央纪委国家监委驻国资委纪检监察组组长、国资委党委委员陈超英赴中国石油化工集团有限公司所属中国石化石油化工科学研究院调研。

23日，国资委副主任、总会计师沈莹在北京会见白俄罗斯国家资产委员会主席盖耶夫一行，并与白部级官员代表团就国资监管、国企改革、中白工业园建设和两国国有企业合作等议题进行研讨。

23日，国资委党委书记郝鹏赴中国石油天然气集团有限公司调研。

23—24日，国资委主任、党委副书记肖亚庆赴重庆调研，先后赴西南铝业（集团）有限责任公司、重庆机床（集团）有限责任公司、重庆长征重工有限责任公司和长安汽车股份有限公司了解企业生产经营、改革脱困、创新发展和党的建设等情况。

27—28日，国资委党委书记郝鹏赴武汉、大连，代表国资委党委慰问中国船舶重工集团有限公司第七六〇所黄群等同志家属和抗灾抢险受伤人员。

29日，国务院国资委召开媒体通气会，通报国企国资系统以建立中国特色现代国有企业制度为统领，创新体制机制、增强企业活力有关情况。国资委副主任、党委委员翁杰明出席会议并通报相关情况、回答记者提问。国资委副秘书长、新闻发言人彭华岗主持会议。

31日，国务院国资委党委召开中央企业警示教育大会。国资委党委书记郝鹏出席会议并讲话，国资委主任、党委副书记肖亚庆主持会议，中央纪委国家监委驻国资委纪检监察组组长、国资委党委委员陈超英通报巡视发现的突出问题及国资委和中央企业查处的典型案件。国资委副主任、党委委员翁杰明，国资委党委委员、秘书长阎晓峰出席会议。

31日，中央纪委常委、国家监委委员、中央纪委国家监委驻国资委纪检监察组组长、国资委党委委员陈超英赴中国航空发动机集团有限公司所属北京航空材料研究院调研。

9月

2日，国资委主任、党委副书记肖亚庆在国资委会见来华出席中非合作论坛北京峰会的南非国企部部长戈尔丹一行。其间，肖亚庆介绍中国国有企业改革发展经验，并就进一步加强交流合作等议题交换意见。

2日，"中国—赞比亚工商论坛"在北京中国有色矿业集团有限公司举行。国资委主任、党委副书记肖亚庆出席论坛并致辞。

3日，国资委副主任、党委委员翁杰明赴陕西调研。先后赴中国西电集团有限公司所属西电开关电气有限公司、西安高压电器研究院有限责任公司和中国信息通信科技集团有限公司所属电信科学技术第十研究所调研。

3—8日，国资委党委书记郝鹏先后赴西藏林芝、日喀则、拉萨等地调研，详细了解中央企业对口援藏、助力西藏脱贫攻坚情况。

5日，国资委主任、党委副书记肖亚庆赴中国国际工程咨询有限公司调研。

5日，中央纪委常委、国家监委委员、中央纪委国家监委驻国资委纪检监察组组长、国资委党委委员陈超英赴中国钢研科技集团有限公司调研。

6日，国务院国资委与中国出口信用保险公司签署《共同推动中央企业加强境外风险防控 全面提升国际化经营管理能力和水平战略合作协议》。国资委主任、党委副书记肖亚庆出席签约仪式并讲话，国资委副主任、党委委员、总会计师沈莹与中国出口信用保险公司副总经理查卫民分别代表国务院国资委和中国出口信用保险公司签署协议。

6日，中央企业援藏干部座谈会在拉萨举行。国资委党委书记郝鹏出席会议并讲话，国资委党委委员、秘书长阎晓峰主持会议。

7日，国资委主任、党委副书记肖亚庆赴北京未来科学城调研，先后赴未来科学城展厅、未来科学城园区和中国华能集团清洁能源技术研究院了解园区建设、央企入驻和企业科技创新情况。

7日，国务院国资委在拉萨举行央企助力西藏脱贫攻坚会议暨签约仪式。国资委党委书记郝鹏出席会议并讲话，国资委党委委员、秘书长阎晓峰出席会议。

10日，国务院国资委党委召开2018年第二轮巡视工作动员部署会。国资委党委书记、巡视工作领导小组组长郝鹏，国资委主任、党委副书记、巡视工作领导小组副组长肖亚庆对开展好国资委党委第二轮巡视工作作出批示和提出要求。中央纪委常委、国家监委委员、中央纪委国家监委驻国资委纪检监察组组长、国资委党委委员、巡视工作领导小组成员陈超英出席会议并作动员讲话。会议宣布国资委党委第二轮巡视组组长授权任职和任务分工决定。

10日，中央纪委常委、国家监委委员、中央纪委国家监委驻国资委纪检监察组组长、国资委党委委员陈超英赴中国航空集团有限公司、中国电子科技集团有限公司调研。

11日，国务院大督查第六督查组赴国务院国资委开展实地督查。国资委党委书记郝鹏出席对接会并讲话，国资委副主任、党委委员翁杰明代表国资委汇报相关工作情况，国资委副主任、党委委员孟建民出席对接会。

12日，国资委主任、党委副书记肖亚庆在俄罗斯符拉迪沃斯托克出席第四届东方经济论坛"俄罗斯—中国商务对话"并致辞。其间，肖亚庆会见俄罗斯副总理兼总统驻远东联邦区全权代表特鲁特涅夫。

12日，国务院国有企业改革领导小组办公室在杭州海康威视公司召开科技型"双百企业"现场交流会。国务院国有企业改革领导小组办公室副主任、国资委副主任、党委委员翁杰明出席会议并讲话。

12日,第15届中国—东盟博览会、中国—东盟商务与投资峰会开幕式在广西南宁举办。国务院国资委党委委员、秘书长阎晓峰赴广西南宁出席开幕大会,并于会后赴广西柳工集团有限公司全球研发中心、国家土方机械工程技术研究中心和挖掘机公司生产线调研。

12—13日,第四届新亚欧大陆桥安全走廊国际执法合作论坛在江苏连云港召开。国资委副主任、党委委员、总会计师沈莹出席开幕式并致辞。

14日,海南省与中央企业第二轮战略合作协议签约仪式在北京举行。国资委主任、党委副书记肖亚庆出席并讲话。

17—19日,国资委副主任、党委委员翁杰明赴新疆督查调研国企改革工作,先后赴国家电力投资集团有限公司所属五彩湾电厂、中国石油化工集团有限公司所属西北石油局、中国宝武钢铁集团有限公司所属八钢公司等企业调研。

18日,国资委党委委员、秘书长阎晓峰在北京出席健康快车"一带一路"国际光明行启动仪式暨中华健康快车基金会2018年度表彰活动。

19日,国资委主任、党委副书记肖亚庆,国资委党委委员、秘书长阎晓峰在天津出席2018年夏季达沃斯论坛期间,分别会见美国前国防部长、科恩公司董事长兼首席执行官威廉·科恩,瑞士再保险集团全球合作主席高薇俪,世界经济论坛创始人兼执行主席施瓦布教授。参加中央企业与塞尔维亚政府代表团午餐会,并与塞尔维亚总统武契奇及其代表团成员进行交流。

19—20日,经中央纪委国家监委、国务院国资委党委同意,中央纪委国家监委驻国务院国资委纪检监察组在哈尔滨召开地方纪委监委驻国资委纪检监察组组长研讨会。

20日,国资委副主任、党委委员徐福顺赴四川成都出席"一带一路"国家(地区)企业合作发展大会并作主旨发言。

20日,第十七届中国西部国际博览会在四川成都召开,国资委副主任、党委委员徐福顺出席开幕式。

20日,国务院国资委主办、国家电网公司承办的首届中央企业网络安全攻防大赛总决赛颁奖仪式在国网冀北电力有限公司管理培训中心举行。国资委党委委员、秘书长阎晓峰出席仪式并讲话。

21日,第十七届中国西部国际博览会举办期间,治蜀兴川再上新台阶央地合作座谈会暨项目签约仪式在四川省成都市举行,国资委副主任、党委委员徐福顺出席仪式并讲话。

21—22日,国资委副主任、党委委员徐福顺赴四川凉山州调研中央企业脱贫攻坚工作。其间,主持召开中央企业助力四川脱贫攻坚推进会并讲话。

22日,国务院国资委印发《国资委关于废止〈中央企业经济责任审计管理暂行办法〉的决定》(国资委令第38号)。

25日,国资委党委委员、秘书长阎晓峰在国资委会见博然思维首席执行官尼尔·沃林一行,并就全球经济发展前景及影响因素等议题进行交流。

26日,国务院国资委党委在北京召开中央企业宣传思想工作会议。国资委党委书记郝鹏出席会议并讲话,国资委副主任、党委委员翁杰明主持会议。

26—29日,国资委直属机关党委在延安举办直属机关党务干部培训班。国资委副主任、党委委员、直属机关党委书记沈莹出席开班式并作题为《提高政治站位,提升履职能力,积极推动国资委机关党建工作再上新台阶》的动员讲话。

27日,国资委主任、党委副书记肖亚庆在国资委会见剑桥大学耶稣学院中国中心主任彼得·诺兰一行。

29日,中央纪委常委、国家监委委员、中央纪委国家监委驻国资委纪检监察组组长、国资委党委委员陈超英赴哈尔滨电气集团有限公司、大庆油田有限责任公司调研。

10月

12日,国资委主任、党委副书记肖亚庆在访问南非期间,会见南非总统拉马福萨,双方就中国国有企业改革发展、两国国企国资领域务实合作等有关情况进行交流。

12日,国务院国有企业改革领导小组办公室在烟台万华公司召开工业类"双百企业"现场交流会。国务院国有企业改革领导小组办公室副主任,国资委副主任、党委委员翁杰明出席会议并讲话。

16日,国资委党委书记郝鹏在国资委会见以色列驻华大使何泽伟一行,双方就加强中以企业技术领域务实合作等进行交流。

16日,国资委副主任、党委委员孟建民会见汇丰集团主席杜嘉祺一行。

16日,国资委副主任、党委委员、总会计师沈莹在国资委会见奥地利财政部部长哈特维希·勒格一行。

16—18日,国资委党委书记郝鹏赴吉林调研中央企业,了解企业改革发展和党的建设情况。

17日,国资委主任、党委副书记肖亚庆在访问纳米比亚期间,会见纳米比亚国企部部长尤斯特,双方就加强国企合作和改革经验分享等进行交流。

17日,国资委副主任、党委委员、总会计师沈莹在国资委会见微软公司副总裁兼中国区首席运营官邹作基一行,双方就国资国企改革、信息化建设等议题进行交流。

18日,国资委主任、党委副书记肖亚庆在埃塞俄比亚调研中央企业驻埃单位工作期间,会见埃国企部部长特肖梅,双方就加强两国国企国资领域合作进行交流。

18日,中国妇女十二大中央企业系统(在京)代表团召开履职培训座谈会,传达中国妇女十二大各组团单位负责人会议精神。国资委副主任、党委委员、总会计师沈莹出席座谈会并讲话。

18日,中央纪委常委、国家监委委员、中央纪委国家监委驻国资委纪检监察组组长、国资委党委委员陈超英赴中国华录集团有限公司调研。

18—20日,国资委主任、党委副书记肖亚庆在埃塞俄比亚访问期间,主持召开驻埃中央企业座谈会,与埃塞俄比亚国企部部长特肖梅共同主持两国国有企业交流对话活动,并先后赴亚吉铁路、首都轻轨、阿达玛工业园、智慧警局、非盟会议中心等中央企业在埃重大合作项目以及民营企业在埃创办的东方工业园进行实地调研。

18日,中央企业党建思想政治工作研究会在北京召开高级政工职称任职资格评定会。国资委副主任、党委委员、国资委政工职称工作领导小组组长翁杰明主持会议并讲话。

19日,国务院国资委召开警示教育大会,通报近年来查处的中央和国家机关党员领导干部违纪典型案例以及国资委直属机关、直管协会党员领导干部违纪典型案例,对深入推进党风廉政建设和反腐败工作作出部署。国资委党委书记郝鹏出席会议并讲话。中央纪委常委、国家监委委员、中央纪委国家监委驻国资委纪检监察组组长、国资委党委委员陈超英通报国资委直属机关、直管协会党员领导干部违纪典型案例。国资委副主任、党委委员、总会计师沈莹主持会议并通报中央和国家机关党员领导干部违纪典型案例。国资委副主任、党委委员徐福顺、孟建民出席会议。

23—24日,国务院国资委在北京举办中央企业、地方国资委违规经营投资责任追究工作培训班。国资委副主任、党委委员孟建民出席培训班并讲话。

25日,国务院国资委召开推进中央企业共建"一带一路"走深走实专题会议。国资委主任、党委副书记肖亚庆出席会议并讲话,国资委副主任、党委委员、总会计师沈莹主持会议。

30日,国务院国资委召开媒体通气会,通报中央企业参与"一带一路"建设的进展和成果。国资委副主任、党委委员翁杰明出席会议通报相关情况,并回答记者提问。

30日,国资委副主任、党委委员孟建民主持召开中国国新控股有限责任公司国有资本运营公司改革试点工作座谈会。

31日,国资委副主任、党委委员徐福顺在国资委会见西门子股份公司管理委员会成员、首席运营官、首席技术官博乐仁一行。

11月

1日，国资委主任、党委副书记肖亚庆主持召开首届中国国际进口博览会中央企业交易团行前动员会，听取情况汇报，检查部署筹办工作。

2日，国资委副主任、党委委员孟建民主持召开中国诚通控股集团有限公司国有资本运营公司改革试点工作座谈会。

2日，国务院国资委印发《中央企业合规管理指引（试行）》（国资发法规〔2018〕106号）。

3—4日，国资委主任、党委副书记肖亚庆赴江苏省调研国有企业改革发展有关工作。

6日，在首届中国国际进口博览会期间，国务院国资委以"深化合作、扩大开放，以贸易畅通促企业发展"为主题，主办中央企业国际合作论坛。国资委主任、党委副书记肖亚庆出席论坛并致辞。中央企业交易团团长、国资委副主任、党委委员、总会计师沈莹主持论坛。

7日，国资委主任、党委副书记肖亚庆赴中国商用飞机集团有限责任公司调研。

9日，国资委党委书记郝鹏赴广东深圳、广州、珠海等地调研国企国资改革发展和党的建设情况。

9日，国资委主任、党委副书记肖亚庆在国资委会见法国前总理、法国展望与创新基金会主席拉法兰一行。

14日，国务院国资委召开媒体通气会，通报国有企业混合所有制改革进展情况。国资委副主任、党委委员翁杰明出席会议通报相关情况，并回答记者提问。

14日，中央纪委常委、国家监委委员、中央纪委国家监委驻国资委纪检监察组组长、国资委党委委员陈超英赴中国航天科技集团有限公司调研。

14日，国资委副主任、党委委员孟建民主持召开部分中央企业剥离办社会职能和解决历史遗留问题工作座谈会。

16日，中央企业系统（在京）学习宣传贯彻中国妇女十二大精神专题报告会在北京召开。国资委副主任、党委委员、总会计师沈莹出席会议并讲话。

19日，国务院国有企业改革领导小组办公室召开国有资本投资、运营公司座谈会。国资委主任、党委副书记肖亚庆，国资委副主任、党委委员孟建民出席会议并讲话，国资委副主任、党委委员翁杰明主持会议。

20日，国务院国资委党委在中国石油化工集团有限公司胜利油田召开落实全国组织工作会议精神推进中央企业基层党建座谈会。国资委党委书记郝鹏出席会议并讲话，国资委副主任、党委委员翁杰明主持会议。

20日，国资委副主任、党委委员、总会计师沈莹在国资委会见中国香港特别行政区政府财政司司长陈茂波一行。

21—23日，国资委副主任、党委委员翁杰明赴深圳调研部分中央企业和地方国有企业，先后考察中广核大亚湾核电基地、华侨城集团欢乐海岸项目、深圳市软件产业基地等。

22日，中央纪委常委、国家监委委员、中央纪委国家监委驻国资委纪检监察组组长、国资委党委委员陈超英赴中国中车集团有限公司所属中车唐山机车车辆有限公司调研。

23日，西藏自治区党政代表团与总部在京对口援藏中央企业座谈会在北京西藏大厦召开。国资委副主任、党委委员徐福顺出席会议并讲话。

23—24日，国资委主任、党委副书记肖亚庆赴湖南调研中联重科股份有限公司、湖南湘投金天钛金属股份有限公司等企业，并主持召开国有企业改革座谈会。

26日，国务院国资委在北京举办2018年中央企业群团工作培训班。国资委党委委员，中华全国总工会副主席翁杰明出席开班式并讲话。

27日，国资委主任、党委副书记肖亚庆在国资委会见越南财政部部长丁进勇一行，双方就国企改革、国资监管及加强两国国企国资合作等进行交流。

27—29日，2018年全国国资委系统政策法规工作研讨培训班在北京举办。国资委副主任、党委委员翁杰明出席开班式并讲话。

29日,国务院国资委召开部分中央企业"处僵治困"工作座谈会。国资委主任、党委副书记肖亚庆出席座谈会并讲话,国资委副主任、党委委员孟建民主持座谈会。

30日,国资委主任、党委副书记肖亚庆赴中国电力建设集团有限公司调研。

30日,中央纪委常委、国家监委委员、中央纪委国家监委驻国资委纪检监察组组长、国资委党委委员陈超英赴中国移动通信集团有限公司和中国兵器工业集团有限公司调研。

12月

1—4日,国资委党委书记郝鹏赴上海调研国企国资改革发展和党的建设情况,先后在中国东方航空集团有限公司、中国远洋海运集团有限公司、中国宝武钢铁集团有限公司、中国商用飞机有限责任公司召开座谈会。

3日,国资委副主任、党委委员徐福顺在国资委会见思爱普全球执行副总裁麦恩平一行。

3—4日,国资委主任、党委副书记肖亚庆赴中国南方航空集团有限公司、中国南方电网有限责任公司调研。

5日,国务院国资委召开2018年预算执行等情况审计进点会议。国资委副主任、党委委员徐福顺出席会议并讲话。

6—7日,国务院国资委和中央党校(国家行政学院)等单位在北京联合举办2018年应急管理国际论坛暨"一带一路"安全发展论坛。国资委副主任、党委委员徐福顺出席论坛开幕式并作主题演讲。

12日,由中央宣传部(国务院新闻办)和国务院国资委共同指导、中国外文局主办的2018·中国企业海外形象高峰论坛在北京召开。国资委副主任、党委委员翁杰明出席论坛并致辞。

12日,2018年央视财经论坛暨中国上市公司峰会在北京举行。国资委副主任、党委委员翁杰明出席峰会并致辞。

13日,国资委主任、党委副书记肖亚庆赴中国储备粮管理集团有限公司、中国农业发展集团有限公司调研。

17日,国资委主任、党委副书记肖亚庆在中国石油化工集团有限公司会见世界经济论坛创始人、执行主席施瓦布。

17日,国务院国企改革领导小组办公室在徐州工程机械集团有限公司召开外向型"双百企业"现场交流会。国资委副主任、党委委员翁杰明出席会议并讲话。

18日,中央纪委常委、国家监委委员、中央纪委国家监委驻国资委纪检监察组组长、国资委党委委员陈超英赴中国核工业集团有限公司所属中国原子能科学研究院调研。

25日,国务院国资委党委发布第三届"央企楷模",国资委党委书记郝鹏出席发布仪式并亲切会见"央企楷模"。

25日,中央纪委常委、国家监委委员、中央纪委国家监委驻国资委纪检监察组组长、国资委党委委员陈超英赴中国船舶重工集团有限公司调研。

26日,由人民日报社主办的2018年中国品牌论坛在北京召开。国资委副主任、党委委员徐福顺出席开幕式并致辞。

26日,国资委主任、党委副书记肖亚庆赴中国节能环保集团有限公司、中国黄金集团有限公司调研。

27日,中央企业党建思想政治工作研究会在北京召开第四次会员大会。国资委副主任、党委委员,中央企业党建政研会会长翁杰明出席会议并讲话。

27日,国务院国资委印发《中央企业工资总额管理办法》(国资委令第39号)。

28日,国务院国资委召开11家中央企业国有资本投资公司试点启动会。国资委副主任、党委委员翁杰明出席会议并讲话。

附录

第九篇

国务院关于推动创新创业高质量发展 打造"双创"升级版的意见

国发〔2018〕32号

各省、自治区、直辖市人民政府,国务院各部委、各直属机构:

创新是引领发展的第一动力,是建设现代化经济体系的战略支撑。近年来,大众创业万众创新持续向更大范围、更高层次和更深程度推进,创新创业与经济社会发展深度融合,对推动新旧动能转换和经济结构升级、扩大就业和改善民生、实现机会公平和社会纵向流动发挥了重要作用,为促进经济增长提供了有力支撑。当前,我国经济已由高速增长阶段转向高质量发展阶段,对推动大众创业万众创新提出了新的更高要求。为深入实施创新驱动发展战略,进一步激发市场活力和社会创造力,现就推动创新创业高质量发展、打造"双创"升级版提出以下意见。

一、总体要求

推进大众创业万众创新是深入实施创新驱动发展战略的重要支撑、深入推进供给侧结构性改革的重要途径。随着大众创业万众创新蓬勃发展,创新创业环境持续改善,创新创业主体日益多元,各类支撑平台不断丰富,创新创业社会氛围更加浓厚,创新创业理念日益深入人心,取得显著成效。但同时,还存在创新创业生态不够完善、科技成果转化机制尚不健全、大中小企业融通发展还不充分、创新创业国际合作不够深入以及部分政策落实不到位等问题。打造"双创"升级版,推动创新创业高质量发展,有利于进一步增强创业带动就业能力,有利于提升科技创新和产业发展活力,有利于创造优质供给和扩大有效需求,对增强经济发展内生动力具有重要意义。

(一)指导思想。

以习近平新时代中国特色社会主义思想为指导,全面贯彻党的十九大和十九届二中、三中全会精神,坚持新发展理念,坚持以供给侧结构性改革为主线,按照高质量发展要求,深入实施创新驱动发展战略,通过打造"双创"升级版,进一步优化创新创业环境,大幅降低创新创业成本,提升创业带动就业能力,增强科技创新引领作用,提升支撑平台服务能力,推动形成线上线下结合、产学研用协同、大中小企业融合的创新创业格局,为加快培育发展新动能、实现更充分就业和经济高质量发展提供坚实保障。

(二)主要目标。

——创新创业服务全面升级。创新创业资源共享平台更加完善,市场化、专业化众创空间功能不断拓展,创新创业服务平台能力显著提升,创业投资持续增长并更加关注早中期科技型企业,新兴创新创业服务业态日趋成熟。

——创业带动就业能力明显提升。培育更多充满活力、持续稳定经营的市场主体,直接创造更多就业岗位,带动关联产业就业岗位增加,促进就业机会公平和社会纵向流动,实现创新、创业、就业的良性循环。

——科技成果转化应用能力显著增强。科技型创业加快发展,产学研用更加协同,科技创新与传统产业转型升级结合更加紧密,形成多层次科技创新和产业发展主体,支撑战略性新兴产业加快发展。

——高质量创新创业集聚区不断涌现。"双创"示范基地建设扎实推进,一批可复制的制度性成果加快推广。有效发挥国家级新区、国家自主创新示范区等各类功能区优势,打造一批创新创业新高地。

——大中小企业创新创业价值链有机融合。一批高端科技人才、优秀企业家、专业投资人成为创新创业主力军,大企业、科研院所、中小企业之间创新资源要素自由畅通流动,内部外部、线上线下、大中小企业融通发展水平不断提升。

——国际国内创新创业资源深度融汇。拓展创新创业国际交流合作,深度融入全球创新创业浪潮,推动形成一批国际化创新创业集聚地,将"双创"打造成为我国与包括"一带一路"相关国家在内的世界各国合作的亮丽名片。

二、着力促进创新创业环境升级

(三)简政放权释放创新创业活力。进一步提升企业开办便利度,全面推进企业简易注销登记改革。积极推广"区域评估",由政府组织力量对一定区域内地质灾害、水土保持等进行统一评估。推进审查事项、办事流程、数据交换等标准化建设,稳步推动公共数据资源开放,加快推进政务数据资源、社会数据资源、互联网数据资源建设。清理废除妨碍统一市场和公平竞争的规定和做法,加快发布全国统一的市场准入负面清单,建立清单动态调整机制。(市场监管总局、自然资源部、水利部、发展改革委等按职责分工负责)

(四)放管结合营造公平市场环境。加强社会信用体系建设,构建信用承诺、信息公示、信用分级分类、信用联合奖惩等全流程信用监管机制。修订生物制造、新材料等领域审查参考标准,激发高技术领域创新活力。引导和规范共享经济良性健康发展,推动共享经济平台企业切实履行主体责任。建立完善对"互联网+教育"、"互联网+医疗"等新业态新模式的高效监管机制,严守安全质量和社会稳定底线。(发展改革委、市场监管总局、工业和信息化部、教育部、卫生健康委等按职责分工负责)

(五)优化服务便利创新创业。加快建立全国一体化政务服务平台,建立完善国家数据共享交换平台体系,推行数据共享责任清单制度,推动数据共享应用典型案例经验复制推广。在市县一级建立农村创新创业信息服务窗口。完善适应新就业形态的用工和社会保险制度,加快建设"网上社保"。积极落实产业用地政策,深入推进城镇低效用地再开发,健全建设用地"增存挂钩"机制,优化用地结构,盘活存量、闲置土地用于创新创业。(国务院办公厅、发展改革委、市场监管总局、农业农村部、人力资源社会保障部、自然资源部等按职责分工负责)

三、加快推动创新创业发展动力升级

(六)加大财税政策支持力度。聚焦减税降费,研究适当降低社保费率,确保总体上不增加企业负担,激发市场活力。将企业研发费用加计扣除比例提高到75%的政策由科技型中小企业扩大至所有企业。对个人在二级市场买卖新三板股票比照上市公司股票,对差价收入免征个人所得税。将国家级科技企业孵化器和大学科技园享受的免征房产税、增值税等优惠政策范围扩大至省级,符合条件的众创空间也可享受。(财政部、税务总局等按职责分工负责)

(七)完善创新创业产品和服务政府采购等政策措施。完善支持创新和中小企业的政府采购政策。发挥采购政策功能,加大对重大创新产品和服务、核心关键技术的采购力度,扩大首购、订购等非招标方式的应用。(发展改革委、财政部、工业和信息化部、科技部等和各地方人民政府按职责分工负责)

(八)加快推进首台(套)重大技术装备示范应用。充分发挥市场机制作用,推动重大技术装备研发创新、检测评定、示范应用体系建设。编制重大技术装备创新目录、众创研发指引,制定首台(套)评定办法。依托大型科技企业集团、重点研发机构,设立重大技术装备创新研究院。建立首台(套)示范应用基地和示范应用联盟。加快军民两用技术产品发展和推广应用。发挥众创、众筹、众包和虚拟创新创业社区等多种创新创业模式的作用,引导中小企业等创新主体参与重大技术装备研发,加强众创成果与市场有效对接。(发展改革委、科技部、工业和信息化部、财政部、国资委、卫生健康委、市场监管总局、能源局等按职责分工负责)

(九)建立完善知识产权管理服务体系。建立完善知识产权评估和风险控制体系,鼓励金融机构探索开展知识产权质押融资。完善知识产权运营公共服务平台,逐步建立全国统一的知识产权交易市场。鼓励和支持创新主体加强关键前沿技术知识产权创造,形成一批战略性高价值专利组合。聚焦重点领域和关键环节开展知识产权"雷霆"专项行动,进行集中检查、集中整治,全面加强知识产权执法维权工作力度。积极运用在线识别、实时监测、源头追溯等"互联网+"技术强化知识产权保护。(知识产权局、财政部、银保监会、人民银行等按职责分工负责)

四、持续推进创业带动就业能力升级

(十)鼓励和支持科研人员积极投身科技创业。对科教类事业单位实施差异化分类指导,出台鼓励和支持科研人员离岗创业实施细则,完善创新型岗位管理实施细则。健全科研人员评价机制,将科研人员在科技成果转化过程中取得的成绩和参与创业项目的情况作为职称评审、岗位竞聘、绩效考核、收入分配、续签合同等的重要依据。建立完善科研人员校企、院企共建双聘机制。(科技部、教育部、人力资源社会保

障部等按职责分工负责)

(十一)强化大学生创新创业教育培训。在全国高校推广创业导师制,把创新创业教育和实践课程纳入高校必修课体系,允许大学生用创业成果申请学位论文答辩。支持高校、职业院校(含技工院校)深化产教融合,引入企业开展生产性实习实训。(教育部、人力资源社会保障部、共青团中央等按职责分工负责)

(十二)健全农民工返乡创业服务体系。深入推进农民工返乡创业试点工作,推出一批农民工返乡创业示范县和农村创新创业典型县。进一步发挥创业担保贷款政策的作用,鼓励金融机构按照市场化、商业可持续原则对农村"双创"园区(基地)和公共服务平台等提供金融服务。安排一定比例年度土地利用计划,专项支持农村新产业新业态和产业融合发展。(人力资源社会保障部、农业农村部、发展改革委、人民银行、银保监会、财政部、自然资源部、共青团中央等按职责分工负责)

(十三)完善退役军人自主创业支持政策和服务体系。加大退役军人培训力度,依托院校、职业培训机构、创业培训中心等机构,开展创业意识教育、创业素质培养、创业项目指导、开业指导、企业经营管理等培训。大力扶持退役军人就业创业,落实好现有税收优惠政策,根据个体特点引导退役军人向科技服务业等新业态转移。推动退役军人创业平台不断完善,支持退役军人参加创新创业大会和比赛。(退役军人部、教育部、人力资源社会保障部、税务总局、财政部等按职责分工负责)

(十四)提升归国和外籍人才创新创业便利化水平。深入实施留学人员回国创新创业启动支持计划,遴选资助一批高层次人才回国创新创业项目。健全留学回国人才和外籍高层次人才服务机制,在签证、出入境、社会保险、知识产权保护、落户、永久居留、子女入学等方面进一步加大支持力度。(人力资源社会保障部、外交部、公安部、移民局、知识产权局等和各地方人民政府按职责分工负责)

(十五)推动更多群体投身创新创业。深入推进创新创业巾帼行动,鼓励支持更多女性投身创新创业实践。制定完善香港、澳门居民在内地发展便利性政策措施,鼓励支持港澳青年在内地创新创业。扩大两岸经济文化交流合作,为台湾同胞在大陆创新创业提供便利。积极引导侨资侨智参与创新创业,支持建设华侨华人创新创业基地和华侨大数据中心。探索国际柔性引才机制,持续推进海外人才离岸创新创业基地建设。启动少数民族地区创新创业专项行动,支持西藏、新疆等地区创新创业加快发展。推行终身职业技能培训制度,将有创业意愿和培训需求的劳动者全部纳入培训范围。(全国妇联、港澳办、台办、侨办、人力资源社会保障部、中国科协、发展改革委、国家民委等按职责分工负责)

五、深入推动科技创新支撑能力升级

(十六)增强创新型企业引领带动作用。在重点领域和关键环节加快建设一批国家产业创新中心、国家技术创新中心等创新平台,充分发挥创新平台资源集聚优势。建设由大中型科技企业牵头,中小企业、科技社团、高校院所等共同参与的科技联合体。加大对"专精特新"中小企业的支持力度,鼓励中小企业参与产业关键共性技术研究开发,持续提升企业创新能力,培育一批具有创新能力的制造业单项冠军企业,壮大制造业创新集群。健全企业家参与涉企创新创业政策制定机制。(发展改革委、科技部、中国科协、工业和信息化部等按职责分工负责)

(十七)推动高校科研院所创新创业深度融合。健全科技资源开放共享机制,鼓励科研人员面向企业开展技术开发、技术咨询、技术服务、技术培训等,促进科技创新与创业深度融合。推动高校、科研院所与企业共同建立概念验证、孵化育成等面向基础研究成果转化的服务平台。(科技部、教育部等按职责分工负责)

(十八)健全科技成果转化的体制机制。纵深推进全面创新改革试验,深化以科技创新为核心的全面创新。完善国家财政资金资助的科技成果信息共享机制,畅通科技成果与市场对接渠道。试点开展赋予科研人员职务科技成果所有权或长期使用权。加速高校科技成果转化和技术转移,促进科技、产业、投资融合对接。加强国家技术转移体系建设,鼓励高校、科研院所建设专业化技术转移机构。鼓励有条件的地方按技术合同实际成交额的一定比例对技术转移服务机构、技术合同登记机构和技术经纪人(技术经

理人)给予奖补。(发展改革委、科技部、教育部、财政部等按职责分工负责)

六、大力促进创新创业平台服务升级

(十九)提升孵化机构和众创空间服务水平。建立众创空间质量管理、优胜劣汰的健康发展机制,引导众创空间向专业化、精细化方向升级,鼓励具备一定科研基础的市场主体建立专业化众创空间。推动中央企业、科研院所、高校和相关公共服务机构建设具有独立法人资格的孵化机构,为初创期、早中期企业提供公共技术、检验检测、财税会计、法律政策、教育培训、管理咨询等服务。继续推进全国创业孵化示范基地建设。鼓励生产制造类企业建立工匠工作室,通过技术攻关、破解生产难题、固化创新成果等塑造工匠品牌。加快发展孵化机构联盟,加强与国外孵化机构对接合作,吸引海外人才到国内创新创业。研究支持符合条件的孵化机构享受高新技术企业相关人才激励政策,落实孵化机构税收优惠政策。(科技部、国资委、教育部、人力资源社会保障部、工业和信息化部、财政部、税务总局等按职责分工负责)

(二十)搭建大中小企业融通发展平台。实施大中小企业融通发展专项行动计划,加快培育一批基于互联网的大企业创新创业平台、国家中小企业公共服务示范平台。推进国家小型微型企业创业创新示范基地建设,支持建设一批制造业"双创"技术转移中心和制造业"双创"服务平台。推进供应链创新与应用,加快形成大中小企业专业化分工协作的产业供应链体系。鼓励大中型企业开展内部创业,鼓励有条件的企业依法合规发起或参与设立公益性创业基金,鼓励企业参股、投资内部创业项目。鼓励国有企业探索以子公司等形式设立创新创业平台,促进混合所有制改革与创新创业深度融合。(工业和信息化部、商务部、财政部、国资委等按职责分工负责)

(二十一)深入推进工业互联网创新发展。更好发挥市场力量,加快发展工业互联网,与智能制造、电子商务等有机结合、互促共进。实施工业互联网三年行动计划,强化财税政策导向作用,持续利用工业转型升级资金支持工业互联网发展。推进工业互联网平台建设,形成多层次、系统性工业互联网平台体系,引导企业上云上平台,加快发展工业软件,培育工业互联网应用创新生态。推动产学研用合作建设工业互联网创新中心,建立工业互联网产业示范基地,开展工业互联网创新应用示范。加强专业人才支撑,公布一批工业互联网相关二级学科,鼓励搭建工业互联网学科引智平台。(工业和信息化部、发展改革委、教育部、科技部、财政部、人力资源社会保障部等按职责分工负责)

(二十二)完善"互联网+"创新创业服务体系。推进"国家创新创业政策信息服务网"建设,及时发布创新创业先进经验和典型做法,进一步降低各类创新创业主体的政策信息获取门槛和时间成本。鼓励建设"互联网+"创新创业平台,积极利用互联网等信息技术支持创新创业活动,进一步降低创新创业主体与资本、技术对接的门槛。推动"互联网+公共服务",使更多优质资源惠及群众。(发展改革委、科技部、工业和信息化部等按职责分工负责)

(二十三)打造创新创业重点展示品牌。继续扎实开展各类创新创业赛事活动,办好全国大众创业万众创新活动周,拓展"创响中国"系列活动范围,充分发挥"互联网+"大学生创新创业大赛、中国创新创业大赛、"创客中国"创新创业大赛、"中国创翼"创业创新大赛、全国农村创业创新项目创意大赛、中央企业熠星创新创意大赛、"创青春"中国青年创新创业大赛、中国妇女创新创业大赛等品牌赛事活动作用。对各类赛事活动中涌现的优秀创新创业项目加强后续跟踪支持。(发展改革委、中国科协、教育部、科技部、工业和信息化部、人力资源社会保障部、农业农村部、国资委、共青团中央、全国妇联等按职责分工负责)

七、进一步完善创新创业金融服务

(二十四)引导金融机构有效服务创新创业融资需求。加快城市商业银行转型,回归服务小微企业等实体的本源,提高风险识别和定价能力,运用科技化等手段,为本地创新创业提供有针对性的金融产品和差异化服务。加快推进村镇银行本地化、民营化和专业化发展,支持民间资本参与农村中小金融机构充实资本、完善治理的改革,重点服务发展农村电商等新业态新模式。推进落实大中型商业银行设立普惠金融事业部,支持有条件的银行设立科技信贷专营事业部,提高服务创新创业企业的专业化水平。支持银行业金融机构积极稳妥开展并购贷款业务,提高对创业企业兼并重组的金融服务水平。(银保监会、人民银行等按职责分工负责)

(二十五)充分发挥创业投资支持创新创业作用。进一步健全适应创业投资行业特点的差异化监管体制,按照不溯及既往、确保总体税负不增的原则,抓紧完善进一步支持创业投资基金发展的税收政策,营造透明、可预期的政策环境。规范发展市场化运作、专业化管理的创业投资母基金。充分发挥国家新兴产业创业投资引导基金、国家中小企业发展基金等引导基金的作用,支持初创期、早中期创新型企业发展。加快发展天使投资,鼓励有条件的地方出台促进天使投资发展的政策措施,培育和壮大天使投资人群体。完善政府出资产业投资基金信用信息登记,开展政府出资产业投资基金绩效评价和公共信用综合评价。(发展改革委、证监会、税务总局、财政部、工业和信息化部、科技部、人民银行、银保监会等按职责分工负责)

(二十六)拓宽创新创业直接融资渠道。支持发展潜力好但尚未盈利的创新型企业上市或在新三板、区域性股权市场挂牌。推动科技型中小企业和创业投资企业发债融资,稳步扩大创新创业债试点规模,支持符合条件的企业发行"双创"专项债务融资工具。规范发展互联网股权融资,拓宽小微企业和创新创业者的融资渠道。推动完善公司法等法律法规和资本市场相关规则,允许科技企业实行"同股不同权"治理结构。(证监会、发展改革委、科技部、人民银行、财政部、司法部等按职责分工负责)

(二十七)完善创新创业差异化金融支持政策。依托国家融资担保基金,采取股权投资、再担保等方式推进地方有序开展融资担保业务,构建全国统一的担保行业体系。支持保险公司为科技型中小企业知识产权融资提供保证保险服务。完善定向降准、信贷政策支持再贷款等结构性货币政策工具,引导资金更多投向创新型企业和小微企业。研究开展科技成果转化贷款风险补偿试点。实施战略性新兴产业重点项目信息合作机制,为战略性新兴产业提供更具针对性和适应性的金融产品和服务。(财政部、银保监会、科技部、知识产权局、人民银行、工业和信息化部、发展改革委、证监会等按职责分工负责)

八、加快构筑创新创业发展高地

(二十八)打造具有全球影响力的科技创新策源地。进一步夯实北京、上海科技创新中心的创新基础,加快建设一批重大科技基础设施集群、世界一流学科集群。加快推进粤港澳大湾区国际科技创新中心建设,探索建立健全国际化的创新创业合作新机制。(有关地方人民政府牵头负责)

(二十九)培育创新创业集聚区。支持符合条件的经济技术开发区打造大中小企业融通型、科技资源支撑型等不同类型的创新创业特色载体。鼓励国家级新区探索通用航空、体育休闲、养老服务、安全等产业与城市融合发展的新机制和新模式。推进雄安新区创新发展,打造体制机制新高地和京津冀协同创新重要平台。推动承接产业转移示范区、高新技术开发区聚焦战略性新兴产业构建园区配套及服务体系,充分发挥创新创业集群效应。支持有条件的省市建设综合性国家产业创新中心,提升关键核心技术创新能力。依托中心城市和都市圈,探索打造跨区域协同创新平台。(财政部、工业和信息化部、科技部、发展改革委等和各地方人民政府按职责分工负责)

(三十)发挥"双创"示范基地引导示范作用。将全面创新改革试验的相关改革举措在"双创"示范基地推广,为示范基地内的项目或企业开通总体规划环评等绿色通道。充分发挥长三角示范基地联盟作用,推动建立京津冀、西部等区域示范基地联盟,促进各类基地融通发展。开展"双创"示范基地十强百佳工程,鼓励示范基地在科技成果转化、财政金融、人才培养等方面积极探索。(发展改革委、生态环境部、银保监会、科技部、财政部、工业和信息化部、人力资源社会保障部等和有关地方人民政府及大众创业万众创新示范基地按职责分工负责)

(三十一)推进创新创业国际合作。发挥中国—东盟信息港、中阿网上丝绸之路等国际化平台作用,支持与"一带一路"相关国家开展创新创业合作。推动建立政府间创新创业多双边合作机制。充分利用各类国际合作论坛等重要载体，推动创新创业领域民间务实合作。鼓励有条件的地方建立创新创业国际合作基金，促进务实国际合作项目有效落地。（发展改革委、科技部、工业和信息化部等和有关地方人民政府按职责分工负责）

九、切实打通政策落实"最后一公里"

（三十二）强化创新创业政策统筹。完善创新创业信息通报制度，加强沟通联动。发挥推进大众创业万众创新部际联席会议统筹作用，建立部门之间、部门与地方之间的高效协同机制。鼓励各地方先行先试，大胆探索并建立容错免责机制。促进科技、金融、财税、人才等支持创新创业政策措施有效衔接。建立健全"双创"发展统计指标体系，做好创新创业统计监测工作。（发展改革委、统计局等和各地方人民政府按职责分工负责）

（三十三）细化关键政策落实措施。开展"双创"示范基地年度评估，根据评估结果进行动态调整。定期梳理制约创新创业的痛点堵点问题，开展创新创业痛点堵点疏解行动，督促相关部门和地方限期解决。对知识产权保护、税收优惠、成果转移转化、科技金融、军民融合、人才引进等支持创新创业政策措施落实情况定期开展专项督查和评估。（发展改革委、中国科协等和各地方人民政府按职责分工负责）

（三十四）做好创新创业经验推广。建立定期发布创新创业政策信息的制度，做好政策宣讲和落实工作。支持各地积极举办经验交流会和现场观摩会等，加强先进经验和典型做法的推广应用。加强创新创业政策和经验宣传，营造良好舆论氛围。（各部门、各地方人民政府按职责分工负责）

各地区、各部门要充分认识推动创新创业高质量发展、打造"双创"升级版对于深入实施创新驱动发展战略的重要意义，把思想、认识和行动统一到党中央、国务院决策部署上来，认真落实本意见各项要求，细化政策措施，加强督查，及时总结，确保各项政策措施落到实处，进一步增强创业带动就业能力和科技创新能力，加快培育发展新动能，充分激发市场活力和社会创造力，推动我国经济高质量发展。

关于印发《对外投资备案（核准）报告暂行办法》的通知

商合发〔2018〕24号

国务院各部委、各直属机构，各省、自治区、直辖市、计划单列市及新疆生产建设兵团商务主管部门，中央企业：

根据中央深改组第三十五次会议精神和国务院关于规范企业海外经营行为的有关要求，为加强对外投资备案（核准）报告管理工作，建立健全部门间信息统一归集和共享机制，切实防范风险，促进对外投资健康有序发展，商务部、人民银行、国务院国资委、银监会、证监会、保监会、国家外汇局制定了《对外投资备案（核准）报告暂行办法》，现予以印发，请贯彻执行。

对外投资备案（核准）报告暂行办法

第一章 总 则

第一条 为进一步完善对外投资管理制度，有效防范风险，引导对外投资健康有序发展，推进"一带一路"建设顺利实施，依据有关规定和规范企业海外经营行为的相关要求，制定本《办法》。

第二条 本办法所称对外投资备案（核准），系指境内投资主体在境外设立（包括兼并、收购及其他方式）企业前，按规定向有关主管部门提交相关信息和材料；符合法定要求的，相关主管部门为其办理备案或核准。

前款所述境内投资主体是指开展对外投资活动的境内机构，另有规定的除外；前款所述企业为最终目的地企业，最终目的地指境内投资主体投资最终用于项目建设或持续生产经营的所在地。

第三条 境内投资主体在开展对外投资的过程中，按规定向相关主管部门报告其对外投资情况并提供相关信息；相关主管部门依据其报告的情况和信息制定对外投资政策，开展对外投资监督、管理和服务。

第四条 对外投资备案（核准）报告工作由各部门分工 协作，实行管理分级分类、信息统一归口、违规联合惩戒的管理模式。商务部牵头对外投资备案(核准)报告信息统一汇总。

商务、金融、国资等主管部门依各自职能依法开展境内投资主体对外投资备案(核准)报告等工作,按照"横向协作、纵向联动"的原则,形成监管合力。

第五条　境内投资主体是对外投资的市场主体、决策主体、执行主体和责任主体,按照"政府引导、企业主导、市场化运作"的原则开展对外投资,自主决策,自担风险,自负盈亏。

第二章　备案和核准

第六条　商务主管部门、金融管理部门依据各自职责负责境内投资主体对外投资的备案或核准管理。国务院国资委负责履行出资人职责的中央企业对外投资的监督和管理。

相关主管部门应根据各自职责按照"鼓励发展十负面清单"的模式建立健全相应的对外投资备案(核准)办法。

第七条　鼓励相关主管部门运用电子政务手段实行对外投资网上备案(核准)管理,提高办事效率,提供优质服务。

第八条　相关主管部门应根据境内投资主体提交的备案(核准)材料进行相关审查;符合要求的,应正式受理,并按有关规定办理。境内投资主体对外投资应提供的材料由相关主管部门规定。

第九条　国务院国资委履行出资人职责的中央企业的对外投资,属于《中央企业境外投资监督管理办法》(国资委令第35号)规定的"特别监管类"项目的,应按照国有资产监督管理要求履行相应手续。

第十条　人民银行、国务院国资委、银监会、证监会、保监会将每个月度办理的对外投资备案(核准)事项情况,于次月15个工作日内通报商务部汇总。商务部定期将汇总信息反馈给上述部门和机构。

第十一条　境内投资主体履行对外投资备案(核准)手续后,应根据外汇管理部门要求办理相关外汇登记。

第三章　报　告

第十二条　境内投资主体应按照"凡备案(核准)必报"的原则向为其办理备案(核准)手续的相关主管部门定期报送对外投资关键环节信息。

第十三条　境内投资主体报送的信息包括但不限于以下信息:根据《对外直接投资统计制度》规定应填报的月度、年度信息;对外投资并购前期事项;对外投资在建项目进展情况;对外投资存在主要问题以及遵守当地法律法规、保护资源环境、保障员工合法权益、履行社会责任、安全保护制度落实情况等。

境内投资主体报送信息的具体内容、途径、频率等由相关主管部门依据职责另行规定。

第十四条　人民银行、国务院国资委、银监会、证监会、保监会对负责的境内投资主体报送的对外投资信息,每半年后1个月内通报商务部统一汇总。商务部定期将汇总信息反馈给上述部门。

第十五条　商务部建立"境外企业和对外投资联络服务平台(以下简称平台),相关主管部门可通过平台将对外投资备案(核准)报告信息转商务部,实现信息数据共享,共同做好对外投资监管。

第十六条　境内投资主体对外投资出现重大不利事件或突发安全事件时,按"一事一报"原则及时向相关主管部门报送,相关主管部门将情况通报商务部。

第十七条　相关主管部门应按照本部门职责和分上,充分利用商务部汇总收集的信息,动态跟踪研判对外投资领域涉及国民经济运行、国家利益、行为规范、安全保护、汇率、外汇储备、跨境资本流动等问题和风险,按轻重缓急发出提示预警,引导企业加强风险管理、促进对外投资健康发展。

第四章　监　管

第十八条　相关主管部门应对所负责的对外投资进行监督管理,对以下对外投资情形进行重点督查:

(一)中方投资额等值3亿美元(含3亿美元)以上的对外投资;

(二)敏感国别(地区)、敏感行业的对外投资;

(三)出现重大经营亏损的对外投资;

(四)出现重大安全事故及群体性事件的对外投资;

(五)存在严重违规行为的对外投资;

(六)其他情形的重大对外投资。

第十九条　商务部牵头开展对外投资"双随机、一公开"抽查工作,定期进行对外投资备案(核准)报告的真实性、完整性、及时性的事中事后监管工作。相关主管部门应根据各自职责制定相应的"双随机、一公开"抽查工作实施细则并开展抽查工作。

第二十条　相关主管部门每半年将重点督查和随机抽查的情况通报商务部汇总。

第五章　事后举措

第二十一条　境内投资主体未按本《办法》规定履行备案（核准）手续和信息报告义务的，商务部会同相关主管部门视情采取提醒、约谈、通报等措施，必要时将其违规信息录入全国信用信息共享平台，对企业的行政处罚通过国家企业信息公示系统记于企业名下并向社会公示。

第二十二条　境内投资主体未按本《办法》规定履行备案（核准）手续和信息报告义务，情节严重的，相关主管部门根据各自职责，暂停为其办理对外投资备案（核准）手续，同时采取相应措施。

第二十三条　相关主管部门在开展监管工作过程中，如发现境内投资主体存在偷逃税款、骗取外汇等行为，应将有关问题线索转交税务、公安、工商、外汇管理等部门依法处理。

第六章　附则

第二十四条　中央管理的其他单位对外投资备案（核准）报告工作参照本《办法》执行。

第二十五条　本《办法》由发布部门共同负责解释。

第二十六条　本《办法》自发布之日起实施。

关于印发《企业境外经营合规管理指引》的通知

发改外资〔2018〕1916号

各省、自治区、直辖市及计划单列市、新疆生产建设兵团发展改革委、外事办公室、商务主管部门、人民银行分行、国资委、外汇局分局（外汇管理部）、工商联，有关企业：

合规是企业"走出去"行稳致远的前提，合规管理能力是企业国际竞争力的重要方面。为更好服务企业开展境外经营，推动企业持续提升合规管理水平，发展改革委、外交部、商务部、人民银行、国资委、外汇局、全国工商联共同制定了《企业境外经营合规管理指引》，现予以发布，供企业参考。有关方面可以结合实际，在此基础上制定更具体的合规管理指引。

企业境外经营合规管理指引

第一章　总　则

第一条　目的及依据

为更好服务企业开展境外经营业务，推动企业持续加强合规管理，根据国家有关法律法规和政策规定，参考GB/T 35770－2017《合规管理体系指南》及有关国际合规规则，制定本指引。

第二条　适用范围

本指引适用于开展对外贸易、境外投资、对外承包工程等"走出去"相关业务的中国境内企业及其境外子公司、分公司、代表机构等境外分支机构（以下简称"企业"）。

法律法规对企业合规管理另有专门规定的，从其规定。行业监管部门对企业境外经营合规管理另有专门规定的，有关行业企业应当遵守其规定。

第三条　基本概念

本指引所称合规，是指企业及其员工的经营管理行为符合有关法律法规、国际条约、监管规定、行业准则、商业惯例、道德规范和企业依法制定的章程及规章制度等要求。

第四条　合规管理框架

企业应以倡导合规经营价值观为导向，明确合规管理工作内容，健全合规管理架构，制定合规管理制度，完善合规运行机制，加强合规风险识别、评估与处置，开展合规评审与改进，培育合规文化，形成重视合规经营的企业氛围。

第五条　合规管理原则

（一）独立性原则。企业合规管理应从制度设计、机构设置、岗位安排以及汇报路径等方面保证独立性。合规管理机构及人员承担的其他职责不应与合规职责产生利益冲突。

（二）适用性原则。企业合规管理应从经营范围、组织结构和业务规模等实际出发，兼顾成本与效率，强化合规管理制度的可操作性，提高合规管理的有效性。同时,企业应随着内外部环境的变化持续调整和改进合规管理体系。

(三)全面性原则。企业合规管理应覆盖所有境外业务领域、部门和员工,贯穿决策、执行、监督、反馈等各个环节,体现于决策机制、内部控制、业务流程等各个方面。

第二章 合规管理要求

第六条 对外贸易中的合规要求

企业开展对外货物和服务贸易,应确保经营活动全流程、全方位合规,全面掌握关于贸易管制、质量安全与技术标准、知识产权保护等方面的具体要求,关注业务所涉国家(地区)开展的贸易救济调查,包括反倾销、反补贴、保障措施调查等。

第七条 境外投资中的合规要求

企业开展境外投资,应确保经营活动全流程、全方位合规,全面掌握关于市场准入、贸易管制、国家安全审查、行业监管、外汇管理、反垄断、反洗钱、反恐怖融资等方面的具体要求。

第八条 对外承包工程中的合规要求

企业开展对外承包工程,应确保经营活动全流程、全方位合规,全面掌握关于投标管理、合同管理、项目履约、劳工权利保护、环境保护、连带风险管理、债务管理、捐赠与赞助、反腐败、反贿赂等方面的具体要求。

第九条 境外日常经营中的合规要求

企业开展境外日常经营,应确保经营活动全流程、全方位合规,全面掌握关于劳工权利保护、环境保护、数据和隐私保护、知识产权保护、反腐败、反贿赂、反垄断、反洗钱、反恐怖融资、贸易管制、财务税收等方面的具体要求。

第三章 合规管理架构

第十条 合规治理结构

企业可结合发展需要建立权责清晰的合规治理结构,在决策、管理、执行三个层级上划分相应的合规管理责任。

(一)企业的决策层应以保证企业合规经营为目的,通过原则性顶层设计,解决合规管理工作中的权力配置问题。

(二)企业的高级管理层应分配充足的资源建立、制定、实施、评价、维护和改进合规管理体系。

(三)企业的各执行部门及境外分支机构应及时识别归口管理领域的合规要求,改进合规管理措施,执行合规管理制度和程序,收集合规风险信息,落实相关工作要求。

第十一条 合规管理机构

企业可根据业务性质、地域范围、监管要求等设置相应的合规管理机构。合规管理机构一般由合规委员会、合规负责人和合规管理部门组成。尚不具备条件设立专门合规管理机构的企业,可由相关部门(如法律事务部门、风险防控部门等)履行合规管理职责,同时明确合规负责人。

(一)合规委员会

企业可结合实际设立合规委员会,作为企业合规管理体系的最高负责机构。合规委员会一般应履行以下合规职责:

1. 确认合规管理战略,明确合规管理目标。

2. 建立和完善企业合规管理体系,审批合规管理制度、程序和重大合规风险管理方案。

3. 听取合规管理工作汇报,指导、监督、评价合规管理工作。

(二)合规负责人

企业可结合实际任命专职的首席合规官,也可由法律事务负责人或风险防控负责人等担任合规负责人。首席合规官或合规负责人是企业合规管理工作具体实施的负责人和日常监督者,不应分管与合规管理相冲突的部门。首席合规官或合规负责人一般应履行以下合规职责:

1. 贯彻执行企业决策层对合规管理工作的各项要求,全面负责企业的合规管理工作。

2. 协调合规管理与企业各项业务之间的关系,监督合规管理执行情况,及时解决合规管理中出现的重大问题。

3. 领导合规管理部门,加强合规管理队伍建设,做好人员选聘培养,监督合规管理部门认真有效地开展工作。

(三)合规管理部门

企业可结合实际设置专职的合规管理部门,或者由具有合规管理职能的相关部门承担合规管理职责。合规管理部门一般应履行以下合规职责:

1. 持续关注我国及业务所涉国家（地区）法律法规、监管要求和国际规则的最新发展，及时提供合规建议。

2. 制定企业的合规管理制度和年度合规管理计划，并推动其贯彻落实。

3. 审查评价企业规章制度和业务流程的合规性，组织、协调和监督各业务部门对规章制度和业务流程进行梳理和修订。

4. 组织或协助业务部门、人事部门开展合规培训，并向员工提供合规咨询。

5. 积极主动识别和评估与企业境外经营相关的合规风险，并监管与供应商、代理商、分销商、咨询顾问和承包商等第三方（以下简称"第三方"）相关的合规风险。为新产品和新业务的开发提供必要的合规性审查和测试，识别和评估新业务的拓展、新客户关系的建立以及客户关系发生重大变化等所产生的合规风险，并制定应对措施。

6. 实施充分且具有代表性的合规风险评估和测试，查找规章制度和业务流程存在的缺陷，并进行相应的调查。对已发生的合规风险或合规测试发现的合规缺陷，应提出整改意见并监督有关部门进行整改。

7. 针对合规举报信息制定调查方案并开展调查。

8. 推动将合规责任纳入岗位职责和员工绩效管理流程。建立合规绩效指标，监控和衡量合规绩效，识别改进需求。

9. 建立合规报告和记录的台账，制定合规资料管理流程。

10. 建立并保持与境内外监管机构日常的工作联系，跟踪和评估监管意见和监管要求的落实情况。

第十二条 合规管理协调

（一）合规管理部门与业务部门分工协作

合规管理需要合规管理部门和业务部门密切配合。境外经营相关业务部门应主动进行日常合规管理工作，识别业务范围内的合规要求，制定并落实业务管理制度和风险防范措施，组织或配合合规管理部门进行合规审查和风险评估，组织或监督违规调查及整改工作。

（二）合规管理部门与其他监督部门分工协作

合规管理部门与其他具有合规管理职能的监督部门（如审计部门、监察部门等）应建立明确的合作和信息交流机制，加强协调配合，形成管理合力。企业应根据风险防控需要以及各监督部门的职责分工划分合规管理职责，确保各业务系统合规运营。

（三）企业与外部监管机构沟通协调

企业应积极与境内外监管机构建立沟通渠道，了解监管机构期望的合规流程，制定符合监管机构要求的合规制度，降低在报告义务和行政处罚等方面的风险。

（四）企业与第三方沟通协调

企业与第三方合作时，应做好相关的国别风险研究和项目尽职调查，深入了解第三方合规管理情况。企业应当向重要的第三方传达自身的合规要求和对对方的合规要求，并在商务合同中明确约定。

第四章 合规管理制度

第十三条 合规行为准则

合规行为准则是最重要、最基本的合规制度，是其他合规制度的基础和依据，适用于所有境外经营相关部门和员工，以及代表企业从事境外经营活动的第三方。合规行为准则应规定境外经营活动中必须遵守的基本原则和标准，包括但不限于企业核心价值观、合规目标、合规的内涵、行为准则的适用范围和地位、企业及员工适用的合规行事标准、违规的应对方式和后果等。

第十四条 合规管理办法

企业应在合规行为准则的基础上，针对特定主题或特定风险领域制定具体的合规管理办法，包括但不限于礼品及招待、赞助及捐赠、利益冲突管理、举报管理和内部调查、人力资源管理、税务管理、商业伙伴合规管理等内容。

企业还应针对特定行业或地区的合规要求，结合企业自身的特点和发展需要，制定相应的合规风险管理办法。例如金融业及有关行业的反洗钱及反恐怖融资政策，银行、通信、医疗等行业的数据和隐私保护政策等。

第十五条 合规操作流程

企业可结合境外经营实际，就合规行为准则和管理办法制定相应的合规操作流程，进一步细化标准和要求。也可将具体的标准和要求融入到现有的业务流程当中,便于员工理解和落实,确保各项经营行为合规。

第五章 合规管理运行机制

第十六条 合规培训

企业应将合规培训纳入员工培训计划,培训内容需随企业内外部环境变化进行动态调整。境外经营相关部门和境外分支机构的所有员工,均应接受合规培训,了解并掌握企业的合规管理制度和风险防控要求。决策层和高级管理层应带头接受合规培训,高风险领域、关键岗位员工应接受有针对性的专题合规培训。合规培训应做好记录留存。

第十七条 合规汇报

合规负责人和合规管理部门应享有通畅的合规汇报渠道。

合规管理部门应当定期向决策层和高级管理层汇报合规管理情况。汇报内容一般包括但不限于合规风险评估情况,合规培训的组织情况和效果评估,发现的违规行为以及处理情况,违规行为可能给组织带来的合规风险,已识别的合规漏洞或缺陷,建议采取的纠正措施,合规管理工作的整体评价和分析等。

如发生性质严重或可能给企业带来重大合规风险的违规行为,合规负责人或合规管理部门应当及时向决策层和高级管理层汇报,提出风险警示,并采取纠正措施。

第十八条 合规考核

合规考核应全面覆盖企业的各项管理工作。合规考核结果应作为企业绩效考核的重要依据,与评优评先、职务任免、职务晋升以及薪酬待遇等挂钩。

境外经营相关部门和境外分支机构可以制定单独的合规绩效考核机制,也可将合规考核标准融入到总体的绩效管理体系中。考核内容包括但不限于按时参加合规培训,严格执行合规管理制度,积极支持和配合合规管理机构工作,及时汇报合规风险等。

第十九条 合规咨询与审核

境外经营相关部门和境外分支机构及其员工在履职过程中遇到合规风险事项,应及时主动寻求合规咨询或审核支持。

企业应针对高合规风险领域规定强制合规咨询范围。在涉及重点领域或重要业务环节时,业务部门应主动咨询合规管理部门意见。

合规管理部门应在合理时间内答复或启动合规审核流程。

对于复杂或专业性强且存在重大合规风险的事项,合规管理部门应按照制度规定听取法律顾问、公司律师意见,或委托专业机构召开论证会后再形成审核意见。

第二十条 合规信息举报与调查

企业应根据自身特点和实际情况建立和完善合规信息举报体系。员工、客户和第三方均有权进行举报和投诉,企业应充分保护举报人。

合规管理部门或其他受理举报的监督部门应针对举报信息制定调查方案并开展调查。形成调查结论以后,企业应按照相关管理制度对违规行为进行处理。

第二十一条 合规问责

企业应建立全面有效的合规问责制度,明晰合规责任范围,细化违规惩处标准,严格认定和追究违规行为责任。

第六章 合规风险识别、评估与处置

第二十二条 合规风险

合规风险,是指企业或其员工因违规行为遭受法律制裁、监管处罚、重大财产损失或声誉损失以及其他负面影响的可能性。

第二十三条 合规风险识别

企业应当建立必要的制度和流程,识别新的和变更的合规要求。企业可围绕关键岗位或者核心业务流程,通过合规咨询、审核、考核和违规查处等内部途径识别合规风险,也可通过外部法律顾问咨询、持续跟踪监管机构有关信息、参加行业组织研讨等方式获悉外部监管要求的变化,识别合规风险。

企业境外分支机构可通过聘请法律顾问、梳理行业合规案例等方式动态了解掌握业务所涉国家(地区)政治经济和法律环境的变化,及时采取应对措施,有效识别各类合规风险。

第二十四条 合规风险评估

企业可通过分析违规或可能造成违规的原因、来源、发生的可能性、后果的严重性等进行合规风险评估。

企业可根据企业的规模、目标、市场环境及风险

状况确定合规风险评估的标准和合规风险管理的优先级。

企业进行合规风险评估后应形成评估报告,供决策层、高级管理层和业务部门等使用。评估报告内容包括风险评估实施概况、合规风险基本评价、原因机制、可能的损失、处置建议、应对措施等。

第二十五条 合规风险处置

企业应建立健全合规风险应对机制,对识别评估的各类合规风险采取恰当的控制和处置措施。发生重大合规风险时,企业合规管理机构和其他相关部门应协同配合,依法及时采取补救措施,最大程度降低损失。必要时,应及时报告有关监管机构。

第七章 合规评审与改进

第二十六条 合规审计

企业合规管理职能应与内部审计职能分离。企业审计部门应对企业合规管理的执行情况、合规管理体系的适当性和有效性等进行独立审计。审计部门应将合规审计结果告知合规管理部门,合规管理部门也可根据合规风险的识别和评估情况向审计部门提出开展审计工作的建议。

第二十七条 合规管理体系评价

企业应定期对合规管理体系进行系统全面的评价,发现和纠正合规管理贯彻执行中存在的问题,促进合规体系的不断完善。合规管理体系评价可由企业合规管理相关部门组织开展或委托外部专业机构开展。

企业在开展效果评价时,应考虑企业面临的合规要求变化情况,不断调整合规管理目标,更新合规风险管理措施,以满足内外部合规管理要求。

第二十八条 持续改进

企业应根据合规审计和体系评价情况,进入合规风险再识别和合规制度再制定的持续改进阶段,保障合规管理体系全环节的稳健运行。

企业应积极配合监管机构的监督检查,并根据监管要求及时改进合规管理体系,提高合规管理水平。

第八章 合规文化建设

第二十九条 合规文化培育

企业应将合规文化作为企业文化建设的重要内容。企业决策层和高级管理层应确立企业合规理念,注重身体力行。企业应践行依法合规、诚信经营的价值观,不断增强员工的合规意识和行为自觉,营造依规办事、按章操作的文化氛围。

第三十条 合规文化推广

企业应将合规作为企业经营理念和社会责任的重要内容,并将合规文化传递至利益相关方。企业应树立积极正面的合规形象,促进行业合规文化发展,营造和谐健康的境外经营环境。

关于扩大国有科技型企业股权和分红激励暂行办法实施范围等有关事项的通知

财资〔2018〕54号

党中央有关部门,国务院各部委、各直属机构,各省、自治区、直辖市、计划单列市财政厅(局)、科技厅(委、局)、国资委,新疆生产建设兵团财政局、科技局、国资委,各中央管理企业:

为加快实施创新驱动发展战略,推动国有科技型企业建立健全激励分配机制,进一步增强技术和管理人员的获得感,经国务院同意,现就扩大《国有科技型企业股权和分红激励暂行办法》实施范围等有关事项通知如下:

一、将国有科技型中小企业、国有控股上市公司所出资的各级未上市科技子企业、转制院所企业投资的科技企业纳入激励实施范围。

上述企业纳入实施范围后,《财政部 科技部 国资委关于印发〈国有科技型企业股权和分红激励暂行办法〉的通知》(财资〔2016〕4号,以下简称《激励办法》)第二条相应调整为:本办法所称国有科技型企业,是指中国境内具有公司法人资格的国有及国有控股未上市科技企业(含全国中小企业股份转让系统挂牌的国有企业、国有控股上市公司所出资的各级未上市科技子企业),具体包括:

(一)国家认定的高新技术企业。

(二)转制院所企业及所投资的科技企业。

(三)高等院校和科研院所投资的科技企业。

(四)纳入科技部"全国科技型中小企业信息库"的企业。

(五)国家和省级认定的科技服务机构。

二、对于国家认定的高新技术企业不再设定研发费用和研发人员指标条件。将《激励办法》第六条第(二)款调整为"(二)对于本办法第二条中的(二)、(三)、(四)类企业,近3年研发费用占当年企业营业收入均在3%以上,激励方案制定的上一年度企业研发人员占职工总数10%以上。成立不满3年的企业,以实际经营年限计算"。将《激励办法》第六条第(三)款调整为"(三)对于本办法第二条中的(五)类企业,近3年科技服务性收入不低于当年企业营业收入的60%"。

三、本通知自印发之日起执行。

2018年度和2016—2018年任期中央企业负责人经营业绩考核A级企业名单

一、2018年度A级企业

1. 中国移动通信集团有限公司
2. 中国建筑集团有限公司
3. 中国电子科技集团有限公司
4. 中国海洋石油集团有限公司
5. 中国保利集团有限公司
6. 中国航天科技集团有限公司
7. 华润(集团)有限公司
8. 中国第一汽车集团有限公司
9. 国家电网有限公司
10. 中国航天科工集团有限公司
11. 中国石油天然气集团有限公司
12. 国家能源投资集团有限责任公司
13. 中国航空工业集团有限公司
14. 中国长江三峡集团有限公司
15. 中国交通建设集团有限公司
16. 中国电信集团有限公司
17. 招商局集团有限公司
18. 中国广核集团有限公司
19. 中国铁路工程集团有限公司
20. 中国铁道建筑集团有限公司
21. 中国兵器工业集团有限公司
22. 国家开发投资集团有限公司
23. 华侨城集团有限公司
24. 中国医药集团有限公司
25. 武汉邮电科学研究院
26. 中国宝武钢铁集团有限公司
27. 中国能源建设集团有限公司
28. 中国联合网络通信集团有限公司
29. 中国中化集团有限公司
30. 中国南方电网有限责任公司
31. 中国核工业集团有限公司
32. 中国建材集团有限公司
33. 中国石油化工集团有限公司
34. 中国远洋海运集团有限公司
35. 中国船舶集团有限公司
36. 中国华电集团有限公司
37. 中国通用技术(集团)控股有限责任公司
38. 中国大唐集团有限公司
39. 中国航空油料集团有限公司
40. 中国航空集团有限公司
41. 中国南方航空集团有限公司
42. 中粮集团有限公司
43. 中国华能集团有限公司
44. 中国东方航空集团有限公司
45. 中国中车集团有限公司
46. 中国铁路通信信号集团有限公司
47. 中国五矿集团有限公司
48. 国家电力投资集团有限公司

二、2016—2018年任期A级企业

1. 招商局集团有限公司
2. 中国移动通信集团有限公司
3. 中国电子科技集团有限公司
4. 国家电网有限公司
5. 中国航天科技集团有限公司
6. 中国航天科工集团有限公司

7. 中国长江三峡集团有限公司
8. 华润(集团)有限公司
9. 中国核工业集团有限公司
10. 中国南方电网有限责任公司
11. 中国海洋石油集团有限公司
12. 中国广核集团有限公司
13. 中国石油化工集团有限公司
14. 国家能源投资集团有限责任公司
15. 中国石油天然气集团有限公司
16. 中国医药集团有限公司
17. 中国兵器工业集团有限公司
18. 中国保利集团有限公司
19. 国家开发投资集团有限公司
20. 中国航空工业集团有限公司
21. 中国铁路工程集团有限公司
22. 中国铁道建筑集团有限公司
23. 中国华电集团有限公司
24. 中国电信集团有限公司
25. 中国航空集团有限公司
26. 中国宝武钢铁集团有限公司
27. 中国大唐集团有限公司
28. 国家电力投资集团有限公司
29. 中国建材集团有限公司
30. 中粮集团有限公司
31. 中国航空油料集团有限公司
32. 中国南方航空集团有限公司
33. 中国华能集团有限公司
34. 中国第一汽车集团有限公司
35. 中国建筑集团有限公司
36. 中国交通建设集团有限公司
37. 东风汽车集团有限公司
38. 中国远洋海运集团有限公司
39. 中国铁路通信信号集团有限公司
40. 武汉邮电科学研究院
41. 中国五矿集团有限公司
42. 中国电子信息产业集团有限公司
43. 中国中化集团有限公司
44. 华侨城集团有限公司
45. 中国中车集团有限公司
46. 中国东方航空集团有限公司

2018年《财富》世界500强中国企业上榜情况

排名	上年排名	公司名称	营业收入(百万美元)	总部所在城市
2	3	中国石油化工集团公司	414649.9	北京
4	4	中国石油天然气集团公司	392976.6	北京
5	2	国家电网公司	387056.0	北京
21	23	中国建筑集团有限公司	181524.5	北京
23	24	鸿海精密工业股份有限公司	175617.0	中国台北
26	26	中国工商银行	168979.0	北京
29	29	中国平安保险(集团)股份有限公司	163597.4	深圳
31	31	中国建设银行	151110.8	北京
36	40	中国农业银行	139523.6	北京
39	36	上海汽车集团股份有限公司	136392.5	上海
44	46	中国银行	127714.1	北京

续表

排名	上年排名	公司名称	营业收入（百万美元）	总部所在城市
51	42	中国人寿保险(集团)公司	116171.5	北京
55	56	中国铁路工程集团有限公司	112132.7	北京
56	53	中国移动通信集团公司	112096.0	北京
59	58	中国铁道建筑总公司	110455.9	北京
61	72	华为投资控股有限公司	109030.4	深圳
63	87	中国海洋石油总公司	108130.4	北京
67	—	国家开发银行	103072.9	北京
80	86	中国华润有限公司	91986.0	中国香港
82	65	东风汽车公司	90934.2	武汉
87	125	中国第一汽车集团公司	89804.7	长春
88	98	中国中化集团公司	89358.1	北京
93	91	中国交通建设集团有限公司	88140.9	北京
97	96	太平洋建设集团	86622.6	乌鲁木齐
101	113	中国邮政集团公司	85627.9	北京
107	101	国家能源投资集团	81977.7	北京
111	110	中国南方电网有限责任公司	80963.6	广州
112	109	中国五矿集团有限公司	80076.4	北京
119	111	正威国际集团	76363.1	深圳
121	117	中国人民保险集团股份有限公司	75377.3	北京
129	124	北京汽车集团	72677.4	北京
134	122	中粮集团有限公司	71223.3	北京
137	149	中国中信集团有限公司	70659.0	北京
138	230	中国恒大集团	70478.9	深圳
139	181	京东集团	69847.6	北京
140	140	中国兵器工业集团公司	68777.7	北京
141	141	中国电信集团公司	68709.5	北京
144	167	中国化工集团公司	67397.5	北京
149	162	中国宝武钢铁集团	66310.0	上海
150	168	交通银行	65644.8	上海
151	161	中国航空工业集团公司	65534.4	北京
161	182	中国电力建设集团有限公司	61224.0	北京
169	194	中国医药集团	59980.2	北京

排名	上年排名	公司名称	营业收入（百万美元）	总部所在城市
177	353	碧桂园控股有限公司	57308.7	佛山
181	235	恒力集团	56198.6	苏州
182	300	阿里巴巴集团	56147.2	杭州
188	213	招商银行	55063.5	深圳
189	202	广州汽车工业集团	55037.2	广州
199	220	中国太平洋保险（集团）公司	53572.1	上海
202	252	绿地控股集团有限公司	52720.9	上海
203	243	中国建材集团	52610.6	北京
211	234	山东能源集团有限公司	51245.6	济南
212	240	联想集团	51037.9	中国香港
213	237	兴业银行	50991.4	福州
214	239	河钢集团	50920.6	石家庄
216	227	上海浦东发展银行	50545.7	上海
220	267	浙江吉利控股集团	49665.4	杭州
232	251	中国民生银行	47981.3	北京
237	331	腾讯控股有限公司	47272.7	深圳
242	312	中国保利集团	46207.1	北京
243	245	中国船舶重工集团公司	46114.4	北京
244	280	招商局集团	45925.7	中国香港
249	270	物产中大集团	45435.0	杭州
250	256	中国机械工业集团有限公司	45424.0	北京
251	222	中国铝业公司	45383.8	北京
254	332	万科企业股份有限公司	44912.6	深圳
259	285	和硕	44453.3	中国台北
262	273	中国联合网络通信股份有限公司	43974.4	北京
263	288	陕西延长石油（集团）公司	43858.1	西安
273	185	山东魏桥创业集团	43008.4	滨州
277	362	厦门建发集团有限公司	42726.3	厦门
279	335	中国远洋海运集团有限公司	42607.7	上海
280	283	怡和集团	42527.0	中国香港
281	294	陕西煤业化工集团	42418.8	西安
283	371	中国航空油料集团公司	42370.9	北京

续表

排名	上年排名	公司名称	营业收入（百万美元）	总部所在城市
286	289	中国华能集团公司	42280.9	北京
289	322	中国光大集团	41879.7	北京
291	360	厦门国贸控股集团有限公司	41437.5	厦门
301	361	雪松控股集团	40640.8	广州
312	323	美的集团股份有限公司	39581.6	佛山
318	399	兖矿集团	38887.3	邹城
322	346	中国航天科工集团公司	37869.8	北京
323	343	中国航天科技集团公司	37727.6	北京
333	427	苏宁易购集团	37032.2	南京
338	375	象屿集团	36503.7	厦门
340	364	江苏沙钢集团	36440.9	张家港
347	359	冀中能源集团	35721.3	邢台
352	374	长江和记实业有限公司	35361.2	中国香港
358	370	江西铜业集团公司	34870.0	贵溪
359	—	中国中车集团	34673.0	北京
361	—	青山控股集团	34242.2	温州
362	395	国家电力投资集团公司	34229.2	北京
363	368	台积公司	34218.2	中国新竹
364	333	中国能源建设集团	34176.5	北京
365	354	广达电脑公司	34102.6	中国桃园
367	242	中国兵器装备集团公司	33895.8	北京
368	464	阳光龙净集团有限公司	33394.8	福州
369	—	金川集团	33391.6	金昌
370	388	中国电子科技集团公司	33323.8	北京
375	369	中国电子信息产业集团有限公司	33055.7	北京
385	428	鞍钢集团公司	32619.4	鞍山
386	397	中国华电集团公司	32421.4	北京
388	295	友邦保险集团	32369.0	中国香港
390	404	仁宝电脑	32102.8	中国台北
394	436	台湾中油股份有限公司	31928.9	中国高雄
402	431	首钢集团	31103.8	北京
414	—	珠海格力电器股份有限公司	30239.4	珠海
424	432	纬创集团	29509.5	中国台北
438	468	中国大唐集团公司	28654.9	北京
439	456	新疆广汇实业投资（集团）有限责任公司	28564.0	乌鲁木齐

续表

排名	上年排名	公司名称	营业收入（百万美元）	总部所在城市
441	—	安徽海螺集团	28499.0	芜湖
442	—	华夏保险	28492.8	北京
448	499	海尔智家股份有限公司	27713.6	青岛
451	465	中国太平保险集团有限责任公司	27485.8	中国香港
455	410	国泰人寿保险股份有限公司	27183.4	中国台北
461	—	铜陵有色金属集团	26846.7	铜陵
462	495	潞安集团	26840.5	长治
464	497	大同煤矿集团有限责任公司	26697.6	大同
465	—	山西焦煤集团有限责任公司	26692.8	太原
468	—	小米集团	26443.5	北京
469	494	山西阳泉煤业（集团）有限责任公司	26290.1	阳泉
471	479	富邦金融控股股份有限公司	26276.5	中国台北
473	—	海亮集团有限公司	26251.0	杭州
475	381	新兴际华集团	26207.9	北京
482	481	山西晋城无烟煤矿业集团	25844.7	晋城
484	496	河南能源化工集团	25781.9	郑州
485	—	中国通用技术（集团）控股有限责任公司	25779.1	北京
492	—	台塑石化股份有限公司	25462.8	中国麦寮
498	489	泰康保险集团	24931.7	北京

注：本排名2019年7月22日发布于《财富》杂志。

2019
CHINA'S STATE-OWNED
ASSETS SUPERVISION AND
ADMINISTRATION YEARBOOK

中国国有资产监督管理年鉴

索引

索 引

使用说明

1. 本索引采用内容分析索引法编制。除大事记外,年鉴中有实质检索意义的内容均予以标引,以便检索使用。
2. 本索引基本上按汉语拼音音序排列。具体排列方法如下:以数字开头的,排在最前面;汉字标目则按首字的音序、音调依次排列,首字相同时则以第二个字排序,并依此类推。
3. 索引标目后的数字,表示检索内容所在的年鉴正文页码;数字后面的字母 a、b,表示年鉴正文中的栏别,合在一起即指该页码及左、右两个版面区域。年鉴中用图表反映的内容,则在索引标目后面用括号注明(图)(表)字,以区别于文字标目。
4. 为反映索引款目间的隶属关系,对于二级标目,采取在上一级标目下缩二格的形式编排,之下再按汉语拼音音序、音调排列。

0～9(数字)

500强中国企业上榜情况(表)　752
2008—2018年国资系统监管企业(图)30、31
　　利润构成及变化(图)　31
　　营业收入变化(图)　30
2016—2018年任期A级企业　751b
2017年度财务决算审核清算　28a
2017年度中央企业职工技能竞赛优秀选手表彰　50b
2018年《财富》世界500强中国企业上榜情况(表)　752
2018年财务预算审核　27b
2018年度A级企业　751a
2018年度财务决算布置　28b
2018年度和2016—2018年任期中央企业负责人经营业绩考核A级企业名单　751a
2018年国务院国有资产监督管理委员会大事记　725a
2018年国有工业企业(表)　619、620
　　户数、从业人数、国有资产总量地区分析(表)　619
　　企业资产负债地区分析(表)　620
2018年国有商业企业(表)　622、623
　　户数、从业人数、国有资产总量地区分析(表)　622
　　企业资产负债地区分析(表)　623
2018年全国国有企业户数、从业人数、国有资产总量(表)　611～613
　　地区分析(表)　613
　　行业分析(表)　612

　　综合分析(表)　611
2018年全国国有企业资产负债(表)615～617
　　地区分析(表)　617
　　行业分析(表)　616
　　综合分析(表)　615
2018年政务公开工作要点　713a

A

A级企业　42a、751a、751b
安徽省国有企业主要指标(表)　644
安徽省国有资产监督管理工作　158b
　　并购重组　163a
　　创新发展　159a
　　党的建设 161a、164b
　　党风廉政建设　165a
　　党建工作责任体系　165b
　　法人治理结构　163a
　　管党治党　161a
　　国有企业地区和行业国有资本保值增值情况(表)　162b
　　国有企业户数情况(表)　161b
　　国有企业指标(表)　161b
　　国有资本保值增值综合分析评价　162b
　　国有资产按地区分布情况(表)　161b
　　国有资产按行业分布情况(表)　162a
　　国有资产按经营规模分布情况(表)　162b

国有资产监督管理工作综述　158b
　　国有资产总量与结构分析　161b
　　监管效能　160a
　　结构优化　159a
　　经济效益　158b
　　经营业绩考核体系　163a
　　廉政建设　164b
　　企业负责人考核　163b
　　企业改革发展　163a
　　企业领导人员综合考核　164a
　　思想建设　164b
　　提质增效　158b
　　选人用人机制改革　163b
　　政治建设　164b
　　政治责任　165b
　　重点改革　159b
　　转变职能　160a
　　组织建设　165b
　　作风和纪律建设　165a
鞍钢集团有限公司　414a
　　党建工作　415b
　　改革发展　414b
　　基本概况　414a
　　节能环保　415b
　　企业管理　415b
　　职工生活　416a
　　重大创新　415a
　　主要指标　414a

B

保值增值任务　31a
北京矿冶科技集团有限公司　506b
　　党建工作　508a
　　改革发展　507a
　　基本概况　506b
　　经济指标(表)　507a
　　履行社会责任　508b
　　信息化建设　508b
　　重大创新　508a
　　重大项目　507b

　　主要指标　506b
　　走向海外　507b
北京市国有企业主要指标(表)　625
北京市国有资产监督管理工作　73a
　　并购重组　78a
　　党的建设　79b
　　党对国有企业领导　79b
　　党风廉政建设　80a
　　党建工作质量　79b
　　董事会建设规范　78a
　　对标管理　78b
　　法人治理结构情况　78a
　　反腐败工作　80a
　　供给侧结构性改革　77a
　　公司制改革　78a
　　国有经济布局结构优化　73b
　　国有经济发展质量　73a
　　国有企业党的建设质量　74a
　　国有企业地区和行业国有资本保值增值情况(表)　76b
　　国有企业改革取得新的进展　77a
　　国有企业功能作用　74a
　　国有企业户数情况(表)　75b
　　国有企业指标(表)　75a
　　国有资本保值增值综合分析评价　76b
　　国有资产按地区分布情况(表)　75b
　　国有资产按行业分布情况(表)　76a
　　国有资产按经营规模分布情况(表)　76a
　　国有资产监督管理工作综述　73a
　　国有资产总量与结构分析　75a
　　国资国企改革　74a、77a
　　国资监管体系完善　78b
　　激励约束　79a
　　监督职责　80a
　　经营业绩考核　78b
　　廉政建设　79b
　　企业负责人考核　79a
　　企业领导人员管理　79a
　　企业调整重组　78a
　　人才成长环境和氛围　79b
　　收入分配改革　79a
　　选人用人机制改革　79a

职业经理人试点工作　79a
　　质量效益　79a
　　重点工作督导　79a
　　重点任务实施　77b
标本兼治　69a、69b
表率作用　16a
博士服务团成员选派和考核工作　50b
补充一批　47a
不发生重大风险底线筑牢　20a
布局结构优化　32b

C

《财富》世界500强中国企业上榜情况（表）　752
财务公司管理　29a
财务决算　27b～28b
　　布置　28b
　　功能作用　28a
　　管理功能　28b
　　审核清算　28a
财务预算审核　27b
差异化考核　42b
产权登记质量　26a
产权市场服务国企改革发展能力　26b
产融结合　43b
产业布局　43b
常态化、长效化监督制度　22b
厂办大集体改革　37b、39a
厂务公开民主管理　58b
惩治腐败高压态势　66a
重庆市国有企业主要指标（表）　664
重庆市国有资产监督管理工作　246a
　　并购重组　252b
　　创新发展　251b
　　党的建设　255a
　　法人治理结构　252b
　　改革发展　251a
　　供给侧结构性改革　251a
　　公司董事会运行　252b
　　公司监事会建设　253a
　　国企混合所有制改革　251b

　　国有企业地区国有资本保值增值情况（表）　250a
　　国有企业行业国有资本保值增值情况（表）　250b
　　国有企业户数情况（表）　248a
　　国有企业基本情况　247b
　　国有企业指标（表）　248a
　　国有资本保值增值综合分析评价　249b
　　国有资产按产业结构分布情况（表）　249b
　　国有资产按地区分布情况（表）　248b
　　国有资产按行业分布情况（表）　249a
　　国有资产分布情况　248b
　　国有资产监督管理工作综述　246a
　　国有资产总量与结构分析　247b
　　国资监管效能　252a
　　经营业绩考核体系　253a
　　廉政建设　256a
　　企业负责人考核　254a
　　企业领导人员管理制度机制建设　254b
　　企业领导人员监督管理　254b
　　企业市场化改革重组　251a
　　人才培训培养　255a
　　现代企业制度　252a
　　选人用人机制改革　254a
　　选人用人正确导向　254a
　　制度建设和工作指导　253a
重组整合　15b、33a
出资人管理手段优化资本布局结构　24a
出资人评价　35b
处僵治困主体任务　27a
创新成果　15a、32b
创新创业高质量发展打造双创升级版的意见　739a
创新发展　9a、15a、32b
创新理论武装　47b
创新驱动引领发展　9a
创新要素合力　11a
从严治党　6b

D

打造双创升级版的意见　739a
大飞机研制　45a
大连市国有企业主要指标（表）　634

大连市国有资产监督管理工作　115a
　　从严治党　118b
　　党的建设　118b
　　法人治理结构　118a
　　风险防控　116b
　　国有企业户数情况（表）　117a
　　国有企业指标（表）　117a
　　国有资产按地区分布情况（表）　117a
　　国有资产按行业分布情况（表）　117b
　　国有资产按经营规模分布情况（表）　118a
　　国有资产监督管理工作综述　115a
　　国有资产总量与结构分析　117a
　　国资监管效能　115b
　　廉政建设　118b
　　企业负责人考核　118a
　　企业转型发展　116a
　　体制机制改革　116a
　　选人用人机制改革情况　118a
　　巡视巡察整改　118b
　　重实干、强执行、抓落实专项行动　115a
大事记　725a
代表推荐情况　61a
党的建设　3a、17b、53b
　　政治建设　3a、53b
党的领导　3b、17b
作用　3b
党风廉政建设　4b、7a、18a
党建工作　18a、53a～55a
　　基层基础工作　18a、55a
　　考核评价　55a
　　述职评议三项制度　55a
　　责任制　54b
党内监督　22b
党员队伍建设　55b
党在经济领域的执政基础　6b
党中央决策部署要求的贯彻落实　54a
党组织管党治党政治责任　7a
第241次党委会　59a
第二届一带一路国际合作高峰论坛组织筹备　19b
第十四届高技能人才评选表彰活动中央企业候选对象评审推荐　50a

电力企业专项提质增效　27a
电信企业提速降费　29a
调查研究　38a、59a、62b
督导　38a
顶层设计　21a、43b、49a
定期报告制度　38a
定向培训　63b
东方汽车集团有限公司　400b
　　党建工作　402a
　　改革发展　401a
　　管理创新　402a
　　基本概况　400b
　　技术创新　401b
　　履行社会责任　402a
　　其他情况　402a
　　新能源乘用车　401a
　　重大创新　401b
　　重大项目　401b
　　主要指标　400b
　　自主品牌　401a
　　走向海外　401b
董事会　35
　　评价工作　35b
　　应建尽建　35a
　　制度体系规范　35a
　　组织结构完善　35a
董事会建设　16a、34a～36a
　　改革试点　36a
董事履职培训　49b
督促整改举措　52b
独立工矿区剥离办社会职能工作　37a
对外开放合作　9b
队伍建设　23b
多元投资主体公司股东履职管理式　44b

E～F

二十字标准　6a
发电企业深化供给侧结构性改革　27a
发展工作管理体系和方式方法　20b
法治建设领导　21a

法治培训　23*a*

法治宣传　23*a*

反腐败斗争　4*b*、7*a*、18*a*、66*b*

　　高压态势　66*b*

　　方式方法创新　68*b*

防范处理邪教　58*a*

防范化解重大风险　44*a*

放管服改革　17*a*

放管结合　21*b*

废止失效的规章规范性文件目录　719*b*

废止《中央企业经济责任审计管理暂行办法》的决定　709*a*

分类改革效果　40*b*

分类考核　42*b*

分离移交工作　38*a*

风险防控　20*a*、23*b*、29*b*

福建省国有企业主要指标(表)　646

福建省国有资产监督管理工作　166*a*

　　并购重组　171*a*

　　党的建设　172*a*

　　地方特色　173*b*

　　地市国资监管指导监督　173*b*

　　法人治理结构情况　171*a*

　　国有企业地区国有资本保值增值情况(表)　169*a*

　　国有企业行业国有资本保值增值情况(表)　169*a*

　　国有企业户数情况(表)　167*b*

　　国有企业指标(表)　167*a*

　　国有资本保值增值综合分析评价　169*a*

　　国有资产按地区分布情况(表)　167*b*

　　国有资产按行业分布情况(表)　168*a*

　　国有资产按经营规模分布情况(表)　168*b*

　　国有资产监督管理工作综述　166*a*

　　国有资产总量与结构分析　166*b*

　　经营业绩考核体系　171*b*

　　利润总额提升　167*a*

　　廉政建设　172*b*

　　企业负责人考核　171*b*

　　企业改革发展　169*b*、173*b*

　　选人用人机制改革　171*b*

　　营业总收入　166*b*

　　转型升级　170*a*

　　资产分布　166*b*

妇女十二大代表推选工作　61*b*

负责任良好形象　12*b*

附录　737

G

改的路径　48*a*

改革创新开放合作　7*b*

改革发展舆论氛围优化　56*b*

改革国有企业工资决定机制的意见　686*a*

改革开放正青春活动　60*b*

改革任务分工落实　51*a*

改革试点　16*a*、34*a*

甘肃省国有企业主要指标(表)　673

甘肃省国有资产监督管理工作　290*b*

　　并购重组　295*a*

　　党的建设　292*a*、296*a*

　　党的领导　296*a*

　　党风廉政建设　296*b*

　　法人治理结构　295*a*

　　分类考核　295*b*

　　改革发展　291*a*、294*b*

　　公司法人治理结构　205*a*

　　公司制股份制改革　294*b*

　　国企改革试点工作　294*b*

　　国有经济运行　290*b*

　　国有企业地区和行业国有资本保值增值情况(表)　294*a*

　　国有企业户数情况(表)　293*a*

　　国有企业指标(表)　292*b*

　　国有资本保值增值综合分析评价　294*a*

　　国有资产按地区分布情况(表)　293*a*

　　国有资产按行业分布情况(表)　293*b*

　　国有资产按经营规模分布情况(表)　294*a*

　　国有资产监督管理工作综述　290*b*

　　国有资产监管　292*a*

　　国有资产总量与结构分析　292*b*

　　国资国企改革制度体系　294*b*

　　基层党建基础　296*a*

　　经营业绩考核体系　295*b*

　　科技创新发展能力　291*b*

　　廉政建设　296*a*

　　　　企业负责人考核　295*b*
　　　　企业战略重组整合　295*a*
　　　　选人用人机制改革　295*b*、296*a*
　　　　业绩考核指挥棒作用　295*b*
　　　　资本布局结构优化　291*a*
港澳地区融入国家发展大局　46*a*
高层次专家研修　50*a*
高技能人才国际化培训交流　50*a*
高技能人才评选表彰活动中央企业候选对象评审推荐　50*a*
高素质专业化　4*a*、6*a*、47*b*
　　　　企业家队伍　6*a*
　　　　企业领导人员队伍　4*a*
高质量发展　12*b*、15*a*、27*b*、42*b*
　　　　基础　15*a*
　　　　检测体系　27*b*
　　　　考核引导　42*b*
各省（区、市）国有资产监督管理　71
供给侧结构性改革　23*b*、27*b*、32*b*、41*a*、44
公布规章规范性文件清理结果的公告　719*b*
公平竞争审查机制　22*b*
工会第十七次全国代表大会精神学习宣传贯彻　59*a*
工业企业（表）　619、620
　　　　户数、从业人数、国有资产总量地区分析（表）　619
　　　　资产负债地区分析（表）　620
工资决定机制　686*a*
工资总额管理办法　709*b*
工资总量和工资水平双调控　40*b*
工作联动实起来　53*a*
工作衔接　52*b*
工作抓手　52*a*
攻坚克难　37*a*
共青团第十八次全国代表大会中央企业系统（在京）代表团任务　60*a*
共青团和青年工作　59*b*
共青团十八大精神学习宣传贯彻系列活动　59*b*
共同发展　12*b*
共享交流　23*a*
共性问题专项核查　52*b*
股东职责履行　44*b*
股权多元化　12*a*、16*b*、34*a*
关键核心技术　9*a*、15*a*

攻关　9*a*
关心厚爱干部　48*a*
关于公布规章规范性文件清理结果的公告　719*b*
关于进一步推进中央企业创新发展的意见　717*a*
关于推动创新创业高质量发展打造双创升级版的意见　739*a*
关于印发《对外投资备案（核准）报告暂行办法》的通知　744*b*
关于印发《企业境外经营合规管理指引》的通知　746*b*
管党治党责任　7*a*、17*b*、54*b*
　　　　政治责任　7*a*
　　　　主体责任　54*b*
管的力度　47*b*
管资本　17*a*、25*b*
广东省国有企业主要指标（表）　658
广东省国有资产监督管理工作　220*b*
　　　　党的建设　227*b*
　　　　党对国有企业的全面领导　227*b*
　　　　法人治理结构　226*a*
　　　　改革发展　224*a*
　　　　管党治党政治责任　227*b*
　　　　国有企业地区和行业国有资本保值增值情况（表）　223*b*
　　　　国有企业户数情况（表）　222*a*
　　　　国有企业指标（表）　222*a*
　　　　国有资本保值增值综合分析评价　223*b*
　　　　国有资本投向及社会贡献　221*a*
　　　　国有资产按地区分布情况（表）　222*b*
　　　　国有资产按行业分布情况（表）　223*a*
　　　　国有资产按经营规模分布情况（表）　223*b*
　　　　国有资产监督管理工作综述　220*b*
　　　　国有资产监督管理制度　225*a*
　　　　国有资产总量与结构分析　222*a*
　　　　基层党组织建设　227*b*
　　　　监管企业战略性重组　224*a*
　　　　僵尸企业处置　225*a*
　　　　降成本工作　225*a*
　　　　廉政建设　227*b*
　　　　企业负责人经营业绩考核　226*b*
　　　　企业总体情况　221*a*
　　　　全面从严治党　228*a*
　　　　三项制度改革　227*a*
　　　　体制机制改革　224*b*
　　　　习近平新时代中国特色社会主义思想学习贯彻　227*b*

选人用人机制改革　227a
　　正风肃纪　228a
　　综合改革试点工作　227a
广西壮族自治区国有企业主要指标（表）　661
广西壮族自治区国有资产监督管理工作　235a
　　并购重组　239b
　　党的建设　241a
　　党风廉政建设主体责任　241b
　　党组织建设　241a
　　法人治理结构　239b
　　改革发展　238b
　　供给侧结构性改革　238b
　　国有企业地区和行业国有资本保值增值情况（表）　238a
　　国有企业指标（表）　237a
　　国有资本保值增值综合分析评价　238a
　　国有资产按地区分布情况（表）　237b
　　国有资产按行业分布情况（表）　237b
　　国有资产按经营规模分布情况（表）　238a
　　国有资产监督管理综述　235a
　　国有资产总量与结构分析　237a
　　监督管理　236a
　　经营业绩考核体系　240a
　　历史遗留问题解决　236b
　　廉政建设　241a
　　领导班子和领导人员年度考核　240b
　　企业负责人考核　240b
　　企业经营业绩考核制度　240a
　　企业开放合作空间　236a
　　企业领导班子成员配备　240b
　　企业稳增长　235b
　　宣传思想工作　241a
　　选人用人机制改革　240b
　　业绩考核结果运用　240b
　　一级国有企业户数情况（表）　237a
　　政治学习　241a
　　重点改革任务　239a
规划发展工作　18b
规模优势　15b、33a
规章规范性文件　22、719b
　　废止失效目录　719b
　　清理　22a

　　制定程序规范　22
贵州省国有企业主要指标（表）　667
贵州省国有资产监督管理工作　261b
　　并购重组　264b
　　成本费用利润率　262a
　　党的建设　265b
　　法人治理结构　264b
　　改革发展　264a
　　国有企业地区和行业国有资本保值增值情况（表）　263b
　　国有企业户数情况（表）　262b
　　国有企业指标（表）　262b
　　国有资本保值增值综合分析评价　263b
　　国有资产按地区分布情况（表）　262b
　　国有资产按行业分布情况（表）　263a
　　国有资产按经营规模分布情况（表）　263a
　　国有资产监督管理工作综述　261b
　　国有资产总量与结构分析　262a
　　经营业绩考核体系　265a
　　廉政建设　265b
　　内部增收潜力　262a
　　企业负责人考核　265a
　　企业协调服务　262a
　　企业资金压力缓解　262a
　　任务落实　262a
　　融资结构　262a
　　生产经营　262a
　　收入利润增长　262a
　　选人用人机制改革　265a
国际化经营水平　10a
国际交流与合作　45a
国际竞争新优势培育　9b
国家产业发展战略贯彻落实　18b
国家电力投资集团有限公司　379a
　　党建工作　380a
　　改革发展　379b
　　基本概况　379a
　　经济指标（表）　379b
　　履行社会责任　380b
　　信息化建设　380b
　　重大创新　380a
　　重大项目　379b

主要指标　379a

　　走向海外　379b

国家电网有限公司　361b

　　党建工作　364b

　　电网建设　363a

　　改革发展　362b

　　基本概况　361b

　　履行社会责任　365a

　　信息通信建设　364b

　　重大创新　364a

　　主要指标　362a

　　走向海外　363b

国家开发投资集团有限公司　451a

　　党建工作　452a

　　改革发展　451b

　　基本概况　451a

　　经济指标（表）　451a

　　履行社会责任　452b

　　信息化建设　452b

　　重大创新　452a

　　重大项目　451b

　　主要指标　451a

　　走向海外　452a

国家能源投资集团有限责任公司　383b

　　党建工作　385a

　　改革发展　384a

　　基本概况　383b

　　经济指标（表）　384a

　　经营发展　384b

　　科技创新　385a

　　履行社会责任　385b

　　信息化建设　385b

　　主要指标　384a

　　走向海外　384b

国家外交大局服务　45a

国家重大科研任务承担　11a

国家重点立法　22a

国家走出去战略服务　45b

国企党风廉政建设　7a、55b

　　制度体系　55b

国企改革　16a、28b、33b、39a

　　发展基础　39a

　　任务　28b

　　纵深推进　16a

国企基层党建三基建设　6b

国企开放日活动　58a

国企领导人员二十字标准　6a

国务院关于改革国有企业工资决定机制的意见　686a

国务院关于推动创新创业高质量发展打造双创升级版的意见　739a

国务院关于推进国有资本投资、运营公司改革试点的实施意见　689a

国务院国资委　15b～17b、713a

　　2018年政务公开工作要点　713a

国务院国资委党委　67b、69b

　　对中央企业巡视工作　67b

国有独资公司治理机制和监管模式　44b

国有工业企业（表）　619、620

　　户数、从业人数、国有资产总量地区分析（表）　619

　　资产负债地区分析（表）　620

国有股权监督管理办法　693a

国有经济布局结构调整优化　8b、11b

国有企业党的政治建设　3a

国有企业改革发展　11b、12a、15a、32a、56b

　　舆论氛围优化　56b

国有企业高质量发展　10a～12b

　　根基　11a

　　空间　12b

　　引擎　11b

　　整体布局　11b

国有企业工资决定机制　686a

国有企业户数、从业人数、国有资产总量（表）611～613

　　地区分析（表）　613

　　行业分析（表）　612

　　综合分析（表）　611

国有企业竞争力　7b

国有企业两个基础　5a

国有企业两个一以贯之　5b

国有企业强根固魂　5a

国有企业制度　5b

国有企业资产负债　615～617、683a

　　地区分析（表）　617

行业分析（表）　616
　　约束指导意见　683*a*
　　综合分析（表）　615
国有企业资产与财务状况分析　30*b*
国有商业企业（表）　622、623
　　户数、从业人数、国有资产总量地区分析（表）　622
　　资产负债地区分析（表）　623
国有资本保值增值责任落实　17*a*
国有资本功能　16*b*、34*a*
国有资本经营预算管理　44*a*
国有资本配置优化　23*b*
国有资本投资、运营公司　17*a*、689*a*
　　改革试点实施意见　689*a*
　　试点　17*a*
国有资本优化配置　11*b*
国有资本总量增长　31*a*
国有资产管理体制　8*b*
国有资产监督管理　12*a*、13、15*a*、17*a*、21*b*、22*a*、681、725*a*
　　大事记　725*a*
　　法规制度体系　22*a*
　　方式优化　17*a*
　　概况　13
　　体制改革　15*a*
　　政策法规　681
　　职能　12*a*
　　职能转变　21*b*
国有资产流失重大问题查实　52*a*
国有资产配置优化　39*a*
国有资产损失风险防范　52*b*
国有资产统计资料　609
国有资产总量（表）611～613
　　地区分析（表）　613
　　行业分析（表）　612
　　综合分析（表）　611
国资国企　44*a*、56*a*、58*a*
　　改革　44*a*
　　意识形态形势　56*a*
　　舆论　58*a*
国资委　44*b*、53*a*、709*a*、713*a*
　　2018年政务公开工作要点　713*a*
　　废止《中央企业经济责任审计管理暂行办法》的决定　709*a*
　　监管联动　53*a*
　　履行多元投资主体公司股东职责暂行办法修订印发　44*b*
国资系统监管企业（图）　30、31
　　利润构成及变化（图）　31
　　营业收入变化（图）　30

H

哈尔滨电气集团有限公司　408*b*
　　处僵治困　409*b*
　　党建工作　410*b*
　　改革发展　409*a*
　　混合所有制改革　409*b*
　　基本概况　408*b*
　　经济指标（表）　409*a*
　　科技创新　410*b*
　　履行社会责任　411*a*
　　模式创新　410*b*
　　三项制度改革　409*a*
　　信息化建设　411*a*
　　重大创新　410*a*
　　重大项目　409*b*
　　主要指标　409*a*
　　走向海外　410*a*
海南省国有企业主要指标（表）　662
海南省国有资产监督管理工作　241*b*
　　党的建设　245*a*
　　地方特色　245*b*
　　法人治理结构　244*a*
　　改革发展　244*a*
　　股份制改革　243*b*
　　国有企业地区国有资本保值增值情况（表）　243*a*
　　国有资本保值增值综合分析评价　243*a*
　　国有资产按地区分布情况（表）　242*b*
　　国有资产监督管理工作综述　241*b*
　　国有资产总量与结构分析　242*a*
　　经营业绩考核体系　244*b*
　　廉政建设　245*a*
　　企业负责人考核　244*b*
　　上市融资　243*b*
　　选人用人机制改革　244*b*

海外好声音传播 57*a*

行业协会商会监督管理与党建工作 62*a*

郝鹏 3*a*、4*b*、59*a*、61*a*

合规管理指引(试行) 713*b*

核心技术攻关 11*a*

核心业务盈利能力 15*b*、33*a*

河北省国有企业主要指标(表) 628

河北省国有资产监督管理工作 87*a*
 并购重组 91*a*
 党的建设 92*a*
 地方特色 93*a*
 法人治理结构完善 91*a*
 国企改革 90*a*
 国有企业地区和行业国有资本保值增值率情况(表) 89*b*
 国有企业户数情况(表) 88*a*
 国有企业指标(表) 87*b*
 国有资本保值增值综合分析评价 89*a*
 国有资产按地区分布情况(表) 88*a*
 国有资产按行业分布情况(表) 88*b*
 国有资产按经营规模分布情况(表) 89*a*
 国有资产监督管理工作综述 87*a*
 国有资产总量分布情况 88*a*
 国有资产总量与结构分析 87*b*
 经营业绩考核体系 91*a*
 廉政建设 92*a*
 企业负责人考核 91*b*
 企业改革发展 90*a*
 选人用人机制改革 91*b*
 转型升级高质量发展 90*b*

河南省国有企业主要指标(表) 653

河南省国有资产监督管理工作 199*a*
 并购重组 204*b*
 从严治党责任 201*b*
 党的建设 206*a*、201*b*
 法人治理结构 204*b*
 改革发展 199*a*、204*a*
 供给侧结构性改革 200*b*
 国有经济布局 200*b*
 国有企业地区和行业国有资本保值增值情况(表) 203*b*
 国有企业户数情况(表) 202*b*
 国有企业指标(表) 202*a*
 国有资本保值增值综合分析评价 203*b*
 国有资产按地区分布情况(表) 202*b*
 国有资产按行业分布情况(表) 203*a*
 国有资产按经营规模分布情况(表) 203*b*
 国有资产监督管理工作综述 199*a*
 国有资产总量与结构分析 202*a*
 监管效能 201*a*
 经济运行 199*b*
 经营业绩考核体系 205*a*
 廉政建设 207*a*
 企业负责人考核 205*b*
 选人用人机制改革 205*b*
 职能转变 201*a*
 质量效益 199*b*

黑龙江省国有企业主要指标(表) 637

黑龙江省国有资产监督管理工作 126*b*
 并购重组 132*b*
 产业投资集团组建 132*b*
 党的建设 133*b*
 党的领导 128*b*
 党建工作质量 128*b*
 法人治理结构 132*b*、133*a*
 改革发展 126*b*、131*a*
 国有企业地区和行业国有资本保值增值情况(表) 131*b*
 国有企业户数情况(表) 130*a*
 国有企业指标(表) 129*b*
 国有资本保值增值综合分析评价 130*b*
 国有资本配置 127*b*
 国有资产按地区分布情况(表) 130*a*
 国有资产按行业分布情况(表) 130*a*
 国有资产按经营规模分布情况(表) 130*b*
 国有资产监督管理工作综述 126*b*
 国有资产总量与结构分析 129*b*
 国资监管效能 128*a*
 《黑龙江省国企业改革专项工作方案》起草 131*b*
 黑龙江省国有企业改革会议筹备 131*b*
 混合所有制改革 131*b*
 鸡西市国企退休人员社会化管理试点 132*b*
 建设集团接收省接待办宾馆 132*a*
 僵尸企业处置 132*a*
 经营性国有资产集中统一监管 132*a*

经营业绩考核体系　133*a*

　　廉政建设　133*b*

　　企业剥离办社会职能　132*b*

　　企业负责人考核　133*a*

　　企业转型升级　127*b*

《全面深化和加快推进国有企业改革的意见》起草　131*b*

　　淘汰落后产能　131*b*

　　选人用人机制改革　133*a*

　　重点任务落实落地　126*b*

　　转变职能　128*a*

湖北省国有企业主要指标（表）　655

湖北省国有资产监督管理工作　208*a*

　　并购重组　212*b*

　　党的建设　209*b*、213*b*

　　法人治理结构　212*b*

企业改革发展　208*b*、212*a*

　　高质量发展基础　209*a*

　　公司制股份制改革　212*a*

　　国有经济发展质量效益　208*a*

　　国有企业地区国有资本保值增值情况（表）　211*b*

　　国有企业户数情况（表）　210*b*

　　国有企业指标（表）　210*a*

　　国有资本保值增值综合分析评价　211*b*

　　国有资产按地区分布情况（表）　210*b*

　　国有资产按行业分布情况（表）　211*a*

　　国有资产按经营规模分布情况（表）　211*b*

　　国有资产监督管理工作综述　208*a*

　　国有资产总量与结构分析　210*a*

　　国资监管效能　209*b*

　　混合所有制改革　212*b*

　　经营业绩考核体系　213*a*

　　经济指标　210*a*

　　廉政建设　213*b*

　　企业负责人考核　213*b*

　　三大攻坚战　208*a*

　　三供一业分离移交　212*b*

　　上市融资　212*a*

　　选人用人机制改革　213*a*

湖南省国有企业主要指标（表）　656

湖南省国有资产监督管理工作　215*b*

　　并购重组　219*a*

　　党的建设　220*a*

　　法人治理结构　219*a*

　　改革发展　218*a*

　　国有企业地区和行业国有资本保值增值情况（表）　218*a*

　　国有企业户数情况（表）　216*b*

　　国有企业指标（表）　216*b*

　　国有资本保值增值综合分析评价　217*b*

　　国有资产按地区分布情况（表）　216*b*

　　国有资产按行业分布情况（表）　217*a*

　　国有资产按经营规模分布情况（表）　217*b*

　　国有资产监督管理工作综述　215*b*

　　国有资产总量与结构分析　216*b*

　　经营业绩考核体系　219*b*

　　廉政建设　220*a*

　　选人用人机制改革　220*a*

华侨城集团有限公司　594*b*

　　电子业务　597*a*

　　法人治理结构　595*b*

　　改革发展　595*b*

　　管理提升　596*a*

　　基本概况　594*b*

　　金融支撑体系　597*a*

　　经济指标（表）　595*a*

　　经营机制转换　595*b*

　　旅游业务　596*a*

　　文化产业　596*a*

　　新型城镇化布局　596*b*

　　业务发展　596*a*

　　主要指标　595*a*

华润集团有限公司　455*b*

　　党建工作　457*a*

　　改革发展　456*a*

　　华润成立80周年　457*b*

　　基本概况　455*b*

　　经济指标（表）　455*b*

　　履行社会责任　457*b*

　　内控管理　457*a*

　　瘦身健体　456*a*

　　信息化建设　457*a*

　　重大创新　456*b*

　　重大项目　456*b*

　　　　主要指标　455b
换届工作　63b
混合所有制改革　12a、16b、24b、25a、34a
　　　　范围和领域扩大　24b
　　　　配套　25a

J

基本公共管理服务体系　39b
基层党组织　4a
基层组织建设　55a
机关涉诉案件　22b
机械科学研究总院集团有限公司　480a
　　　　党建工作　483a
　　　　改革发展　481a
　　　　干部和人才队伍　481a
　　　　行业服务　482b
　　　　合规体系建设　482b
　　　　混合所有制改革　481a
　　　　基本概况　480a
　　　　集团管控举措创新　482b
　　　　经济指标（表）　480b
　　　　科技创新能力　482a
　　　　履行社会责任　484a
　　　　现代企业治理体制　481a
　　　　信息化建设　483b
　　　　战略管理能力　481a
　　　　重大创新　482a
　　　　重大项目　481b
　　　　主要指标　480a
　　　　走向海外　481a
机制建设　46a
激励约束机制　16b、34b
吉林省国有企业主要指标（表）　635
吉林省国有资产监督管理工作　119a
　　　　并购重组　124a
　　　　党的建设　120b、125b
　　　　党建工作考核评价　125a
　　　　党的领导　120b
　　　　对外合资合作　120a
　　　　法人治理结构　124a

干部管理体制　125a
国有企业地区和行业国有资本保值增值情况（表）　122b
国有企业户数情况（表）　121b
国有企业指标（表）　121b
国有资本保值增值综合分析评价　122b
国有资本布局结构优化　120a
国有资产按地区分布情况（表）　121b
国有资产按行业分布情况（表）　122a
国有资产按经营规模分布情况（表）　122a
国有资产监督管理工作综述　119a
国有资产总量与结构分析　121a
国资监管效能　120b
经营业绩考核体系　124b
历史遗留问题解决　119b、123b
廉政建设　126a
企业负责人考核　125a
企业改革发展　119b、123a
稳增长防风险　119b
选人用人机制改革　125a
一企一策　123a
整体改革工作　123a
重点企业改革　123a
集团层面董事会应建尽建　35a
《技工院校与国有企业开展校企合作的若干意见》　49a
技能竞赛优秀选手表彰　50b
技能人才　50a
　　　　队伍建设　50a
　　　　评选表彰　50a
　　　　专业技术提升培训班　50a
技术工人待遇　49a
纪检监察工作　64b
纪律和作风建设　69b
加强国有企业资产负债约束的指导意见　683a
监督成果运用　52b
监督第一职责　65b
监督管理水平　20b
监督和违规经营投资责任追究　51a
监督体系　66b
监督问题督促整改机制　29b
监督效能　52b
监管合力　53a

监管效能　17*a*、25*b*

监管信息化水平　26*a*

减轻企业负担　39*a*

建设世界一流企业　4*b*～7*b*

江苏省国有企业主要指标(表)　640

江苏省国有资产监督管理工作　138*b*

　　并购重组　143*a*

　　差异化考核体系　143*b*

　　党的建设　144*b*

　　党委集中换届　144*a*

　　法人治理机构　143*a*

　　法人治理结构　143*a*

　　反腐败斗争　145*b*

　　分类考核　143*b*

　　供给侧结构性改革　142*a*

　　国企改革攻坚　139*a*

　　国有企业地区和行业国有资本保值增值情况(表)　141*b*

　　国有企业户数情况(表)　140*b*

　　国有企业指标(表)　140*a*

　　国有资本保值增值综合评价分析　141*b*

　　国有资本布局结构　141*b*

　　国有资本优化配置　143*a*

　　国有资产按地区分布情况(表)　140*b*

　　国有资产按行业分布情况(表)　141*a*

　　国有资产按经营规模分布情况(表)　141*a*

　　国有资产监督管理工作综述　138*b*

　　国有资产总量与结构分析　140*a*

　　国资监管效能　139*b*

　　混合所有制改革试点　142*b*

　　激励约束措施　144*a*

　　经济指标　140*a*

　　经营业绩考核体系　143*b*

　　考核量化方式优化　144*a*

　　廉政建设　144*b*

　　企业党的基层组织建设　145*a*

　　企业发展质量　138*b*

　　企业改革发展　141*b*

　　企业政治建设质量　145*a*

　　省属企业党风廉政建设　145*b*

　　省属企业三项机制建设　144*a*

　　市场化选聘　144*b*

　　引才育才　144*b*

　　质量第一效益优先考核导向　143*b*

　　资本运营效率　143*a*

江西省国有企业主要指标(表)　649

江西省国有资产监督管理工作　179*b*

　　并购重组　183*a*

　　党的建设　184*a*

　　法人治理结构　183*a*

　　改革发展　182*b*

　　供给侧结构性改革　180*a*

　　国有企业地区和行业国有资本保值增值情况(表)　182*b*

　　国有企业户数情况(表)　181*a*

　　国有企业指标(表)　181*a*

　　国有资本保值增值综合分析评价　182*a*

　　国有资产按地区分布情况(表)　181*b*

　　国有资产按行业分布情况(表)　181*b*

　　国有资产按经营规模分布情况(表)　182*a*

　　国有资产监督管理工作综述　179*b*

　　国有资产总量与结构分析　181*a*

　　国资监管职能改革　180*b*

　　经济指标　179*b*

　　经营业绩考核体系　183*a*

　　廉政建设　184*a*

　　企业负责人考核　183*b*

　　企业高质量发展　179*b*

　　选人用人机制改革　183*b*

交叉任职领导体制　35*a*

交流合作　46*a*

交流一批　47*a*

教育培训　49*b*

结构调整　11*b*

结果核定　41*b*

金融风险防控　44*a*

金融业务监管　44*a*

经济效益增长　31

经济运行　30*b*

经营监管机制完善　43*b*

经营效益提升　32*b*

经营业绩考核　41*a*、751*a*

　　A级企业名单　751*a*

警示教育大会　69*a*

警示震慑作用　52a

净利润　31b、32b

境外经营　20a、52a、746b
　　　合规管理指引　746b

抗风险能力　20a

违规经营投资责任追究　52a

聚焦实业主业　15b、33a

聚焦重点难点　37a

决策科学化、民主化、法治化　22a

决算管理　28a

K~L

开放合作　7b、12b、15b、33b

扩大　12b

水平　15b、33b

开放央企　58a

开拓创新　48a

考核导向作用　38a

考核激励约束作用　41b

考核结果　42a

科技部、国资委印发《关于进一步推进中央企业创新发展的意
　　见》的通知　717a

科技创新　9a、11a

科研院所领导者高级研修班　50a

课题研究　62b

跨国资源配置水平　12b

会计服务工作　29b

会计准则和财务快报培训班　29b

扩大国有科技型企业股权和分红激励暂行办法实施范围等有关
　　事项的通知　750b

扩大开放强化合作　9b

理论政策学习　63a

历史遗留问题解决　16b、34b、36a、36b、38b、39a

　　成效　38b

　　进展　36b

　　立行立改　68b、69b

　　廉洁关　46b

　　联合财政部　44a

两个覆盖工作质量　63b

两个维护　3a、53b、65a

两个一以贯之　48a、54a

两金压控工作　27a

亮剑斗争　56b

辽宁省国有企业主要指标（表）　632

辽宁省国有资产监督管理工作　108a
　　并购重组　112b
　　党的建设　109b、114a
　　党的领导　109b
　　法人治理结构　112b
　　改革发展　111b
　　改革发展历史负担解决　112a
　　改革系统性、持续性　108b
　　国有经济布局结构　108b、112b
　　国有经济运行　108a
　　国有企业地区和行业国有资本保值增值情况（表）　111b
　　国有企业户数情况（表）　110b
　　国有企业指标（表）　110b
　　国有资本保值增值综合分析评价　111a
　　国有资产按地区分布情况（表）　110b
　　国有资产按行业分布情况（表）　111a
　　国有资产按经营规模分布情况（表）　111a
　　国有资产分布情况　110b
　　国有资产监督管理工作综述　108a
　　国有资产监管效能　109a、112a
　　国有资产总量及结构分析　109b
　　混合所有制改革　108b、111b
　　经营业绩考核体系　113a
　　历史遗留问题解决　109a
　　廉政建设　114a
　　企业负责人考核　113b
　　市场化经营机制　109a、113a
　　选人用人机制改革　113b

领军人才培养计划　49b

履行社会责任　10a

履职方式　52a

M~N

矛盾纠纷化解　22b

贸易业务风险防范　30a

民生短板弥补　39b

民主生活会 63b
目标任务 31b
目标引领 41a
南光(集团)有限公司 597a
 改革发展 597b
 基本概况 597a
 经济指标(表) 597b
 履行社会责任 598b
 重大项目 598b
 主要指标 597a
内部管理 46b
机制建设 46b
内部审计工作指导 29b
内控专题研究 52b
内蒙古自治区国有企业主要指标(表) 631
内蒙古自治区国有资产监督管理工作 101a
 并购重组 105a
 党的建设 106b
 法人治理结构完善 105a
 改革发展 104a
 国有企业地区和行业国有资本保值增值情况(表) 103b
 国有企业户数情况(表) 102b
 国有企业指标(表) 102b
 国有资本保值增值综合分析评价 103b
 国有资产按地区分布情况(表) 103a
 国有资产按行业分布情况(表) 103a
 国有资产按经营规模分布情况(表) 103b
 国有资产监督管理工作综述 101a
 国有资产总量与结构分析 102b
 经营业绩考核体系 105a
 廉政建设 106b
 企业负责人考核 106a
 选人用人机制改革 106a
能力关 47a
宁波市国有企业主要指标(表) 643
宁波市国有资产监督管理工作 153b
 并购重组 156b
 法人治理结构 156b
 改革发展 156a
 国有企业地区和行业国有资本保值增值情况(表) 155b
 国有企业户数情况(表) 154b

 国有企业指标(表) 154a
 国有资本保值增值综合分析评价 155b
 国有资产按地区分布情况(表) 154a
 国有资产按行业分布情况(表) 155a
 国有资产按经营规模分布情况(表) 155b
 国有资产监督管理工作综述 153b
 国有资产总量与结构分析 154a
 经营业绩考核体系 157a
 廉政建设 158a
 企业负责人考核 157b
 选人用人机制改革 157a
宁夏回族自治区国有企业主要指标(表) 676
宁夏回族自治区国有资产监督管理工作 304b
 党的建设 307a
 党风廉政建设 308a
 党建责任 307b
国有企业持续发展 304b
 国有企业地区和行业国有资本保值增值情况(表) 307a
 国有企业改革 304b
 国有企业户数情况(表) 306a
 国有企业指标(表) 306a
 国有资本保值增值综合分析评价 306b
 国有资产按地区分布情况(表) 306a
 国有资产按行业分布情况(表) 306b
 国有资产按经营规模分布情况(表) 306b
 国有资产监督管理工作综述 304b
 国有资产总量与结构分析 305b
 国资监管方式优化 305a
 基层基础 307b
 聚焦主业主责 307b
 全面从严治党主体责任 308a
 思想引领 307a
 政治建设 307a
农民工工资清理 28b
女职工工作 61a

P~Q

PPP业务风险管控 30a
培训交流 59a
配强一批正职 47a

配套规范 51b
品牌活动 60b
品行关 47a
评价结果运用 35b
评审程序规范 20b
七五普法工作 23a
企业办教育医疗机构改革 38b
企业办社会职能剥离 36a、36b、38b、39a
企业办市政社区管理等职能分离移交 39a
企业办消防机构分类处理 38b
企业法治建设第一责任人职责落实 23b
企业负责人经营业绩考核 41a
企业国有产权管理 23b
企业国有资产监管法治建设 21a
企业海外形象提升 57a
企业和社会稳定 38a
企业经济运行 27b
企业经营管理人才专项培养计划 49b
企业经营人才管理素质提升工程 49b
企业境外经营合规管理指引 746b
企业可持续发展能力 9a
企业两类公司改革试点 43b
企业领导人员队伍建设 18a
企业领导人员管理 46b
企业落实经济社会责任督促 29b
企业内外部分配关系 40b
企业完成全年目标任务 41b
企业完善内部控制制度 52b
企业资金集中管理 29a
企业自我加压挑战自我 41a
青岛市国有企业主要指标(表) 652
青岛市国有资产监督管理工作 193b
 党的建设 198a
 党风廉政建设 198b
 发展环境优化 197a
 高质量发展 196b
 国有经济布局 196a
 国有企业改革 196b
 国有企业行业国有资本保值增值情况(表) 195b
 国有企业户数情况(表) 194b
 国有企业指标(表) 194b

国有资本保值增值综合分析评价 195b
国有资产按行业分布情况(表) 194b
国有资产按经营规模分布情况(表) 195a
国有资产按隶属关系分布情况(表) 194b
国有资产监督管理工作综述 193b
国有资产总量与结构分析 193b
国资监管 197a
国资委监管体制优化 196a
精神文明建设 198b
劳动用工与收入分配工作 197b
企业负责人经营业绩考核 197b
薪酬管理工作 197b
青海省国有企业主要指标(表) 674
青海省国有资产监督管理工作 296b
 并购重组 300b
 创新驱动战略 297b
 党的建设 297a、303a
 法人治理结构情况 300b
 改革发展 300a
 改革任务纳入考核 301b
 国有企业剥离办社会职能 300a
 国有企业地区和行业国有资本保值增值情况(表) 299b
 国有企业户数情况(表) 298b
 国有企业指标(表) 298b
 国有资本保值增值综合分析评价 299b
 国有资产按地区分布情况(表) 298b
 国有资产按行业分布情况(表) 299a
 国有资产按经营规模分布情况(表) 299b
 国有资产监督管理工作综述 296b
 国有资产总量与结构分析 298a
 监管服务并重 297b
 监管职能转变 297b
 经营业绩考核体系 301b
 廉政建设 303b
 履行社会责任 298a
 其他改革试点实施 300b
 企业负责人考核 301b
 试点示范改革 297a
 双百行动试点 300b
 选人用人机制改革 301b
 业绩考核 301b

　　　　业绩考核体系　301*b*
　　　　政策体系完善　297*a*
　　　　专项攻坚　300*a*
　　青联委员履职尽责　60*b*
　　青联委员为中央企业改革贡献力量　60*b*
　　请进来　60*b*
　　区域协调、协同、共同发展　18*b*
　　全国国有企业户数、从业人数、国有资产总量（表）611～613
　　　　地区分析（表）　613
　　　　行业分析（表）　612
　　　　综合分析（表）　611
　　全国国有企业资产负债（表）615～617
　　　　地区分析（表）　617
　　　　行业分析（表）　616
　　　　综合分析（表）　615
　　全国国有企业资产与财务状况分析　30*b*
　　全面从严治党　7*a*
　　全面加强新时代国有企业党的政治建设　3*a*
　　全面预算　28*a*、44*a*
　　　　管理优化　28*a*
　　绩效管理　44*a*
　　权力制约和监督　22*b*
　　权责边界　21*b*
　　群众工作　58*b*

R～S

　　人才队伍建设　48*b*
　　人才工作　48*b*
　　人才强企战略　49*a*
　　人才专业素养和履职能力　49*b*
　　人才资源基本情况　51*a*
　　人民群众获得感　39*b*
　　任期考核结果　42*a*
　　日常服务工作　64*b*
　　日常管理　47*b*
　　日常评价　35*b*
　　三大攻坚战　16*a*
　　三供一业　16*b*、38*b*
　　三基建设　6*b*、55*a*
　　三位一体境外安全风险防控体系　20*a*

　　三项制度改革　16*b*、34*b*
　　山东省国有企业主要指标（表）　650
　　山东省国有资产监督管理工作　185*a*
　　　　2017年度省属企业负责人经营业绩考核结果审核确认
　　　　　　191*b*
　　　　2018年度省属企业负责人经营业绩考核目标调整确定
　　　　　　191*b*
　　　　并购重组　189*b*
　　　　党的建设　189*b*、192*b*
　　　　党风廉政建设　193*a*
　　　　党委领导作用　193*a*
　　　　法人治理结构　189*b*
　　　　改革发展　188*a*
　　干部档案审核管理　192*a*
　　　　个人有关事项报告　192*b*
　　　　供给侧结构性改革　188*b*
　　　　公司治理建设　188*a*
　　　　管党治党责任　193*a*
　　　　国有企业地区和行业国有资本保值增值行业情况（表）
　　　　　　187*b*
　　　　国有企业户数情况（表）　186*a*
　　　　国有企业指标（表）　185*b*
　　　　国有资本保值增值综合分析评价　187*a*
　　　　国有资产按地区分布情况（表）　186*a*
　　　　国有资产按行业分布情况（表）　186*a*
　　　　国有资产按经营规模分布情况（表）　187*a*
　　　　国有资产监督管理工作综述　185*a*
　　　　国有资产指标及分布　185*b*
　　　　国有资产总量与结构分析　185*b*
　　　　国资监管方式　189*a*
　　　　经营业绩考核体系　191*a*
　　　　廉政建设　192*b*
　　　　领导班子建设　191*b*
　　　　领导人员日常监督管理　192*b*
　　　　企业负责人经营业绩考核　191*a*、191*b*
　　　　企业活力动力　188*b*
　　　　市场化经营机制　188*a*
　　　　现代企业制度　188*a*
　　　　新旧动能转换　188*b*
　　　　新旧动能转换重大工程考核　191*a*
　　　　选人用人导向　193*a*

　　　　选人用人机制改革　191*b*
　　　　优秀年轻干部选拔任用　192*a*
　　　　政治建设　192*b*
　　　　职业经理人制度　192*a*
山西省国有企业主要指标（表）　629
山西省国有资产监督管理工作　93*b*
　　　　并购重组　97*a*
　　　　党的建设　100*a*
　　　　党风廉政建设　100*b*
　　　　法人治理结构　97*a*
　　　　反腐败工作　100*b*
　　　　改革发展　95*b*
　　　　改革转型包袱卸掉　96*a*
　　　　改革转型定力　96*b*
　　　　改革转型动力　95*b*
　　　　改革转型活力　96*b*
　　　　改革转型结构优化　95*b*
　　　　干部队伍建设　98*a*
　　　　国有企业户数情况　94*b*
　　　　国有企业指标（表）　94*b*
　　　　国有企业总体情况　94*b*
　　　　国有资本保值增值综合分析评价　95*a*
　　　　国有资本布局调整　95*b*
　　　　国有资产按地区分布情况（表）　95*a*
　　　　国有资产按经营规模分布情况（表）　95*a*
　　　　国有资产分布情况　94*b*
　　　　国有资产监督管理工作综述　93*b*
　　　　混合所有制改革　95*b*
　　　　金融风险防范　96*b*
　　　　经营机制转换，　96*b*
　　　　经营业绩考核体系　97*b*
　　　　考核监督　99*a*
　　　　历史遗留问题解决　96*a*
　　　　廉政建设　100*a*
　　　　领导班子建设　98*a*
　　　　企业负责人考核　98*a*
　　　　人才队伍建设　98*b*
　　　　日常管理　99*a*
　　　　选人用人机制改革　98*a*
陕西省国有企业主要指标（表）　671
陕西省国有资产监督管理工作　282*b*

　　　　并购重组　287*b*
　　　　创新驱动　284*a*
　　　　党的建设　284*b*、290*a*
　　　　改革发展　286*b*
　　　　高质量发展态势　282*b*
　　　　国有企业办社会职能剥离　287*a*
　　　　国有企业地区和行业国有资本保值增值情况（表）　286*a*
　　　　国有企业户数情况（表）　285*b*
　　　　国有企业指标（表）　285*b*
　　　　国有资本保值增值综合分析评价　286*a*
　　　　国有资产按地区分布情况（表）　285*b*
　　　　国有资产按行业分布情况（表）　285*b*
　　　　国有资产按经营规模分布情况（表）　286*a*
　　　　国有资产监督管理工作综述　282*b*
　　　　国有资产总量与结构分析　285*a*
　　　　国资监管　284*a*
　　　　混合所有制改革　286*b*
　　　　僵尸企业处置　287*a*
　　　　结构调整　283*b*
　　　　经营业绩考核　288*b*
　　　　经营业绩考核体系　288*a*
　　　　竞争实力　284*a*
　　　　历史遗留问题解决　287*a*
　　　　廉政建设　290*b*
　　　　两类公司试点工作　286*b*
　　　　领导作用　284*b*
　　　　目标责任考核　288*a*
　　　　企业法人户数减少工作　287*b*
　　　　企业法人治理结构　290*a*
　　　　企业负责人考核　289*b*
　　　　企业管理层级压缩　287*b*
　　　　企业活力　283*a*
　　　　企业领导班子建设　289*b*
　　　　企业人才发展机制改革　289*b*
　　　　省属企业主业梳理　287*b*
　　　　试点工作　290*a*
　　　　薪酬制度改革　288*b*
　　　　选人用人机制改革　289*b*
　　　　员工持股试点　286*b*
　　　　战略规划引领　288*a*
　　　　职能转变　284*a*

索引

  主业发展优化 287*b*、288*a*
  专项环保考核 289*a*
  资本布局 283*b*
商业企业（表） 622、623
  户数、从业人数、国有资产总量地区分析（表） 622
资产负债地区分析（表） 623
上海诺基亚贝尔股份有限公司 592*a*
  IP 和光网络领域 593*b*
  党建工作 593*b*
  改革发展 592*a*
  固定网络领域 593*b*
  基本概况 592*a*
  履行社会责任 594*b*
  信息化建设 594*a*
  重大创新 593*a*
  重大项目 592*b*
  主要指标 592*a*
  走向海外 592*b*
上海市国有企业主要指标（表） 638
上海市国有资产监督管理工作 135*a*
  并购重组 137*b*
  党的建设 138*a*
  党风廉政建设 138*b*
  法人治理结构 137*b*、138*a*
  改革发展 137*a*
  国有经济发展质量 135*b*
  国有企业户数情况（表） 136*a*
  国有企业指标（表） 136*a*
  国有资本保值增值综合分析评价 137*a*
  国有资产按地区分布情况（表） 136*a*
  国有资产按行业分布情况（表） 136*b*
  国有资产按经营规模分布情况（表） 136*b*
  国有资产地区和行业国有资本保值增值情况（表） 137*a*
  国有资产监督管理工作综述 135*a*
  国有资产总量与结构分析 135*b*
  国资监管体制机制 135*b*
  国资结构布局 137*b*
  混合所有制改革 137*b*
  监管服务效率 135*b*
  经营业绩考核体系 138*a*
  企业负责人考核 138*a*

  区域综合改革方案 137*a*
  选人用人机制改革 138*a*
上市公司 25、693*a*
  发展质量和效益 25*a*
  管控 25*a*
  国有股权监督管理办法 693*a*
  价值创造和价值实现能力 25*b*
  相关风险防控 25*b*
社会治理能力 39*b*
深化改革 11*b*
深圳市国有企业主要指标（表） 659
深圳市国有资产监督管理工作 228*b*
  并购重组 231*a*
  产融结合 231*b*
  创新驱动 232*b*
  促进深圳民营上市公司稳健发展专项工作 232*a*
  单列考核机制 232*b*
  党的建设 234*b*
  法人治理结构 231*a*
  分类考核 232*b*
  改革发展 230*b*
  国有企业行业国有资本保值增值情况（表） 230*a*
  国有企业户数情况（表） 229*b*
  国有企业指标（表） 229*b*
  国有资本保值增值综合分析评价 230*a*
  国有资产按地区分布情况（表） 229*b*
  国有资产按行业分布情况（表） 230*a*
  国有资产按经营规模分布情况（表） 230*a*
  国有资产监督管理工作综述 228*b*
  国有资产总量与结构分析 229*b*
  国资产业布局 231*a*
  国资整合重组"1＋N"方案 231*a*
  基金群战略 231*b*
  经营班子整体市场化选聘 234*a*
  经营利业绩考核体系 232*a*
  考核结果与薪酬总额决定机制挂钩联动 233*a*
  廉政建设 234*b*
  企业负责人考核 233*a*
  企业高质量发展 232*b*
  企业领导人员队伍建设 233*a*
  企业领导人员管理体制机制改革 233*a*

市属国企混合所有制改革　231*b*
　　外部董事和专职监事队伍建设　233*b*
　　选人用人机制改革　233*a*
　　一企一策考核机制　233*a*
审计监督　22*b*
实践经验总结　48*b*
实践培养　47*b*
实体经济　10*b*
实业发展　10*b*
世界500强中国企业上榜情况(表)　752
世界一流对标考核　43*a*
世界一流企业建设　4*b*~7*b*
事业为上　47*a*
事中事后监管　21*b*
市场化经营机制　8*a*、12*a*
市政社区管理　16*b*
示范带动作用　16*a*、34*a*
试点协会脱钩实施阶段工作　64*a*
试体制试机制试模式　17*a*
收入分配调控　39*b*
收入利润增长　32*b*
瘦身健体　11*b*、15*b*、33*a*
数据分析共享机制　28*a*
双百行动　16*a*、16*b*、34*a*
双向进入、交叉任职领导体制　35*a*
思想认识统起来　53*a*
四川省国有企业主要指标(表)　665
四川省国有资产监督管理工作　257*a*
　　党的建设　260*b*
　　地方特色　261*a*
　　改革发展　259*a*
　　供给侧结构性改革　259*a*
　　国有企业户数情况(表)　257*b*
　　国有企业指标(表)　257*a*
　　国有资产按地区分布情况(表)　257*b*
　　国有资产按行业分布情况(表)　258*a*
　　国有资产按经营规模分布情况(表)　258*b*
　　国有资产监督管理工作综述　257*a*
　　国有资产总量与结构分析　257*a*
　　国资监管　260*a*
　　扩大对外合作　260*b*
　　廉政建设　260*b*
　　重点领域和关键环节改革　259*a*
　　四风问题防止反弹　66*a*

T

《提高技术工人待遇的意见》专题会议　49*a*
体制机制创新　9*b*、11*b*
天津市国有企业主要指标(表)　626
天津市国有资产监督管理工作　80*b*
　　并购重组　83*b*
　　创新发展转型升级　81*a*
　　党的建设　85*b*
　　党风廉政建设　86*b*
　　法人治理结构　83*b*
　　法人治理结构新成效　84*a*
　　供给侧结构性改革　81*a*
　　国有企业地区和行业国有资本保值增值情况(表)　83*a*
　　国有企业户数情况(表)　82*a*
　　国有企业指标(表)　82*a*
　　国有资本保值增值综合分析评价　83*a*
　　国有资产按地区分布情况(表)　82*a*
　　国有资产按行业分布情况(表)　82*b*
　　国有资产按经营规模分布情况(表)　83*a*
　　国有资产监督管理工作综述　80*b*
　　国有资产总量与结构分析　82*a*
　　国资监管方式完善　81*b*
　　国资委监管企业改革发展情况　83*b*
　　基层党组织建设　86*b*
　　经济运行探底下滑势头基本遏制　81*a*
　　经营业绩考核体系　84*b*
　　廉政建设　85*b*
　　年度和新一任期考核指标　84*b*
　　企业负责人考核　85*a*
　　企业领导班子建设　86*a*
　　企业领导人员制式转换　85*a*
　　人才队伍建设　86*a*
　　市管企业混合所有制改革　85*b*
　　市管企业任期经营业绩考核和薪酬核定　84*b*
　　收入分配结构优化　85*a*
　　思想建设　86*a*

选人用人机制改革　85b
　　业绩考核制度完善　84b
　　政治建设　85b
　　重组整合迈出新步伐　83b
　　综合监督效能　81b
听党话跟党走　5a
投资风险严控　20a
投资管理信息系统优化升级　21a
投资计划管理方式改革　20b
突出违规问题查处　52a
推动创新创业高质量发展打造双创升级版的意见　739a
推进国有资本投资、运营公司改革试点的实施意见　689a
推进中央企业创新发展的意见　717a
退出一批　47a
退休人员社会化管理　37b、39a
试点　37b
拖欠民企账款清理　28b
脱钩协会市场化转型　64a

W

外部董事　35b、36a、48a
　　队伍优化　35b
　　履职培训　36a
　　人才库建设　35b
　　选聘管理　35b、48a
外交活动主动发声　57a
外事管理与服务能力和水平　46a
外宣工作会议　56a
外宣主体作用　57a
　　经营监管机制完善　43b
王勇　45b
网络安全　58a
网络舆情工作　58a
维稳工作　22b
违规经营投资责任追究　701
违规事项查处　52a
文化产业发展　58a
文明创建　57b
文明文化建设　57b
文明央企　57b

稳定电力供应工作　29b
问题导向　68b
问题督促整改机制　29a
五个全覆盖　3b
武警水电部队转企改革工作　48b

X

西部地区经济社会发展和人才培养　50b
西部之光访问学者接收　50b
西藏自治区国有企业主要指标(表)　670
西藏自治区国有资产监督管理工作　275b
　　并购重组　279a
　　党的建设　280b
　　地方特色　281b
　　发展质量　276a
　　法人治理结构　279a
　　改革发展　278a
　　国有企业地区和行业国有资本保值增值率情况(表)　277b
　　国有企业户数情况(表)　277a
　　国有企业指标(表)　277a
　　国有资本保值增值综合分析评价　277b
　　国有资产按地区分布情况(表)　277a
　　国有资产按行业分布情况(表)　277a
　　国有资产按经营规模分布情况(表)　277b
　　国有资产监督管理工作综述　275b
　　国有资产总量与结构分析　277a
　　国资监管　276a
　　降本增效　276a
　　经营业绩考核体系　279b
　　廉政建设　280b
　　企业负责人考核　280a
　　选人用人机制改革　280a
习近平　4b~12b
习近平新时代中国特色社会主义思想　3a、53b、55b
集中轮训　53b
学习贯彻　55b
喜迎中国妇女十二大，央企巾帼建功新时代专栏　61b
系统集成创新　9a
厦门市国有企业主要指标(表)　647
厦门市国有资产监督管理工作　174a

党的建设　178b
　　防范风险与加强监管　177b
　　服务支持城市发展功能　174b
　　改革发展　177a
　　国有企业按地区分布情况（表）　176a
　　国有企业地区和行业国有资本保值增值情况（表）　176b
　　国有企业户数情况（表）　175b
　　国有企业指标（表）　175b
　　国有资本保值增值综合分析评价　176b
　　国有资产按行业分布情况（表）　176a
　　国有资产按经营规模分布情况（表）　176b
　　国有资产监督管理工作综述　174a
　　国有资产总量与结构分析　175b
　　经营业绩考核体系　178a
　　选人用人机制　178b
　　总体规模和效益　174a
宪法学习宣传贯彻活动　21b
现代国有企业制度　5b、8a、12a、17b、33b、54b
建设　54a
限高保低　40a
肖亚庆　7b、10
协会党的政治建设　63a
协会党建工作　62b～63b
　　　基础工作　62a
落实　63a
制度建设　62b
协会党内政治生活　63a
协会党组织管理关系　62a
协会发挥作用　64a
协会日常管理　64a
协会涉企收费整顿　64a
协会脱钩改革　64a
协会运行发展和发挥作用　64b
协同机制　53a
协同效应　15b、33a
新担当新作为　48a
新发展理念　15a
新加坡淡马锡董事会运作实务培训班　49b
新疆生产建设兵团国有企业主要指标（表）　679
新疆生产建设兵团国有资产监督管理工作　315b
　　并购重组　319b

　　党的建设　320b
　　法人治理结构　319b
　　国有企业地区国有资本保值增值情况（表）　319a
　　国有企业户数情况（表）　318a
　　国有企业主要指标（表）　317b
　　国有资本保值增值综合分析评价　319a
　　国有资产按地区分布情况（表）　318a
　　国有资产按行业分布情况（表）　318b
　　国有资产按经营规模分布情况（表）　319a
　　国有资产监督管理工作综述　315b
　　国有资产总量与结构分析　317b
　　经营业绩考核体系　320a
　　廉政建设　320b
　　企业负责人考核　320a
　　企业改革　319b
　　选人用人机制改革　320a
新疆维吾尔自治区国有企业主要指标（表）　677
新疆维吾尔自治区国有资产监督管理工作　309a
　　并购重组　313a
　　党的建设　314a
　　地方特色　314b
　　地州市国资监管新成效　310a
　　改革发展　309b、312a
　　供给侧结构性改革　309a
　　国企改革新成效　310a
　　国有经济平稳运行　309a
　　国有企业地区和行业国有资本保值增值情况（表）　312a
　　国有企业户数情况（表）　310b
　　国有企业指标（表）　310b
　　国有资本保值增值综合分析评价　311b
　　国有资产按地区分布情况（表）　311a
　　国有资产按行业分布情况（表）　311a
　　国有资产按经营规模分布情况（表）　311b
　　国有资产监督管理工作综述　309a
　　国有资产总量与结构分析　310b
　　监管效能　310a
　　经营业绩考核体系　313a
　　廉政建设　314a
　　企业负责人考核　313b
　　脱贫攻坚战　314b
　　稳定责任落实　314b

选人用人机制改革　313b
　　雪峰投资控股有限责任公司重组新疆玉象胡杨化工公司　313a
　　政治责任履行　314b
　　中泰化学股份有限公司重组新疆天雨煤化集团有限公司　313a
　　重大风险防范化解　315a
新闻发布　57a
新兴际华集团有限公司　561a
　　党建工作　563a
　　改革发展　562a
　　基本概况　561a
　　经济指标（表）　561b
　　履行社会责任　563b
　　信息化建设　563b
　　重大创新　563a
　　重大项目　562b
　　主要指标　561b
　　走向海外　562b
薪酬管理工作　39b
薪酬水平增长　31a
信访工作法治化水平　23a
信息化工作　58a
选的方向　46b
选人用人机制　48a
监督检查　48a
选用育管改制度　48b
选优配强巡视队伍　70a
学习贯彻习近平新时代中国特色社会主义思想和党的十九大精神轮训　49a
巡视工作　67b～69b
　　成果运用　69b
政治定位　68a
　　中期汇报　68b
　　准备　68b
　　组织领导　67b
巡视后半篇文章　69a
巡视整改　63b、69a
主体责任　69a
座谈会　69a
巡视组临时党支部　70b

Y

压减工作　15b、33a
严管厚爱结合　47b
研究成果　17b
央企国际化外事服务能力　46a
央企金融业务监管制度机制　44b
央企青联委员为中央企业改革贡献力量　60b
央企青年精神风貌　60b
央企外宣工作　57a
阳光监管　22b
一带一路国际合作高峰论坛组织筹备　19b
一带一路建设　9b、15b、19b、33b
依法决策机制　22a
依法治企水平　23a
以改革创新开放合作锻造国有企业竞争力　7b
意识形态形势　56a
印发《对外投资备案（核准）报告暂行办法》的通知　744b
印发《关于进一步推进中央企业创新发展的意见》的通知　717a
印发《关于深入推进技工院校与国有企业开展校企合作的若干意见》　49a
印发《企业境外经营合规管理指引》的通知　746a
印发《中央企业合规管理指引（试行）》的通知　713b
营改增试点　29b
营业收入　32b
营业收入增长　30b
用的实效　47a
用工结构　40a
有研科技集团有限公司　502b
　　党建工作　505a
　　改革发展　503b
　　国际科技合作　505a
　　基本概况　502b
　　经济指标（表）　503a
　　科技创新　505a
　　科研平台建设　504b
　　履行社会责任　506a
　　投资与经营　504b
　　信息化建设　506a
　　重大创新　504b

　　　　重大决策　504a
　　　　重大项目　504a
　　　　重点项目　504a
　　　　主要指标　503a
　　　　走向海外　504b
舆论引导　58a
舆情管理　58a
与纪检监察双向协同机制　53a
与审计部门协同机制　53b
与外国媒体互动交流　57b
育的机制　47b
预算引领作用　27b
预算执行监督　44a
云南省国有企业主要指标（表）　668
云南省国有资产监督管理工作　266b
　　　　并购重组　270b
　　　　党的建设　270b、273b
　　　　法人治理结构　270b
　　　　防范化解风险　269a
　　　　改革持续深化　268b
　　　　改革发展　268b
　　　　供给侧结构性改革　269a
　　　　国有企业地区和行业国有资本保值增值情况（表）　268a
　　　　国有企业户数情况（表）　267a
　　　　国有企业指标（表）　266b
　　　　国有资本保值增值综合分析评价　267b
　　　　国有资产按地区分布情况（表）　267a
　　　　国有资产按行业分布情况（表）　267b
　　　　国有资产按经营规模分布情况（表）　267b
　　　　国有资产监督管理工作综述　266b
　　　　国有资产总量与结构分析　266b
　　　　国资监管　269b
　　　　教育培训　273a
　　　　经营业绩考核　271a
　　　　廉政建设　275b
　　　　年度综合考核评价　272a
　　　　企业负责人考核　271b
　　　　企业管理者经营业绩考核和薪酬兑现　271a
　　　　企业领导人员监督管理　272b
　　　　企业走出去　270a
　　　　人才队伍建设　273a
　　　　人才引进和平台建设　272b
　　　　生产经营　268b
　　　　省属企业管理者经营业绩考核分配　271a
　　　　省属企业劳动用工和收入分配制度改革　271b
　　　　提质增效　269a
　　　　体制机制改革　272a
　　　　选人用人机制改革　271b
　　　　政治功能　270b

Z

责任分工　69a
责任制　7a
责任追究　17a、21b、51a、53a
　　工作体系　53a
　　制度　51a
增强活力提高效率　8a
战略性前瞻性关键核心技术　11a
战略性新兴产业发展　19a
战略性重组　11b
掌握一批　47a
招商局集团有限公司　452b
　　　　党建工作　454b
　　　　改革发展　453b
　　　　基本概况　452b
　　　　经济指标（表）　453a
　　　　履行社会责任　455a
　　　　信息化建设　455a
　　　　重大创新　454b
　　　　重大项目　454b
　　　　主要指标　453b
　　　　走向海外　454b
浙江省国有企业主要指标（表）　641
浙江省国有资产监督管理工作　145b
　　　　并购重组　151a
　　　　重组整合　151a
　　　　党的建设　152a
　　　　党建引领　147a
　　　　党员队伍整体素质　152b
　　　　队伍建设　152b
　　　　法人治理结构　151a

服务改革发展大局　146a

改革发展　150a

国企党的制度体系　152a

国企党建研究　153a

国企负责人考核　151b

国企改革攻坚　146a

国有企业地区和行业国有资本保值增值情况（表）　150a

国有企业户数情况（表）　148a

国有企业指标（表）　147b

国有资本保值增值综合分析评价　149b

国有资本授权经营体制改革　150b

国有资产按地区分布情况（表）　149a

国有资产按行业分布情况（表）　149a

国有资产按经营规模分布情况（表）　149b

国有资产监督管理工作综述　145b

国有资产总量与结构分析　147b

国资监管体系　147a

混合所有制经济　150b

基层党组织建设　152a

结构调整　146b

经营业绩考核体系　151b

廉政建设　152a

企业负责人考核　151b

企业可持续发展　150a

企业治理能力水平　151a

清廉国企建设　153a

全面深化国企改革行动方案　150a

省属企业等级考评　151b

省属企业负责人经营业绩考核　151b

省属企业负责人业务招待管理　151b

瘦身健体提质增效　150b

选人用人机制改革　151b、152a

政治保证　147a

政治生态　153a

制度建设　152a

专题调研　153a

转型发展动力　146b

资源配置优化　151a

阵地关口　56b

震慑作用　68b

整体功能　16a

整体效益增长　31b

政策体系　37a

政策协调服务　28b

政策协调和会计服务工作　29b

政务公开工作要点　713a

政治保证　17b

政治标准　4a、46b

政治定力　4b

政治功能　4a

政治关　46b

政治监督　65a

政治建设　3a、47b

政治灵魂　3a

政治巡视　68a

政治责任　3b

政治忠诚　3a

正向激励　43a

正职选配　47a

执纪审查力度　66a

执行评估　41b

执业资格专业考试收费立项问题　64b

职工队伍　31a

职工工资管理政策体系　40a

职工收入与经济效益同步增长　40a

职能转变　17a、25b

制度建设　46a、51b、70a

制度设计　21b

制度体系　49a、59a

智慧团建工作　60a

质量效益考核　42b

中钢集团有限公司　484b

　　当期业绩　484b

　　党建工作　485b

　　风险防范　485a

　　改革创新　485a

　　改革发展　484b

　　基本概况　484a

　　履行社会责任　485b

　　生产经营　484b

　　重点任务　485a

　　主要指标　484b

中共中央办公厅、国务院办公厅印发《关于加强国有企业资产负
　　债约束的指导意见》　683a
中管企业巡视整改　69a
中国保利集团有限公司　550b
　　党建工作　553a
　　改革发展　551b
　　改革试点　551b
　　基本概况　550b
　　经济指标（表）　551a
　　履行社会责任　553b
　　三项制度改革　551b
　　信息化建设　553a
　　制度体系优化　551b
　　重大创新　552b
　　重大项目　552a
　　主要指标　551a
　　走向海外　552b
中国宝武钢铁集团有限公司　416b
　　安全管理　419a
　　产业发展　418b
　　改革发展　418a
　　基本概况　416b
　　节能减排　419a
　　精品制造　418b
　　经济指标（表）　418a
　　履行社会责任　419a
　　绿色制造　418b
　　智能制造　419a
　　重大创新　418b
　　主要指标　417b
中国兵器工业集团有限公司　341a
　　党建工作　342b
　　改革发展　341b
　　基本概况　341a
　　经济指标（表）　341b
　　履行社会责任　343a
　　信息化建设　343a
　　重大创新　342b
　　重大项目　342a
　　主要指标　341a
　　走向海外　342a

中国兵器装备集团有限公司　343b
　　党建工作　345a
　　改革发展　344a
　　基本概况　343b
　　经济指标（表）　343b
　　履行社会责任　345b
　　信息化建设　345b
　　重大创新　345a
　　重大项目　344b
　　主要指标　343b
　　走向海外　344b
中国长江三峡集团有限公司　380b
　　党建工作　382b
　　改革发展　381b
　　基本概况　380b
　　经济指标（表）　381a
　　履行社会责任　383a
　　信息化建设　383a
　　重大创新　382a
　　重大项目　381b
　　主要指标　381a
　　走向海外　382a
中国诚通控股集团有限公司　470a
　　党建工作　472a
　　改革发展　470b
　　基本概况　470a
　　经济指标（表）　470a
　　履行社会责任　472b
　　其他情况　472b
　　信息化建设　472b
　　重大创新　471b
　　重大项目　471a
　　主要指标　470a
　　走向海外　471b
中国储备粮管理集团有限公司　448b
　　党建工作　450a
　　改革发展　449b
　　基本概况　448b
　　经济指标（表）　449a
　　履行社会责任　450b
　　信息化建设　450b

重大项目　450a
　　主要指标　449a
　　走向海外　450a
中国船舶工业集团有限公司　336b
　　党建工作　338a
　　改革发展　337a
　　基本概况　336b
　　履行社会责任　338b
　　信息化建设　338b
　　重大创新　338a
　　重大项目　337b
　　主要指标　337a
　　走向海外　337b
中国船舶重工集团有限公司　339a
　　党建工作　340a
　　改革发展　339b
　　基本概况　339a
　　经济指标（表）　339b
　　履行社会责任　340b
　　信息化建设　340b
　　重大创新　340a
　　重大项目　339b
　　主要指标　339a
　　走向海外　340b
中国大唐集团有限责任公司　373a
　　党建工作　374b
　　改革发展　373b
　　基本概况　373a
　　经济指标（表）　373b
　　履行社会责任　375b
　　信息化建设　375b
　　重大创新　374b
　　主要指标　373a
　　走向海外　374a
中国第一汽车集团有限公司　398b
　　党建工作　399b
　　改革发展　399a
　　合资合作　399a
　　基本概况　398b
　　经济指标（表）　398b
　　履行社会责任　400a

　　企业文化建设　400a
　　重大创新　399b
　　主要指标　398b
　　走向海外　399b
中国电力建设集团有限公司　572a
　　300米级特高拱坝安全控制关键技术及工程应用　576b
　　白鹤滩水电站工程　573a
　　超大型水电站用金属结构关键材料成套技术开发应用　577a
　　超深与复杂地质条件混凝土防渗墙关键技术　576a
　　大藤峡水利枢纽工程　575a
　　党建工作　577a
　　敦化抽水蓄能电站工程　575a
　　改革发展　572b
　　黄登水电站工程　573b
　　基本概况　572a
　　精准扶贫　578a
　　经济指标（表）　572a
　　两河口水电站项目　573b
　　履行社会责任　578a
　　水力式升船机关键技术及应用　576b
　　文登抽水蓄能电站工程　574a
　　乌东德水电站　573a
　　信息化建设　577b
　　杨房沟水电站　574b
　　沂蒙抽水蓄能电站工程　574b
　　重大创新　576a
　　重大项目　572b
　　主要指标　572a
　　走向海外　575a
中国电信集团有限公司　386a
　　党建工作　390a
　　分配薪酬改革　388a
　　服务改革　388a
　　改革发展　387b
　　供给侧结构性改革　388a
　　管理创新　389a
　　混合所有制改革　388b
　　基本概况　386a
　　技术创新　389b
　　经济指标（表）　387a

科研开发　388b
　　履行社会责任　391a
　　三维联动改革　387b
　　现代企业制度　387b
　　信息化建设　390b
　　业务创新　389a
　　重大创新　389a
　　重大决策　388b
　　重大项目　388b
　　主要指标　387a
　　走向海外　389a
中国电子科技集团有限公司　346a
　　并购重组　347b
　　大型军工院所价值化、精细化、智能化存货管理　349a
　　党建工作　349b
　　对外投资与经营　347b
　　反腐倡廉工作　349b
　　改革发展　346b
　　管理创新　349a
　　基本概况　346a
　　技术创新　348b
　　经济指标（表）　346a
　　军工企业精准化战略管理体系构建　349a
　　履行社会责任　350b
　　信息化建设　350a
　　重大创新　348b
　　重大科研开发　347b
　　重大民品项目　347b
　　重大项目　347a
　　主要指标　346a
　　走向海外　348a
中国电子信息产业集团有限公司　396a
　　党建工作　397b
　　改革发展　396b
　　基本概况　396a
　　经济指标（表）　396b
　　履行社会责任　398a
　　信息化建设　398a
　　重大创新　397b
　　重大项目　397a
　　主要指标　396a

　　走向海外　397b
中国东方电气集团有限公司　411b
　　党建工作　413a
　　改革发展　412a
　　基本概况　411b
　　经济指标（表）　412a
　　履行社会责任　413b
　　信息化建设　413b
　　重大创新　413a
　　重大项目　412b
　　主要指标　412a
　　走向海外　412b
中国东方航空集团有限公司　429a
　　党建工作　431b
　　改革发展　429b
　　基本概况　429a
　　经济指标（表）　429b
　　品牌建设　431a
　　运营管理　430b
　　主要指标　429a
中国钢研科技集团有限公司　486a
　　党建工作　488a
　　改革发展　486b
　　基本概况　486a
　　经济指标（表）　486a
　　履行社会责任　488b
　　信息化建设　488b
　　重大创新　487b
　　重大项目　487b
　　主要指标　486a
中国广核集团有限公司　585b
　　并购重组　587a
　　产权管理　586b
　　党建工作　587b
　　对外投资与经营　587a
　　改革发展　586b
　　核安全管理　586b
　　基本概况　585b
　　经济指标（表）　586a
　　科技研发　587a
　　履行社会责任　588b

收入与分配改革　586*b*

信息化建设　588*a*

重大创新　587*b*

重大项目　586*b*

主要指标　586*a*

走向海外　587*a*

中国国际工程咨询有限公司　467*a*

党建工作　469*a*

高端智库建设　468*b*

基本概况　467*a*

经济指标（表）　467*b*

履行社会责任　469*b*

企业法人治理结构　468*a*

深化改革　468*b*

信息化建设　469*b*

业务转型升级　468*a*

重大项目　469*a*

主要指标　467*b*

中国国际技术智力合作有限公司　509*a*

党建工作　510*b*

改革发展　510*a*

基本概况　509*a*

经济指标（表）　509*b*

履行社会责任　511*a*

重大创新　510*a*

重大项目　510*a*

主要指标　509*b*

中国国际进口博览会　64*b*

中国国新控股有限责任公司　604*a*

党建工作　605*b*

改革发展　604*b*

基本概况　604*a*

经济指标（表）　604*b*

履行社会责任　605*b*

其他情况　606*a*

信息化建设　605*b*

重大创新　605*a*

重大项目　605*a*

主要指标　604*b*

走向海外　605*a*

中国海洋石油集团有限公司　358*b*

党建工作　361*a*

改革发展　360*a*

基本概况　358*b*

经济指标（表）　359*b*

履行社会责任　361*b*

信息化建设　361*a*

重大创新　360*b*

重大项目　360*a*

主要指标　359*b*

走向海外　360*a*

中国航空发动机集团有限公司　351*a*

党建工作　352*b*

改革发展　351*b*

基本概况　351*a*

经济指标（表）　351*a*

履行社会责任　353*a*

信息化建设　353*a*

重大创新　352*b*

重大项目　352*a*

主要指标　351*a*

走向海外　352*a*

中国航空工业集团有限公司　334*a*

党建工作　336*a*

改革发展　334*b*

基本概况　334*a*

经济指标（表）　334*b*

履行社会责任　336*b*

信息化建设　336*a*

重大创新　335*b*

重大项目　335*a*

主要指标　334*b*

走向海外　335*b*

中国航空集团有限公司　425*b*

党建工作　428*a*

改革发展　426*b*

管理创新　427*b*

基本概况　425*b*

经济指标（表）　426*b*

科技创新　427*b*

履行社会责任　428*b*

信息化建设　428*a*

重大创新　427b
　　重大项目　427a
　　主要指标　426a
　　走向海外　427b
中国航空器材集团有限公司　569a
　　党建工作　571a
　　改革发展　569b
　　航空器材保障服务板块　570b
　　航空器整机保障服务板块　570b
　　基本概况　569a
　　技术装备及机场业务保障服务板块　571a
　　经济指标（表）　569b
　　履行社会责任　571b
　　通航发展及保障服务板块　571a
　　信息化建设　571b
　　重大项目　570b
　　主要指标　569a
中国航空油料集团有限公司　566b
　　党建工作　568a
　　改革发展　567a
　　管理创新　568a
　　基本概况　566b
　　经济指标（表）　566b
　　科技创新　568a
　　履行社会责任　568b
　　信息化建设　568b
　　重大创新　568a
　　重大项目　567b
　　主要指标　566b
　　走向海外　567a
中国航天科工集团有限公司　332a
　　党建工作　333b
　　改革发展　332b
　　基本概况　332a
　　经济指标（表）　332b
　　履行社会责任　334a
　　信息化建设　333b
　　重大创新　333a
　　重大项目　333a
　　主要指标　332a
　　走向海外　333a

中国航天科技集团有限公司　325a
　　党建工作　328a
　　改革发展　325b
　　基本概况　325a
　　经济指标（表）　325b
　　履行社会责任　328b
　　信息化建设　328a
　　运载火箭发射情况（表）　329
　　重大创新　327b
　　重大项目　326b
　　主要指标　325b
　　走向海外　327a
中国核工业集团有限公司　323a
　　党建工作　324a
　　改革发展　323b
　　基本概况　323a
　　经济指标（表）　323a
　　人才队伍建设　324b
　　巡视整改　323b
　　重大创新　324a
　　主要指标　323a
中国华电集团有限责任公司　376a
　　安全环保　378a
　　党建工作　378a
　　改革发展　377a
　　基本概况　376a
　　经济指标（表）　376b
　　履行社会责任　378b
　　生产经营　376b
　　信息化建设　378b
　　重大创新　378a
　　重大项目　377b
　　主要指标　376a
　　走向海外　377b
中国华录集团有限公司　588b
　　党建工作　591a
　　改革发展　589b
　　管理创新　590a
　　基本概况　588b
　　经济指标（表）　589a
　　科技创新　590b

履行社会责任　591*b*

　　信息化建设　591*b*

　　重大创新　590*a*

　　重大项目　589*b*

　　主要指标　589*a*

　　走向海外　590*a*

中国华能集团有限责任公司　367*b*

　　党建工作　371*b*

　　改革发展　369*a*

　　混合所有制进展　369*a*

　　基本概况　367*b*

　　经济指标（表）　368*b*

　　履行社会责任　372*b*

　　企业产权　369*a*

　　企业管理　369*b*

　　网络安全态势　372*a*

　　信息化建设与应用　372*a*、372*b*

　　信息化引领　372*a*

　　重大创新　371*a*

　　重大项目　369*b*

　　主要指标　368*b*

　　走向海外　370*b*

中国化工集团有限公司　489*a*

　　党建工作　490*b*

　　改革发展　489*b*

　　基本概况　489*a*

　　经济指标（表）　489*a*

　　履行社会责任　490*b*

　　信息化建设　490*b*

　　重大创新　490*a*

　　主要指标　489*a*

　　走向海外　489*b*

中国化学工程集团有限公司　491*a*

　　党建工作　494*a*

　　反腐倡廉　494*b*

　　改革发展　492*a*

　　基本概况　491*a*

　　经济指标（表）　492*a*

　　履行社会责任　495*b*

　　信息化建设　495*a*

　　重大创新　493*b*

　　重大项目　492*b*

　　主要指标　492*a*

　　走向海外　493*a*

中国黄金集团有限公司　582*b*

　　党建工作　584*b*

　　顶层设计　584*a*

　　改革发展　583*b*

　　基本概况　582*b*

　　经济指标（表）　583*a*

　　科技成果产业化进程　584*a*

　　履行社会责任　585*b*

　　企业创新能力　584*a*

　　信息化建设　585*a*

　　重大创新　584*a*

　　重大项目　584*a*

　　主要指标　583*a*

　　走向海外　584*a*

中国机械工业集团有限公司　405*a*

　　党建工作　407*a*

　　改革发展　405*b*

　　基本概况　405*a*

　　经济指标（表）　405*b*

　　科技创新成果　406*b*

　　科研与服务平台　407*a*

　　履行社会责任　408*a*

　　信息化建设　407*b*

　　重大创新　406*b*

　　重大项目　406*a*

　　主要指标　405*b*

　　走向海外　406*b*

中国建材集团有限公司　498*a*

　　重组整合工作　499*a*

　　党建工作　500*a*

　　改革试点工作　499*a*

　　改革整合　499*a*

　　管理创新　500*a*

　　基本概况　498*a*

　　经营管理　498*b*

　　科技创新　499*b*

　　履行社会责任　500*a*

　　商业模式创新与推广　499*b*

  重大创新　499b   党建工作　535a
  主要指标　498b   改革发展　534a
  转型升级　499a   基本概况　533b
中国建设科技有限公司　553b   经济指标（表）　534a
  党建工作　555b   履行社会责任　535b
  改革发展　554a   信息化建设　535b
  基本概况　553b   重大创新　534b
  经济指标（表）　554a   重大项目　534b
  重大创新　555a   主要指标　533b
  重大项目　554b   走向海外　534b
  主要指标　554a   中国节能环保集团有限公司　464b
  走向海外　555a   党建工作　466a
中国建筑集团有限公司　446b   改革发展　465a
  党建工作　448a   基本概况　464b
  改革发展　447a   经济指标（表）　465a
  基本概况　446b   履行企业责任　466b
  经济指标（表）　447a   重大创新　466a
  履行社会责任　448b   重大项目　465b
  信息化建设　448b   主要指标　465a
  重大创新　448a   走向海外　466a
  重大项目　447b   中国联合网络通信集团有限公司　391b
  主要指标　447a   党建工作　393a
  走向海外　447b   改革发展　392a
中国建筑科学研究院有限公司　511b   基本概况　391b
  标准规范　513a   经济指标（表）　391b
  党建工作　513a   履行社会责任　393b
  改革发展　512a   信息化建设　393a
  基本概况　511b   重大创新　392b
  检测与认证项目　512b   重大项目　392b
  经济指标（表）　512a   主要指标　391b
  科研项目　512b   走向海外　392b
  履行社会责任　513b   中国林业集团有限公司　546b
  设计与规划项目　512b   党建工作　548a
  施工与监理项目　512b   改革发展　547a
  信息化建设　513b   基本概况　546b
  重大创新　512b   经济指标（表）　547a
  重大项目　512b   履行社会责任　548b
  主要指标　511b   重大创新　548a
  咨询与服务项目　512b   重大项目　547b
  走向海外　512b   主要指标　547a
中国交通建设集团有限公司　533b   走向海外　547b

索引

中国旅游集团有限公司　457*b*
 党建工作　459*b*
 队伍建设　459*a*
 改革发展　458*b*
 基本概况　457*b*
 经济指标（表）　458*a*
 履行社会责任　459*b*
 深改快改　458*b*
 优化体系　459*a*
 整改落实　458*b*
 重大项目　459*a*
 主要指标　458*a*
 主业发展　458*b*

中国铝业集团有限公司　419*b*
 党建工作　421*b*
 改革发展　420*a*
 基本概况　419*b*
 经济指标（表）　420*a*
 履行社会责任　421*b*
 信息化建设　421*b*
 重大创新　421*a*
 重大项目　420*b*
 主要指标　419*b*
 走向海外　421*a*

中国煤炭地质总局　559*a*
 党建工作　560*b*
 地理信息与地下工程产业　560*a*
 改革发展　559*b*
 基本概况　559*a*
 经济指标（表）　559*a*
 履行社会责任　561*a*
 企业管理　559*b*
 人力资源管理　559*b*
 生态文明与农业地质技术服务　560*a*
 市场开拓　559*b*
 收入分配体系　560*a*
 重大创新　560*b*
 重大项目　560*a*
 主要指标　559*a*
 资源勘查与新能源勘查开发　560*a*
 走向海外　560*a*

中国煤炭科工集团有限公司　475*b*
 党建工作　478*a*
 改革发展　476*a*
 基本概况　475*b*
 经济指标（表）　475*b*
 履行社会责任　479*b*
 信息化建设　479*b*
 重大创新　477*b*
 重大项目　477*a*
 主要指标　475*b*
 走向海外　477*a*

中国民航信息集团有限公司　564*a*
 党建工作　565*b*
 改革发展　564*b*
 干部制度建设　564*b*
 基本概况　564*a*
 经济指标（表）　564*a*
 履行社会责任　566*a*
 内部收入分配管理　564*b*
 深化改革　564*b*
 信息化建设　565*b*
 重大创新　565*b*
 重大项目　565*a*
 主要指标　564*a*
 走向海外　565*b*

中国南方电网有限责任公司　365*a*
 安全生产　366*b*
 党建工作　367*a*
 改革发展　365*b*
 基本概况　365*a*
 经济指标（表）　365*b*
 履行社会责任　367*a*
 营商环境优化　366*b*
 重大创新　366*a*
 重大项目　366*a*
 主要指标　365*b*
 走向海外　366*b*

中国南方航空集团有限公司　432*a*
 安全生产　434*b*
 党建工作　435*a*
 改革发展　433*a*

基本概况 432a
经济指标(表) 432b
履行社会责任 435b
信息化建设 435a
重大项目 433b
主要指标 432a
走向海外 434b

中国能源建设集团有限公司 578b
　党建工作 581a
　改革发展 579a
　基本概况 578b
　经济指标(表) 579a
　履行社会责任 582a
　信息化建设 582a
　重大创新 580b
　重大项目 580a
　主要指标 578b
　走向海外 580b

中国农业发展集团有限公司 541b
　党建工作 545a
　改革发展 542b
　管理改革 543a
　基本概况 541b
　结构布局 542b
　经济指标(表) 542a
　履行社会责任 546a
　信息化建设 546a
　运营效率 543a
　战略规划 542b
　重大创新 544a
　重点项目 542b
　主要指标 541b
　转型升级 542b
　走向海外 543b

中国普天信息产业集团有限公司 536a
　产业发展 537a
　创新创业服务平台建设 538a
　党建工作 538b
　改革发展 536a
　基本概况 536a
　履行社会责任 539a

绿色低碳能源产业体系 537b
人力资源管理 537a
信息化和工业化深度融合 537b
信息通信技术与应用创新 537a
重大创新 538b
主要指标 536a
走向海外 538a

中国汽车技术研究中心有限公司 606a
　党建工作 607b
　改革发展 607a
　基本概况 606a
　经济指标(表) 606b
　履行社会责任 608a
　重大创新 607b
　重大项目 607b
　主要指标 606a
　走向海外 607a

中国商用飞机有限责任公司 460a
　ARJ21 新支线飞机 462a
　C919 大型客机 462a
　CR929 宽体客机 462a
　党建工作 463a
　改革发展 460b
　管理创新 462a
　基本概况 460a
　技术创新 462b
　经济指标(表) 460b
　履行社会责任 464a
　信息化建设 464a
　重大创新 462b
　重大项目 462a
　主要指标 460b
　走向海外 462a

中国石油化工集团有限公司 357a
　党建工作 358a
　改革发展 357b
　基本概况 357a
　履行社会责任 358b
　生产经营 358a
　主要指标 357b
　转型发展 358a

索引

中国石油天然气集团有限公司　353b
　　党建工作　355b
　　改革发展　354a
　　基本概况　353b
　　经济指标（表）　353b
　　履行社会责任　356a
　　社会公益投入情况（表）　356a
　　信息化建设　355a
　　油气业务　354b
　　重大创新　355a
　　重点项目　354a
　　主要指标　353b
中国特色现代国有企业制度　5b、12a、17b、33b、54a
中国铁建股份有限公司　527a
　　安全生产　530a
　　党建工作　532a
　　改革发展　528b
　　公司治理　528a
　　工程创优　531a
　　基本概况　527a
　　技术创新　530b
　　节能减排　533a
　　经济指标（表）　528a
　　履行社会责任　533a
　　施工生产　529b
　　市场经营　529a
　　质量控制　530b
　　主要指标　528a
　　转型升级　528b
　　走向海外　531b
中国铁路工程集团有限公司　522a
　　党建工作　524b
　　改革发展　523a
　　基本概况　522a
　　精准扶贫　526a
　　经济指标（表）　523a
　　履行社会责任　526b
　　信息化建设　526a
　　重大创新　524a
　　重大项目　523b
　　主要指标　523a

　　走向海外　524a
中国铁路通信信号集团有限公司　516a
　　党建工作　519b
　　改革发展　517b
　　国家级创新平台和示范建设　519a
　　基本概况　516a
　　经济指标（表）　517b
　　科技发展成果　519a
　　履行社会责任　521b
　　信息化建设　521a
　　研究设计院　519a
　　智慧城市研究设计院　519a
　　重大创新　519a
　　重大项目　518a
　　主要指标　517b
　　走向海外　518b
中国铁路物资集团有限公司　601b
　　党建工作　603a
　　改革发展　602a
　　基本概况　601b
　　经济指标（表）　601b
　　履行社会责任　603b
　　信息化建设　603b
　　重大创新　603a
　　重大项目　602a
　　主要指标　601b
　　走向海外　602b
中国通用技术（集团）控股有限责任公司　444a
　　党建工作　445b
　　改革发展　444b
　　基本概况　444a
　　经济指标（表）　444b
　　履行社会责任　446b
　　信息化建设　446a
　　重大创新　445b
　　重大项目　445b
　　主要指标　444a
　　走向海外　445a
中国五矿集团有限公司　442a
　　党建工作　443a
　　基本概况　442a

경제指标（表） 442a
履行社会责任 443b
重大创新 442b
重大项目 442b
主要指标 442a
走向海外 442b

中国西电集团有限公司 599a
党建工作 600b
改革发展 599b
基本概况 599a
经济指标（表） 599b
履行社会责任 601a
信息化建设 601a
重大创新 600a
重大项目 600a
主要指标 599a
走向海外 600a

中国信息通信科技集团有限公司 539a
党建工作 541a
改革发展 540a
基本概况 539a
经济指标（表） 539b
履行社会责任 541b
信息化建设 541b
重大创新 540b
重大项目 540a
主要指标 539b
走向海外 540b

中国盐业集团有限公司 496a
安全生产 497b
产销协同 497a
党建工作 497a
队伍建设 496b
改革发展 496b
获得荣誉 498a
基本概况 496a
降本增效 496b
经济指标（表） 496a
履行社会责任 498b
企业文化建设 497b
信息化建设 497b

重大创新 497a
重要项目 497a
主要指标 496a

中国冶金地质总局 556a
党建工作 557b
改革发展 556b
基本概况 556a
经济指标（表） 556b
履行社会责任 558b
塔里木盆地西南缘锰多金属矿矿产调查项目 557b
湘西—滇东地区矿产地质调查项目 557a
信息化建设 558a
重大创新 557b
重大项目 557a
主要指标 556a
走向海外 557b

中国一重集团有限公司 402b
党建工作 404b
改革发展 403a
环保板块 404a
惠民工程建设 405a
基本概况 402b
经济指标（表） 403a
履行社会责任 404b
农机板块 404a
其他情况 405a
企业文化建设 405a
群团建设 405a
市场拓展 403b
新材料板块 404a
新能源板块 404a
新业务板块 404a
信息化建设 404b
重大创新 403b
重大项目 403b
主要指标 402b
装备制造板块 404a

中国医药集团有限公司 548b
党建工作 550a
改革发展 549a
基本概况 548b

经济指标（表） 549a

履行社会责任 550b

信息化建设 550a

重大创新 550a

重大项目 549b

主要指标 549a

走向海外 549b

中国移动通信集团有限公司 393b

 党建工作 395a

 改革发展 394a

 基本概况 393b

 经济指标（表） 394a

 履行社会责任 395b

 提速降费 394b

 信息化建设 395b

 重大创新 395a

 主要指标 394a

 走向海外 394b

中国有色矿业集团有限公司 500b

 党建工作 502a

 改革发展 501a

 基本概况 500b

 经济指标（表） 500b

 履行社会责任 502a

 信息化建设 502b

 重大创新 501b

 主要指标 500b

 走向海外 501b

中国远洋海运集团有限公司 422a

 党建工作 425a

 改革发展 423a

 基本概况 422a

 经济指标（表） 422b

 履行社会责任 425b

 信息化建设 425a

 重大创新 424b

 重大项目 423b

 主要指标 422b

 走向海外 424a

中国中车集团有限公司 513b

 党建工作 516a

改革发展 514b

管理提升 515b

核心业务 515a

基本概况 513b

履行社会责任 516a

信息化建设 516a

一带一路建设 515b

重大创新 515a

重大项目 515a

主要指标 514b

中国中化集团有限公司 436a

 党建工作 438a

 改革发展 437a

 管理机制 438a

 基本概况 436a

 技术创新 438a

 经济指标（表） 437a

 履行社会责任 438b

 重大创新 438a

 重大项目 437b

 主要指标 437a

 走向海外 437b

中粮集团有限公司 438b

 党建工作 441a

 改革发展 439b

 基本概况 438b

 经济指标（表） 439b

 履行社会责任 441b

 投资管理制度建设及执行 440a

 信息化建设 441a

 重大创新 440b

 重大科研开发 440b

 重大投资项目进展 440a

 重大项目 440a

 主要指标 439a

 走向海外 440b

中煤能源集团有限公司 473a

 党建工作 474b

 改革发展 473b

 基本概况 473a

 经济指标（表） 473b

　　　　履行社会责任　475a
　　　　信息化建设　475a
　　　　重大创新　474b
　　　　重大项目　474a
　　　　主要指标　473a
　　　　走向海外　474a
中央八项规定精神落实　66a
中央企业财务监督　26b
中央企业参与共建一带一路服务保障　19b
中央企业厂务公开民主管理　58b
中央企业创新发展的意见　717a
中央企业党建工作　53b、55a
　　　　党的政治建设　53b
　　　　基层基础工作　55a
考核评价　55a
中央企业党建工作责任制　17b、54b
考评　17b
中央企业董事会　35a
　　　　建设　35a
　　　　试点进展　35a
中央企业负责人经营业绩考核　41a、42b、751a
　　A级企业名单　751a
　　考核办法修订完善　42b
中央企业改革发展　17b、321
中央企业改革开放专题论坛　45a
中央企业高质量参与共建一带一路　19b
中央企业高质量发展　18b、45b
中央企业高质量推进项目建设指导　19b
中央企业工资总额管理办法　709b
中央企业贯彻落实《关于提高技术工人待遇的意见》专题会议　49a
中央企业规划发展工作　18b
中央企业国际化人才培养服务　46a
中央企业国有资本经营预算管理　44a
中央企业海外好声音传播　57a
中央企业海外形象提升　57a
中央企业合规管理指引(试行)　713b
中央企业技能人才队伍建设　50a
中央企业纪检监察工作　64b、66b
　　体制改革　66b
中央企业监督和违规经营投资责任追究工作　51a

中央企业教育培训　49b
中央企业金融　44a
　　　　风险防控　44a
业务监管　44a
中央企业经济运行　27b
中央企业经济责任审计管理暂行办法　709a
中央企业经营业绩考核　41a
中央企业警示教育大会　69a
中央企业两类公司改革试点　43b
中央企业落实扩大开放决策部署　45a
中央企业内部审计工作指导　29b
中央企业全面从严治党　7a
中央企业群众工作　58b
中央企业人才资源基本情况　51a
中央企业收入分配调控　39b
中央企业投资　20a、44b
　　　　风险严控　20a
基金业务指导　44b
中央企业外部董事　35b、49b
　　　　队伍优化　35b
培训班　49b
中央企业违规经营投资责任追究实施办法(试行)　701
中央企业系统青联委员履职尽责　60b
中央企业信心和决心　5a
中央企业宣传思想工作会议　56a
中央企业宣传思想文化工作　55b
中央企业依法治企水平　23a
中央企业用工结构　40a
中央企业战略规划　15b、20b
　　　　编制和评审程序规范　20b
管理　15b
中央企业职工技能竞赛优秀选手表彰　50b
中央企业重大法律纠纷案件指导协调　23a
中央企业资本运营与收益管理　43a
中央企业资产负债率　41b
中央企业子企业功能界定与分类　19a
中央巡视组　68b、69a
忠诚干净担当干部队伍　67a、69b
纪检监察队伍　67a
重大案件警示通报　52a
重大决策合法性审查　22a

索引

重点工作 15*b*、16*b*、34*b*
    任务 15*b*
    突破 16*b*
重点关口 56*b*
重点领域 20*a*、22*a*、25*a*、65*b*
    风险防控 20*a*
    国资监管立法 22*a*
    混合所有制改革试点 25*a*
    专项治理 65*b*
重点难点问题研究 17*b*
重点企业 27
    改革脱困成果 27
提质增效 27*a*
重点区域、国家和国际组织合作 45*b*
重点任务落实落地 16*a*
重点专项工作考核 41*a*
重要经济文献 1
逐级落实责任 56*a*
主场外交 45*a*
主流舆论做大做强 56*b*
主题宣传 56*b*
主体责任落实 67*b*
主业发展 10*b*、39*a*
筑牢迈向世界一流企业的根和魂 4*b*
驻国资委纪检监察组 66*a*、66*b*、67*a*
驻在部门日常监督 65*b*
抓党建 7*a*
专门活动发声 57*b*

专门制度 51*a*
专项工作 45*a*
专项宣传 56*b*
专业化整合 11*b*
转型升级、提升智能制造水平高级培训班 49*b*
追责问责 69*b*
资本配置效率 24*a*
资本市场筹资金降杠杆 24*a*
资产负债 615～617、683*a*
    地区分析（表） 617
    行业分析（表） 616
    约束 683*a*
    综合分析（表） 615
资产负债率 41*b*
资产评估防流失功能 26*a*
资金管理现场会 29*a*
资金集中管理 29*a*
资金支持 37*a*
自身建设 67*a*
自主创新 11*a*
总会计师委派试点工作 29*a*
走出去 61*a*
组织机构建起来 53*a*
组织体系 23*b*
作风关 47*a*
做强做优做精实业主业 15*b*

（王彦祥、张若舒、毋栋　编制）